发挥开发性金融作用　支持中小企业发展

——国家开发银行中小企业融资业务简介

中小企业贷款业务工作进展

近年来，国家开发银行认真贯彻国务院关于促进中小企业发展的战略方针，服务于社会建设。继续探索以金融促进社会公平与社会和谐的有效手段，发展民生金融业务。大力推进市场建设、信用建设、制度建设，打通融资瓶颈，推动建设人人享有平等融资权的普惠金融，在社会的和谐发展中实现自身发展，实现政治责任、经济责任、社会责任的统一。

国家开发银行从市场建设、信用建设和制度建设入手，深入实践开展中小企业贷款，形成了以“开发银行融资推动、政府组织协调、企业主体协助管理、担保公司担保、信用协会等群众组织民主评议与监督、中小金融机构代理结算”为主要特色的批发融资模式。截至2014年6月末，按照国家标准，开发银行中小企业贷款余额2.28万亿元，其中，小微企业贷款余额9928亿元，惠及中小企业、个体经营户196万家，创造就业岗位530万个，融资支持了制造业、农林牧渔业等近20个行业，惠及中小型企业、微型企业、个体工商户、农户、创业青年、城市下岗职工等各类社会群体。开发银行先后获得银监会、金融时报等部门组织评选的中小企业贷款相关奖项。

中小企业贷款业务产品与服务创新

（一）金融产品“量身定做”，差别服务特殊人群

——“公司+农户”，促进民族地区群众脱贫致富

在青海，国家开发银行支持青海循化县1500万顶钩针孟加拉帽村企共建项目，采用“公司+农户”的模式，带动2000余名撒拉族妇女就业，人均增收人民币8000元，促进了民族地区群众脱贫致富。

——“输血”变“造血”，产业化开发扶贫

在贵州，国家开发银行通过与政府合作建立农业产业化扶贫机制，有效解决当地茶农融资难问题，变“输血”式为“造血”式扶贫，以产业化发展带动当地农民脱贫致富。

——以批发融资助力小微商户

在浙江，国家开发银行以浙江小商品城集团为统贷平台，向义乌国际小商品城的商户发放小额贷款，有效解决了小商品城内众多小微商户融资难问题。

——开发性金融孵化，扶持园区中小企业

在江西，国家开发银行建立了“园区政府选择项目入口—开发性金融信用孵化—实现战略客户培育”全省工业园区中小企业融资服务体系。重点支持了鄱阳、奉新、东乡等13个工业园区，支持企业500余家，解决就业3万余人。

（二）业务模式“因地制宜”，创新支持经济发展

——与政府合作创新贷款模式

在吉林，国家开发银行通过与省工信厅、省中小企业服务中心、省内各级担保公司、省农信社以及各行业协会和特色园区的合作，创新推出了面向个体和微小企业的信贷产品—万民创业小额贷款，创建了“融资平台”+“协会、园区+三级风险分担机制+贴息激励机制+　止损机制”的运作模式。

——与担保公司合作贷款

在浙江、山东青岛等地，国家开发银行会同当地的信用与担保协会，选择多家小型担保公司组成共同评审、联合担保的信用共同体，发挥了“1+1>2”的作用。这种信用共同体被形象地称为“抱团取暖”。

——支持地方龙头企业，带动周边经济发展

在甘肃，国家开发银行大力扶持地方龙头企业—长城果汁集团，该集团带动天水、陇南当地5万多户果农户均年增收1500元以上，并出现万元户占比超过95%的“万元户村”。

借风上万里，双翼展鹏程。支持中小企业成长与发展，开发性金融责无旁贷。在当前和今后一个时期，国家开发银行将继续秉承“金融普惠”的目标，以政府合作为基础，不断创新符合中国国情、具有国家开发银行特色的金融服务模式及产品，为国家经济发展与社会和谐做出新的、更多更大的贡献！

“公司+农户”，促进民族地区群众脱贫致富

“输血”变“造血”，产业化开发扶贫

以批发融资助力小微商户

开发性金融孵化，扶持园区中小企业

与政府合作创新贷款模式

与担保公司合作贷款

支持地方龙头企业，带动周边经济发展

平安银行 真的不一样
生意 融于生活
橙e网，平安银行旗下供应链生意平台和金融电商平台
关注生意 关怀生活
生意管家
橙e记
金融商城
橙e网官方网站
95511-3
www.bank.pingan.com
微博 @ 平安银行V
中国平安
平安银行
PING AN BANK

中小微联盟（北京）经济信息中心
文化交流・会议培训・信息服务・市场调查・展览展示・技术推广

中国中小企业年鉴(2014)

YEARBOOK OF CHINA SMALL AND MEDIUM ENTERPRISES

《中国中小企业年鉴》编委会　编

企业管理出版社

图书在版编目（CIP）数据

中国中小企业年鉴. 2014 /《中国中小企业年鉴》编委会编. --北京：企业管理出版社，2014. 12

ISBN 978 -7 -5164 -0972 -5

Ⅰ. ①中… Ⅱ. ①中… Ⅲ. ①中小企业 -中国 -2014 -年鉴 Ⅳ. ①F279. 243

中国版本图书馆 CIP 数据核字（2014）第 264733 号

书　　名： 中国中小企业年鉴（2014）
作　　者：《中国中小企业年鉴》编委会
责任编辑： 杜敏　尤颖
书　　号： ISBN 978 -7 -5164 -0972 -5
出版发行： 企业管理出版社
地　　址： 北京市海淀区紫竹院南路 17 号　　邮编：100048
网　　址： http：//www. emph. cn
电　　话： 总编室（010）68701719　发行部（010）68414644　编辑部（010）68414643
电子信箱： 80147@ sina. com
印　　刷： 廊坊市安次区码头镇继全纸塑制品厂
经　　销： 新华书店
规　　格： 215 毫米 × 290 毫米　16 开本　40 印张　1500 千字
版　　次： 2014 年 12 月 第 1 版　2014 年 12 月 第 1 次印刷
定　　价： 460. 00 元

中国中小企业年鉴（2014）

中国中小企业年鉴编委会（2014）

胡荣华　山西省经济和信息化委员会副主任，中小企业局党组书记、局长
张金亮　内蒙古自治区中小企业局局长
赵连生　辽宁省中小企业厅厅长
韩　广　大连市中小企业局副局长
孙大维　吉林省工业和信息化厅（中小企业局）副厅长
王　磊　黑龙江省工业和信息化委员会主任
傅新华　上海市经济和信息化委员会副主任
周毅彪　江苏省经济和信息化委员会副主任
高建明　浙江省经济和信息化委员会副主任
林克宇　宁波市经济和信息化委员会主任
陈冬克　安徽省经济和信息化委员会，中小企业局局长
郑李亭　福建省经济和信息化委员会副主任
邓建华　厦门市经济发展局副局长
吴治云　江西省中小企业局党组书记、局长
刑亚民　山东省中小企业局党组成员、副局长
朱祥庆　青岛市经信委中小企业发展局副巡视员
万战伟　河南省工业和信息化厅中小企业服务局副局长
刘进文　湖北省经济和信息化委员会副主任
黄东红　湖南省经济和信息化委员会党组成员，中小企业局局长
张文献　广东省中小企业局局长
顾宏伟　深圳市中小企业服务署署长
束　华　广西壮族自治区工业和信息化委员会主任
韩　勇　海南省工业与信息化厅厅长
王任林　重庆市中小企业发展指导局副局长
张国斌　四川省经济和信息化委员会副主任
龙超亚　贵州省经济和信息化委员会副主任，省中小企业局局长
许　坚　云南省工业和信息化委员会巡视员，省非公有制办公室常务副主任
朱太中　西藏自治区工业和信息化厅副厅长
诸秀文　陕西省中小企业促进局副局长
冯玉旗　甘肃省工业和信息化委员会（中小企业局）处长
陶兴德　青海省经济和信息化委员会中小企业发展局局长
马　波　宁夏回族自治区经济和信息化委员会党组书记，非公有制经济服务局党组书记、局长
周　超　新疆自治区经济和信息化委员会副书记、副主任
张建春　新疆生产建设兵团工业和信息化委员会副巡视员

联络员

李　方　工业和信息化部中小企业发展促进中心副处长
魏　颖　北京市经济和信息化委员会中小企业处副处长
刘　亢　天津市中小企业发展促进局副调研员
尚林海　河北省工业和信息化厅中小企业处调研员
原晋军　山西省中小企业局办公室副调研员
葛胜敏　内蒙古自治区中小企业局处长
姚东辉　辽宁省中小企业厅经济运行处副处长
邹春发　大连市中小企业局副处长
胡志森　吉林省工业和信息化厅（中小企业局）中小企业处处长
梁其娟　黑龙江省工业和信息化委员会中小企业局局长
宋晓辉　上海市促进中小企业发展协调办公室副主任
卞春阳　江苏省经济和信息化委员会主任科员

周金榜　浙江省经济和信息化委员会主任科员
董其岳　宁波市经济和信息化委员会正处级调研员
齐　晓　安徽省经济和信息化委员会中小企业局（中小企业培训中心）副主任
罗天进　福建省经济和信息化委员会中小企业处副主任科员
张朝进　厦门中小在线信息股份有限公司董事长
徐星龙　江西省中小企业局办公室主任科员
王功永　山东省中小企业局政策调研处副处长
仇博先　青岛市经信委中小企业发展局规划发展处副处长
李　丽　河南省工业和信息化厅主任科员
雷培德　湖北省经济和信息化委员会中小企业发展处处长
陈熹柳　湖南省经济和信息化委员会中小企业处
黄锦南　广东省中小企业局副调研员
刘　广　深圳市中小企业服务署
黄　加　广西壮族自治区工业和信息化委员会中小企业处副调研员
蔡胤彦　海南省工业与信息化厅中小企业处副处长
廖　冰　重庆市中小企业发展指导局融资服务处处长
熊　庄　四川省经济和信息化委员会企业处副处长
周　航　贵州省中小企业局副局长、综合处处长
张云江　云南省工业信息化委员会中小企业处副主任科员
蒋达春　西藏自治区工业和信息化厅中小企业处副处长
乔洪英　陕西省中小企业促进局非公经济发展处副处长
周　钰　甘肃省工业和信息化委员会（中小企业局）副主任科员
杨守文　青海省经济和信息化委员会中小企业发展局主任科员
金立军　宁夏回族自治区非公有制经济服务局办公室主任
游　炜　新疆自治区经济和信息化委员会企业处副调研员
尤文明　新疆生产建设兵团工业和信息化委员会企业处调研员

朱宏任到上海调研中小企业专精特新发展情况

2013年6月4-5日，工业和信息化部党组成员、总工程师朱宏任赴上海市调研中小企业“专精特新”发展情况，并召开了部分省市中小企业“专精特新”工作座谈会。

支持青海中小企业加快发展座谈会在西宁召开

2013年6月10日，工业和信息化部党组成员、总工程师朱宏任在西宁出席支持青海中小企业加快发展座谈会，会议签署对口援青省市支持青海中小企业发展战略合作协议。

“云计算服务中小企业培训班”在京举办

2013年6月25日，由工业和信息化部中小企业司主办的“云计算服务中小企业培训班”在北京举办。工业和信息化部中小企业司司长郑昕参加并致辞。

中国—中东欧中小企业合作论坛在重庆举办

2013年7月3日，工业和信息化部党组成员、总工程师朱宏任出席“中国—中东欧国家地方领导人会议”和由工业和信息化部、重庆市人民政府和中国—中东欧国家合作秘书处共同主办的“中国—中东欧中小企业合作论坛”并致辞。

第四次中美创新对话会议在美举行

2013年7月9日，第四次中美创新对话会议在美国华盛顿举行，工业和信息化部党组成员、总工程师朱宏任出席会议并作了题为“深化开放合作，加快创新发展”的发言。

20
工业和
企业司
州调研
泉州市
窗口服务

在中国中小企业高峰论坛上的致辞

工业和信息化部党组成员、总工程师　朱宏任 …… 22

在第七届中国中小企业节上的演讲

工业和信息化部党组成员 总工程师　朱宏任 …… 23

在 2013 中国（贵州）非公有制经济发展论坛上的演讲

工业和信息化部党组成员 总程师　朱宏任 …… 25

继续实施稳健的货币政策　改进创新小微企业金融服务

——在全国小微企业金融服务经验交流电视电话会议上的讲话

中国人民银行党委书记、行长　周小川 …… 27

在中国融资担保业协会成立大会上的致辞

中国银行业监督管理委员会副主席、党委委员　阎庆明 …… 28

在 2013 年中国民营经济发展（长白山）论坛上的致辞

统战部副部长、全国工商联党组书记、常务副主席　全哲洙 …… 30

二、省区市领导讲话

在全省民营企业表彰暨民营经济工作会议上的讲话

河南省省长　谢伏瞻 …… 32

在全省金融机构与中小微企业贷款项目对接暨签约会议上的讲话

河南省副省长　张维宁 …… 34

在省促进非公有制经济和中小企业发展工作领导小组会议上的讲话

湖南省副省长　何报翔 …… 36

坚持和完善基本经济制度　促进非公有制经济健康发展

湖南省经信委副主任　黄东红 …… 38

加快新型工业化跨越发展　为打造广西经济升级版提供战略支撑

——广西壮族自治区党委书记彭清华在全区工业发展大会上的讲话 …… 40

加快结构调整　强化转型升级　全面推进广西新型工业化跨越发展

——广西壮族自治区主席陈武在全区工业发展大会上的讲话 …… 43

在全区非公有制经济发展大会上的讲话

广西壮族自治区党委书记　彭清华 …… 47

在支持青海中小企业加快发展座谈会上的讲话

青海省委常委、常务副省长　骆玉林 …… 51

在全区发展非公有制经济大会上的讲话

宁夏回族自治区党委书记　张毅 …… 52

抢抓“两区”建设新机遇　推动非公有制经济大发展

宁夏回族自治区主席　王正伟 …… 55

扶助小微企业，助力创新成长

大连市经信委主任　靳国卫 …… 59

第二篇 综述

2013年中小企业发展及工作总体情况 …… 63
2013年规模以上工业中小企业现状分析 …… 65

第三篇 国家扶持中小企业政策与措施

2013年中国中小企业信息网服务和网络建设情况 …… 77
2013年国家中小企业银河培训工程 …… 78
2013年支持中小企业发展财税政策情况 …… 78
2013年非公有制经济发展情况 …… 80
2013年融资担保行业发展情况 …… 82
2013年中小企业服务体系建设及服务情况 …… 83
2013年我国中小企业对外合作与市场开拓进展情况 …… 85

第四篇 各地中小企业改革与发展

北京市 …… 91
天津市 …… 93
河北省 …… 96
山西省 …… 99
内蒙古自治区 …… 102
辽宁省 …… 105
吉林省 …… 109
黑龙江省 …… 111
上海市 …… 114
江苏省 …… 118
浙江省 …… 119
安徽省 …… 122
福建省 …… 124
江西省 …… 129
山东省 …… 132
河南省 …… 134
湖北省 …… 137
湖南省 …… 141
广东省 …… 143
广西壮族自治区 …… 145

海南省 …… 147
重庆市 …… 148
四川省 …… 152
贵州省 …… 155
云南省 …… 156
西藏自治区 …… 160
陕西省 …… 162
甘肃省 …… 164
青海省 …… 169
宁夏回族自治区 …… 172
新疆维吾尔自治区 …… 175
大连市 …… 176
宁波市 …… 177
厦门市 …… 184
青岛市 …… 191
深圳市 …… 194
新疆生产建设兵团 …… 198

第五篇　中小企业统计

按企业登记注册类型划分规模以上工业企业主要指标（2013） …… 203
各地区规模以上工业企业主要指标（2013） …… 204
各行业规模以上工业企业主要指标（2013） …… 205
2013 年天津市中小企业主要经济指标完成情况 …… 207
2013 年天津市限额以上中小企业分行业情况 …… 207
2013 年天津市限额以上中小企业分区县情况 …… 208
2013 年天津市民营经济主要经济指标完成情况 …… 208
2013 年河北省民营经济主要指标综合表 …… 209
2013 年河北省各市民营经济主要指标综合表 …… 209
2013 年辽宁省民营经济主要经济指标对比表（地区） …… 210
2013 年民营经济辽宁省主要经济指标对比表（行业，所有制） …… 212
2013 年度吉林省民营经济主要指标完成情况表 …… 214
2013 年黑龙江省非公经济主要指标统计表 …… 215
2013 年黑龙江省非公有制经济增加值可比价增长速度 …… 216
2013 年黑龙江省非公有制经济增加值分产业占地区生产总值比重、增幅 …… 217
2013 年黑龙江省非公有制经济增加值占地区生产总值比重 …… 217
上海市中型法人企业情况（2013 年快报数） …… 218

上海市小型法人企业情况（2013 年快报数） …… 219
上海市微型法人企业情况（2013 年快报数） …… 220
2013 年江苏省规模以上中小工业主要经济指标 …… 221
2013 年江苏省规模以上中小工业主要经济指标（分地区） …… 221
2013 年江苏省规模以上中小工业主要经济指标（分行业） …… 222
2013 年江苏省私营企业注册情况（分市） …… 222
2013 年江苏省个体工商户注册情况（分市） …… 223
2013 年江西省中小企业主要经济指标统计表（分地区） …… 223
2013 年江西省中小企业主要经济指标统计表（分行业） …… 224
2013 年江西省非公有制经济主要经济指标统计表（分地区） …… 226
2013 年河南省中小企业主要经济指标统计表（分地区） …… 227
2013 年河南省非公有制经济主要经济指标统计表（分地区） …… 228
2013 年河南省中小企业主要经济指标统计表（分行业） …… 229
2013 年湖北规模以上中小企业主要经济指标统计表（按市州分类） …… 231
2013 年湖北规模以上中小企业主要经济指标统计表（新分行业大类） …… 240
2013 年广东省民营经济主要经济指标统计表（分地区） …… 250
2013 年海南省中小型企业及个体经济增加值及构成 …… 251
2013 年海南省中小微型企业税收情况 …… 251
2013 年重庆市非公有制经济主要指标 …… 252
2013 年重庆市民营经济主要经济指标 …… 252
2013 年中小企业增加值内部结构构成情况 …… 253
2013 年重庆市中小微企业主要经济指标（分行业） …… 254
2013 年重庆市中小微企业主要经济指标（按类型） …… 256
2013 年重庆市中小企业主要产品产量 …… 258
2013 年重庆市中小企业固定资产投资情况 …… 261
2013 年西藏自治区全部工业总产值情况表 …… 262
2013 年西藏自治区七地市主要经济指标 …… 262
2013 年陕西省各市（区）中小企业主要经济指标（分地区） …… 263
2013 年陕西中小工业营业收入行业分布 …… 263
2013 年甘肃省中小企业主要经济指标统计表（分地区） …… 264
2013 年甘肃省中小企业主要经济指标统计表（分行业） …… 264
2013 年大连市民营经济主要经济指标县（区、市）一览表 …… 266
2013 年大连市民营经济主要经济指标表 …… 267
2013 年宁波市规模以下中小企业主要经济指标 …… 268
2013 年宁波市各县（市）、区规模以上中小企业总产值（现行价格） …… 269
2013 年宁波市各县（市）、区规模以上中小企业销售产值 …… 271
2013 年宁波市规模以上中小企业主要经济指标 …… 273

2013 年宁波市各县（市）、区规模以上中小企业主要财务指标 …… 275
2013 年宁波市各县（市）、区国有控股中小企业主要财务指标 …… 276
2013 年宁波市各县（市）、区规模以上私营工业主要财务指标 …… 277
2013 年宁波市各县（市）、区规模以上中小型工业企业主要财务指标 …… 278
2013 年宁波市各县（市）、区规模以上中小企业主要经济效益指标 …… 279
2013 年厦门市成长型中小微企业样本企业主要经济指标汇总 …… 279
2013 年厦门市成长型中小微企业样本企业运行数据分类汇总 …… 280
2013 年青岛市中小企业有关数据 …… 290

第六篇 政策法规

一、相关法律、法规、部门规章及规范性文件

工业和信息化部办公厅关于加强国家中小企业公共服务示范平台管理工作的通知 …… 293
国务院办公厅关于强化企业技术创新主体地位全面提升企业创新能力的意见 …… 293
关于开展 2013 年工业企业品牌培育试点工作的通知 …… 296
中国银监会关于深化小微企业金融服务的意见 …… 297
关于做好 2013 年中小企业发展专项资金有关工作的通知 …… 298
国务院发布《关于金融支持经济结构调整和转型升级的指导意见》 …… 301
工业和信息化部关于促进中小企业“专精特新”发展的指导意见 …… 303
国家发展改革委关于加强小微企业融资服务支持小微企业发展的指导意见 …… 304
关于暂免征收部分小微企业增值税和营业税的通知 …… 305
中国银监会关于进一步做好小微企业金融服务工作的指导意见 …… 306
商务部关于促进电子商务应用的实施意见 …… 307
财政部印发《关于小微企业免征增值税和营业税的会计处理规定》的通知 …… 309
关于促进劳动密集型中小企业健康发展的指导意见 …… 310

二、地方性法规、规章及规范性文件

北京市扶助小微企业专项行动实施方案 …… 312
中共天津市委 天津市人民政府关于进一步加快民营经济发展的意见 …… 314
天津市人民政府办公厅转发市金融办关于金融支持实体经济和小微企业发展实施意见的通知 …… 317
中共河北省委 河北省人民政府关于做强产业集群促进县域工业发展的实施意见 …… 319
山西省人民政府办公厅印发关于进一步支持中小微企业发展的措施（2013 年第 1 批）的通知 …… 322
山西省人民政府办公厅印发关于进一步支持中小微企业发展的措施（2013 年第 2 批）的通知 …… 323
内蒙古自治区人民政府办公厅关于印发自治区中小企业创新年主题活动方案的通知 …… 324
内蒙古自治区人民政府关于印发自治区鼓励和支持非公有制经济加快发展若干规定（试行）的通知 …… 327
中共吉林省委 吉林省人民政府关于突出发展民营经济的意见 …… 331
黑龙江省人民政府办公厅关于印发黑龙江省企业失信行为联合惩戒实施办法（暂行）的通知 …… 333

关于印发《黑龙江省扶助小微企业专项行动实施方案》的通知 …… 336
上海市经济信息化委关于进一步完善本市中小企业服务体系的指导意见 …… 338
福建省人民政府关于进一步促进工贸企业稳定增长六项措施的通知 …… 339
福建省人民政府办公厅关于贯彻落实金融支持经济结构调整和转型升级政策措施的实施意见 …… 340
中共江西省委 江西省人民政府关于大力促进非公有制经济更好更快发展的意见 …… 342
河南省工业和信息化厅 河南省财政厅关于推动全省中小企业公共服务平台网络建设工作的指导意见 …… 347
河南省人民政府办公厅关于转发河南省促进民营企业中小企业健康发展行动计划（2013～2014 年）的通知 …… 348
湖南省经信委 湖南省财政厅 湖南省国土资源厅 湖南省住建厅 湖南省地税局 湖南省工商局 关于大力推进中小企业创业基地建设的意见 …… 353
中共广西壮族自治区委员会 广西壮族自治区人民政府关于进一步优化环境促进非公有制经济跨越发展的若干意见 …… 354
海南省中小企业发展专项资金管理暂行办法 …… 357
海南省人民政府办公厅关于印发海南省企业登记制度改革十六条意见的通知 …… 359
贵州省人民政府关于进一步做好扶持微型企业发展工作的通知 …… 360
陕西省人民政府关于金融支持民营经济持续健康发展的意见 …… 361
陕西省人民政府关于改革工商登记制度促进市场主体发展的意见（试行） …… 363
甘肃省扶助小微企业专项行动实施方案 …… 365
青海省人民政府办公厅关于印发青海省千家中小微企业培育工程实施意见的通知 …… 366
自治区党委 人民政府关于加快发展非公有制经济的若干意见 …… 372
宁夏回族自治区科技型中小企业认定管理办法（暂行） …… 375
自治区关于进一步支持小型微型企业健康发展的实施意见 …… 376
大连市人民政府关于工商登记制度改革的实施意见 …… 379
厦门市小额贷款公司管理暂行办法实施细则 …… 380
关于青岛市促进中小微型企业发展工作考核意见 …… 382
深圳市关于支持中小微企业健康发展的若干措施 …… 384

第七篇 调研与实践

北京市在减轻小微企业税负方面的经验做法 …… 389
北京市金融支持小微企业的落实成效 …… 390
北京市中小企业公共服务平台及小企业基地建设工作成效突显 …… 393
天津市民营经济发展情况调查 …… 394
黑龙江省非公食品产业发展现状及问题研究 …… 397
2013 年黑龙江省县域经济社会发展情况分析 …… 402
2013 年安徽省民营经济发展报告 …… 406
安徽省产业集群发展情况报告 …… 407

中东部四省与湖南省中小企业信用再担保体系建设比较研究 …… 410
湖南省 2008～2012 中小企业创业发展工作总结 …… 414
湖南省中小企业公共服务平台网络建设情况汇报 …… 416
不断创新 务实进取 为中小企业发展托起梦想的翅膀 …… 417
甘肃省支持中小微企业发展的主要措施 …… 420
关于宁夏回族自治区企业发展环境的调查分析报告 …… 422
推动中小企业创业发展，拓展城乡居民收入渠道 …… 429
厦门与台湾中小企业产业对接机制研究 …… 430
青岛市落实国发 14 号文件支持小微企业健康发展情况的调研报告 …… 439
新疆生产建设兵团非公有制经济发展情况报告 …… 442

第八篇　附录

工业和信息化部中小企业司 …… 447

工业和信息化部中小企业发展促进中心 …… 448

各地中小企业主管部门 …… 449
北京市经济和信息化委员会中小企业处 …… 449
天津市中小企业发展促进局 …… 449
河北省省中小企业局 …… 450
山西省中小企业局 …… 450
内蒙古自治区中小企业局 …… 452
吉林省工业和信息化厅（吉林省中小企业局） …… 453
黑龙江省工业和信息化委员会 …… 453
上海市促进中小企业发展协调办公室 …… 454
江苏省省经济和信息化委员会 …… 454
浙江省经济和信息化委员会 …… 455
安徽省经济和信息化委员会暨中小企业局 …… 456
福建省经济和信息化委员会 …… 457
江西省中小企业局 …… 459
山东省中小企业局 …… 459
河南省工业和信息化厅中小企业服务局 …… 460
湖北省经济和信息化委员会 …… 461
湖南省中小企业局 …… 462
广东省中小企业局（广东省民营经济发展服务局） …… 462
广西壮族自治区工业和信息化委员会 …… 462

海南省工业和信息化厅中小企业处（海南省中小企业局） …… 464
重庆市中小企业发展指导局 …… 464
贵州省民营经济发展局（贵州省中小企业局） …… 465
西藏自治区工业和信息化厅中小企业处（非公有制经济）办公室 …… 465
陕西省中小企业局 …… 466
甘肃省工业和信息化委员会（中小企业局） …… 466
青海省经济和信息化委员会中小企业发展局 …… 466
宁夏回族自治区非公有制经济服务局 …… 467
新疆维吾尔自治区经济和信息化委员会 …… 467
大连市经济和信息化委员会（中小企业局） …… 469
宁波市经济和信息化委员会中小企业处 …… 470
厦门市中小企业政府职能部门 …… 470
青岛市经济和信息化委员会中小企业发展局 …… 471
深圳市中小企业服务署 …… 472
兵团中小企业服务中心（兵团工业节能服务中心） …… 472

各地中小企业服务机构 …… 473
北京市中小企业服务中心 …… 473
北京市农民就业服务指导中心 …… 473
北京国融工发投资咨询有限公司 …… 473
天津市中小企业生产力促进中心（天津市中小企业发展促进中心） …… 474
天津市中小企业协会 …… 474
天津市中小企业服务中心 …… 474
天津市城市集体经济联合会 …… 475
天津市企业联合会 …… 475
河北省中小企业服务中心 …… 475
河北省中小企业信息中心 …… 476
河北省中小企业信用担保服务中心 …… 476
河北省新技术推广站 …… 476
河北省电子信息技术研究院 …… 477
山西省中小企业服务中心 …… 477
内蒙古自治区中小企业公共服务中心 …… 477
内蒙古工大华远化学工程有限责任公司 …… 478
包头市中小企业服务中心 …… 478
呼伦贝尔市中小企业投资担保有限公司 …… 478
通辽市工业经济技术服务管理中心 …… 478
鄂尔多斯市中小企业服务中心 …… 479

乌兰察布市中小企业公共服务中心 …… 479
赤峰市中小企业服务中心 …… 479
内蒙古广电网络资讯传播有限公司 …… 479
吉林省促进中小企业发展服务中心 …… 480
黑龙江省中小企业服务中心 …… 480
黑龙江省中小企业技术创新服务中心 …… 481
鹤岗市中小企业服务中心 …… 481
齐齐哈尔市中小企业服务中心 …… 483
佳木斯市中小企业公共服务中心 …… 483
伊春市中小企业服务中心 …… 483
上海市中小企业发展服务中心 …… 484
上海市中小企业上市促进中心 …… 485
江苏省中小企业发展中心 …… 485
江苏省中小企业协会 …… 485
浙江省中小企业发展促进中心 …… 485
浙江省中小企业服务中心 …… 485
浙江省中小企业科技教育培训中心 …… 486
浙江省地方工业产品检测中心（浙江省水泥质量检测站） …… 486
浙江省中小企业局后勤服务中心 …… 486
福建省中小企业服务中心 …… 486
江西省中小企业服务中心 …… 487
南昌市中小企业综合窗口服务平台 …… 487
南昌大学国家大学科技园 …… 489
江西省陶瓷检测中心景德镇陶瓷产业窗口服务平台 …… 490
山东省中小企业公共服务平台 …… 491
济南市中小企业公共服务中心 …… 494
威海市小微企业创业服务中心 …… 494
济宁市任城区中小企业公共服务中心 …… 495
潍坊市中小企业公共服务中心 …… 495
河南省中小企业发展服务中心 …… 496
中国中小企业河南网 …… 497
湖北省中小企业服务中心 …… 498
武汉市中小企业服务中心 …… 498
武汉市中小企业培训服务示范平台 …… 498
宜昌市中小企业服务中心 …… 498
广东省民营企业合作交流协会 …… 498
广东省南方民营企业发展研究院 …… 499

广东省现代物流研究院 …… 499
广东省中小企业发展促进会 …… 499
广东省中小企业服务中心 …… 500
广西中小企业网 …… 500
广西中小企业联合会 …… 501
广西壮族自治区乡镇企业培训中心 …… 501
广西壮族自治区乡镇企业建材产品质量监督检验站 …… 502
广西壮族自治区通用机械产品质量监督检测站 …… 503
广西区汽车内燃机质量监督检验站 …… 503
广西壮族自治区冶金产品质量监督检验站 …… 503
广西壮族自治区化工环保监测站 …… 504
广西轻工产品质量监督检验站 …… 504
广西纺织产品质量监督检验站 …… 504
广西壮族自治区电子产品监督检验所 …… 504
海南省中小企业服务中心 …… 505
西藏自治区中小微企业（民营企业）发展服务中心 …… 505
陕西省中小企业服务中心 …… 505
陕西省中小企业协会 …… 506
陕西省创业促进会 …… 506
陕西贝易达现代科技有限公司 …… 506
陕西中小在线信息服务有限公司 …… 506
陕西省中小企业信用担保有限公司 …… 507
陕西彼岸企业管理咨询有限公司 …… 507
陕西启迪科技园发展有限公司 …… 507
甘肃省轻工研究院 …… 507
甘肃省科学院生物研究所 …… 508
甘肃省建材科研设计院 …… 508
海西州中小企业服务中心 …… 508
青海省轻工业研究所有限责任公司 …… 509
银川中小企业公共服务平台 …… 510
大连市中小企业服务中心 …… 511
大连市中小企业联合会 …… 511
大连市信用担保协会 …… 512
宁波中小在线网 …… 512
厦门市中小企业服务中心 …… 513
厦门中小在线信息服务有限公司 …… 513
厦门万策智业科技有限公司 …… 513

厦门中开信息技术有限公司 …… 514
方圆标志认证集团厦门有限公司 …… 514
厦门易法法务信息管理有限公司 …… 514
集美大学食品科技研发检测中心 …… 515
厦门优数科技有限公司 …… 515
青岛市中小企业公共服务中心 …… 515
深圳市商业联合会 …… 515
深圳市中小企业发展促进会 …… 516
石河子市中小企业服务有限公司 …… 516
五家渠市金桥中小企业服务有限公司 …… 516

2013 年中小企业工作大事记 …… 518

2013 年工业和信息化部中小企业发展促进中心工作大事记 …… 521

2013 年各地中小企业工作大事记 …… 525
北京市 …… 525
天津市 …… 526
河北省 …… 529
山西省 …… 530
内蒙古自治区 …… 532
辽宁省 …… 533
黑龙江省 …… 534
上海市 …… 536
江苏省 …… 537
山东省 …… 539
河南省 …… 539
湖北省 …… 540
湖南省 …… 541
广东省 …… 542
广西壮族自治区 …… 543
海南省 …… 544
贵州省 …… 544
陕西省 …… 546
甘肃省 …… 547
青海省 …… 548
宁夏回族自治区 …… 548

新疆维吾尔自治区 …… 549
大连市 …… 550
厦门市 …… 551
青岛市 …… 552

年度推荐企业 …… 554

中小企业服务案例 …… 606

序

中小企业是我国国民经济和社会发展的重要力量。中小企业数量占企业总数的99%以上,对我国GDP贡献超过了60%,并提供了80%以上的城镇就业岗位。中小企业的发展状况,直接影响了整个国民经济的发展水平。随着工业化和信息化深度融合,国内外经济运行环境日趋复杂,中小企业发展既有难得的历史机遇,也面临严峻的挑战。国际经验表明,中小企业的高速发展,离不开有效的社会化服务体系尤其是信息服务体系的支撑。我国在建立完善中小企业服务体系方面也做了大量的工作,取得了显著成效,但其服务功能如创业服务、创新服务、融资服务、管理咨询服务、信息服务、人才培养、市场开拓服务等功能仍需进一步加强。其中,信息服务是其他各项服务的基础。

《中国中小企业年鉴》自创办以来,在中小企业信息服务体系中发挥了重要的作用。作为我国第一部系统、全面介绍我国中小企业现状及趋势分析的信息服务工具书,年鉴多年来坚持不懈地为中小企业、为政府、为各类服务机构提供全面、有效的数据和信息服务。通过整理汇编国务院及各部门指导、扶持中小企业的政策、法规,为中小企业提供政策信息,帮助中小企业了解并充分利用各类扶持资金、政策;通过宣传交流地方中小企业工作成绩和成功经验,促进各地发挥地区优势,发展地方特色产业;通过提供各类中小企业服务机构信息,为中小企业解决资金、技术、人才、市场等问题提供信息支持。

经过多年的积累,年鉴形成了全面、高效的信息征集系统。国家统计局为年鉴提供年度中小企业主要指标数据,并专门撰写中小企业发展状况分析报告。各级中小企业主管部门为年鉴提供权威、翔实的数据和资料。在大家共同努力下,年鉴编辑质量伴随着我国中小企业事业的发展而不断提高,年鉴的信息服务功能不断增强和完善,年鉴工作已成为中小企业服务体系建设的一项重要内容,成为增强服务能力、优化服务环境的重要抓手。在此我对年鉴各组稿单位的辛勤努力表示诚挚的感谢!我相信,在社会各界的支持下,《中国中小企业年鉴》会越办越好,为促进我国中小企业又好又快发展做出更大贡献!

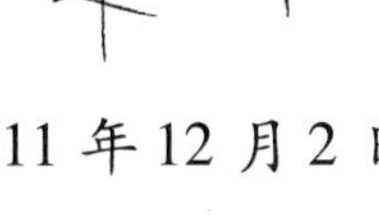

2011年12月2日

第一篇 重要文献

一、部委领导讲话及论述

在国务院促进中小企业发展工作领导小组会议上的发言

工业和信息化部部长　苗圩

根据会议安排，现将国发14号文件的贯彻落实情况、中小企业发展的总体情况以及下一步拟开展的工作汇报如下：

一、国发14号文件贯彻落实情况

国发14号文件下发后，我部会同领导小组成员单位等代拟了落实文件的部门分工方案，并由国务院办公厅正式印发。随后，我部即召开领导小组办公室扩大会议，协调27个部门将75项分工进一步细化，拟订并印发了工作安排。各地区、各部门认真贯彻落实，相关工作取得积极进展。

一是政策环境逐步改善。截至到目前，在加强财税支持、完善金融服务、推进结构调整、健全服务体系、提升创新能力等方面，有关部门印发了45个配套文件，24个省（区、市）出台了实施意见。有关部门配合全国人大开展了《中小企业促进法》有关制度立法后评估工作。

二是财税支持力度进一步加大。2012年，中央财政各类中小企业专项资金增加至141.7亿元并已全部下达；设立国家中小企业发展基金的各项准备工作也在推进。财税部门积极出台惠企税费政策，提高增值税、营业税起征点政策，各省（区、市）均按起征点上限执行。实施企业减负专项行动，全面清理规范涉企收费行为。

三是缓解融资难工作取得进展。据人民银行数据显示，截至2012年末，主要金融机构及主要农村金融机构、城市信用社和外资银行人民币小微企业贷款余额11.58万亿元，同比增长16.6%，增速分别比同期大、中型企业贷款增速高8个和1个百分点。2012年，中央财政安排14亿元专项资金支持了565家担保机构为中小企业提供担保服务，所支持担保机构的新增贷款担保业务额达5686亿元，受保中小企业12万户，其中小微企业占85%。

四是结构调整力度不断增强。2012年，中央财政安排中小企业发展专项资金19.2亿元，其中80%用于支持创新型、创业型和劳动密集型小微企业。2012年中央预算内投资安排工业中小企业技术改造资金35亿元，支持技术改造项目1803个，带动企业投资425亿元。为落实国务院第204次常务会议要求，工业和信息化部、财政部和工商总局联合印发了《关于大力支持小型微型企业创业兴业的实施意见》，推动降低企业注册门槛，简化企业创办登记程序，支持小企业创业基地建设。

五是公共服务体系不断健全。实施中小企业公共服务平台网络建设工程，支持了20个省搭建互联互通、资源共享的中小企业公共服务平台网络，为企业提供便捷服务。工业和信息化部分两批共认定了307个国家中小企业公共服务示范平台。成功举办了第九届中国国际中小企业博览会、第七届APEC中小企业技术交流暨展览会等，为中小企业搭建展览、展示、合作、交易的平台。

六是深入开展中小企业服务年活动。2012年，工业和信息化部在全国范围内推动实施中小企业服务年活动，为企业送政策、送服务、送温暖。各地积极响应，把贯彻落实国发14号文件与中小企业服务年活动有机结合起来，采取多种方式服务中小企业。据不完全统计，全国组织开展各类服务活动达2万场次，服务企业130多万家，收到了较好的效果。全年共完成50万人次的中小企业经营管理培训和1000人的中小企业领军人才培训。我部与工、农、中、建、交和国家开发银行签署了战略合作协议。

二、当前中小企业发展的总体情况

2011年下半年以来，为缓解中小企业特别是小微企业经营压力大、融资困难和税费偏重等方面的问题，国务院两次召开常务会议研究扶持小微企业的政策措施，2012年4月又下发了国发14号文件。从目前看，各项政策的积极效应正逐步显现，中小企业运行总体企稳向好。据国家统计局数据显示，2012年1~12月，全国规模以上中小工业企业增加值同比增长12.2%，较全部工业企业增加值增速高2.2个百分点；1~11月，实现利润总额2.80万亿元，同比增长11.28%，较1~10月提高1.94个百分点。

但是，我国经济发展仍面临不少风险和挑战，经济趋稳的基础还不够牢固，特别是小微企业面临的困难和问题仍比较突出。一是生产成本上升。尤其是用工成本上升，据国家统计局对全国4.2万家规模以下小微工业企业的调查问卷显示，2012年四季度有61.5%的小微企业认为用工成本上升是当前面临的突出问题，远高于其他问题。二是市场需求不足。2012年12月，中国制造业采购经理指数（PMI）中，小型企业PMI为48.1%，比11月回升了2.0个百分点，但该指数自2012年4月以来一直位于临界点以下。劳动密集型企业由于成本上升其优势正在逐步丧失，出口订单向周边国家转移的趋势越发明显。三是企业负担较重。与大中型企业相比，小微企业获取资源能力较弱，本小利薄，对于各种负担的实际承受能力相对较差，要求进一步加大减负力度的愿望尤为迫切。另外，融资难、管理粗放、创新能力不足等也是制约小微企业健康发展重要因素。

总的来看，小微企业发展长期向好的趋势和基本面没有改变。但从政策层面看，国发 14 号文件的政策措施落实力度还有待进一步加强，有的支持政策还不平衡，不到位，有的企业建议把一些阶段性政策转为长期性扶持政策。对此，我们将会同有关部门全力做好工作，采取有效措施加以解决。

三、下一步的主要工作及建议

一是进一步优化中小企业发展环境。积极推动国发 14 号文件的贯彻落实，做好对国发 14 号文件重点工作分工进展情况的跟踪。进一步加大对小微企业的财税支持力度，逐年扩大国家中小企业专项资金规模，加快推进营业税改征增值税试点，推动国家中小企业发展基金的设立实施。进一步清理整顿涉企负担。充分发挥舆论宣传的导向作用，为中小企业发展营造良好氛围。建议国务院 2013 年对国发 14 号文件贯彻落实情况进行专项督查。

二是进一步促进创新型、创业型和劳动密集型小微企业发展，加快发展方式转变。继续深入实施中小企业信息化推进工程和中小企业知识产权战略推进工程，落实好我部与科技部签订的促进中小企业技术创新协议，鼓励中小企业走“专精特新”和与大企业协作配套发展道路；大力推动创业兴业工作，继续实施创办小企业计划；研究劳动密集型企业转型升级的政策措施。进一步加大对中小企业技术改造的支持，促进产业集群健康发展。

三是进一步改善融资服务。按照中央经济工作会议关于保持贷款适度增加，切实降低实体经济发展融资成本的要求，继续深化我部与工、农、中、建、交五大银行和国家开发银行战略合作，加大小微企业信贷支持。进一步拓宽小微企业融资渠道，搭建方便快捷的融资平台。推进中小企业的信用担保体系建设，鼓励担保机构提高小微企业担保业务规模，降低对小微企业担保收费，积极发展再担保机构。

四是进一步完善服务体系建设。加大对中小企业服务体系建设的支持力度，完善中小企业公共服务平台，重点培育国家中小企业公共服务示范平台，加快中小企业公共服务平台网络建设，推动小企业创业基地建设。深入实施国家中小企业银河培训工程和中小企业经营管理领军人才培训计划，提升企业人员素质和管理水平。继续办好中国国际中小企业博览会和 APEC 中小企业技展会。

中小企业工作涉及面广，政策性强。我部将认真学习好、贯彻好党的十八大精神和中央经济工作会议的有关要求，认真贯彻落实张德江副总理本次会议的重要讲话精神，切实履行好领导小组办公室职责，加强与各部门、各地区的协调配合，及时沟通情况，形成工作合力。协调落实好已有的政策措施，推动出台新对策、新举措，实施扶助小微企业专项行动，全力促进中小企业持续健康发展。

开拓创新扎实工作
努力开创中小企业工作新局面

——在全国中小企业工作会议上的讲话

工业和信息化部部长　苗圩

同志们：

刚才，宏任总工程师传达了中央政治局常委、国务院副总理张德江同志近日在国务院促进中小企业发展工作领导小组会议上的重要讲话精神。德江同志的重要讲话，分析深刻，要求明确，意义重大，对于我们统一思想，提振信心，做好中小企业的各项工作，具有十分重要的指导意义。我们要认真学习，深刻领会。各地中小企业主管部门要把德江同志的重要讲话精神尽快向当地党委政府汇报，并结合实际抓好贯彻落实。

2012 年是我国中小企业发展历史上重要的一年。针对中小企业特别是小微企业出现的新情况、新问题，国务院经过调查研究下发了《进一步支持小型微型企业健康发展的意见》（国发［2012］14 号，以下简称国发 14 号文件）。各地、各有关部门也都积极贯彻落实，出台了一系列配套政策措施，各项工作取得了明显成效。我们把贯彻落实国发 14 号文件与转变作风、服务中小企业有机结合起来，组织和动员各方面力量在全国范围内开展了以“服务企业，助力成长”为主题的中小企业服务年活动，为企业送政策、送服务、送温暖。各地中小企业主管部门积极响应，制定了详细方案，采取多种方式服务本地中小企业。北京、天津、吉林、江苏、河南等地的政府领导亲自部署并出席相关活动，有的省市还将服务年活动纳入了政府绩效考核范围。据不完全统计，2012 年全国共组织开展各类服务活动达 2 万多场次，服务企业 130 多万家，服务年活动得到了社会的广泛关注和认可。当前，我国经济发展仍面临不少风险和挑战，经济趋稳的基础还不牢固，特别是小微企业面临的困难和问题还比较突出。为了促进小微企业提高发展质量和效益，我部经研究决定将扶助小微企业发展作为 2013 年转型升级行动计划的一项重要内容，在全国范围组织开展“扶助小微企业专项行动”。下面我结合专项行动的重点工作，讲几点意见：

第一，要进一步抓好国发 14 号文件的贯彻落实工作。去年国发 14 号文件出台以后，各地积极贯彻落实，大家的行动还是比较快的，措施也很有力。据统计，到目前内蒙古、上海、福建、江西、山东、青海等 21 个省（区、市）出台了实施意见。但是还有 10 个省的实施意见没有出台，希望大家要争取尽快出台。已出台的省市，要狠抓落实，不能仅停留在文件上，要让政策落地，要让中小企业特别是小微企业切实感受到政策的效力。另外，中央已经出台了多项扶持小微企业发展的支持政策，各个部委也出台了多项配套文件，各地到底落实的怎么样，有多少企业享受了优惠政策，政策的覆盖面有多大？占本省小微企业的比例有多少？为什么有的企业反映享受不到优惠政策？究竟是贯彻落实的问题，还是政策缺乏操作性、针对性。要摸清情况，要进行评估，对落实不好的要及时与有关部门沟通，也包括向我们及时反映。要组织和动员中小企业服务机构主动帮助小微企业享受政策，反映有关问题。总之，国发14号文件有很多政策亮点，含金量高，要把纸面上的政策落到实处，还需要我们深入调查研究，才能落实到位。各地也要参照中央出台的政策措施，加大政策支持力度。在组织领导上，要建立健全协调机制。在中央层面上，2009年，国务院成立了促进中小企业发展工作领导小组，德江同志担任组长，17个部门为成员。各部门齐心协力，一起落实各种政策措施。认识从原来不太一致到现在趋于一致，措施从原来空的、虚的比较多到现在措施比较有力。我们了解到，大部分省（区、市）也都建立了跨部门的中小企业工作协调机制，在统筹政策协调，服务经济大局，推动中小企业发展方面发挥了重要作用。但有少数省市还没有建立起工作协调机制，这方面的工作还要加强。具体以什么形式建立机制，各地可以根据本地实际来研究，我们希望各地中小企业主管部门要充分发挥作用。在建立考核机制上，要按照国发14号文件的要求，加强对促进小微企业发展工作的监督考核。辽宁、浙江、山东、陕西等省市已经开展了这方面的工作，尚未开展的省市，要抓紧建立考核机制。在资金支持上，金融危机以来，中央财政逐步加大了对中小企业的资金支持。2012年，中央财政各类中小企业专项资金增加至141.7亿元，不完全在工业和信息化部，还包括科技部、商务部等部门，都是从不同角度来促进中小企业发展。据不完全统计，全国省级中小企业专项资金平均增速超过30%。28个省（区、市）加大了财政资金的支持力度，辽宁、河南、宁波的中小企业发展专项资金增长的幅度超过一倍，北京、山西、江苏、广东、四川、贵州、云南等地新增资金规模超过5000万元。我们希望各级政府都要有一些资金，集中用于支持小微企业发展。

第二，要进一步促进创新型、创业型和劳动密集型小微企业发展。这也是国发14号文件的具体要求。2012年，我部会同财政部、工商总局印发了《关于大力支持小型微型企业创业兴业的实施意见》，与科技部签署了《促进中小企业技术创新合作协议》。2013年，除了劳动密集型中小企业的问题，还在研究、论证相关政策外，对于创新型、创业型中小企业的发展，要把一些基础性的工作做起来。要联合科技部门将高新技术的名单拿出来，分企业类型、分行业进行统计，检查企业的分布面，各种类型的企业在认定上有什么问题，要把已有的两项政策用好。一是高新技术企业税收政策。2008年中央统一内外资企业税率后，对科技部认定的高科技企业可以享受15%的企业所得税税率。但在我们调研中，企业反映政策落实的不好，享受政策企业仅占工业企业的10%左右，小微企业就更不好。二是研发投入加计扣除政策。前提是企业要有研发投入，还要符合国家重点支持的高新技术等有关目录。希望通过基础性工作，使这两项政策得到落实。这样各地也可以横向比较一下，各省市究竟享受的政策面大还是面小，大的相对说明工作开展的好，重视程度高。面不太大的也可以据此来进一步推动工作，采取措施。另外，创业型小微企业的工作，2012年印发了文件。2013年要会同工商部门对新设立的企业进行统计分析，人社部门、科技部门都有一些资金，要利用好现有的一些政策支持创业型中小企业发展。

第三，要进一步完善中小企业公共服务体系。中小企业工作资金很重要，但比资金更重要的是政策。用直接方式支持小微企业固然重要，但更重要的是要通过间接方式来扶持中小企业发展，其中一个重要的方面就是中小企业公共服务平台网络建设。2011年以来，中央财政累计安排6亿元，支持20个省（区、市）建设中小企业公共服务平台网络。目前，浙江省、黑龙江省中小企业公共服务平台网络已开通运行。相关省市要加强管理和调度，加快进度，首批建设的10个省市2013年要力争全部开通运行。这两年，我部两批已认定307个国家中小企业公共服务示范平台。据对首批99家示范平台服务的1547家中小企业抽查显示，平均满意度为98%。要按照我部印发的《关于加强国家中小企业公共服务示范平台管理工作的通知》要求，切实加强对示范平台的管理，健全服务规范，建立服务质量保证制度等，不断提高服务满意度。要建立激励和监督机制，完善服务标准及评价指标，加大扶持力度，集聚更多资源为中小企业服务。下一步，要加强监管，对示范平台实施动态管理，对长期达不到服务要求的，取消称号。对运行比较好的示范平台，要加大资金等政策支持力度，建立优胜劣汰机制。另外，中国国际中小企业博览会是为中小企业搭建展览、展示、合作、交易的重要平台，也是中小企业国际合作的平台，希望各地中小企业主管部门要充分利用好这一平台，组织并支持更多的小微企业参展，拓展国内外市场。

第四，要进一步加强对小微企业的融资服务。围绕小微企业融资难、融资贵问题，2012年，各地区、各部门都做了大量卓有成效的工作。广西、湖北、海南、重庆、陕西、宁夏、甘肃、新疆、大连、青岛、深圳等20多个省市积极开展中小企业融资服务活动，发挥财政资金引导银行业金融机构为小微企业提供信贷服务，运用创业投资、集合信托、融资租赁、发行企业债券，开展银企对接等方式，多渠道解决企业融资难，收到了很好的效果。中央财政安排14亿元支持565家担保和再担保机构为中小企业提供担保服务，所支持机构的新增贷款担保业务额达5686亿元，受惠企业12万户，其中小微企业占85%。另外，我部会同税务总局对符合条件的179户中小企业信用担保机构给予免征营业税政策支持。通过各地、各部门的共同努力，小微企业融资难问题得到一定的缓解。据人民银行最新数据显示，截至2012年末，主要金融机构及主要农村金融机构、城市信用社和外资银行人民币小微企业贷款余额11.58万亿元，同比增长16.6%，增速分别比同期大、中型企业贷款增速高8个和1个百分点。尽管这些政策措施发挥了一定的作用，但小微企业融资难、融资贵状况仍然没有得到根本缓解。据国家统计局对全国4.2万家规模以下小微工业企业的调查问卷显示，2012年四季度有银行借款需求的小微企业中，59.8%的企业没能从银行获得借款，其中微型企业达到67.1%。各地要继续加大与金融机构的合作，进一步加大对小微企业的信贷支持。要积极推进中小企业信用担保体系建设，要用好中小企业信用担保资金，支持担保机构提高小微企业担保业务规模，降低对小微企业担保收费，支持再担保机构发挥增信作用。要积极引导开展银企融资对接活动，支持和引导社会机构加强对小微企业的融资培训，提高小微企业的信用水平。这里还要说，各级的专项资金要多用于支持中小企业的间接服务，比直接支持中小企业能够取得更大的效果。

第五，要进一步减轻小微企业负担。在党中央、国务院的统一部署下，各地、各部门高度重视减轻小型微型企业负担工作，2012年出台了多项减轻企业负担的政策。在全国统一取消31项涉企行政事业性收费和20项社团收费，每年可减轻企业负担约65亿元；对小型微型企业免征管理类、登记类和证照类等22项行政事业性收费，每年可减轻企业负担约50亿元；取消253项各省（区、市）设立的涉企行政事业性收费，每年可减轻企业负担约100亿元。德江同志也强调，2013年要进一步加大减负力度，进一步减免面向小微企业的各项税费。浙江、安徽、湖南等地出台了清理行政事业性收费、建立小微企业直通车、推行收费明白卡制度等具体措施。但小微企业负担仍然偏重，企业和社会反映强烈。特别是目前小微企业成本上升、效益下降，负担问题尤为突出。中小企业主管部门要从本部门的职能出发，推动地方减免涉企收费，能免则免，能减则减，切实减轻小微企业负担。

第六，要进一步转变作风。各级中小企业主管部门要深入贯彻落实中央政治局关于改进工作作风、密切联系群众的“八项规定”，切实改进文风会风，强化责任意识，把“扶助小微企业专项行动”与转变工作作风结合起来，多深入基层和企业，加强调查研究，主动服务企业，创造性地开展工作。今天的会议是中小企业工作会议，也是“扶助小微企业专项行动”的启动会议。下一步，我部将尽快下发《扶助小微企业专项行动实施方案》。各地要行动起来，要按照方案提出的目标和重点工作要求，结合本地实际，细化扶助小微企业专项行动的实施方案，明确目标，完善措施，强化责任，加强考核，务实推动专项行动顺利地实施。同时，中小企业量大面广，工作千头万绪，涉及方方面面。中小企业主管部门作为促进中小企业发展的牵头政府部门，要协调好与各部门之间的关系，要充分发挥中小企业服务机构、行业协会的作用，联系带动中介组织，加强与大专院校和科研院所的联系，动员社会各方面的力量，集中各方面的智慧，在更大范围整合资源，努力形成促进中小企业发展的良好氛围。

同志们，2013年是贯彻落实党的十八大的开局之年。新的一年，全国中小企业系统的工作任务将更加繁重，责任重大，使命光荣。我们一定要紧密地团结在以习近平同志为总书记的党中央周围，深入贯彻落实党的十八大精神，开拓创新，扎实工作，努力开创中小企业工作新局面，为促进中小企业特别是小型微型企业转型升级、健康发展做出新的更大的贡献！

春节就要来到，我在这里提前给大家拜个年，祝同志们新春愉快、工作顺利、家庭幸福！

谢谢大家！

在小微企业发展座谈会上的讲话

工业和信息化部部长　苗圩

尊敬的钦敏主席、哲洙书记，同志们：

大家下午好！

非常高兴来参加这次小微企业发展座谈会，听取小微企业的发展情况和意见。全国工商联对这次会议很重视，钦敏主席、哲洙书记都在百忙中出席了会议。一会儿钦敏主席还要作重要讲话。

一直以来全国工商联对工信部的工作都非常关心和支持，两个部门建立了良好的合作机制，在共同开展中小企业和非公有制经济发展调研、政策研究以及推动非公有制企业创先争优、推动国发［2009］36号和国发［2012］14号两个国务院文件的出台和贯彻落实等方面，都做了大量的工作，取得了积极成效。这次，为客观、准确地了解支持小型微型企业健康发展政策的落实情况，筹备召开国务院促进中小企业发展工作领导小组会议，我们又委托工商联对国发14号文件的贯彻落实情况进行评估，在时间紧、难度大的情况下，工商联全力以赴，及时进行部署，今天又组织召开专题座谈会，这让我们很感动。在此，我代表工业和信息化部，对工商联长期以来对我部工作的关心和支持表示衷心地感谢！

刚才14位企业家朋友，结合本地和本企业的实际，介绍了企业发展面临的新情况，也提出了很好的建议，大家都讲得很好，很实在，都是心里话，我听了很受启发。大家反映的问题，我们要认真加以研究，能够解决的尽快落实，需要向有关部门反映或协调的，要积极反映、协调。

下面，我谈三个方面的想法，也是对各位企业家刚才所反映问题的回应，供大家参考。

第一个方面，关于当前小微企业发展面临的新问题。

2013年以来，我国经济面对十分复杂的环境，总体上保持平稳，主要经济指标处于年度预期目标的合理区间，结构调整稳中有进，转型升级稳中提质。2013年上半年，我国GDP同比增长7.6%，下半年我国经济仍将保持总体平稳发展态势。同时，受国内外错综复杂经济发展环境的影响，我国经济增速下行压力加大，经济增长动力偏弱，化解产能过剩形势严峻，企业生产经营困难加剧，小微企业生存压力加大。刚才企业家发言中所谈到的困难和问题，也印证了这一点，概括起来主要有以下几个方面：

一是用工成本上升。据国家统计局对4.4万户规模以下小微企业抽样调查，二季度，有63.5%的小微企业认为当前最突出的问题是“用工成本上升”，自2012年初以来一直列各问题的首位，比2012年同期提高了30.8个百分点。

二是融资难融资贵问题依然突出。二季度，有借款需求的小微企业中，62.9%的企业没能从银行获得借款，仅有9%的企业从银行获得全部借款。不少企业依赖民间借贷，其年化利率超过20%。

三是订单减少。这实际上是市场问题，7月，制造业小型企业PMI为49.4%，已连续16个月运行在50%的临界值以下。据我部对万家工业小微企业调查显示，7月份，27.3%的企业国内市场订单减少，较5月上升4.6个百分点；27.9%的企业出口订单减少，较5月上升3.3个百分点。

四是公共服务亟须改进和完善。公共服务体系建设尚不能适应小微企业发展的需要，这既有体制上的问题，又有机制上的问题。一些政府部门服务小微企业的认识有待提高，服务方式有待改进；社会服务机构的服务能力和服务水平参差不齐，服务市场发育不全，小微企业难以得到有效的支撑服务。

第二个方面，加快企业转型升级是根本方向。

企业转型升级是企业发展的内在需要和必然选择。当前，我国中小企业发展存在这样那样的问题，要解决这些问题，除了要营造良好的发展环境外，从根本上说就是要加快转型升级，这是中小企业发展的重点，也是难点。因为中小企业普遍技术装备水平不高，创新能力弱，人才缺乏。广大中小企业也都意识到了这一点，认为“必须转”“应该转”，但“怎么转”“如何升级”无所适从，缺乏方向感。在这里我提几点建议供大家参考：

一是增加自主创新能力，增加研发投入，改变同质化竞争的格局，通过提高产品的科技含量来提高附加值。我们一直把创新作为促进小微企业发展的重点，在引导企业“专精特新”和集聚发展，提高质量和效益方面做了很多工作。如中央财政预算安排了工业中小企业技术改造资金和中小企业发展专项资金，支持中小企业应用新技术、新工艺、新材料进行技术改造和技术进步，增强创新能力。实施了中小企业创新能力建设计划、创办小企业计划、知识产权战略工程等等，为广大中小企业创新提供了支持。

二是注意企业信息化的应用，用信息化手段来提高效率，降低成本，提高竞争能力。信息化和工业化深度融合，是加快转变方式、促进“四化”同步发展的重大举措。信息技术是当今时代创新最活跃、带动性最强、渗透性最广的领域。信息技术发展和应用正以前所未有的广度和深度，加快推进生产方式、发展模式的深层变革。本届政府成立后，李克强总理多次要求，要注重远近结合，充分发挥信息化在稳增长、调结构、促改革中的作用；要求工业和信息化部近期要加快促进信息消费，拉动有效需求，催生新的经济增长点；中长期要突出做好两化深度融合，继续实施中小企业信息化推进工程，完善公共服务，充分利用信息技术的渗透性和带动性，有效发挥信息化在改造提升传统产业、培育发展战略性新兴产业的重要作用，力争用5年左右的努力取得明显成效。

三是注重新业务模式的应用，卖产品不如卖服务。应该说，商业模式创新是促进产业结构升级、促进发展质量和效益全面提升的关键，也是企业竞争的关键。有时候，有些企业技术好产品质量好但效益不高，市场认同度低，很大的一个原因是忽视了商业模式创新。我看过一个材料上说，今天美国企业60%的创新是商业模式的创新，40%的创新是技术的创新。这一点作为企业需要重视和关注。

第三个方面，要进一步营造小微企业发展环境。

党中央、国务院对小微企业发展非常重视，前一段时间，国务院领导同志多次作出重要批示，要求工信部会同有关部门，梳理、完善促进小微企业政策，有针对性地采取措施加以落实。最近中央政治局在讨论研究当前经济形势和下半年经济工作时，再次明确要求，“进一步激发企业活力，加大对中小微企业等的政策扶持和服务力度，进一步清费减负，拓宽企业融资渠道。”大家可能也看到，为突出解决小微企业融资和负担问题，最近已经密集出台了一些政策，比如在切实缓解小微企业融资困难方面，国办印发了《关于金融支持经济结构调整和转型升级的指导意见》，国务院还召开了全国小微企业金融服务经验交流电视电话会议，马凯副总理在会上提出了确保小微贷款“两个不低于”等8项要求。再如，人民银行决定全面放开金融机构贷款利率管制。在减轻小微企业税费负担方面。国务院常务会议决定，从2013年8月1日起，暂免征收部分小微企业增值税和营业税，并要求抓紧研究相关长效机制；交通运输业和部分现代服务业“营改增”试点在全国推开；取消企业年度检验费、绿化费等33项行政事业性收费等等。这些金融和财税政策体现了中央关于“微观政策要活”的要求，政策含金量很高，对减轻企业负担、改善经营环境具有重要作用。我想，当前最重要的是抓落实，再好的政策如果不落实也是空的。要让企业感受到政策的实惠，关键在于落实，在服务，在引导，在进一步营造良好的发展环境。

我部正根据国务院领导同志的要求，充分发挥国务院促进中小企业发展工作领导小组办公室的作用，会同有关部门，认真自查各项政策的贯彻落实情况，查找和分析部分政策没有落实的原因。宏任同志前不久主持召开了领导小组办公室会议进行了部署，这次我们请工商联对政策贯彻落实情况进行评估，也是为了客观、公正、真实地反映有关情况，便于推动政策落到实处。下一步，我们将结合各部门自查和工商联的评估情况，进一步推动各项政策措施的完善和制定，将政策落到实处。正如克强总理讲的，政策不仅要听着好，而且要用得着。

最后，再次感谢全国工商联，感谢钦敏主席、哲洙书记长期以来对工信部工作的关心和支持，感谢各位企业家朋友给我们提出很多很好的建议。促进中小企业发展，不仅需要政府的鼓励和支持，更需要社会各界的关心和支持，更需要各位企业家的不懈努力。工商联作为党和政府联系工商界非公有制经济人士的桥梁纽带，作为政府管理和服务非公有制经济的助手，在促进小微企业健康发展中将发挥着越来越重要的作用。我相信，只要我们共同努力，真正把党中央、国务院促进小微企业发展的方针、政策落到实处，小微企业发展环境就会得到逐步改善，小微企业也一定能够取得健康发展。

谢谢大家!

在民进中央座谈会上的讲话

工业和信息化部党组成员、总工程师　朱宏任

尊敬的严隽琪主席，

罗富和副主席、朱永新副主席，

同志们：

大家好！这次到民进中央来，主要是向严主席和各位民进中央领导长期以来关心支持中小企业工作表示感谢。2012 年 11 月 30 日严主席在党外人士座谈会上的发言，马凯同志做了重要批示。苗圩部长要求我们对严主席提出的关于进一步为中小企业减负的相关建议认真研究，积极协调有关部门进一步加大对中小企业的扶持力度。来之前，苗圩部长特地交待我，由于工作安排的原因，他不能亲自到会，请我代表他本人和我部感谢中国民主促进会、感谢严隽琪主席长期以来对我部工作的支持，特别是对中小企业工作的关心和支持。同时，借此机会，向民进中央的领导汇报促进中小企业发展相关工作，听取民进中央领导对促进中小企业发展工作的意见和建议，进一步改进我部的工作。

一、关于促进中小企业发展相关工作情况

正如严主席在党外人士座谈会讲话中提到的，中小企业是实体经济的重要基础，是社会就业的主渠道，是技术创新和转变经济发展方式的生力军。根据工商总局数据显示，截至 2011 年底，全国工商登记实有企业 1253. 1 万户，个体工商户 3756. 5 万户，这其中大都是中小微企业。因此，中小企业发展关系国民经济和社会发展全局，应当给予高度关注和重视。工信部是在 2008 年我国“大部制”改革背景下新成立的部门，中小企业职能是从国家发改委整建制划入工信部的，是国务院负责中小企业发展的宏观指导部门，主要职能是会同有关部门拟订促进中小企业发展和非国有经济发展的相关政策和措施，协调解决有关重大问题。自组建以来，我部认真贯彻落实党中央、国务院的重大决策部署，按照国务院赋予的职责，充分发挥国务院促进中小企业发展工作领导小组的统筹规划、组织领导和政策协调作用，加强与国务院有关部门的协同配合，积极营造良好的政策环境，不断完善公共服务，促进中小企业发展各项工作取得了一定成效。

一是推动政策环境逐步优化。逐步健全政策体系，不断优化政策环境，是推动中小企业发展的重要工作。2008 年我部组建不久，国际金融危机爆发，我们根据中小企业发展的新形势新情况，按照国务院领导的指示，积极推动中小企业应对国际金融危机，稳增长，促就业，惠民生，出台了一系列政策措施，2009 年推动出台了《国务院关于进一步促进中小企业发展的若干意见》（国发〔2009〕36 号）、2012 年推动出台了《国务院关于进一步支持小型微型企业健康发展的意见》（国发〔2012〕14 号）等综合性文件。同时加大贯彻落实力度，协调相关部门和地方出台配套政策措施。如国发 36 号文件，国务院相关部门在加强财税支持、完善金融服务、健全服务体系、提升创新能力等方面就出台了 29 个配套文件，地方出台配套具体措施 200 多件。国发 14 号文件印发后，我们会同有关部门制定了分工方案，国务院办公厅 2012 年 8 月 2 日正式印发了分工方案，将国发 14 号文件相关内容分解为 75 项重点工作，我部会同 27 个相关部门围绕 75 项重点工作拟定印发了工作安排。截至目前，有关部门已出台 45 个配套政策文件。2011 年 6 月，经国务院同意，我部会同国家统计局、发展改革委和财政部向社会公布了新修订的中小企业划型标准，新标准增加了微型企业标准，突出了国家扶持小型微型企业发展的政策取向。2011 年 9 月，我们又向社会公布了《“十二五”中小企业成长规划》，提出了“十二五”时期促进中小企业优化结构和转型成长的“五大任务”（即进一步增强创业创新活力和吸纳就业能力、进一步优化产业结构、进一步提高“专精特新”和产业集群发展水平、进一步提升企业管理水平、进一步完善中小企业服务体系），“两个关键工程”（即中小企业公共服务平台网络建设工程和中小企业信息化推进工程）和“四个行动计划”（即中小企业创新能力建设计划、创办小企业计划、中小企业管理提升计划、中小企业市场拓展计划），统领中小企业发展工作，努力提高中小企业发展的质量和效益。

二是加大财税支持力度。财政资金支持逐年加大。中央财政预算内的扶持中小企业发展专项资金的规模逐年增加，从最初的 10 亿元增至 2012 年的 141. 7 亿元。从 2009 年开始，每年专门安排 30 亿元，支持中小工业企业进行技术改造；2012 年增加到 35 亿元。“国发 14 号文件”提出要设立规模达

150亿元的国家中小企业发展基金，相关工作我们正在积极推进。

严主席在讲话中明确提到当前中小企业税费负担较重，提出要进一步减轻中小企业负担。我们很认同，这也是我们长期以来的工作重点。在中小企业减负工作中，一方面，我们全面清理规范涉企收费行为，比如，自2011年2月起，在全国统一取消31项涉企行政事业性收费和20项社团收费，每年可减轻企业负担约65亿元。自2012年1月1日至2014年12月31日，对小型微型企业免征管理类、登记类和证照类等22项行政事业性收费，每年可减轻企业负担约50亿元。自2012年2月1日起，取消253项各省、自治区、直辖市设立的涉企行政事业性收费，每年减轻企业负担约100亿元。2012年8月22日，国务院常务会议决定，再取消和调整314项部门行政审批项目，其中取消184项、下放117项、合并13项。另一方面，积极推动出台惠企税收政策，①出台明确针对小型微型企业的税收优惠政策，例如，自2012年1月1日至2015年底，将减半征收企业所得税小型微型企业范围扩大到年应纳税所得额低于6万元（含）的小型微利企业，提高了个体工商户增值税和营业税起征点，各省（区、市）都按上限执行，仅此一项政策，将减轻税负290亿元，惠及924万个体工商户。②出台相关税收扶持政策，引导金融企业为小型微型企业提供贷款担保和融资服务，例如，中小企业信用担保、再担保机构从事担保业务的收入3年内免征营业税；自2011年1月1日至2015年底，对符合条件的中小企业信用担保机构有关准备金实行企业所得税税前扣除政策；自2011年11月1日起3年内，对金融机构与小型微型企业签订的借款合同免征印花税等。此外，还有许多税收优惠政策虽未明确针对小型微型企业，但受益主体主要是小型微型企业，比如连续上调部分劳动密集型、高技术含量、高附加值商品的出口退税率，对国家重点扶持的高新技术企业减按15%的税率征收企业所得税，以及就业再就业税收优惠政策等。

三是努力缓解中小企业融资难。推动在金融机构中建立中小企业信贷部门，实行了针对中小企业特别是小型微型企业的差异化监管和激励政策，加大对中小企业融资的支持力度，2009～2011连续三年实现了小企业信贷增速、信贷增量“两个不低于”目标。我部高度重视为中小企业搭建间接融资平台，2009年底与工农中建四大银行签署了《中小企业金融服务合作备忘录》，2012年又与交通银行签订了《中小企业金融服务战略合作协议》，重点改善对小型微型企业的金融服务。据银监会统计，截至2012年10月末，小微企业贷款余额14.35万亿元，占全部企业贷款的21.72%，连续3年实现持续增长目标。小额贷款公司快速发展，截至2012年9月末，全国共有小额贷款公司5629家，比2011年底增加了1447家，贷款余额5330亿元，前三季度新增贷款1414亿元。针对中小企业特别是小微企业实力弱、可抵押的资产少、信用等级不高、很多管理也不规范等实际情况，我部推动构建多层次中小企业信用担保体系，采取了营业税减免、各项准备金税前提取、资本金注入、担保费用补贴等多项扶持政策，充分发挥融资性担保业务在支持中小企业融资方面的积极作用，进一步推动中小企业融资工作。与银监会等部门联合印发了《融资性担保机构管理办法》，规范担保业的发展。中央财政专项资金对中小企业信用担保体系建设的扶持力度逐年加强，从2006年的5000万元增至2011年的14亿元，2012年也是14亿元，7年累计安排担保专项资金59.38亿元，共计扶持3327家/次中小企业信用担保机构。截至2012年底，全国中小企业信用担保机构达4439家，当年新增中小企业贷款担保1.56万亿元，新增受益中小企业38万户。

四是推动中小企业技术创新和结构调整。中小企业技术创新和结构调整，是“十二五”中小企业成长规划的要求，也是提升中小企业发展质量和效益的重要措施。国发36号文件和国发14号文件都明确要求支持中小企业提高创新能力、加快技术改造、实现集聚发展和开展节能减排。2009～2011年，中央财政支持中小企业技术进步项目4160个，技术改造项目8527个，科技创新项目1.6万个。同时，在中小企业发展专项资金中安排15亿元，支持中小企业加强专业化生产，发展新兴产业，共支持1671个项目。2012年，我部与发展改革委下达了中小工业企业技术改造资金35亿元，支持项目1803个，带动企业投资425亿元。2012年国务院又下发了《关于促进企业技术改造的指导意见》，中小企业的技术改造将得到进一步加强。实施了中小企业信息化推进工程和知识产权战略推进工程等。

五是建立和完善中小企业服务体系。实施了中小企业公共服务平台网络建设工程，2011年10个省市项目开始建设，2012年又批复北京等15个省（区、市）项目建设方案，新开建设项目10个，涉及市县和产业集群平台277个。2011年我部组织认定了首批99个国家中小企业公共服务示范平台，2012年又进行了第二批208个国家示范平台的认定，“十二五”期间将培育认定500家国家示范平台，支持全国建立和完善4000个中小企业公共服务平台，带动各类社会服务机构开展中小企业服务。大力实施中小企业银河培训工程和企业经营管理人才素质提升工程。自2003年以来，组织实施了国家中小企业银河培训工程，现每年完成中小企业经营管理人员培训50万人次，信息化培训100万人次。2012年，我们启动实施企业经营者素质提升工程，主要是培养具有战略眼光、开拓精神、创新能力、社会责任感的优秀企业家和高水平企业经营管理人才，也就是中小企业的领军人才，中央财政给予支持，每年培养不少于1000名，纳入国家中长期人才发展规划纲要（2010～2020年）。促进各类人员积极创办小企业。近年来，我们按照“创办小企业，开发新岗位，以创业促就业”的工作思路，积极做好促进创业的各项工作。2012年会同工商总局、财政部印发了《关于大力支持小型微型企业创业兴业的实施意见》，推动降低企业注册门槛，简化企业创办审批程序，完善小微企业创业兴业政策，大力支持小微企业创业兴业。

六是推进中小企业国际合作交流和市场开拓。为支持中小企业国内外经济技术交流和市场开拓，我们这些年做了很多工作。我国政府与有关国家和国际组织在中小企业领域的合作与交流步伐加快，先后签署合作协议12个。中国－东盟中小企业投资基金、中国－比利时直接股权投资基金和中意曼达林基金相继批准成立。不断深化与法国、德国、韩国、欧盟等双边和多边合作机制及政策磋商，帮助中小企业“走出去”。我部牵头成立了中德中小企业合作推动工作小组，推进中德中小企业合作示范园区建设，建立了中德（太仓）中小企业合作示范区和中德（连云港）中小企业产业合作区，同时实施了中德中小企业经营管理人员培训项目。举办中瑞中小企业创新论坛，签署中瑞中小企业行动计划。经国务院批准，工信部会同发展改革委、财政部、商务部等部门，联合广东省政府，每年9月份在广州举办中国国际中小企业博览会（简称“中博会”），自2004年创办以来已成功举办九届。APEC中小企业技术交流暨展览会也在我国成功举办了七届。

二、关于下一步的工作

当前，中小企业运行总体保持平稳，但受到国内外复杂多变形势的影响，主要存在成本上升、订单减少、融资难和税费负担重等问题。针对这些问题，我们总的思路是，按照党的十八大报告中提出的坚持“两个毫不动摇”，保证各种所有制经济依法平等使用生产要素、公平参与市场竞争、同等受到法律保护。“提高大中型企业核心竞争力，支持小微企业特别是科技型小微企业发展”的要求，全力做好中小企业各项工作。具体工作，主要有以下几个方面：

第一，在营造环境方面。主要是政策环境、市场环境和法律环境。当前和今后一段时期，我们将以贯彻落实国发14号文件为重点，积极推动相关配套政策的出台和落实。进一步发挥国务院促进中小企业发展工作领导小组的作用，加强政策协调，完善协调机制，组织和动员各方面的力量推动中小企业发展。同时，针对中小企业发展的新阶段、新情况、新问题，积极研究提出新的政策建议，不断优化中小企业发展环境。

第二，在完善服务方面。以推进中小企业公共服务体系建设为重点，继续实施中小企业公共服务平台网络建设工程，推动建设资源共享、服务协同的公共服务平台网络。继续认定一批国家中小企业公共服务示范平台。落实中小企业公共技术服务示范平台的税收优惠政策。鼓励和引导服务机构为中小企业提供优质服务。

第三，在缓解融资难方面。改善中小企业融资环境，全面贯彻落实国发14号文件，落实促进中小企业发展的金融政策。拓宽中小企业融资渠道，完善创业投资和融资租赁政策，积极培育和规范发展中小企业产权交易市场。继续推进中小企业信用担保体系建设，完善融资服务。

第四，在减轻企业负担方面。不断细化落实国发14号文件中关于小型微型企业税费减免的政策。全面清理整顿面向小型微型企业的涉及行政许可和强制准入的中介服务收费、具有垄断性的经营服务型收费等。进一步研究结构性减税相关政策，降低企业税负。

第五，在推动创业兴业方面。就业是民生之本，十八大报告中明确提出要推动实现更高质量的就业，鼓励多渠道多形式就业，促进创业带动就业。实施创办小企业计划，建立一批中小企业创业基地，推动中小企业创业兴业。继续实施大学生网上招聘活动，促进高校毕业生就业。

第六，在推动创新和集聚发展方面。我们将把促进中小企业“专精特新”和集聚发展作为工作的抓手和载体，继续实施中小企业信息化推进工程、知识产权战略推进工程及创新能力建设计划，提升中小企业创新能力；引导中小企业“专精特新”发展，提升中小企业发展专业化、特色化；大力发展中小企业产业集群，发挥龙头企业引领带动作用，推动上下游企业分工协作、品牌建设和专业市场发展；继续实施中小企业管理提升计划，实施国家中小企业银河培训工程和企业经营管理人才素质提升工程，积极引导中小企业不断提高自身素质，增强内生动力。

中小企业工作涉及方方面面，做好中小企业工作，要加强相关部门的配合，要依靠社会各界的积极支持，再次感谢民进、感谢严隽琪主席对中小企业工作的关心支持。希望今后能一如既往的关心支持帮助中小企业发展。

在中国民营经济发展形势分析会上的演讲

工业和信息化部党组成员、总工程师　朱宏任

尊敬的王钦敏主席，各位领导、各位来宾：

大家下午好！

在全国各地积极贯彻落实党的十八大会议精神、喜迎新春佳节之际，中华全国工商联合会以“民营经济发展新机遇”为主题，举办2012～2013年中国民营经济发展形势分析会，很及时，很有意义。下面，我就中小企业和非公有制经济发展面临的政策环境与机遇介绍一些情况，供大家参考。

大家知道，中小企业和非公有制经济互为主体，是我国经济和社会发展的重要力量，是实体经济的重要基础，在扩大社会就业、促进经济增长、推动科技创新、完善社会主义市场经济体制等方面发挥着不可替代的重要作用。促进中小企业特别是小型微型企业发展，毫不动摇巩固和发展公有制经济，毫不动摇鼓励、支持、引导非公有制经济发展，是党的十八大的要求，是关系民生和社会稳定的重大

战略任务，具有全局和长远的重要意义。

党中央、国务院高度重视中小企业和非公有制经济的发展，中央领导多次做出重要批示，近年来鼓励、支持和引导中小企业和非公有制经济发展的政策意见密集出台，继2009年出台《国务院关于进一步促进中小企业发展的若干意见》，2010年出台《国务院关于鼓励和引导民间投资健康发展的若干意见》（即民间投资36条之后），2012年又出台了《国务院关于进一步支持小型微型企业健康发展的意见》（即国发［2012］14号文件）。各部门、各地区认真贯彻落实党中央、国务院的决策部署，制定了一系列配套的政策措施，有力地促进了中小企业和非公有制经济的发展。以“多予少取”为特点，在促进中小企业和非公有制经济发展方面的重要举措包括：

一是突出重点，进一步支持小型微型企业健康发展。为缓解中小企业特别是小型微型企业经营压力大、融资困难和税费偏重等问题，2012年4月国务院出台的14号文件，从加大财税支持、缓解融资困难、支持开拓市场、加强公共服务等八个方面，提出了29条政策意见。其中，特别提出了将支持小型微型企业健康发展作为巩固和扩大应对金融危机冲击成果、保持国民经济平稳较快发展的重要举措，放在更加重要的位置上；将促进小型微型企业发展有关工作列入各地区、各部门年度考核范围，加强监督检查和政策评估。国发14号文件是国务院首次针对小型微型企业发展出台的政策意见，是当前和今后一个时期促进小型微型企业发展的纲领性文件，对帮助小型微型企业应对困难和挑战、稳健经营、提升盈利能力和发展后劲，具有重大而现实的意义。截至2012年末，国务院各有关部门已出台了45个配套文件，24个省、自治区、直辖市出台了实施办法。目前，各部门、各地区正在按照国务院的部署，积极推动各项政策的贯彻落实。

二是破除障碍，切实放宽民间投资市场准入。为贯彻落实民间投资36条，各部门按照国务院的部署和要求，抓紧制定各领域的具体实施细则。2012年上半年，42个具体实施细则全部出齐，有望在一定程度上打破原有的“玻璃门”和“弹簧门”现象，政策效应有助于调动民间投资积极性，激发民间的创业兴业热情。2012年底，国务院对部分地区鼓励和引导民间投资的发展情况进行了督查，从督查情况看，各地高度重视“民间投资36条”的贯彻落实，积极采取措施，创新体制机制，取得了明显成效。据国家统计局数据显示，2012年，非国有固定资产投资达到22.4万亿元（不含外资），同比增长24.8%，比全部固定资产投资增速高4.4个百分点，占全部固定资产投资的61.4%。

三是推进改革，进一步取消和调整行政审批项目。2012年9月，国务院发布《关于第六批取消和调整行政审批项目的决定》，取消了171项、调整了143项行政审批项目，特别是对涉及实体经济、小型微型企业发展、民间投资等方面的审批项目进行了清理，并且明确提出了：凡公民、法人或者其他组织能够自主决定，市场竞争机制能够有效调节，行业组织或者中介机构能够自律管理的事项，政府都要退出；凡可以采用事后监管和间接管理方式的事项，一律不设前置审批。行政审批项目的逐步取消和调整，对增强市场配置资源的基础作用、激发经济增长的内在动力、促进经济快速稳定增长，具有积极的现实意义。

与此同时，也要清醒地看到，国内外复杂多变的经济形势，给中小企业和非公有制经济发展带来新的挑战和困难，突出表现为资金、用工等要素成本上升较快，市场订单减少，出口面临的不确定性增多，资源环境约束进一步趋紧，一些中小企业生产经营压力明显加大，特别是小型微型企业更加困难。因此，必须全面贯彻落实党中央、国务院关于鼓励、支持、引导中小企业和非公有制经济健康发展的政策措施，结合企业发展的客观需求，进一步优化发展环境，激发各类市场主体发展新活力，帮助企业提振信心，克服困难，提高竞争能力和可持续发展能力。

女士们、先生们、朋友们：

促进中小企业和非公有制经济的发展，既是一项长期的战略任务，也是当前稳增长、调结构、扩内需、促发展、惠民生的紧迫任务。工业和信息化部作为国务院负责促进中小企业和非公有制经济发展的宏观指导部门，将坚决贯彻党中央、国务院的决策部署，切实把落实国发14号文件与帮助小型微型企业应对挑战和困难结合起来，与推动小型微型企业科学发展和转变发展方式结合起来，与优化小型微型企业发展环境结合起来，在2013年实施扶助小型微型企业专项行动，以“扶助小微，转型成长”为主题，开展以下五方面重点工作：

一是全面贯彻落实14号文件和“民间投资36条”。加强财税、金融、科技、就业、公共服务、行业准入等方面的政策协同与配合，提高政策的针对性、导向性和可操作性；继续加大政策宣传和政策落实情况的跟踪，推动各项政策落到实处。

二是推动创新型、创业型、劳动密集型小型微型企业发展。继续实施中小企业创新能力建设计划、中小企业信息化推进工程、中小企业知识产权战略推进工程、创办小企业计划，研究支持小微企业“专精特新”发展、支持劳动密集型企业发展的政策措施，推动产业集群能力提升，引导和促进中小企业加快转变发展方式。

三是加快中小企业服务体系建设。完善中小企业公共服务平台，重点培育国家中小企业公共服务示范平台；加快中小企业公共服务平台网络建设，推动小企业创业基地建设；实施国家中小企业银河培训工程和中小企业经营管理领军人才培训计划，提升中小企业人员素质和管理水平；进一步改善政府对中小企业和非公有制经济发展的服务。

四是进一步改善融资服务。通过深化我部与工、农、中、建、交和国家开发银行的战略合作，加快融资服务平台建设，开展融资培训咨询活动，鼓励和引导担保机构加强对小微企业的担保服务，切实缓解小微企业融资难。

五是进一步推动减轻企业负担工作。继续组织开展减负政策宣传活动，积极落实各项减负政策；继续清理整顿和规范各种不合规的涉企收费，建立企业负担调查评估体系，完善省级互查和区域交流机制，切实减轻小微企业负担。

最后，对全国工商联一直以来对工业和信息化部关心和支持表示衷心的感谢！春节将至，预祝大家新春愉快！

谢谢大家！

在中小企业经营管理领军人才高级研修班开班式上的致辞

工业和信息化部党组成员、总工程师　朱宏任

各位企业家学员、各位朋友：

大家上午好！

很高兴参加今天的开班式。这次培训班是我部组织开展的“中小企业经营管理领军人才千人培训计划”的重要部分，由我部中小企业发展促进中心具体负责组织实施。首先，我代表工业和信息化部，向参加本期研修班的各位企业家学员表示欢迎，向为本期研修班付出辛勤劳动的老师和工作人员表示感谢！

党中央、国务院高度重视中小企业的发展，出台了一系列促进中小企业发展的政策措施。在完善法律政策、加大财税支持，推动创新、结构调整，缓解融资难，建立公共服务体系等方面都取得了重要进展。特别是针对小型微型企业出现的问题，国务院于2012年4月出台了《国务院关于进一步支持小型微型企业健康发展的意见》也就是我们常说的国发14号文件。文件出台后，各地各部门狠抓落实，24个省（区、市）出台了实施意见，有关部门印发了45个配套文件。2012年中央财政预算内扶持中小企业发展的专项资金规模达到141.7亿元。党的十八大明确要“坚持走中国特色新型工业化、信息化、城镇化、农业现代化道路，推动信息化和工业化深度融合、工业化和城镇化两性互动、城镇化和农业现代化相互协调，促进工业化、信息化、城镇化、农业现代化同步发展”。“四化”同步发展为中小企业发展带来了新的机遇和发展空间，同时，中小企业持续健康发展也是实现“四化”同步发展的重要基础。

人才始终是促进中小企业发展的关键，也是中小企业工作的重点。为提高中小企业管理水平和人员素质，我们从2003年开始实施了国家中小企业银河培训工程，动员社会各方面力量，以国家财政资金支持为引导，以各级中小企业主管部门和各类社会服务（培训）机构为依托，面向广大中小企业广泛开展经营管理培训。银河培训工程的有效实施，大大推动了中小企业经营管理者素质的提升，为企业推进结构调整，加强质量、品牌管理和制度创新提供了重要人才资源保障，在应对国际金融危机和缓解当前中小企业生产经营压力中都发挥了重要作用。在大力推进以银河培训为重点的中小企业培训的同时，我们深感在中小企业经营管理者中，培养一批领军人才或者说拔尖人才至关重要，这是促进中小企业长远发展的战略需要，也是我们国家人才战略的需要。为此，中央财政设立专项资金用于中小企业经营管理领军人才培训并于2012年开始实施。领军人才培训针对成长性良好、创新能力强、在区域或行业中处于龙头骨干地位的中小企业经营管理者及高级职业经理人，兼顾具有发展潜质的创业型企业家，开展系统培训。目前，领军人才培训与银河培训工程普惠性培训互为补充，为广大中小企业经营管理者搭建了新的沟通交流的平台。

希望大家珍惜这次学习的机会，我部中小企业发展促进中心为本次研修班做了精心安排，既有专家学者和知名企业家的授课，也有沙龙、考察交流等互动，内容丰富。大家都是优秀的企业家，具有丰富的企业管理知识和实践经验，我相信通过专家的讲授以及在座各位的深入交流探讨，大家一定会学有所成，学有所获，为助力企业发展做出更大的贡献。

最后，祝大家学习生活愉快。

谢谢大家！

在支持青海中小企业加快发展座谈会上的讲话

工业和信息化部党组成员、总工程师　朱宏任

尊敬的玉林副省长，各位代表，同志们：

大家下午好！

今天，我们在“2013青洽会”隆重开幕之际，召开支持青海中小企业加快发展座谈会，这是工业和信息化部与青海省人民政府共同举办的一次重要会议。主要目的是深入贯彻落实国务院西部大开发战略和支持青海发展政策，履行我部与青海省签订的合作框架协议，推动和加强青海省与对口援青省市之间的交流合作，建立和深化合作交流机制，实现区域间中小企业优势互补、合作共赢，促进地区经济和社会各项事业健康快速发展。在此，我谨代表工业和信息化部对“2013青洽会”的隆重开幕及本次座谈会的成功举办表示热烈的祝贺，并预祝取得丰硕成果。

青海是昆仑文化发祥之地，是农耕文明和游牧文化交融之处，被誉为“江河源头”“中华水塔”，是我国生态安全的重要屏障、能源矿产资源的重要接续地和民族宗教工作的重点地区，在全国经济发展、社会稳定和生态保护大局中具有特殊的战略地位。自2010年中央第五次西藏工作会议决定加大对包括青海在内的藏区经济社会发展支援以来，中央确定对口帮扶青海的六个省市，都和青海签订了战略合作协定，对口支援工作正在健康有序进行。在各部门和各对口援青省市的大力支持帮助下，青海经济社会发展各项事业取得长足进步。

近年来，青海省委、省政府立足省情实际，创造性地贯彻落实国家关于扶持中小企业发展的政策措施，全省中小企业呈现出良好发展态势，为青海经济和社会发展做出重要贡献。刚才，各对口援青地区的中小企业主管部门领导、部分优秀民营企业家与我们共同分享了在促进中小企业发展方面的经验和做法，并就推进与青海省中小企业的交流合作阐述了初步意向，还将签订支持青海省中小企业发展的战略合作协议。中国中小企业发展促进中心和中国中小企业协会的领导也讲了很好的意见。这是落实党中央、国务院对口援青工作部署的具体措施，也是推动合作交流，建立合作机制，实现共同发展的有效形式。

良好开局是成功的一半。我们相信，通过今天的座谈交流，特别是青海省与对口支援省市战略合作协议的有效落实，必将为促进各方中小企业发展拓展新的空间，创造难得的发展机遇，激发中小企业生机和活力。下面，我先就支持青海中小企业加快发展讲两点意见。

第一，全力支持青海中小企业加快发展。青海因其特殊的地理条件和资源禀赋在国家实施西部大开发战略中有着十分重要的地位。青藏高原是一个整体，青稳则藏安。我部对援青工作高度重视，去年，苗圩部长亲自带队到青海调研，并与青海省人民政府签订了《关于加快推进青海省工业和信息化发展战略合作框架协议》，决定从十个方面加大对青海支持力度，我部将全面落实协议内容，深化部—省间合作交流工作机制，研究差别化扶持政策，大力推进青海产业延伸、产业升级和产业配套，支持青海加快打造新能源、新材料、盐湖化工、有色金属精深加工等循环经济产业链，尽快形成若干在全国有影响和市场竞争力的特色优势产业基地。并以此为基础，全力支持青海实施中小企业成长工程，支持青海特色企业和为相关产业配套的中小企业发展，提高非公经济和中小企业规模和发展质量。同时，我们在中小企业技术改造、技术创新等项目建设资金安排上对青海给予适当倾斜和优先支持，不断加大对青海省中小企业公共服务体系和中小企业信用担保体系建设的支持力度。

第二，切实建立和发挥好交流合作机制。各对口援青省市中小企业管理部门和青海省经济委员会要以签订合作框架协议为契机，开展多领域、全方位、多层次的交流合作，实现优势互补、合作共赢。就对口援青地区而言，要从保障生态安全、共享发展成果、促进民族团结、维护社会稳定的高度出发，充分认识对口援青工作的重要意义，要把此项工作作为重点任务来抓，贯彻落实好党中央、国务院关于支持青海发展的部署要求，以及我部支持青海中小企业加快发展的有关要求，切实加大对青海中小企业发展工作的关心和支持力度。要在深入分析研究地区间差异和各自优势的基础上，积极探索两地中小企业合作交流和创新发展新模式，搭建中小企业技术交流和项目对接平台，充分发挥本地区科技、人才、管理和经济优势，积极参与柴达木循环经济试验区、西宁经济技术开发区和海东工业园区建设，着力支持青海打造循环经济和绿色生态品牌。鼓励和支持本地区优势企业，积极融入青海经济建设和各项社会事业发展的格局中，引领和带动青海中小企业全面提升发展后劲，走“专精特新”发展道路，帮助青海调整经济结构、优化产业布局、激发经济活力。同时，支持和帮助青海研究提出一批产业基础好、比较优势显著、市场前景广阔、技术含量较高的中小企业项目，带动青海省特色优势产业的上下游延伸发展和多产业融合发展，促进青海跨越发展、绿色发展、和谐发展、统筹发展。

青海方面也要主动加强与各对口援青省市中小企业管理部门的衔接和联系，采取有效措施，创造有利条件，拓宽合作领域，创新合作方式，完善合作机制，丰富合作内涵，注重利用好对口援青省市中小企业发展的成功经验和有效做法，发挥好青海产业发展的后发优势，充分调动对口援青地区中小企业参与青海建设的积极性，使双方合作成为互惠互利、合作共赢的典范，为推动两地经济发展做出积极贡献。

下面，我再就当前中小企业发展工作讲几点意见。

第一，要科学分析、准确把握当前中小企业发展面临的新形势。总的来看，随着国家和地方一系列扶持政策逐步落实，中小企业总体呈发展态势，但生产经营状况并未根本好转。以工业为例，据国家统计局对2013年一季度小微工业企业问卷调查分析：小微企业生产经营困难未见明显缓解，微型企业经营状况良好的比例仅为12.5%；用工成本持续上升仍为小微企业面临的最突出问题，68.2%的小微企业认为当前面临的突出问题是用工成本上升；借款难仍困扰小微企业发展，有银行借款需求的小微企业中，66.1%的企业没能从银行获得借款。加之小微企业市场需求萎缩，订单不足，税费负担偏重，结构调整转型升级难度加大等问题相互影响和叠加，挤压了中小企业的利润空间和生存空间，造成部分中小企业特别是小微企业生产经营困难，需要我们予以高度关注，采取更加有效措施帮助企业应对生产经营困难。同时，我们也要看到新的形势对中小企业的发展既是挑战，也是倒逼企业提高自身素质、加快结构调整和转型发展的难得机遇。我们要把思想和行动统一到党中央、国务院关于促进中小企业发展工作的决策部署上来，立足当前，着眼长远，准确把握、积极应对当前面临的形势和难得的机遇，加快转变政府职能，增强服务意识，加大工作力度，积极主动采取更加有效的工作措施，推动中小企业健康发展。

第二，切实做好现有政策措施的贯彻落实工作。为促进中小企业发展，国家和地方相继出台了一系列支持政策，目前各项政策特别是国发14号文件贯彻落实取得重要进展，相关部门出台了配套文件45个，24个省市区出台了实施意见。文件确定的财税、金融等政策正在逐步落实，对促进中小企业健康发展发挥了重要作用。比如2012年，中央财政加大了各类中小企业专项资金支持力度，增加至141.7亿元。各地也加大了财政资金的支持力度。据不完全统计，全国省级中小企业专项资金平均增速超过30%。2013年，为积极应对企业发展面临的新形势、新问题，进一步促进小微企业提高发展质量和效益，我部在全国范围内组织开展了以“扶助小微、转型成长”为主题的扶助小微企业转型发展专项行动。这项行动得到了各地和社会各有关方面的积极响应，各项工作都在积极推进中，希望各地结合专项行动和本地实际，把国发14号文件各项政策措施贯彻落实到位，不断细化本地具有可操作性和含金量高的配套政策措施。同时，要密切跟踪中小企业生产运行情况，特别是市场、资金等问题，及时发现苗头性和倾向性问题，提出政策建议。要进一步完善工作协调机制，将小微企业发展纳入本地本部门年度考核机制并落到实处，加强工作协调服务能力。支持和帮助企业用足、用活、用好现有各项政策措施，有效提高政策覆盖面，充分发挥和放大政策效应，使扶持政策真正落地，让小微企业真正得到实惠，切实为中小企业健康发展提供有力支持。要发挥好中央和地方财政专项资金作用，改进专项资金支持方式。2013年中小企业专项资金切块地方使用。各地要将中央和地方专项资金用在刀刃上，严禁投入到产能过剩的行业，要不断加大对创办小企业、专精特新小微企业培育、产业集群提升和中小企业人才培训、信用担保等公共服务体系建设的支持力度，发挥好专项资金的放大效力。要创造良好发展环境，加强和改善公共服务，激发中小企业特别是小微企业的创造活力，培育创新型、创业型、劳动密集型小微企业，推动区域中小企业均衡发展，更好地发挥中小企业在增加就业、促进经济增长、科技创新和社会和谐稳定等方面的作用。要深入宣传中小企业在国民经济和社会发展中的重要地位和作用，宣传国家鼓励、支持中小企业特别是小微企业发展的方针政策，积极营造全社会支持、帮助中小企业发展的良好氛围。

第三，加快推进中小企业公共服务体系建设。中小企业公共服务体系建设是中小企业工作的重点。近年来，围绕中小企业公共服务平台网络建设和示范平台建设，大家做了大量工作。中央财政设立专门资金予以支持，已经批复了25个省市公共服务平台网络建设方案，中央财政安排6亿元支持。我部已先后认定307个国家中小企业公共服务示范平台，对示范平台有关税收政策也已落实。我们要发挥好平台网络和示范平台的作用，不断强化公共服务平台的政策咨询、创业创新、知识产权、投资融资、市场开拓等各类服务功能。要健全服务规范，建立服务质量保证制度，实行动态管理，不断提高服务满意度。要组织实施好中小企业银河培训工程和企业经营管理人才素质提升工程，加大对中小企业各类人才的培训工作，全面提升企业经营管理者素质。另外，要充分利用中国国际中小企业博览会和APEC技展会的“展览、展示、合作、交流”重要平台，为中小企业积极拓展国内外市场提供优质服务。

第四，引导和支持中小企业提升创新发展能力。各地中小企业管理部门要积极引导和支持中小企业加快技术进步、提升管理、优化结构和转型升级。要着力提升企业创新能力，推动创新要素向中小企业集聚，加大科技资源对中小企业的支持力度，加快建立以企业为主体、市场为导向、产学研相结合的技术创新体系，走联合创新、合作发展的道路，降低企业研发成本和风险，不断提高企业的创新能力、整体素质和核心竞争力，切实增强抵抗市场风险的能力，推动中小企业走上内生增长、创新驱动的发展轨道。要按照信息化与工业化深度融合的要求，鼓励中小企业提升信息化管理水平，积极采用现代信息技术，提高研发设计、生产流通、企业管理等环节的信息化水平。要大力发展中小企业电子商务，引导中小企业开拓市场。要引导中小企业增强品牌意识，培育和壮大名牌产品和驰名商标。鼓励中小企业不断加强管理创新，适应时代和企业发展要求，采用新的管理理念、管理手段、管理方法和管理模式，不断提高管理水平。

同志们，做好对口支援青海中小企业发展工作，对帮助青海社会经济加快发展，实现和全国人民共同建成小康社会意义重大，事关全局，利在长远，是我们大家必须完成好的一项非常紧迫和艰巨的任务。我部将坚定不移地支持青海中小企业健康快速发展，推动青海早日实现“两新”目标和“三区”战略，与全国同步建成小康社会。我坚信，在党中央、国务院新一轮西部大开发和支持青海发展政策的带动下，在青海省积极扎实努力工作和对口援青省市帮助支持下，青海省中小企业的发展一定会取得新的更大成绩。

谢谢大家！

在《中小企业促进法》修改座谈会上的发言

工业和信息化部党组成员、总工程师　朱宏任

根据会议安排，结合我部职能，现将有关情况汇报如下：

一、《中小企业促进法》贯彻实施情况

中小企业是我国国民经济和社会发展的重要力量，在推动经济发展、吸纳劳动就业、促进社会创新等方面具有不可替代的作用。《中华人民共和国中小企业促进法》（以下简称《中小法》）的实施，标志着促进中小企业发展走上法制化轨道。《中小法》2003年1月实施以来，国务院出台了一系列政策措施，不断加大扶持中小企业力度，各地区、各部门认真宣传贯彻法律，加大工作力度，促进了中小企业的创立和发展。

第一，中小企业政策环境逐步改善。党中央国务院高度重视中小企业发展，国务院领导多次进行中小企业专题调研，做出工作部署。国务院连续出

台了四个综合性政策文件促进中小企业发展。2005年出台“非公经济36条”后，5000多项（件）限制中小企业和非公有制经济发展的地方政策和规范性文件被废除或修订；2009年出台“国发36号文件”为中小企业在金融危机中率先企稳回升发挥了重要作用；2010年出台“民间投资36条”，相关部门出台了42个配套文件；2012年出台的支持小微企业发展的“国发14号文件”，截至到目前，有关部门出台45个配套文件，24个省（区、市）出台了实施意见。同时，29个省（区、市）还出台了促进中小企业发展的条例或办法。为加强组织领导和部门协调，2009年国务院成立了由时任副总理张德江任组长的国务院促进中小企业发展工作领导小组，17个国务院有关部门和单位为成员，办公室设在工业和信息化部。

第二，中小企业财税支持力度不断加大。中央财政依法设立了中小企业科目，安排中小企业专项资金，总规模从2002年的9.8亿元增加到2012年的141.7亿元，10年共增长了13.5倍，重点支持中小企业科技创新、结构调整优化、服务体系建设、信用担保、开拓国际市场等多个领域。各省（区、市）均设立中小企业扶持资金，据不完全统计，总规模由2003年的3.7亿元增加到2012年的57.9亿元。2012年起，中央财政安排150亿元设立国家中小企业发展基金，目前基金管理办法正在研究上报中。国家出台多项税收扶持政策，如将所得税减半政策优惠范围扩大到年应纳税所得额低于6万元的小型微利企业；上调增值税营业税起征点等。还加大了减轻企业负担工作力度。

第三，中小企业融资环境不断优化。有关部门出台政策，鼓励商业银行改善金融服务，扩大中小企业信贷规模。中小企业直接融资渠道不断拓宽，中小企业板、创业板相继推出，全国中小企业股份转让系统设立，中小企业集合票据、私募债券、小微企业增信集合债券等债券新品种更加丰富，中小金融机构数量有所增加。国家通过财税政策支持中小企业信用担保体系建设，累计11批1963家/次中小企业信用担保机构享受免征3年营业税政策；中小企业信用担保资金从2006年的5000万元增加至2012年的14亿元，累计安排59.38亿元，共计扶持3328家/次中小企业信用担保（再担保）机构，解决了1.71万亿中小企业贷款担保业务。

第四，创业扶持力度不断增强。国家出台降低创业门槛的措施，允许注册资金分期到位，对部分特殊群体从事个体经营免收3年行政事业性收费，对参加创业培训的创业者给予培训补贴等。2012年，我部与财政部、工商总局联合印发《关于大力支持小型微型企业创业兴业的实施意见》，推动降低企业注册门槛，拓宽创业出资方式，放宽对经营场所的限制，简化企业创办登记程序。从2003年开始，我部开展了创办小企业工作，通过强化创业培训，深化创业服务，支持建立小企业创业基地等措施，改善创业环境，培育创业主体。据不完全统计，10年来，全国已有小企业创业基地近1800家。

第五，中小企业结构调整力度加强。中央财政加大了中小企业技术改造支持力度，2012年中央预算内投资安排工业中小企业技术改造资金35亿元，支持技术改造项目1803个，带动企业投资425亿元。大力推动工业化和信息化融合，实施中小企业信息化推进工程和知识产权战略推进工程。完善企业研究开发费用所得税前加计扣除政策，支持企业技术创新。鼓励地方利用区域优势，引导中小企业集聚发展。此外，利用中央财政关闭小企业补助资金，对存在环境污染、安全隐患突出等问题的小企业实施行政性关闭。

第六，中小企业服务体系不断完善。《中小法》实施以来，中小企业服务机构快速发展。省级认定的中小企业公共服务示范平台达到1600个，全国累计认定307个国家中小企业公共服务示范平台。国家实施中小企业公共服务平台网络建设工程，支持了20个省搭建互联互通、资源共享的中小企业公共服务平台网络，为企业提供便捷服务。2003年以来，国家实施中小企业银河培训工程，共完成30多万人次的免费集中培训、近50万人次的远程网络培训和110万人次的信息化培训。带动各地拨出专款，支持了约600万人次的培训。全国初步形成了由一个国家总站、47个省市分站、949个二级分站组成的中小企业信息服务网络。

第七，市场开拓支持力度加强。我国政府先后与美国、欧盟等签署中小企业合作协议12个。建立中德中小企业合作推动小组，实施中德中小企业合作产业园、中德中小企业经营管理人员培训项目。定期举办中国国际中小企业博览会和APEC中小企业技术交流暨展览会等，为中小企业搭建展览、合作、交易平台。有关部门出台《政府采购促进中小企业发展暂行办法》，要求政府采购预算总额预留18%以上的份额专门面向小微企业。中央财政设立了中小企业国际市场开拓资金，支持中小企业参加境外展览会、境外专利申请、境外投（议）标等。

总的看，《中小法》实施的10年，是中小企业快速发展的10年，也是中小企业发展环境不断优化、企业素质不断提高、活力和竞争力明显增强的10年。目前，中小企业创造了全国约占60%的经济总量和50%的财政税收，提供了近80%的城镇就业岗位。这10年全国私营企业增加了3.5倍，从2002年的243.5万户增加到2012年的1085.7万户，个体工商户从2002年的2377.5万户增加到2012年的4059.3万户。

二、《中小法》修改的必要性

《中小法》实施10年来，中小企业已经进入了新的发展阶段，内外部环境发生了巨大的变化，战略性的地位和作用更加凸显。受国内外复杂多变经济形势影响，中小企业在生产经营中出现了一些新情况、新问题。所以，有必要对《中小法》进行修改。

第一，对促进中小企业发展的认识还需进一步深化，法律地位需进一步明确。这10年中国经济发生了巨大变化，中小企业功不可没，我国仍处于并将长期处于社会主义初级阶段的国情，发展中小企业，不是权宜之计，是我国必须始终坚持的长期战略，非常有必要把这一战略上升到法律层面。通过建立健全法律体系，依法促进中小企业健康发展，对于实现我国经济平稳较快发展，保障和改善民生，保持社会和谐安定，实现全面建成小康社会目标具有重要意义。

第二，部分内容难以适应当前中小企业发展需求。随着发展环境和形势的变化，中小企业发展已从数量扩张到提高质量的新阶段。中小企业对公平竞争的市场环境、维权、结构调整、技术创新、金融服务等都有新的要求，政策扶持重点也从中小企业向小微企业聚焦。有必要适应形势变化，根据新时期中小企业发展要求，补充和完善相应的法律制度，突出针对性。同时，在调研中地方反映，现行法律的约束力方面还略显不足。两会建议和提案也多次提出修订《中小企业促进法》的建议，希望通过完善相关法律，加强对中小企业的扶持。

第三，中小企业促进法立法后评估报告建议对法律进行修订。2011 年 8 月以来，全国人大常委会法制工作委员会组织开展了中小企业促进法有关制度立法后评估工作。后评估问卷调查显示，70.52% 的中小企业、70.57% 的服务机构和 87.77% 社会公众建议对《中小企业促进法》进行修订。一些部门和地方反映，法律规定过于原则、操作性不强，建议进行补充和完善。

三、几点建议

针对法律实施中的问题，结合中小企业发展形势的变化，对法律作适当修订，有利于激发中小企业发展活力，促进中小企业健康发展。法律颁布实施以来，国务院出台了一系列政策措施，在帮扶中小企业应对复杂多变经济形势变化，引导中小企业创新发展和结构调整方面发挥了重要作用，部分行之有效的政策有必要上升到法律层面，提升实施效力。

第一，在中小企业定位方面。现行法律仅强调了中小企业在扩大城乡就业中的作用。实践证明，中小企业不仅是承载社会就业的主渠道，还是经济发展、科技创新、改革开放的生力军，是推动经济社会发展的重要力量。为更好发挥中小企业在实现十八大提出的“两个百年目标”中的作用，应通过修法进一步强化中小企业在经济社会发展中的战略地位，把大力发展中小企业作为我国一项长期的战略任务。

第二，在财税扶持方面。税收政策是最具普惠性、公平性的调控手段。现行法律对税收政策只提出国家在有关税收政策上支持和鼓励中小企业的创立和发展，没有具体的制度设计，过于笼统，不便操作，因此建议将部分行之有效的支持小微企业的税收政策上升到法律层面。同时按照中小企业税收贡献，建立中小企业扶持资金总规模稳定增长机制，根据中小企业发展不同阶段，适时调整资金支持方向和重点。

第三，在缓解融资难方面。融资难是长期以来制约中小企业发展的突出问题。在现行法律中，融资问题含在“资金支持”一章，主要是对金融管理部门、金融机构、信用担保机构等提出一些原则性要求，缺少具体的操作内容，难以执行。有必要对融资问题设立专门章节，借鉴国外的成熟经验，在建立中小企业政策性银行、加快发展小金融机构、拓宽中小企业直接融资渠道，以及如何支持小微企业发展等方面做出专门规定。

第四，在创业创新方面。就业是中小企业最根本的作用。现行法律对解决中小企业创业难、用工难、用地难、创业负担重、创业服务不健全等问题规定比较原则。应加大支持力度，细化扶持政策，鼓励创办小企业，开发新岗位，提供更多的就业机会。在创新方面，现行法律只有三条制度，内容单薄。应加大政策激励力度，降低政策享受门槛，通过贴息、减税等多种手段鼓励创新。

第五，在小微企业倾斜方面。小微企业占我国企业总数的 97.3%，数量多，但多处于市场弱势地位，是最需要政府扶持的群体。新的中小企业划型标准已增加微型企业范畴。2012 年国务院针对小微企业发展出台了政策文件，社会反响较好。为增强政策的针对性，有必要对小微企业做出相应的制度安排。

第六，在执法主体方面。促进中小企业发展工作是项系统工程，涉及到社会的方方面面。现行法律对促进中小企业相关工作的执法主体和责任主体规定笼统，政策协调、落实难度较大。应加强组织领导，理顺中小企业管理机制，并建立监督考核机制和责任追究机制，强化法律执行。

在“中国——中东欧中小企业合作论坛”上的致辞

工业和信息化部党组成员、总工程师　朱宏任

尊敬的各位来宾，女士们，先生们：

大家上午好！

非常高兴在美丽的重庆，与来自中东欧国家的有关政府代表和中外企业家朋友们共聚一堂，交流中小企业发展情况，推动中国——中东欧国家中小企业之间加强交流合作，探讨务实合作，共绘美好未来。在此，我代表工业和信息化部，向远道而来的捷克、匈牙利、波兰、斯洛文尼等政府部门代表，向各位中外嘉宾表示热烈欢迎！也预祝本次论坛取得圆满成功！

中国政府高度重视中小企业发展。近年来，相继出台一系列法律和政策措施，不断加大财税支持、结构调整、技术创新、创业兴业、服务体系建设等支持力度，针对小型微型企业出现的新情况和新问题，中国政府还专门出台了关于支持小型微型企业

的政策措施，进一步增强政策的针对性。在加大资金支持方面，2012 年，中央财政支持中小企业的发展专项、科技创新基金、服务体系发展专项、国际市场开拓等达 141.7 亿元；在拓宽融资渠道方面，截至 2012 年末，中国主要金融机构及主要农村金融机构、城市信用社和外资银行人民币小微企业贷款余额 11.58 万亿元，同比增长 16.6%，增速比大、中型企业贷款增速高 8 个和 1 个百分点。2012 年，中央财政安排 14 亿元专项资金支持了 565 家担保机构为中小企业提供担保服务，所支持担保机构的新增贷款担保业务额达 5686 亿元，受保中小企业 12 万户；在完善服务体系方面，中央财政支持在 20 个省建设中小企业公共服务平台网络，现有各类中小企业服务中心 818 家，小企业创业基地 1800 多家。中小企业发展环境得到进一步改善。

通过这些政策措施，中国中小企业得到快速发展。截至 2012 年底，中国工商登记企业 1366 万户，个体工商户近 4060 万户，这其中 99.7% 为中小企业。中国中小企业提供了全部就业岗位的 80%，占新增就业的 90%。同时，中小企业是技术创新的主力军，65% 的发明专利和 80% 以上的新产品开发来自中小企业。

应该特别提到的是，中小企业还是扩大国际贸易的重要力量。近年来，中国——中东欧国家间的经贸往来日益密切，贸易额快速增长，2001 年，中国与中东欧 16 国贸易额为 43 亿美元，到 2011 年达到 529 亿美元，年均增长 27.6%，其中离不开中小企业的广泛参与和积极贡献。中国——中东欧国家产业发展各具优势，互补性强，越来越多的中小企业进入对方市场投资兴业。中国政府也不断完善中小企业“引进来”“走出去”环境，鼓励中小企业加强国际交流合作，加快国际化经营步伐。本届论坛给中小企业搭建了合作交流平台，希望以本届论坛为契机，各方面共同携手，努力推进中小企业间的合作领域更广阔，合作层次更深入，合作内容更充实。在这里，我就合作交流提三点建议：

首先，共同营造中小企业交流合作的良好氛围。完善中小企业间互相合作和双向投资的支持政策，简化审批程序，降低投资成本，加强法律法规、投资政策、产品认证等信息的共享和交流。

其次，共同拓宽中小企业间的合作领域，探索多种合作方式。引导中小企业结构调整和产业升级，鼓励在生产基地、营销中心、技术研发和节能环保方面开展合作，探索共建中小企业合作工业园、科技园区等，依托园区推动企业集聚发展。鼓励中小企业采取设立分支机构、合资、并购等多种方式投资。

第三，鼓励服务机构之间建立联系和探讨合作，发挥其在支持中小企业交流合作和拓展市场中的积极作用。鼓励其为开拓对方国市场的中小企业提供信息咨询、创业辅导、融资担保、技术创新、法律援助等服务，开展多种形式的投资促进和对接洽谈活动，推进中小企业贸易和投资便利化。

女士们，先生们，朋友们！

加强中国——中东欧国家中小企业间的交流与合作，鼓励中小企业之间开展互利共赢合作，不仅有利于彼此经济社会发展，也有利于中小企业间开展经贸往来。我们鼓励中国中小企业“走出去”到中东欧国家投资兴业，也热诚欢迎中东欧国家中小企业到中国投资发展。希望各方进一步营造良好环境，发挥中介服务机构作用，支持广大中小企业把握机遇，勇于开拓，携手创造合作共赢的新局面！

谢谢大家！

在 2013 中国民营经济发展（长白山）论坛上的演讲

工业和信息化部党组成员、总工程师　朱宏任

尊敬的儒林书记、哲洙书记，各位领导，各位来宾，企业家朋友们：

大家上午好！

很高兴和大家相聚在风景秀美的长白山，共同出席 2013 中国民营经济发展（长白山）论坛。本次论坛以“深化改革，推动民营经济发展”为主题，探讨新形势下进一步促进民营经济发展的大计，对贯彻落实中央对今年下半年经济工作的部署，统一思想，促进民营经济健康发展，确保实现全年经济社会发展主要目标具有非同一般的意义。在此，我谨代表工业和信息化部对论坛的召开表示热烈祝贺！下面，按照会议安排，我就国家进一步促进民营经济特别是小微企业健康发展谈三个方面的想法和意见，供大家参考。

第一方面，迎挑战、抓机遇，牢牢把握发展形势。

小微企业是数量最多、最具活力的群体，和民营企业互为主体，在扩大社会就业、推动经济发展、促进市场繁荣等方面发挥着不可替代的重要作用。近年来，党中央、国务院高度重视民营经济和小微企业发展，出台了一系列鼓励、支持和引导中小企业和非公有制经济发展的政策和措施，包括“两个 36 条”和“两个 29 条”。在各地区、各部门和社会各方面，包括广大企业的共同努力下，中小企业和非公有制经济发展政策环境有了改善，相应财税金融政策陆续兑现。新一届中央政府，把促进中小企业和民营经济发展，放在更加突出的地位，强调发展小微企业是关系民生和社会稳定的重要战略任务，具有全局和长远的重要意义。

2013 年以来，我国经济面对十分复杂的环境，总体上保持平稳，主要经济指标处于年度预期目标的合理区间，结构调整稳中有进，转型升级稳中提质。2013 年上半年，我国 GDP 同比增长 7.6%，下半年我国经济仍将保持总体平稳发展态势。同时，受国内外错综复杂经济发展环境的影响，我国经济增速下行压力加大，经济增长动力偏弱，化解产能过剩形势严峻，企业生产经营困难加剧，小微企业面临着新的严峻挑战。概括起来主要有以下几个方面：

一是用工成本上升。据国家统计局对4.4万户规模以下小微企业抽样调查，二季度，有63.5%的小微企业认为当前最突出的问题是“用工成本上升”，自去年初以来一直列各问题的第一位，比2012年同期提高了30.8个百分点。

二是融资难融资贵问题依然突出。二季度，有借款需求的小微企业中，62.9%的企业没能从银行获得借款，仅有9%的企业从银行获得全部借款。不少企业依赖民间借贷，其年化利率超过20%。

三是订单减少。这实际上是市场问题，7月，制造业小型企业PMI为49.4%，已连续16个月运行在50%的临界值以下。据对工业小微企业调查显示，7月份，27.3%的企业国内市场订单减少，较5月上升4.6个百分点；27.9%的企业出口订单减少，较5月上升3.3个百分点。

四是公共服务亟须改进和完善。公共服务体系建设尚不能适应小微企业发展的需要，这既有体制上的问题，又有机制上的问题。一些政府部门服务小微企业的认识有待提高，服务方式有待改进；社会服务机构的服务能力和服务水平参差不齐，服务市场发育不全，小微企业难以得到有效的支撑服务。

对此，党中央、国务院领导同志高度重视，多次作出重要批示，要求工信部会同有关部门，梳理、完善促进小微企业政策，有针对性地采取措施加以落实。最近中央政治局讨论研究了当前经济形势和下半年经济工作，明确要求，“进一步激发企业活力，加大对中小微企业等的政策扶持和服务力度，进一步清费减负，拓宽企业融资渠道。”近期，国家密集出台和实施了进一步支持小微企业发展政策和措施，为小微企业带来了新的发展机遇，主要包括：

——突出重点，着力缓解小微企业融资难。一是国务院办公厅印发了《关于金融支持经济结构调整和转型升级的指导意见》，提出要整合金融资源支持小微企业发展，优化小微企业金融服务，适当提高对小微企业贷款的不良贷款容忍度，鼓励地方人民政府建立小微企业信贷风险补偿基金。二是国务院召开了全国小微企业金融服务经验交流电视电话会议，马凯副总理在会上就提高小微企业金融服务水平，支持小微企业发展，提出了确保小微贷款“两个不低于”、加快丰富和创新小微企业金融服务方式、积极发展小型金融机构、大力拓展小微企业直接融资渠道等八个方面的具体要求。三是经国务院批准，人民银行决定全面放开金融机构贷款利率管制。

——多予少取，切实减轻小微企业税费负担。一是国务院常务会议决定，进一步公平税负，从2013年8月1日起，暂免征收超过600万户小微企业的增值税和营业税，并抓紧研究相关长效机制；二是自8月1日起，交通运输业和部分现代服务业“营改增”试点在全国推开，有利于解决税制不统一和重复征税问题，切实减轻中小规模纳税人税收负担；三是对全国性及中央部门和单位行政事业性收费项目进行了全面清理，决定自8月1日起，在全国统一取消和免征企业年度检验费、绿化费等33项行政事业性收费。

——推进改革，取消和调整行政审批项目。按照深化行政体制改革、加快转变政府职能的要求，加大简政放权的力度，进一步减少和下放投资、生产经营活动等审批事项，取消资质资格许可和认定等，加强和改善对企业特别是小微企业的公共服务。新一届政府运行以来，已取消和下放行政审批项目共计167项。行政审批项目的逐步取消和调整，对释放改革红利，增强市场配置资源的基础作用、激发经济增长的内在动力、促进经济快速稳定增长，具有积极的现实意义。

2013年，中小企业发展专项资金预算规模达到150亿元，税费减免政策力度加大，对小微企业的贷款已连续四年完成了“两个不低于”的目标；中央财政已支持20省市启动中小企业公共服务平台网络建设；支持技术改造创新力度加大等等。

上述这些金融、财税等支持政策，体现了中央关于“稳增长、调结构、促改革”的政策取向，将坚定民营经济、小微企业发展的信心和勇气。

第二个方面，调结构、促转型，牢牢把握发展方向。

企业转型升级是企业发展的内在需要和必然选择。当前，我国中小企业发展存在这样那样的问题，要解决这些问题，除了要营造良好的发展环境外，从根本上说就是要加快转型升级，这是中小企业发展的重点，也是难点。因为中小企业普遍技术装备水平不高，创新能力弱，人才缺乏。广大中小企业也都意识到了这一点，认为“必须转”“应该转”，但“怎么转”“如何升级”无所适从，缺乏方向感。在这里提几点建议供大家参考：

一是抓技术创新，增强企业内生动力。增加自主创新能力，增加研发投入，改变同质化竞争的格局，通过提高产品的科技含量来提高附加值。国家一直把创新作为促进小微企业发展的重点，在引导企业“专精特新”和集聚发展，提高质量和效益方面做了很多工作。如中央和部分地方在财政预算中都安排了工业中小企业技术改造资金和中小企业发展专项资金，支持中小企业应用新技术、新工艺、新材料进行技术改造和技术进步，增强创新能力。实施了中小企业创新能力建设计划、创办小企业计划、知识产权战略工程等等，为积极鼓励广大中小企业开展各种形式的创新。

二是抓两化融合，增强企业发展实力。信息化和工业化深度融合，是加快转变方式、促进“四化”同步发展的重大举措。信息技术是当今时代创新最活跃、带动性最强、渗透性最广的领域。信息技术发展和应用正以前所未有的广度和深度，加快推进生产方式、发展模式的深层变革。本届政府成立后，李克强总理多次要求，要注重远近结合，充分发挥信息化在稳增长、调结构、促改革中的作用。按照国务院的部署，工业和信息化部近期要加快促进信息消费，拉动有效需求，催生新的经济增长点；中长期要突出做好两化深度融合，充分利用信息技术的渗透性和带动性，有效发挥信息化在改造提升传统产业、培育发展战略性新兴产业的重要作用。工信部将抓紧实施中小企业信息化推进工程，完善公共服务，用信息化手段使小微企业提高效率，降低成本，提高竞争能力，力争用5年左右的努力取得明显成效。

三是抓新业务模式应用，增强企业核心竞争力。应该说，商业模式创新是促进产业结构升级、促进发展质量和效益全面提升的关键，也是企业竞争的关键。有时候，有些企业技术好、产品质量好，但效益不高、市场认同度低，很大的一个原因是忽视了商业模式创新。有材料介绍，今天美国企业60%的创新是商业模式的创新，40%的创新是技术的创新。王健林董事长提到，万达集团独特的商业模式是制胜法宝，商业模式的创新在一定情况下，比技术、管理创新更重要。这一很有见地的观点值得企业家们深入借鉴思考。

第三个方面，送服务、优环境，牢牢把握政策取向。

促进小微企业发展，就是促进经济发展，就是促进民生发展，就是促进国家发展。它既是当前稳增长、调结构、促发展的紧迫任务，也是保证社会和谐、国泰民安的战略大计。工业和信息化部作为国务院负责促进中小企业发展的宏观指导部门，将坚决贯彻党中央、国务院的决策部署，会同有关部门，全力支持小微企业健康发展。

一是进一步抓好现有政策的贯彻落实。现在支持小微企业和民营经济的政策已经不少，要让企业感受到政策的实惠，关键在于落实，在服务，在引导，在进一步营造良好的发展环境。下一步，我们将充分发挥国务院促进中小企业发展领导小组办公室的作用，加强相关部门的沟通协调，形成工作合力，提高政策的针对性、导向性和可操作性；继续加大政策宣传和政策落实情况的跟踪，推动各项政策落到实处。

二是进一步完善中小企业服务体系。继续推进中小企业公共服务平台网络建设和国家中小企业公共服务示范平台培育，集聚服务资源，增强服务功能，健全服务机制，提高服务质量和水平。继续深入开展以“扶助小微，转型成长”为主题的“扶助小微企业专项行动”，为小微企业送服务、送政策、送温暖，为小微企业的创立和发展提供有效的支撑服务。

三是进一步支持小微企业创业创新发展。通过实施中小企业创新能力建设计划、创办小企业计划、知识产权战略、信息化推进工程，提高企业信息化应用水平和创新发展能力，把“专精特新”之路作为促进小微企业成长的重要途径，把集聚发展作为促进小微企业成长的着力点，推动小微企业加快转变发展方式，提高中小企业发展的质量和效益。

四是进一步推动改善对小微企业的融资服务。通过推动落实国务院关于加大金融支持实体经济特别是小微企业的各项政策，加快融资服务平台建设，开展融资培训咨询活动，鼓励和引导担保机构加强对小微企业的担保服务，切实缓解小微企业融资难。

五是进一步推动减轻企业负担工作。继续组织开展减负政策宣传活动，积极落实各项减负政策；继续清理整顿和规范各种不合规的涉企收费，建立企业负担调查评估体系，完善省级互查和区域交流机制，切实减轻小微企业负担。

除上述工作之外，根据国务院领导同志的要求，工信部正会同有关部门，认真自查国发14号文件下发以来各项政策的贯彻落实情况，查找和分析部分政策没有落实的原因。为全面客观了解贯彻落实情况，还专门委托全国工商联对国发14号文件贯彻落实情况进行第三方评估，以客观、公正、真实地反映有关情况，便于推动政策落到实处。下一步，将结合各部门自查和工商联的评估情况，进一步推动各项政策措施的完善和制定，将政策落到实处。

各位领导、女士们、先生们、朋友们：

促进中小企业发展，不仅需要政府的鼓励和支持，更需要社会各界的关心和支持，更需要各位企业家的不懈努力。工商联作为党和政府联系工商界非公有制经济人士的桥梁纽带，作为政府管理和服务非公有制经济的助手，在促进小微企业健康发展中将发挥着越来越重要的作用。我相信，只要我们共同努力，真正把党中央、国务院促进小微企业发展的方针、政策落到实处，小微企业发展环境就会得到逐步改善，民营经济及小微企业也一定能够取得健康发展，成为实现中国梦中最辉煌的一章！

谢谢大家！

在“中国——阿拉伯国家中小企业合作论坛”上的致辞

工业和信息化部党组成员、总工程师　朱宏任

尊敬的默罕默德·本·尤素福阁下、尊敬的李文章常委，女士们，先生们：

大家下午好！

非常高兴在美丽的银川，与来自阿拉伯国家的专家学者、企业家、政府官员和国际组织代表共聚一堂，举办中国——阿拉伯国家中小企业合作论坛。2012年9月，中国工业和信息化部、宁夏回族自治区人民政府和阿拉伯工业发展和矿业组织在银川共同签署了《关于共同举办中国——阿拉伯国家中小企业合作论坛的会谈纪要》，三方一致同意从2013年起每年在银川共同举办中国——阿拉伯国家中小企业合作论坛。2013年是论坛的首届，在此，我代表中国工业和信息化部，向各位嘉宾的到来表示诚挚的欢迎，并向为论坛顺利举办而付出辛勤劳动的中阿双方人员表示衷心的感谢，同时也预祝论坛取得圆满成功。

中国和阿拉伯国家之间自古就有密切的商贸往来。古时的陆上丝绸之路、海上丝绸之路都留下了中阿两地商旅繁忙的身影。应该特别提到的是，近年来，中国——阿拉伯国家间的经贸往来也日益密切，贸易额快速增长。2013年上半年，中阿贸易额达600亿美元，预计全年贸易额将突破1000亿美元。中国——阿拉伯国家产业发展各具优势，互补性强，越来越多的中小企业进入对方市场投资兴业。

截至今年6月，中国在阿拉伯国家累计直接投资额达26．5亿美元，阿拉伯国家累计在华实际投资额达15亿美元。中国政府也不断完善中小企业“引进来”“走出去”环境，鼓励中小企业加强国际交流合作，加快国际化经营步伐。随着中阿双方政策的不断完善、投资环境的进一步优化，中阿间的投资合作将迎来新的发展期。中方欢迎更多的阿拉伯企业来华投资，也鼓励有实力的中国企业赴阿拉伯国家投资兴业。

中国中小企业在促进经济发展、扩大社会就业、改善人民生活等方面发挥着积极作用，中国政府高度重视中小企业发展。近年来，针对中小企业在发展中遇到的困难，我们在加大资金支持、拓宽融资渠道、完善服务体系等方面出台了一系列政策措施，进一步增强政策的针对性。通过这些政策措施，中国中小企业得到快速发展。截至2012年底，中国工商登记企业1366万户，个体工商户近4060万户，这其中99.7%为中小企业。中国中小企业提供了全部就业岗位的80%，占新增就业的90%。同时，中国中小企业也是技术创新的主力军，65%的发明专利和80%以上的新产品开发来自中小企业。

女士们、先生们：

本次论坛为中国——阿拉伯国家间中小企业交流合作搭建了平台，希望以本次论坛为契机，各方面共同携手，努力推进中阿中小企业间的务实合作。在这里，我提出三点建议：

首先，中国——阿拉伯国家政府间应共同创造中小企业交流合作的良好环境，共同完善中小企业间技术合作和双向投资的支持政策。要利用好博览会、论坛等交流合作平台，着力为中阿中小企业到对方国家投资提供市场信息、政策咨询、法律帮助等企业需要的服务，为中阿中小企业项目对接搭建务实有效的平台。

其次，中阿中小企业间应主动拓宽合作领域，探索多种合作方式。除了在合资并购、市场开拓、技术研发等传统领域加强合作外，还可以在结构调整、产业升级、共建中小企业合作园区等方面开展更深入的合作。

第三，中阿中小企业服务机构之间应加强联系，充分发挥在支持中小企业交流合作方面的积极作用。中小企业数量庞大，在促进中小企业发展工作中，我们逐渐形成政府扶持中介，中介支持企业的工作思路。服务机构要更大限度的发挥作用，为开拓对方国市场的中小企业提供信息咨询、创业辅导、融资担保、技术创新、法律援助等服务，要开展多种形式的投资促进和对接洽谈活动，推进中阿中小企业发展。

女士们、先生们、朋友们：

回望过去，丝绸之路的开辟为古时中国和阿拉伯国家的交流提供了经贸往来、互利发展的渠道；着眼现在，首届中国——阿拉伯国家中小企业合作论坛的开幕为中阿两地的经贸合作提供了崭新的平台；展望未来，借力中阿博览会、利用论坛这一新的交流合作平台，中阿两地中小企业的交流合作必将迈上新的台阶。加强中国——阿拉伯国家中小企业间的交流与合作，不仅有利于中小企业间的经贸往来，也有利于中阿社会经济发展。我们鼓励中国中小企业“走出去”到阿拉伯国家投资兴业，也热诚欢迎阿拉伯国家中小企业到中国投资发展。希望各方进一步优化发展环境，充分发挥中介服务机构作用，支持中阿中小企业健康快速发展，携手创造合作共赢的新局面！

最后，预祝首届中国——阿拉伯国家中小企业合作论坛取得丰硕成果！

谢谢大家！

在中国中小企业高峰论坛上的致辞

工业和信息化部党组成员、总工程师　朱宏任

各位来宾，各位朋友，

女士们、先生们：

大家上午好！很高兴和大家相聚在风景秀美的广州，共同出席中国中小企业高峰论坛。本次论坛以“合作发展，聚力共赢”为主题，探讨新形势下促进中小企业发展大计，意义重大。在此，我谨代表工业和信息化部对论坛的召开表示热烈祝贺。对各位来宾的到来表示诚挚的欢迎！

一直以来，中小企业都是世界各国推动经济和社会发展的重要力量，也是繁荣经济、增加就业、改善民生、推动创新的重要基础。各国的中小企业均数量众多，但发展阶段和资源秉赋各不相同，经济结构有着很强的互补性，加强双边与多边中小企业合作，具有巨大的潜力和广阔的前景。在此，我衷心希望，各位与会嘉宾围绕本次论坛的主题坦诚交流研讨，发表真知灼见，为进一步推动中小企业发展、加强国际间合作做出积极贡献。

女士们、先生们！

当前，世界经济格局正在经历深刻复杂的变化，经济全球化趋势继续对各国各地区的经济社会发展产生深远影响，区域经济一体化进程不断加快。同时，国际金融危机的深层次影响短期难以消除，世界经济的不稳定不确定因素进一步增多。2013年以来，中国经济社会发展总体平稳，结构调整和转型升级出现积极变化，重点领域改革加快推进，民生持续改善，实现了稳中有进，取得了良好开局。但也必须看到，中国国内发展不平衡不协调问题仍比较突出，也面临着产能相对过剩、部分中小企业生产经营困难等方面的问题。对此，我们应当着眼长远，化挑战为机遇，不失时机地促进国内外中小企业优势互补和互利合作，携手推动中小企业持续健康发展。

2012年以来，为解决中小企业特别是小微企业面临的经营压力大、成本上升、融资困难和负担偏重等问题，中国政府出台了《关于进一步支持小型微型企业健康发展的意见》（国发［2012］14号，简称国发14号文件）。各地区、各部门认真贯彻落

实，各项工作取得了积极成效。

——政策环境逐步改善。截至到目前，在加强财税支持、完善金融服务、推进结构调整、健全服务体系、提升创新能力等方面，有关部门印发了国发14号文件的60个配套政策，32个省（区、市）出台了实施意见。

——财税支持进一步加大。2013年中央财政中小企业专项资金规模增加至150亿元。设立国家中小企业发展基金的各项工作正在推进。财税部门出台惠企税费政策，自8月1日起，对小微企业月销售额不超过2万元的增值税小规模纳税人和营业税纳税人，暂免征收增值税和营业税。全面清理规范涉企收费行为。2012年以来，有关部门累计取消和免征340项行政事业性收费，涉及金额297亿元。

——缓解融资难取得进展。截至2013年6月末，主要金融机构及小型农村金融机构、外资银行人民币小微企业贷款余额12.25万亿元，占全部企业贷款的28.6%，同比增长12.7%，增速比同期大、中型企业贷款分别高2.3个和1.9个百分点。同时，国家通过营业税减免、各项准备金税前提取、资本金注入、担保费用补贴等扶持政策，支持中小企业信用担保机构和再担保机构为中小企业特别是小微企业提供信用担保服务。

——结构调整力度不断增强。现阶段，粗放型增长既不可行也难以为继，必须以经济转型谋求长远发展。我们将致力于调结构、转方式、促转型这一重大任务，其中量大面广的中小企业是关键。工业和信息化部印发了《关于促进中小企业专精特新发展的指导意见》，组织实施"百项技术创新推进计划"，引导有条件的中小企业参加产业关键共性技术研发，促进中小企业创新发展。

——公共服务体系不断健全。实施中小企业公共服务平台网络建设工程，支持了20个省搭建互联互通、资源共享的中小企业公共服务平台网络，为企业提供便捷服务。其中，首批启动建设的10个省已带动服务资源1757家，开展服务对接活动4.9万次，年服务中小企业39万家。工业和信息化部分两批认定了307个国家中小企业公共服务示范平台。同时，开展了中小企业银河培训工程和中小企业经营管理领军人才培训。

——市场开拓取得积极进展。继续深化双边和多边合作机制，务实推进中德、中瑞（典）和APEC成员体之间的中小企业合作，举办多次中欧中小企业政策对话。成功举办十届中国国际中小企业博览会和七届APEC中小企业技术交流暨展览会等，为中小企业搭建展览、展示、合作、交易的平台。

女士们、先生们！

为落实国务院对中小企业工作的总体部署，促进小微企业提高发展质量和效益，2013年工业和信息化部在全国范围内组织开展了扶助小微企业专项行动，以"扶助小微、转型成长"为主题，以落实国发14号文件为重点，继续实施《"十二五"中小企业成长规划》，完善公共服务体系，改善企业发展环境，重点培育创新型、创业型和劳动密集型小微企业，提高"专精特新"企业和产业集群发展水平，促进小微企业加快转变发展方式，实现持续健康发展。各地也都积极开展了相关活动。

友谊只有交流才能加深，智慧只有碰撞才能升华。我真诚希望，与会各方能够充分利用中国国际中小企业博览会和中国中小企业高峰论坛这个平台，在更大范围、更广领域、更高层次上开展交流与合作，在加强合作中实现共赢。让我们携手共进，为促进中小企业持续健康发展，实现经济繁荣和人民福祉，做出更大的贡献。

最后，预祝论坛取得圆满成功！祝各位来宾工作顺利，生活愉快，身体健康！

谢谢大家。

在第七届中国中小企业节上的演讲

工业和信息化部党组成员 总工程师　朱宏任

尊敬的顾秀莲副委员长、李子彬会长、李晓东副主任、董军市长，尊敬的各位来宾、各位企业家，同志们、朋友们：

大家上午好！

非常高兴在这秋风送爽、硕果累累的金秋时节，和大家欢聚在美丽的古城西安，共同迎来第七届中国中小企业节。在此，我受苗圩部长委托，谨代表工业和信息化部向此次活动表示热烈的祝贺！对本届中小企业节的主办方中国中小企业协会和西安市人民政府，对给予会议关心和帮助的陕西省人民政府以及长期以来关心和支持中小企业工作的社会各界人士表示诚挚的感谢！我还想借此机会，通过参加中小企业节的中小企业代表，传达对全国中小企业的亲切问候！

今年以来，面对复杂严峻的国际政治经济环境和国内经济运行出现的新情况新变化，党中央、国务院坚持稳中求进的工作总基调，采取了一系列创新型的政策措施，统筹稳增长、调结构、促改革，克服各种不利因素，国民经济继续朝着宏观调控的预期方向和目标前进。这一成绩的取得，来自于全国人民的共同努力，中小企业也做出了很大贡献。尽管2013年年初，中小企业遇到了许多困难，但在党中央、国务院统一部署下，相关部门共同采取措施，进一步加大支持力度，使中小企业增加了克服困难的勇气和能力。

一是进一步改善政策环境。2012年，国务院出台了第一个专门扶持小微企业发展的文件，即《国务院关于进一步支持小型微型企业健康发展的意见》，也就是国发14号文件。各地区、各部门认真贯彻落实，截至目前，在加强财税支持、完善金融服务、推进结构调整、健全服务体系、提升创新能力等方面，有关部门印发了60个配套政策，32个省（区、市）及计划单列市出台了实施意见。

二是进一步加大财税支持力度。尽管2013年以来，中央财政收支矛盾突出，增收压力加大，但却继续增加了支持中小企业发展的专项资金规模至150亿元。财税部门出台了惠及大量小微企业的税费减免政策，自2013年8月1日起，对月销售额不超过2万元的小微企业，暂免征收增值税和营业税。全面清理规范涉企收费行为。2012年以来，有关部门累计取消和免征340项行政事业性收费，涉及金额近300亿元。

三是进一步采取措施缓解融资难。确保小微企业贷款继续实现增速不低于全部贷款增速和增量不低于上年同期水平的“两个不低于”目标。（截至2013年6月末，主要金融机构及小型农村金融机构、外资银行人民币小微企业贷款余额12.25万亿元，占全部企业贷款的28.6%，同比增长12.7%，增速比同期大、中型企业贷款分别高2.3个和1.9个百分点。）同时，国家通过营业税减免、准备金税前提取、资本金注入、担保费用补贴等扶持政策，支持中小企业信用担保机构和再担保机构为中小企业特别是小微企业提供信用担保服务。

四是进一步增强结构调整力度。工信部印发了《关于促进中小企业专精特新发展的指导意见》，引导中小企业提高发展质量和水平。加大对中小企业技术改造的财政支持力度。认定了231个国家新型工业化产业示范基地，引导中小企业集聚发展。组织实施了“百项技术创新推进计划”，引导有条件的中小企业参加产业关键共性技术研发，促进中小企业创新发展。

五是进一步完善公共服务体系。实施中小企业公共服务平台网络建设工程，支持了20个省搭建互联互通、资源共享的中小企业公共服务平台网络，为企业提供便捷服务。分两批认定了307个国家中小企业公共服务示范平台。在全国范围内组织实施了扶助小微企业专项行动，重点培育创新型、创业型和劳动密集型小微企业，开展了中小企业培训，提高企业和产业集群发展水平。

目前，这些政策措施的效应正在逐步显现。1～8月全国规模以上中小工业企业，主营业务收入同比增长13.22%，比全部工业企业收入增速高2.34个百分点。利润总额同比增长17.7%，比上年同期提高了12个百分点；完成税金总额同比增长12.9%，比上年同期提高0.6个百分点。经济效益持续改善，企业亏损面持续缩小。据对两万多家中小工业企业的问卷调查显示，9月份，中小企业生产运行出现了稳中向好的势头，生产经营状况良好的企业比例扭转连续三个月下滑的态势，生产经营状况较差企业比例也由升转降；企业国内外市场订单同步改善，流动资金紧张状况有所缓解，融资满足程度有所提高。

登高望远，中国经济发展的质量和效益稳步提升，发展的内生动力不断增强，尤其是改革开放的全面深化，将有效激发中小企业发展活力，为中小企业发展增添新的动力。当然，我们也清醒的认识到，一些制约中小企业发展的障碍还依然存在。一是融资难融资贵问题依然突出。实际上，这一问题很大程度上是一个全局性的体制机制问题，也是世界各国面临的普遍难题，虽然金融部门和有关方面已经在创新服务方式，拓宽融资渠道、加强考核评价等方面做了很多工作，但依然需要加大力度推进。二是生产成本尤其是人工成本上升较快。这是我们调查中，中小企业反映最多的问题。劳动力成本上升有一定必然性，中小企业也要主动调整，摆脱低廉劳动力成本依赖，唯一的出路就是转型升级。

2013年9月份，我国出口出现了0.3%的同比下降，贸易顺差大幅收窄，希望中小企业能重视这样一个信号。国际金融危机后，欧美等我国主要出口市场的消费能力受到影响，为了提高本国就业率，一些发达国家推出了重振制造业等政策，使我国产品在国际市场上的优势不断消失。中小企业依靠低廉劳动力，大量生产低附加值产品的发展模式难以为继。必须重视自主创新，切实加快转型升级步伐。

中小企业面临的有挑战，也有机遇，我对我国中小企业发展的前景充满信心。各方面情况显示，当前中小企业稳中向好的趋势有望延续。工信部将坚决贯彻党中央、国务院的部署，会同各部门、各地区进一步加大支持中小企业发展的力度，重点做好相关工作。

一是着力优化发展环境。充分发挥国务院促进中小企业发展工作领导小组办公室的作用，加大政策协调和工作配合，以2013年国务院小微企业政策专项督查为抓手，加强对各地方、各部门贯彻落实国发14号文件情况的跟踪检查和政策评估，对未落实、落实慢、落实不到位的政策逐条梳理。继续清理规范涉企收费。进一步减少行政审批事项，以简政放权释放中小企业的创新创业活力。

二是着力改善融资服务。贯彻落实全国小微企业金融服务经验交流电视电话会议精神，加大工作力度，确保继续实现“两个不低于”目标，进一步拓宽融资渠道，降低融资成本。加强中小企业信用担保体系建设，鼓励担保机构扩大对小微企业的担保业务规模，降低担保收费，积极发展再担保机构。

三是着力推动中小企业转型升级。支持小微企业走“专精特新”和与大中型企业协作配套发展道路。加大中小企业技术改造支持力度，促进产业集群健康发展。促进信息消费，拓展中小企业新的发展空间。支持中小企业信息化应用。落实好我部与科技部签订的促进中小企业技术创新协议，联合财政部、科技部等加快推进在天津开展的中小企业创新转型试点。

四是着力完善服务体系建设。加大对中小企业服务体系建设的支持力度，重点培育国家中小企业公共服务示范平台，加快中小企业公共服务平台网络建设，推动小企业创业基地建设。加大对中小企业经营管理人才培训力度。加强对中小企业运行情况的跟踪监测，针对小微企业发展中出现的新情况、新问题，积极研究提出新的对策。

中小企业发展离不开全社会的关心关注和支持。中小企业协会成立以来，在子彬会长的领导下，对中小企业服务不遗余力，为促进中小企业平稳健康发展作出了重要贡献。此次中国中小企业节，着眼我国经济社会发展的大局，紧扣中小企业发展的热点，积极为中小企业搭建服务宣传、展示交流、合作对接的广阔平台，大力推动社会各界关注和支持中小企业发展，努力营造有利于中小企业发展的良好氛围和社会环境，衷心祝愿能成为广大中小企业的盛会。

当前，中国正处在转型升级，打造中国经济升级版的关键阶段，将全面深入推进改革开放，不断释放制度红利，持续优化中小企业发展环境。我相信，广大中小企业能够坚定信心，牢牢抓住历史机遇，锐意进取，不断创新，为中国经济社会发展做出更大贡献。

最后，预祝本届中小企业节取得圆满成功！

谢谢大家。

在2013中国（贵州）非公有制经济发展论坛上的演讲

工业和信息化部党组成员 总程师　朱宏任

尊敬的陈昌智副委员长、王富玉主席，各位领导、各位来宾，企业家朋友们：

大家上午好！

很高兴和大家相聚在美丽的毕节，共同出席2013中国（贵州）非公有制经济发展论坛。在此，我作为主办方谨代表工业和信息化部对本届论坛的召开表示热烈祝贺！对民建中央长期以来给予我部的帮助和支持表示衷心感谢！对贵州省委、省政府为论坛成功举办进行的精心筹备表示衷心感谢！对各位来宾的到来表示诚挚欢迎！

本届论坛以“强化改革创新、激活后发优势、打造非公经济升级版”为主题，探讨新形势下进一步促进非公有制经济发展的大计，对贯彻落实党中央关于经济和社会发展的整体部署，统一思想，促进非公有制经济健康发展，激发市场活力，增强经济发展的内生动力，实现经济社会发展的目标，意义重大。刚才陈昌智副委员长做了重要讲话，我们要认真学习贯彻。下面，我就进一步促进非公有制经济发展，特别是中小企业发展谈几个方面的想法和意见，供大家参考。

促进中小企业发展工作取得新进展

党的十八大指出，要毫不动摇巩固和发展公有制经济，毫不动摇鼓励、支持、引导非公有制经济发展，保证各种所有制经济依法平等使用生产要素，公平参与市场竞争，同等受到法律保护。新一届政府更是把促进中小企业和非公有制经济发展，放在更加突出的地位，强调这是关系民生和社会稳定的重要战略任务，具有全局和长远的重要意义，并为此采取了一系列重大方针政策措施。促进中小企业发展工作取得了重要进展。

一是中小企业发展环境进一步改善。随着一系列促进非公有制经济和中小企业发展政策的出台，尤其是“两个36条”和“两个29条”的印发实施，中小企业和非公有制经济发展的总体环境得到了很大的改善。但是政策落实没有完全到位，尤其是社会上反映比较突出的“玻璃门”“弹簧门”旋转门”等现象仍然存在。对此，党中央、国务院十分重视，克强总理强调要坚决打破各种对民间投资制造隐形障碍的“玻璃门”“弹簧门”，彻底拆除“表面应进去、实际退出来的”旋转门，要求相关部门进一步细化和完善政策，逐一落实到位。为抓好贯彻落实，前段时间，相关部门对“民间投资36条”和“促进小微企业发展29条”的贯彻落实情况委托全国工商联进行了第三方评估。根据评估反映的落实难、融资难、负担重、准入难等突出问题，各有关部门正在按照中央国务院领导同志的批示要求，狠抓政策落实，使各项优惠政策真正落到实处。同时，加大改革力度，切实转变政府职能，简政放权，把该放的权力放开、放到位，把该管的事情管好、管到位，为各类企业营造公平竞争的环境，激发市场主体创造活力。本届政府运行以来，先后分三次取消和下放了221项行政审批事项；大力推进公司注册资本登记制度改革，实行备案制，取消公司注册资本限制等等。这些重大措施，对释放改革红利，增强市场配置资源的基础作用、激发经济增长的内在动力、促进经济快速稳定增长，激发创业热情和市场活力，具有全局和长远的重要意义。2013年第三季度，全国新设市场主体数量、新增注册资本（金）同比增长17.9%和37.6%。

二是加大财税支持力度。2013年以来，中央财政继续加大了对中小企业的扶持，中小企业发展专项资金预算规模达到了150亿元，国家中小企业发展基金（150亿元）的各项筹备工作也在积极推进中。加大税收优惠政策力度，除所得税收费政策外，针对中小企业发展中出现的新困难和新问题，自8月1日起，国务院决定对月销售额不超过2万元的微型企业，暂免征收增值税和营业税。营改增试点已在全国范围内推开。2012年以来，有关部门全面清理规范涉企收费行为，累计取消和免征340项行政事业性收费，涉及金额近300亿元。中小企业获得的政府采购额不断增大，2012年全国政府采购金额接近1.4万亿元，政府采购合同授予中小企业总采购额近1.1万亿元，其中面向小微企业采购接近5800亿元，占政府采购总额40%以上。

三是确保“两个不低于”，积极缓解中小企业融资难。融资难、融资贵是企业反映比较突出的一个问题，困扰着广大中小企业的发展。对此，国家高度重视，明确提出了确保小微企业贷款继续实现增速不低于全部贷款增速和增量不低于上年同期水平的“两个不低于”目标，并采取了一系列措施。如最近国务院办公厅印发了《关于金融支持经济结构调整和转型升级的指导意见》，提出要整合金融资源支持小微企业发展，优化小微企业金融服务，适当提高对小微企业贷款的不良贷款容忍度，鼓励地方人民政府建立小微企业信贷风险补偿基金。7月15日，国务院还召开了全国小微企业金融服务经验交流电视电话会议，马凯副总理会上提出确保“两个不低于”等八项明确要求。

截至9月末，主要金融机构及小型农村金融机构、外资银行人民币小微企业贷款余额12.82万亿元，占全部企业贷款的43.4%，同比增长13.6%，增速比同期大、中型企业贷款分别高2.2和3.4个百分点。对小微企业的贷款已经连续四年完成了“两个不低于”的目标。同时，大力发展小金融机构，截至9月末，全国已有小额贷款公司7398家，贷款余额达7535亿元，前三季度新增贷款1612亿元。国家还通过营业税减免、准备金税前提取、资本注入、担保费用补贴等扶持政策，进一步支持中小企业的信用担保服务。2013年，中央财政安排18亿元担保资金支持816家担保机构为中小企业提供担保服务，所支持担保机构2012年新增中小企业贷款担保业务额达8776亿元，受保中小企业15.7万户。

四是结构调整力度加大。转型升级是我国经济实现持续发展的关键。国家实施了加快企业兼并重组、淘汰落后产能，促进科技与经济深度融合，营造有利于创新创业的社会环境等一系列促进产业升级、推动结构调整和创新的政策措施。在中小企业方面，组织实施了中小企业成长计划，推动中小企业转型升级。加大对中小企业技术改造的财政支持力度，2013年共安排工业中小企业技术改造资金35亿元，带动企业投资435亿元。鼓励中小企业技术创新，进一步完善企业研发费用加计扣除政策，自1月1日起直接研发活动人员的“五险一金”等可纳入税前加计扣除的范围。组织实施了“百项技术创新推进计划”、中小企业信息化推进工程和知识产权战略推进工程，促进中小企业创新发展；推动产业技术创新战略联盟，促进技术成果向中小企业扩散。引导中小企业集聚发展，认定了231个国家新型工业化产业示范基地及10家创新型产业集群试点。在全国范围内组织实施了“扶助小微企业专项行动”，重点培育创新型、创业型和劳动密集型小微企业，鼓励中小企业走“专精特新”的发展道路。

五是积极推进服务体系建设。实施了中小企业公共服务平台网络建设和国家中小企业公共服务示范平台工程。目前，中央财政已经支持20个省市启动中小企业公共服务平台网络建设。其中，首批启动建设的10个省已经带动服务资源1757家，开展服务对接活动4.9万次，年服务中小企业39万家。截至6月末，已认定307家国家中小企业公共服务示范平台和1600多家地方示范平台。截至9月末，已批准了13家国家中小企业公共服务技术类示范平台享受技术开发用品进口免税。此外，还组织开展了国家中小企业银河培训工程，每年培训50万人次中小企业经营管理人员。实施了中小企业经营管理领军人才培训。我们每年还举办中国国际中小企业博览会，为中小企业搭建展览、展示、合作、交易的平台。

总体来看，经过各方面的努力，中央提出的稳增长、调结构、促改革的政策效果已经显现，改革红利进一步释放，中小企业竞争力进一步增强。2013年第三季度，国民经济呈现了稳中向好的发展态势。三季度GDP增长7.8%，分别比一、二季度回升0.1个和0.3个百分点。前三季度，全国规模以上工业中小企业实现主营业务收入43.8万亿元，同比增长13.3%，占工业企业主营业务收入的59.5%；实现利润总额近2.4万亿元，同比增长17.9%，比2012年同期提高10.9个百分点；全国民间固定资产投资19.7万亿元，同比增长23.3%。

二、牢牢把握企业发展的方向

中小企业的发展虽然出现了稳中向好的趋势，但是我们也要清醒的认识到，国内外经济运行中仍存在较多不确定、不稳定因素，企稳向好的基础还不牢固，特别是小微企业的生产经营既面临着技术装备水平不高、创新能力弱、人才缺乏、管理水平偏低等老问题，又面临着人工成本攀升、资金压力大、融资成本高、招工难等新问题。要解决这些问题，除了要营造良好的发展环境外，从根本上说还是要加快推进转型升级，这是企业发展的内在需要和必然选择。广大中小企业、广大民营企业也都意识到了这一点，认为“必须转”“应该转”，但“怎么转”“如何升级”却有些无所适从，缺乏方向感。在这里我谈几点看法供大家参考：

一是注重信息化的应用，用信息化手段来提高效率，降低成本，提高企业竞争能力。信息化和工业化深度融合，是加快转变方式、促进“四化”同步发展的重大举措。信息技术是当今时代最活跃、带动性最强、创造性、渗透性最广的领域。信息技术发展和应用正以前所未有的广度和深度，加快推进生产方式、发展模式的深层变革。本届政府成立后，李克强总理多次要求，要注重远近结合，充分发挥信息化在稳增长、调结构、促改革中的作用；要求工业和信息化部要加快促进信息消费，拉动有效需求，催生新的经济增长点；中长期要突出做好两化深度融合，继续实施中小企业信息化推进工程，完善公共服务，充分利用信息技术的渗透性和带动性，有效发挥信息化在改造提升传统产业、培育发展战略性新兴产业的重要作用，力争用5年左右的努力取得明显成效。

二是提高自主创新能力，增加研发投入，改变同质化竞争的格局，通过提高产品的科技含量来提高附加值。国家一直把创新作为促进中小企业、民营经济发展的重点，在引导企业“专精特新”和集聚发展，提高企业质量和效益方面做了很多工作。如前面我提到的研发费用加计扣除政策；工业中小企业技术改造资金和中小企业发展专项资金，支持中小企业应用新技术、新工艺、新材料进行技术改造和技术进步；实施中小企业创新能力建设计划、创办小企业计划、知识产权战略工程等等，这些都为广大中小企业创新提供了引导和支持，大家要把这些政策用好用足。

三是注重新业务模式的应用，卖产品不如卖服务。应该说，商业模式创新是促进产业结构升级、促进发展质量和效益全面提升的关键，也是企业竞争的关键。有时候，有些企业技术好、产品质量好，但效益不高、市场认同度低，很大的一个原因是忽视了商业模式创新。我看过一个材料上说，美国企业60%的创新是商业模式的创新，40%的创新是技术的创新。商业模式的创新，在一定情况下，与技术、管理创新一样重要，甚至更重要。这一点值得企业家们深思和借鉴。

三、进一步激发企业活力，加大服务和扶持力度

前一段时间，国务院领导同志多次作出重要批示，要求工业和信息化部会同有关部门，梳理、完善促进中小企业政策，有针对性地采取措施加以落实，加大对中小企业的政策扶持和服务力度，进一步激发企业活力。我部作为国务院负责促进中小企业发展工作的牵头指导部门，将坚决贯彻党中央、国务院的决策部署，会同有关部门，全力支持中小企业和非公有制经济健康发展。

一是着力抓好现有政策的贯彻落实。支持小微企业和非公有制经济发展的政策已经不少，关键在抓落实。我部正根据国务院领导同志的要求，充分发挥国务院促进中小企业发展工作领导小组办公室的作用，会同有关部门，检查各项政策的贯彻落实情况，查找和分析部分政策没有落实的原因，形成工作合力，进一步提高政策的针对性、导向性和可操作性，加大政策的宣传力度，加大对政策落实情况的跟踪和考核，将各项惠企政策不折不扣落到实处，发挥实效。切实按照克强总理要求的那样，政策不仅要听着好，而且要用得着。

二是着力推动改善融资服务。全面落实国务院促进小微企业融资的一系列政策措施，加快融资服务平台建设，大力发展政策性担保机构，探索建立银行与担保机构风险共担机制，鼓励和引导担保机构加强对小微企业的担保服务，切实缓解小微企业融资难。健全中小企业信用体系，鼓励和引导金融机构创新金融产品，改进风险定价体系。最近，经国务院领导同志批准，由银监会牵头相关部门参加，正在对小微企业融资情况开展专项督查，我也带队去了湖南、广西。下一步，我们将根据督查的情况，会同相关部门，进一步抓好落实。

三是着力支持创业创新发展。我们将积极实施好中小企业创新能力建设计划、创办小企业计划、知识产权战略、信息化推进工程，提高企业信息化应用水平和创新发展能力，把“专精特新”之路作为促进小微企业成长的重要途径，把集聚发展作为促进小微企业成长的着力点，推动小微企业加快转变发展方式，提高中小企业发展的质量和效益。支持小企业创业基地建设，推动开展创业兴业辅导，为中小企业的创立和发展提供有效支撑。积极落实好注册资本登记制度的改革，通过放宽市场主体准入，创新政府监管方式，建立高效透明公正的现代公司登记制度，降低创业门槛，促进小微企业特别是创业型、创新型企业成长。

四是着力完善中小企业服务。继续支持有条件的省市建设和完善中小企业公共服务平台网络，增强服务功能，提高服务质量和水平。重点培育国家中小企业公共服务示范平台。继续深入开展以“扶助小微，转型成长”为主题的“扶助小微企业专项行动”，为小微企业送服务、送政策、送温暖，为小微企业的创立和发展提供有效的支撑服务。加大对中小企业经营管理人才的培训力度。加强对中小企业运行情况的跟踪监测，针对小微企业发展中出现的新情况、新问题，积极研究提出新的对策。

这次论坛的召开，对贵州和毕节来说是难得的发展机遇。确切的说，贵州的发展，特别是毕节的发展当前正面临着“天时、地利、人和”的情况。刚才陈昌智副委员长，王富玉主席都讲了许多很好的意见。“天时、地利、人和”正是对毕节当前情况最真实的写照。所谓“天时”，三中全会召开在即，改革的大旗将为贵州、毕节的发展增添新的动力。“地利”，今年国务院已经批准了毕节新一轮的发展改革规划，这为毕节的发展创造了一个新的良好环境。“人和”，各个民主党派、工商联对毕节持续不断的支持，为毕节的发展创造了良好的基础；这次论坛又吸引了许多企业家齐聚毕节，这也为毕节的发展带来了新机遇。

促进非公有制经济的发展，离不开社会各界的关心和支持，离不开各位企业家的不懈努力！让我们扎实工作、开拓创新，为非公有制经济发展，为贵州、为毕节的经济再上新台阶，为打造中国经济的升级版，为实现中华民族伟大复兴的中国梦而努力奋斗！

最后，祝愿本届论坛取得圆满成功！

谢谢大家！

继续实施稳健的货币政策 改进创新小微企业金融服务

——在全国小微企业金融服务经验交流电视电话会议上的讲话

中国人民银行党委书记、行长 周小川

党中央、国务院高度重视小微企业的持续健康发展，先后出台了一系列支持小微企业发展的财税金融政策，特别是最近国办印发了《关于金融支持经济结构调整和转型升级的指导意见》，金融系统也不断加大小微企业金融服务，取得了积极成效。我结合工作实际，就落实中央和国务院的要求和部署，讲几点意见。

1. 充分认识金融支持小微企业发展在“稳增长、调结构、促改革”中的重大意义。小微企业是我国经济社会发展的重要力量，在繁荣市场、扩大就业、建设社会主义新农村、促进和谐社会建设等方面起着非常重要的作用。特别是在当前国内外经

济形势异常复杂，不稳定、不确定性因素较多，经济下行压力较大的情况下，金融支持小微企业发展，有利于保持经济平稳较快发展、推动经济结构调整、增强经济发展的内在活力。

2. 继续实施稳健的货币政策，保持合理的货币信贷总量，为小微企业发展创造良好的金融环境。按照中央的要求，把稳健的货币政策坚持住、发挥好，增强政策的前瞻性、针对性和灵活性，适时适度预调微调。统筹兼顾稳增长、调结构、控通胀、防风险的关系，综合运用数量、价格等多种货币政策工具，充分发挥再贷款、再贴现和差别准备金动态调整机制的引导作用，对中小金融机构继续实施较低的存款准备金率，盘活存量，用好增量，增加小微企业的信贷资金来源。稳步推进利率市场化改革，更大程度发挥市场在资源配置中的基础性作用，提高小微企业的信贷可获得性。

3. 加强宏观信贷政策指导，鼓励和引导金融机构加大对小微企业的信贷投入，实现“两个不低于”目标。改进信贷政策实施方式，完善中小企业信贷政策导向效果评估，引导金融机构按照“有扶有控、有保有压”的要求，优化信贷结构，进一步扩大对小微企业的信贷投放。积极鼓励金融创新，推动商业银行开展应收账款质押、动产质押等适合小微企业融资特点的金融产品和服务；支持符合条件的商业银行发行专项用于小微企业贷款的金融债券，努力实现全年小微企业贷款增速不低于当年各项贷款平均增速、贷款增量不低于上年同期水平的目标。

4. 积极发展与小微企业金融服务需求相适应的小型金融机构。与大型金融机构相比，小型金融机构服务小微企业具有信息、成本等方面的优势。要认真落实党的十八大关于加快发展民营金融机构的决策部署，放宽对民间资本设立金融机构的准入。推进存款保险制度建设，为小型金融机构创造公平竞争的环境。

5. 大力发展多种融资方式，拓宽小微企业多元化融资渠道。近年来，我国资本市场发展取得显著成效，但小微企业资本金还比较薄弱。要加快发展多层次资本市场体系，健全支持小微企业多元化融资的渠道和机制。鼓励风险投资和私募股权基金等投资处于初创期的小微企业。在风险可控的前提下推动信贷资产证券化常规化发展，引导金融机构将盘活的资金向小微企业倾斜。加快银行间债券市场发展，支持符合条件的小微企业发行债务融资工具。同时，进一步促进民间融资规范发展，发挥好民间资本在扩大小微企业融资中的作用。

6. 要大力推动金融工具、金融产品和机制创新，不断满足小微企业多层次、多样性的金融服务需求。小微企业点多面广、千差万别，不同类型、不同发展阶段的小微企业的金融服务需求是多层次、多样性的。金融机构要做好对小微企业账户开立、支付结算、存款和存款类产品、外汇兑换、支付性质的垫款等基础性金融服务。鼓励金融机构采用网络银行、手机银行等新型支付工具和手段，扩大对小微企业金融服务的范围和覆盖面。进一步改善银行卡受理环境。支持地方政府加强对小额贷款公司的监管，强化小额贷款公司为小微企业服务能力。配合有关部门规范发展网络信贷平台等中介机构，为小微企业开辟新的融资来源。

7. 推进小微企业信用体系建设，进一步优化小微企业金融服务生态环境。小微企业融资难的一个重要原因是，有些小微企业会计信息不规范、不充分，有的缺乏信用记录，银行难以用常规方法评估其还款能力。要抓紧建立覆盖全社会的征信体系，加快建立金融业统一征信平台，建立健全适合小微企业特点的信用征集体系、信用评级制度和信息共享机制，营造良好的小微企业金融服务生态环境。

加强和改进小微企业金融服务是一项系统性工程，既需要不断创新金融组织、产品和服务，也需要有关部门在产权保护、财税支持、行业准入等方面提供更宽松的体制机制和更健全的公共服务。下一步，要认真落实党中央、国务院的统一部署，按照马凯副总理的重要讲话精神，进一步加大工作力度，积极探索创新，为小微企业持续健康发展创造良好的金融环境。

在中国融资担保业协会成立大会上的致辞

中国银行业监督管理委员会副主席、
党委委员　阎庆明

各位代表：

大家好！

很高兴参加今天的中国融资担保业协会成立大会。在此，我谨代表融资性担保业务监管部际联席会议和中国银监会对中国融资担保业协会的成立表示祝贺！

部际联席会议及各成员单位一直高度重视并积极推进融资担保行业自律组织的组建工作。经国务院同意，民政部已正式批准中国融资担保业协会成立登记。中国融资担保业协会的成立，是我国融资担保行业规范发展和进一步走向成熟的标志，在融资担保业发展史上具有里程碑的意义。借此机会，我想就融资担保业发展的有关问题，特别是如何发挥好协会的作用与大家交流几点意见。

一、规范发展是我国融资担保行业的必然选择

国务院于2009年明确融资担保行业的监管体制以来，随着一系列规章制度的陆续出台和各项监管工作的有序推进，融资性担保行业逐步纳入规范经营的轨道，资本实力增强，业务稳步增长，总体运行平稳，为支持中小微企业融资和地方经济发展发挥了重要作用。近三年来，融资担保行业实收资本

年均增长36%；在保余额年均增长37%；与融资性担保机构开展业务合作的银行业金融机构年均增长22%，融资性担保贷款余额年均增长28%；中小企业融资性担保贷款余额年均增长29%，为中小企业提供担保户数年均增长27%；全行业担保业务收入年均增长30%。这些数据充分表明，规范和监管不仅没有影响融资担保行业的发展，反而促使融资担保行业对中小微企业的融资增信作用不断增强。

在行业发展取得可喜成效的同时，我们也要清醒地看到，融资担保机构数量过多、违规经营等问题仍然突出，一些风险隐患仍不容忽视。截至2013年6月末，融资担保法人机构共8349家，而放大倍数与年初的2.1倍基本持平，整体呈现"数量多、规模小、实力弱"的特点。市场竞争过度、担保业务能力较弱等问题制约着行业的可持续发展。近年来陆续爆发的风险事件进一步暴露出一些融资担保公司抽逃资本金、关联交易等违法违规问题十分突出，对行业整体声誉和银担合作都造成非常大的负面影响。融资担保行业是高杠杆、高风险的行业，可靠的担保实力、规范的风险管理和良好的声誉是这个行业的生存基础，我们很难想象，一个缺乏规范的融资担保行业能够在解决中小微企业融资难等问题上发挥更大的作用。融资担保机构要实现健康可持续发展，关键是要进一步加强规范和监管，提升自身的内控和管理水平，把担保业务做精、做专、做强，真正成为服务中小微企业的中坚力量。

二、加强自律是规范发展的重要途径

中国融资担保业协会的成立，一方面说明融资担保行业有了一定的实践积累，为协会的成立和良好运行提供了现实基础；另一方面，协会也将助力行业许多问题的解决和整体能力素质的提升。中国融资担保业协会的成立，是对国务院办公厅《关于进一步明确融资性担保业务监管职责的通知》（国办发〔2009〕7号）和《融资性担保公司管理暂行办法》的落实，也是对行业规范发展需要的响应，寄托着大家对融资担保行业发展的期许，凝聚着发起单位和筹备组的心血，同时也离不开部际联席会议成员单位和在座各位的大力支持。

自律，是变被动要求为自觉行动，加强自律，是凝聚共识，团结一致向前看。融资担保行业加强自律，能够有效变被动接受监管为自觉规范行为，变无序竞争为有序合作，凝聚大家的共识和自觉行动来推动行业的规范健康发展。中国融资担保业协会成立后，要加强自身建设，不断壮大号召力，增强凝聚力，发挥影响力，认真履行好自律、维权等职责。

协会要通过组织制定自律公约及技术标准、业务规范，提高行业的专业化程度和服务水平，充分发挥行业自律对监管的补充作用，进一步规范行业秩序。同时，要制定从业人员行为准则，培养职业操守，开展相关专业资格考试及评定，加强对从业人员的自律管理，为行业发展打好基础。

协会要代表会员单位的共同利益，积极参与有关行业发展及与行业权益相关的决策论证，及时反映会员诉求及制约行业改革发展的问题，推动完善行业发展外部环境，积极开展行业维权调查，及时进行相关风险提示，切实维护会员的合法权益。

协会要积极协调会员与监管部门、银行业金融机构及其他相关主体之间的关系，做好会员之间的沟通，形成良性竞争、合作共赢、规范发展的共识。协会作为整个行业的代表，要注重加强与新闻媒体的协调，正确引导舆论，维护行业声誉。

三、做好服务是当前协会工作的重中之重

协会要充分利用好行业优势资源，促进会员间信息和经验的交流，组织开展各类专业培训和咨询服务，指导会员单位改善经营模式、创新担保产品、完善业务流程，推动整个行业实现发展方式的转变。当前，协会要重点做好以下工作：

一是注重调查研究。融资担保行业作为经营信用、管理风险的行业，其业务具有与生俱来的风险属性，并与经济形势、市场环境的变化密切关联，协会只有充分调查研究，才能全面掌握行业发展的动态和潜在的风险，提高工作的针对性、前瞻性和有效性。要紧紧围绕行业体制、机制、政策的完善、发展理念和经营模式的定位、担保市场的变化、区域或典型风险的防控、担保业务、产品、流程的创新，及时展开深入的调查研究，一方面为有关部门制定政策提供依据，另一方面根据新的情况不断完善行业自律的措施办法。

二是注重协调服务。协会要全力搭建融资担保行业的沟通协调平台，发挥好连接政府与市场的桥梁纽带作用。要注重加强不同市场主体之间的横向沟通，特别是要推动银担合作的深化。中国融资担保业协会要与中国银行业协会加强协作，深入探讨银担合作的模式、机制和条件，组织双方会员共同研究如何进一步规范业务、管控风险、做大规模，切实促进合作共赢，发挥好服务中小企业的积极作用。

三是注重教育培训。当前融资担保行业的资本等硬实力不断增强，人才不足已成为制约行业更好更快发展的"瓶颈"。必须从战略上高度重视人才这一软实力的提高。协会要充分发挥其在教育培训、信息共享等方面的优势作用，着力提高从业人员的整体素质。既要加强规范引导，也要坚持持续教育；既要做好知识培训，也要注重经验交流；既要提高专业素质，也要培养职业操守。以人为本，着力推进人才队伍专业化建设，是行业未来发展的希望所在，也是协会服务职能的关键所在，任重而道远。

四是注重自身建设。一方面要加强内部管理，根据协会章程的相关规定，及时健全组织机构，建立包括会员管理、财务管理、人员资产管理在内的各项制度，完善向主管单位报告工作的机制，理顺与地方监管部门、各省级融资担保业协会的关系，提高协会工作的规范性和有效性；另一方面，要尽

早对行业自律性规范文件的制定、从业人员教育培训、相关业务标准等重点工作做好规划，制定相应的路线图，确保工作及时有序地开展。

需要特别强调的是，中国融资担保业协会要科学合理地确定会员标准。要综合考虑当前融资担保机构“多、小、弱”的现实情况，认真分析研究担保市场实际需求和发展需要，合理确定并调控会员的数量。要坚持质量优先的原则，做到宁缺毋滥。对于申请入会的融资担保机构，要从资本实力、经营规范性、风险意识及风险管控能力等方面进行把关，确保只有那些综合实力和市场竞争力强、经营规范的机构才能成为会员。加入中国融资担保业协会意味着其自身的信誉和担保能力得到了认可，能够帮助其在业务拓展、银担合作中起到增信作用，从而使其感受到身为全国性协会会员的光荣感、责任感和使命感。

最后，衷心祝愿中国融资担保业协会在未来的发展中不断发挥自身优势，不断完善行业自律，不断提高为会员服务的水平，为我国融资担保行业的规范健康和可持续发展做出积极的贡献！后天就是我们中国传统的中秋佳节，也借此机会，祝大家节日快乐，身体健康，阖家幸福。谢谢大家！

在2013年中国民营经济发展（长白山）论坛上的致辞

统战部副部长、全国工商联党组书记、
常务副主席　全哲洙

同志们：

今天，我们相聚在风景如画、清爽宜人的长白山，出席由全国工商联和吉林省人民政府共同举办的2013年中国民营经济发展论坛。我谨代表全国工商联，向来自国家有关部委的领导同志、经济界的专家学者和各位民营企业家表示热烈的欢迎！向为论坛提供大力支持的万达集团表示诚挚的谢意！

2013年以来，在党中央的领导下，我国经济运行总体平稳，上半年GDP增长7.6%，经济增长及其他主要经济指标保持在合理区间和预期目标之内，经济结构调整取得了新进展。但是，也要清醒地看到，当前国内外经济发展环境十分复杂。党中央提出，应对当前我国发展面临的一系列矛盾和挑战，关键在于全面深化改革。在这样的形势下，我们齐聚长白山，以“深化改革，推动民营经济发展”为主题举办这次论坛，既有来自政府部门领导的权威政策解读，也有来自专家学者的理论分析，既有企业转型升级的探索启示，也有台上台下的互动对话，希望大家能够积极参与、交流借鉴、研讨启迪，为助推改革进程、发展民营经济贡献智慧。

改革始终是推动我国民营经济健康发展的根本动力。改革开放以来，民营经济不断发展壮大，已成为改革开放的一个重要标志、中国特色社会主义的重要特征、社会主义现代化建设事业的重要推动力量。目前，我国私营企业已逾1100万户，注册资本超过34万亿元；个体工商户已逾4100万户。民营经济对GDP的贡献已超过50%，城镇固定资产投资占比已超过60%，解决了城镇就业的80%和新增就业的90%，成为中国经济增长的主要动力之一。当前，世界经济正在深度调整，复苏动力不足甚至有可能减弱；我国经济正处于增长速度换档期、结构调整阵痛期、前期刺激政策消化期叠加的阶段，经济运行中也存在一些“忧”的方面，主要是产能过剩、内需不振、财政增收减慢、地方债务和影子银行规模扩大等，都给经济平稳发展带来挑战。民营经济发展也遇到了生产经营压力增大、融资难融资贵、市场低迷、相关政策不到位等困难，迫切需要进一步增强发展的内生动力和后劲，民营企业盼改革、谋发展的愿望强烈。在这样的形势下，党中央作出了全面深化改革的战略部署，指出发展仍是解决我国所有问题的关键，必须以更大的政治勇气和智慧，不失时机深化重要领域改革，攻克体制机制上的顽瘴痼疾，突破利益固化的藩篱，进一步解放和发展生产力，进一步激发和凝聚社会创造力。2013年以来，中央出台了一系列深化改革的政策措施，加快了行政管理体制、财税体制、投融资体制、资源价格等重点改革，出台了扶持小微企业发展和光伏产业发展、促进贸易便利化等促进实体经济发展的措施，还将有序推进城镇化和积极发展服务业等方面的改革。这一系列改革措施，就是要转变经济发展方式、调整经济结构、释放改革红利、提高要素配置效率，就是要减少不必要的行政干预，处理好政府、市场和企业的关系，更多发挥市场配置资源的基础性作用，不断增强市场活力和经济发展的内生动力，促进经济实现持续健康发展，打造中国经济升级版。党的改革开放政策催生了民营经济的不断发展壮大，新一轮的市场化改革举措必将为民营经济发展提供重要机遇和广阔舞台。

加快转型升级是民营企业抓住深化改革机遇的必然选择。加快转变经济发展方式是关系我国经济可持续发展的战略抉择，是打造中国经济升级版的必由之路。当前，粗放型经济已经难以为继，经济运行逆周期倒逼产业结构调整的压力增大，通过改革开放促进经济发展方式转变和产业结构调整已成为我国经济发展的必然要求和大势所趋。面对产能过剩、需求下降、成本上升等挑战，民营企业只有加快转型升级，进行存量调整，才能消除市场、资源、环境以及自身素质对企业发展的制约，提高核心竞争力；才能抓住改革释放的红利，用足用好国家政策，把握机遇，持续发展。党中央强调，要大力推进以企业为主体的创新体系建设，推动创新驱动发展，为企业加快转型升级和国家加快转变发展方式指明了方向。我国人均GDP从改革开放之初的155美元增长到2012年6100美元，劳动力与资金等要素对经济增长的贡献率增速放缓，必须重视和推动技术进步对经济增长的贡献率不断提高，才能实现经济的可持续发展。实践表明，尽管当前国际国内经济形势比较严峻，但以技术创新为支撑的互联网、电子商务、节能环保、文化创意产业等服务业依然保持了较好发展态势。广大民营企业要抓住时机，不断加大研发投入力度，努力掌握关键核心技术和自主知识产权，在对传统产业改造提升的同时，加快培育以创新驱动为核心的新优势。要通过技术创新带动产品创新、品牌创新和生产经营模式创新，努力将价值链向研发、标准制定、销售服务和品牌建设拓展；在风险可控的前提下，积极进入新兴产业和新兴业态，不断提升产业档次和水平；有实力、有条件的企业应积极"走出去"参与对外投资、并购等国际化经营，努力在国际市场获取技术、人才、知识产权、渠道、资源等要素，逐步实现研发、生产、销售的全球化布局。要千方百计提高经营管理团队素质，帮助他们树立世界眼光，加强战略思维，掌握现代经营管理知识。还要积极培育内涵丰富、特色突出、员工认同的先进企业文化，努力为企业可持续发展提供动力保障。

民营企业家要在深化改革的过程中坚定理想信念。2013 年 5 月份以来，中央统战部、全国工商联以"民营企业家与中国梦"为主题，以民营企业家为主体，以"增强对中国特色社会主义的信念、对党和政府的信任，对企业发展的信心"为主要内容，在全国开展了非公有制经济人士理想信念教育实践活动。这是把非公有制经济人士思想统一到党的十八大精神上来的重要举措，是为实现中华民族伟大复兴中国梦凝聚强大力量的必然要求，是促进非公有制经济健康发展和非公有制经济人士健康成长的具体实践。活动开展以来，得到广大非公有制经济人士的积极响应，昨天晚上企业家互动环节有 3 位企业家结合各自企业的发展谈了企业梦与中国梦。今天在座的企业家许多都是各领域、各行业的突出代表，也是民营企业家的中坚和骨干。希望大家在教育实践活动中，带头学习，带头宣讲，带头实践，带动更多的民营企业家参与到活动中来，充分激发劳动创造精神和创业精神，把实现企业的发展梦、个人的成功梦与中华民族伟大复兴的中国梦结合起来，做合格的中国特色社会主义事业建设者。各级统战部、工商联要紧紧依靠党委和政府的领导和指导，切实负起组织领导非公有制经济人士理想信念教育实践活动的政治责任，加强督促检查，及时研究活动中出现的新情况新问题。要注重总结典型、树立典型、宣传典型，不断把教育实践活动引向深入，取得扎扎实实的成效。

作为论坛主办方，吉林省委、省政府高度重视民营经济发展，不断加大改革力度，提出要采取更大举措促进民营经济大发展，为论坛的召开做了大量筹备工作。今年初，吉林召开了全省突出发展民营经济大会，制定了《吉林省人民政府关于突出发展民营经济的意见》，确立了民营经济增加值占全省地区生产总值的比重达到 60% 以上的发展目标。希望各位民营企业家在交流思想、碰撞智慧的同时，更多了解和考察吉林的发展环境与潜在商机，积极寻找和捕捉适合企业自身发展和转型升级的新机遇。

最后，预祝论坛取得圆满成功，谢谢大家。

二、省区市领导讲话

在全省民营企业表彰暨民营经济工作会议上的讲话

河南省省长　谢伏瞻

同志们：

这次会议是省委、省政府决定召开的。会前，庚茂书记作了重要批示，省政府常务会议作了专题研究。会议开得很好，我们表彰了先进，部署了工作，进行了动员，达到了预期目的。雪枫同志刚才作了重要讲话，我完全赞成。下面，我强调几点。

一、毫不动摇鼓励支持引导民营经济发展

党中央、国务院高度重视民营经济发展，先后出台了一系列鼓励支持引导非公有制经济发展的政策措施。党的十八大再次强调：毫不动摇巩固和发展公有制经济，毫不动摇鼓励、支持、引导非公有制经济发展，保证各种所有制经济依法平等使用生产要素、公平参与市场竞争、同等受到法律保护。这为在新的起点上推动民营经济发展指明了方向、拓展了空间、提供了保障。公有制为主体、多种所有制经济共同发展是我国的基本经济制度，这是由我国仍处于并将长期处于社会主义初级阶段这一基本国情决定的。实践证明，非公有制经济在国民经济和社会发展中发挥了十分重要的作用，成为社会主义市场经济的重要组成部分。因此，毫不动摇鼓励支持引导非公有制经济发展，绝非权宜之计，而是社会主义现代化建设的内在要求、长远之策、战略之举。

近年来，省委、省政府在毫不动摇地巩固和发展公有制经济的同时，认真落实中央鼓励支持引导民营经济发展的决策部署，实施了放宽准入、资金扶持、营造环境等一系列重大举措，全省民营经济呈现出持续快速健康发展的良好态势，在调整优化经济结构、推动科技创新、带动改革开放、提供就业机会、促进居民增收等方面发挥了重要作用，已经成为经济增长和发展方式转变的生力军。

当前和今后一个时期，是我省爬坡过坎、攻坚转型的关键时期，也是实现中原崛起、河南振兴、富民强省中原梦的关键阶段。民营经济扮演着重要角色、肩负着重大使命。各级各部门一定要深入贯彻党的十八大精神，从全局和战略高度，全面落实鼓励支持引导非公有制经济发展的政策措施，推动民营经济发展再上新台阶。

二、促进民营经济在转型升级中发展壮大

近年来，尽管我省民营经济规模迅速壮大、发展水平不断提升，但与发达地区相比，在企业规模、产业层次、核心竞争力等方面还存在较大差距。下一步，要坚持以科学发展为主题，以加快转变经济发展方式为主线，切实把民营经济发展的立足点转到提高质量和效益上来，在继续做大民营经济总量的基础上，引导推动民营经济加快由粗放型发展向集约型发展转变，由要素驱动为主向创新驱动转变，由劳动密集型为主向劳动密集型、资本密集型、技术密集型并重转变，全面提升民营经济发展水平和市场竞争力。

一要推动转型发展。当前，我省民营经济发展已进入转型升级的关键阶段。要把推动民营经济转型发展作为促进全省经济发展方式转变的重要突破口，把发展民营经济与构建现代产业发展新体系结合起来，引导民间资本更多地投向先进制造业、战略性新兴产业、基础设施和基础产业、现代服务业。要拓宽民营经济发展领域，鼓励和引导民间资本进入教育、医疗、养老等社会事业领域。要鼓励支持民营企业加快信息技术应用，促进工业化信息化融合发展。要引导民营企业严格控制新上高耗能、高污染、高消耗和低水平重复建设项目，主动淘汰落后产能，扎实推进节能减排，努力实现绿色发展、循环发展、低碳发展。

二要推动创新发展。创新驱动，企业才能永葆活力。要支持引导民营企业加大投入，瞄准行业前沿技术，通过科技创新、技术改造实现产品更新换代，优化产品结构，扩大市场份额。要引导民营企业加强与省内外科研机构、高校合作，支持有条件的企业建立技术研发中心。要支持引导民营企业在引进先进技术的基础上消化吸收再创新，提高科技创新对民营经济发展的支撑力。

三要推动集聚发展。产业集聚区等载体不仅是我省实现“三化”协调、“四化”同步、科学发展的重要平台，也是民营企业集约集聚发展的重要平台。要引导民营企业向产业集聚区集中，通过企业集中布局、产业集群发展、资源集约利用、功能集合构建降低生产成本、延伸产业链条、形成整体优势。要引导民营企业依托商务中心区和特色商业区，大力发展商贸物流、金融保险、文化等第三产业。

四要推动改革开放。改革开放是增强民营经济活力的重要途径。要引导和鼓励民营企业开展跨地区、跨行业兼并重组，积极参与国企改制，形成一批特色突出、竞争力强的企业集团。要加大开放招商力度，积极引进省外民营资本，特别要注重引进行业龙头企业，带动配套企业落户；引导省外民营

资本投向我省经济社会发展的薄弱环节，借助外力弥补“短板”。同时，要引导省内民营企业顺应经济全球化深入发展趋势，扩大与省外国外优势企业的交流合作，主动融入国际产业分工；支持民营企业在巩固本地市场的基础上，积极“走出去”拓展省外、国外市场。

三、着力营造民营经济又好又快发展的良好环境

近年来，各级各部门持续转变职能、转变工作作风，为民营经济发展创造了良好条件，但仍有一些地方和部门对民营经济重视不够、对政策措施落实不够、对民营企业服务不够。下一步，要加快转变政府职能，落实好各项政策措施，为民营经济又好又快发展营造更好环境。

一要优化政策环境。要按照“一视同仁、平等对待”的原则，坚决破除各种有形或无形的壁垒和障碍，打破各种“玻璃门”“弹簧门”，使民营企业与其他所有制企业在市场准入、土地审批、财税政策、信贷支持等方面享受平等待遇。要加强对民营经济发展扶持政策落实情况的督促检查，凡没有落实或尚未完全落实的，必须尽快落实到位。

二要改善政务环境。要正确处理政府和市场、社会的关系，把行政审批制度改革作为转变政府职能的突破口，下决心再清理、减少和调整一批行政审批事项，提高审批效率，切实减少政府对微观经济活动的干预。要坚决治理乱收费、乱罚款、乱摊派等现象，切实减轻企业负担。要健全企业服务长效机制，推进公共服务体系建设，强化企业用工服务、金融服务，努力使民营企业反映强烈的问题得到及时有效解决。要加强行业协会建设，发挥好行业自律和桥梁纽带作用。

三要完善市场环境。要加快完善市场体系，提升市场功能，规范市场秩序。坚决打击不正当竞争、制假售假、侵犯知识产权等各种扰乱市场经济秩序的行为，创造公平竞争、健康有序的市场环境。要推动诚信体系建设，以政务诚信带动商务诚信和社会诚信，形成良好的社会风尚。

四要健全法制环境。要完善促进民营经济发展的地方立法和行政规章，建立健全地方法律法规体系，切实做到有法可依。要坚持依法行政、依法办事，旗帜鲜明地维护民营企业和民营企业家的合法权益，确保民营企业家的合法财产不受侵犯，确保民营企业合法经营不受干扰。

五要营造舆论环境。要大力宣传鼓励支持引导民营经济发展的政策措施，积极宣传创业成功的典型事例，鼓励各类人才创业发展。要客观公正宣传民营经济在经济社会发展中的重要作用，大力宣传依法经营、认真履行社会责任、积极参与社会公益事业的民营企业家的先进事迹，形成尊重、支持、善待民营企业家的浓厚社会氛围。

四、希望民营企业勇于担当、锐意进取、多做贡献

经过多年的发展，我省涌现出一批有代表性、在国内外有较强影响力的优秀民营企业和优秀民营企业家，民营企业社会形象持续提升。希望广大民营企业和民营企业家珍惜荣誉、珍惜机遇，顺势而为、乘势而上，在实现中原梦的伟大实践中担当更大责任、发挥更大作用。

一要主动融入，服务大局。大局也是机遇。当前，全省上下正在积极实施粮食生产核心区、中原经济区、郑州航空港经济综合实验区建设三个战略性规划，加快构建“一个载体、三个体系”，这为民营经济发展开辟了广阔天地。希望民营企业主动融入，为全省发展大局做出更大贡献。

二要诚实守信，守法经营。诚实守信是市场经济有序运作的道德基石，也是企业安身立业之本。希望民营企业自觉把追求经济利益与遵循市场法则、法律法规和发扬传统美德结合起来，加强信用建设，保障员工合法权益，做到自律、敬业、诚信、守法，维护企业信誉和河南形象。

三要加强管理，提升素质。民营企业发展到一定规模后，在管理方式上必须实现由传统管理向现代化管理转变。希望民营企业不断完善治理结构和内部决策机制，加快建立现代企业制度，努力实现科学规范经营；加强管理人才队伍建设，培育职业经理人，最大程度地调动员工积极性，努力做到人尽其才、才尽其用。同时，民营企业家要加强学习，开拓视野，不断提升自身素质，推动企业健康发展。

四要履行责任，回馈社会。履行社会责任是提升企业声誉、助力企业长远发展的有效途径。希望民营企业在自身发展壮大的同时，自觉把回馈社会、造福人民作为应尽的义务，积极参与公益事业，做履行社会责任的典范。

五、强化促进民营经济发展的思想组织保障

鼓励支持引导民营经济加快发展，需要全省上下齐心协力、共同推动。各级各部门要把民营经济发展摆上更加重要的位置，进一步加大工作力度，不断创新工作思路，积极改进工作方法，努力为民营经济发展提供有力保障。

一要继续解放思想。思想解放的程度有多深，民营经济发展的空间就有多大。要紧紧抓住解放思想这个“总开关”，把发展民营经济作为事关河南长远发展的战略举措，冲破一切妨碍民营经济发展的思想观念，改变一切束缚民营经济发展的不当做法，革除一切影响民营经济发展的体制弊端，放心、放开、放手为民营经济发展构建更大舞台。

二要形成工作合力。各级党委、政府要加强对民营经济发展的领导，精心组织，统筹推进各项工

作。省促进中小企业发展工作领导小组办公室等综合协调机构要充分发挥作用，加强协调服务，跟踪目标任务落实情况，搞好督促检查。各有关部门要认真履职，加强协调，配合联动，形成各方面齐心协力支持民营经济发展的生动局面。

三要强化目标考核。要建立科学合理的民营经济发展考核机制，把促进民营经济发展纳入各级政府及有关部门考核范围，制定考核办法，强化绩效考核，充分调动各级各部门推动民营经济发展的积极性主动性。要继续对发展好、贡献大的优秀民营企业和民营企业家给予表彰奖励。

同志们，加快民营经济发展，事关中原崛起河南振兴大局。各级各部门要开拓进取，扎实工作，努力开创民营经济发展新局面！

在全省金融机构与中小微企业贷款项目对接暨签约会议上的讲话

河南省副省长　张维宁

各位同仁，大家上午好！

今天我们在这里举行全省金融机构和中小微企业贷款项目对接暨签约会议，目的是通过这样一个平台，在大家的共同努力下，缓解中小微企业融资困难，进而促进我省中小微企业健康发展。

大家都知道，现在全省工业领域正在进行稳增长、调结构的百日攻坚行动。围绕稳增长、调结构这两个主题，通过加强对企业的服务，能够使经济发展转型的步子更快一点，发展的质量更好一点，发展的速度也更快一点。今天组织的这个活动是百日攻坚活动中一个非常重要的举措，同时也是我省认真贯彻《国务院办公厅关于金融支持小微企业发展实施意见》的一个重要举措。

今天，将有68家企业在这里签约，能有这样的成绩，背后凝聚着几个月以来各单位的努力和大量卓有成效的工作，工信厅和银监局进行了精心组织、有力的协调和推动；各金融机构也主动为中小微企业服务，围绕两个“不低于”的目标，创新金融方式，同中小微企业加强互动联动。应该说，今天能够在这里举行这样一个会议，离不开各方的共同努力和做出大量辛勤工作的有关单位。

会议开始前，我和有关负责同志进行了初步交流。今天这个会议，68家签约企业所代表的是什么概念？是有将近8000份的贷款合同、500多亿元的贷款发放、200多亿元的新增担保业务，以及小额贷款公司100多亿元的贷款发放。

特别让我感到高兴的是，本次活动体现了两个“实”：

一是实在。以前我们也组织过一些银企对接活动，总结时，那些对接成果说的可能比较大，有合同、协议、意向。但是这次活动，通过工信厅和银监局的共同努力，经过几个月深入细致的对接，这些数字都是实实在在的合同数额，签完之后就要落实发放贷款的。可想而知，这一实实在在的举措对于保证企业正常经营，维护企业现金流以及促进整个经济社会发展的作用无疑是巨大的。

二是实诚。为什么这么说？申请参加此次活动的企业有1万多家，经过这几个月的深入对接筛选，符合条件的企业将近8000家。这说明符合条件的这些企业，无论是在规范财务制度和行为上，还是信息披露、信息对称以及诚信体系建设上都走到了前面，达到了银行放贷的要求，这充分体现了企业在诚信体系建设上、在规范管理上实诚的特点。这样的活动明年我们还要举办，有了这样一批企业走在前面，就可能一个带两个，两个带三个，再加上政府、银行的共同推动，积极的培育、引导和规范，能够达到银行要求的中小微企业这个群体规模会越来越大，诚信河南建设的基础就会越来越实。

所以，我认为这次对接活动非常成功，无论工信厅、银监局，还是各银行机构，以及中小微企业都做出了大量卓有成效的工作，在此我表示衷心的感谢，也对这次活动能够办得这么好、这么成功表示热烈的祝贺！

刚才照平厅长、伏安局长在讲话中，从不同层面向大家通报了政府、银监机构、金融机构为中小微企业服务的基本思想和要求，这些非常重要。他们讲到的实际上是政府服务中要做的事情。当然，这个事情有政策环境的因素，从政府和金融层面来看，我们会积极努力这样做；但是从中小微企业层面来看，希望你们能够很好的和这些要求对接起来，真正形成一个良性互动的局面。

另外，刚才万强行长，金玉董事长，还有京华耐火的董事长也都作了很好的发言，特别是从万强行长和金玉董事长发言里面，我们可以听到金融部门努力按照国家和省委省政府的要求推动金融创新，努力为中小微企业服务的举措、经验和下一步要做的事情。担保机构、担保集团下一步要怎么做，这些都是比较强烈的政策性导向和信号。企业和金融部门也要沿着这样一个方向共同努力！

下面，我想再讲三层意思：

第一，进一步强化（提高）对促进中小企业健康发展重要意义的认识。

我们都非常清楚，中小微企业在整个国民经济中的地位非常重要。从河南来看，我们有将近40万家的中小微企业。中小微企业完成的GDP占全省的50%以上，在对地方财政收入、出口、科技创新以及新增就业的贡献也是可圈可点的，大体上是50%－80%，这就是省委省政府高度重视中小微企业发展的一个很重要的基点。实际上扶持中小微企业健康发展是政府义不容辞的责任；金融部门很多都是国有控股企业，或者是国有控股的商业银行，从这个角度来说，也是有责任有义务在防范金融风险的前提下，更好的为中小微企业提供相应服务。也就是说中小微企业在国民经济中的重要地位和作用决定了无论是政府部门，还是金融部门，都要积极创新，深化改革，提高对促进中小微企业健康快速发展的认识，做好有关工作。

现在，从大的政策环境来说，对支持中小微企业的发展是越来越好的，国务院明确提出小微企业贷款的增速和增量两个“不低于”的要求，河南省也出台了促进中小微企业健康发展的具体政策，包括金融服务工程、“百千万”成长工程、特色中小企业产业集群建设工程等九个工程。2013 年前三季度，全省小微企业的贷款余额达到了 5998 亿元，比年初增加了 1173 亿元，增幅是 24.3%，高于各项贷款平均增幅 11.94 个百分点，应该说对缓解中小微企业融资难的问题起到了积极的作用。

刚才照平厅长也讲到，尽管各方都在努力，但是现在的宏观环境还是非常复杂的，不确定因素很多，特别是需求不足的问题制约着整体发展。应该说，无论是工业企业还是小微企业都面临着新的挑战和新的困难。就小微企业而言，生产要素偏紧，融资渠道偏窄，融资难、融资贵的问题还比较突出，与中小微企业的需求相比，与中小微企业对国民经济的贡献相比，政策环境和服务还需要进一步改善和提升。

从另外一个角度来看，企业也确实存在会计账目不规范、信用记录缺失、信息不透明不对称等问题，所以我们要进一步提升对促进中小微企业健康发展的认识，正视问题，共同努力，不断的改进和加强对中小微企业的服务，为中小微企业的发展保驾护航！

第二，突出重点，做好为中小微企业的服务。

我们要紧扣三点，提升为中小微企业的服务水平。

一是要努力扩大对中小微企业的信贷规模。金融机构和金融部门要按照中央的要求，落实好省委省政府的有关部署，优化信贷结构，进一步加大对小微企业的信贷投入，确保实现对小微企业贷款两个“不低于”的目标。要进一步完善小微企业金融服务体系，更大力气培植接地气的中小金融机构，要继续规范完善中小企业融资担保体系，努力提高融资性担保机构的能力和质量，落实好国家支持小额贷款公司的各项政策。

二是要进一步强化增信服务和信息服务。刚才我已经谈到了，中小微企业融资难从企业的角度来看，表面上是缺钱，但是骨子里缺的是信息、信用。所以，我们要围绕解决这“两缺”，从内部外部两个方面着手。一方面，各级中小企业发展服务中心要积极的探索建立由政府部门、银行机构、担保机构共同参与，面向中小微企业的融资信息服务平台，实现银企的直接对话。这些河南已经在做，现在有一个超市，就是企业进来后，按照要求把企业的有关信息共享，银行帮他找问题，并将问题反馈给企业，然后企业去修改和完善，达到要求了就进入服务贷款阶段。我觉得这样的模式非常好，我们要进一步把这个平台构建好，同时也希望有更多的企业进到这个平台来，对企业自身也是一个有效的提升。另一方面，要加快建立中小微企业信用征集、评级发布和信息通报制度，推动完善中小微企业的增信机制，把健全融资担保体系作为扶持小微企业的关键环节来抓，发挥好政府主导的再担保公司的增信作用，构建财政、银行、保险、担保于一体的融资模式，更好的为中小微企业贷款创造相应的条件。

三是要抓好“小巨人”企业的培育。通过“小巨人”信贷培育计划，以“双百双千”活动为抓手，筛选一批处于成长期、有发展潜力、带动能力强的“小巨人”企业，带动中小企业融资能力提升、融资总量增加和融资结构优化。

对于企业来说，我想讲一句，中小微企业要更加注重产品结构的调整，更加注重企业创新渠道这个问题。因为中小微企业是科技创新最活跃的一个部分。近年来，我省不断加快新型工业化步伐，但是在加快工业化进程中，我们尚处在一个由农业大省向新兴工业大省转变的阶段。在这个阶段，相当一部分企业的发展阶段还处于资源粗加工的行列。当前我国经济已经进入中速发展时期，要拼竞争力，就看你创新的能力、占领市场的能力、成本的竞争力。所以，中小微企业资金难，除了刚才说的财务制度、信息不规范的问题，很大程度上是和产业结构、产品结构密切联系在一起的，企业要想达到长足的发展，与银行形成长期的你需要钱银行就支持的互动环境，完善诚信是一个方面，同时如何使企业能够顺应市场需求，提供有效供给也非常重要。

所以，第三个重点是：从政府层面来说，我们要培育“小巨人”企业；从企业层面来说，要更多的在向科技创新驱动、向产品结构调整和升级上下工夫。

第三，加强协调，共同努力，把服务中小微企业落到实处。

落到实处的关键是要共同努力，形成一个良好的金融环境，有效的防范金融风险，所以，抓好落实需要我们政府部门、金融机构和企业共同努力，各司其职。

一是从政府部门来说，要更加积极主动的作为，着力营造良好的金融生态环境。要注意协调解决中小微企业融资中的重大问题，推动部门间的配合联动，紧密合作。包括这次活动，政府有关部门间的互相配合、合作非常好，下一步还要进一步加强部门之间的配合联动和紧密合作，不论是金融办、人行郑州中心支行，还是银监局，都要进一步加强窗口指导和工作考核，引导金融机构加强和改善为中小微企业的融资服务，降低企业的融资成本。工信部门要加强产业政策的指导，帮助中小微企业加快转型升级、提升融资能力。财政部门要发挥好财政资金的杠杆作用，加大对金融创新的支持力度，撬动金融机构加大对中小微企业的信贷投入。对今天的签约项目和这次活动中已经确定的合同项目，工信厅和银监局要加强督促落实和跟踪服务，抓好跟踪问效，确保签约资金落到实处。

二是从金融机构来说，要积极的创新产品和服务，不断拓展中小企业的融资渠道。要进一步增强“支小助微”的服务理念，按照国家的要求，适当放宽对小微企业贷款不良率的容忍度。要针对不同行业、不同发展阶段的中小微企业，量身定作金融产品和服务。在这方面，有很多要做的事情，现在银行、银监局部门，都正在积极的创新和探索。总之，要贯彻好国家的要求，借鉴好兄弟部门的经验，立足河南实际，积极创新，提升为中小微企业服务的水平和质量。

三是创造良好的金融环境，需要中小微企业苦练内功，不断提升自身的素质。企业是融资的主体，必须在内强素质、外树形象上下功夫，要坚持诚信为本，树立诚信第一、诚信是生产力、竞争力的观念。要自觉规范财务管理，自觉接受银行监督，按时还本付息，建立良好的市场信誉，为融资打好基础。企业要提升管理水平，要加快建立产权明晰、管理规范的现代企业制度，不断提高企业决策水平和经营效益，特别是中小微企业，一定要走好“专精特新”的发展道路，不断提升产品的竞争力，提升企业的融资能力。

最后，我想对签约企业提一个建议，你们在这次活动中获得了银行的支持，将要签署贷款合同，这对你们自己来说，是一种历练，是一种提升。我希望你们能够把在这次活动中好的做法、好的措施，包括如何规范财会制度、如何建立诚信体系、如何和金融部门互动合作以及在和金融部门互动合作的时候需要把握好哪几个关键环节及注意事项等经验，同业内及周边的企业进行交流、推动和推广。实际上你们就像一个种子，星星之火可以燎原，通过你们把这些成功的经验向周边的企业进行宣传、扩散和发动，就会有更多的企业参与这个活动。在明年的活动中可能会有更多的企业参与进来，或者说有更多符合要求的企业参与进来，这样既提高了效率，也提高了质量，对企业的发展无疑是有好处的，对改善金融环境、提高金融服务水平也无疑是有好处的。

总之，做好为中小微企业金融服务工作意义重大，任务艰巨，希望各级各部门以今天的会议为契机，不断加大工作力度，提高服务水平，让我们共同努力，为全省中小微企业健康发展作出新的更大的贡献！谢谢大家！

在省促进非公有制经济和中小企业发展工作领导小组会议上的讲话

湖南省副省长　何报翔

同志们：

刚才，超英同志总结了我省非公经济和中小企业发展取得的成绩和前段主要工作，分析了上半年运行情况，对下一步促进非公经济和中小企业发展的重点工作进行了部署，我完全同意。东红同志通报了2012年的考核情况，领导小组各成员单位负责人就有关问题进行了充分讨论、提出了很好的意见，请领导小组办公室逐条研究、吸收采纳。2013年以来，领导小组按照省委、省政府的总体部署和要求，创造性地开展工作，各个成员单位协同配合、分工负责，各项工作取得了明显成效，对推动全省非公有制经济和中小企业平稳发展，发挥了重要作用。下面，我就进一步做好今后的工作讲三点意见。

一、进一步提高认识，增强发展非公经济和中小企业的使命感和责任感

在当前国内外经济环境复杂多变，非公经济和中小企业发展面临前所未有的困难和挑战，各成员单位务必进一步提高认识，牢记使命，强化责任。

一是思想上要重视。非公经济和中小企业在全省经济社会发展中举足轻重。我省90%以上的企业户数、80%以上的就业岗位、70%以上的发明专利、60%以上的增加值、50%以上的税收均来自非公经济和中小企业，非公经济和中小企业不仅是我省经济发展的重要支撑、科技创新的重要力量、财税收入的重要源泉，更是解决就业的重要渠道，在经济增长、改善民生、维护稳定、促进和谐等方面发挥着不可替代的重要作用。特别在当前经济转型期，更要注重发展非公经济和中小企业，对于做大、做强、做活实体经济有着更加重要的意义。

二是行动上要务实。对发展非公经济和中小企业，现在有这样一种现象，讲起来都重要，说起来都重视，但做起来措施不实，力度不够，“只听楼梯响，不见人下来”的局面必须改变。各级各部门发展非公经济和中小企业不能只停留在文件上、会议上，而是要贯穿于实际行动中，落实在扶助企业发展上。各部门要将政策文件转换成具有含金量的实际举措，为非公经济和中小企业办实事、解难题，真正促进非公经济和中小企业发展，这也是落实当前开展的群众路线教育实践活动的具体表现。

三是各部门要通力合作。发展非公经济和中小企业是一项系统工程，不是哪个部门的事，需要各个职能部门齐抓共管，通力合作，共同促进。领导小组成员单位要在政策落实、环境优化、人才培训、宣传推介、创业指导、融资解困等方面加强配合协调，进一步凝聚工作合力，要充实非公经济和中小企业政府管理部门的工作力量，进一步加大财政资金的支持力度，为非公经济和中小企业发展创造良好的外部环境。

二、认真研判形势，积极引导非公经济和中小企业转型升级

2013年上半年，我省工业经济总体平稳，非公经济和中小企业各项指标仍处于年度预期的合理区间，但非公经济和中小企业量大面广，发展层次不一，统筹推动稳增长、调结构、促改革十分重要。要通过引导非公经济和中小企业转型发展，促进我省经济社会持续健康发展。

第一，齐心协力度难关、稳增长。7月份，中国制造业采购经理指数（PMI）为50.3%，环比上升0.2%，仍处于乍暖还寒阶段，许多企业订单不

足，成本上升，效益状况堪忧。要度过暂时难关，稳定增长预期，一方面，要抓好重大项目建设，支撑经济加快发展。只有抓住项目这个牛鼻子，大干项目，干大项目，才能为非公经济发展提供项目支撑，为中小企业参与协作配套提供机会。因此，我们要大力优化投资结构，做好项目落地和项目储备工作，特别是要做好招商引资和承接产业转移工作，让我国和世界知名企业在湖南落地生根，带动非公经济和中小企业发展。另一方面，加大政府扶持力度，提振市场信心。领导小组成员单位要抓好重点企业的调度和分类指导工作，加大对企业用地、融资、能源、用工等方面的帮扶力度；要严格执行国家相关规定，政府采购项目预算总额的30%以上专门面向中小企业采购，其中预留给小微企业的比例不低于60%，帮助省内中小企业拓展销售渠道；要开展各类产需对接活动，加大对重点产业、行业的省内对接和扶持力度；落实扩大小微企业减半征收所得税范围等税收优惠政策，减轻企业负担，提振发展信心。

第二，积极引导转方式，调结构。我省非公经济和中小微企业发展已进入到转型升级的攻坚阶段和关键时期，只有转变发展方式、调整产业结构，将外部环境压力转换为自我升级的内在动力，才能赢得更大的发展空间。首先要加强顶层设计。坚持将新型工业化作为第一推动力，加快传统产业改造升级，培育壮大战略性新兴产业和先进制造业，加快发展节能环保产业，形成工业经济多点支撑的发展格局。其次要统筹协调发展。促进劳动密集与资金密集、技术密集、资源密集型产业协调发展，提升非公经济和中小企业整体素质。对基础条件好、技术水平高、发展潜力大的企业，加大扶持力度，鼓励其做大做强；对易受市场影响的加工贸易型企业，引导其利用出口优惠政策，稳定国外市场，提升品牌影响力，开拓国内市场；对经营困难的轻工、纺织等传统劳动力密集型行业企业，鼓励其提高产品科技水平，促进产业转型；要发挥市场淘汰机制的作用，促进产能过剩行业的自我调整，遏制盲目投资和重复建设。

第三，坚定不移抓改革，促开放。改革是经济增长的动力源，开放是市场经济的本质属性。湖南经济要实现“开放崛进”，必须改革开放两手抓，两手硬。要认真落实好国务院、省委省政府确定的改革重点工作，推进政府机构改革和职能转变，职能部门要简政放权、提高宏观调控水平，减少对经济活动的微观干预。要将行政审批制度改革作为突破口，进一步取消、下放行政审批事项、简化审批程序，加强电子政务建设，为企业营造宽松稳定的发展环境。要继续扩大民间投资准入领域，降低准入门槛，打破阻碍民间投资融资的“玻璃门”“弹簧门”，让非公经济和中小微企业分享改革红利；要鼓励各种所有制经济平等使用生产要素，公平参与市场竞争，提升产业结构层次；鼓励具有实力的企业加快“走出去”的步伐，建立国外生产基地和营销网络，形成新的外贸增长点；引导传统企业转变观念，实施品牌升级和技术创新，在开放型市场中寻找发展机遇，提升产品附加值和企业利润率。

三、强化措施保障，深入推进非公经济和中小企业工作

2013年下半年，面对依旧严峻的经济形势，我们要按照省委省政府的决策部署，加快推进“四化两型”，牢牢守住“四条底线”，努力促进“三量齐升”，积极有为，创新求进，促进我省非公经济和中小企业工作平稳健康发展。

第一，要抓关键。关键一是要解放思想，要按照中央“两个毫不动摇”的总体要求，支持引导非公经济和中小企业的发展。“以公有制为主体，多种所有制共同发展”是我国的基本经济制度，既然定为基本经济制度，怎么支持都不为过。我在会见越南、印度这些国家的客人时，谈到我们的中小企业发展时，人家是非常羡慕的。事实上，中国改革开放最大的成果之一是非公经济的发展。改革开放之初，大家都没有想到，非公经济能在30年以后，担当起现在的重担。谈到解放思想，支持非公经济和中小企业发展，有一个标准可以参考：在沿海能做到的事情，在湖南也能做到；在沿海一天能办好的事情，在湖南一天也能办好；在沿海一张纸能办好的事情，在湖南也能办好。我希望在座的各部门领导能真心实意地解放思想，真心实意、毫不动摇地支持非公经济和中小企业发展，真正将思想统一到这个方面来。关键二是要落实政策，中央、省里出台了一系列促进非公有制经济和中小企业发展的政策文件，真正落实的怎么样？我省2013年搞了一次督查，我觉得这种督查今后还要坚持，督查形式还要深化。古人说：“知屋漏者在宇下，知失政者在民间”。我们每年可以组织开展一次调查或座谈，让非公企业给各个部门提意见，采取领导小组或省政府交办的形式予以落实。关键三是要优化环境。湖南的环境确实还有很多问题，领导小组成员单位要严格按照《湖南省优化经济发展环境十条禁止性规定》要求，为企业营造良好的环境。要建立健全行风企业评议制度，强化企业对行政、司法等部门的监督，清理规费项目和负担，打击假冒伪劣、欺行霸市等现象。要强化舆论环境优化力度。各级新闻宣传部门要广泛宣传鼓励、支持和引导非公经济和中小企业发展的方针政策，广泛宣传先进典型。广大新闻工作者要树立强烈的社会责任感，弘扬社会正能量，公正开展舆论监督，避免不实报道给非公经济和中小企业造成负面影响。

第二，要做平台。要建立市场化的中小企业服务体系，通过“政府扶持中介，中介服务企业”，优化公共服务，强化平台支撑，降低行政成本，满足企业服务需求。每年要在服务体系上干成一两件事，积少成多，集腋成裘，包括服务平台、创新平台、全民创业平台的建设。要理清大中小企业在整体布局上怎么支持，怎么发展的问题。总结起来，就是三句话：一是大型企业是人才技术创新的问题；二是中小企业主要是融资难的问题；三是小型微型企

业主要是发展环境问题。把握了这三个重点，就可以有针对性地制定具体政策措施。要着力缓解中小企业融资难问题，要发挥银行等金融机构的作用，为中小企业提供融资支持；要加强中小企业信用担保和再担保体系建设，省经信委要会同有关部门抓紧起草促进中小企业信用再担保体系建设的意见，着力强化对中小企业增信服务和信息服务，降低中小企业融资成本。

第三，要保重点。无论是工作精力和资金安排上，要突出重点企业、重点行业，支持重点集群、重点园区的发展。管理学上要求我们分层次来抓工作，不能眉毛胡子一把抓，要握紧拳头办大事。我省非公经济要发展，要培育新的三一，新的远大这样的龙头企业，特别是能够在产业集群中起巨大带动作用的龙头企业。要立足湖南产业发展优势，确立几个重点产业，全力以赴地进行支持，像汽车、电子信息、生物制药、装备制造等产业。通过每年支持几个重点产业，抓一批重点企业，逐步形成湖南的优势和特色。抓产业和抓企业不能猴子掰苞谷，要锲而不舍地坚持下去。比如说支持汽车产业发展，一方面要抢占科技制高点，在创新上有所作为；另一方面要在产业集群有所突破，做好汽车零部件协作配套，形成完整的产业集群，降低物流成本，体现竞争优势。

第四，要求实效。大家刚才讨论了考核办法，提出了很多意见，我表示赞同。我谈以下几点意见：一是原则同意2012年市州非公经济和中小企业表彰考核结果；二是原则同意非公经济和中小企业先进单位和先进个人候选名单，建议通过工商、银行等部门的征信系统对候选名单进行审查，确保候选人的先进性，并将最终确定的先进个人名单在主要媒体、网站进行公示，领导小组办公室再按程序向省政府报批表彰决定；三是关于非公经济和中小企业考核奖励办法的修改方案，领导小组委托领导小组办公室吸纳大家的意见，再报肇雄常务副省长、兰香副省长和我，做进一步研究。考核办法的修改要调动职能部门的积极性，要调动市州的积极性，更要调动企业和企业家的积极性；四是关于非公经济十大明星企业评选表彰活动，这一块要与现有的一些评选进行整合，需要再认真研究一下。非公经济要多做正面宣传，多做正面的引导。

坚持和完善基本经济制度 促进非公有制经济健康发展

湖南省经信委副主任　黄东红

党的十八届三中全会通过的《中共中央关于全面深化改革若干重大问题的决定》指出："公有制为主体，多种所有制经济共同发展的基本经济制度，是中国特色社会主义的重要支柱，也是社会主义市场经济体制的根基"，并强调"公有制经济和非公有制经济都是社会主义市场经济的重要组成部分，都是我国经济社会发展的重要基础"，要"毫不动摇鼓励、支持、引导非公有制经济发展，激发非公有制经济活力和创造力"。

党中央通过理论创新，从坚持和完善基本经济制度的战略高度，进一步确立和提升了非公有制经济的地位和作用，为全面深化改革提供了重要支撑，为促进非公有制经济健康发展指明了方向。我们要全面贯彻十八届三中全会精神，紧跟新形势，把握新机遇，大力发展非公有制经济，为推进"四化两型"、建设"四个湖南"、促进"三量齐升"作出新的贡献。

一、充分认识非公有制经济在我省经济社会发展中的作用

随着非公有制经济的迅速发展，其在支持增长、促进创新、扩大就业、增加税收等方面的作用日渐突出。我省非公有制经济的贡献大致可用"56789"来概括，即：贡献了50%以上的税收，创造了60%左右的GDP，承担了70%以上的科技创新，提供了80%以上的就业岗位，发展了90%以上的企业户数。非公有制经济已成为我省经济增长、社会发展的重要力量，发挥着不可替代的作用。其作用主要表现在以下五个方面：

一是稳定经济增长。非公有制经济已经成为我省经济最具活力的增长点。2012年，全省非公有制经济实现增加值12518.48亿元，占全省GDP总量的56.5%；实缴税金1222.33亿元，占全部比重的53.7%。2013年前三季度，全省非公有制经济实现增加值9917.22亿元，占全省GDP总量的58.6%；实缴税金994.30亿元，占全部比重的51.8%。2008至2012年五年间，全省非公有制经济增加值平均年增长14.6%，比全省GDP平均年增速快1.3个百分点。

二是优化产业结构。近年来，全省非公有制经济大力兴办第三产业，积极推进新型工业化，在装备制造、节能环保、新材料、电子信息、生物医药等产业领域不断发展壮大，并加快了食品、纺织、烟花等传统产业的改造升级步伐，形成了转型发展、集聚发展、品牌发展的良好态势。2012年全省非公有制经济一、二、三产业构成由2008年12.9∶48.5∶38.6调整为6.2∶55.0∶38.8。在非公有制经济的推动下，2012年全省一、二、三产业比重为：13.6∶47.4∶39，第三产业稳步发展，第二产业比重明显提高，第一产业比重大幅降低。

三是推进科技创新。我省非公有制经济科技研发和技术创新能力不断增强。2012年，非公有制经济为绝对主体的中小微企业专利申请量达15981项，占全省申请量的78.3%；共获得专利授权10715项，占全省授权量的75.7%。目前，全省70%以上的发明专利，80%以上的企业技术创新和新产品开发来自于非公有制企业。

四是创造就业岗位。2012年全省非公有制经济吸纳二、三产业从业人员2042.39万人，占全社会

二、三产业从业人员的 86.9%。其中第二产业 882.45 万人，第三产业 1159.86 万人，分别占全省第二、第三产业的 93% 和 82.8%。非公有制经济已成为安置下岗职工、吸纳城镇人员就业、转移农村剩余劳动力的主渠道。

五是推动改革开放。非公有制经济是社会主义市场经济中最具创新精神、最具发展活力、最具开放特质的经济主体。它的发展壮大，促进了市场主体多样化，推动竞争机制的产生与发展，激发了市场活力，加快了改革与对外开放的步伐，成为推动改革开放的重要力量。

二、进一步明确我省非公有制经济的发展方向

我省非公有制经济发展虽然取得了较大成绩，但与沿海地区，与全面建成小康社会的要求相比，还有较大的差距，还存在总量不大、骨干不强、结构不优、质量不高、活力不足等问题。今后，我省发展非公有制经济要从以下五个方面入手：

一是扩总量。与沿海地区相比，我省经济发展的差距主要在非公有制经济。2012 年，我省每万人拥有私营企业仅 36 家、个体工商户 247 户，分别只相当于浙江的 1/4 和 1/2。因此，必须将扩大非公有制经济总量放在突出位置，大力推动全民创业，鼓励创办中小微型企业，扶持中小企业发展壮大。

二是强支撑。我省经济发展的产业支撑点太少，对传统产业的依赖过重。因此，非公有制经济要在建立多点支撑的产业格局中发挥优势，建功立业。要在巩固机械、冶金、食品、建材、轻工等传统优势产业的同时，大力扶持先进装备制造、电子信息、生物医药、节能环保等新兴产业，培育一批具有核心竞争力的龙头企业。

三是调结构。从我省经济布局来看，调整产业、产品和企业组织结构，提高专业协作配套水平，任务依然艰巨。因此，必须引导非公有制经济调整结构，以千亿产业、千亿园区为依托，培育一批千亿级的优势产业，发展一批千亿工业园区，打造一批特色产业品牌，促进生产性服务业快速发展，形成多点支撑、多极拓展、立体网格状的发展格局。

四是促转型。我省各类非公企业多处于产业链发展的中低端，层次较低、利润不高、缺乏核心竞争力。因此，必须按照新型工业化发展要求，加快非公有企业转型升级进程，引导其走“专精特新”发展之路。同时，制定具有普遍约束力的负面清单，在实施“非禁即入”，拓展非公有制经济发展空间的同时，借助市场淘汰机制，逐步实现高污染、高能耗、高排放企业退出市场。

五是增活力。我省出台了系列扶持非公有制经济发展的政策措施，但体制机制桎梏依然较多，“玻璃门”“旋转门”和“弹簧门”现象依然存在。因此，必须进一步深化改革，完善产权保护制度，积极发展混合所有制经济，鼓励非公有制经济参加国企改革，鼓励有条件的私营企业建立现代企业制度，通过释放改革红利增强非公有制经济的发展活力。

三、促进我省非公有制经济发展的重点

一是解放思想，形成促进非公有制经济发展的社会共识。与沿海发达地区相比，我省发展的差距在非公有制经济，潜力在非公有制经济，希望在非公有制经济。各级政府部门要进一步解放思想，正确认识非公有制经济的地位和作用，充分肯定其对经济社会民生的贡献；要摒弃陈旧僵化的保守观念，着力破除公有制经济与非公有制经济的“内外之别”；要营造良好的舆论氛围，形成全社会关注非公有制经济、支持非公有制经济的发展共识。

二是深化改革，增强非公有制经济活力和创造力。要积极发展混合所有制经济，引导非公有制经济立足市场机制平台，与国有企业求同存异、深化合作、共同发展，通过混合所有制形式支持非公有制经济进入新兴领域，激发市场活力。要鼓励非公有制经济参与国有企业改革，完善改制国企在资产评估、产权置换、土地使用、职工安置及社会保障等方面的制度，支持非公有制经济以参（控）股、收购、兼并等方式参与国企改革进程，盘活市场主体。要大力鼓励科技创新。鼓励各类资本投资建设服务于工业园区和产业集群的设计、研发、试验、检验检测、信息、电子商务、物流等公共服务平台，为非公有制经济科技创新、技术创新提供支持。

三是发展中小微企业，提升非公有制经济总量和发展质量。在非公有制经济的发展历程中，其与中小微企业融为一体，密不可分。我省 20 多万户中小微企业，非公有制企业占比 99% 以上。要巩固非公有制经济发展基础，必须大力发展中小微企业。要加大政策扶持，鼓励全民创业，依托中小企业“百千万”成长工程培育更多的非公有制市场主体。要引导转型升级，推动非公有制经济和中小微企业调整产业结构，发展特色优势产业，进入战略性新兴产业，着力提升其发展层次和发展质量。

四是转变工作作风，营造非公有制经济发展的优良环境。要加大行政审批改革力度，清理和修订阻碍非公有制经济发展的审批规定，取消、减少行政审批事项，由条件审批、事前审批转变为条件许可、事中、事后监督。要完善中小企业公共服务体系，依托公共服务平台网络实现全省资源共享、协同服务，促进中小微企业服务外包和生产性服务业发展。要密切关注非公有制经济发展需求，在投融资、市场、财税政策、土地、政治待遇等方面，为其营造宽松的环境。要建立健全行风企业评议制度，强化企业对行政、司法等部门的监督，及时查处乱摊派、乱收费、乱罚款行为。

五是制定法律法规，为非公有制经济发展提供保障。要研究制定鼓励、支持和引导非公有制经济发展的法律法规，破除所有制歧视，保障各种所有制经济平等使用生产要素、公开公平公正参与市场竞争、同等受到法律保护。要通过立法，加大对非公有制经济的产权保护力度，强调非公有制经济财

产权“不可侵犯”，改善非公有制经济的生存环境，推动建立非公有制经济现代企业制度。

加快新型工业化跨越发展 为打造广西经济升级版 提供战略支撑

——广西壮族自治区党委书记彭清华在全区工业发展大会上的讲话

同志们：

这次全区工业发展大会，是一次对全区工业发展谋篇布局的大会，是推进工业跨越发展的现场会、动员会、部署会。我讲三点意见。

一、突出工业主导地位，坚定不移加快新型工业化跨越发展

当前和今后一个时期，我区最大的政治、最硬的任务，就是与全国同步全面建成小康社会。实现这个目标，最大的潜力和希望在工业，我们必须紧紧抓住这个“牛鼻子”，奋力推进新型工业化跨越发展。

实现与全国同步全面建成小康社会，工业必须“挑大梁”。新世纪以来，我区经济总量连续 11 年保持两位数增长，成功跻身全国 GDP“万亿元俱乐部”，主要得益于工业，从 2002 年到 2012 年，我区工业增加值占 GDP 的比重由 28.5% 提高到 41.2%，工业对经济增长的贡献率由 27.6% 提高到 51.3%。当前，全国经济由高速增长转入中速增长，预计年均增长将保持在 7% ~8%，这对全国而言可能是一个合理区间，但作为后发展欠发达地区，要与全国同步全面建成小康社会，我们必须保持年均增长 12% 左右的“广西速度”。实现这一速度，靠什么？主要靠工业。据测算，全区工业增加值每增长 1 个百分点，就能拉动 GDP 增长 0.4 个百分点。我区刚刚迈入工业化中期阶段，工业的主导作用和支柱地位较长时期内不会改变，在迈向全面小康的征程中，工业必须继续扛大旗、挑大梁。要进一步强化工业的战略主导作用，以工业率先倍增、率先跨越，促进全区经济总量翻番、城乡居民收入倍增，为实现与全国同步全面建成小康社会奠定坚实基础。

打造广西经济升级版，新型工业化是“主战场”。站在新的历史起点上，国家提出打造中国经济升级版，核心在于转方式调结构，实现经济转型升级。经济的转型升级，对我区来说，关键在于工业的转型升级。经过多年努力，全区工业发展取得了长足进步，但仍存在总量不大、结构不优、竞争力不强等突出问题，尤其是产业结构以低端为主，产品结构以初级产品为主，缺少处于产业链控制环节的龙头企业，科技投入不足，自主创新能力亟待提高。打造广西经济升级版，必须着力推进新型工业化，促进结构优化、布局优化，实现产业融合发展、集聚发展、集群发展，进一步提升工业贡献能力、竞争实力、发展潜力，在新型工业化主战场上打好“主动仗”、打出“漂亮仗”。

加快新型工业化跨越发展，我区“天时地利人和”俱备。从“天时”看，我国发展仍处于可以大有作为的重要战略机遇期，中央提出建设工业强国，大力培育战略性新兴产业，振兴实体经济，为我区工业跨越发展提供了良好的宏观环境和有力的政策支持；中国 - 东盟自由贸易区合作不断深化，国家新一轮西部大开发战略全面实施，广西北部湾经济区开放开发加速推进，珠江 - 西江经济带即将上升为国家战略，为我区带来了难得机遇和广阔空间，工业发展的政策更好、环境更优、动力更足。就“地利”而言，我区区位优势独特，是唯一沿海沿江沿边的西部省区，位于华南经济圈、西南经济圈和东盟经济圈的交汇处，是联结大西南与粤港澳、东南亚的重要通道，拥有丰富的矿产、生物、海洋等资源优势，四通八达、便捷高效的交通优势，山清水秀宜居的生态优势，市场空间巨大，后发优势明显。“人和”因素更突出，自治区制定出台了做大做强做优工业的一系列政策性文件，培育形成了 8 个千亿元工业产业和 37 个超百亿元工业园区，打造了一批强优企业和知名品牌，全区各族干部群众团结和谐、人心思进，盼富裕、求发展，对工业主导地位作用的意识更加强烈，重工业、抓工业的氛围更加浓厚。我们顺“天时”、尽“地利”、聚“人和”，必将在新的起点上实现新型工业化跨越发展。

二、明确目标任务，努力走出一条富有广西特色的新型工业化跨越发展新路子

李克强总理到广西考察，提出“广西要成为西南、中南地区开放发展新的战略支点”，为全区发展明确了新定位新要求，带来了新机遇新动力。打造新的战略支点，核心在于加快新型工业化跨越发展，构建现代产业体系。为此，自治区党委、政府最近作出《关于加快新型工业化实现跨越发展的决定》，要求全面推进“1131 工程”和“十大行动计划”，力争实现“3 年突破 3 万亿元、5 年跨越 5 万亿元、8 年超过 10 万亿元”的总体目标，工业总量在全国排位有所上升，工业结构和布局达到“两优化”，发展能力实现“三提升”，形成传统产业全面升级，先进制造业比重不断增大，战略性新兴产业快速壮大，大企业顶天立地、中小企业铺天盖地的工业发展新格局。

立足广西区情和工业化阶段性特征，在工作中我们要正确处理好几个重大关系：

——正确处理好总量与结构的关系。总量不大调结构就没有广阔空间，结构不优总量就难以做大，必须坚持把做大总量与调优结构作为同等重要的任务，在扩大总量中调整结构，在转型升级中做大总量。这是我区工业跨越发展的基本遵循。

——正确处理好传统优势产业与战略性新兴产业的关系。传统优势产业是我区工业的家底和支柱，战略性新兴产业是我区工业发展的方向，两者互相融合、相互促进，必须加快推进传统优势产业新兴化和战略性新兴产业规模化，既着眼打牢基础，又着力抢占未来发展制高点。这是我区工业跨越发展的"路线图"。

——正确处理好工业化与信息化的关系。工业化是信息化的物质基础和主要载体，信息化是工业化的"倍增器"和"加速器"。当前我区"两化"融合发展与全国处在同一起跑线上，必须抢抓机遇、加速推进，以信息化带动工业化、以工业化促进信息化，实现"两化"深度融合、良性互动。这是我区工业跨越发展的重要途径。

——正确处理好工业化与城镇化的关系。工业化是城镇化的产业支撑，城镇化是工业化的空间依托，我区工业化城镇化与全国平均水平差距较大，必须加快工业化带动城镇化、城镇化促进工业化的进程，实现产城互动、协调发展。这是我区工业跨越发展的根本出路。

——正确处理好工业化与农业现代化的关系。工业是主导，农业是基础，我区特色农业优势明显，为加快工业发展提供了丰富的原材料，必须坚持工业反哺农业，加快形成以工促农、工农互惠的新型工农关系，实现工业兴农、工业富民。这是我区工业跨越发展的基础支撑。

实现我区新型工业化跨越发展目标，必须突出抓好以下五个方面：

第一，实施"四项战略"，加快产业结构转型升级。广西工业发展的深层次矛盾还是产业结构问题。比如，一些地方一业独大、一企独大问题突出，一些城市产业过于单一，抗风险能力比较弱。美国著名汽车城底特律曾经创造了历史辉煌，就是因为产业结构单一而走到了申请破产的囧途。这说明，产业结构是工业发展的核心问题、根本问题。

加快产业结构转型升级，构建富有广西特色的现代工业新体系，必须大力实施全产业链战略，加快改造提升传统优势产业。当前，我区大部分传统优势产业都面临产能过剩和节能减排的双重压力。从一定意义上讲，压力就是动力，挑战也是机遇。通过技术改造、降低成本、增加品种、提高质量，传统工业同样具有强大的生命力。要充分利用市场、能源、资源、环境等倒逼机制，推进兼并重组、嫁接改造，千方百计把钢铁、有色、建材、食品加工等传统优势产业做大做强，着力拉长产业链、做深精加工、提升附加值、提高科技含量，形成上、中、下游产业衔接配套的产业发展新格局，这方面，很多地方、企业都有成功经验。必须大力实施滚动发展、开放引进"双轮并进"战略，加快发展先进制造业。依托现有产业基础，做大做强汽车、机械、冶金等产业，引进发展石化、煤化、修造船、海洋装备、新材料等沿海大工业，建设一批重大工业项目，不断形成工业发展的新增量。必须大力实施创新驱动战略，着力培育壮大新一代信息技术、高端装备制造、新能源汽车、生物医药、节能环保、海洋经济等战略性新兴产业，尽快形成新的经济增长点。必须大力实施服务业提升战略，突出发展面向工业的生产性服务业。最近，国务院就实施"宽带中国"战略和"信息惠民"工程，促进电子商务、信息消费等作出了一系列决策部署。我们要抢抓机遇，赢得先机，加快培育信息技术服务、研发设计、现代物流、电子商务、文化创意等产业，加快广西工业设计城、广西软件城、广西创意中心等规划建设，促进制造业与服务业融合发展。坚持做大做强做优骨干龙头企业和培育发展特色优势中小企业并举，鼓励龙头企业跨地区、跨行业、跨所有制兼并重组，大力扶持中小微型企业，构建骨干龙头企业支撑、中小企业配套的企业体系。

第二，突出"双核"驱动，完善各具特色、协调发展的产业布局。围绕国家调整优化重大生产力布局、推动产业有序转移、促进产业集聚发展的三条主线，充分发挥我区区位、资源、产业、政策等优势，突出"双核"驱动，加快形成江海联动、东西互动、"两区一带"协调发展的工业布局。

突出北部湾经济区战略引擎作用，加快建设沿海临港大工业基地。充分发挥沿海优势，实施大开放，促进大合作，引进大项目，发展大产业，吸引更多世界500强、国内500强企业前来投资，加快建设北海电子信息、石化、新材料，钦州石化、先进装备制造，防城港钢铁、有色金属等千亿元产业，加快推进钦州中石油二期、北海神华能源基地等一批重大项目，使沿海临港大工业基地在全区工业跨越发展中做出更大贡献，为实现北部湾经济区经济总量2020年占全区45%左右的目标奠定坚实的产业基础。紧紧抓住珠江－西江经济带即将上升为国家战略的契机，推动两广产业深度融合发展，把西江经济带打造成为先进制造业基地和国家级承接产业转移示范区。发挥柳州老工业基地的龙头带动作用，支持柳州市实施"创新驱动、转型升级、工业再上新台阶"三年计划，实现到2015年工业总产值突破6000亿元、工业投资3年累计突破2500亿元、战略性新兴产业产值比重达到12%的目标，再创老工业基地的新辉煌。桂北要充分发挥高新技术和人才优势，加快发展高附加值的战略性新兴产业。桂西要抓好资源型产业精深加工，建设有色金属和铝工业基地。大力发展县域工业，以农产品加工、特色资源开发和承接产业转移为着力点，与城镇化紧密结合，突出产业特色，重点培育30个左右的工业强县。

第三，打好"两张牌"，进一步提升工业开放合作水平。广西这些年工业发展有许多亮点，沿海工业实现了从无到有、从小到大的历史跨越，水泥产业通过引进台泥、海螺、华润等企业，创造了上大压小、结构升级的辉煌，蔗糖产业占全国市场的份额提高到60%以上，汽车产业成长为全国汽车市场的一支生力军等等，走的就是一条开放合作、招商引资的成功之路。我们必须实施更加积极主动的开放带动战略，把工业作为开放型经济的主体和龙头，不断提升工业开放合作水平。

全力打好"东盟牌"，进一步深化以东盟为重点的国际开放合作。充分发挥中国－东盟博览会和商务与投资峰会的平台作用，以中马钦州产业园区等国际合作示范产业园区为载体，积极引导外资更多地投向高端装备制造、节能环保、新能源、新材料等产业领域，提升园区产业发展水平。鼓励和引导优势企业“走出去”，支持农垦集团、北部湾港务集团等企业参与中国·印尼经贸合作区、马中关丹产业园区建设，支持上汽通用五菱、柳工、玉柴等企业走向东盟、走向世界，提升国际经营能力和竞争力。政府要积极提供法律、信息、人才等多方面服务，优化企业“走出去”的环境。

全力打好“粤港澳牌”，积极融入国内多区域合作。充分发挥黄金水道优势，抢抓新一轮产业转移的重大机遇，把劳动密集型和技术密集型产业作为承接东部产业转移的重点，大力拓展与粤港澳台合作，引进一批龙头企业和项目，建设粤桂合作特别试验区，使珠三角地区发达的产业、信息、技术与我区资源、劳动力、政策等优势结合起来，形成工业发展新优势。加快“无水港”建设，扩大对西南、中南经济腹地的开放合作。产业园区是工业开放合作的核心平台。这些年梧州市积极发展再生资源、不锈钢、陶瓷等专业园区，北海市着力发展电子信息产业园和临港工业区，形成产业集聚效应，均取得了很好的效益。在市场环境发生较大变化的情况下，2013 年上半年，两市规模以上工业总产值增长超过 30%，靠的就是一批园区和企业建成并收益。我们要围绕主导产业，努力打造一批专业园区和千亿元园区，增强产业集中度和项目承载力，把园区建设成为引商、富商、安商的聚宝盆。

要以扩大开放倒逼改革，强化工业发展的动力活力。以深化行政审批制度改革为重点，转变政府职能，提高服务效率，优化招商环境，栽好梧桐树，引来金凤凰。加强企业制度、产业组织、营销模式的改革创新，不断提高企业的影响力、辐射力和带动力。进一步改革创新产业园区建设管理体制机制，坚持市场化运作，淡化行政色彩，完善用人、分配、服务等激励机制，形成政府授权、自主管理、一站式服务的园区运行管理模式。

第四，充分发挥科技第一生产力的作用，增强工业发展核心竞争力。增强科技创新能力是新型工业化的核心要求。2012 年，我区高新技术产业增加值仅占规模以上工业增加值的 6%，与全国和先进地区相比差距很大。当前，资源能源环境约束加大，消费需求结构升级，市场竞争日趋激烈，工业发展将更多地取决于技术创新的能力和速度。要充分发挥科技的支撑引领作用，大力推进技术创新、产品创新、管理创新，大力建设 6 个国家级和自治区级高新技术产业开发区，使之成为我区发展高新技术产业和培育战略性新兴产业的核心载体。要加快建立以企业为主体的技术创新体系，以开放的视野和开阔的胸襟，主动与区内外有较强研发能力的领头企业、科研院所、高等学校加强合作，形成产业创新战略联盟，攻克一批关键技术，开发一批新技术新产品，抢占市场先机。着力培育科技型中小企业，积极发挥中小企业在技术创新体系中的重要作用。支持企业加大技术改造力度，提升企业的技术和装备水平。品牌也是核心竞争力，我们要加强企业品牌创新能力建设，推动企业由产品经营向品牌经营转变，培育打造更多像玉柴、五菱、柳工这样的工业品牌，发展壮大一批具有较强竞争力的品牌企业和品牌产品，增强广西工业的知名度和影响力。

第五，坚持绿色、循环、低碳发展，实现工业跨越与环境保护双赢。加快新型工业化跨越发展，其“新型”的重要内涵就是要走出一条工业与环保的双赢之路。柳州市坚持工业发展与环境保护同步推进，树立了既是工业城市又是生态园林城市的新形象。钦州市坚持环保优先，在加快临港重化工业发展过程中，中华白海豚数量、红树林面积不降反增，实现了“大工业与白海豚同在”。实践证明，工业发展和生态建设可以良性互动，只要思想重视、措施得力，就能够走出一条工业文明与生态文明相互促进、工业发展和环境保护双赢的好路子。

良好的生态环境是我区的金字招牌和看家本钱，要努力把生态优势转化为工业发展新优势。坚持产业发展生态化、生态建设产业化，更加注重转变经济发展方式，更加注重挖掘生态资源中蕴藏的产业潜力，大力发展环境友好型、资源节约型工业。设定产业准入门槛，突出绿色招商、生态选商，加快发展以现代技术为依托，以节约资源、清洁生产和废弃物多层次循环利用为特征的生态型工业。突出我区产业特点和发展优势，努力建设蔗糖、石化、有色金属、再生资源等循环经济产业链，培育发展一批循环经济产业园区和试点示范企业，加快构建特色优势产业循环利用体系。

三、优化服务环境，为实现新型工业化跨越发展提供坚强保障

实施工业强桂战略，推动新型工业化跨越发展，必须牢固树立科学的工业发展理念，充分调动各方面积极性创造性，形成合力，攻坚克难，营造有利于工业发展的良好环境和浓厚氛围。

突破瓶颈制约，强化工业发展的要素支撑。一要着力化解资金之难。资金缺、贷款难、融资贵，是制约我区工业企业特别是中小企业发展壮大的突出问题。必须大力推进金融创新，密切政银企合作关系，加快建立健全工业企业融资平台和企业信用担保体系，不断完善金融倾斜支持工业发展的政策措施。创新工业投融资方式，鼓励和引导更多工业企业上市融资和再融资，力争“十二五”期末在企业上市数量、融资规模和使用效益等方面实现较大突破。千方百计调动民营企业投资工业的积极性，把民间资本这座“富矿”最大限度开发出来。从上月起，央行已全面放开金融机构贷款利率管制，本月初国务院又出台关于金融支持小微企业发展的实施意见，为金融服务工业开辟了更广阔空间，必须抓住用好这些难得机遇。二要着力突破能源之困。坚持“眼睛向外”，加强与能源大省的合作，鼓励和支持企业“走出去”投资开发能源资源，加快建

设北部湾综合性重要能源基地，加强电源项目建设，优化能源结构和区域布局，完善能源保障体系，提高能源使用效率。积极探索电冶结合、大用户直供电、电力竞价上网等改革措施，努力把过高的工业电价降下来，降低企业生产成本。三要着力保障用地之需。科学修编土地利用总体规划，创新工业用地政策，完善土地储备和供应机制，统筹安排各项用地指标。破解工业用地难题，既要努力盘活存量，继续推进农村土地综合整理，大力开展城市闲置土地清查，又要积极做大增量，支持北部湾地区填海造地，推进低丘缓坡荒滩土地综合开发利用。要牢固树立“寸土寸金、惜地如金”的理念，坚持集约节约用地，提高工业用地的投资强度和产出效益。四要着力解人才之急。树立“不求所有、但求所用”的理念，营造引得进、留得住、能发展的良好环境，落实八桂学者、特聘专家、人才小高地等政策，积极引进一大批工业高级管理人才和技术领军人物。大力发展职业教育，培养造就一支规模宏大、结构合理、素质优良的产业大军。我区是劳务输出大省，常年有600多万人外出务工，他们中大多数已成长为技术熟练、经验丰富的产业工人，要通过乡情、亲情和优惠政策，吸引他们回乡就业创业。

牢固树立打基础、利长远的科学理念，优化工业发展环境。一要加大扶持实体经济，克服经济虚拟化的倾向。实体经济投资大、周期长、见效慢、利润薄，不比虚拟经济来钱快，近年来一些企业和社会资本热衷于脱实向虚，“宁炒一座楼、不开一家厂”，不仅引发经济泡沫化、产业空心化风险，而且助长了社会的浮躁和功利。必须牢牢把握发展实体经济这一坚实基础，加大政策扶持、降低税费负担，营造脚踏实地、勤劳创业、实业致富的社会氛围，让抓工业、干实业的人有搞头、有奔头、有甜头。二要牢固树立正确政绩观，克服短期化行为的倾向。工业项目建设和企业成长壮大都有一定周期，不可能一蹴而就，必须舍得花时间、投本钱、下功夫，锲而不舍地努力，才能取得成功。各级领导干部尤其是主要负责同志，要坚持打基础、利长远，乐于“前人栽树、后人乘凉”，扎扎实实做好工业项目的论证、储备、建设等各项工作。要按照主体功能区规划定位，建立健全工业跨越发展考核评价体系，激励和调动各级领导班子抓好工业发展。三要优化企业的经营环境，克服企业负担加重的倾向。党委、政府的重要职责就是为企业创造良好发展环境、提供优质公共服务。我们要扎实开展服务企业活动，坚持“放水养鱼”而不是“竭泽而渔”，认真清理企业负担，坚决取缔各种不合理收费，严禁“吃、拿、卡、要、报”的行为，绝不能把企业当“唐僧肉”，切实维护企业合法权益，为企业轻装上阵、降低成本、增强市场竞争力提供有力保障。近一时期来我区招商引资势头很好，区外、境外企业纷至沓来，寻求商机，谈成了一批项目。但也有些地方雷声大、雨点小，旺丁不旺财，这与我们的决心、韧劲和投资环境，尤其是政务环境、法制环境有关，一定要引起各地领导同志的高度重视，下大力气解决这个问题。

充分发挥企业家的主角作用。企业家是工业发展最宝贵、最稀缺的资源。企业家数量偏少、实力偏弱，是我区工业发展滞后的重要根源，必须下大力气抓好企业家队伍建设。深入实施企业家素质提升工程，大规模开展企业经营管理人才培训，努力建设一支眼界宽、思路广、懂经营、会管理、善创新的优秀企业家队伍。积极营造“干工业光荣、企业家英雄”的浓厚氛围，提高企业家社会地位，增强企业家责任感荣誉感。各级领导干部要敢于同企业家打交道、善于和企业家做朋友，建立健全“企业直通车”和直接联系企业家制度，积极主动为企业排忧解难。广大企业家要大力弘扬创业创新、永不言败的精神，克服小富即安、小成则满的心态，抢抓机遇，乘势而上，不断做大做强做优企业。

同志们，加快新型工业化跨越发展，实现工业强桂富民，是广西几代人孜孜以求的夙愿。各级党委、政府要高度重视工业、研究工业，不断探索工业发展内在规律，找准本地工业发展的着力点。要按照这次会议确定的总目标和总要求，制定符合本地区、本行业、本企业实际的发展战略和发展规划，培养一批爱工业、懂工业、善于抓工业的领导人才。让我们以机不可失、时不我待的精神状态和踏石留印、抓铁有痕的工作作风，积极投入到工业强桂的伟大实践中去，为加快实现广西工业腾飞作出新的更大贡献。

加快结构调整 强化转型升级 全面推进广西新型工业化跨越发展

——广西壮族自治区主席陈武在全区工业发展大会上的讲话

同志们：

今天，自治区党委、政府隆重召开全区工业发展大会，部署实施工业强桂战略、推进新型工业化跨越发展。下面，我讲几点具体意见。

一、认清新形势，切实增强责任感和紧迫感

近年来，在党中央、国务院的正确领导下，我区坚持产业优先发展，加快转变经济发展方式，着力做大做强做优工业，实施抓大壮小扶微工程，不断增强自主创新能力，工业经济保持高速增长，实现了由工业化初期迈进中期阶段的历史性跨越。5年来，广西全部工业总产值年均增长23.0%，工业化率由1.68提高到2.43，工业对经济增长的贡献率达到51.3%；8个产业主营业务收入突破千亿元；工业固定资产投资年均增长33.6%，其中技改投资年均增长51.9%；年产值超百亿元园区由3个增加到37个；年主营业务收入超过30亿元的企业由17

家增至 54 家；全面完成工业节能目标，规模以上万元工业增加值能耗 5 年下降 36.9%；信息化建设明显加快。

但也要清醒地看到，广西工业发展与全国平均水平还存在不小的差距，主要是工业化程度低、发展阶段滞后，工业经济总量小、结构层次低，产业集聚度不高、整体效益差，自主创新能力不强、技术水平落后，强优企业较少、中小工业企业发展不充分，工业化人才短缺等。抓好工业发展仍然是摆在全区面前的一项十分紧迫而艰巨的任务。我们还要看到加快新型工业化发展面临新的复杂环境和严峻挑战。还有能源的制约和环境的倒逼。

在新的形势下加快工业化发展，困难和希望同在，挑战和机遇并存，我区工业发展仍处于重要战略机遇期。一是有发展的机遇。李克强总理指出，广西要成为我国西南、中南地区开放发展新的战略支点。这是我区加快建设现代工业体系、形成产业支点、促进腾跃发展的重大机遇。二是有发展的环境。世界经济格局正在发生深刻变革，国际产业、资本、人才等正在加速流动和转移。我国经济有条件在合理的增长区间内持续平稳运行较长时间。三是有发展的基础。我区已经初步形成了一批特色优势产业，为工业结构调整优化和加快发展提供较好的基础条件。随着交通、沿海沿边沿江基础设施的不断改善提升，我区的区位优势红利将进一步释放，临海工业、临江工业、面向东盟市场的工业有着难得的发展优势和潜力。四是有发展的政策支持。中央继续加强对革命老区、民族地区、边境地区、贫困地区的扶持，继续支持广西北部湾经济区加快发展，今年以来国家稳增长、调结构、促改革的系列政策效应将持续显现。

二、把握新要求，努力探索走出一条具有广西特色的现代工业发展之路

在新的形势下，实施工业强桂战略、加快新型工业化跨越发展具有十分重大的意义。一是实现广西与全国同步全面建成小康社会的关键所在、潜力所在。工业强则广西强，工业兴则人民富。二是广西成为西南、中南地区开放发展新的战略支点的关键因素、核心支撑。加快形成具有较强竞争力的工业体系，才有可能形成新的战略支点。三是推动经济发展方式转变的主要战场、主要途径。只有加快工业发展方式转变，才能实现全区经济发展方式的根本转变。四是实现城乡居民收入“两个倍增计划”的重要举措。工业发展可以直接创造税收和社会财富，直接增加企业职工的收入，还可以直接吸纳农村劳动力，消纳更多农产品，提高农产品价格和价值，从而提高农民收入。五是实现工业化、信息化、城镇化和农业现代化同步发展的主导力量。抓住工业发展，就抓住了“新四化”同步发展的核心和广西发展的关键。我们要进一步提高认识，坚定不移地加快新型工业化跨越发展。

要努力走出一条科技含量高、经济效益好、资源消耗低、环境保护好、人力资源得到充分发挥的具有广西特色的新型工业化道路，重点把握好几个方面：

第一，注重科学统筹协调发展。坚持以科学发展为主题、以加快转变经济发展方式为主线，以提升质量和效益为中心，充分释放改革开放红利；坚持工业化、信息化、城镇化、农业现代化同步发展；坚持工业布局与区域经济发展格局及主体功能区划相结合；坚持创新驱动与调整振兴相结合；坚持扩大总量与优化结构相结合，在扩大总量中优化结构，在优化结构中扩大总量；坚持强区与富民相结合；坚持改造提升传统产业与发展先进制造业、培育壮大战略性新兴产业相结合，加快构建现代产业体系。

第二，注重结构优化升级。坚持传统产业新兴化和战略性新兴产业规模化，加快产业结构、企业结构、产品结构的调整、优化和升级，在坚决淘汰落后产能、化解过剩产能的同时，积极利用新技术、新工艺、新装备、新方法改造提升传统产业，推进传统产业转型升级；着力构建产业新优势、培育新的增长点，大力发展现代制造业，培育战略性新兴产业，使之成为全区工业发展的新支柱。

第三，注重质量和效益。把提高竞争力和效益作为首要目标，从依靠高投入实现的快速扩张转到注重产品质量、适应市场变化、优化资源配置、降低生产成本上来，不断提高经济效益和市场竞争力。

第四，注重创新驱动。大力加强科技创新、管理创新、品牌创新、组织结构创新。加快推进以企业为主体的技术进步和创新体系建设，实现科技进步与产业发展紧密结合。引导企业依靠管理创新实现降本增效、提高竞争力。创新组织结构，逐步形成大中小微企业合理分工，各种所有制企业协调发展的产业组织结构。大力推动品牌建设，不断增强工业产品质量“软实力”。

第五，注重生态文明。深刻认识环境保护不仅关系到人民群众身体健康，更是工业持续健康发展的决定因素，坚决摒弃“先污染、后治理”的老工业化道路。大力发展资源节约型、环境友好型产业，深入推进节能减排、循环经济和清洁生产。

第六，注重工业富民。既要积极发展资金技术密集型产业，又要发挥我区劳动力资源丰富的优势，发展吸纳就业能力强的劳动密集型产业。充分发挥工业的引领作用，带动第三产业加快发展，推动实现多种渠道、多种形式、更高质量的就业。以工业化推动农业现代化，吸纳农村劳动力转移。

三、实现广西新型工业化跨越发展的目标任务

第一，新型工业化跨越发展的总体目标。具体就是“三步走”“两优化”“三提升”。

“三步走”就是广西工业跨越发展分三个阶段：

第一个阶段是从现在到“十二五”期末，通过实施“1131 工程”和“十大行动计划”，推进 1000 项投资亿元以上的重大工业项目，重点打造 100 个工业园区，主营业务收入超亿元工业企业达到 3000

家以上，累计新增工业就业岗位超过100万个，力争全部工业总产值突破3万亿元，工业增加值占全区GDP比重达到46%。

第二阶段是到2017年，力争全部工业总产值跨越5万亿元。工业投资突破1万亿元，工业累计新增就业岗位180万个，农产品加工业产值力争超过1万亿元。培育形成工业产值超两千亿元的产业11个。

第三阶段是到2020年，力争全部工业总产值达到10万亿元，工业增加值占全区GDP比重超过48%，工业总量规模在全国排位有所上升，形成传统产业全面提升，先进制造业比重不断增大，战略性新兴产业快速壮大，大企业顶天立地、中小企业铺天盖地的工业发展新格局。

“两优化”就是产业结构和区域布局明显优化。在产业结构方面，5年内，力争先进制造业产值占全区工业总产值比重达到60%，战略性新兴产业增加值占全区工业增加值比重超过16%。在工业布局方面，北部湾经济区临港工业和外向型加工业快速发展，桂中先进制造业创新滚动发展，桂西资源富集区资源型产业精深加工全产业链优势充分发挥，桂北高新技术产业和战略性新兴产业蓬勃发展，桂东国家级承接产业示范区加快发展，形成“双核”驱动、江海联动、东西互动的“两区一带”协调发展布局。

“三提升”就是工业的贡献能力提升、竞争实力提升和发展潜力提升。5年内，力争工业对全区经济增长贡献率达60%；战略性新兴产业投资占工业投资20%以上；自治区级以上研发中心、企业技术中心和技术创新示范企业大幅增加；制造业企业进入全国行业排位前十的数量明显增加。

第二，新型工业化跨越发展的主要任务。

（1）推动传统产业转型升级。目前我区的传统产业主要包括食品、钢铁、石化、有色金属、建材等，要分门别类深入研究推动这批重点产业转型升级。一要加大技改投入，运用高新技术、先进适用技术、新装备、新工艺改造提升传统产业，促进产品更新换代，提高产品质量档次，提升信息化条件下的核心竞争力。比如，钢铁工业，要全力推进柳钢集团技改工程、梧州鑫峰特钢不锈钢技改工程等项目建设。石化工业，要加快推进钦州炼油二期和北海炼化一体化项目前期工作，力争早日开工建设。要以钦州、北海大石化项目为龙头，引进重大高端、少污染、无污染项目，构筑产业链完善的石化产业体系。建材工业，要大力发展高档建筑卫生陶瓷和新型建筑材料等高附加值的优质产品，加快发展碳酸钙精深加工产品。二要拉长产业链，由一般加工向高端制造提升、由产品竞争向产业竞争提升、由广西制造向广西创造提升。如有色金属工业，要实施好促进铝工业可持续健康发展方案，发展精深加工，延伸铝、镍、铜、铟产品链，以及镍合金材料及制品。三要积极与国际市场接轨，努力在激烈的市场竞争中做大做强做优产业。如糖业，要全面落实促进我区糖业可持续发展的意见，建设500万亩优质高产糖料蔗基地，探索发展甘蔗加工制造平行产业，打造全国糖业循环经济示范省区。四要大力发展循环经济、绿色经济。每年滚动实施100项以上的节能减排、循环经济和清洁生产项目。推进园区循环化改造，构建循环型特色工业体系，加快建设一批特色循环经济基地，培育再生资源利用产业。

（2）大力发展现代制造业。要积极引进国内外大型装备制造企业，争取规划建设面向东盟的国家级加工出口基地、高新技术产业基地、原料进口深加工基地，加快从一般加工业为主向先进制造业和新兴产业为主转变。汽车工业方面，要加快建设轿车、客车配套体系，完善微车、多功能乘用车、载货车配套体系。机械工业方面，大力发展工程机械、农业机械、石化通用机械、冶金机械、环保通用机械、智能制造装备等。修造船及海洋工程装备工业方面，重点推进中船钦州大型海工修造及保障基地、广西海森特防城港海工装备制造等重大项目，积极发展配套产业。电子信息产业方面，要大力发展电子消费品和家用电器等，重点建设桂林高新技术产业基地、北海电子信息产业基地等项目。

（3）培育发展战略性新兴产业。实施战略性新兴产业突破发展行动计划，加快促进产业规模化，使之成为引领全区发展的新动力和新增长点。一是推进有一定基础的战略性新兴产业发展。新一代信息技术产业方面，重点发展大容量存储设备、光纤传输和微波通讯设备、汽车电子和数字化装备等，大力实施新一代网络、新一代移动通信、智慧城市等工程。新材料产业方面，重点发展大规格高性能铝合金中厚板、半导体材料、超硬非金属合金等。高端装备制造业方面，重点发展大型、智能化、节能型工程机械，智能制造装备，超特高压、智能控制输变电设备等。节能与新能源汽车产业方面，重点发展纯电动公交客车、小型纯电动汽车、新能源专用车等。节能和环保产业方面，重点发展高效节能环保技术和产品，积极发展节能环保装备、光伏发电设备、建筑节能材料与设备等。生物医药产业方面，重点发展中成药、壮瑶医药、生物生化制药，大力发展现代植物药，开发现代中药新品种。二是大力发展资源优势明显的战略性新兴产业。新能源产业方面，重点开发沼气分离纯化技术、太阳能发电集热系统等。海洋产业方面，重点发展海洋生物药品及其他海洋生化制品等。生物农业方面，重点发展生物农药、生物饲料、生物肥料等。养生长寿健康产业方面，重点发展养生养老保健食品、护理用品、康复辅助器械等。

（4）大力发展农产品加工业。重点支持一批农产品加工龙头企业发展，支持食品加工产业集群及自主品牌建设，提高产业集中度和加工转化率，延伸产业链，打造重要支柱产业和绿色经济示范产业。着力发展甘蔗、烟草、林产品、粮油、水产品、畜禽、果蔬茶、木薯、现代中药、蚕茧等十大加工业，形成新的支柱产业。积极打造南宁大型农产品加工物流园区、中国－东盟林产品加工物流园区等一批农产品加工物流专业区，培育发展北部湾海洋产品加工产业集群等一批优势农产品加工产业集群。

（5）加快推动各类企业发展壮大。实施企业培育提升行动计划，培育和引进一批龙头企业，形成龙头企业带动产业成长、大中小企业配套的格局。要培育“千百十亿”企业，到2017年全区千亿元企业达到7家，五百亿元以上企业达到15家，百亿元企业达到39家以上，五十亿元企业达到100家以上，十亿元企业达到400家以上。支持一批发展潜力大、成长性好的企业上台阶，今后几年重点培育主营业务收入超亿元的工业企业3000家。大力提升中小企业，重点引进和发展“专精特新”中小型产业链配套生产企业、创新型中小企业、农产品加工中小企业、劳动密集型中小企业。扶持发展高新技术企业。壮大非公企业，培育一批具有发展潜力的民营企业。

（6）推进工业园区发展。实施产城互动发展行动计划，依托产业“建城”，为产业发展“造市”。5年内建成一批先进制造业和现代服务业相互交融、互为支撑的产城互动发展效果显著的新型产业园区，全区产值超千亿元园区10个，超500亿元园区20个，超100亿元园区60个。一是重点打造100个工业园区。加强园区规划和分类指导，稳步推进园区扩容，大幅提升产业承载能力。因地制宜支持建设一批县域工业集中区。培育发展园区骨干龙头企业，打造专业、特色园区。二是推进产城互动试点。在全区选择30个园区作为首批产城互动发展建设试点，探索产业与城镇融合、制造业与服务业互动发展路径。三是加强城镇规划与产业园区建设规划的衔接。加快编制实施广西产城互动发展规划。四是完善公共配套服务设施。统筹建设服务于产城互动的交通、物流、娱乐、卫生等设施。

（7）完善现代工业布局。实施工业布局优化行动计划，优化“两区一带”工业布局，大力发展沿海沿江沿边工业。沿海加快形成石化、钢铁、能源、食品、电子信息、新材料、林浆纸、修造船及海洋工程装备等产业集群；西江沿江加快形成汽车、先进装备制造、制药、建材、化工、再生资源等产业基地；桂西加快形成有色金属、制糖、茧丝绸、水电等产业集群。合理布局电源点。因地制宜发展县域工业，依托沿海、沿江、沿边和交通干线以及中心城镇，发展资源开发加工型、产业项目配套型、劳动密集型产业，培育一批工业强县。

第三，以项目建设为抓手，扎实推进现代工业发展。广西提出了1000个投资亿元以上的加快工业结构调整重点项目，涵盖以下几个方面：①调整产业结构，包括防城港钢铁基地、神华国华广投北海能源基地、百色泰吉铝业高性能铝材一体化、东风柳汽商用车基地搬迁技术改造、富士康南宁科技产业园等项目。②优化产品结构，包括发展中型轿车、中重型柴油机、海洋工程装备、大型工程机械、平板显示、新型药物、生物农药和肥料、海产品精深加工等产品的项目。③提升装备水平，包括装备制造业采用柔性生产线、自动化生产线，原材料工业生产装置大型化、成套化和智能化等方面的项目。④延伸产业链，重点是有色金属、钢铁、汽车、茧丝绸、造纸与木材加工、制糖等行业的全产业链延伸的项目。⑤提升创新能力，重点包括食品现代生物工程、汽车及发动机排放控制、大型工程机械集成匹配等关键技术攻关，以及研发中心、技术创新示范企业等创新载体建设的项目。⑥发展绿色循环工业，包括推进燃煤工业锅炉改造、生物质和可再生能源利用、能量系统优化、园区循环化改造等项目。⑦推进两化融合，主要是信息技术在企业研发设计、生产控制、经营管理、物流营销、节能减排等环节深化应用的项目。为推动项目实施，要坚持以企业为主体开展项目建设，发挥龙头大企业的作用。项目建设要与招商引资、承接东部产业转移、央企入桂、扩大民间投资等工作紧密结合起来，充分利用区内外各种资源要素。要加强组织协调，由自治区实施工业跨越发展领导小组统筹推进。要制定相应工作推进方案，细化工作措施。要强化责任考核，加大考核和督查力度，确保各项工作落到实处。

四、优化发展环境，增强企业活力和竞争力

第一，各级政府各部门要加快职能转变，强化服务企业发展。加快政府转变职能，减少审批、下放审批，减少审批环节，提高审批效率，把工作重点放在维护公平竞争市场环境、制定标准、保护环境、支持创新等方面。要结合党的群众路线教育实践活动，进一步转变工作作风，健全领导干部联系企业制度，为企业发展提供更好的条件、更好的环境、更好的服务。

第二，充分发挥好市场配置资源和引导企业发展的作用。进一步落实企业的主体权责。引导国有企业多元持股，发展混合所有制经济。鼓励重点成长型企业跨地区、跨行业、跨所有制的兼并重组。在当前经济下行压力较大的情况下，广大企业要积极用市场的眼光、改革创新的办法来解决面临的困难。要坚持创新驱动发展，实施技术改造，生产适应市场需求的产品。要增强品牌意识，实施品牌战略。要加强管理，降低企业成本。要积极做好应对风险准备，千方百计确保资金链正常运转，企业健康发展。

第三，创新和落实扶持工业发展政策。最近，自治区制定和完善了扶持工业发展的政策。财税支持方面，2013年自治区安排支持工业发展的专项资金共约35亿元，以后还要逐步增加。土地支持方面，土地利用年度计划指标向工业用地倾斜，确保工业用地占全区建设用地比例达到25%以上等。金融支持方面，有针对性地加大对传统产业改造、战略性新兴产业、信息产业、节能环保和新能源产业、新兴服务业等领域的信贷支持等。人才支持方面，对做出突出业绩的企业核心人才给予股权、期权激励等。奖励扶持方面，设置广西强优工业企业奖、广西工业企业家奖、广西企业技术创新奖、广西产业园区上台阶奖、广西工业发展奖等5个奖项。

第四，深化开放合作增强发展活力。积极主动与先进地区的资金、技术、人才、管理、市场等融合。加强与国内外500强企业和大型央企、民企，

以及与珠三角、长三角及港澳台等重点区域合作。主动对接企业和项目需求，千方百计引进大企业、大项目。进一步落实省际合作协议，探索合作建设园区的新途径。全面对接粤港澳经济圈，加快推进两广经济一体化和粤桂合作特别试验区建设。以东盟国家及双边经济合作区为重点，加快面向东盟市场的产业发展与产业布局。加快培育具有自主知识产权和国际知名品牌的跨国经营企业。努力争取国家批准建设边境自由贸易示范区和沿海自由贸易港。鼓励企业在能源、矿产等领域加强与有关国家合作，鼓励进口区内短缺的资源类产品和加工贸易原料产品。推动优势企业建立海外原料供应基地、产业基地、研发中心、维修服务网点等。

第五，加快创新体系建设增强科技竞争力。实施创新驱动引领行动计划，以企业为主体大力建设企业与高等院校、科研机构紧密结合、产学研用一体化的科技创新体系。重点建设国家级技术中心、国家级工程技术研究中心、省部共建国家重点实验室培育基地等。要依托中国－东盟技术转移中心，建设覆盖中国重点省市和东盟国家的一体化技术转移协作网络、技术信息交流网络。鼓励和支持企业通过国际并购，获取国际市场上的科技资源。

第六、强化自律营造企业减负的良好环境。要切实做到“十项禁止”：即禁止向企业“吃、拿、卡、要、报”；禁止指定中介服务，强制企业购买指定产品、保险和服务，强制企业参加学会、协会等社团组织；禁止以拉赞助、打广告、订业务报纸杂志和违反国家规定组织培训、考评等形式加重企业负担；禁止接受企业和服务对象的礼金、会员卡、宴请、游玩等；禁止未经办理涉企检查备案手续对企业进行各类检查；禁止未经领导班子集体研究进行上限处罚；禁止未经法定程序查封和冻结企业资产、账户，扣押财物，违法限制或非法剥夺企业法人代表人身自由；禁止违反服务承诺制度超时办结各类政务服务事项；禁止以负面宣传要挟企业或服务对象；禁止对投诉或反映问题的企业或个人打击报复。

第七，加强企业家培养和人才队伍建设。要以培养企业家队伍、创新型人才和高素质劳动大军为重点，建立和完善人才使用长效机制。要建设一支熟悉国际国内市场、具有开拓创新精神和高度社会责任感的优秀企业家队伍。要重视培育特色工业文化，在全社会营造尊重、关心、支持企业家的浓厚氛围。要依托相关人才政策制度，突出培养与引进我区重点产业所需的高端和紧缺型一线科研人才。要进一步优化高等教育学科专业结构，大力发展现代职业教育，为产业发展输送创新型、应用型、技能型人才。

同志们，实施“工业强桂”战略，任务艰巨、责任重大、使命光荣。让我们在以习近平同志为总书记的党中央正确领导下，齐心协力，锐意进取，埋头苦干，攻坚克难，全力推进我区新型工业化跨越发展，为构建开放发展的新的战略支点和全面建成小康社会作出更大的贡献！

在全区非公有制经济发展大会上的讲话

广西壮族自治区党委书记　彭清华

尊敬的全国工商联全哲洙书记，同志们：

在全区深入学习贯彻党的十八届三中全会和中央经济工作会议精神的重要时刻，今天我们召开全区非公有制经济发展大会，就是要动员全区上下乘着全面深化改革的东风，扬起加快非公有制经济发展的风帆，释放全民创新创业的活力，汇聚民资民智民力，推动我区非公有制经济跨越发展，为实现“两个建成”宏伟目标奠定坚实基础。

为开好这次重要会议，我们从年初就着手筹备，做了大量深入细致的调查研究、学习考察和政策谋划工作，会前印发的系列政策性文件，具有较高激励性和可操作性，充分表明自治区党委、政府高度重视非公有制经济发展的鲜明态度和坚定决心。刚才，3 位企业家代表介绍了他们创业创新发展的历程和成功经验，这是我区非公有制经济发展的缩影，展示了我区非公有制企业家勇立潮头、艰苦创业、敢做善成的良好精神风貌，值得学习借鉴。

长期以来，全国工商联高度关注、大力支持我区发展，仅 2013 年就多次组织大批全国知名民营企业家到广西进行项目投资考察，后天将在我区举办全国工商联十一届二次执委会议暨民企入桂活动，这对加快我区非公有制经济发展又将是一次极大推动。今天，中央统战部副部长、全国工商联党组书记、副主席全哲洙同志亲临大会指导，对我区非公有制经济尤其是民营经济发展提出了具有很强针对性和指导性的意见，我们要认真学习、抓好落实。

下面，我讲几点意见：

一、进一步解放思想，毫不动摇加快发展非公有制经济

党的十八届三中全会是在我国改革开放新的重要关头召开的一次重要会议，是全面深化改革的又一次总部署、总动员。

随着三中全会各项改革决策部署的深入实施，更大的改革“红利”，更多的政策“红利”，必将在今后一个时期密集地推出和释放，必将极大地推动我区各项事业的改革发展。我们要站在战略和全局的高度，抢抓机遇，奋发有为，以贯彻落实三中全会精神为根本动力，全力打造全区非公有制经济发展升级版。

认真学习贯彻十八届三中全会精神，进一步强化发展非公有制经济新的理念。十八届三中全会明确提出“紧紧围绕使市场在资源配置中起决定性作用深化经济体制改革”，这是我们党在理论上的一个重大创新。从发挥市场在资源配置中的“基础性作

用”到“决定性作用”，更加凸现改革的市场导向，更加突出市场的主体地位和主导作用，更有利于从广度和深度上推进市场化改革，推动资源配置依据市场规则、市场价格、市场竞争实现效益最大化和效率最优化。这一重大改革理论的突破和实践，不仅对经济体制改革，而且对其他各领域改革，都将产生革命性的推动作用。对发展非公有制经济，十八届三中全会不仅重申了“两个毫不动摇”的方针，而且第一次提出了许多新的重要论断和重大政策。学习贯彻十八届三中全会精神，充分发挥市场在资源配置中的决定性作用，推动非公有制经济持续快速健康发展，我们必须进一步解放思想、更新观念，坚持“公有制经济和非公有制经济都是社会主义市场经济的重要组成部分，都是我国经济社会发展的重要基础”的重要思想，把两者放到同等重要的战略地位，使其相互促进、共同发展；坚决落实“坚持权利平等、机会平等、规则平等，废除对非公有制经济各种形式的不合理规定，消除各种隐性壁垒”的工作要求，努力为非公有制经济发展创造公平公正的市场环境和法制环境；认真贯彻“鼓励非公有制企业参与国有企业改革，鼓励发展非公有资本控股的混合所有制企业，鼓励有条件的私营企业建立现代企业制度”的重大政策，加快非公企业与国有企业的深度融合，大力发展混合所有制经济。我们要按照三中全会“三个进一步解放”的要求，以进一步解放思想为先导，真正把思想行动统一到中央发展非公有制经济思想、理论、政策的重大突破上来，极大地激发非公有制经济发展活力和创造力。

充分肯定成绩，清醒看到差距，进一步增强加快发展非公有制经济的紧迫感使命感。自治区党委、政府高度重视非公有制经济发展，制定出台了一系列政策措施，有力促进了非公有制经济从小到大、从弱到强的快速发展。2012 年，全区非公有制经济增加值占全区生产总值的 52%，规模以上非公有制工业企业增加值占全区规模以上工业增加值的 68.8%，非国有固定资产投资占全社会固定资产投资的 61%，非公企业创造了全区 78% 的进出口总额、72.5% 的税收、68.3% 的财政收入、81% 的城镇新增就业岗位。这些数据充分说明，非公有制经济已经成为全区加快发展的主力军，改革开放的主动力，增加就业的主渠道，成为我区新型工业化、城镇化和农业现代化的重要力量。改革开放实践雄辩地证明，哪里的非公有制经济活跃，哪里的经济就发达，哪里的群众就富裕。我国非公企业数量最多的江苏、广东、上海、浙江、山东等，都是我国经济最发达的地区。作为后发展欠发达地区，非公有制经济发展相对滞后、活力不足，正是我们的最大短板。2012 年，全区私营企业户数仅占全国总量的 2.1%，注册资金仅占全国的 1.4%，与江苏相差近 9 倍，与广东相差 6 倍多。差距就是空间，就是潜力和希望。我们必须切实增强忧患意识、机遇意识，以时不我待的紧迫感使命感，全面落实中央加快发展非公有制经济的决策部署，奋力推进我区非公有制经济跨越发展。

为贯彻落实十八届三中全会精神，体现解放思想、改革创新的力度和成果，自治区党委、政府会前研究制定了《进一步优化环境促进非公有制经济跨越发展的若干意见》及其配套政策，涵盖了财政扶持、税收优惠、用地保障等各个方面。这些政策具有很强的针对性和很高的含金量，必将对激发我区非公企业的创新活力和发展动力产生极大影响。我们要把这些优惠政策宣传到位、落实到位，让非公企业享受到实实在在的政策“红利”。

二、坚持扩量与提质并重，打好非公有制经济转型升级攻坚仗

加快我区非公有制经济跨越发展，必须坚持扩大总量上规模，提高质量上水平，转型升级上档次，坚持政策鼓励与激活内力相结合，政府支持与创新发展相结合，放宽市场准入与提高核心竞争力相结合，积极探索规模化、特色化、专业化、高新化转型升级之路。到 2017 年，力争全区非公有制资本投资规模年均增长 30% 以上，规模以上非公有制工业企业增加值年均增长 17.5% 以上。

着力推动非公有制经济规模化发展。加快全区非公有制经济转型升级，首先要解决“量”的问题，没有规模的扩张、总量的扩大，提升质量就犹如无本之木、无源之水、无米之炊。做大总量，关键有三条：一要做强企业，这是基础。全面实施好这次刚出台的非公有制强优企业培育计划，把各种扶持支持政策落实到位，集中优势资源，培育发展带动力强、辐射面广的非公企业，多植具有发展潜力的企业之“苗”，多育正在茁壮成长的产业之“树”，形成一批跨地区、跨行业、跨所有制、具有核心竞争力的大型民营企业集团。二要做大产业，这是关键。坚持引导企业向各类园区、开发区集聚，提高产业集聚度，推动有产业关联的企业“抱团”发展，打造一批规模大、关联度高、特色鲜明的产业集群，以集群做大产业、做大总量。三要做活市场，这是核心。随着现代市场体系加快完善，市场在资源配置中起决定性作用，市场打不开，企业的步子就迈不开。要抓好市场培育，重点建设一批辐射面广的区域性、全国性商品专业市场。企业要面向市场、盯紧市场，生产品质优、销路畅、附加值高的产品，创新营销模式，发展新型业态，提高市场占有率。

着力推动非公有制经济特色化发展。因特色而产生、发展、壮大，是非公有制经济发展的基本特征和内在要求。必须坚持把特色化作为企业安身立命之本、发展壮大之道，作为加快我区非公有制经济跨越发展的重要途径，突出做好特色产业、特色企业、特色产品这三篇文章。一是发展特色产业。要立足和挖掘自身特色，不断打造新的特色，力求无中生有、有中创新、创新中做大。围绕国家产业政策、我区产业规划，积极投向我区“14+10”千亿元产业体系，参与重大产业基地建设，参与县域经济发展等，加快发展现代特色产业。二是发展特

色企业。要在打造特色产品上下功夫，抢占行业制高点，争当行业领军企业，打造“百年老店”。文化是企业的魂。要在塑造企业特色文化上下功夫，把企业特色文化内化于心、外化于形，形成企业核心竞争力。三是发展特色产品。强化品牌意识，实施品牌战略，没牌的要创牌，小品牌要努力打造成大品牌，单一品牌要着力打造出系列品牌，国内品牌要向国际品牌挺进，争创出更多在国内外有知名度、美誉度、影响力大的名牌、大牌。福建泉州从最初的贴牌，到现在拥有安踏、利郎、劲霸一大批品牌，成为“中国鞋都”“中国休闲服装名城”“中国建材之乡”“中国瓷都”等10多个国家级产业集聚地，走的就是特色发展、品牌带动之路。

着力推动非公有制经济专业化发展。随着社会分工越来越细，专业化程度也越来越高，越来越多的高端产品和服务需要产业链上的多个企业共同协作才能完成。非公有制经济的显著特点就是配套经济。必须着眼于全产业链的协作配合，把专业化发展作为加快我区非公有制经济跨越发展的主攻方向，坚持向专业化分工协作要订单、要效益。抓好专业产业园区建设，依托产业基础和资源优势，大力发展专业配套协作型产业，促进入园企业专业化生产、社会化协作、资源循环化利用，打造产业集群，形成联合发展“舰队”。这些年梧州积极发展再生资源、不锈钢、陶瓷等专业园区，北海着力发展电子信息产业园和临港工业区，形成了产业集聚效应。各市可以很好借鉴这种模式。要围绕大集团大企业，壮大一批重点配套企业，增强上下游产业和相关产业的集聚度，延长产业链条，提升专业化分工协作水平。柳州的汽车配套产业，玉林的发动机配套产业，百色的铝材配套产业，北部湾地区的石油化工和纸制品配套产业，还有占全国产量60%以上的蔗糖配套产业等，都有很大的发展空间。非公企业在参与龙头企业生产协作中，既要“跑龙套”，又要把自己分工专营的环节做专、做精、做深，打造细分领域的“第一品牌”。要构建专业配套服务体系，在更大范围开展软件服务、工业设计、电子商务等技术性服务，形成原材料供应、成品半成品生产、辅助研发、广告、售后服务、信息服务和仓储物流等完善的配套业务，在配套中发展壮大自己。

着力推动非公有制经济高新化发展。高新化发展是加快我区非公有制经济转型升级的着力点，跨越发展的制高点。必须深入实施创新驱动发展战略，以提高技术装备和科技水平为切入点，引导非公有制经济向高端制造业、战略性新兴产业、现代服务业等领域发展，鼓励非公企业在电子信息、生物医药、新材料、新能源、节能环保、海洋产业等新兴产业领域加快发展，不断提高产业层次和发展水平。加快建立以企业为主体、产学研相结合的科技创新体系，鼓励非公企业加大研发投入，建立企业技术中心，全面提高非公企业自主创新能力。鼓励各类科研机构、大专院校的实验室和检测中心向非公企业开放，加大对非公企业科技创新和成果转化的资金支持力度，推动科技成果在非公企业中加快转化。支持科技人员领办创办科技型企业，鼓励科技人员将科技成果转化为资产和股份，形成资本所有者和劳动者利益共同体。非公企业具有体制灵活、经营高效的特点，在科技创新上动力更强、反应更快。要充分利用这些特点和优势，通过技术创新带动产品创新、品牌创新和生产经营模式创新，使我区非公有制经济走上高新化发展之路。

三、深化改革开放，充分激发和释放非公有制经济发展的动力和活力

改革开放是党和人民事业大踏步赶上时代的重要法宝，也是促进我区非公有制经济跨越发展的必由之路。必须坚持全面深化改革、扩大开放合作，充分激发民资民智民力的活力和创造力。

突出市场改革导向，大力发展以现代产权制度为基础的混合所有制经济。十八届三中全会强调，国有资本、集体资本、非公有资本等交叉持股、相互融合的混合所有制经济，是我国基本经济制度的重要实现形式。这一重大理论创新、政策创新、制度创新，为非公有制经济发展提供了更大的空间和平台。我区绝大多数非公企业产权封闭单一，这是制约企业做大做强做优的内在原因。加快我区非公有制经济跨越发展，必须坚持社会主义市场经济改革方向，积极发展混合所有制经济，加快现代产权制度改革。一方面，加快国有企业改革，消除各种政策体制限制，拓宽非公有制经济投资领域，鼓励和引导非公企业通过参股控股、租赁承包、兼并收购等形式，参与国有企业改制、改造、重组，促进公有制和非公有制经济融合发展。另一方面，加快建立现代企业制度，加快非公企业股份制改造。破除家族式管理，深化产权制度改革，吸引外部资金、技术、品牌等要素，加快推进产权多元化，提升我区非公有制经济的规模和层次。积极引导和鼓励我区非公企业利用产权市场，组合民间资本，促进产权流动，加强与国内知名企业强强联合，与跨国公司紧密合作，努力在管理理念、股权结构、运作模式等方面实现根本性转变。

进一步扩大开放合作，把扶持发展本土企业与大力引进外地企业结合起来。发展我区非公有制经济，要坚持“两条腿”走路，在扶持发展本土非公企业的同时，努力创造条件把外地的企业引进来，通过引进大企业大集团的示范带动作用，进一步推动本土企业的改造提升、做强做大。继续实施更加积极主动的开放战略，发挥我区特殊的区位优势、资源优势、生态优势、政策优势和人文优势，打好东盟牌和粤港澳牌，坚持资源换产业、资源换市场，以海纳百川的宽广胸怀，千方百计吸引区外非公有制大企业大集团到我区投资发展，着力引资金、引项目、引技术、引能人。努力把各类园区打造成为非公有制经济开放发展的重要平台，选择一批规模大、实力强的非公企业进园区，在保税区、开发区建立一批外向型加工贸易园区，吸引国外跨国公司和国内大企业入园发展，提高我区非公有制经济发展的开放度。各地各部门都要努力引进一批有实力

的非公企业到我区落户，使企业进得来、留得住、发展好。要认真做好“请回来”工作。浙江、福建等省近年来开展引导本省籍客商回本地创业活动，取得良好成效。我区虽然无法与浙江、福建等省相比，但在外地也有一批成功的桂商，要通过各种方式，诚心诚意把他们请回来，加快发展我区非公有制经济。

大力弘扬创业创新精神，积极推进全民创业。全民创业是富民之本、发展之基、活力之源。我们要向晋商、徽商、浙商学习，学习他们穷则思变的创业勇气、重商立业的文化底蕴、诚信义利的经营理念、同舟共济的合作精神，摒弃因循守旧、固步自封的保守心态，克服小富即安、不思进取的自满思想，倡导“当得了老板，睡得了地板”的创业精神，把民间资本激活，把全民创业的激情释放，汇聚创造价值、增值财富、加快发展的正能量，让干事创业的人有搞头、有奔头、有甜头，掀起全民创业高潮。要以扩大创业群体为重点，突出示范带动，培育创业主体。鼓励科技人员发挥有知识、有专长、有经验的优势，争当投资创业的“领头雁”、带路人。引导广大农民群众转变传统的守土恋家观念，既要就地创业，更要敢于离土创业。引导在区外创业的广西“能人”，带资金、带技术、带管理、带人才回乡投资兴业。鼓励支持企业下岗人员和返乡农民工自找出路、自主创业、自谋发展。做好创业指导，提供创业培训、项目开发等服务，加大创业扶持，增强创业能力，提高创业成功率。

四、优化发展环境，培植非公有制经济跨越发展的“沃土”

良好的发展环境，是非公有制经济发展的第一吸引力、竞争力。非公有制经济是典型的“草根经济”，必须依靠阳光雨露才能成长为“参天大树”。各级党委政府要把优化环境作为促进非公有制经济跨越发展的“生命工程”，切实解决好反映强烈的融资难、用地难、用工难、办事难、税费重“四难一重”瓶颈制约，使非公有制经济在生态良好、土壤肥沃、阳光充足、水分适宜中蓬勃发展。

努力营造服务到位、廉洁高效的政务环境。各级党委政府必须站在全区改革发展稳定大局的高度，做到思想上放心放胆，政策上放宽放活，工作上放手放开，真正把加快非公有制经济发展放在更加突出的位置，摆上重要议事日程。各级政府部门要有敢于“自我革命”“动自己奶酪”的勇气，舍得掏出“口袋里的权力”，积极为企业排忧解难，为创业者提供优质高效的服务。坚决纠正“门难进、脸难看、话难听、事难办”现象。深化行政审批制度改革，减少审批事项，优化审批流程，创新审批方式，提高审批效率。按照“非禁即入”的原则，抓住我国工商登记制度改革的机遇，对非公有制经济放宽准入领域，降低准入门槛，鼓励支持民间资本无障碍进入，彻底打破“玻璃门”“弹簧门”“旋转门”。紧紧抓住三中全会提出“允许具备条件的民间资本依法发起设立中小型银行等金融机构”的重大机遇，加快金融体制改革，有效解决融资难、融资贵等问题。

努力营造公平公开、公正诚信的市场环境。强化市场监管职责，建立和完善“政府领导负责、部门依法监管、企业诚信自律、社会全面监督、群众广泛参与”的市场监管长效机制。工商、质监、卫生、公安等有关部门要切实发挥监管职能，齐抓共管、协调联动，规范整顿市场秩序，坚决打击欺行霸市、强买强卖、制假售假等各种不正当竞争行为。健全完善创业者权益维护机制，及时解决创业者反映的各种问题，切实维护市场主体的合法权益。加强信用体系建设，建立失信者行业禁入制度，让诚信者获利、失信者寸步难行。

努力营造严明规范、文明执法的法治环境。全面推进依法行政，严格执法、公正执法、文明执法，着力解决多头执法、重复收费、执法扰民等问题，积极为非公有制经济发展保驾护航。下决心清理各种乱收费、乱摊派、乱罚款，狠刹吃拿卡要歪风，杜绝不作为、乱作为的现象，真心实意地保护企业、服务客商、取信社会。加强社会治安综合治理，依法打击各种经济犯罪活动，建设法治广西，增强创业者的安全感。

努力营造放心投资、安心创业的社会环境。坚持正确的舆论导向，大力表彰非公企业科学发展、守法经营、履行责任、创业带动的先进典型，在全社会营造非公有制经济发展的浓厚氛围。倡导鼓励创业、支持创业、投身创业的社会风尚，营造崇尚创造、褒奖成功、宽容失败的社会环境，使“百姓创家业、企业创新业、能人创大业、干部创事业”成为全区上下的共识与行动。

加快非公有制经济跨越发展，企业是主体，企业家是脊梁。各级党委、政府要高度重视非公有制企业家队伍建设，保护企业家、支持企业家、造就企业家，增强企业家的成就感、荣誉感和归属感，最大限度调动企业家的积极性创造性。着眼打造“百年老店”、建设“常青树”企业，大力实施企业家素质提升工程，大规模开展企业经营管理人才培训，努力建设一支眼界宽、思路广、懂经营、会管理、善创新的优秀企业家队伍。也希望非公有制企业家们加强理想信念教育，志存高远、自强不息，苦练内功、提高素质，诚信守法、增强责任，树立艰苦的创业意识、敏锐的市场意识、强烈的开放意识，坚定勤劳致富的恒心、勇攀高峰的雄心、拼搏进取的决心，弘扬永不言败、敢为人先、攻坚克难的开拓精神，闯大市场、干大事业、求大发展，更好地做大做强企业，更好地回报社会、造福民众。

各位企业家、同志们，我们生逢盛世，赶上一个好时代、好机遇。让我们携起手来，同心同德，以党的十八大和十八届三中全会精神为指导，推动全社会创新、创业、创造，在加快非公有制经济跨越发展、实现“两个建成”奋斗目标的新征程中，每个企业、每个企业家都能共享和实现自己出彩的梦想！

在支持青海中小企业加快发展座谈会上的讲话

青海省委常委、常务副省长 骆玉林

尊敬的朱宏任总工程师，尊敬的各位来宾、朋友们

大家下午好！

今天下午，工业和信息化部与青海省人民政府在西宁共同举办支持青海中小企业加快发展座谈会，此次座谈会得到工信部领导的高度重视和大力支持，朱宏任总工程师和工信部中小企业司领导会前就如何开好座谈会提出了要求，我省根据工信部的要求对会议的召开作了充分的准备，并邀请了对口援青省市中小企业管理部门的负责人和企业家代表来青海传经送宝。我省省级各相关部门、各州地市分管中小企业管理部门领导以及部分中小企业代表也参加了今天的会议。借此机会，我代表青海省委、省政府对朱宏任总工程师、郑昕司长、秦志辉主任、金德本秘书长以及相关省市领导、企业家代表的到来表示热烈的欢迎和衷心的感谢！

由于今天前来参会的很多领导以前都没到过青海，下面我先简单地介绍一下青海省的几个特点：一是面积大。青海省是个面积大省，有72万平方公里，在全国排第四。二是人口少。我省人口有572万人，可以说是地大物博，人口稀少。三是资源丰富。我省的资源主要有以下几大类：第一是水电资源。青海是黄河、长江、澜沧江的发源地，被誉为“江河源头”、“中华水塔”，黄河49%的水量、长江26%的水量、澜沧江16%的水量、黑河40%的水量从青海流出，每年流出的水量达600多亿立方米。目前青海的电力结构中，水电已经占到85%，建成的水电站总装机容量已超过1100万千瓦。第二是盐湖资源。柴达木盆地的钾钠镁锂硼资源丰富，钾、镁、锂、钠等资源储量居全国首位。第三是有色金属资源。金银铜铁等资源比较富集。其中，黄金资源储量可观，目前已经探明储量达到百吨以上的金矿有六个，总储量超过1000吨；镍矿资源丰富，柴达木的镍矿一期探明储量达几十万吨，储量十分可观；铜铅锌以及铁矿资源储量也相当丰富。第四是石油天然气资源。天然气储量在全国列第四位，预计到“十二五”末我省的油气当量将达到1000万吨，将进入全国排名前十范围内。第五是高原动植物资源，最有代表性的就是沙棘、虫草和枸杞。其中虫草资源的开发利用产业得了较快发展，研发“极草”的企业，在短短几年的时间内，从一个小微企业成长为年销售收入达50亿元以上的龙头企业。青海柴达木的枸杞也非常有名，与宁夏等地不同的是，青海的野生枸杞资源独特，目前我省正在不断加大枸杞等资源的开发利用工作力度，随之发展起来的中小企业队伍也在日益壮大。第六是旅游资源。青海地域广阔，地形地貌多样，有青藏高原，也有黄河谷地。我省少数民族众多，共有54个少数民族，其中主要有五大少数民族，分别是藏族、回族、土族、撒拉族和蒙古族，土族、撒拉族又是青海特有的少数民族，撒拉族被列入全国人口较少民族。青海又是一个多宗教并存的地区，佛教、道教、伊斯兰教、天主教和基督教均有传播，同时，也是昆仑文化的发源地。复杂多样的地形地貌和各民族丰富多彩的文化，加之，夏季凉爽宜人的气候环境，为青海旅游业的蓬勃发展创造了十分有利的条件。但总体来看，我省的旅游业还处于待开发过程，尤其是青海的高端旅游、原生态旅游是下一步发展的重点，旅游产业发展潜力和前景十分广阔。

从另一个方面来讲，青海的稳定对全国意义重大，青海省所辖六州一地一市中，有6个是藏族自治州，实行区域自治的面积约占全省的98%以上，维护藏区稳定的工作任务比较繁重。同时，由于青海省十分特殊的地理位置，对于保障西藏、新疆的稳定也具有非常重要的作用。

青海是经济小省，经济总量不大，2012年实现国民生产总值1880亿元，人均GDP在全国排二十几位，但青海为保护江河源头做出了巨大的努力，为全国经济和社会稳步健康发展提供了良好的生态保障，也是青海做出的最大贡献之一。

刚才，我对青海的人文自然和地理等做了简单介绍，希望各位领导和企业家，在会议之余，多出去转转走走，亲自感受和体会一下大美青海的风土人情。

下面，我再介绍一下青海中小企业发展情况。我省中小企业发展正处于起步阶段，相对于其他省市，我省中小企业发展具有以下几个方面的优势，一是有资源优势；二是有能源优势；三是发展空间大，后发优势明显。近年来，我省紧紧围绕特色优势产业，围绕青海资源的综合开发利用，不断加大中小企业培育发展工作力度，中小企业已经成为青海经济发展的主力军和生力军。我省中小企业的绝大部分都是民营企业，大多数民营企业家都来自我国中东部和沿海地区，这些企业家到青海后，一方面带来了观念上的新变化，另一方面对我们的体制机制产生了积极影响，有力地带动了我省中小企业的健康快速发展。如昆仑山矿泉水是青海的特色和优势，生产昆仑山矿泉水的企业也是近几年通过培育和扶持由小微企业逐步发展壮大起来的，属于依托青海资源优势发展起来的中小企业优秀代表之一。第二类是对资源进行精深加工的中小企业，这类企业已经成为青海企业发展的主体，广泛涉及我省农畜产品和资源精深加工等多个领域和行业。第三类是配套服务和生产性服务企业，这类企业围绕青海的特色优势产业提供配套服务，在政策引导和鼓励下，得到不断发展和壮大。同时，我省通过连续十四年成功举办“青洽会”，为中小企业发展提供了良好的合作交流平台，国内外客商对青海中小企业发展的关注度也在不断提高，今年参加青洽会的客商预计将达到1.2万人次，一大批签约项目的落地，将对推动我省生产性服务业、生活性服务业以及旅游业等领域中小企业的发展带来新的机遇。

在看到青海中小企业发展的成就和优势的同时，我们也要清醒地认识到，青海中小企业的整体发展

水平还比较低，我们的旅游、基础设施等与外省相比还有一定的差距。尤其是今年受国际大环境的影响，我省的大企业受到的影响比较大，保持平稳发展的压力很大。为此，省委、省政府提出了大企业保持平稳，中小企业快速发展的目标，在避免经济出现大起大落的前提下，鼓励和引导中小企业健康快速发展，使中小企业成为青海经济发展新的增长点。截至五月底，全省中小企业增速已经高出全省经济发展平均增速，特别是围绕新能源、农畜产品加工等特色优势产业发展的一批成长型中小企业发展势头良好。

青海中小企业发展离不开党中央国务院的支持，离不开各部门和对口援青省市的关心和帮助，工业和信息化部历来高度重视和支持青海中小企业的发展，在与青海省签订的战略合作协议中，其中重要的一个内容就是如何支持青海中小企业加快发展，工信部在“青洽会”期间专门安排召开支持青海中小企业加快发展座谈会，会前还对我省做好中小企业发展工作做了深入的调研，并提出了宝贵意见和要求，朱宏任总工程师百忙之中前来参加今天的会议，体现了工信部领导对青海中小企业发展工作的关怀和重视。青海省委、省政府也已经把推进中小企业发展作为今后工作的重中之重，尤其是面对今年全球经济发展的大环境，深刻认识到推进中小企业发展是转变我省经济发展方式、调整经济结构的重要抓手。2012 年省政府已经根据国家出台的政策，结合青海中小企业发展实际研究出台了一系列支持我省小微企业发展的政策措施。同时，把推动中小企业发展工作列入各地、各部门的年度考核目标，提出要求、明确任务、强化措施，为中小企业稳步健康发展奠定了基础。另一方面积极为中小企业的发展创造有利条件，依托三大工业园区、十个工业集中区，鼓励和支持园区建设中小企业孵化器、创业园，从科技、人才和资金等多方面对中小企业给予支持。下一步，我省将根据省第十二次党代会提出“两新”目标和“三区”战略，通过建设十五个重大产业基地，并配套建设中小企业创业园，集中财力、人力和物力，支持中小企业加快发展步伐，为推动青海经济和社会各项事业又好又快发展奠定基础。

今天，在工信部的大力支持和帮助下，本次座谈会得以顺利召开，会议还邀请了对口援青省市中小企业管理部门的领导和部分企业家一起座谈，对于青海不断提升中小企业管理工作水平，加快中小企业发展是一个难得的契机。会议结束后，要求全省各地区、各部门，特别是我省广大中小企业要抢抓机遇，主动加强对接和沟通，建立起良好的沟通、联系机制，力争尽快有一批中小企业项目在青海落地。通过各方努力，推动青海中小企业实现跨越式发展，最终实现合作双方共同发展、互利共赢。同时，也请工信部领导和各省市中小企业管理部门的领导和企业家多为青海中小企业发展建言献策，提出宝贵意见，建立很好的沟通联系平台，这也是对青海最大的支持和关心。

最后，再次感谢朱宏任总工程师，郑昕司长，感谢对口援青省市中小企业管理部门的领导和企业家对青海发展的关注和厚爱，祝大家在青海期间身体健康、心想事成、扎西德勒！

在全区发展非公有制经济大会上的讲话

宁夏回族自治区党委书记　张毅

同志们：

这次会议是春节过后我区召开的第一个全区性的大会，这体现了发展非公有制经济的十分重要性，也体现了自治区党委、政府对大力发展非公有制经济的高度重视。首先，我代表自治区党委、政府，向受到表彰的先进单位和个人表示热烈的祝贺！向全区广大民营企业家、个体工商户和从业人员表示诚挚的问候！刚才，正伟主席作了很好的讲话，我完全赞同，请大家认真学习贯彻。崔波同志宣读了自治区党委、政府《关于加快发展非公有制经济的若干意见》，请各地各部门结合实际抓好落实。自治区经信委、宁夏伊品生物科技股份有限公司、宁夏浙江商会三个单位作了交流发言，听了很受启发。下面，我讲几点意见。

一、统一思想，深化认识，切实增强加快非公有制经济发展的责任感和紧迫感

非公有制经济是社会主义市场经济的重要组成部分，是推动经济社会发展的重要力量，是一个地方发展实力、活力、潜力的重要体现。党的十八大对鼓励、支持、引导非公有制经济发展进一步指明了方向，提出了新的要求。我们一定要认真学习，深刻领会，推动我区非公有制经济更好更快发展。

近年来，自治区党委、政府高度重视加快非公有制经济发展，在政策、环境、金融、人才、科技等方面大力支持、强力推进，在社会各界的积极支持和非公有制经济人士的不懈努力下，全区非公有制经济快速发展壮大，形成了与公有制经济相互促进、共同发展的良好局面。一是发展越来越快。全区非公有制企业从少到多、由小到大，保持了强劲发展势头，总量迅速提升，规模不断壮大，已成为国民经济的“半壁江山”。二是领域越来越广。非公有制经济在农业、旅游、服务业等传统领域不断壮大，在特色优势、高新技术、循环经济、战略新兴产业中稳步发展，在能源资源、基础设施、金融保险等方面比重上升，有的已成为行业、产业的龙头企业，甚至打入国际市场、参与国际竞争，呈现出多元化、宽领域、高层次的发展态势。三是实力越来越强。广大非公有制企业自强不息、不甘落后、追求卓越，不断做大做强，形成了一批有影响、有实力的骨干企业、集团公司、知名品牌，培育发展

了一批带动力强、竞争优势明显的产业集群，一些自主创新技术达到国内甚至国际先进水平。四是贡献越来越大。非公有制经济在实现自身发展的同时，推动产业结构优化升级，参与国企改制重组，创造了大量的就业岗位，增加了财政收入，为我区经济社会发展作出了巨大贡献。在创新创造创业实践中，造就了一大批优秀民营企业家、企业经营者和管理人才。广大民营企业家秉承义利兼顾、以义为先的理念，富而思源、富而思进，主动承担社会责任，积极参与公益事业，行善为善、解囊赈灾、捐资助学、扶贫济困，践行着社会主义核心价值观，展现了良好的社会形象，得到了广大群众和社会各界的普遍赞誉。

当前，我区正处于建设和谐富裕新宁夏、与全国同步进入全面小康社会的关键时期。面对新形势新任务新要求，我们一定要充分认识发展非公有制经济的重要性和必要性，进一步增强加快发展非公有制经济的责任感和紧迫感。

非公有制经济是强区经济，在全面建成小康社会中发挥着重要作用。建设和谐富裕新宁夏、与全国同步进入全面小康社会，需要强有力的物质基础，需要各级各界和广大群众的积极参与。非公有制经济作为一种依靠“民资、民智、民力”发展的经济形态，能够有效地凝聚社会力量，聚集民间资金，最大限度创造社会财富。实践证明，哪里的非公有制经济活跃，哪里的经济就发展的快，哪里的人民生活就富裕，全面小康社会的实现程度就越高。因此，我们要把非公有制经济作为加快发展的重要支撑，作为与全国同步进入全面小康社会的重要途径，作为夯实富民兴区物质基础的重要内容，进一步激发活力，壮大实力，加快发展。

非公有制经济是富民经济，在改善民生、促进和谐中发挥着重要作用。非公有制经济涉及经济社会发展方方面面、各个领域，能够创造大量的就业机会，吸纳包括农村剩余劳动力在内的各层次劳动力，拓宽城乡居民增收渠道；能够有效增加财政收入，为政府保障改善民生创造条件；能够直接投资教育、卫生、文化等社会事业，促进经济社会协调发展。同时，非公有制经济是维护社会稳定的重要力量，通过落实国家政策法律、有效保障劳动者合法权益、参与社会公益事业发展、自身勤劳致富与合法经营，推动形成良好社会风尚，增加社会和谐稳定因素。

非公有制经济是活力经济，在加快转变经济发展方式中发挥着重要作用。非公有制经济在市场竞争中最为敏感、最能创新，许多省区都把发展非公有制经济作为新一轮区域竞争的关键，抢抓机遇，加快发展。非公有制经济作为我区最大的市场主体，其发展水平事关全区转方式、调结构、可持续发展的全局。因此，我们要发挥非公有制经济机制灵活、生命力强的独特优势，加大指导、支持和推进力度，促进非公有制经济转变观念、加快转型、创新技术，真正使非公有制企业成为加快转变经济发展方式的主战场，成为优化结构调整的生力军。

当前，国家深入实施西部大开发战略，东部产业加快向中西部转移，我区沿黄经济区建设和百万贫困人口扶贫攻坚“两大战略”正在加紧实施，“两区”获得国家批准并启动建设，打造“黄河善谷”、建设慈善产业园区的成效已开始显现，非公有制经济发展的机遇和条件前所未有。只要我们抓住机遇，开拓进取，奋发有为，掀起热潮，坚持不懈地抓，扎扎实实地干，一定能推动和实现非公有制经济的大发展、快发展。

二、解放思想，多措并举，推动非公有制经济更好更快发展

面对新形势新任务，加快非公有制经济发展，关键是要进一步解决思想、转变观念、改革创新，把眼光放得更远一些，思路放得更宽一些，手脚放得更开一些，政策放得更活一些，突破重点，突破难点，抓好落实，扎实推进。

第一，放宽思路，打造非公有制经济更加广阔的发展平台。实施“两大战略”、加快“两区”建设，既是建设和谐富裕新宁夏、与全国同步进入全面小康社会的战略抉择，也为加快发展非公有制经济提供了重大机遇和广阔平台。要引导广大非公有制企业开拓视野，着眼全局，借力发展，积极融入“两大战略”和“两区”建设，在投身全区经济发展主战场中不断发展壮大。要在沿黄经济区建设中加快培育非公有制经济产业集群。引导非公有制经济依托宁东能源化工基地、沿黄特色工业园区、优质农产品产业带、文化旅游景区和城市商业圈等产业平台，并通过龙头骨干企业的引领带动，通过中小微型企业的配套扩散，大力发展深加工产业集群、特色服务业集群，使沿黄经济区既成为促进产业优化升级的重要平台、又成为引领全区非公有制经济发展的带动极。要在扶贫攻坚中积极创新非公有制经济产业发展载体。让百万贫困群众早日脱贫致富奔小康，这既是各级党委、政府和各行业、各部门义不容辞的责任，也需要非公有制经济的支持和参与。近年来，我们积极打造“黄河善谷”，加快慈善产业园区建设，为特殊困难群体脱贫致富创造了机会、开辟了途径，一些非公有制经济人士积极参与、主动作为，发挥了重要作用。在深入推进百万贫困人口扶贫攻坚战略中，非公有制经济要继续发挥作用，特别是要抓住产业开发这个着力点，抓好政策优惠这个切入点，通过企业的自身发展，带动贫困群众脱贫致富，使非公有制经济成为促进贫困群众增收、慈善兴业、龙头带农户、先富帮后富的重要渠道，成为带动群众脱贫致富的富民经济。要在推进“两区”建设中加快培育非公有制经济产业骨干。国家批准建立宁夏内陆开放型经济实验区、设立银川综合保税区，标志着我区改革开放进入了一个崭新阶段，也为非公有制经济向更大空间发展提供了难得机遇。在推进“两区”建设中，要通过制定最优政策、营造最优环境、提供最优服务，推动引资引技引智有机结合，形成以技术、品牌、质量、服务为核心的竞争新优势。要找好找准“两区”建

设与非公有制经济发展的政策结合点，主动争取并创造条件，让非公有制经济最大限度地享受到“两区”建设中有利于促进发展的要素和优惠政策，使非公有制经济既受益于“两区”建设、又有力地促进“两区”建设。

第二，放手发展，营造非公有制经济更加良好的发展环境。发展环境对经济发展特别是非公有制经济发展至关重要。各级各部门和领导干部要牢固树立“环境就是生产力”的意识，进一步转变职能，在管理中体现服务、加强服务，努力营造非公有制经济发展的良好生态。要着力营造公平竞争的市场环境。在社会主义市场经济条件下，各类市场主体不论成分都是平等竞争的。要坚决贯彻支持、鼓励、引导非公有制经济发展的各项政策规定，坚决清理和修改不利于民间投资发展的法规政策规定，鼓励和引导民间资本在基础产业和基础设施、市政公用事业和政策性住房建设、社会事业、金融服务等领域开辟新的空间，在公平竞争的市场环境中促进非公有制经济可持续发展。要着力营造优质高效的服务环境。以促进非公有制经济发展为己任，以服务非公有制经济发展为本职，注重运用市场经济手段和办法，进一步健全和完善面向非公有制经济的金融服务、中介服务、创业服务、科技创新服务、市场信息服务等社会化服务体系。要着力营造规范有序的法治环境。坚持依法行政、依法办事，善于运用法治理念和法治方式处理非公有制经济发展面临的各种问题和矛盾，依法保护非公有制企业人士财产不受侵犯，保障非公有制企业合法经营不受干扰，切实维护非公有制企业和民营企业家的合法权益。要坚决依法治理乱收费、乱摊派、乱罚款和“吃拿卡要”现象，减轻非公有制企业负担，切实把非公有制经济发展的积极性、创造性保护好、引导好、发挥好。

第三，放活政策，增添非公有制经济更加强劲的发展动力。改革开放三十多年来，非公有制经济能够快速发展，最根本的是得益于党的好政策，今后实现非公有制经济更好更快发展，还是要靠政策的鼓励、引导和支持。各级各部门要注重政策的引导作用，在用足用活用好中央政策的同时，积极争取新的政策支持，发挥政策的叠加效应。要强化政策学习。结合学习贯彻党的十八大精神，深入学习政策、研究政策、运用政策，系统掌握中央和自治区关于加快发展非公有制经济的各项新政策、新要求。要强化政策落实。加大政策执行力度，加大督促检查力度，从点滴做起、从小事做起，从具体的项目做起，不折不扣地把中央和自治区出台的各项政策落实到位。要强化政策创新。深化区情认识，把握发展规律，吃透政策精髓，创造性地应用好中央支持非公有制经济发展的政策措施，积极吸收借鉴兄弟省区的好政策、好做法，认真研究总结基层在实践中创造的新鲜经验，在政策创新中推动我区非公有制经济更好更快发展。

第四，放大效应，塑造非公有制经济更加崭新的发展形象。非公有制经济人士是社会主义的建设者。实现建设和谐富裕新宁夏、与全国同步进入全面小康社会的奋斗目标，赋予了全区非公有制经济企业新的使命和责任。希望广大非公有制经济企业以加快发展为根本，以建设和谐富裕新宁夏、与全国同步进入全面小康社会为己任，以更大的作为展示当代企业家的风采。要做富民强区的创业者，艰苦奋斗、艰苦创业，在创造更多社会财富的同时，创造更多的就业岗位，合理增加员工收入，积极投身慈善事业发展。要做科技创新的驱动者，瞄准国内外先进技术，努力提升产品的核心竞争优势，把企业的发展逐步转变到主要依靠科技进步的轨道上来。要做和谐社会的促进者，树立以人为本的理念，积极构建和谐劳动关系，保障职工合法权益，关怀职工身心健康，坚决维护民族团结，模范遵守国家法律法规。要做优秀企业文化的锤炼者，在企业中倡导富强、民主、文明、和谐，倡导自由、平等、公正、法治，倡导爱国、敬业、诚信、友善，积极培育和践行社会主义核心价值观。要做生态文明的建设者，增强节约意识、环保意识、生态意识，着力推进企业绿色发展、循环发展、低碳发展。

三、加强领导，鼓劲实干，奋力开创全区非公有制经济发展新局面

现在，加快发展我区非公有制经济的思路、任务和措施已经明确，关键在于落实。各地各单位要把主要精力转到制定规划、政策引导、维护秩序、提供服务上来，为非公有制经济持续快速健康发展提供有力保障。全区各行各业、各部门都要紧紧围绕经济建设这个中心，献计出力做贡献，优化环境，助推发展。

要形成加快发展非公有制经济的强大合力。各级党委、政府要把加快发展非公有制经济摆在更加突出的位置，纳入重要工作日程，及时研究、及时决策，解决好发展中的重点难点问题，大力扶持非公有制经济发展。要建立健全非公有制经济发展的责任制度，把抓非公有制经济发展作为各级党委、政府领导班子考核的一项重要内容，使各级组织层层有责任，领导干部人人有担子，工作人员个个有任务。要加大督查力度，采取不定期督查、明察暗访、跟踪督查等行之有效的方式，及时通报情况，总结好的，纠正偏的，鞭策差的，把加快发展非公有制经济的各项决策部署落到实处。

要营造加快发展非公有制经济的良好氛围。各级宣传部门和新闻媒体要大力宣传鼓励、支持非公有制经济发展的方针政策，宣传非公有制经济在国民经济和社会发展中的重要作用，宣传优秀非公有制企业和杰出企业家的先进事迹，宣传非公有制经济发展的好做法、好经验，努力营造良好的舆论环境。要进一步提高民营企业家的社会地位和政治待遇，对发展速度快、纳税数额多、诚信守法的非公有制企业和优秀企业家要给予表彰奖励，使他们在社会上有地位、政治上有荣誉、权益上有保障、事业上有发展。对于在支持非公有制经济发展方面做出突出贡献的部门、单位和个人，也要给予表彰和

奖励。

要切实加强非公有制经济党的建设。非公有制经济是一支重要的新生力量，也是我们党的群众基础的重要组成部分，必须努力做到非公有制经济组织发展到哪里，党的基层组织工作就延伸到哪里，思想政治工作的触角就深入到哪里。自治区党委成立了自治区非公有制经济组织工委，并召开了专门会议，对加强非公有制经济组织党的建设进行了安排部署，要结合学习贯彻这次会议精神，进一步抓好落实，引导非公有制企业进一步加强党的基层组织建设。各级党委要把非公有制经济党的建设纳入党的建设总体格局，统一规划，统一部署，统筹安排，加强指导，务求实效。各级党委和组织、统战部门及工商联要积极引导和帮助非公有制企业进一步完善党的基层组织，充分发挥党组织的政治核心和战斗堡垒作用，同时要做好非公有制经济代表人士的政治安排，增强他们的政治责任感，使他们真心实意跟党走，齐心协力谋发展。民营企业家也要积极支持企业党的建设工作，为党组织和党员发挥作用搭建载体和平台。

同志们，党的十八大开启了我国改革发展继往开来的新篇章，也开启了加快非公有制经济发展的新航程。我们一定要高举中国特色社会主义伟大旗帜，紧密团结在以习近平同志为总书记的党中央周围，进一步解放思想，开拓进取，凝聚力量，攻坚克难，奋力开创全区非公有制经济发展新局面，为建设和谐富裕新宁夏、与全国同步进入全面小康社会做出新的更大贡献！

抢抓“两区”建设新机遇 推动非公有制经济大发展

宁夏回族自治区主席　王正伟

同志们：

党的十八大再次重申“毫不动摇巩固和发展公有制经济，毫不动摇鼓励、支持、引导非公有制经济发展”。“两个毫不动摇”的重要论断，为进一步全面推进非公有制经济发展提供了强大思想动力和理论支撑；2012 年 9 月国家批准在宁夏建设内陆开放型经济试验区、在银川建设综合保税区，以一个省为单位建设经济试验区，这是全国首例，为我区带来了前所未有的发展机遇。这次大会，就是在党的十八大精神指引下，抢抓“两区”建设新机遇，着力推进非公有制经济快发展大发展，使非公有制经济发展与“两区”建设互相促进、相互支撑，为全面建成小康社会奠定坚实的基础。今天的大会，可以说既是“两区”建设助推非公有制经济发展的启动会，也是非公有制经济发展助推“两区”建设的动员会。随后，张毅书记还将作重要讲话，请大家认真学习，切实抓好贯彻。下面，我先讲三点意见。

一、非公有制经济发展为两区建设奠定了重要基础

改革开放以来，我区非公有制经济从无到有、从小到大、从弱到强。进入 21 世纪以来，随着西部大开发战略的深入实施，我区非公有制经济发展驶入了快车道，特别是沿黄城市带发展、大县城建设和现代农业、全民创业等战略的实施，有力推动了城镇化、工业化、农业现代化进程，非公有制经济发展迈上新台阶，为“两区”建设创造了有利条件，奠定了重要基础。

第一，非公经济规模扩张强劲。目前，全区共有非公有制经济单位 34 万余个，比 2002 年第一次非公有制经济普查时增加了 13 万个，增幅达 61.9%；非公有制企业占全区企业总户数的 99%，主营业务收入超 5 亿元的 81 户，其中超过 10 亿元的 38 户；共有个体工商户 21 万户，涉及工业生产、商贸流通、建筑农牧、生活服务等各行各业，为人民群众提供了多层次、多元化的消费选择。非公有制企业以市场为舞台，在竞争中求发展，成长出一批优势骨干企业，打造了一批特色品牌，全区百强企业中有 59 家非公有制企业，涌现出了宝塔石化、天元锰业、共享集团、宁夏红、厚生记等一批具有相当规模和竞争实力的企业，其中宝塔石化 2012 年营业收入达 160 亿元。非公有制经济实现增加值从十年前的 90 亿元上升到 1100 亿元，占 GDP 的比重从 33.8% 上升到 48.9%，成为国民经济的“半壁江山”。

第二，非公经济拉动增长强劲。2012 年，全区非公有制经济完成固定投资突破 1000 亿元大关，占全区固定资产投资近 50%；实现社会消费品零售总额近 400 亿元，占全区的 70% 左右；完成外贸进出口 13 亿多美元，占全区进出口总额的近 60%；实现税收总额占全部税收的 70% 以上；在建筑、房地产、批发零售、住宿餐饮等行业中，非公经济增加值分别达到或超过 80% 以上。非公经济对全区经济增长的贡献率超过 55%。特别是在国际金融危机中，大部分非公企业能够坚定信心，危中见机，逆势而上，取得了战胜危机的阶段性胜利。如中银绒业走出国门，成功并购英国道森国际邓肯纱厂，成为我区企业境外收购第一例。

第三，非公经济推动创新强劲。非公有制经济积极参与国有集体企业资产重组，通过兼并联合、参股嫁接、租赁合作等方式，催生了一批产权清晰的非公有制企业，与国有企业改革形成了良性互动。全区完成改制的 150 余户国有企业中，90% 以上转型改制为非公有制企业。非公有制企业成为全区招商引资、承接产业转移、优势产业集聚发展的重要载体。已形成了以中银、嘉源、荣昌绒业为代表的羊绒产业集群；以小巨人、长城、力成、巨能机器人为代表的机械装备产业集群；以宁夏红等企业为主的枸杞深加工产业集群；以伊品、启元、多维等企业为主的生物发酵产业集群；以佳立、福宁等企

业为主的马铃薯淀粉产业集群；以隆基、日晶等企业为代表的太阳能光伏产业集群。非公经济在调整产业结构、转变发展方式、推动自主创新等方面发挥了重要作用。“十一五”期间，非公有制企业实施的国家重大产业技术开发、技术升级和技术中心创新能力建设项目占30%，重大产业技术成果转化项目占77%；在自治区实施的重点技术创新和重点新产品项目中分别占到70%和90%。自治区高新技术企业中50%以上为非公企业，为全区经济发展增添了强大活力。

第四，非公经济促进增收强劲。非公有制经济在加快发展的同时，创造了大量的就业岗位，解决了大批城镇居民和下岗职工就业再就业问题，吸纳了大量农村富余劳动力和大中专高校毕业生。非公有制经济吸纳就业达到134万人，年均新增就业岗位7.3万个；非公有制企业职工占全区企业职工总数的62.4%。尤其是2007年开展全民创业行动以来，建成各类创业园区和小微孵化基地218个，培养小老板3.2万个、小企业1.5万个，创造新岗位17.3万个。国有企业下岗人员的65%在非公企业中实现了再就业。2011年全区城镇非公单位职工平均工资达22515元，比全区城镇居民收入高28%。同时，非公经济的发展也造就了一大批优秀企业家、管理人员和专业技能人员，为广大劳动者提供了自我发展和实现自我价值的广阔舞台。

我区非公有制经济虽然发展很快，但与全国平均水平相比还存在不少差距。一是总体规模小，非公经济增加值占全区GDP的比重较全国60%的平均水平低近12个百分点，与浙江、福建、江苏等地70%的比重还有较大差距。二是骨干企业少，全区注册资本500万元以上的非公有制企业近2000家，只占全部企业的10%左右，目前仅有宝塔石化集团入围中国非公有制企业500强。三是产业层次低，资源型、能耗型、粗加工型企业多，生产集中度不高，自主创新能力弱，产品附加值低。四是分布不均衡，中宁、平罗、青铜峡、灵武、贺兰、永宁等县市非公经济贡献率超过50%，其他县市则相对较低。

二、以两区建设引领非公有制经济快发展大发展

站在新的历史起点上，我们迎来了新的发展机遇。党的十八大提出，充分发挥各地区比较优势，优先推进西部大开发。从国家对西部的要求和西部自身的潜力来看，今后一个阶段，仍是西部加快发展的黄金期。从我区来看，沿黄经济区跻身国家18个重点开发区，宁东基地纳入国家主体功能区，六盘山地区成为国家新一轮扶贫开发的重点区域，三届中阿经贸论坛的成功举办，对推进中阿交流合作发挥了重要作用，初步形成了内陆开放型经济发展格局。国务院批准设立宁夏内陆开放型经济试验区和银川综合保税区，赋予试验区财税、金融、土地等一系列具体的支持政策，确定了一批重大项目，鼓励宁夏创新突破、先行先试。这是党中央、国务院对宁夏的亲切关怀，更是宁夏以大开放促进大开发、大发展，加快建设和谐富裕新宁夏的重大战略机遇。在这样一个难得的历史机遇中，支持推动非公经济发挥优势、大有作为，是各级党政组织的重大责任和使命。

一要树立更加开放的心态。非公有制经济的发展历程是一个思想不断解放、观念不断更新、心胸不断开阔的过程。但受发展水平、体制机制等因素的影响，在社会层面、管理层面和非公有制经济本身都存在着思想不解放、心态放不开的问题，这是严重制约非公有制经济发展的思想根源，必须要从根本上扭转。各级党委、政府和各有关部门要率先解决这个问题。要认真学习中国特色社会主义理论和党的十八精神，增强理论自信、道路自信和制度自信，充分认识社会主义初级阶段的经济特征，正确把握世情、国情、区情，遵循经济发展的阶段性、时代性规律，牢固树立“两个毫不动摇”的思想，坚决克服“恐私怕私”的认识，克服对非公有制经济的歧视和偏见，克服传统观念、思维定势和部门利益、地方利益的影响，打消思想顾虑，不断加大改革创新力度，把非公有制经济摆在内陆开放型经济建设的重要位置，作为试验区建设的重要依靠力量，切实消除体制机制障碍，努力解决非公经济发展中的“玻璃门”“弹簧门”和“天花板”问题。要把非公经济纳入经济社会发展规划中统筹考虑、统一安排。通过大力推进和发展，力争在今后5~7年，我区非公经济总量在现有规模上再翻一番多，占GDP比重由现在的近50%提高到60%以上，科技创新能力进一步增强，社会贡献率进一步提升。

二要打造更加开放的环境。近年来，通过开展效能建设、营造风清气正发展环境等活动，我区普遍推行了一站式受理、大厅式办公，四级政务服务网络不断完善，发展环境进一步优化。有56个单位和市县（区）对6029项重点工作进行了公开承诺，审核清理地方性法规225部、政府规章218部、规范性文件5620余件；削减审批事项1490个，取消和停止涉及小微企业行政事业性收费项目37项；为中小微企业新增贷款195亿元，累计减免税费6亿元以上。下一步要着重加强四个方面的环境建设：一是政策环境。要在国务院发展“非公经济36条”“鼓励民间投资36条”“支持小型微型企业健康发展意见”和《自治区促进中小企业发展条例》等政策法规基础上，不断完善细化非公经济政策体系。近日印发的《自治区党委、政府关于加快非公有制经济发展的若干意见》，是经过反复调研论证形成的一个政策文件，从放宽投资领域、放宽准入条件、创新金融服务、加大财政扶持、减轻税费负担、健全服务体系、加强组织领导等七个方面，对非公经济发展作出了规定，在破解非公经济入门难、用地难、融资难、办事难、审批难等方面提出许多新要求、“硬措施”，充实了许多新内容，特别是自治区财政安排了10多亿元的扶持资金和税收减免，含金量很高。各地、各有关部门要认真学习宣传、切实抓好贯彻落实。要因地制宜、抓大放小、分类指导，

对已具备一定规模的企业侧重于鼓励其做大做强做优；对刚起步的小微企业和个体工商户侧重于先上马、再规范，在确保安全环保的基础上，从降低门槛上予以支持。深入实施中小企业“百家成长千家培育”工程，除国家明令禁止的产业和行业，该放开的都放开，鼓励支持非公企业投资交通、水利、公共服务等基础设施领域，参与文化、旅游、金融、资源等产业开发，特别是要鼓励民间投资创办学前教育、技能培训、专科医院、社区服务、中介机构等便民利民的新型服务业。自治区发改委、经信委等部门要研究提出具体意见和细化目录，拿出一部分重点项目吸收民间资本投资参股。自治区政府决定，从2013年1月起将个体工商户个人所得税起征点提高至2万元，调整优惠面达70%，全年可为个体工商户和中小微型企业减轻税负4.6亿元。作为内陆开放型经济试验区，要敢于第一个吃螃蟹，大胆先行先试。二是服务环境。巩固和强化效能建设成果，针对非公经济、中小微企业制定更加完善细化的服务流程，提供首问制、保姆式的服务。特别是与中小企业、个体工商户关联密切的工商、税务、城管、公安等部门要切实加强行风建设、制度建设，着力解决“三乱四难”（乱收费、乱罚款、乱摊派，门难进、脸难看、话难听、事难办）、“吃、拿、卡、要”和重监管、轻服务等管理越位、服务缺位问题。要推进管理创新，着力解决行政审批流程长、程序多、方式繁、效率低的问题，实行当场办结和限时办结制度，扩大并联审批范围，探索网上申报审批模式。在国务院新取消和调整314项审批项目基础上，对涉及非公经济、小微企业、民间投资的审批项目再进行清理精简。既要解决服务态度问题，又要解决服务效率和质量问题，让非公企业、中小微企业、个体工商户和自主创业的大学生、城乡居民，都能充分享受和体会到政府均等化的公共服务。三是金融环境。中小企业融资难是世界性难题，也是我区非公经济发展的第一难题，要千方百计争取新的突破。从金融机构来说，要在增加规模、简化手续、创新服务上下功夫。要大胆吸收民间资本增资扩股，创新金融信贷业务，探索知识产权、仓单、商铺经营权、商业信用、保险保单、典当等多种抵（质）押和融资方式，提供差异化金融服务，扩充中小企业金融业务。培育上规模、有实力的融资担保公司，推行联保、反担保、再担保等多种担保形式，健全社会诚信制度，构建新型银企关系。从各级政府部门来说，要大力引进中外金融机构，发展小额贷款公司和村镇银行。支持中小企业通过集合票据、集合债券、短期融资券等渠道融资。发展私募股权投资和创业投资等融资工具，推进设备融资租赁和产权交易，支持符合条件的企业在境内外上市融资。发挥财政资金的撬动、带动作用，通过整合资金、以奖代补、担保贴息、风险补贴等方式，优化融资环境，切实缓解非公经济、中小企业融资困难。要在金融、租赁业务、私募基金、产业基金上有新的突破，结合两区建设加大创新。四是舆论环境。加大新闻宣传和正面引导，通过树立典型、宣传先进、鼓励发展，营造有利于非公经济发展的舆论氛围。依托“两区”和中阿博览会平台，推动非公经济走开放合作之路。通过举办“中小企业宁夏行”“民营企业宁夏行”“中阿中小企业合作论坛”等活动，展示宁夏非公经济形象，扩大非公经济影响，推动非公经济共享向西开放大通道、共建中阿繁荣大市场。事在人为，去年搞了几个活动都很好，要继续搞下去。

三要构建更加开放的机制。以“两区”建设为契机，加大改革开放力度，大力推进管理创新，加快构建有利于包括非公经济在内的各类经济主体公平参与、公平竞争、公平税负的体制机制，广泛增强非公经济的参与性、平等性，打破所有制壁垒，消除所有制歧视，增强对非公经济的包容性、开放性，使非公经济人士在政治上有地位、社会上受尊敬、合法财产受保护、正当权益受保障。把已经形成的好制度、好做法通过立法的形式固定下来，建立起长效机制，使非公经济与国有经济一样享有平等的政策待遇，公平地参与市场竞争。要坚决治理乱收费、乱罚款、乱摊派、乱检查、乱评比、乱培训等现象，对巧立名目、转嫁负担的问题坚决查处，对重复检查、借机敛财的行为坚决取缔，着力减轻非公经济负担。各级行政执法部门一律不得下达定额罚款指标，凡涉及收费的行政审批，要在服务窗口将依据、项目和标准进行公示。对“六乱”行为一经发现，坚决予以查处并追究责任。

三、非公有制经济要在两区建设中大有作为

实现“中国梦”需要全体中国人的共同努力；同样，建设和谐富裕新宁夏也需要全体宁夏人的共同参与。当前，我区处在历史上最好的发展时期，全区地区生产总值2012年突破2000亿元大关，达到2300多亿元，同比增长11.5%，连续13年保持两位数增长，人均GDP接近6000美元，由全国的第20位提高到第16位。特别是“两区”建设上升为国家战略，实现了宁夏多年来走向世界的第一步，全面提升了我区在国家发展大局和对外开放格局中的战略地位。国家战略需要宁夏行动，国家战略蕴含发展机遇。作为“两区”建设的重要参与者，非公经济要敢于迎接新挑战，善于抢抓新机遇，在“两区”建设中寻求新突破、创造新业绩。

一要放开胆子干。党的“十八”大旗帜鲜明地指出“我们既不走封闭僵化的老路、也不走改旗易帜的邪路”。中国特色社会主义道路、理论体系和制度已经深入人心，实现中华民族的伟大复兴，已成为全体中国人的共识。作为国民经济的重要组成部分，非公经济具有数量多、起步快、劳动密集度高等特点，能够提供较多的就业岗位，有利于加大初次分配比重，调节收入差距。面对前所未有的历史机遇，非公经济要有一种舍我其谁的担当和勇气，放开胆子大干，开足马力前进。已形成规模的企业，要克服“小富即安、小富即满”的思想，在现有基础上谋划新的发展，实现新的创业，力争把企业做大做强。要充分运用市场机制，通过联合重组、投

资参股等多种形式，促进规模化、集约化经营，提高企业规模实力和竞争力。要主动向产业聚集的城镇和工业园区集中，打造一批规模大、关联度高、特色鲜明的产业集群。中小微企业要围绕大企业和重点项目配套，向“专精特新优”方向发展，延长产业链，建立稳定的产供销和技术开发等协作关系。采取组团方式共同开拓市场，培育商贸企业集聚区，发展专业市场和特色商业圈，提升我区非公经济的发展层次和水平。到2015年，力争有1000户非公中小企业成为在自治区挂上号的企业，100户能够进入大企业行列，在全区形成大企业“顶天立地”与中小企业“铺天盖地”的格局。刚刚起步的个体经营者和准备创业的人士，要积极融入全民创业大潮，主动借助“贷免扶补”、小额担保等政策，把创业能力和创业愿望转化为创业行动，大力创办小微企业和从事个体经营，在全社会形成“人人有动力、个个想创业”的良好氛围。自治区将在全区各市县建设30个小微企业创业示范基地，为全民创业者提供条件。非公经济在发展初期靠一股子锐气，现在受各方面因素影响又有某些怨气。希望大家正确认识事物发展变化的规律，坚定走中国特色社会主义道路的信心，减少怨气、保持锐气、充满朝气，树立正确的人生观、价值观、财富观，放下思想包袱，打消思想顾虑，不动摇、不懈怠、不折腾，在推进“两区”建设的伟大进程中，实现自己的创业梦想，为建设和谐富裕新宁夏做出应有贡献。

二要放开步子干。机遇稍纵即逝。非公有制经济的发展历史就是不断抢抓机遇的历史。当前，我们面临许多宝贵的发展机遇，需要认真分析，全面把握。一是全面建成小康社会带来的长期机遇。“两个翻番”目标和“四化同步”发展，特别是新型城镇化建设，既是最大的内需，也是未来中国经济增长的新引擎。二是宏观经济企稳回升带来的周期性机遇。经过5年的震荡调整，欧美经济正缓慢复苏，新兴国家出现回暖迹象，世界经济有望逐步走出衰退，进入新一轮增长周期。三是加快转变发展方式带来的投资机遇。随着低碳经济、资源节约、安全环保要求的日益提高，传统制造业、交通运输业、建筑业、服务业等行业，必须加快转型升级，走出一条持续健康的发展道路。四是产业整合带来的跨越发展机遇。经济危机和产能过剩倒逼产业升级，重组和整合成为摆脱危机、实现复苏的有效途径。五是全面融入世界经济带来的全球机遇。虽然挑战和困难依然很多，但机遇和希望无处不在。机不可失，时不我待。非公经济要善于抓住当前的有利时机，巧借“两区”建设的东风，乘上“两区”建设的航船，加快提升企业发展速度，加快推动企业转型升级，向着更好、更强、更开放的目标迈进。要结合我区产业特点，在巩固特色农产品加工、劳动密集型产业和出口产品加工等“五优一新”优势产业基础上，加快谋求在基础设施、能源、金融、文化旅游和战略性新兴产业等领域取得突破。要借助中阿博览会平台，积极参加各种经贸、文化、科技展会，以商招商，吸引海内外企业来宁进行投资合作。要抢抓西部大开发机遇，积极承接东中部产业转移，加快融入更大区域的产业循环，拓展自身的发展空间。有比较优势和竞争实力的企业要敢于“走出去”，借助中阿交流平台，到阿拉伯世界和周边国家开展种植养殖、资源勘探开发、特色产品深加工、工程和劳务承包、旅游开发等领域的合作，建设特色商品交易市场、大型边贸市场和储运配送中心，建立境外经济合作区，拓展对外开放的深度和广度。自治区有关部门要在涉外法律服务、办理出国签证等方面提供便利。尤其是建设便捷出国通道。

三要放开眼界干。非公经济要跳出传统的思维定势，在市场经济条件下科学定位，平等地参与竞争，主动争先进位。一是紧盯行业前沿。时刻关注世界经济发展趋势和产业发展方向，找准产业定位，在统筹考虑资源、产业、交通等条件基础上，谋划本企业的发展思路、发展路径。要有世界眼光、战略胸怀，敢想、敢干、会干。善于运用新技术、新工艺、新装备和信息化手段，加快传统产业改造升级，提高产品附加值和科技含量。积极推进技术创新、管理创新和制度创新，争创国内一流、国际领先的标杆企业。宝塔石化、羊绒有超前眼光，宝丰能源这个企业也很有超前眼光，在煤化工、深加工下功夫，附加值很高，树立了形象。二是紧盯市场前沿。以市场为导向，以消费者为中心，根据不同的需求细分市场，主攻优势特色，加强市场营销，强化质量意识，打出名优品牌。要善于开发新产品、开拓新市场，主动抢占技术制高点，赢得竞争主动权。三是紧盯管理前沿。非公企业和国有企业要互相学习，国有企业学习非公企业的产权明晰、经营灵活，非公企业学习国有企业的组织严密、管理严谨。要按照现代企业制度要求，完善法人治理结构，改进家族式管理，逐步引进职业经理人制度，提升经营管理水平，建设长青企业，打造百年老店。民营企业开始引入职业经理人管理方式，家族式管理发展不快，矛盾很多。四是紧盯法律和道德前沿。君子爱财，取之有道。市场竞争更需要高尚的道义。非公经济在发展过程中受社会环境的影响，确实存在这样那样的问题，需要引起非公经济人士的高度重视和注意。在生产经营中要牢固树立法律观念，以法律为准绳、以法律为底线，特别是要注意节能环保、安全生产、诚信经营、确保质量、照章纳税、善待员工等基本要求，在此基础上，切实履行公民义务，遵守社会公德、传统美德，教育好子女，管理好财富，把财富主要用于扩大再生产和家庭、社会所需之处。积极参与“黄河善谷”建设和公益慈善事业，切忌奢靡浪费和张扬炫富，主动释放正能量，积极传播正能量，树立非公有制经济的良好社会形象。

改革开放是当前和今后发展的最大红利。面对前所未有的历史机遇，在推进“两区”建设的伟大进程中，重要的是行动。各地、各部门和非公经济人士要进一步解放思想，凝聚共识，深化改革，推进开放，放手放胆，放开放活，把蕴藏在民间、民企、民资中的巨大活力充分释放出来，推动非公有制经济大发展快发展，助推“两区”建设，为建设和谐富裕新宁夏、与全国同步进入全面小康社会而努力奋斗！

扶助小微企业，助力创新成长

大连市经信委主任　靳国卫

同志们：

2013年，按照国家工业和信息化部的工作要求，我们在全市开展扶助中小微企业专项行动，印发了实施方案，提出我市开展专项行动的工作目标、重点工作和保障措施，明确了责任分工。为全面做好这项工作，促进我市中小微企业创新成长，下面，我提三点意见。

一、统一思想认识，深入学习领会、贯彻落实党中央、国务院促进中小微企业发展的一系列方针、政策，支持我市中小微企业健康发展

近几年，市委、市政府高度重视中小微企业发展，把支持中小微企业发展作为富民强市的重大战略，先后出台一系列政策文件。政府各部门也相继出台扶持中小微企业发展的政策措施，做了大量卓有成效的工作。目前，中小微企业总户数突破12.9万户，占全市企业总户数99%以上，创造的增加值占全市GDP的比重达到65%，安置就业人数占全市就业总人数的85%，各区市县的财政收入85%以上都是由中小微企业创造的。中小微企业已成为大连市经济社会发展和全域城市化战略实施的重要推动力量，在我市产业发展中起到生力军作用，在壮大县域经济中发挥主导作用，对繁荣城乡经济、增加财政收入，扩大社会就业、改善人民生活，优化经济结构、促进新农村建设，做出了重要贡献。

自受国际金融危机影响以来，我市中小企业特别是小型微型企业面临的困难和挑战更为突出，主要是生产要素成本快速上升，融资困难，税费负担偏重，资源环境约束趋紧等。这些因素叠加，造成小型微型企业生存压力大，生产经营困难，亏损面不断扩大，效益下滑。为此，国家和省市相继出台了一系列政策和指导意见，全社会对中小微企业发展的关切度有了空前的提高。2013年，党中央、国务院把发展和支持中小微企业放在从未有过的历史的高度上，表现出调研活动多、会议层次高、政策出台密集。大家都认为做好小型微型企业发展工作，是关系经济社会发展全局的一件大事情；认为当前政策力度之大，前所未有。

因此，各地区经信部门（中小企业局）要切实抓好各项政策的贯彻落实工作。一是要根据国家已出台的各项政策文件，制定和细化本地区支持中小微企业发展的政策措施，从融资、服务、用地、减轻企业负担等企业最关心的关键点入手，研究制定配套办法，促进中小微企业发展工作的机制化、长效化。出台的政策要有可操作性，要具体管用、要实；要有典型事例，要有成效。二是要开展调查研究工作，摸清中小微企业发展遇到的难点问题，有针对性地帮助中小微企业解决。三是各地区要对现有的政策措施落实情况进行评估，哪些政策具有可操作性，哪些操作执行难；哪些政策已经落实，哪些政策部分落实或没有落实，要提出解决办法和建议。四是把现已有的扶持中小微企业发展政策尽快要落实到位，资金支持要不折不扣地落实到位。

二、举全市之力开展扶助中小微企业专项行动

为促进小微企业提高发展质量和效益，工信部决定将扶助小微企业发展作为2013年工业转型升级行动计划的一项重要内容，在全国范围组织开展扶助小微企业专项行动。我市按照国家工信部总体要求和工作部署，制定扶助中小微企业专项行动实施方案，现已印发给大家。深入开展扶助中小微企业专项行动，是全面推动中小微企业工作的重要载体。目前，扶助中小微企业专项行动各项活动正在有序地开展。开展扶助中小微企业专项行动要与贯彻落实国发14号文件深入结合起来。一是要建立工作机制，将经常性服务与集中专项行动相结合，强化工作合力，形成互联互通、资源共享、协同服务。二是要建立扶助中小微企业专项行动工作信息报送制度。各部门要设立一名联络员，负责信息报送工作，将各部门出台的政策意见，采取的工作措施，开展重要活动情况及工作成效、成功经验和典型案例等信息，按季报送。市中小微企业局对各部门信息报送情况进行登记，并及时上报市委、市人大、市政府和市政协，并印发给各区市县和企业。三是要与我市作风建设年活动有机结合起来，与职能转变和作风转变结合起来，以优化环境为核心，切实提高政府部门服务质量和水平，提高效率，坚持把中小微企业满意不满意作为检验服务成效的根本标准。通过扶助中小微企业专项行动，着力解决小型微型企业发展中面临的突出困难和问题，让国家的政策落地，让小型微型企业实实在在受益，使小微企业负担得到进一步减轻。

三、加强中小微企业舆论宣传，营造良好社会氛围

各部门要以扶助中小微企业专项行动为契机，进一步加大中小微企业舆论宣传力度，引导和动员各类新闻媒体加强政策宣传，扩大宣传范围，通过专访、专栏、专题报道等形式，确保文件精神、专项行动及时传递给小型微型企业，努力营造全社会

关注支持小型微型企业发展的良好氛围。请各区市县（先导区）中小企业主管部门把中小微企业宣传与本单位机关建设相结合，与促进中小微企业发展的各项工作相结合，研究制定开展中小微企业宣传的工作方案。一是要认真总结本部门支持中小微企业政策意见，服务中小微企业发展的好做法。主动加强与新闻媒体的沟通合作，开辟专栏，集中进行解读和宣传支持中小微企业发展政策措施，让企业用好用实，提升企业发展信心。二是突出宣传重点，贴近小微企业，大力宣传在活动中涌现出的典型人物和典型事迹，靠正面宣传和典型引导的办法来推动扶助中小微企业专项行动的深入开展。三是要邀请各部门与中小微企业代表实施现场对接，解读政策、提出服务措施，进一步增强中小微企业新闻宣传报道实效。

同志们，促进小型微型企业健康发展，是“十二五”期间的一项重要任务。各部门、各地区要通过贯彻落实国发 14 号文件，推进扶助中小微企业专项行动的各项工作有效开展，进一步提高服务水平，进一步改进对小型微型企业的服务质量，让小型微型企业实实在在地得到实惠，全力推进我市中小微企业平稳健康发展。

第二篇

综　述

2013 年中小企业发展及工作总体情况

2013 年，全面贯彻落实党中央、国务院支持中小企业发展的决策部署，紧紧围绕《国务院关于进一步支持小型微型企业健康发展的意见》（以下简称“国发 14 号文件”）的贯彻落实，深入开展扶助小微企业专项行动，中小企业继续向着平稳较快方向发展。

一、重点工作进展及成效

（一）国发 14 号文件的贯彻落实取得积极进展。党中央、国务院高度重视中小企业发展

2013 年以来，李克强总理、张德江委员长、俞正声主席、马凯副总理多次做出重要批示，要求积极发挥国务院促进中小企业发展工作领导小组协调机制作用，落实好国发 14 号文件。2 月 1 日，时任国务院副总理张德江主持召开领导小组会议，随后又在天津专题调研中小企业，主持召开了中小企业工作座谈会并发表重要讲话，对新时期进一步促进中小企业发展做出了重要部署。新一届政府成立后，充分肯定了领导小组取得的成绩，决定继续保留并加强了领导小组，由国务院副总理马凯同志担任领导小组组长，新增文化部为成员单位。

充分发挥领导小组办公室的协调机制作用，以贯彻国发 14 号文件为重点，多次召开领导小组办公室会议，传达中央领导同志重要批示精神，研究部署落实国发 14 号文件的重点工作。2013 年年初，印发了领导小组成员单位及有关部门贯彻落实国发 14 号文件 2013 年重点工作，共分解 101 项任务，涉及 27 个部门，并将支持小微企业健康发展政策贯彻落实情况列入国务院 2013 年度重点专项督查计划。为及时掌握国发 14 号文件实施效果，工业和信息化部先后赴山西、上海等 22 个省市调研，向国务院报送了关于贯彻落实支持小型微型企业健康发展政策情况的报告，并委托全国工商联进行了调查评估。中央领导同志给予高度评价并作出重要批示，针对调研和评估报告所反映的问题，逐条进行了梳理，明确了任务分工。研究提出了完善和细化中小企业划型标准的工作方案。此外，工业和信息化部配合全国人大财经委做好《中小企业促进法》修改工作，经过广泛征集意见汇总形成了修改讨论稿。圆满完成了 125 件“两会”建议提案办理和全国人大重点建议的追踪办理工作。

在各地方、各部门的共同努力下，有关部门制定了 69 个配套文件，其中 2013 年新出台 25 个，29 个省、区、市及 5 个计划单列市出台了实施意见。随着国发 14 号文件的逐步落实，政策环境进一步优化，2013 年中央财政安排中小企业专项资金共计 150 亿元，比 2012 年增加约 8 亿元。“营改增”试点范围扩大到全国，预计全年将减轻企业税赋约 1200 亿元，受惠对象主要是中小企业。对月销售额不超过 2 万元的小微企业暂免征收增值税和营业税。小微企业贷款增量和增速继续保持“两个不低于”。当前，中小企业总体保持平稳发展，为经济形势稳中向好提供了有力支持。1 ~ 10 月全国规模以上中小工业企业经济运行总体平稳，主营业务收入和利润同比分别增长 13.49% 和 18.36%，分别比规模以上工业企业高 2.35 和 4.64 个百分点，企业亏损额同比下降 1.02%，企业亏损面持续缩小。

（二）扶助小微企业专项行动深入开展

2013 年，我部在全国范围内组织实施了以“扶助小微、转型成长”为主题的扶助小微企业专项行动。2 月 5 日，组织召开了全国中小企业工作电视电话会议，传达了张德江同志在领导小组会上的重要讲话精神，启动实施了扶助小微企业专项行动，苗圩部长出席会议并作重要讲话。会后，印发了《工业和信息化部关于开展扶助小微企业专项行动的通知》。各地方积极响应，结合实际制定了工作方案，推出了一系列实实在在的帮扶措施，如开通手机报向中小企业宣传政策，积极搭建各类展览展会平台，实施“小巨人”提升工程，推动小微企业上规升级等。据不完全统计，江苏、广东、山东、湖北等 10 个省组织小微企业主题服务活动 4400 多场（次），服务中小企业 52.66 万家。

（三）支持结构调整的力度不断加大

印发了促进中小企业“专精特新”发展的指导意见和促进劳动密集型中小企业健康发展的指导意见。引导中小企业提高发展质量和水平。2013 年，安排中小企业发展专项资金 16.2 亿元，重点支持中小企业结构调整和优化，引导中小企业“专精特新”发展，支持创新型、创业型和劳动密集型小微企业发展，改善中小企业服务环境，推动生产性服务业发展等。配合规划司，安排工业中小企业技术改造资金约 35 亿元，带动企业投资 435 亿元。会同科技部、财政部在天津开展中小企业创新转型试点工作，积极探索中小企业创新转型发展的有效途径。加强与财税部门协调，进一步扩大了研发费用加计扣除范围。开展产业集群专题调研，探索在新形势下产业集群能力提升的有效途径和方法。深入实施中小企业信息化推进工程和知识产权战略推进工程。成功举办“2013 中小企业信息化服务信息发布会暨中小企业信息化培训启动会”，发布了《中小企业信息化发展指南》。会同知识产权局，总结推广中小企业知识产权试点城市工作经验，研究建立中小企业知识产权发展环境与政策绩效评价指标体系。开展中小企业知识产权运用能力培训，帮助小微企业培养知识产权人才。

（四）服务体系建设加快推进

积极发挥财政资金引导作用，鼓励社会优质资源为中小企业提供服务。2013 年中小企业服务体系发展专项资金支持 189 家服务机构为中小企业提供培训、管理咨询及信息服务，服务中小企业 42.64 万户，其中小微企业 20.56 万户。继续实施中小企业公共服务平台网络建设工程，印发共享数据指标目录和设计细则，加快互联互通步伐。新批复天津等10个省、区、市及计划单列市平台网络建设方案。目前，已有20个省启动了中小企业公共服务平台网络建设，据不完全统计，与近2万家服务机构签订合作协议，累计服务企业176万家。加强国家中小企业公共服务示范平台培育和管理。会同税务总局、海关总署审核认定13家示范平台享受进口设备免税政策。组织开展了第三批示范平台审核认定工作，对审核通过的105家服务平台进行公示。组织开展了创业辅导师、云计算、知识产权和管理咨询培训。对示范平台的运营及服务情况进行了检查，建立动态调整的竞争机制。召开了部分地区中小企业公共服务平台网络建设工作座谈会，总结交流各地经验和做法。深入实施国家中小企业银河培训工程和企业经营管理人才素质提升工程。引导和支持各地方完成50万人次的培训。依托北京大学、部分部属高校及中国中小企业发展促进中心等机构完成1265名中小企业经营管理领军人才培训。启动管理咨询专家库建设。加强了中小企业生产经营运行监测工作，形成中小企业生产经营运行月度监测等报告。印发了《关于开拓中小企业人力资源做好2013年高校毕业生就业工作的通知》，指导各地配合做好高校毕业生就业工作。联合教育部组织中国中小企业信息网继续开展“中小企业网上百日招聘高校毕业生活动”，共有8814家中小企业发布了招聘信息，提供了8.9万个工作岗位。

（五）融资环境进一步改善

认真贯彻落实马凯副总理在全国小微企业金融服务经验交流电视电话会上的重要讲话精神和国务院办公厅《关于金融支持小微企业发展的实施意见》，开展了小微企业金融服务工作情况督查。深化与金融机构的合作。与农业银行共同签署了《中小企业金融服务战略合作协议》，印发了《工业和信息化部关于做好〈中小企业金融服务战略合作协议〉贯彻落实工作的通知》，推进各地方中小企业主管部门与银行分支机构在产业支持、银担合作、金融创新等领域开展务实合作。与国家开发银行共同研究建立小微企业社会化融资体系。推动邮储银行充分利用其营业网点遍布城乡的优势，为小微企业提供融资服务。发挥融资性担保机构业务监管部际联席会议作用，推进中小企业信用担保体系建设。配合银监会研究完善《融资性担保公司管理暂行办法》。加强对担保机构运行情况分析。加大财政资金对担保机构的支持力度，安排18亿元专项资金支持816家担保机构为中小企业提供低保费融资担保服务，所支持担保机构2012年新增受保企业15.7万户，新增担保金额8776亿元，其中小微企业占85%。与税务总局联合开展对符合条件的中小企业信用担保机构免征营业税的审核工作。创新财政专项资金支持方式，研究完善《中小企业信用担保专项资金管理办法》，起草了国家中小企业发展基金参股融资性担保机构实施细则。

（六）交流合作进一步加强

不断深化双边多边合作机制，为中小企业“走出去、引进来”创造良好环境。组织参加了第20次APEC中小企业部长会以及中韩、中美中小企业政策交流会议。启动2014年APEC中小企业部长会和APEC中小企业技展会的筹备工作，建立了部内协调机制，制定了会议总体方案，确定了会址。成功举办第10届中博会，参展中外企业和机构达到2852家，实现总成交金额395.63亿元。与墨西哥签署了共同主办2014年第11届中博会意向书。继续深化中德中小企业领域合作，组织召开了第四次中德中小企业政策磋商和中德政府合作培训项目第5次指导委员会会议，签署了新的中德政府合作培训项目协议，圆满完成了双方交流培训任务。建立中阿、中东欧中小企业合作新机制，与宁夏回族自治区和阿拉伯工业发展和矿业组织共同主办了“中国—阿拉伯国家中小企业合作论坛”，与重庆市和中国—中东欧国家合作秘书处共同主办了“中国—中东欧中小企业合作论坛”。积极推进区域中小企业交流合作。支持举办了上海市中小企业“专精特新”展、厦门市中小企业精品展等展览展会活动。组织对口援青省市的中小企业主管部门与青海省签订了支持青海中小企业发展战略合作协议。

（七）促进非公有制经济发展工作取得新进展

积极推动“民间投资36条”的贯彻落实。配合通信发展司、军民结合司积极引导民间资本进一步进入电信业和国防科技工业领域。配合发展改革委提出对进一步推动落实鼓励民间投资健康发展政策措施的工作建议。加强与中央统战部、全国工商联的联系与合作，参加全国工商联中国民营经济发展形势分析会、2013年中国民营经济发展论坛、2013年中国民营企业500强发布会等活动，密切关注和及时了解非公有制经济发展情况。与民建中央、贵州省共同举办2013年中国非公有制经济发展论坛。

（工业和信息化部中小企业司）

2013 年规模以上工业中小企业现状分析

中小企业是我国国民经济和社会发展的重要力量，促进中小企业又好又快发展，是国民经济健康发展的基础，对民生和社会稳定具有重大意义。

我国中小企业对经济的贡献不断扩大，就业主渠道作用进一步突出，技术创新能力不断提高，企业人员素质和管理水平稳步提高。

2011 年，国家统计局发布了实施新的工业企业规模划分标准，新增了微型企业的划分，具体划分方法，见表 1：

表 1

指标名称	计量单位	大型	中型	小型	微型
从业人员（X）	人	X≥1000	300≤X<1000	20≤X<300	X<20
营业收入（Y）	万元	Y≥40000	2000≤Y<40000	300≤Y<2000	Y<300

规模以上工业企业统计数据的上报口径为年主营业务收入 2000 万元以上的独立核算法人企业。本文在对企业进行分析时，将中型、小型、微型企业统一定义为规模以上工业中的中小企业，特此说明。

2013 年采用国民经济行业分类标准（GB/T 4754－2011）对行业进行统计，共涉及 41 个行业大类。

由于撰写本报告时 2013 年第三次全国经济普查数据尚未发布，我们使用 2013 年 1～12 月生产月报和效益月报汇总数据对 2013 年中小工业企业的经济状况进行分析，相关年度数据待普查数据发布后，以普查数据为准，特此说明。

一、中小企业总体概况

中小企业在数量上占绝对优势。2013 年全国共有规模以上中小工业企业①34. 3 万家，占规模以上工业企业的 97. 3%，遍及全部工业 41 个大类行业和全国 31 个地区。

2013 年，中小企业实现主营业务收入 61. 9 万亿元，占规模以上工业的 60. 2%；资产规模为 44. 3 万亿元，占规模以上工业的 52. 0%；实现利润 3. 8 万亿元，占规模以上工业的 60. 7%；实现税金 2. 2 万亿元，占规模以上工业的 48. 9%；实现出口交货值 4. 9 万亿元，占规模以上工业的 42. 9%，见表 2。

表 2　2013 年规模以上工业中小型工业企业各项经济指标占全部比重

指标名称	规模以上工业	中小企业	中小企业占规模以上工业比重（%）
企业数量（万个）	35. 3	34. 3	97. 3
资产合计（亿元）	850625. 9	442657. 5	52. 0
主营业务收入（亿元）	1029149. 8	619277. 2	60. 2
利润总额（亿元）	62831. 0	38154. 8	60. 7
税金（亿元）	45748. 5	22354. 1	48. 9
出口交货值（亿元）	113471. 1	48628. 1	42. 9

二、中小企业行业概况

从中小企业数量占规模以上工业企业数量比重来看，除烟草制品业、石油和天然气开采业、开采辅助活动三个行业低于 87% 以外，其他 38 个行业均高于 90%，其中超过 99% 的有 5 个行业，98% ～99% 的有 11 个行业，97% ～98% 的有 7 个行业，96% ～97% 的有 6 个行业，位于 90% ～96% 的有 9 个行业。

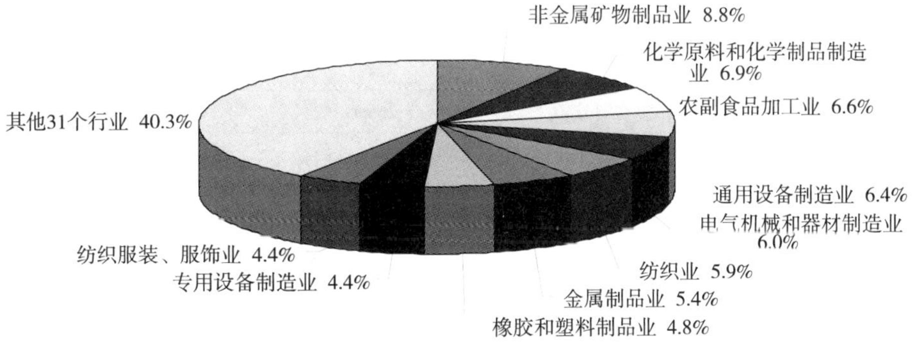

2013 年规模以上工业十大行业中小企业数量占全部中小企业比重

2013 年企业数排名前十位的大类行业依次是：非金属矿物制品业、化学原料和化学制品制造业、农副食品加工业、通用设备制造业、电气机械和器材制造业、纺织业、金属制品业、橡胶和塑料制品业、专用设备制造业、纺织服装服饰业，上述 10 个行业中小企业数总计 20. 5 万家，占全部中小型工业企业的 59. 7%。

非金属矿物制品业企业数量在 3 万家以上，纺织

① 注：本文中所有中小企业均指年主营业务收入 2000 万元以上的规模以上工业企业中的中小微企业。

业、电气机械和器材制造业、通用设备制造业、农副食品加工业、化学原料和化学制品制造业在2.0万家以上，纺织服装服饰业、专用设备制造业、橡胶和塑料制品业、金属制品业在1.49～1.90万家之间。

上述数据表明，劳动密集型和技术资本有机构成相对较低的产业仍是中小企业的主体。

中小企业资产规模最高的十大行业是：电力热力生产和供应业5.2万亿元，化学原料和化学制品制造业3.7万亿元，非金属矿物制品业、电气机械和器材制造业超过3.3万亿元，通用设备制造业2.2万亿元，农副食品加工业、计算机通信和其他电子设备制造业、专用设备制造业超过1.5万亿元，金属制品业、汽车制造业均超过1.6万亿元。见表3。十大行业的资产占中小企业资产的比重为58.8%。

表3　2013年中小企业资产规模最高的十大行业

行业	资产（亿元）		中小企业占规模以上工业比重（%）
	总计	中小企业	
电力、热力生产和供应业	99855.0	51734.1	51.8
化学原料和化学制品制造业	59605.0	37375.2	62.7
非金属矿物制品业	40190.5	33321.4	82.9
电气机械和器材制造业	46375.1	26634.8	57.4
通用设备制造业	35103.0	22029.5	62.8
农副食品加工业	26676.4	20549.3	77.0
计算机、通信和其他电子设备制造业	50768.8	17866.8	35.2
专用设备制造业	29609.1	17604.4	59.5
金属制品业	21390.0	16522.8	77.2
汽车制造业	46788.3	16455.4	35.2

表4　2013年中小企业主营业务收入最高的十大行业

行业	主营业务收入（亿元）		中小企业占规模以上工业比重（%）
	总计	中小企业	
化学原料和化学制品制造业	76329.8	54314.1	71.2
农副食品加工业	59497.1	49245.6	82.8
非金属矿物制品业	51284.3	45766.5	89.2
电气机械和器材制造业	61018.1	38036.8	62.3
通用设备制造业	42789.0	31616.4	73.9
黑色金属冶炼和压延加工业	76316.9	28937.9	37.9
金属制品业	32842.9	27473.9	83.7
纺织业	36160.6	26580.8	73.5
电力、热力生产和供应业	54825.0	26303.5	48.0
有色金属冶炼和压延加工业	46536.3	26230.6	56.4

中小企业实现主营业务收入最高的十大行业是：化学原料和化学制品制造业、农副食品加工业、非金属矿物制品业超过4.5万亿元，电气机械和器材制造业、通用设备制造业超过3.1万亿元，黑色金属冶炼和压延加工业、金属制品业、纺织业、电力热力生产和供应业、有色金属冶炼和压延加工业均超过2.6万亿元，见表4。十大行业实现的主营业务收入占中小企业主营业务收入的57.2%。

中小企业实现利润最高的十大行业是：非金属矿物制品业、化学原料和化学制品制造业在3000亿元以上，农副食品加工业、电力热力生产和供应业、通用设备制造业、电气机械和器材制造业超过2000亿元，专用设备制造业、金属制品业、汽车制造业超过1500亿元，纺织业超过1400亿元。见表5。十大行业实现利润占中小企业利润的57.1%。

表5　2013 年中小企业利润总额最高的十大行业

行业	利润总额（亿元）		中小企业占规模以上工业比重（%）
	总计	中小企业	
非金属矿物制品业	3756.8	3310.3	88.1
化学原料和化学制品制造业	4113.3	3292.8	80.1
农副食品加工业	3105.3	2610.0	84.0
电力、热力生产和供应业	3522.7	2153.8	61.1
通用设备制造业	2867.1	2103.6	73.4
电气机械和器材制造业	3451.7	2087.8	60.5
专用设备制造业	2147.3	1635.8	76.2
金属制品业	1878.3	1560.2	83.1
汽车制造业	5107.7	1554.7	30.4
纺织业	2022.7	1458.4	72.1

中小企业实现税金总额最高的十大行业是：非金属矿物制品业、化学原料和化学制品制造业超过1700 亿元，电力热力生产和供应业、通用设备制造业、农副食品加工业、电气机械和器材制造业、石油加工炼焦和核燃料加工业超过 1000 亿元，、通用设备制造业接近 1000 亿元，煤炭开采和洗选业、金属制品业、纺织业超过 800 亿元，见表 6。十大行业税金总额占中小企业税金总额的比重为 53.7%。

表6　2013 年中小企业税金总额最高的十大行业

行业	税金总额（亿元）		中小企业占规模以上工业比重（%）
	总计	中小企业	
非金属矿物制品业	2193.6	1944.3	88.6
化学原料和化学制品制造业	2522.7	1786.4	70.8
电力、热力生产和供应业	2623.8	1345.4	51.3
通用设备制造业	1450.8	1116.1	76.9
农副食品加工业	1352.0	1109.2	82.0
电气机械和器材制造业	1786.5	1073.0	60.1
石油加工、炼焦和核燃料加工业	4249.0	1071.4	25.2
煤炭开采和洗选业	2512.3	896.8	35.7
金属制品业	1010.2	847.1	83.9
纺织业	1070.8	813.0	75.9

中小企业出口最高的十大行业是：计算机通信和其他电子设备制造业超过 6600 亿元，电气机械和器材制造业、纺织服装服饰业超过 4000 亿元，文教工美体育和娱乐用品制造业超过 3000 亿元，化学原料和化学制品制造业、纺织业、金属制品业、通用设备制造业超过 2500 亿元，农副食品加工业、皮革毛皮羽毛及其制品和制鞋业超过 2300 亿元，见表 7。十大行业出口占中小企业出口的比重接近七成。

表7　2013 年中小企业出口交货值最高的十大行业

行业	出口交货值（亿元）		中小企业占规模以上工业比重%
	总计	中小企业	
计算机、通信和其他电子设备制造业	44946.6	6656.7	14.8
电气机械和器材制造业	9358.2	4266.2	45.6
纺织服装、服饰业	4987.0	4047.5	81.2
文教、工美、体育和娱乐用品制造业	3861.5	3058.5	79.2
化学原料和化学制品制造业	3954.5	2791.3	70.6
纺织业	4037.4	2691.7	66.7
金属制品业	3597.2	2604.6	72.4
通用设备制造业	4926.9	2551.3	51.8
农副食品加工业	3095.6	2435.4	78.7
皮革、毛皮、羽毛及其制品和制鞋业	3289.0	2331.2	70.9

表8　中小企业占绝对优势的 14 个行业

行业代码	行业	资产比重	收入比重	利润比重	税金比重
09	有色金属矿采选业	74.3	79.1	81.2	83.7
10	非金属矿采选业	79.9	93.5	93.4	92.4
12	其他采矿业	100.0	100.0	100.0	100.0
13	农副食品加工业	77.0	82.8	84.0	82.0
17	纺织业	71.9	73.5	72.1	75.9
20	木材加工和木、竹、藤、棕、草制品业	93.7	95.8	96.3	95.6
21	家具制造业	78.7	84.2	80.6	82.7
23	印刷和记录媒介复制业	88.2	90.9	86.2	88.3
24	文教、工美、体育和娱乐用品制造业	78.8	81.9	82.2	85.7
29	橡胶和塑料制品业	73.5	78.7	76.1	81.2
30	非金属矿物制品业	82.9	89.2	88.1	88.6
33	金属制品业	77.2	83.7	83.1	83.9
40	仪器仪表制造业	74.0	77.6	76.7	79.1
42	废弃资源综合利用业	94.1	92.7	91.9	78.9

从主要经济效益指标看，14 个大类行业的中小企业资产规模、主营业务收入、利润总额、税金总额所占规模以上工业企业的比例同时超过 70%。这 14 个行业分别是：非金属矿物制品业、农副食品加工业、纺织业、金属制品业、橡胶和塑料制品业、木材加工和木竹藤棕草制品业、文教工美体育和娱乐用品制造业、家具制造业、印刷和记录媒介复制业、仪器仪表制造业、非金属矿采选业、有色金属矿采选业、废弃资源综合利用业、其他采矿业。无论是企业数量，还是主要经济效益指标，中小企业在劳动密集型行业上都占有绝对优势。见表 8。

三、中小企业所有制分布

从中小企业的数量分布来看，私营企业最多，共有 19.3 万家，其次是有限责任公司 6.7 万家，外商投资企业 2.9 万家，港澳台商投资企业 2.5 万家，股份有限公司 0.8 万家，国有企业 0.6 万家，集体企业 0.5 万家，股份合作企业 0.2 万家，联营企业只有 468 家。见表 9。

表 9　2013 年不同所有制中小企业数量分布（个）

所有制	规模以上工业企业数量	中小企业数量	占规模以上工业比重（%）	占中小企业比重（%）
私营企业	194945	193300	99.2	56.3
有限责任公司	69439	67150	96.7	19.6
外商投资企业	31200	29309	93.9	8.5
港、澳、台商投资企业	26202	24860	94.9	7.2
股份有限公司	9077	7835	86.3	2.3
其他企业	7172	7078	98.7	2.1
国有企业	6831	6070	88.9	1.8
集体企业	4817	4718	97.9	1.4
股份合作企业	2384	2347	98.4	0.7
联营企业	479	468	97.7	0.1

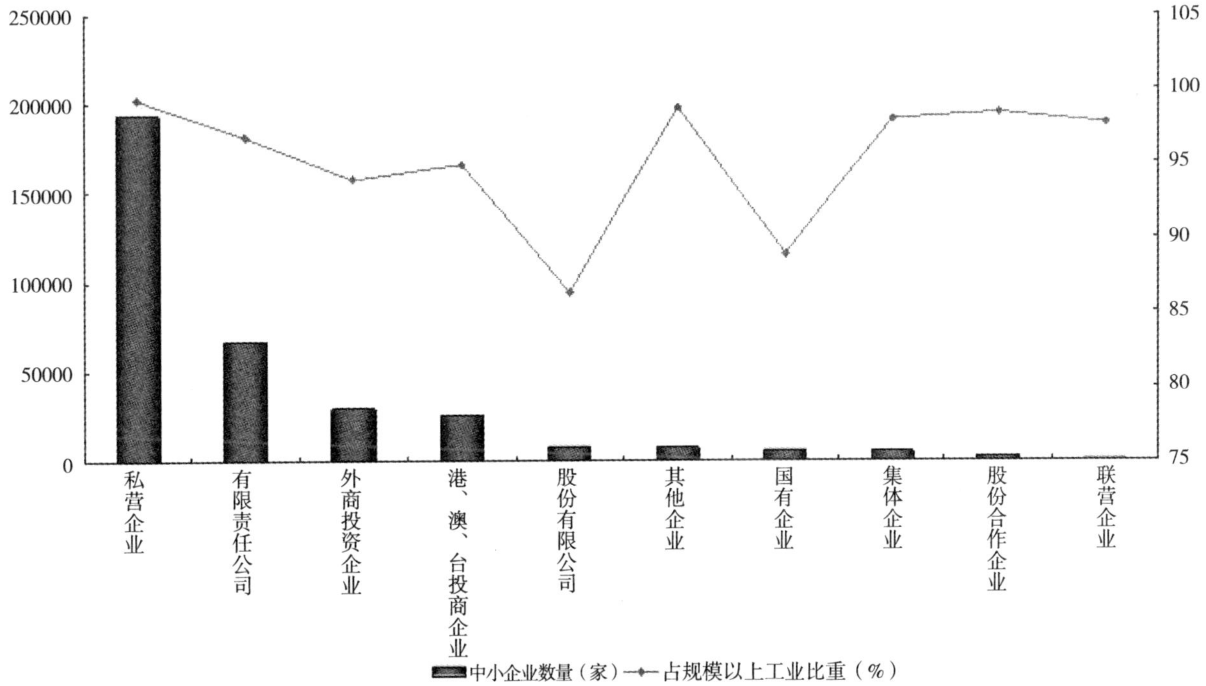

2013 年规模以上工业各经济类型中小企业占规模以上工业企业比重（%）

从各所有制中小企业厂家数量比重看，私营企业占 56.3%，有限责任公司占 19.6%，外商投资企业占 8.5%，港澳台商投资企业占 7.2%，其它类型企业都在 3% 以下。

中小私营企业资产规模为 14.7 万亿元，占中小企业的 33.1%；有限责任公司为 11.9 万亿元，占中小企业的 26.9%；外商投资企业为 5.8 万亿元，占中小企业的 13.1%；港澳台商投资企业为 4.1 万亿元，占中小企业的 9.3%；股份有限公司、国有企业、其他企业、集体企业、股份合作企业、联营企业合计为 7.8 万亿元，占中小企业的 17.6%。见表 10。

表10 2013年不同所有制中小企业资产规模（亿元）

所有制	规模以上工业资产	中小企业资产	占规模以上工业比重（%）	占中小企业比重（%）
私营企业	174771.1	146653.7	83.9	33.1
有限责任公司	254430.3	118987.8	46.8	26.9
外商投资企业	113795.6	58158.7	51.1	13.1
港、澳、台商投资企业	71815.4	41066.8	57.2	9.3
股份有限公司	106159.3	28324.9	26.7	6.4
其他企业	9074.2	6263.6	69.0	1.4
国有企业	110002.0	37133.4	33.8	8.4
集体企业	6172.8	3209.8	52.0	0.7
股份合作企业	3292.2	2006.1	60.9	0.5
联营企业	1112.9	852.7	76.6	0.2

表11 2013年不同所有制中小企业主营业务收入（亿元）

所有制	规模以上工业主营业务收入	中小企业主营业务收入	占规模以上工业比重（%）	占中小企业比重（%）
私营企业	329694.3	290309.9	88.1	46.9
有限责任公司	248838.6	133053.2	53.5	21.5
外商投资企业	153371.4	71624.8	46.7	11.6
港、澳、台商投资企业	88016.4	47599.6	54.1	7.7
股份有限公司	94144	25160.7	26.7	4.1
其他企业	15398.9	12215.4	79.3	2.0
国有企业	82580	27532.5	33.3	4.4
集体企业	11513.9	7541.6	65.5	1.2
股份合作企业	4391	3321.8	75.7	0.5
联营企业	1201.4	917.6	76.4	0.1

表12 2013年不同所有制中小企业利润总额（亿元）

所有制	规模以上工业利润总额	中小企业利润总额	占规模以上工业比重（%）	占中小企业比重（%）
私营企业	20876.2	18646.3	89.3	48.9
有限责任公司	13740.9	7798.5	56.8	20.4
外商投资企业	9673.2	4600.8	47.6	12.1
港、澳、台商投资企业	4926	2554.4	51.9	6.7
股份有限公司	7435.4	1878.1	25.3	4.9
其他企业	983.7	743.4	75.6	1.9
国有企业	4030.7	1118.5	27.7	2.9
集体企业	825.4	538.9	65.3	1.4
股份合作企业	274.6	219.2	79.8	0.6
联营企业	64.9	56.6	87.2	0.1

中小私营企业实现主营业务收入29.0万亿元，有限责任公司为13.3万亿元，外商投资企业为7.2万亿元，港澳台商投资企业为4.8万亿元，股份有限公司、国有企业、其他企业、集体企业、股份合作企业、联营企业主营业务收入合计为7.7万亿元，占中小企业的12.3%。见表11。

中小私营企业共实现利润总额18646.3亿元，占中小企业的48.9%；有限责任公司为7798.5亿元，占中小企业的20.4%；外商投资企业为4600.8亿元，占中小企业的12.1%；港澳台商投资企业为2554.4亿元，占中小企业的6.7%；股份有限公司、国有企业、其他企业、集体企业、股份合作企业、联营企业合计为4554.7亿元，占中小企业的11.8%。见表12。

中小私营企业的主营业务收入、利润总额占规模以上工业私营企业的88.0%以上，占全部中小企业的46.0%以上；有限责任公司的主营业务收入、利润总额占规模以上工业有限责任公司的一半以上，占全部中小企业的两成以上；外商投资企业主营业务收入、利润总额占规模以上工业外商投资企业的46.0%以上，占中小企业的11.0%以上；股份有限公司、国有企业、其他企业、集体企业、股份合作企业、联营企业占中小企业的11.0%以上。

中小私营企业实现税金10018.1亿元，占中小企业的44.8%；有限责任公司为4776.9亿元，占中小企业的21.4%；外商投资企业为2386.9亿元，占中小企业的10.7%；港澳台商投资企业为1461.7亿元，占中小企业的6.5%；股份有限公司、国有企业、其他企业、集体企业、股份合作企业、联营企业合计为3710.3亿元，占中小企业的16.7%。见表13。

表13 2013年不同所有制中小企业税金总额（亿元）

所有制	规模以上工业税金总额	中小企业税金总额	占规模以上工业比重（%）	占中小企业比重（%）
私营企业	11231.3	10018.1	89.2	44.8
有限责任公司	12340.8	4776.9	38.7	21.4
外商投资企业	5416.5	2386.9	44.1	10.7
港、澳、台商投资企业	2713.5	1461.7	53.9	6.5
股份有限公司	6437.9	1185.9	18.4	5.3
其他企业	576.7	420.4	72.9	1.9
国有企业	6462.8	1659.9	25.7	7.4
集体企业	369.5	281.6	76.2	1.3
股份合作企业	159.3	128.1	80.4	0.6
联营企业	40.3	34.4	85.4	0.2

中小私营企业贡献了四成以上的中小企业的税金总额，有限责任公司超过两成，外资为一成以上，三者合计超过税金总额的3/4。

中小外商投资企业共实现出口交货值15892.2亿元，占中小企业的32.7%，超过三成；私营企业13858.9亿元，占中小企业的28.5%；港澳台商投资企业为12097.5亿元，占中小企业的24.9%；有限责任公司为4651.3亿元，占中小企业的9.6%；股份有限公司、国有企业、其他企业、集体企业、股份合作企业、联营企业合计为2128.3亿元，占中小企业的4.3%。见表14。

表14 2013年不同所有制中小企业出口交货值（亿元）

所有制	规模以上工业出口交货值	中小企业出口交货值	占规模以上工业比重（%）	占中小企业比重（%）
外商投资企业	46878.9	15892.2	33.9	32.7
港、澳、台商投资企业	29688.4	12097.5	40.7	24.9
私营企业	16713.1	13858.9	82.9	28.5
有限责任公司	11407.8	4651.3	40.8	9.6
股份有限公司	6380.3	1177.9	18.5	2.4
国有企业	1131.6	198.8	17.6	0.4
其他企业	565.2	406.7	72.0	0.8
集体企业	390.9	157.7	40.3	0.3
股份合作企业	263.0	155.0	58.9	0.3
联营企业	52.0	32.2	61.9	0.1

外资企业是中小企业出口的主力军，其次是私营企业和港澳台商投资企业，所占比例均为1/4，三者的比重合计超过中小企业出口额的86%。

四、中小企业区域状况分析

由于各省份自然条件与资源状况的不同，目前中小企业仍然存在着比较明显的区域发展不均衡的特点。

从中小企业数量分布看，明显呈现出东部多，中西部和东北地区[①]少的格局。东北地区共有2.6万家，占7.7%；东部地区共有20.2万家，占58.9%；西部地区共有4.3万家，占12.6%；中部地区共有7.1万家，占20.8%。

东部地区中小企业占中小企业的比重接近六成，中部地区超过两成，西部地区占一成以上，东北地区则不到一成。见表15。

表15　2013年不同区域中小企业数量分布（个）

区域	规模以上工业企业数量	中小企业企业数量	占规模以上工业比重（%）	占中小企业比重（%）
东北	27012	26475	98.0	7.7
东部	207751	202108	97.3	58.9
西部	44585	43141	96.8	12.6
中部	73198	71411	97.6	20.8

分省市看，江苏、广东、山东、浙江，共有15.6万家中小企业，占全部中小企业的45.5%，每个省中小企业所占比重都超过了10.0%。

从中小企业资产规模的分布看，东部地区为24.4万亿元，占55.1%；西部地区为8.5万亿元，占19.3%；中部地区为8.0万亿元，占18.1%；东北地区为3.3万亿元，占7.5%。见表16。

表16　2013年不同区域中小企业资产规模分布（亿元）

区域	规模以上工业资产	中小企业资产	占规模以上工业比重（%）	占中小企业比重（%）
东北	67306.4	33155.6	49.3	7.5
东部	458574.6	244183.6	53.2	55.2
西部	166693.1	85361.8	51.2	19.3
中部	158051.8	79956.5	50.6	18.1

江苏、浙江、广东、山东的资产规模分别为5.2万亿元、4.4万亿元、4.1万亿元、3.8万亿元，占中小企业资产的比重分别为11.6%、10.0%、9.4%、8.6%。四省中小企业资产合计为17.5万亿元，占中小企业资产的39.5%。

从各地区中小企业实现的主营业务收入来看，东部地区为35.1万亿元，占56.6%；西部地区为8.1万亿元，占13.1%；中部地区为13.1万亿元，占21.1%；东北地区为5.7万亿元，占9.2%。见表17。

江苏、浙江、广东、山东四省中小企业共实现主营业务收入26.6万亿元，占中小企业主营业务收入的42.9%。

表17　2013年不同区域中小工业主营业务收入分布（亿元）

区域	规模以上工业主营业务收入	中小企业主营业务收入	占规模以上工业比重（%）	占中小企业比重（%）
东北	87670.9	57048.0	65.1	9.2
东部	590433.4	350573.9	59.4	56.6
西部	143925.2	80880.2	56.2	13.1
中部	207120.2	130775.1	63.1	21.1

从各地区中小企业实现的利润来看，东部地区为21288.7亿元，占55.8%；西部地区为5164.0亿元，占3.5%；中部地区为8558.9亿元，占22.4%；东北地区为3143.2亿元，占8.2%。见表18。

山东、江苏、河南、广东四省中小企业利润总额分别为5536.6亿元、5184.0亿元、4410.8亿元、3385.9亿元，占中小企业利润的比重分别为13.4%、12.5%、8.7%、7.6%。四省共实现利润1.7万亿元，占中小企业利润的44.4%。

① 注：东部地区包括：北京、天津、河北、上海、江苏、浙江、福建、山东、广东和海南。中部地区包括：山西、安徽、江西、河南、湖北和湖南。西部地区包括：内蒙古、广西、重庆、四川、贵州、云南、西藏、陕西、甘肃、青海、宁夏和新疆。东北地区包括：辽宁、吉林和黑龙江。

表 18 2013 年不同区域中小企业利润总额分布（亿元）

区域	规模以上工业利润总额	中小企业利润总额	占规模以上工业比重（%）	占中小企业比重（%）
东北	4841.9	3143.2	64.9	8.2
东部	35876.4	21288.7	59.3	55.8
西部	9972.8	5164.0	51.8	13.5
中部	12139.9	8558.9	70.5	22.4

从各地区中小企业实现税金来看，东部地区为12311.2 亿元，占 55.1%；西部地区为 3683.8 亿元，占16.5%；中部地区为 4540.7 亿元，占 16.5%；东北地区为 1818.5 亿元，占 8.1%。见表 19。

山东、江苏、广东、浙江四省中小企业分别实现税金 3088.6 亿元、3077.5 亿元、1734.4 亿元、1609.4 亿元，占中小企业税金的比重分别为 13.8%、13.8%、7.8%、7.2%。四省共实现税金 9509.9 亿元，占中小企业税金的 42.6%

表 19 2013 年不同区域中小企业税金分布（亿元）

区域	规模以上工业税金总额	中小企业税金总额	占规模以上工业比重（%）	占中小企业比重（%）
东北	4481.2	1818.5	40.6	8.1
东部	23048.4	12311.2	53.4	55.1
西部	9177.2	3683.8	40.1	16.5
中部	9041.8	4540.7	50.2	20.3

从各地区中小企业的出口情况来看，东部地区实现出口交货值 41077.4 亿元，占 84.5%；西部地区为 1460.4 亿元，占 3.0%；中部地区为 3793.9 亿元，占 7.8%；东北地区为 2296.4 亿元，占 4.7%。见表 20。

广东、浙江、江苏、山东四省中小企业分别实现出口交货值 12296.8 亿元、8222.3 亿元、7914.5 亿元、4288.9 亿元，占中小企业出口额的比重分别为 25.3%、16.9%、16.3%、8.8%。四省出口额合计 3.3 万亿元，占中小企业出口的 67.3%，接近七成。

出口型中小企业集中在沿海开放地区，占中小企业出口市场份额接近 85%，而中西部和东北刚超过 15%。

表 20 2013 年不同区域中小企业出口额分布（亿元）

区域	规模以上工业出口交货值	中小企业出口交货值	占规模以上工业比重（%）	占中小企业比重（%）
东北	3994.4	2296.4	57.5	4.7
东部	93356.6	41077.4	44.0	84.5
西部	6651.6	1460.4	22.0	3.0
中部	9468.5	3793.9	40.1	7.8

表 21 2013 年东中西部及东北地区中小企业主要指标所占比重（%）

指标	企业个数	资产	主营业务收入	利润	税金	出口交货值
全国	100	100	100	100	100	100
东北	7.7	7.5	9.2	8.2	8.1	4.7
东部	58.9	55.2	56.6	55.8	55.1	84.5
西部	12.6	19.3	13.1	13.5	16.5	3.0
中部	20.8	18.1	21.1	22.4	20.3	7.8

综合来看，东部地区中小企业经济实力远远强于中西部及东北地区。从东中西部及东北地区内部中小企业所占比例看，东部地区的中小企业在区域内发挥的作用也大于中西部及东北地区。上述主要经济指标，除出口交货值外，东部地区中小企业所占比例基本都在 55.0% ~59.0% 之间，而中部在 18.0% ~22.5%之间，西部在 12.5% ~18.5%之间，东北地区在 7.5% ~9.3%之间，见表 21。

全国来看，中小企业资产占规模以上工业的资产比重超过五成。东部、中部、西部地区规模以上工业五成以上的资产分布在中小企业，东北地区中小企业的资产比例也接近半壁江山。

全国来看，规模以上工业六成以上的主营业务收入由中小企业实现。分区域看中小企业的贡献度，中部地区超过五成，东北地区超过65%，东部地区接近六成，西部地区超过五成。

全国来看，中小企业贡献了规模以上工业六成以上的利润。分区域看中小企业的贡献度，中部地区超过七成，东北地区接近65%，东部地区接近六成，西部地区超过五成。

表22 2013年东中西部及东北地区中小企业主要指标占区域内规模以上工业企业比重（%）

指标	企业个数	资产	主营业务收入	利润	税金	出口交货值
全国	97.3	52.0	60.2	60.7	48.9	42.9
东北	98.0	49.3	65.1	64.9	40.6	57.5
东部	97.3	53.2	59.4	59.3	53.4	44.0
西部	96.8	51.2	56.2	51.8	40.1	22.0
中部	97.6	50.6	63.1	70.5	50.2	40.1

全国来看，中小企业上交税金占规模以上工业的税金比例接近50%。分区域看中小企业的贡献度，东部、中部地区超过五成，西部和东北地区超过四成。

全国来看，中小企业实现出口交货值占规模以上工业的比例超过四成。分析中小企业对规模以上工业出口的贡献，东部、中部地区四成以上的出口额由中小企业贡献，西部地区中小企业的出口额超过二成，东北地区中小企业的出口额接近六成。

中小企业仍然存在比较明显的区域发展不均衡的特点。我们要因地制宜，制定不同的鼓励政策，为中小企业健康发展提供土壤和公平竞争的市场环境。

中小企业在数量上占绝对优势，是我国经济的重要组成部分；是缓解我国就业压力的重要力量。

中小企业是科技创新的重要源泉。中小企业体制灵活，市场嗅觉灵敏，国家应当设立中小企业创新发展基金，对于有潜力、有技术创新意识的中小企业重点鼓励扶持，加快中小企业的转型步伐。

中小企业是巨人企业成长的摇篮。放眼全球，无论是大名鼎鼎的微软，苹果，还是腾讯，阿里巴巴，联想等知名企业，无不是从默默无闻的中小企业创业和起步，最后不断发展壮大，成为具有全球影响力和话语权的巨人企业。新的微软，苹果，阿里巴巴就在成千上万个中小企业中孕育，必将有枝繁叶茂的时候，中小企业是我国经济的希望所在。

国家有关部门应当根据中小企业的行业、所有制结构、就业、出口、地区特点，在法律法规、税收、就业、培训、教育等方面制定有针对性的鼓励政策，不断拓展中小企业的市场空间，拓宽企业发展领域，形成比较完善的财税、金融、社保、就业、公共服务政策支持体系，为中小企业的成长发展提供保障，加快中小企业公共服务平台建设，降低中小企业的融资成本，优化产业结构，增强中小企业发展的后劲，在企业品牌建设，企业成长，资金支持，税收减免等方面提供政策支持，推动我国中小企业的健康发展。

（国家统计局工业统计司行业指导处　刘耀东）

第三篇

国家扶持中小企业政策与措施

2013年中国中小企业信息网服务和网络建设情况

一、政务服务

2013年，北京中小在线信息服务有限公司（以下简称“中小在线公司”围绕工信部“扶助小微企业专项行动”以及中小企业司各项职能，全力运营中国中小企业信息网（以下简称“中小企业网”，开展了大量的政务服务工作。

（一）建设和运营中国中小企业信息网

中国中小企业信息网（以下简称中小企业网）目前有20余个大型频道，350多个信息栏目，7个政务管理系统。2013年中小企业网全年单日最高点击率突破150万次，平均日点击量在60万次左右。重点对有关政府部门举办的中小企业相关活动、发布的政策措施、政府动态、产业动态、社会关注热点、融资信息、技术交流、人才招聘、产业集群、创业信息等进行了及时的报道。全年共发布信息17.7万余条，其中原创信息4159篇，综述162篇，翻译文章563篇。制作热点专题专版37个。

2013年，围绕电子政务服务还做了大量的技术开发与系统升级工作：

（1）开发了国家示范平台的申报和跟踪系统。

（2）开发了中小企业公共服务平台的信息报送系统。

（3）重新改造和上线了中小企业服务导航平台。

（4）完成了中小企业信息网与各分站间互联互通的技术开发与标准制定，并召开了全网系统相关人员的培训会。

（5）在中小企业网上搭建了中小企业公共服务平台。其中集成了电子政务、电子商务、招聘、技术对接、政策信息等服务内容。

（二）政务咨询服务

电话咨询服务：主要为政务平台的使用提供技术支持与咨询服务。2013年网站开通了4部400咨询服务电话，在每次的项目申报工作期间，4部电话平均每部每天约接听和回答问题80次以上，累计接听电话并解答问题上万次。

网络在线咨询服务：中小企业网共设立担保机构信息报送咨询服务群10个，其中，2个1000人的群，8个500人的群，资金项目管理系统群1个（500人）。在担保机构年报、半年报的信息报送期间，有近4000人在线咨询，解答问题超过5000人次，同时，应邀加入“福建省融资担保机构报送群”，为其在线解答咨询问题。

（三）承办相关活动

（1）继续承办网上中小企业百日招聘大学毕业生公益活动。为此，中小企业网做了充分的准备和大量的组织工作，对招聘系统进行了升级维护，并与大学生就业平台共同制作了百日招聘专题版面，为参与省市招聘专场活动的地方分网制作了地方招聘专版，同时还设专人负责维护并解答企业在发布信息时遇到的疑问，努力做好招聘企业的服务工作。活动自3月1日启动至6月8日圆满结束，吸引了全国各地大量的中小企业和高校毕业生参与，全国共有8814家中小型企业在中国中小企业信息网上发布或更新其招聘信息，企业需求职位数达到14224个，提供工作岗位88728个；有24.8万余名高校毕业生通过这个平台来寻找工作，为用人单位和求职者搭建了对接的平台。

（2）承办了2013中小企业信息化服务信息发布会暨中小企业信息化培训启动会。该活动由中小企业司主办，来自政府有关部门、行业协会、信息化服务商和中小企业的代表，以及50多家新闻媒体代表近200人出席了会议。期间，中小企业信息化服务机构、大型信息化服务商发布了《中小企业信息化发展指南》及国家中小企业公共服务平台建设情况、智慧企业、中小微企业云服务、SaaS云服务助力中小企业信息化发展、云搜索助力企业突破发展瓶颈、搜索营销体验车等解决方案，4家信息化服务商与地方中小企业主管部门、工业园区、产业集群的管理机构签署了战略合作或服务协议。

（3）承办了第十届中博会中小企业信息化应用推广活动暨中小企业信息化论坛。这是第十届中博会的重要活动之一，由大会组委会主办，活动主题为“扶助小微企业，促进转型成长”。工信部中小企业司、广东省中小企业局、中国联通、百度、用友畅捷通、中国网库、阿里巴巴、北京数码大方科技有限公司等大企业的代表和来自全国各地的300余家中小企业，50多家新闻媒体出席了论坛。

（四）出版物

（1）2013年编辑出版了《中小企业政策读本（2009～2012）》，其中汇集了近年来国家出台的有关中小企业政策、并根据政策内容，编辑了中小企业政策问答，对中小企业关心的政策要点，以问答的方式予以解答，简明扼要，通俗易懂，并在后面附录了国家有关部委政府部门对政策的官方解读，使该书具有很好的实用性。该书主要以免费赠送的方式向地方中小企业管理部门、中介服务机构和中小企业发放。

（2）协助中小企业司征集、编辑出版了《第二批国家中小企业公共示范平台宣传册》。该宣传册免费征集了第二批208家中小企业服务平台的有关简介、服务功能和服务业绩情况、联系办法、相关图片等内容，以画册的形式编辑出版，对服务平台以及可以为中小企业提供的服务资源进行了全面的宣传报道和服务成果展示。

（3）编制《互联网中小企业动态摘要》，每周两期，重点摘要了三天内，国内中小企业管理部门的重要活动，国内中小企业政策发布，有关重要事件，中小企业培训、科技、用工、经济发展等多方面的动态情况，供中小企业参考。

二、企业服务

（一）组织开展“创新中国行”活动

2013年重点组织实施了“创新中国行”中小企业信息化应用推广系列活动。“创新中国行”系列活动已成为我网中小企业信息化培训的品牌活动，也是工信部“扶助小微企业专项行动”和“国家中小企业信息化推进工程”的主要活动之一。2013年共在11个省的29个地市开展了40场免费培训与信息化体验活动，通过培训、应用体验、跟踪服务、专家对话等多种方式，有针对性地解决中小企业在信息化建设方面的突出问题。并在多方面进行了创新：一是在培训地点选择方面，活动举办前，通过与地方有关中小企业管理部门联系，做好调研工作，优先选取有需求的工业园区、产业集群等中小企业集聚区作为活动举办地。二是在培训模式方面，放弃了传统的宣讲模式，采取了体验式的培训办法，针对信息化应用产品的特点，以情景剧表演、现场互动、信息化应用产品体验相结合的方式，让中小微企业更直观的体验信息化对企业生产、运营销售过程的帮助，直截了当的解决中小微企业在信息化应用过程中出现的难题。

（二）举办中小企业电子商务与协同服务工作交流座谈会

2013年12月，在京召开了“中小企业电子商务与协同服务工作交流座谈会”，部分中小企业主管部门、中小企业网及分网、信息化服务商、金融机构、中小企业家的50多位代表出席。大家就当前电子商务模式的创新，电子商务如何与融资服务、信用体系建设以及中小企业在“专精特新”发展方面所需要的协同服务相融合等方面进行了交流座谈。同时，启动了“中小企业信用融资电子商务公共服务平台”（www. sme. cn）上线试运行。

（三）培训工作

2013年，通过和工信部教育与考试中心合作，批准中小企业网为“全国信息技术人才培养工程培训基地”（基地编号C01J78），开展信息化人才培养。为避免培训活动可能会出现的违规操作，制定了培训机构管理手册，合作机构的准入标准和考核办法、培训与考试资料备案制度等管理办法。2013年重点开展了全国网络舆情技能水平考试、全国实用英语等级考试、计算机速录师、电气智能化工程师、照明技术设计、中小企业音频技术培训暨全国专业扩声系统设计、全国中小企业舞台灯光技术设计等7个考试项目。与北京龙创世纪国际广告有限公司、北京中财英达国际教育中心、北京国科中联信息管理咨询中心、青岛以太科技有限公司4家机构签订了培训委托协议，共计580人通过上述考试并获得了相关证书。

2013年国家中小企业银河培训工程

根据《国家中长期人才发展规划纲要（2010年~2020年）》2013年，工业和信息化部继续实施以中小企业经营管理者和创业者为主要培训对象的国家中小企业银河培训工程，重点围绕法律法规、安全生产、节能减排、经营管理等开展培训。为进一步推动“创办小企业，开发新岗位，以创业促就业，以创业促发展”工作，在国家中小企业银河培训工程的支持下，湖南、吉林、河北、山东、四川等省中小企业主管部门还组织开展了赛飞创业辅导师培训，各地参训学员积极响应，把学到的赛飞创业辅导知识和方法运用到实践中，取得良好成效。2011年，中央财政设立“企业经营管理人才素质提升工程”专项资金，重点支持中央企业和中小企业经营管理领军人才的培训和培养。根据《企业经营管理人才素质提升工程实施方案》，实施了企业经营管理人才素质提升工程，制定年度实施方案，引导和支持各地方完成50万人次的培训。依托北京大学、部分部属高校及中国中小企业发展促进中心等机构完成1265名中小企业经营管理领军人才培训。

2013年支持中小企业发展财税政策情况

2013年，为贯彻党的十八届三中全会决定精神，按照国务院的统一部署，工业和信息化部、财政部、税务总局会同国务院有关部门在继续贯彻落实已出台的一系列税收优惠、资金扶持、清理收费、政府采购等政策的基础上，又适时出台了新的扶持政策，帮助缓解小微企业融资难，减轻税费负担，促进结构调整和转型升级，营造有利于小微企业发展的良好环境。

一、进一步完善税收优惠政策

一是暂免征收部分小微企业增值税和营业税。为进一步扶持小微企业发展，经国务院批准，自2013年8月1日起，对增值税小规模纳税人中月销售额不超过2万元的企业或非企业性单位，暂免征收增值税；对营业税纳税人中月营业额不超过2万元的企业或非企业性单位，暂免征收营业税。

二是扩大研究开发费用税前加计扣除费用范围。企业从事研发活动发生的下列费用支出，可纳入税前加计扣除的研究开发费用范围：（一）企业依照国务院有关主管部门或者省级人民政府规定的范围和标准为在职直接从事研发活动人员缴纳的基本养老保险费、基本医疗保险费、失业保险费、工伤保险费、生育保险费和住房公积金。（二）专门用于研发活动的仪器、设备的运行维护、调整、检验、维修等费用。（三）不构成固定资产的样品、样机及一般测试手段购置费。（四）新药研制的临床试验费。（五）研发成果的鉴定费用。

三是对符合条件的科技企业孵化器及国家大学科技园税收优惠。自2013年1月1日至2015年12月31日，对符合条件的科技企业孵化器及国家大学科技园自用以及无偿或通过出租等方式提供给孵化企业（须符合《中小企业划型标准规定》所规定的小型、微型企业划型标准）使用的房产、土地，免征房产税和城镇土地使用税；对其向孵化企业出租场地、房屋以及提供孵化服务的收入，免征营业税。营业税改征增值税后的营业税优惠政策处理问题由营改增试点过渡政策另行规定。符合非营利组织条件的孵化器的收入，按照企业所得税法及其实施条例和有关税收政策规定享受企业所得税优惠政策。

四是继续推进营业税改征增值税试点工作，自2013年8月1日起，将交通运输业和部分现代服务业营业税改征增值税试点推向全国，并适当扩大部分现代服务业的范围，将广播影视作品的制作、播映、发行等纳入试点，以进一步促进现代服务业的发展。营改增以来，中小企业普遍减税，其中小规模纳税人税负下降幅度平均达40%，有力支持了中小企业发展。

五是为中小微企业利用全国股份转让系统发展创造良好的税收制度环境。对全国中小企业股份转让系统涉及的税收政策，原则上比照上海和深圳证券交易所上市公司投资者的税收政策。

二、继续加大财政资金支持力度

2013年，中央财政安排科技型中小企业创新基金、中小企业国际市场开拓资金、中小企业发展专项资金、中小企业服务体系专项补助资金、中小商贸企业发展专项资金等中小企业专项资金共计150亿元，比上年增加约8亿元，与2002年设立之初的9.8亿元相比实现了较快增长。专项资金采取无偿资助、贷款贴息等方式，鼓励中小企业技术进步、产业升级，支持中小企业专业化、集约化、集聚化发展，引导社会资本改善中小企业融资环境，鼓励中小企业积极参与国际市场竞争，促进中小企业公共服务体系建设，改善中小企业服务环境等。其中，2013年中小企业发展专项资金安排16.2亿元，重点支持促进中小企业结构调整和优化及改善中小企业服务环境项目，对企业技术进步、实现结构调整、增加就业、改善公共服务条件等起到了良好的促进作用。2013年中央财政安排中小企业信用担保机构资金18亿元，对816家中小企业信用担保机构开展的8776亿元贷款担保给予资助，受保中小企业15.7万户，其中小微企业13.4万户，切实改善了中小企业融资环境。此外，根据《国务院关于进一步支持小型微型企业健康发展的意见》（国发〔2012〕14号文件）要求，中央财政计划分5年安排150亿元设立国家中小企业发展基金，采用市场化方式运作，引导地方政府、创业投资企业及其他社会资金支持处于初创期的小型微型企业的发展。目前，国家中小企业发展基金设立和运作方案已初步拟定，待报国务院批准后正式实施。

三、继续加大清理涉企收费力度

财政部、发展改革委、海关总署等部门出台了多项减轻企业收费的政策。主要包括：自2013年8月1日起，取消司法部、交通运输部等16个部门的29项收费；10月1日起，降低公安、人防等14个部门20项行政事业性收费标准；11月1日起，取消314项各省（区、市）设立的行政事业型收费项目。自2013年8月1日起至2013年12月31日，对所有出口货物、运输工具、集装箱及其他法定检验检疫物免收出入境检验检疫费，减轻外贸企业负担15亿元。继2012年10月1日起在全国范围内取消征收海关监管手续费后，自2013年1月1日起，又取消ATA单证册调整费和货物行李物品保管费等2项行政性收费，年减少收费约95万元。此外，发展改革委从2013年10月至2014年6月在全国范围内开展涉企收费专项检查工作，范围包括具有涉企收费行为的政府部门（含下属单位）及行业2012年以来的收费行为。重点对建设、交通、环保、工商、消防、商业银行等部门和行业开展检查，特别是突出对涉及中小微企业乱收费行为的查处。

四、加大政府采购政策落实力度

2013年，财政部加强政府采购支持中小企业发展政策落实，进一步完善政府采购信息统计工作，督促检查2012年度各地区、各部门落实《政府采购促进中小企业发展暂行办法》（财库〔2011〕181号）执行情况、预留份额情况及实际采购结构。同时，深入推进政府采购信用担保试点工作，为中小企业在融资、投标保证、履约保证等方面提供专业化的担保服务，增强中小企业参与政府采购的能力，据统计，仅北京市融资担保额就达21.2亿元。

五、提升小企业财务会计管理水平

一是调查小企业会计准则贯彻落实情况。2013年9月至11月，财政部通过开展调查，形成了《小企业会计准则实施情况调查报告》，梳理小企业会计准则主要实施举措，分析实施情况及原因，并提出政策建议。

二是促进代理记账行业规范发展。财政部印发《关于加强和改进基层会计管理工作的指导意见》（财会〔2013〕12号），规范基层会计服务市场，并组织各地财政部门对代理记账机构全面摸底，形成报告对行业发展现状和问题进行分析，促进代理记账行业为小微企业提供优质服务。

2013 年非公有制经济发展情况

非公有制经济是我国国民经济和社会发展的重要组成部分，党中央、国务院高度重视非公有制经济的发展。2013 年 11 月党的十八届三中全会通过的《中共中央关于全面深化改革若干重大问题的决定》（以下简称《决定》）再次强调，“支持非公有制经济健康发展”。围绕这一要求，《决定》进一步深化和发展了对非公有制经济地位和作用的认识，提出了一系列新的指导方针、具体任务和推进举措。《决定》指出，“公有制经济和非公有制经济都是社会主义市场经济的重要组成部分，都是我国经济社会发展的重要基础”，“非公有制经济在支撑增长、促进创新、扩大就业、增加税收等方面具有重要作用”，表明了党中央对非公有制经济地位和作用的新认识，为支持非公有制经济健康发展奠定了理论基础。同时，《决定》再次明确指出，“必须毫不动摇鼓励、支持、引导非公有制经济发展，激发非公有制经济活力和创造力”，体现了党中央支持非公有制经济发展的坚定信心，明确了支持非公有制经济发展的方向和重点。随着国家支持非公有制经济各项政策措施的贯彻落实，2013 年全年非公有制经济继续保持快速增长的态势。

一、非公有制经济总量继续扩大

在国家一系列方针政策引导下，个体私营等非公有制经济继续保持快速发展势头，企业数量增加，规模实力增强，成为支撑经济增长的重要力量。国家工商总局数据显示，截至 2013 年底，全国实有私营企业 1254 万户，比上年底增加 168 万户，比上年增长 15.5%，占全部实有企业数量由上年底 79.4% 增长至 82.1%；注册资本（金）39.3 万亿元，比上年增长 26.4%；户均注册资本（金）314 万元，比上年增加 28 万元。个体工商户 4436 万户，比上年底增长 9.3%；资金数额 2.4 万亿元，比上年增长 23.1%；户均资金数额 5.5 万元，比上年增加 0.6 万元。

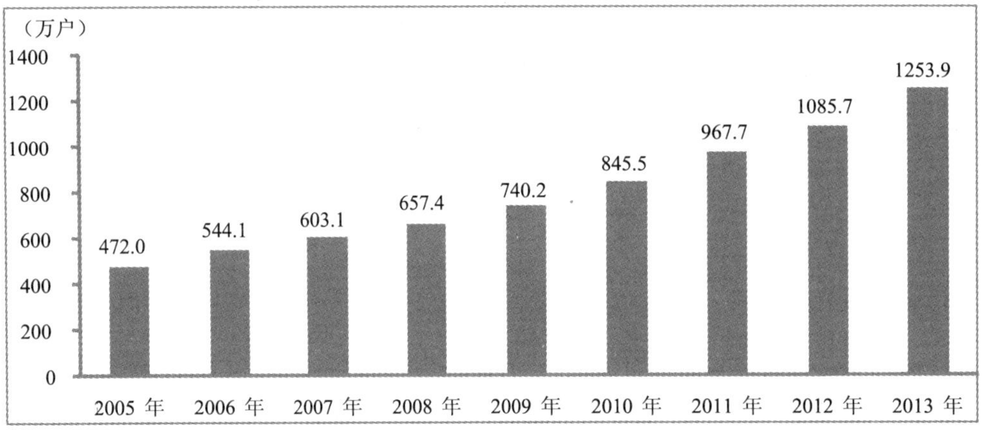

数据来源：国家工商行政管理总局

图 1　2005 年～2013 年全国私营企业实有基本情况

二、非公有制经济贡献持续增加

非公有制企业的快速发展，为国家财政提供了大量的税收，对财政收入的贡献日益增强。国家统计局数据显示，2013 年全国规模以上非公有制工业企业（以下简称“非公有制工业企业”）（本文中所有非公有制工业企业均指规模以上非公有制工业企业，即年主营业务收入 2000 万元以上的企业，包括私营、外商、港、澳、台及其所控股的企业。非公有制工业企业数据来源于国家统计局。）实现税金总额 2.4 万亿元，占规上工业企业税金总额的比重由上年底 50.4% 增长至 52.4%，比重较上年提高 2.0 个百分点；比上年增长 15.7%，增速比同期规上工业企业（11.0%）高 4.7 个百分点，比同期规上国有控股企业（6.3%）高 9.4 个百分点。其中，规上私营企业工业企业实现税金总额 1.1 万亿元，占非公有制工业企业税金总额的 46.9%，比上年增长 17.0%。

三、非公有制企业经济效益持续增长

非公有制经济在经济总量不断扩大，规模速度不断提升的同时，经济效益保持较快增长。国家统计局数据显示，2013 年非公有制工业企业主营业务收入 74.0 万亿元，比上年增长 13.3%，比同期规上工业企业营业收入增速（11.2%）高 2.1 个百分点，比同期规上国有控股企业增速（6.1%）高 7.2 个百分点。全年实现利润总额 4.6 万亿元，占规上工业企业的 72.5%，比上年

增长14.6%，比同期规上工业企业利润增速（12.2%）高2.4个百分点，比同期规上国有控股企业增速（6.4%）高8.2个百分点。其中，规上私营企业工业企业实现利润总额2.1万亿元，占非公有制工业企业利润总额的45.8%，比上年增长14.8%。

四、非公有制经济对促进就业作用突出

非公有制企业是社会就业的重要渠道，吸纳了大部分劳动力就业，有效缓解了社会就业压力，为维护社会和谐稳定做出了重大贡献。国家工商总局数据显示，截至2013年底，全国私营企业从业人员12522万人，比2012年11296万人增加1226万人，增长10.9%。全国个体工商户从业人员9336万人，比2012年8628万人增加708万人，增长8.2%。2013年，新增私营企业和个体工商户从业人员1184万人，占新增城镇就业人口的90.4%。

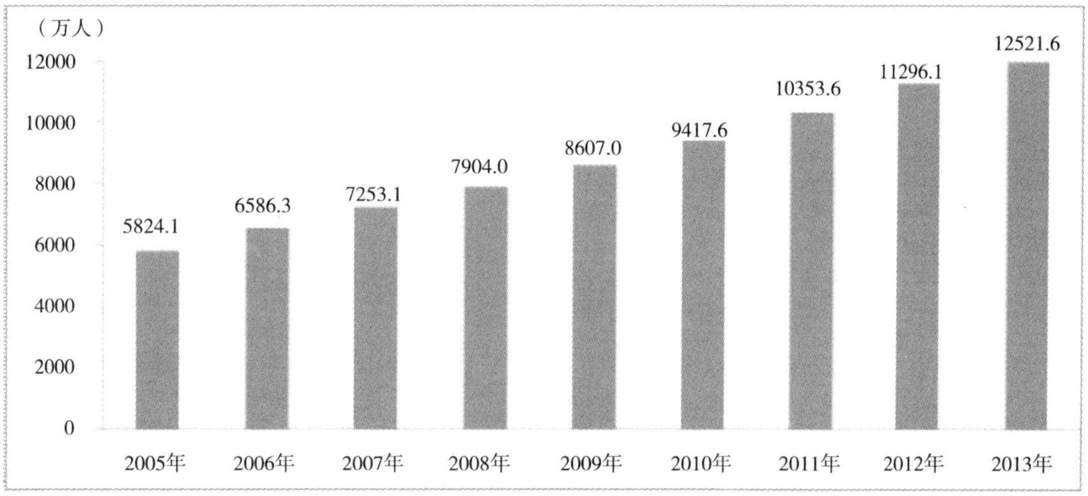

数据来源：国家工商行政管理总局

图2　2005年～2013年全国私营企业从业人员基本情况

五、非公有制经济对外出口快速增长

随着经济实力的增强和外贸政策环境的优化，越来越多的非公有制企业实施“走出去”战略，积极开拓国际市场。海关总署数据显示，2013年，非公有制企业（不含外商投资企业）出口总值9168亿美元，比上年增长19.1%，比全国出口增速（7.9%）高11.2个百分点；占全国出口总值的比重由上年底37.6%增长至41.5%，提高3.9个百分点。

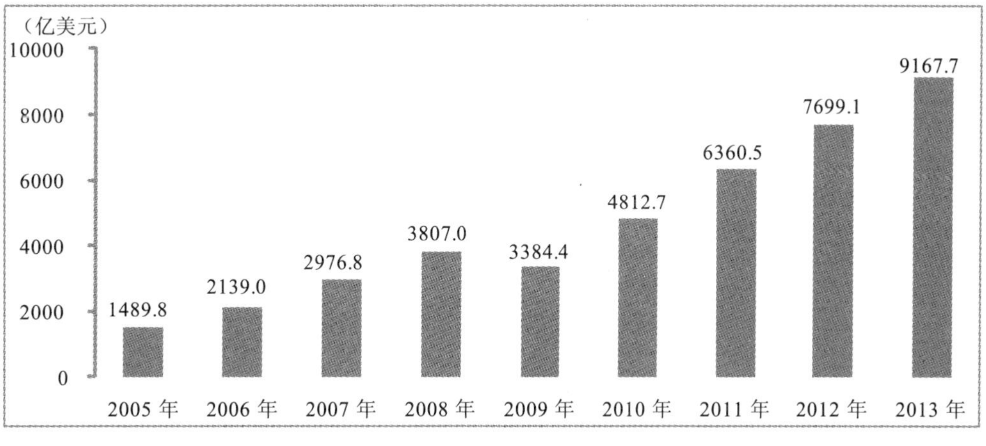

数据来源：海关总署

图3　2005年～2013年非公有制企业出口情况

六、非公有制经济投资快速增长

2013年9月，国务院总理李克强主持召开国务院常务会议，专门听取了全国工商联对《关于鼓励和引导民间投资健康发展的若干意见》（国发〔2010〕13号，简称民间投资36条）有关政策措施贯彻落实情况第三方调查评估的汇报。会议强调，凡市场机制能有效调节的事项，不再设定行政审批；凡可采用事后监管和间接管理方式的不再前置审批。要尽快在金融、石油、电力、铁路、电信、资源开发、公用事业等领域向民间资本推出一批项目，并在推进结构改革中发展混合所有制经济。此外，要多设“路标”、少设“路障”，为民间投资参与市场竞争“松绑开路”。

按照国务院部署，工业和信息化部积极认真抓好电信领域向民间资本开放，重点推出和组织开展了民间投资在移动通信转售业务的试点，5月17日发布了《工业和信息化部关于开展移动通信转售业务试点工作的通告》（工信部通［2013］191号），启动向民间资本开放移动通信转售业务的试点工作，得到社会各界广泛关注，民营企业积极响应，中国移动、中国联通、中国电信三家基础企业非常重视，经过各方面共同努力，工业和信息化部于2013年12月和2014年1月分两批向19家民营企业发放了移动通信转售业务试点批文，对于推进电信领域向民间资本开放，引导民间资本进一步进入电信业，具有里程碑意义。

随着民间投资环境的逐步改善，民间投资的积极性逐步提高。2013年，全国民间固定资产投资27.5万亿元，比上年增长23.1%，比全国固定资产投资（不含农户）增速（19.6%）高3.5个百分点，占全国固定资产投资的62.9%。其中，工业行业民间固定资产投资13.8万亿元，同比增长21.0%，占民间固定资产投资的50.4%。

2013年融资担保行业发展情况

2013年，融资性担保行业总体运行平稳，担保机构实力持续增强，业务增长较快，经营逐步规范，效益有所提高，行业整体趋势向好；但代偿风险上升较快，单体风险不容忽视。

一、行业发展情况

（一）机构数量稳中略降，资本实力逐步增强

截至2013年末，行业共有法人机构8151家，较上年末减少405家，下降4.7%；国有控股1921家，民营及外资控股6264家，分别占比23.5%和76.5%；在县（市）登记的法人机构4186家，占比51.1%，较上年末减少1.9个百分点；开展再担保业务的217家，占比2.7%，较上年末增加0.5个百分点；共有分支机构446家，其中跨省设立的分支机构82家。

资本实力逐步增强。全行业实收资本8793亿元，较上年末增长6.2%；平均每家机构实收资本1.07亿元，较上年末增长11.4%，较三年前增长43.8%；其中，注册资本10亿元（含）以上机构60家，较上年末增长11.1%；1亿元（含）至10亿元的机构4455家，较上年末增长7.3%；注册资本1亿元（含）以上的机构数量占比55.1%，较上年末增加6.2个百分点；注册资本2000万元（含）以上的机构数量占比93.4%，较上年末增加1.7个百分点。在注册资本10亿元（含）以上的机构中，国有控股47家，占78.3%。

从业人员素质逐步提升。全行业从业人员12.81万人，较上年末增加2346人，增长1.9%。其中本科学历以上人员占比逐年上升，现已达到全部从业人员的55.4%。

（二）业务规模较快增长，担保放大倍数有所升高

融资性担保业务在经济增速放缓情况下仍实现了较快增长。2013年度新增担保2.39万亿元，同比增加3017亿元，增长14.5%；其中融资性担保2.05万亿元，同比增加了2448亿元，增长13.6%。年末在保余额2.57万亿元，较上年末增加4833亿元，增长23.1%；其中融资性担保在保余额2.22万亿元，较上年末增长22.2%；融资性担保、非融资性担保、再担保分别占比86.2%、5.9%、7.9%，较上年末分别减少1.1、0.1个百分点和增加1.2个百分点。

融资性担保在保余额中，贷款担保、债券发行担保余额分别1.98万亿元和765亿元，分别占比89.5%和3.5%，较上年末分别减少0.3个百分点和增加0.3个百分点。

全行业融资性担保放大倍数2.3倍。

（三）经营状况有所改善，总体效益有所提高

截至2013年末，全行业资产总额1.12万亿元，负债总额1755亿元，全行业资产负债率15.6%，较上年末增加0.7个百分点。净资产9472亿元，较上年末增长6.6%，呈持续增长态势。

担保业务收入增长加快。2013年全行业担保业务收入474亿元，同比增长20.9%。业务成本、管理费在收入中占比呈下降趋势，但仍高达89.6%。2013年缴纳营业税及附加税23亿元，同比增长41.6%；缴纳企业所得税46亿元，同比增长25.7%。

全行业实现净利润154亿元，同比增长35.6%；行业净资产收益率1.6%，同比增加0.3个百分点。净利润的增长快于实收资本的增长，但行业盈利水平仍较低，盈利能力较弱。

（四）担保机构与银行业金融机构合作范围和规模逐步扩大

截至2013年末，与担保机构开展业务合作的银

行业金融机构（统计口径含各分支机构，以下简称银行）总计15807家，较上年末增长4.7%。与银行开展业务合作的担保法人机构7879家，较上年末增长1.0%。融资性担保贷款余额1.69万亿元（不含小额贷款公司担保贷款），较上年末增长16.6%。

（五）对中小微企业融资的支持作用有所增强

截至2013年末，中小微企业融资性担保贷款余额1.28万亿元，较上年末增长13.9%；中小微企业融资性担保贷款占融资性担保贷款余额的75.8%，较上年末减少1.8个百分点；担保机构为23万户中小微企业提供贷款担保服务，占融资性担保贷款企业数的93.6%，较上年末增加1.1个百分点。平均每户中小微企业融资性担保贷款544万元，较上年末增长18.3%。2013年末担保机构收取的客户保证金占在保余额的1.3%。

（六）行业扶持政策逐渐完善和深化

继续实施中小企业贷款担保补偿、奖励以及税收减免政策。部分省（市、区）在中央政策扶持的框架下，出台了相应的配套措施，如设立中小微企业担保风险补偿专项资金，建立健全中小微企业担保业务奖励性补助、保费补贴政策，安排财政专项资金增资入股担保机构等。总体看来，这些扶持政策的覆盖面还较窄，但对促进融资性担保行业发展起到了重要的引导作用。

2013年中小企业服务体系建设及服务情况

2013年，以平台为载体，以服务为核心，以创业、创新为重点，不断完善和推动中小企业服务体系建设。

一、加大政策扶持

2013年7月，工业和信息化部印发了《关于促进中小企业“专精特新”发展的指导意见》（工信部企业〔2013〕264号），明确了促进中小企业“专精特新”发展的指导思想和工作目标，确定了增强企业技术创新能力、实施中小企业知识产权战略、提高信息化应用水平、提升产品质量和创建品牌、提高经营管理水平、促进产业协作配套等六项重点任务，细化了加大财税金融支持等五项推进措施。

2013年12月，工业和信息化部、发展改革委、财政部、人力资源社会保障部、商务部、海关总署、税务总局、工商总局、银监会九部门联合印发了《关于促进劳动密集型中小企业健康发展的指导意见》（工信部联企业〔2013〕542号），提出要加快企业转型升级，提高产品和服务质量，加强品牌建设，明确了引导民间投资发展劳动密集型企业、切实降低企业税费负担、加大财政政策扶持力度、缓解融资困难、营造良好的市场环境、促进企业集聚发展和加强公共服务等八项政策措施。

此外，为落实进口设备免税政策，工业和信息化部印发了《关于开展2013年国家中小企业公共服务示范平台（技术类）享受科技开发用品进口免税政策资格申报工作的通知》（工信企函〔2012〕94号），审定2013年示范平台科技开发用品进口免税资格。8省市的14个示范平台进行了申报，经专家评审，有13家示范平台获得免税资格。

二、加强中小企业公共服务平台网络建设

截至到2013年底，工业和信息化部会同财政部分三批批复了30个省（区、市）和5个计划单列市平台网络建设方案，已安排补助资金的有26个省（区、市）和5个计划单列市，已拨付补助资金9亿元，项目完成后联通窗口平台1012家。截至2013年底，投入建设的平台共计700多个，组织带动社会服务资源2.8万家，开展服务活动10.10万次，服务企业123.36万家，服务人数496.62万人次，有18个省市提供呼叫服务18.37万次。

同时，为推进平台网络互联互通，工业和信息化部印发了《中小企业公共服务平台网络共享数据指标目录和设计细则（2013版）》（工信厅企业〔2013〕110号）和《关于中小企业公共服务平台网络建设互联互通基本要求的通知》（工信企函〔2013〕16号），对平台网络的互联互通提出具体要求。此外，工业和信息化部启动了中小企业公共服务平台网络服务情况即时汇总系统的开发工作。

三、培育和认定国家中小企业公共服务示范平台

2013年1月，工业和信息化部印发了《关于加强国家中小企业公共服务示范平台管理工作的通知》（工信厅企业〔2013〕7号），要求对示范平台的服务业绩、服务质量和公益性服务活动情况等进行管理。据调查，首批99家示范平台组织带动社会服务资源达1000多家，服务中小企业达30万户。

2013年4月，工业和信息化部印发了《关于推荐第三批国家中小企业公共服务示范平台的通知》（工信厅企业函〔2013〕216号），开展了第三批国家中小企业公共服务示范平台认定工作，认定第三批示范平台105家。截至2013年底，示范平台总数达到了412家。

此外，为提升示范平台服务能力，工业和信息化部组织举办了创业辅导师培训、云计算服务中小企业培训和知识产权服务中小企业培训。

四、推动小型微型企业创业兴业

一是继续实施创办小企业计划，加强小企业创业基地建设。目前，各地支持认定的小企业创业基

地 1600 个，基地现有企业数 10 多万家，提供就业约 420 万人。

二是为落实国务院办公厅《关于做好 2013 年全国普通高等学校毕业生就业工作的通知》（国办发〔2013〕35 号）精神，2013 年 6 月，工业和信息化部办公厅印发了《关于开拓中小企业人力资源 做好 2013 年高校毕业生就业工作的通知》（工信厅企业〔2013〕106 号），在拓宽高校毕业生就业渠道，鼓励和引导中小企业开发就业岗位，引导高校毕业生到民营企业就业，加大对小微企业和劳动密集型中小企业扶持力度，鼓励高校毕业生自主创业，积极推进小企业基地建设等八个方面提出了具体要求。

五、提高中小企业创新能力

一是推动中小企业知识产权战略实施。工业和信息化部委托相关单位开展了中小企业知识产权发展质量指标体系和测评方法研究和创新型中小企业发展与知识产权服务调查研究。2013 年，委托有关单位在宁夏、江苏、福建、山东和浙江等地开展知识产权培训活动，每次培训规模为 100 名中小企业代表。培训内容重点集中在企业知识产权管理理论与实务、专利检索分析与布局、专利诉讼、商业秘密、专利预警等方面。

二是工业和信息化部转发《军用技术转民用推广目录（2012 年度）》，促进中小企业进入军民两用性强、市场应用前景广阔的领域发展。同时，委托相关单位先后在台州、沈阳、长春和吉林开展军民结合项目对接活动。2013 年 5 月，工业和信息化部推动湖北省经信委和湖北省国防科工办在武汉组织民参军政策法规培训，引导民营企业参与国防科技工业建设。

六、实施中小企业信息化推进工程

2013 年 4 月，工业和信息化部召开了中小企业信息化服务信息发布会。来自政府有关部门、行业协会、信息化服务商和中小企业的代表，50 多家新闻媒体的代表，近 200 人出席会议。会上发布了《中小企业信息化发展指南》；中国电信、畅捷通公司、苏州风云网络、铭万分别发布了培育智慧企业、小微企业云服务、SaaS 服务平台、云搜索等支持中小企业特别是小微企业信息化应用和创新发展的信息；中国联通、百度公司分别以短剧、体验车视频等形式演示了开展中小企业信息化培训的创新模式；5 家中小企业信息化服务商与地方中小企业主管部门、工业园区、产业集群等签署了合作协议。

2013 年 9 月，工业和信息化部在第十届中博会上举办了第九届“中小企业信息化应用推广活动暨中小企业信息化论坛”。论坛以“深化信息技术应用 扶助小微企业成长”为主题，各省市中小企业管理部门、行业协会、信息化服务厂商、中小企业代表等 200 多人参加了本次活动。中国联通、畅捷通、百度、中国网库等信息化服务商展示了针对中小企业需求的信息化产品和解决方案。与会代表和嘉宾围绕云服务、电子商务信用融资话题展开讨论。

此外，工业和信息化部继续推动电信运营商、信息化服务商等与地方中小企业主管部门合作，在全国范围广泛开展支持中小企业健康成长的信息化宣传培训、技术服务和方案推广等活动。截至目前，已推动建设了一批中小企业信息化辅导站、培训基地、体验中心、服务中心等中小企业信息化服务机构，配备了 9.5 万名专业服务人员，信息化服务平台凝聚了 60 多万家合作伙伴。据不完全统计，2013 年开展的线上线下培训活动 18000 多场，参加培训 135 万人；开展应用推广活动 5 万多场，1200 多万人次参加；与地方开展中小企业信息化推进活动 6000 多场，参加人数达 45.5 万人。通过专业化服务，在支持中小企业研发设计、管理提升、市场开拓、品牌打造、贷款融资、人才培训等方面取得了积极效果。同时，围绕提升企业创新能力和管理水平，推动中小企业信息网、计算机世界等开展“创新中国行”“九州行”等信息化应用宣传和培训活动；推动百度公司实施“翔”计划、中国网库实施“专精特新中小企业电子商务—腾计划”。目前，三大电信运营商为中小企业量身打造的“天翼领航”“商户管家”“宽带商务”等解决方案，与应用软件等信息化服务企业合作，形成中小企业信息化服务品牌。

2013 年我国中小企业对外合作与市场开拓进展情况

2013 年，我国中小企业对外合作与市场开拓取得积极进展。

一、深化双边多边合作机制，为中小企业走出去、引进来营造良好外部环境

（一）深化双边合作机制建设

认真总结中德、中瑞、中欧中小企业合作论坛等务实推进中小企业国际交流合作所取得的成功经验，重点加强与德国、韩国、美国、瑞典、法国等国家交流合作。

一是组织做好第 1 次中韩中小企业政策交流委员会会议筹备工作，2013 年 1 月 14 日在大田由宏任总师与韩国中小企业厅宗镐厅长共同主持召开，双方对中韩中小企业交流与合作取得积极进展予以肯定，分别介绍了各自工业发展趋势及中小企业最新政策，并讨论了两国中小企业发展相关合作议题，共同签署了《会议纪要》。

二是组织筹备召开了第 1 次中美中小企业政策对话会议。2013 年 11 月 19 日上午，根据第五轮中美战略与经济对话成果清单和《中美中小企业合作与发展谅解备忘录》，第 1 次中美中小企业政策对话会议在北京召开。会议由工业和信息化部中小企业司司长郑昕和美国商务部副助理部长艾伦共同主持。郑昕介绍了工业和信息化部及中小企业司主要职能。他提出，中小企业在中美两国的经济增长、吸纳就业、鼓励创新和调整结构中都发挥着积极作用，中美双方都非常重视加强中小企业领域的交流与合作，希望通过此次对话，双方能够进一步密切联系，扩大共识，探讨合作。

根据议程，中方介绍了中国促进中小企业发展的主要措施、中小企业融资担保和中小企业创新等政策，美方介绍了美国中小企业财政支持措施、中美中小企业面临的机遇挑战和解决方案、美国在中国中小企业贸易管理等。工业和信息化部中小企业司、国际合作司、中国中小企业国际合作协会，以及美国商务部国际贸易署、美国驻华使馆、美国中小企业代表等参加会议。

三是务实推进中德政府合作培训项目。召开了第 4 次中德中小企业政策磋商会议及第 5 次指导委员会会议，签署新的中德政府合作培训项目协议。

2013 年 1 月 9 日，第四次中德中小企业政策磋商会议在德国柏林召开。工业和信息化部党组成员、总工程师朱宏任与德国联邦经济和技术部国务秘书伯格巴赫共同主持了会议。会上，德方介绍了德国双元制培训体系，中小企业发展促进中心介绍了中德政府合作培训项目 2012 年进展情况。会后，朱宏任总工程师与伯格巴赫国务秘书共同签署了《关于继续开展中小企业经营管理人员培训合作备忘录（2014 ~ 2016 年）》。国际合作司、中小企业司、中小企业发展促进中心、驻德大使馆及国家开发银行代表出席会议。

3 月 27 日，中德政府合作培训项目——第 2 期德国中小企业经理人来华交流班评估会在北京召开。中德双方共同评估了 2013 年第 2 期德国来华班的执行情况和商务成果，并进一步讨论了 2014 年第 3 期来华班的具体工作安排。德国联邦经济事务和能源部代表洪布莱希，德国国际合作机构 GIZ 主任都灵、高级项目经理舒尔茨，工业和信息化部中小企业发展促进中心，中小企业司及中德政府合作 MP 项目办公室负责人等参加会议。

启动实施第 2 期中德政府合作培训项目：圆满完成了中小企业经营管理人员赴德 2 期英文培训班和 1 期中文培训班；第 2 期德国中小企业经理人来华交流班于 2013 年 9 月在成都、太仓、常州、上海圆满完成交流培训任务；圆满完成第 2 期中小企业政府主管部门及服务机构负责人赴德专题交流培训任务。

（二）深化多边合作机制建设

重点启动了 APEC 中小企业部长会和 APEC 技展会的筹备工作；组织开好中阿中小企业合作论坛及中国 - 中东欧国家中小企业合作论坛。

一是组织研究梳理历届 APEC 中小企业部长会议主题议题及成果等有关材料，做好承办 2014 年 APEC 中小企业部长会议筹备工作。按部领导批示，完成 2014 年 APEC 中小企业部长会议选址工作，确定在江苏省南京市举办。开展 2014 年 APEC 中小企业部长会议成果设计工作，拟定会议主题为“中小企业创新与可持续发展”。完成了 2014 年 APEC 中小企业部长会议筹备工作总体方案（草案）。

二是组织参加第 20 次 APEC 中小企业部长会议。2013 年 3 月和 9 月，先后参加了第 36 次、第 37 次 APEC 中小企业工作组会议和第 20 次 APEC 中小企业部长会议。

2013 年 9 月 7 日，第 20 次 APEC 中小企业部长会议在印度尼西亚巴厘岛召开。会议通过了第 20 次 APEC 中小企业部长会议联合声明。工业和信息化部党组成员、总工程师朱宏任出席会议并作题为“加强合作 优化环境 促进中小企业提升国际市场开拓能力”的发言。朱宏任介绍了中国政府在促进中小企业发展中，紧紧围绕转变发展方式，出台鼓励扶持中小企业政策措施，加快公共服务体系建设，不断改善发展环境，大力支持技术创新和提升管理水平，不断提高中小企业整体素质的做法。与 APEC 各成员经济体分享了中国在营造环境、金融扶持、改善环境、搭建平台等方面增强中小企业国际市场开拓能力的经验和有效做法。希望各成员经济体坚持互利共赢，加强政策协调，搭建合作平台，不断拓展合作的深度和广度，努力为中小企业发展挖掘更大的空间和潜力，为推动区域经济合作与发展做出新的更大的贡献。还就我国主办 2014 年第 21 次 APEC 中小企业部长会议、第八届 APEC 中小企业技术交流暨展览会筹备情况做了介绍，并对各经济体积极

支持中国做好筹备工作表示感谢。会议期间，朱宏任总工程师分别与美国商务部副部长桑切斯、印度尼西亚中小企业与合作社国务部部长沙里夫·哈桑、新加坡贸工部部长李奕贤等就加强中小企业领域交流与合作交换意见。来自 APEC 21 个经济体的代表团参加了会议。会议由印度尼西亚中小企业与合作社国务部部长沙里夫·哈桑主持。工业和信息化部中小企业司、国际合作司等参加会议。

三是圆满组织召开中国－中东欧国家中小企业合作论坛，为中国－中东欧国家中小企业间交流合作营造了良好氛围、拓宽了合作领域、探索了合作方式。

2013 年 7 月 3 日，工业和信息化部党组成员、总工程师朱宏任参加“中国－中东欧国家地方领导人会议”。期间，出席由工业和信息化部、重庆市人民政府和中国－中东欧国家合作秘书处共同主办的“中国－中东欧中小企业合作论坛”并致辞。论坛由部中小企业司司长郑昕主持。

近年来，中国－中东欧国家间的经贸往来日益密切，贸易额快速增长。中国与中东欧 16 国贸易额从 2001 年 43 亿美元到 2011 年 529 亿美元，年均增长 27.6%，其中离不开中小企业的广泛参与和积极贡献。加强中国－中东欧国家中小企业间的互利共赢合作，不仅有利于彼此经济社会发展，也有利于开展经贸往来。中国鼓励中小企业“走出去”投资兴业，欢迎中东欧各国中小企业到中国投资发展。

加强中国－中东欧国家中小企业交流合作三点建议：一是共同营造中小企业交流合作的良好氛围。完善互相合作和双向投资的支持政策，加强法律法规、投资政策等信息的共享和交流。二是共同拓宽中小企业间合作领域，探索多种合作方式。三是共同促进服务机构之间建立联系和探讨合作，推进中小企业贸易和投资便利化。来自捷克、匈牙利、波兰、斯洛文尼亚等中东欧国家的代表，以及来自重庆市人民政府、重庆市经济和信息化委员会、山东省人民政府、中国进出口银行和中国中小企业国际合作协会的专家代表出席论坛并做精彩演讲。通过本次论坛，中国－中东欧国家之间加强了联系，增进了交流，探讨了合作。

四是参加金砖国家经贸合作联络组第 4 次会议。会议讨论了贸易便利化、中小企业合作及海关合作等相关工作。重点讨论了中方所提的主要合作建议：如，分享贸易投资便利化，开展中小企业合作，支持信息交流和展览展销等。

二、支持中小企业开拓国内外市场，稳步推进改革创新和办好第十届中博会，筹备好第八届 APEC 技展会

第九届中博会，由中华人民共和国工业和信息化部、国家发展和改革委员会、财政部、商务部、国家工商行政管理总局、国家质量监督检验检疫总局、中国银行业监督管理委员会、广东省人民政府和厄瓜多尔投资出口促进总局、越南工业贸易部联合主办。中共中央政治局委员、广东省委书记汪洋出席开幕式，宣布中博会开幕，并参观中外展馆。组委会主任、工业和信息化部部长苗圩，厄瓜多尔工业生产部副部长胡安·弗朗西斯科·巴彦，越南工业贸易部副部长阮成边先生分别致辞。出席中博会开幕式的还有：全国人大常委会法律委员会副主任洪虎，国家工商总局副局长刘玉亭，广东省常务副省长徐少华，中博会主办单位负责同志，外国驻穗总领事馆领事，外国有关商会负责人，有关行业协（商）会领导，各省、自治区、直辖市、计划单列市和香港、澳门特别行政区代表团领导及参展参会代表。

举办中博会，为中小企业搭建“展示、交易、交流、合作”的平台，是全面贯彻落实国务院关于进一步促进小型微型企业健康发展的重要举措。在世界经济低迷、中国经济增速缓中趋稳的重要时期，第九届中博会的举办，将为中小企业开拓市场，加强合作与交流，进一步平稳较快发展，发挥积极的作用。4 天来，来自全国各省（区、市）和境外 34 个国家和地区的 2500 多家参展企业，与专业客商进行了洽谈、交流和对接，参展参会客商超过 24 万人次。据统计，本届中博会共达成合同金额 60.4 亿元，意向金额 306.56 亿元，合计 366.96 亿元。

一是联合主办收获丰。本届中博会首次与厄瓜多尔、越南两个国家联合主办。二是参展组团有突破。除厄瓜多尔外，本届中博会首次邀请到了巴西、阿根廷、智利和墨西哥等拉丁美洲国家前来参展，填补了以往没有拉美国家参展的空白。2 万平方米的展示面积合计有来自境内外 34 个国家和中国香港、澳门、台湾地区的共 448 家企业参展。三是合作交流有商机。9 月 22～23 日的中外企业对接日中，3000 多家境内外专业采购商、经销商、销售代理、生产企业、行业协会、贸易投资促进机构等参加中博会境外馆的现场商贸对接活动，现场对接超过 5000 人。四是文化交流增进了解。各境外展团还举办了丰富多彩的活动，宣传推广本国的传统文化、特色产品及投资环境。

推进专业化、市场化运作，办展机制创新见成效。第九届中博会设主题馆 3 个，专业馆 5 个，引入汽车零部件、节能应急产品、绿色食品（绿色餐饮食材、生态茶和酒类）等 5 个专业展。专业展占全部展示面积的 50%，专业展区展位 2591 个，超过了原计划 2500 个展位的数量；除专业展采用市场化运作外，还有 2 个主题馆委托专业机构面向市场招展展位 801 个，占 2 个主题馆 1000 个展位的 80.1%。合计面向市场招展的展位超过 2900 个，占境内招展总数 3886 个展位的七成以上。专业化、市场化运作，办展机制创新初见成效。 是参展积极性增加。本届中博会境内参展企业 2000 多家，平均单个企业的展示面积比往届增加，特装布展比例更是比去年增加一成以上。二是客商质量提升。各专业展承展机构充分发挥自身专业客商资源优势，依托产业链上下游企业配套，采用市场化手段组织企业参会，提高了招展招商工作的针对性、精准性。三是供需对接针对性强。同步举办专业活动超过 30

场次。四是企业得实惠。到场专业客商超过10万人次，参展参会总人数超24万人次；达成合同金额60.4亿元，意向金额306.56亿元，合计366.96亿元。

瞄准中小企业共性问题，帮扶中小企业见成效。本届中博会瞄准中小企业发展中的共性问题，举办了40多场活动。一是帮扶企业解读政策信息。举办了中小企业高峰论坛主论坛、亚欧中小企业发展研讨会、欧中小企业政策对话等多项政策宣讲论坛。二是帮助中小企业开拓市场。举办南南全球技术产权合作论坛、国际采购新趋势与中小企业应对策略论坛、酒类创新营销系列讲座等活动，帮助中小企业了解开拓国际市场、推动国际化进程的新途径，了解国际采购的新趋势以及跨国公司采购的相关策略，找到寻求产业投资的新机遇，开拓新的产品市场。三是提高中小企业信息化应用水平。举办中小企业信息化应用推广活动、企业资源管理应用软件技术与行业发展论坛、电商助力传统企业转型论坛、中小企业信息化平台建设等论坛。探讨了推广信息技术在中小企业核心业务环节的问题，帮助中小企业深入了解和掌握信息化，提升品牌和自主创新能力，帮助中小企业解决电子商务道路上遇到的各种难题。四是提高中小企业创新能力。举办工业设计与技术论坛、中国职业经理人论坛等活动。工业设计与技术论坛，邀请国内外知名的设计专家、行业领袖籍企业家，通过对目前国际、国内工业设计现状与趋势的分析研判，着重从产品的设计力、品牌力和竞争力三个方面对我国工业设计进行指引。五是缓解中小企业融资难。举办高成长中小企业投融资论坛——股权项目对接会等一系列活动。并在展场内设置的金融服务业展区举办了推介会、说明会，参展的金融机构现场为中小企业介绍量身定做的金融产品。

启动了2014年第八届APEC技展会筹备工作，履行了APEC秘书处相关程序和国务院报批程序，并在巴厘岛中小企业部长会上宣传有关筹备情况。

APEC技展会于2014年6月19日至22日在义乌市国际博览中心举行，会议期间还安排了前沿技术报告会、科技创新成果与中小企业需求对接会、APEC中小企业融资创新研讨会等一系列论坛活动。

APEC技展会是中国在APEC框架下推动的重要合作项目，已成为亚太地区中小企业技术交流与经贸合作的重要平台。技展会秉承“技术提升经济，合作创造未来”的主题，全面展示各经济体中小企业的创新成果，设立了工业设计和工业机器人展示专区等，还将举办以“技术创新助推转型升级”为主题的技术交流大会。中小企业是促进亚太地区繁荣与就业的源泉，是技术创新的主力军。技展会的各类创新技术、创新产品，一定可以借助技展会和义乌这两大平台，赢得中国乃至全球市场的认可，为亚太经济发展增添新的动力。

三、积极推动区域合作

一是与青海省在青恰会期间共同组织召开了支持青海加快发展中小企业座谈会。组织对口援青省市与青海省建立双向的合作交流机制，并签订了支持青海中小企业加快发展战略合作协议，务实推进了区域间中小企业交流合作。二是圆满组织召开首届中阿中小企业合作论坛，为建立中阿中小企业合作机制，推动中阿经济健康快速发展，搭建了合作桥梁和平台。

2013年9月15日，由工信部、宁夏回族自治区人民政府、阿拉伯工业发展和矿业组织联合主办，工信部中小企业司、自治区经济和信息化委员会、阿矿组织国际处承办的首届中阿中小企业合作论坛在美丽的塞上湖城银川举行。来自中阿双方政府部门、部分阿拉伯国家驻华使节、外交官、区域贸易机构代表、企业家、商协会的300名领导、专家、学者、企业家参加了本次论坛。作为首届中阿博览会综合版块之一，本次中小企业合作论坛的举行为丰富中阿博览会内容，搭建中阿中小企业合作桥梁和平台做出了努力。论坛以“建立中阿中小企业合作机制，推动中阿经济健康快速发展”为主题，共分为三个部分。

第一部分是主办各方致辞，工信部朱宏任总工程师在致辞中回顾了2012年第三届中阿经贸论坛期间，中国工业和信息化部、宁夏回族自治区人民政府和阿拉伯工业发展和矿业组织在银川共同签署的《关于共同举办中国—阿拉伯国家中小企业合作论坛的会谈纪要》。他提出三点建议：一是创造中小企业交流合作的良好环境，共同完善中小企业间技术合作和双向投资的支持政策。二是主动拓宽合作领域，探索多种合作方式。三是加强中阿中小企业服务机构之间的联系，充分发挥在支持中小企业交流合作方面的积极作用，为开拓对方国市场的中小企业提供各种信息、咨询等服务。

第二部分是主旨演讲（高峰论坛）。苏丹投资国务部长穆罕默德·阿里介绍了苏丹中小企业发展的概况，希望中阿中小企业在资金、培训等方面进行深入交流。

第三部分是中阿优势产业项目推介、对接洽谈，云南省招商合作局程永流推介了七彩云南项目。自治区精心组织全区清真食品穆斯林用品产业、羊绒纺织轻工医药产业、石油化工及新能源产业、电子商务及商贸物流产业近50个优势特色项目进行对接洽谈。石油化工及新能源行业吸引了阿拉伯国家机械、石油、贸易行业的企业，同宁夏金裕海化工有限公司等企业就石油化工产品开发达成初步合作意向。

第四篇

各地中小企业改革与发展

北京市

2013年，是我市促进中小企业发展工作极其重要的一年。在委党组及主管主任的正确领导下，在全委各处室的配合与支持下，中小企业处转变工作职能，创新服务机制，拓展服务的广度和深度，积极开展“扶助小微企业专项行动”工作，在贯彻落实中小企业发展政策；促进地方立法，加快公共服务体系建设、加大投融资服务力度、加强中小企业培训力度，推动中小企业信息化建设等重点工作中不断获得新的突破。

一、落实完善政策法规，为中小企业持续发展提供有力支持

（一）全面贯彻文件精神，确保政策措施落实到位

2013年，中小企业处继续贯彻落实《国务院关于进一步支持小型微型企业健康发展的意见》（国发〔2012〕14号）及《北京市关于进一步支持小型微型企业发展的意见》（京政发〔2012〕40号）文件精神。一是2013年市级中小企业发展专项资金的支持重点转向公共服务平台、小企业创业基地、创新融资等服务环境建设，支持比例达到50%。二是设立中小企业发展基金，初期规模20亿元，经我处会同市财政局、人行营管部共同研究，设立方案已经初步形成。三是建设市级中小企业公共服务平台，设立服务大厅，目前已完成平台软件开发及系统集成、信息化建设监理、硬件和基础软件采购等项目招标采购工作。服务大厅的装修工程全面启动，2014年初投入试运行。四是加强与领导小组成员单位沟通，协调相关部门出台实施细则，确保扶持政策落到实处。目前本市各级政府及职能部门已出台40余个促进中小微企业发展政策文件，促进中小企业发展的政策环境持续完善。

（二）积极推进立法进程，将中小企业发展纳入法制化轨道

自2010年启动中小企业立法工作以来，经过反复论证和修改完善，目前，《北京市促进中小企业发展条例（草案）》已进入市人大审议阶段。7月24日，北京市第十四届人民代表大会常务委员会第五次会议进行首次审议；11月20日，北京市第十四届人大常委会第七次会议进行了二次审议；12月27日，北京市十四届人大常委会第八次会议表决通过。

二、推进公共服务体系建设，努力营造良好发展环境

（一）中小企业公共服务平台网络建设投资完成过半

根据《北京市中小企业公共服务平台网络总体建设方案》，我处推动建设全市中小企业公共服务平台网络，总投资1.6亿元，构建“116N”的立体式公共服务平台骨干网络。目前，已完成市级枢纽网络平台软件开发及系统集成项目、信息化建设监理项目、硬件和基础软件采购建设项目招标采购工作；已有15家窗口平台基本改造完成，15家窗口平台正在改造过程中。截至2013年第三季度，北京市中小企业公共服务平台网络建设累计已确定投资9449.5万元，占计划总投资的60%。

（二）市级平台基地认定及国家级平台申报工作有序推进

2013年3月我处启动了第二批中小企业公共服务平台和小企业创业基地认定工作，共有66家服务平台，35家小企业基地进行了申报。目前，定量评价、专家评审、企业答辩、实地走访等程序基本结束。20家申报基地项目通过审核，已经公示；20家申报平台项目通过审核，近期也将公示。2013年推荐10家平台申报第三批国家中小企业公共服务示范平台。目前，已有4家平台通过工信部审核，并已进行公示。

（三）财政资金对服务体系建设的支持力度持续加大

2013年，市中小企业发展专项资金共支持中小企业服务平台和小企业创业基地项目20个，拨付资金3838万元。其中，公共服务平台建设项目支持11个，拨付金额2073万元；小企业创业基地服务环境建设项目2个，金额441万元，小企业创业基地奖励项目7个，金额1324万元。财政资金引导各类社会资本参与建设总投资达11亿元。

2013年，在财政资金的扶持下，公共服务平台新增和改扩建服务面积1.5万平方米，小企业创业基地改扩建面积15.5万平方米，小企业创业基地奖励项目建筑面积70.46万平方米。平台和基地在加大投入的背景下，服务能力显著提高，已形成综合服务范围不断扩大、专业服务水平全面提升良好的发展局面。

三、投融资服务体系持续完善，服务能力不断增强

（一）发挥政策、体系和机制作用，加大融资服务力度

一是完善市区两级中小企业融资服务体系，全面形成以市中小企业投融资服务平台为核心，16个区县投融资服务平台为支撑，带动100家金融服务机构的“1+16+100”融资服务体系。二是建立协调及合作机制，加强北京市中小企业投融资服务平台和金融服务平台合作互动，整合社会资源，推动银行、担保等金融服务机构与企业对接。三是发挥政策导向作用，通过实施奖励、免征营业税等措施调动金融服务机构的服务积极性；通过实施贴息补助措施，有效降低了中小企业融资成本。截至2013年10月，已支持中小企业创新融资资金项目138项，支持资金8074万元。其中，贴息项目115项，

贴息资金4165万元；金融机构奖励项目23项，奖励资金3909万元。推荐5家中小企业信用担保机构申请免征营业税资格。会同市财政局共同完成了工信部中小企业担保资金申报工作，12家担保机构获得中小企业信用担保补助资金5950万元。

在间接融资方面，全市金融机构中小微企业信贷增长加快，截至2013年9月，北京市金融机构小微企业本外币贷款余额3615.4亿元，同比增长18.6%，增速比大型企业、中型企业分别高8.5个、14.1个百分点。其中，小微企业人民币贷款余额3516.81亿元，同比增长19%；小微企业人民币贷款比年初增加551.1亿元，同比增加400.65亿元，其中，小型企业比年初增加429.68亿元，同比增加360.19亿元。

在直接融资方面，2013年全年集合融资产品融资额58.30亿元。其中，集合信托融资额37亿元，发行中小企业私募债20.37亿元，融资租赁0.93亿元。截至2013年底，中小企业创新融资额累计已达到129.38亿元。创新融资规模继续保持快速增长态势，中小企业融资难得到有效缓解。

（二）规范引导基金运作，增强创业投资引导基金放大作用

引导基金积极通过项目对接、中小企业发展专项资金申报政策、创新融资政策宣讲等方式提高参股创投企业对所投资企业增值服务的能力，并在企业规范管理、资金融通和企业战略方面加强协调沟通，取得较好的投资效果。2013年会同财政局完成了第六批引导基金合作创投机构的公开征集、专家评审、社会公示工作，确定了一批新的合作创投机构。

目前，引导基金以参股方式分6批设立了26家参股创投企业，协议注册金额达到42.2亿元，其中，引导基金协议出资约10.7亿元，合作创投机构协议出资约31.5亿元，财政资金放大倍数将近4倍。本年度第五批参股创投企业陆续出资到位，并开始投资本市中小企业。截至2013年底，引导基金参股创投企业已对77家中小企业进行了股权投资，投资额超过11亿元，主要集中在北京市战略新兴、文化创意类企业，有效地支持了我市初创期小型微型企业发展，促进了我市“科技创新、文化创新”双轮驱动战略实施。

四、开展扶助小微企业专项行动，促进小微企业健康发展

依据《工业和信息化部关于开展扶助小微企业专项行动的通知》（工信部企业〔2013〕67号）文件精神和全国中小企业工作电视电话会议部署，经与“北京市促进中小企业发展工作领导小组”各成员单位进行沟通协调，我处牵头组织开展了“扶助小微企业专项行动”工作。

（一）认真策划，统筹制定工作方案

制定了《北京市扶助小微企业专项行动实施方案》。以促进小型微型企业健康发展为核心，以提升北京市小型微型企业自身素质和经营能力和管理水平，增强企业的可持续发展能力为目标，从加快政策落地、推动服务体系建设、提升融资服务水平、支持企业创新发展、加大创业服务力度、切实做好企业减负等六个方面的重点开展工作，明确各阶段目标，严抓保障，积极落实，确保北京市扶助小微企业工作顺利开展。

（二）加强协调，形成合力，推进各项服务工作顺利开展

统筹协调全市各部门，充分动员各方力量，汇聚多方智慧与优势资源，为小微企业提供专业化服务。与市财政局共同组织开展了《小企业会计准则》宣贯；与市地税局合作，向小微企业免费发放《中小企业税收优惠政策辅导手册》；与市知识产权局共同开展中小企业专利试点、示范工作；与市质监局合作举办了“企业领导者质量管理培训班”“质量免费课堂”“低压电器认证培训班”“环境管理体系认证知识培训班”等活动。利用社会资源，围绕管理提升、市场拓展等主题，组织开展了“营改增专项培训”“中小企业管理升级系列行动”等系列公益活动。

（三）积极营造舆论环境，努力扩大社会影响

依托媒体宣传、培训、手机报及网络宣传等多种形式，加强中小企业工作宣传力度，覆盖面不断扩大。与新华社北京分社合作，开通了“中小企业手机报”目前已覆盖近10000个企业用户及全市各区县中小企业主管部门、中介机构、各行业协会；10月份完成了《北京中小企业》期刊首期的编写及发刊工作，实现了对企业线上、线下免费赠阅；联合北京电视台，制作了“小微企业巡礼”系列节目，在“北京您早”和“北京新闻”节目中播出，在一个月的时间内，集中报道我市具有典型性、代表性的小微企业，以点带面，强化了政策宣传，营造中小企业发展良好的舆论环境。

通过各方力量协同推进，全年开展各类系列活动700余场，参加活动的小微企业近28000家，近50000名中小企业管理人员现场接受了指导和培训。

五、做好日常工作，强化服务基础

（一）积极做好国家中小企业发展专项资金申报工作

积极争取国家财政资金支持我市中小企业发展，认真组织中小企业申报国家中小企业发展专项资金项目，按照客观、公开、公正、科学的原则，经过公开征集、专家评审、过程监管、社会公示等程序，全年共支持项目43项，支持资金额度3452万元。其中：中型企业项目16项，支持资金685万元，占比19.8%；小型微型企业和改善中小企业服务环境项目27项，支持资金2767万元，占比80.2%。

（二）扎实推进镇村企业工作

一是开展了镇村两级产业集聚区摸底调研。为配合2013年北京市清洁空气行动计划和探索农村集体建设用地利用和管理新模式，我处会同规划处和

节能环保处开展了镇村两级产业聚集区调研工作。二是推荐农产品加工企业获国家级认定。向农业部推荐9家企业申报主食加工业示范企业，经审批，北京东颐食品有限公司等4家企业被授予主食加工业示范企业。截至目前，我市共9家企业获得授牌，占授牌总数15%。

（四）努力推动中小企业信息化建设

完善政策措施，依托社会力量，努力普及信息化知识，提高中小企业信息化应用能力。一是制定政策，加强引导。我处会同经济信息化处制定《中小企业信息化工作指导意见》，引导中小企业信息化发展。目前，相关工作进展顺利，预计2014年一季度出台。二是加强中小企业信息化培训，普及信息化知识。以区县、中小企业集聚区、小企业创业基地为重点，围绕管理控制、搜索营销、电子商务等主题，遵循"资源换服务"的原则，依托百度、金蝶、畅捷通、中国互联网信息中心等社会力量开展信息化培训。截止10月底，共开展各类培训咨询活动30余场，覆盖各类中小企业近3000家，为企业培养信息化人才近6000名。三是加快实施中小企业信息化推进工程，提高中小企业信息化应用能力。通过开展"腾计划""青云计划""企业健康成长计划"等一系列公益活动，引导企业应用信息化手段，实现转型升级。例如，青云计划全年组织活动近40场，覆盖企业达12000家，与去年相比，新增企业8400家，有效提升了中小企业信息化推广力度。

（五）积极完善中小企业运行监测体系

一是加强制度建设，规范运行监测工作。出台了《北京市中小企业生产经营运行监测工作管理办法》（京经信委发〔2013〕93号），组织专题会对区县运行监测人员进行培训，对《管理办法》进行解读。坚持月报、季报、年报制度，确保各项上报数据及时、准确。二是强化运行监测体系建设。以农业部主导的镇村企业运行监测体系为基础，将工信部主导的中小企业运行监测体系与之相结合，形成我市中小企业综合运行监测体系，完成了软件系统的升级改造，10月份已正式上线运行。三是加强与统计主管部门合作与沟通。与北京市统计局、国家统计局北京调查总队等单位建立了定期沟通机制，针对如何在北京地区建立科学的中小企业运行监测体系等议题进行了深入的讨论，并就第三次经济普查相关合作事项达成了共识。

（六）组织中小企业深入开拓市场

组织全市百余家优秀中小企业参加第十届国际中小企业博览会、京澳洽谈会和中国农产品加工业投资贸易洽淡会，积极组织中小企业拓展境内外市场。针对中小型农产品加工企业进超市难、开拓城市市场难等问题，我处联合农业部农产品加工局，共同搭建全国特色农产品加工企业直供平台，启动全国特色农产品及加工产品"进城入市"北京试点工作。按照龙头企业+特色农产品加工企业+物流配送+营销渠道的经营模式，逐步建立一批成本低廉、渠道顺畅、风险共担的市场拓展平台，加快培育一批特色农产品加工企业。

（北京市经济和信息化委员会中小企业处）

天津市

一、中小企业发展概况

（一）基本现状

2013年，全市中小企业市场主体23.8万户，其中，中小企业21.3万家，比上年增加1.5万家；注册资本金2.96万亿元，比上年增加2402亿元；从业人员411.03万人，比上年增加16.26万人。增加值7467.68亿元，同比增长15.62%；税收收入1602.73亿元，同比增长12.1%；外贸出口总额139.18亿美元，同比增长7.4%。

2013年，全市有限额以上中小企业1.66万家，职工人数127.66万人，总资产5.9万亿元。营业收入3.38万亿元，同比增长19.98%；利润总额1205.89亿元，同比增长20.53%；税金总额611.04亿元，同比增长0.88%。

2013年，中小企业数量占全市总量的99.84%，注册资金占全市总量的94.91%，从业人员占全市城镇企业的85%，增加值占全市总量的52%，营业收入占全市的61.95%，税收收入占全市总量的60%，外贸出口额占全市总量的28.6%。

（二）产业结构

2013年，全市中小企业中，第一产业1450家，同比增加81家；第二产业5.85万家，同比增加1781家；第三产业15.29万家，同比增加13172家。三次产业数量比重为0.68：27.5：71.82，第三产业比重同比提高1.28个百分点，第一产业和第二产业比重分别下降0.01和1.27个百分点。

2013年，全市限额以上中小企业中，第二产业与第三产业数量的比重为41.09：58.91；营业收入的比重为41.42：58.58。第二产业6823家，实现营业收入1.4万亿，同比增长14.27%，其中工业企业5190家，实现营业收入1.29万亿，同比增长18.39%。第三产业9782家，实现营业收入1.98万亿，同比增长24.37%。

（三）行业结构

2013年，全市规模以上工业的中小企业以重工业为主。重工业销售收入9907.2亿元，同比增长20.92%，占工业76.55%；轻工业销售收入3034.33亿元，同比增长10.82%，占工业23.45%。年收入超500亿元的行业有黑色与有色冶金、通用与专用设备、食品加工与制造、通信电子及计算机设备、金属制品、化学原料及制品、汽车制造、电气机械及器材等八大行业，上述行业实现销售收入9336.08亿元，同比增长19.95%，占总量72.14%。

2013年，全市限额以上中小企业服务业中，批发零售业3784家，营业收入11977.83亿元；住宿餐饮业568家，营业收入79.23亿元；交通运输业1008家，营业收入1022.93亿元；房地产业743家，营业收入352.84亿元；社会服务业2236家，营业收入1951.15亿元。

（四）区域分布

2013年，全市的21.29万家中小企业分布情况是，滨海新区5.38万家，占总量25.28%；市内六区6.21万家，占总量29.17%；涉农区县9.7万家，占总量45.55%。

2013年，营业收入超2000亿元的区县有7家，分别是滨海新区8348.41亿元，东丽区3129.15亿元，西青区3116.1亿元，北辰区2887.8亿元，中央企业2464.39亿元，和平区2277.62亿元，静海县2198.28亿元。上述区县共实现营业收入24421.76亿元，占全市中小企业营业总收入的72.34%。

（五）固定资产投资

2013年，全市中小企业共有固定资产投资项目4529项，本年完成固定资产投资3700.12亿元，同比增长18.91%。其中，当年竣工投产项目3141项，新增固定资产2499.81亿元。

投资项目中，第一产业540项，本年完成投资228.82亿元，同比增长29.41%。其中当年竣工投产项目456项，新增固定资产213.94亿元。

第二产业3120项，本年完成投资2755.11亿元，同比增长16.74%。其中当年竣工投产项目2113项，新增固定资产1795.29亿元。其中工业2972项，本年完成投资2546.54亿元，同比增长18.91%。其中当年竣工投产项目2018项，新增固定资产1653.25亿元。

第三产业869项，本年完成投资716.19亿元，同比增长24.56%。其中当年竣工投产项目572项，新增固定资产490.57亿元。

二、民营经济发展概况

（一）基本现状

2013年，全市民营经济市场主体发展达46.71万户，比上年增加2.08万户；注册资本金1.29万亿元，比上年增加731亿元；从业人员353.57万人，比上年增加29.67万人。增加值6221.2亿元，同比增长21.28%；税收收入1037.58亿元，同比增长21.28%；外贸出口额93.32亿美元，同比增长16.44%。

其中，民营企业18.74万家，比上年增加1.47万家；从业人员303.08万人，比上年增加26.27万人；注册资本金1.27万亿元，比上年增加689亿元；税收收入976.96亿元，同比增长17.28%。个体工商户26.77万户，比上年增加4863户；从业人员50.49万人，比上年增加3.4万人；注册资本金198.8亿元，比上年增加42.45亿元；税收收入60.62亿元，同比增长1.7倍。

2013年，全市限额以上民营企业10056家，当年实现营业收入1.31万亿元，同比增长25.25%；实现利润总407.26亿元，同比增长21.32%；实现税金总额187.14亿元，同比增长14.86%。

2013年，民营企业数量占全市内资企业的92.93%，注册资金占全市内资企业的47.63%，从业人员占全市城镇企业的76%，民营经济增加值占全市地区生产总值的43.3%，税收收入占全市总量的38.92%，外贸出口额占全市总量的18.4%。

（二）产业结构

目前民营经济已基本实现了“非禁即可”，其经营领域已涉及现代服务业、教育、医疗卫生，以及典当、金融信托、金融租赁、国际保理等新兴金融行业。2013年，天津民营企业中已有科学研究、技术服务和地质勘查企业29872家，租赁和商务服务业19831家，金融业企业2942家，信息传输、计算机和软件业企业2961家。在全市各类私募基金、股权基金企业中，民营经济成分也占相当比重。

从产业结构看。2013年，天津市民营企业18.74万家，其中，第一产业1209家，占总量的0.65%；第二产业49428家，占总量的26.37%，其中工业38383家，占总量的20.48%；第三产业136799家，占总量的72.98%。

限额以上民营企业中，第二产业实现营业收入5674.75亿元，同比增长25.9%，占总量的43.23%。其中，工业实现营业收入4998.05亿元，同比增长24.87%，占总量的38.08%；建筑业实现营业收入676.69亿元，同比增长33.99%，占总量的5.16%。第三产业实现营业收入7452.1亿元，同比增长24.76%，占总量的56.77%。

从产品结构看。2013年，总量最大的黑色与有色金属冶炼业实现销售收入1898.19亿元，同比增长29.83%；金属制品行业实现销售收入466.84亿元，同比增长15.61%；通用与专用设备制造业实现销售收入409.23亿元，同比增长28.41%；化学原料与制品制造业实现销售收入300.7亿元，同比增长23.75%；交通运输设备制造业实现销售收入277.64亿元，同比增长20.28%；电气机械及器材制造业实现销售收入259.05亿元，同比增长27.4%；食品加工与制造行业实现销售收入203.99亿元，同比增长22.67%；橡胶制品业实现销售收入174.67亿元，同比增长24.11%；纺织与服装行业实现销售收入129.68亿元，同比增长20.62%。

（三）规模水平

投资规模。2013年，民营企业户均注册资本金679.69万元，比上年减少18万元。注册资本金超千万元企业20764家，比上年增加2270家。其中注册资本金在1000～5000万元企业15933家，比上年增加1834家；5000～亿元企业2611家，比上年增加374家；亿元以上企业2220家，比上年增加62家。民营企业集团380个，比上年增加37个。

生产规模。目前，天津市有大型企业362家，其中民营企业92家。2013年，天津企业100强中有民营企业15家；全国民营企业500强中有天津民营企业和集团12家；中国企业500强中有天津民营企业3家，分别是天津荣程联合钢铁集团有限公司2012年实现营业收入460.12亿元，天狮集团有限公司296亿元，天津友发钢管集团有限公司221.17亿元。

上市公司。截至2013年末，天津民营企业有境内上市公司11家，其中，上证A股2家，分别是中源协和、天士力；深证A股2家，分别是国恒铁路、鑫茂科技；中小板3家，分别是赛象科技、九安医疗、天汽模；创业板4家，分别是红日药业、瑞普生物、经纬电材、长荣股份。另有新三板挂牌企业20家，分别是锐新昌、天友设计、津伦股份、成科机电等。

三、2013年重点工作

2013年，天津市中小企业系统积极开展“促惠上”活动和“扶助小微企业专项行动”，全力抓好示范工业园区、楼宇经济，重大项目建设、招商引资、企业转型升级和民营经济发展，圆满完成了全年目标任务，有力促进了中小企业和民营经济又好又快发展。

（一）园区楼宇发展实现新突破

一是示范工业园区加快建设。31个园区累计签约项目2521个，竣工1560个；预计全年完成固投1245亿元，实现工业总产值2300亿元；入驻企业7300家，从业人员达24万人。其中27个园区加快拓展区基础设施建设，累计投资52.04亿元，建成32.51平方公里。积极开展园区安全生产大检查活动，排查治理了安全事故隐患，营造了“安稳好”的企业经营发展环境。二是楼宇经济发展强劲。推出了第三批36个并储备了第四批亿元楼宇项目；推动市内六区出台了《商务楼宇管理服务规范》，提升了综合管理服务水平；会同市财政局、地税局、国税局开展了税收优惠政策落实工作；会同金融部门开展楼宇与银行对接服务，促成天津银行为57个楼宇及入驻企业授信资金77亿元。预计到年底，全市楼宇经济全年实现税收360亿元，“亿元楼”达120个；重点支持的164个“亿元楼”总税收突破200亿元，全年新增入驻企业2500家，累计达1.54万家，从业人员达17.8万人。

（二）重大项目建设迈上新台阶

一是落实资金支持了一批项目。与市财政修订涉农区县工业技术改造扶持资金管理办法，增加对区县重大项目直补的扶持方式，并积极争取国家资金，共为38个重大项目争取和落实扶持资金5729万元，有效缓解了部分项目融资压力。二是强化服务解决了一些难题。组织区县开展重大项目自查督查整改工作，深入开展延伸服务，协同市区两级主管部门重点走访了266个项目，协调解决难题175个，新发展了一批成长性好、带动性强的项目，增强了投资活力。三是狠抓进度确保了项目顺利推进。坚持前期项目抓开工、在建项目抓进度、投产项目抓效益，以月保季、以季保年，全力推动项目加快建设，九批980个区县重大项目新增竣工投产140个，新增投资820亿元，提前超额完成全年任务目标计划。

（三）招商引资结出新成果

一是借重首都资源加强科技和楼宇招商。与中科院计算机技术研究院、方正集团、用友软件等100余家企业对接，签约30多个合作项目，投资总额超130亿元；依托楼宇引进了科研院所、区域总部、凡客诚品、美国谷歌等一批优质项目。二是瞄准长三角、珠三角、海西等地区开展优势产业招商。会同部分区县开展了系列产业招商活动，引进了上海、南京、厦门、福州、深圳等地节能环保、医药、食品、商业综合体、地产金融等领域的一批产业配套投资项目。三是紧盯世界、中国和民营500强招大引强。举办了全国民企贸易投资洽谈会 、莞商—天津投资洽谈会、部分省市中小企业协会会长企业天津行等系列活动，推进了广东三正集团、东莞丰华集团、东莞以纯集团、深圳正威集团等全国知名民企；组织部分区县赴美国、加拿大开展国际合作，推动美国花旗、美国强生制药等世界500强来津投资。园区和楼宇全年招商引资额同比增长20%以上。

（四）转型升级增添新动力

一是抓契机促转型。遵照张德江委员长今年初在考察天津时的重要指示精神，积极落实国家工信部、科技部、财政部在天津开展中小企业创新转型试点工作，以及工信部《关于促进中小企业“专精特新”发展的指导意见》，组织起草万企转型升级行动计划方案，认定了31个“专精特新”产品（技术）。二是抓技改促升级。全年安排市财政资金并争取到中央扶持资金共计2.02亿元，支持了169个技术改造和创新转型项目，引导带动一大批中小企业加快转型升级步伐，全年新转型为科技型中小企业超过5600家。三是建平台强支撑。新认定市级中小企业公共服务示范平台10家，落实市财政资金300万元，示范平台累计达28家，其中国家级示范平台9家。四是重专利提质量。推进中小企业专利“消零”行动，首批4个专利试点工业园区拥有有效专利632项，增幅达46.3%。推动东丽华明工业园、北辰高端装备制造产业园申报第二批专利试点工业园区。会同市质监局开展质量管理工作，推出标杆单位18个和标杆个人16人。

（五）民营经济发展掀起新高潮

一是健全领导体制和工作机制。市委、市政府充实调整了市民营经济发展工作领导小组，建立了由市中小企业局牵头、市委宣传部、市发展改革委、市财政局、市工商局、市工商联为成员单位的领导小组办公室及5个工作小组，制定完善了工作机制、考核办法等各项制度，明确了责任分工。二是深入开展调研。会同市委统战部、市委研究室、市工商联等开展调研，赴浙江、福建、山西、河北等地学习先进经验，撰写了民营经济发展专题报告，起草了培育民营大企业大集团的实施意见。三是出台加快民营经济发展新举措。会同市发展改革委、市工商局、市工商联等起草《进一步加快民营经济发展的意见》及责任分工方案，通过了市委常委会和市政府常务会议审议并正式出台；评选表彰了60个优秀民营企业和20个民营经济工作先进单位；圆满完成了全市民营经济发展工作会议的筹备服务工作。四是积极推动政策落实。利用天津日报、今晚报、天津电台、天津电视台等媒体，及时宣传解读新出台的27条政策，营造了良好的舆论氛围；协调督促市有关部门制定完善了配套措施，推动政策措施和工作载体落实到位。

（六）法制环境建设夯实新基础

一是坚持依法行政。配合市人大常委会深入部分区县和企业，开展贯彻实施“一法一办”的执法检查，督促整改了突出问题。认真答复人大代表和政协委员的提案、议案39件，答复满意率达100%。二是加快地方立法工作。在市人大财经委、法工委和市政府法制办指导下，数易其稿，形成了《天津市促进中小企业发展条例（送审稿）》，已通过市政府常务会议审议，待市人大审议后正式出台。全国人大财经委来津视察指导工作，肯定了该项工作。三是开展法律服务。组织开展了“律师进企业，牵手共发展”等活动，维护企业合法权益；通过政策宣讲会、走进直播间、培训咨询会等形式，深入解读“一法一办”及政策措施，编发中小企业法律服务案例集，帮助企业熟悉掌握法规政策，引导企业增强法律意识，依法诚信经营。

（七）服务载体提升再上新水平

一是开展了“聚焦小微、扶助成长”和结对帮扶活动。联合有关部门共组派了23个工作组，深入200多家中小微企业，帮助协调解决困难问题；派出6名干部结对帮扶，其中3名驻村、2名下社区、1名援疆，局领导也多次到帮扶单位指导服务，协调落实资金15万元，并出资3000元帮助特困群众。二是提升网络平台服务功能。争取到国家级中小企业公共服务网络平台建设项目；加强中小企业信息网站安全防护和手机版推广，开设“党的群众路线教育”专栏，开发中小企业“专精特新”产品（技术）申报系统，市级网站及16个区县分网总点击量达1800万次，发布工作动态信息超2100条；运行监测平台建设加快推进，4个试点区县数据平台完成信息收集录入工作，市级平台数据库系统程序安装调试完毕，报表企业达2970户。三是搭建融资平台。促进企业与金融机构有效对接；培育扶持担保机构提高担保能力，推广“融资超市”，有效缓解了中小企业融资困难。四是强化培训诊断服务。实施“圆梦津城”培训和管理提升工程，全年培训4万人次；启动管理咨询项目68个，管理诊断项目28个。五是营造全民创业浓厚氛围。争取国家资金1040万元，支持10个小企业创业基地和12个创业服务项目建设；实施“圆梦津城”全民创业计划，开展了创业大赛、创业巡讲、创业辅导、创业培训等系列活动。六是支持企业走出去。组织30余家中小企业参加第十届中博会，达成合作意向金额800余万元。

四、2014年形势与展望

从中小企业面临的形势分析看，既有世界经济温和复苏、国内经济企稳回升、政策累积效应释放等积极因素，又有外需回升乏力、成本持续攀升、转型升级难度加大等不利因素。全市中小企业和民营经济虽然总体上保持了较好的发展态势，但与江苏、广东、浙江等先进地区相比还存在不小的差距。一是企业数量不够多，规模不够大，科技创新能力不够强。二是企业经营困难，特别是小微企业仍面临融资难、成长难、市场难等问题，部分企业出现半停产和亏损状态。三是服务体系建设仍然滞后，公共网络服务平台建设亟需加快。四是在改善中小企业、民营经济发展政策环境、加大扶持力度上，在推动企业转型升级、创新发展、绿色发展上，在深化改革、全力破解民营经济发展难题、推动民营经济做大做强上，还需要重点下大功夫。

2014年，我局将深入贯彻党的十八大和十八届三中全会精神，认真落实天津市委十届二次、三次、四次会议部署，以改革创新的精神全面提升现代化服务能力，强化“六个抓手”，实现“六个促进”，努力开创中小企业和民营经济发展新局面，为建设美丽天津做出新贡献。主要目标是：全市中小企业达到22.8万家，全年税收总额实现1780亿元，同比增长10%。全市民营经济市场主体达到51万户，民营企业达到22.5万户，营业收入超5亿元民营企业达到235户，民营经济增加值占全市生产总值达到44%。区县规模以上工业计划完成总产值1万亿元，同比增长16.5%。

（天津市中小企业发展促进局）

河北省

一、中小企业及民营经济发展情况

2013年，全省各级工信部门深入贯彻党的十八大和十八届三中全会精神，围绕省委、省政府各项经济工作部署，坚持稳中求进的工作总基调，全面落实加快民营经济发展的政策措施，积极开展“扶助小微企业专项行动”，加大工作力度，提高服务能力，抓创业、强服务、调结构、促转型，推动全省民营经济实现了平稳较快发展。

（一）基本运行情况

2013年，全省民营经济单位总数达256.5万个，同比增长3.7%，其中民营企业法人单位27.6万个，比上年同期增加1.5万个；从业人员达2014.6万人，同比增长4%，占全社会二三产业从业人员比重约为72.9%，比上年提高1.4个百分点，其中民营企业法人单位从业人员975.2万人，同比增长6.6%。

全省民营经济累计完成增加值18680.2亿元，同比增长9.5%，占全省GDP比重为66%，比上年提高1.3个百分点；实现营业收入87641.6亿元，同比增长14.2%；上交税金2554.6亿元，同比增长9.1%，占全省全部财政收入比重为70.2%，比上年提高2.9个百分点；完成固定资产投资13468.3亿元，同比增长18.8%，占全社会固定资产投资比重59.5%，比上年提高2个百分点；实现出口产品交货值总额1555.5亿元，同比增长8.8%。

2013年，民营经济在错综复杂的经济形势下，努力克服诸多不利影响和较长期的下行压力，总体保持了稳中有进的增长态势，为全省经济持续稳定增长发挥了重要支撑作用。

（二）主要运行特点

1. 规上企业凸显主体作用，拉动经济增长

2013 年，全省民营规模以上工业企业经济总量增长较快，在全部民营经济中的主体作用更加突出。民营规上工业企业个数 11857 个，比上年增加 839 个；实现增加值 8110.5 亿元，同比增长 10.4%，高于全部民营经济 0.9 个百分点，占全部民营经济总量的 43.4%，比上年提高 1.7 个点；上交税金 1015.6 亿元，同比增长 10.7%，高于全部民营经济 1.6 个百分点，占全部民营经济比重 39.8%，比上年提高 0.6 个点；实现营业收入 34116.1 亿元，同比增长 15.8%，高于全部民营经济 1.6 个百分点，占全部民营经济比重 38.9%；利润总额达 2075.9 亿元，同比增长 15.8%，高于全部民营经济 4.8 个百分点，占全部民营经济比重 32.2%。全省民营规上工业涉及的 37 个行业中，煤炭采选、食品制造、服装制造、医药制造和塑料制品等 17 个行业总产值、营业收入和利润实现两位数增长。

2013 年，民营大企业（集团）保持了较快的增长，对全省民营经济起到了龙头带动作用，年报中 290 个年营业收入超 10 亿元的企业（集团）总营业收入达 15600.3 亿元，占全省民营经济的 17.8%，上交税金 538.3 亿元，占全省民营经济的 21.1%。我省河北庞大汽贸有限公司等 16 个民营企业评为“中国民营企业 500 强”，平均营收收入达 249.1 亿元；河北津西钢铁集团股份有限公司等 25 个民营企业入围“2013 年中国制造业企业 500 强”，平均营收收入达 207.5 亿元。

2. 民营投资持续快速增长，续航能力增强

2013 年，全省民营企业以调整产业结构和转型升级为主题，以项目投资为支撑，全省固定资产投资呈快速增长态势。全省民营企业完成固定资产投资 13468.3 亿元，同比增长 18.8%；其中民营工业企业固定资产投入 7563.6 亿元，同比增长 24.4%。全省 11 个设区市中 7 个市的民营企业固定资产投资增幅超过 18%，民营企业固定资产投入占到全省社会固定资产投入的六成，夯实了民营经济持续较快发展的项目基础。

全年民营企业投资千万元以上项目达 11892 个，其中亿元以上项目 2727 个。11 个设区市中，唐山市、石家庄、邯郸市、沧州、邢台等 5 个市均超过 260 个。各地民营大项目投资建设稳步进行，石家庄市河北中农博远农业装备有限公司研发制造基地，保定市英利绿色能源有限公司太阳能电池产业链项目二期，唐山市九江煤炭储运有限公司建设年产 24 万吨焦炉煤气制 LNG 项目，邯郸市北方奥钛纳米技术有限公司纳米级锂钛复合新型电机材料等项目投资大、进度快，成为推动全省经济持续较快发展的重要动力。

3. 产业集群不断发展壮大，支撑县域经济

2013 年，省政府出台了《关于做强产业集群促进县域工业发展的实施意见》，各地方加快推进产业聚集区基础设施、公共服务设施投入和建设，大力实施产业集群示范工程，通过龙头带动、产业配套、专业协作和强化公共服务，着力提升产业集群发展档次和水平，促进了全省民营经济的产业集群化发展。产业集群数量、规模、效益稳步提升，2013 年全省年营业收入 5 亿元以上产业集群 380 个，比上年增加 10 个；其中 10 亿元以上 321 个，比上年增加 21 个；50 亿元以上的 140 个，比上年增加 17 个；超 100 亿以上的 81 个，比上年增加 14 个；超 500 亿的 3 个，比上年增加 1 个，其中武安市钢铁产业集群超千亿。

全省县域经济中，年营业收入 5 亿元以上产业集群达 330 个，比上年增加 14 个，完成增加值 5376.2 亿元，占县域 GDP 的 27.5%，比上年提高 3.1 个百分点；其中 10 亿元以上 276 个，比上年增加 23 个；其中 50 亿元以上的 117 个，比上年增加 20 个；超 100 亿的 64 个，比上年增加 12 个；超 500 亿的 3 个，比上年增加 2 个，产业集群的不断发展壮大成为县域经济的重要支撑。

4. 小微企业运行稳中向好，生产效益回升

近几年，各级政府不断加大对小微企业扶持力度，2013 年全省大力开展“办好十件实事扶助小微企业发展”主题活动，不断推进和完善中小企业公共服务体系，从广度和深度上不断提高服务能力。加大创业支撑，全省新建创业辅导基地 22 个（总数达到 402 个），入驻小微企业 16500 余家，安置就业 42 万多人；组织 50 场次“订单式”服务活动，服务企业 2000 多家。拓展融资渠道，全省融资性担保机构达到 615 家，担保能力 553 亿元；与 13 家金融机构签订总额 5785 亿元支持中小企业合作协议，发放信贷资金 6688 亿元；向金融机构推荐优良项目 3317 余个，解决贷款 879 亿元。提升公共服务水平，新认定 42 个公共技术服务平台，累计认定 157 个省级公共技术服务平台；确定了 100 个省级产业集群公共服务示范平台，14 个评定为国家级示范平台；认定 19 个省级中小企业公共服务示范平台，5 个评定为国家中小企业公共服务示范平台；中小企业公共技术服务平台全年培训员工 96249 人，引进人才 2334 名，服务中小微企业 96525 家。

全省小微型企业主体数量持续增加，经济总量连续增长，社会贡献不断提高，成为推动全省经济发展和社会稳定的一支重要力量。2013 年，全省小微型企业达 24.4 万个，同比增长 7%，占全省民营企业的 88.4%；期末从业人员数约 642.7 万人，占全省民营企业的 65.9%，占全社会二、三产业人员的 23.5%，比上年提高了 0.7 个百分点。完成营业收入 26555.4 亿元，同比增长 13.5%；上交税金 803.9 亿元，同比增长 12.1%，占全省全部财政收入的 22.1%，比上年提高了 1.3 个百分点；完成固定资产投资 4794 亿元，同比增长 24.1%，占全省全社会固定资产投资的 21.2%，比上年提高了 1.6 个百分点；年末资产总额达 12541.1 亿元，同比增长 28.1%。

2013 年，全省小微型企业生产经营总体较好。小微企业完成利润总额 2208.8 亿元，同比增长 15.9%，比上年同期提高 1.1 个百分点。全省小微型监测企业利润总额同比增长 13.76%，与中型企业

基本持平，占比54.44%，比上年同期提高0.3个百分点；利润率达4.93%，比上年同期高0.2个百分点，比中型企业高1.2个百分点。

（三）制约民营经济发展的主要问题

1. 企业资金持续紧张，融资困难多

资金不足是制约民营企业生产经营、扩大发展的主要瓶颈，受国内外复杂多变经济环境和刚性政策调控等多重因素影响，全省民营企业较长期普遍的存在资金短缺的压力。据2013年底全省中小监测企业调查，636个调查企业中73%的企业流动资金不足，26%的企业流动资金紧张，12%的企业流动资金非常紧张；对比2012年底783个调查企业，流动资金不足的企业比例下降了2个百分点，流动资金紧张的企业比例下降了2个百分点，流动资金非常紧张的企业比例持平。

近几年，各级部门在融资担保政策上支持民营企业和中小企业力度不断加大，一定程度上缓解了企业资金紧张状况。2013年，全省民营企业贷款总额达2372.9亿元，同比增长27.7%，贷款余额1512.4亿元，同比增长37.6%；中小监测企业借款余额同比增长了42.5%，比上年提高13.7个百分点。但与民营企业总体资金需求相比，目前金融机构的信贷担保能力和支持力度仍相差较大，当前，全省民营企业固定资产投资总额中四分之三是自有资金，金融机构贷款仅12.5%，比上年仅提高了0.3个百分点。中小监测企业调查显示，半数企业不能从银行贷到款，23%的企业没能全额贷到款，仅8%的企业得到了足额贷款。银行贷款仍然主要投向大型企业和中型优势企业，对中小企业放贷标准较高，许多对中小微型企业搞活融资的政策措施难以有效落实。小微型企业在贷款时基本无法享受基准利率，要支付额外30%－50%，甚至达100%以上的浮动利息，贷款风险加大，融资贵使企业由“赌一把”转到“贷不起”。

2. 经营成本快速上涨，利润空间小

国内外市场需求不旺，竞争不断加剧，工业产能相对过剩，产品销售不畅，而资金、电力、人工、原材料和运输等成本较快增长，企业利润空间被严重压缩，生产型中小企业的经营压力持续加重，盈利额的增长难以抵消成本的增长，生产周转资金短缺更加严重。据2013年底全省中小监测企业调查，636个调查企业中30%的企业反映近期生产要素的上升影响了其生产经营活动；中小监测企业生产成本占营业收入的比重依然偏高，达87.5%，生产经营长期维持重压。民营企业特别是中小企业资金面普遍较紧，企业间拖欠较多，中小监测企业应收账款同比增长20.5%，比上年增加4.3个百分点，占营业收入比重达7%，与上年同期基本持平。部分区域和行业企业形成了“三角债”，甚至“多角债”，尤其是规模以上中小企业，营业成本占比较高，应收账款增长较快，企业存在持续加大的资金压力。

3. 用工难限制生产，人才缺口大

近两年来，全省民营企业劳动力成本上升较快，普遍性招工不足得到了缓解，近两年全省民营企业劳动者报酬平均增幅达到24.2%，高于收入增幅6.1个百分点，人均工资收入平均增长14.8%。高于利润增幅3.6个百分点。但受社会就业观念影响，持续过快上涨的工资成本导致多数中小生产企业出现了较严重的用工难现象，

用工难主要表现在招不到，用不起，留不住三个方面：一是民营企业难招工问题仍然存在，多数中小企业福利待遇条件较低，部分大学、专科毕业生不愿去民营企业特别是中小企业就业，农村青壮年宁肯到城市打工也不愿去县域企业工作，技术型、管理型人才紧缺更为突出；二是工资支付压力持续增长，企业利润空间愈发紧张，使多数民营工业企业在生产和效益有保障的前提下尽力少用工人，采用多班倒方法，保持生产同时减少用工量；三是民营企业特别是中小企业人员流动性大，招进来、留不住的情况更加频繁，由于企业用工竞争加剧，不少员工成为熟练工就会辞工转岗，一些有一技之长的技术工人都流向外地或是大中型优势企业，民营中小企业成了其他企业的熟练工培训地、技工加工场。

4. 结构短板长期存在，转型升级难

我省民营经济在新的产业政策调控，严峻的环境压力下，传统的发展模式不可延续，钢铁、建材、化工等多个传统支柱行业企业出现生存危机。长期以来，结构性缺陷是民营企业的短板，依赖资源是县域经济的共性，生产成本上升是传统行业的软肋。一是企业发展粗放，行业链条短，产业、行业技术水平低，低端产品多，产品科技含量和附加值低；二是企业以家族式经营模式为主，经营管理方式落后，用人机制不健全，风险意识差，抗风险能力较差；三是企业生产过度依赖低成本生产要素、资源能源消耗、产品量和规模扩张；四是从创新驱动上寻求发展成为企业生存和成长重要的短板，也是制约发展的关键。民营企业受自身财力、科技能力、经营场所限制，智力支撑及职工素质的等全方面制约，多数企业短期内难以实现转型升级。

二、2013年主要工作

（一）着力优化发展环境

根据我省民营经济、中小企业发展实际，适时调整出台扶持政策措施。遵照本顺书记关于“在保护和扶持中小企业方面创新一些做法”的指示，起草完成了《关于保护和扶持中小微企业加快发展的措施》；按照《中共河北省委常委会群众路线教育实践活动整改措施》任务分工，就解决好民营企业特别是中小微企业融资难、用地难、用工难等问题协调省有关部门提出了对策措施；为贯彻好党中央关于支持非公有制经济健康发展的重要精神，按照省委、省政府领导指示和全省民营经济领导小组会议要求，牵头组织起草了《中共河北省委河北省人民政府关于大力推进民营经济加快发展的若干措施》，并征求了部分市和省有关部门意见。协调多家新闻媒体开展了形式多样的政策解读和典型宣传活动，加大宣传力度、浓厚社会氛围。

（二）积极拓宽融资渠道

进一步规范省市县融资性担保体系建设，着力做强省级、做大市级、做实县级担保机构。全省融资性担保机构突破600家，资本金553亿元，超额完成省政府年度任务目标。下大力开展政银合作，联合河北银监局、省工商联组织13家银行业金融机构签订了总额5785亿元的支持中小微企业金融服务战略合作协议，已发放信贷资金6688亿元，解决了一大批民营企业、中小微企业贷款难题。组织开展并指导市县举办银企对接活动，积极向金融机构推荐优良项目3317个，落实银行贷款879亿元。

（三）大力推进全民创业

围绕扶持创业者、催生小企业，加快创业辅导基地建设，为初创者和小微企业解决用地难题。全省各类创业辅导基地达到402个，建成标准厂房2010万平方米，入驻企业16500余家，安排就业42万余人。组织市县开展了星级创业辅导基地创建活动，进一步提升基地综合服务能力。针对不同中小微企业需求组织开展了50场“订单式”辅导活动，服务企业2000家左右。

（四）不断强化人才支撑

切实搞好人才培训工作，依托清华、北大教育资源切实搞好人才培训工作，通过举办清华卓越管理河北省高级研修班、北大中小企业领军人才战略发展高级研修班、中小企业名家讲坛等活动，累计培训民营企业和中小微企业经营管理者6000多人；借助“清华远程（网络）企业学堂”和省级民营经济人才培训基地，指导市县企业开展自主培训活动，全年累计完成各级各类培训200万人次。积极开展人才对接交流，组织了中小企业百日网上招聘高校毕业生活动，联合河北大学、省人才市场分别举办了河北省中小企业高校毕业生人才招聘会、河北省中小企业中高级专业人才招聘会，累计提供就业岗位2万多个。

（六）加快转型升级步伐

省市县三级协调联动，以培育壮大中小企业产业集群为突破口，加速提升县域经济整体实力。以省委、省政府名义出台了《关于做强产业集群促进县域工业发展的实施意见》，并研究提出了县域经济考核中涉及民营经济、产业集群等方面的指标体系。大力实施产业集群示范工程，组织认定了第三批11个省级示范产业集群。积极开展54家民营大企业（集团）培育扶持工作，督导落实了推进举措。努力提升公共技术服务平台建设水平，认定了第二批42个省级公共技术服务平台，全省总数达到157个。实施名牌战略，开展了产业集群区域品牌和中小企业名牌产品申报工作，认定了特色产业28个名县、名镇，259个省中小企业名牌产品。

（五）健全完善服务体系

按照工信部批复的《河北省中小企业公共服务平台网络建设方案》，组织完成了省平台办公环境改造和软件开发项目的招标工作，通过外省实地观摩、学习借鉴经验等方式，指导各窗口单位加快建设进度，并结合实际探索施行“边建设，边服务”的运行模式。已有5个市级综合窗口提前建设完成，开始试运行。评选认定了19个省级中小企业公共服务示范平台，5个平台被国家工信部认定为国家中小企业公共服务示范平台。

（七）帮助企业开拓市场

按照省政府统一部署，配合省商务厅、省工商联组织了“百家知名民企进河北”、中国民营500强高端会议等活动，邀请了省外20余家知名民企参加了5.18廊坊经洽会和廊坊、秦皇岛与省外知名民企项目对接活动。围绕做大区域特色产业、促进产销对接，举办了第六届中国．东光纸箱机械展销会暨产业发展论坛、河北任县机械和橡胶制品产销对接对标会等省内特色产业产销对接活动。组织企业参加了第十届中国国际中小企业博览会和2013中阿中小企业合作论坛，实现了预期效果。

（河北省工业和信息化厅中小企业处）

山西省

一、2013年中小微企业发展情况

2013年，山西省中小微企业面对严峻复杂的经济形势，努力克服市场需求不足、产品价格下降、成本上升较快、资金周转困难等不利因素的影响，保持了稳中有进、稳中有为、稳中向好的发展态势，为拉动全省经济发展作出了积极贡献。

（一）社会贡献继续扩大

2013年，全省中小微企业（法人单位）户数达13.5万户，比2012年同期净增2.23万户，占全省企业总数的99.7%；从业人数367万人，比2012年同期净增22万人，占到全省企业从业人员总数的73.8%；完成增加值5570.2亿元，占全省GDP的44.2%，比2012年提高1个百分点；上缴税金995亿元，占到全省财政收入的35.7%。

全省规模以上中小工业企业实现营业收入7608.8亿元，占全省规模以上工业的39.6%，同比增长5.6%，快于全省规模以上工业增速2.8个百分点。

（二）发展走势稳中有降

从全年发展走势来看，1～12月份，全省中小微企业营业收入同比增长11.62%，增幅与2012年同期相比降低了6.52个百分点；12月份与前11个月相比，环比下降了2.14个百分点。

从季度走势来看，一季度增长17.67%，二季度增长15.03%，三季度略有反弹，增速达16.15%，四季度增长11.62%，全年呈现前高后低，稳中有降之势。

分地市看，1～12月份，营业收入增速高于全省平均速度的有六个市，其中：长治市增长18.51%，晋城市增长17.16%，忻州市增长15.46%，运城市增长15.32%，忻州市增长15.21%，朔州市增长13.93%。其他五个市增速低于全省。

（三）企业成长进展明显

2013年，随着省委省政府扶持小微企业政策的落实到位，全省创业热情进一步迸发，为中小微企业快速发展注入了新的活力。2013 年，全省新增规模以上工业企业 256 户，规模以上中小工业企业总数达 3240 户。

2013 年，全省新创办小微企业近 3 万户，新培育营业收入超亿元的“小巨人”企业 120 个；新认定“中小企业技术中心”42 个；新创建“小微企业服务站”120 个；新认定中小企业创业基地 26 个。

2013 年，全省小微企业贷款余额 3323.49 亿元，与年初相比增加 793.72 亿元，增长 31.38%，高于全省银行业各项贷款平均增速 17.63 个百分点。

列入工信部重点监测的中小企业 1500 户，重点监测的特色产业集群 20 个，12 种产品出厂价格和 44 种产品产量纳入统计监测范围，200 户小微企业纳入全省手机快速调查直报系统。

（四）投资总额较快增长

2013 年，全省中小微企业完成固定资产投资 1782.07 亿元，同比增长 8.79%，环比增幅回落 10.88 个百分点。分产业看，第一产业完成投资 44.99 亿元，同比增长 11.86%；第二产业完成投资 1174.91 亿元，同比增长 1.10%；第三产业完成投资 562.17 亿元，同比增长 29.06%，增幅高出三次产业投资平均增幅 20.27 个百分点。在第二产业中，工业完成投资 1127.09 亿元，同比增长 0.73%。其中，煤炭工业完成投资 215.76 亿元，同比下降 3.16%；非煤工业完成投资 907.32 亿元，同比增长 1.25%；煤、焦、冶三大传统产业完成投资 342.98 亿元，同比下降 16.16%；非传统产业完成投资 699.57 亿元，增长 6.59%。

（五）工业生产销售稳定

1～12 月份，全省中小工业企业营业收入增长 8.67%，与 2012 年同期相比下降 5.9 个百分点，12 月份与前 11 个月相比，环比下降 5.3 个百分点。

从产销情况来看，1～12 月份全省中小企业规模工业产销率为 94.16%，比 2012 年同期上升 0.66 个百分点，12 月份比前 11 个月上升 0.1 个百分点。

从主要工业产品产量看，1～12 月份，全省重点监测的 44 种主要工业产品中，22 种产品产量同比增长，22 种产品产量同比下降。传统产业产品，如洗精煤、铁矿石、铁精矿粉、成品钢材、粗钢增长较快；罐头食品、乳制品、白酒、饮料、电石、生铝矾土、硅铁等产品降幅较大，成品中药产量下降，西药制品产量增长。

（六）产品价格多有起伏

2013 年，从重点监测的 13 种主要工业产品价格变化看，12 月份与 1 月份相比，9 种产品出厂价下跌，占监测产品种类的 69.2%；3 种产品持平，占 23.1%；1 种产品价格上升，占 7.7%。在出厂价格下降的 9 种产品中，主焦煤每吨下降 50 元，主焦洗精煤下降 130 元，配煤每吨下降 230 元，电煤每吨下降 130 元，焦炭每吨下降 41 元，生铁每吨下降 170 元，钢坯每吨下降 234 元，钢材每吨下降 199 元，电石每吨下降 50 元。而精矿粉每吨由年初的 1048 元涨至 1222 元，每吨平均涨 174 元。水泥和砖出厂价格稳定不变。

（七）出口形势缓中趋稳

2013 年，全省中小企业完成出口交货值 143 亿元，同比减少 0.69%，比 2012 年同期增幅回落近 1 个百分点。全年来看，我省中小企业出口呈触底回升态势，第一季度出口交货值增速高负，4 月份由负转正。此后各月增幅在 4.2%～7.9% 之间波动，后半年发展形势趋稳。

全年煤炭出口企业 7 家，出口煤炭 21 万吨，出口产品交货值 82130 万元；金属镁出口企业 12 家，出口金属镁 9160 吨，实现交货值 17971 万元；活性炭出口企业 5 家，出口活性炭 13713 吨，实现交货值 10320 万元；铁合金出口企业 4 家，出口铁合金 9600 吨，实现交货值 14920 万元；玛钢件出口企业 17 家，出口玛钢件 41000 吨，实现交货值 46510 万元；铸铁件出口企业 28 家，出口铸铁件 112854 吨，实现交货值 133143 万元；汽车配件出口企业 5 家，出口汽车配件 10652 吨，实现交货值 16800 万元；法兰出口企业 52 家，实现交货值 133916 万元；玻璃器皿出口企业 43 家，出口玻璃器皿 120943 万件，实现交货值 191819 万元；陶瓷制品出口企业 4 家，出口陶瓷制品 3648 万件，实现交货值 11733 万元；芦笋出口企业 7 家，出口芦笋 4150 吨，实现交货值 6240 万元；药品出口企业 9 家，出口药品 13599 万片（粒/支），实现交货值 58024 万元。

（八）住宿餐饮业持续低迷

2013 年，全省中小微企业住宿业营业收入增速同比下降 21.96%，环比降幅扩大近 10 个百分点。餐饮业营业收入同比增长速度继续大幅度下降，第四季度表现尤为明显。1～10 月餐饮业营业收入同比下降 25.5%，1～11 月营业收入同比下降 26%，1～12 月同比下降 26.69%。

（九）产业集群生产稳定

2013 年，全省重点监测的 20 个产业集群，涉及企业 2144 户。全年营业收入同比增长速度达到两位数的产业集群 6 个，分别是万荣水泥添加剂、祁县玻璃器皿、原平皮带、定襄法兰、大同医药、榆次液压；营业收入同比下降的产业集群 2 个，分别为太原不锈钢和阳城陶瓷；其余 12 个产业集群营业收入同比增长在 0.7%～7.8% 之间。

二、2013 年主要工作

（一）强化政策引导，优化中小微企业发展环境

2013 年是山西省中小微企业发展史上的重要一年。省政府把“大力扶持中小微企业发展”确定为全年的一项重点工作；先后两次研究出台财政“15 条”、金融“12 条”专项政策措施，针对性强、含金量高。各级各部门先后出台了一系列配套政策，在推进技术创新、改善融资服务、开展人才培训、加强品牌建设等各个方面，都有了具体的、实实在在的扶持措施。省级中小企业扶持资金增加了 2.35 亿元，市县两级各类扶持资金增加近 3 亿元。政策支持力度之大、企业受惠面之广前所未有。

积极落实税费优惠政策，切实减轻企业负担。

全年免征5万户小微企业增值税、营业税近2亿元；“营改增”试点惠及中小微企业2.79万户；对主营业务收入首次达到2000万元以上的工业企业，按当年新增增值税省级留成部分的50%给予奖励；中小企业研发费用所得税前加计扣除，技术转让、软件企业所得税减免等优惠政策得到进一步落实；暂免征收小微企业行政事业性收费26项，减轻企业负担近5000万元。

为帮助广大中小微企业用足用好政策，组织开展了全方位、高强度的集中宣传报道和多形式、多角度的政策宣讲解读。省级主要新闻媒体共刊发、播报新闻、评论、专访、专稿等1100余条。新华社、人民日报等中央媒体共刊发新闻、通讯等57条。人民日报9月15日在头版以《山西中小企业乘势转型》为题，对山西省促进中小微企业发展的新经验、新成效进行深度报道；人民网山西频道开设“山西转型跨越新引擎——全力助推山西中小微企业发展”专栏，进行网络专题报道。全省中小企业系统以“扶持小微、助力成长”为主题，累计开展“三送活动”百余场次，受益企业近万家。社会各界对中小微企业扶持政策的知晓率进一步提高。

（二）强化综合协调，促进全省中小微企业稳增长

积极应对经济下行压力，不断完善覆盖13个行业、21个特色产业集群、1500户重点企业的中小微企业运行监测制度，及时了解发展动态，全面掌握运行情况，强化预测预警分析，为各级各部门指导中小微企业发展提供决策依据。2013年，全省中小微企业增加值同比增长17%，高于GDP同期增速8.1个百分点；在GDP中的占比同比提高1个百分点，达到44.2%。分市看，增速高于全省平均水平的有7个市，其中长治、晋城、忻州增速居全省前三位；大同、吕梁、阳泉增速居全省后三位。

（三）坚持多措并举，缓解中小微企业融资难题

完善客户推介机制。2013年累计向金融机构推荐中小微企业2800多户，帮助落实贷款195亿元。

深化“政银企保”合作机制。各级中小企业管理部门与金融机构进一步拓展合作内容、创新合作方式，融资服务更加务实有效。联合建行山西分行，建立“助保贷”融资平台，全省已有10个市、45个县（区）设立“助保资金池”50个，为335户中小微企业提供贷款14.87亿元；联合国开行山西分行，建立中小微企业统贷平台，获得授信额度3亿元。

设立总规模20亿元、全国首家省级中小企业创业投资基金。省财政首批注资1亿元，吸收社会资本3亿元，扶持小微企业800余家。

落实中小微企业担保优惠政策。为开展中小微企业担保业务业绩突出的10家担保公司，申请国家风险补偿资金4100万元；免征3家担保机构营业税；筹措5000万元，支持14家担保机构扩大对中小微企业的融资业务。

建立中小微企业股权融资市场化服务平台。发挥山西省股权交易中心作用，推荐876家中小微企业进行挂牌展示；省中小企业局联合晋中市政府设立天津股权交易所山西运营中心，为中小微企业提供股权挂牌和融资服务。

推动金融机构改善对中小微企业的服务。省内各银行业金融机构全部设立了中小企业专营机构，针对中小微企业资金需求特点，推出100余种金融产品和服务。到2013年底，全省小微企业贷款余额3323.49亿元，较年初增加793.72亿元，增长31.38%，增速高于全省银行业各项贷款平均增速17.63个百分点。小微企业贷款占全部贷款22.11%，较年初上升2.97个百分点。

推动构建多元化小微企业金融服务体系。全省村镇银行新增10家，达40家；小额贷款公司新增20家，达542家；担保公司新增8家，达219家；典当行新增24家，达211家，多元化的小微企业金融服务体系逐步完善。

（四）坚持分类指导，助推中小微企业快速成长

实施“星火”培育工程。简化工商登记，降低创业门槛，进一步掀起创业兴业热潮。全省累计培训创业者3万人次以上，新创办小微企业3.57万户，超额完成1万户的年度任务，创出山西省历史上年创办小微企业数量之最，为全省经济发展注入了新活力。

实施“小升规”成长工程。支持小微企业专营一个领域、专攻一门技术、专注一个产品，走“专精特新”发展之路。全省有217户小微企业进入规模以上工业企业行列，成为工业经济发展的新骨干。

实施“小巨人”提升工程。加强规划引导，制定梯队培育计划，完善定点帮扶机制。全省新培育销售收入超亿元的非煤工业企业“小巨人”120户，超额完成100户的年度任务。全省“小巨人”企业总户数突破900户，成为中小微企业发展的新龙头。

（五）加快结构调整，推进中小微企业转型升级

着力推进产业转型。加强对中小微企业转型发展的分类指导，支持中小微企业改造升级和科技创新，引导新兴产业发展。中小微企业中采掘业企业数量占比下降到3%以下。

着力推进技术创新。新认定省级中小企业技术中心41个。目前，69个省级中小企业技术中心拥有全国领先技术33项、发明专利35项、实用新型专利38项、外观设计专利21项。积极开展产学研合作，签订校企合作项目47个，投资额4.58亿元，技术交易额1.08亿元。目前，全省科技型中小微企业达1232户，拥有院士工作站1个、博士工作站10多个，与清华、北大等高校共建产学研基地20余个。

着力推进协作配套。以铸造行业为重点，搭建协作配套服务平台，累计为200户左右中小微企业发布产品供需信息，帮助100余户中小微企业与省内外大企业建立了稳定的协作关系。

（六）推动管理创新，提升中小微企业整体素质

实施管理素质提升计划。发挥管理咨询机构的专业优势，广泛开展管理咨询服务。在装备制造、特色食品等中小微企业相对集中的行业中，树立管理标杆企业30个，开展对标示范。

切实加强人才培训。筹措1500万元，实施“3个1”经营者素质提升工程。分两批组织100名优秀小微企业家，在清华大学举办两期管理创新高级研修班；分三批组织1000名有发展潜力的小微企业家，参加创业能力提升培训；分地域组织10000名小微企业管理人员，参加专题培训。全省累计组织415名企业家参加各类高端培训，1350名企业经营管理人员参加“银河培训”，4.12万人次参加各类专业技术培训，10.5万人次参加企业自主培训。全省多层次、广覆盖的中小微企业公益性人才培训体系基本形成。

鼓励实施品牌发展战略。筹措2000万元，首次对全省中小微企业中159件新认定的和201件重新认定的山西省著名商标进行奖励，对企业在省级以上主流媒体开展的品牌推广活动进行资金补助。

（七）创新服务机制，不断完善中小企业公共服务体系

推动平台网络建设。全省中小企业公共服务平台网络建设有序推进，省级综合枢纽平台基本完工，8个窗口平台与省平台实现互联互通，16个专业应用平台全面上线测试。

组建中小企业服务联盟。首批筛选500余家专业性服务机构，组建山西省中小企业服务联盟。通过政府购买服务方式，引导服务机构为中小微企业提供全方位专业性服务。

建设小微企业服务站。整合现有资源，新建小微企业服务站120个，为各类创业人群提供创业辅导、政策咨询、策划指导等一站式、面对面的免费服务，为广大小微企业提供人才、技术、项目、管理、信息等专业性公益服务。

建设小微企业创业基地。在晋源区开工建设占地面积3300亩的山西省中小企业创业示范基地。新认定省级中小企业创业基地26个，省级中小企业创业基地达55个，厂房面积1730万平方米，带动投资32.8亿元，入驻企业2000多户，吸纳就业近2万人。全省正在建设和完善的小微企业创业基地达80多个。

举办“2013山西中小微企业高校毕业生千企万人金秋招聘会”。组织装备制造、特色食品、生物制药、高新技术等20多个行业、1304家成长型中小微企业参会，提供就业岗位2.5万个，达成就业意向1.56万人次。

帮助中小微企业开拓市场。组织200多家中小微企业参加“百度·翔”计划，通过互联网免费进行产品推广，拓宽了企业发展空间。先后组织175家中小微企业参加第十届中博会、上海中小企业精品展、苏州铸造博览会等大型展会，累计签订合同、协议30余项，资金总额48亿元。

启动山西省中小企业发展研究院。开展中小企业信息的收集整理、数据的统计分析、决策咨询服务和战略性、前瞻性的政策研究。完成了《山西中小微企业发展与城镇化建设研究》《山西中小微企业用工问题研究》《山西省中小微企业服务需求调查数据分析报告》等5个课题。

积极探索政府购买服务有效形式。筹措1100万元，根据为中小微企业提供专利申请、法律维权、质量认证等专业性服务的具体业务量，对39家中小企业服务联盟成员单位率先实行政府购买服务；在全省筛选确定50家工程咨询单位，为小微企业申报国家和省级中小企业发展资金免费编制项目资金申请书。

（山西省中小企业局　原晋军）

内蒙古自治区

一、2013年全区中小企业工作情况

2013年，全区中小企业及非公经济工作认真贯彻落实自治区“8337”发展思路，以开展中小企业创新年活动为主线，加大自治区扶持小微企业发展59条、发展非公经济70条政策的落实力度，加快构建以信息化为主要手段，以政策法规、创业辅导、管理咨询、技术创新、融资担保、人才培训、电子商务及市场开拓为主要内容的大服务体系，强化公共服务，优化创业创新环境，加大项目支持力度，创新融资服务方式，有效地促进了中小企业持续稳定发展，为全区统筹稳增长、调结构、促改革、惠民生和促进县域经济发展壮大做出了积极贡献。2013年，全区中小企业和个体工商户可达到128.7万户，较去年同期增加13.8万户，增长12%，增幅高于全国2.6个百分点。新增城镇就业26万人，占全区城镇新增就业总数的88%。其中法人企业达到19.6万户，同比增加1.4万户，增长7.7%。工业中小企业达到1.74万户，同比增长2.3%，从业人员达到108万人，同比增长0.55%。4158户规模以上中小工业企业增加值占全部规模以上工业的64.8%，同比增长11.2%，对全区工业增长拉动7.5个百分点，对工业增长贡献率达61%。

2013年，经过全区上下的共同努力，我区中小企业及非公经济得到了较好的发展，促进中小企业及非公经济发展的重点工作有了新的突破，归纳起来有以下几个方面：

（一）中小企业服务体系建设有新突破

全区已培育和扶持国家级公共服务示范平台7个、自治区级公共服务示范平台97个。政府主导的中小企业公共服务平台网络建设进展顺利，自治区枢纽平台基础建设任务完成80%，第一批7个盟市窗口平台建设全面启动，呼和浩特市、包头市、鄂尔多斯市、赤峰市、巴彦淖尔市等窗口平台已开展服务。积极推进旗县和产业集聚区服务平台建设，赤峰市12个旗县区实现了公共服务中心全覆盖，其他盟市如伊金霍洛旗、扎兰屯市等一批旗县中小企业公共服务平台也开展了各具特色的服务项目。

（二）中小企业融资服务创新有新突破

连续三年开展送“金融服务进旗县、进园区、进企业”活动，组织了255家（次）金融机构深入109个旗县及园区，与2883户中小企业现场对接，达成协议贷款973.42亿元，实际到位资金247.8亿元。推动涉及7个盟市的19个旗县建立了小微企业

贷款风险补偿基金池，引导产业链、企业群小微企业互助合作开展助保类融资，入池风险金已达 1.6 亿元，银行授信额达 11 亿元。积极开拓中小企业直接融资渠道，与上海股权交易托管中心签署战略合作协议，为 150 多家企业举办了股权融资培训，在呼和浩特市中小企业公共服务平台设立企业上市孵化基地，成功地为乌海电安电气有限公司等两家企业在上海股权交易托管中心挂牌融资。

（三）中小企业专项资金规模及管理使用有新突破

积极争取扩大中小企业专项资金规模。与上年同比，争取国家新增中小企业公共服务平台网络建设资金 5500 元（分三年到位，2013 年已到位 1100 万元）、新增中小企业信用担保资金 1425 万元，达到 3890 万元；协同自治区财政新增 7000 万元中小企业发展专项资金，预算外安排 2200 万元支持服务体系建设。优化专项资金结构，大幅提高扶持中小企业服务体系和集群化发展资金比例，支持服务平台、担保机构和创业基地建设的各类专项资金占全部中小企业专项资金总数的比例达 50% 以上，为历年最高。创新财政扶持中小企业方式，协同自治区财政厅设立并下拨了 5000 万元小微企业助保类融资引导专项资金，用于鼓励支持旗县（市、区）政府建立小微企业信贷风险补偿资金。

（四）中小企业培训工作有新突破

与清华大学联合举办了全区中小企业系统管理干部服务能力提升高级研修班，全区 12 个盟市 2 个计划单列市 102 个旗县（市、区）的中小企业主管部门负责人、小企业创业基地、公共服务示范平台和担保机构管理人员近 400 名学员参加了为期五天的高端培训。依托内蒙古中小企业公共服务有线电视频道开办中小企业培训大讲堂 247 期，为中小企业免费提供远程电视培训。各盟市采取现场授课、专家讲座等多种形式集中培训中小企业管理人员 11280 人次。

（五）围绕中小企业及非公经济的调查研究有新突破

2013 年应该说是自治区中小企业及非公经济的大调研之年，自治区党委、政府年初组织了系统的调研，出台了《内蒙古自治区鼓励和支持非公有制经济发展若干规定》，人大、政协也都进行了专题督查调研。全区中小企业管理部门除积极参与配合这些大型调研活动之外，自治区中小企业局组织的大型调研考察活动就有二次。6 月下旬至 7 月上旬，自治区中小企业局组织三个调研组深入全区 12 个盟市、2 个计划单列市，对 35 个旗县（市区）的 146 户中小微企业、公共服务中心、创业基地进行了实地调研；11 月份，根据委党组群众路线教育实践活动的统一安排，中小局对赤峰市中小企业发展情况进行了典型调研；12 月份又利用半个多月的时间赴广东、浙江、上海三省市进行了调研考察。广泛深入的大调研、大总结、大讨论活动，使我们更加深了对中小企业发展规律的认识，更清楚地看到了中小企业及非公经济发展中遇到的困难和突出问题以及解决问题的方向和路径，为我们更好地创新和完善工作思路，找准工作的着力点和切入点，改进工作方式、方法，打开了一扇又一扇的“窗户”，各级深感受益匪浅。

总的来看，全区经济形势实现企稳向好，中小企业起到了重要作用，中小企业发展呈长期向好的趋势。但是，一些影响自治区中小企业发展的瓶颈问题还没有根本解决。主要有：

一是市场主体总量不足，集聚程度较低。近年来，自治区中小企业和个体工商户占全国的比重一直徘徊在 2.2～2.4% 之间，企业单位数量占全国的 1.28%，工业中小企业数量占全国比重始终徘徊在 1% 左右，规模以上工业企业数量在全国比重在下降，只有 1.2%。市场主体数量少，这只是问题的一个方面，问题的另一个方面是特色产业延伸加工比重小，产业链上的协作配套程度低、集聚水平差，缺乏真正意义上的特色产业集群，市场主体增长的产业空间不足。

二是创新能力低，产业特色不明显。主要表现是创新动力不足，产业低端产品多，电子信息技术应用水平低。全区专利授权量仅占全国的 0.26%。全区拥有国家驰名商标只有 49 件，仅为广东省的 12%、辽宁省的 32%，其中属于中小企业的仅有 17 件。拥有“内蒙古名牌产品”的中小企业仅占全部工业中小企业的千分之一。

三是服务体系不够健全，服务机构能力弱，机制不活。自治区中小企业公共服务体系建设仍处于起步阶段，大多数工业园区和产业集聚区没有服务平台，社会化专业服务机构小、散、弱并存。整体服务能力与企业需求的差距较大，能为企业解决迫切难题、带来实实在在效益的深度服务、增值服务少；公共服务与市场化服务有机结合的运行机制还没有构建起来。

四是融资渠道单一，融资难融资贵的问题仍然突出。中小企业融资渠道少，以银行贷款间接融资为主，产权、股权、债权等直接融资的企业仅为少数，上市企业更是少之又少。而据抽样调查，80% 以上的小微企业得不到银行的支持；小微企业贷款成本一般是大企业的 3～5 倍。

五是企业税费负担重，发展环境有待进一步优化。据统计，工业企业从登记注册到取得开业资格再到投产，需要在 20 多个部门办理几十项流程和相关手续。企业生产经营要交纳增值税、所得税、城建税、残疾人基金、员工社会保险、仪器设备检测等十几种税费。公平竞争的市场秩序在有的地区没有完全建立。中小企业政策落实的“碎片化”问题严重影响政策效益体现为企业实惠。

二、2014 年全区中小企业工作安排

2014 年全区中小企业及非公经济工作将认真贯彻落实党的十八届三中全会、中央经济工作会议和自治区党委九届十次全委会议暨经济工作会议精神，紧紧围绕自治区“8337”发展思路，以深入开展中小企业集群化发展年活动为主线，以“催生主体、

引导集聚，鼓励创新、助力成长，创建平台、破解难题，落实政策、优化环境”为工作重点，引导中小企业在更高的层次上实现创新发展和集群化发展。

力争今年全区中小企业和个体工商户增长15%左右，新增就业占全区城镇新增就业的90%，其中以创业带就业人数占全区城镇新增就业的30%以上。

（一）催生主体，引导集聚

一是加大市场主体培育力度。认真落实国务院关于放宽市场准入条件等一系列政策措施，学习借鉴贵州省“3个15万元”扶持微型企业发展的做法（即投资者货币出资达到10万元并在工商部门注册后由政府给予5万元的财政补助用于生产经营，创办微型企业有贷款需求的可通过政府协调获得15万元以下的银行贷款或担保支持，创办微型企业缴付税收中地方留存部份用于企业奖励不低于15万元），协同相关部门年内在全区培育小微企业2万户，新增就业10万人。

二是规划、培育、发展县域特色产业集群。围绕五大基地建设，以县域为单位，做好特色产业集群发展规划，重点突出电力装备制造产业集群、精细化工等煤化工下游产业集群、新材料及机械装备制造产业集群、绿色农畜产品精深加工和印刷包装产业集群、民族特色旅游产品产业集群等，通过命名、项目支持及共建等形式，培育一批县域特色产业集群示范典型，探索催生主体与促进集聚有机结合的成功模式并加以推广。

（二）鼓励创新，助力成长

一是继续深入实施千户创新型工业中小企业成长工程。对1000户创新型工业中小企业实行自治区、盟市、旗县分级培育。自治区选择100户高成长型企业进行重点培育。鼓励创新型工业中小企业进行股权、债权融资，对挂牌企业给予50～100万元的奖励，对企业发明专利每项给予5～8万元专项资金扶持。经过3年时间的培育，力争使自治区重点培育的100户高成长型企业有一半以上的企业上市融资或在新三板（场外市场）挂牌实现股权、债权融资，一半以上的企业建立研发中心，一半以上的企业建立现代企业制度，一半以上的企业应用信息化技术进行生产、管理和市场营销模式创新。

二是加强企业经营管理人才培训。围绕自治区人才培养工程，与国家工信部中小企业银河培训工程、企业经营管理人员素质提升工程相衔接，由自治区、盟市、旗县区分级落实100名优秀民营企业家、1000名专业技术管理人才、10000名专业技能人才培训计划。自治区中小企业发展专项资金安排一定额度的培训资金，通过发放电子服务券、政府购买公共服务，公开选择优质服务机构开展培训工作。

三是促进中小企业“专精特新”发展。培育、认定和支持一批发展速度快、创新能力强、产品质量优、经济效益好的“专精特新”中小企业，提升中小企业竞争能力。自治区将尽快制定标准和评定办法，认定一批“专精特新”企业，并给予一定的政策支持。

（三）创建平台，破解难题

一是争取自治区政府出台中小企业公共服务体系建设实施意见，加强整体规划和顶层设计，落实优惠政策，建立财政专项扶持资金，把建设中小企业公共服务体系作为各级政府转变职能的主要抓手，扶持非公经济发展的主要着力点，推动中小企业工作的着力点从支持单个企业、单个项目向支持公共服务、改善环境转变。

二是加快建设“1＋14＋N”的全区中小企业公共服务平台网络（包括1个自治区枢纽平台、12个盟市2个计划单列市公共服务“窗口”平台和大量产业集聚区共享平台），打造品牌化的中小企业公共服务平台。2014年自治区枢纽平台启动运行并于上半年与首批7个盟市窗口平台实现互联互通；启动第二批窗口平台的建设，年底实现互联互通；逐步将建设和扶持重点向旗县和特色产业集聚区延伸。

三是加大对社会化服务机构的培育、扶持和集聚力度。通过认定国家级、自治区级公共服务示范平台、购买公共服务等方式，培育一批专业化、社会化的示范性服务机构；通过建设全区公共服务平台网络集聚一批地区骨干服务机构；通过组建中小企业服务机构联盟和联合会更多地集聚社会资源，发挥好区域内示范平台的服务功能；通过创建互联互通、资源共享的门户网站网上集聚一批区内外优质服务机构。借助中小企业服务体系这张“天罗地网”全面覆盖中小企业的共性需求，满足其多样化的个性需求。

四是创新公共服务平台运营机制。坚持市场化发展方向，探索建立政府引导的公共服务与企业化运营的市场化服务有机结合的可持续运营模式。加大政府购买公共服务的力度，试行发放小微企业电子服务券，支持企业化运营的公共服务平台提升服务能力。鼓励事业单位性质的公共服务平台，加快去行政化步伐，建立自我发展的良性机制，参与现代服务业市场竞争。自治区公共服务平台将公开招标实行企业化托管运营。鼓励全区中小企业管理部门和服务机构运用现代化、信息化途径、方式、手段服务中小企业。

五是把线上线下服务结合起来，在服务中宣传推广服务平台和产品，提升服务能力。提升送金融服务“三进”活动，将服务内容由融资服务扩大到所有公共服务、将活动主体由金融机构扩大到各类服务机构，将公共服务送到旗县、园区、企业。2014年全区要组织100家优质服务机构，在100个旗县、园区举办100场中小企业服务日活动。

六是加强中小企业融资服务创新。完善小微企业助保类融资引导专项资金的实施办法，加大对旗县和金融机构的指导力度，引导更多的产业链、企业群小微企业互助合作，通过助保类金融产品获得融资。注重借助全国中小企业股份转让系统培育挂牌上市企业。继续加强与国内主要资本市场合作，共同搭建更多融资服务平台和上市孵化基地，加强中小企业股权、债权融资培训和服务，不断拓展我区中小企业融资渠道。

（四）落实政策，优化环境

一是按照“十二五”期间开展五个主题年活动的总体部署，组织实施好今年的中小企业集群化发展年主题活动，推动形成扶持中小企业集群化发展的社会合力。

二是努力推动形成中小企业政策落实合力。发挥好政府促进中小企业发展领导小组办公室的组织协调机制，切实履行好中小企业局作为领导小组办公室的职责，建立领导小组成员单位工作联络员会议制度、部门政策落实和服务事项承诺、公示、报告制度，探索建立解决政策落实“碎片化”的问题，形成多部门协调联动机制。

三是继续清理不合理收费，切实减轻企业负担。协同和推动相关部门启动新一轮行政审批和事业性收费事项的精简，推动各地各部门公布涉企收费目录并接受社会监督。许可审批尽可能从宽，办事程序尽可能从简，提供服务尽可能从优，强制收费依下限，优惠让利取上限，为企业“松绑减负”。严禁行政部门指定专门中介机构垄断服务。

四是加大政策公布公示和督促检查力度。建立全区中小企业及非公经济政策库，规范办事流程、收费标准和办结时限，凡能公开公示的全部向社会公开公示。主动向当地党委、政府汇报工作，向人大、政协通报情况，形成推动中小企业政策落实和督促检查的合力。

面对新形势新任务，各级中小企业管理部门要进一步加强自身建设，不断开拓创新。要深入研究中小企业的规律性特点，加快转变职能，强化服务、协调和政策研究，根据不同行业特点的中小企业在不同成长阶段的客观需求，提供相应的政策支持和有效服务。要大胆创新工作思路，不断地了解新情况，发现新问题，总结新经验，推出新举措，为同级党委、政府促进中小企业发展当好参谋助手。要进一步加快转变工作作风，在抓基层、打基础上下功夫，在抓重点工作的落实上下功夫，力求使我们的工作更能把握规律性，富有创造性，体现实效性，在促进中小企业及非公经济持续健康发展上不断地取得新的业绩。

（内蒙古自治区中小企业局）

辽宁省

一、主要经济指标完成情况

2013 年全省民营经济单位数为 184.1 万个，从业人员 1171.4 万人；实现增加值 18150 亿元，同比增长 14.5%，占全省 GDP 的 67%，低于去年同期增幅 2.8 个百分点；出口交货值 2092 亿元，同比增长 8.6%，低于去年同期增幅 0.7 个百分点；利润总额 4789 亿元，增长 11.2%，低于去年同期增幅 5.3 个百分点；上交税金 2168 亿元，增长 10.5%，低于去年同期增幅 8.3 个百分点；固定资产投资 15401 亿元，增长 10.4%，低于去年同期增幅 7.1 个百分点。

全年全省民营经济主要指标增长速度均低于去年同期。

调查显示，2013 年规模以上工业企业停产半停产率为 3.6%，与去年同期相比降低了 0.3 个百分点。规模以下工业企业停产半停产率为 25%，与去年同期相比上升了 5.9 个百分点。

全年全省民营工业实现增加值 11440 亿元，比上年同期增长 14.3%。工业生产增势平稳。

全年全省民营工业实现销售产值 50173 亿元，比上年同期增长 14%，产销率为 96.5%，低于去年同期 0.6 个百分点。

据对千户重点中小企业营业收入情况调查，全年采矿业增长 −16.7 %，装备制造业增长 16.8%，农副产品加工业增长 5%，纺织服装业增长 21.2%，石化工业增长 19%，冶金工业增长 17%，食品工业增长 29.1 %。

二、当前民营经济运行的主要特点

（一）民营经济集约发展态势突出，成效显著

近年来全省民营经济坚持走集约化发展道路，经济园区和产业集群建设获得长足发展。鞍山市 2013 年加大了园区建设推进力度，把工业园区建设作为推进结构调整的重要举措。该市经济开发区按照“高端化、成套化、国际化、总部化”的发展定位，规划建设高端阀门产业园，计划用 3 年到 5 年时间引进高端阀门企业 200 家，总投资超过 200 亿元，实现销售收入 500 亿元，最终形成千亿元高端阀门产业集群；辽宁激光科技产业园按照“市场化运作、企业化管理、专业化发展”的创新思路，加大招商力度，如今 306 个项目在这里建设和推进，大片工业楼宇拔地而起，绿化和配套设施已基本完成，被省领导喻为正在上演“激光速度”，辽宁激光科技产业园已通过国家火炬计划特色产业基地认证，正式获批为国家火炬特色产业基地。抚顺市大力发展资源深加工、新兴产业、传统产业升级等 12 个工业产业集群，其中 5 个为省级产业集群，全市 12 个产业集群聚集 382 户企业，预计实现销售收入将占全市规上工业总产值的 64%。目前为止，沈抚新城机器人产业基地已吸引罕王微谷、申江万国数据、辽宁省电子研究所等 4 家国内智能领域的高端企业来沈抚新城落户，吸引投资总额 42 亿元。本溪市产业集群发展迅速。全年，9 个产业集群实现销售收入同比增长 40% 以上。。丹东市全面启动“10＋4”重点产业集群工程，重点推进汽车及零部件、汽车增压器、丹东软件和宽甸非金属新材料等 4 个产业集群。葫芦岛市 6 大产业集群已有企业 922 户，其中规模以上企业 203 户，从业人员 14 万人，销售收入同比增长 28%。各类经济园区和产业集群建设的积极推进，将产生强大的聚集效应和拉动作用。

（二）固定资产投资项目规模趋大、起点增高

由于全省民营经济发展尚不充分，外延扩大再生产仍是当前乃至今后一个时期全省民营经济发展的重要途径。对此全省上下的认识是一致的，行动是有力的。沈阳市 2013 年 4 次市组团赴上海、福建、浙江等地开展招商活动，效果非常明显。洽谈

推进的128个项目已落地34个；推进项目85个；全市举办各类“请进来”招商活动58次，签约14个项目，投资额达291.6亿元。鞍山市2013年以项目建设为中心，围绕主导产业、重点项目，确保大量的新项目、大项目、好项目落户鞍山。其中，总投资34亿元的辽宁华塑集团岫岩高分子新材料科技园项目正式落户岫岩大洋河临港产业区；海城宏基工业城总投资10亿美元，全部建成将引进化纤、纺纱、织造、染整、成衣、辅料、配饰、皮革加工、小商品加工以及研发、设计、检测等全产业链规模以上企业200家，容纳中小微服装加工企业3000户，安置就业20万人，销售收入突破500亿元，利税30亿元。抚顺市民营工业固定资产投资重点项目建设进展顺利，2013年千万元以上项目355个，其中，亿元以上项目175项，省级10亿元以上重大工业项目17项。抚顺方泰精密碳材料有限公司年产3100吨碳纤维项目总投资14.7亿元，目前已完成投资7亿元。营口市民营经济落实千万元以上工业项目超过600项，一批重大项目集体开工，包括北方重工营口项目、沈鼓集团营口透平装备制造项目等重大项目在内的76个重大项目集中开工，投资总额达680亿元。阜新市2013年新开工1000万元以上企业450个，5000万元以上项目150个，投资亿元以上项目90个。铁岭市重点培育投资30亿元以上大项目，形成以制造业为重点的新的发展格局。主要包括中国汽车零部件总公司投资100亿元兴建汽车零部件产业园、总投资30亿元的辽宁石油机械产业园和总投资200亿元的新加坡淡马锡集团“三基”产业园项目等。固定资产投资规模的有些有效扩张，将进一步夯实民营经济的发展基础。

（三）产业结构调整步伐加快，新型服务业正在兴起

第三产业发展滞后，与发达地区的明显差距，从2013年新型服务业发展状况看，第三产业比重长期徘徊的局面将在一些地区开始改变。鞍山市2013年以来强化第三产业大项目建设。全市第三产业增加值占全市民营经济增加值的42.5%，比上年同期上升0.2个百分点。2013年该市重点推进了苏宁广场、庄士广场等20个亿元以上项目开工建设；重点规划建设14个服务业集聚区；积极组织县域中心商贸集聚区建设；优先发展物流、金融、会展以及研发设计、软件和信息技术等生产性服务业；着力发展旅游、健康养生、文化产业以及总部经济、楼宇经济、房地产业等新兴服务业，改变传统服务业占据主导地位的格局，提升了全行业的整体实力和发展后劲。盘锦市注重发展精品、高端现代服务业目前营业面积1万平方米以上商业零售企业达到17家，总营业面积突破60万平方米，星级规模酒店15家；鹏欣水游城、红星国际广场、大商综合体全面运营；盘锦精细化工物流园区发展态势良好，入驻企业39家；辽东湾新区临港综合物流园区，已入驻大型物流企业11户，并晋升为省级物流示范园区；兴隆石化、大千物流、安保运输、企源实业等4家成长为省级现代物流示范企业。绥中县将发展旅游服务业作为民营经济发展新的增长点加以推进。辽宁绥中东戴河新区认真做好旅游业的发展规划，依托绥中县得天独厚的海岸线条件，大力发展旅游业。目前碣石公园、滨海木栈道、止锚湾旅游度假区等景点正在建设和改造，相关服务设施也正在完善中，吸引着北京、河北及周边等地越来越多的游客，目前还有反季旅游规划也正在研究中，旅游服务业将成为该县民营经济的又一支柱产业。现代服务业的快速发展将进一步促进全省民营经济结构的合理调整。

（四）创新型民营企业上升势头强劲，竞争能力增强

总的看2013年民营经济下行压力较大，民营企业普遍感到困难重重。但各地的创新型民营企业却逆势而上，仍然保持了较快增长态势。

全年创新型企业营业收入增幅20%，高于全省5.9个百分点；据对750户创新型中小企业2013年底的调查显示，认为本企业综合经营状况良好的占64%；对本行业总体运行状况认为乐观的占52%；认为本季度企业接到的产品订货量与上季度相比加快和持平的占90%；企业的流动资金、产成品库存、应收账款、盈利情况均处于正常水平，反映了创新型中小企业的良好运行状态和发展势头。

大连市的连城数控、环宇科技、大连电瓷、三垒机器等一批创新型中小企业今年以来呈现出订单充足，销售畅通，产销量旺的良好形势。鞍山市的民营企业在政府引导下，重视科技创新、管理创新、产品创新能力的提高，涌现出了福鞍集团、聚龙集团、森远集团、荣信股份、华冶集团、宏源公司、鞍山重矿等一大批科技创新型民营企业，他们开发出的大型冶金矿山成套装备、电力装备、工业自动化装备、大型铸锻件装备、节能环保装备等产品全部拥有自主知识产权，部分产品位居世界领先。这些民营企业把握市场规律，瞄准商机，大胆投入，不断扩大产业规模。海城市后英集团投资18亿元资金引进四项世界领先技术及设备，改善了高能耗、高污染状况，提高了生产效率、产品档次和产量。营口市以高新技术产业项目提升发展水平。该市的43家高新技术企业和59户创新型中小企业，已成为该市创新发展的主力军。投资3亿美元的信义玻璃营口生产基地项目，将成为东北地区规模最大、综合竞争力最强、产品质量档次最高的新型节能环保玻璃生产基地；总投资74亿元，一期项目投资33.7亿元的民用卫星及配套产品制造项目，年销售收入55亿元；填补辽宁空白的TFT－LCD液晶玻璃基板项目，年销售收入50亿元；总投资12亿元的营口洁风高科设备制造有限公司生产的，不经燃烧可直接发电的制气装置及二氧化碳回收装置，年产值可达15亿元。这些高科技企业在引领地区经济发展中发挥了积极而重要的作用。

三、当前经济运行的主要问题

（一）生产成本居高难下，利润增长乏力

据2013年对全省2162户中小企业调查问卷结

显示：

反映原材料及能源购入价格大幅上涨的为116户，占5.4%；小幅上涨的为795户，占36.8%；基本稳定的为1132户，占52.4%；有所回落的为82户，占3.8%；大幅下跌的为36户，占1.7%。42.2%的企业反映原材料及能源购入价格上。

反映企业生产成本上升的为732户，占33.9%；持平的为1337户，占61.9%；下降的为92户，占4.3%。三分之一的企业反映成本上升。

反映企业盈利水平提高的为81户，占3.8%；处于正常水平的为1370户，占63.4%；下降的为710户，占32.9%。近三分之一的企业反映利润水平下降。

成本上升将是民营企业无法回避又必须破解的一个难题。

（二）融资难的状况普遍，影响企业生存发展

据对企业融资难易程度调查的结果显示：感到不难的为47户，占2.2%；一般的为879户，占40.7%；困难的为609户，占28.2%；无融资需求的为626户，占29%。在有资金需求的企业中，近4成的企业感到融资困难。各市普遍反映大部分民营企业的资产状况难以满足信贷要求：一是由于企业抵押物不足，获得新贷款十分困难；二是一些民营企业在资产管理上存在不同程度的缺陷，向银行提交贷款申请时，难以通过审核；三是银行给民营企业的贷款利率比大企业平均要高30～40%，比基准利率普遍上浮30～50%；四是信贷手续繁杂，申请审批时间长，增加了企业融资的时间成本，满足不了民营企业融资“小、急、频”的要求。

融资渠道狭窄和门槛限制，对中小企业发展形成了严重制约。

（三）用工紧张的矛盾在一些地区和行业仍很突出

各市反应用工难、人才匮乏已成为中小企业中的普遍现象。一是招工难，受传统就业观念影响，年轻人不愿进入企业生产一线工作。二是职工队伍不稳定，民营企业职工集体意识弱，个人意识强，就业选择随工资待遇走，造成民营企业职工流动性较大。三是高技能人才短缺。民营企业普遍缺乏技术含量较高的熟练操作人员以及职业经理人、高级管理人才、研发人才、外贸人才等，由于多数民营企业规模小、实力弱、抗风险能力差，成长环境和发展空间有限，难以吸引、留住高端人才。四是用工成本成刚性上升趋势不变，一些小型微利企业因此而难以承受。

民营企业用工紧张的结构性矛盾还将持续存在。

（四）政府部门服务水平不高，政策落实难以到位

政府的服务水平在很大程度上代表了地区民营经济的发展环境，营口市反映政府有些部门在办事效率方面还有诸多不适应中小微型企业发展的现象存在，使得中小微型企业感觉到政府机关办事难、办事累。企业一些应该享受的优惠政策迟迟得不到落实；有些部门对中小微型企业的服务就是到企业检查、罚款，缺少对中小微型企业应有的关心，缺乏对小微型企业的服务能力；个别执法执纪部门多重执法、轮番检查，使得企业应接不暇，企业经营者的主要精力不是放到企业发展上，而是放到应付检查上，影响企业发展。铁岭市反映政府相关政策执行难问题依旧存在，虽然中央和省、市的各项政策相继出台，但在相关部门具体落实上总是难以到位。同时，中小企业普遍存在对政府信息了解渠道少，对政策解读不够准确等问题。

政府部门切实转变职能，改善服务是民营经济发展环境建设的重要推手。

（五）落后的产业结构积重难返，制约地区经济发展

一些地区的经济模式对资源的依赖较强，技术落后，产能过剩的矛盾比较突出。本溪市规模以上民营工业企业中，采矿类企业占全部企业总数的22%，占增加值的25%，占营业收入的18%，占利税总额的41%。辽阳市资源密集型、劳动密集型和高耗能产业占比较高，冶金及金属加工、矿产建材、重化产业占工业总量的78.4%，轻重工业比为1：7。钢铁、水泥产业处于产业链低端，70%以上的铁精粉以廉价的工业原料外销，产品极易受季节、市场形势等因素影响导致产能过剩影响，迫使部分经营不善的企业逐步退出。朝阳市现有铁选企业513家，产能近3000万吨，是该市民营经济的骨干行业，也是市财政和税收的重要来源，该市税收总额的三分之一、财政收入的四分之一来自铁选企业。今年以来，受钢铁市场影响，铁选企业生产经营受到了巨大的冲击直接影响了该市的财税收入增长。

产业结构不合理状况将严重影响地区民营经济的可持续发展。

四、重点关注的工作

（一）以“全民创业”为重点，促进经济总量扩张

按照“优化创业环境、降低创业成本、增加要素供给、加大扶持力度”的要求，研究制定推动全民创业的政策措施，进一步完善创业政策体系，优化创业政策环境，加大对创办中小微型企业的支持力度。

继续推动各市建立创业种子基金，加快建立创业融资体系。指导和推动已建立创业基金的地区，加快建立和完善创业基金运作机制，实现基金运营，为创业者提供融资支持。建立创业扶持资金，选择部分具有高成长性的高科技型创业企业给予重点扶持，培育新兴战略性产业发展的种子企业。

加强创业基地建设，提升完善企业孵化能力和创业服务功能。鼓励支持各地建设创业辅导基地和中小企业集聚区，争取到年底达到省级标准的小企业创业基地达到80家，在孵企业达到1600家以上。开展小微型企业无费区试点工作，减轻小微型企业负担。

支持各创业基地和创业服务机构，为创业者提供创业项目、市场开发、融资担保、人才培训、管理咨询等各类服务。继续开展创业培训进校园、进社区、进军营活动，做好创业培训工作。力争到年底新创办中小微型企业10万家，新增就业50万人。

（二）以培育“创新型中小企业”为重点，促进企业转型升级

组织实施“辽宁省创新型中小企业培育工程”，培育转型升级的示范带动力量。突出重点，集中力量抓好50户具有高成长性的创新型中小企业培育工作，支持各市（县）集中资源重点支持创新型中小企业发展；鼓励创新型企业增加研发投入，开展科技创新成果与创新型企业对接工作，强化创新型企业发展的创新驱动；抓好创新型中小企业462个新建（201个）、续建（261个）固定资产投资项目建设，力争完成投资445亿元，新增销售收入1213亿元，强化创新型中小企业发展的项目拉动；支持1000个“专精特新”产品开发生产，促进产品结构优化升级，强化创新型企业产品结构调整的升级牵动；支持创新型企业通过联合、兼并、重组做大企业规模，强化创新型中小企业的规模优势；发挥融资顾问作用，做好创新型企业的融资服务工作，促进对创新型中小企业资金供给的增加；750户创新型中小企业年销售收入力争增长20%以上。

支持一批新兴产业发展项目，以增量促进民营经济、中小企业产业结构优化。做好国家中小企业技术改造资金的申报工作，积极争取国家增加对辽宁的投入；继续实施中小企业信息化百千万发展计划，支持有条件的中小企业实施资源计划管理、供应链管理、客户关系管理以及物流配送现代化，促进“两化”融合。

鼓励支持各类园区建立产业发展服务体系，重点推进公共技术服务平台建设，力争在产业集聚区新建20个公共技术平台，继续支持鞍山阀门、葫芦岛泵业产业园和铁岭汽车改装基地的建设和发展，促进民营经济、中小企业的产业集聚，推动产业集群发展。

（三）以“直接融资”为重点，抓好资金保障

加大支持力度，推进多渠道融资工作。开展集合债券（票据）、私募债、小微企业扶持债券融资知识培训工作，提高中小企业直接融资能力；组织发债企业征集工作，建立直接融资项目库；加强与证券公司、评级机构、中债增进机构合作，共同推动股权融资、债券融资、融资租赁信托等多渠道融资；以推广“助保贷”融资模式为重点，支持省中小企业服务中心与省建行签订助保贷融资服务协议，面向工业园区、产业集群开展助保贷融资服务工作；探索“批量开发，集中授信”融资模式，与广发银行研究制定实施方案，建立适应专业市场和特色行业小微企业融资需求特点的融资模式。支持中小微型企业进入创业板、新三板、产权交易市场融资，引导金融资源向小微企业倾斜。

开展融资服务进园区、进企业活动，推动银企对接。加强与人民银行沈阳分行、辽宁银监局的合作，组织商业银行、政策性银行等各类金融机构深入园区、企业开展银企对接活动，为民营企业、中小企业提供融资服务。加强融资项目库建设，充分发挥中小企业主管部门的信息对称优势，组织选择一批具有良好信誉企业的优质融资项目，做好融资项目推荐工作，为有效推进银企对接，增加对中小企业的资金供给创造条件。

加快推进融资担保体系建设，鼓励各类投资主体建立担保机构，推动有条件的市、县（区）政府增加对担保机构的资本金投入，增强对中小企业融资的担保能力；利用中小企业贷款担保风险补偿资金和税收优惠政策，支持和鼓励信用担保机构为中小企业融资提供信用担保，促进中小企业融资担保余额增长。推动各市（省管县）建立中小企业贷款担保风险补偿机制，鼓励有条件的地区增加风险补偿资金，提高风险补偿能力。

推动和支持各市（县）建立中小企业贷款转期扶助资金，解决中小企业银行贷款转期的“过桥”难题。推动有条件的地区，政府出资建立中小企业贷款转期扶助资金；鼓励引导行业协会，由会员企业出资，对会员企业提供贷款转期融资服务。

做好中小企业信用体系建设工作，帮助中小企业增加信用资本。继续做好中小企业信用信息采集工作，加快建立中小企业信用管理体系，引导和推动民营企业、中小企业加强信用管理，提高增信能力，为增强融资能力提供信用支撑。

（四）以“走出去”为重点，抓好市场开拓

支持民营企业、中小企业开拓国际市场，推动国际合作。鼓励扩大出口，逐步提高出口比重，鼓励支持有条件的企业“走出去”投资办厂。加强与美国、欧盟、日本、新加坡、香港等国家和地区中小企业管理部门和服务机构的合作，推动全省中小企业与上述国家企业的合资合作。建立全省中小企业国际交流网络平台，搜集境外中小企业合资合作需求，组织与企业合作项目对接活动。

协调落实支持中小企业发展的政府采购政策，确保政府采购总额的30%面向中小微型企业采购，并逐步提高面向中小企业的采购比例，加大政府采购对中小企业的支持力度。会同有关部门组织一次面对中小企业的政府采购活动。鼓励中小企业与大企业合作参与政府采购活动，提升竞争能力。

支持民营企业、中小企业坚持以市场为导向，开发生产适销对路产品，提高产品质量和档次，增强市场竞争力。支持和引导企业创名优品牌和著名商标，增强品牌效应。支持中小企业围绕大企业的配套需求，开发生产配套产品，提高配套能力和水平。组织开展大小企业协作配套项目对接活动，进入大企业产业链，发挥大企业带动作用。支持中小企业参与各类展销活动。继续通过展位费补贴方式资助中小企业参加中博会、APEC技展会等全国性、国际性展销展洽活动。

（五）以第二代企业家为重点，抓好人才培训

实施第二代企业家素质提升工程。与清华大学合作开展第二代企业家培训工作，增强第二代企业家的战略思维和把握市场的能力，提高经营管理水平，为第一代向第二代民营企业、中小企业家平稳过渡创造人才条件。

开展中小企业高级职业经理证书培训，加快培养一批职业经理人，为中小企业引进职业经理人，改变家族式企业管理为主的管理模式，提供人才条件。继续实施银河培训工程，面向中小企业经营管理者开展培训工作，全面提升中小企业管理队伍经营管理水平。开展技能培训和鉴定工作，提升中小企业技术工人队伍素质。

建立中小企业培训基地，选择省内一家高校联合创办辽宁省中小企业学院，作为中小企业发展理论和政策研究中心，"专精特新"技术、工艺研发中心，中小企业技术、管理人才培训基地。

五、以实施《权益保护条例》为重点，抓好发展环境建设

做好《辽宁省中小微企业权益保护条例》的实施工作。加强对《辽宁省中小微型企业权益保护条例》宣传工作，联合有关部门共同开展"7.28 中小微企业维权咨询日"主题活动，邀请法律专家、知名律师、著名学者等相关人士，面对面解答中小微企业生产经营过程中合法权益保护问题，落实中小微型企业知情权；联合省人大有关部门对全省贯彻实施《保护条例》情况进行监督检查，促进法规政策的深入落实。

发挥省促进中小企业发展工作领导小组的协调作用，加大中小企业发展政策的落实力度。推动扩大小微企业所得税减半征收的政策覆盖范围。加强与相关部门的沟通协调，按照"减轻企业负担、推动全民创业、促进转型升级、破解发展难题"的要求，研究制定新的中小企业发展政策，优化中小企业发展的政策环境。

按照工信部的统一部署，建立全省统一的中小企业收费清单管理模式，推动各市（省管县）公布涉企收费目录并接受社会监督。会同省政府企业减负部门抓好减负法制建设、政策宣传和调查评估，将减负惠企的各项政策落到实处，切实减轻中小微型企业负担。

推动县、区建立中小微企业维权机构，完善省、市、县（区）三级权益保护体系；创建中小微企业网上投诉平台，在厅门户网站开辟"维权投诉"窗口，完善已建的法律服务平台，开展权益保护政策咨询和法律服务。建立由有关部门参加的投诉案件协调处理工作机制，加大协调处理力度，提高投诉案件的办结率。

加快中小企业公共服务平台网络建设，培育中小企业公共服务示范平台。加强省公共服务平台网络的建设，发挥省平台整合集成服务资源的作用；将中小企业公共服务平台网络建设列入省政府对各市绩效考核体系，加大对各市综合服务平台建设的推动力度，年底前实现 14 个市公共服务平台与省平台网络的互联互通，并在吸纳优质服务资源及服务企业取得新的进展。加强省中小企业服务联盟的建设，发挥服务联盟组织协调全省中小企业公共服务网络平台运营的职能作用，提高公共服务网络平台对中小企业的服务水平和服务质量，为中小企业的发展提供有力的服务支撑。

（辽宁省中小企业厅经济运行处）

吉林省

一、2013 年吉林省民营经济发展情况报告

2013 年，省委、省政府高度重视民营经济发展，提出了突出发展民营经济的重大战略举措，出台了突出发展民营经济的意见，全面实施了五大工程。各地各部门把贯彻落实《意见》和实施五大工程作为启动新一轮民营经济快发展、大发展的重要机遇和重大战略任务，高度重视，扎实推进，在当前经济下行压力较大的情况下，民营经济在发展总量、发展效益和社会贡献等方面都有了新的突破，成为支撑和推动全省经济增长的重要力量。2013 年，全省民营经济主营业务收入实现 2.67 万亿元，同比增长 16.1%；民营企业户数达到 16.3 万户，同比增长 12.6%；上交税金 748.2 亿元，同比增长 10.3%；个体工商户发展到 111.2 万户，同比增长 12.2%；从业人员达到 646.2 万人，同比增长 5.2%；全省民间投资实现 7057.6 亿元，增长 21.6%；民营经济增加值占全省 GDP 的比重达到 50.9%，同比提高 0.1 个百分点。

二、2013 年开展的主要工作

（一）突出抓了《意见》的制定和贯彻落实

制定突破性政策。按照省领导对进一步促进民营经济发展做出的明确指示，体现既要定目标、定措施，更要定政策的要求，省工信厅全面梳理了国家和省里出台的鼓励民营经济的政策意见，结合我省民营经济发展实际，在 10 个方面制定了 40 条鼓励民营经济发展的政策措施，以省委文件下发各地执行。推动政策落实。省工信厅充分发挥领导小组办公室综合协调作用，协调召开了第一次民营经济工作领导小组会议，朝鲁省长亲自到会并对《意见》的贯彻落实进行部署，还将今后五年民营经济发展目标按年度进行分解，下达到各市（州）和省直有关部门，纳入政府和部门绩效考核体系。

省直各部门充分发挥组织协调主体作用，最大限度挖掘政策潜力，加大推进落实力度。省发改委进一步拓宽民营经济投资领域，从提高行政审批效率、加快民营企业技术进步、推进项目建设和绩效考核等方面制定了具体措施。省财政厅积极落实民营经济发展专项资金和基金 10 亿元，及时调整专项资金的使用方向和原则，争取有限资金发挥更大作用。省国土厅实施工业企业土地出让金分期缓缴政策，阶段性减轻企业负担。省科技厅加快技术创新平台、科技企业孵化器和院士工作站的建设，提高企业创新能力。省工商局出台了《吉林省工商局关

于全力推进全民创业突出发展民营经济的实施意见》，落实先照后证，实施“工商零收费”，开通“工商验资E线通”综合信息平台，受益企业40多万户，为企业节约开支亿元以上。省税务部门积极落实营业税起征点上调和营改增政策，为民营经济主体建立了纳税服务绿色通道。省统计局制定了《吉林省统计局民营经济统计监测实施细则》，加强了对民营企业运行情况的统计监测。省金融办推进24个县（市）开展土地收益保证贷款试点工作，共发放贷款3.35亿元。省农委、环保厅、商务厅、审计厅、教育厅、交通厅、文化厅、民政厅、经合局、公务员局、绩效办、省政府研究中心、团省委、工商联、总工会、妇联等部门都围绕职能积极开展各项服务活动，促进民营经济发展。

各市（州）政府充分实施主体作用，结合本地实际，制定出台了一系列带有减税、让利等突破性的配套政策，狠抓《意见》落实。长春市规划建设了总面积3450平方米的长春市中小企业服务大厦，为中小企业提供多项服务。吉林市积极开展金融机构和企业对接活动，为企业解决授信额度101亿元。四平市积极推动企业技术中心建设，全年增省级技术中心12个，总数达到45个。辽源市推动“两化”融合，积极引进大唐动力、软通动等28户软件企业围绕当地产业发展、城市管理等领域开展合资合作。通化市积极落实财政支持政策，设立民营经济专项资金1亿元。白山、松原、白城、延边等地也都纷纷出台政策和措施，开展服务企业活动。通过条块结合，狠抓意见落实，政策效果初步显现。全年新增市场主体13.8万户，其中新增企业户数1.7万户，新增个体工商户12.1万户。

（二）突出抓了民营经济五大工程的实施

深入推进全民创业工程。省工信厅召开全省创业工程推进大会，推进创业者结对帮扶和带薪创业实习试点工作，省里重点抓千名导师结对帮扶创业者活动，目前已有276名创业者在创业导师的帮扶指导下成功创业。在长春市和吉林市开展了大学生、退役士兵带薪创业实习试点。完善孵化基地建设，重点支持了创业型、产业型、科技型孵化基地建设，全省已投入运营的各类创业孵化基地110余个，在孵企业超过3600户。加强融资服务，开展银企保对接活动，实现银企保合作贷款签约项目5566个，金额423.5亿元。省银监局、省金融办积极引导和推进金融机构金融产品创新，截止11月末，全省小微企业贷款余额2295.2亿元，比年初增加313.7亿元。增强平台网络服务能力，省中小企业公共服务平台网络正式开通，带动了700余家社会各类服务机构服务企业5余万户，服务人次超过10万人。

深入推进招商引资工程。主要领导亲自抓招商，儒林书记、朝鲁省长等省领导亲自带队走访央企洽谈重大项目，赴香港开展经贸交流合作活动，签约合同项目57个，投资总额419亿元；省政府组织上海、广东、浙江、川渝等10余家商会开展招商活动。省经合局依托项目建设，大力推进招商引资。2013年全省实际利用域外资金达到4853亿元，同比增长26.6%。

深入推进素质提升工程。省工信厅积极推动企业技术进步，省政府出台了《关于进一步促进企业技术创新和技术改造的实施意见》。召开了全省素质提升工程现场会，对85个特色工业园区素质提升工程做出部署。统筹安排专项资金11145万元，对209个重点企业技术改造项目给予支持。提高人才素质，加强小老板、企业家和技能人才等品牌培训，创新定点、订单和定向培训模式，全年已累计培训各类人员3万人。加强品牌建设，省质监局加强地理标志产品保护，全省获国家批准地理标志保护的产品达45个，获得使用资格企业170户，位居全国前列。

深入推进产业集群工程。省工信厅组织编制了全省九大主导产业产业链设计，规划了汽车及零部件、石油化工、食品、生物化工、装备制造、生物制药、光电子、金属材料、新材料等各产业链的发展方向和重点。召开全省产业集群工程推进大会，对全省推进产业集群建设和各地区加快主导产业发展进行部署。推动园区特色主导产业集群建设，全省统筹安排专项资金4780万元，支持了45个园区公共服务平台项目和基础设施的修缮维护。目前全省重点培育的60个产业集群工业产值占全省的50%以上。

深入推进市场培育工程。支持企业开拓市场，省工信厅积极组织企业参加各行业专题展洽会22个，帮助中小企业建立网络营销体系，利用“融信通”“阿里巴巴”“百度翔计划”三个平台推广吉林专精特新产品的网络营销。省商务厅引领民营企业开拓国际市场，有345户民营企业开展了对外投资合作、对外承包工程和对外劳务输出，涉足21个国家和地区的木材深加工、农业开发、汽车零部件、医药研发等行业。开展产需衔接，省工信厅召开了省暨长春市重点产品产需衔接大会，现场签订购销协议钢材206万吨、水泥1602万吨，帮助企业建立长期合作关系。积极培育要素市场，省人社厅在全省新建就业困难人员创业市场55个，农民工返乡创业基地160个，扶持创业3.7万人。全省新增28家股权投资类企业，对50多家企业投资近40亿元。

（三）突出抓了民营经济发展氛围和环境的形成

为营造理解、关心、支持民营经济发展的良好舆论氛围，有关单位结合工作职能，采取得力措施，合力助推民营经济发展。省人大两次组织专题会议听取民营经济发展情况汇报，积极开展民营经济视察和专题调研活动，并在第十二届五次人大常委会上审议通过了《关于突出发展民营经济的决议》，对全省民营经济发展起到了重要的推动作用。省政协组织开展民营经济发展论坛，政协委员积极为民营经济发展建言献策。省委组织部构建教育培训、人才创新创业和服务型党组织三大平台。为营造良好舆论氛围，省委宣传部开展突出发展民营经济大讨论活动，通过全国及省内主流媒体全方位多角度的报道推进民营经济发展的好做法。省市县三级层层组建突出发展民营经济宣讲团或宣讲小分队赴基层和企业宣讲1000余场次，听众达15万余人。为规范市场竞争环境，省法院审理破坏市场经济秩序犯罪497件；省检查院起诉制假售假犯罪、企业管理犯罪、扰乱市场秩序犯罪近300件；省公安厅开展了打击制售假冒伪劣商品犯罪行动，破获制售假冒伪劣商品案件516起，挽回经济损失超亿元；省司法厅组建法律服务团248个、专家组30个，为民营企业开展法律服务1261次，为企业避免经济损失1.5亿元。为优化发展软环境，省法制办加大简政放权力度，取消和暂停行政审批项目49项，下放行政审批项目69项，取消和免征行政事业性收费项目21项，为企业节约费用近2亿元；省软环境办公室开展软环境建设服务企业年活动，推进“两清”工作，落实行政审批“直通车”项目1476件，提高效率83.5%。

三、存在的主要问题

尽管各地各部门积极推动，促进了全省民营经济取得较快发展，但总量不大、结构不合理、发展环境不优等矛盾还未从根本上解决，“大企业不强，小企业不多”的现状依然没有得到改善，仅从企业经营、生产要素、融资等方面看，还存在以下实际困难。

一是企业经营难度有所加大。成本费用高企，挤压利润空间。1～11月，全省规上民营工业每百元主营业务收入中，主营业务成本占84.8元，比年初增长3.38元。加之部分行业产品价格持续低迷，难以消化成本压力，民营企业运营难度较大。

二是融资难融资贵问题仍然突出。由于中小企业信用不足、素质不高，加上省金融资本不够发达、资本市场发育不完善、企业资金需求上升等因素影响，中小企业资金缺口较大。12月末，据对700户重点企业流动资金需求的定时监测，共需资金157亿元，可自筹解决24亿元，缺口达133亿元。同时，中小微企业银行信贷融资成本达到12%～15%，从小额贷款公司和典当行融资成本平均达30%以上，小微企业处于“想用不敢用”的地步。

三是政策落实还需进一步推动。在40条意见的落实上，存在“上热下冷”现象，政策宣贯还不能全面深入基层。有些企业对政策不关心、不研究，在实际办事中走了不少弯路。同时，一些政策在落实过程中还有诸多程序上的障碍，特别是对涉及多个部门的政策，有些工作落实不够，还需进一步推动。

四、2014年重点工作安排

工作总体思路：深入贯彻党的十八届三中全会和省委十届三次全会精神，抓住国家大力支持非公有制经济改革发展的有利时机，紧紧围绕“五大发展”战略，以落实省突出发展民营经济40条意见为主线，深入实施民营经济五大工程，用改革来推动全省民营经济大发展。预计2014年全省民营经济主营业务收入达到3万亿，同比增长14%。

一是进一步推动民营经济深化改革。抓好长春市突出发展民营经济综合配套改革示范区试点，在市场准入、市场监管、市场公平竞争、金融创新等方面探索推动民营经济改革发展的有效模式。启动实施吉林市产业创新示范区试点，重点在工业化和城镇化协调发展、信息化与工业化融合发展、产业升级等方面，探索产业创新发展模式。结合国家陆续出台的配套改革措施，积极争取国家有关民营经济发展政策支持。

二是进一步抓好突出发展民营经济政策的贯彻落实。继续深入推动突出发展民营经济40条意见的贯彻实施，重点落实好融资、用地、减负、服务、科技创新等政策，同时结合改革示范区试点工作，研究制定民营经济配套改革指导意见和产业创新指导意见。省民营经济工作领导小组办公室加强协调组织，及时调度政策落实成效，积极配合相关部门，深入各地检查相关配套政策落实情况。

三是进一步推进民营经济五大工程深入实施。围绕全民创业工程，继续深化创业者结对帮扶，落实好带薪创业实习试点和企业孵化。围绕招商引资工程，重点帮助企业解决在招商引资和基础设施建设中遇到的具体问题。围绕产业集群工程，重点实施全省九大产业链规划，研究政策制定支持意见，工业发展专项资金向集群倾斜，扶持产业集群做强做大。围绕素质提升工程，加强科技创新体系建设，推进企业技术创新，加强企业技术中心建设，推进重大新产品规模化生产，提高公共技术服务能力；继续推进企业管理创新，推动企业法人治理结构升级，开展企业家和“万名创业者、万名小老板、万名高技能人才”梯次人才培训工程；推动两化融合，加强公共信息服务。围绕市场培育工程，继续支持企业开拓市场，组织企业参加国内外各类专业展会，开展产品推介等活动；加强与阿里巴巴、百度等知名互联网企业合作，支持企业发展分销商、承销商，建立销售网点，利用电子商务平台，扶持引导企业应用电子商务销售产品。

四是进一步营造民营经济发展良好环境。继续深化突出发展民营经济大讨论活动，进一步加大宣传力度，不断扩大政策影响面；继续推进行政审批制度改革，下放审批权力，减少审批环节，提高审批效率。强化法律服务，发挥法律服务团作用，主动为企业解决在决策和生产经营中遇到的法律难题。加大软环境政治力度，加强依法行政，规范政府权力运行、转变工作作风、提高办事效率，强化政策落实检查督查工作，保障企业合法权益，努力打造民营企业环境建设的升级版。

[吉林省工业和信息化厅（中小企业局）中小企业处]

黑龙江省

一、2013年黑龙江省中小企业改革发展总体情况

（一）非公经济及中小企业基本情况

2013年，黑龙江省工业和信息化委员会积极贯

彻落实国家、省关于促进非公有制经济和中小企业发展的系列政策措施，创造宽松发展环境。根据工信部工作部署，省工信委研究起草了我省“扶助小微企业”专项行动方案，实施方案明确了预期目标、重点工作、进度安排和保障措施，以“服务小微、助力成长”为主题，以改善小微企业发展环境为核心，以完善政策法规体系、构建公共服务体系为支撑，为小微企业送政策、送温暖、送服务。为贯彻落实国发14号文件和省委、省政府主要领导指示精神，省工信委积极开展调查研究，出台了黑龙江省相关配套政策措施，进一步支持全省非公有制经济和中小微企业的发展。

截至2013年底，全省非公经济增加值达7588.6亿元，同比增长10.8%，增速较上年降低3.3%，占地区生产总值的52.8%，较上年增加1.5%，其中：企业非公有制经济增加值4861.6亿元，比上年增长10.4%，个体非公有制经济增加值2727亿元，比上年增长9.3%。非公经济户数196.5万户，同比减少0.8%，其中：非公有制企业22.2万户，同比增长1.5%，个体经营户174.3万户，同比减少1.1%。非公经济从业人员733.3万人，同比减少1.65%。其中：非公经济企业从业人数293.5万人，同比减少2.75%，非公经济个体户从业人数439.8万人，同比减少0.9%。私营企业投资者人数43万人，同比减少8.12%。非公经济税收总额达917.1亿元，同比增长13.9%，占全社会税收总额的41.3%，同比增加3%。非公经济进出口总额209.8亿美元，同比增长1.1%，占全省进出口总额的54%，同比下降0.9%，其中：私营企业进出口总额195亿美元，同比增长0.4%，占全省进出口总额的50.2%，同比下降1.8%，个体企业进出口总额6394万美元，同比增长26.1%，外资企业进出口总额14.1亿美元，同比增长34.3%。私营企业注册资金总额4557.8亿元，同比下降13.9%，个体户注册资金总额632.5亿元，同比增长23%。全省规模以上非公企业主营业务收入6289.2亿元，同比增长18.7%，占全省规模以上工业企业主营业务收入的46.4%，同比提高4.7%；全省规模以上非公企业利润总额380.4亿元，同比增长26.4%，占全省规模以上工业企业利润总额的33.1%，同比提高8%；全省规模以上非公企业利税总额600.3亿元，同比增长21.2%，占全省规模以上工业企业利税总额的24.8%。

（二）非公经济发展的主要特点

1. 非公经济总量持续增长

2013年，全省非公经济增加值达7588.6亿元，同比增长10.8%，占地区生产总值的52.8%，较上年增加1.5%，按可比价计算，增速较全省GDP高2.8%，其中：企业非公有制经济增加值4861.6亿元，比上年增长10.4%，个体非公有制经济增加值2727亿元，比上年增长9.3%，增速均超过全省GDP增长速度。

2. 非公经济外贸平稳增长

2013年，非公经济进出口总额为209.8亿美元，同比增长1.1%，占全省进出口总额的54%。其中：私营企业进出口总额为195亿美元，同比增长0.4%，实现平稳增长，是进出口贸易的主体，占全省进出口总额的50.2%；外资企业进出口总额取得高速增长，外资企业进出口总额达到14.1亿美元，同比增长34.3%；个体企业进出口总额为6394万美元，同比增长26.1%，个体企业进出口总量虽然较低，但近两年增长势头也非常迅猛。

3. 企业经济户数和新增就业人员有所下降

2013年，非公经济户数196.5万户，同比减少0.8%，其中：非公有制企业22.2万户，同比增长1.5%，个体经营户174.3万户，同比减少1.1%。非公经济从业人员733.3万人，同比减少1.65%。其中：非公经济企业从业人数293.5万人，同比减少2.75%，非公经济个体户从业人数439.8万人，同比减少0.9%。这是多年连续增长后的首次下降，主要是受全球经济不景气及国内宏观经济结构调整的影响，虽然非公经济户数总体略有下降，但非公有制企业户数还是有所增长，说明非公经济的活力还是很强的，随着经济结构调整和转型升级的完成，非公经济必然会不断发展壮大，企业经济户数和新增就业人员还会与经济发展呈现正向增长。

4. 规模以上企业经营能力持续提升

2013年，全省规模以上非公企业主营业务收入6289.2亿元，同比增长18.7%，占全省规模以上工业企业主营业务收入的46.4%，同比提高4.7%；全省规模以上非公企业利润总额380.4亿元，同比增长26.4%，占全省规模以上工业企业利润总额的33.1%，同比提高8%。规模以上非公企业主营业务收入和利润同比取得大幅增长，主要得益于全省中小企业成长工程的实施，使得全省规模以上非公企业户数不断增加，企业规模不断扩大，企业成长能力得到有力提升。

5. 非公经济税收贡献度不断提高

全省规模以上非公企业利税总额600.3亿元，同比增长21.2%，占全省规模以上工业企业利税总额的24.8%，非公企业利税增速连续多年保持两位数以上，成为全省财税收入的重要来源。

6. 非公经济产业结构继续得到优化

2013年，全省地区生产总值为14382.9亿元，其中：一、二、三次产业分别为2516.8亿元、5918.2亿元和5090.3亿元，按可比价分别增长5.1%、6.6%、10.4%；全省非公有制经济增加值为7588.6亿元，其中：一、二、三次产业分别为862.4亿元、3417.5亿元和3308.7亿元，按可比价分别增长9%、10.2%和11.9%；非公有制经济一、二、三次产业增加值占地区一、二、三次产业生产总值的比重分别为34.3%、57.7%和55.6%。由此可见，非公有制经济第三产业增加值增速最快，占比也较高。产业结构调整继续得到优化。

7. 全省非公经济发展不平衡，部分地区非公经济下滑比较严重

2013年，牡丹江、绥化、佳木斯、大庆、伊春、哈尔滨、齐齐哈尔非公经济增加值分别为735.5、670.9、342.2、985.4、115、2710.1、644.8亿元，按可比价分别增长15.3%、15.2%、14.7%、12.6%、10.7%、10.4%、10.3；增长速度略有下

降，基本保持平稳增长态势；黑河、大兴安岭、双鸭山、鸡西非公经济增加值分别为 100.8、60.3、235.6、211.7 亿元，按可比价分别增长 8.9%、8.7%、4%、3.4%、增长速度均出现大幅下滑；鹤岗、七台河非公经济增加值分别为 -11.2、-30.8 亿元，按可比价分别负增长 7.2%、9.2%。非公经济增加值贡献较大的地区分别是哈尔滨、大庆、牡丹江、绥化、齐齐哈尔。非公经济增加值增速缓慢或负增长的双鸭山、鸡西、鹤岗、七台河等地区是我省煤炭主产区，受经济不景气和国家宏观经济调控的影响，非公经济发展出现放缓或负增长。

（三）非公经济及中小企业发展存在的主要问题

1. 发展优势不明显

随着经济全球化的进程加快和社会主义市场经济机制的不断完善，全省非公有制企业面临着激烈的竞争，特别是省非公有制经济总体规模小、产品档次低、品牌产品少，发展优势尚不明显。

2. 企业内部创新不足

非公有制企业受规模限制，尚未建成科学有效的人力资源引进、培训和激励机制，缺乏现代企业管理理念，创新能力、吸纳高新技术的能力较弱；即便是近几年发展起来的一些非公有制纳税大户企业，在产业分工中大多处于较低层次，只能从事资源开采、产品初加工等附加值较低的产品生产，企业缺乏发展后劲。

3. 竞争实力不强

全省个体私营经济结构呈现“一多三少”，即个体工商户多，私营、个人独资、合资企业少，上规模、上档次的更少，大多数非公有制企业市场开拓能力和抵御风险能力不强，参与市场竞争的能力较弱。

（四）2013 年主要工作

1. 大力发展非公有制经济

进一步落实国家、省关于促进中小企业和非公有制经济发展的系列政策措施，创造宽松发展环境。根据工信部工作部署，研究起草了省“扶助小微企业”专项行动方案，实施方案明确了预期目标、重点工作、进度安排和保障措施，以“服务小微、助力成长”为主题，以改善小微企业发展环境为核心，以完善政策法规体系、构建公共服务体系为支撑，为小微企业送政策、送温暖、送服务。为贯彻落实国发 14 号文件，出台配套措施，按照省委、省政府主要领导指示精神，为进一步促进全省中小微企业发展，省工信委牵头开展了进一步促进中小微企业发展政策措施的起草制订工作。在前期工作和赴外省考察调研的基础上，形成了《黑龙江省人民政府关于促进中小微企业发展的意见》（呈报稿），已经呈报省政府主要领导审定，待批复后，争取年内出台，确保全省中小微企业尽快受益。经过前段时期的努力，截止 2013 年底，全省非公经济实现增加值 7588.6 亿元，同比增长 10.8%，占地区生产总值的 52.8%，较上年增加 1.5%，按可比价计算，增速较全省 GDP 高 2.8%。

2. 出台支持中小微企业发展政策

为贯彻落实国发 14 号文件，出台配套措施，按照省委、省政府主要领导指示精神，为进一步促进全省中小微企业发展，省工信委牵头开展了进一步促进中小微企业发展政策措施的起草制订工作。省工信委高度重视政策措施起草工作，成立了专门的调研考察小组，政策措施拟定过程中，我们结合实际及前期开展中小企业服务年、扶助小微企业专项行动中中省直各部门报送的相关扶持措施及我们自身掌握的国家、省内外相关情况，并在充分调研的基础上，于今年 7 月初步形成了政策基本框架和主要内容。并于 8 月 9 日分别召开了中省直部门意见征求会和中介服务机构座谈会，当面听取了中省直部门及部分中介机构对扶持小微企业、特别是扶持服务机构发展的相关意见或建议。为进一步提高政策措施的高度和实效，将外省未能突破的在我省力争突破、在国家层面未能突破的在我省寻求突破，加强调研与研究，赴外省及国家对口部委进行了学习考察。目前，在前期工作和赴外省考察调研的基础上，形成了《黑龙江省人民政府关于促进中小微企业发展的意见》（呈报稿），已经呈报省政府主要领导审定，争取年底前可出台。

3. 开展非公企业产业链谋划

2013 年 6 月份，按照省委办公厅《重要事项督办通知》要求，为了更好的贯彻落实省委书记王宪魁同志的指示精神，省工信委在充分调研的基础上，面向全省开展非公经济优势企业产业链梳理工作。全省共汇总上报了 105 条产业链，经过分析整理，谋划梳理了第一批重点非公经济产业链 10 个，重点推进 5 个产业链，在取得经验基础上，对谋划梳理出的产业链进行全面推动。省委宣传部已开始按照省工信委推荐的产业链进行总体宣传工作。

4. 开展扶助小微企业专项行动

按照《工业和信息化部关于开展扶助小微企业专项行动的通知》（工信部企业【2013】67 号）要求，省工信委结合实际情况，制定印发了《黑龙江省扶助小微企业专项行动实施方案》（黑工信企业发【2013】115 号）。实施方案明确了预期目标、重点工作、进度安排和保障措施，确保方案落到实处。在扶助企业成长方面，着重开展了优化发展环境、实施成长工程、加强市场开拓、推进平台建设、强化食品安全等项工作；在提升融资服务方面，重点开展了政银合作、融资专项推进、助保金贷款风险补偿、拓宽融资渠道等项工作；在搭建创业平台方面，重点实施了创业小老板培育、创业基地建设及创业辅导等项工作；在强化人才保障方面，着力解决企业用工难问题，以开展“优秀中小企业家能力提升培训工程”为重点，着力打造精品示范培训工程；在培育科技创新方面，继续加强中小企业创新能力建设，在物联网等项目方面积极支持中小企业；在减轻企业负担方面，注重顶层设计，注重协调配合，注重长效机制，在规范涉企收费、清理收费项目、开展调查评估、加大宣传力度等方面加大工作力度。

5. 大力实施中小企业成长工程

省工信委结合企业需求，重点开展了管理咨询、编制规划、云管理信息化等配套服务工作，主推企业成长壮大。一是组织有资质的优秀中介机构编制成长型中小企业三年规划，给予企业编制补贴。二是开展了管理咨询工作。三是推进中小企业云管理信息化工作，利用手机终端云平台，企业生产全过程、销售、财务、人力资源等方面实现了移动办公。四是积极推动中小企业总部经济工作。建筑面积30000平方米总部经济大厦装修招展工作基本结束，已正式投入使用。现已引进企业近50家，将成为中小企业发展的一个亮点。

6. 积极推进公共服务平台网络建设

按照工信部的工作部署，省工信委全力推进全省中小企业公共服务平台网络项目建设工作。2013年已建成1个省枢纽平台、7个市地综合窗口平台、13个产业集群窗口平台的一体化平台网络体系。经过1年来的努力，全省平台网络建设取得了阶段性成果，平台网络总体架构基本形成。全省第一批及第二批平台已正式开通运营，第三批窗口平台正在积极建设中。在建设中我们注重从中小企业实际需求出发，在平台网络上创新推出电子商务、行业服务、智慧云、融资担保、成长服务、产业通等十大特色平台，并利用平台网络调动、整合全省中介服务机构、服务资源，突出特色化、个性化服务，用心为广大中小企业打造“找得着、用得起、有保证、就近就地”的服务平台。截止目前，特色平台和第一、二批“窗口”平台，共为中小企业监测产品186个，解决技术难题68个，接听电话和受理咨询327余次，举办各类服务活动82项，处理各种诉求31项，中小企业满意率达到90%以上。

7. 组织各方力量开展服务活动

一是省法制办牵头，联合省工商联、省商促会、省中小企业协会在全省开展了行政执法监督定点联系企业活动，通过企业反映对行政执法监督的认可度和满意度。全省有110户企业被确定为省级定点企业，特邀中小微100名行政执法监督员，强化行政机关服务意识，增进政府和企业之间的工作交流，建立常态化的联系机制。二是开展法律结对驻点服务。全省各级检察系统充分发挥检察职能，不断延伸服务触角，通过设立检察联络室、发放《法律服务手册》、推行检察建议，帮助其防范和化解经济运行风险。省检察院先后在佳木斯等地召开了检察机关与中小微企业对接会，征求发展的难题帮助研究解决。截止2013年上半年，全省检察机关赠送手册2500套，设立市县检察联络室40个。三是2013年初组织召开民营企业家座谈会，28户企业家、17家中省直部门和省内主要银行业金融机构、担保机构主要负责人参加了座谈，葵花药业等12户企业在会上作了发言，提出了政策、融资、技术及市场等方面15个需要帮助协调解决的问题及建议。会后对有关问题进行了梳理，并进行了任务分解，经过有关部门共同努力，落实情况比较好，企业比较满意。

8. 多方努力减轻企业负担

注重顶层设计，注重协调配合，注重长效机制，在规范涉企收费、清理收费项目、开展调查评估、加大宣传力度等方面加大工作力度。一是制定出台了《2013年全省减轻企业负担工作方案》，着力解决损害企业利益的不合理负担问题，清理规范涉企收费行为，积极营造企业成长发展的良好环境。组织召开了全省减负工作座谈暨企业负担调查评价培训会议，对企业负担调查评价工作进行了培训。二是加大减轻企业负担工作宣传力度。利用广播、报纸、电视和网络等媒体大力宣传减轻企业负担工作的重点任务，并通过省电台“行风热线”“政策解读”等节目加大对惠企业政策措施的宣传力度。印发了《2008～2012企业负担政策解答》，为中小企业提供了减负政策支持。三是继续清理和取消不合理收费。黑龙江省积极执行国家取消和下放的91项行政审批项目，地区性政府基金项目也由原来的20项减少到16项，及时公布了政府收费项目目录。四是开展企业负担调查评价工作。组织全省100家监测企业进行了数据填报工作。通过负担调查，95%以上的企业对我省企业负担情况表示满意。

（黑龙江省工业和信息化委员会中小企业处）

上海市

2013年，面对复杂严峻的国内外经济环境，根据国家和市委、市政府部署要求，上海中小企业工作紧紧围绕“创新驱动、转型发展”这一主线，完善服务体系，优化发展环境，培育“专精特新”，扶持小微企业，努力促进中小微企业健康发展。

一、2013年上海市中小企业发展概况

（一）2013年上海市中小企业总体发展情况

根据上海市统计局快报数显示，截至2013年底，上海市共有各类法人企业39.86万户（不包括非法人企业和个体工商户），其中：中小型法人企业39.70万户，占法人企业总数的99.59%，；从业人员882.91万人，占法人企业从业人员总数的75.21%；实收资本总额38901.87亿元，占法人企业总额的74.78%；营业收入总额101276.27亿元，占法人企业总额的61.30%。

1. 中小企业数量增长2.08%

截至2013年底，上海市共有中小企业39.70万户，占法人企业总数的99.59%，比2012年净增加0.81万户，增长2.08%。其中，微型企业数量大，中型企业增长快。2013年中型企业1.07万户，比2012年增加343户，增长3.30%；小型企业7.86万户，增加1385家，增长1.79%；微型企业30.77万户，增加0.64万户，增长2.11%。

2. 中小企业从业人员增长2.46%

2013年底，上海市中小企业从业人员882.91万人，占法人企业从业人员总数的75.21%，比2012年底增加21.19万人，增长2.46%，增速较全体企业高0.42个百分点。其中，小型企业吸纳就业人员比重较大，微型企业从业人数增长较快。2013年，中型企业吸纳从业人员268.05万人，占企业从业人

员总数的22.83%，比2012年底增长2.76%；小型企业从业人员348.86万人，占29.72%，增长1.86%；微型企业从业人员265.99万人，占22.83%，增长2.94%。

3. 中小企业实收资本增长2.22%

2013年，上海市中小企业实收资本达38901.87亿元，占法人企业实收资本总额的74.78%，比2012年底增加844.68亿元，增长2.22%，增速快于全体企业0.2个百分点。其中，微型企业实收资本比重较大，小型企业增长较大。2013年中型企业实收资本10782.42亿元，占企业实收资本总额的20.73%，比2012年增长3.31%；小型企业实收资本11760.09亿元，占22.61%，增长7.68%；微型企业实收资本16359.37亿元，占31.45%，增长-2.03%。

4. 中小企业营业收入增长35.30%

2013年，上海市中小企业实现营业收入总额101276.27亿元，占法人企业总额的61.30%，比2012年增长35.30%，增速快于全体企业16.19个百分点。其中，小型企业营业收入比重较大，且增长较快。2013年，中型企业实现营业收入39424.85亿元，占企业营业收入总额的23.86%，与2012年同比增长4.29%；小型企业实现营业收入53765.14亿元，占32.54%，增长84.58%；微型企业实现营业收入8086.28亿元，占4.89%，增长2.10%。

（二）2013年上海市中小企业三次产业发展情况

1. 三次产业中小企业在上海市中的地位

2013年，三次产业中小企业的数量均占9成以上，从业人数占比均在7成以上，实收资本占比均在6成以上，营业收入占比均在5成以上。

2. 三次产业中小企业的分布情况

（1）中小企业在数量上主要分布在第三产业。2013年，第一产业、第二产业、第三产业中小企业的户数分别为1886户、10.78万户、28.73万户，分别占三次产业中小企业总数的0.48%、27.15%、72.38%。相比2012年分别增长40.22%、0.61%、2.46%，第一产业户数增长较快。

（2）中小企业从业人员主要分布在第三产业和第二产业。第三产业从业人员455.42万人，占中小企业总量的51.58%；第二产业中小企业吸纳从业人员424.33万人，占中小企业总量的48.06%；第一产业从业人员3.16万人，仅占0.36%。与2012年相比，第一产业、第二产业、第三产业从业人员分别增长18.94%、0.54%、4.22%，第一产业从业人员增长较大，第三产业从业人员继续增长，已高于第二产业吸纳的就业人员。

（3）第三产业中小企业实收资本遥遥领先。第三产业中小企业实收资本达31216.60亿元，占中小企业实收资本总量的80.24%，较2012年增长45.91%；第二产业、第一产业实收资本分别为7557.67亿元、127.60亿元，分别占19.43%、0.33%，较2012年分别增长11.03%、3.63%。

（4）第三产业中小企业实现的营业收入规模较大。第一产业、第二产业、第三产业中小企业的营业收入分别为67.10亿元、25187.84亿元、76021.33.09亿元，分别占上海市中小企业营业收入总额的0.07%、24.87%、75.06%，较2012年分别增长45.77%、-0.04%、2.66%。

（三）2013年上海市中小企业注册类型发展情况

1. 中小企业在上海市各注册类型中的地位

2013年，在上海市国有企业、集体企业、私营企业、港澳台及外商投资企业中，中小型私营企业和集体企业在数量、从业人员、营业收入、实收资本上占绝对优势，在上海市的比重均在9成以上；中小型国有企业户数上优势明显，但在吸纳就业、经济总量上不突出，从业人员占国有企业的49.81%，营业收入仅占35.20%；中小型港澳台及外商投资企业数量占9成以上，但从业人员、营业收入仅占6成，与2012年相比，中小型港澳台及外商投资企业营业收入所占比重由41.88%提高到58.19%。

2. 中小企业注册类型分布情况

2013年底，中小企业在数量上以私营企业为主，中小型私营企业占中小企业总数的78.04%，遥遥领先其他注册类型的中小企业；在吸纳就业方面，中小型私营企业占54.24%，是中小企业中吸纳就业的主力军；在营业收入上，中小型港澳台及外商投资企业经营能力较好，10.47%的户数取得了41.01%的营业收入；在实收资本上，中小型港澳台及外商投资企业实力较强，占38.39%。

3. 各类注册类型中小企业发展情况

（1）中小型国有企业。2013年，上海市中小型国有企业5774户，吸纳从业人员42.34万人，实现营业收入7985.39亿元，实收资本5684.23亿元，与2012年相比，分别增长-3.54%、-1.38%、-0.27%、5.07%。

（2）中小型集体企业。2013年，上海市中小型集体企业1.02万户，吸纳从业人员32.58万人，实现营业收入1074.56亿元，实收资本418.07亿元，分别较2012年增长-6.24%、1.19%、-0.42%、3.37%。

（3）中小型私营企业。2013年，上海市中小型私营企业30.98万户，吸纳从业人员478.85万人，实现营业收入32484.06亿元，实收资本9144.18亿元，分别较2012年增长1.55%、2.66%、24.28%、4.34%。

（4）中小型港澳台及外商投资企业。2013年，上海市中小型港澳台及外商投资企业4.16万户，吸纳从业人员200.19万人，实现营业收入41531.01亿元，累计实收资本14935.27亿元，分别较2012年增长4.28%、2.62%、92.04%、-2.41%。

（四）2013年上海市中小企业资本来源情况

1. 中小企业资本来源的总体分布

2013年，上海市中小企业累计实收资本38901.87亿元，占上海市法人企业总额的74.78%。其中，国家资本5766.03亿元，占上海市中小企业资本投入总额的14.82%；集体资本1065.90亿元，占2.74%；法人资本11740.62亿元，占30.18%；个人资本7156.61亿元，占18.40%；港澳台商资本3818.67亿元，占9.82%；外商资本9354.04亿元，占24.05%。

2. 中小企业主要资本来源情况

（1）国家资本。2013年，中小企业国家资本为5766.03亿元，比2012年增长8.27%。从三次产业看，国家资本主要投向第三产业，第三产业中小企业国家资本5183.24亿元，占中小企业国家资本总额的89.89%；从注册类型上看，国家资本主要投向国有企业，资本总额为3683.74亿元，占63.89%；从行业大类来看，国家资本主要投向商务服务业、房地产业、工业、交通运输业等，4个行业分别占中小企业国家资本总额的43.25%、25.72%、8.99%、8.19%。

（2）法人资本。2013年，中小企业法人资本为11740.62亿元，比2012年增长4.79%。从三次产业看，法人资本主要投向第三产业，实收资本总额累计为9457.10亿元，占中小企业法人资本总额的80.55%；从注册类型上看，法人资本主要投向私营企业、国有企业，资本总额分别为3086.90亿元、1895.05亿元，分别占26.29%、16.14%；从行业大类来看，法人资本主要投向房地产业、商务服务业、工业、金融业等，4个行业分别占中小企业法人资本总额的29.39%、22.36%、16.52%、8.09%。

（3）个人资本。2013年，中小企业个人资本为7156.61亿元，比2012年增长2.29%。从三次产业看，个人资本主要投向第三产业，资本总额累计为5366.42亿元，占中小企业个人资本总额的74.99%；从注册类型上看，个人资本主要投向私营企业，资本总额累计为5894.75亿元，占82.37%；从行业大类来看，个人资本主要投向批发业、商务服务业、工业、房地产业、建筑业等，5个行业分别占中小企业个人资本总额的24.57%、18.88%、16.84%、13.56%、7.77%。

（4）外商资本。2013年，中小企业外商资本为9354.04亿元，比2012年下降5.18%。从三次产业看，外商资本主要投向第三产业，资本总额分别为7232.62亿元，占77.32%；从行业大类来看，外商资本主要投向仓储业、工业、商务服务业、房地产业、批发业、金融业等，6个行业分别占中小企业外商资本总额的35.07%、22.43%、12.30%、8.38%、7.58%、7.31%。

二、2013年开展的主要工作

2013年，针对中小企业发展普遍面临的市场经营压力大、融资难依然突出、创业创新活力不足、信息不对称等困难和挑战，上海市探索服务手段，创新服务载体，完善政策法规，建立工作机制和服务体系，重点做好中小微企业创业创新、融资服务、市场拓展等方面的服务工作，努力促进企业健康持续发展。

1. 出台配套政策措施，完善工作机制

贯彻《上海市促进中小企业发展条例》，出台系列配套政策文件。2011年4月，上海市人大常委会审议通过《上海市促进中小企业发展条例》，并于2013年开展了《条例》实施情况后评估和执法检查工作。贯彻《条例》要求，上海市政府及各有关部门近三年已先后制定出台了扶持中小微企业发展的60多个配套政策文件。积极推进政策法规落地，如，落实税收优惠政策，上海市有19.9万户企业纳入“营改增”试点范围，将对小规模纳税人增值税征收率由过去的6%和4%降至3%。

完善民营、中小企业工作体制机制，充分发挥统筹协调作用。上海市级层面建立有分管副市长为组长、23个成员单位组成的市促进中小企业发展工作，区县层面绝大多数区县成立有区级促进中小企业发展工作领导小组或联席会议制度，加强部门联合、市区联动，形成工作合力，发挥促进中小企业发展的统筹规划、组织领导和政策协调作用。同时，为更好促进上海市民营经济发展，2013年还成立了上海市民营经济发展联席会议。

2. 建立全覆盖的中小企业服务体系，提升服务功能

建成市、区、街镇三级联动、全覆盖的中小企业服务网络。按照“1+17+X+N”（1指市级层面，17指17个区县，X指街镇、园区、楼宇层面，N指社会化专业化服务机构）的中小企业服务体系架构，在市、17个区县、208个街镇及主要园区和商务楼宇设立了中小企业服务中心，截止2013年底，“X”数量达到377个，实现中小企业综合服务网络全覆盖。

建成开通中小企业服务云平台，提供一站式服务。建成开通了“上海市中小企业服务互动平台”（中小企业服务云），集聚服务资源，“N”层面上培育了9类245家市级中小企业服务机构。通过云计算技术、开放性的网络平台，发挥商会、行业协会及各类专业化中介服务机构作用，实现有关中小企业服务渠道的“互联互通、即时响应、资源共享、服务协同”，为中小企业提供“一站式”服务，实现让中小企业寻求服务“找得着、用得起、有保障”。

提升中小企业服务热线功能，方便中小企业反映诉求。2013年11月份，将原有的市、区18条中小企业服务热线整体融入“12345”市民服务热线，让企业只需拨打“12345”一个电话就可以进行“一门式”咨询求助，便捷中小企业反映诉求。

创新信息服务载体，提升中小企业信息服务水平。为缓解信息不对称状况，2012年尝试推出了《上海中小企业信息速递》纸质版，2013年开通了网络版、手机版和微信版，每月一期，免费向中小企业推送政策、融资、技术、市场、服务等各类信息，截止2013年底，已覆盖上海市11万家中小企业。

动员各方智力资源，招募首批中小企业志愿者队伍。2013年招募了120名由知名企业家、专业人员组成的中小企业发展服务志愿者，并选定了上海市20个产业园区作为首批“志愿咨询服务点”，截止2013年底，组织开展了3场志愿者服务活动。

组织广泛参与的主题服务活动，为中小企业提供公益服务。在以往组织举办“中小企业服务月”“中小企业服务年活动”基础上，2013年继续举办“关注小微企业、发展专精特新”主题服务活动，组

织开展了近1000场服务活动，直接服务中小微企业10万多家次。

3. 支持中小企业创业创新

以“鼓励创业带动就业”为抓手，积极扶持创业。围绕提升创业技能、降低创业成本、缓解资金和场地难、营造良好创业氛围，上海市启动实施了新一轮“鼓励创业带动就业三年行动计划（2012～2014年）”，重点鼓励和培育青年及大学生创业群体，扶持和发展小微创业组织。2011年至2013年，帮助成功创业3万余人。区县也都结合实际，积极完善创业扶持政策、创办创业园区、加强创业辅导，鼓励创办小企业，支持初创企业发展。

多措并举，增强中小企业创新能力。加大创业创新载体建设，构建“创业苗圃＋孵化器＋加速器”科技创业孵化载体链，截止2013年底，累计建设创业苗圃59个，符合市级标准的孵化器101家。开展“知识产权托管服务”试点，累计推出了市级知识产权示范园区11家，试点园区19家。支持企业提升质量管理水平，2013年培训了160家“专精特新”中小企业“首席质量官”。支持中小企业品牌建设，截止2013年底，中小企业获得上海名牌的总数达到268项。推进产学研对接，2013年组织高校与企业达成产学研对接意向102个。

实施“专精特新”中小企业培育工程。引导中小企业创新转型走“专精特新”发展道路，培育“专业化、精细化、特色化、新颖化”的中小企业“隐形冠军”“长寿企业”。截至2013年底，上海市培育了首批“专精特新”中小企业1008家。据统计，在全国细分市场占有率第1位的企业有101家。实施了“中小企业领军人才浦江培训计划”，截止2013年底，累计举办“专精特新”企业领军人才培训班11期，培训了500多位企业高层管理人员。支持领军班企业家成立了上海市“专精特新”企业家联谊会，搭建企业间跨界交流、互助合作的平台。

4. 创新融资服务，缓解中小企业融资困难

集聚中小微企业金融服务资源。上海市积极引进专营小微金融服务银行，鼓励银行多设小微专营支行，积极发展小额贷款公司，推动典当业发展。截止2013年底，上海地区专营小微业务的分行3家、小企业信贷中心3家、村镇银行9家、小微专营支行到210家；累计116家小贷公司获批设立，注册资本总额达160亿元，其中111家小贷公司开业，累计放贷1071.84亿元，贷款余额189.11亿元；上海市典当企业251家，分支机构63家，全行业注册资金总额56.86亿元。

加强小微企业信贷投放政策支持和引导。加强对在沪银行业机构小微企业信贷数据的定期监测和考核。加强融资服务的规划和统筹指导，按季度召开中小企业信贷工作例会，公布重点中小微企业名单，要求商业银行重点予以信贷支持，2012～2013年共帮助近500家中小企业融资近80亿元。鼓励金融机构创新金融产品，在沪各家银行针对小微企业的金融产品已达300余款。据上海银监局统计，2013年末，上海小微企业贷款（含同口径个体工商户贷款、小微企业主贷款）余额9032.48亿元，增幅13.85%，高于同期各项贷款增幅7.35个百分点；辖内银行小微企业贷款覆盖率19.45%，较年初提高7.44个百分点；辖内法人银行小微企业申贷获得率87.37%。

进一步拓宽中小企业融资渠道。加强指导培训，做好拟上市企业辅导和协调服务，2013年底，上海市累计60家中小企业实现境内上市，募集资金403.02亿元，据不完全统计，加上海外上市企业数量，上海市境内外上市中小企业数量已超过100家，另有4家公司已过会尚待发行，53家公司向中国证监会报送了IPO申请材料，53家公司在上海证监局辅导备案，进入中小企业办改制上市后备资源库的企业数超过500家。同时，拓宽融资渠道，鼓励多种途径融资。加大中小企业集合票据工作推进力度，上海市累计有7只票据发行，33家中小企业融资22.03亿元；针对小额票据贴现困难，2013年10月，支持浦发银行、农商行设立了“小额票据贴现中心”，自10月25日挂牌至2013年底，一个多月，小额票据贴现中心已经受理100万以下票据贴现业务2.32亿元，近1300张；鼓励社会P2P融资发展，以拍拍贷为例，2013年四季度平台融资规模同比增长253.53%，环比增长38.96%。

加大中小企业担保机构扶持力度。积极稳妥推动融资性担保行业发展。截至2013年末，上海市73家融资性担保公司通过设立申请并获得经营许可证，在保余额316.59亿元，2013年累计担保额263.95亿元。积极推进投贷保联动试点。拨付上海联合融资担保有限公司、上海市再担保有限公司两家担保机构各5000万元专项资金，鼓励更好开展中小外贸企业融资担保业务，并对实际担保损失给予一定比例的风险补偿。对40多家担保机构信用评级，向国家推荐了10家中小企业担保机构享受免征营业税政策。

5. 利用多种渠道方式，帮助中小企业拓展市场

加大政府采购扶持中小企业力度。实施预留中小企业政府采购预算比例、小微企业政府采购项目价格扣除等支持政策，开展政府采购信用担保工作试点，支持中小企业参与政府采购。据市财政局数据，2013年，上海市中小企业政府采购合同数约9.1万个，占总合同数的79.8%；中小企业政府采购金额434.4亿元，占全部金额的85.6%。

支持中小企业应用电子商务，参与各类展博会。开展“推动电子商务平台企业创新发展，推动中小企业应用电子商务平台”的“双推对接工程”。搭建合作交流平台，组织中小企业参加中博会、中国东盟博览会等展会，发挥中小企业国际市场开拓资金等资金作用，支持中小企业开拓国内外市场。

举办首届“上海（国际）中小企业精品展”。探索帮助中小企业市场拓展和品牌推广的有效途径，加大品牌宣传推广。为引导中小企业在品牌、技术、专注等方面进一步明确发展方向，帮助市场拓展，2013年6月上海市举办了第一届“上海（国际）中小企业精品展”，来自11个国家和地区的402家中小企业参展，3天共有4.95万人次观展，实现现场交易2708万元，促成合同意向300余项，合同金额3.2亿元。

（上海市促进中小企业发展协调办公室）

江苏省

一、2013年江苏省中小企业和民营经济发展概况

2013年，在省委、省政府正确领导下，全省中小企业、民营经济牢牢把握主题主线，以提高发展质量和效益为中心，不断创新发展思路，加快转型升级，总体保持了稳中有进的良好发展态势，为全省经济和社会发展作出了积极贡献。2013年底，全省中小企业约为164万家，比上年增加14万家，占全省企业总数的99.6%。其中：工业企业约有52万家，比上年增加3万家；规模以上中小工业企业45191个，占全省规模以上工业企业数的97.4%，实现总产值、主营业务收入、利税总额分别为82227亿元、80518亿元、8273亿元，同比分别增长14.1%、13.7%、18.1%，占规模以上工业的比重分别为61.1%、60.9%、63.9%。

2013年，全省民营经济实现增加值3.2万亿元，同比增长10.1%，占全省经济总量的54.2%，较上年提高0.6个百分点。规模以上民营工业企业数达到3.4万家，实现增加值15494.1亿元，占规模以上工业的52.7%，同比增长14.3%。全年完成民间投资2.5万亿元，同比增长20.1%，占全省投资总量的68.1%，较上年同期提高1个百分点。民营企业实现出口总额1067.4亿美元，同比增长10.8%，高于全省增幅10.7个百分点。民营经济上缴税金5489.7亿元，同比增长12%，占全省税务部门直接征收总额的57.1%。到2013年底，私营企业登记户数为145.1万户，比上年底增加13.8万户。私营企业注册资本4.8万亿元，较上年底增长12.4%；注册资本超过1亿元的私营企业达6074户，比上年底增加875户。个体工商户登记户数为379.3万户，比上年底增加26.6万户。

二、2013年主要工作

2013年，我们在优化发展环境，服务企业发展，促进企业创新转型方面做了以下几个方面工作：

（一）推动创新发展。

一是培育科技创业创新领军企业。实施科技小巨人企业培育计划，建设培育库，入库企业达450家。组织33名企业家赴美国斯坦福大学进行创新转型高端培训，帮助企业家提升创新能力，开阔国际视野。

二是提升企业创新能力。支持企业建立研发机构，加大研发投入，提升创新能力，培育100家创新能力建设示范企业、100家高成长中小企业。支持省中小企业知识产权电子商务平台发展壮大。

三是推进“专精特新”发展。建立“专精特新”产品库，认定50个省级中小企业专精特新产品，建成江苏中小企业专精特新产品展示推广网，提升专精特新产品的认知度。编印《2013江苏中小企业专精特新产品案例选编》，为中小企业走专精特新之路提供参考借鉴。

四是开展数字企业创建活动。开展“百场万企”数字企业培训，省、市全面建成数字企业体验中心。开通“数字企业”云服务平台，新创建2000家星级数字企业，全省数字企业累计达1万多家，其中五星级数字企业160家。

（二）促进集聚发展

一是加快推进高标准厂房建设。联合省国土资源厅实施高标准厂房建设及使用先进地区评选工作，采取无偿补助的方式，安排3000万元财政资金对高标准厂房建设和使用先进地区进行奖励。

二是培育产业集聚示范区。在全省高起点规划建设一批民营经济新兴产业集聚区，新认定12个中小企业产业集聚示范区，目前，全省已累计认定省级中小企业产业集聚示范区59家。2013年，全省中小企业集聚区入驻企业约11.5万户，实现营业收入超过5.5万亿元。全省营业收入超百亿元的产业集聚区152家，超千亿元的产业集聚区2家。

（三）缓解融资困难

一是健全担保体系。规范融资性担保机构经营许可，实施担保机构信用评级。落实担保机构资金、税收等方面的政策扶持，共帮助49家机构争取国家担保专项资金补助12590万元。截至2013年底，全省融资性担保机构共536家（含31家分支机构），注册资本644亿元。其中纳入统计的担保机构454家，注册资本556.4亿元，在保余额2350亿。

二是推进银企合作。与有关金融机构签订支持中小企业金融服务战略协议，累计金额超过5000亿元。对全省商业银行风险补偿8930万元，累计补偿金额达5.4亿元，有效带动商业银行增加小微企业投放超过1000亿元。

三是推进统贷平台建设。积极打造统贷平台的品牌和影响力，提升融资服务效果。截至2013年末，全省23家中小企业统贷平台批准准入额度合计84.4亿元，贷款余额40.67亿元人民币，累计放款59.4亿元，为企业节约财务成本超过2亿元。

（四）促进服务体系提档升级

全省上下按照“12318”目标，着力构建中小企业服务体系。一是加强公共服务平台建设。培育一批国家和省级公共服务示范平台，全省国家级示范服务平台达到26家，数量在全国处于领先地位，省级中小企业星级公共服务平台累计达349家。

二是构建全省服务平台网络。建设首批25个窗口平台和1个省级平台，年底已实现平台网络互联互通、信息资源共享，为中小微企业提供基本的公共服务。

三是推进公共技术服务平台建设。新认定21家中小企业公共技术服务示范平台和9家高校中小企业公共技术平台，全省中小企业公共技术服务示范平台累计达90家。整合技术平台资源，在全国首家成立省级中小企业公共技术服务协会，探索协同创新模式。

（五）加强创业指导

一是举办首届全省中小企业创新创业大赛。组织

开展“2013 中国江苏中小企业创新创业大赛”，评选出 30 名优秀创新创业者，推荐参加“首届中国江苏创新创业大赛”总决赛，有 22 名选手入围获奖。

二是推进小企业创业基地建设。组织召开工作交流会，探索创新工作内容和方法。加快培育小企业创业示范基地，加强小微企业培育服务，全年新认定省级创业示范基地 25 家，省级创业示范基地累计达 185 家。实施“助力小微企业巡诊”活动，免费为企业提供个性化的诊断辅导。

（六）拓展市场发展空间

一是着手构建我省中小企业国际化发展境外服务网络。借鉴日本、意大利中小企业代表处工作经验，着手在南美和非洲增设江苏中小企业代表处。二是组织召开中小企业协作配套对接会。分别在苏州、无锡和南京召开江苏省现代农业装备产业中小企业协作配套对接会、中小企业汽车产业协作配套对接会和中小企业风电产业协作配套对接会，帮助中小企业实现与大企业配套需求总额近百亿元，发布了近 50 项可转化科研成果，提供一批新型适用产品。三是组织全省中小企业参加第 10 届中国国际中小企业博览会。我省共组织了 81 家中小企业参展，江苏展区规模达 98 个展位，参展规模和企业数量为最多的省区之一，展示了江苏中小企业绿色低碳和创新发展的最新成果。

（七）加强人才培训

全年累计培训民营企业人才达 20 万人次。一是抓好品牌培训。组织举办高级工商管理硕士学位班、高级工商管理研修班、MBA 课程班、卓越女性领导力管理研修班、万企升级总裁研修班、德鲁克高层管理总裁班等中小企业品牌培训，举办财务、人力资源和营销总监班、中小企业主管理研修班及体验式培训等，为企业主搭建一个更新知识、开拓思路、拓宽人脉、共谋发展的学习和交流平台。总结波司登、海澜、南车等企业大学创建单位的经验和做法，继续推进企业大学建设。二是优化培训方式。实施 IPTV 电视培训、E－Learning 电脑培训等在线培训工程，累计用户分别达 8000 多家、20000 多家，满足广大企业多样化培训需求，为企业建立一个长期的公益性培训学习平台。三是开展专题培训。先后举办两化融合、转型升级、竞争力大讲堂、企业上市、股权融资、民营企业档案管理等专题讲座和培训，不断优化企业管理者知识结构。

（江苏省省经济和信息化委员会）

浙江省

2013 年浙江省中小企业改革与发展情况

2013 年，面对极其复杂的国内外发展环境，在省委省政府的坚强领导和大力支持下，全省中小企业系统深入实施“八八战略”，坚持“稳增长、调结构、促转型”，深入贯彻落实《国务院关于进一步支持小型微型企业健康发展的意见》（国发〔2012〕14 号）精神，紧紧围绕“小微企业转型升级为规模以上企业”（以下简称“小升规”）这一中心工作，切实加大对中小微企业发展的指导、协调、扶持和服务力度，大力推进小微企业上规升级和创业创新发展，全省中小微企业总体保持平稳健康发展态势。2013 年末，全省共有中小微企业 92.42 万家，完成工业总产值 67376.30 亿元。其中，中小型企业 38960 家，工业总产值 46246.34 亿元，同比分别增长 8.5% 和 7.0%；微型企业（工业生产单位）88.52 万家，工业总产值 21129.96 亿元，同比分别增长 3.2% 和 9.3%。全年全省“个转企”101437 家，“小升规”企业达 4588 家，超额完成 3500 家的目标任务。

（一）全力推进“小升规”工作

一是全面部署开展“小升规”工作。年初省政府专门组织召开了全省个体经济及小微企业提升发展工作电视电话会议，全面部署开展工作。结合工业和信息化部《关于开展扶助小微企业专项行动的通知》精神，制定出台《关于开展全省小微企业上规升级专项行动工作意见》和《关于做好小微企业上规升级有关工作的通知》等文件。

二是确立年度目标任务和考核机制。按照“三年万家”的总体要求，确定年度“小升规”3500 家的目标任务，并建立工作责任制，将目标任务落实到各市县，纳入省政府对各地方政府的目标责任制考核。

三是加快培育库建设。围绕目标任务，确定 6267 家企业作为“小升规”重点培育对象，并在创业辅导、管理创新、融资担保、参加展会、专项资金等多方面的培育指导和服务。

四是树立一批重点推进县（市、区）。确定一批小微企业发展基础好、地方政府和中小企业主管部门积极性高的县（市、区），作为全省小微企业上规升级工作的重点推进县（市、区），以点带面，全面推进全省小微企业上规升级工作。

五是出台政策文件。省政府制定出台《浙江省人民政府办公厅关于促进小微企业转型升级为规模以上企业的意见》（浙政办发〔2013〕118 号），在税费优惠、财政支持、融资服务、企业减负等方面给予扶持。

六是扎实做好“小升规”工作的指导、推进和服务。对列入重点培育上规模的小微企业开展更具针对性的指导和服务工作。组织走访企业、召开重点县“小升规”工作座谈会、每季度召开“小升规”工作交流和培育监测会议等。

七是全力以赴推进年度目标任务的落实。省经信委、省统计局、省国税局联合下发了《关于积极做好小微企业“小升规”统计工作的通知》（浙经信企规〔2013〕584 号），经省统计局汇总审核并报国家统计局终审核定，2013 年浙江共实现“小升规”企业 4588 家。

（二）加大中小企业扶持政策宣传

一是组织召开新闻发布会。召开“浙江省促进小微企业转型升级情况通报”的新闻发布会，介绍浙江省促进中小微企业转型升级的主要工作，相关扶持政策出台的主要背景和亮点、下一步具体的推进工作打算等。国务院新闻办、新华社、中央人民广播电台、浙江卫视、浙江日报等30余家媒体对此进行广泛的报道。

二是开展中小微企业扶持政策宣传。详细梳理国家和省委省政府出台的扶持中小微企业政策，归类汇集为税费优惠、财政扶持、融资服务和创业创新等四个方面，分4期在浙江日报上刊登政策措施条文，并且以直观易懂的图文和表格形式列出企业享受政策的具体条件、操作流程等，使企业能够迅速了解和掌握运行扶持政策。

三是通过杂志网络等信息媒体宣传。省经信委与浙江日报社加强合作，刊发了10期《中小企业之窗》专版、2期《经济新闻栏目》专版，内容涉及浙江省促进中小微企业转型升级工作、融资服务、公共服务平台建设和扶持政策等。与浙江财富广播合作开设《中小企业之声》专题节目，每天滚动播出有关中小微企业发展的宏观形势、产业政策、工作动态、专题访谈等相关内容。此外，还通过《今日浙江》、《经贸实践》、中小企业公共服务平台网络等媒体大力宣传中小企业发展工作。

（三）着力完善中小企业服务体系

一是继续推进平台网络建设。2013年新增13个“窗口”服务平台，全省的中小企业公共服务平台累计7个市综合“窗口”及17个产业集群“窗口”服务平台，并实现了互联互通。建立并完善了企业、服务机构、政策资讯等多种省级共享数据库，累计已注册企业25428家、机构1634家，服务产品1900个，政策法规2572条、资讯23433条、各级政府机构导航1265个。组织各类服务对接活动，累计为28255家企业提供了168401次服务，服务人数达369348人次；帮助了2102家企业，累计获得各类融资贷款58.56亿元。

二是完善平台网络管理机制。联合发改、财政、科技等23家省级涉企部门成立“就来帮企业”工作协调办公室。出台《浙江省促进中小微企业发展“就来帮企业”工作方案（试行）》，建立面向全省中小微企业服务的协同机制。以省平台建设单位为主体，注册成立浙江就来帮企业科技服务有限公司，负责省公共服务平台的运营维护和全省服务资源的共享协同、各级“窗口”特色服务的推广。

三是组织线下服务专场活动。组织省平台与各“窗口”平台联动，开展以“服务企业、助力成长”为主题的中小企业服务日专场系列活动。先后举办了22场中小企业服务日活动，累计邀请企业2200余家，金融、培训、管理咨询、知识产权等社会中介服务机构310个，完成对接项目684个，其中成功项目316个。

（四）加强中小企业运行监测和管理咨询服务

一是完善中小企业培育与运行监测软件系统。针对前期运行过程中发现的问题和缺陷，进一步优化和完善全省中小微企业培育与监测平台网络系统软件。

二是认真做好运行监测分析。在完善监测平台功能的基础上，按月度认真做好全省中小微企业生产运行的监测工作，并深入挖掘数据、分析数据，撰写监测分析报告。小微企业运行监测分析连续5期被浙江省府办采纳并报国办，供中央领导参阅。

三是开展创业辅导和管理咨询服务。以年主营业务收入在500~2000万元之间的工业企业为重点，开展有针对性的辅导服务，着力提升小微企业的基础管理能力。通过视音频交互实时直播、在线咨询的方式，先后举办了8期“专家讲堂”，对500多家企业负责人进行辅导。组织3113家中小企业，提供了6312个工作岗位，参加全国大学生网上百日招聘活动，累计接待招聘23117人次。继续与浙江大学合作，开展成长型中小企业高级工商管理研修班、“中小企业领军人才班”等培训工作。完成国家“银河工程”培训17期，培训1527人。浙江中小企业管理咨询工作在工信部举办的管理咨询交流会上作了典型发言。

（五）继续推进中小企业创业创新

一是推进中小企业创业基地建设。新增认定16家省级小企业创业示范基地，使浙江省年末省级小企业创业基地达到66家。加强与电信运营商合作，信息网络信号覆盖创业基地全区域，实现用手机完成开关门禁及各类小额支付；基地内企业实现移动OA远程办公、实现视频监控企业生产和安全管理全过程。研究出台智慧小企业创业基地（园区、楼宇）的评分标准和认定办法（试行），并首次组织认定60家智慧小企业创业基地（园区、楼宇）。

二是着力提升中小企业创新能力。出台浙江省中小企业公共服务示范平台管理办法，认定30家第一批省级中小企业公共示范平台。开展“创新型示范中小企业”创建培育工作，组织认定了55家创新型示范中小企业；抓好中小企业技术中心培育工作，在各地推荐申报的基础上，组织认定56家省级中小企业技术中心；制定《浙江省“专精特新”中小企业认定办法》，推动中小企业“专精特新”发展。联合省委组织部、省科技厅、金融办发文开展科技型中小企业培育专项行动。

（六）强化中小微企业融资服务

一是细化出台小微企业融资服务政策。组织召开在杭银行业金融机构“支持小微企业融资服务工作座谈会”，出台《关于进一步加强小微企业融资服务指导意见》，加强小微企业融资服务协调指导，推动银行金融机构加大对小微企业融资的支持，并创新多元化的小微企业融资渠道。将风险补偿和先进金融机构的评选与小微企业金融产品和服务创新、银担合作情况、信用贷款发放情况等挂钩，组织开展银行业金融机构小微企业贷款风险补偿，提升银行对小微企业贷款的积极性。2013年全省共对278家银行（分支机构）安排风险补助资金6287万元（不含宁波），撬动银行对单户200万元以下小微企业新增贷款合计126亿元。

二是创新政银企合作模式。加强与省工行、省农行、中信银行杭州分行和平安银行杭州分行等金融机构的战略合作，积极引导银行业加大信贷资金投向小微企业力度，为小微企业“小升规”提供良好的融资服务。联合中信银行杭州分行举办支持小微企业上规升级金融服务工作推进会，组织实施

《支持小微企业上规升级金融服务三年行动计划》。据不完全统计，中信银行与各级经信部门合作搭建各类小微企业批量融资平台35个，共发放小微企业贷款524.83亿元，比上年增长20.7%，高出全部贷款平均增幅12.2个百分点。与省工行联合开展为时两个月的“金融服务小微企业上规升级”专项活动，为2360户小微企业落实专项贷款106.41亿元，利率水平下浮10%。三是推动企业直接融资。以“创新融资服务，助推企业成长”为主题，成功举办第二届世界浙商大会专题活动——2013年成长型企业投融资大会。坚持“创新、务实、节俭”原则，重点推广设备融资租赁和债券、互联网金融等新型融资模式；组织编印成长型企业、融资服务机构、部分省级技术创新重点项目等多种名录，并在《浙江日报》公布千家成长型企业名单，加大对企业和项目的推荐力度。组织中小微企业融资租赁、成长型企业股权融资、信用评级小微企业融资服务等3场对接活动，帮助企业拓宽融资渠道。据初步统计，2013年成长型企业投融资大会参会总人数达到1600多人，参会投资机构意向投资金额2亿元，融资租赁机构初步意向金额7.31亿元，省内银行业金融机构与企业达成初步贷款意向5.78亿元。四是加强融资服务调研。积极推动企业应急转贷资金运作规范化。对全省各级政府设立的应急转贷资金开展专项调查，调查报告上报省政府并得到李强省长批示肯定。创新租赁担保合作模式。针对中小企业机器换人过程中遇到的中长期资金需求问题，对全省中小企业融资租赁现状开展全面调查，深入租赁公司、担保公司进行调研，积极探索创新开展设备融资租赁-担保的和新型融资服务模式。

（七）加强融资担保和信用服务体系建设

一是在上年试点工作的基础上，出台《2013年全省小微企业信用评级工作方案》，与人行杭州中心支行、省工行、省农行、中信银行杭州分行、平安银行杭州分行、省信用联社等单位共同推进小微企业信用体系建设和评级工作，确定开展信用评级重点市县，完成对2300多家小微企业的信用评级工作，有关合作银行已落实部分参评企业贷款。开展1000家成长型中小企业评价认定工作，建立和完善全省成长型企业培育项目库，为企业融资服务打好基础。

二是促进融资性担保行业规范有序健康发展。编印《浙江省融资性担保机构政策汇编》，在门户网站开设“担保监管”专栏，组织监管队伍和担保机构高管开展监管知识和行业法律知识培训。制定《浙江省融资性担保行业发展规划（2013年~2015年）》，坚持“减量提质、规范有序、做强做大、稳健发展”的要求，争取到“十二五”期末，全省各类融资性担保机构数量控制在400家左右，实现融资性担保服务能力与中小微企业融资需求基本适应。

三是创新管理方法，加强行业监管。组织开展2013年度担保机构年审换证，优化调整全省融资性担保行业结构。淘汰风险大、不规范、无业务的机构，引进国有资本、上市公司、有实力的龙头骨干企业出资设立新的机构。年审后全省共有融资性担保机构541家，注册资本341亿元，平均注册资本6300万元。对年审换证后许可证有效的机构在《浙江日报》上公告，公开接受社会监督。探索引入中介组织对担保机构核查，对获得2013年国家中小企业信用担保补助资金的融资性担保公司委托会计师事务所审计核查。

四是鼓励各级政府设立政策性担保机构，全省新设国有控股和参股的融资性担保机构5家，注册资金7.83亿元。简化审批流程，许可证变更由15个工作日压减到5个工作日左右。

（八）推进对外交流帮助中小企业拓展市场

一是梳理汇编近5年来国家及省有关部门出台的“走出去”相关政策文件，促进中小企业更好地了解国家对外合作方面的政策。

二是搭平台，促进对外交流。积极争取、认真组织在浙江义乌举办第八届APEC中小企业技术交流暨展览会（简称“APEC技展会”）。推动和促进国内中小企业与APEC成员经济体的经贸、信息以及技术交流与合作。先后与台湾电机电子工业联合会共同举办了2013年中国杭州电子信息博览会；与加拿大驻沪总领馆共同举办“加拿大—中国（浙江）信息通信技术合作交流会”，与台湾工业总会合作召开“2013年两岸投资交流会议”，组织召开浙江-弗吉尼亚经贸合作座谈会。

三是组织企业参加相关展会拓展市场。组织企业参加“浙江—石荷州合作洽谈会暨德国石荷州投资推介会”“中国—塞尔维亚经贸合作研讨会”。组织83家企业参加第十届中国国际中小企业博览会（简称“中博会”），宣传浙江中小企业，推广相关企业特色产品。组织企业参加航天信息中心举办的“军民结合产品成果展览及交流大会”、中国欧亚国际军民结合技术产业博览会暨第三届中国欧亚国际战略性新兴产业博览会、“2013关中—天水经济区承接产业转移洽谈会暨第四届先进制造业与服务业融合博览会”“2013中国（绵阳）科技城科技博览会暨军民融合高科技成果交易会”等，帮助企业拓展国内外市场。

（九）开展国际化人才的培训

为加快推动中小企业开展国际化经营和抱团“走出去”，增强企业在国际市场的竞争力，与浙江大学管理学院合作，针对全省成长型、外向型中小企业高管人员，举办了“中小企业国际化人才短期培训班”；组织“企业创新与发展”培训团，通过培训了解美国商界的运作方式和相关的法律规定及文化特点，借鉴和学习美国先进的理念、方法和经验，开拓国际视野，全面提升企业决策能力、创新能力、资本运作能力和综合管理能力；组织企业参加“2013年度中德政府合作中小企业经营管理人员赴德培训”工作。积极拓展与香港在工业设计、品牌建设、市场推广和企业管理人才培训等方面进行合作，举办二期赴台培训班；与德国弗劳恩霍夫协会组织与生产研究所在制造业企业管理人才培训方面进行合作。

（十）做好中小微企业法律服务工作

一是支持创办法律服务网。支持和指导浙江金道律师事务所创办“中小企业公司法律网”，为中小微企业提供法律信息、案例指导和免费法律咨询服务。创建以来，访问者已累计超过7万余人次，免费咨询3500余人次。二是组织召开年会。组织召开中小企业法学研究会半年度和年度工作会议，总结法律服务中小微企业工作和研究确定下阶段工作思路、工作重点。三是举办法律服务论坛。组织150多家中小微企业，邀请省级有关部门、研究机构，以及美国、巴西、澳大利亚和新加坡等地的名律师进行讲解辅导，以“民营企业国际化战略和策略—中小企业国际化风险与风范”为主题，举办“2013浙江中小企业法律服务论坛”。

（浙江省经信委　周金榜）

安徽省

一、2013年全省工作目标完成情况

全年新增规模以上工业企业2311户，非公经济增加值占全省生产总值比重58%左右，全面完成省政府考核目标任务。

（一）指标完成情况

前11个月，民营工业企业实现主营业务收入1.9万亿元，同比增长18.6%，比全部规模以上工业高2.6个百分点，占全部规模以上工业的65.7%；利润966亿元，同比增长18.1%，比全部规模以上工业高0.7个百分点，占全部规模以上工业的72.1%。预计全年全省民营经济增加值突破1万亿，约占全省GDP的57%，比2012年提高1个百分点，对全省经济增长贡献率达60%。

截至12月底，全省实有民营企业35.38万户，新增5万户，同比增长16.45%，是我省民营企业数量增加最多的一年；个体工商户167.83万户，新增15.57万户，同比增长10.22%。

（二）主要工作开展情况

1. 深入宣贯民营经济政策，落实省民营经济大会精神

一是组织政策巡讲。在全省范围内组织开展民营经济政策巡讲活动，成立巡讲团，走进基层、走进园区、走进企业，现场解读“省民营经济20条”“省30条”“国务院金融10条”等有关政策，发放《致全省民营企业家的一封信》，编印了《安徽省民营经济政策汇编》《安徽省部分金融机构产品手册》，免费赠予企业。

二是加大综合宣传。建立了“一报二机三网一平台”的宣传体系，已编发《安徽省民营经济简报（要情专报）》30期；建立手机掌上服务APP、手机短信服务，免费提供政策发布、在线咨询、业务办理等，发送民营经济信息1000余条；相继开通安徽省民营经济网、安徽省企业发展服务网，联合省经信委门户网，广泛宣传；利用委新闻发布会平台，及时发布重大信息。联合人民网安徽频道开展贯彻落实“民营经济20条”市长、厅局长访谈。与安徽电视台合作，成功举办“中国梦飞起来—安徽民营经济发展高端论坛”。与团省委联合举办“中国梦，创业行，安徽青年在行动”“褒禅山杯”第三届安徽青年创业大赛等活动。

三是抓政策落实督查。先后4次发文督促各市贯彻落实，重点调度通报各市召开民营经济大会、出台贯彻实施意见以及专项资金配套到位使用情况等。7月份，对16个市贯彻落实皖发〔2013〕7号文件情况进行了专项督查，共梳理七大问题，提出八点建议，形成专题报告上报省领导。张宝顺书记、王学军省长、詹夏来常务副省长、杨振超副省长均作了重要批示。

四是做好政策储备。认真总结7号文贯彻落实过程中的难易，学习兄弟省市好的经验，借鉴国外支持中小企业发展的做法，储备了50余条拟进一步支持中小微企业发展的政策措施，同时，汇编了《发达国家及港台地区政府扶持中小企业政策汇编》，赠予地方领导参阅。

五是帮助企业减负。针对企业反映负担过重的问题，展开摸底调查，形成专题调研报告，受到省领导高度重视，宝顺书记、夏来常务副省长、振超副省长分别作了批示。为出台减负政策奠定了坚实基础。

2. 开展扶助小微企业专项行动，培育企业做大做强

一是深入开展“扶助小微企业专项行动—雏鹰行动计划”。制定了扶助小微企业专项行动—雏鹰行动计划实施方案，印发各市实施。

二是在全省范围内开展“安徽省专精特新中小企业”和产业集群专业镇认定工作。制定了安徽省“专精特新”中小企业标准和认定程序，2013年新认定200户“专精特新”企业及50个产业集群专业镇。同时，编制了《新标杆——安徽省专精特示范企业100例》，发挥典型示范带动作用，引导我省中小企业向“专精特新”方向发展，培育小微企业做大做强。

三是积极组织企业参加第十届中博会。我省在本届中博会上设展位40个，参展企业涉及装备制造、节能环保、电子信息、特色食品、工艺产品等十多个行业的专精特新产品以及汽车零部件产品，现场签订销售订单2.59亿元，另有多家企业与国内外客商达成合作意向。

四是认真落实省中小企业专项资金项目管理。编制2013年中小企业投资导向计划，优化省中小企业发展专项资金的投向，支持中小企业发展项目1251项，总投资247亿元；产业集群专业镇及中小企业培育建设项目543项，总投资1298亿元。

五是积极争取国家资金，争取国家中小企业发展专项资金5088万元，有效推动全省中小企业结构调整、产业升级、专业化发展、节能减排、增加就业以及改善中小企业发展环境。

3. 主动帮助中小企业融资，减缓中小企业融资难

一是开展融资培训服务，提升企业融资能力。2013年6月份在巢湖举办全省中小企业融资培训班，

全省中小企业高层管理人员约100人参加了培训。7月份与上海交通大学联合举办了全省中小企业投融资培训班，参训企业260余家。同时，利用政策宣讲团到各市宣讲之机，深入市县开展融资服务为主体的宣传，进一步提升中小企业的融资能力和水平。

二是创新融资品种方式，拓展企业融资渠道。召开了中小企业私募债发行专题座谈会，推进私募债发行试点工作，协调省担保集团、信达证券和有关金融机构，明确担保费用为控制在1%左右，私募债的综合成本在10%左右。同时，积极协调省财政厅，落实省委7号文件中有关省级层面奖励政策的兑现。

三是搭建银企合作平台，扩大金融机构覆盖。10月下旬举办全省中小企业金秋银企对接暨融资平台建设现场会，邀请工商银行安徽省分行等10余家金融机构参会，达成签约项目144个，资金57.3亿元。汇编各金融机构针对中小企业的金融产品手册，给予企业。

四是创新政府资金使用方式，支持产业集群发展。发挥产业集群专项资金8000万元作用，拟放大10倍，可担保8亿元，为产业集群专业镇企业贷款担保，第一批向合作银行推荐159户企业，拟支持担保4亿元的流动资金贷款。

五是注重担保体系建设，鼓励担保支持小微。在省对国有担保机构相继注入11亿元和20亿元基础上，全省有48户融资担保机构获得国家补助资金10600万元，获得国家补助资金额和机构数均为历史最好水平，其中获得资金位居全国第二（仅次于江苏省），省信用担保集团获得1100万元的支持，单笔获补金额位居全国第三。

4. 积极构建企业服务网络平台，更好助力企业发展

一是加大示范平台认定。今年新认定第三批省级中小企业公共服务示范平台20家，我省省级示范平台达到56家，今年新增国家级示范平台5家，全省国家级达到15家。

二是加大公共服务平台建设。继续推进中小企业公共服务平台网络建设三年计划，今年我省中小企业公共服务平台网络续建项目为15项，争取到国家补助资金850万元。

三是加大平台资源共享。推动以省中小企业服务中心为中心枢纽平台，与16个市综合窗口平台、28个产业集群窗口平台（1+16+28）平台建设，形成服务协同、资源共享、信息畅通的互联互通网络，9月底实现29个平台的互联互通，年内全部完成互通。

四是加大平台间交流。召开全省公共服务平台座谈会，总结工作，交流经验，部署安排全年中小企业服务体系发展工作，推动中小企业服务体系发展。

五是加大服务平台绩效评价。截止9月底，省中心及各窗口平台累计为中小企业开展服务活动1810次，吸引和带动社会服务资源1538家，服务企业近1万户，服务人数8.7万，为全省民营经济、中小企业发展做出了有益贡献。

5. 搭建培训平台，提升人才红利

一是开展综合素质提升培训。整合委属培训机构和社会优质培训机构力量，制定了2013年全省中小企业经营管理人才培训实施方案，组织开展了适合不同人群需求的系列培训，省经信委承办了4期国家创业辅导师培训，举办4期小微企业赛飞创业培训，“专精特新”企业转型升级、中小企业经营管理领军人才能力提升等5期名师大讲堂，与北京大学联合开办EMBA总裁研修培训2个班，银河培训分皖南、皖中、皖北三片进行，深入市县举办13场民营经济政策宣讲及融资培训等。全年围绕政策宣讲、创业辅导、企业融资、转型升级四大主题，共举办50期培训班，培训企业家、经营管理人员和创业者7340余人次。据不完全统计，地方市县经信委自行组织培训班425次，培训企业经营管理人员约6万人次。

二是开展专题培训。联合上海交通大学、证券公司、银行、担保公司等金融机构举办了3期中小企业投融资培训班，共培训企业高层融资人员800余人。

6. 打造创业平台，强化小微企业服务

一是开展省级小微企业创业基地认定。首批认定了70家省级小微企业创业基地，共建标准厂房459.17万平方米，今年新入驻小微企业2602户，带动就业8.8万人，每个基地均成立专门的管理机构，为创业者提供全方位服务。

二是加大基地宣传。组织20多家新闻媒体，对创业基地进行系列宣传。

三是典型推广。积极筹备编撰《创业成功100例》。全年争取国家补助资金16538万元，其中：国家中小企业发展专项资金5088万元，担保补助资金10600万元，平台建设资金850万元。编制了《新标杆——安徽省专精特示范企业100例》《安徽省民营经济政策汇编》《安徽省部分金融机构产品手册》《发达国家及港台地区政府扶持中小企业政策汇编》等四本书，免费赠予企业。

另外，办理省人大代表、政协委员建议提案近60件，专题办理件4件，获得代表、委员的肯定。

二、2014年重点工作安排

总体思路：深入贯彻十八届三中全会精神，进一步解放思想，以改革创新为动力，围绕开展民营经济“提速提效年”活动，主攻一大重点（跟进政策落实，释放改革红利，促进民营经济加快发展），夯实一项基础（加强网络信息平台建设，推进民营经济及中小微企业运行监测），突出三大重点（政策宣贯和跟进落实、扶持“专精特新”企业行动、产业集群专业镇示范点建设），强化三项服务（在融资上做好服务、在企业家队伍建设上做好服务、在企业转型升级上做好服务），推动引进外国专家工作。实现“322”目标，推进30个产业集群示范点建设，培育200户“专精特新”标杆企业，培训民营企业家2000名。

（一）着力抓好政策落实

一是加强政策宣传，梳理国家、省出台的支持民营经济和小微企业发展的政策措施，继续开展政策巡讲“进市县、进园区、进企业”活动。发挥网络媒体优势，及时发布相关政策信息。

二是开展联合督查，每年四季度集中开展一次政策落实专项督查活动，切实让政策落地生根，让政策惠及企业。

三是加强政策储备，借鉴外省、国外支持中小微企业发展的经验，研究我省民营经济发展新情况、新问题，提供政策建议，推进政策创新。

（二）着力扶持企业做优做强

一是帮助企业练内功。借入管理咨询机构，对中小企业进行咨询诊断，引导企业苦练内功，加强技术创新、管理创新、组织制度创新、市场拓展创新、营销模式创新，突出加强研发和高端设计及产品升级、培育品牌。

二是引导企业走“专精特新”发展路子。完善“专精特新”中小企业认定管理办法，继续新认定200户“专精特新”企业。编制“安徽省‘专精特新’中小企业”分布图。开展产业集群专业镇示范点建设，打造一批“专精特新”企业群，实现抱团发展。

（三）着力解决企业困难

一是推进企业融资。借助新兴的互联网金融，创新中小企业融资模式，与有关银行合作，尝试“税融通”、动产、采矿权、应收账款、股权、商标权、旅游景点收费权抵质押贷款等融资模式。推动集优担保贷款、中小企业集合票据、中小企业集合债和私募债等工作。梳理摸排，对口指导，为企业对接国家创业板、“新三板”、股权托管等做好服务，推动更多民营企业进入多层次资本市场。

二是帮助企业开拓市场。借助省经信委促销平台及“中博会”“工博会”等大型活动，组织“专精特新”等中小企业参会参展，开拓国内外市场。为中小企业牵线搭桥，发挥大企业大集团“龙头带龙尾”的作用，组织中小企业与其协作配套，实现抱团发展。

（四）着力推进平台建设

一是发挥主平台作用，整合服务资源。以中小企业服务体系的综合性门户平台为主体，推进中小企业服务体系与生产力促进、科技成果转化、创业就业培训等体系的整合与协同。发挥社会组织的桥梁和纽带作用，推进服务体系（平台）与商会、协会、联合会等社会团体的合作，开展多种形式的公益性服务。

二是强化平台管理，提升服务企业质量。实施服务平台动态管理，开展国家级和省级中小企业公共服务示范平台测评工作，督查各平台为中小企业提供的服务情况，强化各平台强化服务意识，提升企业服务质量。

（五）着力净化创业环境

一是强化创业服务。会同省有关部门，以省中小企业服务中心为依托，整合省内1+44家中小企业服务平台资源，为创业者提供全流程的跟踪服务。

二是激发创业热情。加大创业培训和创业指导，着力营造“崇尚创业、鼓励干事、褒奖成功、包容失败”的创业环境，形成“人人想创业、能够创成业”的良好局面。

三是加强创业载体建设。继续认定一批省级小微企业创业基地，给创业者以更实惠的支持，并积极争取国家资金支持，加大创业基地宣传推广，提升省级创业基地的引领示范效应。

（六）着力提升经营者素质

牢固树立“企业家是第一稀缺资源”的理念，实施企业经营者素质提升和新生代培养“万人计划”，5年内培训1万名企业家。

一是开展赛飞创业培训，针对小微企业创业者创业经验和管理能力不足的现象，开展“赛飞”创业辅导培训，提高创业成功率。

二是开展新徽商培训，针对家族式企业接班人可持续发展问题，举办新徽商—企业接班人培训，帮助青年企业家打造成为新生代商业领袖。

三是开展职业经理人培训，针对企业管理人员，组织举办名师大讲堂及高级工商管理EMBA总裁研修班培训等。

四是开展专题培训，针对“专精特新”企业和产业集群专业镇龙头企业，举办如融资、产业结构调整、产品转型升级、两化融合等专题培训。

（七）着力加强运行协调

一是发挥民营经济领导小组办公室作用，注重引入社会力量尝试政策评估，建立民营企业评议涉企部门工作机制。

二是健全民营经济调度监测制度，依托安徽中小企业公共服务平台，建立完善民营经济运行调度系统，以“专精特新”、成长型企业为重点的中小企业调度系统，和产业集群专业镇调度体系。

三是加强中小企业运行监测工作，分析全省中小企业发展中出现的趋势性、苗头性问题，及时发布运行情况。调整充实全省重点监测的中小企业名单，做好省重点调度的中小企业运行监测系统与国家监测系统的数据自动对接。

（安徽省经信委中小企业局）

福建省

受世界经济复苏缓慢、需求不足等影响，2013年，全省小微工业产销增速均趋缓。生产成本持续上升、产品价格下降、融资难等问题进一步加大了企业生产经营压力。

一、2013年度中小企业发展概况

（一）全部小微工业

2013年，全省全部小微工业产销同比两位数增长，但增速同比均趋缓（见下页表）。其中，增加值增长17.0%，主营业务收入增长18.5%，利润总额增长23.1%，比上年同期分别低了1.7个百分点、2.0个百分点和9.5个百分点。分季度观察（见图1），增加值、主营业务收入季度累计同比增幅均呈"前高后低"。1～3月增幅为全年最高，1～6月、1～9月增幅持续回落，1～12月略有回升。

2013年我省全部小微工业主要指标

指标名称	计量单位	绝对数	占同口径工业比重（%）	同比增幅（%）	高出上年同期（百分点）
企业数	个	71193	95.3	9.2	-
工业总产值	亿元	16570.10	45.2	18.4	-1.0
工业增加值	亿元	4515.35	46.1	17.0	-1.7
主营业务收入	亿元	14645.72	41.3	18.5	-2.0
利润总额	亿元	832.99	40.5	23.1	-9.5
利税总额	亿元	1363.20	38.7	24.8	-
税金总额	亿元	530.21	36.0	27.4	-
从业人员	万人	265.61	50.2	7.1	-4.0

备注：主营业务收入、利润总额、利税总额、税金总额及从业人员五项指标均不含个体工业。

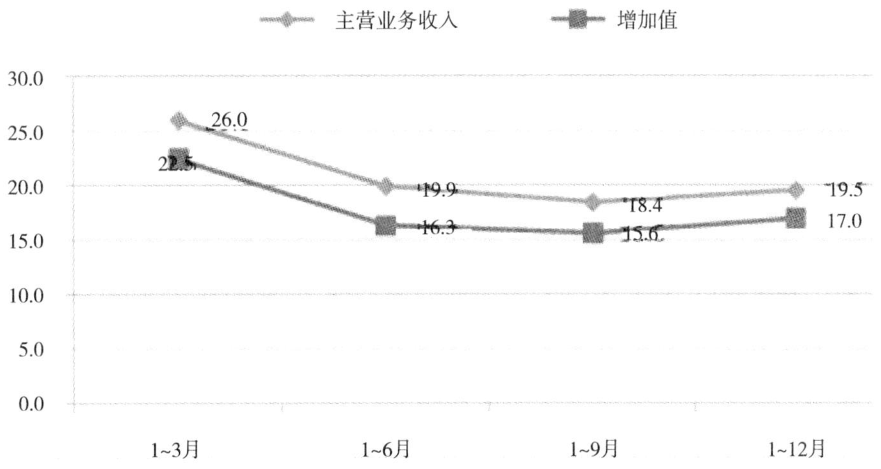

图1　2013年分季度全省小微工业产销累计同比增强（%）

（二）规模以上小微工业

（1）对全部工业增加值增长的贡献率和拉动作用下降。2013年，全省规模以上小微工业拉动全部工业增加值增长6.6个百分点，同比下降0.9个点；对全部工业增加值增长的贡献率为50.9%，下降0.1个百分点。

（2）产销增速低于上年同期水平。2013年，全省规模以上小微工业实现增加值3669.75亿元、主营业务收入12759.28亿元，同比分别增长18.5%和19.5%，增幅分别比上年同期低了2.7个百分点和3.8个百分点。从全年走势看（见图2），增加值和主营业务收入季度累计增幅1～3月最高，1～6月、1～9月持续回落，1～12月略有回升。

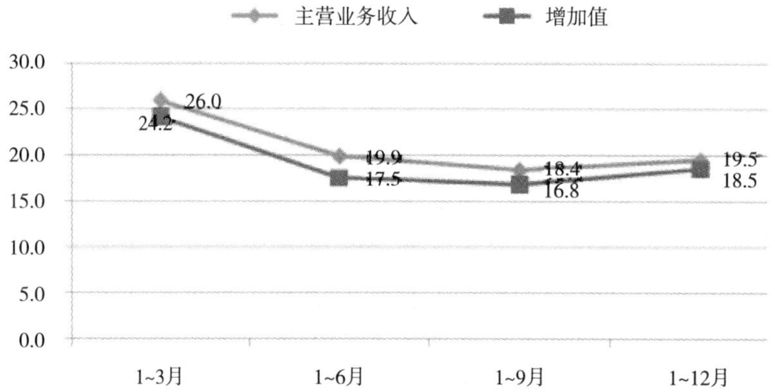

图 2　2013 年分季度全省规模以上小微工业产销累计同比增强（%）

（3）出口交货值同比增幅逐季下降。2013 年，全省规模以上小微工业实现出口交货值 1431.77 亿元，同比增长 16.1%，增幅比上年同期下降 0.5 个百分点。分季度观察（见图 3），季度累计同比增幅呈“逐季下降”。一季度同比增长 29.5%，为全年最高；之后季度累计同比增幅逐渐下降，全年累计增幅最低。与上年同期相比，除二季度外，其余 3 个季度累计同比增幅均低于上年。

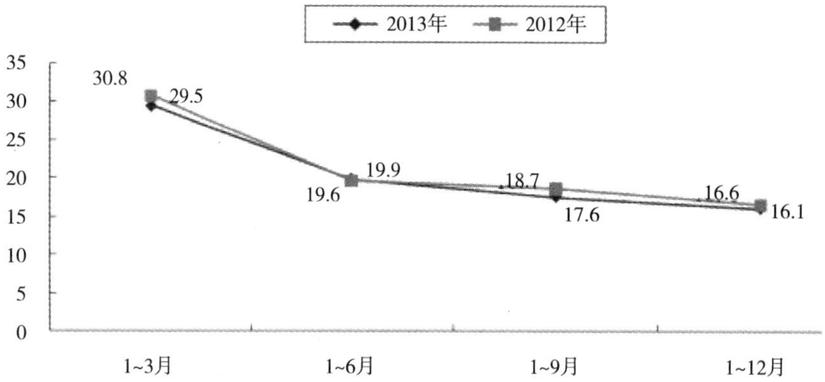

图 3　分季度全省规模以上小微工业出口交货值累计同比增强（%）

（4）利润总额平稳较快增长。2013 年，全省规模以上小微工业实现利润总额 725.17 亿元，同比增长 26.1%，增幅比上年同期下降 9.0 个百分点。从季度同比增幅情况看，全省规模以上小微工业利润总额总体平稳较快增长，前三季度累计同比增幅均在 33% ~ 36% 间浮动，全年累计同比增幅为 26.1%。与上年相比，二、三季度累计增幅高于上年，一季度及全年累计增幅低于上年（见图 4）。

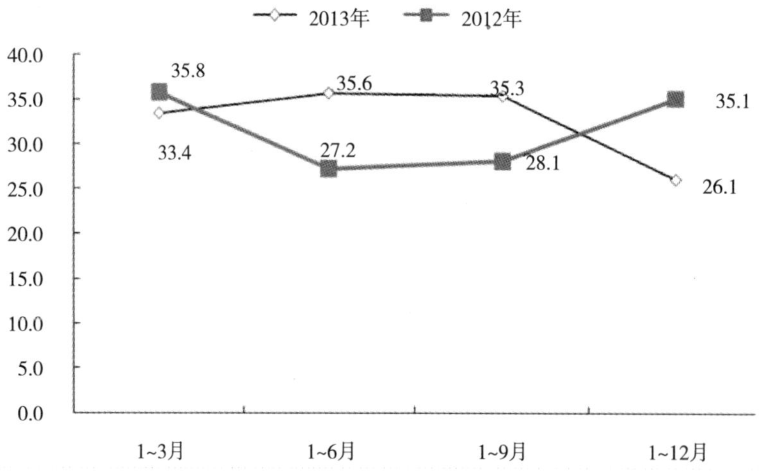

图 4　分季度全省规模以上小微工业利润总额累计同比增强（%）

（5）竞争力主要指标呈“一升两降”。一是盈利能力上升。2013 年，全省规模以上小微工业总资产报酬率为 8.2%，主营业务收入利润率为 5.7%，同比分别上升 0.2 个百分点和 0.3 个百分点。二是营运能力下降。2013 年，全省规模以上小微工业总资产周转率为 1.4 次，同比下降 0.1 次；流动资产周转率 2.9 次，同比持平。三是偿债能力下降。2013 年末，全省规模以上小微工业资产负债率和产权比率分别为 55.2% 和 123.4%，同比分别上升 1.7 个百分点和 8.3 个百分点。

（三）规模以下小微工业

（1）产销增速同比提高。2013 年，全省规模以下小微工业实现增加值、主营业务收入分别为 845.60 亿元和 1886.44 亿元，同比分别增长 10.8% 和 12.4%，增幅与上年相比，分别提高 2.4 个百分点和 3.0 个百分点。拉动全部工业增加值增长 1.0 个百分点，对全部工业增加值增长的贡献率为 7.3%，同比上升 1.2 个百分点。与规模以下小微工业增加值总量较大的省份相比，规模以下小微工业增加值增幅分别高出广东省、江苏省、浙江省 5.3 个百分点、4.3 个百分点和 1.6 个百分点。分季度观察（见图 5），增加值季度累计同比增幅平稳上升。一季度同比增幅为全年最低，为 10.2%；全年累计同比增幅最高，达 10.8%，二、三季度累计同比增幅均在 10.2% ~10.8% 间浮动。与上年同期相比，各季度及全年增加值累计同比增幅均高于上年。

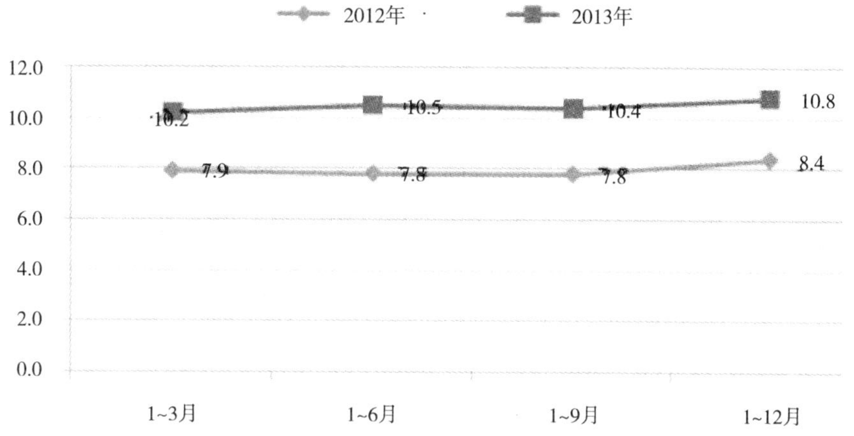

图 5 分季度全省规模以下小微工业增加值累计同比增强（%）

（2）企业数增加，规模扩大。2013 年末，全省规模以下工业企业单位数为 5.87 万个，比上年增加 5295 个，增长 9.9%；户均产值 324.38 万元，增加 37.7 万元，增长 13.2%；户均资产 336.29 万元，增加 6.01 万元，增长 1.8%。

（3）盈利水平下降。2013 年，全省规模以下小微工业企业利润总额达 107.82 亿元，比上年增长 6.4%，增幅低于主营业务收入增幅。受主营业务成本上升等影响，2013 年全省规模以下小微工业企业成本利润率 7.2%，下降 0.5 个百分点。

二、面临的主要问题

（一）需求不足，产能过剩

2013 年，世界经济总体呈现相对稳定、“弱增长”格局，全年经济增长率为 2.9%，创金融危机后的新低水平。主要发达经济体总体趋于好转，但“低增长、高失业率、高赤字、高负债”并存的格局没有根本改变；新兴经济体和发展中国家经济增速继续放缓。外需总体不足，处于较低水平。国内经济整体减速，尽管内需平稳增长，但产能过剩问题较为突出。据资料显示，2013 年，仅全国产能综合利用率低于 80% 的大中型工业企业达 6 万余户；产能过剩的行业面在扩大，从钢铁、有色金属、建材、化工、造船等传统行业向风电、光伏、碳纤维等新兴产业扩展。

（二）生产成本上升，出厂价格下降

一方面，全省小微工业企业成本持续上升。2013 年全省规模以上小微工业主营业务成本同比增长 19.4%。据对全省 36 户小微工业企业调查显示，有 28 户占 77.8% 企业反映用工成本同比上涨；18 户占 50% 的企业反映主要原材料价格有不同程度的上涨。另一方面，在 2012 年 2 月始全省工业生产者出厂价格下降的基础上，2013 年继续下降 1.6%，降幅比 2012 年扩大 0.3 个百分点。2013 年列入调查的 38 个行业大类中，有 23 个行业出厂价格下降，下降面达 60.5%，下降面比上年扩大 10.5 个百分点。

（三）融资难，借贷成本提高

上述列入调查的 36 户企业中，有 12 户占 33.3% 的企业反映向银行贷款仍较难，资金仍存在缺口。为满足生产经营需求，部分企业不得不转向民间借贷，付出了较高的借贷成本。如：莆田市太和饲料有限公司月均盈利仅为十几万元，而每月利息支出达 30 万元；福建东海漆业有限公司每月利息支出 40 ~50 万元，占生产成本的 20% ~30%，较高的利息支出，导致 2013 年企业亏损额比上年增加 170 万元。

（四）税负仍较重

近年来，尽管在减轻小微企业税负方面各级有关部门出台了多项优惠政策，但企业反映成效有限，税负仍较重。2013 年，全省小微企业应缴税金总额达 530.21 亿元，比上年增长 27.4%，高出利润总额增幅 4.3 个百分点；应缴税金总额占主营业务收入的比重为 3.6%，提高 0.2 个百分点。

三、2013 年工作情况

2013 年，省经信委以贯彻落实《国务院关于进一步支持小型微型企业健康发展的意见》（国发〔2012〕14 号）及省政府出台的各项政策措施为契机，以开展“扶助小微企业专项行动”为抓手，创新思路、多措并举，全面为中小发展创造良好的环境和条件，取得了良好成效。主要措施如下：

（一）强化政策保障

2013 年，严格落实国发 2012 年 14 号文件精神，在保持金融危机以来出台的各项优惠政策延续性的基础上，加大扶持力度，省政府以 1 号文件形式下发了《关于进一步促进工贸企业稳定增长六项措施》及《补充措施》（“6+5”政策）；4 月份省政府出台《关于加快流通产业发展若干措施的通知》（闽政〔2013〕25 号）；7 月份省政府办公厅出台《关于支持工业企业开拓市场六条措施》（闽政办〔2013〕90 号）。2014 年 1 月，省政府、省政府办公厅再次以 1 号文件的形式出台《关于进一步推动工业稳增长促转型十一条措施》《关于进一步扶持小微企业健康发展九条措施》，这一系列举措为中小企业健康发展提供了强有力的政策支撑。

（二）强化政策宣传

为帮助中小微企业用好用足国家和省里的扶持政策，省经信委按照综合类、金融财税类、产业发展类、中小企业服务体系类等内容划分，对扶持政策进行梳理，汇编了《“扶助小微企业专项行动”政策文件选编》，并通过新闻媒体宣传、现场宣讲、中小企业公共服务活动、QQ 群等多种形式进行宣传。2013 年全省经贸部门共发放《政策文件选编》38000 余份，向企业发送政策短信近 15 万条。同时，结合开展群众路线教育实践活动调研，开展“送政策进企业”、政策宣讲培训班活动，2013 年全省共举办政策宣讲培训 136 场（次），培训 2.8 万余人。

（三）强化财税支持

一是贯彻执行有关税收减免、经营服务性收费减免等政策。2013 年，将暂缓征收工业企业的房产税、土地使用税转成“即征即奖”，全年减轻企业负担约 20 亿元。取消和降减免涉企收费项目和标准 183 个，减负金额 21.45 亿元，落实一批涉企电价优惠政策，优惠金额 5 亿多元，落实免征出口商品检验检疫收费 1.3 亿元。二是突出财政资金扶持。2013 年，省财政中小企业发展专项资金由 2012 年的 1.02 亿元，增加到 1.61 亿元，重点用于支持中小企业银行信贷融资、中小企业信用担保体系建设、创业辅导、闽港澳合作和市场开拓等，其中中小企业信用担保风险补助资金 1.4 亿元。三是政府采购向小型微型企业倾斜。深入落实闽政办〔2012〕71 号文件鼓励大中型企业联合小微企业共同参与政府采购的相关政策，推动采购单位在产品技术指标满足需求的情况下给予优先采购。

（四）强化融资服务。

一是不断完善政银企会商机制，加强与财政、人行、银监和各银行业金融机构的沟通协调，引导开展政银企对接，帮助小微企业解决融资难题。2013 年全省共开展政银企对接活动 112 场，授信额度达 544.13 亿元，此外，还与省工行、建行开展“万家小微企业成长计划”等“助保贷”项目，有效地缓解了中小企业的融资难题。

二是规范发展小额贷款公司。2013 年新增批准设立小额贷款公司 28 家，截至 2013 年末，共批准设立 108 家小额贷款公司，注册资本金共 236.54 亿元，12 月末小贷公司贷款余额 258.23 亿元。

三是规范发展融资性担保公司。2013 年，共审核批复 117 家融资性担保机构变更申请，88 家注销经营许可申请，截止 2013 年末，全省共有融资性担保机构 550 家，注册资本 565.8 亿元。2013 年 1～12 月，全省 550 家机构累计担保金额 1631.4 亿元，共为 2.34 万户（次）中小企业提供 1276.3 亿元的融资担保服务。

四是积极做好风险补偿项目工作。认真开展 2012 年度全省中小企业融资性担保机构风险补偿项目组织申报、评审工作，有 28 家担保机构（不含厦门）获中央财政补偿，补偿金额达 7220 万元；有 96 家担保机构获省财政补偿，补偿金额达 9295 万元。

（五）强化转型升级

一是加大技术改造。深入组织实施技改 12 条和技术改造专项行动，突出重点产业、重点企业和重点产品，对电机电器、船舶、模具等行业实行“一业一策”，设立技改专项资金，2013 年对 68 项省级重点技改项目下达贴息和设备补助资金 1.31 亿元，引导企业技改投资 136 亿元。

二是提升创新能力。积极推进省级行业技术开发基地建设，通过基地向企业推广新技术、新工艺和新成果，实现技术成果的对接和转化。积极开展企业技术提升诊断辅导，近年来共组织 4 批 38 个专业领域的企业技术提升服务，组织专家 400 多人次，对 380 多家企业进行诊断辅导。深入开展产学研合作，把“6.18”作为推动企业技术创新的重要平台，通过企业参展与项目对接，实现企业技术需求推介和技术成果的对接。在 2013 年“6.18”项目成果交易会上共推介企业技术需求 424 项、项目成果 2059 项，实现项目对接 425 项。

（六）强化市场开拓

积极为小微企业搭建展示、交易、交流、合作平台，帮助企业开拓国内外市场。每年省级财政安排近 1000 万元专门用于组织闽货出省展销补助，2013 年，共组织 527 企业，参加了“中博会”“农洽会”等 9 场省外重点展会，成交总额 12.1 亿元。

（七）强化管理提升

大力开展企业成长培训、企业管理咨询诊断，并推广先进管理经验，引导、鼓励企业提升管理水平。一是开展企业成长培训。不断创新企业精细化管理培训、企业高级管理提升培训和举办企业总裁卓越管理高级研修班等模式，提升培训效果。2013年举办10期高级管理培训班、59期精细管理培训班，培训企业管理人才11442人。二是实施企业管理咨询诊断。依托企业管理咨询平台，通过开展战略管理、运作管理、人力资源管理、财务及成本管理等方面诊断，帮助企业找准问题，2013年，全省实施完成企业管理咨询诊断项目178项。三是积极开展紧缺技术工种免费培，通过核实企业职工身份、建立拍照备查制度、严格执行鉴证审核规定和质量管控制度等四项措施，确保培训质量。

（八）强化集聚发展

一是保障中小企业发展用地。引导和帮助小微企业在新一轮土地利用规划确定的建设用地落位，统筹安排中小企业用地计划指标，通过一系列措施，保障中小企业用地。

二是引导、鼓励龙头企业将一些配套及特定工艺分离出来，将中小企业纳入专业化协作配套体系，实现产业集聚发展。

三是开展电子、机械、石化、轻工、纺织、冶金、建材、医药、林产等产业梳理，发布投资导向，引导中小企业投资。

四是出台加快产业集聚培育产业集群专项规划和举措，引导中小企业集聚发展。五是推进工业园区和具有地方特色的产业基地建设，建立中小企业集聚发展的有效载体。目前，全省38个重点产业集群集聚8500多家规模以上中小工业企业。

（九）强化公共服务

一是加大服务资源整合力度。认真组织开展第二批省级中小企业公共服务平台、省级小微企业创业基地认定工作，2013年认定39家示范平台、15个小微基地。

二是加快推进中小企业公共服务平台网络建设。启动建设项目20余个，到12月末，已有3个市级综合窗口平台的服务大厅完成改造。这项工作还被评为福建省直机关“学厦航、争先进，打造优质软环境”十佳举措。

三是认真做好运行监测工作。探索在融资性担保机构中开展在保中小企业生产经营运行监测工作，提升运行效果，做好运行情况分析，加强结果运用。目前，全省注册登记监测的企业已经涵盖我省中小企业的大部分行业。

（福建省经济和信息化委员会中小企业处）

江西省

一、2013年江西省中小企业改革发展总体情况

过去的一年，在省委、省政府的正确领导下，全省中小企业和工业园区系统紧紧围绕工业强省战略和推进新型工业化发展目标，以加快促进转型升级为主线，坚持做大经济总量与提升发展质量并举，全面推进中小企业成长工程，不断完善四大服务体系，积极引导工业园区开展“三区一化”（即特色园区、生态园区、新型社区和管理信息化）建设，真抓实干，开拓创新，全省中小企业、非公经济、工业园区继续保持稳中向好的发展势头。

二、2013年主要目标完成情况

一是中小企业运行总体稳健向上。预计2013年，全省中小企业实现增加值8200亿元，比上年增长11%，占全省GDP的比重为57.5%；上缴税金1350亿元，增长14.5%，占全省税收总额的70.5%；安置从业人员950万人，新增50万人。其中，规模以上中小工业企业实现增加值4200亿元，增长15.4%。

二是工业园区整体实力稳步增强。全省园区转型升级步伐加快，宜春经开区、龙南经开区、瑞金工业园区成功升格为国家级经济技术开发区，全省国家级开发区总数达到18个；余江工业园区、上高工业园区、横峰经开区、沙河工业园区被省政府认定为重点省级工业园区，全省重点省级工业园区总数达到22个。2013年，全省工业园区实现主营业务收入19503亿元，增长17.2%；完成工业增加值4479亿元，增长14.1%；上缴税金837亿元，增长37%；过百亿元园区达到69个（含1个筹建园区），新增10个；其中过200亿元园区35个、过300亿元园区20个、过500亿元园区8个，南昌高新区成为我省首个过1000亿元园区；上缴税金过10亿元园区26个，新增10个。

三是非公经济市场主体稳定增加。到2013年底，全省个私企业总数预计将达到162.3万户，比上年增长8.8%；其中私营企业25.8万户，新增3.2万户；个体工商户136.5万户，新增10万户。预计2013年全年，全省非公经济可实现增加值8130亿元，增长11.2%，占全省GDP的比重达到57.1%；上缴税金1335亿元，增长15%，占全省税收总额的70%；完成出口交货值278亿美元，增长17.5%，占全省出口总额的96%；完成固定资产投资9800亿元，增长13.5%，占全省固定资产投资总额的78.4%；从业人员1365万人，增长4.7%，占全社会就业总人数的52.5%。

三、2013年主要工作及成效

（一）积极完善四大服务体系，助力小微企业成长

一是以创业大学为载体的培训辅导体系在全省广泛推开。坚持“三为主”（即以企业诊断咨询为主、以导师辅导为主、以开放式办学为主）的办学模式，全省11个设区市创办了各具特色的创业大学，累计培训一年制学员企业5109家，开展创业服

务活动1017次。开展了管理咨询进园区进企业大型公益活动，联合财智名家论坛，开设“中小企业成长讲坛”，邀请国内外知名企业家、专家为省内中小企业传授品牌营销、资本运营等管理经验。创业大学的培训经验在工信部召开的全国中小企业培训工作会上还作了专题发言。

二是以中小企业服务平台为载体的公共服务体系不断完善。借助列入国家试点省份的有力契机，开展了以省网络服务平台为核心、设区市综合窗口平台和产业集群窗口平台为支撑的全省中小企业公共服务平台网络建设。目前，平台网络互联互通窗口平台24个，聚集线上线下服务机构约419家，提供的服务产品约754项。依托赣佑网——省中小企业公共服务平台网络，构建融资超市、数据库、电子商务三大专业板块，逐步集聚各类优质服务资源，为广大中小企业提供有效服务。其中，同全球网合作的网上融资超市经过半年上线试运营以来，通过网上和线下相结合，已经有19家银行与其开展对接合作，进入超市的中小企业融资产品达到107种，累计帮助106家企业获得3.63亿元贷款。

三是以政策性担保机构为载体的投融资服务体系成效明显。到上年年底，全省注册备案的中小企业信用担保机构161家，担保资金135亿元，全年为8500家中小企业提供新增担保贷款310亿元，其中政策性担保机构的业务比重达到65%以上。2013年有49家担保机构获得中央财政补助7830万元。中小企业信用示范区建设取得突破，在奉新工业园区开展的以“ABC”信用评级为核心的信用互助融资模式试点，首批13家企业已经成功获得招商银行信用贷款4600万元。

四是以小微创业园为载体的创业孵化体系日渐成型。按照“三为主，一特色”（即建设以初创企业为主、以培育小微企业数量为主、以多层厂房和楼宇为主，培育科技型和集群式小微创业园）的总要求，每年安排1000亩用地指标，加速推进小微企业创业园建设，缓解小微企业创业载体不足的难题。目前，全省省级小微创业园总数达到6家，创建单位42家，累计建设标准厂房面积达到1386万平方米，入驻企业2189家，安置就业人员4.8万人。

（二）扎实开展“三区一化”，推进园区发展升级

一是注重顶层设计，加快推进特色园区建设。积极引导各地坚持把产业定位、产业规划、产业布局以及相配套的产业政策相结合，重点抓好规划编制、龙头企业培育、产业配套三个核心要素和环节，科学制定园区产业集群发展规划，促进工业园区产业发展形成特色。目前，全省工业园区主导产业主营业务收入过10亿元的有119个，其中过100亿元的有20个。针对产业集群发展缺乏龙头带动问题，每年筛选一批有潜力的成长性企业，按照“上市路线图”举办了两期工业园区拟上市企业总裁班，其中有20家企业被省政府确定为2013年全省上市改制重点企业。创新工业园区产业集群支持方式，探索建立产业集群发展风险补偿金，按照“三聚焦、一放大”原则（即聚焦产业，聚焦成长性好、发展潜力大的企业，聚焦技术改造项目，放大贷款倍数），支持帮助部分有潜力成为产业龙头的企业进行技术改造，增强园区产业集群发展水平。上年年底已成功为14家生物医药企业提供2.88亿元GMP技术改造3~5年的低息固定资产贷款和1000万元财政贴息资金支持。

二是狠抓绿色环保，深入推进生态园区建设。今天的工业园区就是明天的新城区。在全面推进生态工业园区建设的同时，加强园区绿化提升工作，每年挑选20个左右工业园区进行绿化提升试点，扎实开展公共绿化、企业绿化和苗林一体化建设。目前全省94个园区生态工业园区建设规划已全面完成，南昌高新区、南昌经开区、赣州经开区创建国家生态工业示范园区工作稳步推进；第二批19个绿化提升试点园区验收合格，共完成绿化提升面积8.46万亩，绿化覆盖率超过30%。同时，严格控制高能耗、高污染、低附加值项目入园，促进园区产业结构优化，节能减排。探索新能源利用建设新模式，开展了分布式光伏电站试点，九江经开区、上饶经开区、新余高新区、莲花工业园和抚北工业园列入了全省首批试点园区。引入合同能源管理，引导企业开展清洁生产，推广资源节约和循环利用技术，把节约资源落实到生产、流通、消费等各个环节，降低单位产出的能源资源消耗。2013年，全省园区全员劳动生产率达到103万元，同比增长19.7%；万元主营业务收入耗电量244千瓦时，同比减少13.6%。

三是坚持产城互动，协调推进新型社区建设。按照工业化和信息化相融合、新型工业化和城镇化相结合的思路，依托工业园区的产业基础，不断推进企业办社会向园区办社会转变，鼓励各工业园区采取“政府主导、市场运作”的方式，统一集中建设集新市民公寓、人才公寓、总部大楼等为一体的新型社区，配套完善工业园区金融、物流、市场等生产性服务业以及学校、商业、医院、酒店等生活服务设施，构建配套完善的社会化服务体系，集聚园区发展的人气和活力，有效解决园区企业用工难、留工难问题。截至到上年年底，全省园区吸纳从业人员190万人，同比增长2.4%。

四是完善管理体制，不断激发园区发展活力。大部分工业园区定性不明、职责不清，园区管理机构缺乏必要的行政职能和服务手段，制约了园区的发展。在省委、省政府的高度重视下，制定出台了《江西省重点省级工业园区综合考核认定办法》，省编办下发了《关于规范和加强县（市、区）的省级工业园区机构编制管理的指导意见》，就园区管理机构性质、职能、级别和编制等进行了明确和规范。目前，全省认定了22个重点省级工业园区，基本理顺了园区管理体制，调动了园区干部职工的积极性，形成了“省级工业园区——重点省级工业园区——国家级开发区”的发展机制，起到了示范激励效应。积极争取未设立园区平台的县（市、区）筹建省级工业园区工作，将进贤经开区、新余袁河经开区列入省级工业园区序列管理。探索开展管理信息化试点，支持13个试点园区建设信息网络服务平台，利用信息化技术提升园区管理和服务水平。

四、2014 年工作思路及打算

2014 年工作的总体思路是：深入贯彻落实党的十八大、十八届三中全会和中央经济工作会议等中央重要会议以及省委十三届七次、八次全会精神，围绕“发展升级、小康提速、绿色崛起、实干兴赣”的战略部署，按照“稳中有进、稳中有为、稳中提质”的方针，深入实施省政府《关于深入实施工业强省战略加速推进新型工业化的意见》，加大改革创新力度，以中小企业成长工程和工业园区提升工程为重点，积极完善中小企业“四大服务体系”，扎实开展工业园区“三区一化”建设，进一步推动中小企业、非公经济和工业园区培植增量、做大总量、提升质量，为富裕和谐秀美江西建设提供强大动力和有力支撑。

主要目标是：全省中小企业完成增加值 9200 亿元，增长 12.2%；力争孵化催生 10000 家小微企业，培育 900 家小微企业上规模，重点扶持 100 家专精特新“小巨人”企业。全省非公经济完成增加值 9080 亿元，增长 12%；上缴税金 1635 亿元，增长 22.5%；从业人员 1400 万人，新增 35 万人。全省工业园区主营业务收入实现 22000 亿元，力争 23000 亿元，增长 17%；完成工业增加值 5100 亿元，力争 5200 亿元，增长 18%；上缴税金突破 900 亿元，力争 1000 亿元，增长 18%；主营业务收入过 500 亿元的园区达到 10 个。

围绕上述工作思路和目标要求，2014 年将重点抓好以下几个方面的工作：

一是创新园区体制机制，完善政策激励措施。坚持产业定位、产业规划、产业集群和产业政策“四位一体”，加快研究出台《创新体制机制，推进特色工业园区建设》等配套改革文件，引导工业园区明晰产业定位，进行产业规划，促进园区集群发展。探索建立项目落户协调机制，把有限的土地、资金等要素配置到有产业规划、有特色的园区中去。坚决把好项目准入关，防止“三高一资”项目落户园区，保护江西青山绿水，实现园区发展特色化、低碳化、集约化。总结推广新余等一些园区“大部制设置、扁平化管理、企业化运作”的改革经验，推动各地建立以服务企业为中心的统一规范、精干高效的园区管理体制和运行机制。加强考核引导，制定全省特色园区目标考核评价办法，建立健全标准化的工业园区建设与发展绩效评估体系，充分发挥工业园区在推进新型工业化和城镇化建设中的载体作用。

二是提升园区服务水平，抓好两个平台建设。按照“园区事务在园区办结”的要求，建立封闭式运行、一站式审批的便利化政务服务平台，将各地行政服务中心功能延伸到工业园区，通过信息化手段，实现“一门受理、并联审批、限时办结”，进一步缩短审批时限，优化办事流程，提高办事效率。鼓励支持工业园区建立集研发设计、技术转让、创业培训、管理咨询、电子商务、金融服务、法律服务、会计服务、知识产权保护等为一体的企业公共服务平台。继续抓好省级、国家级中小企业示范服务平台认定工作。完善提升互联互通、资源共享的网络服务体系，集聚各类优质服务资源，增强网上服务的质量和影响力。节约集约使用土地，按照不同的产业要求，鼓励建设多层、高层标准厂房，统筹新型社区建设，全面提升园区的服务功能，进一步增强创新要素和技术人才的集聚能力。

三是改善园区物流环境，建设园区物流港。目前，全省工业园区产业集中度较低，通过中转的零担物流占到 80% 左右，90% 是个体运输，物流成本相对偏高。据统计，全省社会物流总费用占 GDP 的比重为 19.2%，高于全国 17.8% 的平均水平。特别是工业园区生产企业与物流企业联动性较差，企业综合运营成本较高，急需通过发展工业园区现代物流业，弥补因产业集群度不高带来的配套效率低的问题。下一步重点抓好三件事：①培育和引进第四方物流企业，每年选择 20 个左右建有物流园区的工业园区进行嫁接试点，促进网上和网下的有机结合。②整合开辟零担物流专线，有序发展甩挂车运输。③围绕零担专线建设一批零担物流配送中心。

四是加大信用示范区建设，增强企业融资能力。继续会同省政府金融办、省银监局、人民银行南昌中心支行在全省工业园区推进中小企业信用示范区建设，逐步有序推广奉新工业园区信用互助融资模式，加快完善园区企业信用评级体系，建立企业数据库，把信用评级同财园信贷通、银园保等融资模式结合起来，各取所长，完善配套。通过优化信用环境，降低融资成本，形成信用等级越高、利率越低、授信额度越大的激励机制，从根本上解决园区企业融资难、融资贵问题。进一步完善省、市、县三级政策性融资担保机构，提高融资担保能力。鼓励有条件的园区，通过引进第三方监管机构，建设统一的专业化仓储设施，通过货物质押解决融资问题。积极为符合条件的担保机构争取国家中小企业担保业务补助资金以及免征营业税政策。借助“赣佑网”——省中小企业公共服务平台网络，完善网上融资超市的建设和运营，扩大覆盖面，实现银企对接的常态化，重点做好中小企业贷前信息的收集、筛选和贷后管理，发展金融外包服务。

五是强化创新驱动，推进中小企业品质提升。积极推动以企业为主体、产学研协同创新的合作模式。组织专家志愿服务团开展科研选题咨询服务。组织开展中小企业“一企一技”认定，通过“后奖补”的办法，引导中小企业重视技术研发和运用，提高科研成果的转化率。在产业集群度比较高的地方，引进专业化的设计研发机构，建立公共的研发、设计和检测中心。有条件的产业龙头企业的研发机构可以改造为相对独立的法人实体，面向社会为中小企业提供技术创新服务。充分发挥财政资金的引导作用和银行贷款的放大效应，通过政府贴息，建立“风险补偿金”和“资金池”，支持企业进行技术改造和技术创新。实施中小企业品牌战略，进一步提高中小企业品牌意识，鼓励中小企业通过管理创新和技术创新，争创国际国内名牌、名品。加大品牌营销力度，支持园区和企业共建电子商务平台，支持中小企业参加行业认同的专业展会，提高品牌市场竞争力。用好政府采购中关于“中小企业参与政府采购的比例不低于年度政府采购项目预算总额的30%，以及对小型微型企业参与竞标价格给予6%～10%扣除”等利好政策，支持中小微企业发展。

六是培育“专精特新”，做优做强“小巨人”企业。鼓励中小微企业在细分市场领域突出战略定位上的专一性，在管理和产品品质上体现精细化，在技术创新上体现新颖性，在商业模式上体现差异化。每年认定一批“专精特新”中小企业，用好国家中小企业发展专项资金，实行政策聚焦，进行重点扶持。鼓励“专精特新”中小企业进入多层次资本市场，通过资本市场牵引企业建立现代企业制度。继续设立专项资金支持中小企业进入“新三板”和区域性股权交易市场，每年力争推进100家企业进行股份制改造，30家左右成功挂牌。

七是加强培训辅导，着力培育企业家队伍。继续坚持以学员企业诊断为主、以导师辅导为主、以开放式办学为主的创业大学培训模式，不断提高办学质量。省级班主要围绕产业上下游，把供应商、生产商和渠道商等产业链上的企业组织起来进行培训辅导，搭建平台。设区市创业大学重点对初创型、成长型中小企业进行培训辅导。可以探索创业大学之间跨区域合作办学。按照“学员转会员、会员转学员”的原则，鼓励依法依规组建各类以创业大学学员为骨干的专业协会、商会，同时选拔现有协会、商会的骨干进入创业大学进行学习培训，提高中小企业的组织化程度，增强中小企业主管部门对企业的影响力和凝聚力，切实将创业大学打造成全省各类中小企业学习、交流、合作的公益性平台。

八是完善孵化功能，深入推进小微创业园建设。认真贯彻省委、省政府《关于大力促进非公有制经济更好更快发展的意见》，增加总量，提升质量，增强全社会创业的活力，将文件中的各项政策措施落到实处。进一步总结全省小微企业创业园建设经验，按照“三为主、一特色”的要求，提升建设品质。积极对接农业部“农民创业园”工作部署，选择龙南、永修、德兴、南丰四县进行农民创业园建设试点，通过成立专业合作社，建立农户信用档案，依托龙头企业，扩大仙草、葛根种植面积，引进外国专家提升蜜桔品质，逐步形成独具特色的产业板块。进一步完善创业园的孵化功能，通过新建楼宇和改造旧厂房相结合，积极盘活存量资源，降低创业成本，吸引人才创新创业。通过政府购买服务的方式，发展创业服务业，积极为创业者提供创业培训、财务代理、法律顾问、天使投资、政策咨询等多种服务。加快制定小微企业创业园分类考核评价评级指标体系，强化运行监测和动态管理，促进全省小微创业园建设上规模、上水平。

（江西省中小企业局　徐星龙）

山东省

2013年，全省中小微企业总体保持了平稳健康发展，结构调整和转型升级扎实推进，发展质量和效益稳步提高。

一、发展概况

（一）中小企业户数持续稳定增加

2013年全省中小微企业达到90万户，比2012年新增9万户，是历年来企业户数增长最多的一年，其中私营企业达到75.3万户。全省规模以上中小企业达到3.77万户，比上年增加1735户。

（二）规模以上中小企业运行平稳

2013年全省规模以上中小企业增加值增长13.3%，高于全部规模以上工业2个百分点，实现出口交货值4289亿元，同比增长6.4%，高于全部规模以上工业1.9个百分点；实现营收8.32万亿元、利润5537亿元、税金3078亿元，同比分别增长14.7%、17.8%、15.9%。其中营业收入和利润总量居全国第一。

2013年山东与全国、江浙粤的主要经济指标增速

2013年规模以上中小工业企业主要效益指标

省市	企业数	亏损面	主营业务收入		税金总额		利润总额	
	（家）	（%）	（亿元）	同比（%）	（亿元）	同比（%）	（亿元）	同比（%）
全国	343135	11.84	619277	13.85	22354	14.86	38155	15.8
山东	37716	5.65	83229	14.71	3078	15.92	5537	17.82
江苏	45191	13.08	80518	13.69	3089	19.87	5184	17.01
浙江	36312	13.92	44904	7.41	1609	8.86	2248	14.86
广东	36732	14.74	57100	12.77	1734	15.46	2901	20.82

（三）小微企业发展态势良好

2013年，全省规模以下小微工业企业达到12.7万户，从业人员达到271万人；实现营业收入5931亿元，同比增长12.1%；税金总额达到221.5亿元，同比增长4%；规模以下工业实现增加值同比增长9.6%。

2013年规模以下工业企业主要经济指标

规下主要经济指标	2013年	增速（%）
企业主营业务收入	5930.8亿元	12.1
企业数	12.7万个	-2.3
企业从业人员	270.8万人	-3.1
企业税金总额	221.5亿元	4.0
企业应付职工薪酬	693.4亿元	5.0

二、重点工作举措

（一）推动政策落实，着力优化营商环境

一是强化调查研究。2013年全省各级各部门围绕中小企业政策的贯彻落实，组织了开展了一系列调研活动。根据省委、省政府的部署针对全省中小企业营商环境进行专题调研，提出了小微企业改善环境的“八个期盼”，省委、省政府主要领导对这个报告高度重视，姜异康书记和郭树清省长均作出重要批示。根据批示精神，省中小企业局积极协调配合有关部门及时给予答复，帮助企业解决具体困难。省政府组织力量对小微企业创业创新工作进行调研，发现和推广了一批新典型。就如何推进产业集群发展也进行调研，提出了今后发展方向和重点。为加大对民营经济发展的指导力度，在充分调研的基础上提出了相关意见建议。二是在全国率先实施了小微企业发展量化指标考核。由省中小企业局会同省监察厅出台了《山东省小型微型企业发展考核办法（试行）》，这是山东省首次就扶持小微企业发展出台考核办法。9月份，组织召开了全省小微企业发展考核工作会议，推广了泰安、聊城、淄博等市的做法，有力地促进了考核工作的开展。三是宣传力度加大。省两会期间，连续三天在《大众日报》两会特刊推出“中小企业产业集群巡礼”专栏，集中宣传了5个市的8个重点产业集群成长壮大情况；5月份与《齐鲁晚报》联合推出“走进山东产业强镇”系列报道，连续三个月集中报道了14个市的18个产业强镇；联合齐鲁晚报表彰了产业化驱动城镇化“十强镇”及领军人物，这些宣传活动在社会上引起了良好的反响。四是以省政府名义表彰了全省80家先进中小企业，进一步形成了创业光荣、创新有功的发展氛围。

（二）发挥职能作用，强化指导服务

一是进一步完善了中小企业运行监测和预警系统。做到了每季度召开一次经济运行分析会，确定一个培训主题，及时研究破解经济运行难题的对策措施。建立了企业直报点月报送制度，2013年全省重点监测直报企业达到2900家，直报率达93%。二是融资渠道进一步拓宽。省中小企业局与省建行联合推广了小微企业“助保池”业务，2013年共发放一年期贷款50亿元。省中小企业局、省知识产权局、交通银行山东省分行等单位共同签署知识产权质押融资服务战略合作协议，支持科技型中小企业以专利权或商标权作质押融资。省中小企业局与齐鲁股权托管交易中心合作促进中小企业产权融资，2013年共有150家企业成功挂牌交易。省中小企业局与省银监局联合筛选5262家信用良好的成长性中小企业给予优惠利率贷款支持，共落实优惠利率贷款1100亿元。组织发行了集合票据5支，融资9.95亿元。担保体系建设得到进一步完善，2013年全省232家担保机构为5.3万户中小微企业贷款担保1447.9亿元。企业增信工作收到很好的效果，在2011年、2012年连续两批认定了2723家信用良好中小企业的基础上，2013年首次在全省范围内认定了709家信用良好中小商贸企业。扎实做好上市公司培育，2013年累计推荐38家上市培育中小企业。2013年全省金融机构小微企业贷款余额7798.5亿元，较年初增加1798.7亿元。三是市场开拓效果明显。2013年组织企业参加了韩国五松化妆品美容博览会、香港山东周融资洽谈会、青洽会、海峡两岸农业加工食品业交流大会、海南热带农产品冬季交易会等大型展会活动，与当地企业开展了经贸洽谈，签订了部分合作意向。组织企业参加第十届中博会，签订合同14.2亿元、协议51.7亿元，合计65.9亿元，比上届增长了20%以上。四是小企业会计准则实施推进效果明显。印发了《关于在全省小企业中全面实施小企业会计准则推进小企业财务规范的通知》，对贯彻实施情况进行摸底调查，通报表彰了全面实施的19个县区中小企业主管部门，对加强和规范中小企业财务管理起到了很好的示范带动作用。

（三）实施创新引领，落实“四升”计划

一是组织了全省千项结构调整项目中的200个中小企业专项。小微企业项目占到了项目总数的80%。2013年省级“一企一技术”研发中心达到303家、创新企业达到306家。省、市两级“一企一技术”研发中心和创新企业达到2100多家。二是狠抓了落实“四升”计划的考核监督。下达了全省“四升”计划考核指标，共落实个升微3.4万家、微升小1.01万家、小升中629家、中升大60家。三是下达了2013年“研发费用税前加计扣除”计划，并在税务部门备案。共汇总了112家企业的141个研发项目，研发费用总额21001万元。四是合同能源管理和设备融资租赁试点取得突破进展。2013年共组织合同能源管理项目27个，融资租赁项目8个，认定了18家合同能源管理示范企业和4家设备融资租赁示范企业。五是全面实施育苗扶壮工程，“专精特新”规划先行。制定了“专精特新”中小企业标准和自主品牌标准，编制了发展规划，提出每年的结构调整支持项目中，专精特新企业育苗扶壮项目所占比重不低于80%。

（四）抓好产业集群，引导产业集聚发展

一是采用竞争性分配方式支持重点产业集群，

优中选优，效果明显。2013 年中小企业专项资金重点支持了 8 个产业集群的 24 个项目，拉动总投资 16.7 亿元，项目达产后可新增销售收入 32.8 亿元，税金 2.48 亿元，新增就业岗位 3246 个。二是新认定了 13 个省级产业集群，全省省级产业集群总数达到了 100 个。三是基本建成覆盖全省产业集群和特色产业镇的数据报送制度，强化资金使用的跟踪问效，及时掌握集群发展情况。四是组织安排产业集群公共服务平台重点项目储备库推荐工作，初步审定 110 个进入项目储备库。到 2013 年底，全省销售收入过 10 亿元的产业集群达到 426 个，其中过 100 亿元的 161 个。

（五）服务模式不断创新，体系建设日臻完善

一是公共服务平台网络建设不断规范。编制了县级平台建设发展规划，确定 13 个县率先开展试点，推动平台网络向县级延伸。加强了对平台建设的督导，初步建立了市级窗口平台定期调度制度和服务业绩考核系统。2013 年全省 7 家中小企业公共服务平台获批为国家示范平台项目，全省国家示范平台累计达 25 家。2013 年山东省中小企业平台建设工作通过了工信部首批平台网络项目评估。二是巡回大讲堂品牌效应初现。制订了小微企业管理者培训规划，2013 年共举办巡回大讲堂 52 期，培训中小微企业高中层管理人员和主管部门负责人 14829 人，完成了 1 万人的培训计划。三是采取政府购买服务和服务补偿方式，整合 3000 多家服务机构，为中小企业提供创业代理、技术创新、电子商务和法律咨询等服务。全年共有 508 家优秀服务机构入驻省、市平台，累计举办各类服务活动 1062 期，服务企业 6 万余家、16 万人次。服务网络已实现全省县级全覆盖。四是创业辅导基地的创业引领作用发挥充分，不断丰富基地创办类型，建立充实省级创业辅导师队伍，为创业者提供创业指导服务。组织举办了全省中小企业系统首批国家级创业咨询师资质培训班，共培训人员 70 名。2013 年认定了 82 名省级创业辅导师，全省辅导师队伍达到 688 人。省市级创业辅导基地达到 299 家，其中省级创业辅导基地 119 家。

（六）深入开展管理提升“百千万”活动

突出了管理咨询服务、法律援助服务、信息化助力提升服务三位一体。一是制定行动规划，扎实推进创新服务三项行动。全年共对接 134 场，对接企业 4638 家，实现管理提升企业 3394 家。40 家企业被认定为精细化管理样板企业，80 家企业被认定为管理提升优秀企业，30 家机构被认定为优秀服务机构。二是联合省律师协会做好免费法律培训、免费企业体检等工作。全年开展法律体检培训 8030 人次。

（七）充分发挥协会作用，助力中小企业发展

省中小企业协会促成 15 家企业与齐鲁股权交易托管中心签订了挂牌意向书。积极协助做好中小企业协会成员出境考察工作，组织开展了一系列的企业家培训活动。省担保协会引导担保机构诚信和道德自律。7 月份成立了非融资性担保分会。开展了担保业务培训和资格认证，认定了 7 家非融资性信用担保业务优秀机构。全省 87 个担保项目获得国家和省担保业务补贴和风险补偿资金 12410 万元，同比增加了 1740 万元。有 16 家担保机构列入工信部、国家税务总局免征营业税公示名单。省管理咨询协会积极协调组织会员单位有针对性的开展企业对接服务，全年 42 家会员单位对接企业 4638 家，有 21 家协会会员进入了优秀服务机构前 30 名，为中小企业管理提升起到了积极的推动作用。

三、2014 年主要工作思路

全面贯彻落实党的十八届三中全会和中央、省经济工作会议精神，按照省委、省政府的部署和要求，积极应对经济发展中出现的新情况、新问题，以推进创业创新工作为突破口，重点抓好中小企业的转型升级、提质增效，推动中小企业健康发展。主要做好六个方面的工作。一是抓好小微企业系列政策的落实。二是深入实施“一企一技术”战略和“育苗扶壮”工程。三是推进产业集群壮大升级。四是加强中小企业信用体系建设。五是加快中小企业公共服务平台建设。重点推进已建成的市级平台充分发挥作用、推进具备工作基础的县级平台进一步完善条件。六是加强中小企业专项资金的跟踪问效和绩效管理。

（山东省中小企业局　杨亚强　王功永）

河南省

2013 年，在省委、省政府的坚强领导下，各级、各部门深入贯彻落实党的十八大和十八届三中全会精神，不断深化改革创新，转变政府职能，优化发展环境，强化企业服务，促使我省中小企业和非公有制经济保持了平稳运行、稳中增长的态势。

一、2013 年河南省中小企业及非公有制经济基本情况

（一）运行情况

中小企业情况。截至 2013 年底，全省中小企业单位数 43.5 万家，同比增长 4.49%；从业人数 1206.5 万人，同比增长 4.67 %；增加值 17890.61 亿元，同比增长 13.97%；总产出 57451.14 亿元，同比增长 13.05%；营业收入 55955.25 亿元，同比增长 13.42%；实交税金 1579.85 亿元，同比增长 9.85%；利润总额 5818.55 亿元，同比增长 10.99%；资产总额 27549.25 亿元，同比增长 10.24%。

非公有制经济情况。截至 2013 年底，全省非公有制经济单位数 283.33 万个，同比增长 1.92%；从业人数 2179.27 万人，同比增长 0.35%；增加值 22832.93 亿元，同比增长 11.74%；总产出 73812.25 亿元，同比增

长 11.14%；营业收入 71986.85 亿元，同比增长 11.01%；实交税金 1903.25 亿元，同比增长 5.26%；利润总额 7761.37 亿元，同比增长 8.47%；出口交货值 1390.49 亿元，同比增长 30.88%。

（二）发展特点

一是社会贡献日益突出。2013 年，中小企业贡献了全省 53.25% 的 GDP、60% 以上的出口、70% 以上的科技创新、80% 以上的新增就业，占全省企业总数的 98% 以上。非公有制经济对 GDP 的贡献达 71%、对出口的贡献达 62%，占全省市场主体总数的 99.7%。中小企业和非公有制经济已成为我省构建现代产业体系的重要组成部分、扩大就业的主要途径、促进科技创新最活跃的生力军，在国民经济发展中发挥着不可替代的作用。

二是集群集聚成效明显。2013 年，全省各类产业集聚区、工业园区 329 个，入驻中小企业 45392 个，比上年增长 35.72%，从业人员 406.59 万人，同比增长 13.46%。产业集聚区内中小企业实现增加值 6469.08 亿元，营业收入 25860.11 亿元，利润总额 1896.06 亿元，分别同比增长 21.45%、28.07% 和 20.01%。产业集聚区入驻企业数量大幅增加，促使中小企业集聚和关联效应进一步显现，形成产业发展新格局。

三是创新能力不断增强。截至 2013 年底，全省中小微企业拥有各类科研人员 14.31 万人，同比增长 9.15%，其中高中级技术人员同比增长 8.14%。科研经费投入 275.66 亿元，同比增长 8.57%。中小微企业科研项目共计 11369 个，同比增长 31.1%，其中获得专利项目数 7636 个，同比增长 43.67%。2013 年，全省中小企业新产品研发项目数 3899 个，同比增长 2.39%。

四是项目建设稳步推进。2013 年，全省中小企业 500 万元以上固定资产投资新开工项目 13835 个，本年投产项目 15816 个，完成投资额 11989.26 亿元，同比增长 11.32%。新增固定资产 6937.62 亿元，同比增长 12.61%。新建项目完成投资 8436.99 亿元，改建项目完成投资 1231.5 亿元，扩建项目完成投资 1560.43 亿元，分别同比增长 12.66%、0.71% 和 5.82%。

二、存在的主要问题和困难

（一）发展不充分的问题依然明显

目前，全国每万人拥有中小企业数约 84 家；河南省每万人拥有中小企业数为 41 家，不足全国平均数的一半。非公有制经济方面，河南省每万人拥有非公有制经济单位数 267 户，仅为全国平均数的 73.5%，实现增加值与发达省份仍有较大差距。

（二）产业层次不高的现象依然普遍

河南省中小企业和非公有制经济中，传统产业企业、资源型企业和初加工企业多，专精特新企业少，现代服务业和新兴产业比重低；创新能力弱，人才匮乏，产业小而散、集而不群的问题仍带有普遍性；小型微型企业占中小企业的比例高达 95%，高于全国 90% 的平均比例，企业规模普遍较小。

（三）生产经营中三高三难问题突出

主要表现在：用钱是高利息，大部分中小企业从银行贷款的综合月息达 1.5 分；用工是高成本，随着近几年员工工资的上涨，企业员工的平均工资基本都超过 2000 元，新《劳动合同法》的出台，直接导致企业用人成本增加 20% 以上；用料是高价格，与上年相比，大部分中小企业经营成本上涨了 30% 以上。融资难，中小企业融资渠道狭窄，缺乏足够的可抵押资产，很难从金融部门得到资金支持；招工难，劳动密集型企业用工缺口普遍在 10%—20% 之间，人员流动频繁，高技术性人才留工难。用地难，中小企业基本无用地指标，土地、厂房多为租赁。

三、2014 年全省中小企业经济发展趋势判断

从外部环境看，美国经济复苏动能增强，欧债危机处于相对平稳状态，2014 年世界经济将呈现复苏态势，国际市场需求有望企稳回升，为河南省中小企业发展提供了良好的外部环境。从国内经济走势看，2013 年，我国已进入全面深化改革的新阶段，党的十八届三中全会关于支持非公有制经济发展提出"三个平等"（坚持权利平等、机会平等、规则平等）、"三个鼓励"精神（鼓励非公有制企业参与国有企业改革、鼓励发展非公有资本控股的混合所有制企业、鼓励有条件的私营企业建立现代企业制度），将进一步坚定中小企业发展信心，激发广大中小企业、非公有制经济的活力和创造力，给河南省中小企业、非公有制经济带来广阔的回升空间和发展动力。从河南省情况看，一是经过近年来的持续快速发展，工业经济实力显著增强，企业活力和竞争力明显提高。二是河南省仍处在工业化、城镇化加速推进时期，区位优势明显，承接产业转移的潜力巨大，中小企业发展空间进一步拓宽。三是河南省委、省政府为应对复杂经济形势，出台了《河南省促进民营企业中小企业健康发展行动计划（2013—2014 年）》（豫政办〔2013〕44 号）。综合分析，中小企业的政策环境和社会环境逐步改善，预计 2014 年全省中小企业、非公有制经济增长仍有望保持平稳增长态势。

四、2013 年所做主要工作

2013 年，为促进中小企业、非公有制经济持续健康发展，河南省主要开展了如下工作：

（一）推动召开全省民营企业表彰暨民营经济工作会议

2013 年 5 月 31 日，河南省委、省政府在郑州召开了全省民营企业表彰暨民营经济工作会议，省委、省人大、省政府、省政协主要领导出席会议，省委副书记、省长谢伏瞻，省委常委、省统战部长史济春，时任副省长陈雪枫作重要讲话。会议隆重表彰

了为河南省经济社会做出突出贡献的76家优秀民营企业和41名优秀民营企业家。通过高规格的表彰和后续宣传报道，提高了民营企业的影响力，激发了广大民营企业和民营企业家投身中原经济区建设的热情，营造了崇尚创业、创业有功、全社会关心关注支持民营企业发展的浓厚氛围。

（二）深入开展扶助小微企业专项行动

2013年2月5日召开全国中小企业工作电视电话会议部署小微企业专项行动后，河南省高度重视，提出“积极响应、精心策划、广泛发动、认真组织、着力推进”的工作要求，制定出台了《河南省促进民营企业中小企业健康发展行动计划（2013—2014年）》（豫政办〔2013〕44号），明确了全省民营企业、中小企业两年发展目标，以扩充总量、提高质量、优化结构、创新提升为重点，在全省着力实施“百千万”成长工程、转型升级工程、特色产业集群建设工程、人力资源保障工程、金融服务工程、市场开拓工程、公共服务体系建设工程、创新能力提升工程、优化发展环境工程等九项工程。

（三）积极帮助中小企业开拓市场

为应对宏观市场需求不足，经济下行压力对中小企业生产经营带来的不利影响，河南省积极采取多种措施，帮助企业开拓市场。一是举办五大产业链产销对接大会。共有来自全省5大产业链的604家中小企业参会，签订产销对接合同263个，签约金额325.9亿元，发布重点企业产品供需信息514条。二是举办中小工业企业与电商企业系列对接活动，帮助110家中小企业进行了信息化建设升级。三是组织300多家企业参加第十届中博会，共签约产销合同30.74亿元。期间，成功举办了“豫粤产业合作洽谈会”“豫粤家居、建材产业对接洽谈会”和“豫粤小家电产业对接洽谈会”，共签约产业转移合同项目76个，总投资309.71亿元。

（四）组织开展全省金融机构与中小企业银企对接系列活动

为着力缓解中小企业融资难，省工业和信息化厅和河南银监局于7~9月份在全省联合组织开展了金融机构与中小企业银企对接系列活动，并于10月25日成功召开金融机构与中小微企业贷款项目对接暨签约会议，张维宁副省长出席了会议并就今后一个时期强化政银企合作、解决中小企业融资难等方面做了工作安排。此次系列对接活动，全省共有9401家中小企业参与其中，有7991家中小企业对接成功，合同贷款金额516.22亿元。银企对接系列活动的开展，充分整合了政府部门、商业银行、担保机构、中小企业等各方资源，搭建了信息共享平台，优化了中小企业发展环境和金融生态环境，提升了中小企业金融服务水平。

（五）推动实施“百千万”成长工程

按照中型企业抓成长、小微企业抓培育的思路，从全省筛选了141家成长性好、带动性强的中型企业为“百家成长企业”，由省级重点扶持，促其成长壮大，力争每年有100家升级为大型企业；筛选了1240家科技含量高、有发展潜力的小微企业为“千家培育企业”，由各市、县（区）重点培育，力争每年有1000家成长为规模以上企业。建立动态培育库，对“百家成长企业”和“千家培育企业”实行部门联动，集中要素资源，进行动态服务，促其成长发展和做大做强。同时，按照“创办小企业、开发新岗位、以创业促就业”的指导思想，大力发展创新型、创业型和劳动密集型企业，力争每年带动创办10000家以上企业，不断扩充全省企业总量，提升发展质量。

（六）加强中小企业公共服务体系建设

为进一步完善中小企业公共服务体系和创业服务体系，省工业和信息化厅会同省财政厅出台了《关于推动全省中小企业公共服务平台网络建设工作的指导意见》（豫工信〔2013〕306号），提出了平台网络建设的总体目标、建设重点、建设标准和保障措施。依据《河南省中小企业公共服务平台认定暂行办法》（豫工信〔2010〕330号）和《河南省小企业创业基地认定办法》（豫工信〔2010〕332号）精神，在全省审核认定了35个省级中小企业公共服务平台和17个省级小企业创业基地。根据《工业和信息化部办公厅 财政部办公厅关于印发2013年中小企业服务体系发展专项资金项目申报指南的通知》精神，按照工信部批复的《河南省中小企业公共服务平台网络建设方案》，组织第一批27个项目单位进行了资金项目申报，并上报工信部审核。根据《工业和信息化部办公厅关于推荐第三批国家中小企业公共服务示范平台的通知》（工信厅企业函〔2013〕216号）精神，在全省组织示范平台评选推荐工作，共向工信部推荐8个示范平台。

（七）实施促进中小企业发展“翔计划”

为提高中小企业电子商务应用水平，帮助中小企业拓宽营销渠道、开拓市场，省工业和信息化厅继续联合百度公司在全省开展了以“让中小企业市场开拓在搜赢大数据时代中拓展”为主体的“翔计划”活动。活动内容坚持“四个突出”：一是突出对中小企业信息化建设、互联网营销和管理能力提升的培训服务；二是突出中小企业信息化建设、电子商务运用的技术支持和服务；三是突出对加入“翔计划”企业的优质优惠服务；四是突出对县（市、区）、产业集聚区、工业园区和中小企业集中区中小企业的“翔计划”推广服务。2013年共举办“翔计划”培训20余场次，参与人数超过5000人，免费为1320家企业提供了网络营销服务，免费赠送企业网站2200家，3000多家企业从中受益。

（八）继续做好中小企业用工服务

一是组织开展网上百日招聘活动。3月1日~6月8日，省工业和信息化厅组织中小企业河南网积极参与工业和信息化部、教育部联合举办的“2013年全国网上百日招聘高校毕业生活动”，开辟了“百日招聘河南专场”，共组织1710家企业参与网络招聘活动，提供职位数2141个、就业岗位26341个，组织企业数、提供职位数和就业岗位数均居全国首位，这是河南省连续第十年获得该活动全国第一。二是团省委、省教育厅、省工业和信息化厅、省人社厅等单位开展“我的中国梦”河南省大学生暑期见习万岗行动，搭建大学生与企业对接的桥梁，组织企业为在校大学生提供暑期见习岗位，共筹集到见习岗位15499个，帮助大学生增加工作见习经验，树立正确的就业观念，提升就业创业能力，实现大学生和见习单位的“双赢”。

（九）实施中小企业人才素质提升计划

积极参加工业和信息化部开展的中小企业经营管理领军人才培训，组织50名优秀中小企业家，在北京理工大学开设河南班，进行集中授课培训。采取政府资金引导和企业自主参加相结合的方式，充分发挥高等学校和优质社会培训机构的作用，分别在上海交通大学、清华大学合作开设了中小企业家高级研修班、百名强企业家培训班，有近300名企业董事长（总经理）参加培训。通过多方式的人才培训活动，丰富了中小企业高级管理人员的管理知识，加深了对中小企业促进政策的了解，提高了企业管理能力和发展的内生动力。

（河南省工业和信息化厅中小企业服务局）

湖北省

一、2013年中小企业发展情况

2013年，面对错综复杂的国内外经济形势和经济下行压力，全省经信系统会同相关部门认真贯彻落实省委省政府的决策部署，按照“竞进提质、速效兼取”的总要求，在当地党委政府的领导下，围绕实施中小企业成长工程和促进银企合作，加强组织领导，强化目标管理，完善工作机制，努力改善环境，有力促进了全省中小企业平稳较快发展，为全省经济平稳较快发展做出了重要贡献。

（1）市场主体加快发展。截至2013年底，全省市场主体总户数达到335.1万户，增长31.3%，成功跨入全国300万方阵，位居中部第一，进入全国前六；企业总户数62.6万户，比上年增加11.72万户，增长23%，；全省规模以上工业企业达到13379户，比上年净增2149户，是近年来增幅最大的一年。中小企业快速成长，市场主体发展壮大

（2）经济效益稳步提高。2013年，全省规模以上中小工业企业实现主营业务收入23241亿元，同比增长25.4%；实现利润1229亿元，同比增长36.1%；税金总额714亿元，同比增长33.9%，经济效益保持在较快增长区间，为全省“稳增长”作出了重要贡献。

（3）社会贡献更加突出。2013年上半年，以中小企业为主体的全省民营经济共实现增加值5989.68亿元，比上年同期增长12.1%，占全省GDP的比重为54.7%；民营工业完成总产值为12564.55亿元，增长27.0%，占全省规上工业完成总产值的比重为73.4%；实现税收收入1102.38亿元，增长7.7%，占全省税收收入的比重为68.2%；对全省规模以上工业的贡献率达到76.3%，拉动全省规模以上工业增长7.6个百分点。

（4）服务体系逐步健全。全省中小企业服务体系建设取得明显进步，融资担保体系作用突出，公共技术服务平台逐步完善，公共服务平台网络建设稳步推进。截止2013年末，全年开展融资担保、管理咨询、企业信息化、事务代理、人才培训等服务活动1.7万次，服务中小微企业近10万家、员工51万人，为中小企业服务的质量和水平不断提高。

（5）银企合作成绩显著。2013年，全省新增中小企业贷款1428.5亿元，中小企业贷款余额8245亿元，同比增长21%。新增小微企业贷款680亿元，小微企业贷款余额同比增长23%，高于全省贷款平均增速7.3个百分点；余额占比为17%，高于去年同期1.1个百分点。

二、2013年主要工作

（一）抓责任落实，推动市场主体加快发展壮大

各地以年度中小企业成长工程目标任务为牵引，狠抓责任落实，促进小企业快速成长和市场主体发展壮大。

（1）深化全民创业。全省各地认真落实国家支持全民创业的政策措施，出台配套政策，加大财税支持力度，着力缓解融资困难，不断优化创业环境，实施“大学生创业工程”，举办创业赶集会，推介优秀创业项目，强化创业培训，举办系列公益培训班、创业实训班、创业沙龙和创业巡回演讲培训活动，着力营造创业氛围，服务创业兴业，推动全民创业工作向更广领域、更深层次、更具创新能力方向发展，努力形成小微企业“铺天盖地”的良好局面。

（2）强化分类指导。按照“一手抓大企业培育、一手抓中小企业成长”的要求，突出支持小微企业创办、加快发展规模企业、大力培植龙头企业，促进了小企业快速成长和骨干企业发展壮大。加强对中小企业分类指导和重点扶持，切实抓好“成长工程100户重点培育企业”“100户重点企业技术改造示范工程”“100户两化融合试点示范企业”等重点培育工作，形成示范效应，使一批中小企业成为行业龙头、产业骨干。

（3）培育千户进规。按照年初签订的新增规模以上工业企业1000户的工作目标，健全工作机制，强化目标管理，跟踪工作动态，对成长工程进展情况进行定期通报，构建考核激励机制。各地将成长工程目标任务纳入政府目标管理和考核体系，切实加强组织领导，深入扎实地推进各项工作。通过高起点招商引资，支持项目尽快形成产能，使一批新投产的企业进入规模以上企业行列；通过重点扶持一批优势小微企业，支持他们加快成长步伐，使一批小微企业进入规模以上企业行列。上年全省新增规模以上工业企业达到2149家，是实施中小企业成长工程以来增速最快的一年。

（二）抓环境改善，营造中小企业发展良好氛围

（1）强化政策落实。加大政策宣传力度，编印《中小微企业政策百问百答》《中小微企业法律服务

手册》《中小微企业金融服务手册》免费发放全省中小微企业；加大政策落实力度，会同相关部门在全省开展支持企业发展政策措施落实情况的专项督查，督促各地及相关部门进一步清理和规范行政审批及政务服务事项，落实已经公布的支持企业发展的各项政策措施和税费减免政策，及时发现和纠正一批政策不落实，工作不作为、乱作为的行为和事项。

（2）营造社会氛围。在省内多家媒体持续开设“帮扶中小微”专栏、“服务中小企业专版”、FM92.7频道《中小企业之声》，宣传和解读支持中小企业发展的政策措施，介绍中小企业发展的成功经验，宣扬企业家的社会责任和社会贡献；组织开展“三进三服务”“服务中小微企业楚天行”系列活动和“扶助小微企业专项行动”，营造成全社会都关心支持中小微企业发展的良好氛围。

（3）改善经营环境。持续开展企业减负维权专项行动，针对企业反映突出的涉企收费问题，协调相关部门重点整治行政许可、行政审批前制性和强制性准入规定的中介收费等企业反映强的涉企收费问题，与相关部门一道，查处了一批涉企乱收费案例；进一步完善了100户企业负担监测点内容，成立了“湖北省非公有制企业投诉中心”，建立健全了非公有制企业投诉网络和运行机制；根据省政省行政审批“三集中”的有关要求，成立行政审批处，设立行政服务大厅，一个窗口对处，实行一站式服务。

（三）抓产业集聚，促进中小企业专精特新发展

（1）依托产业基础抓产业集群培育。围绕4个传统产业、6个重点产业和一批新兴产业，加快园区建设和产业集群培育，重点扶持影响制约集群壮大与升级中的产业链和服务链薄弱环节的项目建设，扩大产业规模，延伸产业链条，做大做强特色优势产业。

（2）依托产业集群延伸产业链条。通过实施重点产业集群动态管理，促进了重点产业集群加快发展，全省过百亿元的产业集群达30家，中小企业集聚度进一步提高；大力推进县域支柱特色产业发展，引导县域依托资源优势、产业基础和骨干企业发展特色产业。集群发展突出产业链、服务链培育，为中小微企业做大做强营造了良好的产业环境。

（3）依托产业集聚促进专精特新发展。围绕全省支柱产业及75个重点成长型产业集群，引导中小企业与大企业、大集团协作配套，走“专、精、特、新”的发展路子。发挥大企业、主导产品的辐射带动作用，形成了一批专为制造业大企业和工业集成产品配套零部件的小型微型企业群，为最终形成大中小微企业互为依托、交相呼应、协调配套发展的新格局打下了基础。

（四）抓平台建设，提升中小企业服务能力水平

（1）服务平台网络建设项目基本完成。以中小企业公共服务平台网络建设项目为抓手，以省平台为枢纽，以窗口平台为节点，初步建成以中小企业服务中心为核心，以专业服务机构、行业服务组织为依托，省市县和重点集群互联互通、资源共享、服务协同、功能完善、供需对接便利的中小企业公共服务平台网络，构筑服务体系的骨干架构和基础环境；按照“服务大楼树起来、服务牌子挂起来、服务活动搞起来”的要求，督促各窗口平台建设单位高标准、高质量完成建设任务。

（2）省平台的枢纽功能逐步显现。加强和完善省平台的枢纽功能，加快完成数据库建设，完善窗口平台服务规范和绩效考核制度，带动各窗口平台协同搞好服务；指导窗口平台完善服务机制、增强服务能力、提升服务绩效。同时，按照“边建设平台，边开展服务”的要求，省中小企业服务中心（省平台）联合各市州窗口平台以“扶助小微、转型成长”为主题，在全省开展“服务中小微企业楚天行活动”12场次，服务企业5000多家，为企业解决困难和问题1.1万件。

（3）整合社会服务资源初见成效。运用行政资源和力量，动员组织优质社会化服务资源加入平台网络，实现资源共享、优势互补、合作共赢，促进服务供需有效对接，满足中小企业的共性与个性服务需求。目前，服务平台集聚了一大批高水准的专业服务机构，与25个省级专业协会建立合作关系，平台共汇集各类服务机构达到250多家，为中小微企业服务的能力和水平不断提高。截止年底，累计开展融资担保、管理咨询、企业信息化、事务代理、人才培训等服务活动1.7万次，服务中小微企业近10万家、员工51万人次，服务成效初步显现。

（五）抓融资服务，着力缓解中小企业融资困难

（1）建立完善银企合作机制。积极加强与省金融办、银监局和人行的协调沟通，召开调研座谈会，在进行项目对接的同时，共同探讨研究了中小企业金融服务的成绩、困难与对策，建立银企合作机制，加大中小企业金融服务力度；每年发布年度各银行拟支持重点中小企业名单，积极向金融机构推荐符合国家产业和环保政策，有市场、有技术、有发展前景的企业和项目；定期举办多种形式的银企合作促进会、对接会、洽谈会、中小企业融资园区行等活动，积极搭建银企合作平台，2013年省银企合作促进会达成2324个银企对接项目，向企业授信392亿元。

（2）积极发展担保机构。经过连续三年的持续规范整改，全省担保行业整体实力、担保能力和抗风险能力得到较大提升，全行业呈现稳定有序、快速发展、安全运行态势，为缓解中小企业融资难作出积极贡献。截至2013年末，全省担保机构资产总额651.8亿元，净资产580.7亿元，注册资本达到551.6亿元；全省担保总额超过5亿元的担保公司达到76家，其中担保总额超过10亿元的公司有32家；全省融资性担保机构为4.86万家企业提供担保1596.2亿元，其中面向小微企业的担保业务超过57%，年在保余额1055.2亿元。据测算，全省中小企业每新增10元贷款，约有3.6元通过担保获得，为缓解中小企业融资难做出了重要贡献。

（3）创新中小企业融资服务。全省金融部门和金融机构高度重视和支持中小企业成长工程工作，以全力促进小微企业金融服务为切入点，着力推动银行业金融机构深化改革、创新服务。截至上年末，全省共成立小微企业专营机构1734家，改制农商行67家，组建村镇银行51家，推出服务中小企业的金融创新产品106个，有力支持的中小企业发展。

（六）抓素质提升，推动中小企业提高发展质量

（1）大力推动中小企业技术创新。加强共性技术中心管理，推进建立一批产学研合作技术创新战略联盟，开展经常性产学研对接活动，促进科技成果转化；成功举办第九届产学研合作项目洽谈会，会上签订正式合同796个，技术交易额3.17亿元；推进新型工业化示范基地建设，全省共有11个基地列入国家新型工业化示范基地；推进省级示范基地创建工作，13个基地进入全省首批省级示范基地。

（2）大力推进中小企业技术改造。围绕实施“两计划一工程”，支持和引导传统产业改造升级以及新兴产业的培育发展，推动传统产业新型化，新兴产业规模化。制定《全省技术改造导向计划》和《湖北省工业转型升级与技术改造投资指南》，组织实施百户重点企业技术改造示范工程，引导中小企业技改投入，中小企业成为全省技术改造投资的生力军。

（3）大力推动中小企业“两化”融合。开展中小企业信息化应用“百千万”工程，在传统产业信息化改造、工业企业关键环节信息化提升、产业信息化公共服务平台、节能减排电子信息技术应用等方面开展两化融合试点示范，每年选择100家企业进行两化融合试点示范，选择1000家企业服务平台、10000家企业进行信息化改造提升；在中小微企业中开展“三送”推广服务，给中小微企业送培训、送软件、送网页，组织开展信息化技术咨询指导、解决方案推荐、技术讲座、案例分析等丰富多彩活动，帮助中小微企业提升信息化应用水平。

（4）淘汰落后产能和推进节能减排。综合运用经济、法律、技术和必要行政手段，全面完成2013年国家下达的涉及13个行业的47家企业淘汰落后产能任务；推进工业节能减排，积极态度争取国家能源管理中心、清洁生产示范项目；加强节能减排共性关键技术和装备开发、示范与推广应用，促进行业清洁生产和污染防治，推进大宗工业固体废物综合利用，发展循环经济和再制造产业。

（5）做好中小企业安全生产工作。认真贯彻落实习总书记“管行业必须管安全”的重要指示精神，切实加强工业行业安全生产管理。按照省政府统一部署，历时4个月，对孝感、随州两市安全生产大检查进行督查；按照省安委会部署，在全省经信系统组织开展中小工业企业安全生产专项检查，有力推进了经信系统安全生产管理工作和中小工业企业安全生产主体责任的落实，确保了全省工业行业安全生产形势持续稳定和好转；做好省安委会考核检查组对安全生产工作责任目标考核工作，湖北经信委被评为全省安全生产工作先进单位。

（七）抓人才培养，打造中小企业发展人才支撑

（1）实施“123”企业家培育计划。在民营企业中实施湖北省重大人才工程“123”企业家培育计划，每年选拔40~50名优秀民营企业家进行重点培养，培养造就一批具有全球战略眼光、品牌建设意识、市场开拓精神、管理创新能力和社会责任感的领军企业家队伍，到上年已经完成两期的培养人员的选拔培训，2013年还组织前两期学员到美国哈佛大学的集中培训。

（2）开展中小企业领军人才培训。依托国家工信部中小企业领军人才培养计划，开展全省中小企业领军人才培训，目前已举办三期，共培训学员132人

（3）做好国家银河培训工程和其他培训工作。依托国家银河培训工程，每年培训管理人才2万多人次，通过各级中小企业服务中心开展常规专项培训，共培训各类专业技能人才20万人次。

三、2014年工作思路和安排

2014年是全面贯彻落实党的十八届三中全会精神和全面深化改革的第一年，也是实施“十二五”规划的关键一年。从国际看，全球经济总体复苏，但仍面临不稳定不确定因素；从国内看，市场在资源配置中的作用进一步发挥，改革创新共识日益凝聚，经济发展具有不少新的有利支撑和难得机遇。从小微企业情况看，虽然总体上保持了发展势头，但依然存在成本上升过快、市场需求不足、融资难（贵）、负担重等问题。加快发展速度、壮大规模总量、提高质量效益，依然是中小企业工作的重点，全省经信系统要按照“稳中求进、改革创新”的总基调，按照“竞进提质，升级增效”的总要求，切实抓以下几项工作。

（一）深化改革创新，大力推动非公有制经济发展

（1）出台支持非公有制经济发展的政策和措施。党的十八届三中全会提出要实行统一的市场准入制度，在制定负面清单基础上，各类市场主体可依法平等进入清单之外领域。根据省委全面深化改革工作部署，湖北省作为非公有制经济职能部门和牵头单位，要加强调研，勇于创新、统筹协调，尽快制定非公有制经济投资准入特别管理措施（负面清单）送审稿报省政府审批并向社会公开。

（2）制定非公有制企业进入特许经营领域具体办法。按照党的十八届三中全会提出的坚持权利平等、机会平等、规则平等，废除对非公有制经济各种形式的不合理规定，消除各种隐性壁垒的要求，以及省委全面深化改革工作部署，制定非公有制企业进入特许经营领域具体办法，优化配置市场资源，为非公有制经济拓展生存空间、激发创新能力、释放发展活力创造机会，为民营企业转变发展方式提供更大发展空间和更优环境，支持非公有制经济健康发展。

（3）加大民营企业领军人才培育力度。做实“123”民营企业家培养计划，完善培养方案，创新培养模式，科学设计课程，完成前两期学员的年度培训计划，提高培训质量；严格要求、严密组织、精心准备，做好第三批培养人选的遴选和集中培训

工作；加大各类民营企业家人才培养力度，通过省、市、县三级联动培养方式，扩大培养规模，建立全省民营企业家人才梯队，造就领军民营企业家队伍，为推动全省民营经济跨越式发展提供人才支撑。

（二）坚持专精特新发展，加快中小企业转型升级步伐

（1）强化与大企业的配套协作。围绕全省支柱产业及75个重点成长型产业集群发展，引导中小企业与大企业、大集团的协作配套，走“专、精、特、新”的发展路子。发挥大企业、主导产品的辐射带动作用，努力形成一批专为制造业大企业和工业集成产品配套零部件的小型微型企业群，尽快形成大小企业互为依托、交相呼应、协调配套发展的新格局。

（2）改造提升传统优势产业。集中力量抓好一批投资大、对提高品种、质量和工艺技术水平具有带动作用，对推动传统产业改造升级、优势产业优势发挥具有突破带动作用的共性技术和关键技术改造项目，加大争取国家项目申报对接力度。做好以信息化改造和提升传统产业工作，使信息化成为中小企业结构调整和转变发展方式的重要途径和手段。

（3）推动中小企业技术创新。加强共性技术研发推广中心的管理和扶持，支持由企业牵头组织、产学研相结合的创新团队，推动以企业为主体的创新体系建设，推动共性技术研究和成果应用。借助节能减排和产业政策约束机制，引导中小企业退出高消耗、高污染行业，更多地进入高新技术产业，进入生产性服务业，进入劳动密集型和农产品深加工等领域。

（4）大力发展战略性新兴产业。支持中小企业重点发展或配套发展装备制造、食品、电子信息、船舶和海洋工程、医药、资源循环利用等重点产业和现代服务业，抓好一批重点项目投资建设，培育和打造一批新的骨干企业。

（5）是着力推动中小企业两化深度融合。深入实施中小企业信息化推进工程，继续发挥电信运营商、信息化服务商和专业服务机构的支撑和服务作用，通过运用云计算、大数据、移动互联、物联网等技术，集聚优质资源，构建信息化平台。促进中小企业的研发设计协同化、企业管理数字化、市场营销网络化，支持中小企业核心业务发展，进一步增强企业活力。继续引导中小企业通过加工设备智能化、管理信息化、推进服务外包等方式，促进中小企业的两化深度融合。

（三）做好重点扶持和分类指导，加快中小企业成长步伐

（1）扎实推进中小企业成长工程，完善年度考核激励和通报制度，抓好责任落实和跟踪检查，及时通报进度情况，确保完成全年新增1200家规模以上工业企业目标任务，重点扶持一批市场潜力大、发展前景好的小企业，使其尽快成长为规模以上企业。

（2）加强对销售过亿元中小企业的协调服务。搞好生产要素协调，及时解决企业发展难题，帮助破解发展瓶颈，促进一批中小企业尽快跃上5亿、10亿元台阶。

（3）继续抓好重点企业培育试点示范工作。做好“成长工程100户重点培育企业”、“100户重点企业技术改造示范工程”、“100户两化融合试点示范企业”的示范工作，实行动态管理，通过重点扶持、试点示范、科学引导，培育一大批有实力、有潜力、有竞争力的中小企业，使之成长为核心竞争力强的行业龙头、产业骨干。

（四）加快推进服务体系建设，开展服务小微企业专项行动。

（1）扎实有效地开展扶助小微专项行动。按照国家工信部的统一部署，2014年将继续开展以“扶助小微、转型成长”为主题的扶助小微企业专项行动，各地要把党的群众路线教育实践活动成果，体现到促进中小企业发展工作中去。要进一步增强服务意识，把扶助小微企业发展、加强公共服务作为转变政府职能、加强工作作风建设的具体体现，多深入基层，多深入企业，加强调查研究，为民服务，为小微企业服务。要进一步加强组织领导，协调好与各部门之间的关系，动员社会各方面的力量，集中各方面的智慧，在更大范围整合资源，形成促进中小企业发展工作的强大工作合力，形成全社会支持帮助中小企业发展的良好氛围，确保活动取得成果。

（2）加快推进和完善平台网络建设。继续推进平台运营及应用系统上线运行，全省统一中小微企业服务电话“96500”开通服务；组织完善政策法规库、服务资源库、企业库、成果库、专家库、知识库等；实现前二批已建成窗口服务平台与省枢纽平台的互联互通、资源共享、服务协同；指导和推进第三批窗口服务平台的建设工作，全面完成省中小企业公共服务平台1个省枢纽平台、17个综合窗口服务平台、15个产业窗口服务平台的建设任务，建立窗口平台服务绩效考核制度，不断拓展服务功能，拓宽服务领域。

（3）要开展好服务企业的各项活动。通过联合各地中小企业服务中心和窗口服务平台，组织服务机构、专家团队到地方、入园区、进企业，开展系列服务小微企业活动；以公共服务平台网络为依托，通过“在线服务统一网络、呼叫服务统一号码、线下服务统一行动”，实现枢纽、窗口、机构三联动，为全省中小微企业提供“一站办理、一呼百应”，全方位、全领域、全天候的优质、高效、便捷服务，提高公共服务水平。

（4）做好公共服务示范平台创建工作。继续开展示范服务平台评选认定工作，通过评选认定一批业绩突出、信誉良好、公信度高的省级中小企业公共服务示范平台，着力培育一批“国家中小企业公共服务示范平台”，使省级中小企业公共示范服务平台达到35家，国家中小企业公共服务示范平台达到15家，发挥示范带动作用，促进服务体系建设。

（五）健全担保体系深化银企合作，改善中小企业融资服务

（1）加强担保体系建设。出台《关于促进全省融资担保行业规范发展的指导意见》，按照做强一批、规范一批、淘汰一批的工作思路，加强担保行业监管，规范担保业发展；支持担保机构通过增资扩股、联合经营等方式，做强资本实力，做大担保主业；探索集团化、联盟式经营发展的路子，着力培育一批实力强大、管理规范、信用良好的融资担保机构，构筑全省担保行业的中坚力量，为建立多形式的全省融资担保合作体系培育龙头骨干。

（2）继续深化银企合作。做好经常性对接，组织专门性的对接活动；推动银企合作产品创新，积极推进中小企业公共网络服务平台融资服务应用系统建设，推动银企担网上合作对接；会同金融部门组织开展金融机构创新产品网上展示活动，促进金融机构与中小企业建立互信合作的新型融资关系；拓展融资渠道，协调落实对接成果，提高对接实效。

（六）强化安全生产责任落实，促进中小企业安全发展

（1）要进一步落实安全生产工作责任。深入贯彻落实习总书记“管行业必须管安全”的重要指示精神，建立“一岗双责”中小企业安全生产管理机制，在全省经信委系统形成“一岗双责”和各部门齐抓共管的中小企业安全生产管理机制，全面完成与省政府签订的安全生产工作目标。

（2）要在源头治理上下功夫。把安全生产与调结构、推转型、促发展有机结合，在源头治理和现场管理上下功夫，结合职能工作，加强规划先导，抓好行业准入、标准、规划和政策引导，推动和支持企业技术改造，加快淘汰落后产能，推进兼并重组和两化融合，在源头上提升企业本质安全水平。

（3）要加强行业管理和检查督办。加强对企业安全生产的检查指导和安全生产形势分析研究，按照省安委会的统一部署，有计划地开展安全生产大检查和现场督办督查，推动企业安全生产标准化建设，提高企业安全生产意识，加强源头预防、现场管理和隐患排查，不断改善劳动者作业条件，强化企业安全生产基础管理和主体责任，提高中小企业安全保障能力，促进中小企业持续健康发展、安全发展。

（湖北省经济和信息化委员会中小企业处）

湖南省

2013年以来，在国家工信部和省委、省政府的高度重视下，省中小企业和非公经济健康发展，在稳增长、调结构、促就业、惠民生进程中发挥了不可替代的重要作用，为推进“四化两型”、建设“四个湖南”、促进“三量齐升”作出了重要贡献。

一、中小企业和非公经济运行情况

（一）基本情况

2013年，全省新创办各类企业3.5万户，全省中小企业达年末达21.5万户，比上年净增加1.28万户，占全部企业户数的99.7%；全年实现增加值10546.35亿元，同比增长12.7%，占全省GDP的45.6%；吸纳从业人员660万人，占全部企业从业人员的83.9%。规模以上中小工业企业完成税收同比增长13.3%。其中：规模以上中型工业企业主营业收入为6527.36亿元，增长12.8%；实现利税总额为647.83亿元，同比增长19.5%。规模以上小型工业企业主营业收入16096亿元，同比16.8%；利税总额1496.32亿元，增长21.3%。

2013年，全省非公有制经济实现增加值14186.06亿元，比上年增长11.5%，占全省GDP总量的57.9%；实缴税金1397.05亿元，占全部税收比重的54.1%。

（二）主要特点

（1）地位作用不断提高。非公经济和中小企业在全省经济社会发展中的地位不断巩固。从产业结构看，节能环保、新材料、电子信息、生物医药等战略性新兴产业保持强劲发展势头，一批行业“小巨人”企业崛起。从盈利能力看，工业中小企业利润总额和增速远高于大型企业，全省规模以上工业企业中，中小企业实现利润总值、增速分别达到大型企业的2.5倍、2.7倍。从创新发展看，中小企业创新能力不断增强，2013年全省高新技术产业中的中小企业占比达到72.7%，中小企业逐渐成为高新企业的主体。从两化融合看，中小企业信息化水平不断提升，信息化支撑带动中小企业发展的作用不断增强。从转型发展看，“小巨人”计划、“创业”计划、“百千万”成长工程的深入实施，在全省起到标杆带动作用，中小企业梯度发展加快，转型升级和可持续发展能力不断增强。

（2）发展环境不断改善。全省上下认真贯彻落实国家和省里的各项政策措施，着力优化非公经济和中小企业发展环境。省委省政府、省直有关部门出台了一系列支持非公经济和中小企业发展政策文件，支持力度不断加大。大多数市州也制定了具体实施办法，完善充实了政策体系。并在充分调研的基础上，向国家提出了进一步减轻小微企业税费负担的建议，有的已被采纳，并写进了2013年的政府工作报告，正在制定具体实施办法。

（3）服务能力不断增强。经过持续努力，覆盖全省的中小企业公共服务体系已经建立，纳入服务体系的优质社会服务机构越来越多，整体服务能力越来越强，服务中小企业的效果越来越突出，促进中小企业发展的作用越来越明显。

（三）存在的困难和问题

中小微企业虽然在吸纳就业、创造产值和财政收入，保持市场活力等方面做出了重要贡献，但总体发展水平仍然较低，发展中面临着诸多新老问题。

（1）融资难题尚未有效破解。据调查，银行放贷可覆盖80%左右的中型企业，而90%左右的小微企业与之无缘。同时，中小企业获得贷款的实际利率比大企业要高出6个百分点左右。究其原因，一是信贷融资额度少。由于向小微企业贷款的风险大，银行出于追求利润和规避风险的考虑，往往出现惜贷现象，即使获得银行贷款往往也是还后再贷。另外，无法获得全额资金贷款，很大一部分由承兑汇票代替。二是中小企业直接融资渠道过窄。风险投资、产业基金、企业债券等形式的直接融资规模相对较小，大量适合中小企业直接融资的项目无法获得必要的资金支持。三是金融监管政策尚不能适应中小企业发展需要。出于对中小企业信贷风险的担心，监管部门对服务于中小企业的中小型金融机构的市场准入、运行规则等方面设置了过高的门槛。四是我省中小企业信用担保机构数量少、规模小，民间资本所占比重大，放大倍数不够，难以满足中小企业融资需求。

（2）成本压力依然很大。近年来，在复杂严峻的国内外形势下，小微企业生产经营出现少有的困难，各项投入成本持续高筑，企业利润不断下降。主要是用工成本大幅上涨，能源、原材料成本居高不下，物流成本高，环保压力大，利息高、税费高、汇率高、资金周转困难。

（3）技术创新能力不足。由于外部环境不完善，内部缺乏创新激励，缺少资本扶持和人才支撑，中小企业创新能力不足。一是创新活动水平、研发投入水平低，绝大部分中小企业选择模仿跟进型的创新战略，以购买和引进专利为主。二是技术装备水平低，中小企业固定资产投资中，真正应用于技术改造的投资很少。三是中小企业创新缺乏资金支持。虽然各级政府加大了对中小企业创新活动的支持力度，但资金规模小，扶持对象分散，资金的实际使用效果不佳。

（4）中小企业整体素质不高。存在着两极分化严重、转型升级困难等突出问题，特别是大多集中于以资源开发型、产品加工型为主的传统产业，技术含量和产品附加值低，管理水平落后，呈现出“锄头与卫星齐飞，高端与低端并存”的现象。

（5）服务体系建设尚未到位。经过多年努力，省中小企业服务体系得到长足发展，但仍不完善，服务机构主要由政府部门创建，服务内容单一，缺乏特色，质量差，效率低。社会化服务机构处于转型期，服务意识、组织结构、服务效率等不能适应新形式下中小企业发展的需求。此外，我省服务资源严重不足。

（四）发展趋势

基于当前中小企业运行的特点，并考虑到各种因素的影响，初步判断2014年全省中小企业和非公经济呈现前低后高的运行态势，增长速度总体与2013年基本持平或略有下降。

二、2013年所做的主要工作

（一）认真做好监测分析工作，确保实现全年工作目标

2013年全省中小企业运行监测工作顺利推进，为全年工作目标的实现提供了有力保障。据统计，前三季度全省非公经济完成增加值9917.15亿元，同比增长11.6%；规模以上工业中小企业同比增长13.7%。经预测，2013年全省非公经济实现增加值比上年增长11%以上，中小企业实现增加值比上年增长11.5%以上，实现了2013年全省非公经济和中小企业发展考核目标。

（1）建立信息库，加强日常管理。借助工信部中小企业运行监测系统，以“小巨人”计划企业和“创业”计划企业为基础，建立了中小企业“百千万”成长工程信息库。到2013年10月底，纳入监测中小微企业数由年初的30多家增加到1100家，经审核上报运行情况的企业超过400家。每月25日前，企业上报的情况通过成长工程信息库集中上报至工信部。

（2）积极做好生产要素的协调工作。通过开展扶助小微企业专项行动，帮助非公经济和中小企业及时解决生产经营中的重点难点问题，确保企业持续健康运行。

（3）加强调度与综合，做好季度经济形势分析。省计委积极与统计部门和各市州经（工）信委衔接，统合基础数据，做好每季度的非公经济和中小企业经济形势分析工作，并及时向工信部报送中小企业季度发展情况。

（二）开展“惠企政策落实年”活动，贯彻落实非公经济和中小企业扶持政策

2013年是省经信委确定的“惠企政策落实年”，我委采取多种措施，促进中小企业和非公经济政策的贯彻落实。

（1）开展促进非公经济和中小企业发展政策措施贯彻落实情况督查。经省经信委提请，省政府督查室牵头组织经信、监察、财政等13个部门，分成4个督查组，于7月11日至20日对14个市州促进非公经济和中小企业发展政策措施贯彻落实情况进行督查，形成了《关于促进非公有制经济和中小企业发展政策措施贯彻落实情况的督查报告》，促进了各项惠企政策的贯彻落实。

（2）落实税收优惠政策。全省将增值税、营业税起征点提高到了国家规定的上限，70%以上的个体工商户和微型企业享受到免税政策。省经信委联合省地税局落实相关担保机构免征3年营业税政策，经申报审查，有24家担保机构符合条件，减轻了其税费负担。在作风建设月活动中，会同省财政、地税部门深入7个中小企业创业基地，协调落实税收减免400万元。同时，还协同税务部门，认真落实了高新技术企业、科技研发、支持和促进就业、资源综合利用等税收优惠政策。

（3）开展惠企政策宣传。我们将国家、省出台的一系列扶持非公经济和中小企业发展的政策文件汇编成册，分发给各级中小企业主管部门和重点中小企业，让企业了解、熟悉、掌握、运用各项优惠政策。

（三）实施中小企业“百千万”成长工程，促进中小企业转型升级

为提升全省经济总量，促进中小企业转型发展，构建多点支撑产业发展新格局，我委2013年继续实施中小企业“百千万”成长工程。主要开展了以下工作：

（1）择优调整“两个计划”企业名单。根据《中小企业“创业”计划和“小巨人”计划的实施方案》，对中小企业“百千万”成长工程“小巨人”计划和“创业”计划企业名单进行了择优调整，促进中小微企业做大做强。

（2）培育“专精特新”型中小企业。将创新型、创业型、劳动密集型中小企业纳入“百千万”成长工程。在政策、信息、融资、技术、人才、市场等方面加大扶持力度，鼓励其在产品研发、品牌推广、商业模式等上加强创新，引导其走“专精特新”发展之路。

(3) 开展中小企业“融资服务月”活动。从3月份开始，组织各市州、重点县（市）围绕1212户“百千万”成长工程重点企业开展融资需求调查，建立了“百千万”成长工程企业融资需求项目库，收集了828户企业的基本信息。5月份召开融资需求推介会，引导银行机构与被推介企业进行全方位融资对接，对886家有融资需求的企业授信120亿元，发放贷款31亿元，担保机构为124家企业提供贷款担保19亿元，股权投资机构与70家企业达成了股权投资初步意向。

（四）大力推进中小企业公共服务体系建设

(1) 推动中小企业公共服务平台网络建设。现已完成1个省平台、7个市州平台、16个窗口平台的建设任务，累计完成改造面积25680平方米。中小企业公共服务平台网络共带动服务机构1854户，开展服务活动2654次，服务企业37388户，服务人数达141476人次。

(2) 推动公共服务平台和服务机构建设。争取国家中小企业发展专项资金1700万元，扶持省内39个公共服务平台建设；省级中小企业专项拨付资金720万元对34个公共服务平台项目进行支持，重点支持了12个市级和17个县级中小企业服务中心建设；按照《湖南省中小企业核心服务机构管理办法》，认定了华益投资咨询等53家中小企业核心服务机构；2家服务平台获工信部批准成为第3批国家中小企业公共服务示范平台。

(3) 推动创业基地建设。联合财政、国土、住建、地税、工商等部门，出台了《关于大力推进中小企业创业基地建设的意见》（湘经信中小企业[2013] 362号），明确了创业基地建设原则、目标任务、工作重点和保障措施；认定了长沙国家生物产业基地等67家省级中小企业创业基地。同时，引导和支持创业基地加快创业服务队伍建设，加强创业辅导，为创业者提供各项综合服务。

(4) 加强融资服务平台建设。融资超市已建立了7个园区和县级服务工作站，与22家银行机构、58家担保机构、37家股权投资机构建立合作关系，在线注册中小企业3143家，已提交融资需求217.38亿元，实现银行放贷16.7亿元，授信13.1亿元。

(5) 加强中小企业信用担保体系建设。目前，全省担保机构202家，比去年增加12家，注册资本总额233亿元，与去年增长16.5%。国有资本57.17亿元，占总注册资本总额的25.04%，在担保行业服务实体经济中发挥了引导和示范作用。争取国家扶持资金8640万元，对省内43家担保机构进行支持。省担保资金确定支持业务补助项目59个、信息化建设补助项目12个，获得补助的担保机构共开展担保业务473亿元、再担保业务173亿元，担保业务量占全省担保业务总量的82.8%。预计全年全省担保总额将突破650亿元，与去年相比增加14%。目前，全省纳入再担保体系的担保机构30家，合作银行机构13家，再担保责任余额152亿元。

（五）深入开展“扶助小微企业专项行动”

(1) 认真组织。省经信委承担了全省“扶助小微企业专项行动”活动领导小组办公室日常工作，制定下发了《湖南省“扶助小微企业专项行动”实施方案》，明确了专项行动的指导思想、活动内容和保障措施，细化了各项重点活动方案。

(2) 积极开展专项活动。在确定的9大活动中，有4项由省经信委负责牵头组织。其中，中小企业管理升级活动在全省13个市州展开，遴选500多家企业参加集中训练，131家参赛企业的主营收入、利润、税收等经济指标分别同比增长43.76%、36.64%、41.07%，环比增长40.48%、44.33%、40.51%，实现了管理、营销、成本控制等各方面的整体提升。组织中小企业参加第十届中国国际中小企业博览会，设立展位60个，共接待客商6000余人次，签订合同金额2400万元。由超英主任带队，组织23家中小企业参加（非洲）中国商品、技术与服务展，展示了产业与技术，考察了非洲市场和工业园，建立了客户渠道，为促进省中小企业进一步开拓非洲市场搭建了平台，奠定了基础。组织开展“挑战杯”湖南省大学生课外科技作品竞赛活动，促进了科技成果转化。

(3) 组建工作组服务企业。在省经信委的协调下，由14位委领导牵头，组建了14个扶助工作组深入各市州、各重点园区帮扶小微企业，共走访中小微企业500余家，收集意见建议1200余条，协调解决企业困难问题297个。

（湖南省经济和信息化委员会）

广东省

2013年广东省中小企业改革发展总体情况

（一）中小企业民营经济发展情况

1. 规模以上中小工业企业平稳发展

2013年1～12月，全省规模以上中小微工业企业共有36742家；实现工业增加值13590亿元，同比增长8.9%，较全省规模以上工业平均增速快0.2个百分点，占全省规模以上工业增加值的53%；实现利润总额2919亿元，同比增长20%，较全省规模以上工业企业利润总额平均增速慢3个百分点；资产累计42009亿元，同比增长12.4%，较全省规模以上工业企业资产增速快1.1个百分点。

2. 重点监测的中小微企业较快发展

2013年1～12月，省中小企业局重点监测中小微企业2195家，其中小微企业1352家；工业总产值同比增长9.7%；出口交货值同比增长4.3%；营业收入同比增长9.9%；利润总额同比增长3.5%；固定资产投资同比增长17%。

3. 民营经济发展活力进一步增强

2013年12月，全省共有民营经济单位数567万户，其中私营企业户数152万户，个体工商户398万户；实现民营经济增加值32058亿元，同比增长8.8%，较全省经济平均增速快0.3个百分点；完成进出口3749亿美元，同比增长30.6%，较全省出口增速快19.7个百分点；完成固定资产投资12780亿元，同比增长25.5%，较全省投资平均增速快7.2个百分点；上缴税金7081亿元，同比增长9.5%。

（二）主要工作

1. 推动政策出台，狠抓政策落实，努力优化中小微企业和民营经济发展环境

推动省政府出台《进一步扶持中小微企业发展和民营企业做大做强的意见》，除继续执行上年原有50条扶持政策外，新出台23条扶持政策。制定2013年加大中小微企业扶持力度工作方案，明确各部门支持中小微企业发展的10项重点工作。组织对各地、各部门贯彻落实扶持中小微企业发展政策情况进行专项督查，实地检查广州、深圳等11个地市，召开座谈会10场次，走访企业30多家，听取200家中小微企业的意见建议，有关意见建议以“督查专报”方式报省政府，促成有关地市和部门重视相关问题解决。

各地、各部门多措并举优化中小微企业营商环境。省编办牵头清理省政府各部门行政审批事项，共取消、转移、下放国家设定和省权限内的行政审批事项508项。省工商局积极推进省级及珠三角9市企业商事登记改革试点，激发中小微企业活力。省国税局、地税局贯彻落实国家各项小微企业税收减免政策，为超过50万户次中小微企业落实减征免征营业税或增值税政策，减免金额超过1.5亿元。省物价局取消或停征行政事业性收费69项，减轻社会和企业负担46亿元。广州出台发展民营经济“1+9”政策文件，安排1亿元表彰100家民营企业。深圳出台首个专门支持中小微企业发展政策。惠州出台“惠42条”政策支持民营经济发展壮大。江门先后两批发布政府优先采购中小企业产品目录。茂名为初创企业设立专项资金。

2. 加快平台建设，丰富服务内容，为中小微企业和民营经济发展提供实实在在帮助

积极推动《广东省中小微企业综合服务体系建设实施意见》的贯彻落实，组织专项检查，将检查情况专报省政府，推动解决相关问题。加快省中小企业服务中心1个省级平台和各地33个窗口平台建设，目前上线服务机构1204家，服务产品897项，全年开展线上线下服务活动1658场次，服务企业3.6万家次。认定省小企业创业基地17家。印发扶助小微企业重点活动工作方案，组织开展服务推广口、服务周、服务月等暖企活动347场次，参与服务机构1835家次，服务企业4.59万家次，参与人数10.2万人次。

各地加快中小企业公共服务平台建设。中山重点面向产业集群自建窗口服务平台，各类公共服务平台达360多家。东莞产业集群窗口平台特色突出，效果明显。阳江开展企业集中服务月活动，挂点服务企业190家，办结问题275个。云浮石材产业窗口平台为2300多家石材企业提供检验检测服务4200多批次。清远市构建中小微企业公共服务平台网络，3家平台被认定达社会组织5A等级。顺德构建立体化、全方位企业综合服务体系，服务企业超过1万家。南海区窗口平台网络服务下沉，网点已布到每一个镇街。

3. 找准突破口，专项推进，着力解决中小微企业和民营经济发展中的重点难点问题

一是大力培育民营大型骨干企业。认真落实《关于鼓励和支持我省大型骨干企业壮大规模增强实力的指导意见》和《进一步扶持中小微企业发展和民营企业做大做强的意见》中关于培育大型民营骨干企业的各项政策，完善资金、用地和支持企业创新发展等政策措施。加强大型民营骨干企业服务力度，对营业收入超500亿元的大型民营骨干企业，建立一对一的联系人制度。举办多场大型骨干企业座谈会，收集汇总企业发展诉求，145项诉求已答复企业，答复率超过93%。

二是重点帮扶高成长中小企业。制定帮扶500家高成长性中小民营企业发展实施方案。在第一批200家的基础上，组织遴选第二批150家高成长企业。350家高成长企业2013年平均主营业务收入预计达3.45亿元，同比增长21.1%；其中175家企业项目被列入国家和省中小企业重点项目计划，带动社会投资23.4亿元。针对高成长企业开展投融资对接、技术诊断等专家辅导系列帮扶活动。各地把大力扶持高成长企业作为一项重要工作来抓。珠海重点培育“三高一特”重点民营企业。汕头实施“五个100”工程培育重点企业。河源推进100家重点企业培育工程。揭阳重点培育100家龙头骨干民企和100家高成长性民企发展。

三是提升融资服务能力。搭建政银担企合作平台，与6家银行开展合作，支持62家省中小企业融资服务示范机构开展系列投融资服务活动。各地着力缓解中小微企业融资难。广州推动393家企业在股权交易中心挂牌，融资及流转交易额达13亿元。深圳加强上市协调服务，为企业出具无违法违规证明协调函12411份。佛山安排中小企业信用担保基金4.1亿元，为6726家企业担保贷款229亿元。韶关设立中小企业贷款补偿基金，支持50多家中小微企业贷款4.86亿元。肇庆建设中小企业融资网上超市，促成72家金融机构为1626家企业发放贷款130亿元。湛江开展中小企业征信。潮州实施上市梯度培育工程，入库企业53家。

四是提升企业家素质。与华南理工大学共建民营企业家培训学院，推动成立“顺商学院”“莞商学院”“南海分院”“客商学院”，建立民营企业家学习交流平台。先后举办粤意中小企业、粤东地区民企、高成长企业、创业基地等8个高级管理人员专题研修班。各地不断创新，多渠道、多层次开展中小企业培训活动，促进中小企业家素质提升。各地共举办各类培训班201场次，培训中小微企业3.13万家次，培训人数5.93万人次。

五是帮助开拓市场。成功举办第十届中国国际

中小企业博览会，帮助中小企业开拓国内外市场。第十届中博会参展中小企业2859家，其中境外449家；进馆参观采购26.5万人次，其中专业客商11.8万人次。实施中小企业走出去战略，组织中小企业参加“中国－中东欧国家地方领导人会议·重庆2013”“广东－韩国合作论坛”“中国（广东）－东盟战略合作论坛暨印尼贸易、旅游和投资推介会”等对外交流活动。

六是鼓励自主创新。加大对广东省民营企业（中小企业）创新产业化示范基地和中小企业公共（技术）服务示范平台的培育力度，并积极发挥示范基地和示范平台的示范作用，以点带面，辐射、带动、服务所在行业及区域产业集群的民营企业加快自主创新和转型升级。2013年，全省211个示范基地新技术新产品研发投入达40.66亿元，举办示范带动活动1047场次（其中以政府名义举办的有241场次），创新成果转化达到1613项；91个示范平台服务企业13.97万家（其中服务小微企业8.23万家），共举办服务活动1891场次（其中以政府名义举办的有257场次）。

七是提高信息化应用水平。印发实施中小企业信息化推进工作方案。与百度公司共同推进实施“翔计划”，在广州、珠海、东莞、佛山、梅州等6个地市落地实施，培训企业4691家，有2034家企业加入计划并获得赞助。搭建粤商移动知识服务平台，发布政策信息、行业资讯等，并组织200多位专家互动问答，服务企业5000家次以上。实施中小企业上网触电计划，联合中移动为408家企业定制上网触电WLAN无线网络接入平台，为826家企业提供“有线＋无线”上网服务。

八是夯实工作基础。制定进一步加强中小企业综合调研工作的意见。开展民营企业发展环境调研活动，形成调研专题报告报省有关领导参阅。发布广东民营经济发展研究报告（2013）。加强中小企业生产经营监测，建立监测点87个，监测中小企业达2200家。

（广东省经济和信息化委员会）

广西壮族自治区

一、2013年中小企业及非公经济发展概况

2013年以来，面对发展中遇到的困难和挑战，在自治区党委、政府的领导下，广西各级工信部门认真贯彻落实中央和自治区的一系列重大决策部署，按照“转方式、调结构、上规模、促融合、提质量、增效益”的工作要求，迎难而上，大力开展服务工作，促进了中小企业快速健康发展。据统计，广西全年生产总值（GDP）14378.00亿元，比上年增长10.2%。其中，第二产业增加值6863.04亿元，增长11.9%；第二产业增加值占地区生产总值的比重为47.7%，对经济增长的贡献率为59.0%。全年全部工业增加值5749.65亿元，比上年增长11.4%。规模以上工业增加值增长12.9%。在规模以上工业中，国有企业增长7.1%，集体企业增长16.2%，股份制企业增长12.7%，外商及港澳台商投资企业增长16.1%，其他经济类型企业增长15.3%。2013年广西中小企业及非公有制经济当年规模以上工业总产值为12185.69亿元，同比增长20.76%；主营业务收入1106.29亿元，同比增长19.23%；利润671.52亿元，同比增长12.18%；上缴税金366.56亿元，同比增长17.79%。全年新增亿元以上企业225家；规模企业户数为5305户。

二、主要存在问题

（一）中小企业生产经营困难

一是部分企业面临消化产能问题。受宏观经济增速放缓、市场需求不足和产能相对过剩等因素影响，企业销售不畅、库存增加。多数产品供大于求，工业产品价格连续下降。

二是中小企业资金十分紧张。由于资金需求难以满足，致使部分企业流动资金周转困难，规模扩大受到影响，设备陈旧无法更新，技术开发不能顺利进行，企业产品不能实现更新换代，企业项目无法开展。

（二）中小企业融资难度增大

受货币市场“钱荒”影响，银行资金紧缺，收紧贷款，银行可贷资金的减少直接导致中小企业融资压力的进一步加大。同时融资成本高，中小企业融资成本含银行贷款利息、融资顾问费用、抵押物登记费、中介部门评估、评审费用、保险费、担保费及贷款保证金、财务报告审计费、账户管理费、资金监管费等，真实融资成本在20%～30%左右。贷款难造成部分中小企业资金链吃紧，流动资金周转困难。

（三）劳动力成本上升

在用工成本方面，人工成本刚性增长，自治区人民政府（桂政发［2013］12号）规定，自2013年2月7日起，全区职工最低工资标准由1000元调整为1200元，平均上涨20%；人工成本还包括社会保险费用、福利费用、教育培训费用、劳动保护费用、住房费用、其他人工成本等，这些费用加起来，对企业来说是一笔较大的开支。有些用工紧张的企业用工成本上涨幅度更高。

三、2013年中小企业发展的主要工作

（一）加快落实扶助小微企业专项行动

根据工信部《关于开展扶助小微企业专项行动的通知》（工信部企业〔2013〕67号）要求，结合广西区党委、政府的工作战略部署，下发了《广西扶持小微企业专项行动方案》，主要内容是帮助小企业缓解融资难题，各市积极响应。南宁市工信委积

极推动实施中小企业助保金贷款创新融资模式，帮助75家中小微企业从建设银行获助保金贷款7.2亿元；南宁市中小企业服务中心利用“两台一会”中小企业贷款平台，直接解决中小企业流动资金贷款36亿元，服务企业168家；柳州市开展多种形式的中小微企业融资服务活动，为76家中小微企业解决贷款5.59亿元。截止9月30日，广西共帮助756家中小微企业解决贷款86亿元。

（二）切实帮助企业解决融资难题

（1）开展金融服务中小微企业活动。为有针对性地帮助当前产品有销路的中小微企业解决贷款难题，广西工信委于9月17日召开全区中小微企业信贷项目对接视频会议，对接会分南宁主会场和13个市分会场。主会场会议上，5家银行与10家企业进行信贷项目签约，签约金额6.45亿元。同时，在13个市分会场参会的银行和企业也进行信贷项目签约。广西全区共有107家中小微企业签订信贷合同或意向书，贷款35.3亿元。

（2）继续深化与中国人民银行合作开展的“万家成长型小企业信贷扶持工程”的实施，帮助企业解决融资难题。与中国人民银行南宁中心支行，开展2013年万家成长型中小企业信贷扶持工程活动，选择了4600多家中小企业列入广西第二批成长型中小企业名单，共帮助4533家中小企业融资257亿元。

（3）与银行业金融机构签订战略合作协议。为支持和促进广西中小企业的建设，缓解中小企业融资难题，3月12日自治区工信委与中国建设银行广西分行签订了《中小企业金融服务战略合作协议》。目前已有1248家入园中小企业在建设银行开立结算帐户，全年资金结算总量将超过800亿元。到目前为止，自治区工信委共与工商银行、农业银行、中国银行、建设银行、招商银行、北部湾银行等6家银行业金融机构签订了战略合作协议。

（4）建立全区中小企业融资服务数据库。在各市、县收集整理中小企业融资信息资料基础上，建立健全广西中小企业融资项目库，并根据企业自身的融资条件划分为符合融资条件的企业、需进一步完善融资条件的企业两类，全面掌握企业的相关信息。把社会信誉好、发展潜力大、产品科技含量高、市场空间广阔的企业向银行推介，让银行和企业实现共赢。2013年7月，建成并开通了“广西中小企业投融资网”，进一步扩大了融资服务范围，提高了融资成效，现在服务小微企业达3000多家。

（5）做好项目融资工作。根据《中共广西壮族自治区委员会 广西自治区人民政府关于加快推进新型工业化实现跨越发展的决定》精神，围绕工业转型升级，广西工信委在全区滚动实施1000个亿元以上中小企业投资项目，总投资额达1900亿元。这一批发展前景好、有市场、符合国家产业政策、有自主知识产权、在国内技术领先的项目，供银行业金融机构选择，实现银企互惠互利。

（三）帮助企业开拓市场

挑选一批“专精特新”中小企业组团参加第十届中国国际中小企业博览会、中国东盟博览会和广西玉林中小企业博览会，中博会期间，广西代表团参会人员379人，参展企业36家，展位48个，共展示产品194个，广西经济合作签约项目21个，投资额95.95亿元。通过博览会平台，集中展现了广西产业转型升级、中小企业“专、精、特、新”的发展成就。

（四）深入推进减轻企业负担工作

认真贯彻落实《工信部关于做好2013年减轻企业负担工作的通知》（工信厅运行［2013］34号）关于规范涉企收费、落实惠企政策、开展调查评估、加大宣传力度、完善督促检查等精神，进一步减轻企业负担。一是通过发放问卷调查企业税费情况。为进一步了解企业税费负担情况，向中小企业发放、回收了132份《中小企业税费负担情况调查表》，通过综合对比、分析，进一步掌握了广西中小企业的发展情况和面临的困难和问题。二是深入企业调研了解企业生产经营情况。在税费调查的基础上，各市工信委、中小企业局分管领导亲自带队，深入企业进行深度调研，调查中小企业经营成本情况，帮助中小企业减轻负担。三是召开座谈会宣传企业减负政策。近年来，国家和自治区都出台了一系列扶持中小企业发展的政策措施。各市通过座谈会、讲座等形式，向企业广泛宣传各项减负政策，帮助企业了解政策、运用政策。

（五）打造“1+3+14”广西中小企业公共服务平台网络建设项目

为广西中小企业转型升级和加快发展提供信息、投融资、创业、人才与培训、技术创新和质量、管理咨询、市场开拓、法律等服务支撑。“1+3+14”即1个广西中小企业网络服务中心，3个自治区专业网络服务平台，14个中小企业网络服务窗口。目前已建成自治区中小企业网络服务中心和广西中小企业投融资服务平台。

（六）举办中小企业经营管理人员培训班

2013年以来，实施“万人培训计划”和开展银河培训工程，重点开展了法律政策、技术创新、安全生产、节能减排、创业兴业、生产管理、企业信息化及高级技能等知识培训和应用培训，推动了广西中小企业经营管理人才和专业技术人才队伍建设，全面提高了中小企业经营管理人员队伍素质。全年共举办56期中小企业经营管理人员培训班，培训人数近6000人。

四、2013年中小企业发展工作的主要经验和体会

认真贯彻落实党的十八大精神，深入学习领会习近平总书记一系列重要讲话精神，立足服务中小企业的立场，以服务中小企业为主要目标，认真开展各项服务工作。在开展中小企业服务工作中，主要有三点经验体会：一是必须按照中央的要求和国家的政策，结合广西实际，开展各项扶助活动；二是活动要深入到中小微企业当中，密切联系群众，了解企业在生产经营过程中遇到的困难和问题，了

解企业的诉求，有针对性地开展活动，才能有效地帮助中小微企业解决困难；三是做好服务中小企业工作，需要全区各级工信部门的共同努力，形成工作合力，才能顺利开展工作。

（广西壮族自治区工业和信息化委员会 广西壮族自治区中小企业局）

海南省

一、2013 年海南省中小企业改革发展总体情况

截至 2013 年 5 月，海南省以中小企业为主体的非公有制经济共约 14.5 万家，个体工商户 29.2 万户。2013 年，全省中小企业及个体经济实现增加值 1547.42 亿元，同比增长 11.7%，占同期全省 GDP 总量的 49.3%；创造税收 589.58 亿元，同比增长 14.3%，占全省全口径公共财政收入的 71.8%；吸纳就业约 138 万人，占全省企业就业总数的 92% 以上。可以说，省中小微企业在解决就业、调整分配结构、改善群众生活水平、维护社会和谐稳定、促进海南经济社会全面发展方面具有不可或缺的作用。

按照全国中小企业监测平台海南省区域对全省 170 家中小企业运行监测，数据表明，2013 年 1～12 月份，监测企业累计工业总产值 212.2 亿元，同比增长 17.51%；累计用电量 9.85 亿度，同比下降 0.02%。用电量波动不大，说明中小企业的生产运行情况相对于规上企业更为平稳。考虑到该监测平台海南省监测样本数量比较小，其反映的趋势只能作为分析参考。

二、海南省中小微企业发展存在的主要问题

虽然近几年海南省在扶持中小微企业发展方面出台了一系列政策，中小微企业发展环境有了很大改观，但在当前国际经济增长乏力，国内生产要素成本上升，资源环境约束进一步趋紧等因素的叠加影响下，中小微企业发展还存在许多困难。

（一）融资难仍是制约企业发展的瓶颈

据统计，全省中小企业中，从业人数在 10 人以下、资产规模 100 万元以下的微型企业占比达到 70%，这些企业大多数自身素质不高，财务制度不健全，缺少有效抵押资产，加上信用等级低等问题，基本难以达到银行信贷标准，企业发展所需资金只能通过自筹或民间借贷。中小微企业融资难，占有的信贷资源比例低，大大制约了中小微企业的发展。

（二）成本高、税负重是企业难以承受之重

海南省中小微企业特别是小微企业，大多属于劳动密集型的微利企业，长期处于用工成本高、原材料价格不断上涨的困境，再加之税目繁多，税负偏重（中小企业税负普遍占到企业总成本 10%，有的甚至超过了 25%），让企业感到不堪重负。

（三）创新能力弱、集群化程度低使企业成长乏力

省中小微企业普遍基础薄弱，研发投入不足，创新能力不强，加上全省大企业不多，对中小微企业集聚发展带动效应不足，中小微企业经营分散，集聚程度低，导致其行业竞争力差，抗风险能力弱，可持续发展性不强。据统计，省中小企业的平均生命周期仅为 2 年左右，未达到全国（3 年以上）的平均水平。

（四）服务体系不健全，限制了企业发展速度

海南省中小微企业社会化服务体系建设还比较滞后，面向中小微企业的技术创新、投融资等社会化服务体系尚不完善，对中小微企业还存在服务质量不高、服务方式单一的问题，制约了中小微企业的发展。

三、2013 年促进中小微企业发展的主要工作

完善中小微企业扶持政策体系。2012 年国务院出台了关于进一步支持小型微型企业健康发展的意见，同时国家有关部委密集推出了系列支持中小微企业发展的政策措施。为落实中央部署，加强地方政策配套，海南省在鼓励资本市场发展、金融发展以及支持战略性新兴产业和高新技术产业发展等方面相继出台了以中小微企业为支持重点的系列政策措施，同时结合本省中小微企业发展实际，对省中小企业发展专项等中小企业专项扶持政策进行了修订完善，给中小微企业实实在在的支持。

突出财政金融支持，助推企业加速发展。海南省针对小微企业遇到的困难，深入落实国务院 14 号文件精神，在财税、金融、市场等方面采取多项措施。在资金方面，争取到 2013 年国家中小企业发展专项资金 3375 万元，对 29 个项目进行补助；2013 年推荐 5 家中小企业服务机构和 3 家担保机构分别申报国家中小企业服务体系发展专项资金服务业务项目和国家中小企业信用担保资金，共获批专项资金补助 1660 万元。省财政 2013 年配套安排 4500 万元海南省中小企业发展专项资金，对中小微企业担保贷款给予贴息补助，全年共撬动全省中小企业担保贷款 32.91 亿元。此外，海南省还配套安排技术创新、外贸扶持、技术改造和产业升级、节能、电子信息产业发展等专项资金，分别用于扶持中小企业进行技术创新、市场开拓、技改升级、节能改造、再就业等。在融资方面，一是推动商业银行设立专门针对小微企业的信贷部门，并推广适合小微企业特点的各类金融产品和服务。目前，农行省分行、建行省分行、交行省分行、光大银行海口分行等金融机构都成立了小微企业信贷部，专门负责小微企业融资。截至 2013 年末，海南省小微企业贷款余额 623.01 亿元，比年初增加 30.29 亿元。二是积极发展地方小型金融机构，增加中小微企业信贷资源。

目前全省已成立了9家村镇银行、3家农村资金互助社、33家小额贷款公司，增加了海南省小微企业金融服务的有效供给。三是推动优质中小微企业直接融资。目前，共有6家中小企业成功上市，上市融资68亿元，发行债券融资286亿元，4家中小企业成功在“新三板”挂牌交易。

不断完善中小企业公共服务体系。在改善企业集聚发展环境方面。组织海南省中小企业公共服务示范平台和小企业创业基地的认定。截至目前，全省共有35家省级中小企业公共服务示范平台和4家国家示范平台；5家海南省小企业创业基地，吸引224家小微企业入驻，增加就业岗位3700余个，年实现产值9亿元。在提升企业自身素质方面。创办了“海南中小企业大讲堂”等公益性服务平台，开展中小微企业创业辅导、技术创新、经营管理、政策解读等专题培训。自2010年来共组织各种专题的公益性培训140期，各类中小微企业不同层次的人员约54000人次接受了培训；在开拓市场方面，实施“走出去”战略，通过“政府资助搭台，企业展示精品”方式，组织企业参加APEC中小企业技术交流会、中博会等国内大型会展。2013年第十届中博会上，海南省展馆现场签订合同项目6个，涉及金额1275万元，达成合作意向12个，涉及金额约5000多万元。在减轻企业负担方面，严格落实国家和省有关中小企业的各项减免税费政策。2013年上半年共减征增值税9056.3万元、营业税9642万元，减免企业所得税430.96万元，减收“营改增”税款1.16亿元，受益企业达10万户。此外，取消或减免19项涉企行政事业性收费项目，省各级工商行政管理机关自2013年1月1日至2014年12月31日止，对企业和个体工商户的登记费、年检费和工本费也实施免征方案。

（海南省中小企业局）

重庆市

2013年，在市委、市政府的坚强领导下，在国家有关部委和市区县部门的大力支持下，重庆中小企业系统认真贯彻落实中央及市里一系列决策部署，牢牢把握稳中求进的工作总基调，强指导，优措施，重服务，全市非公有制经济、中小企业发展呈现稳中有进的良好态势。

一、基本情况

（一）非公有制经济

2013年，全市非公有制经济产业活动单位达到147.5万个，同比新增16.1万户；实现增加值7784.1亿元，按可比价格计算，同比增长12.4%，高于全市GDP增速0.1个百分点，占全市GDP的比重为61.5%，对全市GDP增长贡献率达到66.5%，拉动全市经济增长8.2个百分点；实现税金1280.6亿元，同比增长13.3%，对全市税收增长贡献率达到58.3%，拉动全市税收增长9个百分点；新增从业人员51.2万人，达到961.3万人；提供劳动者报酬3508.3亿元，同比增长17.6%；实现利润1302.8亿元，同比增长14.3%。

（二）中小企业

2013年，全市中小企业达到39.8万户，比上年末新增6.3万户，增长24.5%；实现增加值4556.5亿元，同比增长12.3%，占全市GDP的比重为35.7%，对全市GDP增长的贡献率达到47.8%，拉动全市经济增长5.9个百分点；上交税金731.1亿元，同比增长11.2%；新增从业人员41.5万人，达到564.5万人；提供劳动者报酬1934.4亿元，同比年增长17.2%；实现利润762.6亿元，同比增长14.1%。

二、运行特点

2013年，全市非公有制经济、中小企业运行特点，用四个字概括：一“快”、一“稳”、两“升”、四“进”。具体来看，一“快”，市场主体培育较快；一“稳”，主要指标处于平稳增长的合理区间。两“升”，经济效益有所回升、市场预期信心有所回升；四“进”，主要体现在四个方面，工业主导作用，税收支撑作用，就业主渠道作用、出口拉动作用四个方面进一步增强。

（一）创业活力持续释放，市场主体培育成效明显

一是从总量来看。2013年底，全市非公有制经济产业活动单位达到147.5万户，中小微企业达到39.8万户。二是从增量来看。非公经济活动单位新增16.1万户（非公企业新增6.4万户，个体户新增9.7万户）；中小微新增6.3万户。三是从注册资金来看。以民营经济为例，民营经济注册资金7271.1亿元，户均达49.4万元，户均增5.3万元。其中：个体户均达4.6万元，户均增5千元；民营企业户均达189.7万元，户均增加6.2万元。四是从行业分布来看。新增市场主体按行业来看，批发和零售业、农林牧渔业、信息传输、计算机服务和软件业、制造业、金融业，五大行业分别新增1.8万户、1.2万户、0.9万户、0.6万户、0.5万户，五大行业新增户数占新增总数的比重达81.2%。

（二）总量继续攀升，经济效益同步提高

全年非公经济实现增加值7784.1亿元，按可比价格计算，同比增长12.4%，高于全市GDP增速0.1个百分点，占全市GDP的比重为61.5%，对全市GDP增长贡献率达到66.5%，拉动全市经济增长8.2个百分点。其中，民营经济实现增加值6201.9亿元，按可比价格计算，同比增长14.5%，高于全市平均水平2.2个百分点，较上年加快0.3个百分点；占全市GDP的比重达到49%，对全市GDP增长的贡献率达到60.1%，较上年提高10个百分点。

中小企业增加值达到4556.5亿元，同比增长12.3%，占全市GDP的比重达到36%，对全市GDP

增长的贡献率达到47.8%，拉动全市经济增长5.9个百分点。乡镇企业增加值达到2203.8亿元，同比增长10%。

全年非公经济、中小企业分别实现利润1258.7亿元和716.9亿元，同比增长17.6%和17.3%，增速分别高于去年同期8.7和9.8个百分点。据全市中小企业生产经营监测平台数据显示：2013年监测企业百元收入利润率为4.8%，较上年同期提高1.1个百分点。

（三）工业生产稳健运行，“双引擎”支撑明显

2013年，全市非公规上工业实现销售产值1.2万亿元，同比增长17.3%，高于全市平均水平2.8个百分点，对全市规上工业产值增长贡献率达88.9%。从行业来看，38个工业大类中，31个行业产值实现不同程度增长，23个行业增长10%以上，14个行业增长20%以上，10个行业增长30%以上。其中：汽车、电子信息制造业“双引擎”支撑明显，实现销售产值分别同比增长22.9%和24.1%，分别高于平均水平2.2和1.2个百分点，两大支柱产业共实现产值5172.3亿元，占非公规上产值比重达42.6%，较上年末提高2.3个百分点。从产品来看，重点监测的30余种工业产品有23种产品实现不同程度增长，增长面为71.5%，其中：增长10%以上的产品有15种，其余产品实现了不同程度的增长。从重点企业来看，汽车版块产值增势明显，如小康汽车实现产值37.2亿元，同比增长54.2%；福特汽车产值同比增长46.3%。

（四）外贸出口稳健上扬，投资保持平稳增长

2013年，受汽车热销、微型计算机设备、打印机等产品达产放量带动，全市非公企业完成出口454亿美元，同比增长22.1%，高于全市平均水平0.8个百分点；占全市出口比重97%，较上年末提高0.6个百分点，对全市出口增长贡献率达100%。按注册类型来看，外资企业无论总量还是增速，均保持领头位置，1～12月全市外资企业出口同比增长59.7%，连续6个月处于50%以上高位增长水平；民营企业下半年的出口降幅持续收窄，在连续6个月两位数负增长徘徊后，到12月底首次收窄到负6.7%个位数增长。与此同时，非公有制经济、中小企业固定资产投资继续保持平稳增长。1－12月，全市非公经济、中小企业固定资产投资基本保持在21%和16%以上增长水平，非公经济投资增速高于平均水平1个百分点以上。

（五）就业主体地位明显，税收支撑作用增强

在市场主体数量增长带动下，非公有制经济、中小企业在安置社会就业方面进一步发挥主体作用。截止2013年末，全市非公有制经济、中小企业从业人员分别达到961.3万人、564.5万人，当年新增从业人员分别为51.2万人、41.5万人。同时，税收支撑作用明显。全年全市非公有制经济上交国地税收1280.6亿元，同比增长13.3%，对全市税收增长贡献率达到58.3%，拉动全市税收增长9个百分点。其中民营经济贡献更为突出。1～12月，全市民营经济上交国地税收932.2亿元，占全市税收比重48.1%；同比增长15.7%，高于全市平均水平0.4个百分点，对全市税收增长贡献率达49.8%。

（六）市场需求逐步回升，发展信心有所增强

据国家工信部中小企业生产经营监测重庆平台数据显示：2013年，近五成的企业订单维持原有水平，较去年同期高出10.7个百分点；18.8%的企业反映国内市场订单需求增加，较去年同期高出3.4个百分点；反映订单减少的占比大幅下降7.8个百分点。市场需求的回暖，增强了企业的发展信心。36%的中小企业预期生产经营状况将有好转，这一比例较去年提高0.8个百分点；55.4%的企业预计将保持目前的经营态势，同比提高1.7个百分点；预计形势不乐观的企业占8.6%，较去年同期下降2.4个百分点。

三、主要举措

（一）强化政策宣贯，优化发展环境

一是做好中小企业发展政策的研究。根据国务院《关于进一步支持小微企业健康发展的意见》（国发〔2012〕14号）精神，结合重庆市实际，近年来印发了《重庆市人民政府办公厅关于实施万户中小企业成长工程的意见》（渝办发〔2012〕167号）、《重庆市人民政府办公厅关于加快推进中小企业服务体系建设的意见》（渝办发〔2012〕299号）、《重庆市人民政府关于进一步支持小型微型企业健康发展的实施意见》（渝府发〔2013〕70号）、《关于印发重庆市扶助中小微型企业科技创新和信息化建设实施方案的通知》（渝府办发〔2013〕99号）、《重庆市财政局重庆市中小企业局关于印发重庆市政府采购促进中小企业发展暂行规定的通知》（渝财采购〔2012〕62号）等一系列扶持中小企业发展的政策文件，为中小企业发展营造了良好的政策环境。同时，我们积极做好政策宣传。编制了《中小企业政策法规选编》，免费发放区县主管部门、协会、企业；开展了一系列政策解读、咨询活动，加大对中小微企业政策宣传。此外，切实维护企业合法权益。发挥市民营企业维权投诉中心作用，为企业排忧解难。2013年，民营企业维权投诉中心全年接到各类投诉案件及政策咨询共138件次，处理政府公开电子信箱共收到的投诉、求助、建议及政策咨询等各类信件95件，办结率达到100%。

（二）强化载体建设，拓展发展空间

一是继续推进都市工业发展。新创建市级都市工业园（楼宇）楼宇5个，累计达到105个（其中市级97个），占地17692亩，总建筑面积1002万平方米，入驻企业共计2690户、提供就业岗位22.1万人、入驻企业完成销售收入1491亿元，上缴税金51.79亿元，创利润75.05亿元。单位建筑面积实现销售收入1.49万元，每平方公里实现销售收入126.36亿元。二是加快小企业创业基地建设。新创市级小企业创业基地15个，小企业创业基地累计达163个；新增入驻企业250户，总数达6270户；新增就业岗位2.6万个，共解决就业32.7万人（其中农民工约23.51万人）；全市小企业创业基地企业实现年营业收入达900亿元。三是引导产业集聚发展。2013年新培育市级中小企业特色产业基地2个，累计达31个；新增市级农产品加工基地1个，累计达到16个。鼓励支持企业抱团发展。支持都市工业协会组织企业在双桥区投资建新材料工业园建设。指导重庆市农产品加工业协会组织农产品加工企业在南坪西区生产性服务产业园投资建设“重庆农产品加工业总部大厦”，集聚优质农产品加工企业。新增市级农产品加工示范企业57家户，累计市级农产品加工示范企业218户。示范企业从业人员5.1万人、实现销售收入220亿元、税金3.1亿元。四是快推进服务体系建设。新增国家级中小企业公共服务平台2个，累计达到9个；新增市级公共服务示范平台10个，累计达到32个；新增市级信息化服务平台13个，累计达到35个；新增重点服务机构9个，市级中小企业重点服务机构累计达到85个。公共服务平台及重点服务机构带动各级各类服务资源521家，共开展各类活动2380余场次，服务中小企业23193家，服务人数9.1万余人，服务满意度达到90%以上。

（三）强化融资服务，缓解融资困难

一是积极引导和支持担保机构为中小企业提供融资服务。争取国家和市财政保费补贴专项资金6672万元对担保机构进行补贴，以提高对中小企业担保积极性。全年为中小企业提供融资担保893亿元，占担保总额的95%。同时，我们分别为6家和61家担保机构争取国家、市级营业税减免支持，有力地促进了担保行业做大做强。二是携手商业银行开展银政金融合作，不断推进中小企业“金融服务计划”的实施。先后与光大银行重庆分行、中信银行重庆市分行等签订了战略合作协议，与农业银行重庆市分行、三峡银行等达成了战略合作协议框架，力促其扩大对中小企业的贷款规模，仅这四家银行就为我市中小企业提供融资贷款达150亿元以上。三是积极搭建融资服务平台。开展20余次区县融资专场对接活动，收集融资需求3000多条，融资需求近2000亿元，接受企业融资咨询1000余户，帮助300多家中小企业新增贷款50亿元。

（四）强化技术进步，增强竞争实力

一是新培育和认定“中小企业技术研发中心”61家，累计达到123家；会同市知识产权局举办了企业知识产权战略推进工程强化班，为300多家企业开展知识产权战略意识培训。二是支持企业开展科技创新和产品研发，2013年争取国家和市财政专利补贴项目20个，获专利补贴资金775万元。全年申请专利21980件，授权专利13830件，分别比上年同期增长41.0%和40.4%，其中申请发明专利6260件，授权发明专利1740件，分别比上年同期增长38.2%和28.9%。三是推进“两化”深度融合。继续开展为万家中小企业免费建网站活动，全年为850家企业免费建网站，累计已为2850家企业免费建立电子商务网站。新增中小企业信息化建设示范企业55家，示范企业累计达到368家。五是推动中小企业OA云服务，引导信息化服务平台为中小企业提供办公自动化服务。

（五）强化对外开放，开拓国内外市场

一是支持企业“走出去”对外投资。组织企业参加各类境外投资项目对接会，全年组织214户企业赴16个国（境）投资考察，帮助企业寻求了一批投资商机。二是搭平台，扶助中小微企业开拓市场。组织我市中小企业名、优、特、新产品参加中博会、农洽会、冬交会、APEC技展会、中小企业服务博览会等会展对接活动，筹建农产品进京入市展销中心、重庆国际中小企业产品展示交易中心，帮助中小企业开拓国内外市场。

（六）强化人才培训，提升企业素质

实施了“万户中小企业高管人员培养工程”、结合开展工信部“国家中小企业银河培训工程”和“经营管理素质提升工程”，2013年共培训了13000余人次，为全市中小企业发展提供了人才支撑。

四、主要问题

当前，非公经济、中小企业发展面临很多困难和问题，既有国际国内经济发展速度放缓和企业自身素质的原因，也有中小企业发展环境不优的影响。具体表现在：

一是准入难。目前，重庆非公经济、中小企业整体实力偏弱，大多是涉足市场壁垒较弱、产业集中度低、市场竞争充分的行业。近年来，重庆市加快行政审批制度改革，行政审批数量和审批程序大幅度减少，中小企业进入市场的门槛有所降低。但是中小企业市场准入仍存在“玻璃门”现象。

二是融资难，融资贵。非公经济、中小企业特别是小微企业本身法人治理结构不完善、抵押物缺乏，商业银行出于成本和风险的考虑，中小企业贷款很难，即使能贷到款，成本也很高。

三是用工难，用工贵。用工难不仅仅指人工短缺，企业反映《劳动法》对员工和业主的权利保护不对等，比如在员工的流动管理上，员工可以想走就走，而业主不能根据员工的表现、企业生产经营需要简单地进行裁员，否则将给予补偿。用工贵，表现在工人工资涨幅大，社保费用高，造成属于微利性质的小微企业的生存难以为继。

四是用地难，工业地产的相关政策需调整和完善。随着土地资源日益紧缺，各工业园区在有限的土地指标供应上设置了较高的准入门槛，小微企业无法入驻。工信部要求加快小企业创业基地建设，但各区县对小企业创业基地的用地问题没能有效解决，小微企业发展受土地制约。都市工业楼宇目前的规定“容积率不超过3.0，建设高度不超过40米”的规定与当前土地资源稀缺和集约用地的要求不相符。都市楼宇工业厂房交易市场不健全，目前是按商业用房对待，交易税费与商业用房一样收取。

五是转型升级难。小微企业成立之初技术和管理水平低、创新能力弱，需要通过转型升级来发展壮大，目前对中小微企业的转型升级的技术改造、技术创新、管理提升等扶持力度不够。

五、发展趋势

（一）2014 年主要预期目标

2014 年，全市非公有制经济增加值增长 11.5% 左右（民营经济增长 12% 左右），新增从业人员 50 万人；中小企业增加值增长 11% 左右，新增从业人员 40 万人。

（二）工作思路

全面贯彻落实党的十八大和十八届二中、三中全会及市委四届三次、四次全会精神，按照稳中求进的工作基调，坚持以非公经济、中小企业发展规划为导向，重点围绕工业领域的“6＋1”和“2＋10”中小工业产业集群、农产品加工和服务业中的现代物流、电子商务、创意文化产业、设计、软件、信息服务等行业，结合五大功能区要求，进一步优化发展环境，整合各方资源，强化平台建设，促进技术创新，加强人才培训，推进结构调整和转型升级，确保非公经济、中小企业在全市“科学发展、富民兴渝”中发挥生力军作用。

（三）工作重点

2014 年，全局围绕优化非公经济、中小企业发展的“政策环境、服务体系、空间拓展”三大主题，重点抓十个方面工作：

（一）优化发展环境，激发创造活力。一是主动加强与有关部门协调，切实兑现已出台支持发展的各类政策措施。二是研究全市非公经济、中小企业加快发展的政策措施，营造良好政策环境。三是加强宣传，积极协调各类主流媒体加大对全市促进非公经济、中小企业发展情况的宣传力度。四是加强调研。建立互动机制，充分发挥社会组织作用，及时收集反映中小企业发展的情况和建议，为各级领导决策提供参考。五是要继续当好中小企业“娘家”，切实发挥重庆市政府民营企业维权投诉中心重要作用，维护企业合法权益。六是启动《重庆市中小企业促进条例》后评估及修订工作，为中小企业发展营造良好法制环境。

（二）围绕功能定位，加强分类指导。按照全市五大功能区产业布局要求，分类指导各区县发展适宜的中小企业产业集群。在都市核心区，以加快都市产业园（楼宇）建设为主，鼓励支持现代服务业集聚发展。在都市拓展区和城市发展新区，以加快小企业创业基地和中小企业特色产业基地为主体，加快产业链建设。在渝东北和渝东南两大生态区，重点培育农产品加工企业做大做强，延伸产业链，提高附加值。

（三）整合各方资源，实施成长工程。一是认真落实市政府《关于实施万户中小企业成长工程的意见》，力争新遴选成长型中小企业 1500 户，累计达到 9000 户，充分发挥其集聚带动作用。二是加大指导力度，增强区县政府重视、支持成长工程工作的责任感和使命感，为成长型中小企业做大做强营造良好发展环境。三是加强督促管理，尽快完成万户中小企业成长工程信息平台建设，为入库企业提供方便快捷服务。

（四）加快技术创新，推进转型升级。一是大力实施创新驱动发展战略，促进产学研结合。重点支持“6＋1”产业的中小工业企业科技创新，开发高新技术产品 700 项以上、重点新产品认定 450 项以上；加强中小企业信息化建设，重点推进中小企业“两化”深度融合，提升管理水平和效率。二是引导支持有条件的中小企业建立研发机构，全年新培育“中小企业技术研发中心”60 家。继续实施中小企业知识产权战略推进工程和质量标准管理工作，不断提升企业核心竞争力。三是坚持以科技为导向，支持引导中小企业科技成果转化。联合各类技术创新服务平台，开展专家与中小企业技术难题“一对一”诊断咨询与对接活动，全年力争解决企业技术难题 20 项以上。

（五）深化融资服务，缓解融资难题。一是落实国家和我市支持担保行业加快发展的各项优惠政策，加强引导担保机构为更多中小企业提供融资担保服务。二是继续加强银政合作，加大与金融机构战略合作力度，实施各类金融服务计划。三是积极搭建融资对接平台，全年开展 10～20 次对接活动，新增中小企业担保额 900 亿元，新增中小企业融资额 1000 亿元，分别占当年新增量的 90%、70%，较好缓解部分企业融资难题。四是进一步拓宽融资渠道，加强部门间深度合作，积极推进中小企业私募债融资工作，研究建立多形式、多模式的中小企业发展基金。

（六）创新招商模式，促进载体建设。坚持招商引资与载体建设互动，打造特色产业集群。一是坚持高质量，高标准，新培育和创建市级小企业创业基地 10 个，新创建市级都市工业园（楼宇）3～5 个，为中小企业发展拓展空间。二是按照五大功能区产业布局，围绕“6＋1”支柱产业和现代服务业，立足小企业基地和都市工业园（楼宇），突出集群招商特点。调动各方积极性，帮助区县招商引资。三是突出重点，有针对性地培育产业集群，力争在 2～3 年内，重点建成 5～10 个极具特色的产业基地集群或特色产业带。

（七）鼓励对外投资，开拓“两个市场”。坚持“走出去”与“引进来”并举，积极支持企业“走出去”对外投资和开拓国内外市场。一是组织企业开展对外投资，通过境外投资政策解读、投资项目推介、对外实地考察等途径，帮助企业“走出去”对外投资。二是利用展会展览等平台，帮助企业开拓市场，加强经济技术交流合作。重点抓好中博会、APEC 技展会、全国农洽会、市中小企业服务产品展示对接会等组展参展工作。三是建好农产品“进京入市”展销中心和重庆国际中小企业商品展示交易中心，帮助企业开拓国内外市场。四是引导和组织协会、商会、驻渝机构等社团机构开展经济技术交流活动，鼓励抱团发展。

（八）完善服务体系，提升服务质量。一是研究提出建设适应“6＋1”及现代服务业为重点产业特性的服务体系模式。二是抓好中小企业公共服务平台建设，加快推进“1+3+38”中小企业公共服务平台网络体系建设。力争全年新增市级公共服务示范平台3~5家，市级创业重点机构5家，信息化平台10家，为重点支持行业提供政策咨询、信息、法律等服务。三是继续完善对外投资数据信息库，增强信息共享能力。四是建立健全服务体系评价机制，把服务绩效与专项资金安排挂钩，增强服务能力。

（九）加强人才培训，提供智力支撑。抓好非公有制企业工程技术高级职务评定工作，进一步支持企业做大做强。以“万户中小企业高管人才培养工程”“国家中小企业银河培训工程”和“经营管理素质提升工程”三大培训工程为重点，通过自办、联合等多模式，开展形式多样、满足不同层次需求的人才培训，全年为企业开展各类培训1万人次以上，为企业在管理、技术等人才需求方面提供强大智力支撑。

（十）加强运行监测，提高决策水平。一是围绕“6+1”产业的中小工业企业、现代服务业和农产品加工业，真实反映非公经济、中小企业对全市经济发展的积极影响。尤其要跟踪重点行业发展，强化运行动态监测，针对趋向性问题提出应对措施。二是完成两年一次的报表制度审批备案；集中开展区县局统计人员业务培训；加强与有关部门的数据会商，逐步建立起稳定的工作运行机制。三是加强网上监测与直报工作，强化对中小企业监测，全年新增300户监测量，累计突破1200户。四是抓好“十三五”规划基础性工作。

（重庆市中小企业发展指导局融资服务处）

四川省

一、基本情况与年度特点

2013年，四川积极贯彻落实国发（2012）14号文件和《四川省人民政府关于大力扶持小型微型企业发展的实施意见》（川府发（2012）39号），以“扶助小微、转型成长、加快发展”为主线，围绕“十二五”倍增计划年度目标，把握“稳定增势、高位求进、加快发展”工作基调，中小企业实现平稳较快发展，在保增长、保就业、保民生、保稳定、保创新方面作用显著。

（一）总量规模跃上新台阶

截至2013年底，四川中小企业、个体工商户及农民专业合作社户数达到344万户，比2012年增加44万户。其中：企业65.6万户，增加4.8万户，私营企业首次突破50万户，达到50.4万户，增加5.6万户，占比达76.8%；个体工商户274.87万户，增加38.9万户，93.7%的个体工商户从事第三产业，主要分布在批发和零售业、住宿和餐饮业、居民服务、修理和其他服务业；农民专业合作社3.56万户，增加0.84万户，增长30.1%，继续保持近年来的高速发展势头。全省工业中小微型企业及个体工业户达26.2万（个）户；从业人员数达396.2万人；实现营业收入25214亿元，比2012年增长10.99%。

其中：规模以上工业中小企业12786户，比2012年增加548户，主营业务收入同比增长11.87%，增速比全国平均水平低1.98个百分点，比西部地区平均水平低3.2个百分点；规模以下小微企业3.46万户，从业人员62.73万人，营业收入1410亿元，比2012年增长12.32%；个体工业户21.45万户，从业人员101.23万人，营业收入1671亿元，比2012年增长7.36%。

（二）经济效益不太理想

一是规模以上中小工业企业全年主营业务收入、利润和税金分别为22133亿元、1287亿元和971亿元，分别占规模以上工业的62.79%、59.35%和53.35%。此三项指标同比分别增长11.87%、-4.19%和2.01%。

二是规模以下小微工业企业及个体工业户达24.9万户，实现营业收入3081亿元，从业人员163.96万人。其中，规模以下工业企业达3.46万户，实现营业收入1410亿元，同比增长12.32%。个体工业户达21.45万户，实现营业收入1671亿元，同比增长7.36%。

（三）企业结构变化加快

规模以上中小工业企业12786户，同比增长4.48%，占规模以上工业企业总数的97.14%。中小企业做大做强动力继续增强：大型企业同比增加39户，中型企业同比增加39户；中型企业与小型企业户数比由2012年的1：4扩大到1：4.35。规模以上小型企业数量持续增多，小微企业升规步伐明显加快。

（四）中小企业吸纳就业作用明显，劳动生产率不断提升

规模以上中小工业企业从业人员达到232.2万人，是大型工业企业从业人数的两倍左右，中小企业在吸纳就业方面的作用日益突出。同时，中小企业的劳动生产率不断提高，2013年人均主营业务收入达到95.31万元，比2012年的80.38万元增长18.57%。

（五）市场开拓能力大幅提升

规模以上工业企业出口交货值共计2687.1亿元，其中中小企业出口交货值321.4亿元，同比增长16.44%，占规模以上工业企业出口交货值总额的11.96%。

（六）产学研协同创新能力进一步增强

一是积极引导中小企业与大企业和省内外院所合作。全省541家省级以上企业技术中心通过共建实验室、研发平台等方式与科研院所建立固定、长期的产学研合作关系。

二是深入开展院地合作。签署委院、院地、院企合作协议，面向"7+3"优势产业中的关键共性技术和重要创新项目进行重点联合攻关，聚集中科院国内高端院所、人才在川研发，助力四川中小企业提升创新能力。

（七）全省中小微型企业融资能力进一步提高

一是中小微企业信贷投放力度加大。四川金融机构中小微型企业贷款余额达12464亿元，余额占比为65.3%，同比提高1.3个百分点；其中，小微企业贷款余额7127亿元，同比增长18.21%，高于全部贷款平均增速13.59个百分点，增量较去年同期多223.81亿元。小微企业贷款比年初增加1611亿元，增长29.21%，连续6年实现“两个不低于”目标（小微企业贷款增速不低于全部贷款平均增速，增量不低于上年同期）。

二是全省备案中小企业信用担保机构359家，注册资本392亿元，提供贷款担保1520亿元，同比增长22%。

三是中小微企业贷款余额12464亿元，比年初增长14.84%。小微企业融资需求得到一定程度满足。

四是小微企业在银行间市场直接债务融资取得突破。2013年四川有11家小微企业成功发行5只企业集合票据，募集资金8.91亿元，居全国第二。已获证监会受理上市材料的工业企业6户。

二、推动中小企业发展的主要举措

围绕“十二五”中小企业倍增计划年度发展目标，我们继续强力推进实施中小企业“一个计划、五项工程”，以“专、精、特、新、配”为方向，以产业－企业－产品（技术）－市场为重点，抓“小巨人”企业和“成长型”中小企业发展，抓中小企业家培训，抓规上中小企业运行监测，全力推动全省中小企业转型成长、加快发展。

（一）积极出台促进中小企业发展的政策措施

2013年为深入贯彻实施《四川省人民政府关于大力扶持小型微型企业发展的实施意见》（川府发〔2012〕39号），统筹协调中小微企业扶持工作，细化工作措施，继续强化对中小微企业政策引导作用，不断改善创业成长环境，努力加快转型升级步伐，积极推进服务体系建设，着力提高融资服务能力，切实减轻小微企业负担，促进全省小微企业加快转变发展方式，实现持续健康发展，出台了《大力扶持小型微型企业发展重点工作部门分工方案》（川办函〔2012〕31号），共涉及八个方面31项58条。

（二）编制完成《2012四川中小企业年度发展报告》

完成2012年全省中小企业发展总结及2013年工作计划，编撰出版《2012四川中小企业年度发展报告》。

（三）继续抓好重点企业的梯度培育

即以创业促就业的万户小微企业培育、以主营业务收入300万元～2000万元的700户中小企业创新升规培育、以主营业务收入2000万元～1亿元的400户“成长型”中小企业转型成长培育、以主营业务收入1亿元～10亿元的200户“小巨人”企业升级（进入大企业行列）培育、以主营业务收入10亿元以上的重点骨干企业跨入百亿（千亿）元企业培育；持续推进“成长型”中小企业和“小巨人”企业计划。一是完成2012～2013年度全省“小巨人·成长型”中小企业（第二批）培育计划，2013年新培育小巨人企业230户（2012年培育第一批400户），新培育成长型企业445户（2012年培育第一批800户）。二是按《大力扶持小型微型企业发展重点工作部门分工方案》（川办函〔2012〕31号）要求，将扶助小微企业发展作为2013年工业转型升级行动计划的重要内容扎实推进。2013年规模以下工业企业升为规模以上企业数量实际达到1322户（含新建企业445户），超额完成小微企业升规700户的计划目标。

（四）不断强化中小企业发展专项资金项目管理

做好2013年度国家、省中小企业发展专项资金、省“小巨人”资金的申报、安排工作及2014年项目工作储备。2013年共安排596项中小企业发展相关项目。由全省财政预算直接安排用于支持中小企业的资金达2.5亿元。由财政下达科技型中小企业技术创新专项资金4500万元，重点支持231个科技型中小企业创新项目。下达科技型中小企业创业投资补助资金2500万元，用于引导创业投资机构、银行和担保机构等向初创期科技型中小企业投资和开展投融资服务，有94个科技项目得到该项补助资金支持。拨付“小巨人”专项发展资金3100万元，支持“小巨人”企业增强科技自主创新能力。在2013年工业经济“开门红”资金中对全省225户重点行业升规培育小微企业给予流动资金贷款贴息奖励。

（五）进一步加强创业就业工作

《关于进一步加强就业创业工作的意见》（川府发〔2013〕25号）中明确规定对初创小微企业在领取营业执照1年内，可缓缴社会保险费；开展小微企业职业技能培训可按规定给予培训费补助。

（六）积极开展中小企业调查研究

完成省人大、省政协关于中小企业发展的17个提案回复工作；完成工信部关于中小企业促进法修订征求意见的调研回复工作；配合省人大财经委开展对我省中小企业发展情况调研工作并形成《关于四川省中小企业发展情况调研报告》；先后完成“开门红”“工业经济优化发展”“420地震灾区企业受灾情况”等专项调研和经常性调研工作。

（七）促进中小企业自主创新

四川省委、省政府出台《关于实施创新驱动发展战略增强四川转型发展新动力的见》。提出以自觉创新为理念，以提升企业创新能力为核心，以体制机制创新为关键，以促进科技与经济社会发展紧密结合为重点，在未来5年基本形成以企业为主体、市场为导向、产学研紧密结合的技术创新体系，大中型工业企业平均研发投入占主营业务收入比例提高到1.5%；2020年，创新成为驱动经济社会发展的最重要力量。实施企业创新的主体培育工程，全面提升企业创新能力，推动企业建设高水平研发机构；支持企业实施科技成果转化重大项目；培育发展高成长型企业，支持成长速度快、创新能力强、专业领域新、发展潜力大的科技型中小企业；推进企业开放合作。实施产业创新牵引升级工程，促进经济结构转型发展，突破关键共性技术；培育扶持创新产品；推动传统产业改造升级。

（八）强化融资扶持措施

按照《关于金融支持小微企业发展的若干意见》（川办发〔2013〕71号）的要求，实施融资助力行动，切实缓减小微企业融资困难。一是积极搭建银企合作平台，召开全省优势产业银企对接工作会议和全省工业企业项目融资推介会，向银行业金融机构推介包括小微企业在内的工业融资项目1876项，贷款需求2266亿元。二是指导各市州开展形式多样的银企对接活动，共向金融、担保机构推荐项目2791个，融资总需求1567亿元，1211家企业通过对接获得银行贷款213.02亿元。三是为进一步拓宽中小微企业的融资渠道，省经信委与人行成都分行、省政府金融办联合在全省筛选并公布1.1万家重点培育中小微企业，要求金融机构与培育企业建立一对一的融资辅导机制。四是大力发展中小企业担保机构，为35家符合条件的中小企业信用担保机构争取到免征营业税和享受所得税减按15%优惠政策。五是切实规范小微企业融资服务，坚决整顿治理银行业机构乱收费问题，切实保护小微企业金融消费的合法权益。

（九）加强市场开拓，努力提升中小企业对外开放合作水平

组织近100户中小企业参加了广州“第十届中博会”和广元“第六届中交会”。中博会参展人员规模超过200人，参展企业总成交金额11亿元，取得了历史最好成绩。联合广元市中小企业服务中心在省平台举办了四川省2013春季中小企业名优特新产品展览展示活动。

（十）做好中小企业培训工作

继续推进实施以“银河培训工程”、省委组织部“千名企业家培育计划”“天府英才工程”等为重点的中小企业经营管理者培训，实施万名中小微企业家能力素质提升培训工程，开展万名企业家大讲堂活动、举办“中小企业领导能力提升”专题培训、中小微企业精英总裁集训营、企业管理创新论坛、开展“智慧助力中小企业成长”活动等。组织全省小企业创业基地负责人参加中小企业服务机构从业人员培训及小企业创业基地运营管理培训，学习先进地区小企业创业基地运营管理先进经验，提升创业辅导能力、孵化能力和聚集能力；继续实施大学生创业就业培训工程，组织企业参加2013年“全国中小企业网上百日招聘高校毕业生活动”，不断提高和改善小微企业人才结构。

（十一）做好中小企业统计工作

加强统计分析、做好中小企业统计工作。正式启动按季上报的“成长型·小巨人”企业经济运行监测工作，加强中小企业运行监测月报工作。

（十二）进一步优化发展环境，切实减轻中小企业负

《关于印发大力扶持小型微型企业发展重点工作部门分工方案的通知》（川办函〔2013〕31号）、《2013年下半年工业经济稳增长八条措施》（川办发〔2013〕50号）、《2013年全省减轻企业负担工作要点》（川办函〔2013〕74号）和《关于做好2013年减轻企业负担工作的通知》（川减负办〔2013〕4号）等文件对减轻企业负担工作进行了安排部署，提出了明确的减负措施。

三、目前存在的主要问题

2013年，规模以上中小工业企业在总体保持增长的同时，亏损企业持续增加，利润总额有所下滑。“增势疲软、信心不足，融资困难、要素趋紧，订单减少、库存增加，利润趋薄、市场趋紧”等困难和问题在绝大多数中小企业中不同程度存在，企业生存难、经营难、盈利难、发展难等共性困难普遍存在。

（一）生产成本不断攀升

一方面，原材料价格波动较大、用工成本不断增加、融资成本昂贵，导致中小企业成本压力不断增大，利润空间受到严重挤压；另一方面，产品库存上升较快，企业财务费用居高不下，生产和销售“两头挤压”，小型微型企业生产成本不断上涨，经营压力不断增大。

（二）市场拓展难是制约中小企业发展的重要因素

对于中小企业来说，最重要的是在市场中寻求发展空间，先有生存再有发展。如何帮助企业完善渠道、塑造品牌、拓展市场，对于促进中小企业健康发展具有重要意义。

（三）融资难仍是制约中小企业发展的“瓶颈”因素

2013年，与省人大财经委组织的联合调研发现，中小企业仍然面临较为普遍的资金紧缺问题，严重制约着企业的生产经营、规模扩张和升级转型。如何缓解融资困难，探索建立“政、企、银、担”多方联动机制，助力中小企业健康发展亟待改善。

（四）生产要素是制约中小企业生产经营的绊脚石

近年来，随着生产成本大幅上升，中小企业利润空间受到严重挤压，尤其是劳动力、土地等要素严重制约中小企业发展。如何缓解中小企业落地难、用工难等问题，是促进中小企业创业兴业的重要保证。

（五）自主创新能力不强

一方面，企业对技术创新的重要性和紧迫性认识不够，没有真正把企业发展、结构调整的重心放到依靠技术进步和创新上来；另一方面，中小企业普遍存在资金、人才和核心技术匮乏，导致企业技术创新整体实力不足，拥有自主知识产权的核心技术少，产业关键技术受制于人；再一方面，政府和金融机构对中小企业技术创新的引导和扶持力度还有待进一步加大。

（六）统计体系不健全制约着政府的科学决策

目前，省小微企业统计指标体系还不健全，许多数据靠测算、推算，难以全面、客观、准确地反映小微企业实际情况，建议进一步从国家层面加强规模以下小微企业的统计监测工作。

（四川省经济和信息化委企业处　熊庄　李岱）

贵州省

2013年，贵州省“民营经济三年倍增计划”的收官之年。三年来，在省委、省政府的领导下，全省民营经济不负厚望，成为了全省推动改革开放、促进经济发展、调整产业结构、繁荣城乡市场、扩大社会就业、保障和改善民生的重要力量，民营经济三年倍增计划全面完成，凸显了对省委、省政府主基调、主战略和全省经济社会发展的支撑作用。

一、2013年民营经济、中小企业发展概况

2011～2013年，通过政策上放松、准入上放宽、市场上放手，在政策、资金、人才、金融、服务等方面形成支持民营经济发展合力，民营经济得到长足进步。

据统计，全省2013年地区生产总值增长12.7%，是2010年的1.8倍，全面小康实现程度73.2%，提高4.2个百分点，为历年提高幅度最大的一年。有三项重要指标突破万亿元：分别为全社会固定资产投资10300亿元，增长31.9%；企业和个体工商户注册资本11586亿元，增长31%；金融机构贷款余额10150亿元，增长22.7%。贵州经济发展的良好势头，为民营经济发展奠定了坚实基础。

一是经济占比稳步提高、市场主体快速增长。2013年全省民营经济占GDP比重比2010年提高8个百分点，达到43%；全省私营企业数量比2010年增加10.69万户，达到19.55万户；全省个体工商户比2010年增加41.36万户，达到106.06万户。

二是规模实力明显增强、投资环境不断活跃。2013年全省民营经济注册资本比2010年增加3964亿元，达到5825亿元，户均注册资本由2010年的21.07万元提高到2013年的45.7万元；全省民间投资总额比2010年增加3449亿元，达到5000亿元。

三是创新驱动形势明显、核心竞争力巩固提升。2013年全省民营企业专利申请受理量比2010年增加4648件，达到5848件；全省民营企业获得专利授权量比2010年增加3135件，达到4235件。

民营经济三年倍增计划（2011～2013年）完成情况表

指标		计量单位	倍增计划	2010年完成	2011年完成	2012年完成	2013年完成
市场主体	私营企业数量	万户	15	8.86	9.46	14.39	19.55
	个体工商户户数	万户	120	64.7	75.5	89.91	106.06
	民营经济注册资本	亿元	4000	1861	2500	3906.3	5825
经济总量	民营经济增加值	亿元	3200	1607	2108.78	2740	3440
	民营经济占GDP比重	%	40	35	36.9	40.3 *	43
	全社会民间投资总额	亿元	4000	1551	2400	3533	5000
社会贡献	民营经济年新增就业	万人	30	14.92	19.11	60.78 *	60
创新能力	国家级、省级企业技术中心	户	70	44	58	66	75
	专利申请受理量	件	2500	1200	2327	4413 *	5848
	专利授权量	件	2200	1100	1120	3041 *	4235

注：带“*”号为提前完成三年倍增计划指标

二、主要工作

在政策上，出台了“提高民营经济比重五年行动计划”，明确了六大重点工程和七项保障措施，贯彻落实省委十一届四次全会精神，积极推进非公经济深化改革工作，确定了扩大民间资本投资领域、金融支持小微企业发展、加快推进工商登记制度改革、推动军民融合加快发展、推动混合所有制经济发展五个方面改革任务，并起草了相关文件。在行动上，开展了服务企业效能大提升专项行动，组织“百位民营企业家东行取经”专项活动。在资金上，省财政安排中小企业发展专项资金，并逐年递增；2011年起，省级工业和信息化发展专项资金60%以上用于支持民营经济发展，各地区也相应设立了中小企业专项发展资金进行支持。在人才上，2013年省人社厅、省民营经济发展局、省工商联3家联合开展民营经济组织专业技术职务评定工作，先期开放工程技术、经济、会计、统计、农业、工艺美术等6个专业职务评审工作；利用“国家中小企业银河培训工程”“贵州省中小企业星光培训工程”继续加强本土人才培养，年培养各类人才10000余人（次），并创新在香港开办境外培训班，重点培育企

业高端管理人才。在融资贷款上，省民营经济发展局建立了“黔贷通”中小企业网络融资服务平台，与上海股权托管交易中心、贵州股权托管交易中心搭建了企业场外融资平台，进一步拓宽企业融资渠道。

三、民营经济发展的现状及分析

（一）全省民营经济发展情况

根据相关数据分析，省民营经济主要呈现以下特点：

（1）投资环境优化，民间资本活跃。随着“5个100工程”、贵安新区两大平台的建设逐步推进，“北京两会招商”“香港招商”“国际生态文明论坛”“泛珠9+2招商洽谈”“酒博会”“长三角考察”“中国中小企业国际博览会”“大数据招商”等招商引资活动效果开始显现，国内外民间资本加速向贵州流动。

（2）民营工业对工业经济的助推作用凸显。全省规模以上民营工业企业占全省规模以上工业企业的85%以上，民营工业增加值同比增长24%，占比超过50%，各项指标均高于全省规模以上工业的平均水平，其中：民营工业增加值增速达到30%，高于全省工业16.3个百分点，高于西部19个百分点，高于全国20.5个百分点，民营工业对全省工业经济发展的作用明显增强。

（3）产业结构更加合理。非公经济、中小企业广泛分布于第一、二、三产业，是推进贵州省工业化、城镇化和农业现代化的重要力量，为全省基础支柱产业发展注入新的活力，成长为竞争性行业的主力军，造就了老干妈、百灵制药、宏立城集团等一大批行业龙头企业，在食品、医药、旅游商品、化工、建材、装备制造业、煤炭、冶金、商贸流通、批发零售、住宿餐饮等行业，以及新材料、旅游商品、软件业、动漫产业、现代服务业等新兴产业中占据重要地位。

（4）产业分布不均衡、区域差距依然明显。当前，全省民营经济不论是总量上，还是优强民营企业都主要集中在资源类、房地产和服务业等，民间资本流向上还存在短期投机趋势，因投资大、回报周期长、配套不足等原因制造业民营经济发展依然不足。民营经济虽然历经三年的高速增长，但与东部发达地区以及全国平均水平对比，差距依然较大。如：全省2012年民营经济占生产总值比重较全国平均水平低19.7个百分点，民营经济就业人员占城镇就业比重较全国平均水平低21.9个百分点。

（二）地区民营经济发展情况

根据各地区上报相关数据分析，地区民营经济主要呈现以下特点：

（1）龙头带动效果明显、地区差距不断缩小。2011~2013年，贵阳、遵义、毕节民营经济总量连续3年在全省排名前3，占全省的50%以上，但所占比例呈现不断缩小态势，2011年占全省的比例为57.9%，2012年占比为57.7%，2013年占比为55.2%。从数据上分析，一方面贵阳等三地的战略“金三角”地位依然稳固，主导地位将继续保持；另一方面体现了贵阳等三地由于基数大、土地紧张等因素影响，造成增速不断放缓，周边地区奋力赶超、差距不断缩小的态势愈发明显。

（2）县域民营经济发展不均衡。截至2013年，民营经济占GDP比重不足50%的县（市、区）共有35家，其中不足40%的有5家；达到50%以上未达60%的有36家，达到60%以上未达70%的有9家，达到70%以上未达80%的有6家，达到80%以上的仅有2家。

（3）县域民营经济发展模式单一。截至2013年，民营经济总量超过100亿元的县（市、区）仅有贵阳南明区、遵义市红花岗区、六盘水市盘县等10家，从分布来看，这些地区基本全部分布在市（州）政府所在地及资源型城市。全省民营经济依托消费、资源拉动的形势较为明显。

（4）创新意识及能力显著增强。各地民营经济专利申请受理量和专利授权量快速增加，其中仅专利授权量遵义市2013年底就达1449件，比2011年增加965件；六盘水市达421件，比2011年增加300件；安顺市达420件，比2011年增加360件；黔东南州达500件，比2011年增加374件；黔南州达350件，比2011年增加251件；黔西南州达366件，比2011年增加311件。创新意识和能力的增强正在成为全省民营经济发展的又一增长极。

[贵州省民营经济发展局（贵州省中小企业局）综合处）]

云南省

2013年，面对全省经济下行压力增大、企业生产经营困难的局面，全省民营经济工作在省委、省政府的正确领导下，深入推进民营经济发展战役，围绕“产业建设年”三年行动计划的决策部署，坚持把保持经济平稳较快发展和转方式、调结构紧密结合起来，全省民营经济继续保持了平稳较快发展，为全省经济社会持续快速健康发展做出了积极贡献。

一、运行态势及特点

（一）主要指标完成情况

全省民营经济主要指标多数保持两位数以上增长（见表1），增加值占全省GDP的比重、从业人员及民企入滇全面完成省政府年初下达的目标考核任务（见表2）。

表1　2013 年全省民营经济主要指标完成情况表

指标名称	2013 年	2012 年	2013 年增长率（%）	
民营经济户数（万户）	174.2	160.3		8.7
其中：私营企业（万户）	22.9	20.3		12.8
注册资金（亿元）	10277.3	7112.9		44.5
民营经济增加值（亿元）	5397.5	4546.6	可比价	19.4
			现　价	18.7
其中：第一产业	580	455	可比价	18.8
第二产业	2402.6	2081.4	可比价	21.2
#民营工业增加值	1764.5	1545.9	可比价	22.4
第三产业	2414.9	2010.2	可比价	17.4
上缴税金（亿元）	554.5	504.7		9.9
民间投资（亿元）	5105	3581.1		35.8
社会消费品零售额（亿元）	3270.1	2869		14
外贸进出口总额（亿美元）	205.7	111.8		82.6
个私从业人员（万人）	630.2	568.7		10.8

表2　2013 年民营经济 3 项考核指标完成情况表

指　标	完成数	目标数	完成目标任务%
民营经济增加值占 GDP 的比重（%）	46.1	46	100.2
从业人员（万人）	630.2	614	102.6
民企入滇（户）	16	16	100

（二）民营经济运行情况

从 2013 年全省民营经济运行情况来看，主要呈现以下特点：

一是民营经济成为推动全省经济增长的主力军。2013 年民营经济完成增加值 5397.5 亿元，可比增长 19.4%，占全省 GDP 的 46.1%，比 2012 年提高 2 个百分点，拉动 GDP 增长 8.4 个百分点，对全省经济增长的贡献率达 69.4%，成为推动全省经济增长的主力军。其中，第一产业完成增加值 580 亿元，占全省第一产业增加值的 30.6%，比上年增长 18.8%；第二产业完成增加值 2402.6 亿元，占全省第二产业增加值的 48.8%，比上年增长 21.2%，其中工业实现增加值 1764.5 亿元，占工业增加值的 46.8%，比上年增长 22.4%；第三产业完成增加值 2414.9 亿元，占全省第三产业增加值的 49.3%，比上年增长 17.4%。到 2013 年底，全省民营经济户数达 174.2 万户，比上年底增长 8.7%，其中，个体工商户 150.8 万户，比上年底增长 7.7%，私营企业 22.9 万户，比上年底增长 12.8%；注册资金 10277.3 亿元，比上年底增长 44.5%。

二是消费需求保持平稳增长。2013 年全省民营经济消费品零售额 3270.1 亿元，比上年增长 14%，增速比去年下降 3.8 个百分点，占全省社会消费品零售额的 81%。

三是民间投资快速增长。2013 年全省民间投资 5105 亿元，比上年增长 35.8%，比全省固定资产投资增速高 8.4 个百分点，比全省工业投资增速高 14.3 个百分点，占全社会固定资产投资的 53.1%，成为推动全省投资增长的主要动力。

四是民营企业进出口贸易增势强劲。2013 年，全省民营企业共完成进出口总额 205.7 亿美元，比上年增长 82.6%，占全省进出口总额的 79.6%。其中，完成进口总额 66.1 亿美元，比上年增长 74.3%，占全省进口总额的 66.9%；完成出口总额 139.6 亿美元，比上年增长 86.7%，占全省出口总额的 87.5%。

五是对中小微企业贷款的比重大幅提高。2013 年，全省中小微企业贷款余额为 5932.63 亿元，同比增长 15.1%，增速高于各项贷款增速 1.1 个百分点；较年初增加 950.5 亿元，占各项新增贷款的 49.3%，比上年增加 14.5 个百分点，同比多增 317.3 亿元，已接近省委、省政府《中共云南省委 云南省人民政府关于加快民营经济发展的决定》（云发［2012］12 号）文件中确定的 50% 的目标，为近年来最高。其中，小微企业贷款余额为 2747.8 亿元，比上年增长 10.7%，较年初增加 454.2 亿元，同比多增 88.8 亿元。

六是社会贡献不断加大。2013 年全省民营经济上缴税金 554.5 亿元，比上年增长 9.9%，相当于全省地方财政收入的 34.4%；全省个私经济从业人员

630.2万人，比上年底增长10.8%。其中，个体工商户从业人员298.2万人，比上年底增长0.3%；私营企业从业人员332万人，比上年底增长%。全年累计新增就业61.5万人。

七是民营企业实现利润下降。2013年，全省纳入统计民营企业盈亏相抵后累计实现利润102亿元，比上年下降22%，降幅较上年收窄3.5个百分点，但较三季度由增长再次转为下降。民营企业中利润主要来源于冶金、轻工、煤炭、医药和建材行业，分别实现利润17.9亿元、24.7亿元、8.3亿元、9.3亿元和5.2亿元，五个行业实现的利润总和占全省民营企业利润总额由上年的49%提高到64%，但总体实现利润同比下降9%。

八是规模以上中小工业企业发展较快。2013年，全省规模以上中小工业企业共有3275户，比上年增长25.5%。其中，轻工业915户，重工业2360户；资产合计8537亿元，比上年增长29.3%；主营业务收入5524.7亿元，比上年增长13%；利润总额255.2亿元，比上年下降0.1%；利税总额472.9亿元，比上年增长1.2%；从业人员67.5万人，比上年增长3.2%。

九是民企入滇工作稳步推进。2013年，民企入滇新签项目264个，协议金额3971亿元。在建（续建）项目419个，项目总投资2421亿元；开工项目139个，项目总投资1566亿元。总体上，项目落地率为54.7%，资金到位率为27.3%。重点推进的云药医药产业集团股份有限公司云药产业基地建设项目，云南希美康（康恩贝）农业开发有限公司银杏、除虫菊生物开发建设项目，力高（云南）箱包有限公司年产3500万个箱包项目等25个民企入滇重点项目建设进展顺利。

十是年度考核目标任务全面完成。2013年，民营经济增加值占GDP的比重达到46.1%，完成年初预定的46%的目标；从业人员完成630.2万人，比2012年增长10.8%，完成年初预定增长9%的目标；民企入滇全面完成年初预定的16户的目标。但从全省16个州市民营经济三项考核指标的完成情况来看，不少州市完成年度目标仍有一定差距。

二、2014年全省民营经济发展展望

2014年，是深入贯彻落实党的十八届三中全会精神、全面推进新一轮改革的第一年，是全省民营经济战役继续走向深入的关键一年，同时也是为“十二五”规划圆满收官奠定基础的重要一年。展望2014年，全省民营经济发展机遇和挑战并存。

有利因素：党的十八届三中全会提出必须毫不动摇鼓励支持引导非公有制经济发展、完善非公有制经济财产保护、厘清政府和市场的界限、发挥市场在资源配置中的决定性作用、加快垄断行业改革、推进发展混合所有制经济、放宽特许经营领域、进一步推进简政放权、加快政府职能转变等各项改革措施，将使民营经济发展空间得到有效拓展、极大提振民营经济发展的信心、有利于进一步释放民营经济发展的活力。随着工商登记制度改革，新创办企业数量将大量增长，为民营经济发展注入更多的增长动力。工信部将减轻企业负担、降低企业税费作为今年中小企业工作的重点，民营经济、中小企业的发展环境将得到进一步改善。

省委、省政府高度重视民营经济，将加快民营经济发展摆在突出位置，省委九届七次全会明确提出“要大力发展非公有制经济，废除对非公有制经济各种形式的不合理规定”，稳定了民营经济的发展预期。产业园区平台功能的完善、民营经济战役的深入推进、“产业建设年”三年行动计划的深入实施，为加快民营经济发展提供了强大动力。沿边金融改革试验区的建设、互联网金融等新型融资手段的运用、IPO重启、各类产业发展基金的推广，将在一定程度上使融资难问题得以缓解。从市场方面来看，美欧日几大经济体经济逐渐复苏，将增强全球经济的增长动力，有助于带动我国的出口贸易，促进经济企稳，从而带动大宗商品市场复苏，企业生产经营有回暖预期。

不利因素：工业发达国家实施再工业化战略，新兴经济体也依靠廉价劳动力和丰富的资源吸引国际投资，对我国产业升级优化、就业率提升将造成不利影响。我国经济进入经济增速换挡期、结构调整阵痛期和前期政策消化期，“增长减速”和“结构调整”的压力并存，经济形势更趋复杂，存在不确定性、不平衡性因素。云南省民营经济、中小企业以资源型、原料型为主，处于产业链低端，创业创新能力不足，发展方式粗放，竞争能力不强。长期以来制约民营经济、中小企业发展的融资难、用地难、审批难、办事难等问题未得到根本解决，乱收费、乱摊派、乱罚款等现象依然不同程度存在，企业发展环境仍不宽松。加之全省中小企业公共服务体系不健全，中小企业发展所需要的资金、技术、人才、信息等要素资源不能及时有效地获取，尚未形成较为规范的科技人才引进、培养和保障体系，高校、科研院所等科研资源支撑能力不足，信息化水平落后，导致转型升级难度大、发展后劲不足。近年来，随着云南省央企入滇战略的实施，重大能源项目的相继投产，国有经济实力进一步增强，全省民营经济比重提高越来越困难。

三、2014年工作打算

工作思路：认真贯彻落实党的十八大、十八届三中全会、中央经济工作会议精神和省委九届七次全会精神，围绕实现民营经济保持较快发展和转型升级两大目标，锐意改革，狠抓落实，抓大扶小，打造平台，推进创新，改善服务，将民营经济发展战役推向纵深，促进全省民营经济、中小企业队伍和规模进一步壮大，发展的质量和效益进一步提高，为推进全省深化改革、提高经济发展活力做出新的贡献。

工作目标：2014年力争全省民营经济增加值增长17%以上，占全省GDP的比重达到48%左右；力

争民间投资占全社会投资比重达到55%以上；从业人员增长9%；完成15个中小企业公共服务平台网络的互联互通和开通运行；引进16户以上省外大型知名民营企业入滇投资兴业；5户以上中小企业上市融资。

具体工作措施：

（一）锐意改革，推动民营经济发展环境改善

推动建立公开公平的市场准入制度，制定民间资本不能进入领域的负面清单，切实消除民间投资的壁垒和限制。鼓励民营企业进入基础设施领域和垄断行业。联合有关部门制定国有经济从竞争性领域有序退出的措施和时间表，推进民营企业参股有色、化工、冶金、建筑建材等行业国有企业，加快民营资本与国有资本融合发展，发展混合所有制经济。推动国防科技工业军民融合配套发展。坚持权利平等、机会平等、规则平等，废除对民营经济各种形式的不合理规定，在生产要素分配、政府招标、政府采购、政府收储等方面，实现民营企业与国有企业同等待遇、公平竞争，同等受到法律保护。继续推动简政放权，清理和取消行政审批事项，对保留的行政审批事项简化流程、规范管理，加强事中事后监管，真正发挥市场在资源配置中的决定性作用。

（二）细化措施，继续抓好政策落实

总结回顾民营经济战役实施以来的情况，研究出台继续深入推进民营经济战役的政策措施。结合云南实际，制定细化国家有关中小企业税费减免、工商监管、融资促进等方面的优惠措施。会同有关部门开展中小企业税费负担专题研研，完善企业负担监测站点网上直报系统，推动实施收费清单管理模式，将减负惠企各项政策落到实处，切实减轻企业负担。支持省非公经济督导组强化政策督导，加强对各州市各部门贯彻落实情况的督导检查，着力缓解融资、用地、办事、审批“四难”问题，为民营经济、中小企业发展创造更为宽松有利的发展环境。充分应用信息化手段，发挥手机APP、网络的作用，为企业提供政策信息、技术信息、行业资讯等服务，使民营企业用好用活用足政策，及时掌握相关信息。

（三）抓大扶小，梯次推进民营经济发展

一是发挥民营大企业的龙头带动作用。指导民营大企业制定发展规划，加大技术改造力度，延伸产业链，促进产业升级。支持大企业培育自主品牌，增强核心竞争能力，开展企业文化建设，承担社会责任。鼓励大企业带动广大中小企业共同发展。对营业收入首次超过50亿元、百亿元民营大型企业以及引进国际先进的首台（套）重大技术装备的，给予奖励。二是加大成长型中小企业培育力度。对省级成长型中小企业进行动态管理并纳入国家重点中小企业监测范围，通过网上监测系统密切跟踪运行情况，发现苗头性、倾向性问题并及时协调解决。突出转型升级，以开放和创新为方向，通过挂钩帮扶、要素保障、财政支持等措施，引导成长型中小企业向“专、精、特、新”方向发展。三是支持创办小微企业。以工业园区和闲置楼宇为重点，加快建立孵化器、创业园、创意园等小企业创业基地，大力开展创业培训和辅导，帮助解决小微企业项目审批、要素保障、劳动用工、市场开拓、技术创新等难题，着重发展科技型、创业型、劳动密集型小微企业，以创业促进就业。

（四）拓宽融资领域，搭建民间资本投融资平台

一要适应公共财政改革的要求，创新财政资金扶持方式，变无偿为有偿、直接支持为间接支持，设立云南省民营经济转型发展引导基金，按照“政府引导、市场运作、有偿使用、滚动发展、保本增值、严控风险”的原则，选取专业化基金管理团队运作，打造民间资本与产业对接的投融资平台，拓宽民间投资领域，缓解中小企业融资难题，促进民营经济转型升级。各州市要积极做好符合引导基金支持条件的项目筛选上报工作，有条件的州市要积极筹备设立相关产业发展基金。二要对新兴的互联网金融进行深入研究，会同有关部门和金融机构采取相应措施，引导广大中小企业适应互联网金融的发展，学会应用多种新型融资方式，实现及时便捷融资。三要推进设立民营银行等民间金融主体，建立与中小微企业“门当户对”的融资平台，为中小企业提供“小、短、快、急、特”的金融产品。四要支持符合条件的中小企业通过发行短期融资券、集合债券、上市融资等进行直接融资。五要充分发挥云南省企业信用促进会平台功能，做好中小企业信用信息征集和信用等级评价工作。六要增强担保机构服务功能，提高小微企业融资担保业务规模，降低对小微企业的担保收费。七要完善小微企业融资工作联系协调机制，建立融资需求项目库，及时向金融机构提供融资需求信息，为小微企业争取更多信贷支持。

（五）创新商业模式，发展中小企业电子商务

针对省中小企业对电子商务的认识不足、参与度不高、市场开拓困难、销售渠道单一等问题，制定出台政策措施，加大资金支持力度，加快电子商务平台和相关产业建设，拓展商流、物流、资金流、信息流通道，鼓励和引导中小企业开展电子商务，推进“两化”融合。力争5年内使全省中小企业信息化水平有较大提高，普遍开展电子商务，实现高效率、低成本升级，推动经济增长方式转变。深入推进“滇之粹”中小企业市场营销行动计划，与百度公司合作开展“翔计划”网络搜索营销推广活动，向中小企业提供网络推广、网站建设、电子商务等产品及服务；采用政府购买服务方式，在阿里巴巴开设“滇之粹”天猫专卖店，为中小企业特色产品拓展市场，将B2B、B2C中小企业电子商务平台纳入全省公共服务平台建设，拓展公共服务平台的针对性和实用性，在省中小企业服务中心建设电子商务推广产品实体展示场地，提供媒体宣传渠道。各州市要主动适应互联网、大数据、云计算技术快速发展的新趋势，加强宣传培训、示范引导，帮助广大中小企业尽快融入互联网社会。

（六）创新财政资金扶持方式，强化监督管理

按照“突出重点，方向明确，科学规划”的原则，调整专项资金扶持方向和重点，更加注重扶持战略性新兴产业和新型经济业态，更加注重扶持技术改造、新产品研发和信息化推进，对成长型、科技型、就业型小微企业给予重点扶持，发挥财政资金促进转型升级的引导作用。2013 年省级民营经济暨中小企业专项资金分设成长型中小企业、专精特新、支持小微企业、电子商务和中小企业信息化、引进重大设备及公共服务平台建设六个专项进行扶持。进一步规范工作程序，强化绩效考核、项目管理和验收工作，提高财政资金使用效果。各地要公开组织项目申报，进行实地考察，逐项审核材料，对推荐项目和申报材料的真实性负责，加强扶持项目督促检查和跟踪服务，加快建设进度。

（七）创新工作思路，推动民营经济开放发展

深入推进民企入滇工作，搭建民企入滇综合服务平台，建立民企入滇统计指标体系，深化与知名企业的合作，扩大合作范围，提升合作层次。充分发挥地方政府在招商引资中的主体作用，指导、协助其开展定向式、专业化招商，采用协会招商、中介招商等方式拓展招商渠道。抓好已签约项目落地建设，提高项目履约率和资金到位率。建立国际交流与合作机制，抓住沿边金融综合改革试验区跨境人民币业务创新、促进贸易投资便利化的机遇，支持中小企业拓展境外市场，建立销售网点，支持民营中小企业以东南亚、南亚为重点，到境外投资举办企业、承办工程。支持民营中小企业抓住发达国家制造业不景气、产业向外转移的机会，参与企业并购，拓展发展空间，引进先进设备和技术。选择具备条件的园区，以园中园方式建设中德工业园，重点发展高端机械和电子信息产业，促进结构调整、产业升级。

（八）加快建设公共服务平台，提高服务能力

加快推进中小企业公共服务平台网络建设，不断健全服务体系，增强政策咨询、创业创新、投资融资、技术支持、产品开发、检验检测、管理咨询、人才培训、市场开拓、法律维权等服务功能。支持各级中小企业服务中心发挥协调、统筹社会中介服务组织的职能，以云南省中小企业公共服务平台为枢纽，各州市和重点产业集群公共服务平台为“窗口”，促进各类社会服务资源的有效整合与优化配置，形成上下衔接、互联互通、资源共享和服务协同的工作格局，为中小微企业创业创新、转型升级提供优质、便捷的服务。完善服务规范、服务评价和激励机制，对信誉好、服务优、效果显著的服务平台，给予择优认定和服务补助，引导服务平台规范运营，提高服务质量。

（九）做好培训和管理咨询服务工作，提升企业素质

继续实施国家中小企业银河培训工程和企业经营管理人才素质提升工程，创新培训方式，增强培训的针对性和实效性，重点开展中小企业政策法规、信用提升、融资策略、知识产权、电子商务、法律风险防范等方面的培训。建立和完善中小企业管理咨询专家库，积极开展小微企业管理咨询服务，通过购买服务等方式，围绕优化人才、技术、资金、生产组织、产销、信息等环节的配置效率，鼓励和引导管理咨询机构为小微企业提供有针对性的、质优价惠的管理诊断和咨询服务，提升企业经营管理水平。

（十）强化运行监测，完善考核制度

有序推进成长型中小企业监测扩容，继续开办成长型中小企业运行监测定期网络填报培训，编印工作手册，做好月度数据报表的催报、汇总和分析工作，加强数据报送质量管理，为完善工作措施、改进服务方式收集基础信息。认真做好民营经济运行分析工作，按季度召开运行分析会议，及时发现运行中存在的困难和问题，提出有针对性的对策措施。针对民营经济、中小企业发展中存在的热点难点问题，组织专项调查研究，为党委、政府决策提供依据。完善和修改民营经济考核奖励办法，更加注重增长的质量和效益，并区别不同的情况制定不同的发展指标，提出不同的工作要求，引导各地又好又快发展。

（云南省工业信息化委员会中小企业处）

西藏自治区

2013 年，认真贯彻落实国家和自治区加快中小企业和非公有制经济发展的一系列政策措施，按照“一产上水平、二产抓重点、三产大发展”的总体要求，积极营造中小企业非公经济发展良好环境，着力解决企业融资难、健全企业服务体系、引导转变发展方式，推进企业技术进步，努力提高中小企业和非公有制经济的整体素质和竞争力。

一、企业发展情况

（一）工业发展活力明显增强

2013 年，全区工业增加值完成 61.16 亿元，增长 12.2%，其中规模以上工业完成增加值 45.83 亿元，增长 12.2%。其中：轻工业实现增加值 13.38 亿元，增长 7.5%；重工业实现增加值 32.45 亿元，增长 14.5%。全年规模以上工业企业实现利润总额 13.07 亿元，比上年增长 3.4%。

（二）民营企业增长迅猛

2013 年，全区非公有制经济主体 12.8 万户，占市场主体的95.4%，比2010 年增长 26.4%；注册资本 436.67 亿元，比 2010 年增长 98.7%；民营企业 18747 户，比 2010 年增长 174.3%。

（三）民营企业经济实力不断壮大

2013 年，民营企业投资占全社会固定资产投资的比重超过 30%；消费品零售额占全区消费品零售总额的 75%，上缴税金占全区税收总额的 91.8%。

（四）非公经济社会效益显著提升

2013 年，非公有制经济领域从业人员达到 63.4 万人，比 2010 年增长 204.8%，有效地促进了社会就业，推动了民族团结，维护了社会稳定。

二、主要工作

（一）制定和梳理相关政策，切实加大服务力度

（1）抓紧起草《西藏自治区人民政府关于贯彻落实〈国务院关于进一步支持小型微型企业健康发展的意见〉的实施意见》（代拟稿）。

（2）对近年来国家、自治区出台的扶持非公有制经济和中小企业发展的政策文件进行了汇总和梳理，共计百项政策文件，已汇编成册。

（3）为进一步促进中小企业发展，特别是小型微型企业健康发展，营造全社会关注和支持全区中小企业发展的良好环境氛围，以中国光彩事业西藏行活动为契机，加强非公有制中小企业服务工作，认真制定了《2013 年西藏自治区民营企业服务年活动工作方案》，我厅与西藏自治区工商联合会按照活动方案内容开展了 2013 年民营企业服务年活动。

（4）按照政府领导的批示精神，开展了对全区中小企业产值（销售收入）规上、规下的统计工作，全区中小企业统计监测工作机制初步建立。

（二）积极配合做好“专项资金管理办法”修订等事宜，并抓好项目申报工作

（1）根据政府会议纪要精神，配合财政厅重新修订了《西藏自治区中小企业发展专项资金管理办法》。

（2）认真组织实施好国家和自治区中小企业发展专项资金项目工作。向工信部、财政部报送了西藏自治区 2013 年国家中小企业发展专项资金实施方案，申请扶持项目 70 个，扶持资金 1 亿元，落实专项资金 3992 万元。

（3）密切配合审计厅于 5 月上旬完成了 2010 ~ 2011 年度中小企业发展专项资金的审计工作。根据审计中发现的问题、意见及建议，认真进行了整改。

（4）会同自治区财政厅继续加大对中小企业（非公有制经济）发展专项资金项目跟踪考核工作力度，建立项目绩效评估长效机制。

（三）加强社会化服务体系建设

重点抓好中小企业服务综合平台建设和认定自治区级公共服务示范平台工作，加大社会化服务机构的投入力度，稳步提升服务质量和深度及服务标准规范工作。成立西藏自治区中小微企业（民营企业）发展服务中心。在平台内搭建区中小企业信用体系，把全区中小企业信用状况作为信息建设重点，努力建立全区联网甚至全国联网的中小企业信用状况咨询系统，以方便广大用户对于信用信息的消费需求。

（1）组织申报了 2013 年中小企业服务体系发展专项资金服务业务项目，共申报项目 6 个，申请扶持资金 180 万元。

（2）根据工业和信息化部办公厅《关于推荐第三批国家中小企业公共服务示范平台的通知》要求，组织区服务机构开展服务示范平台的申报，在 10 家机构申报的基础上向工信部推荐了 6 家。

（四）管理提升服务

（1）为进一步加强协作，整合资源，共同促进解决制约非公有制经济和中小企业发展的主要问题、特别是融资难这一瓶颈问题，推进非公有制经济和中小企业跨越式发展，2013 年 6 月 8 日，自治区工业和信息化厅、自治区工商业联合会、国家开发银行西藏自治区分行联合举行“共同推进非公有制经济跨越式发展 培育壮大中小企业合作签约仪式”。我厅与自治区工商联签订了《关于共同推进非公有制经济跨越式发展 培育壮大中小企业合作备忘录》，并与开发银行西藏分行签订了《关于共同培育壮大中小企业 推动西藏非公有制经济跨越式发展合作框架协议》。

（2）认真贯彻落实国家和自治区加快非公有制中小企业发展的一系列政策措施，今年着手建立西藏中小企业信息库，对中小微企业数据资料采取动态管理，建立信息报送制度，进一步促进我区中小企业更好、更快发展。

（3）制定了西藏自治区扶助小微企业专项行动工作安排计划，明确工作目标和重点工作。

（4）召开了工信系统支持配合中国光彩事业西藏行活动座谈会。进一步加强沟通衔接，加大服务力度，安排部署全区工信系统开展招商引资项目的组织和编制工作，动员工信系统全力投入支持和配合。

（5）推荐达孜县、曲水县和日喀则市参评“全国中小企业发展环境百佳县”活动。

（6）积极协助工业和信息化部中小企业司开展《“专精特新”中小企业发展调查》工作。2013 年 9 月，根据工业和信息化部《关于协助做好“专精特新”中小企业发展调查工作的函》（工信企函〔013〕100 号）的要求，我厅立即向各地市工信局及相关企业下发通知，并收集情况上报了工业和信息化部中小企业司。

（7）牵头组织区内有关部门和 11 家中小企业参加了第十届中国国际中小企业博览会。通过此次展销，全区参展企业共达成正式交易额近 200 万元，意向交易约 3580 万元。共接洽 100 多个客户，实现销售现金收入 100 多万元，共签订意向性协议 10 多份，价值总额近 2000 万元。各企业开拓了视野，提高了能力，为开拓企业发展奠定了基础。

（五）多措并举，主动做好融资服务

（1）2013 年 5 月，由西藏银监局、自治区工信厅、自治区工商联、自治区银行业协会牵头的“西藏自治区银行业支持小微企业发展金融服务银企对接会”在拉萨成功举办，在对接会上自治区 8 家银行业金融机构分别与 14 家小微企业客户代表举行授信（贷款）签字仪式，签订授信合同金额达 9500 万元。签订贷款合同金额达 11400 万元。西藏银监局还联合自治区 8 家银行业金融机构在主会场外分别设立支持小微企业发展金融服务展示台，宣传相关金融政策和贷款产品，开展业务咨询和现场业务洽谈。

（2）支持建立和完善中小企业信用担保体系。今年上半年新备案担保机构 2 家，颁发担保机构经营许可证 2 家 。截止到 9 月，全区 11 家担保机构新增担保余额1.7亿元，新增用户37户。

（3）申报2013年国家中小企业信用担保资金项目1个，申请补助资金435.615万元。

（4）按照区政府对中小企业融资难问题的任务分工，起草了《关于建立西藏自治区中小微企业融资担保机制的意见》。

（六）加强民族手工业的指导和服务

目前，全区注册的民族手工业企业270多家，新增企业从业人员480多人，实现工业总产值4.1亿元，增加值2.53亿元，分别比上年同期增长28.1%、27.6%。其中：自治区十二五规划重点项目“民族手工业产品和旅游产品开发项目”的20个子项目完成项目总投资的70.6%，新建成项目2个，已建成12个项目。

（1）组织自治区6家藏毯生产企业参加了2013年中国（青海）藏毯国际展览会。

（2）成立了西藏藏毯出口协会。

（3）2013年5月在深圳召开的第九届文化创新博览会上，邦锦镁朵工贸有限公司的藏毯挂毯展品获得组委会金奖。国家工艺美术大师格桑次旦的唐卡作品与全国百名国家工艺美术大师的作品进行了联展，体现了西藏民族手工业的工艺水平，宣传了西藏民族手工业的发展。

（七）舆论宣传服务

加大宣传力度，营造良好舆论氛围，提升全社会对小型微型企业的认识，提振各类中小企业发展信心，扩大中小企业服务年活动的社会影响。

（1）通过自治区广播电台宣传我区民族手工业发展有关报道3次。

（2）通过自治区电视台宣传我区非公有制经济和中小企业上半年发展专题3期。

（3）接受西藏日报有关民族手工业发展现状专访2期，藏毯发展1期。

（西藏自治区工业和信息化厅中小企业处）

陕西省

2013年，在省委、省政府的高度重视和正确领导下，在各级党委政府和各级有关部门的大力支持下，全省非公经济、中小企业工作部门认真贯彻国务院促进中小微企业发展的政策措施和各项行动部署，以“扩总量、调结构、促转型、稳增长”为发展主线，积极做好协调服务，促进中小企业加快产业聚集、项目建设、装备更新和产品升级，不断提高市场竞争力，在经济下行压力持续加大的情况下，总体保持了平稳较快发展的良好态势，为全省经济稳增长、促转型做出了重要贡献。

一、基本情况和主要特点

2013年，全省中小企业个数达到147万户，比上年新增小微型企业3.3万户，其中，企业法人单位22.74万户，个体经营户124.26万户。全省中小企业从业人员800万人，比上年增加37万人。全省中小企业营业收入25195亿元，比上年增长22.1%。实现利润总额1879亿元、实交税金872亿元，分别增长14%和14.5%；总资产15900亿元，固定资产原值8313亿元，分别增长16.4%和13.8%。2013年，中小企业增加值、非公经济增加值分别占全省生产总值（GDP）的50.4%和52.2%，分别比上年提高1.1和1个百分点。非公经济、中小企业发展主要有以下几方面特点：

（一）小微企业迅速增加，从业人数稳步增长

2013年，全省有经营活动的中小微企业147万个（小微企业占99%），其中，企业法人单位22.74万个（工业企业6.41万个），个体经营户124.26万个（个体加工户18.02万个）。年营业收入500万元以上的成长型中小企业发展到1.3万个；1亿元以上的中小企业、非公企业1685个。全省中小微企业从业人员800万人，占全省二三产业从业人数的75%。

（二）发展速度逐步加快，经济贡献逐年加大

2013年，以中小微企业为主体的非公经济上缴税金，占全省税收总额的比重达到54.6%；外商投资企业和私营企业进出口总值162.41亿美元，同比增长54.3%，占全省进出口总额的80.7%。

（三）各次产业加快发展，县域工业开始发力

2013年，全省中小微企业营业收入2.5万亿元（小微企业占45%），比2012年增长22.1%。其中，农业企业营业收入299.6亿元，增长17.2%，占全部中小微企业营业收入的1.19%；工业企业营业收入1.4万亿元，增长23%，占55.78%；第三产业营业收入8679亿元，增长17%，占34.45%。全省有76个县（市、区）的中小工业营业收入增速超过22%，30个县（市、区）超过30%。全省中小企业营业收入过100亿元的县（区、市）60个，占全省县（区、市）总数的56%。2013年，全省县均工业增加值70亿元，已接近全国平均水平（74亿元）。

（四）园区企业增长强劲，区域产业各具特色

2013年，全省高新区、开发区、县域园区内有中小企业、非公企业法人单位2.12万个，实现营业收入占全省中小企业营业收入的比重超过45%。其中，省政府确认的156个重点建设县域工业集中区实现营业收入6331亿元，比2012年增长26.6%。全省营业收入超过100亿元的县域园区11个，50亿元以上的45个，10亿元以上的113个。西安市以“四区两基地”和县域园区为主要载体，加快发展装备制造、航空航天、电子信息等高新技术中小企业，配套型企业，以及旅游、文化、金融服务等中小企业。宝鸡市加快有色金属加工、建材、纺织、机械及特色农产品加工业技术改造和规模扩大。咸阳大力发展制药、保健品、中药材种植与运销企业，促进了高新医药园区建设。陕南地区的生物医药、有色金属采选加工、林特产品加工等区域特色产业初具规模。榆林、延安在发展提升能源化工产业链的同时，在汽车配套、农产品加工、建筑业、旅游服务等地方新兴产业方面催生了一大批中小企业。

（五）民间投资日趋活跃，重点项目建设加快

2013年招商引资项目1835个，比上年增加416个，协议引进资金2046亿元，增长57%。全省中小企业三年累计完成固定资产投资1.24万亿元，建成投产投资1000万元以上重点项目5482个；其中，2013年完成投资5071亿元，增长24.5%，建成投产固定资产投资1000万元以上项目2017个，比2012年增加19个。投资来源的80%由企业、民间自筹解决，20%来自金融机构贷款等渠道。有力地推动了全省中小企业持续平稳快速发展。

二、主要问题和发展趋势

2013年，全省中小微企业发展主要面临融资难融资贵、用工难用地难、税负重等问题。在生产经营中，还面临企业生产成本上涨较快，利润水平普遍下降；市场需求不足，部分行业经营困难；企业技术装备、科技水平不高，管理粗放和内生增长动力不足等问题。

虽然中小企业发展面临诸多问题，但全省中小企业的发展趋势依然能够保持增速并略有提高。为进一步促进全省中小企业、非公经济发展，2014年要重点做好以下主要工作：

（一）进一步改善企业发展环境

一是深入贯彻落实中央、国务院和省委、省政府关于支持中小微企业和非公经济发展的政策措施，运用负面清单制度，促进有关部门进一步放宽对非公企业的准入限制，推动打破、拆除阻碍非公经济发展的“玻璃门、弹簧门、旋转门”，激发非公企业发展的活力。搞好全省非公经济发展工作会议筹备工作。二是完善全省非公企业维权投诉服务机制，推进非公经济发展环境评议工作全面展开，继续抓好全省中小企业、非公经济的减负工作，推动涉企收费项目公布和接受社会监督。三是充分发挥省促进非公经济发展联席会议作用，加强与成员单位的协作配合，及时解决企业发展遇到的新问题。代省政府起草《关于进一步促进非公经济发展的意见》。四是搞好我省中小企业政策研究，配合做好《陕西省实施<中小企业促进法>办法》的修订工作。

（二）培育市场主体和激发企业活力

一是大力催生小微企业，促进个体工商户、家庭工业成长为小微企业，扩大市场主体数量，全年新增小微企业2.5万户。二是以小微企业为主体，以促进企业转型升级、发展壮大优势产品和新兴产业为目标，组织开展培育中小企业“成长梯队”工作。三是大力培育创业型、创新型和劳动密集型中小企业，促其成长为规模以上企业，全年新增规模以上工业企业300户（力争500户），新增亿元以上中小企业、非公企业超过150户。四是积极推进配套型中小企业专业化发展，围绕省内航天、航空、汽车、电子等产业集群和大企业大项目，搭建对接交流合作平台，提高中小企业协作配套能力。五是推进民营企业引进国有或其他社会资本，优化产权结构，建立现代企业制度；鼓励支持非公企业参与国企改革改制，发展一批混合所有制企业。

（三）推动县域工业集中区建设

一是发挥财政资金引导作用，推动各地落实扶持政策，强化保障措施，鼓励民间资本参与，加快实施县域工业集中区“12381”工程。2014年全省重点建设县域工业集中区实现企业营业收入8500亿元。二是指导各地修编工业集中区发展规划，规范建设标准，突出特色化专业化发展水平。在现有基础上，再审查确定一批重点建设县域工业集中区。以建设中小企业创业基地和标准厂房为重点，增强为入区企业提供服务的功能。三是以工业集中区为载体，促进招商引资和项目建设。积极组织企业参加丝绸之路经济带新起点博览会暨西洽会、中博会等经贸洽谈活动，加强与国内外的经贸合作交流，争取一批新的合作项目，形成新的增长点。鼓励支持有实力的中小企业“走出去”，扩大对外合作交流，并购重组国外企业。

（四）加快企业技术创新和转型升级

一是实施科技型中小企业成长工程，加强中小企业创新研发中心建设，带动改造传统产业，培育新兴优势产业，促进中小企业“专精特新”发展。二是实施中小企业知识产权战略。联合有关方面，开展企业知识产权服务活动。继续推进中小企业知识产权质押贷款工作，进一步抓好中小企业专利新产品认定和服务工作。三是开展中小企业品牌培育工作，支持中小企业做强核心业务，争创知名品牌、驰名商标和著名商标，打造具有竞争力和影响力的精品和品牌。四是推进中小企业“两化”融合，组织信息技术入企、4G网络助推小微企业信息化等活动，促进中小企业在研发设计、生产制造、经营管理方面的信息化应用水平有新的突破。五是发挥省级民营经济转型升级试验领导小组办公室的作用，推进府谷省级民营经济转型升级试验区建设。

（五）努力缓解企业融资难题

一是协调金融监管部门，加强引导和考核，推动驻陕银行业金融机构加大对中小企业信贷投放，提升中小企业贷款占比，全年实现“两个不低于”目标。二是鼓励民间投资健康发展，探索民间资本发起设立民营银行，引导村镇银行、小贷公司、典当和投资机构加大对中小企业的投资支持力度。推动设立中小企业发展基金，引导地方创业投资机构及其他社会资金支持中小微企业发展。三是继续推进中小企业信用担保体系建设，加大担保机构的业务指导和扶持力度，通过评优增信，提高担保机构服务中小企业融资的能力，力争担保累计额突破千亿元。四是发挥省中小企业融资超市的作用，继续推进各市县、工业集中区开展形式多样的融资对接服务活动。五是创新中小企业融资渠道，扩大中小企业债务融资规模，推进中小企业集合债券、集合票据和私募债发行。抓好拟上市企业培育，支持更多中小企业上市融资。积极探索信贷、保险支持中小企业融资新渠道。

（六）提高中小企业公共服务水平

一是落实省政府和工信部关于中小企业服务体系建设总体要求，加快推进全省中小企业服务平台和服务平台网络建设进度，基本建成省、市和重点县平台网络，尽快实现互联互通，为中小企业提供全方位服务。二是发挥省中小企业服务平台带动作用，联合有关部门组织省级示范平台单位开展相关服务活动。认定第四批省级中小企业公共服务示范平台，培育国家级示范平台的后备力量，引导支持社会化服务机构发展。加快省中小企业产品技术展示中心建设进度。三是进一步加大全省非公有制企业、中小企业人才队伍建设的力度，抓好职称评审、经营管理领军人才培养工作。四是加强经济运行监测，提升预警分析质量。全省预警监测网企业超过5500户，进入工信部中小企业生产运行监测平台企业超过1700户。全省中小企业名录库入库企业超过5万户。

三、2013年主要工作

（一）加快县域工业集中区建设，增强集聚效应

2013年全省重点建设的100个县域工业集中区企业实现营业收入达到4800亿元，同比增长26%左右，高于全省中小企业平均增速4个百分点。对2012年度考核综合排序前10名和争先进位排序前10名工业集中区以项目资金的方式进行了奖励，并在陕西日报上进行公布。修订印发了《陕西省县域工业园区审查认定暂行办法》，2013年新确定全省重点建设县域工业集中区56个。

（二）拓展融资渠道，缓解企业融资困难

召开了全省中小企业融资与担保会议，与人行、证监、保监局签订了战略合作协议，与七家银行业金融机构签订授信近400亿元。在全省开展中小企业融资对接服务活动32场，协议融资近百亿元。开展中小企业信用担保机构备案工作，目前备案的担保机构111家。向国家推荐申报中小企业信用担保机构免征营业税担保机构13户。省级专项资金支持担保机构44户；推荐并获国家支持中小企业信用担保项目25个，支持金额4790万元，均为历年最多。召开中小企业集合债券发行工作座谈会，完成了一期中小企业集合债券的组织考察工作，拟发行金额2亿元。开展了拟上市中小企业后备企业培育推进工作，入库企业100户。

（三）开展法律服务维权，营造良好发展环境

依托中小企业法律服务团，会同司法厅选取了12个工业集中区设立法律服务办公室，为园区企业提供涉法服务。搭建省市县三级非公有制企业维权投诉中心，受理并协助处理900余起投诉及上访事项，维护了企业的合法权益。开展非公经济发展环境评议和企业负担专题调研工作。组织开展了拟以省委、省政府名义表彰的发展非公有制经济先进集体和先进个人的有关推荐评选工作。

（四）深入开展调研活动，推进企业创新发展

开展了科技型小微企业发展情况和中小企业技术创新专题调研，完成了科技型小微企业专题研究报告和我省中小企业技术创新工作调研报告。在认真调研同时，研究草拟陕西省科技型中小企业认定管理（试行）办法。在陕西日报上开展中小企业技术创新工作宣传，营造鼓励中小企业创新发展环境。继续加强支持中小企业创新研发中心建设，积极推进中小企业知识产权质押贷款银企对接活动，创新开展中小企业专利新产品认定，进一步促进了中小企业创新研发平台建设。

（五）扩大招商引资，壮大市场主体

组织各地企业参加十七届西洽会，筹办新兴产业馆中小企业展区招展布展；成功举办陕西省重点建设县域工业集中区项目推介会，集中签约总金额82.82亿元，我局被省政府表彰为先进单位。组织全省64家企业参加第十届中国国际中小企业博览会。支持重点县域工业集中区基础设施、标准化厂房等项目建设，为创办中小企业和企业集聚发展搭建平台。

（六）加快服务体系建设，提高中小企业人才和信息化水平

新认定省级中小企业公共服务示范平台27家，争取国家级中小企业第三批示范平台4家；支持服务效果显著的社会化服务机构42个。加快服务平台网络建设，组织20多个项目单位负责人到浙江考察学习，拓展思路，完善了平台网络建设方案。组织省平台28家单位开展百项公益服务活动，中央电视台新闻联播报道了我局组织的活动情况。加强中小企业、非公企业人才队伍建设，制定印发2013年全省人才工作要点，召开了人才工作座谈会。支持人才培训项目55个；举办了为期一年的全国中小企业经营管理领军人才培训班，65名企业家参加培训；省市县三级培训机构为中小企业培训各类人才达30万人次。开展中小企业、非公经济职称评审，共有1260人取得了高中初级职称，为历年来最多。组织企业参加2013年全国中小企业网上百日招聘高校毕业生活动，招聘岗位3981个，居全国第四位。开通了全省中小企业名录库网上查询系统，入库企业超过3.3万户。纳入全省监测的小微企业超过4500户。新确定了200户信息化应用试点中小企业。组织开展了中小企业信息化应用试点工作和重点行业中小企业管理信息化应用培训。联合陕西电信在全省开展"数字企业"巡展培训和建设活动。

（陕西省中小企业促进局非公经济发展处）

甘肃省

一、甘肃省中小企业发展情况

2013年，全省共有工业中小微企业59240户（含个体工业企业），其中：规模以上1770（中型企业279户，小型企业1395户，微型企业96户），规模以下57470户；从业人员75.18万人，其中：规模以上29.77万人，规模以下45.41万人。累计完成工业增加值933.07亿元，同比增长20.10%，其中：规模以上完成753.06亿元，同比增长20.60%；规模以下完成180亿元，同比增长12.40%。规模以上工业中小微型企业实现主营业务收入2186.56亿元，同比增长

19.11%；实现利润92.59亿元，同比增加13.25%；上缴税金64.90亿元，同比增长6.83%。

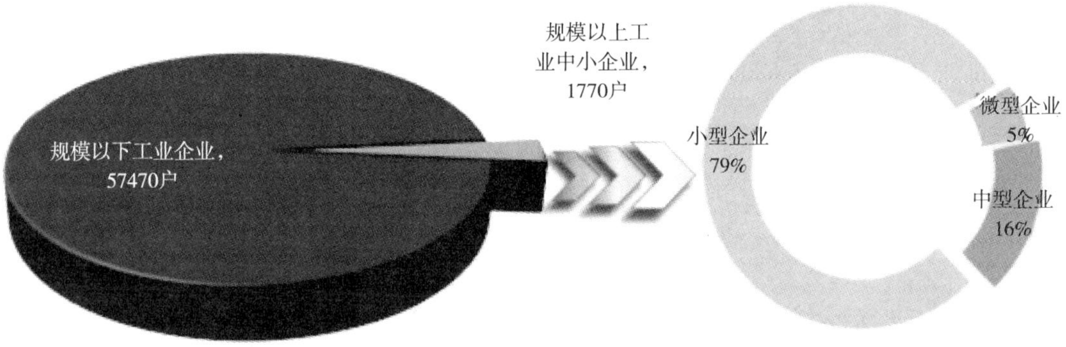

图1 2013年工业中小企业户数情况（单位：户）

截至12月底，全省融资性担保机构达到360户，较上年增加50户，资本金1亿元以上的70户，较上年增加34户，资本金5000万元以上达到198户，较上年增加57户。全省注册资本达到196亿元，其中：社会出资156亿元，占79.6%，国有及财政出资40亿元，占20.4%，担保机构户均注册资本5444万元，较上年增加767万元。新增融资担保额351.4亿元，其中：中小企业担保业务额249.1亿元，累计担保中小微企业17700余户，“三农”经济担保业务额新增87.4亿元，我省担保机构的数量、规模都比上年有了较大提高，担保能力和整体实力明显增强，支持中小企业、“三农”经济成效显著。

截至2013年底，全省金融机构中小企业贷款余额达3093.07亿元，比年初增加698.18亿元，其中中型企业贷款余额1253.13亿元，比年初增加260.62亿元；小型企业贷款余额1601.98亿元，比年初增加343.83亿元；微型企业贷款余额237.96亿元，比年初增加93.73亿元。

分地区看，2013年规模以上工业中小企业实现利润前五位的是兰州、酒泉、嘉峪关、陇南、庆阳，分别实现利润17.09亿元、16.83亿元、8.73亿元、7.57亿元和7.24亿元，甘南、酒泉、张掖、平凉、武威、陇南等市利润总额比去年有所下降。白银、平凉、金昌三市的由实现扭亏为盈，增长幅度较大。主营业务收入前五位的是兰州、酒泉、武威、白银、张掖，分别为528.21亿元、326.96亿元、224.06亿元、157.80和171.30亿元。从业人员前五位的是兰州市、天水市、酒泉市、平凉市和武威市。

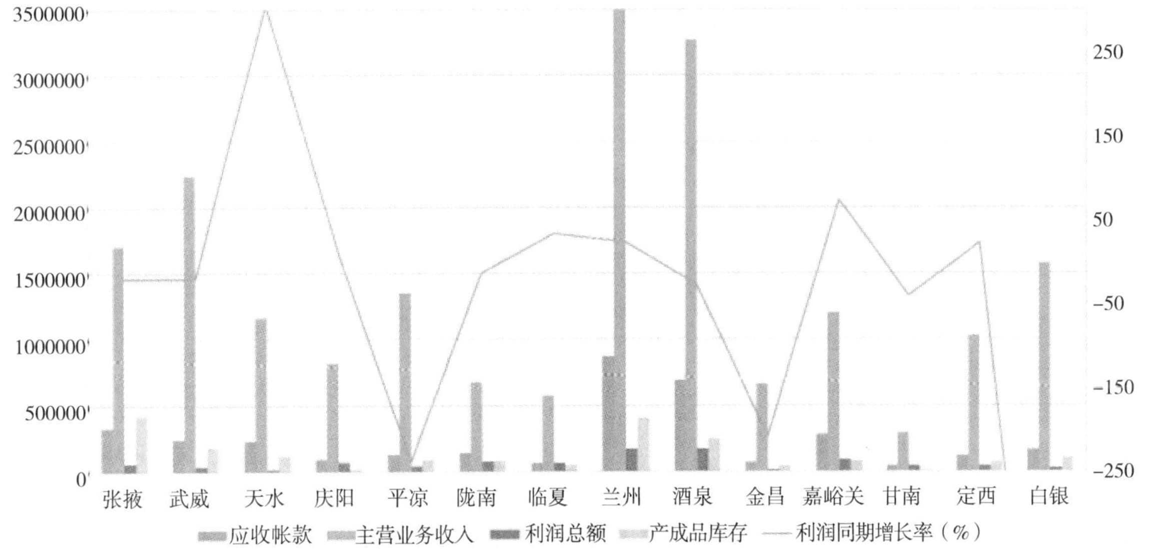

图2 2013年规模以上工业中小微企业部分效益指标（分市州）（单位：万元，%）

分行业看，大多数行业利润额均有所回升，全省平均增幅为13.25%。实现利润较大的行业有：电力、热力生产和供应业、非金属矿物制品业、农副食品加工业、医药制造业、有色金属矿采选业等。排名前5位的行业利润总和占全省规模以上工业中小微企业利润总和的73.6%，其中：电力、热力生产和供应业，实现利润27.08亿元；非金属矿物制品业，实现利润13.99亿元；农副食品加工业，实现利润11.43亿元；医药制造业，实现利润10.17亿元；有色金属矿采选业5.5亿元。总体利润过亿元的行业达到16个，与2012年持平。利润为负的行业有化学原料和化学制品制造业、黑色金属冶炼和压延加工业，分别为－3.10亿元、－2.50亿元。

产成品库存整体情况比上年同期上升了16.73%，库存金额190.87亿元，增幅有所回落，销售情况有所回升。库存较多的行业有农副食品加工业、黑色金属冶炼和压延加工业、非金属矿物制品业、酒、饮料和精制茶制造业、化学原料和化学制品制造业、医药制造业等。

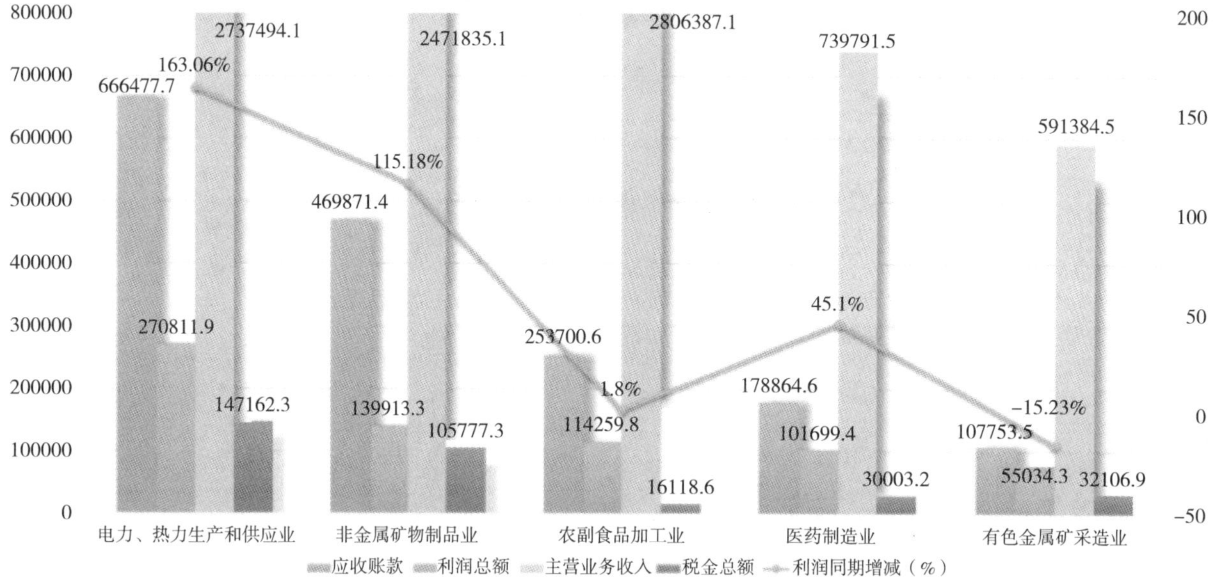

图3　2013年规模以上工业中小微企业部分效益指标（分行业）（单位：万元、%）

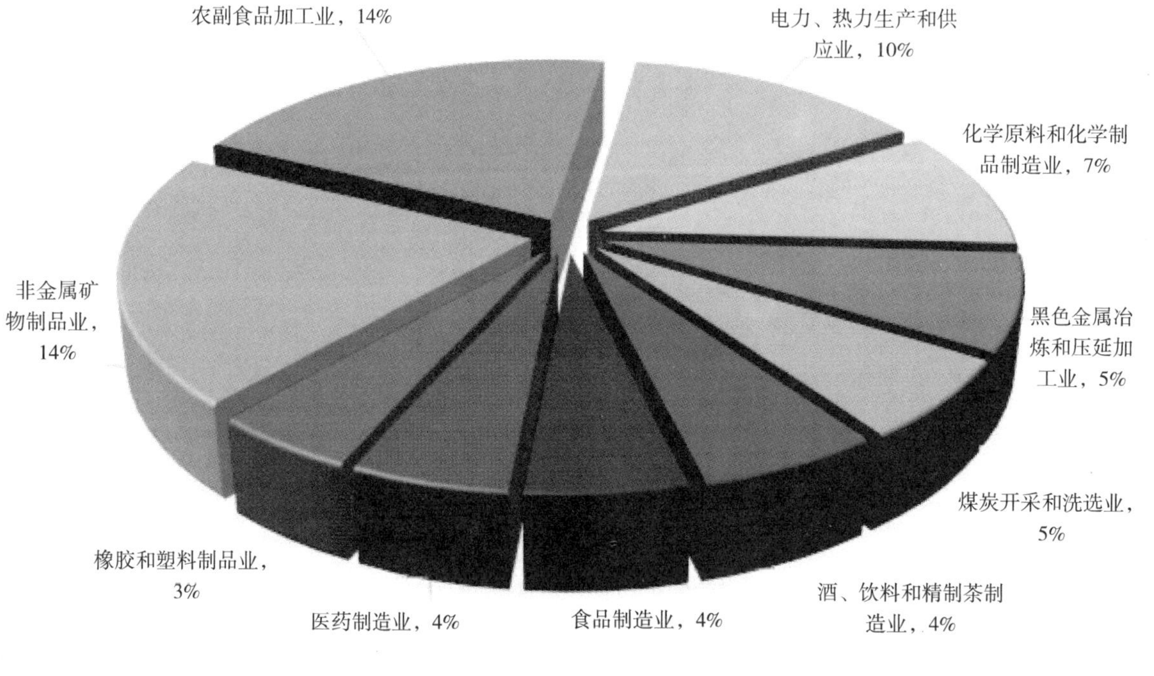

图4　2013年利润前十名行业规模以上工业中小微企业户数占比（单位：%）

从企业整体效益看，全省规模以上工业中小微企业亏损企业数为503户，较三季度减少78户；亏损企业亏损总额为37.5亿元，与去年同期相比减少13.14%。企业主营业务收入2186.56亿元，同比增长19.11%；企业实现利润总额为92.59亿元，同比增加13.25%%；企业应收账款348.1亿元，较去年同期上涨13.14个百分点。

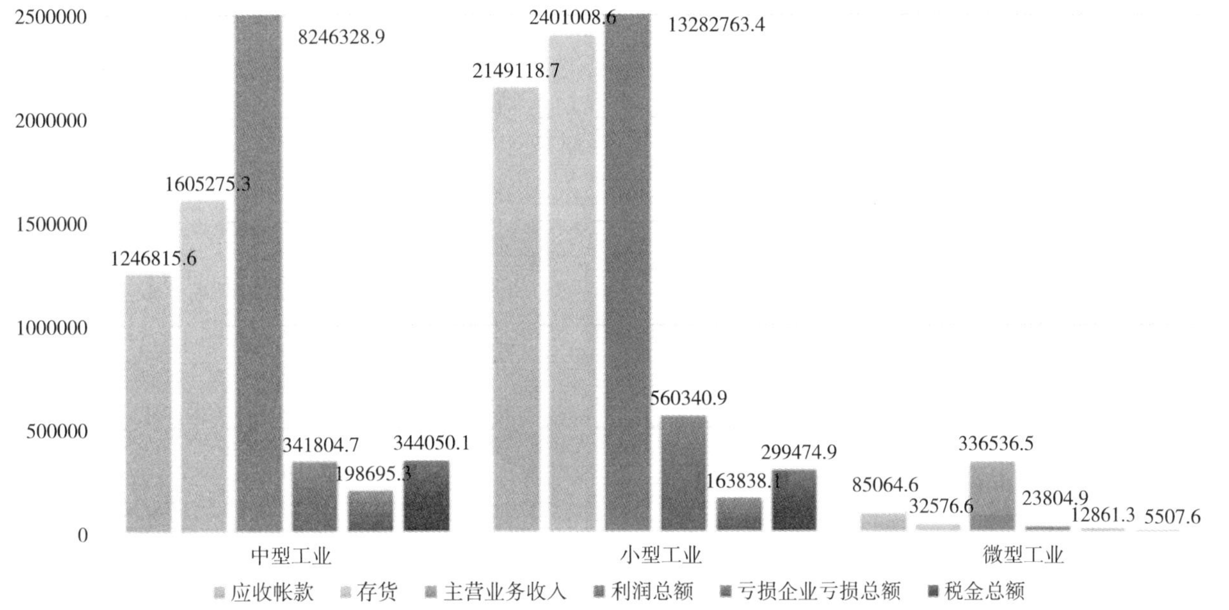

图5 2013年规模以上工业中小微企业部分效益指标（单位：万元）

总的看来，2013年全省工业中小微型企业发展增速较快，各项主要指标的增速有明显提高，亏损企业数及亏损总额与去年同期相比均有小幅下降，产品销售企稳回升，利润和投资收益回暖，全省中小微企业整体继续保持了平稳的运行态势。但用工成本增加、原材料成本上升、销售市场疲软、资金回笼较慢及融资困难等因素依然制约着中小微企业的发展。

二、2013年重点工作完成情况

（一）贯彻落实支持中小微型企业发展的各项政策

认真贯彻落实《国务院关于进一步支持小型微型企业健康发展的意见》（国发［2012］14号）和《甘肃省人民政府关于促进小型微型企业发展的指导意见》（甘政发［2012］39号），加强政策的宣传力度，在甘肃日报等主要媒体上开辟专栏，对国发14号文和省发39号文进行宣传。针对多数中小微型企业对政策吃不透、拿不准、用不上的问题，组织编印了《中小微型企业政策法规汇编》，收集整理了2009年~2013年，国家、省、市（州）促进中小微型企业发展的有关法律法规、政策、意见和办法等120余条，并对中小微型企业最关心的200个具体政策、问题做了详细解答。围绕政策的落实，连续2年进行专题督查，避免政策执行过程中出现“弹簧门”“玻璃门”“旋转门”现象。

（二）以中小企业公共服务平台网络体系建设为骨干的中小企业公共服务体系建设工作全面展开

按照工信部《“十二五”中小企业成长规划》，2011年工信部和财政部启动了三年全国中小企业公共服务平台网络建设工程。甘肃省作为第三批申报省份，工信部、财政部于2013年7月份下达了《关于2013年中小企业公共服务平台网络建设方案的批复》（工信厅联企业〔2013〕130号），到2015年全省将全面建成以省服务平台为枢纽，21个窗口服务平台为节点的资源共享、服务协同、功能完善、覆盖全省的中小企业公共服务平台网络，为中小企业提供“找得着、用得起、有保障、能见效”的一站式服务，使其成为中小企业可以依靠、值得信赖的服务品牌。

（1）全省网络平台建设工作全面展开。以1个省级综合服务平台为“枢纽”、14个市州及7个产业开发区（集聚区、循环经济区）综合服务平台为“窗口”、重点县（市、区）综合服务平台为“触角”的全省中小企业公共服务平台网络体系建设方案，已经被我委和省财政厅联合批复。制定了《甘肃省中小企业公共服务平台网络建设专项资金管理暂行办法》（甘财建〔2014〕3号）。

（2）服务机构管理工作有序推进。制定了《甘肃省中小企业公共服务示范平台认定和管理暂行办法》（甘工信发〔2013〕414号）和《甘肃省中小企业公共服务示范平台考核细则》（甘工信发〔2013〕415号），累计认定省级中小企业公共服务示范平台82家，国家级中小企业公共服务示范平台10个。建立了服务机构统计监测库，目前入库市州级服务机构236户；建立了甘肃省中小企业公共服务体系专家库。

（三）开展了扶助小微企业专项行动

根据工业和信息化部《关于开展扶助小微企业专项行动实施方案的通知》（工信部企业〔2013〕67号）要求，结合我省实际，印发了《甘肃省扶助小微企业专项行动实施方案的通知》（甘工信发〔2013〕232号）。组织实施了“扶助小微企业专项行动”，重点开展政策咨询、投资融资、创业创新、转型升级、管理提升、舆论宣传等6个方面的服务活动，推动创新型、创业型和劳动密集型等“三型”小微企业发展和“专精特新”企业发展。

（四）出台项目竣工验收管理办法，强化项目验收管理

制定了《甘肃省中小企业专项资金项目竣工验收暂行办法》（甘工信发［2012］374号），并下发通知，要求各市州组织对竣工项目进行验收。组织各市州对2009年以来获得国家和省上中小企业资金支持的项目进行验收，对于未按项目进度完工和未及时验收的项目，下发了《关于中小企业项目竣工验收情况的通报》（甘工信发〔2013〕335号）和《关于市州上报中小企业发展专项资金项目实施方案及绩效评价情况的通报》（甘工信发〔2013〕354号）。

（五）加快实施中小企业成长工程

为加快中小企业培育，实施中小企业成长工程。加快规模以下工业企业尽快达到规模以上水平，与省统计局合作，督促主营业务收入在500－2000万元之间的中小企业通过技术改造、管理水平提升等多种措施，实现销售收入达到2000万元以上，以进入统计口径。2013年，共有246户工业小微型企业达到规模以上。

（六）继续做好重点中小企业运行监测工作

根据《甘肃省工业和信息化委员会关于印发中小企业运行监测统计工作考核细则的通知》（甘工信发［2012］1072号）和《关于建立全省中小企业民营经济运行情况定期分析制度的通知》（甘工信发〔2011〕66号），加强了对重点中小企业的运行监测工作，提前超额完成了工信部下达甘肃省的全国中小企业生产经营运行监测平台“十二五”末400户的监测企业任务目标，实现对企业基本情况的实时监控。同时，会同省统计局，国家统计局甘肃调查总队，按季度发布《甘肃省工业中小企业运行监测》。

（七）强化招商引资工作

充分利用中国中小企业博览会、APEC中小企业技展会、兰洽会等节会，广泛宣传和推介全省成长性好、发展潜力大、市场竞争力强的中小微型企业和项目，吸引各类投资主体来甘肃投资建设。

三、存在的主要问题和困难

（一）政策落实方面

部分政策设置不尽合理、条件门槛高；政策条款细化不足、实际操作性低；个别部门服务意识不强，政策水平有待高；政策知晓率偏低；涉企隐性收费有增多增重趋势。

（二）融资贷款方面

缺少资金、融资困难依然是中小微型企业目前面临的最大难题，国有银行贷款风险控制严、门槛高、需抵押，导致银行对中小微型企业融资积极性偏低，相应门槛设置过高，企业很难贷到款；小微企业的实际贷款成本接近银行基准利率的两倍甚至更高，增大了经营风险。

（三）技术创新合作方面

企业研发投入能力有限，制约技术创新、转型升级；产学研体制不完善、融合度不够，院企、校企融合合作欠缺，相关平台少；企业技术中心的社会合作度低。企业自有的技术中心担心与外界合作影响自身业务、技术外泄、人员流失等，所以社会合作意愿不强烈。

（四）人才用工方面

企业用工难、招工难、留工难，人员流动性加大；小微型企业的人工培训成本较高，但工人没有辞工成本；特色技能人才青黄不接，相关人才的职业技能认定、职称评定未纳入政府职业认定范围。

（五）企业经营运行方面

生产成本高，原材料、能源价格、物流成本、劳动者工资等生产成本的大幅上涨，产品市场价格倒挂，多数中小微型企业经营压力加大；税费负担重，各种税收、行政事业性收费和其他“隐性费用”，挤占了中小微型企业本已微薄的利润空间；企业内部管理落后，亟需提升管理水平；受大企业效益下滑影响，与大企业协作配套的中小微型企业资金被拖欠，发展困难。

（六）公共服务方面

服务机构整体水平较低、服务手段少；企业接受度低。统计体系不完善，全口径的中小微型企业统计体系还未建立，分析监测比较困难。

四、2014年重点工作安排

2014年中小微型企业工作紧紧围绕“开展扶助小微企业专项行动；建立完善全省中小企业公共服务平台网络”两条主线开展。

（一）继续开展扶助小微企业专项行动

下发《甘肃省工业和信息化委员会关于做好2014年扶助小微企业专项行动有关工作的通知》（甘工信发〔2014〕104号），2014年突出：以“全面提升小微企业自身素质和企业管理水平”为主题，以“强化政策落实，优化服务环境”为重点。

一是督查落实国家和省上已出台各项政策落实情况，适时出台促进中小微企业发展政策措施。3月24日开始对全省14个市州各项政策落实情况进行全面调研，重点督查政策执行过程中出现的“弹簧门”“玻璃门”“旋转门”现象。对制约企业发展的软硬环境问题进行分部门细梳理，适时出台关于进一步优化中小微型企业发展环境的意见。

二是加强政策宣传。将《中小微型企业政策法规汇编》挂入省工信委网站；结合2013年《中华人民共和国中小企业促进法》修改，《甘肃省促进中小企业发展条例》施行5周年，8月份在全省主要媒体重点宣传营造中小微企业发展软硬环境的政策措施。督促各市州“窗口”平台组织不少于1次的中小微型企业政策宣讲活动。

三是帮助企业强化员工素质提高管理水平。督促各市州确定10～20家成长性好的企业作为管理提升重点帮扶企业，各市州中小企业服务机构全年培训员工不少于1000人次。全省树立10家管理提升显著的典型宣传推广。适时召开全省扶助小微企业专项行动现场会，现场交流介绍企业和示范平台经验。

四是加大对中小微企业扶持力度。制定出台《甘肃省专精特新中小企业认定管理办法》，每年认定20户左右行业排头兵的“专精特新”企业。确定300户2014年能够规下上规上的企业，对实际能达规上的企业，按有关规定给予专项奖励贴息支持；督促各市州确定不少于10户成长性好，创新能力强的企业作为重点扶持对象。全省今年重点支持创新型、创业型、劳动密集型及“专精特新”企业100户以上。

五是做好中小企业招商引资及产品推介活动。2013年确定以定西陇药、薯都为题材，以甘南、临夏少数民族用品为特色，办好第八届APEC中小企业技展会。

（二）全面建立完善全省中小企业公共服务平台网络建设

一是加强平台网络建设。全面建成“以1个省级服务平台为枢纽，14个市州和7个产业窗口服务平台为节点，重点县（区、市产业集聚区）综合服务平台为触角，100个省级中小企业公共服务示范平台为支撑”的甘肃省中小企业公共服务体系。督促2013年已批复开工建设9个窗口平台开展工作，督查2015年3月前拟建成13个平台（含枢纽）工作进度。2014年12月份全部平台全面建设完工，2015年4月互联互通，全面运营。

二是加强服务平台考核。按照《甘肃省中小企业公共服务示范平台考核细则》（甘工信发〔2013〕415号），对已认定的82个省级中小企业公共服务示范平台考核，优胜劣汰。同时督促市级236个示范平台加强考核。按照《甘肃省中小企业公共服务示范平台认定和管理暂行办法》（甘工信发〔2013〕414号）新认定一批省级示范平台。配合国家对已认定10户公共服务示范平台的2户进行考核，今年再申报国家级平台2户以上。总结推广1～2户优质服务示范平台经验。

三是加强服务平台资源共享、协同服务。出台全省中小企业公共服务平台网络行为规范、工作流程、统一标识。成立由省、市级示范平台和其它服务机构共同协作配合的全省中小企业服务协会。按照全省统一要求，完成窗口和省级示范平台服务内容、工作量、线上线下服务、服务质量等信息化监督管理。

（三）加强中小微企业运行监测

会同省统计局、甘肃省调查总队，按季度发布《甘肃省工业中小企业运行监测》；在已完成工信部月度“十二五”直接监测我省400户中小企业目标的基础上，甘肃省将工信部监测总数由2013年523户，提高到2014年600户以上，同时对确定的工业规下上规上企业入规情况实现季度监测。

［甘肃省工业和信息化委员会（中小企业局）］

青海省

2013年，针对全省中小微企业普遍面临外部需求疲弱、产品价格低迷、资金紧张、原材料和用工成本上涨等诸多不利因素，省经信委中小企业局紧紧围绕全委中心工作，认真贯彻落实国家和青海省扶持中小微企业各项政策措施，加大对中小微企业项目建设、服务体系建设和工业集中区（创业园）建设的支持力度，积极开展扶助小微企业专项行动和千名干部进企业帮扶活动，全面推进千户中小微企业培育工程，不断优化发展环境，推动中小企业加快转型升级步伐，有力促进了中小微企业的稳步健康发展。

一、2013年主要工作开展情况

（一）完善政策措施，优化发展环境

为进一步贯彻落实国家和青海省扶持中小微企业各项政策措施，不断加大中小微企业扶持力度，牵头起草了《青海省千家中小微企业培育工程实施意见》（青政办〔2013〕231号）。通过加大财税金融扶持力度，充实完善服务网络，引导带动服务资源，优化发展环境，重点支持培育1000户科技型、成长型中小微企业走“专精特新”和与大企业、大项目协作配套发展的道路，为全省调整经济结构、优化产业布局、激发经济活力、促进社会和谐发挥积极的推动作用。经过培育，到2013年底，千户培育企业从业人员达到8万人，平均每户企业80人；销售收入达到323亿元，比上年同期增长22.8%。

（二）开展帮扶活动，解决实际困难

根据省委党的群众路线教育实践活动领导小组制定的《青海省万名干部下基层行动方案》要求，结合全省扶助小微企业专项行动工作，制定了《关于组织机关干部深入企业开展帮扶活动的方案》，依据方案抽调1000名干部职工，深入企业一线开展面对面帮扶工作。发放《青海省中小微企业政策百问百答》5000余册，组织开展小微企业负责人培训班4期260人/次。据不完全统计，各工作组对深入帮扶的1200户企业普遍存在的困难和问题进行了摸排，共梳理问题539个，其中涉及金融方面的210件，水电路方面的53件，企业用地方面的68件，人才方面的80件，需资金扶持74件，其他方面的54件。经帮扶工作组协调解决254件；省级部门正在协调解决106件；尚待协调解决的问题179件。

信贷融资和财税支持方面。各工作组积极开展银企对接、项目推介等活动，帮助企业完善财务制度和担保手续，衔接落实信贷资金 5.4 亿元；解决政策扶持资金 3.2 亿元。企业减负方面。各工作组帮助清理行政性收费，税务部门累计减免小微企业各类税收2700 多万元，减免注册登记费及变更登记费 74 万元，并从放宽市场准入条件、降低创业成本等方面优化了小微企业的发展环境。

（三）加快服务体系建设，推动中小企业发展

根据青海省中小微企业发展实际，编制了《青海省中小微企业公共服务网络平台建设方案》，及时上报国家工信部和财政部，积极争取国家专项资金对我省中小微企业公共服务网络平台建设的支持，方案已获得工信部批准，正在积极落实省级网络平台建设场地，调整建设方案，计划近期组织建设实施。

鼓励和支持融资担保机构增强对中小微企业的融资担保服务能力和水平。据统计，截至 2013 年底，全省经批准设立的融资性担保机构共 71 家，注册资本 97.19 亿元。其中，开展融资性担保业务，并通过国家工信部中小微企业信用担保业务信息报送系统上报业务信息的担保机构有 38 家，注册资金 48.5 亿元。2013 年底，正常开展业务的 38 家担保机构新增担保额 155.05 亿元，为 4561 户中小微企业和个体工商户提供了贷款担保，其中：为 2995 家中小微企业提供贷款担保 64.47 亿元，为 1566 户个体工商户提供贷款担保 3.21 亿元。累计提取未到期责任准备和担保赔偿准备金 7.43 亿元，比上年末增加 2.08 亿元。在保责任余额 197.33 亿元，保费收入 2.95 亿元，净利润 0.74 亿元。随着全省中小微企业融资担保体系的不断完善，以及融资担保机构的健康有序发展，大批中小微企业的产品、技术、设备等有形资产或无形资产的价值得到充分运用和盘活，成为融资贷款的担当物和增信工具，对缓解中小微企业融资难，推动全省中小微企业稳步健康发展发挥了积极的作用。

认真开展 2013 年度国家中小微企业公共服务示范平台申报工作，组织专家对申请单位的申报材料进行了严格细致的审核，并上报工信部。全省有 1 户符合申报条件、具有示范作用和可持续发展能力的服务机构获得国家中小微企业公共服务示范平台称号。截至 2013 年底，全省已有 6 个国家级中小微企业公共服务示范平台，将对促进全省中小微企业服务水平的全面提升发挥积极作用。

（四）创新项目管理方式，加大资金支持力度

为进一步提高中小微企业发展专项资金使用效益，尽早掌握全省中小微企业项目建设情况，积极创新项目申报方式，采取提前储备、实地查看和专家评审相结合的方式审查项目，确保项目的可行性、真实性和专项资金效益的最大化。2013 年，安排省级中小微企业发展专项资金 13870 万元，支持中小微企业固定资产项目建设、服务体系建设和中小微企业融资担保机构扩充融资担保能力，其中：安排 5370 万元，对省内 147 个中小微企业固定资产建设项目给予了支持。147 个项目总投资 26 亿元，固定资产投资 20.7 亿元，达产后年可实现销售收入 89.5 亿元，新增利税 8.5 亿元，新增就业 9000 余人；安排 2500 万元，支持省内创业基地、孵化园及中小微企业公共服务网络平台“窗口”单位提升服务能力和水平；安排 6000 万元，支持 22 家中小微企业融资担保机构扩充担保能力，对于有效缓解中小微企业融资难问题发挥了积极作用。

积极争取国家专项资金 6953 万元，对全省 72 个中小微企业固定资产建设项目、9 家融资担保机构、6 家中小微企业服务机构和中小微企业服务平台网络建设给予支持。其中 72 个固定资产建设项目总投资 18.7 亿元，固定资产投资 15 亿元，达产后年可实现销售收入 62.24 亿元，新增利税 6.4 亿元，新增就业 7464 人。

（五）加强项目监督管理，发挥专项资金助推效益

为全面掌握全省中小微企业发展专项资金支持项目实施和专项资金使用情况，进一步加强项目监督管理，切实提高财政专项资金使用效益，会同各地中小微企业主管部门和相关单位，对 2010 年至 2012 年期间获得国家和省级中小微企业发展专项资金支持的各类项目进行检查。检查涉及 2010 年至 2012 年期间的各类中小微企业项目 534 个，涉及专项资金总额 2.7 亿元，检查工作采取各地区自查和重点抽查相结合的方式开展。同时，对检查中发现的主要问题，深入分析原因，认真总结经验，查找不足，督促各地中小微企业管理部门采取有力措施整改落实，取得了良好效果。对于保证财政专项资金安全高效使用，增强各级中小微企业管理部门和项目实施单位对项目和资金的监管意识，严格履行项目监管职责发挥了积极作用。

（六）推动交流合作，实现共同发展

为推动对口援青省市与全省中小微企业交流合作，实现优势互补，共同发展，国家工信部与青海省政府共同组织召开了支持青海中小微企业加快发展座谈会，根据工作安排，及时与青洽会组委会相关部门衔接，并会同工信部中小微企业司及时组织筹备召开支持青海中小微企业加快发展座谈会，完成了会议组织方案、会议材料的起草和印刷等各项会议筹备前期工作。为了确保会议取得实效，签订了对口援青海省市中小微企业管理部门战略合作协议，对促进协议双方中小微企业深入开展交流合作，实现合作共赢奠定坚实的基础，会议取得圆满成功。

（七）积极拓展发展空间，增强企业发展后劲

9 月 25～28 日，省政府郝鹏省长亲自带队，省直有关部门及新闻媒体等组成政府代表团，青海春天药用资源科技利用公司、青海昆仑山矿泉水有限公司等 32 户有较高市场知名度、成长性较好，能够体现青海特色和形象的企业组成经贸代表团参加第十届中博会。参展的主要产品有：冬虫夏草、昆仑玉、沙棘油、枸杞系列制品、藏毯等特色民族工艺品，以及多晶硅料、单晶硅锭、电解铜箔等高新技术产品，共计六大类、120 余种产品。与往届相比，在展位数未变的情况下，参展企业及产品增加 3 倍多。

（八）加强人力资源保障，提升企业核心竞争力

为不断提高全省中小微企业经营管理水平，提升企业创新能力和发展能力，积极组织开展中小微企业人才培训工作，先后举办培训班7期，培训企业相关人员1200余人次，培训内容涉及中小微企业发展宏观经济政策、人力资源管理、经营战略、上市融资、企业信息化基础知识和职业经理人素质培训等诸多方面；为进一步加强与省外企业沟通交流，借鉴优秀企业管理经验，开拓全省中小企业管理人员的视野和思路，不断提高中小微企业管理水平，推进省内经济社会又好又快发展，组织省内部分优秀企业家赴山东寿光蔬菜科技博览园，雷沃重工集团，诸城得利斯集团、桑莎集团、青岛海信集团、海尔集团及青岛啤酒集团等七家国内、国际知名企业考察学习，取得良好效果；按照工信部、教育部统一部署，会同省教育厅及时下发通知，组织各相关单位开展2013年全国中小微企业网上百日招聘高校毕业生活动；会同省人社厅等相关部门，共同组织举办了2013青海重点项目、重点企业和民营企业招聘周活动。

（九）其他工作

为做好柴达木循环经济试验区青海盐湖金属镁一体化项目中小微企业配套产业园规划和建设工作，邀请省化工设计研究院、省盐湖研究所和盐湖机电公司等相关单位专家，组成专项工作调研组，赴海西州格尔木市开展调研，并研究明确了配套产业园规划建设的相关事宜；根据工信部通知要求，完成了对《中小微企业促进法》修订意见的征集、汇总和上报工作；组织开展了中小微企业信用担保机构免征营业税申报工作，指导和帮助担保机构完善申报资料；9月10日，青海省经济委员会和中国农业银行青海省分行正式签署了《中小微企业金融服务战略合作协议》，通过发挥职能作用、创新服务方式、改善服务环境等多种有效措施，在开展中小微企业金融服务、培育优质中小微企业群体、建立长效合作机制等多个方面积极开展合作；组织部分中小微企业融资担保公司和服务机构，参加了由中国中小微企业协会和中国高新技术产业开发区协会共同举办的2013年中国中小微企业投融资交易会。

随着国家和青海省支持中小微企业发展各项政策措施的深入贯彻落实，将有力推动全省中小微企业加快技术创新和转型升级步伐，全面提升综合竞争力和可持续发展能力，中小微企业必将迎来一个新的历史发展机遇期。小微企业的长足进步，也将为我省经济和社会各项事业的健康快速发展不断注入新的活力。

二、2014年中小微企业发展面临的形势

2014年，全省中小微企业面临着机遇与挑战并存的局面，能否主动抓住机遇，积极应对困难，将是推动全省中小企业又好又快发展的关键所在。

（一）面临的机遇

（1）政策机遇。党的十八届三中全会释放了政策红利，为中小企业发展创造了新的机遇，从趋势上来看，明确公有制和非公有制在我国经济社会中的基础地位、明确市场在资源配置中起决定作用以及统一的市场准入制度等，将给包括中小企业在内的民营资本释放更多政策红利。《全面深化改革若干重大问题的决定》指出，公有制经济和非公有制经济都是社会主义市场经济的重要组成部分，都是我国经济社会发展的重要基础，从产权保护制度、发展混合所有制经济、支持非公有制经济健康发展等方面，提出要坚持权利平等、机会平等、规则平等，这些为中小企业发展提供了制度保障。这些规定从制度上解决了民营资本的身份、待遇问题，中小企业将有更多的机会与国有企业同台竞争。

随着国家和全省扶持中小企业发展一系列政策措施的深入贯彻落实，中小企业面临的经济运行制度环境和要素质量、指标体系等将越来越健全，企业可以更加专注于自身发展，并获得更多的市场份额和待遇。

（2）历史机遇。随着全球信息化的高速发展，以信息化为纽带的经济高速发展已经超越了历史任何一个时期，信息化的高速发展将对中小企业的生存和竞争环境产生巨大影响，将积极推动产业结构调整和产业优化升级，通过企业信息化建设和电子商务的广泛应用，中小企业信息技术应用水平和现代化管理水平得以快速提升，技术创新能力和市场竞争力不断增强，企业的发展空间进一步拓展，发展源动力得到全面提升，广大中小企业必将迎来一个新的历史机遇期。

（二）面临的主要问题

（1）融资难仍是主要制约因素。中小微企业资金紧张状态亟待解决，经营业绩的下滑导致融资难度进一步增大，企业往来账户中三角债现象比较严重，流动资金紧缺的局面仍将持续。

（2）产品库存持续上升，盈利能力降低。2014年，中小企业的库存还将上升，将会进一步加剧流动资金紧缺的困境。同时，生产成本和管理成本持续上升，企业盈利水平不断下滑，造成企业组织生产积极性不足，也将导致市场份额下降和销量下滑。

（3）固定资产投资意愿减弱。由于融资难和市场需求等客观因素影响，中小微企业投资意愿和投资能力不断下降。

（4）企业用工矛盾短时期无法得到根本解决。青海省大部分地区人口少，劳动力资源严重不足，加之生活条件较为艰苦，导致吸引和集聚人才的政策环境、创业环境、生活环境竞争力不强，企业工人的流动性很大，用工成本高、招工难的问题十分突出，特别是高层次的科技研发人才、经营管理人才和工程预算、安全生产、盐湖化工、环境科学等专业高层次技术型人才及具有一定技能的产业熟练工人紧缺，已成为制约企业的发展瓶颈问题。

三、2014年工作思路及工作重点

（一）工作思路

深入贯彻落实国家和全省扶持小微企业各项政策措施，以推动中小企业转型升级和建立完善中小

企业服务体系为重点，围绕千家中小微企业培育工程，把培育“专精特新”企业作为创新转型的重要抓手，努力推动服务平台网络建设，不断优化发展环境，激发市场主体活力，促进中小企业持续快速发展。

（二）2014 年工作目标

——非公有制经济占全省经济总量比重增加 1 个百分点；

——千家培育企业主营业务收入年均增幅超过 20%；

——争取国家中小企业发展专项资金比上年增长 2%；

——向双百行动输送培育企业 20 户以上；

——新增成长型小微企业 1000 户以上，同时抓好规下企业的培育和运行监测；

——新建立 3 个国家级和 5 个省级中小企业公共服务示范平台。

（三）工作重点

（1）强化政策扶持和引导。研究出台鼓励非公经济、中小微企业发展的新措施，争取设立青海省中小企业发展基金，制定出台《关于加快推进中小企业服务体系建设的意见》等意见措施。加大对创新型、科技型、成长型中小微企业以及服务体系建设的支持力度。各级财政专项资金用于千家企业培育工程的比例不低于 60%；创新专项资金支持方式，切实提高专项资金使用效率。

（2）促进中小微企业集群发展。继续实行财政税收扶持政策，支持各地建设特色产业园，搭建科技研发、标准检验、融资担保、技术支持、产品展示等公共服务平台。重点抓好 10 个中小企业集中区建设，培育壮大中小微企业群体，促进集群化发展。

（3）深入实施千户企业培育工程。加快建立省内大、中、小、微企业产业配套机制，促进中小微企业等非公有制经济进入生产性服务领域，抓好规模以下新生企业培育。省级层面重点培育年销售收入超亿元的成长型企业；各市（州）层面重点扶持销售超千万元企业成长为亿元企业；县（区）层面突出抓好规下企业的扶持培育。

（4）加强服务体系建设。启动省信息枢纽平台，加快 7 个综合窗口服务平台和 9 个重点产业集聚区窗口服务平台建设；着力提升现有各类创业园、创业基地、孵化器整体创业服务能力。鼓励和支持三大园区、创业园和中小微企业集聚区建设为专业化及综合性服务平台，对被认定为国家中小企业公共服务示范平台的机构，给予一次性奖励。

（5）缓解企业融资难问题。加大银行业金融机构与企业的衔接力度，对为千户培育企业提供贷款担保业务的机构予以专项资金倾斜支持；鼓励企业通过发行集合债券、短期融资债券等方式实现直接融资；在多层次资本交易市场新增股权交易挂牌企业 5 户。鼓励各金融机构盘活信贷存量、优化增量，将全年新增贷款部分和“高耗能、高污染”贷款到期回收部分主要用于支持小微企业发展。全年小微企业贷款增速不低于当年各项贷款平均增速、贷款增量不低于上年同期水平。

（6）加强人才队伍建设。建立中小企业人力资源信息库，探索机关事业单位干部到中小企业任职机制。完善职业经理人引进与培育政策，支持企业与大专院校开展实训基地合作，全年完成 2000 人次培训任务。

（7）切实减轻企业负担。全面落实国家和省已取消、免征、降低行政事业性收费的各项规定，同时进一步清理、减免我省现有行政事业性收费。严格执行税收征收管理法律法规，严禁违规向企业提前征税或者摊派税款。精简对企业的检查、达标、评比活动，禁止各类摊派行为。

（青海省经济和信息化委员会中小企业发展局）

宁夏回族自治区

一、2013 年宁夏中小企业发展概况

截至 2013 年底，全区有中小微企业 5.92 万户，占各类企业总数的 99.6 %，从业人员约 90 万人，占全区就业人数的 70% 以上；在一、二、三次产业中，中小企业分别占 11.7%、19.3%、69%。我区中小企业发展相对集中，从登记注册类型看，大多为非公企业，占全区非公企业总数的近 80%；从行业分布看，主要集中在批发和零售业、制造业、租赁和商务服务业、广告业、建筑业等 5 个行业，占全区中小企业总数的 83%；从地域分布看，大多集聚在经济基础较为雄厚、资源相对丰富的沿黄城市带，全区 5 个地级市中，银川和石嘴山分别占全区中小企业总数的 58% 和 11.5% ，其他 3 个地市占比都在 10% 以下。

工业领域中，中小企业 4450 户，占全部企业的 96.7%；从业人员 13.5 万人，占工业企业从业人数的 73%。2013 年，全区规模以上工业中小企业有 886 户，完成工业增加值 364.3 亿元，同比增长 13%；实现主营业务收入 1358.23 亿元，同比增长 14%，占规模以上工业主营业务收入的 40%；实现利润 56.61 亿元，同比增长 122% ；上缴税金 36.51 亿元，同比增长 19.3%。

二、2013 年宁夏非公有制经济发展概况

近年来，区非公有制经济总量规模不断扩大，经营领域不断拓展，转型升级步伐加快，在发展社会生产力、扩大劳动就业、增加财政收入等方面都发挥了重要的支撑拉动作用。我区非公有制经济发展总体上呈现出如下特点：

（一）经济总量持续增加

根据调查数据测算，2013 年全区非公有制经济实现增加值 1246.6 亿元，同比增长 10.23%，占全区生产总值的比重达到 48.6%，对全区经济增长的

贡献率为50.5%。2009～2013年，非公有制经济增加值年均增速13.2%。从地区看，银川市非公有制经济比重占全区首位，其他依次排序为石嘴山市、吴忠市、中卫市、固原市。全区非公有制经济投资稳步增长，2013年完成固定资产投资1538.01亿元，占全社会固定资产投资的57.36%，增长24.7%，其中，民间投资1514.75亿元，增长26.8%。

（二）产业结构逐步优化

非公有制经济已遍布宁夏国民经济16个门类中90%以上的行业。根据调查数据测算，2013年全区非公有制经济三次产业分别实现增加值61.08亿元、678.2亿元和507.4亿元，三次产业增加值构成由2011年的4.9：56.9：38.2调整为2013年的4.9：54.4：40.7。2013年全区规模以上非公有制工业完成工业增加值359.9亿元，同比增长16.3%，增速比全区规模以上工业平均水平高3.8个百分点，占全部规上工业的39.67%。规模以下工业（主营业务收入2000万元以下工业企业和个体经营单位）完成现价工业总产值186亿元，实现工业增加值62.9亿元，可比价增长8.0%，增幅居西北五省第4位。从调查测算情况看，第三产业中交通运输业、批发零售业、房地产业等传统产业领域占比较高，而金融、科技教育、信息技术、新型商务服务、文化创意和公共服务等新兴行业的发展相对滞后。交通运输、仓储物流、批发零售、房地产和住宿餐饮合计占到非公经济三次产业总量的75.18%，金融业仅占0.39%。

（三）企业数量和规模不断壮大

全区已形成民营经济为主、外商投资、股份制等多种经济类型共同发展的格局。截至2013年末，全区注册个体工商户24.4万户，比上年增长10.9%。年末全区注册登记外商投资法人企业累计161家，中外合资企业占50.3%。经测算，全区共有非公有制经济单位约36.4万个，其中：非公有制法人单位4.18万户，占全区法人单位数的86.0%，比上年同期新增4300户，同比增长11.5%。规模以上非公有制工业企业819家，占全区规模以上工业企业的87.6%，比上年增长8.6%；年销售额亿元以上的企业731户，超10亿的企业27户。规模以下工业企业单位3115个，与上年同期相比，企业数量增加了369个，增长13.4%。全区50户重点工业企业中，非公有制企业有37户。2013年“宁夏企业100强”，有74户非有制企业入围。宝塔石化、天元锰业、宝丰集团进入2013年中国民企500强，伊品集团进入中国轻工业100强，中银集团进入中国毛纺工业10强。宁夏红枸杞产业集团有限公司获得首届自治区政府质量奖。

（四）社会贡献日益突出

从调查数据测算看，2013年全区非公有制经济实现税收收入330.58亿元，占全部税收总额的72.9%，同比增长14.7%，对全区税收收入的贡献率为82.4%。全区非公有制经济法人单位从业人员85.5万人，比上年增长6.0%，占全部法人单位从业人员的66.0%。非公有制企业已成为吸纳就业的主要力量。

（五）开放型经济发展活跃

2013年，全区非公有制企业实现进出口总额24.67亿美元，占全区进出口总额的76.7%，同比增长77.8%。其中：民营企业实现进出口总额21.2亿美元，同比增长96.3%，占全区非公有制企业的85.93%；外商投资企业实现进出口总额3.5亿美元，同比增长6.4%，占全区非公有制企业的10.8%。全年实际利用外资2.04亿美元，比上年下降41.4%。其中，实际利用外商直接投资1.48亿美元，下降32.1%。全区新批准外商直接投资项目21个，合同外资金额3.83亿美元。其中，制造业签订利用外商直接投资项目6个，合同额2.97亿美元。

（六）创新能力日益增强

2013年，全区认定的53家高新技术企业中，非公有制企业45家，占84.9%；67个国家级、自治区级企业（集团）技术中心中，非公有制企业有55个，占82.1%；科技型中小企业154家，96%是非公有制企业。2011～2013年，全区共登记企业科技成果149件，其中非公有制企业成果数110项，占登记企业科技成果73.85%，占全区登记科技成果的15.9%。

三、2013年的主要工作

（一）出台并落实优惠政策，促进非公有制经济快速发展

（1）召开全区发展非公有制经济千人大会。自治区党委、政府对242个非公经济优秀企业（家）和33个工作先进单位进行了表彰。出台了《自治区党委、人民政府关于加快发展非公有制经济的若干意见》（宁党发〔2013〕7号，以下简称《若干意见》），从放开投资领域、放宽准入条件、创新金融服务、加大财政扶持、减轻税费负担、健全服务体系、加强组织领导等七个方面共39条支持非公经济发展。

（2）制定分工落实方案。对《若干意见》中40项重点任务进行了分解，涉及自治区43个部门，要求限期制定具体办法、措施和操作规程。并配合自治区党委督查室2次对各地、各部门落实《若干意见》进行督察，与部分市县非公有制企业负责人就享受非公有制经济政策情况进了座谈交流；逐项汇编各地、各部门具体落实方案、措施及办法，进行解读。

（3）清理企业负担。开展了企业发展环境和企业负担调查活动，会同财政厅清理规范涉企收费，取消34项，免征8项，减免小微企业的水利建设基金、地方教育附加两项政府性基金，进一步减轻了企业负担；梳理目前涉及工业和信息化领域的行政审批事项458项，正在研究向有关部门提出清理或下放意见。

（4）强化管理职能。自治区经信委整合行政和事业单位职能，组建了强化中小企业服务临时机构——中小微企业联合服务办公室，下设产业发展指导组、融资服务组、诚信与信息服务组、政策法规服务组、中小微企业担保中心、创业孵化中心、技术交易中心（简称4组3中心），通过专业化分工，细化服务责任，帮助企业化解难题。在年底政府机构改革中，撤销自治区轻纺工业局、自治区农牧厅乡镇企业局、自治区经信委中小企业处，新组建自治区非公有制经济服务局，负责全区中小企业和非公有制经济的宏观指导、综合协调和服务工作。

（5）加大宣传力度。会同自治区党委宣传部下发了《关于印发加快推进非公有制经济发展宣传工作方案的通知》（宁宣发〔2013〕74号），配合办好《活力经济》栏目，目前已开播25期，组织协调中央驻宁和自治区主要媒体，开展“百家非公企业、百名民营企业家”的宣传活动，组织8家新闻单位对“中宁现象”进行专题采访，刊发内参5篇，各类新闻稿件近100篇，重点报道12篇；在央视7台、宁夏公共频道、经济频道、卫视频道宣传优势中小企业。

（二）推动转型升级，加快中小企业成长壮大

（1）开展“扶助小微企业专项行动”。按照工信部安排部署，制定了我区《小微企业专项行动实施方案》，从强化政策落实力度、大力实施百千工程、健全服务体系支撑、创新融资服务、加大财政扶持、改善企业发展环境等六个方面扶助小微企业加快发展；

（2）继续推动“百家成长千家培育”工程。联合财政、统计、发改、科技、环保、税务等部门评价认定了2013年自治区中小企业“百家成长千家培育”入选企业共1253户（其中百家成长企业110户），覆盖了全区30%的工业中小企业。召开了2013年百千工程工作大会，发布2013年百家成长企业名单，通报了2012年百千工程实施情况；表彰了14户成长进位企业；制定下发了《2013年工作计划》，继续会同财政厅、银监局等部门落实百家成长千家培育工程各项优惠政策，促进“百千企业”发展；

（3）完善运行监测。在现有百家企业运行监测平台的基础上，建立了“百千企业”信息报送制度。建立中小企业优势产业项目库，为首届中阿中小企业合作论坛做好优势对接项目储备；配合统计局建立中小微企业和非公经济监测体系；

（4）加大资金支持。调整国家中小企业发展专项资金项目支持方向，在年初储备的449个项目基础上，重点筛选了科技创新、信息化应用、结构调整、服务体系建设项目，经实地查验、专家评审、处级联席会和主任办公会研究、工信部和财政部审批后，最终确定支持54个优势项目，下达国家中小企业发展专项资金4037万元。

（三）强化各项服务，建设中小企业公共服务平台网络

（1）继续推动自治区中小企业公共服务平台网络体系建设。编制了《宁夏中小企业公共服务平台网络建设方案》，建设168中小企业公共服务平台网络体系，并获得工信部和财政部批复。计划通过3年时间，建设1个以自治区级服务平台为核心枢纽，与分布在全区6个地市综合窗口服务平台和8个重点产业集群及中小企业集聚区窗口服务平台网络体系，实现互联互通，为中小企微企业提供产业指导、法律咨询、融资策划、市场拓展、信息技术、创业培训等服务。

（2）积极争取国家和自治区资金支持。已争取国家中小企业发专专项资金4037万元，支持项目54个；国家中小企业服务体系专项资金110万元，支持项目6个；国家中小企业信用担保体系资金730万元，支持项目4个。自治区工业发展专项资金2000万元，支持项目近30个。上报宁夏恒大担保公司争取国家担保机构免征营业税，宁夏建材研究院和宁夏三木创业园服务有限公司获第三批国家级中小企业公共服务示范平台。

（3）继续开展网上百日招聘高校毕业生活动。在2013年全国中小企业网上百日招聘活动中，通过网络多种宣传招聘，方式活动，为我区中小企业发布招聘用人信息，共发布企业319家、提供工作岗位1002个、需求人数7456人。同时，积极做好中小企业培训工作。截至目前，国家中小企业银河培训和自治区中小企业星光培训已累计培训4500人。

（四）拓宽融资渠道，缓解中小企业融资难题

（1）推动中小企业股权融资。积极引进天津股权交易所来宁开展中小企业场外股权交易，组建设立工作机构；推荐支持区内中小企业在天津股权交易所挂牌上市，开展股权融资，目前已有12家企业挂牌上市，累计实现融资1.97亿元。

（2）支持企业发行中小企业集合票据。积极协调中国东方资产管理公司、中国银行，推动吴忠仪表和大河机床发行1.6亿元中小企业集合票据；积极推动区域中小企业集优债发行，自治区拟设立5000万元担保资金。

（3）继续推动银政企合作。收集中小企业特别是百家中小企业融资需求，向各金融机构推荐优势特色企业；开始建立中小微企业融资在线服务联盟，拓宽企业融资渠道；与银监等部门共同对银行业金融机构乱收费进行检查；与中信银行等金融机构合作，研究整合支持工业发展资金，成立产业投融资平台；积极与财政沟通，拟设立宁夏中小企业发展基金和中小企业发展专项资金。

（五）扩大对外交流，积极组织参加各类展会论坛

（1）召开首届中阿中小企业合作论坛。由工业和信息化部、自治区政府和阿拉伯工业发展和矿业组共同举办。来自阿盟各成员国、区内外嘉宾、中小企业代表参会人数达300人。论坛建立并开通中阿中小企业合作平台网站和中阿工业品在线博览会网站；收集整理自治区4大类35个优势产业对接项目向阿拉伯工业发展和矿业组织进行推介。

（2）拓展国内市场。联合广东侨办、自治区侨办、平罗县政府在广州举办“宁夏重点产业项目暨侨商科技产业园投资推介会”，共向130户侨商推介13个重点优势项目；与宁东基地管委会、中国石油化工协会共同举办了第八届“海峡两岸石油化工大会”。组织宁夏巨能机器人系统有限公司、宁夏红枸杞产业集团有限公司、宁夏民依科技有限公司等15

家优势特色中小企业参加了第十届中国国际中小企业博览会。

四、宁夏中小企业和非公有制经济发展存在的主要问题

（一）融资难、融资贵问题尤为突出

80%的小微企业由于规模小、信用度不高、信息透明度低、可抵押财产少等因素影响，难以获得信贷支持。中小企业通过国有商业银行融资的平均利率为8%左右，通过股份制银行融资利率超过10%，民间借贷普遍在20%以上，企业贷款成本较高。担保机构建设起步晚、发展慢，规模小、数量少、担保能力和盈利能力普遍较弱，难以满足中小企业担保需求。再担保体系不完善，还没有形成科学合理的风险共担机制。区内资本市场发育不健全，中小企业融资主要依赖银行信贷和民间借贷，直接融资渠道较少。

（二）企业负担偏重

工信部运行局2013年8月发布的《地方企业负担评价报告》显示，宁夏企业负担综合指数为1.286，虽低于西部地区平均指数（1.36），但在调查的30个省份中排名第25位，仍属于企业负担较重的省区。与其他省区对比，还有很大的减负空间。

（三）企业经营成本压力加大

从对全区中小微企业发展情况调研统计结果看，76.44%的中小企业反映成本增加，62.15%的企业反映劳动力成本上升，38.70%的企业反映原材料成本增加，34.18%的企业反映市场萎缩。

（四）服务体系不够健全

各地对服务体系建设重视程度不够，政府主导的区市县综合服务体系链条不完整。社会化中小企业服务机构发育不足，服务内容单一，服务范围较窄，缺乏综合性服务人才和服务品牌，尚未形成统一完善的中小企业社会化服务体系和综合协调机制。专业化服务机构较少，在信用担保、创业辅导、技术支持、信息服务、人才培训、管理咨询、交流合作等方面的服务能力和水平非常有限。

（宁夏回族自治区非公有制经济服务局）

新疆维吾尔自治区

2013年新疆中小企业主要工作

（一）进一步完善扶持中小微企业发展的政策法规

一是制定扶助小微企业发展专项行动方案。按照工信部《关于开展扶助小微企业专项行动的通知》的要求，制定并下发了《自治区扶助小微企业专项行动实施方案》（新经信企业［2013］118号），确定工作目标，细化工作内容，完善保障措施，明确责任分工，加强组织领导。

二是出台《关于进一步支持小型微型企业健康发展的实施意见》。为贯彻落实《国务院关于进一步支持小型微型企业健康发展的意见》（国发［2012］14号）。2013年5月自治区人民政府出台了《关于进一步支持小型微型企业健康发展的实施意见》（新政发［2013］52号），涉及财政资金支持、税收优惠政策、金融支持、帮助小型微型企业开拓市场等十个方面内容。召开了《自治区关于进一步支持小型微型企业健康发展的实施意见》宣贯会，并将实施意见编印成册5000本，免费发送中小微企业。

三是出台配套政策促进中小微企业服务体系建设。出台《新疆中小企业服务体系建设指导意见》（新经信企业［2013］168号），和《新疆小企业创业基地管理办法》（新经信企业［2013］164号）。两个配套文件的出台，对各地州市县开展中小企业服务体系建设工作发挥了很好的指导作用。

（二）加大财政资金支持力度

一是加大财政资金支持额度。2013年自治区中小企业发展专项资金增至1.728亿元，比上年增长20%。其中支持固定资产投资类项目280个12118万元，支持中小企业服务体系建设项目125个5051万元。

二是扩大财政资金支持范围。2013年重点对创业型、创新型、劳动密集型的小微企业给予支持，对金融机构为小微企业在500万元以下的贷款给予奖励。

三是对近年来获得扶持的300户成长性中小微企业项目进行监督检查，掌握项目进展情况，确保项目按期投产见效。

（三）扎实做好自治区中小企业公共服务平台网络建设工作

一是制定并上报了《新疆中小企业公共服务平台网络建设总体方案》，获得工信部批复。计划用3年时间，建成以枢纽平台为中心，8个地州市综合服务窗口平台以及18个产业集群窗口服务平台为支点的资源共享、服务协同、覆盖全疆的中小企业公共服务平台网络。

二是召开了全区中小企业公共服务平台网络建设座谈会。对自治区中小企业公共服务平台网络建设工作进行了宣传动员，安排部署。

三是开展学习考察。到江西、浙江及陕西三省对中小企业公共服务平台网络建设工作进行了专题考察，进一步理清了思路，明确了目标，完善了方案，推动了工作。

四是对“枢扭”平台、26个窗口平台逐一调研，进一步确认服务能力，督促提高服务水平。

五是草拟了《新疆中小企业公共服务平台网络建设工作方案》《新疆中小企业公共服务平台网络建设项目管理办法》及《新疆中小企业公共服务平台网络窗口平台项目建设指南》，在修订中，计划年底出台。

（四）加强服务体系建设工作

一是组织开展了自治区中小企业公共服务示范

平台认定工作，对各地州市申报的26个项目，通过专家评审和公示，确定2013年自治区中小企业公共服务示范平台16家，其中推荐申请第三批国家级示范平台7家。

二是推动小企业创业。根据工信部要求，积极开展自治区中小企业创业情况调研工作，起草《自治区中小企业创业发展报告》，摸清了情况，分析存在的问题，为2014年开展全区中小企业创业就业工作奠定了基础。

三是积极为中小企业走出去搭建平台。自治区组成由自治区政协副主席李湘林任团长、自治区经信委主任胡开江任副团长的新疆代表团，带领70多家企业220多人参加第十届中国国际中小企业博览会。参展产品涉及石油、化工、建材、通信、农用机械、电力产品及特色林果、农产品深加工、民族手工艺品等70多个，开展贸易洽谈合作项目16个，共签订意向协议4.8亿元。

四是加强区中小微企业的统计运行监测工作。2013年以来，我们加强了与自治区统计局合作，编写了《2012年度新疆中小微企业发展报告》，每月对全疆规模以上中小工业企业、“双百企业”运行情况进行统计分析，向自治区政府及有关部门通报情况，提供决策依据。

（五）搭建平台营造中小微企业发展的良好氛围

一是搭建《新疆企业之声》节目平台。2013年年初自治区经信委和新疆人民广播电台共同搭建了新疆中小微企业宣传服务平台，旨在为企业送政策、送服务、送温暖，发挥政府和企业之间的桥梁和纽带作用，营造发展环境，每天邀请小微企业家走进广播电台直播间访谈，目前已有290多家优秀的小微企业家免费请进直播室，现场交流、宣传企业。

二是积极开展小微企业地州行活动。新疆广播电台直播车走进昌吉州、伊犁州开展五场大型直播活动，扩大宣传，企业反映效果好。

三是创刊发行新疆中小企业期刊（季刊）和中小企业（月刊），为小微企业提供工作要情、政策咨询、企业动态、创业创新、融资服务、银河培训、运行监测等信息服务。

（六）拓宽融资渠道做好银企对接

一是积极开展中小企业流动资金需求调查。下发了中小企业流动资金调查通知，摸清了全区中小企业流动资金需求情况。

二是搜集汇总了全区金融机构中小微企业的金融产品和金融政策，汇集成册。积极召开中小微企业银企对接会，有4家银行与8家企业签约贷款2.77亿元。

三是组织30家中小企业参加了自治区政协举办的“新疆金融创新与实践”论坛，听取企业对金融政策创新、制度创新、产品创新、服务创新的需求，努力缓解中小微企业融资难。

四是创新融资方式。与新疆股权交易中心、天山农商行对长春市股权交易中心进行考察，共同探索股权融资模式，积极拓宽中小企业融资渠道。

（七）加快担保体系建设

一是完成了全区融资性担保机构业务信息的统计报送工作，起草了“新疆中小企业融资担保行业运营情况报告”。

二是对全疆符合条件的38户担保机构补助资金2000万元。筛选12户担保机构申请国家担保资金补助2540万元。

三是组织召开自治区中小企业信用担保行业座谈会，总结工作、交流经验、研究对策、部署工作。组织业绩突出的乌鲁木齐、昌吉州担保机构参加自治区《小微企业实施意见》政策贯会、银企座谈会及其他有关会议，开拓担保机构的视野，不断增强担保能力。对10各地州20多家担保机构开展调研，起草了《自治区中小企业担保行业发展调研报告》。

（八）大力开展银河培训工作

一是实施中小企业银河培训工程。采取请进来和走下去、集中和分片相结合的方式，培训中小微企业经营管理人员、领军人才等6000人，涉及7个地州。

二是创新培训模式，积极和浙江中小企业培训中心合作，选派了30名优秀的中小微企业服务机构人员赴浙江学习培训。

（新疆维吾尔自治区经济和信息化委员会企业处）

大连市

2013年大连市中小企业发展情况

2013年，围绕全年目标任务，我们积极加强中小企业经济运行监测，科学研判，攻坚克难，积极化解经济下行压力。在宏观经济形势不利的状况下，市中小企业继续保持了平稳增长，其实现增加值5250亿元，同比增长14.2%；营业收入15082亿元，增长13.3%；上交税金511亿元，增长16%；固定资产投资3804亿元，增长14.5%。中小企业在市“调结构、稳增长、促振兴”中发挥了重要作用。主要特点如下：

（一）各项指标快速增长，好于全年预期

2013年市民营经济增加值、收入、税金、固投等各项主要指标都以两位数增长，工业用电196.4亿千瓦时，同比增长4.43%，整体运行状况好于全年预期。

（二）企业项目建设规模大，拉动作用突出

2013年中小企业新开工及投产项目达200多个，投资超过400亿元，对市中小企业经济持续、较快发展起到决定性作用。如恒力石化PTA二期和逸盛大化PTA扩能项目建成投产，新增产值380亿元，我市形成全国最大的PTA产能；铭源石化60万吨/年渣油制丙烯、和盛化工20万吨/年碳四深加工、嘉盛新材料36万吨/年可发性聚苯乙烯、科利德3000吨/年特种气体等项目都相继开工建设。

（三）创新型中小企业上升势头强劲，创新能力增强

虽然经济下行压力较大，但创新型中小企业仍然保持快速增长态势。四达高科技、光洋科技、大高阀门、环宇科技、大耐泵业等一批创新型中小企业呈现出快速增长态势，表现出研发能力显著增强、市场订单充足。大高阀门获得三代核电核岛爆破阀研制任务；光洋科技自主研发制造的五轴立式加工中心打入我国航天军工领域，并出口德国；大耐泵业成功研发了国内流量最大的长输管线输油泵；四达高技术研制的“飞机壁板爬行制孔机器人”，为我国航空航天事业国产化进程提供了重要装备，得到习总书记的肯定。

（四）重点监控企业总体向好、运行平稳

2013 年，市监测平台中有 1306 户中小微企业。其中，1017 户工业企业，占 77.87%；26 户建筑业企业，占 1.99%；70 户农林牧渔业企业，占 5.36%；193 户第三产业企业，占 14.78%。监测企业实现 1050 亿元营业收入，同比增长 32.8%。从企业类型看，中型企业实现 361 亿元收入，增长 15%；小型企业实现 578 亿元收入，增长 38%；微型企业实现 81.6 亿元收入，增长 16.3%。

（五）中小微企业贷款规模呈上升趋势

2013 年，市银行业金融机构各项贷款为 1 万亿元，同比增长 13.3%。其中：中小微企业贷款 4829 亿元，比年初增长 6.21%；小微企业贷款 1963 亿元，比年初增加 308 亿元，增速为 18.6%，高出全部贷款平均增速 7.95 个百分点。

围绕全年工作任务目标，我市着重开展了以下工作：

一是深入贯彻落实国发 14 号文件，增强企业发展信心。我市促进中小微企业发展工作领导小组充分发挥组织领导作用，深入贯彻落实国发 14 号文件，协调各部门研究制定政策措施，制定了《大连市中小微企业成长工程的实施方案》，新设立 5000 万元小微企业发展基金。全年落实各类中小微企业专项扶持资金 1 亿元，重点扶持企业 162 个建设项目；协调税务部门为 5316 户企业减免税 17.43 亿元，社保部门为 150 户困难企业给予社会保险补贴 4378 万元。

二是扎实开展“扶助中小微企业专项行动”，为企业提供优质服务。

为提高中小微企业发展质量和效益，全市开展以“服务企业，助力成长”为主题的扶助中小微企业专项行动，制订专项行动实施方案，组织开展 30 项丰富多彩的服务活动，召开政策推介会、座谈会、报告会 200 余场，全年创办专刊 20 期，累计发放宣传手册 5 万多册。

三是实施创新培育工程，引导企业创新发展。按照省厅统一部署，我市启动了创新型中小企业培育工程，制定了《大连市培育创新型中小企业工作方案》，市中小企业局、市财政局和市科技局联合成立培育创新型中小企业工作领导小组，明确工作职责，对 103 户省创新型中小企业，在资金扶持、技术研发等方面给予了重点倾斜。全年市、区县落实各类扶持资金 1.55 亿元。围绕企业贷款融资、境外合作、项目建设、新闻宣传等需求，免费为企业提供综合性服务。

四是拓宽融资渠道，缓解企业融资难。强化银企合作，多渠道帮助企业解决融资，全年已发放创业风险贷款 10.01 亿元，累计发放 29.7 亿元；129 家担保机构为中小企业提供担保贷款达 280 亿元。成立市中小企业投融资服务中心，实现债券融资 27.2 亿元，实现股权融资 53.3 亿元。建立中小微企业融资智库，聘请 80 位融资顾问，指导金融顾问结对帮扶企业。

五是完善服务功能，提高公共服务水平和质量。积极落实中小企业服务体系的扶持政策，新增小微企业创业基地 3 个，累计 27 个；认定 100 名创业导师，全年免费为企业培训 14.5 万人次；新办 1.6 万户中小微企业，新增 5 万家个体工商户，带动就业 10 万人次；新增公共服务平台 4 个，累计 24 个；通过“96366”法律服务热线，为企业提供 6500 人次维权服务。

六是组建走出去平台，帮助企业开拓市场。按照我局“一企一策”的实施意见，制定了中小企业走出去平台工作方案。成功举办大小企业产品（项目）配套合作对接交流会、家具展览会、轻工商品博览会等展洽活动。资助企业参加 85 项展销活动，参展企业 537 家；支持 30 家小微企业享受政府采购优惠政策。

七是加强运行调度分析，时时掌握企业发展动态。面对运行中存在的困难，我市加强了民营经济统计监测与分析，召开工作调度会，重点做好中小微企业运行的监测分析。2013 年，我市有 1306 户中小微企业纳入到监测平台，超额完成国家工信部下达的工作任务。上报数量和质量得到工信部的认可和表扬。

2013 年，我市中小企业工作虽然取得了一定成效，但仍然存在诸多突出的矛盾和问题，一是国内外市场环境仍然趋紧，大量企业存在订单不足、经营成本增加、应收账款增多等问题；二是中小微企业发展环境仍需大力改善，尤其是企业融资难、融资贵问题依然突出，中小企业贷款综合利率超过 11%，企业“倒贷”也导致财务费用快速上升。这些问题需要我们在今后的工作中认真加以研究解决。

［大连市经济和信息化委员会（中小企业局）］

宁波市

一、中小企业基本情况

2013 年，宁波市中小企业在中共宁波市委、市人民政府正确领导下，认真贯彻落实党的十八大精神，紧紧围绕全市“工业强市”建设总体部署，积极应对复杂的发展环境和罕见的高温和洪涝自然灾害，全力推进工业稳增长、调结构、促转型，全市工业经济保持平稳增长且提质增效显现，重点工作稳步推进并取得积极成效。

2013 年，宁波市中小企业经济运行总体延续年初预测的“平开平走”态势，呈现“三快二稳一严峻”的特点：

（一）"三快"经济效益快速增长

2013 年规模以上中小工业企业完成利税总额 1258 亿元，同比增长 17.2%（高于全省 5.9 个百分点）；完成利润总额 665 亿元，同比增长 25.0%（分别高于全国和全省 12.8 和 9.8 个百分点），石化、电力和汽车制造等行业利润增长较快；亏损企业累计亏损额同比下降 11.2%。工业投资快速增长。全年工业投资累计完成 1065 亿元，同比增长 30.3%（分别高于全国和全省 12.5 和 14.4 个百分点，增速和总量均列全省第一）；工业投资增速高于全社会固定资产投资 12.3 个百分点，投资占比比上年提高 2.9 个百分点；完成技改投资 763 亿元，同比增长 35.1%，技改投资占工业投资的比重高达 71.6%；"机器换人"取得显效，规上工业全员劳动生产率同比提高 10.1%，达到 16.3 万元/人·年（规上企业职工人数同比减少 2.3%）。创新投入快速增长。全市规上企业科技活动经费支出 174 亿元，同比增长 10.7%，高于主营业务收入增速 5.1 个百分点。规上工业累计完成新产品产值 2940 亿元，同比增长 22.1%，高于同期生产 16.5 个百分点；新产品产值率 23.0%，同比提高 3.1 个百分点，再创历史新高；全市累计有效发明专利 7859 件，同比增长 24.1%，当年授权发明专利 2049 件，同比增长 7.3%。

（二）"二稳"工业生产平稳增长

2013 年宁波市中小企业全部工业增加值完成 3378 亿元，其中规上企业完成 2291 亿元，同比分别增长 8.4% 和 8.0%（全国分别为 7.6% 和 9.7%；全省分别为 8.7% 和 8.4%），完成规上工业总产值 12795 亿元，同比增长 5.6%（PPI 为 96.7）。内销市场平稳增长。全市规上工业企业累计完成销售产值 12381 亿元，同比增长 5.0%；完成内销额 9557 亿元，同比增长 6.9%，完成出口交货值 2824 亿元，同比下降 0.8%，出口交货值占全市销售总额的 22.8%。

（三）"一严峻"节能降耗形势严峻

2013 年宁波市中小企业工业用电量 415 亿千瓦时，同比增长 7.9%，其中制造业用电 378.3 亿千瓦时，同比增长 7.4%，工业用电基本实现与工业增加值同步增长；受个别高能耗项目投产的负面影响，全年规上工业万元增加值能耗下降 2.6%，万元 GDP 能耗下降 2.3% 左右。

2013 年 10 月，"菲特"台风带来的历史罕见洪涝灾害，对宁波市中小工业企业造成直接经济损失达 127 亿元，全市多达 3.1 万余家中小企业不同程度停产，影响全市工业产值 180 亿元以上，其中规上中小工业企业损失 100 亿元以上，直接影响全年规上中小企业工业增加值增速约 0.7 个百分点。

尽管遭到历史罕见高温、洪涝等自然灾害的影响，宁波市中小企业工业增加值、利润、利税、工业投资、全员劳动生产率增速，均完成或超额完成了年初制定的目标要求。但万元 GDP 能耗和规模以上工业增加值能耗下降率未完成省市政府的目标要求。

2013 年，宁波市中小企业工作围绕"稳增长、调结构、促改革"中心任务，紧密结合党的群众路线教育实践活动，全面推进全市工业经济发展。具体体现在"七个抓"。

（一）抓结构调整，聚焦转型升级重点

一是培育发展战略性新兴产业。制定发布四大战略性新兴产业的三年行动计划；围绕数控成套装备、成套自动化生产线装备、工业机器人等重点领域鼓励发展装备制造业；完善工业设计产业扶持政策，依托工业设计网上市场推进设计与制造对接，7 家企业被认定为省级工业设计中心；制定《宁波市软件产业骨干企业认定办法》等政策，扩大软件园区规模，组织开展"宁波软件·贴心服务"系列活动。

二是开展"机器换人"专项行动。确定轴承生产装配、电热油汀行业和稀土成型装备作为自动化（智能化）成套装备（流水线）培育及推广试点的三个特色细分行业，进行重点突破，已取得明显进展；以电子装配、家电制造、文具制造等劳动密集型行业为重点，确定 62 个"机器换人"项目给予面上政策支持，减少用工 7300 人，平均提高工效 50% 以上。

三是实施淘汰落后产能推进"腾笼换鸟"专项行动。全市 392 家企业完成淘汰任务，其中关停落后企业 199 家，淘汰 S7 变压器 1323 台，腾出用能空间 34 万吨标煤；征收不锈钢企业差别电价 4152 万元，新关停不锈钢企业 10 家；完成旧厂区改造 216 个，完成建筑面积 184 万平方米，超额完成全年目标任务。

四是配合科技局筹建新材料科技城。积极参与科技局开展新材料科技城的前期设想、区域规划、政策措施、产业界定、资金筹措等工作，为科技城顺利挂牌尽了力。

（二）抓统筹谋划，优化工业发展环境

一是确立建设工业强市总体战略。市委、市政府召开全市工业强市大会，发布《关于强化创新驱动建设工业强市的若干意见》，总体部署工业强市建设工作，制定出台工业强市"1 + X"政策，开展对各地工业强县（市）区建设工作的专项督查。

二是积极帮扶受灾企业恢复生产。第一时间出台《宁波市工业灾后自救恢复生产工作实施意见》等政策措施应对"菲特"台风，安排 3600 多万元专项资金用于支持企业淘汰更新机械设备、恢复生产贷款担保、提高重点产业技改专项补助比例等方面；依托 8718 平台宣传政策，动员行业协会和工业企业发起救灾自助，组织 459 名志愿技术维修人员帮助企业维修设备 1157 台（套），灾后半月内 99% 以上受灾企业全部或部分恢复生产。

三是营造良好市场环境。有力推进国有投资项目招标（采购）优先使用地产产品工作，编制《宁波市自主创新产品与优质产品目录》，544 家企业 900 余种产品入选，本市企业中标率、中标金额分别比上年提高 10 个和 9 个百分点；成功举办了第十七届宁波国际服装节。

四是推进行政审批改革。开展行政审批"两集中、两到位"改革，进一步减少审批事项和审批环节，下放工业固定资产投资项目节能审查等审批权限。

五是营造宣传舆论环境。开通企业政策查询平台；在《宁波日报》开辟专栏专版，开展连续报道，宣传推广“机器换人”“节能降耗”等先进典型，营造了全社会关心、支持和参与工业强市建设的良好氛围。

（三）抓创新驱动，打造核心竞争优势

一是积极推进两化深度融合。加大信息化项目重点扶持提升两化融合示范工程的引领作用，通过低价或免费软件推广开展企业信息化普及工程，组织“普及工业企业信息化，提升企业管理竞争力”7个主题系列活动，共为700多家中小企业提供低价（或免费）信息化服务，培训各种层次信息化骨干人员1100多人。

二是强化创新载体建设。重点加强省级企业技术中心继续教育、升级指导和认定管理，2013年我市有15家企业被新认定为省级企业技术中心，数量创历史新高；重点扶持省级企业研究院9家。

三是推动企业管理创新。继续实施“百家中小企业管理诊断计划”，对开展管理创新提升效益明显的企业进行标杆认定；全市共举办各类培训、论坛和讲座近200场次，培训中小企业经营管理人员近2万人，其中我委组织实施企业素质提升系列培训近40期，培训中小企业管理者5000余人。

四是加强产学研对接。加强与企业、相关部门和科研院所之间的经济技术合作交流，征集企业技术（人才）需求105项，联合委托我市科研院所和高校予以研究解决；加大“军转民、民参军”的工作力度，分别与武汉海军工程大学和海军航空工程学院签订了“军民融合发展战略合作协议”，新增武器装备科研生产单位16家，取得四类资质19项。

五是工业新产品开发取得突破。全市认定三批2109项新产品试产计划项目，其中，4项技术标准达到国际领先水平，197项达到国际先进水平，有94项技术填补国内空白。

（四）抓有效投入，提升工业发展后劲

一是组织实施重点项目。编制发布年度千万以上新开工工业投资项目计划表，2013年投资235亿元；围绕“四减两提高”重点行业，制定发布《2013年度宁波市企业技术改造重点领域导向目录》。

二是明确责任分工。推进各地初步建立工业投资工作协调机制，建立3亿以上重大工业投资项目和列入国家专项项目各级领导联系责任制。

三是加强重大项目管理服务。建立市、县分级管理工业投资项目储备库制度和跟踪机制，动态跟踪监测重大工业投资项目建设进度；杭州湾大众汽车一期、南车宁波地铁列车等一批项目建成投产，南车超级电容汽车、石墨烯产业化、吉利春晓基地等项目进展顺利。

四是积极争取国家资金支持。2013年我市共有38个项目列入国家技改专项资金补助计划，争取到国家财政专项资金1.7亿元。

（五）抓“三创”工程，推进企业梯队建设

一是实施“龙头企业创一流”工程。制定发布《宁波市“810实力工程”企业认定和扶持管理办法》，明确认定条件并给予增值税、营业税、所得税和差别水价方面的政策支持，开展“810实力工程”企业的申报和认定工作。

二是实施“高成长企业创新工程”。发布《宁波市“高成长企业培育”专项行动目标任务评价办法》和年度工作计划，新增认定42家企业列入第二批高成长企业培育名单，审核认定93家企业达到高成长企业考核要求并兑现政策奖励。

三是实施“小微企业创业工程”。制定《关于促进小微企业转型升级为规模以上企业的实施意见》，对入库培育的1600多家企业开展运行监测分析，超额完成省定660家“小升规”企业任务（实际完成719家）；推荐国家工信部认定了7家国家级中小企业公共服务示范平台，数量列全国计划单列市第一；推进8718平台提升服务企业能力和中小企业公共服务平台网络项目建设；新增1461亩的专项用地指标，新建扩建15个小微企业集聚区。

（六）抓节能降耗，提升资源利用效率

一是推进能源“双控”。严格对县（市）区和重点用能单位的目标责任管理，下达分解节能目标，定期通报节能目标完成情况，加强目标完成的预警监测。

二是创新节能工作机制。开展对重点用能单位采用能耗总量、单位产品能耗、单位可比产值能耗等多种指标，实行“一企一指标”；研究制定新建项目节能竣工验收管理办法、新建项目能效监察的若干意见，强化新建固定资产投资项目的能评后评估工作；积极探索节能目标未完成约谈制、项目限批制、行政问责制等工作机制创新。

三是推进重点企业节能改造。修订完善《宁波市节能专项资金管理办法》，下达2013年度重点节能改造项目计划960项、总投资45.6亿元、形成年节能能力78万吨标准煤；创建认定了市工业循环经济示范园区2家、工业循环经济示范企业30家、节能降耗标杆企业24家。

（七）抓组织建设，提升机关服务效能

一是开展群众路线教育实践活动。根据中央、省、市委统一部署，党工委按照“照镜子、正衣冠、洗洗澡、治治病”的总要求，聚焦“四风”、听取意见、查摆问题、开展批评、整改落实，查摆整改问题10条，健全完善制度6项。

二是深入学习贯彻党的十八大和十八届三中全会精神。以中心组学习为引领，紧密联系工作实际，采取个人自学和集中学习相结合、邀请专家辅导和心得体会交流相结合的形式，共组织12次集中学习，举办4次报告会，进一步树立正确的群众观和政绩观。

三是加强工业管理队伍建设。组织举办县（市）区经信局局级领导、委机关处级干部参加清华大学素质提升高级研修班和全市经信局、乡镇（街道）工业统计人员参加的业务能力培训班；全面调查全市基层工业管理队伍情况，谋划加强基层队伍建设思路和举措；严格按干部管理条例，选拔使用好干部，严格执行换届纪律，确保干部任用工作风清气正。

就宁波市所辖各县（市）区、管委会的2013年突出工作特点来说，镇海、江东、高新区在工业增加值增速方面；鄞州、杭州湾新区、北仑在重大项目引进和推进方面；宁海、象山、余姚在工业园区建设方面；奉化、余姚、象山、保税区在工业有效投资增速方面；北仑、慈溪、鄞州在“机器换人”方面；海曙、慈溪、鄞州在“电商换市”方面；北仑、镇海、象山在“腾笼换鸟”和旧厂房改造方面；慈溪、象山、宁海在高成长企业培育方面；杭州湾新区、石化开发区、北仑、大榭开发区在产业链培育方面；余姚、象山在“小升规”和小微企业监测方面；江北、镇海在软件业培育方面；江东、慈溪在工业设计方面；慈溪、镇海、余姚在淘汰落后产能方面；鄞州、慈溪在节能降耗方面等都有不少亮点和值得学习借鉴的地方。

2013年，宁波市中小企业工作取得了良好的成绩，但是也应该看到宁波市工业经济发展仍然存在以下突出问题。

产业结构调整任重而道远，高新技术产业和战略性新兴产业发展不快；工业投资持续增长面临挑战，全市新开工5000万以上工业项目数同比出现下降；产业布局规划亟待优化，缺乏工业布局规划和推进集聚集约发展机制，必须加以重视并切实改进。

二、个体私营（民营）企业基本情况

2013年，宁波市紧紧围绕科学发展主题和转型升级主线，深入开展“三思三创”主题教育实践活动，克服经济形势不景气的不利因素，全力实施“六个加快”总战略，坚持转型发展，全市个体私营民营经济运行总体形势良好，保持增长态势。

2013年，宁波市新增民营企业30515户，注册资本（金）1362.47亿元，同比分别增长39.1%和59.7%。其中私营企业29495户，注册资本（金）1128.81亿元，同比分别增长40.6%和56.3%。新设个体工商户73966户，资金数额60.99亿元，同比分别增长16.8%和23.8%。新设农民专业合作社611户，成员出资总额8.39亿元，同比分别减少19.5%和15.9%。

按企业类型分：民营股份制企业56户，注册资金456万元；个人独资企业7214户，出资额18.55亿元；合伙企业1245户，出资额689.24亿元；公司21934户，注册资本654.56亿元；其他企业26户，注册资金663万元。

按产业结构分：第一产业842户，注册资本（金）16.83亿元，分别占新设企业总数的2.76%和1.24%；第二产业9605户，注册资本（金）147.64亿元，分别占31.48%和10.84%；第三产业20068户，注册资本（金）1198亿元，分别占65.76%和87.92%。

按行业分：新设户数位居前五位的行业分别是批发和零售业11074户，注册资本（金）122.22亿元，分别占总数的36.3%和9%；制造业8204户，注册资本（金）87.36亿元，分别占26.9%和6.4%；租赁和商务服务业3568户，注册资本（金）811.94亿元，分别占11.7%和59.6%；科学研究和技术服务业1668户，注册资本（金）43.84亿元，分别占5.5%和3.2%；建筑业1370户，注册资本（金）39.12亿元，分别占4.5%和2.9%。排名与去年保持一致，数量增长较为显著。

2013年，宁波市共注（吊）销民营企业13610户（其中吊销5551户）；注（吊）销个体工商户59789户（其中吊销34278户）；注销农民专业合作社28户。

截至2013年12月底，宁波市累计实有民营企业191087户，注册资本（金）8540.83亿元，同比分别增长11.4%和24.5%。其中私营企业173875户，注册资本（金）5353.97亿元，同比分别增长12.7%和32.5%。累计实有个体工商户369798户，资金数额220.34亿元，同比分别增长2.7%和10.2%。累计实有农民专业合作社4405户，成员出资总额49.29亿元，同比分别增长15.6%和25.6%。

（一）新设民营企业强劲发展

2013年，宁波市新设民营企业30515户，比去年21930户增加了8585户，同比上升39.1%。新增注册资本（金）1362.47亿元，比去年853.29亿元增加了509.18亿元，同比上升59.7%。纵观近5年的登记数据，新设民营企业数量从2009年至2011年平稳增长；2012年受国内外环境影响，有所波动下调；2013年表现出强劲反弹的势头，登记量超3万户，较2009年增长了1万余户。在注册资本方面，始终保持良好发展态势，尤其是2013年增速大幅上扬，年增长额首次突破1000亿元，达到2009年的3.5倍。

（二）民营企业注册资本有新突破

截至2013年12月底，宁波市累计实有民营企业注册资本突破8000亿元，达到8540.83亿元，年增长率为24.5%，增速较去年上升5.7个百分点。实有私营企业注册资本突破5000亿元，达到5353.97亿元，年增长率高达32.5%，增速较去年上升6.2个百分点，比重已占民营企业资本总和的六成以上。

（三）“个转企”提前超额完成全年任务

2013年，在市委、市政府的高度重视和正确领导下，“个转企”工作强力推进、加快发展，提前超额实现了2013年的工作目标。宁波市共有9456家个体工商户转型升级为企业，注册资本22.03亿元，完成全年目标任务4600家的205.6%，完成三年目标任务11500家的82.2%。2013年5月，宁波市召开推进“个转企”工作会议，成立了由陈奕君副市长任组长的领导小组，21个相关职能部门为成员单位。出台了《宁波市人民政府关于支持个体工商户转型升级为企业的实施意见》，推行了包括税收、社保、金融、行政许可等一系列扶持措施。会后各地迅速成立了工作领导小组，结合实际出台实施意见。6月，顺利实现“时间过半任务过半”。第三季度，结合“个转企”服务月活动，提前超额完成了全年目标任务。第四季度，根据省“个转企”领导小组办公室提出的“三年任务两年完成”的新要求，对工作进行再部署再推动，大幅度超过2013年的推进计划。通过推进“个转企”工作，有力提升了企业的市场竞争力和社会责任感，促进了宁波市经济发展方式转变和产业业态优化升级。9456家转型后的企业中，按组织形式分，公司制企业748家，个人独资企业8343家，合伙企业365家。按产业分布分，从事第一产业的1041家，从事第二产业的3817家，从事第三产业的4598家。按行业分布分，居前5位的是：制造业3655家，批发零售业3516家，农林牧渔业1041家，居民服务和其他服务业381家，住宿和餐饮业372家。按企业规模分，50万元以下（含本数，下同）的8692家，50～100万元的455家，100～500万元的290家，500万元以上的19家。

（四）超大型民营企业显著增加

2013年，宁波市新设注册资本1000万元以上1547户，1亿元以上199户，10亿元以上16户，同比分别增长33.2%、25.2%和300%。超亿元企业的经营范围主要集中在投资与资产管理行业，其次是房地产开发经营和制造业。在企业类型上，155家企业中有83家为有限合伙企业，多从事投资与资产管理行业。

（五）民营企业产业结构持续调整

2013年，新设民营企业产业结构进一步调整优化。第一、二、三次产业户数所占比重的结构为2.76：31.48：65.76，注册资本所占比重的结构为1.24：10.84：87.92。第一产业迅猛发展，同比均增长到去年的4倍，占比分别扩大了1.85和0.77个百分点，第二产业占比则下调0.82和2.58个百分点，显示我市产业调整政策在逐步发挥作用，产业转型升级的步伐加快。

（六）农林牧渔业民营企业高速增长

2013年，宁波市新设农、林、牧、渔业民营企业842家，注册资本16.83亿元，同比增速分别高达321%和315.6%，显示出强劲的发展势头。国家惠农政策的推动，尤其是中央“一号文件”提出向专业大户、家庭农场、农民合作社等新型生产经营主体倾斜，有效激发了我市农业的规模化升级。如：认缴出资额为6.8亿元的奉化市易凯农场（普通合伙），经营范围涵盖观光旅游区开发，农、林、畜牧业新品种的研发推广，农业技术研究与试验发展等。浙江欧银农业发展有限公司，宁波甬丰农业发展有限公司、慈溪市仡龙禽业有限公司注册资本均为5000万元。同时，受“个转企”的利好政策影响，不少从事第一产业的个体工商户纷纷转型升级为企业，全年共计1041家，涉及资金5.15亿元。如：宁波市北仑区柴桥银峰兰花园，宁波杭州湾新区学强水产养殖场，出资额均为2000万元。

（七）制造业民营企业逐渐回暖

2013年，宁波市新设制造业民营企业8204户，注册资本87.36亿元，同比分别增长52%和20.4%。经过去库存、去产能化、调结构、转方式、求质量等一系列优化调整产业发展的措施，制造业民营企业正在积聚新的活力，从来料加工等低端劳动密集型行业逐渐向高端信息和技术服务行业的转移。如：宁波东方道柯海洋技术有限公司从事海洋油气勘探开发和海洋新能源中的动态缆系统、脐带缆系统设计制造。浙江立通新能源汽车有限公司从事新能源汽车的研制。浙江海曼机器人有限公司从事工业机器人、家用机器人的研发、制造。宁波艾派克动力科技有限公司，从事气能新技术和气动力设备的研发、制造。

（八）投资与资产管理民营企业出资额趋高

2013年，宁波市新设投资与资产管理类民营企业843户，资金总额达797.5亿元，占全年新设民营企业注册资本总额的58.5%。其中，超亿元的有113家，占全市新设亿元以上民营企业的56.8%。按照经营范围分，股权投资企业112户，出资总额90.57亿元，其中93户为有限合伙企业。投资管理企业519户；创业投资企业18户。截至12月底，宁波市共有投资与资产管理类民营企业3133户，涉及资本2467.87亿元，占累计实有民营企业注册资本总和的1/4以上，户均规模达7877万元。100亿元以上规模的有：宁波达泰投资合伙企业（有限合伙）认缴出资123亿元，宁波秋实投资管理合伙企业（有限合伙）认缴出资101亿元，宁波融源广瑞投资管理合伙企业（有限合伙）认缴出资100亿元。

（九）房地产业民营企业继续升温

2013年，全市新设房地产民营企业524户，注册资本138.62亿元，房地产市场渐渐走出低迷，回暖态势明显，尤其是投资额大幅拉高，同比分别增长68.5%和211.8%，新增从事房地产开发经营企业158户，汇集资本132亿元，户均规模8354万元。

注册资本最高的是：宁波世茂新世纪房地产开发有限公司，该企业由成立时1亿元注册资本，先后三次增资至14.29亿元。由上海世贸股份有限公司独资的还有：宁波世茂理想置业有限公司、宁波世茂新腾飞置业有限公司和宁波世茂理想置业有限公司。多家知名房企竞相拿地，项目公司纷纷成立，如：绿地控股集团宁波江北置业有限公司、绿地控股集团宁波绿地置业有限公司、余姚绿城房地产开发有限公司、奉化绿城房地产开发有限公司、慈溪众安房地产开发有限公司、慈溪众安置业有限公司、余姚众安时代广场开发有限公司、慈溪市碧桂园房地产开发有限公司、宁波维科城西置业有限公司、宁波维科城东置业有限公司等。同时，房产中介市场成交回暖，房产中介公司开店扩张，今年新增151户，同比上升60.6%。

（十）新兴行业民营企业发展向好

战略性新兴产业加快发展，新兴行业民营企业不断涌现。如：中外建（宁波杭州湾新区）建设投资有限公司的成立，标志着“中外建国际健康养生产业城”项目落户新区。该项目总投资180亿元，将整合中外建的保险、医疗、旅游等优势资源，打造集高端健康管理、特色养生为一体的综合体，建设成华东地区最富有影响力和标杆效应的健康养生基地。

成立宁波华复文化科技开发有限公司，将启动总投资为128亿元的“宁波华强·中华复兴文化园”建设，被列入2013年我市文化产业发展专项资金扶持项目。由中国非物质文化博览园、明日世界主题公园以及复兴之路三个主题公园组成。

成立宁波复旦研究院有限公司、宁波复旦创新中心有限公司，是复旦大学在浙江省内唯一的直属研究机构，定位于建成一个立足于精密制造技术、生物医药技术、海洋经济等领域，集科技研发服务、技术转移、人才培养、招商引资、产业孵化等功能的全方位平台。

成立全国首家农村保险互助联社——慈溪市龙山农村保险互助联社，由龙山镇的8个村经济合作社共同出资共20万元，从事短期健康医疗保险、意外伤害保险、家庭财产保险和经保险监督管理机构批准的涉农保险业务。

成立民生养老（宁波）有限公司，民生养老（宁波）投资有限公司，从事养老产业的投资开发。成立宁波智慧产业发展有限公司，由宁波日报报业集团有限公司等3家企业共同出资，从事软件开发，计算机网络工程施工等。

成立宁波市渔业融资担保有限公司，主要面向渔民提供小额贷款担保。

成立宁波东钱湖文化旅游发展有限公司，从事文物及文化遗产的保护，古建筑的修缮维护等。

（十一）家庭农场增质提量

2013年，根据《中共中央国务院关于加快发展现代农业，进一步增强农村发展活力的若干意见》（中发〔2013〕1号）精神，家庭农场成为了农业发展新模式。全年共新设家庭农场694家，涉及资金4.16亿元，涵盖粮食、蔬菜、瓜果种植和畜禽养殖等产业。其中，个体工商户601家，个人独资企业88家，公司4家，普通合伙企业1家。对于经营规模大、条件较为成熟的家庭农场，通过政策扶持，积极鼓励其转型升级，在融资、规模化发展上取得更大的优势，全市共有52户家庭农场完成“个转企”。

如宁波市镇海区乐兴家庭农场升级为企业后，得到了银行30万元的贷款，农场购置了自动化浇灌设备，并扩大了水稻田的家禽和淡水产品的养殖规模。慈溪还创新家庭农场登记办法盘活存量土地，建立“合作社+农场”的经营模式，帮助经营户以租用合作社入股土地的方式，顺利注册慈溪市周巷涌金家庭农场，有力推动了农村土地的流转改革进程。

三、中小企业主要工作

2013年，宁波市中小企业根据国家实施的积极财政政策和稳健货币政策，按照工信部和省政府的工作部署，重点围绕工信部扶助小微专项行动、省政府“小升规”专项行动，大力推进小微企业上规升级和服务体系建设，深入开展中小企业服务工作，着力帮助中小微企业解决困难，努力改善中小微企业发展环境，促进了全市中小企业平稳较好发展。

（一）大力鼓励小微企业创业创新

认真贯彻落实市委、市政府《关于强化创新驱动加强工业强市建设的若干意见》（甬党发〔2013〕12号）和市政府《关于推进工业经济稳增长调结构促转型的若干意见》（甬政发〔2012〕71号），加快和鼓励小微企业创业创新发展。

一是进一步加大扶持力度。2013年市本级财政统筹安排1.1亿元中小微企业发展专项资金，其中4500万元用于扶持融资性担保、公共技术服务平台、小微企业创业基地发展、中小企业市场拓展和企业服务工作。有序推进小微企业产业集聚区建设，按照集中集聚、合理分布、统一运作、规范管理、节约集约、严格准入的使用原则，2013年新增下达了1461亩小微企业专项用地指标，扩建或新建15个小微企业产业集聚区。开展小微企业产业集聚区建设情况调查，拟定了小微企业专项用地使用管理办法，规范小微企业用地建设使用，保证用地效能最大化。

二是促进中小微企业转型升级和创新发展。发挥国家中小企业发展专项资金的引领作用，重点支持中小微企业制造水平提升、研发能力提升、专业化发展、信息化应用等转型升级和创新发展。完成了2012年53个国家中小企业发展专项资金支持项目的绩效评价和部分完工项目的竣工验收工作。制定了2013年中小企业发展专项资金项目实施方案，开展2013年建设项目的调研，共筛选出建设项目100多个。组织企业进行项目申报培训，组织专家对上报的84家企业项目进行评审，评选出50个项目，获得国家中小企业发展专项资金2116万元。

三是加大小微企业培育力度。2013年我市新认定成长型中小企业92家，并组织这些企业参加了2013浙江省成长型企业投融资大会。组织发展能力强，产品优质的中小企业参加2013年第十届中国国际中小企业博览会。我市展区面积为180平米，参加展会的中小企业不但较好地展示了专精特新中小企业形象，而且扩展了视野，提高了发展的信心。

（二）大力加强中小微企业服务体系建设

一是围绕破解企业技术难题，加强中小企业公共技术服务体系建设。2013年，经企业申报、县（市）区推荐、专家评审，全市新认定中小企业公共技术服务平台5家，市级示范平台4家，国家级示范平台1家。全市累计认定市级公共技术服务平台41家，市级示范平台12家，国家级示范平台7家，位列全国计划单列市第一，并有3家国家示范平台获得进口科技用品免税资格（全国共23家）。据不完全统计，全市公共技术服务平台总注册资金达2.3亿元，拥有服务场地15.7万平方米，从业人员1500多人。2013年我市技术服务平台升级投入3500余万元，服务中小微企业近10万家次。目前，我市技术服务平台涵盖产品检测、研发、设计、设备共享和信息化等多个功能领域，从单纯以检测、加工、设计等单项服务为主，转变成集信息技术、咨询、产品设计、研发、加工、检测及人才培训等众多服务功能于一体的服务机构，为中小微企业发展提供了有力的技术支撑。

二是突出提升孵化企业功能，加强中小企业创业服务体系建设。根据我市小微企业创业基地认定管理办法的有关规定，经企业申报、县（市）区推荐、专家评审，2013 年新认定小微企业创业基地 5 家，市级示范创业基地 4 家。全市累计认定了 43 家市级小微企业创业基地，市级示范创业基地 8 家，创业基地实现销售产值 1236 亿元，新入驻小微企业 400 多家，孵化规上企业 60 多家。据不完全统计，全市小微企业创业基地共建造标准厂房或利用闲置厂房 582.9 万平方米，入驻小微企业 6000 多家，从业人员达到 24.1 万人，创业成功率在 90% 以上，涵盖纺织服装、文具、模具、轴承、创意、大学生创业等多个行业和领域。经过多年的引导与扶持，我市大部分创业基地已从单纯的物业管理，转变成集人才培训、公共管理、企业融资、信息咨询、产品设计、检测加工等配套服务功能于一体的创业孵化机构，为基地内的小微企业提供全方位的服务，帮助小微企业降低创业成本，提高创业成功率。

三是加强监管和扶持，促进融资性担保机构规范健康发展。目前，我市融资性担保机构 70 家，总注册资本 40.28 亿元，其中亿元以上的 14 家。2013 年，全市担保机构为中小企业担保总额为 188.34 亿元、担保户数 11539 户、担保笔数 13593 笔，在保余额 155.18 亿元，为缓解我市中小企业融资难发挥了重要的作用。面对严峻复杂的经济形势，我市对融资性担保机构坚持规范经营，认真贯彻落实国家银监会工信部等七部委《融资性担保公司管理暂行办法》、《浙江省融资性担保公司管理试行办法》、省政府办公厅《关于进一步促进融资性担保行业规范健康发展意见》，对 2012 年底全市 76 家融资性担保机构进行了严格的年审及换证工作，通过年审，淘汰了不符合条件的 6 家担保机构，对存在问题的 23 家担保机构采取了严格的整改措施，2013 年 10 月底已整改完毕，担保机构的内部管理制度日益完善，经营更加规范化。坚持均衡发展，我市各县（市）区都设立了融资性担保公司，并且与区域经济发展基本适应，所有制结构趋向优化，呈现国有资本、民营资本合力发展融资性担保事业的良好局面。明确服务方向，坚持以小微企业为重点服务对象，2013 年 1～11 月份，对小微企业的担保额占总担保额的 88.1%。坚持优惠收费，依靠良好服务，担保收费维持在月均收费率 1.5‰左右，农信担保收费率更低，有的甚至不收费。加大政策扶持，鼓励担保机构优化服务，不断提升发展能力，2013 年给符合条件的 43 家担保机构下拨市级担保风险补偿资金 3500 万元，加上县（市）区配套，全市实际补助给担保公司的补偿资金 5900 余万元。积极申报国家担保专项补助资金，我市 25 家担保机构获得国家中小企业信用担保项目资金 5040 万元，同时为 22 家担保机构申报获得享受免征营业税优惠政策。积极鼓励我市担保机构做大做强，提升形象。我市象山县中小企业融资担保有限公司、宁波华翔担保有限公司、浙江成路担保有限公司、宁海县中小企业信用担保中心有限公司、奉化市金盾信用担保有限公司 5 家担保公司被评为 2013 年浙江省融资性担保机构二十强，列全省各地市之首。

四是以平台网络建设为重点，建立中小企业信息化服务体系。积极争取宁波成为国家第二批中小企业公共服务平台网络建设项目，该项目以市 8718 平台为枢纽、各县（市）区 8718 子平台为基础、我市宁波模具、汽车零部件、轻纺针织等 12 个产业集群为窗口平台，项目总投资 10800 万元，其中，中央财政支持 3000 万元，企业自筹 7800 万元。至 2013 年 12 月底，已完成项目投资 9009.2 万元，为计划总投资的 83.42%，市级总平台已与部分产业集群窗口平台实现企服要闻、企服通知、对接活动、服务能力等信息的互联互通。具备政策咨询、企业融资、人才培训、工业设计、检验检测、市场拓展、信息化应用等服务功能，共带动服务机构 354 家，开展信息、融资、培训、市场拓展等服务活动 295 场次，服务企业 22887 家，服务人数 61446 人，呼叫服务 55654 次。已完成 9 家产业集群窗口平台建设竣工验收，并全额下拨了中央财政补助资金。

（三）积极推进宁波市小微企业上规升级提升发展

根据省政府的统一部署，2013 年我市小微企业转型升级为规模以上企业（简称“小升规”，下同）目标任务为 660 家以上，建立全市小微企业上规升级培育和监测信息库，完成小微企业入库培育 1500 家。截止 12 月底，我市入库培育小微企业 1600 多家，涉及 15 个县（市）区 151 个乡镇（街道），经过引导、扶持和培育，促进我市小微企业做大做强，取得显著成效。经省统计局初步审核并报国家统计局，2013 年宁波市完成“小升规”企业 719 家，超额完成全年目标任务，完成数位列全省第一。

一是切实加强对“小升规”工作组织领导和工作部署。成立了由市政府陈仲朝副市长任组长，市政府陈炳荣副秘书长、市经信委林克宇主任、市财政局叶双猛局长为副组长，市发改委、市科技局、市人力社保局、市金融办等 16 个部门为成员单位的宁波市促进中小微企业发展工作领导小组，负责对“小升规”工作的指导、组织和协调，全力推进我市小微企业提升发展。全面部署开展小微企业上规升级工作。根据省委省政府的部署和市领导批示精神，制定了《关于做好 2013 年度工业小微企业培育和上规升级工作的通知》，在 2013 年 4 月 12 日全市经信系统局长座谈会上进行了部署。及时采写了《我市开展 2013 年度工业小微企业培育和上规升级工作》的信息报送市委市政府办公厅，原市委王辉忠书记 4 月 15 日在市委办公厅《宁波信息》就此项工作的开展作了重要批示。

二是明确任务，落实责任。根据省政府建立“小升规”层层落实工作责任机制的要求，我市将省政府下达的“小升规”660 家年度目标任务分解落实到各县（市）区，健全市与县（市）区工作联动。各县（市）区也将“小升规”工作目标任务分解落实到乡镇（街道），从基层源头抓“小升规”工作，初步形成了一级抓一级、层层抓落实的工作责任机制。制定印发了《关于做好入库培育和上规升级企业运行监测数据报送工作的通知》，切实做好“小升规”入库培育对象企业的数据报送、运行监测和情况分析，自 7 月份起，建立入库培育企业运行监测情况通报制度，积极提出解决小微企业经济运行中存在问题和措施建议，加强入库培育、动态调整和跟踪服务工作。宁波市经信委和余姚、象山经信局及鄞州区高桥镇等28个乡镇（街道）在全省小微企业培育监测工作考核中确定为优秀单位，受到省经信委通报表彰。

三是制订了宁波市人民政府关于促进小微企业转型升级为规模以上企业的实施意见。为贯彻落实《浙江省人民政府办公厅关于促进小微企业转型升级为规模以上企业的意见》（浙政办发〔2013〕118号）和全省个体经济及小微企业提升发展工作电视电话会议精神，按照市委、市政府加快小微企业创业发展的总体部署，根据市领导要求，我委牵头制订了全市促进“小升规”工作实施意见。经过三个多月的调研论证、征求意见、讨论修改、合法性审查，今年1月2日市政府第38次常务会议审议通过了实施意见。实施意见以提升小微企业发展质量和效益为立足点，以促进小微企业转型升级和“专精特新”发展为目标，按照突出重点，分类指导原则，以现有年营业收入在500～2000万元的规模以下小微企业为重点培育对象，确定2013～2015年全市“小升规”培育对象企业累计3000家以上，实现“小升规”企业累计2000家以上。对“小升规”及入库培育对象企业实行工作聚焦、政策聚焦、资源聚焦、服务聚焦。在政策举措上，拟出台减轻税费负担、加大财政资金支持、强化融资服务、优化资源配置、加强公共服务等五方面34条政策意见，着力推进我市工业小微企业提升发展。

（四）深入开展中小企业服务工作

2013年宁波市中小企业服务工作以“扶助小微、转型成长”为主题，以为中小微企业送政策、送信息、送服务、送温暖为重点，进一步整合政府和社会资源，健全服务企业的组织和制度，切实推进服务企业长效机制建设。

一是充分发挥市企服办网络服务载体服务企业的主力军作用。市8718平台是我市企业服务的网络服务载体。以政府购买服务的方式，委托市8718平台开展点对点、针对性、网络化、智慧化企业服务工作。通过整合优化政府和社会两种服务资源，以网络、电话、短信及网下活动等服务载体，为企业提供政策咨询、政府帮困、服务对接、网上展示等服务，使企业高效便捷、低成本地解决生产发展和转型升级中的各种困难和问题。2013年，市8718平台网页浏览量21414万次，日均58.6万次；电话服务联系企业55253家次，工作日日均221家次；短信送政策、送服务、送信息计74次146万条；企业政策库新增入库508条，查询485万次，日均1.3万次；累计受理企业问题（困难）6964件，已答复办结6930件，办结率达99%。

二是积极推进我市企业服务工作长效机制建设。通过调整充实企业服务组织网络、明确各级各部门企业服务的主要职责、完善企业服务的制度措施、优化解决企业问题困难程序，加强服务质量考评和督查，解决了企业服务工作谁来做、做什么、怎么做和做好做坏一个样的问题，保障了全市服务企业工作正常、有序开展。全年共编印《企业服务简报》12期，市企服办市牵头会商建筑行业协会反映的解决影响建筑施工企业发展两大集中问题等5件难题。

三是积极帮扶受灾企业恢复生产。根据市委市政府的统一部署，全市在第一时间出台了“1＋11”帮扶政策，我委从市级工业专项资金中调剂1000万元，专项用于受灾严重的余姚等五个县（市）区工业企业恢复生产所需新增贷款的担保费补助。以最快的时间将1000万元担保费补助预拨26家担保机构，成为全市第一个落地的帮扶政策。同时，会同市财政局及时下拨2000万元给受灾较严重的县（市）区，统筹用于当地受灾小微企业、个体工商户灾后恢复生产。市企服办召开成员单位扩大会议，交流各单位帮扶企业自救复产政策措施，号召广泛发动社会力量支援受灾企业恢复生产。市8718平台充分发挥密切联系服务企业的优势，开展历时1个月的“8718和灾企在一起”的服务受灾企业活动，通过短信、电话持续为受灾企业送服务、送政策、送信息，受理并协调解决受灾企业困难。

四是开展为“小升规”企业专项服务。通过市8718平台，为“小升规”及培育对象企业送政策、送信息、送服务、送温暖，深入宣传国家、省、市扶持小微企业发展的政策措施。加强宣传引导，各级干部工作重心下移，深入基层、深入企业，采取多种形式，积极开展以政策落实、创业创新、融资服务、上规指导、转型发展为主要内容的专项服务，让小微企业广泛知晓、用足用活政策，为“小升规”及培育对象企业，提供更具针对性有效性的指导服务。

（宁波市经济和信息化委员会　董其岳）

厦门市

2013年厦门市深入学习贯彻党的十八大精神，以落实国发14号精神和《厦门经济特区中小企业促进条例》为重点，按照《工业和信息化部关于开展扶助小微企业专项行动的通知》（工信部企业〔2013〕67号）要求，积极推动厦门市促小微企业健康发展工作专项落实，不断优化小微企业发展环境，促进小微企业发展新提升。

一、中小企业发展基本情况

根据我市工商、统计部门公开数据显示，截止2013年12月31日，厦门市中小微型企业总数约10.8万户，占全市企业数的99.5%，其中：小微企业约7.78万户，占总企业数的72%。据不完全统计，中小微型企业创造的增加值占全市GDP的60%，提供就业岗位占全市就业总数的80%，全市65%的技术创新成果、50%的税收和40%的出口也是由中小微型企业完成。中小企业正在成为创造社会财富、推动经济转型发展和构建和谐稳定社会的重要力量。

为认真贯彻党中央国务院精神、落实工信部扶持小微企业发展政策要求，厦门市自2009年底启动了中小企业的运行监测工作，并按照“支柱产业、行业龙头、区域代表”的原则从历年评选出来的成长型中小企业中筛选监测样本企业，样本企业数逐年增长，企业监测服务效率和水平不断提高，服务成效显著提升，准确把握了全市中小微型企业生产运行的总体发展态势，为上级各有关部门掌握我市中小微型企业发展现状、制订企业帮扶措施提供了第一手参考资料。

截至2014年1月24日，监测的样本企业共计712家。按三次产业结构划分，第一产业9家；第二产业499家，其中工业企业480家，占样本企业的67.4%；第三产业204家，其中软件和信息服务业75家，批发零售业82家。按企业规模划分，中型企业185家，占26.0%，小微型企业527家，占74.0%。

2013年，全市中小企业营业收入增速稳中放缓，利润总额比上年仅增长0.8%，主要受第三产业的影响。工业企业总产值平稳增长（其中计算机、通信和其他电子设备制造业产值增速在所有行业中处于领先地位），有三成的工业企业处于减产状态；营业收入平稳增长，利润总额持续向好，且收入、利润增速均好于2012年；亏损面比上年同期扩大0.8个百分点，比1~11月缩小2.4个百分点。第三产业营业收入稳中放缓，利润总额自6月以来持续处于负增长，第三产业的经济效益堪忧。

（一）经济运行主要指标

1. 工业总产值累计同比增长11.0%

2013年12月份，480家工业企业完成工业总产值44.27亿元，同比增长7.6%；累计完成工业总产值422.08亿元，同比增长11.0%，比上年同期高4.6个百分点。2013年，实现增产的企业334家，占监测工业企业总数的69.6%，比1~11月上升1.0个百分点，累计增产64.04亿元；减产20%以上的企业54家，占监测工业企业总数的11.3%，累计减产16.38亿元，占总减产量的73.2%；减产50%以上的企业13家，占监测工业企业总数的2.7%，累计减产6.33亿元，占总减产量的28.3%；累计减产上千万的企业49家，占监测工业企业总数的10.2%，累计减产19.14亿元，占总减产量的85.5%。

2013年12月份，监测企业工业用电6653万度，同比增长7.5%；累计用电7.54亿度，同比增长11.1%。

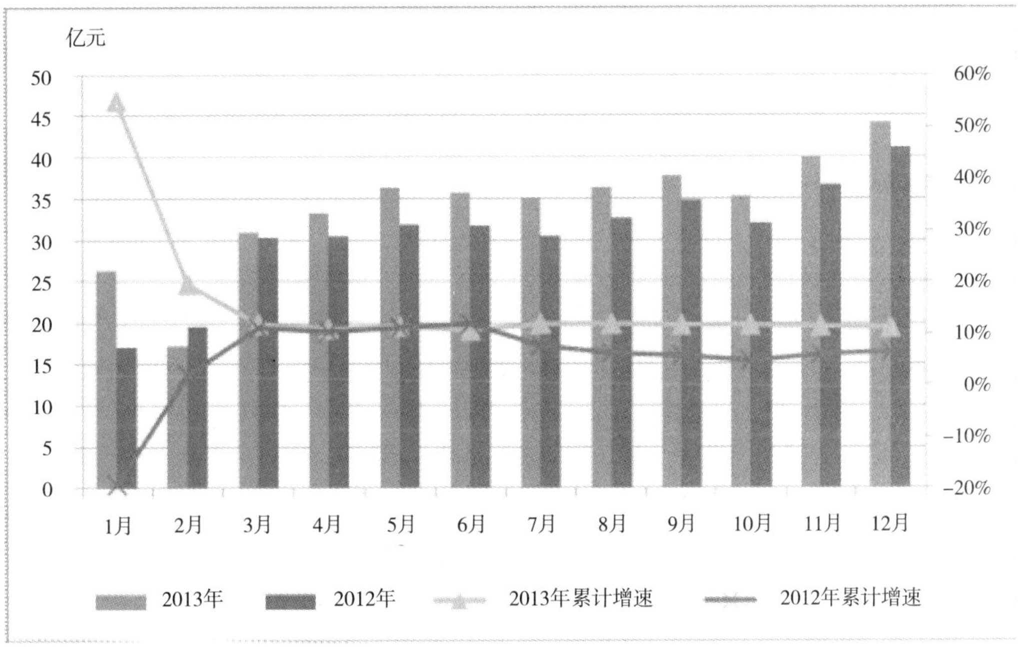

2013年分月工业总产值及累计增速

2. 出口交货值累计同比增长4.3%

2013年12月份，工业企业完成出口交货值8.90亿元，同比增长3.2%；累计完成出口交货值92.88亿元，同比增长4.3%。2013年，出口交货值占销售收入的22.3%，比2012年同期低1.1个百分点。

3. 营业收入同比增长9.4%，利润总额同比增长0.8%

2013年，712家监测企业实现营业收入577.62亿元，同比增长9.4%，其中：工业企业实现营业收入415.76亿元，同比增长9.5%；第三产业实现营业收入131.27亿元，同比增长9.1%。

2013年，监测企业实现利润总额37.91亿元，同比增长0.8%；亏损企业数115家，亏损面16.2%，比上年同期扩大1.4个百分点；亏损额2.21亿元，同比增长15.9%。其中：工业企业实现利润总额26.30亿元，同比增长6.4%，亏损企业数72家，亏损面15.0%，比去年同期扩大0.8个百分点，亏损额1.47亿元，同比增长16.6%；第三产业实现利润总额9.69亿元，同比下降7.4%，亏损企业数41家，亏损面20.1%，比去年同期扩大2.0个百分点，亏损额0.74亿元，同比增长14.0%。

2013年，监测企业营业成本466.42亿元，同比增长9.6%，其中：工业企业营业成本337.96亿元，同比增长9.1%；第三产业营业成本103.51亿元，同比增长11.0%。

2013年，监测的工业企业每百元营业收入的成本81.29元，比去年同期低0.25元；收入利润率6.33%，比去年同期低0.18个百分点。

2013年企业收入、成本、利润统计表

月份	营业收入		营业成本		利润总额		亏损额	
	累计（亿元）	同比（%）	累计（亿元）	同比（%）	累计（亿元）	同比（%）	累计（亿元）	同比（%）
1月	32.40	40.11	26.18	40.36	1.84	180.91	0.52	-48.53
1~2月	55.55	14.99	45.07	15.37	2.31	14.07	1.26	6.17
1~3月	114.14	10.11	92.00	10.14	5.14	-6.64	1.80	16.9
1~4月	158.97	11.99	129.74	12.7	7.67	-2.54	2.15	25.86
1~5月	213.59	11.43	173.16	11.64	11.17	-2.46	2.57	29.02
1~6月	257.69	9.9	209.20	10.45	13.80	-7.88	2.14	14.15
1~7月	304.39	10.31	247.71	10.85	16.37	-7.51	2.57	23.66
1~8月	355.50	10.09	289.32	10.92	20.04	-2.02	2.63	32.1
1~9月	410.42	9.92	333.26	10.43	23.68	-1.19	2.82	21.62
1~10月	456.82	9.81	370.83	10.08	27.58	3.63	2.65	9.8
1~11月	513.35	9.65	417.01	10.19	32.13	4.46	2.90	29.24
1~12月	577.62	9.38	466.42	9.61	37.91	0.84	2.21	15.92

4. 重点产业链培育情况

（1）农副产品和食品加工产业链46家。2013年完成工业总产值65.31亿元，同比增长15.1%；实现营业收入63.87亿元，同比增长11.2%；实现利润总额2.49亿元，同比下降16.1%。

（2）输配电及控制设备产业链35家。2013年完成工业总产值28.18亿元，同比增长6.1%；实现营业收入27.91亿元，同比增长6.1%；实现利润总额2.03亿元，同比下降2.3%。

（3）工程机械产业链21家。2013年完成工业总产值11.96亿元，同比下降13.7%；实现营业收入12.29亿元，同比下降13.0%；利润总额亏损375万元，同比增长10.5%。

（4）软件和信息服务业75家。2013年实现营业收入35.99亿元，同比增长7.4%；实现利润总额6.35亿元，同比下降4.7%。

（5）批发零售业82家。2013年实现营业收入74.32亿元，同比增长11.6%；实现利润总额2.10亿元，同比下降15.0%。

5. 企业流动资金情况

2013年，工业企业应收账款90.29亿元，同比增长10.3%，产成品存货37.44亿元，同比增长4.5%；第三产业应收账款25.39亿元，同比增长4.9%。

2013年，监测企业期末借款余额102.00亿元，同比增长10.4%，财务费用7.99亿元，同比增长9.2%。工业企业期末借款余额79.54亿元，同比增长5.7%，财务费用6.43亿元，同比增长8.8%；第三产业期末借款余额18.40亿元，同比增长32.7%，财务费用1.29亿元，同比增长10.5%。

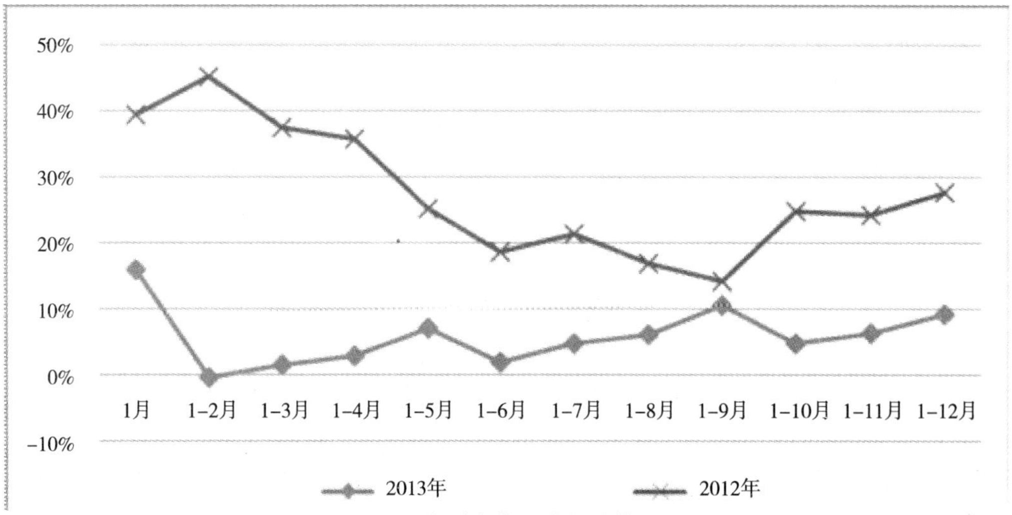

2013年财务费用增长趋势

6. 固定资产投资同比增长4.5%

2013年，监测企业完成固定资产投资23.17亿元，同比增长4.5%，比前三季度上升21.6个百分点，比上半年上升25.8个百分点。工业企业完成固定资产投资17.51亿元，同比下降2.5%，其中：投资100万以上的企业214家（中型企业72家，小型企业142家），比去年同期减少2家；投资500万以上的企业74家（中型企业42家，小型企业32家），比去年同期减少5家；投资1000万以上的企业39家（中型企业28家，小型企业11家），比去年同期减少3家。第三产业完成固定资产投资5.25亿元，同比增长42.3%。

（二）经济运行主要特点

1. 工业总产值平稳增长，减产企业占三成

2013年，工业总产值保持平稳增长，增速比1~11月下降0.3个百分点，比前三季度下降0.6个百分点，比上半年上升0.3个百分点，比一季度下降0.9个百分点。其中计算机、通信和其他电子设备制造业工业总产值同比增长27.0%，比1~11月回落2.5个百分点；纺织服装业同比增长12.4%，比1~11月回落1.4个百分点；橡胶和塑料制品业同比增长11.8%，比1~11月回落0.9个百分点；农副食品加工和食品制造业同比增长15.1%，比1~11月上升0.5个百分点。从工业用电情况来看，工业用电累计增速比1~11月回落0.3个百分点，比工业总产值高0.1个百分点。从减产情况来看，减产面为30.4%，较1~11月缩小1.0个百分点，已连续5个月缩小；12月减产量增加1.37亿元，比11月减少1.36亿元，其中减产1000万以上的企业减产量增加1.42亿元。

2. 工业企业营业收入平稳增长，利润持续向好

2013年，工业企业营业收入平稳增长，增速比2012年上升1.2个百分点，比1~11月上升0.2个百分点。利润总额增速比2012年上升9.0个百分点，比1~11月回落3.7个百分点，比营业收入增速低3.0个百分点，从全年走势来看，利润总额增速处于上升态势。在480家工业企业中，利润下滑的企业共计190家，比重39.6%，其中：下滑50%以下的企业107家，下滑50%~100%的企业46家，下滑100%以上的企业37家。从亏损情况来看，亏损面比去年同期扩大0.8个百分点，比1~11月缩小2.4个百分点；亏损额同比增长16.6%，比1~11月上升4.2个百分点，其中：亏损100万以上的企业29家，比去年同期增加8家；亏损额1.33亿元，占总亏损额的90.6%。

3. 第三产业营业收入稳中放缓，利润总额负增长

2013年，第三产业营业收入稳中放缓，比1~11月回落1.0个百分点，比前三季度回落0.2个百分点，比上半年回落4.0个百分点，比一季度回落5.8个百分点；自6月以来，利润总额持续处于负增长，第三产业的经济效益堪忧。软件和信息服务业营业收入同比增长7.4%，比1~11月上升2.5个百分点，低于第三产业增速1.7个百分点，低于营业成本增速1.6个百分点；营业收入负增长的企业共计26家，占比34.7%，比1~11月减少2家；利润总额负增长的企业共计33家，占比44.0%；亏损企业数15家，比去年同期增加2家。批发零售业营业收入同比增长11.6%，比1~11月回落3.8个百分点，比第三产业增速高2.5个百分点；营业收入负增长的企业共计26家，占比31.7%；利润总额同比下降15.0%，较1~11月回落11.8个百分点，负增长的企业共计36家，占比43.9%，亏损企业数17家，与去年同期保持一致。

4. 中小企业市场订单基本稳定

通过对714家中小企业进行市场订单调查，数据显示：国内市场订单维持原状的占48.0%，国内市场订单增加的占27.3%，国内市场订单减少的占15.1%，其他的占9.5%；本企业没有出口的占56.6%，出口订单维持原状的占22.1%，出口订单增加的占11.6%，出口订单减少的占9.7%。从调查结果来看，中小企业的市场订单整体上保持稳定，但中小企业市场竞争激烈，利润微薄，仍处于不利的经营环境中。

5. 从业人员平均工资保持两位数增长

2013年，监测企业从业人员的平均工资继续保持平稳增长，其增速高于1~11月全市地区生产总值2.3个百分点。截止12月末，监测企业从业人员11.27万人，同比下降0.4%；应付职工薪酬54.67亿元，同比增长11.6%；月人均工资4043元，同比增长12.1%。工业企业从业人员8.89万人，同比下降0.4%；应付职工薪酬40.68亿元，同比增长12.3%；月人均工资3814元，同比增长12.7%。第三产业从业人员1.68万人，同比下降1.2%；应付职工薪酬10.59亿元，同比增长10.7%；月人均工资5241元，同比增长12.1%。

二、主要工作

（一）工作目标完成情况

2013年以来，成功举办2013年厦门市中小企业服务博览会，工信部朱宏任总工程师亲临博览会并致辞，中小企业司致函我局对本次博览会的成功举办给予高度肯定；深入各区、工业园区及街道、协会举办了10场“中小企业扶持政策宣讲会”；创新成长型中小企业评选活动，目前共有819家成长型中小企业，其中“最具成长性企业”125家；对2012年度厦门市银行小微企业贷款考评情况进行审查，促进银行业金融机构提供小微企业贷款的比重和增速；设立5000万元小微企业贷款风险补偿金，目前已有480多家小微企业获得约7.3亿元贷款；开展中小企业集合资金信托发行工作，17家企业发行15350万元；批准6家小额贷款公司筹建并开业；支持融资性担保机构、典当行、小额贷款公司为5000家以上中小微企业提供融资服务；组织对105户企业开展管理咨询义诊服务；整合国家、省、市各类培训资源，开展公益培训，分17期培训各类企业人员2131人次。举办2013厦门市中小企业总裁班，依托“厦门中小企业网络商学院”开展“百企

千场万人”公益培训，累计组织100多户中小企业开展集中培训1557场次，培训23134人次，完成4887个学时。加强中小企业运行监测工作，实现712户中小企业数据直报，比2012年度增加300多户。

（二）主要工作措施

1. 搭平台，送政策，提升服务中小企业水平与能力

（1）加强法规宣传，营造中小微企业发展环境。认真落实国发〔2012〕14号精神，推动《厦门经济特区中小企业促进条例》和《厦门市人民政府关于进一步支持小型微型企业健康发展的意见》的实施，深入各区、工业园区及街道、协会举办了10场“中小企业扶持政策宣讲会”，在厦广电台《经济视点》栏目及政府专线访谈栏目解读相关政策，在《厦门日报》等媒体上加大中小微企业工作宣传，营造中小微企业发展环境。同时还深入开展调研、走访活动，分批走访了近300家成长型中小企业，调研当前中小企业生产运行状况，宣传扶持政策，尽力帮助中小企业解决经营中的各种困难和问题，完成《厦门与台湾中小企业产业对接机制研究》课题调研工作。

（2）成功举办厦门市中小企业服务博览会。厦门市中小企业服务博览会围绕中小企业转型发展主线，以“服务企业、助力成长”为主题，设置近500个展位的专业展馆（13000平方米），展会规模达到历史最高水平，11场专题论坛（含大型主题论坛、对话节目以及专业分论坛等），举办了4大战略新兴行业中小企业科技成果网上对接会，吸引了近50000人次通过现场与网络参观、参展。博览会以展馆展示、论坛交流、现场服务和网上对接等方式，为本地中小企业搭建了投融资、技术交流、项目对接、管理咨询、智力碰撞一站式专业服务平台。工信部朱宏任总工程师亲临博览会致辞，中小企业司致函我局对本次博览会的成功举办给予高度肯定。

（3）加强咨询义诊和培训工作，提升企业管理水平。一是加强中小微企业管理咨询义诊工作。组织开展“巡回义诊”活动和管理咨询诊断活动，开展企业义诊服务达105家。同时，运用厦门市中小企业发展专项资金对管理咨询义诊优秀项目予以资金扶助。同时，加强服务团队建设，向企业推荐2013～2014年度管理咨询机构11家。目前正着手筹建“厦门市中小企业服务专家库”工作。

二是开展“企业成长培训”系列公益培训。整合国家、省、市各类培训资源，开展公益培训，分17期培训各类企业人员2131人次。组织26名企业家赴香港参加“内地企业利益香港市场走向国际”培训。

三是开展“百企千场万人”网络公益培训工程。为企业免费提供21大类2300余门在线管理课程的学习，今年已累计组织100多户中小企业开展集中培训1557场次，培训23134人次，完成4887个学时；平均每家企业举办培训15场次、培训231个人次、完成48.9个学时。

开办“网络公开课”，面向全市中小企业中高层管理人员，截至2013年底，累积举办26期“网络公开课”，累积培训2783人次，完成262学时；平均每场培训107人次，完成10.1个学时。“企业成长培训”网络公开课，让学员利用业余时间自主学习，满足学员个性化学习的需求。

四是举办2013厦门市中小企业总裁班。总裁班7月底在清华大学开班，学习时间为一年，总裁班受到广大中小企业的欢迎。此外开通“中小企业管理提升频道”，受到企业欢迎。

（4）积极开展网上“百日招聘”高校毕业生活动。充分利用人才频道（即厦门企业人才网）继续做好工信部、教育部联合举办的2013年全国中小企业网上百日招聘高校毕业生活动，组织市中小企业面向应、往届高校毕业生招聘，并协调我市18所高校组织应届高校毕业生上网求职与应聘，帮助市中小企业改善人才结构，支持做好高校毕业生就业工作。2013年以来，全市共有585家中小企业通过厦门中小在线网提供1600多个岗位，2300余名往、应届高校毕业生上网求职。

2. 拓渠道，破难点，破解中小微企业融资困境

（1）规范发展类金融机构，服务中小微企业。积极推进小额贷款公司设立工作，2013年已经批准6家小额贷款公司开业。同时加强行业监管，规范发展融资性担保机构和典当行，发挥类金融机构为小微企业融资服务作用。至2013年11月底，22家融资性担保机构担保总额224.19亿元，36家典当行典当总额41.22亿元，6家小额贷款公司累计发放贷款金额13.29亿元。通过规范发展融资性担保公司、典当行和小额贷款公司，一定程度上缓解了中小微企业在生产和流通领域中的资金需求。

（2）推动金融产品创新，拓展融资渠道。一是开展中小企业信贷风险专项补偿资金贷款工作。推动相关银行加大小企业信贷风险专项补偿资金贷款的力度，目前已有480家小微企业获得约7.3亿元贷款。

二是发挥还贷应急周转金作用。积极帮助资金周转暂时困难的中小企业按时归还到期贷款，有效防止和化解小微企业资金链断裂风险，保障小微企业正常开展生产经营活动和健康发展。截至2013年12月，共为6家小微企业发放了7笔共计4020万元的“还贷应急资金”，有效地解决了小微企业的燃眉之急，受到了广大小微企业的普遍赞誉。

三是设立小微企业信保资金。市经发局会同银行、融资性担保公司联合组建的“中小企业信保资金”，通过信保资金的增信功能，帮助中小企业特别是小微企业减少融资成本。目前，“信保资金”池的3500万元资金主要由厦门市担保有限公司、福建金海峡融资担保有限公司、中略（厦门）担保有限公司和福建元信担保有限公司4家融资性担保公司共同出资组成，截止2013年12月，“信保资金”共为我市38家小微企业发放41笔担保贷款，贷款担保金额共计9138万元。

四是推动企业直接融资。一是开展中小企业集合资金信托发行工作，开展中小企业集合资金信托发行工作，17家企业发行15350万元。二是开展中

小企业股权融资工作。举办了中小企业股权融资对接会，促进企业与证券、创投机构交流对接，目前正在开发厦门市中小企业网上股权交易公共信息服务平台，拟搭建网上股权融资信息交流平台，建立起中小企业直接融资服务体系，形成长效机制，帮助中小微型企业从融资创新、融资转型实现企业发展的转型升级。

3. 助成长，促转型，引导企业走“专精特新”道路

（1）创新成长型中小企业评选活动。实施中小微企业成长工程，根据企业需求，创新2013~2014成长型中小企业评选活动，今年评选出成长型企业269家，其中“最具成长性企业”27家、“成长型企业”167家，“具有成长潜力小微企业”75家。加上2012年评选出550家，目前共有819家成长型中小企业。以成长型中小微企业评选活动为切入点，通过政策宣传、资金扶持、管理提升、融资服务等途径，加大对有市场、有效益、有发展前景重点企业的扶持，培养一批快速健康成长的示范企业，带动更多企业发展。

（2）引导企业转型升级，走“专精特新”发展道路。组织企业申报国家、省、市各级扶持资金，发挥各级财政资金引导作用，推动企业转变生产方式，通过技术改造、技术创新和管理提升，提高制造水平、研发能力，走“专精特新”发展道路，促进转型升级。厦门市中小企业发展专项资金规模逐年扩大，从2012年的4413.67万元增加到2013年的5682万元，增长29%，主要用于成长型企业贷款贴息、服务体系建设和融资性担保公司补助及银行小企业贷款考核等，其中对93家企业予以中小企业成长支持资金贷款贴息2606万元，重点支持符合运用高新技术改造传统产业、为大企业协作配套、资源节约、循环经济、清洁生产、有地方特色优势等项目。

同时积极争取国家、省、市专项资金扶持，获得国家级专项资金2811万元、扶持31个项目，省级专项资金931万元、扶持17个项目，市级专项资金5682万元、扶持127个项目，共计9424万元，其中23个企业获得2013年中小企业发展专项资金1441万元扶持，其中小型微型企业18家，补助金额1155万元，占总金额的80.2%；6家融资性担保机构获得福建省中小企业融资性担保机构风险补偿专项资金，扶持资金共687万元，获得工信部、财政部2013工业转型升级中小企业公共服务平台专项资金500万元扶持。

（3）培育各级中小企业公共服务示范平台。积极培育各级中小企业公共服务示范平台，通过公共服务平台推动中小企业技术创新、管理提升和信息化建设。2013年组织开展了“2013年厦门市中小企业公共服务示范平台”认定工作，方园标志认证集团厦门有限公司等9家机构被认定为2013年厦门市中小企业公共服务示范平台。同时推荐厦门邑通软件科技有限公司申报2013年国家中小企业公共服务示范平台，推荐厦门中开信息技术有限公司等4家单位申报2013年福建省中小企业公共服务示范平台。

4. 推进两化融合，构建中小微企业信息化服务体系

（1）建设厦门市中小企业公共服务平台网络。该项目已获财政部、工信部批准，项目总投资6864万元，工信部、财政部工业转型升级中小企业公共服务平台专项资金将补助2000万元，其中2013年已下达500万元扶持资金。国家其中。项目包括由市中心平台和10个窗口平台，其中市平台包括综合服务大厅、呼叫中心、公共服务平台网络枢纽管理系统、共享数据资源中心等四部分，通过实现企业与机构供需服务在线对接相结合、网上平台服务和网下大厅服务相结合、虚拟窗口与实体窗口相结合，政策宣传、上市培育、融资担保、技术创新、创业辅导、项目申报、管理咨询、市场开拓、运行监测、贸易救济等全方位服务。目前“厦门市中小企业服务大厅”建设工作正在进行中。

（2）搭建云金融服务平台。充分发挥“中小在线”优势，将金融服务创新与科技相结合，以“线上平台为依托，线下服务相结合”的服务模式，联合全市银行业、担保公司、典当行、评信等服务机构共同打造厦门市中小微企业云金融服务平台——“投融汇”，为中小企业与金融机构搭建对接通道，提供在线融资服务。自2013年5月“投融汇”云金融平台正式开通以来，平台入驻银行支行机构达126家、投资机构21家，成功发放贷款4530万元。

（3）开通“中小企业管理提升频道”。频道结合政府公益培训工程，与省内各高校、各培训机构、管理咨询协会、中小企业协会等单位合作，同时，整合我市优秀企业管理咨询机构资源，为全市中小企业提供多样化培训课程。自7月份开通以来，累积注册学员1207人，培训报名1832人次。

5. 加强生产经营运行监测

按照工信部部署，开展中小企业运行监测工作，全市中小企业生产经营运行监测数据直报企业712户，比2012年底增加300多家，超额完成年初计划，在在全国15个副省级城市中排名保持前三，运行监测工作得到了工信部中小司的高度认可，获邀在12月6日上海召开的全国中小企业运行监测工作会议作经验介绍。按照商务部要求，开展产业安全数据报送和企业出口订单指数数据直报，报送企业达到150家，每月编制《厦门市维护产业安全工作简报》。按照农业部部署，做好乡镇企业统计工作，加强直报点工作。

加强对类金融行业运行情况的监测分析，按月编制融资性担保公司、小额贷款公司、典当行业《厦门市融资担保机构监管工作简报》、《厦门市小额贷款公司监管工作简报》、《厦门市典当行业业务运行分析报告》等。

同时对《厦门中小企业》（期刊）改版，提高内容质量和设计水平，加大了期刊的商业化运作力度，在数量与质量更上一个档次，每期发行数量实现5000册以上，《厦门中小企业》期刊受到了社会各界的欢迎和广泛关注，正逐步成为社会各界人士了解政策动态、掌握经济资讯、交流发展经验、展

示企业形象不可多得的重要刊物。

三、下一步工作举措

下一步，全市将继续深入贯彻党的十八大精神，落实群众路线实践教育活动，围绕美丽厦门战略规划，不断优化中小微企业发展环境，引导企业走“专精特新”发展道路，促进企业转型升级，推动中小微企业发展质量和水平新提升。

（一）工作要点

（1）大力营造发展环境。落实国家、省、市扶持中小企业发展的政策措施，完善配套措施，重点是深入走访企业，加强政策宣传，帮助企业用好用活各项惠企政策，组织企业申报各级扶持资金。

（2）大力促进“专精特新”。坚持实施中小微企业成长工程，开展成长型中小微企业评选活动；发挥中小企业创新主体作用，鼓励中小企业不断加大研发投入和技术改造投资力度，增强企业技术创新能力。重点是在成长型中小微企业评选活动中增加“专精特新”类别，同时修订中小企业发展专项资金管理办法，加大对“专精特新”企业扶持力度，促进企业走走专业化、精细化、特色化、新颖化的“专精特新”发展之路。

（3）大力加强融资服务。促进银行业金融机构提高对小微企业贷款增速和规模，发挥担保典当机构、小额贷款公司等融资服务作用，拓展中小企业集合资金信托、私募债券、股权融资等直接融资渠道。重点是发挥市“中小企业信贷风险专项补偿资金”作用，促进合作银行为企业提供免抵押免担保信用贷款、放大抵押物价值贷款等各种金融产品，增加小微企业贷款规模。

（4）大力促进管理提升。开展管理咨询义诊工作，开展“企业成长培训”“百企千场万人”等公益培训，举办中小企业经营管理创新（总裁）高级研修班，提升企业水平，促进企业制度创新和管理创新。重点是整合管理、咨询、培训各方优秀资源，促进管理平台和团队建设，推动两化融合，提高中小企业研发设计、经营管理、电子商务、筹资融资等信息化应用水平，提高管理水平和经营效率。

（5）大力完善公共服务。举办中小企业服务博览会，为小微企业提供全方位、一站式、专业化服务。以市中小企业服务中心为纽带，通过服务联盟等形式，有效整合各类社会服务资源，形成规范化、专业化、高成效的公共服务体系。重点是完成市级中小企业网上公共服务平台枢纽管理系统建设，推进垂直平台管理系统建设（包括云管理、投融汇、云科技、管理提升等），把现有的成熟服务系统有机整合，为快速启动平台网络应用推广、提升服务成效奠定基础。

（二）具体目标

（1）完成市级中小企业网上公共服务平台枢纽管理系统建设，推进垂直平台管理系统建设。

（2）推出400家成长型中小企业，其中100家最具成长性中小企业。

（3）成立由100名各行业专家组成的厦门市中小企业专家服务团位中小企业提供义务服务。

（4）评选5家银行小微企业金融服务先进单位和10名小微企业金融服务先进个人。

（5）运用5000万元小微企业贷款风险补偿金，为不少于500家小微企业提供8亿元免抵押信用担保贷款；发行中小企业集合资金信托1亿元。

（6）发挥担保、小贷、典当的作用，为中小微企业提供300多亿元的融资服务。

（7）组织对100户企业开展管理咨询义诊服务，选择10户最具代表性和管理提升工作成效明显的企业召开现场交流会，在全市范围内推广典型经验。

（8）整合培训资源，分10期培训各类企业人员2000人次；依托“厦门中小企业网络商学院”，开展“百企千场万人”公益培训工程。

（10）加强中小企业运行监测工作，实现900户中小企业数据直报；完成商务部要求的150家企业外贸出口外贸订单指数数据直报。

（三）工作措施

1．加强政策法规制定和宣传落实

（1）围绕美丽厦门战略规划，加强《厦门经济特区中小企业促进条例》、《厦门市关于扶持小型微型企业健康发展的实施意见》等政策法规的宣传落实。同时积极调研，根据国家、省、市政策要求和我市实际情况，制定出台新的政策措施，进一步完善政策扶持体系，促进中小微企业发展。

（2）积极运用各种政策措施，发挥各类中小企业发展专项资金引导作用，引导支持一批创新型、创业型和劳动密集型企业发展，引导支持平台网络、国家示范平台、担保机构、培训机构为小微企业提供优质服务，减轻企业负担，扶助小微企业健康成长。

（3）深入开展走基层、解民忧、办实事、促发展活动，组织市中小企业服务中心、银行、担保机构等相关单位深入走访成长型中小微企业，组织开展政策宣讲活动，帮助企业用好用活各种扶持政策，组织企业申报国家、省市各级扶持资金，促进企业健康发展。

2．促进中小企业“专精特新”发展

（1）实施中小微企业成长工程。开展成长型中小微企业评选活动，并以此为切入点，加大对有市场、有效益、有发展前景企业的扶持，培养一批快速健康成长的示范企业，带动更多企业发展。

（2）增强企业技术创新能力。发挥中小企业创新主体作用，鼓励中小企业不断加大研发投入和技术改造投资力度，对现有设施、工艺条件及生产服务等进行改造提升，发挥国家、省、市各级各类专项资金的引领作用，加强以核心装备、系统软件、关键材料、基础零部件等关键领域为重点的产业技术创新工程，培育一批为产业链配套的“专、精、特、新”企业。

（3）促进中小企业商业模式创新。综合运用管理提升、资金扶持、融资服务等措施，鼓励中小企业新业务模式的应用，通过中小企业商业模式创新促进产业结构升级，促进中小企业发展质量和效益全面提升。

（4）加大财税金融扶持。发挥各级各类支持中小企业发展专项资金和基金的引导和扶持作用，加大对中小企业技术进步和技术改造的支持力度，重点支持"专精特新"技术和产品，培育"专精特新"中小企业。

3. 完善小微企业融资服务

（1）开展银行业金融机构小企业贷款评价工作，加强银行业小企业贷款考核和评比表彰，提高银行业金融机构对小微企业贷款增速和规模，促进信贷产品创新，加大对小微企业创业投资、经营发展的政策引导力度和融资服务力度。

（2）规范发展各类融资服务机构，完善融资性担保机构监管机制，鼓励典当行创新业务品种，推动小额贷款公司工作，推进中小企业集合发债、创业投资等工作，形成以银行业金融机构为主渠道、其它融资服务机构为补充的多层次融资服务网，发挥准金融机构为中小微企业的融资服务作用，切实降低融资成本，多方位满足小微企业的融资需求，促进中小微企业健康发展。同时加强融资性担保机构、小额贷款公司、典当行的日常监督管理工作，建立运营情况定期报告制度，促进各类准金融机构规范发展。

（3）创新金融服务，加强银政企合作，发挥市"中小企业信贷风险专项补偿资金""中小企业信保资金""还贷应急周转金"作用，为企业提供免抵押免担保信用贷款、放大抵押物价值贷款、还贷应急周转等各种金融产品，满足企业多元化融资需求。

4. 促进企业管理提升

（1）开展中小企业管理咨询义诊工作。加强服务机构和管理咨询师服务团队建设，发挥民间咨询机构的作用，组织管理咨询机构开展"巡回义诊"活动和管理咨询诊断活动，推广富有示范效应的优秀中小企业管理典型。坚持引导企业加强基础管理，推进制度创新和管理创新。

（2）整合企业公益培训，开展"企业成长培训""百企千场万人"等公益培训工程，举办中小企业经营管理创新（总裁）高级研修班，提升企业水平。整合管理、咨询、培训各方优秀资源，打造"厦门中小企业管理提升"网络平台，为厦门广大中小微企业提供更加优质的服务。

（3）推动两化融合。鼓励信息化服务商搭建中小企业信息化服务平台，为中小企业提供电子商务、筹资融资、人才培训等信息化服务，推广适用的解决方案。支持中小企业通过服务外包、应用第三方专业服务等，促进研发设计、经营管理、生产过程、市场营销等信息化应用，提高企业管理水平和经营效率。引导小微企业运用云计算、移动商务等新一代信息技术，促进信息技术集成应用和协同创新。开展信息化普及培训，提高中小企业应用安全可靠软件和信息技术的能力。

5. 加强服务体系建设

（1）举办中小企业服务博览会。创新服务形式，拓展服务项目，为企业提供政策宣讲会、融资服务、管理咨询、信息化服务、技术创新服务以及各种主题的座谈会、培训会、推介会，为中小企业提供一站式专业服务，打造最权威、最全面、最有效同时也是最受中小企业欢迎的服务平台。

（2）着力完善公共服务。推进中小企业公共服务平台网络建设，采取市场化运作与政府补贴相结合的运营模式，引入社会中介机构和专业化服务组织，面向全市中小企业提供信息服务、融资担保、电子商务、创业辅导、人力资源、法律服务、技术支持、政务服务和国际交流合作等一站式服务。完善中小微企业云金融服务平台—投融汇、"厦门市中小企业管理提升"等专业化网络平台，为小微企业持续成长提供支撑。

（3）以市中小企业服务中心为纽带，通过服务联盟等形式，有效整合各类社会服务资源，推动公益性服务机构与市场化服务机构的结合，构建规范化、专业化、高成效的公共服务体系。

（4）加强生产经营运行监测。按照工信部、商务部、农业部部署，开展中小企业数据直报、外贸出口外贸订单指数数据直报和乡镇企业统计工作，同时加强担保典当、小额贷款公司的运行分析，及时掌握各类企业生产经营情况和存在问题，为开展工作和领导决策提供 对策建议。

（厦门市经济发展局）

青岛市

2013 年，青岛市认真贯彻落实《国务院关于进一步支持小微企业健康发展的意见》（国发〔2012〕14 号），积极应对经济形势新变化、新特点和中小企业面临的新情况、新问题，紧紧围绕优化环境、稳定增长、促进升级三项任务，突出抓好政策落实、服务提升、融资增量等重点工作，着力促进中小企业加快发展，全市中小企业保持了平稳健康的发展态势。

一、2013 年中小企业改革发展基本情况

（一）企业群体稳步壮大

截至 2013 年底，全市共有个体工商户和私营企业 57.2 万户，增长 22.7%。其中，私营企业 16.9 万户，增长 16%，占企业总数的 86.2%；个体工商户 40.3 万户，增长 26%。规模以上工业中小企业 4758 户，占全部规模以上工业企业的 98%。规模以下工业（企业和个体工商户）约 6.86 万户，其中工业企业 2.17 万户，个体工业 4.69 万户。

（二）经济贡献不断增大

2013 年全市规模以上工业中小企业累计完成工业总产值 11642.8 亿元，再创历史新高，对全市规上工业总产值增长的贡献率达到 82.5%；实现主营业务收入首次突破万亿大关，达 10670 亿元；利税总额首次突破千亿大关，达 1103.9 亿元，同比分别增长了 12.3%、13.7%、19.9%，增幅分别高于规上工业 1.7、3.5、2.6 个百分点。规上工业中小企业用规上

工业53.2%的资产，实现了规上工业72.3%的产值、69.8%的主营收入、74.2%的利税总额。

（三）民生贡献更加突出

截至2013年底，全市规模以上工业中小企业吸纳从业人员约78.2万人，占规上工业的72.5%；职工年平均工资约4.4万元，增长11.1%。

二、促进中小企业发展的工作措施

（一）完善政策体系，着力加大扶持力度

在前期出台《关于贯彻国发14号文件进一步支持小型微型企业健康发展的意见》等一系列文件的基础上，2013年又相继出台了《关于进一步服务小微企业发展的实施意见》《关于进一步推进小微企业金融服务工作的指导意见》等政策意见，从创业、创新、减负、融资等方面进一步加强对中小企业的政策扶持。2013年，市财政安排专项用于支持中小企业发展的资金共计1.1亿元。清理规范涉企收费、降低经营服务性收费标准、出台阶段性降低失业保险缴费费率政策等，年减轻企业负担11.3亿元，为约6万户次中小微企业减免税收24.7亿元。全市面向中小企业的政府采购102.6亿元，占总采购金额的60.7%，比政策规定高出30.7个百分点，惠及企业9677家。

（二）突出政策落实，着力优化发展环境

全年两次督查调研市政府46号文件贯彻落实情况，涉及22个政府部门和10个区市。市经信委、市监察局联合出台了《关于青岛市促进中小微型企业发展工作考核意见》，建立了全市中小微型企业发展考核机制。建立了服务热线对部门和区市服务月评价通报制度，加大对相关涉企部门及区市的服务监督及政策落实推进力度。完善了解决中小企业诉求的渠道和工作机制，全年解决中小企业反映的生产经营中遇到问题130多项。加大政策宣传力度，通过政务体系、媒体网络和服务体系3个渠道20多种方式广泛宣传中小微企业扶持政策，向全市中小企业传递政策信息10万余条次，受理咨询1万余次。举办18期小企业之家半月讲坛，免费为中小企业讲解政策、法律、财务等方面的内容，现场听课人员超过2300人次。

（三）深化平台建设，着力提升服务水平

完善以市级中小企业公共服务中心为中枢、区市二级服务平台为骨干、镇街园区三级平台为基础、专业化平台为分支的三级平台网络体系，平台总数达到161家。全年开展各类专项服务活动590次，服务中小微企业12万户次19万人次。投资建设了市中小企业云服务平台，12月19日上线试运行，采用云计算技术，整合政府和社会优质服务资源，设有政务、技术、融资等12个功能板块，细化为1000多个服务产品，可满足5万人同时在线，实现服务功能、服务能力双提升。采取政府购买服务方式，为1318家新注册的小微企业提供免费财税代理服务，节省费用近600万元。举办清华大学EMBA培训班、联想之星创业CEO培训等，创立“新发展大讲堂”，累计培训中小企业管理人员7000多人；开展了百家中小企业“基础管理体系”免费诊断、“法律体检”专项公益行动，“一对一”免费服务，帮助中小企业提高管理水平。成功举办了第二届青岛市中小企业“专精特新”成果展，组织百家中小企业参加“青岛名牌神州行”武汉展销推介会，组团参加中国国际中小企业博览会，全年累计帮助300多家中小微企业“走出去”“请进来”，达成采购及合作意向数十亿元；完善“专精特新成果网上展厅”，已有502家企业的1000多个产品网上展销。

（四）引导创新发展，着力增强内生动力

建立并完善专精特新产品（技术）培育、认定、扶持、服务机制，对近500家企业开展培育，认定298个“专精特新”产品（技术）和57家“专精特新”示范企业，年内扶持专精特新项目和专利补助项目79个，三年累计投入1.66亿元专项资金扶持了359个项目，项目新增销售收入超过120亿元。引导中小企业加强以技术中心建设为主体的技术创新能力建设，全市已拥有市级以上企业技术中心353家，中小企业占285家。落实“研究开发费用税前加计扣除政策”，有261家企业享受政策，研发费支出额27.74亿元，连续6年增长。建立常态化产学研合作促进机制，累计为133家企业的180项技术需求提供了定向发布和全程跟踪服务，筛选并重点推介了880余项科技成果，促成产学研合作项目50余项。实施品牌价值提升工程，目前入库企业数量接近700家，中小企业占95%以上，全市597个市级以上名牌中，中小企业占80%以上。

（五）完善融资体系，着力缓解融资难题

完善形成了优惠贷款、信用助贷、网上“融资通”三大平台，以及银行、担保、过桥、融资租赁、直接融资、重点项目扶持六条路径的中小企业融资服务新模式。2013年，通过政策性措施解决中小微企业融资249.4亿元，比去年同期增长11.5%。一是拓展了政策性优惠贷款平台建设。争取政府增信资金1000万元，新建了“助保贷”优惠贷款平台；与市财政局联合搭建了“政府采购贷”平台，实现了中小企业抵质押方式的新突破；建立了“融资通”网上平台，融资提供方和企业可实现网上相互选择、实时对接，累计为400家企业发放贷款近20亿元。二是持续推进担保再担保体系建设。新发生中小企业担保额201亿元，同比增加21亿元，增长11%，担保中小微企业3054户。引进省再担保集团在我市吸纳4家担保机构成为体系成员，获5家银行授信28亿元，完成再担保额2300万元。三是创新建立了常态化融资客户发现和对接机制。以政府购买服务方式，为中小企业免费提供信用评定及信用助贷服务，并定期向融资机构推介融资项目。四是开辟直接融资新渠道。引进了齐鲁股权交易中心，合作建立蓝色经济区管理总部，全市已有12家小企业成功挂牌，19家企业纳入托管。成功发行青岛市首支中小企业集合票据1.2亿元，并免除了反担保费。

（六）加快小企业园和创业基地建设，着力推进集聚发展

按照产业集聚、资源集约、服务集中的要求，主要采用“区中园”或“区边园”的模式，通过产业配套型、承接转移型和定向招商型等小企业园建设方式，加快推动小企业产业园建设试点和小企业创业（孵化）基地培育工作，缓解中小企业用地难题。召开了首次全市小企业产业园和创业基地建设观摩交流会，全市在建或拟建小企业产业园达到26个，计划入驻小微企业2000户。认定和培育小企业创业基地22个，计划入驻小微企业约3000户。

三、存在的问题

（一）财税政策对小微企业的支持力度有待进一步加强

近期国家虽连续出台支持小微企业发展的税收优惠政策，但仍存在力度不够大，受益面不够广的问题。如“对月销售额不超过2万元的小微企业暂免征收增值税和营业税”政策，只有少数微型企业才能享受，制造业企业年销售额在300万以下的为微型企业，能够享受该政策的更少。另外小微企业量大面广，部分地市财政投入十分有限，政策优惠的力度和广度较小。

（二）融资难、融资贵依然突出

大多数小微企业缺少符合银行风险控制要求的抵押担保能力，加上银行坏帐责任终身追究制度，难以获取银行贷款，只能其他高利率融资渠道。同时，银行对500万元以下的小额贷款按基准利率上浮20～30%执行，抵押贷款利息和费用约9%，担保贷款还要再负担2～3%的担保费，真实利率已超过10%。此外，小企业经营信息不透明，银行机构征信体系仍不完善，导致银行机构对小微企业贷款较为谨慎。

（三）招工难、用工贵同时并存

随着最低工资标准提高和物价水平较快上涨，自2011年以来，小微企业员工工资上涨超过30%，劳动力成本明显上升。纺织服装、食品加工等行业及部分工作条件艰苦、劳动强度大的企业缺乏吸引力难以招到工人。招工难和用工贵并存，导致部分企业因人手紧缺有单不敢接。另外，新一代打工者对福利待遇、人文关怀、工作环境等期望较高，员工流动性和管理难度加大，影响企业的正常生产经营。

（四）创业创新能力相对较弱。

多数中小企业没有研发机构，据初步统计，全市具有一定科技水平和创新能力的中小企业，仅占中小企业总数的3.7%，技术研发投入占销售收入的比重一般都低于1.5%。

（五）政策性信用担保体系建设不足

目前，青岛市担保行业以民营为主，而政府出资设立的政策性担保机构较少。2012年以来，青岛市银行普遍收紧与担保机构的合作，使得担保公司担保的小微企业贷款呈现下降趋势。

四、2014年主要任务

深入贯彻落实党的十八大和十八届三中全会精神，坚持中小微企业专精特新和集聚发展道路，围绕扶助服务、创新集聚、稳速运行三项任务，突出政策宣贯、服务升级、专精特新、载体建设、运行保障、融资拓展六项重点工作，进一步优化中小微企业发展环境，激发企业活力动力，促进全市中小微企业健康发展。

（一）加强政策宣贯，进一步优化中小微企业政策环境

一是密切关注国家和省新出台的扶持政策，结合青岛市实际及时制定出台实施细则和配套政策。

二是协调市直各相关部门、各区市政府进一步宣传落实市政府46号文件，组织政策落实情况督查并形成常态化工作机制。

三是发挥市促进小企业发展领导小组职能作用，进一步完善涉企部门与中小企业沟通机制、服务热线对部门和区市服务评价机制、小企业诉求解决机制。强化全市中小企业发展目标考核，加大考核力度。

（二）深化扶助行动，进一步提升中小微企业服务水平

一是制定2014年平台网络专项服务行动指导方案，组织各级平台开展服务活动，服务企业达到20万户次以上。新培育市级示范平台4个（累计20个），国家级示范平台1个（累计7个）。

二是大力提升云服务平台服务功效。建立服务资源集聚、政府业务指导、专业运维管理“三项机制”，开展宣传推广、服务项目发布对接、企业用户拓展“三项运营活动”，全年力争线上对接服务达到5万次以上。

三是加强企业管理人员培训，提升管理水平。组织150名企业高级管理人员、300名中高层管理者、4000名管理和技术人员的免费或低费培训；组织17期“小企业之家”半月讲坛。宣传推广10家企业管理创新典型，开展中小微企业管理诊断活动。

（三）加强专精特新工作，进一步推动中小微企业创新发展

一是组织实施2014年度“专精特新”产品（技术）培育计划。培育认定100个“专精特新”产品（技术）和20个专精特新示范企业。深入推进中小企业“万户培育、千户成长、百户升级”成长工程。

二是推动中小微企业科技创新。用足技改贴息政策，加快企业装备和工艺升级。加强企业创新能力建设，在中小企业中新认定市级以上企业技术中心40家。大力扩大企业研发费加计扣除政策覆盖面。推动产学研线上交流和线下对接合作，促成合作项目60项。推进两化深度融合，支持中小企业信息化从起步建设向单项覆盖拓展。

（四）加强载体建设，进一步促进中小微企业集聚发展

一是以“区中园”、“区边园”的建设形式，统筹解决中小企业用地需求。探索小企业园（基地）厂房分割预售和认定扶持操作办法。推动建立小企业园用地纳入全市重点项目供地保障机制、职能部门联动服务机制、区市和镇街责任主体培育机制。

二是推动集聚发展，跟踪培育一批不同类型、不同模式的产业园区和创业基地。新培育小企业产业园5个，小企业创业基地5个。

（五）加强运行保障工作，进一步促进中小微企业稳速运行

力争全市规模以上工业中小企业主营收入同比增长12%。

一是提高对规模以上工业中小企业运行数据的分析水平，扩大监测直报企业数量，力争达到800户（增加200户）。

二是帮助企业拓市场、抢订单。组织开展第三届中小企业“专精特新”成果展和服务成果展。升级完善专精特新产品网上展示厅，借助云服务平台项目投资，采用三维网上展会软件，产品实现三维立体展示，提升产品展示效果，同时与建行电子商务网等合作，展销结合，扩大展厅功效。组织中小企业参加“APEC中小企业技展会”“中博会”等展销洽谈会，举办跨国采购对接洽谈活动，开拓国际市场。

三是加强工业中小企业安全生产指导工作。

（六）加强融资拓展工作，进一步缓解中小微企业融资难题

全年力争中小企业担保及短期融资额达到260亿元，增长10%以上。

一是完善信用助贷机制，建立信用助贷报告评价体系。完善融资通平台，年融资服务中小企业500家以上。扩大区域性融资服务站点建设，年内新建4处市场化运作的融资服务站点。

二是拓宽企业融资渠道。深入推进优惠融资平台建设，大力推广助保金贷款、两个统贷平台、政府采购贷等融资模式，再建两个政府增信的优惠贷款平台，探索建立小企业“互助资金池”融资平台，各类政策性融资平台解决融资10亿元以上。推进担保再担保体系建设，推进发行中小企业私募债、集合债、信托产品等。深化股权债券等融资平台建设，依托齐鲁股交蓝色经济区管理总部，争取全年融资企业达10家以上。

（青岛市经济和信息化委员会）

深圳市

2013年，在深圳市委、市政府的高度重视和正确领导下，全市中小企业工作坚持以科学发展观为指导，认真贯彻落实《中小企业促进法》、《国务院关于进一步促进中小企业发展的若干意见》（国发〔2009〕36号）和《国务院关于进一步支持小型微型企业健康发展的意见》（国发〔2012〕14号）要求，各项工作有序推进，中小企业和民营经济在全市国民经济和社会发展中发挥着越来越重要的作用。

一、2013年深圳市中小企业改革发展总体情况

（一）中小企业发展情况

2013年，全市中小企业总量规模继续扩大，截至2013年底，全市工商登记注册的中小企业62.7万家，占全市企业总数的99.6%；中小企业实现生产总值6580亿元，约占全市生产总值的61%（不含金融业和房地产业）。全年中小企业上缴税收1468亿元，约占全市企业纳税额的51%，同比增长6%。

深圳中小企业发展主要呈现以下特点：

一是成长速度快。一方面，中小企业数量增长迅猛。近年来，全市中小企业数量以年均16.3%的速度增长，2013年同比增加14.4万家，增长了29.8%；中小企业创造的GDP以年均13.5%的速度增长。另一方面，中小企业质量显著提升，大量中小企业依靠技术、管理等方面的不断进步，实现了转型发展和跨越发展。

二是上市公司多。截至2013年底，境内外上市企业累计290家，首发募集资金2595亿元。其中，中小板和创业板上市企业共计111家，占两个板块上市企业总量的10.1%，连续七年位居国内大中城市首位。

三是创新能力强。技术创新方面，截至2013年底，全市国家级高新技术企业达到3393家，市级高新技术企业超过1700家，90%以上都是中小企业。全市中小企业国内发明专利申请数量逐年增加，由2003年的12361件增加到2013年的32200件。深圳的中小企业不仅技术创新能力强，而且特别注重商业模式创新。一大批中小企业通过销售模式和运营模式等方面的创新，有效整合配置资源，快速占领市场，实现了跨越式发展。特别是在生物、互联网、新能源、新材料、文化创意和新一代信息技术等领域，涌现了一大批快速发展的中小企业，成为深圳发展战略性新兴产业的重要力量。

四是领军企业多。深圳很多中小企业专注于细分市场，瞄准世界领先技术，坚持不懈地进行自主创新，最终成为细分行业的领跑者。深圳的上市公司，很多都是由这种细分行业领军企业成长起来的。这些领军企业也成为深圳品牌大企业的摇篮。在我市获得认证“中国名牌产品”和“中国驰名商标”的企业中，中小企业分别占75%和60%。

五是社会贡献大。近几年，深圳中小企业上缴税收占全市企业纳税的比重逐步提升，由2003年的20%提高到2013年的51%。中小企业上缴税收由2003年的111亿元增加至2013年的1468亿元，增长了13.2倍，年均增长29.5%。全市民营及中小企业提供的就业岗位占全市就业岗位总量的80%左右。

2013年，我们以中小企业生产经营运行监测平台1335家企业为样本（其中，工业企业890家、批发和零售企业350家、物流企业50家、信息传输以及软件和信息技术服务业企业145家），并结合部分行业的问卷调查，对我市中小企业运行情况进行了分析，结果如下。

1. 工业运行情况

（1）营业收入增速持续回升。2013年，工业样本企业累计营业收入同比增长9.2%，增速较前11月环比回升了0.3个百分点，工业企业累计营业收入同比增速持续回升。

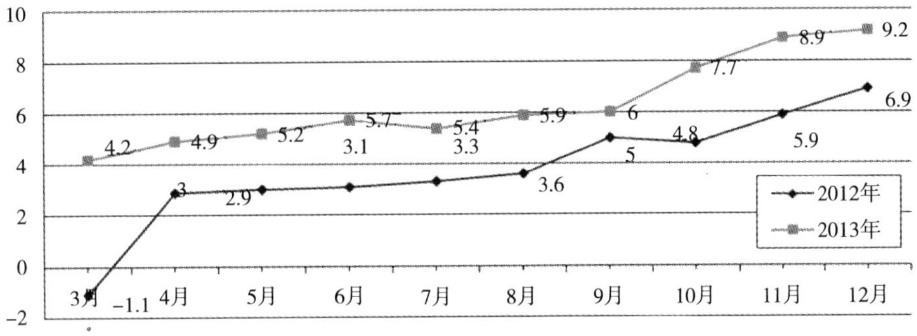

图1　中小工业企业营业收入同比增长趋势图（%）

从企业规模看，中型企业营业收入同比增长8.2%，小型微型企业营业收入同比增长14.3%。从行业看，计算机及通讯和其他电子设备制造业、机械制造业、仪器仪表制造业、纺织服装业等主要行业营业收入出现较快增长趋势，分别增长了15.4%、12.4%、12%和19.7%；医药制造业、造纸和纸制品及印刷业营业收入同比分别增长4.0%和2.1%；工艺品（含黄金珠宝首饰）制造业、家具制造业、化学原料和化学制品制造业分别下降1.6%、1.5%和4.5%。

（2）出口交货值与上年持平。2013年，工业样本企业出口交货值各月累计同比均为负增长，但负增长逐月缩小，全年累计出口交货值与上年持平。从行业看，计算机及通信和其他电子设备制造业、机械制造业、仪器仪表制造业分别增长了12.9%、7.1%和9.3%；其他行业出现不同程度的下降，其中，工艺品（含黄金珠宝首饰）制造业、纺织服装业、家具制造业出口交货值分别下降了30.2%、5.9%和0.3%。

（3）成本费用增长较快，利润下降。2013年，工业样本企业四项成本费用合计增长7.2%。其中，营业成本同比增长9.9%、财务费用同比增长8.2%、应交税费同比增长6.3%，应付职工薪酬同比增长2.5%，企业的原材料成本、融资成本仍然相对增长较快。2013年，工业企业利润总额同比下降9.6%。其中，亏损企业188家，占全部工业企业的比例为21%。

2. 服务业运行情况

（1）商贸业增长回升。2013年，商贸业样本企业累计营业收入同比增长8.1%，增速较前11月回升2.6个百分点。从运行态势看，前三季度商贸业累计营业收入同比增速处于回落状态，四季度逐月回升。其中，批发企业累计营业收入同比增长11.9%，增幅较前11月回升2.1个百分点；零售企业累计营业收入同比增长0.1%，扭转了下降趋势。

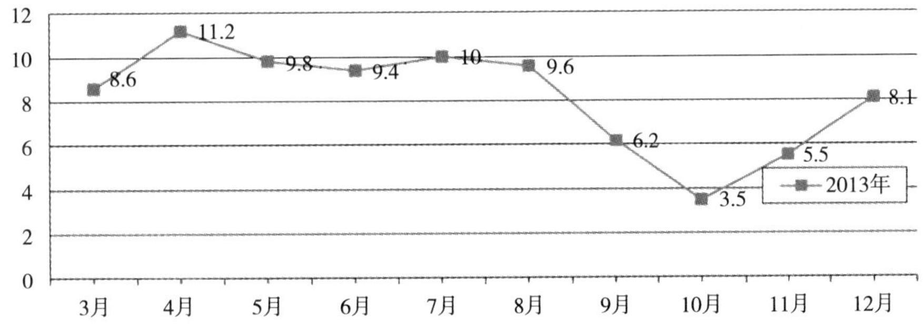

图2　中小商贸业企业营业收入同比增长趋势图（%）

2013年，商贸企业累计利润总额同比下降21.6%。其中，批发企业累计利润总额同比下降14.6%，零售企业累计利润总额同比下降36.4%。

（2）物流业营业收入增长，但环比增速持续回落。2013年，物流业样本企业累计营业收入同比增长13.9%，增速自9月份以来持续回落，全年增速较前11月增速环比回落了3.1个百分点。其中，仓储业同比增长17.8%，装卸搬运和运输代理业同比增长10.7%，道路运输业同比下降了1.1%。

（3）信息传输、软件和信息技术服务业环比增速继续回升。2013年，信息传输、软件和信息技术服务业样本企业累计营业收入同比增长16.2%，增速较前11月回升了3.3个百分点。从运行态势看，前三季度信息传输、软件和信息技术服务业累计营业收入同比增速处于回落状态，四季度逐月回升。其中，软件和信息技术服务业企业累计营业收入同比增长17.4%，互联网及相关服务同比增长12.2%。

（二）2013年总体运行形势

2013年，全市中小企业经济运行的主要特点是：

行业方面，与2012年相比，工业增速总体高于去年水平并呈现逐月回升趋势。商贸业与信息传输、软件和信息技术服务业在去年快速增长后2013年出现回落，四季度起表现出企稳并持续回升趋势；物流业增速持续回落。

内销方面，商贸业企稳回升。出口方面，计算机、通信和其他电子设备制造业、工业制造业作为工业支柱行业，其出口增速回升对拉动工业整体回升起到了积极作用，但是传统行业（如工艺礼品、纺织服装、家具等制造业）出口总体仍处于下降水平。

综合来看，2013年，工业弱势回升；服务业受2012年基数较高影响，增速较去年明显放缓，四季度后出现企稳回升。

（三）2014年运行趋势判断

从国内外经济环境上看，2014年，国内外经济环境总体趋于改善，但面临的困难和风险不容忽视，不稳定、不确定因素依然很多。从国际看，一方面，世界经济有望逐步走出金融危机阴影并呈现缓慢复苏，全球贸易会有所增长，国际投资会有所增长，国际市场需求会有所上升；另一方面，全球经济仍处于深度调整期，复苏基础不稳、动力不足，美联储将退出量化宽松政策，全球范围内贸易保护主义又回潮加剧，贸易摩擦将会进一步加剧。从国内看，一方面，经济已开始企稳回升，改革效应将开始逐步释放，一些结构性问题有所缓解，通胀压力将有所减轻。另一方面，经济回升的基础尚不稳固，大宗商品价格不确定，大国货币政策不确定，资本流向不确定、流动性"难松"、产能过剩矛盾依然突出，投资驱动的发展方式仍未从根本上改变，经济运行中各种深层次问题仍有待破解，即将出台一些重大改革开放措施会在一定程度上引起经济社会波动。

从行业调研的表现来看，根据对7个工业行业的问卷调查显示，7个行业均预计2014年行业订单呈现较快或快速增长。其中，内销订单方面，电子装备、LED、物联网和钟表等四个行业的订单量预计将快速增长（增速超过20%），新材料和服装两个行业的订单量将较快增长（增速介于10%～20%之间），家具行业的订单量将与上年持平（增速低于10%）。出口订单方面，电子装备、LED、新材料、物联网、家具和服装等六个行业订单量与去年持平（增速低于10%），珠宝行业将较快增长（增速介于10%～20%）。2个服务行业（包括物流和设计行业）均预计2014年将较快增长（增速介于10%～20%）。

总体判断，受国内外政治经济环境等诸多因素的交织叠加影响，国内外经济环境仍然比较复杂，机遇和挑战并存，困难与希望同在，中小企业，特别是小微企业融资难且贵的核心困难仍将十分突出。

二、2013年中小企业主要工作

2013年，深圳市主要从以下几个方面做好中小企业工作：

（一）中小微企业政策扶持体系进一步创新完善

一是政策环境更加优化。出台《深圳市关于支持中小微企业健康发展的若干措施》，这是深圳建市以来市政府首个专门针对中小微企业发展的扶持政策，内容详实、创新性强、意义深远，提出28条有力措施，形成了强力支持中小微企业发展的政策导向和浓厚氛围。实施商事登记制度改革，大幅降低在全市创办企业的门槛、费用和时间，极大地激发了创业热情。截至2013年底，全市中小微企业数量较改革前增加14万家，超过前两年新增中小微企业数量之和。配合市人大在全市开展为期4个多月的《深圳经济特区中小企业促进条例》执法情况检查工作，有力地推动了《条例》的落实和中小微企业法制保障环境的改善。

二是工作机制更加高效。成立由39个成员单位组成的深圳市中小微企业发展工作领导小组，陈彪副市长任组长，建立市区联动的中小企业工作机制，统筹协调和指导全市中小微企业发展。认真办理市人大《关于进一步改善创业发展环境，推动我市中小企业创新发展的重点建议》，将市中小企业服务中心更名为市中小企业服务署，进一步理顺了我市中小企业工作机制。

三是服务体系更加健全。按照"找得着、用得起、有保障、走得远"的思路和市场化运作的原则，建立深圳市中小企业公共服务平台网络并启动运行，成为全国中小企业公共服务平台建设的一大亮点，受到工信部的高度评价。平台网络以行业协会为依托，由1个枢纽平台、14个窗口服务平台和一个港澳服务平台组成，已集聚百余家专业服务机构，上线数百项服务产品，为中小微企业开通5种便捷服务通道。深圳市中小商贸流通企业服务体系建设试点方案获商务部批准，深圳市列入全国第二批中小商贸流通企业服务体系建设试点，启动平台建设工作，组织2014中小商贸流通企业服务年活动。支持深圳市服务机构申报国家级公共服务示范平台，华测检测等5家单位被认定为第三批国家级示范平台。

（二）中小企业重点难点工作进一步扎实推进

一是拓宽融资渠道取得新进展。前海股权交易中心正式开业，致力于打造全方位创新型的中小企业融资平台。挂牌企业达到3205家，成功发行5期"梧桐"私募债，为中小微企业融资2.45亿元。筹建中小微企业贷款联保增信平台，借鉴市重点民营企业池管理模式，与企业池共享财政增信补偿资金，按照政府增信、企业联保的原则，重点解决中小微企业单笔2000万元以下、2年期以内的短期流动资金信用融资问题。已起草完成《深圳市中小微企业贷款联保增信平台管理（暂行）办法》，将于近期颁布实施。支持我市中小企业在全国中小企业股份转让系统（即"新三板"）挂牌交易，拓宽直接融资渠道，全市已有21家中小企业成功挂牌。市政府正在研究制定鼓励支持中小企业在新三板挂牌交易的具体措施。提高小额贷款公司质量，出台《关于进一步加强和规范小额贷款公司试点准入和审核工作指引》，培育小额贷款公司标杆企业。截至2013年底，共有91家正式营业，2013年新增贷款272.42亿元，贷款余额为116.77亿元。进一步规范融资性担保公司发展，出台《深圳市融资性担保公司违规违法投诉举报管理制度》，充分发挥群众监督作用，促进融资性担保机构更好地为中小微企业融资提供服务。

二是支持创新发展取得新进展。筹建深圳市中小微企业发展基金，由市创投引导基金和市民营及中小企业发展专项资金分别投入一定资金，通过市场化运作，吸引社会资本参与，重点支持符合我市产业导向的初创期、成长期中小微企业发展。推进深港青年创新创业基地建设，与香港创新科技署签署《关于共同推进深港青年创新创业基地建设合作协议》，为深港两地青年搭建科技交流合作平台。壮大创新型中小微企业队伍，新增备案确认创新型中小微企业500家，累计达到800家。

三是上市培育企业用房用地工作取得新进展。全面梳理上市及拟上市企业的用房用地需求，市政府服务企业第五次和第六次专题会议对61家上市和拟上市企业用房用地提出了具体解决意见。2013年，共解决13家上市培育企业的空间需求，25家上市企业的空间需求形成解决方案，正在积极推进。筹备组织龙岗、坪山等新区面向上市培育企业的专场用房用地推介会。

（三）中小微企业创新发展支撑进一步强化

一是人才工作进一步深化。出台《深圳市人才引进入户实施办法》，进一步强化市场导向，对人才引进统一实行综合评价、量化赋分的积分制引进方式。完善高层次专业人才"1+6"政策体系，完成第二轮高层次专业人才认定标准修改工作。扩大实施民营及中小企业家培训计划规模，2013年企业家研修班共招生7个班428名企业家学员，截至目前，该计划培训的企业家超过2200名。继续组织执行产业紧缺人才培训计划，2012年~2013年共开设25个类别178个培训项目，共计233个班次，累计培训22000人次。2013~2014年度共开设176个培训项目、230个培训班次，拟培训23605人。

二是支持开拓境内外市场力度加大。市政府组团参加市外国内综合性展会24场，共组织1500多家深圳企业参展，参展面积近15000平米，参会人数近5000人次。组织61家中小企业参加第十届中国国际中小企业博览会，我市展位数量达到100个，位居各省市前列。进一步加大对中小企业自行参加各类展会拓展市场的支持力度，2013年共对1703家中小企业的2600多个参展项目给予了5702万元的资助，受资助企业数量较去年提高了13.8%，有效降低了中小企业开拓市场的成本。组织1041家企业参加33场境外重点展览，现场签订成交合同5.2亿美元，意向成交金额16亿美元。在美国、澳大利亚、巴西等国家组织12场境外经贸交流会。

三是支持转型升级力度加大。鼓励服装、钟表、珠宝等优势传统产业中小企业加快信息化和电子商务应用，加快打造深商e天下、电子商务大讲堂和电子商务市场公共服务平台等三大公共服务平台，推出万家中小微企业电子商务应用工程，扶持中小微企业通过第三方交易平台开展经营业务。深商e天下平台入驻中小企业超过2000家。鼓励中小微企业进入战略性新兴产业领域，支持中小企业自建电子商务平台和开展跨境电子商务试点，培育中小企业新一代信息技术产业应用示范项目，2014至2020年市财政每年安排10亿元，设立深圳市未来产业发展专项资金，引导鼓励企业特别是广大中小企业积极介入海洋、航空航天、军工三大未来产业的上下游产业链。制定国家高新技术企业培育计划，发挥中小高新技术企业群体在产业结构调整和经济发展方式转变中的引领示范作用。

三、下一步工作措施

2014年是认真贯彻落实党的十八届三中全会精神的第一年，也是深入贯彻落实《深圳市关于支持中小微企业健康发展的若干措施》（简称"《若干措施》"）的第一年。随着全市改革创新的不断深化，特别是商事登记制度改革的深入实施和中小微企业发展环境的进一步优化，中小微企业面临着前所未有的发展机遇。在我市新一轮全面深化改革的历史征程中，必须进一步发挥中小微企业在促发展、促创新、促转型中的重要作用，把推动中小微企业科学发展作为我市实现有质量的稳定增长、可持续的全面发展的重要途径。2014年在全面推动《若干措施》贯彻落实的基础上，着力做好两项重点工作：

（一）设立深圳市中小微企业发展基金，建立扶持中小微企业发展的长效机制。

中小企业量大面广，单靠政府力量和财政资金远远难以满足广大中小企业的需要。设立公益性产业类中小微企业发展基金，旨在通过政府财政资金引导，调动社会资金参与，通过市场化、专业化运作，实现基金的保值增值和滚动发展，形成深圳市支持中小微企业发展的良性长效机制。基金主要定位于改善中小微企业发展基础环境、支持初创型小微企业创新发展以及弥补"市场失灵"对中小微企业服务的不足部分等三个较为宏观的层面，主要通过参股子基金的方式，重点投资于环境类、结构类、人才类、种子类子基金，与市财政专项资金和创投引导基金共同形成优势互补、相辅相成、良性互动的创新型中小微企业服务扶持体系。

（二）建立上市企业用房用地保障制度，帮助上市企业扎根我市发展壮大

受我市的土地资源约束和上市企业多双重因素叠加影响，上市企业用房用地难成为我市企业发展过程中有别于其他省市的一大难题。因为发展空间难以解决，导致上市企业项目和资金被迫投向外地，这些优质企业资源和资金的流失非常可惜。5月29日，许勤市长主持召开会议，专题研究解决上市企业及上市重点培育企业产业用地用房问题，提出了多项支持上市企业扎根我市投资发展的具体措施，为下一步工作明确了方向：一是加大宣传力度，增强企业发展信心。深圳完全有能力、有资源为上市企业等优质企业提供足够的发展空间，并为企业在深圳发展壮大提供优质"保姆式"服务。二是组织上市企业用地招拍挂专场，确保部分用地资源配置给上市企业。三是联合各区（新区）、市属国有企业等建立上市企业用房用地供需服务平台，解决供需双方信息不对称问题。四是引导企业由用地向用房转变，鼓励企业与政府联合建立上市企业总部大厦，将用房定向、定价出租出售给上市企业；研究制定支持上市企业联合建设总部大厦的优惠政策，鼓励企业通过联建缩减用地资源。五是统筹市、区政府的创新型产业用房资源，将这些用房优先、优惠地配置给上市企业。

（深圳市中小企业服务署）

新疆生产建设兵团

非公有制经济发展及工作情况

改革开放特别是党的十六大以来，兵团党委、兵团坚持党在社会主义初级阶段的基本经济制度，结合兵团实际制定政策措施，促进兵团非公有制经济快速发展，非公有制经济已成为兵团经济的重要组成部分。

一、兵团非公有制经济发展的基本情况

2013 年，兵团非公经济生产总值预计实现 488 亿元，占全兵团生产总值的 33%，增长 23%。兵团民营企业再投资和招商引资保持了良好的势头，全社会固定资产投资中民间投资预计完成 700 亿元，占兵团总投资的 47%，增长 21%。外贸进出口额中民营进出口企业预计实现 93 亿美元，占全兵团进出口额的 80%，增长 21%。18 万多个体工商户、4200 多家非公企业安置就业人数约 50 多万人。

（一）非公有制经济发展环境进一步优化

兵团党委、兵团贯彻国务院《关于鼓励支持和引导个体私营等非公有制经济发展的意见》（国发〔2005〕3 号）精神，出台了《关于加快兵团非公有制经济发展的意见》（新兵党发〔2005〕10 号）、《关于加快推进招商引资工作的意见》、《新疆生产建设兵团招商引资若干优惠政策》、《关于鼓励外商投资的实施意见》等政策措施。兵团“十二五”规划纲要明确了“十二五”末兵团非公有制经济要占到兵团经济总量的 40% 以上，作出经济结构战略性大调整、发展方式战略性大转变的战略选择，提出“既要顶天立地的大企业大集团，又要铺天盖地的中小企业”，对非公有制经济的发展提出了新的更高的要求。兵团党委的一系列政策措施有力地促进了兵团非公有制企业健康发展。

（二）民营企业成为工业发展和项目聚集的主力军

目前，兵团共有各类园区 29 个。其中，国家级经济开发区 5 个。2013 年，全年招商引资项目 1580 个，当年引进兵团以外项目到位资金 757.2 亿元，比上年增长 54.2%。其中，非国有投资项目到位资金占兵团招商引资到位资金的 90% 以上。19 个对口援疆省市产业合作项目 375 个，引进兵团外资金 339.89 亿元。兵团级以上园区引进招商引资项目 214 个，到位资金 382.6 亿元。民营企业投资项目在兵团招商引资项目中居主导地位。

（三）民营科技企业贡献份额不断提高

引导非公有制中小企业按照科学发展观的要求，加大企业人才培养与交流，注重转变发展方式，加大新产品研发力度，提高产品核心竞争力，增强了企业可持续发展后劲。“十二五”以来，一批民营企业积极申报国家、兵团及师市科研项目获得支持，民营科技型企业得到发展。目前，已有 20 家民营企业成为兵团农业产业化龙头企业，14 家民营企业获得全国工商联科技进步奖。

（四）民营经济与国有经济形成互补

兵团民营经济在棉纺业、农副产品加工业、食品加工业、农用机械装备制造业、有机肥生产业、养殖屠宰加工业、餐饮宾馆业、运输服务业、商贸流通业、房地产业及家电、汽车、农机修理、中介等服务行业占有绝对主导地位，民营企业对优化产业结构、盘活国有资产、提供就业岗位、增加职工收入发挥了重要作用。

（五）民营大企业大集团带动了兵团相关产业升级

兵团已有喀什、霍尔果斯特殊经济开发区兵团区，石河子经济技术开发区、阿拉尔和五家渠等 5 家国家级经济开发区。一大批知名民营大企业落户兵团。如，山东信发、湖南曾氏、江苏大全、广东恒大、内蒙古大安钢铁、梅花味精等大型民营企业集团投资均在百亿元以上，新能源、新材料等新兴产业在兵团快速发展。民营大企业大集团的建设项目带动了兵团相关产业的升级，极大地推动了兵团新型工业化进程，在兵团经济转型、产业提升中发挥了引领、带动和示范作用。

（六）民营企业为兵团发展稳定做出贡献

新疆六师煤电有限公司关注民生、情系百姓、自觉承担社会责任。2013 年，公司年产值 150 亿元，上缴六师五家渠市税收 4.36 亿元。近三年，为师市公益事业投入 1900 万元。促进社会就业，维护民族团结和社会稳定。企业吸纳就业人员 6000 余名，录用维、回、哈等少数民族员工 600 多名。组织成立 300 人以上民兵营加强维稳训练。公司先后获得兵团“工人先锋号”“推进新型工业化建设先进企业”等荣誉称号。

新疆新大地实业有限公司于 2001 年由原兵团第一汽车运输公司改制为民营企业。改制前总负债 5700 万元，负债率为 158%。在求生存、谋发展的同时，建立健全制度，加强企业文化建设，构建和谐企业，充分发挥党、工组织作用，促进企业持续稳定发展。2012 年末，公司注册资金 4000 万元，年产值超 1 亿元，上缴税金 1853 万元。公司党委分别被中央组织部、兵直党工委授予“全国创先争优先进基层党组织”“优秀基层党组织”称号；先后被兵团及兵团有关部门授予“文明单位”“关爱员工好企业”“兵团就业先进单位”“行业先进单位”。自 2006 年重新组建民兵（运输）以来，数百多人次参加了军事部门的训练、备勤、应急拉动，特别是“7·5”事件后，圆

满完成重点执勤维稳任务，多名民兵及公司人武部受到兵直人武部和兵团军事部的表彰。

图木舒克市唐城购物广场公司践行“兵团精神”，在师市政策支持下，于2006年成为图木舒克第一家招商引资的内地民营企业和最具规模的城市综合市场。历经艰辛，市场拥有已400余商户，是师市唯一的“周日大巴扎”中心，成为图木舒克市首个以完善的城市基础设施、保障广大市民及军垦职工生活、生产需求的基地，是国家农业部“定点市场”。自2008年起，承办市政府“周六维吾尔族民间音乐《刀郎木卡姆》演唱会”121场，举办首届三师美食文化节；对少数民族和下岗创业商户实行优惠，43户商户、19名大学生、26名下岗职工减免租金86.2万元；用于员工培训成长、支持当地就业的投入达610万元。新建的“唐城国际五金建材家居城”可带动1500人就业。公司曾获“全国就业与社会保障先进民营企业”“双爱双评”先进企业、“兵团第五届民族团结进步模范单位”。

（七）非公有制经济人士队伍得到健康成长

近年来，兵团有33名非公有制经济人士分别被评为全国和兵团级“优秀中国特色社会主义事业建设者”；8个企业、41人分别受到国家有关部门的表彰。有1176位非公有制经济人士得到了政治安排，其中64位担任各级人大代表，98位担任各级政协委员。实施光彩项目710个，到位资金约80亿元。会员企业采取多种形式扶贫帮困、捐资助学，捐款捐物累计3718.8万元。汶川、玉树地震发生后，兵团非公有制企业及个体工商户分别捐款630万元、208万元；2013年4月20日四川雅安发生7.0级地震，兵团光促会副会长马依尔江个人向灾区捐款100万元，将公司捐助50万元物资送到灾区。2家企业被全国工商联授予抗震救灾先进集体，2名企业家荣获先进个人称号。5位企业家获“中国光彩事业国土绿化贡献奖”；2位获“中国光彩事业贡献奖”。1位企业家先后被授予第二届“中国青年创业奖”，第八届中华慈善“最具爱心慈善楷模奖”，全国工商联“热心公益杰出人物奖”。

二、兵团非公经济发展存在的主要问题

（1）思想认识不到位，缺乏对兵团发展非公有制经济重要性的认识。一些师对非公有制经济存在不同程度的歧视和限制现象，一视同仁的竞争环境还没完全形成。

（2）非公有制经济人士参政议政的渠道还不畅通，一些重大经济、政治活动非公有制经济人士参加较少。

（3）党的组织在非公有制企业中的覆盖面还不高、发展还不平衡、作用发挥不充分，影响着党的方针政策和兵团党委部署在非公有制企业中的贯彻落实。

三、对兵团非公有制经济发展的建议

（1）把非公有制企业的管理纳入兵团各级经济社会发展的总体规划，摆在重要议事日程，切实加强对兵团非公有制经济的统一领导。进一步优化发展环境，在政策上凸显对重点中小微企业的支持力度。

（2）支持非公有制经济人士有序参与兵团经济、政治和社会重大活动，特别是在兵团经济重大决策过程中，吸纳非公有制经济代表人士参与兵团政策制定、重大决策。

（3）贯彻“团结、服务、引导、教育”的工作方针，将非公有制经济代表人士纳入兵团各级领导干部人才培养规划，通过多种方式，对其进行系统培训。加强非公有制企业党的建设，引导教育非公有制经济人士自觉贯彻党的方针政策。

中小企业发展及工作情况

2013年以来，兵团中小企业系统以党的十八大精神为指导，认真贯彻对口援疆工作会议、中央经济工作会议和兵团党委六届十一次全委（扩大）会议精神，结合兵团实际，积极推进“两个率先、两个力争”的战略目标，大力推进信息化与工业化深度融合，围绕年度发展目标任务，加快产业升级、结构调整，着力推进中小企业发展，切实提高企业发展质量和效益，促进兵团经济社会持续健康发展。截止2013年末，兵团全年实现生产总值1480亿元，比上年增长18.0%。其中，第一产业增加值435亿元，增长7.5%；第二产业增加值623亿元，增长26.4%；第三产业增加值422亿元，增长17.0%。兵团中小企业占全兵团企业总量的99%以上，中小企业在推动发展、增加就业、优化结构、升级产业以及促进社会稳定和构建和谐兵团等方面，发挥着重要作用。

一、2013年工作进展情况

（一）以加强项目管理促进企业发展提质提效

组织开展了各项专项资金项目的申报工作，中央资金支持额度同比增长88.3%。修订了《兵团工业发展专项资金管理办法（暂行）》，积极组织中小企业申报兵团工业发展专项资金。出台了《兵团推进企业技术改造工作指导意见》，推动兵团中小企业提高发展质量。加强对中小企业项目建设动态监测，督促项目建设规范有序。

（二）以加强政策引导促进中小企业发展

起草了《兵团关于支持中小微企业健康发展的若干意见》，制订了《加快推进兵团工业转型升级实施方案》，开展了“兵团扶助小微企业专项行动”，重点推进中小企业通过转型升级加速发展。认真贯彻落实第四次全国对口支援新疆工作会议精神，推进招商引资工作，积极开展中小企业与内地援疆省市的对接，帮助企业承接产业转移、开拓内地市场，实现合作共赢。建立了兵团工业园区统计报表体系，不断提高兵团中小企业基础工作水平。加大

资金支持力度，扶持中小企业积极参加广州中博会、西洽会等相关展会。6 月 28 日兵团中小企业服务中心正式挂牌，并举办了项目申报、劳动技能及生产经营等各类培训班 5 期，培训 628 人。

（三）以不断优化结构推进中小企业产业升级

开展了钢铁、电解铝、水泥、平板玻璃等行业产能情况及企业情况调查工作和违规项目清理自查工作，对中小企业已经建成和正在建设的生产规模及配套项目建设情况进行了现场核查，提出了 2013 年兵团工业行业淘汰落后产能目标计划，并向相关师及企业下达了 2013 年兵团工业行业淘汰落后产能目标任务。对 2012 年已完成兵团淘汰落后产能企业进行检查验收。印发了《关于进一步加快企业技术创新的若干意见》、《兵团工业和信息化系统贯彻实施质量发展纲要 2013 年行动计划》，大力推进中小企业技术创新、产业升级。向工信部推荐兵团 3 家企业申报工业质量品牌能力培育试点，2 家企业被认定为全国 2013 年工业质量品牌能力培育试点企业。

（四）以加强运行监测提高综合协调能力

制定并分解下达《2013 年工业经济发展目标预期计划》，其中下达了兵团中小企业发展目标分解计划。继续完善 122 家兵团重点联系工业企业统计报表汇总分析制度。加强番茄、甜菜、油料等大宗农产品加工全过程的运行协调，以及煤、电、油、运等生产要素的协调。完成了兵团制糖、纺织、乳业行业发展报告，并就纺织、番茄、医药产业发展向兵团提出了推进意见，推动兵团出台了阶段性棉纱生产补贴政策，一定程度减轻了中小企业困难，设备开工率逐步提高。会同农业局，将 2013 年兵团提出的农业产业化目标任务产值目标任务分解到各师、各行业，积极支持中小企业农业产业化项目建设。

（五）以两化深度融合为着力点推进信息化建设协调发展

出台了《新疆生产建设兵团信息化发展专项资金管理暂行办法》《新疆生产建设兵团信息化工程单位资质管理办法》等文件，进一步规范中小企业信息化发展。深入开展两化融合深度行活动，组织协调一师、建工师、十二师、十三师先后开展了相关活动，在各师和中小企业营造加快推进两化融合的良好氛围。开展了信息化与工业化融合中小企业评估工作，以中小企业相关人员为主举办了两化融合培训班。组织开展了两化融合项目的组织申报工作，一批两化融合成果显著的中小企业获得了兵团信息化专项的资金支持。积极推进电子信息等新兴产业培育工作，协调八师南山新区完成了兵团软件信息产业园区规划，积极推进中小企业参与软件信息产业发展。

二、2014 年工作目标和思路

总体思路：认真贯彻落实党的十八大、十八届三中全会、中央经济工作会议、第四次援疆工作会议精神，抓住“丝绸之路经济带”建设的重大历史发展机遇，按照兵团党委六届十二次全委（扩大）会议的部署和要求，坚持稳中求进、改革创新，以改革统领全局，把促进兵团中小企业平稳快速发展，提高发展质量作为中心任务，紧紧围绕加快转型升级这一主线，以促进中小企业做大做强为目标，着力推进结构调整、转型升级、方式转变、节能减排，促进兵团中小企业实现持续、快速、健康发展。

三、2014 年工作重点

（一）进一步强化园区建设，推动中小企业积聚发展

在中期评估的基础上，认真实施好“十二五”规划，并做好“十三五”规划编制前期准备工作。以园区为平台，积极承接产业转移，推进中小企业集聚发展。

（二）进一步推进结构调整，提高中小企业发展质量

鼓励和扶持中小企业积极为大企业、大集团配套服务，加快推进兵团产业体系建设。抓住“丝绸之路经济带”建设机遇，扶持面向国际市场的中小企业不断扩大市场、加快结构调整、实现产业升级。实现农业产业化全程服务，推进农产品加工中小企业加速发展。贯彻国务院化解产能过剩矛盾指导意见，落实和完成中小企业淘汰落后产能任务分解目标。

（三）进一步加大扶持力度，推进中小企业发展

积极推动兵团出台《关于支持中小微企业健康发展的若干意见》，全面落实支持中小企业发展的政策措施。认真组织好支持中小企业发展的各项专项资金项目及补助资金的申报工作，争取更多政策资金支持中小企业发展。加大力度建设好“兵团中小企业服务平台网络”。加快推动以兵团中小企业服务中心为龙头的服务体系建设。按照国家“银河”培训工程的要求，认真做好 2014 年培训工作。

（四）进一步加强管理协调，加快两化融合发展

扩大两化融合专项资金支持规模，加大对中小企业两化融合中共性技术开发、公共服务平台建设、试点示范项目的支持。建立专业的两化融合服务机构，有效整合资源实现多方联动，加快推进中小企业两化深度融合。提高对兵团宽带网络基础设施建设的扶持力度，加快提升兵团已通宽带团场、连队的接入速率，不断优化中小企业发展信息化基础环境。

（新疆兵团工信委企业处）

第五篇

中小企业统计

按企业登记注册类型划分规模以上工业企业主要指标（2013）

代码	企业登记注册类型	企业单位数量（个）		资产（亿元）		主营业务收入（亿元）		利润总额（亿元）		税金总额（亿元）		出口交货值（亿元）	
		总数	中小企业	总计	中小企业	总计	中小企业	总计	中小企业	总计	中小企业	总计	中小企业
	全国总计	352546	343135	850625.9	442657.5	1029149.8	619277.2	62831.0	38154.8	45748.5	22354.1	113471.1	48628.1
110	国有企业	6831	6070	110002.0	37133.4	82580.0	27532.5	4030.7	1118.5	6462.8	1659.9	1131.6	198.8
120	集体企业	4817	4718	6172.8	3209.8	11513.9	7541.6	825.4	538.9	369.5	281.6	390.9	157.7
130	股份合作企业	2384	2347	3292.2	2006.1	4391.0	3321.8	274.6	219.2	159.3	128.1	263.0	155.0
141	国有联营企业	103	99	645.9	429.7	553.0	377.6	22.9	23.0	20.3	16.3	27.5	11.0
142	集体联营企业	130	126	106.2	72.7	236.0	171.5	13.1	9.0	7.0	6.1	8.3	5.0
143	国有与集体联营企业	101	100	212.3	209.0	172.2	166.1	11.9	12.3	6.0	5.8	1.2	1.2
149	其他联营企业	145	143	148.5	141.3	240.2	202.3	17.0	12.3	6.9	6.3	14.9	14.9
151	国有独资公司	1478	1135	54233.8	8293.9	33874.9	3893.8	1440.7	216.8	3184.4	180.0	1049.3	113.1
159	其他有限责任公司	67961	66015	200196.5	110693.9	214963.6	129159.4	12300.1	7581.7	9156.4	4597.0	10358.5	4538.2
160	股份有限公司	9077	7835	106159.3	28324.9	94144.0	25160.7	7435.4	1878.1	6437.9	1185.9	6380.3	1177.9
171	私营独资企业	35002	34868	20401.9	19054.8	54774.6	52155.2	4199.7	4019.3	2092.4	1994.4	1472.6	1364.5
172	私营合伙企业	5623	5608	3029.3	2935.0	7506.5	7266.9	567.5	548.0	325.7	316.1	212.9	212.8
173	私营有限责任公司	147023	145737	136971.0	115728.7	246561.6	216755.7	14753.0	13095.2	8160.7	7221.1	13662.7	11653.6
174	私营股份有限公司	7297	7087	14368.9	8935.2	20851.6	14132.1	1356.0	983.8	652.4	486.4	1364.8	628.0
190	其他企业	7172	7078	9074.2	6263.6	15398.9	12215.4	983.7	743.4	576.7	420.4	565.2	406.7
210	合资经营企业（港或澳、台资）	8544	8132	27253.0	17466.5	30212.4	19628.9	1766.0	1131.1	1005.0	688.9	5944.7	3066.0
220	合作经营企业（港或澳、台资）	818	795	1594.3	1130.5	2129.7	1523.5	173.0	115.8	79.0	54.1	569.7	341.4
230	港、澳、台商独资经营企业	16298	15451	38407.3	20698.6	51518.5	24951.1	2717.6	1196.8	1398.8	665.6	22499.0	8443.7
240	港、澳、台商投资股份有限公司	478	422	4369.3	1667.2	3914.9	1393.8	260.0	106.1	225.3	51.1	619.5	218.0
290	其他港、澳、台商投资企业	64	60	191.6	104.0	240.8	102.3	9.4	4.6	5.3	2.0	55.4	28.4
310	中外合资经营企业	11585	10890	52706.7	24816.4	70766.7	30806.4	5273.1	2135.4	3357.1	1154.8	11792.3	4862.3
320	中外合作经营企业	865	828	2934.0	1846.3	3157.0	2306.5	214.6	150.5	149.3	117.7	579.3	392.8
330	外资企业	18109	17035	51934.7	29512.8	73739.7	36624.0	3734.0	2123.6	1724.7	1050.4	32666.1	10271.1
340	外商投资股份有限公司	513	434	5922.9	1805.8	5233.5	1642.3	418.4	173.9	173.1	57.6	1796.4	328.6
390	其他外商投资企业	128	122	297.4	177.4	474.4	245.5	33.2	17.3	12.3	6.5	44.8	37.4

各地区规模以上工业企业主要指标（2013）

地区代码	地区名称	企业单位数量（个）		资产（亿元）		主营业务收入（亿元）		利润总额（亿元）		税金总额（亿元）		出口交货值（亿元）	
		总数	中小企业	总计	中小企业	总计	中小企业	总计	中小企业	总计	中小企业	总计	中小企业
	全国总计	352546	343135	850625.9	442657.5	1029149.8	619277.2	62831.0	38154.8	45748.5	22354.1	113471.1	48628.1
110000	北京	3701	3534	31398.3	9020.0	18624.8	6711.5	1254.8	459.3	804.2	264.6	1512.4	378.3
120000	天津	5383	5167	22059.4	9811.2	27011.1	12155.9	1992.8	626.6	1177.3	391.0	2838.3	1044.9
130000	河北	12649	12222	36040.2	15798.0	45766.3	25946.7	2560.9	1922.2	1536.2	789.8	1611.7	867.2
140000	山西	3946	3651	28058.3	11903.9	18404.7	7473.9	547.9	215.3	897.9	348.5	569.7	52.7
150000	内蒙	4377	4221	23141.7	12415.9	19550.8	12802.2	1682.5	1060.6	1065.0	566.5	223.7	85.7
210000	辽宁	17561	17266	37989.3	20708.6	52150.4	37966.9	2461.6	2124.3	2106.5	1186.4	3426.8	1958.8
220000	吉林	5353	5243	15257.9	7037.5	21950.7	12100.2	1230.1	601.6	1106.2	377.2	379.8	252.4
230000	黑龙江	4098	3966	14059.2	5409.5	13569.8	6980.9	1150.2	417.3	1268.5	254.8	187.8	85.2
310000	上海	9782	9457	33538.3	15293.8	34533.5	15112.3	2415.2	893.5	1815.9	421.8	7727.6	2381.3
320000	江苏	46387	45191	92081.7	51391.2	132270.4	80517.7	7834.1	5184.0	5112.6	3088.6	22346.8	7914.5
330000	浙江	36904	36312	59633.1	44167.9	61765.5	44904.0	3385.9	2247.6	2298.6	1609.4	11599.8	8222.3
340000	安徽	15114	14854	25168.1	12614.7	33079.5	20664.0	1758.8	1232.0	1287.8	573.3	1625.0	897.5
350000	福建	15806	15399	24671.1	17444.3	32847.1	23659.3	1959.4	1440.1	1293.8	814.2	6430.1	3548.8
360000	江西	7601	7442	13640.1	8044.4	26700.2	19035.2	1756.7	1417.0	1125.7	771.7	1780.6	1161.0
370000	山东	38654	37716	78881.1	38107.8	132319.0	83229.2	8507.7	5536.6	5182.3	3077.5	8216.1	4288.9
410000	河南	19773	19211	42021.9	23403.9	59454.8	37688.8	4410.8	3332.9	2077.1	1118.8	2712.5	409.8
420000	湖北	13441	13124	30131.8	14089.0	37864.5	23241.6	2080.7	1228.8	1680.2	714.0	1522.2	712.1
430000	湖南	13323	13129	19031.6	9900.5	31616.6	22671.6	1585.1	1132.9	1973.0	1014.4	1258.5	560.6
440000	广东	38094	36732	77943.5	41465.4	103655.0	57099.6	5854.9	2900.8	3683.7	1734.4	30911.6	12296.8
450000	广西	5396	5223	13063.4	7985.3	16726.0	11314.4	874.0	614.5	846.8	525.4	704.9	353.5
460000	海南	391	378	2328.0	1684.0	1640.7	1237.7	110.8	78.1	143.7	119.8	162.1	134.5
500000	重庆	5237	5045	13135.9	6494.6	15417.1	8192.8	878.4	553.7	805.0	401.5	2256.2	320.8
510000	四川	13163	12786	34729.2	20261.9	35251.8	22133.4	2168.4	1286.9	1820.3	971.3	2687.1	321.4
520000	贵州	3139	3077	9703.6	5349.9	6878.4	4264.2	477.3	204.5	600.4	228.7	106.6	32.8
530000	云南	3382	3275	15344.4	8537.0	9773.1	5224.7	549.1	255.2	1226.8	216.4	131.3	88.4
540000	西藏	70	68	548.6	302.9	93.4	74.5	7.2	16.7	9.8	8.7	0.2	0.2
610000	陕西	4489	4332	22443.1	9608.9	17763.0	8969.6	1973.3	762.5	1378.8	476.8	337.3	158.2
620000	甘肃	1830	1770	10159.4	3712.8	8443.6	2186.6	286.7	92.6	458.7	64.9	67.2	20.4
630000	青海	465	440	4597.7	2022.2	2045.4	1012.0	141.3	53.7	138.3	42.8	10.9	8.5
640000	宁夏	935	886	5588.0	2211.7	3374.5	1377.7	139.1	58.4	168.1	36.9	72.7	28.3
650000	新疆	2102	2018	14238.0	6458.6	8608.0	3328.2	795.4	204.7	659.3	144.0	53.4	42.1

各行业规模以上工业企业主要指标（2013）

行业代码	行业名称	企业单位数量（个）		资产（亿元）		主营业务收入（亿元）		利润总额（亿元）		税金总额（亿元）		出口交货值（亿元）	
		总数	中小企业	总计	中小企业	总计	中小企业	总计	中小企业	总计	中小企业	总计	中小企业
	全国总计	352546	343135	850625.9	442657.5	1029149.8	619277.2	62831.0	38154.8	45748.5	22354.1	113471.1	48628.1
06	煤炭开采和洗选业	7975	7558	48527.0	14333.0	32404.7	12170.3	2369.9	942.8	2512.3	896.8	46.6	25.7
07	石油和天然气开采业	138	106	18858.7	1861.7	11691.1	1227.1	3657.8	99.0	2202.7	122.0	17.4	0.0
08	黑色金属矿采选业	3554	3433	9371.3	4771.5	9828.3	7922.0	1050.0	870.1	638.6	502.9	0.1	0.1
09	有色金属矿采选业	2108	2051	4620.6	3433.5	6158.9	4872.8	628.0	510.1	251.3	210.4	13.3	13.3
10	非金属矿采选业	3524	3493	2971.4	2373.0	4829.9	4516.5	389.9	364.3	282.6	261.0	34.2	31.4
11	开采辅助活动	162	141	2615.8	1140.7	1860.2	997.9	6.6	45.5	103.4	51.1	16.0	0.1
12	其他采矿业	20	20	14.3	14.3	21.8	21.8	1.5	1.5	1.1	1.1	0.0	0.0
13	农副食品加工业	23080	22714	26676.4	20549.3	59497.1	49245.6	3105.3	2610.0	1352.0	1109.2	3095.6	2435.4
14	食品制造业	7531	7314	11275.5	7489.1	18165.0	12417.8	1550.0	927.2	738.6	448.4	1059.8	916.6
15	酒、饮料和精制茶制造业	5529	5341	12779.0	6646.8	15185.2	9235.5	1653.6	750.9	1126.9	571.3	269.7	192.8
16	烟草制品业	135	100	7976.3	831.2	8292.7	781.3	1222.1	107.1	5432.2	399.1	36.7	3.4
17	纺织业	20776	20350	21663.8	15581.0	36160.6	26580.8	2022.7	1458.4	1070.8	813.0	4037.4	2691.7
18	纺织服装、服饰业	15212	14950	11020.6	7696.0	19250.9	15248.0	1141.1	806.7	657.8	504.0	4987.0	4047.5
19	皮革、毛皮、羽毛及其制品和制鞋业	8003	7743	6094.8	4304.9	12493.1	9320.8	818.7	548.3	396.9	288.6	3289.0	2331.2
20	木材加工和木、竹、藤、棕、草制品业	8766	8735	5110.5	4789.6	12021.9	11514.5	810.7	781.1	419.0	400.5	834.7	741.8
21	家具制造业	4716	4627	4039.1	3177.6	6462.8	5443.2	403.9	325.4	218.7	180.8	1518.0	1128.1
22	造纸和纸制品业	7213	7091	12940.2	7437.5	13471.6	9939.5	749.6	585.1	454.2	342.4	591.1	327.7
23	印刷和记录媒介复制业	4321	4280	4306.5	3799.5	5291.3	4808.9	420.1	362.1	204.0	180.1	348.2	238.5
24	文教、工美、体育和娱乐用品制造业	7198	7076	5916.1	4660.8	12037.8	9864.8	631.2	518.7	329.5	282.5	3861.5	3058.5
25	石油加工、炼焦和核燃料加工业	2064	1876	23276.4	8545.2	40679.8	13751.4	482.1	331.8	4249.0	1071.4	525.8	267.6
26	化学原料和化学制品制造业	24211	23652	59605.0	37375.2	76329.8	54314.1	4113.3	3292.8	2522.7	1786.4	3954.5	2791.3
27	医药制造业	6525	6275	18479.9	11320.1	20592.9	13734.7	2071.7	1362.2	1099.8	689.9	1221.4	748.6
28	化学纤维制造业	1904	1826	6248.8	2900.7	7281.8	3645.4	259.8	181.2	160.9	86.7	449.7	151.6

续表

行业代码	行业名称	企业单位数量（个）		资产（亿元）		主营业务收入（亿元）		利润总额（亿元）		税金总额（亿元）		出口交货值（亿元）	
		总数	中小企业	总计	中小企业	总计	中小企业	总计	中小企业	总计	中小企业	总计	中小企业
29	橡胶和塑料制品业	16692	16462	17789.4	13081.1	27310.6	21482.0	1716.3	1306.7	809.3	657.4	3693.0	2263.8
30	非金属矿物制品业	30468	30126	40190.5	33321.4	51284.3	45766.5	3756.8	3310.3	2193.6	1944.3	1863.8	1379.7
31	黑色金属冶炼和压延加工业	11034	10574	62638.3	15064.6	76316.9	28937.9	1695.0	1116.8	1600.4	646.1	2341.5	745.6
32	有色金属冶炼和压延加工业	7168	6887	31863.8	13156.7	46536.3	26230.6	1445.4	955.1	1012.7	625.7	1168.2	673.0
33	金属制品业	18934	18651	21390.0	16522.8	32842.9	27473.9	1878.3	1560.2	1010.2	847.1	3597.2	2604.6
34	通用设备制造业	22495	22097	35103.0	22029.5	42789.0	31616.4	2867.1	2103.6	1450.8	1116.1	4926.9	2551.3
35	专用设备制造业	15374	15075	29609.1	17604.4	32057.5	23275.2	2147.3	1635.8	1089.4	806.4	2976.5	1679.7
36	汽车制造业	11599	11082	46788.3	16455.4	60540.0	22910.6	5107.7	1554.7	3122.5	750.4	2948.8	1230.7
37	铁路、船舶、航空航天和其他运输设备制造业	4859	4575	20025.6	7463.8	16545.1	8126.8	925.7	487.9	521.8	271.7	3399.2	974.4
38	电气机械和器材制造业	21368	20607	46375.1	26634.8	61018.1	38036.8	3451.7	2087.8	1786.5	1073.0	9358.2	4266.2
39	计算机、通信和其他电子设备制造业	12669	11548	50768.8	17866.8	77226.3	21683.3	3308.3	958.6	1384.8	513.1	44946.6	6656.7
40	仪器仪表制造业	3866	3775	6509.1	4817.4	7681.9	5959.8	647.2	496.7	293.9	232.4	1198.3	833.7
41	其他制造业	1598	1555	1974.1	1170.1	2307.8	1752.7	124.8	97.9	72.8	58.1	506.0	386.1
42	废弃资源综合利用业	1274	1267	1561.1	1469.7	3340.0	3096.4	132.1	121.4	126.8	100.0	3.5	3.5
43	金属制品、机械和设备修理业	416	394	1230.8	661.8	930.5	638.8	46.3	37.4	28.4	23.4	192.1	103.0
44	电力、热力生产和供应业	5772	5426	99855.0	51734.1	54825.0	26303.5	3522.7	2153.8	2623.8	1345.4	72.1	63.5
45	燃气生产和供应业	1027	986	5252.5	3521.6	4136.8	3265.5	383.9	300.8	117.9	86.0	39.9	39.8
46	水的生产和供应业	1268	1236	7313.7	5049.4	1451.4	1146.1	115.1	87.5	78.2	57.6	31.7	29.9

2013 年天津市中小企业主要经济指标完成情况

	单位	2013 年	2012 年	±%
一、全市中小企业				
市场主体	万户	23.82	22.03	8.14
企业个数	万户	21.29	19.63	8.41
从业人数	万人	411.03	394.77	4.12
注册资本金	亿元	29626.78	27697.61	6.97
增加值	亿元	7467.68		15.62
外贸出口	亿美元	139.18	129.59	7.40
税收收入合计	亿元	1602.73	1430.43	12.05
二、限额以上中小企业				
企业个数	个	16605.00	14658.00	13.28
从业人数	万人	127.66		
总资产	亿元	59212.28	51428.48	15.14
营业收入	亿元	33762.02	28140.46	19.98
营业利润	亿元	1205.89	1000.46	20.53
税金总额	亿元	611.04	605.70	0.88

2013 年天津市限额以上中小企业分行业情况

	企业个数	从业人员	营业收入（亿元）		营业利润（亿元）		税金总额（亿元）	
	（个）	（万人）	2013 年	±%	2013 年	±%	2013 年	±%
合计	16605	127.66	33762.02	19.98	1205.89	20.53	611.04	0.88
一、第二产业	6823	78.79	13985.81	14.27	698.22	9.00	434.62	12.99
工业企业	5190	62.13	12941.53	18.39	673.55	11.28	403.41	16.36
建筑企业	1633	16.66	1044.27	-20.14	24.67	-30.1	31.21	-17.79
二、第三产业	9782	48.87	19776.22	24.37	507.67	41.05	176.42	-20.19
批发零售业	4404	8.90	15677.27	25.51	108.28	59.10	119.44	-20.48
住宿餐饮业	603	3.71	78.90	-5.61	-4.71	-105.78	3.87	-7.52
交通运输业	1174	9.44	1298.92	14.31	46.27	56.96	6.54	-60.93
房地产业	1186	3.05	796.14	48.05	45.81	79.49	2.39	25.38
社会服务业	2415	23.77	1924.99	16.42	312.01	30.47	44.18	-7.99

2013 年天津市限额以上中小企业分区县情况

	企业个数	从业人员	营业收入（亿元）		营业利润（亿元）		税金总额（亿元）	
	（个）	（万人）	2013 年	±%	2013 年	±%	2013 年	±%
合计	16605	127.66	33762.02	19.98	1205.89	20.53	611.04	0.88
和平区	617	3.62	2277.62	44.09	56.01	15.12	5.48	-8.93
河东区	474	2.78	593.78	14.53	-1.44	68.58	3.27	2.66
河西区	840	4.59	1839.03	24.47	11.89	360.50	6.11	-15.32
南开区	684	8.22	1049.94	21.48	40.28	188.24	9.04	1.73
河北区	444	1.71	488.00	17.96	21.10	19.44	2.92	-7.42
红桥区	174	0.84	96.52	13.68	5.54	177.12	2.21	5.85
东丽区	1470	10.14	3129.15	14.82	94.83	9.48	56.23	34.96
西青区	1691	15.96	3116.10	23.14	169.03	12.56	73.25	6.37
津南区	1278	8.32	1895.60	35.99	65.16	75.44	39.65	20
北辰区	1468	8.71	2887.80	21.09	96.86	5.81	46.62	-2.32
武清区	994	9.54	1677.72	26.78	98.46	12.29	39.64	-12.16
宝坻区	667	3.99	794.86	29.65	45.12	54.06	20.67	35.04
宁河县	362	2.18	610.60	32.47	34.64	81.88	16.15	87.9
静海县	939	3.60	2198.28	25.59	110.74	-4.08	30.75	33.21
蓟县	387	2.83	294.21	36.77	17.77	43.70	9.60	19.99
滨海新区	3803	31.42	8348.41	7.46	186.24	3.22	191.40	-19.28
中央企业	313	9.20	2464.39	21.10	153.64	39.15	58.04	24.51

2013 年天津市民营经济主要经济指标完成情况

	单位	2013 年	2012 年	±%
一、全市民营企业				
市场主体	万户	19.94	18.19	9.62
企业个数	万户	18.74	17.12	9.49
从业人数	万人	303.08	276.82	9.49
注册资本金	亿元	12739.92	11932.23	6.77
增加值（民营经济）	亿元	6221.20	—	21.28
外贸出口	亿美元	93.32	80.15	16.44
税收合计	亿元	976.96	833.04	17.28
二、个体工商户				
户数	万户	26.77	26.06	2.71
从业人数	万人	50.49	47.09	7.22
注册资本金	亿元	198.80	155.36	27.96
税收合计	亿元	60.62	22.47	169.78

2013 年河北省民营经济主要指标综合表

指标名称	单位个数（个）	从业人员（人）	增加值（万元）	营业收入（万元）	利润总额（万元）	上缴税金（万元）	劳动者报酬（万元）
总计	2564628	20145984	186802348	876416479	65655411	25546158	38852243
按国民经济行业大类分组							
1. 农、林、牧、渔业	61788	382862	2924493	13264172	1033824	242544	656473
2. 工业	748727	11385854	118909307	560817540	41495719	15361544	23316677
其中：采矿业	38353	750548	12962690	55488990	5766575	1645582	1603430
制造业	708139	10553127	104516675	496618825	34991603	13435988	21531837
其中：农产品加工业	80269	1262651	12584166	57918351	4326822	963306	2406590
电力、燃气及水的生产和供应业	2235	82179	1429942	8709725	737541	279974	181410
3. 建筑业	83599	1605936	10589086	46116954	3646355	1743513	2994776
其中：具有资质等级的建筑业	7590	450241	3617580	14601275	1071587	718801	999771
4. 交通运输仓储业	337353	1298834	11123498	52612642	4055048	1027151	2508836
5. 批发零售业	837299	3068605	24998665	121531031	8587674	3828541	5167292
6. 住宿及餐饮业	226932	1241889	8512338	39919309	3259024	1262581	2037287
其中：餐饮业	70855	384874	2522740	12035633	1008621	429209	707818
7. 居民服务、其他服务和娱乐业	187138	784810	4912621	21263029	1982169	872164	1401025
8. 其他	81792	377194	4832340	20891802	1595598	1208120	769877

2013 年河北省各市民营经济主要指标综合表

	单位个数（个）	从业人员（人）	增加值（万元）	营业收入（万元）	利润总额（万元）	上缴税金（万元）	劳动者报酬（万元）
石家庄市	277608	2565445	29678647	138945217	11909898	4344736	4526505
承德市	188767	937842	7798073	40590788	2795626	1612878	2035432
张家口市	187637	1088512	7616677	29052997	2131447	1149925	1848910
秦皇岛市	106325	768471	7612218	33810358	1471318	1508205	2200984
唐山市	318309	2224522	41100112	174522383	10842318	4323949	4813224
廊坊市	196120	1570232	13426988	72068123	5654589	3104550	3486864
保定市	263404	2606791	18049408	79580236	6360127	2597012	4837322
沧州市	220897	2106781	19000849	94610943	7470516	2300779	3858918
衡水市	208148	1162643	7477360	38106608	3379372	1060055	2220998
邢台市	216936	1733881	10866900	52049980	3971960	1242881	3035277
邯郸市	341371	2801442	19807689	110543854	8354797	2019820	4695826
定州市	24116	351192	1550000	6918887	520899	122500	912914
辛集市	14990	228230	2937227	11616105	792544	158868	379069

2013 年辽宁省民营经济主要经济指标对比表（地区）

单位：个、人、万元

地区	企业个数			从业人员年末数			增加值			总产值			营业收入		
	2013 年	2012 年	增幅%	2013 年	2012 年	增幅%	2013 年	2012 年	增幅%	2013 年	2012 年	增幅%	2013 年	2012 年	增幅%
甲	1	2	3	4	5	6	7	8	9	10	11	12	13	14	15
辽宁省	1841398	1839448	0. 11	11713762	11344694	3. 25	212620209	191597613	10. 97	827207703	743913309	11. 20	786087642	716048047	9. 78
沈阳市	354203	345880	2. 41	2313884	2182196	6. 03	50685435	45126680	12. 32	198176564	182725325	8. 46	186492083	166905659	11. 74
大连市	283541	284921	-0. 48	2512802	2377949	5. 67	52501889	49724333	14. 20	164469928	151712765	12. 30	150824480	152822672	13. 30
鞍山市	150567	156555	-3. 82	1008040	979304	2. 93	19495281	17532623	11. 19	68000464	60837513	11. 77	66873701	59604323	12. 20
抚顺市	88599	89955	-1. 51	510990	514599	-0. 70	8458154	7464073	13. 32	27539144	26314792	4. 65	28493089	26767585	6. 45
本溪市	72109	72716	-0. 83	415319	407318	1. 96	9054089	7674325	17. 98	28961031	23005776	25. 89	26105430	21346124	22. 30
丹东市	104044	102056	1. 95	603181	591992	1. 89	9763290	8917187	9. 49	59895215	51520012	16. 26	56426561	48416339	16. 54
锦州市	153641	152643	0. 65	739839	724529	2. 11	11801636	10744036	9. 84	52213762	45946143	13. 64	49129391	43645086	12. 57
营口市	115457	118702	-2. 73	665142	661219	0. 59	14017445	12035584	16. 47	56689010	52253822	8. 49	53993429	49421364	9. 25
阜新市	81258	75680	7. 37	424723	416528	1. 97	3698807	2805159	31. 86	15525487	12237779	26. 87	17693671	13615768	29. 95
辽阳市	61944	61712	0. 38	510827	494563	3. 29	7071417	6248743	13. 17	29443059	25744174	14. 37	27886180	24870296	12. 13
铁岭市	85198	91025	-6. 40	574954	582091	-1. 23	8508600	7608966	11. 82	38758109	34032266	13. 89	38508586	33685400	14. 32
朝阳市	117616	117107	0. 43	556553	539891	3. 09	7535493	6600271	14. 17	30077283	26139799	15. 06	29431311	25723792	14. 41
盘锦市	63208	59713	5. 85	287562	292067	-1. 54	6749698	5992845	12. 63	41230303	35886567	14. 89	38776875	34638162	11. 95
葫芦岛市	110013	110783	-0. 70	589946	580448	1. 64	3278975	3122788	5. 00	16228344	15556576	4. 32	15452855	14585477	5. 95

续表

地区	利润总额			上交税金			劳动者报酬			出口交货值			固定资产投资		
	2013 年	2012 年	增幅%	2013 年	2012 年	增幅%	2013 年	2012 年	增幅%	2013 年	2012 年	增幅%	2013 年	2012 年	增幅%
甲	16	17	18	19	20	21	22	23	24	25	26	27	28	29	30
辽宁省	47885534	43045165	11. 24	21680135	19621937	10. 49	29510583	25141237	17. 38	20918000	19252905	8. 65	154008862	139446519	10. 44
沈阳市	10291795	9112822	12. 94	5441816	4834051	12. 57	6719262	5717917	17. 51	1918435	1842075	4. 15	36318578	33592753	8. 11
大连市	10194276	9166913	17. 00	5116870	4846995	16. 00	8249463	6694734	19. 22	10333460	9496686	8. 81	42049890	37943173	14. 50
鞍山市	5320596	4856204	9. 56	1790417	1653492	8. 28	2462918	2093737	17. 63	1475068	1333366	10. 63	15981904	13808979	15. 74
抚顺市	2841096	2729364	4. 09	1008088	915688	10. 09	1118572	986886	13. 34	522165	503159	3. 78	4818260	4422550	8. 95
本溪市	1047524	884846	18. 38	922452	783803	17. 69	781475	676879	15. 45	132326	119087	11. 12	5884293	4577925	28. 54
丹东市	1676310	1531571	9. 45	615362	518199	18. 75	938622	844191	11. 19	2066581	1885575	9. 60	3573924	3074176	16. 26
锦州市	3430952	3013420	13. 86	972770	869088	11. 93	1180883	1094833	7. 86	1084274	939625	15. 39	7714031	6475217	19. 13
营口市	2950593	2533654	16. 46	1750263	1516864	15. 39	1420426	1254568	13. 22	1682844	1561401	7. 78	6503140	5521332	17. 78
阜新市	998914	854109	16 95	381239	315233	20. 94	928228	740295	25. 39	103574	86149	20. 23	3157884	2775983	13. 76
辽阳市	2526818	2234526	13. 08	1010321	935706	7. 97	1185334	973409	21. 77	586742	516419	13. 62	4978875	4410900	12. 88
铁岭市	2570745	2440964	5. 32	765340	724577	5. 63	1481404	1395115	6. 19	214615	236766	-9. 36	8315531	7734819	7. 51
朝阳市	2090939	1954302	6. 99	908886	827737	9. 80	1231929	1059313	16. 30	191768	186539	2. 80	4169182	3647659	14. 30
盘锦市	1148769	987523	16. 33	718939	604770	18. 88	824928	698430	18. 11	196771	186360	5. 59	6868071	8512560	-19. 32
葫芦岛市	796207	744947	6. 88	277372	275734	0. 59	987139	910930	8. 37	409377	359698	13. 81	3675299	2948493	24. 65

2013 年辽宁省民营经济主要经济指标对比表（行业，所有制）

单位：个、人、万元

指标	企业个数			从业人员年末数			增加值			上交税金		
	2013	2012	增长%	2013	2012	增长%	2013	2012	增长%	2013	2012	增长%
总计	1841398	1839448	0.1	11713762	11344694	3.3	212620209	191597613	11.0	21680135	19621937	10.5
一、按登记注册类型分组												
1. 内资企业小计	1834108	1832300	0.1	11402669	11032582	3.4	202382880	182385068	11.0	20190458	18378879	9.9
其中：(1) 集体企业	7299	7000	4.3	309538	338426	-8.5	5997715	5315458	12.8	506265	519236	-2.5
(2) 股份合作企业	7717	7214	7.0	112644	106138	6.1	3645735	3206814	13.7	532791	483982	10.1
(3) 联营企业	768	836	-8.1	33219	33119	0.3	1577726	1417883	11.3	159797	148893	7.3
(4) 有限责任公司	60203	56775	6.0	1659293	1559736	6.4	44131154	37832767	16.6	5146004	4432938	16.1
(5) 股份有限公司	31274	29633	5.5	578718	585461	-1.2	12387437	11953427	3.6	1749444	1702435	2.8
(6) 私营企业	260630	244466	6.6	3724845	3444659	8.1	77829748	69416216	12.1	7537005	6805428	10.7
(7) 个体工商户	1466217	1486376	-1.4	4984412	4965043	0.4	56813365	53242503	6.7	4559152	4285967	6.4
2. 港澳台商投资企业	3237	3098	4.5	91149	92104	-1.0	3892244	3498675	11.2	677563	579597	16.9
3. 外商投资企业	4053	4050	0.1	219944	220008	0.0	6345085	5713870	11.0	812114	663461	22.4
二、按国民经济行业分组												
第二产业	353671	375782	-5.9	6046716	5943832	1.7	145808168	129897949	12.2	13971494	12048874	16.0
(一) 工业	318546	341408	-6.7	5257547	5161417	1.9	132811171	119028642	11.6	12209525	10490592	16.4
1. 采矿业	14032	15495	-9.4	442969	451463	-1.9	11227143	10113437	11.0	1552929	1513830	2.6
2. 制造业	302396	323713	-6.6	4731366	4648015	1.8	120126068	107334742	11.9	10475079	8842319	18.5
3. 电力、燃气及水的生产和供应业	2118	2200	-3.7	83212	61939	34.3	1457960	1580463	-7.8	181517	134443	35.0
(二) 建筑业	35125	34374	2.2	789169	782415	0.9	12996997	10869307	19.6	1761969	1558282	13.1
其中：资质等级企业	3605	2578	39.8	231387	212226	9.0	4085124	3478934	17.4	483368	400324	20.7
第三产业	1487727	1463666	1.6	5667046	5400862	4.9	66812041	61699664	8.3	7708641	7573063	1.8
1. 交通运输仓储业	254097	258361	-1.7	753902	731802	3.0	10522443	9795738	7.4	1056472	888433	18.9
2. 批发零售业	656296	636793	3.1	2449193	2301892	6.4	27283846	23697609	15.1	3143646	2883265	9.0
3. 住宿及餐饮业	198540	191497	3.7	1042573	1016133	2.6	10501248	9676865	8.5	1192272	1132248	5.3
其中：餐饮业	117697	112872	4.3	626843	611886	2.4	5712111	4970929	14.9	641289	555547	15.4
4. 生活服务业	236919	226297	4.7	863586	816939	5.7	10182698	10452344	-2.6	1235426	1372054	-10.0
5. 其他	141875	150718	-5.9	557792	534096	4.4	8321806	8077108	3.0	1080825	1297063	-16.7

续表

指标	劳动者报酬			总产值			营业收入			利润总额		
	2013	2012	增长%	2013	2012	增长%	2013	2012	增长%	2013	2012	增长%
总计	29510583	25141237	17.4	827207703	743913309	11.2	786087642	716048047	9.8	47885534	43045165	11.2
一、按登记注册类型分组												
1. 内资企业小计	28472487	24192334	17.7	788443183	707734640	11.4	747905386	681488314	9.7	45413664	40715643	11.5
其中：(1) 集体企业	826680	777633	6.3	18725665	17764032	5.4	19038463	16254348	17.1	922531	1184918	-22.1
(2) 股份合作企业	258723	226506	14.2	12036121	11510861	4.6	12536381	11804904	6.2	707009	587104	20.4
(3) 联营企业	93519	112772	-17.1	5071444	4971513	2.0	4810662	4741480	1.5	198776	219039	-9.3
(4) 有限责任公司	4923269	4155980	18.5	170340118	143048897	19.1	165034616	138990153	18.7	10037528	8359293	20.1
(5) 股份有限公司	1886546	1706666	10.5	41836729	40213683	4.0	40427875	39513818	2.3	2851164	2588149	10.2
(6) 私营企业	9637201	8048349	19.7	305489026	273769069	11.6	289015123	260246891	11.1	17254930	15161115	13.8
(7) 个体工商户	10846549	9164428	18.4	234944080	216456585	8.5	217042266	209936720	3.4	13441726	12616025	6.5
2. 港澳台商投资企业	341250	305478	11.7	14925076	13941836	7.1	14405006	12673714	13.7	1043140	980573	6.4
3. 外商投资企业	696846	643425	8.3	23839444	22236833	7.2	23777250	21886019	8.6	1428730	1348949	5.9
二、按国民经济行业分组												
第二产业	16282687	13761979	18.3	590914643	529122658	11.7	550775704	501757411	9.8	31846881	28642005	11.2
(一) 工业	14116212	11804186	19.6	541731644	488517135	10.9	508668220	462975374	9.9	28713372	26046379	10.2
1. 采矿业	1161521	963521	20.5	47051371	40294392	16.8	45108978	38771548	16.3	3343698	3084585	8.4
2. 制造业	12763598	10676363	19.6	488304931	442749898	10.3	457262735	418815722	9.2	25003210	22675236	10.3
3. 电力、燃气及水的生产和供应业	191093	164302	16.3	6375342	5472845	16.5	6296507	5388104	16.9	366464	286558	27.9
(二) 建筑业	2166475	1957793	10.7	49182999	40605523	21.1	42107484	38782037	8.6	3133509	2595626	20.7
其中：资质等级企业	690098	649008	6.3	13721292	11004516	24.7	13274513	11315234	17.3	822021	755461	8.8
第三产业	13227896	11379258	16.2	236293060	214790651	10.0	235311938	214290636	9.8	16038653	14403160	11.4
1. 交通运输仓储业	1684763	1454004	15.9	41395080	38492893	7.5	39958707	37044861	7.9	2559205	2385349	7.3
2. 批发零售业	5749116	4777815	20.3	96380476	84015384	14.7	98100934	86498913	13.4	6480949	5465458	18.6
3. 住宿及餐饮业	2276278	1965257	15.8	36462100	32881342	10.9	35174855	31021471	13.4	2769698	2535921	9.2
其中：餐饮业	1242753	1104505	12.5	20721383	18457507	12.3	19991169	16991625	17.7	1542329	1399627	10.2
4. 生活服务业	1949718	1818579	7.2	32720773	31597328	3.6	34698188	33337778	4.1	2305653	2254280	2.3
5. 其他	1568021	1363603	15.0	29334631	27803704	5.5	27379254	26387613	3.8	1923148	1762152	9.1

2013 年度吉林省民营经济主要指标完成情况表

指标 地区	主营业务收入（亿元）			上交税金（亿元）			民营企业户数（户）			个体工商业户数（户）			从业人员（万人）		
	本期	同期	同比增长%	本期	同期	同比增长%	本期	同期	同比增长%	本期	同期	同比增长%	本期	同期	同比增长%
全省	26728.0	23012.2	16.1	748.2	678.4	10.3	162644	144947	12.6	1111997	991144	12.2	646.2	602.6	5.2
长春市	10465.9	9148.3	14.4	330.4	295.5	11.9	79082	72817	8.6	234911	209048	12.4	199.3	191.9	3.7
吉林市	4717.9	4060.6	15.6	113.8	103.3	10.2	23291	20715	12.4	147838	131722	12.2	110.5	103.6	4.2
四平市	2039.8	1735.3	17.3	47.6	44.9	6.0	10813	9054	19.4	146176	130358	12.1	54.5	51.0	6.7
辽源市	1378.3	1106.7	24.3	19.7	18.9	4.0	6057	5279	14.7	52999	47313	12.0	30.8	26.8	8.1
通化市	2224.2	1862.9	18.9	76.5	66.3	15.3	9014	7861	14.7	108975	97218	12.1	61.9	56.7	6.9
白山市	1174.2	1032.9	13.6	37.2	39.0	-4.5	6789	5842	16.2	62586	55840	12.1	33.3	31.3	6.2
白城市	979.8	818.0	19.6	28.0	25.1	11.7	5435	4596	18.3	96644	86155	12.2	27.2	24.2	7.0
松原市	1788.0	1568.8	13.9	41.6	36.7	13.2	9636	7698	25.2	131237	116902	12.3	68.5	59.5	7.2
延边州	1924.2	1619.0	18.8	51.8	47.2	9.8	12319	10874	13.3	126674	113064	12.0	58.2	55.7	5.7
长白山	35.7	30.8	17.6	1.9	1.6	18.8	240	211	13.7	3957	3524	12.3	2.0	1.9	5.7

2013 年黑龙江省非公经济主要指标统计表

指　　标	计量单位	1－12 月	增幅±%
一、非公经济增加值	亿元	7588.6	10.8
1. 企业	亿元	4861.6	10.4
2. 个体	亿元	2727.0	9.3
二、非公有制经济户数	万户	196.5	－0.8
1. 企业	万户	22.2	1.5
2. 个体	万户	174.3	－1.1
三、非公有制经济从业人员	万人	733.3	－0.6
其中：新增就业人数	万人	减少 0.9	—
非公经济从业人员占全社会就业人员的比重	%	—	—
1. 企业	万人	293.5	－0.3
其中：新增就业人数	万人	—	—
企业从业人员占全社会就业人员的比重	%	—	—
2. 个体	万人	439.8	－0.8
其中：新增就业人数	万人	减少 3.7	—
个体从业人员占全社会就业人员的比重	%	—	—
私营企业投资者人数（来源省工商局）	万人	43.0	－8.2
四、非公有制经济税收总额	亿元	917.1	13.9
占全省税收的比重	%	41.3	—
五、全省进出口总额	亿美元	388.8	3.4
非公有制经济进出口总额	亿美元	209.8	1.1
占全省进出口总额的比重	%	54.0	—
1. 私营企业进出口总额	亿美元	195.0	0.4
占全省进出口总额的比重	%	50.2	—
2. 个体企业进出口总额	万美元	6394.0	26.1
3. 外资企业进出口总额	亿美元	14.1	35.3
六、私营企业注册资金总额	亿元	4557.8	－13.9
个体户注册资金数额	亿元	632.5	23.0
七、规模以上工业非公企业主营业务收入	亿元	6289.2	18.7
全省规模以上工业企业主营业务收入	亿元	13569.8	8.4
占全省规模以上工业企业主营业务收入比重	%	46.4	—
规模以上工业非公企业利润总额	亿元	380.4	23.8
全省规模以上工业企业利润总额	亿元	1150.2	－5.0
占全省规模以上工业企业利润总额比重	%	33.1	—
规模以上工业非公企业利税总额	亿元	600.3	18.5
全省规模以上工业企业利税总额	亿元	2418.7	－3.8
占全省规模以上工业企业利税总额的比重	%	24.8	—

2013 年黑龙江省非公有制经济增加值可比价增长速度

	合计	第一产业	第二产业	工业	规上	规下	建筑业	资质内	资质外	第三产业	批发和零售业	住宿和餐饮业	其他
甲	1	2	3	4	5	6	7	8	9	10	11	12	13
全省合计	10.8	9.0	10.2	10.9	11.4	10.0	6.7	2.6	13.1	11.9	11.6	9.9	12.3
哈尔滨	10.4	13.2	10.5	12.3	13.5	10.9	5.7	4.8	6.9	10.0	10.3	9.1	10.0
齐齐哈尔	10.3	6.3	11.2	12.6	14.9	7.8	-5.7	-7.4	16.3	10.9	11.2	9.8	10.7
鸡西	3.4	1.0	1.4	1.9	-5.3	11.4	-12.9	-13.6	-10.3	7.0	8.3	7.5	6.1
鹤岗	-7.2	-8.6	-8.3	-9.3	-11.2	5.8	6.7	6.5	13.0	-5.5	-4.5	0.0	-8.8
双鸭山	4.0	2.0	3.5	4.0	3.0	12.4	-9.8	-13.3	5.4	6.7	8.2	6.1	5.7
大庆	12.6	7.1	7.8	8.1	9.6	6.6	-3	-4.6	22.3	17.8	10.9	10.9	24.2
伊春	10.7	8.1	14.7	14.6	16.7	10.4	15.4	16.4	1.5	5.3	8.1	8.6	2.2
佳木斯	14.7	6.9	20.8	22.2	24.0	12.2	10.3	8.0	26.9	13.4	17.1	8.5	11.6
七台河	-9.2	6.5	-16.1	-15.7	-23.7	9.5	-29.2	-32.3	-0.1	2.8	2.6	10.2	1.8
牡丹江	15.3	8.9	15.9	17.1	22.9	9.5	7.8	7.5	10.0	15.3	15.8	16.7	14.7
黑河	8.9	-0.5	14.3	16.7	18.7	12.0	6.1	3.7	18.8	7.4	12.0	7.2	5.8
绥化	15.2	9.4	22.8	26.0	29.9	14.3	3.4	4.4	1.8	11.9	13.7	13.3	10.6
大兴安岭	8.7	10.3	10.9	10.5	11.0	9.8	12.2	12.7	6.5	7.4	6.6	8.7	7.7
农垦总局	15.7	9.9	16.5	13.7	15.5	12.7	24.9	-25.3	36.0	20.6	19.1	13.9	23.3
绥芬河	0.0	0.0	7026.0	781.2	3208.3	2733.2	475.1	3036.5	1084.6	275.0	1676.9	0.0	0.0
抚远	0.2	-6.1	0.2	8.0	10.2	7.0	-15.3	-15.8	0.0	6.2	3.4	7.9	7.9

2013年黑龙江省非公有制经济增加值分产业占地区生产总值比重、增幅

	代码	现价地区生产总值（亿元）			现价非公有制经济增加值（亿元）			非公有制经济增加值占GDP（%）		
		本期累计	上年同期	可比价比上年增速（%）	本期累计	上年同期	现价比上年增减（%）	本期累计	上年同期	可比价增速（%）
甲	乙	1	2	3	4	5	6	7	8	9
合计	1	14382.9	13691.5	8.0	7588.6	7026.0	10.0	52.8	51.3	10.8
一、第一产业	2	2516.8	2113.7	5.1	862.4	781.2	9.1	34.3	37.0	9.0
二、第二产业	3	5918.2	6456.4	6.6	3417.5	3208.3	9.6	57.7	49.7	10.2
1. 工业	4	5090.3	5659.3	7.0	2925.0	2733.2	10.7	57.5	48.3	10.9
2. 建筑业	7	827.9	797.1	3.5	492.5	475.1	3.7	59.5	59.6	6.7
三、第三产业	8	5947.9	5121.4	10.4	3308.7	3036.5	10.6	55.6	59.3	11.9
1. 批发和零售业	9	1458.1	1185.3	8.8	1189.9	1084.6	11.0	81.6	91.5	11.6
2. 住宿和餐饮业	10	403.9	308.3	9.5	299.4	275.0	9.9	74.1	89.2	9.9
3. 其他	11	4085.9	3627.8	12.6	1819.4	1676.9	10.4	44.5	46.2	12.3

2013年黑龙江省非公有制经济增加值占地区生产总值比重

名称	序号	地区生产总值（亿元）	非公有制经济增加值（亿元）	比重（%）
甲	乙	1	2	3
合计	1	14382.9	7588.6	52.8
一、第一产业	2	2516.8	862.4	34.3
二、第二产业	3	5918.2	3417.5	57.7
1. 工业	4	5090.3	2925.0	57.5
2. 建筑业	5	827.9	492.5	59.5
三、第三产业	6	5947.9	3308.7	55.6

上海市中型法人企业情况（2013 年快报数）

	单位数 （个）	从业人员 （人）	营业收入 （千元）	实收资本 （千元）
总计	10723	2680508	3942484770	1078241719
一、按三次产业分				
第一产业	272	14217	5676677	4241925
第二产业	2439	1339237	1013823986	250325561
第三产业	8012	1327054	2922984107	823674233
二、按主要登记注册类型分				
内资	7321	1747204	2586429177	623849393
国有	892	230179	540370614	230539449
集体	285	88388	39707386	6344805
私营	3673	788883	867783938	114699526
私营独资	190	50748	29560545	5682058
私营合伙	59	9480	35582493	594069
私营有限责任公司	3255	688210	771169878	101346506
私营股份有限公司	169	40445	31471022	7076893
港澳台商及外商投资	3402	933304	1356055593	454392326
港澳台商投资	1192	301922	422727992	157412795
外商投资	2210	631382	933327601	296979531
三、按主要行业分				
农业 01－05	272	14217	5676677	4241925
工业 06－46	1604	878168	787468336	210740582
建筑业 47－50	835	461069	226355650	39584979
交通运输业 51－57	170	152891	147652254	35369088
仓储业 58	133	28634	18721872	5401719
邮政业 59	11	9699	1466657	275100
信息传输、计算机服务和软件业 60－62	436	113404	70292839	20744290
批发业 63	2907	240576	1870605283	101103847
零售业 65	960	127482	178538778	21410062
住宿业 66	174	41551	7683441	11431782
餐饮业 67	325	67529	14081696	3052901
金融业 68－71	161	27435	112234178	75108324
房地产业 72	1571	135546	304634088	358759467
租赁业 73	12	9661	3902045	1670959
商务服务业 74	402	248776	144728286	158844398
科研及技术服务业 75－77	361	59614	28438940	7516611
居民服务业 82	68	11230	2240024	293869
文化、体育和娱乐业 88－92	64	10449	5491507	19496129
其他	257	42577	12272219	3195687

上海市小型法人企业情况（2013 年快报数）

	单位数	从业人员	营业收入	实收资本
	（个）	（人）	（千元）	（千元）
总计	78584	3488646	5376514336	1176008952
一、按三次产业分				
第一产业	566	10260	944232	1412096
第二产业	26947	1970904	1337404740	342499257
第三产业	51071	1507482	4038165364	832097599
二、按主要登记注册类型分				
内资	65590	2678451	2725408263	824859339
国有	2345	145826	223771825	221271774
集体	3175	155236	55584163	19055843
私营	51814	1933046	1895858545	274495689
私营独资	4351	151274	354734892	12509225
私营合伙	1795	51452	25362102	11889724
私营有限责任公司	43824	1654608	1463561128	235388229
私营股份有限公司	1844	75712	52200423	14708511
港澳台商及外商投资	12994	810195	2651106073	351149613
港澳台商投资	4357	270571	2084725302	101887099
外商投资	8637	539624	566380771	249262514
三、按主要行业分				
农业 01－05	566	10260	944232	1412096
工业 06－46	23211	1658925	1251629945	309430122
建筑业 47－50	3736	311979	85774795	33069135
交通运输业 51－57	2192	150927	2036698550	60447952
仓储业 58	557	24235	203610645	7909911
邮政业 59	49	4786	122557	253568
信息传输、计算机服务和软件业 60－62	2737	83199	35307874	21091796
批发业 63	13210	221160	1219960789	106762792
零售业 65	4027	80553	141513364	11810942
住宿业 66	804	33495	5629355	8472066
餐饮业 67	2986	117022	18361153	5515855
金融业 68－71	983	28586	71718444	107825155
房地产业 72	2269	108141	23309865	82511554
租赁业 73	255	13398	6172711	5104205
商务服务业 74	8649	356437	200669847	340907074
科研及技术服务业 75－77	6329	141534	42499350	43758103
居民服务业 82	1616	35165	5277710	2451255
文化、体育和娱乐业 88－92	1205	30087	6457498	8939249
其他	3203	78757	20255652	18336122

上海市微型法人企业情况（2013年快报数）

	单位数	从业人员	营业收入	实收资本
	（个）	（人）	（千元）	（千元）
总计	307695	2659917	808627567	1635936639
一、按三次产业分				
第一产业	1048	7167	88788	7105738
第二产业	78395	933134	167554775	162942357
第三产业	228252	1719616	640984004	1465888544
二、按主要登记注册类型分				
内资	282517	2401500	662688699	947951963
国有	2537	47345	34396948	116611641
集体	6753	82148	12164178	16406014
私营	254334	2066588	484763625	525222624
私营独资	34501	243857	47062690	23202229
私营合伙	8271	66889	14179615	35832313
私营有限责任公司	205967	1703251	406922281	452708245
私营股份有限公司	5595	52591	16599039	13479837
港澳台商及外商投资	25178	258417	145938868	687984676
港澳台商投资	9599	108663	38085833	182319752
外商投资	15579	149754	107853035	505664924
三、按主要行业分				
农业 01－05	1048	7167	88788	7105738
工业 06－46	62838	762338	152754087	139608207
建筑业 47－50	15557	170796	14800688	23334150
交通运输业 51－57	9019	87864	39422725	44832199
仓储业 58	1912	16683	10952456	335241469
邮政业 59	824	5677	384266	1020957
信息传输、计算机服务和软件业 60－62	10106	77911	7065175	28771958
批发业 63	89231	684673	394436292	182575769
零售业 65	27497	169569	80625978	26153696
住宿业 66	1745	14824	704159	2811674
餐饮业 67	5349	57507	2070501	4197930
金融业 68－71	612	3203	3276679	31841417
房地产业 72	9803	140738	21254327	403074914
租赁业 73	1189	8867	1145877	5588562
商务服务业 74	46068	332059	62465045	355995633
科研及技术服务业 75－77	13119	64890	11183090	29345431
居民服务业 82	4437	19512	1110199	1311397
文化、体育和娱乐业 88－92	2131	9709	1234755	7416524
其他	5210	25930	3652480	5709014

2013 年江苏省规模以上中小工业主要经济指标

单位：个、亿元

主要经济指标	企业个数	主营业务收入		利税总额		利润总额	
		实绩	增长%	实绩	增长%	实绩	增长%
总计	45191	80517.71	13.7	8272.63	18.1	5184.02	17.0
1. 国有企业	268	1098.05	7.9	144.80	23.5	83.70	32.0
2. 集体企业	400	598.47	3.6	58.21	12.2	31.84	10.4
3. 股份合作企业	203	354.10	4.9	38.48	1.0	23.21	-1.6
4. 股份制企业	27979	45667.91	15.0	4609.81	18.4	2807.76	16.4
5. 外商和港澳台投资企业	10644	25202.37	11.1	2558.19	16.8	1711.41	17.0
6. 其他企业	5697	7596.82	17.1	863.13	20.5	526.10	20.0
在总计中：国有控股企业	765	4105.40	18.1	532.57	34.7	325.65	38.3
在总计中：民营工业	33886	52115.04	15.1	5322.03	18.2	3237.07	16.0
其中：私营工业	28433	40842.65	15.1	4153.01	18.0	2511.22	15.7

2013 年江苏省规模以上中小工业主要经济指标（分地区）

单位：个、亿元

指标 / 地区	企业个数	总产值		主营业务收入		利税总额		利润总额		出口产品交货值	
		实绩	增长%	实绩	增长%	实绩	增长%	实绩	增长%	实绩	增长%
总计	45191	82226.98	14.1	80517.71	13.7	8272.63	18.1	5184.02	17.0	7914.46	5.2
苏南地区	23891	39811.46	9.3	39051.16	8.7	3438.37	14.2	2212.10	14.8	5610.80	2.9
南京市	2499	6393.07	14.4	6030.71	12.0	768.42	22.9	501.39	27.9	531.64	15.1
无锡市	5115	8262.60	5.0	8088.60	4.1	657.21	1.8	442.49	-0.5	886.94	2.1
常州市	3794	6440.49	11.3	6368.02	11.5	581.11	21.6	354.67	19.5	698.13	6.3
苏州市	10054	13665.21	6.2	13638.56	5.8	972.64	10.7	625.35	12.7	3247.70	0.9
镇江市	2429	5050.09	17.0	4925.27	17.9	458.99	19.8	288.20	20.5	246.39	0.0
苏中地区	9853	20516.28	17.1	19954.10	17.8	2372.29	20.9	1461.83	18.1	1665.23	12.2
南通市	4879	8971.04	14.0	8803.77	15.2	1013.13	18.6	664.03	13.2	898.70	12.8
扬州市	2498	5689.75	18.2	5511.16	18.8	671.23	21.9	394.85	19.7	485.35	9.7
泰州市	2476	5855.49	21.1	5639.17	20.9	687.93	23.5	402.95	25.5	281.18	14.8
苏北地区	11447	21899.23	20.7	21512.46	19.9	2461.99	21.0	1510.08	19.4	638.45	9.1
徐州市	2821	8091.11	22.1	7957.06	22.0	1123.81	21.1	685.92	19.7	151.70	12.7
连云港市	1397	3028.04	22.0	2964.44	21.5	295.70	14.4	187.95	9.2	123.34	6.6
淮安市	2072	3541.40	22.4	3469.28	21.6	258.83	28.2	163.16	25.3	79.81	18.4
盐城市	2839	4854.22	12.1	4761.16	9.8	496.45	10.5	283.61	10.8	184.17	9.4
宿迁市	2318	2384.46	31.1	2360.52	31.8	287.20	46.3	189.44	42.0	99.43	0.4

2013 年江苏省规模以上中小工业主要经济指标（分行业）

单位：亿元

行业＼指标	总产值		主营业务收入		利税总额		利润总额	
	本期	增长%	本期	增长%	本期	增长%	本期	增长%
总计	82226.98	14.1	80517.71	13.7	8272.63	18.1	5184.02	17.0
冶金（有色）	7900.03	9.9	7757.08	9.3	557.42	10.8	329.95	7.0
其中：冶金	4606.10	10.7	4499.00	10.2	378.22	17.0	225.89	15.3
有色	3293.93	8.8	3258.08	8.0	179.20	-0.4	104.06	-7.5
机械	24217.29	15.7	23436.51	14.9	2662.05	19.2	1695.42	17.4
建材	4374.28	17.2	4280.96	16.5	459.69	21.2	265.50	22.3
石油石化	12358.94	14.7	12201.03	15.4	1229.01	15.6	777.00	13.6
轻工（烟草）	14485.96	14.2	14295.11	14.0	1492.36	16.2	923.71	15.5
其中：轻工	14474.05	14.2	14283.13	14.0	1490.20	16.2	922.11	15.5
烟草	11.91	10.2	11.98	12.9	2.16	32.5	1.60	39.1
纺织	8899.06	9.9	8741.22	10.2	785.06	16.1	457.03	13.9
电子	5708.82	16.6	5621.12	15.4	379.64	20.6	241.03	20.7
医药	1857.40	19.9	1791.47	18.0	277.15	16.6	180.16	14.5
煤炭	17.80	32.3	17.22	22.2	2.08	37.1	1.07	64.5
电力	1224.59	3.2	1214.74	2.2	289.74	45.1	214.21	55.3
其他	1182.79	14.2	1161.25	14.5	138.44	21.8	98.94	23.8

2013 年江苏省私营企业注册情况（分市）

项目	户数（户）				注册资本（万元）	
	本期末	比上年底增长（%）	今年新注册	同比增长（%）	本期末	比上年底增长（%）
全省合计	1450732	10.5	243643	11.7	475680795	12.4
省级	5936	-3.0	207	-60.0	9892474	1.3
南京市	172513	9.2	25008	21.0	40415370	18.6
无锡市	146304	5.3	19571	19.4	56810590	7.2
徐州市	100313	17.0	17037	82.2	23700172	21.7
常州市	88264	10.0	11821	20.9	28245455	12.8
苏州市	255722	11.4	38032	14.1	96620638	14.1
南通市	220517	9.6	26523	-13.2	66711001	12.5
连云港市	41439	17.8	9941	108.8	12818501	8.2
淮安市	46066	7.7	11091	0.4	15015332	7.1
盐城市	136525	15.8	33660	-4.5	38713623	20.0
扬州市	62610	4.7	15508	-2.0	25963983	11.7
镇江市	57032	-5.2	7764	-19.7	27283143	-4.8
泰州市	56883	12.0	9737	31.6	20524719	19.7
宿迁市	60608	30.6	17743	30.6	12965794	22.3

2013年江苏省个体工商户注册情况（分市）

项目	户数（户）		注册资本（万元）	
	本期末	比上年底增长（%）	本期末	比上年底增长（%）
全省合计	3793451	7.5	37226048	15.5
南京市	304581	9.8	2477158	8.7
无锡市	230917	0.8	1023394	12.9
徐州市	324977	10.2	1743597	26.3
常州市	200921	10.0	1131845	31.6
苏州市	449682	8.3	2921238	16.2
南通市	524324	6.5	2391554	17.2
连云港市	124558	8.7	818118	23.8
淮安市	174111	2.8	1779959	-2.5
盐城市	579071	1.3	11951031	12.3
扬州市	171580	5.9	1533018	10.2
镇江市	162233	-0.5	3265422	-12.9
泰州市	197053	9.9	4618990	56.2
宿迁市	349443	26.3	1570724	51.5

2013年江西省中小企业主要经济指标统计表（分地区）

地区	企业单位数（个）		资产合计（亿元）		主营业收入（亿元）		税金总额（亿元）		从业人员期末数（万人）	
	中型	小型	中型	小型	中型	小型	中型	小型	中型	小型
合计	1600	5686	3835.31	4182.89	7821.84	11170.37	336.71	433.77	78.90	81.26
南昌市	215	762	586.49	633.53	1199.09	1396.04	29.11	34.77	9.42	10.87
景德镇市	51	241	308.45	154.89	317.20	449.79	13.96	16.65	2.54	3.05
萍乡市	153	476	208.58	260.16	578.34	692.97	28.84	35.75	6.04	7.27
九江市	257	702	524.71	576.54	1312.79	1456.86	41.18	38.33	11.00	11.25
新余市	50	226	219.45	194.34	326.46	454.30	10.02	13.97	2.79	2.73
鹰潭市	27	154	127.38	259.59	238.12	776.58	6.12	28.71	1.62	2.51
赣州市	221	755	511.45	587.73	866.70	1483.61	52.87	60.27	12.38	10.22
吉安市	193	602	333.19	339.68	819.15	1203.39	39.42	56.46	10.46	9.45
宜春市	226	594	524.01	421.30	1117.53	1190.97	45.74	50.97	12.68	8.41
抚州市	73	675	123.44	337.57	215.35	1016.63	13.37	41.37	3.81	8.26
上饶市	134	499	368.15	417.58	831.11	1049.24	56.07	56.51	6.15	7.25

2013 年江西省中小企业主要经济指标统计表（分行业）

省统计局行业	企业单位数（个）		资产合计（万元）		营业收入（万元）		税金总额（万元）		从业人员期末数（人）	
	中型	小型	中型	小型	中型	小型	中型	小型	中型	小型
总计	1600	5686	38353076	41828902	78218440	111703687	3367088	4337725	788973	812602
煤炭开采和洗选业	40	122	393393	458401	506902	933507	40198	64099	24518	17930
石油和天然气开采业	—	—	—	—	—	—	—	—	—	—
黑色金属矿采选业	6	86	167803	672720	400275	1542003	21729	91201	2668	10299
有色金属矿采选业	32	111	1018431	896289	1139280	2213277	83537	106443	18229	16311
非金属矿采选业	7	100	206370	776245	273909	1378055	28849	102328	2801	11768
开采辅助活动	—	—	—	—	—	—	—	—	—	—
其他采矿业	—	—	—	—	—	—	—	—	—	—
农副食品加工业	64	270	1712797	1692730	5632842	6068676	140824	118689	26593	32844
食品制造业	43	99	958709	608619	2474984	1501515	122261	57217	20547	14140
酒、饮料和精制茶制造业	22	73	609771	987577	788155	1336345	54105	58915	9810	9689
烟草制品业	1	1	83956	194718	25877	134064	1811	18482	370	70
纺织业	96	254	1241060	1142954	3562711	3237594	138667	96265	46008	37435
纺织服装、服饰业	132	435	916728	1338287	3563902	4866493	136879	179117	66624	68855
皮革、毛皮、羽毛及其制品和制鞋业	68	86	601703	378425	1705703	1328010	62626	56143	48185	13061
木材加工和木、竹、藤、棕、草制品业	31	160	602555	976780	1274915	2185344	53575	84682	13388	22971
家具制造业	13	84	78736	270544	374923	771783	13770	22672	6103	12728
造纸和纸制品业	16	114	811765	857131	906824	1819584	35682	64831	7207	17226
印刷和记录媒介复制业	22	96	432942	613385	731746	1477585	28456	52504	9870	13408
文教、工美、体育和娱乐用品制造业	57	110	590130	487061	1996799	1677015	87717	88832	34285	16714
石油加工、炼焦和核燃料加工业	5	13	239468	158975	385154	608318	16157	14814	1411	2176
化学原料和化学制品制造业	102	619	2536114	4873243	5531479	10990924	267074	396983	41455	80102
医药制造业	55	206	1255655	1485507	2557868	3749821	140662	154783	23671	30352

续表

省统计局行业	企业单位数（个）		资产合计（万元）		营业收入（万元）		税金总额（万元）		从业人员期末数（人）	
	中型	小型	中型	小型	中型	小型	中型	小型	中型	小型
化学纤维制造业	4	5	430016	38282	425416	123973	16536	4023	2950	755
橡胶和塑料制品业	37	219	464150	909307	1733167	3094414	53833	98869	15136	28856
非金属矿物制品业	198	658	5580129	4489601	8739355	11257210	365933	439389	102180	93509
黑色金属冶炼和压延加工业	19	85	512532	836204	1514133	3141053	50031	119538	6656	11010
有色金属冶炼和压延加工业	82	410	4353622	6209825	11375523	22906556	659975	1044633	37420	60241
金属制品业	27	180	708605	992125	1567313	3467646	62532	120341	14470	22516
通用设备制造业	34	164	683234	951538	1580694	2733933	55192	95395	17831	23333
专用设备制造业	39	115	714600	723042	1625028	1832744	60094	64407	19243	14869
汽车制造业	26	144	421043	730920	1416788	2420487	39381	84440	10576	19099
铁路、船舶、航空航天和其他运输设备制造业	13	23	1278679	237541	740696	353711	7278	8266	4477	3378
电气机械和器材制造业	115	266	3148804	2118753	5945622	6424387	184348	202681	56968	39950
计算机、通信和其他电子设备制造业	91	154	1320235	1364747	3183105	2492115	116008	74019	48302	34337
仪器仪表制造业	12	46	206775	232463	244858	462049	9203	20808	4787	6961
其他制造业	9	24	93106	45403	279431	169262	6638	5002	4826	2870
废弃资源综合利用业	3	26	73253	246205	99903	703570	4420	25041	1041	3135
金属制品、机械和设备修理业	1	—	4117	—	7764	—	575	—	345	—
电力、热力生产和供应业	68	76	3459146	2084922	3608823	1766817	183224	81726	34123	12981
燃气生产和供应业	4	22	225255	280577	257751	309111	15287	9303	1958	2531
水的生产和供应业	6	30	217693	467856	38822	224739	2022	10847	1941	4192

2013年江西省非公有制经济主要经济指标统计表（分地区）

地区	企业单位数（个）	资产合计（亿元）	增加值合计（亿元）	税金总额（亿元）	从业人员期末数（万人）
合计	262935	7909.5363	8237.1000	1410.4420	—
南昌市	67660	1915.5381	1931.5593	282.3801	153.18
景德镇市	8149	159.6180	402.0483	50.9910	64.68
萍乡市	10117	309.8160	538.0740	80.4498	73.81
九江市	31905	880.1237	1012.2944	151.5399	190.25
新余市	10519	437.1612	518.8725	83.6693	31.53
鹰潭市	7191	331.1017	274.5211	53.8873	40.12
赣州市	32984	1000.5823	1032.4347	192.5407	280.18
吉安市	20347	521.3393	690.0754	108.5500	114.99
宜春市	25305	853.8863	841.9520	173.7592	184.34
抚州市	19348	456.7029	592.6040	93.4631	100.96
上饶市	28341	835.0100	910.8537	138.7101	205.25

2013 年河南省中小企业主要经济指标统计表（分地区）

地区	企业单位数（个）	营业收入（亿元）	增加值合计（亿元）	实交税金（亿元）	从业人员期末数（万人）
合计	435202	55955.25	17890.61	1579.85	1206.50
郑州市	102548	8992.00	4010.40	488.38	178.42
开封市	18607	2972.95	788.27	46.99	53.23
洛阳市	25767	4173.88	1403.47	137.86	74.42
平顶山	30893	2877.47	951.39	76.97	66.46
安阳市	9031	4527.54	1188.85	143.17	62.74
鹤壁市	4740	964.15	317.16	26.99	17.25
新乡市	29841	2957.85	874.14	84.01	77.66
焦作市	9122	2967.01	863.23	61.25	41.25
濮阳市	14185	3591.92	989.72	71.02	63.63
许昌市	30300	4314.59	1272.04	112.72	83.05
漯河市	10500	1511.09	412.71	41.94	29.35
三门峡	4184	1432.66	427.38	50.26	18.73
南阳市	45396	4906.81	1575.68	85.03	125.36
商丘市	33075	2439.77	690.51	32.27	74.38
信阳市	23408	2080.33	673.18	28.07	84.69
周口市	25742	2686.40	737.22	34.13	68.83
驻马店	13824	1785.92	519.79	28.52	70.80
济源市	4039	772.91	195.47	30.27	16.25

2013 年河南省非公有制经济主要经济指标统计表（分地区）

地区	企业单位数（个）	营业收入（亿元）	增加值合计（亿元）	实交税金（亿元）	从业人员期末数（万人）
合计	2833258	71986.85	22832.93	1903.25	2179.27
郑州市	386456	10617.33	4458.31	608.01	219.81
开封市	92643	3544.55	933.88	53.93	79.92
洛阳市	231575	5915.40	1915.30	182.69	156.45
平顶山	197950	4126.43	1493.03	98.10	110.43
安阳市	136295	5446.12	1426.87	162.87	106.32
鹤壁市	26019	983.16	340.27	23.36	30.67
新乡市	124560	4165.51	1303.12	98.59	122.06
焦作市	52649	3444.79	993.50	72.61	64.87
濮阳市	142750	4264.88	1155.62	79.62	109.01
许昌市	172408	5454.58	1626.18	117.66	143.70
漯河市	47088	1367.90	354.32	28.61	44.69
三门峡	74697	1553.13	506.32	47.74	44.89
南阳市	292377	6371.14	2036.81	115.98	241.79
商丘市	242845	3888.95	1098.88	44.93	157.36
信阳市	236058	3190.58	1032.10	35.30	161.64
周口市	94781	3127.15	887.84	41.77	120.96
驻马店	252071	3665.42	1041.05	57.15	238.29
济源市	30036	859.83	229.53	34.33	26.41

2013 年河南省中小企业主要经济指标统计表（分行业）

行业代码	行业名称	企业单位数（个）	资产合计（亿元）	营业收入（亿元）	增加值合计（亿元）
	总计	435202	27549.25	55955.25	17890.61
0100	农业	15343	439.89	920.48	300.89
0600	煤炭开采和洗选业	491	—	2885.08	—
0700	石油和天然气开采业	3	—	311.64	—
0800	黑色金属矿采选业	136	—	202.96	—
0900	有色金属矿采选业	336	—	1469.48	—
1000	非金属矿采选业	257	—	414.88	—
1100	其他采矿业	0	—	0	—
1300	农副食品加工业	1958	—	4895.33	—
1400	食品制造业	695	—	1928.28	—
1500	饮料制造业	437	—	1187.31	—
1600	烟草制品业	18	—	448.36	—
1700	纺织业	991	—	2239.67	—
1800	纺织服装、鞋、帽制造业	479	—	742.09	—
1900	皮革、毛皮、羽毛（绒）及其制品业	480	—	1064.38	—
2000	木材加工及木、竹、藤、棕、草制品业	561	—	752.76	—
2100	家具制造业	294	—	473.34	—
2200	造纸及纸制品业	406	—	932.89	—
2300	印刷业和记录媒介的复制	196	—	273.65	—
2400	文教体育用品制造业	301	—	567.47	—
2500	石油加工、炼焦及核燃料加工业	89	—	1233.96	—
2600	化学原料及化学制品制造业	1162	—	3154.31	—
2700	医药制造业	394	—	1298.75	—
2800	化学纤维制造业	38	—	87.27	—
2900	橡胶制品业	—	—	—	—
3000	塑料制品业	—	—	—	—
3100	非金属矿物制品业	3192	—	6650.88	—

续表

行业代码	行业名称	企业单位数（个）	资产合计（亿元）	营业收入（亿元）	增加值合计（亿元）
3200	黑色金属冶炼及压延加工业	646	—	3312. 19	—
3300	有色金属冶炼及压延加工业	492	—	4306. 92	—
3400	金属制品业	710	—	1290. 94	—
3500	通用设备制造业	967	—	2392. 41	—
3600	专用设备制造业	1083	—	2758. 12	—
3700	交通运输设备制造业	—	—	—	—
3900	电气机械及器材制造业	691	—	2200. 17	—
4000	通信设备、计算机及其他电子设备制造业	213	—	2342. 51	—
4100	仪器仪表及文化、办公用机械制造业	173	—	254. 06	—
4200	工艺品及其他制造业	49	—	109. 09	—
4300	废弃资源和废旧材料回收加工业	49	—	123. 73	—
4400	电力、热力的生产和供应业	237	—	2774. 08	—
4500	燃气生产和供应业	49	—	194. 47	—
4600	水的生产和供应业	47	—	37. 24	—
E	建筑业	17259	1285. 64	3041. 24	936. 34
F	交通运输、仓储及邮政业	23918	592. 88	1393. 65	538. 87
G	信息传输、计算机服务和软件业	2062	134. 83	320. 85	214. 69
H	批发和零售业	78729	2445. 97	4834. 43	1487. 82
I	住宿和餐饮业	41513	1010. 46	1970. 99	702. 42
J	金融业	—	—	—	—
K	房地产业	2098	334. 59	617. 65	230. 18
L	租赁和商务服务业	13134	143. 31	338. 92	139. 09
	其他行业	24877	601. 94	965. 1	421. 73

2013 年湖北规模以上中小企业主要经济指标统计表（按市州分类）

地区代码	地区名称	企业单位数	亏损企业			年初存货			流动资产合计		
		2013（个）	2013（个）	2012（个）	增减（%）	2013（亿元）	2012（亿元）	增减（%）	2013（亿元）	2012（亿元）	增减（%）
420000	湖北	13124	1045	1181	-11.5	1110.34	865.98	28.2	7319.32	5695.95	28.5
420100	武汉	2082	310	329	-5.8	315.47	245.90	28.3	2192.17	1660.18	32.0
420200	黄石	620	71	78	-9.0	61.71	49.31	25.1	391.22	336.93	16.1
420300	十堰	680	135	146	-7.5	75.12	39.93	88.1	584.86	252.93	131.2
420500	宜昌	1194	85	103	-17.5	107.80	89.04	21.1	663.77	551.40	20.4
420600	襄阳	1498	91	132	-31.1	131.63	93.07	41.4	774.20	624.86	23.9
420700	鄂州	483	20	25	-20.0	29.96	34.04	-12.0	143.06	140.97	1.5
420800	荆门	899	50	56	-10.7	77.56	65.63	18.2	292.57	251.17	16.5
420900	孝感	1074	51	62	-17.7	49.07	43.02	14.1	367.95	317.84	15.8
421000	荆州	849	49	56	-12.5	87.00	68.21	27.5	406.89	342.92	18.7
421100	黄冈	1126	67	82	-18.3	52.56	45.15	16.4	371.80	260.04	43.0
421200	咸宁	790	33	44	-25.0	30.80	26.66	15.5	319.32	262.65	21.6
421300	随州	627	28	15	86.7	27.63	17.57	57.3	163.86	143.43	14.2
422800	恩施	389	24	24	0.0	12.78	9.08	40.7	98.95	81.76	21.0
429004	仙桃	326	13	14	-7.1	24.09	18.32	31.5	142.02	127.32	11.5
429005	潜江	223	10	10	0.0	16.42	11.82	38.9	270.78	240.85	12.4
429006	天门	254	4	2	100.0	9.84	8.22	19.7	119.55	84.40	41.6
429021	林区	10	4	3	33.3	0.90	1.01	-10.9	16.33	16.30	0.2

续表

地区代码	地区名称	其中：应收帐款			存货			其中：产成品		
		2013（亿元）	2012（亿元）	增减（%）	2013（亿元）	2012（亿元）	增减（%）	2013（亿元）	2012（亿元）	增减（%）
420000	湖北	1923.02	1398.85	37.5	1799.62	1433.93	25.5	792.02	633.95	24.9
420100	武汉	693.67	471.90	47.0	505.20	373.28	35.3	187.02	136.91	36.6
420200	黄石	106.70	72.90	46.4	89.16	78.52	13.6	36.05	31.52	14.4
420300	十堰	154.12	86.31	78.6	99.74	67.64	47.5	54.69	34.36	59.2
420500	宜昌	163.61	130.88	25.0	170.65	134.67	26.7	76.11	70.41	8.1
420600	襄阳	212.34	170.36	24.6	247.98	190.00	30.5	111.20	86.70	28.3
420700	鄂州	40.07	33.37	20.1	37.86	35.27	7.3	20.85	18.50	12.7
420800	荆门	50.73	42.37	19.7	97.65	89.61	9.0	45.91	39.91	15.0
420900	孝感	92.86	73.12	27.0	97.03	90.28	7.5	39.89	32.11	24.2
421000	荆州	112.33	92.93	20.9	127.48	108.87	17.1	64.74	57.41	12.8
421100	黄冈	88.89	61.29	45.0	116.10	83.27	39.4	55.69	42.09	32.3
421200	咸宁	64.18	48.82	31.5	62.30	48.36	28.8	30.36	23.64	28.4
421300	随州	46.21	39.45	17.1	51.57	48.86	5.5	24.16	23.02	5.0
422800	恩施	20.30	16.13	25.9	23.67	17.04	38.9	11.83	8.25	43.4
429004	仙桃	37.78	29.69	27.2	36.81	32.87	12.0	19.03	15.76	20.7
429005	潜江	24.72	17.88	38.3	19.11	20.26	-5.7	6.27	7.06	-11.2
429006	天门	13.52	11.14	21.4	16.55	14.24	16.2	7.67	6.02	27.4
429021	林区	1.00	0.31	222.6	0.77	0.90	-14.4	0.55	0.29	89.7

续表

地区代码	地区名称	资产合计			负债合计			营业收入		
		2013（亿元）	2012（亿元）	增减（%）	2013（亿元）	2012（亿元）	增减（%）	2013（亿元）	2012（亿元）	增减（%）
420000	湖北	14089.04	10881.23	29.5	7377.96	5775.47	27.7	23510.08	18696.68	25.7
420100	武汉	3556.71	2653.08	34.1	2091.24	1447.12	44.5	3780.38	2890.15	30.8
420200	黄石	885.09	684.01	29.4	484.75	457.53	5.9	1106.73	1009.26	9.7
420300	十堰	992.95	472.51	110.1	667.86	289.52	130.7	1142.32	559.60	104.1
420500	宜昌	1528.13	1208.12	26.5	844.57	717.93	17.6	2553.45	2010.58	27.0
420600	襄阳	1472.54	1165.64	26.3	786.89	645.92	21.8	3370.61	2739.66	23.0
420700	鄂州	315.82	299.43	5.5	163.21	165.54	-1.4	1008.33	847.09	19.0
420800	荆门	656.91	538.87	21.9	286.76	244.09	17.5	1814.47	1450.60	25.1
420900	孝感	763.18	657.93	16.0	365.10	309.52	18.0	1796.59	1497.27	20.0
421000	荆州	786.99	663.98	18.5	392.47	341.76	14.8	1321.52	1113.38	18.7
421100	黄冈	761.47	578.21	31.7	332.85	265.18	25.5	1235.29	998.48	23.7
421200	咸宁	675.38	517.76	30.4	283.96	263.86	7.6	1397.25	1108.95	26.0
421300	随州	354.13	309.43	14.4	143.45	139.18	3.1	941.12	806.95	16.6
422800	恩施	294.17	243.15	21.0	158.15	132.57	19.3	298.09	242.39	23.0
429004	仙桃	309.08	266.91	15.8	129.00	118.56	8.8	772.17	648.63	19.0
429005	潜江	424.08	351.47	20.7	96.17	98.12	-2.0	558.56	429.92	29.9
429006	天门	274.40	234.07	17.2	120.42	109.45	10.0	405.82	333.17	21.8
429021	林区	38.00	36.66	3.7	31.11	29.61	5.1	7.39	10.62	-30.4

续表

地区代码	地区名称	其中：主营业务收入			营业成本			其中：主营业务成本		
		2013（亿元）	2012（亿元）	增减（%）	2013（亿元）	2012（亿元）	增减（%）	2013（亿元）	2012（亿元）	增减（%）
420000	湖北	23241.58	18530.56	25.4	20247.17	16053.25	26.1	19968.35	15885.40	25.7
420100	武汉	3698.39	2863.51	29.2	3239.78	2429.72	33.3	3164.38	2405.27	31.6
420200	黄石	1076.14	961.12	12.0	1004.39	922.92	8.8	976.29	876.11	11.4
420300	十堰	1077.48	549.34	96.1	1002.86	492.78	103.5	939.58	481.13	95.3
420500	宜昌	2535.22	1999.27	26.8	2123.44	1714.75	23.8	2106.21	1704.30	23.6
420600	襄阳	3334.86	2696.49	23.7	2995.11	2436.62	22.9	2962.11	2395.90	23.6
420700	鄂州	1006.37	845.75	19.0	906.26	773.51	17.2	902.10	772.69	16.7
420800	荆门	1813.06	1448.58	25.2	1555.84	1236.95	25.8	1552.24	1233.61	25.8
420900	孝感	1785.78	1494.64	19.5	1511.98	1249.73	21.0	1498.74	1245.52	20.3
421000	荆州	1314.26	1105.06	18.9	1161.14	978.38	18.7	1145.36	969.40	18.2
421100	黄冈	1229.99	994.89	23.6	1085.52	871.62	24.5	1076.33	864.54	24.5
421200	咸宁	1393.58	1106.13	26.0	1181.55	940.61	25.6	1173.43	936.41	25.3
421300	随州	938.46	804.59	16.6	781.57	652.47	19.8	777.96	651.19	19.5
422800	恩施	296.28	241.22	22.8	245.76	199.98	22.9	243.67	198.47	22.8
429004	仙桃	771.73	648.35	19.0	612.64	506.57	20.9	612.00	506.18	20.9
429005	潜江	556.82	428.11	30.1	510.59	385.48	32.5	509.43	384.34	32.5
429006	天门	405.81	332.88	21.9	322.92	255.41	26.4	322.91	255.19	26.5
429021	林区	7.35	10.62	-30.8	5.83	5.74	1.6	5.62	5.15	9.1

续表

地区代码	地区名称	营业税金及附加			其中：主营业务税金及附加			销售费用		
		2013（亿元）	2012（亿元）	增减（%）	2013（亿元）	2012（亿元）	增减（%）	2013（亿元）	2012（亿元）	增减（%）
420000	湖北	200.97	159.75	25.8	194.54	153.77	26.5	683.62	508.88	34.3
420100	武汉	26.24	24.21	8.4	25.60	22.81	12.2	131.03	97.22	34.8
420200	黄石	6.36	5.19	22.5	6.19	4.67	32.5	19.64	16.44	19.5
420300	十堰	5.47	2.99	82.9	5.33	2.95	80.7	44.16	17.36	154.4
420500	宜昌	24.78	15.06	64.5	24.23	14.35	68.9	93.42	58.38	60.0
420600	襄阳	23.40	18.50	26.5	20.79	18.07	15.1	61.11	50.39	21.3
420700	鄂州	8.27	5.49	50.6	7.43	5.49	35.3	23.26	12.96	79.5
420800	荆门	22.50	19.26	16.8	22.44	19.17	17.1	47.58	37.30	27.6
420900	孝感	25.88	22.70	14.0	25.64	22.67	13.1	55.90	46.93	19.1
421000	荆州	7.70	6.31	22.0	7.68	6.28	22.3	38.04	31.85	19.4
421100	黄冈	9.52	8.57	11.1	9.23	7.56	22.1	25.97	20.64	25.8
421200	咸宁	17.42	11.07	57.4	16.72	10.96	52.6	34.05	24.84	37.1
421300	随州	6.55	6.43	1.9	6.53	6.36	2.7	31.92	25.79	23.8
422800	恩施	4.27	2.84	50.4	4.26	2.84	50.0	11.67	9.12	28.0
429004	仙桃	4.35	4.04	7.7	4.26	3.29	29.5	39.79	36.54	8.9
429005	潜江	5.01	3.53	41.9	4.99	2.77	80.1	7.48	6.15	21.6
429006	天门	2.74	2.68	2.2	2.73	2.68	1.9	18.50	16.69	10.8
429021	林区	0.51	0.87	-41.4	0.51	0.87	-41.4	0.12	0.29	-58.6

续表

地区代码	地区名称	管理费用			其中：税金			财务费用		
		2013（亿元）	2012（亿元）	增减（%）	2013（亿元）	2012（亿元）	增减（%）	2013（亿元）	2012（亿元）	增减（%）
420000	湖北	836.71	639.51	30.8	42.03	30.96	35.8	264.09	212.02	24.6
420100	武汉	187.10	154.26	21.3	6.55	5.67	15.5	35.37	27.31	29.5
420200	黄石	33.14	28.89	14.7	1.36	1.35	0.7	14.11	13.62	3.6
420300	十堰	50.21	22.65	121.7	2.37	1.32	79.5	9.05	6.80	33.1
420500	宜昌	105.80	68.33	54.8	8.61	5.76	49.5	34.19	25.86	32.2
420600	襄阳	79.15	64.37	23.0	5.44	3.98	36.7	30.31	24.45	24.0
420700	鄂州	26.90	16.29	65.1	1.06	0.79	34.2	7.77	3.76	106.6
420800	荆门	54.70	41.82	30.8	2.74	1.61	70.2	16.10	12.18	32.2
420900	孝感	63.54	50.45	25.9	2.63	2.13	23.5	27.02	21.43	26.1
421000	荆州	44.06	34.99	25.9	2.54	1.59	59.7	15.90	12.33	29.0
421100	黄冈	30.34	23.72	27.9	2.15	1.80	19.4	15.27	13.80	10.7
421200	咸宁	34.16	26.25	30.1	2.35	1.35	74.1	13.06	9.38	39.2
421300	随州	32.30	26.10	23.8	1.32	1.06	24.5	14.71	11.79	24.8
422800	恩施	12.95	11.26	15.0	0.56	0.38	47.4	6.29	5.53	13.7
429004	仙桃	46.10	38.51	19.7	1.32	1.43	-7.7	8.36	6.86	21.9
429005	潜江	12.09	10.07	20.1	0.30	0.27	11.1	5.19	5.09	2.0
429006	天门	23.67	20.54	15.2	0.62	0.36	72.2	10.61	10.24	3.6
429021	林区	0.50	1.01	-50.5	0.11	0.09	22.2	0.79	1.60	-50.6

续表

地区代码	地区名称	其中：利息收入			利息支出			投资收益		
		2013（亿元）	2012（亿元）	增减（%）	2013（亿元）	2012（亿元）	增减（%）	2013（亿元）	2012（亿元）	增减（%）
420000	湖北	10.67	5.94	79.6	189.71	154.39	22.9	28.00	30.47	-8.1
420100	武汉	2.38	1.65	44.2	26.25	20.94	25.4	5.43	5.67	-4.2
420200	黄石	0.61	1.21	-49.6	11.36	10.65	6.7	0.61	1.74	-64.9
420300	十堰	3.34	0.20	1570.0	7.44	5.22	42.5	0.82	0.58	41.4
420500	宜昌	1.27	0.77	64.9	26.11	21.01	24.3	6.13	4.46	37.4
420600	襄阳	0.49	0.65	-24.6	22.38	19.17	16.7	2.69	2.45	9.8
420700	鄂州	0.24	0.07	242.9	5.15	4.78	7.7	0.67	0.43	55.8
420800	荆门	0.05	0.11	-54.5	12.72	9.02	41.0	1.49	0.56	166.1
420900	孝感	0.22	0.12	83.3	10.72	8.83	21.4	3.54	0.61	480.3
421000	荆州	0.14	0.15	-6.7	9.80	8.89	10.2	3.69	5.06	-27.1
421100	黄冈	0.28	0.21	33.3	8.86	8.87	-0.1	0.47	0.99	-52.5
421200	咸宁	0.88	0.07	1157.1	8.92	6.55	36.2	0.64	0.35	82.9
421300	随州	0.48	0.14	242.9	13.16	6.31	108.6	0.39	6.62	-94.1
422800	恩施	0.15	0.23	-34.8	6.24	5.15	21.2	0.20	0.18	11.1
429004	仙桃	0.07	0.03	133.3	7.69	6.08	26.5	0.87	0.41	112.2
429005	潜江	0.01	0.01	0.0	2.43	2.90	-16.2	0.25	0.35	-28.6
429006	天门	0.00	0.29	-100.0	10.11	8.84	14.4	0.09	0.00	0.0
429021	林区	0.07	0.03	133.3	0.36	1.19	-69.7	0.02	0.00	0.0

续表

地区代码	地区名称	营业利润			利润总额			亏损企业亏损总额			税金总额		
		2013（亿元）	2012（亿元）	增减（%）	2013（亿元）	2012（亿元）	增减（%）	2013（亿元）	2012（亿元）	增减（%）	2013（亿元）	2012（亿元）	增减（%）
420000	湖北	1210.73	895.12	35.3	1228.80	902.68	36.1	90.54	94.82	-4.5	713.95	533.26	33.9
420100	武汉	158.58	122.00	30.0	165.79	132.91	24.7	37.54	31.80	18.1	104.65	82.51	26.8
420200	黄石	27.95	19.86	40.7	29.63	21.22	39.6	8.37	8.31	0.7	25.85	20.94	23.4
420300	十堰	29.39	15.23	93.0	30.75	16.05	91.6	6.33	4.91	28.9	29.52	13.56	117.7
420500	宜昌	168.60	103.75	62.5	163.46	90.43	80.8	11.78	12.26	-3.9	99.30	50.61	96.2
420600	襄阳	153.71	96.69	59.0	164.82	101.92	61.7	4.54	9.33	-51.3	77.86	62.73	24.1
420700	鄂州	38.79	26.77	44.9	37.50	25.33	48.0	1.30	4.62	-71.9	26.64	19.63	35.7
420800	荆门	104.45	91.04	14.7	104.45	90.44	15.5	1.83	2.71	-32.5	55.92	50.28	11.2
420900	孝感	102.26	81.02	26.2	103.02	82.13	25.4	3.49	2.57	35.8	65.34	55.89	16.9
421000	荆州	69.32	43.13	60.7	72.69	45.71	59.0	3.14	5.72	-45.1	40.66	23.97	69.6
421100	黄冈	50.45	34.03	48.3	49.89	32.62	52.9	2.12	4.97	-57.3	31.75	25.55	24.3
421200	咸宁	113.54	72.35	56.9	113.45	71.70	58.2	1.04	1.60	-35.0	50.61	31.82	59.1
421300	随州	74.24	74.55	-0.4	73.50	75.32	-2.4	2.31	1.34	72.4	28.32	33.38	-15.2
422800	恩施	17.22	13.86	24.2	17.11	14.87	15.1	1.53	1.08	41.7	11.62	9.02	28.8
429004	仙桃	59.81	54.11	10.5	60.04	54.85	9.5	0.44	1.40	-68.6	33.89	28.22	20.1
429005	潜江	15.42	17.34	-11.1	15.65	17.65	-11.3	3.80	1.54	146.8	12.79	8.12	57.5
429006	天门	27.17	27.72	-2.0	27.18	27.86	-2.4	0.06	0.03	100.0	17.86	14.97	19.3
429021	林区	-0.16	1.66	-109.6	-0.14	1.67	-108.4	0.94	0.62	51.6	1.39	2.07	-32.9

续表

地区代码	地区名称	本年应付职工薪酬			应交增值税			土地和固定资产支出			从业人员平均人数		
		2013（亿元）	2012（亿元）	增减（%）	2013（亿元）	2012（亿元）	增减（%）	2013（亿元）	2012（亿元）	增减（%）	2013（万人）	2012（万人）	增减（%）
420000	湖北	828.54	503.44	37.3	519.41	379.49	36.9	445.96	329.34	35.4	218.28	185.23	17.8
420100	武汉	170.95	144.95	17.9	79.05	59.70	32.4	88.11	85.62	2.9	36.83	33.25	10.8
420200	黄石	40.06	32.16	24.6	19.66	16.27	20.8	31.14	25.37	22.7	11.81	9.54	23.8
420300	十堰	59.16	23.57	151.0	24.19	10.61	128.0	32.29	18.26	76.8	10.91	7.06	54.5
420500	宜昌	113.97	60.52	88.3	75.07	36.26	107.0	83.82	43.19	94.1	22.86	18.27	25.1
420600	襄阳	72.46	56.85	27.5	57.07	44.66	27.8	52.63	43.14	22.0	23.78	20.13	18.1
420700	鄂州	20.85	15.58	33.8	19.21	14.15	35.8	13.48	7.89	70.8	6.54	5.83	12.2
420800	荆门	30.53	25.91	17.8	33.48	31.11	7.6	19.33	14.27	35.5	10.84	9.51	14.0
420900	孝感	59.42	49.16	20.9	39.70	33.23	19.5	13.22	8.95	47.7	18.40	16.49	11.6
421000	荆州	49.89	34.89	43.0	32.98	17.69	86.4	19.82	19.05	4.0	13.25	11.00	20.5
421100	黄冈	40.36	30.38	32.9	22.52	17.98	25.3	34.44	14.68	134.6	15.28	12.57	21.6
421200	咸宁	41.11	26.82	53.3	33.90	20.86	62.5	9.86	14.45	-31.8	12.57	10.37	21.2
421300	随州	29.06	26.02	11.7	21.79	27.02	-19.4	16.63	5.22	218.6	9.35	8.34	12.1
422800	恩施	12.59	8.89	41.6	7.36	6.19	18.9	14.49	11.84	22.4	3.91	3.11	25.7
429004	仙桃	34.73	22.32	55.6	29.63	24.92	18.9	4.03	4.24	-5.0	9.43	8.94	5.5
429005	潜江	21.47	18.36	16.9	7.79	5.35	45.6	10.95	9.59	14.2	5.04	4.70	7.2
429006	天门	31.37	26.79	17.1	15.13	12.29	23.1	1.47	1.06	38.7	7.34	6.05	21.3
429021	林区	0.55	0.27	103.7	0.88	1.20	-26.7	0.25	2.50	-90.0	0.12	0.08	50.0

2013年湖北规模以上中小企业

行业代码	行业名称	企业单位数	亏损企业		
		2013（个）	2013（个）	2012（个）	增减（%）
	总计	13124	1045	1181	-11.5
06	煤炭开采和洗选业	117	10	9	11.1
07	石油和天然气开采业	0	0	0	0.0
08	黑色金属矿采选业	136	17	16	6.3
09	有色金属矿采选业	52	6	4	50.0
10	非金属矿采选业	389	12	12	0.0
11	开采辅助活动	5	2	2	0.0
12	其他采矿业	2	0	0	0.0
13	农副食品加工业	1483	46	62	-25.8
14	食品制造业	342	17	19	-10.5
15	酒、饮料和精制茶制造业	328	20	18	11.1
16	烟草制品业	7	0	0	0.0
17	纺织业	932	80	100	-20.0
18	纺织服装、服饰业	474	21	31	-32.3
19	皮革、毛皮、羽毛及其制品和制鞋业	99	7	4	75.0
20	木材加工和木、竹、藤、棕、草制品业	229	8	16	-50.0
21	家具制造业	91	4	7	-42.9
22	造纸和纸制品业	245	34	35	-2.9
23	印刷和记录媒介复制业	145	15	18	-16.7
24	文教、工美、体育和娱乐用品制造业	64	5	8	-37.5
25	石油加工、炼焦和核燃料加工业	39	6	6	0.0
26	化学原料和化学制品制造业	916	66	81	-18.5
27	医药制造业	321	25	28	-10.7
28	化学纤维制造业	20	3	3	0.0
29	橡胶和塑料制品业	518	32	30	6.7
30	非金属矿物制品业	1545	80	106	-24.5
31	黑色金属冶炼和压延加工业	329	34	48	-29.2
32	有色金属冶炼和压延加工业	167	26	26	0.0
33	金属制品业	619	43	53	-18.9
34	通用设备制造业	590	54	44	22.7
35	专用设备制造业	485	37	37	0.0
36	汽车制造业	1081	156	180	-13.3
37	铁路、船舶、航空航天和其他运输设备制造业	134	8	10	-20.0
38	电气机械和器材制造业	544	53	65	-18.5
39	计算机、通信和其他电子设备制造业	244	40	35	14.3
40	仪器仪表制造业	93	9	5	80.0
41	其他制造业	59	2	4	-50.0
42	废弃资源综合利用业	33	8	5	60.0
43	金属制品、机械和设备修理业	17	3	4	-25.0
44	电力、热力生产和供应业	129	41	33	24.2
45	燃气生产和供应业	46	2	1	100.0
46	水的生产和供应业	55	13	16	-18.8

主要经济指标统计表（新分行业大类）

年初存货			流动资产合计			其中：应收账款			存货		
2013（亿元）	2012（亿元）	增减（%）	2013（亿元）	2012（亿元）	增减（%）	2013（亿元）	2012（亿元）	增减（%）	2013（亿元）	2012（亿元）	增减（%）
1110.34	865.98	28.2	7319.32	5695.95	28.5	1923.02	1398.85	37.5	1799.62	1433.93	25.5
0.83	0.41	102.4	18.57	17.59	5.6	2.44	2.25	8.4	3.45	2.80	23.2
0.00	0.00	0.0	0.00	0.00	0.0	0.00	0.00	0.0	0.00	0.00	0.0
13.77	15.21	-9.5	47.36	43.04	10.0	11.14	8.29	34.4	13.19	15.60	-15.4
1.80	1.56	15.4	17.34	14.92	16.2	3.75	4.95	-24.2	4.51	4.34	3.9
10.42	7.52	38.6	118.28	104.32	13.4	27.82	21.80	27.6	16.18	14.74	9.8
7.94	5.62	41.3	33.86	34.85	-2.8	20.89	6.57	218.0	9.28	7.94	16.9
0.00	0.00	0.0	0.05	0.45	-88.9	0.01	0.41	-97.6	0.00	0.00	0.0
140.59	105.94	32.7	561.80	453.35	23.9	91.71	72.64	26.3	230.34	182.35	26.3
20.67	17.07	21.1	155.64	125.32	24.2	34.17	29.20	17.0	41.39	32.38	27.8
24.83	20.27	22.5	194.66	164.11	18.6	29.12	25.09	16.1	44.58	34.79	28.1
0.85	0.24	254.2	14.85	13.67	8.6	3.27	3.11	5.1	2.42	1.89	28.0
66.06	57.79	14.3	293.54	260.22	12.8	61.71	49.71	24.1	107.19	102.86	4.2
20.33	16.61	22.4	149.90	120.24	24.7	29.75	23.86	24.7	32.09	27.51	16.6
4.33	3.31	30.8	26.18	20.38	28.5	5.08	4.78	6.3	9.18	6.19	48.3
10.94	7.75	41.2	69.27	70.89	-2.3	11.34	8.69	30.5	21.86	18.16	20.4
3.21	2.65	21.1	21.30	16.25	31.1	3.16	3.29	-4.0	7.06	5.29	33.5
21.25	15.13	40.4	126.98	114.29	11.1	39.49	24.49	61.2	29.23	22.89	27.7
12.20	10.96	11.3	124.89	62.80	98.9	36.98	19.15	93.1	32.24	16.28	98.0
9.08	5.07	79.1	31.12	21.22	46.7	4.18	3.35	24.8	14.57	10.73	35.8
9.64	7.10	35.8	22.30	52.84	-57.8	3.56	4.61	-22.8	10.06	10.44	-3.6
68.81	58.08	18.5	562.23	463.34	21.3	117.86	90.72	29.9	134.97	111.09	21.5
30.48	23.58	29.3	190.71	157.51	21.1	40.60	32.31	25.7	44.07	39.59	11.3
3.95	1.46	170.5	14.20	14.83	-4.2	2.23	2.41	-7.5	4.95	4.58	8.1
22.91	17.95	27.6	176.29	146.32	20.5	54.06	42.44	27.4	43.37	35.45	22.3
69.03	52.64	31.1	587.68	419.41	40.1	161.60	105.86	52.7	113.61	93.88	21.0
38.93	29.21	33.3	232.14	205.15	13.2	50.78	41.96	21.0	56.35	46.56	21.0
22.37	19.43	15.1	112.96	108.14	4.5	32.92	26.78	22.9	30.88	29.17	5.9
70.45	46.02	53.1	319.13	277.11	15.2	86.78	73.50	18.1	100.10	81.78	22.4
66.46	53.32	24.6	336.90	292.88	15.0	99.51	86.30	15.3	96.37	82.26	17.2
53.36	43.79	21.9	528.48	336.56	57.0	139.75	81.27	72.0	109.44	62.06	76.3
144.13	92.66	55.5	1079.26	636.00	69.7	347.35	223.63	55.3	208.36	153.08	36.1
17.66	16.85	4.8	93.08	75.12	23.9	31.79	18.87	68.5	24.51	19.19	27.7
54.76	47.98	14.1	353.95	326.74	8.3	133.94	110.82	20.9	83.52	72.34	15.5
39.81	32.69	21.8	364.08	225.75	61.3	124.63	69.45	79.5	75.00	46.61	60.9
8.72	7.60	14.7	53.08	46.41	14.4	21.22	18.92	12.2	12.06	10.09	19.5
2.14	1.63	31.3	15.08	11.60	30.0	2.65	2.47	7.3	4.31	4.49	-4.0
5.69	2.37	140.1	31.91	30.88	3.3	4.77	6.04	-21.0	8.51	7.87	8.1
1.58	1.24	27.4	12.45	11.55	7.8	4.07	3.99	2.0	1.87	1.41	32.6
6.99	14.62	-52.2	148.38	137.35	8.0	37.73	38.63	-2.3	13.77	11.29	22.0
1.18	0.64	84.4	33.62	25.03	34.3	3.48	2.23	56.1	2.28	1.52	50.0
2.19	2.00	9.5	45.78	37.49	22.1	5.74	4.00	43.5	2.52	2.44	3.3

行业代码	行业名称	其中：产成品			资产合计		
		2013（亿元）	2012（亿元）	增减（%）	2013（亿元）	2012（亿元）	增减（%）
	总计	792.02	633.95	24.9	14089.04	10881.23	29.5
06	煤炭开采和洗选业	1.96	1.07	83.2	53.35	47.78	11.7
07	石油和天然气开采业	0.00	0.00	0.0	0.00	0.00	0.0
08	黑色金属矿采选业	8.91	8.65	3.0	93.41	82.73	12.9
09	有色金属矿采选业	2.32	2.33	-0.4	32.23	27.58	16.9
10	非金属矿采选业	10.71	9.27	15.5	242.06	217.42	11.3
11	开采辅助活动	0.11	0.06	83.3	86.42	74.91	15.4
12	其他采矿业	0.00	0.00	0.0	0.27	1.02	-73.5
13	农副食品加工业	103.51	80.34	28.8	1075.46	852.20	26.2
14	食品制造业	20.92	18.07	15.8	318.19	259.82	22.5
15	酒、饮料和精制茶制造业	19.50	15.83	23.2	345.05	285.93	20.7
16	烟草制品业	1.14	1.25	-8.8	20.96	18.92	10.8
17	纺织业	51.86	50.12	3.5	625.57	542.29	15.4
18	纺织服装、服饰业	17.62	15.84	11.2	269.30	212.75	26.6
19	皮革、毛皮、羽毛及其制品和制鞋业	4.82	2.48	94.4	52.01	41.41	25.6
20	木材加工和木、竹、藤、棕、草制品业	8.43	8.47	-0.5	182.70	137.57	32.8
21	家具制造业	3.03	1.68	80.4	46.81	33.34	40.4
22	造纸和纸制品业	11.52	10.30	11.8	245.47	215.48	13.9
23	印刷和记录媒介复制业	6.24	6.34	-1.6	202.59	107.97	87.6
24	文教、工美、体育和娱乐用品制造业	5.23	3.81	37.3	51.66	37.58	37.5
25	石油加工、炼焦和核燃料加工业	3.46	3.59	-3.6	49.19	79.84	-38.4
26	化学原料和化学制品制造业	59.83	42.94	39.3	1298.96	859.69	51.1
27	医药制造业	17.34	17.17	1.0	377.10	324.11	16.3
28	化学纤维制造业	1.75	1.43	22.4	34.98	35.62	-1.8
29	橡胶和塑料制品业	22.17	19.92	11.3	355.76	283.33	25.6
30	非金属矿物制品业	63.58	49.55	28.3	1345.95	970.20	38.7
31	黑色金属冶炼和压延加工业	24.25	20.61	17.7	381.21	323.18	18.0
32	有色金属冶炼和压延加工业	16.29	15.55	4.8	198.02	192.19	3.0
33	金属制品业	52.18	41.88	24.6	558.53	468.68	19.2
34	通用设备制造业	35.74	31.87	12.1	575.86	501.66	14.8
35	专用设备制造业	39.62	23.96	65.4	730.59	481.12	51.9
36	汽车制造业	101.79	69.48	46.5	1674.03	1022.50	63.7
37	铁路、船舶、航空航天和其他运输设备制造业	6.23	7.46	-16.5	154.07	126.80	21.5
38	电气机械和器材制造业	33.72	28.24	19.4	603.43	551.67	9.4
39	计算机、通信和其他电子设备制造业	26.50	15.57	70.2	560.14	393.12	42.5
40	仪器仪表制造业	3.86	3.50	10.3	98.62	63.43	55.5
41	其他制造业	2.24	2.28	-1.8	28.00	22.26	25.8
42	废弃资源综合利用业	2.03	1.64	23.8	42.89	39.56	8.4
43	金属制品、机械和设备修理业	0.44	0.38	15.8	18.30	17.06	7.3
44	电力、热力生产和供应业	0.34	0.26	30.8	823.96	751.46	9.6
45	燃气生产和供应业	0.51	0.37	37.8	88.75	66.06	34.3
46	水的生产和供应业	0.30	0.36	-16.7	147.19	110.99	32.6

续表

负债合计			营业收入			其中：主营业务收入		
2013（亿元）	2012（亿元）	增减（%）	2013（亿元）	2012（亿元）	增减（%）	2013（亿元）	2012（亿元）	增减（%）
7377.96	5775.47	27.7	23510.08	18696.68	25.7	23241.58	18530.56	25.4
26.12	23.03	13.4	101.60	93.74	8.4	101.23	93.74	8.0
0.00	0.00	0.0	0.00	0.00	0.0	0.00	0.00	0.0
43.07	43.56	-1.1	350.28	323.62	8.2	350.14	320.89	9.1
16.74	14.89	12.4	71.43	74.40	-4.0	71.42	74.28	-3.9
125.84	111.12	13.2	465.24	382.27	21.7	463.82	381.31	21.6
45.39	37.09	22.4	98.45	81.30	21.1	97.80	80.64	21.3
0.01	0.10	-90.0	1.24	0.69	79.7	1.24	0.69	79.7
492.18	394.33	24.8	3259.72	2691.12	21.1	3251.70	2686.89	21.0
132.98	120.87	10.0	664.89	560.86	18.5	663.25	560.21	18.4
184.43	150.69	22.4	595.48	487.23	22.2	589.72	481.16	22.6
4.86	4.86	0.0	16.91	15.01	12.7	16.89	14.92	13.2
312.76	283.13	10.5	1591.92	1329.77	19.7	1588.18	1327.70	19.6
113.41	91.68	23.7	648.52	535.05	21.2	647.91	534.53	21.2
28.74	20.89	37.6	102.64	82.26	24.8	101.88	82.21	23.9
65.17	53.31	22.2	317.64	241.19	31.7	317.08	241.03	31.6
19.80	16.14	22.7	82.01	58.73	39.6	81.83	58.55	39.8
125.12	114.72	9.1	434.91	381.65	14.0	431.88	379.85	13.7
75.16	56.12	33.9	164.60	143.76	14.5	163.77	142.99	14.5
32.37	18.96	70.7	100.25	77.46	29.4	100.12	77.38	29.4
27.59	59.19	-53.4	118.37	119.71	-1.1	91.23	89.40	2.0
704.13	476.39	47.8	2024.97	1621.54	24.9	2016.51	1614.31	24.9
169.81	141.27	20.2	583.33	475.17	22.8	581.92	473.96	22.8
18.74	18.70	0.2	82.06	74.50	10.1	82.02	74.35	10.3
161.72	131.06	23.4	756.45	578.92	30.7	755.42	577.42	30.8
571.17	491.07	16.3	2187.10	1708.01	28.0	2182.92	1697.66	28.6
219.36	199.90	9.7	801.39	695.35	15.2	774.07	668.92	15.7
125.33	119.41	5.0	574.29	522.77	9.9	569.82	519.53	9.7
304.35	244.84	24.3	1037.75	824.03	25.9	988.71	819.90	20.6
283.99	239.79	18.4	788.90	646.53	22.0	785.87	642.14	22.4
458.76	265.55	72.8	708.82	543.21	30.5	705.84	540.15	30.7
1008.39	580.76	73.6	2277.50	1442.24	57.9	2190.97	1421.57	54.1
91.17	74.55	22.3	250.23	205.81	21.6	249.57	205.41	21.5
337.04	304.85	10.6	904.05	698.93	29.3	898.19	692.53	29.7
339.60	183.89	84.7	560.10	317.66	76.3	557.23	314.86	77.0
61.70	30.06	105.3	94.52	71.28	32.6	94.06	70.88	32.7
12.34	10.76	14.7	83.82	70.85	18.3	83.68	70.80	18.2
16.90	32.08	-47.3	89.50	81.16	10.3	88.97	80.72	10.2
10.06	9.32	7.9	31.81	23.75	33.9	31.80	23.73	34.0
493.57	511.76	-3.6	387.27	338.19	14.5	376.13	320.49	17.4
55.32	40.05	38.1	63.30	47.34	33.7	62.85	45.54	38.0
62.74	54.74	14.6	36.82	29.63	24.3	33.93	27.32	24.2

行业代码	行业名称	营业成本			其中：主营业务成本		
		2013（亿元）	2012（亿元）	增减（%）	2013（亿元）	2012（亿元）	增减（%）
	总计	20247.17	16053.25	26.1	19968.35	15885.40	25.7
06	煤炭开采和洗选业	81.14	74.54	8.9	80.95	74.38	8.8
07	石油和天然气开采业	0.00	0.00	0.0	0.00	0.00	0.0
08	黑色金属矿采选业	325.25	296.18	9.8	322.39	293.76	9.7
09	有色金属矿采选业	61.80	64.77	-4.6	61.78	64.73	-4.6
10	非金属矿采选业	362.30	274.98	31.8	360.84	273.11	32.1
11	开采辅助活动	87.79	63.33	38.6	87.13	62.87	38.6
12	其他采矿业	0.84	0.43	95.3	0.84	0.43	95.3
13	农副食品加工业	2897.64	2406.42	20.4	2887.14	2399.01	20.3
14	食品制造业	541.67	453.83	19.4	539.68	452.29	19.3
15	酒、饮料和精制茶制造业	452.62	375.13	20.7	446.82	369.03	21.1
16	烟草制品业	10.04	9.23	8.8	9.77	9.12	7.1
17	纺织业	1386.59	1154.61	20.1	1381.16	1151.24	20.0
18	纺织服装、服饰业	558.24	458.56	21.7	557.76	457.93	21.8
19	皮革、毛皮、羽毛及其制品和制鞋业	89.77	70.23	27.8	88.84	70.06	26.8
20	木材加工和木、竹、藤、棕、草制品业	269.17	204.43	31.7	267.70	203.66	31.4
21	家具制造业	68.96	48.63	41.8	68.60	48.41	41.7
22	造纸和纸制品业	380.35	339.23	12.1	377.33	337.04	12.0
23	印刷和记录媒介复制业	134.35	116.09	15.7	133.88	115.36	16.1
24	文教、工美、体育和娱乐用品制造业	87.84	66.70	31.7	87.75	66.57	31.8
25	石油加工、炼焦和核燃料加工业	112.11	114.97	-2.5	85.11	83.97	1.4
26	化学原料和化学制品制造业	1745.37	1402.53	24.4	1737.12	1396.00	24.4
27	医药制造业	482.84	383.00	26.1	473.41	381.90	24.0
28	化学纤维制造业	74.04	69.38	6.7	73.93	68.84	7.4
29	橡胶和塑料制品业	646.31	491.30	31.6	642.25	489.78	31.1
30	非金属矿物制品业	1832.54	1431.18	28.0	1827.34	1424.50	28.3
31	黑色金属冶炼和压延加工业	727.31	628.86	15.7	700.32	603.16	16.1
32	有色金属冶炼和压延加工业	541.55	491.98	10.1	537.72	489.82	9.8
33	金属制品业	905.15	719.59	25.8	856.17	714.71	19.8
34	通用设备制造业	663.72	544.75	21.8	660.60	539.11	22.5
35	专用设备制造业	604.01	455.91	32.5	600.86	453.82	32.4
36	汽车制造业	1984.49	1242.09	59.8	1908.20	1223.89	55.9
37	铁路、船舶、航空航天和其他运输设备制造业	219.32	181.60	20.8	218.63	180.92	20.8
38	电气机械和器材制造业	781.56	589.28	32.6	772.23	583.24	32.4
39	计算机、通信和其他电子设备制造业	494.59	269.24	83.7	491.91	266.14	84.8
40	仪器仪表制造业	74.28	53.97	37.6	72.96	52.47	39.1
41	其他制造业	67.21	54.55	23.2	67.02	53.52	25.2
42	废弃资源综合利用业	83.70	75.31	11.1	83.21	75.03	10.9
43	金属制品、机械和设备修理业	27.15	19.62	38.4	27.14	19.62	38.3
44	电力、热力生产和供应业	304.77	297.82	2.3	295.98	279.95	5.7
45	燃气生产和供应业	49.14	35.08	40.1	48.35	34.15	41.6
46	水的生产和供应业	29.68	23.91	24.1	27.55	21.86	26.0

续表

营业税金及附加			其中：主营业务税金及附加			销售费用		
2013（亿元）	2012（亿元）	增减（%）	2013（亿元）	2012（亿元）	增减（%）	2013（亿元）	2012（亿元）	增减（%）
200.97	159.75	25.8	194.54	153.77	26.5	683.62	508.88	34.3
2.28	2.11	8.1	2.28	2.11	8.1	2.38	1.92	24.0
0.00	0.00	0.0	0.00	0.00	0.0	0.00	0.00	0.0
2.42	2.56	-5.5	2.40	2.45	-2.0	5.02	5.02	0.0
0.88	0.70	25.7	0.87	0.70	24.3	0.81	0.77	5.2
13.04	10.81	20.6	12.88	10.11	27.4	14.38	11.66	23.3
3.01	0.99	204.0	3.01	0.99	204.0	2.20	0.85	158.8
0.00	0.01	-100.0	0.00	0.01	-100.0	0.00	0.01	-100.0
16.94	15.33	10.5	16.86	15.29	10.3	74.04	59.31	24.8
6.98	5.83	19.7	6.93	5.82	19.1	33.54	29.07	15.4
17.95	16.19	10.9	17.73	16.18	9.6	40.22	30.78	30.7
0.20	0.18	11.1	0.20	0.18	11.1	0.26	0.21	23.8
13.06	10.69	22.2	12.91	10.58	22.0	36.64	30.75	19.2
5.65	5.03	12.3	5.63	4.35	29.4	18.07	16.21	11.5
0.94	1.45	-35.2	0.93	0.70	32.9	2.32	2.61	-11.1
4.38	2.56	71.1	4.21	2.53	66.4	7.95	5.74	38.5
1.09	0.68	60.3	1.09	0.68	60.3	3.28	2.11	55.5
2.83	2.28	24.1	2.83	2.27	24.7	14.80	10.50	41.0
1.21	1.08	12.0	1.19	1.05	13.3	5.89	4.86	21.2
0.82	0.57	43.9	0.80	0.57	40.4	2.82	2.08	35.6
0.44	0.24	83.3	0.33	0.19	73.7	1.82	1.22	49.2
14.67	10.10	45.2	14.56	9.95	46.3	63.83	49.02	30.2
3.79	2.98	27.2	3.78	2.94	28.6	33.13	25.12	31.9
1.34	1.02	31.4	1.34	1.02	31.4	1.18	0.97	21.6
5.95	5.37	10.8	5.90	4.42	33.5	20.47	15.35	33.4
26.10	19.50	33.8	25.15	18.99	32.4	69.13	55.15	25.3
4.85	4.36	11.2	4.85	4.25	14.1	15.25	11.51	32.5
1.48	1.41	5.0	1.46	1.39	5.0	6.19	4.39	41.0
8.32	5.96	39.6	8.25	5.91	39.6	26.03	17.67	47.3
6.24	4.36	43.1	5.08	4.29	18.4	29.45	22.58	30.4
5.02	3.70	35.7	5.01	3.66	36.9	21.94	15.72	39.6
11.16	6.81	63.9	9.08	6.66	36.3	60.39	29.54	104.4
2.51	1.52	65.1	2.30	1.52	51.3	4.55	3.19	42.6
5.66	6.41	-11.7	5.51	5.25	5.0	26.28	21.75	20.8
2.50	1.85	35.1	2.21	1.74	27.0	23.61	10.15	132.6
0.79	0.53	49.1	0.78	0.52	50.0	3.99	3.36	18.8
1.29	0.96	34.4	1.28	0.96	33.3	2.73	2.27	20.3
0.32	0.29	10.3	0.32	0.29	10.3	0.75	0.56	33.9
0.27	0.21	28.6	0.27	0.21	28.6	0.70	0.69	1.4
3.74	2.37	57.8	3.53	2.37	48.9	3.26	1.02	219.6
0.48	0.40	20.0	0.47	0.38	23.7	2.49	1.70	46.5
0.36	0.33	9.1	0.33	0.30	10.0	1.82	1.48	23.0

行业代码	行业名称	管理费用			其中：税金		
		2013（亿元）	2012（亿元）	增减（%）	2013（亿元）	2012（亿元）	增减（%）
	总计	836.71	639.51	30.8	42.03	30.96	35.8
06	煤炭开采和洗选业	5.68	6.28	-9.6	0.17	0.15	13.3
07	石油和天然气开采业	0.00	0.00	0.0	0.00	0.00	0.0
08	黑色金属矿采选业	8.93	7.86	13.6	0.69	0.46	50.0
09	有色金属矿采选业	3.32	3.21	3.4	0.14	0.03	366.7
10	非金属矿采选业	19.48	17.04	14.3	1.24	0.67	85.1
11	开采辅助活动	5.88	3.31	77.6	0.04	0.02	100.0
12	其他采矿业	0.07	0.01	600.0	0.00	0.00	0.0
13	农副食品加工业	72.71	54.80	32.7	2.82	2.31	22.1
14	食品制造业	31.24	24.35	28.3	0.89	2.22	-59.9
15	酒、饮料和精制茶制造业	26.15	19.38	34.9	1.16	1.31	-11.5
16	烟草制品业	2.24	1.94	15.5	0.02	0.03	-33.3
17	纺织业	50.82	42.79	18.8	1.64	1.54	6.5
18	纺织服装、服饰业	22.83	18.68	22.2	1.21	0.76	59.2
19	皮革、毛皮、羽毛及其制品和制鞋业	4.00	3.35	19.4	0.16	0.22	-27.3
20	木材加工和木、竹、藤、棕、草制品业	8.77	6.67	31.5	0.79	0.30	163.3
21	家具制造业	3.20	2.28	40.4	0.14	0.09	55.6
22	造纸和纸制品业	14.98	10.54	42.1	0.73	0.56	30.4
23	印刷和记录媒介复制业	10.11	9.43	7.2	0.36	0.29	24.1
24	文教、工美、体育和娱乐用品制造业	3.12	2.67	16.9	0.25	0.17	47.1
25	石油加工、炼焦和核燃料加工业	1.38	1.17	17.9	0.16	0.10	60.0
26	化学原料和化学制品制造业	65.16	51.58	26.3	3.41	2.23	52.9
27	医药制造业	30.24	23.64	27.9	1.53	1.08	41.7
28	化学纤维制造业	1.67	1.44	16.0	0.04	0.03	33.3
29	橡胶和塑料制品业	28.17	20.69	36.2	1.35	0.99	36.4
30	非金属矿物制品业	70.31	52.39	34.2	5.59	3.27	70.9
31	黑色金属冶炼和压延加工业	19.51	14.15	37.9	0.80	0.80	0.0
32	有色金属冶炼和压延加工业	9.79	8.13	20.4	0.60	0.60	0.0
33	金属制品业	35.06	25.62	36.8	1.73	1.32	31.1
34	通用设备制造业	42.18	33.20	27.0	2.00	1.86	7.5
35	专用设备制造业	36.15	26.94	34.2	1.36	1.18	15.3
36	汽车制造业	99.59	59.97	66.1	5.55	2.23	148.9
37	铁路、船舶、航空航天和其他运输设备制造业	6.63	7.44	-10.9	0.31	0.43	-27.9
38	电气机械和器材制造业	38.83	31.46	23.4	2.47	1.58	56.3
39	计算机、通信和其他电子设备制造业	28.46	20.52	38.7	0.75	0.57	31.6
40	仪器仪表制造业	7.58	6.69	13.3	0.22	0.17	29.4
41	其他制造业	3.13	2.91	7.6	0.32	0.16	100.0
42	废弃资源综合利用业	1.64	1.48	10.8	0.07	0.05	40.0
43	金属制品、机械和设备修理业	2.11	2.18	-3.2	0.12	0.00	0.0
44	电力、热力生产和供应业	7.98	7.92	0.8	0.75	0.79	-5.1
45	燃气生产和供应业	3.15	1.85	70.3	0.20	0.10	100.0
46	水的生产和供应业	4.45	3.57	24.6	0.25	0.29	-13.8

续表

财务费用			其中：利息收入			利息支出			投资收益		
2013（亿元）	2012（亿元）	增减（%）	2013（亿元）	2012（亿元）	增减（%）	2013（亿元）	2012（亿元）	增减（%）	2013（亿元）	2012（亿元）	增减（%）
264.09	212.02	24.6	10.67	5.94	79.6	189.71	154.39	22.9	28.00	30.47	-8.1
0.57	0.60	-5.0	0.01	0.01	0.0	0.38	0.39	-2.6	0.02	0.00	0.0
0.00	0.00	0.0	0.00	0.00	0.0	0.00	0.00	0.0	0.00	0.00	0.0
2.83	2.20	28.6	0.03	0.01	200.0	1.72	1.40	22.9	0.06	0.00	0.0
0.38	0.36	5.6	0.00	0.00	0.0	0.20	0.25	-20.0	0.00	0.02	-100.0
8.23	8.62	-4.5	0.11	0.04	175.0	4.05	4.42	-8.4	0.32	4.31	-92.6
0.94	1.18	-20.3	0.02	0.00	0.0	0.74	0.95	-22.1	-0.06	-0.05	20.0
0.00	0.00	0.0	0.00	0.00	0.0	0.00	0.00	0.0	0.00	0.00	0.0
27.05	21.68	24.8	0.66	0.86	-23.3	19.71	15.78	24.9	4.04	1.93	109.3
8.36	5.77	44.9	0.15	0.06	150.0	5.71	4.15	37.6	0.35	0.28	25.0
4.99	3.48	43.4	0.53	-0.16	-431.3	4.09	2.69	52.0	1.02	1.23	-17.1
-0.10	-0.13	-23.1	-0.04	-0.04	0.0	0.00	0.00	0.0	0.00	0.00	0.0
24.49	19.70	24.3	0.08	0.19	-57.9	13.30	11.56	15.1	0.60	0.46	30.4
5.71	4.50	26.9	0.06	0.05	20.0	3.56	3.11	14.5	0.47	0.13	261.5
1.00	0.87	14.9	0.05	0.02	150.0	0.74	0.63	17.5	0.00	0.20	-100.0
3.26	2.67	22.1	0.05	0.02	150.0	1.73	1.46	18.5	0.19	0.40	-52.5
0.84	0.72	16.7	0.01	0.01	0.0	0.63	0.42	50.0	0.05	0.00	0.0
4.67	3.39	37.8	0.02	0.07	-71.4	2.92	2.34	24.8	0.46	0.55	-16.4
1.47	1.41	4.3	0.00	0.05	-100.0	1.15	1.10	4.5	0.10	0.15	-33.3
1.29	0.94	37.2	0.01	0.00	0.0	0.79	0.78	1.3	0.05	0.08	-37.5
0.50	0.47	6.4	0.01	0.03	-66.7	0.37	0.45	-17.8	0.00	0.00	0.0
21.39	16.15	32.4	0.70	0.70	0.0	16.35	12.67	29.0	4.75	2.85	66.7
5.85	4.33	35.1	0.26	0.24	8.3	4.58	3.73	22.8	2.77	1.62	71.0
1.09	1.09	0.0	-0.02	-0.01	100.0	1.07	0.96	11.5	0.00	0.00	0.0
8.87	6.73	31.8	0.20	0.05	300.0	6.19	4.68	32.3	0.81	0.38	113.2
27.19	20.80	30.7	0.82	0.41	100.0	18.94	14.99	26.4	1.72	2.43	-29.2
9.50	6.96	36.5	0.23	0.13	76.9	6.83	5.37	27.2	0.07	0.12	-41.7
5.20	5.19	0.2	0.17	0.99	-82.8	3.20	2.37	35.0	0.07	0.15	-53.3
11.29	8.48	33.1	0.18	0.30	-40.0	8.22	5.93	38.6	0.43	0.28	53.6
9.92	7.69	29.0	0.42	0.22	90.9	6.75	4.98	35.5	1.52	0.88	72.7
10.87	7.09	53.3	0.79	0.13	507.7	6.67	4.84	37.8	0.55	1.65	-66.7
13.74	12.05	14.0	3.88	0.59	557.6	17.86	9.29	92.2	3.24	2.08	55.8
1.75	1.17	49.6	0.03	0.02	50.0	1.07	0.80	33.8	0.12	-0.28	-142.9
9.40	8.28	13.5	0.04	0.02	100.0	5.43	5.78	-6.1	0.94	1.28	-26.6
4.43	3.33	33.0	0.53	0.41	29.3	3.13	3.10	1.0	2.29	1.96	16.8
0.89	0.87	2.3	0.03	0.02	50.0	0.82	0.47	74.5	0.10	0.56	-82.1
1.07	1.70	-37.1	0.02	0.01	100.0	0.59	0.50	18.0	0.13	0.10	30.0
1.00	0.74	35.1	0.01	0.01	0.0	0.45	0.20	125.0	0.02	0.05	-60.0
0.31	0.54	-42.6	0.01	0.00	0.0	0.34	0.41	-17.1	-0.02	0.05	-140.0
22.23	18.70	18.9	0.53	0.39	35.9	18.10	19.96	-9.3	0.41	4.26	-90.4
0.87	0.86	1.2	0.09	0.02	350.0	0.75	0.81	-7.4	0.11	0.11	0.0
0.76	0.85	-10.6	0.00	0.06	-100.0	0.59	0.65	-9.2	0.28	0.26	7.7

行业代码	行业名称	营业利润			利润总额			亏损企业亏损总额		
		2013（亿元）	2012（亿元）	增减（%）	2013（亿元）	2012（亿元）	增减（%）	2013（亿元）	2012（亿元）	增减（%）
	总计	1210.73	895.12	35.3	1228.80	902.68	36.1	90.54	94.82	-4.5
06	煤炭开采和洗选业	8.92	7.17	24.4	8.81	6.75	30.5	1.15	0.74	55.4
07	石油和天然气开采业	0.00	0.00	0.0	0.00	0.00	0.0	0.00	0.00	0.0
08	黑色金属矿采选业	7.68	3.92	95.9	7.68	3.92	95.9	1.11	4.33	-74.4
09	有色金属矿采选业	4.05	4.33	-6.5	4.08	4.06	0.5	0.14	0.22	-36.4
10	非金属矿采选业	43.92	43.53	0.9	43.74	43.48	0.6	0.46	0.30	53.3
11	开采辅助活动	-1.53	0.59	-359.3	-1.36	0.88	-254.5	3.32	1.32	151.5
12	其他采矿业	0.08	0.02	300.0	0.08	0.02	300.0	0.00	0.00	0.0
13	农副食品加工业	164.64	109.28	50.7	163.59	110.02	48.7	1.96	5.08	-61.4
14	食品制造业	41.27	36.72	12.4	41.45	37.49	10.6	0.86	1.05	-18.1
15	酒、饮料和精制茶制造业	53.46	39.41	35.7	54.60	37.52	45.5	1.24	1.26	-1.6
16	烟草制品业	4.64	3.39	36.9	4.77	3.60	32.5	0.00	0.00	0.0
17	纺织业	75.23	52.29	43.9	76.11	52.65	44.6	3.94	6.61	-40.4
18	纺织服装、服饰业	35.37	29.04	21.8	35.34	29.12	21.4	0.69	0.88	-21.6
19	皮革、毛皮、羽毛及其制品和制鞋业	4.26	3.88	9.8	4.29	4.12	4.1	0.36	0.30	20.0
20	木材加工和木、竹、藤、棕、草制品业	21.10	13.63	54.8	20.68	13.96	48.1	0.34	0.69	-50.7
21	家具制造业	4.41	3.06	44.1	4.35	3.10	40.3	0.06	0.14	-57.1
22	造纸和纸制品业	17.54	15.51	13.1	17.82	16.03	11.2	1.78	1.55	14.8
23	印刷和记录媒介复制业	11.75	9.04	30.0	12.13	8.99	34.9	0.86	1.16	-25.9
24	文教、工美、体育和娱乐用品制造业	4.05	2.92	38.7	4.00	2.86	39.9	0.56	0.28	100.0
25	石油加工、炼焦和核燃料加工业	2.57	1.18	117.8	2.66	1.35	97.0	0.26	0.21	23.8
26	化学原料和化学制品制造业	97.40	68.30	42.6	99.01	69.09	43.3	5.80	12.52	-53.7
27	医药制造业	39.62	33.65	17.7	39.40	30.90	27.5	0.75	1.12	-33.0
28	化学纤维制造业	3.23	0.79	308.9	3.14	0.82	282.9	1.16	1.74	-33.3
29	橡胶和塑料制品业	46.25	33.31	38.8	45.99	33.73	36.3	1.12	0.91	23.1
30	非金属矿物制品业	146.44	95.43	53.5	146.72	95.09	54.3	3.36	4.65	-27.7
31	黑色金属冶炼和压延加工业	25.36	24.49	3.6	27.58	25.03	10.2	4.95	5.07	-2.4
32	有色金属冶炼和压延加工业	8.90	10.71	-16.9	9.27	8.76	5.8	4.43	4.31	2.8
33	金属制品业	48.70	38.96	25.0	48.97	35.38	38.4	2.52	2.04	23.5
34	通用设备制造业	35.55	30.25	17.5	36.85	31.94	15.4	2.85	2.55	11.8
35	专用设备制造业	29.93	22.81	31.2	30.50	25.06	21.7	6.66	5.41	23.1
36	汽车制造业	94.81	69.40	36.6	101.57	71.26	42.5	8.40	7.87	6.7
37	铁路、船舶、航空航天和其他运输设备制造业	13.37	7.89	69.5	13.11	8.00	63.9	1.52	1.02	49.0
38	电气机械和器材制造业	43.01	34.48	24.7	44.53	34.84	27.8	3.55	4.31	-17.6
39	计算机、通信和其他电子设备制造业	5.18	13.10	-60.5	9.40	15.39	-38.9	12.89	7.54	71.0
40	仪器仪表制造业	7.72	5.82	32.6	6.96	6.51	6.9	0.19	0.09	111.1
41	其他制造业	5.19	3.85	34.8	5.17	3.86	33.9	0.05	0.18	-72.2
42	废弃资源综合利用业	1.94	2.06	-5.8	1.91	2.16	-11.6	0.68	0.44	54.5
43	金属制品、机械和设备修理业	0.85	0.57	49.1	1.03	0.62	66.1	0.16	0.21	-23.8
44	电力、热力生产和供应业	44.74	14.96	199.1	42.95	17.01	152.5	9.03	5.17	74.7
45	燃气生产和供应业	8.56	5.61	52.6	8.46	6.58	28.6	0.08	0.10	-20.0
46	水的生产和供应业	0.56	-0.25	-324.0	1.48	0.75	97.3	1.29	1.43	-9.8

续表

税金总额			本年应付职工薪酬			应交增值税			土地和固定资产支出			从业人员平均数		
2013（亿元）	2012（亿元）	增减（%）	2013（亿元）	2012（亿元）	增减（%）	2013（亿元）	2012（亿元）	增减（%）	2013（亿元）	2012（亿元）	增减（%）	2013（万人）	2012（万人）	增减（%）
713.95	533.26	33.9	828.54	603.44	37.3	519.41	379.49	36.9	445.96	329.34	35.4	218.28	185.23	17.8
7.70	6.58	17.0	12.34	7.35	67.9	5.42	4.47	21.3	1.87	2.30	-18.7	2.67	2.34	14.1
0.00	0.00	0.0	0.00	0.00	0.0	0.00	0.00	0.0	0.00	0.00	0.0	0.00	0.00	0.0
8.22	7.80	5.4	6.27	4.97	26.2	5.81	5.36	8.4	6.36	5.41	17.6	1.86	1.62	14.8
3.50	3.34	4.8	3.06	1.94	57.7	2.63	2.65	-0.8	0.56	0.09	522.2	0.83	0.67	23.9
28.78	25.63	12.3	13.37	11.70	14.3	15.90	15.53	2.4	2.98	6.13	-51.4	4.21	3.78	11.4
6.88	2.85	141.4	9.98	8.77	13.8	3.87	1.86	108.1	9.09	9.45	-3.8	0.11	0.08	37.5
0.05	0.02	150.0	0.13	0.04	225.0	0.05	0.01	400.0	0.00	0.00	0.0	0.03	0.03	0.0
58.77	43.37	35.5	61.29	42.42	44.5	41.91	28.08	49.3	47.97	30.81	55.7	17.62	14.41	22.3
24.07	20.83	15.6	23.93	18.07	32.4	17.15	15.01	14.3	6.47	4.24	52.6	7.15	6.28	13.9
36.02	29.30	22.9	15.04	11.19	34.4	18.29	13.12	39.4	14.57	9.16	59.1	4.32	3.61	19.7
1.59	1.48	7.4	1.30	1.20	8.3	1.40	1.30	7.7	0.09	0.09	0.0	0.14	0.26	-46.2
47.22	37.65	25.4	69.99	54.01	29.6	34.31	27.07	26.7	18.33	8.56	114.1	22.76	22.22	2.4
19.55	14.77	32.4	38.79	32.21	20.4	13.92	10.42	33.6	2.87	4.15	-30.8	12.64	11.37	11.2
3.49	2.81	24.2	7.72	7.27	6.2	2.56	2.11	21.3	7.44	3.71	100.5	3.04	2.60	16.9
11.99	8.38	43.1	10.09	7.10	42.1	7.78	5.85	33.0	3.60	1.41	155.3	3.19	2.44	30.7
3.68	1.78	106.7	3.96	2.25	76.0	2.59	1.09	137.6	2.19	2.29	-4.4	1.28	0.85	50.6
13.26	9.46	40.2	14.72	10.25	43.6	10.44	7.18	45.4	3.93	1.94	102.6	4.20	3.62	16.0
6.57	5.22	25.9	8.66	7.50	15.5	5.39	4.17	29.3	3.01	3.39	-11.2	2.37	2.09	13.4
2.07	1.89	9.5	4.61	2.54	81.5	1.27	1.32	-3.8	2.28	0.64	256.3	1.28	0.92	39.1
2.99	1.23	143.1	1.70	1.45	17.2	2.66	1.04	155.8	0.68	0.69	-1.4	0.38	0.40	-5.0
58.86	37.16	58.4	45.65	36.00	26.8	44.29	27.22	62.7	38.45	12.46	208.6	13.09	11.32	15.6
21.67	18.09	19.8	23.25	17.75	31.0	17.89	15.15	18.1	24.55	11.44	114.6	6.63	5.35	23.9
3.02	3.84	-21.4	2.28	2.03	12.3	1.68	2.81	-40.2	1.09	0.25	336.0	0.58	0.58	0.0
23.86	18.53	28.8	28.00	19.96	40.3	17.96	14.11	27.3	7.23	3.52	105.4	7.61	6.75	12.7
87.64	63.62	37.8	78.81	52.20	51.0	62.49	44.63	40.0	40.70	37.72	7.9	21.39	16.74	27.8
21.76	17.89	21.6	20.16	16.80	20.0	16.92	13.65	24.0	11.32	8.80	28.6	5.31	5.14	3.3
7.67	5.84	31.3	8.86	7.14	24.1	6.21	4.44	39.9	4.40	4.53	-2.9	2.93	2.37	23.6
28.28	18.85	50.0	33.77	24.64	37.1	20.03	12.94	54.8	25.55	19.17	33.3	8.49	7.31	16.1
23.96	17.61	36.1	35.42	29.39	20.5	18.88	13.32	41.7	11.34	10.48	8.2	8.91	7.85	13.5
21.91	13.76	59.2	30.22	21.89	38.1	16.91	10.11	67.3	8.25	14.59	-43.5	7.02	5.63	24.7
52.62	32.56	61.6	101.77	53.83	89.1	43.53	25.89	68.1	59.57	35.62	67.2	20.70	14.70	40.8
7.44	6.31	17.9	11.77	8.41	40.0	5.14	4.79	7.3	2.08	1.47	41.5	2.73	2.23	22.4
21.16	18.01	17.5	33.11	27.78	19.2	15.65	12.76	22.6	28.19	28.34	-0.5	9.19	7.81	17.7
9.69	7.56	28.2	24.92	19.60	27.1	7.48	5.82	28.5	30.90	20.33	52.0	5.41	4.35	24.4
4.08	2.97	37.4	8.89	6.84	30.0	3.29	2.45	34.3	1.80	0.84	114.3	1.88	1.62	16.0
3.43	2.50	37.2	4.56	2.87	58.9	2.14	1.54	39.0	0.76	0.46	65.2	1.14	1.08	5.6
1.80	1.64	9.8	1.94	1.70	14.1	1.48	1.36	8.8	0.63	1.74	-63.8	0.52	0.43	20.9
1.15	0.78	47.4	2.54	2.00	27.0	0.89	0.58	53.4	0.10	0.07	42.9	0.73	0.81	-9.9
24.26	18.92	28.2	18.31	14.32	27.9	20.73	16.55	25.3	9.16	14.64	-37.4	2.24	2.04	9.8
1.52	1.14	33.3	2.33	1.88	23.9	1.05	0.76	38.2	2.92	1.36	114.7	0.43	0.47	-8.5
1.79	1.26	42.1	5.03	4.18	20.3	1.45	0.96	51.0	2.70	7.07	-61.8	1.29	1.08	19.4

2013 年广东省民营经济主要经济指标统计表（分地区）

地区	企业个数（万个）	增加值合计（亿元）	出口创汇（亿美元）	税金总额（亿元）	从业人员期末数（万人）
全省	567. 18	32058. 76	2284. 74	7081. 87	3009. 71
广州市	—	6043. 3	—	—	—
深圳市	—	5620. 82	—	—	—
珠海市	—	535. 77	—	—	—
汕头市	—	1102. 69	—	—	—
佛山市	—	4283. 01	—	—	—
韶关市	—	1635. 24	—	—	—
河源市	—	522. 31	—	—	—
梅州市	—	391. 09	—	—	—
惠州市	—	474. 55	—	—	—
汕尾市	—	1018. 93	—	—	—
东莞市	—	480. 89	—	—	—
中山市	—	2592. 44	—	—	—
江门市	—	1311. 95	—	—	—
阳江市	—	1007. 93	—	—	—
湛江市	—	737. 05	—	—	—
茂名市	—	1284. 65	—	—	—
肇庆市	—	1392. 35	—	—	—
清远市	—	1106. 78	—	—	—
潮州市	—	619. 82	—	—	—
揭阳市	—	567. 72	—	—	—
云浮市	—	1248. 6	—	—	—
顺德区	—	410. 42	—	—	—

2013 年海南省中小型企业及个体经济增加值及构成

	增加值（亿元）		同比增长（%）	构成（%）	
	2013 年	2012 年		2013 年	2012 年
合计	1547. 42	1376. 34	11. 7	100	100
第二产业	755. 11	687. 63	10. 5	48. 8	49. 9
工业	434. 93	405. 11	7. 9	28. 1	29. 4
建筑业	320. 18	282. 52	14. 3	20. 7	20. 5
第三产业	792. 31	688. 71	12. 9	51. 2	50. 1
交通运输邮政仓储业	75. 46	72. 73	3. 9	4. 9	5. 3
物流业	25. 52	25. 12	1. 8	1. 6	1. 8
批发和零售业	264. 55	223. 74	16. 5	17. 1	16. 3
住宿和餐饮业	89. 79	81. 26	7. 7	5. 8	5. 9
房地产业	228. 11	186. 96	18. 5	14. 7	13. 6
其他服务业	134. 40	124. 02	6. 9	8. 7	9. 0

2013 年海南省中小微型企业税收情况

单位：亿元

	2013 年	2012 年	增长（%）
合计	589. 58	515. 80	14. 3
第二产业	245. 94	245. 84	0. 0
工业	166. 60	189. 23	-12. 0
建筑业	79. 35	56. 61	40. 2
第三产业	343. 64	269. 96	27. 3
交通运输邮政仓储业	13. 68	14. 82	-7. 7
批发和零售业	40. 88	35. 23	16. 1
住宿和餐饮业	15. 67	12. 66	23. 8
房地产业	201. 46	150. 38	34. 0
其他服务业	71. 96	56. 87	26. 5

2013 年重庆市非公有制经济主要指标

单位：个、人、万元

甲	产业单位数	从业人员年末数	增加值	总产值	营业收入	利润总额	上交税金	劳动者报酬	资本金	固定资产投资完成额
2013 年	1475428	9602325	77841320	258400862	257990004	13027642	12806204	35083242	96079871	64176940
其中：非公企业	360840	6514223	62974166	203464011	197630287	11196547	10629149	28868866	90910264	64176940
个体工商户	1114588	3087102	14867154	54936851	60359717	1831095	2177055	6214375	5169608	
2012 年	1314819	9101041	71364613	233982338	236486115	11402037	11353011	28805103	89644178	53034410
同比 ±%	12. 22	5. 50	12. 43	18. 01	17. 84	14. 26	12. 80	17. 57	10. 18	21. 01

2013 年全市非公经济增加值占全市 GDP 的比重为 61. 5%。
注：增加值的绝对值为现价，增速为可比价。

2013 重庆市民营经济主要经济指标

单位：个、人、万元

甲	产业单位数	从业人员年末数	增加值	总产值	营业收入	利润总额	上交税金	劳动者报酬	资本金	固定资产投资完成额
2013 年	1471325	8223610	62019345	205878474	205551127	10379652	9322105	28903522	72711029	49376527. 74
其中：企业数	356737	5136508	47152191	150941623	145191410	8548557	7301277	22689147	67541421	49376527. 74
个体工商户	1114588	3087102	14867154	54936851	60359717	1831095	2177055	6214375	5169608	—
2012 年	1309659	7801247	56229140	191617076	187488371	8012686	8439437	21501094	57825405	40416246
同比 ±%	12. 34	5. 41	14. 53	17. 86	17. 62	14. 21	10. 46	17. 49	19. 20	22. 17

2013 年全市民营经济增加值占全市 GDP 比重为 49. 0%。
注：增加值的绝对值为现价，增速为可比价。

2013 年中小企业增加值内部结构构成情况

单位：亿元

指标名称	2013 年度	占总计比重%
总计	4090.94	100.00
一、一产业	74.05	1.81
二、二产业	2946.68	72.03
其中：工业	2580.13	63.07
其中：农产品加工业	465.19	11.37
建材工业	282.85	6.91
机械制造业	1035.12	25.30
采掘业	272.43	6.65
建筑业	366.55	8.96
三、三产业	1070.22	26.16

2013 年重庆市中小微企业

甲	企业个数	从业人员年末数	增加值	总产值	营业收入	利润总额
总计	398412	5645217	45565419	151258272	151017771	7625898
二、按国民经济行业分组						
1．农、林、牧、渔业	37724	201138	824791	2692265	2687985	163820
2．采矿业	2718	428155	3607226	11974494	11955454	679835
其中：规模以上	771	231909	1782109	6087752	6127066	457098
3．制造业	57393	2502393	23724497	81131151	81002153	3891002
其中：规模以上	4625	1579520	19177189	66292370	67044607	3603900
4．电力、燃气及水的生产和供应业	2604	106992	1406088	4667629	4660207	195475
其中：规模以上	163	78036	1108419	4201107	4194744	181892
5．建筑业	19830	1292329	4082680	15632885	15608029	728291
6．交通运输仓储业	11893	184319	1021277	3390215	3384825	263871
7．批发零售业	133770	429383	3686843	12238789	12219329	931973
8．住宿及餐饮业	12860	128730	1142857	3793812	3787780	137683
其中：餐饮业	9590	70424	662954	2200386	2216345	94179
9．社会服务业	77891	98971	2681215	4490065	4482926	158833
10．其他业	41729	272808	3388064	11246966	11229083	475114

主要经济指标（分行业）

上交税金	劳动者报酬	资产总额	固定资产原价	固定资产净值	负债总额	资本金	出口产品交货值	固定资产投资完成额
7311034	19758260	136166896	61927560	44593500	81660161	72345027	10945377	38029240
44956	432695	1272908	968594	68974	49552	276695	788	661525
594337	1794428	5129423	3757946	239832	279655	661135	—	2713341
453204	1285200	3635973	2380937	160966	193021	449317	—	1765459
3713808	9040196	56430724	34256104	42722414	76195493	64724150	10096832	22345637
3034074	6146274	45608358	28683339	36723702	59645378	59180408	9410724	14942992
273849	453964	29855809	10255360	742909	1066844	1163259	—	2872775
243615	382462	25668962	9319104	673595	909145	928598	—	1869043
731075	4312184	9919730	4095490	257827	918620	1293224	—	2805058
171779	605920	2598919	1959126	124435	174701	326971	5699	810449
1081630	1482716	10790126	2571759	159036	909611	2305833	840475	1123157
98902	387248	1580076	1181800	78200	99414	241162	—	314498
59320	224067	902437	682192	45241	55662	109360	—	154161
111496	348083	4573064	1003408	63396	564366	243374	1584	723113
489202	900825	14016116	1877973	136477	1401905	1109224	—	3659686

2013 年重庆市中小微企业

甲	企业个数	从业人员年末数	增加值	总产值	营业收入	利润总额	上交税金
总计	398412	5645217	45565419	151258272	151017771	7625898	7311034
一、按登记注册类型分组							
1. 内资企业小计	397509	5608741	44648321	147583849	147574993	7519968	7213440
其中：（1）国有企业	2337	146011	2194210	5978920	5702382	345615	1208454
（2）集体企业	4747	81199	386531	1146888	1050974	60717	53805
（3）股份合作企业	624	9393	169271	297507	247310	11870	14185
（4）联营企业	1076	27227	175640	593554	704295	21847	29545
（5）有限责任公司	30831	840639	8165255	26287463	31363841	1173208	1184844
（6）股份有限公司	7721	270383	2772777	9317543	8201462	495428	416161
（7）私营企业	350173	4233888	30784638	103961973	100304729	5411283	4306446
2. 港、澳、台商投资企业	471	19372	357884	1318325	1268370	15526	10534
3. 外商投资企业	432	17104	559214	2356098	2174409	90405	87060

主要经济指标（按类型）

劳动者报酬	资产总额	固定资产原价	固定资产净值	负债总额	资本金	出口产品交货值	固定资产投资完成额
19758260	136166896	61927560	44593500	81660161	72345027	10945377	38029240
19587744	130458904	58575538	44336611	81232591	71886837	9302698	37183860
654192	32110404	7870761	569387	1280848	1034143	273438	4144200
270068	893627	403003	28185	59976	112604		198131
32204	327512	138812	10986	29055	34035		142390
76991	629339	240356	28709	83377	72712		120085
3362720	23280281	12895433	41193928	73645773	61459692	2000979	5725636
1070900	9276645	3700466	242055	996445	740302	984713	3083019
14120669	63941096	33326707	2263360	5137117	8433349	6043568	23770399
89412.	3538656	2255403	189845	226261	139601	1179482	617392
81104	2169336	1096619	67045	201309	318588	463197	227988

2013 年重庆市中小企业主要产品产量

序号	产品名称	代码	计量单位	合计
	甲		乙	
1	铁矿石	0810	吨	843805
2	锰矿石	0830	吨	1379542
3	铅锌矿石	0920	吨	940787
4	生铁铸造件	3202	吨	6953559
5	钢材（成品量）	3220	吨	7241323
6	废、旧有色金属冶练	4310	吨	345310
7	铁合金	3455	吨	226006
8	发电量	4401	万千瓦时	56261421
9	原煤	0601	吨	40273072
10	石膏矿石	1030	吨	3117286
11	天青石	1055	吨	3546742
12	硫铁矿：生产量	1040	吨	69806
13	硫酸	2625	吨	218803
14	硫化碱	2615	吨	102319
15	洗涤剂	2640	吨	42596
16	农用氮、磷、钾化学肥料总计	2601	吨	1620605
17	其中：磷肥（标准量）	2602	吨	81269
18	碳酸锶	1070	吨	78141
19	胱氨酸	2710	吨	516
20	电石	2650	吨	1200
21	油漆	2655	吨	59598
22	橡胶制品总计	2910	吨	3313978
23	塑料制品总计	3010	吨	12265827
24	自行车	3740	辆	347187
25	摩托车	3721	辆	2255023
26	标准（紧固）件	3512	吨	758576
27	汽车配件	3702	万元	19696973
28	组装汽车	3701	辆	123632
29	其中：农用运输车	3755	辆	2973
30	铸铁锅	3212	万口	231
31	摩托车零配件	3723	万元	37239278
32	摩托车发动机	3724	台	886189
33	电子元件	3519	万元	26579815
34	农用水泵	3505	台	312904
35	喷雾器	3516	部	21126
36	脱粒机	3515	台	268429

续表

序号	产品名称	代码	计量单位	合计
	甲		乙	
37	小五金	3435	吨	62589
38	中小农具	3503	万件	64485
39	水泥	3101	吨	42021726
40	水泥制品	3111	万立方米	3978787
41	砖	3120	万块	106632321
42	瓦	3140	万片	81179
43	石灰	3145	吨	2208104
44	大理石（荒料）	1050	立方米	1332722
45	大理石板材	3155	平方米	1352033
46	花岗石板材	3162	平方米	17856
47	水磨石板材	3156	平方米	13234606
48	建筑用石膏板	3151	平方米	4674675
49	釉面砖	3165	平方米	697560
50	墙地砖	3170	平方米	9991331
51	耐火材料	3175	吨	2656242
52	卫生陶瓷	3196	万件	35093
53	日用陶瓷	3198	万件	1355982
54	平板玻璃	3183	重量箱	12519391
55	日用玻璃制品	3182	吨	1538077
56	人造板	2012	立方米	7155846
57	家具	2021	件	6111969
58	布	1740	万米	597994
59	其中：棉布	1742	万米	36116
60	棉纱	1731	吨	83907
61	印染布	1745	万米	4202
62	针棉织品（折用纱量）	1775	吨	15424
63	夏布	1755	万米	2376
64	生丝	1712	吨	7154
65	丝织品	1715	万米	2424
66	麻袋	1760	万条	9046
67	皮革（折合牛）总计	1910	万张	222
68	在总计中：牛皮（自然张）	1930	万张	0
69	猪皮（自然张）	1940	万张	113
70	皮鞋	1985	万双	92799
71	布鞋	1850	万双	3891
72	服装	1810	万件	2129611
73	机制纸及纸板	2040	吨	2892045

续表

序号	产品名称	代码	计量单位	合计
	甲		乙	
74	其中：机制纸	20401	吨	738341
75	机制纸板	20402	吨	2151604
76	书刊印刷品	2055	万令	15123328
77	工艺美术品总计	4211	万元	716199
78	竹藤棕草柳葵制品	2016	万元	102527
79	烟花爆竹	4251	箱	11827908
80	原盐	1011	吨	3263729
81	糖	1325	吨	37887
82	饮料酒（混合量）总计	1501	吨	1019910
83	在总计中：白酒	15011	吨	684606
84	啤酒	15013	吨	324145
85	非酒精饮料	1531	吨	52853996656
86	食用植物油	1305	吨	642621
87	非食用植物油	1306	吨	38463
88	粮食加工量	1301	吨	4095937
89	其中：大米	13011	吨	1557928
90	面粉	13012	吨	324966
91	淀粉	1304	吨	234296
92	肉制品	1340	吨	6941991
93	罐头	1375	吨	376792
94	其中：肉制罐头	13753	吨	36090
95	水果罐头	13751	吨	123034
96	蔬菜罐头	13752	吨	217668
97	配混（合）饲料	1387	吨	1913445
98	榨菜	1397	吨	3196300
99	茶叶	1550	吨	107620
100	肠衣	1970	万桶	6334
101	猪鬃	1960	吨	12651
102	乳制品	1360	吨	328852
103	中成药	2730	万元	335171
104	兽药	2750	万元	172688
105	建筑企业房屋施工面积	4701	万平方米	1318883
106	建筑企业房屋竣工面积	4721	万平方米	634620

2013 年重庆市中小企业固定资产投资情况

项目	代码	本年施工项目个数（个）	本年新开工项目个数（个）	本年投产项目个数（个）	本年完成投资额		本年固定资产投资资金来源（万元）						本年新增固定资产
					合计	其中：设备购置	1. 国家及有关部门扶持资金	2. 金融机构贷款	4. 引进资金		5. 自有资金	7. 其他资金	
									小计	其中：引进外资			
甲	乙	1	2	3	4	5	6	7	8	9	10	11	12
总计	01	24241	6959	17309	38029240	2950972	228082	1643003	837659	13454	8236186	2197824	7720360
其中：工业	03	22394	4853	16907	16479550	3603632	456850	1717867	748129	66498	9958363	2491614	9800325
在总计中：		34248	12006	27138	25861275	4122031	630676	2545535	1427795	90861	15666304	3807100	13658920
新建	1	10007	5047	9829	12255304	1171059	402595	902532	590136	77407	7430118	1609276	5938559
扩建	2	15574	4017	12099	6626923	1324817	145782	928532	352833	4881	4144601	826712	3767447
改建	3	3178	1518	2082	3092861	970854	58094	391581	115240	5873	2004243	419328	2024786
其他	4	5489	1424	3128	3886188	655301	24206	322890	369586	2700	2087342	951785	1928127

2013 年西藏自治区全部工业总产值情况表

指标	单位	2013 年	2013 年比 2012 年增长（±%）
工业总产值	万元	1258348	15.7
按轻重工业分			
轻工业	万元	481087	12.0
重工业	万元	777260	18.1
按经济类型分			
国有企业	万元	397547	7.6
集体企业	万元	32316	6.5
股份合作企业	万元	6082	-11.0
股份制企业	万元	552584	23.8
外商及港澳台企业	万元	73207	3.6
其他经济类型企业	万元	196611	18.3
按企业规模分			
大中型企业	万元	484864	6.9
小型企业	万元	601375	14.5
微型企业	万元	104795	1.1
个体户	万元	67313	9.6
主要产品产量			
发电量	万千瓦时	291400	11.2
水泥	万吨	296	3.2
中成药	吨	2102	26.9
啤酒	万吨	17.29	-1.4
铬矿石	万吨	13.29	7.6

2013 年西藏自治区七地市主要经济指标

地区	地区生产总值（亿元）	增长速度（%）	固定资产投资额（亿元）	增长速度（%）	社会消费品零售总额（亿元）	增长速度（%）
拉萨市	304.87	12.4	376.16	32.0	144.11	15.7
日喀则地区	128.57	11.4	106.83	14.4	53.25	15.2
山南地区	86.61	12.4	107.30	23.7	29.17	14.4
昌都地区	104.50	12.3	123.17	39.5	25.63	15.5
那曲地区	72.88	11.1	73.58	29.3	13.63	14.1
阿里地区	28.90	11.4	31.41	29.0	6.75	12.3
林芝地区	81.83	12.3	100.03	32.9	20.68	13.6

2013 年陕西省各市（区）中小企业主要经济指标（分地区）

地区	营业收入（亿元）	营业收入增速（%）	企业个数（个）	从业人员（万人）	增加值占 GDP 比重（%）
西安市	10750.05	24.52	402731	248.97	55.32
铜川市	497.41	31.51	34416	16.94	59.24
宝鸡市	2806.81	27.02	184049	105.50	51.73
咸阳市	2729.56	24.79	158185	94.47	51.70
渭南市	2008.92	22.95	182680	95.08	54.00
汉中市	1149.03	25.31	164512	69.11	52.87
安康市	1149.33	38.48	106027	39.77	59.92
商洛市	714.36	32.88	115075	52.63	58.18
延安市	981.84	18.21	78690	32.69	20.80
榆林市	2668.49	0.74	146047	61.82	51.90
杨凌区	139.06	23.81	7964	3.95	56.38
韩城市	447.33	23.08	13898	8.93	53.33

2013 年陕西中小工业营业收入行业分布

工业行业	营业收入（亿元）	工业行业	营业收入（亿元）
煤炭开采和洗选业	1535.0	造纸及纸制品业	106.1
非金属矿物制品业	986.1	其他矿采选业	104.4
金属制品业	951.7	淀粉及淀粉制品的制造	94.6
通用设备制造业	615.1	黑色金属矿采选业	90.5
计算机通信设备其他电子设备	579.9	蔬菜、水果及坚果加工	89.5
化学原料及化学制品制造业	552.3	燃气生产和供应业	81.6
专用设备制造业	498.8	印刷业和记录媒介的复制业	81.1
软饮料制造	484.8	方便食品制造	77.9
有色金属冶炼及压延加工业	412.0	精制茶加工	64.5
非金属矿采选业	401.2	金属制品、机械和设备修理业	58.9
有色金属矿采选业	399.6	废弃资源综合利用业	47.9
谷物磨制	380.0	烟草制品业	47.5
汽车制造业	338.6	仪器仪表制造业	42.3
石油加工、炼焦及核燃料加工业	329.7	肉制品及副产品加工	42.0
铁路、船舶、航空航天和其他交通设备	298.3	橡胶制品业	31.9
黑色金属冶炼及压延加工业	294.0	皮革、毛皮、羽毛及制品和制鞋业	30.2
医药制造业	285.7	糕点巧克力及蜜饯制造	28.2
电力、热力的生产和供应业	278.3	酒的制造	26.6
植物油加工业	201.6	水的生产和供应业	26.5
饲料加工	200.5	化学纤维制造业	21.3
电气机械及器材制造业	160.6	豆制品制造	20.8
乳制品制造业	154.0	调味品、发酵制品制造	19.5
家具制造业	152.9	制鞋业	15.8
纺织业	145.5	文教、工美、体育和娱乐用品	12.9
木料加工及竹、藤、棕、草制品业	136.4	制糖	6.0
焙烤食品加工	114.8	罐头制造	4.9
禽畜屠宰	110.1	蛋品加工	3.8
塑料制品业	108.3	水产品加工业	3.7
纺织服装、服饰业	107.0		

2013年甘肃省中小企业主要经济指标统计表（分地区）

地区	企业单位数（个）		营业收入（亿元）	税金总额（亿元）	从业人员期末数（万人）
	中型	小型及微型			
合计	503	1770	2186.56	64.90	29.78
兰州市	108	367	528.21	17.35	8.37
嘉峪关市	17	37	119.97	3.56	1.17
酒泉市	84	246	326.96	6.23	2.84
张掖市	53	167	171.30	5.27	2.19
武威市	56	156	224.06	2.23	2.32
金昌市	24	60	66.09	0.91	0.67
白银市	52	160	157.81	3.99	1.89
定西市	20	90	102.58	1.75	1.07
平凉市	20	114	135.62	6.54	2.39
庆阳市	4	89	82.43	3.35	1.34
天水市	30	134	117.05	4.27	3.05
陇南市	18	81	68.22	5.35	1.23
甘南州	7	24	28.98	1.58	0.38
临夏州	10	45	57.28	2.53	0.85

2013年甘肃省中小企业主要经济指标统计表（分行业）

行业代码	行业名称	企业单位数（个）	营业收入（亿元）	税金总额（亿元）	从业人员期末数（万人）
0000	总计	1770	2186.56	81.76	29.77
0100	农业	—	—	—	—
0200	林业	—	—	—	—
0300	畜牧业	—	—	—	—
0400	渔业	—	—	—	—
0500	农、林、牧、渔服务业	—	—	—	—
0600	煤炭开采和洗选业	80	54.99	8.18	1.92
0700	石油和天然气开采业	2	8.54	3.87	0.02
0800	黑色金属矿采选业	38	56.31	0.23	0.43
0900	有色金属矿采选业	50	59.14	1.84	1.31
1000	非金属矿采选业	26	31.74	6.49	0.35
1100	其他采矿业	0	0	0	0
1300	农副食品加工业	252	280.64	11.22	2.25
1400	食品制造业	52	47.52	1.61	0.88
1500	饮料制造业	68	106.69	3.86	1.45
1600	烟草制品业	1	0.91	-0.018	0.04

续表

行业代码	行业名称	企业单位数（个）	营业收入（亿元）	税金总额（亿元）	从业人员期末数（万人）
1700	纺织业	23	20.19	0.42	0.61
1800	纺织服装、鞋、帽制造业	8	6.88	0.18	0.17
1900	皮革、毛皮、羽毛（绒）及其制品业	10	19.82	1.52	0.18
2000	木材加工及木、竹、藤、棕、草制品业	2	0.042	-0.004	0.01
2100	家具制造业	3	0.65	0.02	0.03
2200	造纸及纸制品业	23	17.63	0.69	0.43
2300	印刷业和记录媒介的复制	7	5.41	0.13	0.34
2400	文教体育用品制造业	6	2.71	0.67	0.06
2500	石油加工、炼焦及核燃料加工业	14	46.25	1.43	0.13
2600	化学原料及化学制品制造业	121	174.02	-3.1	2.49
2700	医药制造业	66	73.98	10.16	0.92
2800	化学纤维制造业	2	41.05	0.71	0.03
2900	橡胶制品业	38	20.03	6.71	0.81
3000	塑料制品业	60	10	1.52	2.95
3100	非金属矿物制品业	254	247.18	1.14	1.26
3200	黑色金属冶炼及压延加工业	97	108.41	0.61	0.87
3300	有色金属冶炼及压延加工业	54	167.91	0.84	0.47
3400	金属制品业	59	48.96	1.03	0.91
3500	通用设备制造业	32	34.51	1.03	0.98
3600	专用设备制造业	47	45.01	0.06	0.98
3700	交通运输设备制造业	6	8.56	3.11	0.33
3900	电气机械及器材制造业	51	125.93	0.08	0.09
4000	通信设备、计算机及其他电子设备制造业	9	11.33	0.09	0.05
4100	仪器仪表及文化、办公用机械制造业	8	4.38	0.12	0.06
4200	工艺品及其他制造业	2	7.7	0.13	0.27
4300	废弃资源和废旧材料回收加工业	7	3.43	13.69	2.53
4400	电力、热力的生产和供应业	171	273.75	0.07	0.03
4500	燃气生产和供应业	8	6.67	0.47	0.41
4600	水的生产和供应业	11	7.58	0.63	0.68
	其他行业 *	2	0.35	40	—

* 注：1. 其他行业指上述行业以外的所有其他行业

2. 如统计口径不同，请说明。

填表说明：根据我省统计部门提供的规模以上1382户中小企业数据，将企业数量、主营业务收入、税金总额、从业人数等数据填报。

2013 年大连市民营经济主要经济指标县（区、市）一览表

甲	企业个数	从业人员年末数	增加值	总产值	出口交货值	营业收入	利润总额	上交税金	劳动者报酬	固定资产投资
	1	2	3	4	5	6	7	8	9	10
全市总计	283541	2512802	52501889	164469928	10333460	150824480	10194276	5116870	8249463	38049890
中山区	13100	213860	2620000	3200000	382905	4880000	480000	595000	620000	1652000
长海县	9452	36878	645226	1552272	44302	1545056	278098	22295	210121	647636
大连高新园区	1899	66967	1842098	4398689	56570	5403216	294384	281297	193416	2431500
大连保税区	2850	17240	907260	2265250	5760	2265250	144300	137280	27530	74280
长兴岛	1473	14663	249627	880263	5600	782392	82389	94827	35950	583887
花园口	2147	16015	425114	1660203	9282	1575414	37806	15411	37581	635965
西岗区	24293	115325	1452368	3852658	24236	3852658	152892	211236	158889	771234
沙河口区	20825	148282	2020951	7619413	189349	7280449	973300	223545	594069	1832553
甘井子区	27923	432319	8946633	31627251	1651056	26687234	2903930	1442319	2418866	8144301
旅顺口区	17531	118164	2323174	8634096	831193	7077972	396610	322037	382651	3250376
金州新区	42989	364408	7961161	24798517	2137356	24067514	1502777	604664	1151887	5768602
普兰店市	38444	355025	7402031	23820104	1719993	21002810	1100221	609715	1009614	4004515
瓦房店市	41206	297718	8005126	26060752	775060	22800219	657207	282164	688024	4050080
庄河市	39409	315938	7701120	24100460	2500798	21604296	1190362	275080	720865	4202961

2013 年大连市民营经济主要经济指标表

甲	企业个数	从业人员年末数	增加值	总产值	营业收入	利润总额	上交税金	劳动者报酬
	1	2	3	4	5	6	7	8
总计	283541	2512802	52501889	164469928	150824480	10194276	5116870	8249463
一、按登记注册类型分组								
1. 内资企业小计	281839	2391396	48639656	152793254	139202189	9578888	4685713	7839296
其中：（1）集体企业	968	52985	737998	2318202	3205822	123841	80775	212554
（2）股份合作企业	1925	26758	452541	641294	1273462	104119	103362	31610
（3）联营企业	68	735	66683	228950	208056	7930	1434	2971
（4）有限责任公司	17313	280506	8698807	28217405	27987601	1962078	1335475	1150418
（5）股份有限公司	12946	227824	3510422	7282870	8353255	688638	570678	845064
（6）私营企业	43924	1005666	22975204	75149467	64440949	4226422	1861693	3324874
（7）个体工商户	204695	796922	12198001	38955066	33733044	2465860	732296	2271805
2. 港、澳、台商投资企业	516	14495	1027601	2795386	3017046	141609	135022	77502
3. 外商投资企业	1186	106911	2834632	8881288	8605245	473779	296135	332665
二、按国民经济行业分组								
1. 工业	53777	1086983	30259022	99480091	86878820	4688051	2327293	3571843
其中：采矿业	402	10996	304017	992636	940922	50126	22159	35943
制造业	53179	1064156	29748432	97731850	85176643	4604163	2289190	3499883
电力、燃气及水的生产和佚应业	196	11831	206573	755605	761255	33762	15944	36017
2. 建筑业	7313	269660	5066589	16257656	13942533	1310837	636791	886329
其中：资质等级企业	666	83253	1584479	5172794	4539743	385600	192729	282897
3. 交通运输仓储业	35899	112316	2211629	7653940	7060968	454934	238191	363678
4. 批发零售业	104436	509981	5910051	17641698	17945383	1620562	902552	1653071
5. 住宿及餐饮业	29994	184260	2111123	5700710	6850936	608382	283577	604617
其中：餐饮业	9870	63341	782217	2452044	2705105	208756	73781	162433
6. 居民服务、修理和其他服务业	26311	186542	3373068	8043137	9165260	706617	446051	498198
7. 其他	25811	163060	3570407	9692696	8980580	804893	282415	671727

2013年宁波市规模以下中小企业主要经济指标

指标	单位	总计
总计		
企业（单位）数	个	118367
期末从业人员	人	1558893
工业总产值	万元	36486163
资产总计	万元	29470620
企业主要经济指标		
企业数	个	40839
期末从业人员	人	914429
工业总产值	万元	21480174
主营业务收入	万元	21267499
出口产品销售收入	万元	3837221
主营业务成本	万元	17075825
税金总额	万元	1110259
所得税	万元	182674
营业利润	万元	1011660
应付职工薪酬	万元	2924701
本年折旧	万元	766184
资产总计	万元	23212862
负债合计	万元	12627064
固定资产原值	万元	8625121
固定资产净值	万元	5565589
应收账款	万元	4495855
利息支出	万元	341444
银行借款利息	万元	320149
民间借款利息	万元	21296
期末剩余订单额	万元	1006100
生产能力（设备）利用率	%	80.13
个体工业主要经济指标		
单位数	个	77528
期末从业人员	人	644464
营业收入	万元	14857415
生产支出	万元	11003610
应付职工薪酬	万元	2023906
资产总计	万元	6654538

2013 年宁波市各县（市）、区规模以上中小企业总产值（现行价格）

指标	全市	市区	余姚	慈溪	奉化	象山	宁海
工业总产值	130100892	85985775	12376426	17448888	3692926	4823726	5773151
按轻重工业分							
轻工业	36404426	19408094	4382482	7456007	1337531	1623997	2196316
重工业	93696465	66577681	7993944	9992881	2355395	3199729	3576835
按注册登记类型分							
国有企业	6304640	4818753	443388	581238	157861	149434	153967
集体企业	76561	43788	22219	4052	—	—	6503
股份合作企业	91655	59588	2631	7348	—	22089	—
有限责任公司	17136831	12133667	1138554	1148320	191547	999043	1525701
股份有限公司	19191004	16625310	1179810	617090		464510	304283
私营企业	37126092	14613462	5399626	10147160	1936428	2090918	2938498
港澳台商投资企业	29547796	22524844	2575701	2591024	959266	439907	457053
外商投资企业	20604783	15147304	1614497	2352657	447823	657826	384676
在总计中：亏损企业	12879241	8485270	1344817	1795766	484480	279105	489804
在总计中：国有及国有控股	32757503	28996612	731177	596025	182348	829866	1421476
按规模分							
大型企业	42694441	34145426	1521898	3909553	729904	529628	1858033
中型企业	39503925	24052351	4512093	6263191	1066344	1996953	1612993
小型企业	46430882	26688347	6285469	7025545	1871060	2274472	2285989
按工业行业分							
非金属矿采选业	16159	16159	—	—	—	—	—
农副食品加工业	1585472	690889	319002	170417	75638	313176	16350
食品制造业	940694	227998	522611	19565	38561	69425	62533
酒、饮料和精制茶制造业	318242	178196	60918	—	42554	13424	23151
烟草制品业	1271879	1271879	—	—	—	—	—
纺织业	3595186	2353384	386612	549266	64122	153012	88789
纺织服装、服饰业	6283818	4742986	40481	119365	476764	811551	92672
皮革、毛皮、羽毛及其制品和制鞋业	129981	71820	12334	19152	16454	—	10221
木材加工及木、竹、藤、棕、草制品业	122502	77288	22744	1191	21279	—	—
家具制造业	854288	510835	240759	51706	17226	16879	16883
造纸及纸制品业	1564516	1077411	96720	226814	45925	19519	98126
印刷和记录媒介复制业	805730	626636	83791	54047	20587	18231	2437
文教、工美、体育和娱乐用品制造业	2871440	1417797	143465	440126	51103	16730	802219
石油加工、炼焦和核燃料加工业	16121204	16105080	—	—	9415	6709	—
化学原料和化学制品制造业	14312832	12626667	499643	956091	87651	51313	91468
医药制造业	547527	395082	18040	52945	49210	12897	19355

续表

指标	全市	市区	余姚	慈溪	奉化	象山	宁海
化学纤维制造业	1615917	289505	173084	1096595	9793	44934	2007
橡胶和塑料制品业	3600196	1663769	768150	586053	166266	85396	330563
非金属矿物制品业	2154774	1187677	399246	187104	48740	178677	153331
黑色金属冶炼和压延加工业	5403571	3938895	587657	418671	269913	141162	47273
有色金属冶炼和压延加工业	5760873	3212282	931061	1216331	175931	17469	207799
金属制品业	3669225	2190324	504066	560387	176685	35761	202002
通用设备制造业	7174537	3929410	683476	1265103	500039	394461	402049
专用设备制造业	3944789	2591983	658830	231805	34156	198880	229136
汽车制造业	7507808	4009020	277645	1873912	128482	720764	497985
铁路、船舶、航空航天和其他运输设备制造业	1547134	507752	41609	363494	394434	219165	20680
电气机械和器材制造业	15384629	5560653	2868140	5202482	308825	543413	901116
计算机、通信和其他电子设备制造业	8086193	6381519	835532	524299	226942	19571	98331
仪器仪表制造业	1727600	784042	493077	381722	29128	—	39632
其他制造业	480132	161731	56243	208003	33946	—	20210
废弃资源综合利用业	760996	743542	—	13269	—	4186	—
金属制品、机械和设备修理业	59709	12338	—	—	3841	35544	7986
电力、热力的生产和供应业	8973106	5667063	614248	595354	162985	670164	1263291
燃气生产和供应业	661059	623725	7893	26032	—	—	3409
水的生产和供应业	247176	140437	29352	37588	6333	11319	22148

2013 年宁波市各县（市）、区规模以上中小企业销售产值

指标	全市	市区	余姚	慈溪	奉化	象山	宁海
工业销售产值	125914244	83891848	11915634	16342671	3706948	4560992	5496152
按轻重工业分							
轻工业	35404606	19167244	4251576	7109093	1285319	1530966	2060408
重工业	90509638	64724603	7664058	9233578	2421629	3030026	3435743
按注册登记类型分							
国有企业	6292237	4806350	443388	581238	157861	149434	153967
集体企业	73095	41562	21278	4052	—	—	6203
股份合作企业	88018	55918	2416	7214	—	22470	—
有限责任公司	16867818	11987273	1100982	1089621	184586	988791	1516564
股份有限公司	18057626	15624741	1146314	592581	—	412007	281983
私营企业	35742934	14306386	5156591	9700918	1852080	1962657	2764301
港澳台商投资企业	28934977	22073263	2502852	2457023	1078133	412099	411606
外商投资企业	19836017	14977295	1541813	1910024	434288	613534	359063
在总计中：亏损企业	12605094	8385142	1298449	1727454	471186	271181	451682
在总计中：国有及国有控股	31813141	28066493	731177	594913	182100	815677	1422781
按规模分							
大型企业	41044813	32932538	1511343	3433981	846338	476819	1843795
中型企业	38237444	23558404	4277207	6006336	1028477	1870566	1496455
小型企业	45162152	26301070	6071029	6653158	1806933	2190306	2139657
按工业行业分							
非金属矿采选业	15612	15612	—	—	—	—	—
农副食品加工业	1539821	694085	307672	157744	72201	291920	16199
食品制造业	884913	225621	501583	19343	35002	55261	48104
酒、饮料和精制茶制造业	318645	179292	60381	—	42287	13289	23396
烟草制品业	1259476	1259476	—	—	—	—	—
纺织业	3467500	2252930	405733	516795	62298	144211	85533
纺织服装、服饰业	6176371	4708714	39683	110752	460340	770681	86201
皮革、毛皮、羽毛及其制品和制鞋业	128158	70985	12121	18820	16309	—	9923
木材加工及木、竹、藤、棕、草制品业	118128	74518	21691	1381	20538	—	—
家具制造业	830131	506067	225305	49877	16631	15800	16450
造纸及纸制品业	1533401	1077794	94815	215390	45645	18897	80860
印刷和记录媒介复制业	780876	605866	81897	51564	21018	18094	2437
文教、工美、体育和娱乐用品制造业	2832719	1421050	139669	423436	47691	15724	785149
石油加工、炼焦和核燃料加工业	15220474	15203779	—	—	9277	7418	—
化学原料和化学制品制造业	14158341	12529442	477891	932493	85836	50961	81719
医药制造业	515719	380374	17214	43615	46080	11818	16618

续表

指标	全市	市区	余姚	慈溪	奉化	象山	宁海
化学纤维制造业	1532415	290363	168608	1017652	9766	43983	2044
橡胶和塑料制品业	3513659	1673899	745319	535801	158151	84496	315993
非金属矿物制品业	2139008	1182731	393797	184959	48113	174843	154565
黑色金属冶炼和压延加工业	5258835	3839674	576241	406657	254742	136227	45295
有色金属冶炼和压延加工业	5587376	3159436	855799	1178486	177612	16795	199248
金属制品业	3551777	2160250	481593	529711	171831	32266	176126
通用设备制造业	6892444	3797475	651088	1196187	481150	383774	382771
专用设备制造业	3754773	2475939	625653	222992	30912	191529	207748
汽车制造业	6833913	3824398	267170	1463433	123535	674509	480867
铁路、船舶、航空航天和其他运输设备制造业	1616270	498182	40648	367668	519504	169944	20325
电气机械和器材制造业	14858160	5498859	2750076	4995351	296985	499096	817792
计算机、通信和其他电子设备制造业	7798574	6187723	796297	484635	220020	19571	90329
仪器仪表制造业	1642759	756985	473393	349054	27977	—	35350
其他制造业	465504	161132	54244	198992	32755	—	18380
废弃资源综合利用业	753153	736810	—	12758	—	3585	—
金属制品、机械和设备修理业	59247	12292	—	—	3425	35544	7986
电力、热力的生产和供应业	8969456	5665936	612808	594996	162985	669439	1263291
燃气生产和供应业	659566	623725	7893	24539	—	—	3409
水的生产和供应业	247072	140437	29352	37588	6333	11319	22044

2013年宁波市规模以上中小企业主要经济指标

指标	企业个数（个）	亏损企业	工业总产值（现价）	工业销售产值	出口交货值	资产合计	流动资产小计	固定资产小计	固定资产原价
总计	7167	1230	130100892	125914244	28075640	114401358	68701412	32200934	50922498
按轻重工业分									
轻工业	2939	574	36404426	35404606	13515032	38763362	25021915	8252174	13024586
重工业	4228	656	93696465	90509638	14560608	75637996	43679497	23948760	37897912
按注册登记类型分									
国有企业	17		6304640	6292237	28044	3286107	1201940	1626161	3162751
集体企业	15	1	76561	73095	1101	94559	66171	24757	37079
股份合作企业	21	2	91655	88018	19077	82799	63790	16278	34691
有限责任公司	590	90	17136831	16867818	1745681	19482322	9216072	8031821	12808628
股份有限公司	123	18	19191004	18057626	814929	11328753	6010768	3675004	5305142
私营企业	4401	643	37126092	35742934	9217226	34293491	23105735	7135475	10488669
港澳台商投资企业	1066	246	29547796	28934977	7539053	28608880	18367071	6570652	10532803
外商投资企业	930	230	20604783	19836017	8710528	17207224	10657748	5116745	8545202
在总计中：亏损企业	1230	1230	12879241	12605094	3208880	15503687	9367056	4553398	6670542
在总计中：国有及国有控股	100	13	32757503	31813141	299422	19106800	6883187	10748508	18234187
按规模分									
大型企业	109	7	42694441	41044813	8485705	31269095	16788943	10484670	16881945
中型企业	998	127	39503925	38237444	9299561	35750536	21692714	9305618	14530502
小型企业	5893	1044	46430882	45162152	10174742	45769403	29338413	11933370	18537030
按工业行业分									
非金属矿采选业	3		16159	15612	—	52195	39707	5999	8165
农副食品加工业	84	11	1585472	1539821	450868	1576722	977323	343428	509033
食品制造业	48	11	940694	884913	337024	827265	478081	227355	288319
酒、饮料和精制茶制造业	22	4	318242	318645	103060	402734	231547	128206	227714
烟草制品业	1		1271879	1259476	27246	1207357	847398	167511	327685
纺织业	295	60	3595186	3467500	778638	4177617	2830156	903012	1623776

续表

指标	企业个数（个）	亏损企业	工业总产值（现价）	工业销售产值	出口交货值	资产合计	流动资产小计	固定资产小计	固定资产原价
纺织服装、服饰业	572	128	6283818	6176371	2961362	6168301	4182806	997803	1569475
皮革、毛皮、羽毛及其制品和制鞋业	30	4	129981	128158	65512	140698	98791	27567	41888
木材加工及木、竹、藤、棕、草制品业	26	6	122502	118128	70110	111149	78649	25165	47477
家具制造业	99	29	854288	830131	407549	928640	680325	183092	249657
造纸及纸制品业	83	23	1564516	1533401	353048	3226423	1656637	776976	1490723
印刷和记录媒介复制业	90	14	805730	780876	228842	983036	598658	222804	390570
文教、工美、体育和娱乐用品制造业	252	53	2871440	2832719	1331198	2518616	1642356	546364	812673
石油加工、炼焦和核燃料加工业	12	1	16121204	15220474	16095	4566428	2126732	2325621	3517623
化学原料和化学制品制造业	234	42	14312832	14158341	836148	12289201	6306908	4769955	6463254
医药制造业	36	7	547527	515719	88499	601392	347665	163960	221207
化学纤维制造业	72	22	1615917	1532415	160658	1672667	1189407	364400	596276
橡胶和塑料制品业	460	83	3600196	3513659	1179989	3460202	2204485	832018	1286264
非金属矿物制品业	183	21	2154774	2139008	79798	2282083	1587298	486446	833369
黑色金属冶炼和压延加工业	223	37	5403571	5258835	290014	4762142	2407392	1959352	3175579
有色金属冶炼和压延加工业	197	46	5760873	5587376	272257	3265594	2258666	607388	889980
金属制品业	502	88	3669225	3551777	1591421	3479911	2373479	750875	1143932
通用设备制造业	856	122	7174537	6892444	2142193	7475205	4951274	1725251	2735193
专用设备制造业	389	57	3944789	3754773	1044195	4654797	3189858	966009	1489630
汽车制造业	436	44	7507808	6833913	1027081	7803575	5006451	1490469	2078680
铁路、船舶、航空航天和其他运输设备制造业	98	22	1547134	1616270	928818	2061062	1341689	523096	755619
电气机械和器材制造业	1159	154	15384629	14858160	5770939	14861818	10007869	2906705	4020667
计算机、通信和其他电子设备制造业	352	60	8086193	7798574	4885088	6595294	4548399	1235335	2428273
仪器仪表制造业	158	19	1727600	1642759	412859	2468940	1625030	395199	561793
其他制造业	64	11	480132	465504	234336	483063	338241	98869	162052
废弃资源综合利用业	58	42	760996	753153		359970	330700	14332	24416
金属制品、机械和设备修理业	6	1	59709	59247	799	116868	68812	45857	61085
电力、热力的生产和供应业	40	—	8973106	8969456	—	6581429	1198209	4969805	9480700
燃气生产和供应业	7	2	661059	659566	—	629416	345952	190294	194379
水的生产和供应业	20	6	247176	247072	—	1609549	604464	824420	1215372

2013年宁波市各县（市）、区规模以上中小企业主要财务指标

指标	全市	市区	余姚	慈溪	奉化	象山	宁海
企业单位数（个）	7167	3379	1184	1268	437	430	469
亏损企业	1230	654	164	163	82	76	91
工业总产值（现价）	130100892	85985775	12376426	17448888	3692926	4823726	5773151
工业销售产值	125914244	83891848	11915634	16342671	3706948	4560992	5496152
出口交货值	28075640	16242036	3412433	4461648	1485251	1124648	1349625
资产合计	114401358	69396406	11956878	16707810	3815300	6124571	6400393
流动资产小计	68701412	40082195	8198005	10981768	2479009	3476454	3483982
固定资产小计	32200934	20836797	2695659	3504954	1024418	1886380	2252727
本年折旧	3104457	2017077	268100	396708	101395	145160	176016
负债合计	70363253	39553445	8476867	11491910	2744423	3960498	4136108
流动负债小计	63898286	35568194	7910045	10769159	2687966	3288663	3674260
所有者权益合计	43967216	29765545	3474042	5191126	1070666	2212780	2253058
实收资本	23485487	16838763	1680593	2311146	587427	1046138	1021421
主营业务收入	125942442	84440119	11895625	16046908	3510517	4609019	5440254
主营业务成本	107850090	72826529	10170916	13711989	2984765	3857460	4298432
主营业务税金及附加	2745051	2550973	48330	62436	25493	22326	35493
销售费用	2452781	1446852	267620	406898	78721	110690	142000
管理费用	5661627	3233862	688854	911493	261782	227597	338038
税金	226314	126023	31589	40380	8039	8581	11702
财务费用	1631842	695361	258286	312722	86024	126401	153049
利息支出	1867026	892754	265628	337828	81334	125505	163978
营业利润	6643090	4567118	505149	685061	90070	294288	501404
利润总额	7016804	4842992	517936	740702	98403	305552	511219
应交所得税	1300072	912957	87775	107981	21269	60337	109754
亏损企业亏损总额	633989	444411	48305	78921	21567	16447	24337
利税总额	13159389	9603986	847625	1241305	212394	486643	767436
本年应付职工薪酬	7138651	3985198	821520	1219863	368764	328367	414939
本年应交增值税	3376861	2191453	280827	437471	88143	158627	220342
本年进项税额	15404180	10127536	1393958	2199457	394671	687739	600820
本年销项税额	16144648	11104864	1291209	2105754	363666	623815	655339
全部从业人员年平均人数（人）	1475040	750205	201802	272419	86354	70726	93534

2013年宁波市各县（市）、区国有控股中小企业主要财务指标

指标	全市	市区	余姚	慈溪	奉化	象山	宁海
企业单位数（个）	100	67	9	4	5	7	8
亏损企业	13	7	2	—	1	2	1
工业总产值（现价）	32757503	28996612	731177	596025	182348	829866	1421476
工业销售产值	31813141	28066493	731177	594913	182100	815677	1422781
出口交货值	299422	267690	—	—	2795	28937	—
资产合计	19106800	14740202	968298	385888	166003	1054992	1791417
流动资产小计	6883187	5526090	529617	116460	67469	263137	380415
固定资产原价	18234187	14021857	545105	367261	144019	1257853	1898093
累计折旧	8474433	6868450	246719	151959	103319	508771	595215
负债合计	10618154	8020745	658052	173403	78519	658392	1029043
流动负债小计	8230526	6650988	502973	80926	71501	291920	632218
所有者权益合计	8482563	6719457	310246	212485	87483	390518	762374
实收资本	5588460	4735790	144391	26738	35472	246700	399368
主营业务收入	31571938	27803251	730437	598409	183959	848435	1407448
主营业务成本	26196679	23131946	673334	565766	154704	673253	997676
主营业务税金及附加	2366378	2342274	3185	2177	858	5274	12609
销售费用	133202	107383	5287	2870	3217	4907	9539
管理费用	586581	468326	21813	15929	21640	9782	49091
财务费用	171193	79691	12977	5285	1632	26153	45455
营业利润	2451410	2000516	26372	7903	2120	124876	289622
利润总额	2500343	2043312	30678	8347	2167	125552	290287
亏损企业亏损总额	21120	16317	2558	—	100	733	1412
本年应付职工薪酬	516350	408374	21769	9736	10958	31253	34260
本年应交增值税	1322927	1125994	30036	19696	8135	47568	91497
本年进项税额	3578291	3103964	95065	87419	5304	160461	126078
本年销项税额	4769356	4193346	123665	103932	7224	130456	210733
全部从业人员年平均人数（人）	43648	29572	2499	1872	1344	4320	4041

2013 年宁波市各县（市）、区规模以上私营工业主要财务指标

指标	全市	市区	余姚	慈溪	奉化	象山	宁海
企业单位数（个）	4401	1766	744	934	326	304	327
亏损企业	643	285	85	102	58	55	58
工业总产值（现价）	37126092	14613462	5399626	10147160	1936428	2090918	2938498
工业销售产值	35742934	14306386	5156591	9700918	1852080	1962657	2764301
出口交货值	9217226	3262672	1306874	2939661	429644	569470	708906
资产合计	34293491	12712818	4740436	9716747	1928820	2342222	2852449
流动资产小计	23105735	8610060	3293595	6414076	1300228	1516928	1970849
固定资产原价	10488669	3961495	1487610	2899440	643518	673215	823391
累计折旧	3924271	1467045	532633	1149332	237959	212993	324308
负债合计	24976038	8901202	3630163	7292325	1434246	1602898	2115205
流动负债小计	23602086	8342215	3473163	6837004	1392943	1489034	2067727
所有者权益合计	9246042	3768969	1108193	2412784	494364	735417	726316
实收资本	4086451	1560528	476191	1090821	274179	390933	293800
主营业务收入	35812683	14622980	5152988	9483710	1843704	1965065	2744237
主营业务成本	30665326	12585461	4428029	8155969	1563154	1669745	2262968
主营业务税金及附加	165239	69952	20908	38090	11260	9412	15617
销售费用	896631	326270	114766	264268	50958	50495	89874
管理费用	2107838	851417	296719	533496	134256	110610	181341
财务费用	746120	252277	110822	209379	50706	51232	71704
营业利润	1347233	575939	186730	317996	44083	79307	143177
利润总额	1449063	637932	188387	337402	49356	86072	149915
亏损企业亏损总额	210254	116204	18369	35353	15003	9901	15425
本年应付职工薪酬	2904222	1108728	383347	782059	222611	154251	253226
本年应交增值税	937741	359313	119080	257719	54688	59445	87496
本年进项税额	4574006	1881437	613304	1293579	231737	236429	317521
本年销项税额	4481682	1864227	585980	1211026	239837	257218	323394
全部从业人员年平均人数（人）	680149	248996	96723	182617	54434	37121	60258

2013 年宁波市各县（市）、区规模以上中小型工业企业主要财务指标

指标	全市	市区	余姚	慈溪	奉化	象山	宁海
企业单位数（个）	1107	546	151	222	74	50	64
亏损企业	134	77	15	25	11	1	5
工业总产值（现价）	82198367	58197777	6033990	10172744	1796249	2526581	3471026
工业销售产值	79282257	56490941	5788549	9440317	1874815	2347385	3340250
出口交货值	17785267	10890580	1722758	2849992	1048052	636030	637854
资产合计	67019631	43169074	5173381	9453039	2026900	3272207	3925031
流动资产小计	38481657	24122098	3489985	6035789	1267354	1709496	1856935
固定资产原价	31412447	21866012	1706051	2888552	835128	1772639	2344065
累计折旧	13341256	9767697	660605	1150641	321187	668135	772991
负债合计	39345558	23909949	3418205	6050717	1493973	2103104	2369610
流动负债小计	35287251	21404064	3208150	5668119	1468961	1564269	1973688
所有者权益合计	27717039	19257866	1753221	3399201	532927	1218403	1555420
实收资本	13827242	10462529	751475	1277945	246120	497505	591668
主营业务收入	78911011	56439246	5821341	9237040	1689218	2397933	3326234
主营业务成本	67040335	48322086	5029477	7769108	1417080	1934205	2568379
主营业务税金及附加	2533143	2429940	20539	34144	14977	11967	21577
销售费用	1479048	927043	114817	260475	35454	63753	77506
管理费用	3127063	1841665	309383	549537	136483	107620	182375
财务费用	765554	319800	105431	144412	41383	68303	86224
营业利润	4722204	3273114	267128	496822	53484	219724	411932
利润总额	4975959	3445737	281151	544988	58667	226631	418785
亏损企业亏损总额	187546	128046	10162	35891	11418	125	1904
本年应付职工薪酬	3949648	2351928	355240	702087	175277	159819	205298
本年应交增值税	2182843	1512832	123131	261431	35573	99143	150733
本年进项税额	9504528	6574055	690721	1304460	162199	415372	357722
本年销项税额	10136538	7404610	624139	1233401	126953	331609	415826
全部从业人员年平均人数（人）	767497	419103	85091	148834	40324	31231	42914

2013 年宁波市各县（市）、区规模以上中小企业主要经济效益指标

指标	单位	全市	市区	余姚	慈溪	奉化	象山	宁海
产销率	%	96.78	97.56	96.28	93.66	100.38	94.55	95.20
资产负债率	%	61.51	57.00	70.90	68.78	71.93	64.67	64.62
成本费用利润率	%	5.97	6.19	4.55	4.83	2.88	7.07	10.37
每百元固定资产原值实现利税	元	25.84	27.99	21.27	23.87	13.70	18.35	23.84
每百元主营业务收入实现利税	元	10.45	11.37	7.13	7.74	6.05	10.56	14.11
流动比率	%	1.08	1.13	1.04	1.02	0.92	1.06	0.95
速动比率	%	0.83	0.85	0.85	0.79	0.73	0.80	0.75
企业亏损面	%	17.16	19.35	13.85	12.85	18.76	17.67	19.40
亏损率	%	8.29	8.41	8.53	9.63	17.98	5.11	4.54
出口交货值占工业销售产值比重	%	22.30	19.36	28.64	27.30	40.07	24.66	24.56
利润总额占利税比重	%	53.32	50.43	61.10	59.67	46.33	62.79	66.61

2013 年厦门市成长型中小微企业样本企业主要经济指标汇总

指标	单位	12 月	11 月	差额	2013 年	2012 年	同比（%）
企业数	个	712	707	5	—	—	—
其中：亏损	个	115	146	-31	—	—	—
亏损面	%	16.15	20.65	-4.50	—	—	—
工业总产值	千元	—	—	—	42207769.63	38041732.21	10.95
出口交货值	千元	—	—	—	9288452.75	8907124.76	4.28
用电量	万度	—	—	—	75430.66	67900.48	11.09
营业收入	千元	—	—	—	57762396.86	52808310.25	9.38
营业成本	千元	—	—	—	46641885.66	42551209.55	9.61
利润总额	千元	—	—	—	3790703.03	3759276.45	0.84
亏损企业亏损额	千元	—	—	—	221244.81	190858.63	15.92
应交税费	千元	—	—	—	2182222.85	2106756.01	3.58
期末借款余额	千元	—	—	—	10199703.10	9236962.07	10.42
财务费用	千元	—	—	—	798512.74	731123.58	9.22
应收账款	千元	—	—	—	12381167.82	11271448.23	9.85
产成品	千元	—	—	—	3743517.39	3582677.61	4.49
从业人员	人	—	—	—	112687	113158	-0.42
应付职工薪酬	千元	—	—	—	5466680.75	4897400.61	11.62
资产总计	千元	—	—	—	61548384.74	55423538.88	11.05
负债总计	千元	—	—	—	29765476.52	27001025.01	10.24
固定资产投资额	千元	—	—	—	2317471.33	2218346.79	4.47

2013 年厦门市成长型中小微企业

	企业个数（个）			工业总产值（千元）	
	12 月	亏损企业数	亏损面（%）	12 月	2013 年
合计	712	115	16.15	4427364.062	42207769.625
一、按经济类型					
公有经济	28	5	17.86	333366.250	2888636.620
国有控股	14	2	14.29	132056.000	1350386.000
集体控股	14	3	21.43	201310.250	1538250.620
非公有经济	621	104	16.75	3737883.892	36096366.735
外商控股	549	92	16.76	3063033.633	28984931.508
港澳台商控股	30	5	16.67	278550.660	2780198.170
私人控股	42	7	16.67	396299.599	4331237.057
二、按企业规模					
大型	1	0	0	0	318068.000
中型	184	18	9.78	2332951.425	21831620.443
小型	506	94	18.58	2088640.077	20001488.102
微型	21	3	14.29	5772.560	56593.080
三、按地区					
厦门市	712	115	16.15	4427364.062	42207769.625
思明区	192	31	16.15	597582.956	4789792.626
海沧区	54	10	18.52	479884.750	5078864.630
湖里区	153	28	18.30	607152.462	5140765.723
集美区	100	19	19.00	742030.235	7907004.079
同安区	124	10	8.06	1325885.939	12753139.487
翔安区	89	17	19.10	674827.720	6538203.080
四、按大行业					
第二产业 1（工业）	480	72	15.00	4427364.062	42207769.625
第二产业 2（建筑业）	19	1	5.26	0	0
第三产业	204	41	20.10	0	0
第一产业	9	1	11.11	0	0

样本企业运行数据分类汇总

工业总产值（千元）			出口交货值（千元）				
2012 年 12 月	2012 年	累计同比（%）	12 月	2013 年	2012 年 12 月	2012 年	累计同比（%）
4114857.849	38041732.208	10.95	889527.636	9288452.749	861734.530	8907124.760	4.28
293260.000	2335431.550	23.69	6526.000	65085.250	2767.000	46638.000	39.55
139888.000	1130409.000	19.46	5762.000	55588.000	2767.000	46287.000	20.09
153372.000	1205022.550	27.65	764.000	9497.250	0	351.000	2605.77
3493785.449	32922087.268	9.64	771588.936	8282946.699	736973.130	7968952.460	3.94
2837168.160	26248822.690	10.42	469441.716	5184086.949	431745.220	4822082.020	7.51
242284.050	2785438.630	-0.19	165260.220	1569023.750	168326.410	1703384.440	-7.89
414333.239	3887825.948	11.41	136887.000	1529836.000	136901.500	1443486.000	5.98
46416.000	456993.000	-30.40	0	231553.000	22733.000	310004.000	-25.31
2123201.549	18912287.025	15.44	528101.836	5236352.466	470372.310	4991320.630	4.91
1940391.480	18632252.583	7.35	361355.800	3820227.283	368629.220	3605800.130	5.95
4848.820	40199.600	40.78	70.000	320.000	0	0	0
4114857.849	38041732.208	10.95	889527.636	9288452.749	861734.530	8907124.760	4.28
480659.780	4253727.840	12.60	155745.526	1303807.616	145545.860	1135536.110	14.82
468965.860	4664073.160	8.89	114119.150	1442044.710	129718.500	1357004.170	6.27
569476.059	5027601.694	2.25	195519.260	1632277.770	179977.300	1899375.470	-14.06
803898.421	7144082.536	10.68	124146.830	1593426.220	156510.420	1457181.090	9.35
1173418.149	11130298.278	14.58	212938.930	2311769.453	179272.630	2056002.460	12.44
618439.580	5821948.700	12.30	87057.940	1005126.980	70709.820	1002025.460	0.31
4114857.849	38041732.208	10.95	889527.636	9288452.749	861734.530	8907124.760	4.28
0	0	0	0	0	0	0	0
0	0	0	0	0	0	0	0
0	0	0	0	0	0	0	0

	用电量（度）				
	12 月	2013 年	2012 年 12 月	2012 年	累计同比（%）
合计	66525987.97	754306562.01	61888118.80	679004816.23	11.09
一、按经济类型					
公有经济	5499594.00	59878013.00	4100686.00	49707386.00	20.46
国有控股	1690279.00	20387090.00	1478260.00	19364546.00	5.28
集体控股	3809315.00	39490923.00	2622426.00	30342840.00	30.15
非公有经济	57318185.11	651378190.48	53718649.05	589941408.58	10.41
外商控股	40652259.11	471703074.08	38758344.89	427736428.98	10.28
港澳台商控股	4755939.00	55092184.40	4166003.16	50745747.10	8.57
私人控股	11909987.00	124582932.00	10794301.00	111459232.50	11.77
二、按企业规模					
大型	0	8542564.28	862935.00	9292117.00	-8.07
中型	38266612.32	429425696.82	34735662.16	374371026.60	14.71
小型	27793135.50	311000789.81	25927742.41	290633653.43	7.01
微型	466240.15	5337511.10	361779.23	4708019.20	13.37
三、按地区					
厦门市	66525987.97	754306562	61888118.80	679004816.23	11.09
思明区	4230015.00	52379590.50	4228849.30	48653691.20	7.66
海沧区	11767619.20	133181450.78	11868076.72	126422170.57	5.35
湖里区	4430370.16	50119793.87	4406074.65	47093462.79	6.43
集美区	18764666.10	217419119.38	17478102.01	197842128.04	9.90
同安区	15947604.78	171759409.84	13578004.06	144803813.52	18.62
翔安区	11385712.73	129447197.64	10329012.06	114189550.11	13.36
四、按大行业					
第二产业 1（工业）	66525987.97	754306562.01	61888118.80	679004816.23	11.09
第二产业 2（建筑业）	0	0	0	0	0
第三产业	0	0	0	0	0
第一产业	0	0	0	0	0

续表

应交税费（千元）			从业人员平均数（人）		
2013 年	2012 年	同比（%）	2013 年	2012 年	同比（%）
2182222.846	2106756.007	3.58	112687	113158	-0.42
222977.300	189520.316	17.65	6252	6635	-5.77
109799.580	77944.356	40.87	2791	2877	-2.99
113177.720	111575.960	1.44	3461	3758	-7.90
1793641.526	1772462.921	1.19	98407	98763	-0.36
1448896.776	1377852.321	5.16	78752	77965	1.01
91212.340	77429.210	17.80	7246	7148	1.37
253532.410	317181.390	-20.07	12409	13650	-9.09
23479.000	10220.000	129.74	1	1226	-99.92
1274817.260	1190262.960	7.10	63098	63406	-0.49
877314.216	900280.497	-2.55	49060	48100	2.00
6612.370	5992.550	10.34	528	426	23.94
2182222.846	2106756.007	3.58	112687	113158	-0.42
614411.570	553362.026	11.03	24596	24884	-1.16
264492.588	309413.887	-14.52	10591	12145	-12.80
350303.070	323204.707	8.38	18120	18530	-2.21
352936.551	341463.888	3.36	19956	20348	-1.93
274228.737	265692.589	3.21	24659	22514	9.53
325850.330	313618.910	3.90	14765	14737	0.19
1546969.571	1511756.305	2.33	88882	89213	-0.37
122576.770	99555.936	23.12	6675	6578	1.47
511323.457	490792.429	4.18	16841	17053	-1.24
1353.048	4651.337	-70.91	289	314	-7.96

	期末借款余额（千元）			财务费用（千元）		
	2013 年	2012 年	同比（%）	2013 年	2012 年	同比（%）
合计	10199703.103	9236962.067	10.42	798512.738	731123.580	9.22
一、按经济类型						
公有经济	522870.420	552491.000	-5.36	40919.560	60363.830	-32.21
国有控股	110794.000	213786.000	-48.18	9495.270	33819.390	-71.92
集体控股	412076.420	338705.000	21.66	31424.290	26544.440	18.38
非公有经济	8990873.183	8059788.567	11.55	708157.128	619432.450	14.32
外商控股	7682444.773	6673481.567	15.12	576705.728	504790.940	14.25
港澳台商控股	475135.000	558243.000	-14.89	45164.610	48137.750	-6.18
私人控股	833293.410	828064.000	0.63	86286.790	66503.760	29.75
二、按企业规模						
大型	14500.000	115945.000	-87.49	-568.000	5316.000	-110.68
中型	5293354.320	4784086.400	10.65	420219.760	360347.313	16.62
小型	4799860.553	4275394.767	12.27	372006.478	360700.326	3.13
微型	91988.230	61535.900	49.49	6854.500	4759.941	44.00
三、按地区						
厦门市	10199703.103	9236962.067	10.42	798512.738	731123.580	9.22
思明区	1914721.180	1558211.330	22.88	141114.760	108737.264	29.78
海沧区	1318786.881	1298581.665	1.56	93999.354	90153.881	4.27
湖里区	1383166.840	1142196.510	21.10	149928.248	115498.521	29.81
集美区	1596813.670	1331499.160	19.93	111229.996	112160.152	-0.83
同安区	2750359.512	2666585.002	3.14	200840.340	202648.832	-0.89
翔安区	1235855.020	1239888.400	-0.33	101400.040	101924.930	-0.51
四、按大行业						
第二产业 1（工业）	7954296.048	7523137.340	5.73	642827.813	590929.819	8.78
第二产业 2（建筑业）	370713.520	296879.750	24.87	24642.460	21305.150	15.66
第三产业	1840231.352	1386537.732	32.72	128643.061	116421.562	10.50
第一产业	34462.183	30407.245	13.34	2399.404	2467.049	-2.74

续表

应收账款（千元）			产成品（千元）		
2013 年	2012 年	同比（%）	2013 年	2012 年	同比（%）
12381167.822	11271448.232	9.85	3743517.392	3582677.605	4.49
1329240.490	1225633.580	8.45	249032.080	362889.470	-31.38
384041.110	641327.970	-40.12	130709.000	216584.000	-39.65
945199.380	584305.610	61.76	118323.080	146305.470	-19.13
10144383.902	9198655.080	10.28	3301310.372	3052032.345	8.17
8259226.402	7567010.470	9.15	2701668.392	2484703.505	8.73
608119.090	600366.290	1.29	299548.540	280665.050	6.73
1277038.410	1031278.320	23.83	300093.440	286663.790	4.68
5567.000	81622.000	-93.18	929.000	21322.000	-95.64
6300134.880	5892332.473	6.92	2030293.600	1845845.400	9.99
5992067.692	5245114.579	14.24	1701152.252	1706255.919	-0.30
83398.250	52379.180	59.22	11142.540	9254.286	20.40
12381167.822	11271448.232	9.85	3743517.392	3582677.605	4.49
3156543.150	2957945.913	6.71	464978.950	271943.076	70.98
920072.652	949481.117	-3.10	466588.640	581250.510	-19.73
2262153.130	2007846.282	12.67	530985.444	658815.085	-19.40
1723767.870	1606103.090	7.33	755303.718	737298.764	2.44
2130987.150	1946127.760	9.50	952954.520	768598.510	23.99
2187643.870	1803944.070	21.27	572706.120	564771.660	1.40
9029013.960	8186631.613	10.29	3743517.392	3582677.605	4.49
745582.510	588845.870	26.62	0	0	0
2538798.760	2420873.592	4.87	0	0	0
67772.592	75097.157	-9.75	0	0	0

	应付职工薪酬（千元）			资产总计（千元）		
	2013 年	2012 年	同比（%）	2013 年	2012 年	同比（%）
合计	5466680.750	4897400.611	11.62	61548384.74	55423538.88	11.05
一、按经济类型						
公有经济	441095.640	384146.350	14.82	5007906.070	4663932.730	7.38
国有控股	191543.710	166836.200	14.81	1586486.030	2117403.600	-25.07
集体控股	249551.930	217310.150	14.84	3421420.040	2546529.130	34.36
非公有经济	4618830.720	4156769.431	11.12	51869463.945	46805140.285	10.82
外商控股	3684332.590	3293828.461	11.86	43683143.735	39406585.345	10.85
港澳台商控股	337483.590	308496.070	9.40	2906169.030	2871947.550	1.19
私人控股	597014.540	554444.900	7.68	5280151.180	4526607.390	16.65
二、按企业规模						
大型	52432.000	74526.000	-29.65	270597.000	451058.000	-40.01
中型	3252160.000	2863052.640	13.59	34934329.898	31538880.998	10.77
小型	2140011.160	1942197.091	10.19	25846522.757	23078491.737	11.99
微型	22077.590	17624.880	25.26	496935.080	355108.140	39.94
三、按地区						
厦门市	5466680.750	4897400.611	11.62	61548384.735	55423538.875	11.05
思明区	1430830.830	1305291.100	9.62	15246456.698	13400762.368	13.77
海沧区	584649.762	540791.066	8.11	6037924.218	5831577.694	3.54
湖里区	913738.922	876247.541	4.28	8939542.205	7896992.516	13.20
集美区	956531.370	835385.113	14.50	9900071.041	9095540.558	8.85
同安区	960102.776	800655.341	19.91	11552364.713	10357488.659	11.54
翔安区	620827.090	539030.450	15.17	9872025.860	8841177.080	11.66
四、按大行业						
第二产业 1（工业）	4068262.052	3622449.234	12.31	45871401.514	41334498.301	10.98
第二产业 2（建筑业）	330498.670	309527.190	6.78	2822085.630	2225275.540	26.82
第三产业	1059193.916	956674.351	10.72	12606041.943	11619740.930	8.49
第一产业	8726.112	8749.836	-0.27	248855.648	244024.104	1.98

续表

负债总计（千元）			固定资产投资额（千元）		
2013 年	2012 年	同比（%）	2013 年	2012 年	同比（%）
29765476.516	27001025.008	10.24	2317471.333	2218346.792	4.47
2634472.010	2427407.400	8.53	142991.090	126352.980	13.17
645195.890	1279225.960	-49.56	38976.000	57835.440	-32.61
1989276.120	1148181.440	73.25	104015.090	68517.540	51.81
24889462.526	22598396.608	10.14	1931739.803	1935774.202	-0.21
21041551.016	19130827.898	9.99	1561255.353	1598682.722	-2.34
1327234.300	1383578.990	-4.07	100167.070	86794.870	15.41
2520677.210	2083989.720	20.95	270317.380	250296.610	8.00
32195.000	238422.000	-86.5	5360.000	38110.000	-85.94
16253849.790	15170086.288	7.14	1419418.373	1333495.432	6.44
13111844.066	11348437.590	15.54	768756.800	820274.250	-6.28
367587.660	244079.130	50.6	123936.160	26467.110	368.26
29765476.516	27001025.008	10.24	2317471.333	2218346.792	4.47
7004052.390	6214059.928	12.71	561551.663	520775.003	7.83
2754668.971	3042857.922	-9.47	312553.700	319223.529	-2.09
4682746.179	4275360.705	9.53	278492.490	200572.610	38.85
4481489.976	4049620.835	10.66	386350.710	268958.170	43.65
6607611.690	5892620.068	12.13	292941.450	570678.150	-48.67
4234907.310	3526505.550	20.09	485581.320	338139.330	43.60
22492117.625	20161013.043	11.56	1751200.393	1796005.052	-2.49
1682730.790	1208076.600	39.29	33686.430	47839.670	-29.58
5504379.820	5529008.463	-0.45	524915.070	368960.141	42.27
86248.281	102926.902	-16.2	7669.440	5541.929	38.39

2013年青岛市中小企业有关数据

序号	指标	单位	数额	增减%	占规上%
1	私营企业户数	万户	57.2	22.7	—
2	注册资本	亿元	4821.2	27.1	—
3	规上工业中小企业户数	个	4758	1.6	98.0
4	规上工业中小企业总产值	亿元	11642.8	12.3	72.3
5	规上工业中小企业利税额	亿元	1103.9	19.9	74.2
6	规上工业中小企业利润额	亿元	591.0	24.2	71.5
7	规上工业中小企业主营业务收入	亿元	10670.0	13.7	69.8
8	规上工业中小企业亏损企业数	户	473.0	0.0	97.3
9	规上工业中小企业亏损额	亿元	34.6	-17.0	79.5
10	规上工业中小企业亏损面	%	9.9	—	—

第六篇

政策法规

一、相关法律、法规、部门规章及规范性文件

工业和信息化部办公厅关于加强国家中小企业公共服务示范平台管理工作的通知

工信厅企业〔2013〕7号

各省、自治区、直辖市及计划单列市、新疆生产建设兵团中小企业主管部门：

为规范对国家中小企业公共服务示范平台的管理，发挥其示范带动作用，现就进一步加强国家中小企业公共服务示范平台（以下简称示范平台）管理工作通知如下：

一、主要内容

依据《国家中小企业公共服务示范平台认定的管理办法》（工信部企业〔2012〕197号）的相关规定，主要对示范平台的服务业绩、服务质量和公益性服务活动情况等进行管理。

二、主要任务

（一）示范平台每年须进行一次自查，对示范平台认定以来的工作进行总结。包括：运营管理、制度建设、服务业绩及成效；进一步完善服务功能、不断提高服务能力和组织带动社会服务资源的能力、主动开展公益性服务、S积极承担政府部门委托的各项任务情况；在畅通信息渠道、解决中小企业共性需求、改善经营管理、提高发展质量、增强市场竞争力、实现创新发展等方面发挥支撑作用的情况。

（二）各省、自治区、直辖市及计划单列市、新疆生产建设兵团中小企业主管部门每年对所辖区内示范平台的运行情况、服务质量和服务收费情况以及服务满意度等进行定期检查，于次年1月25日前将示范平台工作总结和检查工作情况报告报工业和信息化部。

（三）工业和信息化部委托部中小企业发展促进中心组织专家不定期对示范平台的服务情况进行抽查测评。抽查测评内容包括：示范平台制度建设、服务业绩及成效、组织带动社会服务资源的能力、主动开展公益性服务和承担政府部门委托的各项任务的情况、服务满意度等。抽查测评结果在工业和信息化部门户网站公布。

（四）工业和信息化部对示范平台实行动态管理，每三年复核一次。复核与年度申报同时进行，具体工作要求按照年度申报工作通知进行。经工业和信息化部复核，对合格的示范平台予以确认，对不合格的予以撤销

（五）工业和信息化部将采取多种形式组织开展示范平台的学习、培训和交流活动，推动示范平台的能力建设。

三、具体要求

（一）属地化管理原则。各地中小企业主管部门要切实加强对辖区内示范平台的管理，健全服务规范，引导示范平台加强内部管理，建立服务质量保证制度、服务登记制度，服务评价制度，践行公益责任，不断提高服务满意度。已开展中小企业公共服务平台网络建设的省（自治区、直辖市、计划单列市、生产建设兵团）要将示范平台纳入其中，完善服务功能，尽快实现互联互通和规范管理。

（二）建立激励机制和监督机制。各地中小企业主管部门要建立和完善服务标准及评价指标，依据示范平台服务绩效，给予服务奖励或政策扶持，促进优质服务平台的发展，集聚更多服务资源为中小企业服务。建立和完善示范平台服务监督机制，设立投诉监督电话，接受企业投诉和社会监督。

（三）加大宣传力度。各地中小企业主管部门要加大对示范平台的宣传，创造有利于示范平台发展的舆论氛围。组织示范平台开展公益性服务活动，充分发挥示范带动作用。

特此通知。

工业和信息化部办公厅
2013年1月17日

国务院办公厅关于强化企业技术创新主体地位全面提升企业创新能力的意见

国办发〔2013〕8号

各省、自治区、直辖市人民政府，国务院各部委、各直属机构：

《国家中长期科学和技术发展规划纲要（2006－2020年）》实施以来，以企业为主体、市场为导向、产学研相结合的技术创新体系建设取得积极进展，激励企业创新的政策措施逐步完善，企业研发投入的积极性不断提高，研发能力得到增强，重点产业

领域取得一批创新成果，为产业升级和结构调整提供了有力支撑。但目前我国企业创新能力依然薄弱，许多领域缺乏具有自主知识产权的核心技术，企业尚未真正成为创新决策、研发投入、科研组织和成果应用的主体，制约企业创新的体制机制障碍仍然存在。为深入贯彻落实党的十八大精神和《中共中央 国务院关于深化科技体制改革加快国家创新体系建设的意见》（中发〔2012〕6号），全面提升企业创新能力，经国务院同意，现提出以下意见。

一、指导思想和主要目标

（一）指导思想。坚持以邓小平理论、“三个代表”重要思想、科学发展观为指导，围绕促进科技与经济社会发展紧密结合，统筹发挥市场配置资源的基础性作用和政府的引导支持作用，以深入实施国家技术创新工程为重要抓手，建立健全企业主导产业技术研发创新的体制机制，促进创新要素向企业集聚，增强企业创新能力，加快科技成果转化和产业化，为实施创新驱动发展战略、建设创新型国家提供有力支撑。

（二）主要目标。到2015年，基本形成以企业为主体、市场为导向、产学研相结合的技术创新体系。培育发展一大批创新型企业，企业研发投入明显提高，大中型工业企业平均研发投入占主营业务收入比例提高到1.5%，行业领军企业达到国际同类先进企业水平，企业发明专利申请和授权量实现翻一番。企业主导的产学研合作深入发展，建设一批产业技术创新战略联盟和产业共性技术研发基地，突破一批核心、关键和共性技术，形成一批技术标准，转化一批重大科技成果。企业创新环境进一步优化，形成一批资源整合、开放共享的技术创新服务平台，面向企业的科技公共服务能力大幅度提高，涌现出一大批富有活力的科技型中小企业和民办科研机构。到2020年，企业主导产业技术研发创新的体制机制更加完善，企业创新能力大幅度提升，形成一批创新型领军企业，带动经济发展方式转变实现重大进展。

二、重点任务

（一）进一步完善引导企业加大技术创新投入的机制。企业要按照社会主义市场经济体制的要求，不断深化自身改革，适应市场化和全球化竞争的需要，增强创新驱动发展的内在动力；要明确企业主要负责人对技术研发的责任，加强研发能力和品牌建设，建立健全技术储备制度，提高持续创新能力和核心竞争力。各级政府要鼓励和引导企业加大研发投入，大力培育创新型企业，充分发挥其对技术创新的示范引领作用。推进科研项目经费后补助工作，鼓励和引导企业按照国家战略和市场需求先行投入开展研发项目。建立健全国有企业技术创新的经营业绩考核制度，落实和完善国有企业研发投入视同利润的考核措施，加强对不同行业研发投入和产出的分类考核。中央国有资本经营预算产业升级与发展专项资金要加大对中央企业技术创新的支持力度。国家科技计划项目征集和指南编制要充分听取企业专家的意见，产业化目标明确的重大科技项目由有条件的企业牵头组织实施。加强国家科技奖励对企业技术创新的引导激励。

（二）支持企业建立研发机构。引导企业围绕市场需求和长远发展，建立研发机构，健全组织技术研发、产品创新、科技成果转化的机制，大幅度提高大中型工业企业建立研发机构的比例。在明确定位和标准的基础上，引导企业建设国家重点实验室，围绕产业战略需求开展基础研究。在行业骨干企业建设一批国家工程（技术）研究中心、国家工程实验室，支持企业开展技术成果工程化研究。加强国家认定企业技术中心和技术创新示范企业工作。对企业国家重点实验室、国家工程（技术）研究中心、国家认定的企业技术中心以及科技类民办非企业单位，依据相关规定给予进口科技开发用品或科教用品的税收优惠政策。对民办科研机构等新型研发组织，在承担国家科技任务、人才引进等方面与同类公办科研机构实行一视同仁的支持政策。

（三）支持企业推进重大科技成果产业化。建立健全按产业发展重大需求部署创新链的科研运行机制和政策导向，推进新技术、新材料、新工艺、新模式、高端装备等的集成应用，实施国家高技术产业化示范项目、国家科技成果转化引导基金、国家重大科技成果转化项目、国家文化科技创新工程等，大力培育发展战略性新兴产业。组织实施用户示范工程，采取政策引导、鼓励社会资本投入等方式，促进科技成果推广应用，运用高新技术改造提升传统产业。依托国家自主创新示范区、国家高新技术产业开发区、国家创新型（试点）城市、国家高技术产业基地、国家新型工业化示范基地、信息化与工业化融合示范区、国家农业科技园区、国家级文化和科技融合示范基地、国家现代服务业产业化基地等，完善技术转移和产业化服务体系，吸引企业在区内设立研发机构，集聚高端人才，培育发展创新型产业集群。

（四）大力培育科技型中小企业。国家中小企业发展专项资金、中小企业技术改造资金等要大力支持中小企业技术创新和改造升级。扩大科技型中小企业技术创新基金规模，继续实施科技型中小企业创业投资引导基金、新兴产业创投计划、中小企业创新能力建设计划和中小企业信息化推进工程，强化火炬计划、星火计划、国家重点新产品计划对中小企业产品和技术创新的政策引导作用，引导和支持中小企业创新创业。综合采用买（卖）方信贷、知识产权和股权质押贷款、融资租赁、科技小额贷款、公司（企业）债券、集合信托、科技保险等方式，支持科技型企业开展技术创新融资。为小型微型科技企业创造公平竞争的市场环境，促进其健康发展。

（五）以企业为主导发展产业技术创新战略联

盟。支持行业骨干企业与科研院所、高等学校签订战略合作协议，建立联合开发、优势互补、成果共享、风险共担的产学研用合作机制，组建产业技术创新战略联盟。支持联盟按规定承担产业技术研发创新重大项目，制订技术标准，编制产业技术路线图，构建联盟技术研发、专利共享和成果转化推广的平台及机制。积极探索依托符合条件的联盟成员单位建设国家重点实验室。深入开展联盟试点，加强对联盟的分类指导和监督评估。围绕培育发展战略性新兴产业，结合实施国家科技重大专项，通过联盟研发重大创新产品，掌握核心关键技术，构建产业链。围绕改造提升传统产业，通过联盟开展共性技术攻关，解决制约产业升级的重大制造装备、关键零部件、基础原材料、基础工艺及高端分析检测仪器设备等难题。围绕发展现代服务业，通过联盟加强技术创新、商业模式创新和管理创新，培育现代服务业新业态。

（六）依托转制院所和行业领军企业构建产业共性技术研发基地。针对重点行业和技术领域特点和需求，在钢铁、有色金属、装备制造、建材、纺织、煤炭、电力、油气、新能源与可再生能源、电子信息、生物医药、化工、轻工、现代农业、现代服务业等产业，依托骨干转制院所、行业特色高等学校和行业领军企业，通过体制机制创新，整合相关科研资源，推动建设一批产业共性技术研发基地，加强共性技术研发和成果推广扩散。对产业共性技术研发基地的运行管理、技术扩散服务的绩效实行定期评价。

（七）强化科研院所和高等学校对企业技术创新的源头支持。鼓励科研院所和高等学校与企业共建研发机构，共建学科专业，实施合作项目，加强对企业技术创新的理论、基础和前沿先导技术支持。实施卓越工程师教育培养等计划，推行产学研合作教育模式和“双导师”制，鼓励高等学校和企业联合制定人才培养标准，共同建设课程体系和教学内容，共同实施培养过程，共同评价培养质量。推动科研院所、高等学校面向市场转移科技成果，有条件的科研院所、高等学校应建立专业技术转移机构和技术成果供需平台。完善落实股权、期权激励和奖励等收益分配政策，以及事业单位国有资产处置收益政策和人事考核评价制度，鼓励科研院所、高等学校科技人员转化科技成果。

（八）完善面向企业的技术创新服务平台。面向行业技术创新需求，促进科技资源整合和优势互补，推动形成一批专业领域技术创新服务平台，培育一批专业化、社会化、网络化的示范性科技中介服务机构。以中央财政资金为引导，带动地方财政和社会投入，支持围绕地方特色优势产业和战略性新兴产业创新发展的区域公共科技服务平台建设。推动平台面向中小企业提供研发设计、检验检测、技术转移、大型共用软件、知识产权、标准、质量品牌、人才培训等服务，提高专业化服务能力和网络化协同水平。探索通过购买公共服务等方式，引导建立促进技术创新服务平台有效运行的良好机制。加快建设技术交易市场体系、科技创业孵化网络和科技企业加速成长机制。

（九）加强企业创新人才队伍建设。在海外高层次人才引进计划、创新人才推进计划等相关重大人才工程和政策实施中，支持企业引进海外高层次人才，引导和支持归国留学人员创业。加强专业技术人才和高技能人才队伍建设，培养科技领军人才、优秀创新团队。加强对企业科研和管理骨干的培训。健全科技人才流动机制，鼓励科研院所、高等学校和企业创新人才双向流动和兼职。继续坚持企业院士专家工作站、博士后工作站、科技特派员等科技人员服务企业的有效方式，不断完善评价制度，构建长效机制，对于服务企业贡献突出的科技人员，采取优先晋升职务职称等奖励措施。广泛开展职工合理化建议、技术革新、技能大赛等群众性技术创新活动，对有突出贡献的职工优先晋升技术技能等级，充分调动职工参与技术创新的积极性，提高企业职工科技素质。

（十）推动科技资源开放共享。健全科技资源开放共享制度，深入开展全国科技资源调查，促进科技资源优化配置和高效利用。建立健全科研院所、高等学校、企业的科研设施和仪器设备等科技资源向社会开放的合理运行机制。加大国家重点实验室、国家工程实验室、国家工程（技术）研究中心、大型科学仪器中心、分析测试中心等向企业开放服务的力度，将资源开放共享情况作为其运行绩效考核的重要指标。加强对国家科技基础条件平台开放服务工作的绩效评价和奖励补助，积极引导其对企业开展专题服务。加强区域性科研设备协作，提高对企业技术创新的支撑服务能力。

（十一）提升企业技术创新开放合作水平。鼓励企业通过人才引进、技术引进、合作研发、委托研发、建立联合研发中心、参股并购、专利交叉许可等方式开展国际创新合作。加强国际科技创新信息收集分析，为企业开展国际科技合作提供服务。鼓励企业到海外建立研发机构，联合科研院所承担国际科技合作项目。支持企业参加各类国际标准组织，积极参与国际技术标准制修订。鼓励和支持企业向国外申请知识产权。加大国家科技计划开放合作力度，鼓励跨国公司依法在我国设立研发机构，与我国企业、科研院所和高等学校开展合作研发，共建研发平台，联合培养人才。

（十二）完善支持企业技术创新的财税金融等政策。完善和落实企业研发费用税前加计扣除政策，加大企业研发设备加速折旧政策的落实力度。完善高新技术企业认定办法，落实税收优惠政策。促进科技和金融结合，在风险可控原则下和国家允许的业务范围内，加大政策性银行对企业转化科技成果和进出口关键技术设备的支持力度，鼓励商业银行开发支持企业技术创新的贷款模式、产品和服务，加大对企业技术创新的融资支持。建立健全首台（套）重大技术装备保险机制，支持企业研发和推广应用重大创新产品。加大对符合条件的创新型企业上市融资以及已上市创新型企业再融资和市场化并购重组的支持力度，支持科技成果出资入股并确认股权。切实加强知识产权保护，依法惩治侵犯知识产权的违法犯罪行为。

三、组织实施

（一）加强组织领导，强化统筹推进。各地方、各部门要切实增强责任感和紧迫感，围绕全面实施创新驱动发展战略，加大推进技术创新的力度，全面提升企业创新能力。科技、发展改革、财政、教育、工业和信息化、农业、人力资源社会保障、国资、金融、工会等有关部门和单位要建立深入实施国家技术创新工程的联合推进机制，发挥各自优势，加强协同创新，形成工作合力。各地方要结合实际，制定贯彻本意见的具体方案。要充分调动各方面的积极性，共同推进企业技术创新工作。

（二）加强监测评估，务求取得实效。要加强分类指导，建立监测评价机制，对各项重点任务推进和各项政策措施落实的情况进行督促检查，定期总结和发布工作进展情况。逐步建立企业技术创新调查制度。对探索性强的政策任务要加强研究，通过试点积累经验，并及时总结推广。要加强宣传和舆论引导，大力宣传企业技术创新工作的重要意义、政策措施、进展成效和先进经验，营造有利于工作顺利推进的良好社会氛围。

国务院办公厅
2013 年 1 月 28 日

关于开展 2013 年工业企业品牌培育试点工作的通知

信科简函［2013］81 号

各省、自治区、直辖市及计划单列市工业和信息化主管部门，有关行业协会，有关单位：

为落实《关于加强 2013 年工业质量品牌建设工作的通知》（工信部科［2013］65 号）要求，以提升企业品牌培育能力为重点深化工业品牌建设，工业和信息化部决定在 2012 年试点经验的基础上，2013 年继续在全国开展工业品牌培育试点工作。现将有关事项通知如下：

一、试点工作的目标

指导一批实施品牌战略企业建立完善品牌培育管理体系，提高品牌培育的能力和绩效。会同地方和行业引导更多的企业提升品牌培育科学化水平，探索有中国特色的工业品牌培育道路。对汽车、手机、电视等领域品牌培育方法开展专题研究，提出有针对性的指导意见。完善工业品牌培育的制度措施和工作机制，为加快培育一批具有国际影响力的自主品牌奠定基础。

二、试点企业的要求

（一）试点企业的条件

1. 在本地区、行业具有较强影响力的大中型工业企业。

2. 拥有自主品牌，实施品牌战略，有较强的品牌意识和一定的品牌管理基础。

3. 诚信经营，具有良好的质量信誉。

4. 产品质量稳定，具有自主创新能力和一定竞争优势。

5. 已经建立实施了质量、环境或职业健康安全等管理体系，并有效运行。

6. 列入地区、行业品牌发展计划的工业企业优先考虑。

（二）试点企业的承诺

为保证完成试点任务，申请试点企业应在充分了解试点工作任务的基础上做出以下承诺：

1. 最高管理者直接关心和推动品牌培育试点工作。

2. 在企业内部确定相应机构统筹组织试点工作，并保证相关的资源需求。

3. 有计划地安排人员参加统一培训，提高品牌相关人员专业能力。

4. 按照试点工作的内容和进度要求，开展内部培训，建立并实施品牌培育管理体系，实施品牌培育能力自我评价，并接受外部评价。

5. 在不危害企业商业秘密的前提下，自愿分享试点工作经验和品牌培育案例。

三、主要工作内容及进度安排

为保证试点工作取得预期效果，各有关单位应分阶段完成以下任务。

（一）申请与推荐阶段

满足条件的工业企业自愿申请，填写《工业企业品牌培育试点申请表》（附件 1），参照《工业企业品牌培育试点工作计划编制说明》（附件 2），制定《品牌培育试点工作计划》，就领导参与、组织保障、工作安排及时间进度等内容做出安排和承诺。

试点企业由地方工业和信息化主管部门或全国性行业协会推荐。推荐单位应在申请表上填写推荐意见并加盖公章。

有关单位将申请表和试点工作计划的电子版（可无公章）于 2013 年 3 月 10 日前发送至品牌培育专用邮箱。加盖公章的纸质文件 3 月 15 日前邮寄到品牌培育办公室（中国航空综合技术研究所）。

3 月中下旬，我部科技司组织专家组对申请材料进行评审，会同各有关司局审查后确定试点企业名单。

（二）启动与培训阶段

3 月下旬，我司公布试点企业名单。组织召开

2013 年工业企业品牌培育试点工作启动会，组织培训并安排 2012 年品牌培育示范企业开展交流。

4～5 月份，品牌培育办公室组织专家组会同有关专业机构面向试点企业举办 2～3 期分层次的品牌培育骨干培训研讨，为试点企业培养品牌专业人才。

（三）建立完善品牌培育管理体系阶段

试点企业要完成以下任务：

1. 在企业内部宣传动员，增强品牌意识。明确品牌培育的主管部门，引导相关部门和人员积极参与试点工作。

2. 开展企业内部培训和研讨，了解掌握《品牌培育管理体系实施指南》和《评价指南》。

3. 开展品牌培育现状调查，摸清企业品牌培育工作状况。

4. 完善品牌培育战略，明确品牌培育目标，策划品牌培育活动，建立文件化的品牌培育管理体系。

7 月 15 日前，试点企业应正式发布品牌培育管理体系文件。8 月 15 日前，将《品牌培育管理手册》的电子和纸质版本提交到品牌培育办公室。

（四）体系运行及评价阶段

试点企业按照品牌培育管理体系文件的要求开展品牌培育活动，保持品牌培育管理体系有效运行，并实施相关的监视和测量活动。

10 月中旬，试点企业应开展品牌培育能力自我评价，编制《品牌培育能力自我评价报告》。对评价中发现的薄弱环节应采取改进措施，提升品牌培育的能力和绩效。

11 月上旬，试点企业应向品牌培育办公室提交《自我评价报告》的电子和纸质版本。

11 月中旬，我司组织专家组对试点企业品牌培育能力和绩效开展外部评价。

（五）案例总结及推广阶段

年底前，试点企业应对试点工作进行总结，并提交总结报告。要把通过试点给企业带来的观念、战略、职能、活动、能力及结果等方面最深刻变化、最显著提升的内容，以独立案例或经验的形式提炼出来。

品牌培育办公室将在试点企业经验的基础上组织编写品牌培育案例汇编，为深入推进工业品牌建设提供指导和帮助。

对品牌培育能力和绩效良好，且形成典型经验案例的企业，将作为品牌培育示范企业予以表扬并宣传推广。

我司组织品牌培育办公室、专家组为试点企业提供服务。委托中国航空综合技术研究所、部电子五所（赛宝认证中心）、中国质量协会等技术支持单位对试点企业进行调研指导。在企业自愿的原则下，为试点企业提供专业指导和咨询服务，针对试点企业品牌培育工作现状和特点，与试点企业共同制定试点工作计划。技术指导工作包括指导企业内部培训、初始评价、管理体系建立和运行，以及开展品牌培育能力评价等工作。

在试点过程中组织 2～3 期现场经验交流会，促进试点企业沟通学习。

开设品牌培育专用邮箱作为与试点企业联系的信息渠道，在中国工业产品质量网上发布有关信

四、工作要求

1. 各地区工业和信息化主管部门、行业协会要加强对本地区、本行业的试点企业的组织和指导，引导和推荐优秀企业参加试点。要加强地区和行业品牌培育专家队伍建设，为企业提供专业指导和服务。将试点工作与地区和行业品牌培育工作相结合，发挥试点企业在地区和行业品牌建设中的积极作用。

2. 试点企业要认真履行关于试点工作的承诺和计划安排，落实责任、明确任务、控制节点，完成试点任务，实现品牌培育管理能力和品牌专业技术能力的同步提高。与品牌培育办公室保持联系，及时沟通工作信息。做好接受调研和现场评价的准备，配合做好总结经验和案例的工作。

3. 专家组和技术支持单位要积极研究品牌培育的有关理论和实践经验，为试点企业提供专业化服务，并严格保守试点企业的商业机密。专家组要认真实施跟踪调研和品牌培育能力评价等工作，保证工作的科学、客观、公正性。技术支持单位要在非赢利性原则下，为试点企业提供指导和服务。

4. 品牌培育办公室要加强与试点企业和推荐单位的联系。策划组织跟踪调研、交流会议、试点评价和经验总结等工作。运行维护好专用网站和邮箱，保证试点工作顺利运行。

工业和信息化部科技司
2013 年 2 月 26 日

中国银监会关于深化小微企业金融服务的意见

银监发［2013］7 号

各银监局：

为贯彻党的十八大精神，落实中央经济工作会议要求，加快推动经济转型，打造中国经济的升级版，促进小微企业金融服务转型升级，现提出如下意见：

一、以始终坚持服务小微企业，支持实体经济健康发展为指导思想，加强正向激励，督促商业银行在商业可持续和风险可控的前提下，进一步强化小微企业金融服务“六项机制”建设，重点支持符合国家产业和环保政策、有市场、有需求、可持续运营的小微企业。

二、以提高小微企业贷款可获得性，拓宽小微企业金融服务覆盖面为工作目标，督促商业银行单列年度小微企业信贷计划，进一步加大对小微企业的支持力度。

三、进一步完善多层次的小微企业金融服务体

系，引导商业银行在差异化竞争中不断提高小微企业金融服务水平。

（一）引导大型银行发挥网点、人力和技术优势，提高小微企业金融服务效率，切实践行社会责任。

（二）引导中小银行将改进小微企业金融服务和战略转型相结合，科学调整信贷结构，重点支持小微企业和区域经济发展。

（三）引导新型农村金融机构进一步加大对涉农小微企业的金融支持力度。

四、鼓励和引导商业银行尤其是中小银行进一步提高小微企业金融服务专业化水平，加大小微企业金融服务专营机构的建设、管理和资源配置力度。小微企业金融服务专营机构只能为小微企业提供相关服务，严格遵循“四单原则”。

五、鼓励和引导商业银行尤其是中小银行和新型农村金融机构将小微企业服务网点向老少边穷地区、县域、乡镇等金融服务薄弱区域，以及批发市场、商贸集市等小微企业集中地区延伸。

六、对于小微企业授信客户数占该行所有企业授信客户数以及最近六个月月末平均授信余额占该行企业授信余额达到一定比例以上的商业银行（原则上东部沿海省份和计划单列市授信客户数占比不应低于70%，其它省份应不低于60%），各银监局在综合评估的基础上，可允许其一次同时筹建多家同城支行，且不受“每次批量申请的间隔期限不得少于半年”的限制。

七、鼓励商业银行先行先试，创新小微企业金融产品和服务方式，提升小微企业金融服务的广度和深度。

（一）引导商业银行根据小微企业不同发展阶段的金融需求特点，由单纯提供融资服务转向提供集融资、结算、理财、咨询等为一体的综合性金融服务。

（二）引导商业银行在提升风险管理水平的基础上，创新小微企业贷款抵质押方式，研究发展网络融资平台，拓宽小微企业融资服务渠道。

八、引导商业银行根据自身实际，在科学有效地运用资金、合理调整资产负债结构的基础上，有序开展专项金融债的申报工作。获准发行小微企业专项金融债的商业银行应实行专户管理，确保募集资金全部用于小微企业贷款。

九、在推进资产证券化业务试点工作中，优先选择小微企业金融服务成效显著、风险管控水平较高的商业银行，进一步拓宽小微企业贷款的资金来源。

十、根据《商业银行资本管理办法（试行）》（银监会令〔2012〕1号），在权重法下对符合“商业银行对单家企业（或企业集团）的风险暴露不超过500万元，且占本行信用风险暴露总额的比例不高于0.5%”条件的小微企业贷款适用75%的风险权重，在内部评级法下比照零售贷款适用优惠的资本监管要求。

十一、督促商业银行在收益覆盖成本和风险的前提下，根据风险水平、筹资成本、管理成本、授信目标收益、资本回报要求以及当地市场利率水平等因素，在国家利率政策允许的浮动范围内，自主确定贷款利率，建立科学合理的小微企业信贷风险定价机制。同时，进一步规范小微企业金融服务收费，严禁在发放贷款时附加不合理的贷款条件，提高小微企业金融服务收费的透明度。

十二、督促商业银行完善小微企业信贷风险管理体系，加大资源配置和人员培训力度，提升小微企业信贷风险识别、预警和处置能力。

十三、引导商业银行主动、持续宣传和推广小微企业金融服务的政策、经验和成效，普及小微企业金融服务知识，营造良好的社会舆论氛围。

十四、积极加强与有关部门的联动，在规范现有融资性担保机构的基础上，推动完善多层次、多领域、差别化的融资性担保体系，促进银行业金融机构与融资性担保机构加强规范合作，进一步增强担保机构的担保能力，引导其更好地为小微企业融资提供增信服务。

十五、积极配合有关部门进一步改善小微企业金融服务的外部生态环境。

（一）积极推动商业银行加强与地方相关部门的沟通协作，争取在财政补贴、税收优惠、建立风险分担和补偿机制、不良贷款核销等方面获得更大支持。

（二）积极引导商业银行在合理有效利用现有征信系统的基础上，加强其他相关信息资源的搜集，提高小微企业金融服务的质效。

本指导意见所指小微企业按照《关于印发中小企业划型标准规定的通知》（工信部联企业〔2011〕300号）的划分标准执行。小微企业贷款包括商业银行向小型、微型企业发放的贷款，个体工商户贷款以及小微企业主贷款。

2013年3月21日

关于做好2013年中小企业发展专项资金有关工作的通知

工信厅联企业〔2013〕65号

各省、自治区、直辖市及计划单列市中小企业主管部门、财政厅（局、委），新疆生产建设兵团工业和信息化委员会、财务局，中国职业经理人协会：

为进一步做好2013年中小企业发展专项资金有关工作，根据《财政部、工业和信息化部关于印发<中小企业发展专项资金管理办法>的通知》（财企〔2012〕96号，以下简称《管理办法》），现将有关事项通知如下：

一、指导思想

深入贯彻落实党的十八大精神，围绕加快转变经济发展方式，充分发挥财政资金的引导作用，促进中小企业结构调整和优化，引导中小企业专精特新发展，支持创新型、创业型和劳动密集型小型微型企业发展，改善中小企业服务环境，推动生产性服务业发展。专项资金安排向小型微型企业和中西部地区倾斜。

二、支持重点

（一）促进中小企业结构调整和优化

1. 制造水平提升项目。重点支持中小企业采用新技术、新工艺、新材料，开发新产品的技术改造项目。

2. 研发能力提升项目。重点支持中小企业购置研发设备、仪器、软件，改造相关场地及设施项目。

3. 信息化应用项目。重点支持中小企业应用安全可靠软件和信息技术提高研发设计、生产加工、管理水平，以及软件和信息技术应用服务的项目。

4. 专业化发展项目。重点支持中小企业为符合国家产业政策的行业龙头企业协作配套，提高专业化发展水平的技术改造项目。

5. 新兴产业项目。重点支持中小企业发展节能环保、新一代信息技术、集成电路设计等新兴产业项目。

6. 节能减排项目。重点支持中小企业应用节能减排技术和产品的技术改造项目。

7. 安全生产项目。重点支持中小企业改善安全生产条件的技术改造，以及提升食品药品安全水平的技术改造项目。

8. 专利补助项目。重点支持中小企业创造和运用专利技术。

（二）改善中小企业服务环境

1. 小企业创业基地建设项目。重点支持为满足小企业创业发展需求，改造现有场地以及相应的公用工程、公共服务设施，新建、扩建小企业创业标准厂房项目。

2. 服务企业和机构改造提升项目。重点支持为中小企业提供技术、质量、信息、集中治污减排等服务的生产性服务企业和机构的技术改造项目，主要为中小企业提供服务的物流企业仓储条件和物流信息平台改造项目，食品、药品质量安全和诚信平台建设项目。

3. 创新、创业服务项目（统称服务项目）。重点支持为小型微型企业提供工业设计、技术开发、技术推广、技术咨询、信息化服务、检验检测、质量控制、设备共享等创新服务项目；为初创小型微型企业提供的创业咨询、创业场地及设施等创业服务项目。

4. 中博会补助项目。支持我国境内及港澳台中小企业参加2013年中国国际中小企业博览会（简称中博会）。

5. 职业经理人发展项目。支持中国职业经理人协会开展职业经理人资质评价制度建设、社会化考核测评、资质评价和认证等工作。

三、申报条件

申报专项资金的项目单位必须符合《管理办法》有关要求，每个项目单位只能申报一个项目。此外，申报“支持重点”为“（一）促进中小企业结构调整和优化”项下各类项目的，项目单位须具有独立企业法人资格，而且符合现行国家中小企业划型标准规定；申报其他项目的，项目单位须具有独立法人资格。

（一）中小企业结构调整和优化项目

1. 项目基本条件。

项目须按固定资产投资项目管理规定进行核准或备案（专利补助项目、信息化应用项目除外），属于2013年底前建成且建设期不超过2年的在建项目。核准或备案文件未明确建设期的，项目建设起始日期为核准或备案时间。

申请无偿资助的项目，固定资产投资规模不超过1500万元；申请贷款贴息的项目，固定资产投资规模不超过2000万元。项目建筑工程投资不得超过固定资产投资的30%。

2. 其他条件。

（1）制造水平提升项目，要求企业采用与项目相关的有效期内的国家专利（其中购买技术应提供相关购买证明），或者具有2010年以来国家重点新产品证书、省部级新产品鉴定证书。

（2）研发能力提升项目，技术人员占企业总人数比例不低于15%，连续三年研发投入不低于企业销售收入的2%，新产品销售收入不低于企业全部销售收入20%。

（3）信息化应用项目，要求项目在2011年底前建成，2012年运行良好。

（4）专业化发展项目，企业2012年提供协作配套产品的销售额应占全部销售收入50%以上。

（5）新兴产业项目，其中的节能环保项目是指列入《国家重点节能技术推广目录》、《工业领域节能减排电子信息应用技术导向目录》，且已进入推广应用阶段的技术和产品。

（6）节能减排项目，企业应有明显的节能、减排效果。

（7）安全生产项目，企业应有明显的安全生产效果。

（8）专利补助项目，企业在2010年至2012年期间获得国家知识产权局授权的专利个数在6项以上（其中发明专利在2项以上），且50%以上的专利已在生产中应用。

（二）改善中小企业服务环境项目

1. 项目基本条件。

项目须按照固定资产投资项目管理规定进行核准或备案（服务项目、中博会补助项目、单纯购置设备的服务企业和机构改造提升项目除外），属于2013年底前建成且建设期不超过2年的在建项目。核准或备案文件未明确建设期的，项目建设起始日期为核准或备案时间。服务项目须为2012年内开展的服务业务。

申请无偿资助的项目，固定资产投资规模不超过2500万元；申请贷款贴息的项目，固定资产投资规模不超过3000万元。小企业创业基地建设项目，固定资产投资规模可放宽到4000万元。

2. 其他条件。

（1）小企业创业基地建设项目不得涉及新征用土地。新建、扩建标准厂房的，小型微型企业入住户数的比率不低于80%。将投资规模较大的项目拆分为小项目的，不予支持。

（2）创新服务项目申报单位需为国家和省级认定的示范平台，年服务小型微型企业100家以上，用户满意度在90%以上，对小型微型企业提供的公益性服务或低收费服务要占到总服务量的20%以上。

（3）创业服务项目需要年服务注册三年内的初创小微企业不少于30家，对小型微型企业提供的公益性服务或低收费服务要占到总服务量的20%以上。

四、支持方式和支持额度

（一）中小企业结构调整和优化项目

1. 专利补助项目。资金支持方式为无偿资助，对企业2010年至2012年期间获得的专利，每个发明专利补助不超过8万元，其他每个专利补助不超过5万元，已在生产中应用的专利每个不超过20万元，单个企业最高补助额不超过200万元。

2. 其他项目。资金支持方式分无偿资助和贷款贴息两种，其中，贷款贴息额度根据项目贷款额及人民银行公布的同期贷款基准利率确定，贴息期不超过两年。对单个项目支持金额不超过200万元，且支持金额不超过项目固定资产投资额的20%，不超过企业已投入的自有资金总额。

（二）改善中小企业服务环境项目

小企业创业基地建设项目、服务企业和机构改造提升项目的资金支持方式分无偿资助和贷款贴息两种，其中，贷款贴息额度根据项目贷款额及人民银行公布的同期贷款基准利率确定，贴息期不超过两年。对单个项目支持金额不超过400万元，且支持金额不超过该项目固定资产投资额的30%，不超过企业已投入的自有资金总额。

服务项目支持方式为无偿资助，根据服务小型微型企业数量、质量（满意度）和收费情况适当给予资助，资助金额不超过上一年度该机构服务支出额的20%，最高补助额不超过50万元，中西部地区最高补助额不超过60万元。

中博会补助项目的资金支持方式为无偿资助，由广东省中小企业局和财政厅统一提出申请。对境内及港澳台参展中小企业的补助标准为每个标准展位补助3000元，补助标准展位数不超过4500个。各参展中小企业据此相应减交展位费。

职业经理人发展项目的资金支持方式为无偿资助，由中国职业经理人协会提出申请，支持额度最高不超过3000万元。

（三）已通过其他渠道获取中央财政资金支持的项目，专项资金不再重复支持。

五、工作安排

（一）提出实施方案

各省、自治区、直辖市及计划单列市、新疆生产建设兵团财政（财务）部门会同中小企业主管部门（以下简称省级财政部门和中小企业主管部门）根据《管理办法》和本通知的规定，研究提出本地区2013年专项资金实施方案，包括支持重点、支持计划、资金需求、以往年度专项资金使用和项目实施绩效评价情况等（详见附件3），于2013年5月3日前报财政部、工业和信息化部审核。黑龙江省农垦总局所属中小企业纳入黑龙江省实施方案一并考虑，安排相应的资金额度。中国职业经理人协会根据本通知规定，研究提出2013年专项资金实施方案，包括工作计划、资金需求等，于2013年4月26日前报财政部、工业和信息化部。财政部及时向省级财政部门和中国职业经理人协会下达预算指标。

（二）项目申报

省级中小企业主管部门和财政部门应根据《管理办法》和本通知的规定，在本地区范围内公开组织本年度专项资金项目申报工作，并下发项目申报通知。项目申报通知中要公布本地区廉政信息反馈专线电话和电子邮箱。项目单位根据项目申报通知，按照属地管理原则向地方中小企业主管部门和财政部门提交资金申请报告及相关资料，并登录“国家中小企业专项资金项目管理系统”的专项资金端口（简称“项目管理系统”，网址为：www. sme. gov. cn），填报相关信息。

（三）项目审核

省级中小企业主管部门和财政部门按照《管理办法》规定开展项目审核工作，根据财政部下达的专项资金规模，提出项目和资金支持计划，并向社会公示。公示时间不少于7个工作日。项目和资金支持计划中，省、自治区、直辖市改善中小企业服务环境项目的个数不少于30个（不包含中博会补助项目），计划单列市、新疆生产建设兵团不少于15个，对小型微型企业和改善中小企业服务环境项目的资助额占全部项目资助额的比重不得低于80%。省级中小企业主管部门应保存全部项目资料以及专家评审意见原件备查。

（四）支持计划备案

省级财政部门和中小企业主管部门将本地区专项资金工作情况、公示无异议的项目和资金支持计划（详见附件1）报财政部、工业和信息化部备案。同时，将备案项目电子版资料（详见附件2）通过项目管理系统上报。备案后，省级财政部门按照预算管理的有关规定，在1个月内将资金拨付至项目单位。上述工作应于2013年6月30日前完成。

六、其他

（一）中国职业经理人协会将年度工作开展情

况、专项资金使用情况及实施效果等，于2014年1月31日前上报财政部、工业和信息化部。

（二）本通知未尽事宜按照《管理办法》执行。

附件：1. 中小企业发展专项资金项目和资金支持计划（略）

2. 备案项目电子版资料要求（略）

3. 中小企业发展专项资金实施方案（编报提纲）（略）

工业和信息化部办公厅 财政部办公厅

2013年4月9日

国务院发布《关于金融支持经济结构调整和转型升级的指导意见》

国办发〔2013〕67号

各省、自治区、直辖市人民政府，国务院各部委、各直属机构：

当前，我国经济运行总体平稳，但结构性矛盾依然突出。金融运行总体是稳健的，但资金分布不合理问题仍然存在，与经济结构调整和转型升级的要求不相适应。为深入贯彻党的十八大、中央经济工作会议和国务院常务会议精神，更好地发挥金融对经济结构调整和转型升级的支持作用，更好地发挥市场配置资源的基础性作用，更好地发挥金融政策、财政政策和产业政策的协同作用，优化社会融资结构，持续加强对重点领域和薄弱环节的金融支持，切实防范化解金融风险，经国务院同意，现提出以下指导意见。

一、继续执行稳健的货币政策，合理保持货币信贷总量

统筹兼顾稳增长、调结构、控通胀、防风险，合理保持货币总量。综合运用数量、价格等多种货币政策工具组合，充分发挥再贷款、再贴现和差别存款准备金动态调整机制的引导作用，盘活存量资金，用好增量资金，加快资金周转速度，提高资金使用效率。对中小金融机构继续实施较低的存款准备金率，增加"三农"、小微企业等薄弱环节的信贷资金来源。稳步推进利率市场化改革，更大程度发挥市场在资金配置中的基础性作用，促进企业根据自身条件选择融资渠道、优化融资结构，提高实体经济特别是小微企业的信贷可获得性，进一步加大金融对实体经济的支持力度。（人民银行牵头，发展改革委、工业和信息化部、财政部、银监会、证监会、保监会、外汇局等参加）

二、引导、推动重点领域与行业转型和调整

坚持有扶有控、有保有压原则，增强资金支持的针对性和有效性。大力支持实施创新驱动发展战略。加大对有市场发展前景的先进制造业、战略性新兴产业、现代信息技术产业和信息消费、劳动密集型产业、服务业、传统产业改造升级以及绿色环保等领域的资金支持力度。保证重点在建续建工程和项目的合理资金需求，积极支持铁路等重大基础设施、城市基础设施、保障性安居工程等民生工程建设，培育新的产业增长点。按照"消化一批、转移一批、整合一批、淘汰一批"的要求，对产能过剩行业区分不同情况实施差别化政策。对产品有竞争力、有市场、有效益的企业，要继续给予资金支持；对合理向境外转移产能的企业，要通过内保外贷、外汇及人民币贷款、债权融资、股权融资等方式，积极支持增强跨境投资经营能力；对实施产能整合的企业，要通过探索发行优先股、定向开展并购贷款、适当延长贷款期限等方式，支持企业兼并重组；对属于淘汰落后产能的企业，要通过保全资产和不良贷款转让、贷款损失核销等方式支持压产退市。严禁对产能严重过剩行业违规建设项目提供任何形式的新增授信和直接融资，防止盲目投资加剧产能过剩。（发展改革委、工业和信息化部、财政部、商务部、人民银行、国资委、银监会、证监会、保监会、外汇局等按职责分工负责）

三、整合金融资源支持小微企业发展

优化小微企业金融服务。支持金融机构向小微企业集中的区域延伸服务网点。根据小微企业不同发展阶段的金融需求特点，支持金融机构向小微企业提供融资、结算、理财、咨询等综合性金融服务。继续支持符合条件的银行发行小微企业专项金融债，所募集资金发放的小微企业贷款不纳入存贷比考核。逐步推进信贷资产证券化常规化发展，盘活资金支持小微企业发展和经济结构调整。适度放开小额外保内贷业务，扩大小微企业境内融资来源。适当提高对小微企业贷款的不良贷款容忍度。加强对科技型、创新型、创业型小微企业的金融支持力度。力争全年小微企业贷款增速不低于当年各项贷款平均增速，贷款增量不低于上年同期水平。鼓励地方人民政府建立小微企业信贷风险补偿基金，支持小微企业信息整合，加快推进中小企业信用体系建设。支持地方人民政府加强对小额贷款公司、融资性担保公司的监管，对非融资性担保公司进行清理规范。鼓励地方人民政府出资设立或参股融资性担保公司，以及通过奖励、风险补偿等多种方式引导融资性担保公司健康发展，帮助小微企业增信融资，降低小微企业融资成本，提高小微企业贷款覆盖面。推动金融机构完善服务定价管理机制，严格规范收费行

为，严格执行不得以贷转存、不得存贷挂钩、不得以贷收费、不得浮利分费、不得借贷搭售、不得一浮到顶、不得转嫁成本，公开收费项目、服务质价、效用功能、优惠政策等规定，切实降低企业融资成本。（发展改革委、科技部、工业和信息化部、财政部、人民银行、工商总局、银监会、证监会、保监会、外汇局等按职责分工负责）

四、加大对“三农”领域的信贷支持力度

优化“三农”金融服务，统筹发挥政策性金融、商业性金融和合作性金融的协同作用，发挥直接融资优势，推动加快农业现代化步伐。鼓励涉农金融机构在金融服务空白乡镇设立服务网点，创新服务方式，努力实现农村基础金融服务全覆盖。支持金融机构开发符合农业农村新型经营主体和农产品批发商特点的金融产品和服务，加大信贷支持力度，力争全年“三农”贷款增速不低于当年各项贷款平均增速，贷款增量不低于上年同期水平。支持符合条件的银行发行“三农”专项金融债。鼓励银行业金融机构扩大林权抵押贷款，探索开展大中型农机具、农村土地承包经营权和宅基地使用权抵押贷款试点。支持农业银行在总结试点经验的基础上，逐步扩大县域“三农金融事业部”试点省份范围。支持经中央批准的农村金融改革试点地区创新农村金融产品和服务。（财政部、国土资源部、农业部、商务部、人民银行、林业局、法制办、银监会等按职责分工负责）

五、进一步发展消费金融促进消费升级

加快完善银行卡消费服务功能，优化刷卡消费环境，扩大城乡居民用卡范围。积极满足居民家庭首套自住购房、大宗耐用消费品、新型消费品以及教育、旅游等服务消费领域的合理信贷需求。逐步扩大消费金融公司的试点城市范围，培育和壮大新的消费增长点。加强个人信用管理。根据城镇化过程中进城务工人员等群体的消费特点，提高金融服务的匹配度和适应性，促进消费升级。（人民银行牵头，发展改革委、工业和信息化部、商务部、银监会等参加）

六、支持企业“走出去”

鼓励政策性银行、商业银行等金融机构大力支持企业“走出去”。以推进贸易投资便利化为重点，进一步推动人民币跨境使用，推进外汇管理简政放权，完善货物贸易和服务贸易外汇管理制度。逐步开展个人境外直接投资试点，进一步推动资本市场对外开放。改进外债管理方式，完善全口径外债管理制度。加强银行间外汇市场净额清算等基础设施建设。创新外汇储备运用，拓展外汇储备委托贷款平台和商业银行转贷款渠道，综合运用多种方式为用汇主体提供融资支持。（人民银行牵头，外交部、发展改革委、财政部、商务部、海关总署、银监会、证监会、保监会、外汇局等参加）

七、加快发展多层次资本市场

进一步优化主板、中小企业板、创业板市场的制度安排，完善发行、定价、并购重组等方面的各项制度。适当放宽创业板对创新型、成长型企业的财务准入标准。将中小企业股份转让系统试点扩大至全国。规范非上市公众公司管理。稳步扩大公司（企业）债、中期票据和中小企业私募债券发行，促进债券市场互联互通。规范发展各类机构投资者，探索发展并购投资基金，鼓励私募股权投资基金、风险投资基金产品创新，促进创新型、创业型中小企业融资发展。加快完善期货市场建设，稳步推进期货市场品种创新，进一步发挥期货市场的定价、分散风险、套期保值和推进经济转型升级的作用。（证监会牵头，发展改革委、科技部、工业和信息化部、财政部、人民银行、工商总局、法制办等参加）

八、进一步发挥保险的保障作用

扩大农业保险覆盖范围，推广菜篮子工程保险、渔业保险、农产品质量保证保险、农房保险等新型险种。建立完善财政支持的农业保险大灾风险分散机制。大力发展出口信用保险，鼓励为企业开展对外贸易和“走出去”提供投资、运营、劳动用工等方面的一揽子保险服务。深入推进科技保险工作。试点推广小额信贷保证保险，推动发展国内贸易信用保险。拓宽保险覆盖面和保险资金运用范围，进一步发挥保险对经济结构调整和转型升级的积极作用。（保监会牵头，发展改革委、科技部、工业和信息化部、财政部、农业部、商务部、人民银行、林业局、银监会、外汇局等参加）

九、扩大民间资本进入金融业

鼓励民间资本投资入股金融机构和参与金融机构重组改造。允许发展成熟、经营稳健的村镇银行在最低股比要求内，调整主发起行与其他股东持股比例。尝试由民间资本发起设立自担风险的民营银行、金融租赁公司和消费金融公司等金融机构。探索优化银行业分类监管机制，对不同类型银行业金融机构在经营地域和业务范围上实行差异化准入管理，建立相应的考核和评估体系，为实体经济发展提供广覆盖、差异化、高效率的金融服务。（银监会牵头，人民银行、工商总局、法制办等参加）

十、严密防范金融风险

深入排查各类金融风险隐患，适时开展压力测试，动态分析可能存在的风险触点，及时锁定、防控和化解风险，严守不发生系统性区域性金融风险的底线。继续按照总量控制、分类管理、区别对待、逐步化解的原则，防范化解地方政府融资平台贷款等风险。认真执行房地产调控政策，落实差别化住房信贷政策，加强名单制管理，严格防控房地产融资风险。按照理财与信贷业务分离、产品与项目逐一对应、单独建账管理、信息公开透明的原则，规范商业银行理财产品，加强行为监管，严格风险管控。密切关注并积极化解“两高一剩”（高耗能、高污染、产能过剩）行业结构调整时暴露的金融风险。防范跨市场、跨行业经营带来的交叉金融风险，防止民间融资、非法集资、国际资本流动等风险向金融系统传染渗透。支持银行开展不良贷款转让，扩大银行不良贷款自主核销权，及时主动消化吸收风险。稳妥有序处置风险，加强疏导，防止因处置不当等引发新的风险。加快信用立法和社会信用体系建设，培育社会诚信文化，为金融支持经济结构调整和转型升级营造良好环境。（人民银行牵头，发展改革委、工业和信息化部、财政部、住房城乡建设部、法制办、银监会、证监会、保监会、外汇局等参加）

国务院办公厅
2013 年 7 月 1 日

工业和信息化部关于促进中小企业“专精特新”发展的指导意见

工信部企业［2013］264 号

各省、自治区、直辖市及计划单列市、新疆生产建设兵团中小企业主管部门：

为贯彻《国务院关于进一步支持小型微型企业健康发展的意见》（国发［2012］14 号），落实《“十二五”中小企业成长规划》提出的任务和要求，现就促进中小企业“专精特新”发展工作提出以下意见：

一、总体思路

（一）指导思想。以邓小平理论、“三个代表”重要思想、科学发展观为指导，以加快转变经济发展方式为主线，以促进中小企业转型升级，增强自主创新能力为目标，营造良好发展环境，发挥市场配置资源的基础性作用，健全服务体系，强化专业服务，加强对“专精特新”中小企业的培育和支持，促进中小企业走专业化、精细化、特色化、新颖化发展之路，不断提高发展质量和水平，增强核心竞争力。

（二）工作目标。引导中小企业专注核心业务，提高专业化生产、服务和协作配套的能力，为大企业、大项目和产业链提供零部件、元器件、配套产品和配套服务；引导中小企业精细化生产、精细化管理、精细化服务，以美誉度高、性价比好、品质精良的产品和服务在细分市场中占据优势；引导中小企业利用特色资源，弘扬传统技艺和地域文化，采用独特工艺、技术、配方或原料，研制生产具有地方或企业特色的产品；引导中小企业开展技术创新、管理创新和商业模式创新，培育新的增长点，形成新的竞争优势。通过培育和扶持，不断提高“专精特新”中小企业的数量和比重，提高中小企业的整体素质。

二、重点任务

（一）增强企业技术创新能力。发挥中小企业创新主体作用，鼓励中小企业不断加大研发投入和技术改造投资力度。引导和支持有能力、有条件的中小企业自建或与大学、科研机构共建企业技术中心，提高自主创新、集成创新和引进消化吸收再创新能力，增强创新驱动发展的动力。积极营造创新环境，建立激励机制，吸引和培养专业技术和高技能人才，开展群众性“专精特新”建言献策活动。鼓励中小企业参加产业技术创新联盟，建立联合开发、优势互补、成果共享、风险共担的产学研用合作机制。

（二）实施中小企业知识产权战略。鼓励和支持中小企业贯彻实施《企业知识产权管理规范》国家标准，建立专利运用协同体系，提高创造知识产权、保护研发成果、运用专利技术、促进转化实施的能力。鼓励企业员工和工程技术人员发明创造，支持研发、设计和生产具有自主知识产权的关键核心技术和产品。建立知识产权专业服务团队，开展专利申请、人才培训、预警分析、标准制定、维权诉讼等服务，提高专利质量和创新水平。培育和发展具有知识产权和竞争优势的中小企业。

（三）提高信息化应用水平。积极推动两化融合，鼓励电信运营商、信息化服务商搭建中小企业信息化服务平台，为中小企业提供电子商务、筹资融资、人才培训等信息化服务，推广适用的解决方案。支持中小企业通过服务外包、应用第三方专业服务等，提高研发设计、经营管理、生产过程、市场营销等信息化应用水平。支持中小企业在研发设计、生产制造、经营管理、市场开拓等主要业务环节有效应用信息技术，提高管理水平和经营效率。引导小微企业运用云计算、移动商务等新一代信息技术，促进信息技术集成应用和协同创新。开展信息化普及培训，提高中小企业应用安全可靠软件和信息技术的能力。

（四）提升产品质量和创建品牌。鼓励中小企业学习和应用先进的质量管理和生产控制方法，优化产品设计和生产流程，推进精益制造，提高产品质量和附加值。支持中小企业做强核心业务，争创知名品牌、驰名商标和著名商标，打造具有竞争力和影响力的精品和品牌。完善企业质量诚信体系，开展质量承诺活动，提高自律水平。加强对中小企业质量法律法规、检验检测、管理与控制、计量标准、品牌创建的指导和支持。

（五）提高经营管理水平。鼓励中小企业精细化管理，健全和规范管理制度，提升财务、成本、设备、现场、计量和人力资源管理水平，依法经营，诚实守信，节能环保，安全生产。采取智力引进和人才激励措施，吸引高素质管理和领军人才。建立企业管理咨询师和辅导师队伍，开展管理诊断和企业家培训，帮助中小企业经营管理者学习和运用现代管理知识，提高经营管理能力。引导中小企业履行社会责任，构建企业文化。

（六）促进产业协作配套。支持中小企业参与产业合作联盟和国家重大项目的实施，参与技术标准的制定，围绕大企业、大项目，采取专业分工、服务外包、订单生产等多种方式，与行业骨干企业建立长期稳定的合作关系，提高协作配套能力，促进企业集聚发展、可持续发展。鼓励大学、科研院所、大企业开放研发仪器设备等科技资源，组织开展促进产学研合作和项目对接活动，为中小企业开发、生产协作配套产品提供服务。

三、推进措施

（一）加大财税金融扶持。发挥各级各类支持中小企业发展专项资金和基金的引导和扶持作用，加大对中小企业技术进步和技术改造的支持力度，重点支持“专精特新”技术和产品，培育“专精特新”中小企业。落实企业研发费用税前加计扣除、符合条件的固定资产加速折旧等支持中小企业创新发展的激励政策。拓宽支持中小企业技术创新的融资渠道，搭建融资服务平台，促进银行与“专精特新”企业的项目对接。鼓励银行业金融机构创新金融产品和服务，支持“专精特新”中小企业采取信用贷款、知识产权质押、仓单质押等多种方式融资。鼓励符合条件的“专精特新”中小企业上市融资、发行债券。

（二）建立和完善服务体系。创新工作思路，充分发挥市场配置资源的作用，促进服务资源与企业需求对接。鼓励中介机构、行业协会、大学和科研机构等各类社会服务资源，为中小企业“专精特新”发展提供信息咨询、研发设计、管理提升、检验检测、技术转移、节能减排、人才培训、开拓市场、投资融资、设备共享等服务，开展宣传和培训活动。推动服务于区域特色优势产业的技术创新服务平台和产业共性技术研发基地建设，促进“专精特新”技术和产品的产业化。建立和完善中小企业公共服务平台网络，发挥中小企业公共服务示范平台的作用，提高专业服务水平和服务质量，加强对“专精特新”中小企业的培育和支持。

（三）组织市场开拓活动。支持“专精特新”中小企业参加中国国际中小企业博览会、APEC中小企业技术交流暨展览会等国际性展会，重点展示中小企业“专精特新”产品和技术，帮助中小企业扩大影响力，开拓国内外市场。支持开展区域性“专精特新”中小企业展览展销活动，推进企业之间的交流与合作，提高中小企业的协作配套能力。加强政策信息、市场信息的咨询服务。鼓励“专精特新”中小企业积极利用互联网，开展电子商务和网上展示交易活动。

（四）加强培育和推进工作。各地中小企业主管部门要结合本地区经济发展、产业布局和中小企业发展的实际，积极开展促进中小企业“专精特新”发展工作，规范认定标准，完善推进措施，探索培育方式，细化工作目标，支持“专精特新”产品、技术的研发和产业化，培育和认定一批“专精特新”中小企业。通过引导更多中小企业走“专精特新”发展之路，进一步完善产业链，增强产业竞争力，促进区域经济社会协调发展。

（五）建立协同工作机制。各地中小企业主管部门要发挥牵头和组织协调作用，会同有关部门，集聚各方资源，落实扶持政策，建立协同配合、共同推动中小企业“专精特新”发展的工作机制。要在贯彻落实本意见的基础上，制定符合本地区中小企业“专精特新”发展实际的推进措施。要加强调查研究和运行监测，不断总结和交流工作经验，努力开创促进中小企业“专精特新”发展的新局面。

工业和信息化部办公厅

2013年7月16日

国家发展改革委关于加强小微企业融资服务支持小微企业发展的指导意见

发改财金〔2013〕1410号

各省、自治区、直辖市及计划单列市、副省级省会城市发展改革委，北京市金融工作局、福建省经贸委、深圳市金融办：

为贯彻《国务院办公厅关于金融支持经济结构调整和转型升级的指导意见》（国办发〔2013〕67号），落实全国小微企业金融服务经验交流电视电话会议精神和工作部署，拓宽小微企业（系指《中小企业划型标准规定》（工信部联企业〔2011〕300号）中的小型、微型企业）融资渠道，缓解小微企业融资困难，加大对小微企业的支持力度，现提出以下意见：

一、各省级、副省级创业投资企业备案管理部门（以下简称各省级备案管理部门）应依据《关于促进创业投资企业发展有关税收政策的通知》（财税〔2007〕31号），与属地财税部门建立顺畅的工作机制，确保符合条件的创业投资企业及时足额享受税收优惠政策。

二、各省级备案管理部门应依据《国务院办公厅转发发展改革委等部门关于创业投资引导基金规范设立与运作指导意见的通知》（国办发〔2008〕116号），加快设立小微企业创业投资引导基金，吸引社会资本设立创业投资企业，主要投资于小微企业。已设立的创业投资引导基金应加快研究出台鼓励所投资创业投资企业支持小微企业的激励制度，可采取对参股创投企业设置投资小微企业的最低股比要求、支持参股创业投资企业加大对孵化器类企业投资，对投资小微企业的项目进行跟进投资等措施，支持小微企业发展。

三、支持符合条件的创业投资企业、股权投资企业、产业投资基金发行企业债券，专项用于投资小微企业；支持符合条件的创业投资企业、股权投资企业、产业投资基金的股东或有限合伙人发行企业债券，扩大创业投资企业、股权投资企业、产业投资基金资本规模。

四、继续加大国家新兴产业创投计划实施力度。按照“政府引导、规范管理、市场运作、鼓励创新”的原则，鼓励新兴产业创投计划参股创业投资企业进一步加大对战略性新兴产业和高技术产业领域小微企业的投资力度，在科技创新、战略规划、资源整合、市场融资、营销管理等方面，全面提升对创新型小微企业的增值服务水平，促进创新型小微企业加快发展。各省级备案管理部门要做好新兴产业创投计划参股创业投资企业的备案管理工作。

五、各省级发展改革部门应会同有关部门抓紧制定鼓励财政出资的股权投资企业、产业投资基金支持小微企业的政策措施，完善国有股权投资企业、产业投资基金绩效考核制度。各省级备案管理部门应积极协调属地国资部门，完善国有创业投资企业绩效考核政策，鼓励其加大对小微企业的投资。

六、鼓励各省级备案管理部门积极开展创业投资企业、股权投资企业与小微企业的项目对接活动，促进创业投资、股权投资资本的投资需求与小微企业融资需求的有机结合。

七、进一步完善“统一组织，统一担保，捆绑发债，分别负债”的中小企业集合债券相关制度设计，简化审核程序，提高审核效率，逐步扩大中小企业集合债券发行规模。对于集合债券发行主体中募集资金规模小于1亿元的，可以全部用于补充公司营运资金。各地发展改革部门应根据本地实际，优先做好中小企业集合债券发行申请材料的转报工作，提高工作效率。

八、扩大小微企业增信集合债券试点规模。贯彻国务院国发〔2012〕14号文件关于“搭建方便快捷的融资平台，支持符合条件的小企业上市融资、发行债券”的精神，在完善风险防范机制的基础上，继续支持符合条件的国有企业和地方政府投融资平台试点发行“小微企业增信集合债券”，募集资金在有效监管下，通过商业银行转贷管理，扩大支持小微企业的覆盖面。鼓励地方政府出台财政配套措施，采取政府风险缓释基金、债券贴息等方式支持“小微企业增信集合债券”，稳步扩大试点规模。

九、鼓励发行企业债券募集资金投向有利于小微企业发展的领域。鼓励地方政府投融资平台公司发债用于经济技术开发区、高新技术开发区以及工业园区等各类园区内小企业创业基地、科技孵化器、标准厂房等的建设；用于完善产业集聚区技术、电子商务、物流、信息等服务平台建设；用于中小企业公共服务平台网络工程建设等，鼓励发债用于为小微企业提供设备融资租赁业务。支持中小型企业发行企业债券用于企业技术改造，包括开发和应用新技术、新工艺、新材料、新装备，提高自主创新能力、促进节能减排、提高产品和服务质量、改善安全生产与经营条件等。

十、贯彻《关于坚决遏制产能严重过剩行业盲目扩张的通知》（发改产业〔2013〕892号）精神，支持创业投资企业、产业投资基金、企业债券满足产能过剩行业的小微企业转型转产、产品结构调整的融资需求。严格限制创业投资引导基金和财政出资的股权投资企业、产业投资基金间接或直接投向产能严重过剩行业新增产能项目、违规在建项目。

十一、清理规范涉及企业的基本银行服务费用，完善银行收费定价机制。加强对商业银行收费的监管，把规范银行收费行为作为清理治乱减负的重要内容，重点查处商业银行审核发放贷款过程中强制收费、捆绑收费、只收费不服务少服务行为，以及明令取消的项目继续收费、自立项目收费等行为。彻查违规行为，整肃经营环境，切实降低小微企业实际融资成本。

国家发展改革委
2013年7月23日

关于暂免征收部分小微企业增值税和营业税的通知

财税［2013］52号

各省、自治区、直辖市、计划单列市财政厅（局）、国家税务局、地方税务局，新疆生产建设兵团财务局：

为进一步扶持小微企业发展，经国务院批准，自2013年8月1日起，对增值税小规模纳税人中月销售额不超过2万元的企业或非企业性单位，暂免征收增值税；对营业税纳税人中月营业额不超过2万元的企业或非企业性单位，暂免征收营业税。

请遵照执行。

财政部 国家税务总局
2013年7月29日

中国银监会关于进一步做好小微企业金融服务工作的指导意见

银监发〔2013〕37号

各银监局，各政策性银行、国有商业银行、股份制商业银行，邮政储蓄银行，各省级农村信用联社：

为贯彻落实《国务院办公厅关于金融支持小微企业发展的实施意见》（国办发〔2013〕87号），进一步推进银行业小微企业金融服务工作，现提出如下意见：

一、银行业金融机构应坚持商业可持续原则，深入落实利率风险定价、独立核算、贷款审批、激励约束、人员培训、违约信息通报等“六项机制”，重点支持符合国家产业和环保政策、有利于扩大就业、有偿还意愿和偿还能力小微企业的融资需求。

二、银行业金融机构应在商业可持续和有效控制风险的前提下，主动调整信贷结构，单列年度小微企业信贷计划，并将任务合理分解到各分支机构，优化绩效考核机制，由主要负责人层层推动落实。同时，银行业金融机构应充分发挥信贷资产流转、证券化对小微企业融资的支持作用，将盘活的资金主要用于小微企业贷款。

各银监局应于每年一季度末汇总辖内法人银行业金融机构当年的小微企业信贷计划，报送银监会。各政策性银行、国有商业银行及中信银行、光大银行、邮政储蓄银行应于每年一季度末将当年全行的小微企业信贷计划报送银监会，同时抄送相关机构监管部门。

三、银行业金融机构应根据自身的市场定位和发展战略，在风险可控的前提下，切实加大对小微企业的信贷资源投入和考核力度，力争实现“两个不低于”目标，即：小微企业贷款增速不低于各项贷款平均增速，增量不低于上年同期。

各银监局应对辖内小微企业贷款增长情况（含法人银行业金融机构、分支机构和总行营业部）实行按月监测、按季考核，并针对辖内银行业金融机构细化考核要求，确保全辖实现“两个不低于”目标。

四、进一步完善小微企业金融服务监测指标体系。将小微企业贷款覆盖率、小微企业综合金融服务覆盖率和小微企业申贷获得率3项指标纳入监测指标体系，按月进行监测、考核和通报。具体填报要求见附件。

小微企业贷款覆盖率和小微企业综合金融服务覆盖率主要考察小微企业从银行获得贷款及其它金融服务的比例。小微企业申贷获得率主要考察银行业金融机构对小微企业有效贷款需求的满足情况。银行业金融机构要进一步改进内部机制体制，增强服务意识，切实提高小微企业贷款可获得性，拓宽小微企业金融服务覆盖面。

五、继续强化对小微企业金融服务的正向激励。各银行业金融机构必须在全年实现“两个不低于”目标、且当年全行小微企业申贷获得率不低于上年水平的前提下，下一年度才能享受《关于支持商业银行进一步改进小企业金融服务的通知》（银监发〔2011〕59号）、《关于支持商业银行进一步改进小型微型企业金融服务的补充通知》（银监发〔2011〕94号）、《关于深化小微企业金融服务的意见》（银监发〔2011〕7号）等文件规定的优惠政策。

各银监局要在银行业金融机构的市场准入、风险资产权重、存贷比考核等方面进一步落实差异化监管政策和正向激励措施。

六、各银监局应指导银行业金融机构有序开展小微企业专项金融债的申报工作，拓宽小微企业信贷资金来源。

获准发行此类专项金融债的银行业金融机构，该债项所对应的小微企业贷款在计算“小型微型企业调整后存贷比”时，可在分子项中予以扣除。

七、银行业金融机构要牢固树立以客户为中心的经营理念，持续丰富和创新小微企业金融服务方式。要针对不同类型、不同发展阶段小微企业的特点，为其量身订做特色产品，并全面提供开户、结算、贷款、理财、咨询等基础性、综合性金融服务。大力发展产业链融资、商业圈融资和企业群融资。要在提升风险管理水平的基础上，积极创新还款方式和抵质押方式，建立针对小微企业的信用评审机制，探索发放小微企业信用贷款。有序开办商业保理、金融租赁和定向信托等融资服务。同时，充分利用互联网等新技术、新工具，研究发展网络融资平台，不断创新网络金融服务模式。

各银监局要进一步引导辖内银行业金融机构增强支小助微的服务理念，鼓励开展金融创新，在做好风险防范和管理的基础上，按照“先试先行”的指导思想，稳步探索小微企业金融服务的新模式、新产品、新渠道。

八、银行业金融机构要进一步推进小微企业金融服务网点和渠道建设，增加对小微企业的有效金融供给。大中型银行要继续以“四单原则”为指导，把小微企业专营机构做精、做深、做出特色，并进一步向下延伸服务和网点，提高小微企业金融服务的批量化、规模化、标准化水平。地方法人银行业金融机构要坚持立足当地、服务小微的市场定位，向县域和乡镇等小微企业集中的地区延伸网点和业务。

各银监局要引导辖内银行业金融机构合理布局，支持在小微企业集中的地区设立村镇银行、贷款公司等小型金融机构，促进竞争，进一步做深、做实小微企业金融服务。

九、进一步规范小微企业金融服务收费。银行业金融机构要在建立科学合理的小微企业信贷风险定价机制的基础上，严格执行《关于支持商业银行进一步改进小型微型企业金融服务的补充通知》（银监发〔2011〕94号）有关规定，除银团贷款外，不得对小微企业贷款收取承诺费、资金管理费，严格限制对小微企业及其增信机构收取财务顾问费、咨询费等费用。严禁在发放贷款时附加不合理的贷款条件。

各银监局应加强对辖内银行业金融机构的督导，提高小微企业金融服务收费的透明度，并于2013年11月30日前对辖内银行业金融机构落实小微企业金融服务收费政策的情况开展专项检查，将检查结果纳入小微企业金融服务的年度总结。

十、银行业金融机构应根据自身风险状况和内控水平，适度提高对小微企业不良贷款的容忍度，并制定相应的小微企业金融服务从业人员尽职免责办法。

各银监局应在监管工作中落实提高小微企业不良贷款容忍度的具体措施。银行业金融机构小微企业贷款不良率高出全辖各项贷款不良率2个百分点以内的，该项指标不作为当年监管评级的扣分因素。

十一、银行业金融机构应加强风险管理和内控机制建设，完善小微企业信贷风险管理体系，提升小微企业信贷风险识别、预警和处置能力。

各银监局应加强对小微企业风险状况的监测和提示，指导辖内银行业金融机构主动防范和化解风险。

十二、各银监局、各银行业金融机构应主动加强与地方政府和相关部门的沟通，进一步密切合作，争取在财政补贴、税收优惠、信息共享平台、信用征集体系、风险分担和补偿机制等方面获得更大支持，优化小微企业金融服务的外部环境；充分发挥融资性担保机构为小微企业融资增信的作用，规范融资性担保贷款管理和收费定价行为，引导和督促融资性担保机构利用财政补贴和风险补偿等方式合理降低担保费率。各银行业金融机构应用足、用好财政、税收各项优惠政策，加大对小微企业不良贷款的核销力度。

十三、进一步做好小微企业金融服务宣传工作。各银监局、各银行业金融机构要主动、持续宣传和推广小微企业金融服务的政策、经验和成效，普及小微企业金融服务知识，营造良好的社会舆论氛围。

十四、加强对小微企业金融服务工作的督导与总结。各银监局要将对小微企业金融服务的督导检查纳入日常监管工作内容。对于当年未能实现“两个不低于”目标的银监局和相关银行业金融机构，银监会将进行重点督导。

各银监局、各政策性银行、国有商业银行、中信银行、光大银行、邮政储蓄银行应将上一年度全辖或全行的小微企业金融服务年度总结，于每年1月10日前报送银监会，前述各行应同时将总结抄送相关的机构监管部门。总结内容包括当年小微企业金融服务情况、成效、面临的问题、下一步工作安排及对有关部门的政策建议。

十五、自本意见印发之日起，《中国银监会办公厅关于按季报送小微企业金融服务有关数据的通知》（银监办发〔2013〕94号）中有关各银监局报送小微企业金融服务客户覆盖情况的规定不再执行，其余规定不变。

请各银监局将本意见转发辖内银监分局和银行业金融机构

（不含外国银行分行）

2013年8月29日

商务部关于促进电子商务应用的实施意见

商电函〔2013〕911号

各省、自治区、直辖市、计划单列市及新疆生产建设兵团商务主管部门：

为进一步促进各地电子商务应用，推动我国电子商务均衡发展，针对当前电子商务发展面临的突出问题，结合电子商务应用促进工作的实际需求，根据《关于促进信息消费扩大内需的若干意见》（国发〔2013〕32号）和《商务部“十二五”电子商务发展指导意见》（商电发〔2011〕375号）的有关要求，提出以下意见：

一、工作目标和原则

（一）工作目标

到2015年，使电子商务成为重要的社会商品和服务流通方式，电子商务交易额超过18万亿元，应用电子商务完成进出口贸易额力争达到我国当年进出口贸易总额的10%以上，网络零售额相当于社会消费品零售总额的10%以上，我国规模以上企业应用电子商务比例达80%以上；电子商务基础法规和标准体系进一步完善，应用促进的政策环境基本形成，协同、高效的电子商务管理与服务体制基本建立；电子商务支撑服务环境满足电子商务快速发展需求，电子商务服务业实现规模化、产业化、规范化发展。

（二）工作原则

1. 市场主导、政府推动。坚持以市场为导向，以企业为主体，运用市场机制优化资源配置，制订本地区电子商务发展政策，综合运用政策、服务、资金等手段完善电子商务应用发展环境。

2. 重点扶持、平衡促进。全面拓展电子商务应用，重点发展零售、跨境贸易、农产品和生活服务领域电子商务，重点扶持中西部地区应用电子商务，促进我国电子商务在区域和行业领域的均衡发展。

3. 典型示范、引导发展。以典型城市、基地、企业为主体建立电子商务试点示范体系，发挥示范带动作用，引导行业发展方向。

二、重点任务

（一）引导网络零售健康快速发展

引导网络零售企业优化供应链管理、提升客户消费体验，支持网络零售服务平台进一步拓展覆盖范围、创新服务模式；支持百货商场、连锁企业、专业市场等传统流通企业依托线下资源优势开展电子商务，实现线上线下资源互补和应用协同；组织网络零售企业及传统流通企业开展以促进网络消费为目的的各类网络购物推介活动。

（二）加强农村和农产品电子商务应用体系建设

1. 结合农村和农产品现代流通体系建设，在农村地区和农产品流通领域推广电子商务应用；加强农村地区电子商务普及培训；引导社会性资金和电子商务平台企业加大在农产品电子商务中的投入；支持农产品电子商务平台建设。

2. 深化与全国党员远程教育系统合作，深入开展农村商务信息服务。完善商务部新农村商网功能，建设“全国农产品商务信息公共服务平台”，实现农产品购销常态化对接。探索农产品网上交易，培育农产品电子商务龙头企业。

3. 融合涉农电子商务企业、农产品批发市场等线下资源，拓展农产品网上销售渠道。鼓励传统农产品批发市场开展包括电子商务在内的多形式电子交易；探索和鼓励发展农产品网络拍卖；鼓励电子商务企业与传统农产品批发、零售企业对接，引导电子商务平台及时发布农产品信息，促进产销衔接；推动涉农电子商务企业开展农产品品牌化、标准化经营。

（三）支持城市社区电子商务应用体系建设

支持建设城市家政服务网络公共服务平台，整合各类家政服务资源，面向社区居民提供供需对接服务；鼓励和支持服务百姓日常生活的电子商务平台建设，功能涵盖居家生活所需的各类服务，如购物、餐饮、家政、维修、中介、配送等；鼓励大型餐饮企业、住宿企业和第三方服务机构建立网上订餐、订房服务系统，完善餐饮及住宿行业服务应用体系。

（四）推动跨境电子商务创新应用

1. 各地要积极推进跨境电子商务创新发展，努力提升跨境电子商务对外贸易规模和水平。对生产企业和外贸企业，特别是中小企业利用跨境电子商务开展对外贸易提供必要的政策和资金支持。鼓励多种模式跨境电子商务发展，配合国家有关部门尽快落实《国务院办公厅转发商务部等部门关于实施支持跨境电子商务零售出口有关政策的意见》（国办发〔2013〕89号），探索发展跨境电子商务企业对企业（B2B）进出口和个人从境外企业零售进口（B2C）等模式。加快跨境电子商务物流、支付、监管、诚信等配套体系建设。

2. 鼓励电子商务企业“走出去”。支持境内电子商务服务企业（包括第三方电子商务平台，融资担保、物流配送等各类服务企业）“走出去”，在境外设立服务机构，完善仓储物流、客户服务体系建设，与境外电子商务服务企业实现战略合作等；支持境内电子商务企业建立海外营销渠道，压缩渠道成本，创立自有品牌。

3. 支持区域跨境（边贸）电子商务发展。支持边境地区选取重点贸易领域建立面向周边国家的电子商务贸易服务平台；引导和支持电子商务平台企业在边境地区设立专业平台，服务边境贸易。

（五）加强中西部地区电子商务应用

中西部地区可因地制宜，通过加强与电子商务平台合作，整合政府公共服务和市场服务资源，创新电子商务应用与公共服务模式，引导企业电子商务应用。加强电子商务企业和人才引进，加强电子商务宣传，开展电子商务人才培养；重点结合本地区特色产业发展需求，发展行业领域电子商务应用；吸引和支持优秀电子商务企业到中西部地区设立区域运营中心、物流基地、客服中心等分支机构；与电子商务平台企业对接销售中西部特色商品。

（六）鼓励中小企业电子商务应用

引导中小企业利用信息技术提高管理、营销和服务水平；鼓励中小企业利用电子商务平台开展网络营销，开拓境内外市场；鼓励中小企业在电子商务平台上开展联合采购，降低流通成本；支持第三方电子商务平台发展，带动中小企业电子商务应用；支持电子商务领域金融服务创新，拓宽中小企业融资渠道；扶持面向中小企业的公共服务平台和服务机构，加强对小企业应用电子商务的技术支持和人才培训服务。

（七）鼓励特色领域和大宗商品现货市场电子交易

鼓励通过电子商务手段开展再生资源回收、旧货流通、拍卖交易、边境贸易等领域电子商务应用。鼓励大宗商品现货市场电子交易经营主体进一步完善相关信息系统，研究制订商品价格指数、电子合同及电子仓单标准、供应链协同标准、运营模式规范，增强市场价格指导能力、供应链协同能力和现货交易服务能力，促进我国大宗商品现货市场电子交易的规范化发展。

（八）加强电子商务物流配送基础设施建设

各地要按照国家加快流通产业发展的总体要求，规划本地区电子商务物流，推进城市物流配送仓储用地、配送车辆管理等方面的政策出台，推动构建与电子商务发展相适应的物流配送体系。开展电子商务城市共同配送服务试点，逐步建立完善适应电子商务发展需求的城市物流配送体系。

（九）扶持电子商务支撑及衍生服务发展

鼓励电子支付、仓储物流、信用服务、安全认证等电子商务支撑服务企业开展技术和服务模式创新，建立和完善电子商务服务产业链条；发挥服务外包对电子商务的促进作用，发展业务流程外包服务和信息技术外包服务，如设计服务、财务服务、运营服务、销售服务、营销服务、咨询服务、网络建站和信息系统服务等。

（十）促进电子商务示范工作深入开展

国家电子商务示范城市要深入推进创建工作，落实各项工作任务，结合商务领域应用需求，大力推进项目试点，开展政策先行先试。国家电子商务示范基地要发挥电子商务产业集聚优势，创新公共服务模式，建设和完善面向电子商务企业的公共服务平台，搭建完整的电子商务产业链条，提高区域经济核心竞争力，要按照中央财政资金管理的相关规定，做好财政支持项目的组织实施。培育一批网络购物平台、行业电子商务平台和电子商务应用骨干企业，发挥其在模式创新、资源整合、带动产业链等方面的引导作用，结合电子商务统计、监测、信用体系建设推进电子商务示范企业建设。各地应按照国家电子商务示范城市、示范基地、示范企业的有关要求，积极开展本地电子商务示范体系的建设。

三、保障措施

（一）建立健全协调保障机制

各地要高度重视电子商务工作，提高思想认识，落实电子商务工作职能，把电子商务作为商务工作的重要抓手；建立完善本地区跨部门电子商务工作协作机制，发挥商务主管部门对电子商务发展的协调指导作用，主动与相关部门沟通、协调；加强与商务部的联系，建立中央与地方的工作互动机制。

（二）完善电子商务政策、法规体系建设

各地要加快完善地方电子商务政策体系，结合本地区实际，针对电子商务面临的突出问题，从促进电子商务产业发展的角度，先行先试出台本地区电子商务法规政策，配合国家有关部门促进电子商务立法工作。

（三）落实政策配套措施

各地要结合落实国家流通产业的相关政策，充分运用中央财政资金，加大对电子商务发展的支持力度。

各地可根据本地区电子商务发展的具体情况，安排专项资金用于推动电子商务发展，选择重点领域进行突破。

各地应加快建立促进电子商务发展的多元化、多渠道投融资体制，充分发挥企业的主体作用，吸引更多民间资本进入电子商务领域。支持金融机构和社会资本投资电子商务项目。

（四）加强电子商务统计监测及信用体系建设

各地要根据国家关于电子商务统计报表制度，依托商务部电子商务信息管理分析系统，组织本地区电子商务企业及时填报数据，做好统计工作；参照国家统一标准推动建立本地区电子商务统计报表制度，开展地方电子商务统计及重点企业监测；利用电子商务交易平台信用数据和社会信用数据，建设地方电子商务信用信息基础数据库，建立数据共享和应用机制，积极培育面向电子商务的第三方信用服务业。

（五）组织开展电子商务研究和人才培训

各地要以国家电子商务人才继续教育基地为依托，推动建立地方电子商务继续教育分基地，组织开展电子商务紧缺人才、高端人才和专业技能人才的培养。鼓励行业组织、专业培训机构和企业，开展电子商务人才培训及岗位能力培训。建立电子商务专家咨询机制，发挥电子商务专家的指导与咨询作用。有条件的地方可设立电子商务研究机构，整合产学研资源，开展电子商务发展的现状、问题、趋势专题研究，提出促进与规范电子商务的措施建议。

（六）培育行业组织加强行业自律

各地应加强对电子商务行业组织的培育，充分发挥各级电子商务协会、学会、产业联盟等中介组织作用，配合政府部门落实电子商务政策和规划。鼓励中介组织制订行业规章、行业标准，加强行业自律。

（七）加强领导抓好落实

各地要结合本地区实际，因地制宜，制订具体实施办法、工作行动计划，细化工作目标，确保各项任务落实到位。

各地要建立和完善重点工作联系机制和考核机制，加强监督检查，及时解决工作中的各类问题，并向商务部报告相关情况；做好跟踪、总结、交流和宣传工作，保证各项工作取得实效。

商务部

2013 年 10 月 31 日

财政部印发《关于小微企业免征增值税和营业税的会计处理规定》的通知

财会［2013］24 号

国务院有关部委、有关直属机构，各省、自治区、直辖市、计划单列市财政厅（局），新疆生产建设兵团财务局：

为了深入贯彻实施《小企业会计准则》，解决执行中出现的问题，根据《财政部 国家税务总局关于暂免征收部分小微企业增值税和营业税的通知》（财税［2013］52 号）相关规定，我部制定了《关于小微企业免征增值税和营业税的会计处理规定》，现予印发，请布置本地区相关企业执行。执行中有何问题，请及时反馈我部。

财政部

2013 年 12 月 24 日

附件

关于小微企业免征增值税和营业税的会计处理规定

根据《财政部 国家税务总局关于暂免征收部分小微企业增值税和营业税的通知》（财税［2013］52 号，以下简称《通知》）相关规定，现就小微企业免征增值税、营业税的有关会计处理规定如下：

小微企业在取得销售收入时，应当按照税法的规定计算应交增值税，并确认为应交税费，在达到《通知》规定的免征增值税条件时，将有关应交增值税转入当期营业外收入。

小微企业满足《通知》规定的免征营业税条件的，所免征的营业税不作相关会计处理。

小微企业对本规定施行前免征增值税和营业税的会计处理，不进行追溯调整。

关于促进劳动密集型中小企业健康发展的指导意见

工信部联企业〔2013〕542 号

各省、自治区、直辖市及计划单列市、新疆生产建设兵团中小企业主管部门、发展改革委、财政厅（局）、人力资源社会保障厅（局）、商务厅（局）、国家税务局、地方税务局、工商行政管理局（市场监督管理局）、银监局，海关总署广东分署、各直属海关：

为贯彻落实《国务院关于进一步支持小型微型企业健康发展的意见》（国发〔2012〕14 号），缓解劳动密集型中小企业面临的突出问题，促进企业健康发展，提出以下意见。

一、重要意义

我国是人口大国，大力发展劳动密集型中小企业是缓解就业压力、增加居民收入、改善生活条件的重要途径，是促进社会和谐稳定发展的重要保障。不断优化劳动密集型中小企业发展环境，提高企业创新能力和管理水平，引导劳动密集型企业重点或优先在中小城市发展，对实现城乡居民收入倍增目标和促进新型城镇化发展具有积极作用。各地要把解决当前劳动密集型中小企业遇到的用工成本上升、传统优势减弱、生存和发展压力增大、融资难等突出问题与推动企业转型升级结合起来，切实加大扶持力度，有效减轻企业负担，不断稳定和增加就业岗位，提高企业竞争能力，促进劳动密集型中小企业健康发展。

二、总体思路

（一）指导思想。以邓小平理论、“三个代表”重要思想、科学发展观为指导，深入贯彻落实党的十八大和十八届二中、三中全会精神，以及国务院关于促进中小企业特别是小型微型企业发展的一系列政策措施，充分发挥财税政策、产业政策的引导作用，加强公共服务，改善发展环境，支持劳动密集型中小企业加快结构调整，提高管理水平，增强竞争能力，走可持续的健康发展道路。

（二）主要目标。通过政府、企业、社会等多方共同努力，积极缓解当前劳动密集型中小企业遇到的用工成本上升、生存和发展压力加大等问题，着力激发创业创新活力，推动企业转型升级，促进就业岗位不断增加、市场份额不断扩大，形成有利于劳动密集型中小企业提升素质、良好成长的发展环境。

（三）工作范围。把轻工、纺织、机械、电子、批发和零售业、住宿和餐饮业、居民服务业、养老服务业以及现代服务业等行业中百万元固定资产就业人数 13 人以上（含 13 人）、人均年营业收入 45 万元以下（含 45 万元）的中小企业作为当前引导扶持的重点，努力营造良好的政策环境和社会氛围，促进劳动密集型中小企业转型升级和健康发展。

三、主要任务

（一）加快企业转型升级。鼓励劳动密集型企业积极探索和应用先进适用的企业管理、产品生产和市场营销技术，优化组织结构，提高自主创新能力。引导具有品牌、技术、特色资源和管理优势的企业以并购、产业联盟等方式，培育发展优质劳动密集型中小企业。支持企业加强信息技术应用，提升企业信息化水平，提高生产效率。鼓励劳动密集型中小企业运用电子商务、信用销售和信用保险，积极开拓国内外市场。支持企业淘汰落后工艺技术和设备，改善劳动生产环境，实现绿色环保发展。支持企业走“专精特新”和产业集聚发展道路。

（二）提高产品和服务质量。建立健全质量管理体系，严格执行生产许可、经营许可、强制认证等准入管理，不断增强诚信经营、质量保证、安全生产能力。鼓励劳动密集型中小企业提高专业化生产、服务能力和企业间协作配套水平。

（三）加强品牌建设。鼓励劳动密集型中小企业加强品牌建设，创建自主品牌。引导企业提高商标意识，在经济活动中注册和使用商标。支持企业改进竞争模式，提高其通过运用商标开拓市场和应对市场竞争的能力，加强技术创新、管理创新和商业模式创新，提高产品和服务质量，形成自身的核心竞争力。

四、政策措施

（一）引导民间投资发展劳动密集型企业。深入贯彻落实国务院关于鼓励、支持和引导个体私营等非公有制经济发展和鼓励引导民间投资健康发展的一系列政策措施，创造公平竞争、平等准入的市场环境。鼓励民间资本从事现代农业、基本生活服务业、养老服务业、广告、印刷、演艺、娱乐、文化创意、文化会展、影视制作、网络文化、动漫游戏、出版物发行、文化产品数字制作与相关服务。鼓励民间资本进入商品批发零售、现代物流领域，以及连锁经营、特许经营、电子商务等新型流通业态。

（二）切实降低企业税费负担。推动落实已出台的提高增值税、营业税起征点政策和小型微利企业所得税优惠政策，以及暂免征收部分小微企业增值税和营业税政策。进一步加强收费管理，坚决取消各种违法违规收费项目，严格落实已出台的行政事业性收费取消和减免政策，把涉及劳动密集型中小企业的乱收费行为作为治理“三乱”监督检查的重点。按照国家出口退税政策，及时办理出口退税。

（三）加大财政政策扶持力度。加大中小企业发展专项资金、中小商贸企业发展专项资金对劳动密集型中小企业的支持力度。切实落实职业培训补贴等相关政策，对劳动密集型中小企业新招用高校毕业生并组织开展岗前培训的，可适当提高培训费补贴标准。对企业招用就业困难人员、签定劳动合同并缴纳社会保险费的，按规定给予社会保险补贴。对小型微型企业新招用毕业年度高校毕业生，签订1年以上劳动合同并按时足额缴纳社会保险费的，给予1年的社会保险补贴，政策执行期截止到2014年底。

（四）缓解融资困难。鼓励银行业金融机构提高对劳动密集型中小企业贷款的规模，积极开发适合劳动密集型中小企业特点的金融产品和服务方式，量身定制融资方案，合理确定企业贷款利率。对金融机构与小微企业签订借款合同免征印花税。积极开展融资培训及咨询服务，推动多种形式银企对接。鼓励信用担保机构、保险机构加大对劳动密集型中小企业的服务力度，符合条件的中小企业信用担保机构可按规定享受税收优惠政策。

（五）营造良好的市场环境。进一步提高通关效率，推动落实调减法定检验检疫目录等政策，为劳动密集型中小企业产品出口提供便利条件。推动落实政府采购促进中小企业发展的政策，鼓励劳动密集型中小企业积极参与政府采购，或与大企业组成联合体共同参加政府采购，拓宽市场空间。支持企业到境外参展办展，开拓国际市场。

（六）促进企业集聚发展。加快建设小企业创业基地、科技孵化器、商贸企业集聚区等，各类园区要集中建设标准厂房和仓储设施，积极为企业提供生产经营场地。对创办三年内租用经营场地和店铺的劳动密集型中小企业，符合条件的，给予一定比例的租金补贴。改善企业集聚发展环境，支持能源供应、排污综合治理等基础设施建设，支持建立技术、电子商务、物流、信息等服务平台。鼓励有技术、有市场的劳动密集型中小企业，有序从东部地区向中西部地区转移，提高产品市场竞争力。

（七）加强公共服务。支持建立公共服务平台、发挥平台积聚服务资源的作用。引导社会各类服务机构增强对劳动密集型中小企业的服务能力，增强政策咨询、创业创新、知识产权、投资融资、管理诊断、检验检测、人才培训、市场开拓、财务指导、信息化服务等各类服务功能。实施中小企业公共服务平台网络建设工程，支持各省（区、市）统筹建设资源共享、服务协同的公共服务平台网络，支持行业特色鲜明的中小商贸流通企业公共服务平台建设。建立健全服务规范、服务评价和激励机制，调动和优化配置服务资源，把为劳动密集型中小企业提供优质服务作为业绩考核的重点内容。鼓励信息化服务商搭建平台，为劳动密集型中小企业提供信息化服务。

（八）加强指导协调。充分发挥国务院促进中小企业发展工作协调机制的组织领导和政策协调作用，各相关部门要转变观念、强化服务意识，加强沟通和配合，集聚各类资源，细化配套政策，促进劳动密集型中小企业健康发展。

工业和信息化部 国家发展和改革委员会
财政部 人力资源和社会保障部 商务部 海关总署
国家税务总局 国家工商行政管理总
局中国银行业监督管理委员会
2013年12月31日

二、地方性法规、规章及规范性文件

北京市扶助小微企业专项行动实施方案

依据《工业和信息化部关于开展扶助小微企业专项行动的通知》（工信部企业【2013】67号）文件精神和全国中小企业工作会议部署，制定北京市扶助小微企业专项行动实施方案。

一、指导思想

深入贯彻党的十八大精神，以落实《北京市人民政府关于进一步支持小型微型企业发展的意见》（京政发［2012］40号，以下简称“京政发40号文”）为重点，以“扶助小微、转型成长”为主题，努力推进首都发展科技创新、文化创新双轮驱动战略实施。以促进小型微型企业发展为中心，加强市区两级互动，促进北京市小型

微型企业自身素质、经营能力和管理水平全面提高，增强企业的可持续发展能力，为全面提升首都经济发展质量奠定坚实基础。

二、工作目标

切实抓好京政发40号文各项规定的贯彻落实，督促各区县政府和市有关部门、单位制定配套实施办法；阶段性开通北京市中小企业公共服务平台网络，发挥北京中小企业网作用，实现政务网站与便民网站的有效融合；推进中小企业公共服务平台和小企业创业基地重点培育工程；完善市、区县两级投融资服务体系，落实金融扶持政策，创新小型微型企业融资产品，拓宽小型微型企业融资渠道；通过创业投资引导基金继续引导社会资本投向创新型、高科技型的小微企业；加大创业创新性小型微型企业扶持力度；进一步健全现有减负工作机制，切实做好企业减负工作。

三、重点工作内容

（一）加快推动政策落地

推动京政发40号文的贯彻落实，加大对小型微型企业支持力度。

1. 召开“领导小组”会议。充分发挥“领导小组”统筹协调职能，努力推动小型微型企业发展的各项政策措施得以贯彻落实，保证配套措施制定出台，将政策措施贯彻落实到位。

2. 召开全市“促进小微企业发展工作会议”，部署全年工作，推动京政发40号文相关配套政策出台和措施实施。

3. 做好政策宣传服务。充分利用行政及社会资源，组织开展政策宣贯系列活动，围绕财税、融资、项目申报、行业发展、市场准入、行政审批等小型微型企业集中关注的政策区域，加大培训宣传力度，切实服务小型微型企业。对于政策宣传到位、落实措施有力、工作成绩突出的部门进行表扬宣传，强化示范带动效果，进一步促进扶持小型微型企业发展的各项政策措施有效贯彻落实。

（二）加快中小企业服务体系建设

1. 加快中小企业公共服务平台网络建设。市级服务平台建设，完成基础改造工程以及各种设备设施的购置及安装；8月份上线试运行，10月对外试营业。

2. 全力推进窗口平台建设。基本改造完成15家第一期窗口平台，同时启动二期、三期32家窗口平台的升级改造工作。按照成熟一家联通一家的思路，将窗口平台纳入服务平台网络服务体系。实现市级平台网络统一运作、16个区县和多个重点产业集群全覆盖，带动更多的社会服务平台、合作机构为中小企业开展服务。

3. 加快市、区县中小企业服务中心建设，推动社会服务资源整合，将中小企业服务中心打造为我市中小企业服务的门户与窗口。

4. 组建“北京中小企业联合会”，支持发展行业协会（商会）等社会组织，充分发挥其桥梁纽带作用。

5. 认定30家“北京市中小企业公共服务平台”、30家“北京市小企业创业基地”，并给予政策资金支持，推动小企业基地集约、高效、可持续发展。

6. 发挥各职能部门行业与资源优势，实现横向协作，为小型微型企业提供专业化培训服务。组织开展了《小企业会计准则》宣贯，开展系列知识产权培训、中小企业专利试点、示范工作，开展先进质量管理方法培训、区县中小企业运行监测人员基础知识培训等，为小型微型企业培训各类管理人员8万名。

7. 集聚社会各类优势资源，为小型微型企业提供协同化培训服务。利用社会资源，围绕管理创新、素质提升、创业就业等主题，组织开展“中小企业管理升级系列行动”、“管理公益大讲堂”等多种系列活动。活动覆盖16个区县，服务企业20000家。

（三）努力提升融资服务水平

1. 完成“1+16+100”的中小企业投融资服务

平台建设，并建立中小企业融资服务联盟。

2. 不断提升对我市金融机构服务水平，继续推进差异化管理水平，有效加强金融机构对小微企业的信贷支持，开展好小微企业融资专项活动。

3. 进一步完善中小企业创投引导基金管理工作，加快参股创投企业的投资进度，充分发挥引导基金的作用，重点支持科技型、文化型中小企业发展，2013 年将继续通过公开征集的方式选择合格创投机构，共同出资设立引导基金参股创投企业，实现协议出资金额突破 40 亿元。

4. 积极创新金融产品，通过集合债券、集合票据、集合信托、短期融资券和中小企业私募债券等创新融资产品，增强融资服务能力，2013 年“‘北京中小成长之星’中小企业集合资金信托计划”融资规模力争达 70 亿元以上。

5. 制定北京市中小企业发展基金管理办法，启动 20 亿中小企业发展基金。采用股权、债权、风险补偿三种方式对中小企业提供融资支持，改善融资环境。

6. 促进担保机构健康发展，鼓励其为小型微型企业提供低费率担保服务。通过做大再担保公司、建立风险补偿机制等方式为小型微型企业增信，提高小型微型企业的贷款成功率。

（四）支持小型微型企业创新发展

1. 用好支持中小企业发展的各项资金，支持中小企业技术改造、结构调整和产业升级，引导中小企业向“专精特新”方向发展。

2. 依托工业智力支撑平台，组织技术转移中心开展“高校科技成果区县行”活动，向区县产业园区内 300 家中小企业推广电子、医药、新材料、汽车等领域的最新科研成果，促进技术与企业对接，推动科技成果转化。

3. 推进中小企业知识产权“涌泉工程”，加强知识产权知识普及，提高中小企业知识产权创造、运用、保护和管理水平。在中小企业聚集区对 1000 家中小企业进行知识产权知识普及推广，进一步提升中小企业聚集区知识产权保护能力和自主创新能力，推进中小企业知识产权环境建设，为北京市中小企业发展提供智力支持；在朝阳电子城、丰台科技园、石景山园建立中小企业知识产权聚集区，推动自主知识产权优势中小企业聚集区的形成和发展，进而带动北京市中小企业自主知识产权能力增长；开展中小企业知识产权问题会诊，针对中小企业聚集区企业共性和个性问题，提供知识产权解决方案。

4. 以小企业创业基地为依托，加强小型微型企业集聚区信息化基础设施建设、信息化培训和信息化应用普及支持力度，示范带动作用。

5. 以“资源换服务”的模式，联合百度、用友、金蝶、金和等大型 IT 企业、中小企业信息化应用服务商开展公益性信息化培训和技术服务，围绕管理提升、电子商务及信息化推广等主题，举办活动 200 场，覆盖小型微型企业 20000 个，为企业培训信息化人才 40000 人。

6. 推动信息化服务商为 8000 家优秀小型微型企业免费建设网站，努力普及电子商务，为 20000 家企业提供网络营销推广补助资金，帮助小型微型企业利用信息化技术，实现市场拓展。

（五）加大创业扶持力度

1. 开展创业指导师培训。针对各区县中小企业主管部门、小企业创业基地和公共服务平台，全年培训 120 名创业指导师，强化创业服务能力。

2. 继续开展“创业大讲堂 - 企业家面对面”活动，使成功企业家与企业共同分享成长中的得失成败，面对面指导企业创业。

3. 采取多种手段，以多种形式开展公益性创业咨询服务活动，加强创业培训。

4. 组织创业指导专家在全市重点区县开展巡回企业诊断活动，针对企业在项目分析、市场营销、经营管理方面存在的问题提供专业化的诊断服务。

（六）切实做好企业减负工作

1. 继续清理各类涉企不合理收费。认真执行国家对行政事业性收费的各项规定，加强监督管理力度。清理和规范涉企经营服务性收费，对事业单位、社会团体相关涉企经营服务性收费进行清理，制定涉企经营服务性收费管理规定，规范收费行为。

2. 加大监督检查和查处力度。开展重点行业、领域减负工作的专项检查。一是开展“三查”工作，既查基层单位、查薄弱环节、查突出问题；二是重点加强对企业反映强烈的地区、部门和收费项目的监督检查，对发现的问题及时研究提出处理意见或建议。

3. 做好我市企业负担调查组织工作。按照工信部要求，组织我市有关区县减负机构和相关企业做好我市企业负担调查填报和培训工作。会同市有关部门组织开展减轻企业负担调研活动，并加强对企业关切的企业负担重大问题研究，提出减轻企业负担的政策性建议。

4. 做好我市减轻企业负担政策宣传周活动组织工作。通过多种形式，加大惠企政策和减负工作的宣传力度，按照工信部的统一部署，组织好我市的减轻企业负担政策宣传周活动，营造全社会关心小微发展的氛围。

5. 建立和完善减轻企业负担长效机制。落实企业减负组织协调职责，加强对区县减负工作指导，确保企业减负工作顺利进行。进一步健全现有领导体制和工作机制，发挥市、区两级企业减负联席会议作用，加快企业减负工作制度化建设，积极探索和建立减轻企业负担的长效机制。

四、活动安排

全市扶助小微企业专项行动分三个阶段进行：

（一）宣传发动阶段（3 月 ~4 月上旬）

在总结 2012 年中小企业服务年活动的基础上，制定扶助小微企业专项行动工作计划并启动实施。

（二）组织实施阶段（4 月中旬 ~11 月上旬）

依据实施方案确定的重点工作，组织开展相关活动，汇总工作进展情况，协调解决影响工作进展的情况和问题。切实加大活动宣传力度，营造良好的舆论氛围。

（三）总结验收阶段（11月～12月）

检查专项行动实施方案确定的各项重点工作和目标任务完成情况，总结经验、查找不足，提出2014年度支持小型微型企业发展的工作思路和建议。

五、保障措施

（一）加强协调，整体联动

发挥市促进中小企业发展工作领导小组作用，加强委办局、区县沟通，凝聚上下共识，发挥各自优势，聚焦政策手段，形成工作合力。发挥市区两级中小企业服务体系作用，聚集金融机构、公共服务平台、小企业创业基地、行业协会、商会等，共同致力于扶持小型微型企业的发展。

（二）加大工作力度，确保政策落实

增强服务小型微型企业的责任意识，积极推进落实支持小型微型企业发展的扶持政策，并根据形势变化不断完善相关政策措施。督促各区县组建完成促进中小企业发展工作领导小组、设立中小企业发展专项资金，建立健全中小企业服务中心，确保中小企业服务机构、人员、办公场所落实。

（三）加强宣传推介，营造舆论氛围

充分利用报刊、广播、电视、网络等媒体，宣传小型微型企业的重要地位、作用，宣传扶助小型微型企业发展的政策措施和工作进展；宣传优秀小型微型企业的典型案例。创造有利于小型微型企业发展的舆论环境和文化氛围，增强小型微型企业的发展信心。

中共天津市委 天津市人民政府关于进一步加快民营经济发展的意见

津党发〔2013〕27号

为深入贯彻党的十八大和十八届三中全会精神，认真落实市委十届三次会议精神的要求，进一步加快民营经济发展，不断增强天津经济发展活力、竞争力和综合实力，推进美丽天津建设，现提出以下意见。

一、全面把握总体要求，努力实现发展目标

1. 明确指导思想。民营经济是社会主义市场经济的重要组成部分，是经济社会发展的重要基础。进一步加快民营经济发展，对于推动全市开发开放，调整经济结构、转变发展方式，扩大社会就业、增加税收和群众收入，实现富民强市、建设美丽天津，具有重要的现实作用和战略意义。加快民营经济发展，必须全面贯彻落实党的十八大和十八届三中全会精神，以邓小平理论、“三个代表”重要思想、科学发展观为指导，认真落实市委十届三次全会精神，坚持“两个毫不动摇”的原则，鼓励、支持、引导民营经济发展，深化落实中央关于鼓励、支持和引导民营经济发展的一系列政策措施，坚持权利平等、机会平等、规则平等，坚决废除对民营经济各种形式的不合理规定，消除各种隐性壁垒，创造更加公平的市场环境、政策环境和社会环境，充分激发民营经济活力和创造力，不断开创民营经济发展新局面。

2. 全面实现发展目标。到2016年，全市民营经济市场主体达到60万户以上，其中，民营企业达到30万户以上，年营业收入超5亿元民营企业达到300户以上，民营经济占全市生产总值比重达到48%以上，发展质量和效益进一步提高。

二、进一步解放思想，动员和支持全民创业

3. 牢固树立放胆放手放开发展理念。广泛开展宣传教育，增强改革创新意识和市场经济理念，克服小富即安观念，充分发挥市场在资源配置中的决定性作用，更好发挥政府作用，思想上放心放胆，政策上放宽放活，工作上放手放开，增强敢闯敢拚的市场竞争意识，不断激发全民创业创新的活力，着力营造亲商富商安商的社会环境，形成民营经济“万木丛生”，发展成长为“参天大树”的生动局面。

4. 激发各类人员创业活力。树立宣传先进典型，营造全社会创业创新氛围。支持企事业单位工作人员、科技人员、留学回国人员、高校毕业生、农民、下岗失业人员、复转军人和残疾人员自主创业；支持个体工商户创办小微企业。鼓励大学生在校创办微型企业，支持各类高校建立大学生创业指导站，创建高校微型企业孵化器，对优秀创业指导站和孵化器给予奖励。

5. 完善创业政策和服务体系。健全创业支持政策，加大创业扶持力度，符合条件的创业人员可按有关规定享受创业小额担保贷款等各项政策，对入驻小微企业创业基地和孵化器的新创办企业，给予一定房租补贴。健全市、区（县）、乡镇（街道、园区）三级创业服务体系，搭建创业培训平台，发挥协会、商会、中介机构的作用，为初创小微企业提供信息咨询、事务代理、业务培训、技术支持、财务融资、市场开拓等创业服务。采取区（县）政府购买服务的办法，利用中介机构免费为创业者、初办企业和申办个体工商户代办证照等有关手续。鼓励民间资本投资入股民营企业。

三、放宽民营企业发展的行业和领域，优化产业布局和经济结构

6. 优化产业结构和鼓励发展新兴产业。按照全市经济结构调整的要求，推进民营经济优化产业结

构，调优第一产业，做强第二产业，扩大第三产业；坚持扩大投资和消费双轮驱动，坚持盘活存量和扩大增量并重，促进民营经济结构更趋合理。依托工业园区、农业产业园区、商贸服务街区、商务楼宇等各类载体，重点围绕航空航天、石油化工、装备制造、电子信息、生物制药、新能源新材料、轻工纺织、国防科技等优势工业，以及观光农业和优质高效农业、总部经济、电子商务和物流业、文化创意产业等现代服务业，加大招商引资力度，引进民营企业大项目、好项目，促进产业集聚、集约和集群发展。

7. 全面放开竞争性行业和领域。实行统一的市场准入制度，按照“非禁即入”“非禁即准”原则，进一步放开竞争性经营行业和投资领域，享受依法平等政策。鼓励支持民间资本以独资、参股、控股等多种方式进入可以实行市场化运作的能源、城市供水、城市燃气、污水处理等城市基础设施建设、市政公用事业和金融、航运、电信运营、公路桥梁等交通设施建设及育幼养老、教育、文化、体育、医疗卫生等行业和领域。建立民间资本投资开放项目库，形成向社会公开推介项目的长效机制。鼓励社会办医，优先支持举办非营利性医疗机构。民间资本兴办各级各类民办学校和民办医疗机构，与公办学校、公办医疗机构享有同等的招生权、公共服务价格等政策待遇。

8. 放宽市场准入条件。推进公司注册资本登记制度改革和工商注册制度便利化，降低准入门槛。放宽注册资本登记条件，除法律、法规另有规定外，取消最低注册资本限制，不再限制公司设立时股东（发起人）的首次出资比例和缴足出资的期限。推进公司注册资本由实缴登记制逐步改为认缴登记制，降低开办公司成本。按照国务院的规定，实行先照后证，削减资质认定项目，取消不必要的前置审批。经营范围的核准除法律、法规限制外，一律放开。放宽市场主体住所（经营场所）登记条件，允许“一照多址”“一址多照”。改革现行商事登记公示制度，构建统一的商事主体登记许可及信用信息公示平台，推行全程电子化登记管理和电子营业执照。自2014年1月1日起，在全市范围内停止收取个体民营企业协会会费。

9. 大力支持参与国有企业改革。推动民营企业与国有企业加强合作，实现共赢发展。鼓励发展混合所有制经济，支持民营企业通过资产收购、产权受让、参股控股、合资合作等多种方式，全面参与国有企业的改制重组，开展与央企、外地国企的合资合作。鼓励发展民营资本控股的混合所有制企业。及时发布国有企业改制重组招股招商信息，在国有企业利用产权交易市场实施产权转让和利用存量资产引进外部资本时，支持民营企业平等参与竞争。

10. 鼓励支持科技创新。支持民营企业自主创新和引进吸收再创新，实施创新驱动战略。本市已出台的关于促进科技型中小企业发展的政策，均适用于民营科技型企业。民营企业申报科技立项、科研成果鉴定和奖励，申请科技贷款、技术创新基金、高新技术企业认定、知识产权确权等，符合条件的，可享受相关扶持政策。支持民营企业与高校、研发机构合作，推进科技协同创新，积极引进先进技术和设备，开发“专精特新”的产品（技术）。支持民营企业设立院士专家工作站、重点实验室、工程研究中心、工程实验室、企业技术中心、工程技术研究中心等国家和市级研发机构，经认定的，可享受相关资金奖励。每年认定和重点扶持一批民营企业创新产业化基地和中小企业公共（技术）服务示范平台。

四、积极实施大企业大集团大品牌和“走出去”战略，全面提升民营经济发展的质量和效益

11. 培育民营大企业大集团。实施民营大企业大集团成长计划，加大培育力度。支持本地有条件民营企业主动对接全国民营企业500强、行业龙头企业、上市企业和外商投资企业等，实行强强联合，形成核心竞争力强、规模效益高的大企业大集团。鼓励民营企业通过合资合作、兼并重组、并购收购、资本运作和挂牌上市等，扩大规模，提升效益和水平。建立重点企业数据库，实行“一企一策”，重点培育支持。对于营业收入首次达到10亿元、50亿元、100亿元的民营大企业大集团给予一定奖励。

12. 引导实施品牌战略。引导民营企业树立品牌意识，积极申请专利、注册商标，培育知名品牌，争创驰名商标。鼓励民营企业在境外注册商标和申报知识产权，帮助民营企业加强知识产权管理，保护自主品牌和老字号等传统品牌。对民营企业并购国外高端品牌的，按核定后并购金额给予一定额度的奖励。对评定为全国驰名商标的，给予一定资金奖励。支持民营企业强化质量、标准化和计量等基础管理，主导或参与国家标准、行业标准和地方标准制修订工作。

13. 推动转型升级和提高质量效益。积极实施民营企业转型升级行动，改造提升一批，发展壮大一批，关停并转一批。支持民营企业自主科研开发、引进紧缺技术、关键零部件和先进装备等进行技术改造，不断提升技术水平。对符合条件的重点技改项目，给予资金支持。支持民营企业通过腾笼换鸟、科学管理、产品升级配套、延长产业链条、发展生产性服务业等，提高生产力水平。全面落实节能减排优惠政策，支持民营企业绿色发展，坚决淘汰高耗能和产能过剩产品。

14. 强化区域合作交流。开展部市合作和区域协作，积极借重利用首都资源，推动民营企业在京津冀和环渤海地区的经贸交流合作，在谱写新时期社会主义现代化的“双城记”中发挥作用。大力发展京津冀和环渤海地区区域性产权交易市场，构建物权、债权、股权等交易平台，完善产权交易平台在权益托管、撮合转让、电子竞价交易等方面的功能，为民营企业各类权益转让交割提供便利。大力引进国际国内知名企业和区域性龙头企业，支持有条件民营企业积极承接国内民营500强企业的资金、

先进技术、管理、人才和信息转移。

15. 支持实施“走出去”战略和开拓国内外市场。搭建市场信息综合服务平台，为民营企业拓展市场提供服务。进一步扩大开放，鼓励民营企业“走出去”，加强与跨国公司和大企业集团合作，开展投资并购、企业重组，收购技术、品牌和贸易性实体，开拓国际市场。支持民营企业投资参与境外经贸合作区建设。支持国内外龙头企业在我市设立企业总部、研发中心、结算中心、采购物流中心，鼓励与民营企业对接合作，扩大销售渠道。依托渤海商品交易所，发展跨国电子商务，支持民营企业创新营销模式。

五、加大政策支持和落实力度，完善服务体系和优化投资、市场环境

16. 加大财税政策支持力度。市财政将中小企业发展专项资金增至1亿元，主要用于支持民营企业技术改造、创新转型等。对民营企业投资创建的小微企业创业基地，经认定后给予资金支持。对民营总部企业和新办的金融、咨询、物流等现代服务业民营企业，符合条件的可享受相关财税优惠政策。发挥“营改增”试点政策作用，降低企业税负，支持交通运输业和现代服务业民营企业发展。对民营企业在资产重组过程中，通过合并、分立、出售、置换等方式，将全部或部分实物资产以及与其相关联的债权、债务和劳动力一并转让给其他单位和个人的行为，不属于营业税征收范围，其中涉及的不动产、土地使用权转让，不征收营业税。加大政府采购政策支持，提高政府采购民营中小微企业产品和服务的比例。自2013年起，首次被评为中国企业500强的，给予一次性500万元奖励；首次被评为中国民营企业500强的，给予一次性200万元奖励。

17. 改善企业金融服务。营造良好金融环境，拓宽企业融资渠道。鼓励引导商业银行创新符合民营企业特点的金融产品和服务模式，提供利用动产、仓单、税单、保单、股权、知识产权、商标权等抵质押，以及应收账款、保理供应链融资和票据贴现等融资服务。鼓励民间资本参与组建中小型银行等金融机构。鼓励支持各类担保机构为民营企业融资提供担保，根据担保额度给予适当支持。支持符合条件的民营企业上市以及在新三板、天津股权交易所挂牌，落实上市挂牌企业奖励政策。支持民营企业发行企业债、中期票据、短期融资券、中小企业私募债。鼓励引导创业投资公司、私募股权基金投资民营企业。

18. 保障集约节约用地。支持民营企业平等进入土地市场，凡项目符合《划拨用地目录》的，均可通过划拨方式取得土地使用权，属于应当依法有偿使用土地的，可适当缩短出让年限或采取租赁方式供应。对民间资本投资战略性新兴产业的项目，在用地规划、指标上给予倾斜。优先安排小微企业创业基地用地。

19. 加强用工和人才服务。搭建劳动力供求对接平台，鼓励劳务协作基地、劳务合作职业院校以及各类人力资源服务机构为民营企业提供用工服务，对一次性向缺工企业输入务工人员和实习人员达到一定数量的，按有关规定给予奖励。支持民营企业引进“两院”院士、重点技术领域和行业学术技术带头人等高层次人才，对民营企业建立院士专家工作站、博士后工作站和技能大师工作室的，分别给予50万元、30万元、30万元的建站资助，资助金由市、区（县）各出50%。外地来津注册并经营纳税企业雇用的高级管理、营销、技术等重要岗位人才，可按户口政策办理居住证，并享受子女教育、社会保险、住房等公共服务待遇。

20. 加大企业家及各类人才教育培训力度。实施民营企业家培训工程，充分利用国内外各类优质教育资源，举办各种培训活动，培养具有“自强不息、诚信守法、争创一流”精神的企业家队伍。组织开展民营企业高级管理人员培训，培育壮大职业经理人队伍，提高经营管理人员整体素质。推动民营企业完善法人治理结构，从家族式管理向建立现代企业制度转变；加强精神文明建设，构建以社会主义核心价值观为统领的企业文化。引导民营企业家积极投身光彩事业活动，自觉履行社会责任。

21. 支持各类协会（商会）发挥作用。支持企业商会、个体民营企业协会、中小企业协会等各类协会（商会）依法规范，加强自我教育、自我约束、自我管理，搭建公共服务平台，在反映企业诉求、维护企业权益、开展企业培训和转型升级、加强信息交流、应对贸易纠纷、制定行业规范标准等方面发挥作用。对服务民营经济发展业绩突出的协会（商会）给予奖励。

22. 规范管理和优化服务。进一步转变政府职能，规范管理，优化服务，简化审批手续，公开办事流程，健全首办责任制，实行“一站式办理、一次性告知、一条龙服务”。加强资源整合，建立健全互联互通的民营经济公共服务网络平台。完善市场监管机制，将企业工商年检制度改为年度报告制度。坚持依法行政，杜绝检查的随意性，采取随机抽查和信用分类监管，防止多头检查和重复检查。进一步转作风、提效能，建立明查暗访制度，切实解决门难进、脸难看、事难办和乱摊派、乱收费、乱罚款的问题，严肃查处推诿扯皮、冷硬刁难、吃拿卡要等违纪违规行为。大力推进企业诚信体系建设，完善信用约束机制，褒扬诚信，惩戒失信，将有违规行为的市场主体列入“黑名录”，切实提高企业诚信守法经营水平。

六、加强组织领导，全力抓好实施和落实工作

23. 建立健全领导体制和工作机制。民营经济发展工作在市委、市政府领导下，成立市民营经济发展工作领导小组，由市委副书记任组长，市委常委、统战部部长，分管副市长，市政协副主席、工商联主席任副组长，市级有关部门主要负责人为成

员，负责指导全市民营经济发展工作，研究制定有关政策和措施，以及综合协调和督促检查。领导小组下设办公室，设在市中小企业局，由市中小企业局主要负责人担任办公室主任，市委宣传部、市发展改革委、市财政局、市工商局、市中小企业局、市工商联负责人担任办公室副主任，主要负责领导小组的日常工作，制定年度工作计划，开展对民营经济工作的调研分析，研究政策措施，综合协调，督促检查和落实领导小组部署的各项工作。各成员单位分工负责，密切协作。各区（县）党委、政府要成立民营经济发展相应组织领导机构，明确工作职责，落实领导和人员力量，坚持一把手负总责，分管领导全力抓，职能部门合力抓，形成齐抓共管的工作格局。

24. 健全投诉处理和司法保障机制。按照“投诉有门、办理有效、结果透明、督查到位”的要求，发挥市促进民营经济发展服务中心的作用，完善投诉受理工作机制，及时受理调解损害民营企业利益的问题。充分发挥司法机关的职能作用，依法保护民营经济的财产权、经营权、知识产权等各项合法权益。对于国家机关工作人员利用职务之便，侵害民营企业合法权益，以及因玩忽职守、滥用职权或徇私舞弊，给民营企业造成重大经济损失的各类犯罪案件，坚决予以查处。

25. 加强党的建设和宣传工作。积极推动民营经济党建工作，建设基层服务型党组织，创新方式方法。条件成熟的民营企业建立单独的党组织，民营经济较为集中的商务楼宇、商场、市场可探索建立区域性、行业性的基层联合党组织，努力实现全覆盖。加强对民营经济组织中党员的管理和服务，充分发挥党组织战斗堡垒作用和党员先锋模范作用。大力宣传鼓励支持民营经济发展的方针政策，积极宣传自主创业、依法经营、诚实守信、履行社会责任民营企业家的先进事迹，营造有利于民营经济持续健康发展的社会舆论氛围。认真开展创建文明民营企业和文明个体工商户活动，加强精神文明建设，树立先进典型，并给予表彰和奖励。

26. 加强统计和考核工作。按照国民经济的指标体系，建立健全民营经济统计报表制度，及时发布民间投资动态、投资政策和投资信息。建立完善民营经济发展情况考核机制，并纳入各级政府和各部门领导班子年度绩效管理，对年度考核优秀的区（县）和市级部门、单位给予表彰和奖励。

27. 加大协调协作和督查落实力度。各区（县）党委、政府和市级各有关部门要对照本意见，制定具体实施意见和考核办法，细化目标、任务、责任和措施，建立健全责任制度，层层分解任务，落实到岗到人。各部门要加强协调配合，形成工作合力。市民营经济发展工作领导小组要加大指导和协调督查力度，及时通报各地区、各部门工作进展、成效，协调解决存在的突出问题，确保支持民营经济的各项政策措施落到实处，全力促进民营经济持续健康快速发展，为建设美丽天津做出贡献。

本《意见》自下发之日起执行。

天津市人民政府办公厅转发市金融办关于金融支持实体经济和小微企业发展实施意见的通知

津政办发〔2013〕90号

各区、县人民政府，各委、局，各直属单位：

市金融办拟定的《关于金融支持实体经济和小微企业发展的实施意见》已经市人民政府同意，现转发给你们，请照此执行。

天津市人民政府办公厅

2013年10月25日

关于金融支持实体经济和小微企业发展的实施意见

为贯彻落实《国务院办公厅关于金融支持经济结构调整和转型升级的指导意见》（国办发〔2013〕67号）、《国务院办公厅关于金融支持小微企业发展的实施意见》（国办发〔2013〕87号）精神，按照市委、市政府有关工作部署，现就我市金融支持实体经济和小微企业发展提出以下实施意见：

一、发展农村金融

（一）发展村镇银行。按照本土化、民营化、专业化原则，推进天津津南村镇银行有限责任公司、天津静海新华村镇银行股份有限公司增资扩股和规范改制工作，加快在宝坻、宁河、塘沽、汉沽、大港、津南葛沽设立村镇银行，2013年内实现村镇银行对涉农区县全覆盖，健全农村金融组织体系。支持村镇银行增设分支机构，下沉服务中心，提高“三农”和小微企业金融服务质量和效益。支持有条件的村镇银行参与示范小城镇建设融资。

（二）发展兴农贷款公司。总结推广天津市静海县兴农贷款有限责任公司发展经验，办好天津武清区兴农贷款有限责任公司、天津宝坻区兴农贷款有限责任公司、天津蓟县兴农贷款有限责任公司、天津宁河县兴农贷款有限责任公司等发展成为当地兴农贷款服务主体。开发农业产业和小微企业产品，为特定客户群体提供服务。

（三）推广农贷中心业务模式。支持银行在已开设分支行的农村地区加快建设涉农贷款业务专营中心，用1至2年时间实现对全市涉农乡镇的全覆盖。探索扩大农户、农民合作社和龙头企业等借款人可用于担保的财产范围，创新各类符合法律规定和我市实际需要的农产品订单、保单、仓单等权利以及农用生产设备、机械、林权、水域滩涂使用权等财产抵（质）押贷款品种。涉农乡镇的银行分支机构要加大涉农贷款投放力度，逐步提高存贷比和新增存款用于当地的比例。

（四）推进农村基础金融服务全覆盖。鼓励金融机构在金融服务空白乡村设立服务网点，在尚不具备设立标准化营业网点条件的少数乡镇设立农村金融服务站点，为农民提供查询、转账、小额取现等基础金融服务。支持通过安装转账电话，布设POS机，推广银行卡、网上银行、手机银行等方式延伸普惠金融服务触角，实现基础金融服务全覆盖。

（五）制定权属和合同管理制度。制定和实施农村土地承包经营权、林权和农业设施权等权属管理办法，依法办理权属证书。制定和实施权属登记、公示、查询管理办法，权属证书是证明权利归属的凭证，为办理抵押贷款提供依据。推行种植业、养殖业和农民家庭住房、农民家庭财产等“四险统保”，争取2014年实现全覆盖，为农户提供650亿元风险保障。

二、发展科技金融

（六）完善科技金融体制。调整完善科技金融体制，加强政府部门、金融机构、中介机构和科技型企业之间的协调，形成稳定的财政拨款资助和贴息贴费支持企业机制。财政部门对初创期企业按规定给予适当的无偿资助，对成长期和壮大期企业按规定给予贴息贴费资助，对金融机构为科技型中小企业提供信用贷款发生的贷款损失按规定给予一定信用贷款风险补偿。对条件成熟的企业，由金融主管部门牵头协调股权直接融资。

（七）设立科技金融超市。依照滨海高新区设立科技金融超市的经验，拥有科技园区的区县要设立一家科技金融超市，具备间接融资、直接融资、融资担保、增值增信、专业培训和中介服务等基本功能，为本区域科技型企业提供全方位和“一站式”服务。

（八）发展科技金融专营机构。商业银行科技支行由现有的3家发展到2013年底的4家和2014年的6家。由现有22家银行的160个科技金融服务专营机构发展到2014年30家银行的200个以上，为科技企业提供全方位专业性金融服务。

（九）发展科技金融产品。搞好科技保险试点，推广成熟的科技保险产品。支持银行以专利权、商标权等知识产权以及企业股权等为质押品，向科技型中小企业发放贷款，年贷款增速不低于向小微企业贷款增速，逐步形成成熟适用和个性定制的科技型中小企业贷款产品体系。

（十）支持科技型企业直接融资。搞好创业风险投资政府引导基金，继续争取国家支持国家开发银行和中国农业发展银行等在天津设立综合性基金和专业性基金。鼓励创业风险投资政府引导基金投资我市具有自主知识产权的创新型科技企业，积极探索建立政府风险补偿机制，逐步形成完整的科技金融投资服务体系。充分发挥多层次资本市场作用，支持企业在主板、中小板、创业板、新三板和天津股权交易所融资，支持企业境外上市融资，每年上市融资企业由现在的10家发展到15家。

三、发展小微企业金融

（十一）设立金融服务超市。推广北辰区金融服务超市经验，各区县今年均要设立一家金融服务超市（设立科技金融超市的可挂两个牌子），为本区域小微企业提供全方位和“一站式”服务。支持金融机构设立为同业服务的专营机构和为功能区服务的区域机构，形成专业化和区域化服务体系。

（十二）完善融资担保体系。市财政局、滨海新区人民政府和津融投资服务集团分别整合政府出资、滨海新区辖区内财政出资、国资参股控股的融资性担保机构，形成资金实力强、运作规范的融资性担保机构，增强再担保能力和债项担保能力。建立健全为小微企业服务的融资担保体系。市、区县两级财政逐步设立小微企业信贷风险补偿基金，市财政局、市中小企业局、市金融办共同研究制定小微企业信贷风险补偿基金的使用和管理办法。研究建立专业再担保机构，提高整个行业抗风险能力。通过融资性担保机构监管评级实现差别化监管，支持符合条件的融资性担保机构通过增资扩股等方式不断提升资金规模，创新经营模式，提升服务能力。建设多层次担保服务体系，更好地为小微企业、科技型企业、农业发展和全民创业提供担保服务。

（十三）支持银保合作和产品创新。支持贷款保证保险产品发展，搞好科技保险试点和小额信贷保证保险试点，发展出口贷款、出口信用保险和国内贸易信用保险业务。支持渤海银行、天津银行、天津农村商业银行、天津滨海农村商业银行等金融机构率先开展应收账款质押贷款试点，整合各类企业应收账款资源，创造条件支持企业应收账款确权、增信、流转和质押融资。支持银行根据微小客户群体特点量身定做个性化微小贷产品，推广主动金融服务模式，优化操作流程，建立高效便捷、风险可控的运作体系。鼓励保险机构创新服务形式，积极参与试点。

（十四）支持小微企业债券发行。推动天保控股集团和民生银行天津分行加快小微企业债券发放力度。推广民生银行天津分行城市商业合作社和小微企业互助成长基金会成功经验。支持小微企业发行中小企业私募债、小微企业集合债券、集合票据、集合信托、短期融资券和资产证券化等产品，积极推动小微企业按照有关规定试点发行小微企业增信集合债券。

（十五）支持民营金融服务机构发展。支持村镇银行、兴农贷款公司、小额贷款公司、金融租赁公司、融资租赁公司、商业保理公司、消费金融公司、汽车金融公司、货币经纪公司以及第三方支付和互联网金融等民营机构发展。支持民营资本发起设立自担风险的商业银行、金融租赁公司和消费金融公司，探索建立自担风险、稳健发展的民营金融机构。

四、发展产业金融

（十六）支持股权投资和直接融资。支持私募股权投资基金科学运营和规范发展，制定基金募集、管理、托管、投资、退出、分配制度，形成完整的私募股权投资基金政策制度体系，促进私募股权投资基金产业化发展。支持上市公司再融资，促进上市

公司充分利用资本市场融资发展。

（十七）支持专业化金融发展。争取获准实施天津东疆保税港区深化租赁业改革创新试点方案，解决税收优惠、加速折旧、扩大融资、外债指标、设立单一项目公司等问题，增强租赁业国际竞争力。支持商业保理、银行保理和再保理发展，建立银行保理支持商业保理的贸易融资体系，促进产业链融资和贸易链融资。支持银行和非银行金融机构以及非金融企业设立专业化业务部，发展融资租赁、保付代理、资金结算、支付清算、融资担保、资产管理、基金投资、投资银行、电子银行、电子商务和互联网金融等金融业务，促进专业化金融发展，拓展区域化金融业务。

（十八）支持金融控股集团综合经营。天津市泰达国际控股（集团）有限公司定位于商业金融控股集团，津融投资服务集团定位于产业金融控股集团，完善一级法人管理协同、二级法人分业经营的管理体制，发展金融控股集团综合经营。市属国有集团公司要建立集团财务中心，适时发展成为集团财务公司。支持有实力和符合资质企业同时发展产业资本和金融资本，在金融机构出资持股或控股，增强双轨驱动和持续发展能力。

（十九）继续搞好外汇改革试点。在全面取消货物贸易进出口核销基础上，进一步完善对企业分类管理、总量核查外汇管理措施，提升企业贸易便利化。进一步推进服务贸易外汇管理改革，对小额交易银行无需审单，对大额交易通过企业向市国税局报备的过渡，加快实现所有服务贸易交易全部由银行直接办理，促进服务贸易发展。认真落实直接投资简政放权措施，实现对内对外直接投资全部通过网上年检。不断拓宽企业跨境融资渠道，支持境内有实力的企业“走出去”。积极推进外商投资企业外汇资本金结汇改革和外资股权投资基金改革试点工作。为金融租赁机构提供及时到位的外债指标便利。鼓励商业银行进行汇率避险产品创新，推出与汇率挂钩的结构性组合产品，帮助企业应对汇率风险。

（二十）建设社会信用信息服务市场。搞好滨海新区信用体系建设试点，提升中小企业信用体系试验区融资环境和信用环境，搭建企业综合信息共享平台，促进企业与金融机构有效对接。积极实施天津市社会信用体系建设方案，落实好企业信用信息数据库管理办法等相关制度，建立以征信、评级、增值、增信为基础的信用信息服务市场。

五、加强监管和改进服务

（二十一）正确执行货币政策。准确把握国家货币政策原则，搞好外汇政策改革试点，完善信贷、证券、保险等政策制度措施，充分发挥再贷款、再贴现和差别准备金机制作用，对中小金融机构继续实施较低的存款准备金率。调整优化信贷结构，大力发展直接融资，提高保险保障水平，科学管理社会融资总量。全面推进金融改革创新，支持实体经济和小微企业发展，支持金融机构深化改革和创新服务，防范系统性和区域性风险。

（二十二）正确执行信贷政策。适度提高小微企业不良贷款容忍度，将小微企业贷款覆盖率、服务覆盖率、申贷获得率和“两个不低于”指标纳入监管考核。支持银行发行小微企业金融债，以募集资金发放的小微企业贷款不纳入存贷比考核。各银行机构要单列小微企业信贷计划，扩大小微企业信贷投放规模，推广小微企业金融服务。治理不合理收费和高收费，降低企业融资成本。

（二十三）建立动产权属登记制度。组织实施动产权属登记制度和信用信息服务市场建设管理办法，建立动产、租赁、保理、征信、评级、贷款、担保、中介、合同以及土地承包经营权、林权和农业设施权的登记、公示、查询制度，确立所有权、使用权和他项权，依法规范市场行为，保护各方合法权益，提高依法经营和诚实守信水平。

（二十四）发挥行业协会自律和服务作用。天津市银行业协会组织商业银行研究建立贷款利率市场化管理办法，执行存款利率政策，调节贷款利率波幅，协调同业风险定价，稳定存款市场规模，发展非贷中间业务，增加基本户和结算户，提供专业化服务，实现差异化发展。

（二十五）强化依法治理和规范发展。加强与市司法部门沟通协调，贯彻国家法律法规，制定专门法律意见，规范金融市场秩序，指导经济金融实践。加强地方多元化金融调处体系建设，利用司法、公证、仲裁、调解等方式解决债权纠纷，防范金融风险。支持天津国际经济金融仲裁中心、天津海事仲裁中心和天津海损理算中心开展业务，鼓励金融机构选用专业、高效的金融仲裁方式解决纠纷争议，提高法治水平和争议解决能力。普及金融法律知识，依法打击非法集资等违法犯罪活动，不断改善金融发展条件。

中共河北省委 河北省人民政府关于做强产业集群促进县域工业发展的实施意见

冀发［2013］16 号

培育做强产业集群、加快发展县域工业，是壮

大经济规模、优化产业结构、增强县域经济实力的重要途径，对于提升区域和产业竞争力、建设工业强省和经济强省具有十分重要的意义。按照省委、省政府关于加快县域经济发展的部署，现就做强产业集群，促进县域工业发展，提出如下意见。

一、指导思想、基本原则和总体目标

（一）指导思想

认真贯彻落实党的十八大和省委八届五次全会精神，按照“解放思想、改革开放、创新驱动、科学发展”的总体要求，大力实施工业强省、工业强县战略，以发展壮大民营经济和加快建设产业园区（聚集区）为战略重点，以现有优势产业为基础，以产业园区（聚集区）为载体，以龙头企业、重点项目为支撑，加强规划和政策引导，优化资源配置，完善服务体系，改善发展环境，突出区域特色，统筹谋划和推进民营经济发展、工业园区建设、城镇化建设，加速产业聚集和转型升级，培育和发展一批主业突出、特色鲜明、体系完整、环境友好、市场竞争力强的产业集群，促进县域工业上规模、上档次、上水平，为加快县域经济发展提供有力支撑。

（二）基本原则

1. 坚持“四化”同步发展。坚持工业化和农业现代化相呼应、和信息化相融合、和城镇化相匹配，以工业发展带动和反哺农业，实现工农一体化发展；以产业发展带动城镇化，以城镇化促进产业提升；以信息化引领工业化、城镇化和农业现代化。

2. 坚持统筹协调发展。立足“有中生新”，着力改造提升传统产业；加快“无中生有”，大力发展战略性新兴产业和生产性服务业，努力形成具有区域特色和比较优势的工业体系。坚持速度效益与环境保护并重，实现产业发展与生态建设和谐统一，形成土地节约、资源集约、产业聚集的县域工业发展新模式。

3. 坚持分类指导。坚持“抓两头、带中间”，根据各县区位条件、资源禀赋、产业结构和经济发展水平，实施分类指导，促进特色化、规模化、集群化发展。

4. 坚持扶优扶强。突出培植主导特色产业、龙头骨干企业、优势产品、区域品牌，重点扶持带动作用强的产业项目，做大规模，提升层次，活跃县域经济全局。

5. 坚持开放引进。走开放强县之路，以招商引资、招才引智为途径，积极引进大企业、大项目和高新技术、高端人才，增强集群龙头带动作用和产业化配套协作能力，打造开放的产业集群体系。

6. 坚持政策聚焦。以产业集群为重点，坚持各方力量向其集中、各种要素向其聚集、各项服务向其聚合，努力营造良好发展环境。

（三）总体目标

到2017年，实现以下目标：

——工业实力显著提升。县域工业增加值达到16000亿元，占县域生产总值比重达到55%以上；县域产业集群增加值年均增长20%以上；培育10个以上工业主营业务收入超千亿元的县（市）；力争30个弱县财政收入全部达到5亿元。

——产业升级显著加快。年营业收入超10亿元的产业集群达到400个，超50亿元的达到200个，超100亿元的达到100个，超1000亿元的达到4个，推动发展模式向质量效益型转变，发展动力向创新驱动转变，资源利用方式向绿色低碳转变。

——市场主体显著增多。每年新增规模以上工业企业1000家以上、小微企业5000家以上。

二、工作重点

（一）加强产城互动

产业是城镇发展的重要支撑，城镇是聚集先进生产要素的重要载体。要坚持以产兴城、以城带产、科学规划、合理布局的原则，加强城镇总体规划、土地利用总体规划和产业发展规划的衔接协调，调整优化城镇空间布局和产业结构，协调推进城镇和产业项目建设，增强县域工业的综合竞争优势。各县（市）要按照产业园区化、技术高端化、生产低碳化、服务公共化的工业化发展思路和布局集中、产业集聚、用地集约的城镇化建设要求，完善城镇功能分区，合理配置工业用地，规划建设好各类产业园区、聚集区和产业集群，通过吸纳优质产业和先进生产要素，发展生产性服务业，完善公共服务体系，引导和推动一批行业之间关联配套、上下游之间有机链接、产业结构合理、吸纳就业充分的龙头型、基地型项目和企业向产业园区、聚集区集中，园区向城镇集中。到2017年，每个县（市）要建成1~2个创新能力强、专业化程度高、有一定规模和较大影响的省级以上产业园区（聚集区）。通过加快产业园区（聚集区）建设，实现工业化和城镇化良性互动、协调发展。

（二）扶持龙头企业

每年从全省产业集群中选择200家产业关联度较高、辐射带动作用较大、创新能力较强的龙头骨干企业，列为省产业集群发展重点给予支持。鼓励龙头骨干企业通过联合、兼并、股权收购和推进上下游一体化经营等方式，提高产业集中度和竞争力。以产业集群主导产业为基础，积极推行专业化分工协作，加快以龙头企业为核心的配套企业建设，鼓励“专精特新”发展，延伸产业链条，提高产品本地化配套率，形成研发、制造、销售、物流及其他生产性服务业一体化的产业链体系，提升产业集群整体发展的质量和水平。到2017年，培育50家以上主营业务收入超百亿元的企业集团。

（三）实施重点突破

突出抓好“三十强”“三十弱”，集中要素资源，加大扶持力度，实现重点突破。以2012年县域生产总值排位前30的县（市）和财政收入排位后30的县（市）为重点，大力实施“双三十”提升进位工程。前30个县（市）特别是定州、辛集市，以进入全国百强为目标，保增长与促转型并重，增创发展优势，实现率先发展。后30个县（市），以财政收入超5亿元为目标，以产业集群和县域工业发展为突破口，创新发展模式，实现跨越发展。省政府对"双三十"县（市）定期直接调度、考核，对各县（市）提升进位实施情况进行排队。到2017年，培育10个以上工业主营业务收入超千亿元的县（市）；30个弱县财政收入全部超过5亿元；产业集群增加值占县域生产总值的比重超过50%的县（市）达到40个以上。

（四）做强服务平台

充分发挥现有服务机构作用，整合社会资源，重点建设技术研发、工业设计、标准制定、检验检测、信息服务、融资担保、人才培训、商贸流通、电子商务等专业公共服务平台。积极创造条件，高标准建设一批技术水平高、服务能力强、辐射带动作用大的综合公共服务平台，满足集群内企业共性技术和服务需求。对规模小、基础弱的产业集群，尽快建立公共服务平台，加大扶持力度；对具备一定规模和基础的产业集群，建设省级公共服务平台，着力提升服务功能；对规模较大、基础较好的产业集群，建设国家级公共服务示范平台，着力扩大公共服务平台覆盖面，提升创新能力，强化示范带动作用。每个县（市）至少建成1个有一定规模的创业辅导基地。到2017年，全省县域产业集群省级公共服务平台达到240个，省级公共服务示范平台达到60个，国家级公共服务示范平台力争达到20个。

（五）做大专业市场

重点支持基础设施改造升级和以物流配送、信息服务为主的第三方物流平台建设项目，尽快形成以专业市场为载体、配套设施完备、服务功能完善、信息化水平较高、竞争力较强的现代物流体系。到2017年，建成在国内外有重大影响力的专业市场、物流体系的产业集群达到30个，缩短产业集群与市场的空间距离，实现市场技术、供求信息与产业集群研发、生产、营销的快速对接。

（六）加强科技创新

推进产学研紧密结合，加强关键共性技术研发和推广应用，提升基础材料、基础工艺、基础零部件技术水平。加强科技创新人才引进和培育，省级产业集群龙头企业要拥有1个省级以上研发机构，至少掌握1项关键或核心技术。推广沙河玻璃研究院发展模式，建设60家以上产业技术研究院（所）及工程（技术）中心。支持科技型小微企业发展，促进科技资源向产业集群企业集聚，政府支持建成的重点实验室、工程实验室和大型科学仪器、科技文献等资源向社会开放。企业利用自有资金形成的科技资源可根据市场需求适当有偿向社会开放。

（七）培育区域品牌

实施品牌培育工程，重点抓好一批技术含量高、市场潜力大的名牌产品和知名企业，着力打造"国字号"和"省字号"区域品牌，支持有条件的产业集群争创国际知名区域品牌。加强特色产业标准化工作，全面提升县域产品质量水平。到2017年，全省新创国家级区域品牌40个，培育省级区域品牌100个，培育1000项省名牌产品、1000件著名商标，提高品牌知名度和市场占有率。

（八）推进绿色发展

逐一制定产业集群绿色发展规划，加快推进污染防治公共设施建设，集中解决环境污染，坚决淘汰游离于产业集群外的污染企业，确保生态环境改善与产业集群发展同步推进。认真做好产业集群发展规划环评审查、建设项目环评审批和环保"三同时"验收工作，强力推进清洁性生产审核工作，严禁新上不符合国家产业政策和环保要求的项目。着力培育50家"两型"示范企业，坚决有序淘汰落后产能，大力推广使用节能、清洁生产技术和产品，推进资源综合利用，努力建设生态、循环、可持续发展的产业集群。

（九）促进"两化"融合

实施产业集群和工业聚集区信息化提升工程，重点支持电子商务平台、物流信息平台和园区数字化服务管理平台建设，积极推进企业生产制造数控化、营销推广电子化、企业管理信息化。加快推进安平丝网、高阳纺织、清河羊绒等30个县域特色产业B2B、B2C电子商务平台建设。到2017年，县域工业企业装备数字化率达到35%，利用信息平台开展网上营销的企业达到85%，省级工业聚集区和产业集群企业利用信息平台、电子商务平台开展业务的比例超过65%。

（十）带动农业产业化发展

做强县域工业、以新型工业化方式发展特色农业，是实现农业现代化的重要途径。要坚持省、市、县三级互动，实行项目、基地、园区、产业整体推进，全面提升农产品加工水平。以农产品精深加工为方向，着力打造小麦、玉米、乳品、肉类、食用油、蔬菜、果品、水产品八大产业链，发展一批"全链条、全循环、高质量、高效益"的农产品加工产业集群，重点在壮大龙头企业、提升精深加工能力、建设种养基地、创新组织形式、创建知名品牌、运用信息技术、完善服务体系等方面实现新的突破。实施"十县百村中药材基地建设工程"，建设现代特色中药产业园区，促进中药产业优化升级，催生现代中药产业集群。到2017年，全省农业产业化经营总量达到8000亿元，农业产业化经营率达到70%以上，全省规模以上农产品加工业总产值达到13500亿元，省级农业产业化重点龙头企业达到550家，销售收入百亿元以上企业达到10家。

三、保障措施

（一）加强组织领导

各县（市）政府是做强产业集群促进县域工业发展的责任主体。要切实将其摆上战略位置，集中精力，形成合力，确保取得实效。各设区市政府要按照全面建成小康社会的目标要求，加强对产业集群的整体谋划和统筹协调，制定扶持政策措施，并及时研究解决发展中的重大问题，特别是对弱县由省市采取一帮一、多帮一的办法，结对子、办实事、促发展。省政府成立主管副省长任组长的做强产业集群促进县域工业发展工作领导小组，办公室设在省工业和信息化厅，每年对设区市和135个县（市）做强产业集群促进县域工业发展工作进行综合排队、考核通报，并将其纳入干部年度考核的重要内容。省工业和信息化厅、省统计局要建立健全产业集群和县域工业统计制度，加强动态监测。省工业和信息化厅要加强对全省工业聚集区的指导和管理。各有关部门要充分发挥职能作用，形成齐抓共管的合力。

（二）加大财政投入

省、市、县各级财政的工业技改、科技创新、中小企业和市场开拓等专项资金要加大对县域工业和产业集群的支持力度，对于国家所支持的产业技术改造和振兴资金、中小企业专项资金等用于县域的比例力争达到50%以上；省级所安排的技术改造资金、节能减排等发展类资金用于县域的比例逐步提高到60%以上；对于国家所支持和省级安排的战略性新兴产业发展资金用于县域的比例逐步提高；省级县域经济发展资金要重点支持县域工业发展，并向工业弱县倾斜。鼓励产业集群中的大中型企业与小微企业组成联合体，共同参与政府采购。

（三）保障集约用地

从2013年起，省下达的设区市用地指标，按每县（市）至少150亩标准，专项用于县域产业集群发展，重点解决龙头骨干企业用地需求。各设区市在安排落实用地指标前向省工业和信息化厅、省国土资源厅备案。省工业和信息化厅负责协调督导县域产业集群发展项目建设。按照“先期介入、加强协调、依法依规、快速办理”的原则，建立产业集群发展用地审批“绿色通道”。产业集群发展要与各类开发区（园区）、工业聚集区、物流园区建设统筹考虑，与新民居建设、土地整理等有机结合，充分挖掘土地潜力，合理安排产业集群企业用地，项目选址要符合两个总体规划，实现节约集约用地。鼓励各地工业园区建设多层标准厂房，提倡中小企业以租赁方式使用。

（四）强化金融支持

各级政府要积极组织各种形式的政银、银企合作，促进省内金融机构与产业集群、县域工业有效对接。国有商业银行、股份制商业银行、城市商业银行要进一步扩大贷款规模，开发信贷产品，支持产业集群和县域工业发展；农村信用联社要利用点多面广优势，充分发挥县域融资的主渠道作用；每个县（市）至少建成1个资本金规模达到1亿元以上的核心担保机构，重点为产业集群和县域工业企业融资服务。积极推动中小企业通过上市、各类股权投资基金参股、发行集合债券和集合票据以及资产证券化等多种渠道，扩大直接融资。鼓励中小企业积极参与“新三板市场”挂牌融资，引入战略投资者，做大做强公司主业。鼓励社会资本投资产业集群公共服务平台、专业市场、基础设施和生产性服务业建设。

（五）壮大人才队伍

深入实施民营经济组织人才队伍建设提高工程，以建立现代企业制度为重点，优化中小企业法人治理结构，培养和引进职业经理人。进一步建立健全中小企业人才培训体系，明确培训目标、任务和重点内容，建设省级民营经济人才培训基地135个。每年选送100名民营企业法定代表人到知名高校进修培训，选拔1000名中小企业高级管理人才进行短期集中培训，通过“河北中小企业发展名家讲坛”“国家银河培训工程”等，对10000名中小企业经营管理人员进行专题培训，全省每年培训民营企业经营管理人员20万人次。组织举办多种形式的人才招聘活动，为各类人才向产业集群流动、集聚搭建平台。

（六）扩大对外开放

充分利用国际国内两种资源、两个市场，不断拓宽产业集群发展空间。加大招商引资力度，积极引进龙头骨干企业，鼓励产业集群与央企、国企和域外企业合作。引导外资投向高新技术、先进装备制造等新兴产业集群，参与传统产业集群的改造提升，开展与产业集群内生产性服务业的合作。支持产业集群建设外贸出口基地，加大开拓国际市场力度。推动县域对外劳务合作，引导更多富余劳动力走出去。抓好百家央企、百家院所校和百家知名民企进河北的项目落实，支持共建技术研发中心，建立联合研发、人才交流、资源共享、成果转化的良性机制，实现互利共赢。

（七）优化发展环境

各县（市）政府要对区域内的产业集群逐一建立由县级领导牵头负责的工作班子，在审批、征地、融资等方面提供优质高效服务。要用足用好国家和地方各项优惠政策，及时完善支持产业集群发展的政策措施，重点在公共服务平台、现代物流、上下游产业配套发展等方面聚焦政策、整合资源。各地各有关部门要切实加强督导，着力解决政策落实不到位等问题，严厉查处干扰企业正常经营、侵犯企业合法权益的行为，为做强产业集群促进县域工业发展创造良好环境。

山西省人民政府办公厅印发关于进一步支持中小微企业发展的措施（2013年第1批）的通知

晋政办发〔2013〕48号

各市、县人民政府，省人民政府各委、办、厅、局：

《关于进一步支持中小微企业发展的措施（2013年第1批）》已经省人民政府同意，现印发给你们，请认真贯彻执行。

山西省人民政府办公厅

2013年4月23日

关于进一步支持中小微企业发展的措施

（2013 年第 1 批）

为进一步促进我省中小微企业健康发展，切实减轻企业负担，鼓励创业带动就业，加快推进城镇化建设，实现经济的转型跨越发展，现提出以下支持措施。

一、设立山西省中小企业发展基金。省财政每年筹措 1 亿元，五年筹措 5 亿元，采取基金运作方式，吸收社会资本 15 亿元共同建立总规模达到 20 亿元以上的中小企业创业投资基金，用于支持初创期和成长期的中小微企业发展。

二、支持各类担保公司扩展中小微企业担保业务，缓解融资困难。2013 年起，省级中小企业发展专项资金新增 5000 万元，对担保公司开展的担保费率低于当期银行基准利率 50%，且每笔担保额不超过 500 万元的中小微企业担保业务给予财政补助。

三、建立小微企业贷款风险补偿机制。从 2013 年起，省财政每年安排 1000 万元，市县财政安排相应配套资金，对金融机构为小微企业发放贷款增量 30% 以上的部分，给予一定风险补偿和奖励。

四、鼓励企业运用出口信用保险工具控制风险参与国际竞争。省财政安排专项资金 2600 万元，对我省企业贸易出口、承揽国际工程和境外投资办厂参加出口信用保险所缴纳的保费给予补助。

五、提升开发区和创业基地对小微企业的综合服务能力。2013 年起，省财政统筹安排 6000 万元，对开发区和小微企业创业基地的基础设施、公共服务建设项目，给予贷款贴息或补助支持。

六、支持中小微企业进行技术创新。省财政每年安排 3500 万元，支持我省中小微企业开发和应用符合国家高新技术领域范围内的新技术、新工艺、新材料、新设备，提高自主创新能力，提升产品和服务质量。

七、加大对中小企业节能减排扶持力度。支持采用新型合同能源市场化节能方式，以减少能源消耗的资金支付节能服务公司完成的项目费用。对已完工可正常运行的合同能源项目，每节约吨标煤财政奖励 400 元。

八、鼓励劳动密集型小微企业吸纳就业。对当年新招用符合小额担保贷款申请条件的人员且签订一年以上期限劳动合同的，可按人均 10 万元的额度申请最高不超过 200 万元的小额担保贷款，并由财政全额贴息。对符合申请小额担保贷款条件并直接向指定金融机构申请到创业扶持贷款的，参照此政策执行。

九、实施“3 个 1”经营者素质提升工程。省财政每年安排专项资金 1500 万元，对选出的 100 名小微企业优秀经营者到高等院校进行系统进修培训、1000 名有发展潜力的小微企业主进行创业能力提升培训、10000 名小微企业管理人员进行专题培训。

十、加强对行政事业单位、国有及国有控股企业、重点工程项目采购活动的管理，杜绝采购活动中的不正之风，要本着厉行节约的原则，同等条件下“就地就近”优先选购中小微企业生产或销售的产品。

十一、支持中小微企业加快技术改造。中小微企业固定资产由于技术进步原因需加速折旧的，可按规定采取缩短折旧年限或者加速折旧方法。

十二、加快中小微企业资金流转。政府工程、大型企业、综合超市、大型商场在采购或销售中小微企业的商品时，应按商品的属性在合同中明确约定货款支付的期限，约定支付期限最长不得超过收货后的 60 天，在约定期限内及时支付货款。

十三、鼓励创办劳动密集型和科技型小微企业。自工商登记之日起 2 年内，经人力资源社会保障、科技、财政等部门认定，可享受缴纳企业所得税、增值税和营业税省级留成 100%、市县留成 50% 的财政补助。

十四、促进中小企业加速壮大。对当年主营业务收入首次达到 2000 万元以上的工业企业，按其当年度新增增值税省级留成部分的 50% 给予奖励。

十五、鼓励中小微企业实施品牌发展战略。省财政每年安排专项资金 2000 万元，对新获得国家驰名商标和省级著名商标的中小微企业给予财政奖励，并对其在省级以上媒体为提高企业品牌的知名度、美誉度和特色度而开展的广告、代言、冠名等宣传推广活动给予一定比例补助。

山西省人民政府办公厅印发关于进一步支持中小微企业发展的措施（2013 年第 2 批）的通知

晋政办发［2013］57 号

各市、县人民政府，省人民政府各委、办、厅、局：

《关于进一步支持中小微企业发展的措施（2013 年第 2 批）》已经省人民政府同意，现印发给你们，请认真贯彻执行。

山西省人民政府办公厅

2013 年 5 月 22 日

关于进一步支持中小微企业发展的措施

（2013 年第 2 批）

中小微企业在拉动全省经济增长、增加就业、促进经济转型跨越发展等方面发挥着重要作用，全省各级政府及有关部门、驻晋金融监管机构、各金融机构要进一步深化中小微企业综合金融服务工作，积极支持中小微企业健康发展。

一、提高中小微企业贷款审批效率。各金融机构网点对前来咨询申请贷款的中小微企业实行首问负责制，加强辅导和跟踪服务。各银行明确贷款申请办理工作时限，并向社会公告，承诺限时办结，未达到授信条件的，要及时告知中小微企业。

二、增设小微企业金融专业服务机构。引导股份制银行、城市商业银行、农村商业银行、农村信用社、村镇银行设立小微企业专业支行。鼓励小微企业贷款余额和客户数量达到规定比例的商业银行增设小微专业支行（网点），2013 年，全省县（市、区）平均至少增加 1 家小微专业支行（网点）。

三、降低小微企业融资成本。2013 年新增的中小企业发展专项资金 5000 万元，对以小微企业担保业务为主的融资性担保公司，担保费率低于当期银行基准利率 50% 的差额部分，给予补贴，每笔担保额在 300 万元以上至 500 万元以下（含 500 万元）给予差额部分 50% 的补贴，每笔担保额在 100 万元以上至 300 万元以下（含 300 万元）给予差额部分 75% 的补贴，每笔担保额在 100 万元以下（含 100 万元）给予差额部分 100% 的补贴。省中小企业局尽快出台具体落实办法。

四、降低小微企业金融服务费用。禁止金融机构对小微企业贷款收取承诺费、资金管理费，严格限制向小微企业收取财务顾问费、咨询费等费用，监管部门要设立小微企业金融服务投诉电话，继续开展清理纠正金融服务不合理收费专项行动。

五、设立民间融资登记中心。成立为中小微企业服务的民间融资登记中心，鼓励有借贷需求的中小微企业，通过融资登记中心的服务，减少融资环节，降低借贷成本，自主开展合法借贷。组建山西省股权交易中心，为中小微企业提供股权、债券转让等融资服务。

六、创新中小微企业金融产品。推进中小微企业发行短期融资券、集合票据、集合债券，发挥各行业协会作用，推荐本行业符合条件的中小企业参与各类债券发行。开展免担保免抵押流动资金小额贷款业务，通过知识产权质押、仓单质押、商铺经营权质押、应收账款质押、商业保理、典当等多种方式进行融资，同时通过出口信用保险进行保单融资。省金融办尽快出台具体落实办法。

七、拓宽地方金融机构支持小微企业资金来源。支持地方银行业法人机构发行小微企业专项金融债，对募集的资金实行专户管理，资金全部用于小微企业贷款。优先选择小微企业金融服务成效显著、风险管控水平较高的商业银行，开展资产证券化业务试点。

八、提高小额贷款公司小微贷款比例。积极引导省内小额贷款公司服务小微企业，对向小微企业发放贷款达到全部贷款 70% 以上的小贷公司，放宽单一投资者持股比例至 30%，允许在全省范围内开展业务。取消小额贷款公司增资扩股变更申请“距上一次行政许可批准之日起 6 个月以上”的时间间隔限制。2013 年实现全省小贷公司新增资本金不少于 50 亿元，贷款余额增长 20%。

九、拓展融资担保机构服务中小微企业功能。积极培育融资担保机构服务中小微企业，发展资本金在 1 亿元以上的融资性担保公司，组建资本金在 10 亿元以上的融资再担保公司。2013 年实现全省融资性担保公司新增资本金 50 亿元，担保金额增长 20%。

十、促进科技型小微企业发展。对科技型小微企业开展委托贷款、产业链上下游企业授信贷款、知识产权融资贷款等特色化融资。对风险投资形式、股权投资形式的科技型中小企业给予信用贷款支持。支持中小科技型企业进入多层次资本市场，在中小板、创业板和其他板块上市融资。

十一、加强融资对接服务。在山西省金融服务平台中建立为中小微企业服务的常态化融资服务板块，实时推介新型金融产品，发布中小微企业融资需求，为中小微企业融资提供对接服务。

十二、抓好政策措施落实。省政府对驻晋金融机构、省属金融机构支持服务中小微企业情况进行评比，与年度表彰奖励挂钩；定期组织有关部门对执行金融服务中小微企业政策措施情况进行督查。

内蒙古自治区人民政府办公厅关于印发自治区中小企业创新年主题活动方案的通知

内政办发〔2013〕56 号

2013 年 6 月 24 日

各盟行政公署、市人民政府，自治区各委、办、厅、局，各大企业、事业单位：

经自治区人民政府同意，现将《内蒙古自治区中小企业创新年主题活动方案》印发给你们，请认真贯彻落实。

内蒙古自治区中小企业创新年主题活动方案。

为巩固扩大 2011 年至 2012 年中小企业政策落实年和服务年活动成果，促进中小企业发展方式转变，加速实现创新驱动发展，增强县域经济和非公有制经济健康持续发展的动力和活力，自治区人民政府决定在全区开展中小企业创新年主题活动（以下简称创新年主题活动），特制定本方案。

一、指导思想

深入贯彻落实党的十八大、自治区十二届人大一次会议和全区经济工作会议精神，以“创新驱动发展、转型促进成长”为主题，以提高中小企业自主创新能力为重点，大力实施“三项示范工程”，努力构建“四大支撑体系”，重点培育建设 10 个小微企业创业示范基地，积极开展“六项联手行动”，深入推进中小企业工作思路创新、服务创新、机制创新，推进中小企业技术创新、管理创新、经营创新，促进中小企业发展从要素驱动向创新驱动转变，在更高层次上推动中小企业实现创新发展和集群化发展。

二、总体目标

通过开展创新年主题活动，优化企业创新发展环境，努力形成尊重知识、崇尚创新、敢为人先、大胆创造的社会氛围和舆论环境，进一步激发全社会创新创业活力，促进创新要素向企业集聚，全面提升全区中小企业自主创新能力，加速实现创新驱动发展，增强县域经济和非公有制经济健康持续发展的动力和活力。

三、重点工作和责任分工

（一）大力实施“三项示范工程”

1. 大力实施千户非公创新型工业中小企业成长工程。重点培育和扶持1000户创新型非公有制经济工业中小企业做大做强，引领带动全区中小企业开展技术创新、管理创新、经营创新，大幅提升中小企业创新能力，加速实现创新驱动发展，提高工业经济发展质量和效益。（由自治区经济和信息化委牵头，自治区科技厅、财政厅、农牧业厅、人力资源社会保障厅、商务厅、地税局、质监局、金融办、内蒙古银监局、人民银行呼和浩特中心支行等部门和单位配合落实）

2. 继续实施“以创业带动就业”工程。积极发挥创业带动就业的倍增效应，扶持创办2万户微型企业，带动10万人实现就业。认真落实《内蒙古自治区人民政府关于促进小型微型企业持续健康发展的意见》（内政发〔2012〕88号）中关于增值税和营业税起征点执行国家规定上限政策，发挥小额担保贷款扶持创业的重要作用，扶持小微企业创业基地建设，促进小微企业集群化发展。（由自治区人力资源社会保障厅牵头，自治区财政厅、工商局、中小企业局、农牧业厅、商务厅、金融办、地税局，内蒙古国税局、银监局，人民银行呼和浩特中心支行等部门和单位配合落实）

3. 继续实施生产性服务业领域中小企业发展工程。重点支持500户中小企业在科技研发、工业设计、技术咨询、信息服务、电子商务、现代物流等现代生产性服务业领域发展，培育一批服务企业的企业。（由自治区中小企业局牵头，自治区发展改革委、商务厅、财政厅等部门配合落实）

（二）构建“四大支撑体系”

1. 健全中小企业公共服务体系。加快自治区中小企业公共服务中心枢纽平台建设，推进12个盟市2个计划单列市窗口平台和10个产业集聚区共享平台建设，尽快建成全区统一、信息畅通、功能完善、服务协同、资源共享、供需对接便捷的中小企业公共服务平台网络。加大对国家和自治区级中小企业公共服务示范平台的培育和扶持力度，引领和带动社会优质资源服务中小企业。到“十二五”末，以全区中小企业公共服务平台网络为统筹和引领，以100家国家和自治区级中小企业公共服务平台为骨干，带动一批专业服务机构，基本建成服务功能完善、特色鲜明、运行规范、方便快捷、社会影响力大和品牌知名度高的中小企业公共服务体系。（由自治区中小企业局牵头，自治区财政厅、商务厅等部门配合落实）

2. 建设中小企业技术创新服务体系。支持特色优势产业集群建设科技创新研发平台和检测平台，健全完善研发、检测、孵化等创业创新体系。加强产学研对接服务平台和网上技术市场建设，培育壮大面向中小企业服务的技术创新服务平台。鼓励支持高等学校、科研院所与企业联合组建工程实验室、工程技术研究中心等共享研发平台；完善科研设施共享机制，促进科学数据共享和大型仪器设备共用等服务。支持产业集群人才平台建设，组建职业教育培训联盟，鼓励高等学校和科研院所在园区设立分院和实训基地。（由自治区科技厅牵头，自治区财政厅、教育厅、经济和信息化委、中小企业局、农牧业厅等部门配合落实）

3. 完善中小企业多元化融资服务体系。引导银行业金融机构加强、创新和完善中小企业金融服务，建立中小企业贷款增量奖励机制，鼓励银行、小额贷款公司等金融机构扩大对小微企业的贷款规模和比重。综合运用资本金注入、风险补偿、免费培训、奖励补助等多种方式，进一步完善自治区中小企业融资性担保和再担保体系，完善融资性担保小微企业贷款风险补偿机制，推进银行和担保机构的平等互利合作，提高担保机构对中小企业的融资担保能力。鼓励资产管理公司等非银行业金融机构发挥资金、专业集聚优势，充分利用各种金融产品为小微企业提供融资、增信等服务。积极扶持符合条件的中小企业通过改制上市和发行债券筹集资金。积极建立区域性股权交易市场，促进中小企业多渠道融资。联合开展送金融服务进旗县（市、区）、进园区、进企业“三进”活动，年内实现覆盖全区所有旗县（市、区）和工业园区的目标。（由自治区金融办牵头，内蒙古银监局、证监局，人民银行呼和浩特中心支行、国家开发银行内蒙古分行，自治区中小企业局、农牧业厅、各国有商业银行等部门和单位配合落实）

4. 建立中小微型企业分类统计与监测分析体系。按照新的划型标准，建立完善中小微企业分类统计、监测分析和信息管理制度，加快建立中小企业统计指标体系，科学、准确、及时掌握全区中小企业生产经营基本运行状况，加强对中小微企业发展的分类指导，提高政策的针对性和有效性。重点加强千户非公创新型工业中小企业经济运行监测分析，按季度、半年和年度进行调度分析。（由自治区统计局牵头，内蒙古调查总队，自治区工商局、农

牧业厅、商务厅、中小企业局等部门配合落实）

（三）重点培育建设10个小微企业创业示范基地

在全区评定的自治区级小微企业创业基地中，选择10个基础设施较完备、综合服务功能较强、产业特色明显、层次较高、孵化功能较强的创业基地，加大财政扶持、融资服务、用地指标优先、标准厂房租金补贴等扶持力度，作为全区重点培育建设的小微企业创业示范基地，引领和带动全区小微企业创业创新和集群化发展。（由自治区中小企业局牵头，自治区财政厅、国土资源厅、科技厅、商务厅、农牧业厅、金融办、内蒙古银监局、人民银行呼和浩特中心支行等部门和单位配合落实）

（四）积极开展“六项联手行动”

在创新年主题活动期间，由自治区中小企业局协调联合有关部门重点开展六项联手行动：

1. 开展走进“创新型中小企业”宣传行动。组织引导新闻媒体深入创新型中小企业，开展深度宣传报道。创新内蒙古中小企业“一频一刊两网”服务形式和内容，大力宣传创新型中小企业，形成崇尚创新、敢为人先、大胆创造的社会氛围和舆论环境。（由自治区中小企业局牵头，自治区广电局、各新闻媒体等部门和单位配合落实）

2. 开展“圆梦内蒙古”创业行动。落实以创业带动就业和扶持小微企业发展的各项政策，优化创业环境，培育创业主体，强化创业培训，深化创业服务，推进全民创业。（由自治区中小企业局牵头，自治区人力资源社会保障厅、工商局、教育厅、地税局、广电局、商务厅、内蒙古国税局、各新闻媒体等部门和单位配合落实）

3. 开展中小企业“翔计划”行动。鼓励和引导电信网络运营商、互联网企业及中小企业信息服务平台加大中小企业信息化技术应用培训推广和信息化服务力度，提升中小企业信息化应用能力，促进企业生产经营管理的科学化、网络化和智能化。（由自治区中小企业局牵头，自治区发展改革委、各电信网络运营商、互联网企业等部门和单位配合落实）

4. 开展高素质技能人才培养行动。把创业培训与岗位资格培训、企业招工与学院招生结合起来，开展高素质技能人才培养行动。（由自治区中小企业局牵头，自治区人力资源社会保障厅、教育厅等部门配合落实）

5. 开展中小企业品牌创建行动。加强中小企业品牌创建指导和服务，为中小企业提升品牌价值提供政策和技术支撑，对获得自治区、国家知名品牌和名牌产品认定的中小企业给予奖励。（由自治区中小企业局牵头，自治区工商局、科技厅、农牧业厅、商务厅、质监局等部门和单位配合落实）

6. 开展中小企业普查行动。以国家开展第三次经济普查为契机，按照新的中小企业划型标准，开展全区中小企业普查行动，摸清全区中小企业底数。（由自治区统计局牵头，自治区工商局、中小企业局、农牧业厅、商务厅、内蒙古调查总队等部门和单位配合落实）

四、活动安排

创新年主题活动分3个阶段进行：

（一）宣传发动阶段（2013年1月至6月）

开展动员部署，统一思想，明确工作任务。各地区、各有关部门从本地区、本部门实际出发，制定中小企业创新年主题活动实施方案，深入动员，加强宣传，营造良好舆论氛围。

（二）组织实施阶段（7月至11月）

各地区、各有关部门要明确创新年主题活动各项重点工作任务，按照自治区统一部署，结合实际，创新举措，扎实推进，确保创新年主题活动取得明显成效。

（三）总结验收阶段（12月）

各地区、各有关部门要做好中小企业创新年主题活动的总结验收工作，并将书面总结材料报自治区促进中小企业发展工作领导小组办公室（自治区中小企业局），由自治区促进中小企业发展工作领导小组办公室汇总后报自治区人民政府。

五、保障措施

（一）加强组织领导

自治区促进中小企业发展工作领导小组作为全区中小企业创新年主题活动领导机构，统一领导协调活动开展。各地区、各有关部门要高度重视创新年主题活动，建立相应的组织机构和工作机制，负责指导、协调和监督创新年主题活动各项工作任务的落实。

（二）加强协作联动

各地区、各有关部门要认真总结和推广2011年中小企业政策落实年、2012年中小企业服务年活动的成功经验，增强服务意识，加强协调联动，建立自治区、盟市、旗县（市、区）纵向三级联动与横向多部门协作联动工作机制，形成各方面支持创新型中小企业发展的合力。自治区将对全区开展创新年主题活动情况进行督促检查，推动各项工作任务的落实。

（三）转变工作作风

各地区、各有关部门要从促进全区中小企业及非公经济健康持续发展的大局出发，紧紧围绕创新年活动各项任务的落实，想实招、办实事、见实效。要不断创新工作理念和工作思路，改进工作方式方法，力求在解决影响中小企业发展方式转变的关键问题上有所突破。要重视和研究中小企业发展面临的深层次问题，加强调查研究，切实强化协调服务，千方百计解决好企业生产经营过程中遇到的困难和问题。

内蒙古自治区人民政府关于印发自治区鼓励和支持非公有制经济加快发展若干规定（试行）的通知

内政发〔2013〕61号

各盟行政公署、市人民政府，自治区各委、办、厅、局，各大企业、事业单位：

现将《内蒙古自治区鼓励和支持非公有制经济加快发展若干规定（试行）》印发给你们，请结合实际，认真贯彻执行。

2013年6月26日

内蒙古自治区鼓励和支持非公有制经济加快发展若干规定（试行）

为深入贯彻落实自治区“8337”发展思路，鼓励和引导民间投资，支持非公有制经济加快发展，培育自治区经济新的增长点，增强综合实力、发展活力和竞争力，现就鼓励和支持非公有制经济加快发展作出如下规定。

一、放宽准入条件

（一）试行注册资本“零首付”，除高危行业、重污染行业和食品药品行业以及小额贷款公司、担保公司、典当公司、融资租赁公司、房地产开发企业外，允许资金不足而其他前置许可要件齐全的内资企业先登记注册，1年内注册资本到位20%，其余部分3年内分期到位，其中投资公司注册资本可在5年内分期到位。申请办理个体工商户、个人独资企业、合伙企业、农牧民专业合作社注册登记的，一律不受出资金额限制。

（二）除法律、行政法规、国务院决定设置的企业登记注册前置许可外，一律不得设置其他前置许可或以备案为名变相设置许可。不涉及前置许可的，可依照市场主体申请的经营范围核准；涉及前置许可，但不涉及公共安全、不破坏生态环境，且符合企业法人条件的，在未取得相关审批许可前，以企业按规定出具书面承诺为前提，可核发在许可经营项目经营范围后加注“筹建”字样的营业执照，待其取得相关批准文件或行政许可后，再办理相关经营范围变更登记。

（三）实行“零成本”注册，对注册登记私营企业、个体工商户以及办理变更登记的，免收登记类、证照类行政事业性收费。免收上述行政事业性收费后，有关部门和单位依法履行管理职能所需相关经费，由同级财政予以保障。

（四）放宽企业集团登记条件，将母公司注册资本由5000万元人民币以上降低为1000万元人民币以上，将母公司拥有子公司数量要求由5个降低为3个，母公司和子公司注册资本总和由1亿元人民币以上降低为2000万元人民币以上。

（五）在不改变土地集体所有性质、不改变土地用途、不损害农牧民土地承包权益的前提下，允许以农村土地承包经营权、草场使用权、林地承包经营权和林木所有权出资设立农牧民专业合作社、林农专业合作社。允许农牧民专业合作社、林农专业合作社作为股东登记注册公司。

（六）申请人不能提交住所（经营场所）房屋产权证书的，可提交负责管理的物业单位或辖区管委会（居委会）为其出具的住所或经营场所的使用证明，也可用购房合同、租赁协议等其他能够证明其具有合法使用权的有效证明文件代替。

（七）从事电子商务、文化创意、软件开发、广告设计、直销经营、网络销售等不需较大经营场所的现代服务业的市场主体，本着不扰民、无污染的原则，在现行管理办法的基础上，可将住宅作为经营场所进行登记；允许同一经营场所地址注册多个市场主体，也可将住宅作为经营场所进行登记。

（八）对从事采矿业、制造业等行业不具备办公场所条件的，可以将自治区境内企业总部或分支机构的经营场所登记为经营场所，不要求企业将生产场所登记为分支机构。

（九）个体工商户可根据生产经营需要自主选择转型为个人独资企业、合伙企业或公司制企业，转型后的企业应当符合《中华人民共和国个人独资企业法》、《中华人民共和国合伙企业法》、《中华人民共和国公司法》等法律法规规定的主体要件。个体工商户申请转型为其他组织形式，需沿用原有字号或主体名称的，在符合名称登记管理有关规定，不侵犯其他市场主体权益的前提下，允许沿用原字号。

（十）允许以实物、土地使用权、土地承包经营权、林权、商标权、专利权、著作权、版权、债权、持有的股权等作价出资创办小微企业，作价出资金额最高可占企业注册资本的70%。

二、强化金融服务

（十一）各级政府要设立小微企业贷款奖励资金，对向小微企业发放贷款比上年增幅大、贡献比较突出的金融机构（含小额贷款公司），由企业所在地人民政府根据财力给予奖励。自治区财政设立融资性担保机构小微企业贷款风险补偿资金，用于融资担保机构对单户授信500万元以下小微企业贷偿损失的补贴，形成小微企业贷款风险循环管控和分担机制。

（十二）进一步加大财政资金扶持地方银行、创业投资企业、小额贷款公司、融资性担保公司、基金公司等金融企业的力度，放大财政资金支持非公有制经济的效应。

（十三）贯彻落实国家关于金融行业支持经济结构调整和转型升级的政策措施，加大对小微企业的信贷倾斜，全年小微企业贷款增速不低于各项贷款平均增速、贷款增量不低于上年同期水平。鼓励民间资本参与金融企业重组改造，探索设立民间资本发起的自担风险的民营银行以及金融租赁公司、消费金融公司等。进一步发挥民间资本在村镇银行改革发展中的作用。

（十四）企业在主板、创业板、中小板、境外上市发生的前期费用，由企业所在地人民政府给予一定补贴。企业发行短期融资券、中期票据、企业债、公司债、集合信托以及中小企业集合票据、集合债券等的，自治区、盟市两级可按其发行额度给予适当奖励。

（十五）通过财政注资等多种方式，做大做强融资性担保机构。培育自治区融资性龙头企业，使其资产规模达到30亿元以上。每个盟市培育一个注册资金2～5亿元的国有或国有参股担保机构，财政收入超过50亿元的旗县（市、区）和年销售收入超过100亿元的开发区（园区）建立一个注册资金1亿元以上的国有控股担保机构。支持银行与各类担保机构、企业开展不动产和动产抵押质押，降低小微企业及个体工商户的贷款担保费用。允许使用商标专用权、专利权、著作权、仓单、提单、商铺经营权、商业信用保险单、股权、应收账款、特许经营权、政府采购合同等无形资产进行抵押质押贷款。

（十六）允许依法批准的采矿权母公司、子公司之间，以一方拥有的采矿权进行抵押，为另一方贷款办理采矿权抵押备案手续。

允许股东相同的两家独立法人企业之间，以一方拥有的采矿权进行抵押，为另一方贷款办理采矿权抵押备案手续。允许拥有采矿权，同时又独立或与他人合作设立资源深加工企业的采矿权人，以采矿权进行抵押，为资源深加工企业办理采矿权抵押备案手续。

在自治区煤炭企业兼并重组工作开展期间，已列入自治区煤炭企业兼并重组方案的企业，兼并重组主体以被兼并重组主体名下的采矿权进行抵押贷款的，允许办理采矿权抵押备案手续。

采矿权人进行银团贷款，允许办理采矿权抵押备案手续。此类抵押在抵押实现时，仍由银团贷款的牵头银行，按照债权人间受偿协议中的已有约定办理抵押实现相关手续。

同一采矿权先后抵押给不同银行时，债权人间已达成受偿协议的，可分别予以办理采矿权抵押备案。此类抵押在实现时，应按照债权人间受偿协议中的已有约定，确定抵押实现的牵头银行作为债权人代表，办理抵押实现相关手续。

（十七）在自治区行政区域内依法取得的国有土地使用权，以及除宅基地、农村牧区公益事业和公共设施用地以外的集体建设用地使用权，允许办理土地抵押贷款的土地抵押登记。

三、加大财政支持

（十八）在争取中央投资和安排自治区用于引导企业发展的各类专项资金时，重点向非公有制企业倾斜。

（十九）自治区财政设立亿元以上的中小企业公共服务体系建设专项资金，对列入国家试点范围的公共服务平台建设项目，自治区给予配套投资；设立小微企业创业基地建设专项资金，重点用于对工作成绩突出、小微企业发展快的盟市以以奖代补方式进行奖励，对各地创办小微企业创业园和小微企业创业基地给予补助。

（二十）依法设立中小企业发展基金，资金来源包括财政预算安排、国家基金投入、基金收益、捐赠等。基金主要用于引导地方、创业投资机构及其他社会资金支持处于初创期的小型微型企业等。鼓励向基金捐赠资金，企业和个人向基金捐赠的资金，企业在年度利润总额12%以内的部分，个人在申报个人所得税应纳税所得额30%以内的部分，准予在计算应缴所得税时税前扣除。

（二十一）将企业经营者培训纳入各级政府人才培训计划，自治区财政加强对各类职业院校的支持，自治区人才开发、草原英才等专项资金，要向企业高级人才培训倾斜。企业每吸纳1名毕业两年以内的自治区籍高校毕业生，签订1年以上劳动合同并按规定缴纳社会保险费的，由企业所在旗县（市、区）人民政府一次性给予上岗培训补贴2000元。企业职工在工作变动时工龄连续计算。

（二十二）对新获得中国驰名商标的企业，由自治区财政给予100万元的一次性奖励；对新获得自治区著名商标的企业，由各盟市财政给予50万元的一次性奖励。

（二十三）将企业自建的职工公寓纳入自治区公共租赁住房发展规划和年度计划，经有关部门认定，并按照住房城乡建设部等七部委《关于加快发展公共租赁住房的指导意见》（建保〔2010〕87号）和盟市、旗县（市、区）政府制定的具体管理办法进行管理的，可享受公共租赁住房税费优惠政策、政府性基金优惠政策和自治区相关补助资金。

（二十四）部门预算编制单位编制政府采购计划时，在小微企业能够提供的前提下，应当预留本部门年度政府采购项目预算总额的18%以上专门面向小微企业。对于非专门面向小微企业的项目，采购人或者采购代理机构应当在招标文件或者谈判文件、询价文件中作出规定，对自治区内小微企业产品的价格给予6%～10%的扣除，用扣除后的价格参与评审。大中型企业以及其他自然人、法人或其他组织与小微企业组成联合体，共同参加非专门面向小微企业的政府采购活动时，小微企业的协议合同金额占到联合体协议合同总金额30%以上的，可给予联合体2%－3%的价格扣除。

四、实行税收优惠

（二十五）对设在我区的鼓励类企业（指以《西部地区鼓励类产业目录》中规定的产业项目为主营业务，且其主营业务收入占企业收入总额70%以上的企业）减按15%的税率征收企业所得税。在《西部地区鼓励类产业目录》公布前，符合《产业结构调整指导目录（2011年版）》、《外商投资产业指导目录（2011年修订）》和《中西部地区优势产业目录（2008年修订）》范围的鼓励类企业，经税务机关确认后，其企业所得税可按照15%的税率缴纳。

（二十六）除从事矿产资源开发和已享受资源配置政策的企业外，新办的大中型企业自取得第一笔收入所属纳税年度起，第一年至第五年免征企业所得税地方分享部分。

（二十七）增值税和营业税起征点执行国家规定的上限。

（二十八）小型微利企业，其所得减按20%的税率征收企业所得税；2015年12月31日前，对年应纳税所得额低于6万元的小型微利企业，其所得减按50%计入应纳税所得额，按20%的税率缴纳企业所得税，并免征其中地方分享部分。

（二十九）2014年10月31日前，对金融机构与小微企业签订的借款合同免征印花税。

（三十）对经国家有关认证并符合条件的担保机构从事中小企业信用担保或再担保业务取得的收入（不包括信用评级、咨询、培训等收入）3年内免征营业税，免税时间自担保机构向主管税务机关办理免税手续之日起计算。

（三十一）创业投资企业采取股权投资方式投资于未上市的中小高新技术企业2年以上，凡符合规定条件的，可按其对中小高新技术企业投资额的70%抵扣该创业投资企业的应纳税所得额；创业投资企业按上述规定计算的应纳税所得额抵扣额，符合抵扣条件并在当年不足抵扣的，可在以后纳税年度逐年延续抵扣。

（三十二）将符合条件的国家中小企业公共服务示范平台中的技术类服务示范平台，纳入现行科技开发用品进口税收优惠政策范围，对其在2015年12月31日前，在合理数量范围内进口的国内不能生产或者国内产品性能尚不能满足需要的科技开发用品，免征进口关税和进口环节增值税、消费税。

（三十三）企业集团中的核心企业向金融机构借款后，将所借资金分拨给下属单位（包括独立核算单位和非独立核算单位），并按支付给金融机构的借款利率水平向下属单位收取用于归还金融机构的利息的，不征收营业税。

（三十四）小微企业经认定为高新技术企业的，减按15%的税率征收企业所得税。

（三十五）小微企业为开发新产品、新技术、新工艺发生的研发费用，未形成无形资产计入当期损益的，在按规定据实扣除的基础上，按照研发费用的50%加计扣除；形成无形资产的，按照无形资产成本的150%摊销。

（三十六）一个纳税年度内，小微企业从事技术转让、技术开发业务及与之相关的技术咨询、技术服务业务取得的收入，不超过500万元的部分，免征企业所得税；超过500万元的部分，减半征收企业所得税。

（三十七）小微企业从事农、牧、林、水生产的企业所得，按照规定免征、减征企业所得税。

（三十八）响应国家环保政策，改进旅游饭店、景区（点）节能减排设施的，给予不低于25%的政府补贴。

（三十九）将金融企业（包括小额贷款公司）涉农贷款和中小企业贷款损失准备金税前扣除政策延长至2013年底。

（四十）企业投资《公共基础设施项目企业所得税优惠目录》规定的铁路等国家重点扶持的公共基础设施项目的，自项目取得第一笔生产经营收入所属纳税年度起，给予其企业所得税“三免三减半”的优惠政策。民间资本投资创办的养老机构，供养或者收养农村牧区“五保户”或城镇“三无”人员的，其费用由当地政府通过购买服务的方式承担。

（四十一）按照《国家税务总局关于进一步贯彻落实税收政策促进民间投资健康发展的意见》（国税发〔2012〕53号）精神，认真落实现行鼓励和引导民间投资进入基础产业和基础设施、市政公用事业和政策性住房建设、社会事业、金融服务、商贸流通等领域，以及推进企业自主创新和转型升级等方面的税收政策。

五、完善价格收费政策

（四十二）民间资本投资创办各类教育服务机构，从事学历教育的，由当地政府价格主管部门核定收费项目和收费标准；从事非学历教育的，由教育服务机构自主制定收费项目和收费标准。

（四十三）民间资本投资创办医疗服务机构的，非营利医疗机构提供的医疗服务和药品，按照国家和自治区的价格政策执行；营利性医疗机构提供的医疗服务，实行自主定价。民间资本投资创办养老机构的，其用水、用电、用气、用热价格按照居民价格执行。

（四十四）民间资本通过特许经营方式参与城市供水、供气、供热和污水处理设施建设、运营和管理的，与国有资本享有同等待遇，其价格标准按照补偿成本、合理收益的原则制定。

（四十五）民间资本投资地方铁路、公路建设、运营和管理的，按照满足正常运营维护需要并有合理经营回报的原则核定运价和车辆通行费标准及年限。

（四十六）民间资本投资水利工程的，供水价格按照补偿成本、合理收益的原则制定基准价格，并可确定较大的浮动幅度。

（四十七）免收小微企业地方教育费附加、水利建设基金等政府性基金以及气象、文物、绿化、消防、地震、质检等行政事业性收费。经营服务性收费标准有下限的，一律按照下限收取，严禁提高标准或变相提高标准乱收费。

六、加强土地矿产要素保障

（四十八）企业用地符合国家《划拨用地目录》规定的，可采取划拨方式供地。

（四十九）企业开发利用国有未利用土地从事农、牧、林、水产业生产的，可按照出让方式获得土地使用权，经旗县级以上人民政府批准后可免收土地出让金，使用年限不超过50年。确需改变用途从事非农业建设的，缴纳土地出让金后，可按法定程序办理相关手续。

（五十）对投资高新技术产业、基础设施建设和重点项目建设的企业使用的存量建设用地需要受让的，可在不低于国家最低价标准的前提下，享受土地出让价格优惠政策。凡经批准进入各地工业园区的企业，可以租赁方式使用建设用地。

（五十一）企业投资的工业项目，使用土地利用总体规划确定的城镇建设用地范围内的国有未利用地的，土地出让价格可按照不低于所在土地等别相对应《内蒙古自治区工业用地出让最低价标准》的50%执行；使用土地利用总体规划确定的城镇建设用地范围外、自行完成土地前期开发的工业项目用地的，土地出让价格可按照不低于所在土地等别相对应《内蒙古自治区工业用地出让最低价标准》的60%执行，其中使用国有未利用地的，土地出让价格可按照不低于所在土地等别相对应《内蒙古自治区工业用地出让最低价标准》的15%执行。

（五十二）企业投资符合国家产业政策的建设项目和整体收购国有企业的，用地可采取出让方式，也可采取租赁方式，土地出让金或租金按照现行标准适当降低，最低不低于依法确认土地出让金或租金的70%。

（五十三）企业依据土地整治规划投资的土地整治项目，经国土资源主管部门验收合格后，给予一定的资金补助。整治后的土地属于集体所有的，经集体经济组织和农牧民同意、苏木乡镇人民政府批准，在不改变土地用途的前提下，可以承包或租赁等方式使用。

（五十四）企业以出让方式取得的土地，可依法通过转让、租赁、作价出资入股等方式盘活利用。对确需改变土地用途的，报原出让土地的人民政府批准，并按法定程序办理相关手续，其中在城镇规划区内改变土地用途的，报批前需先经城市规划主管部门同意。在符合规划、不改变原用途的前提下，工业用地增加土地容积率的，不再增收土地出让价款。企业以划拨方式取得的土地，经有批准权的人民政府依法批准，按法定程序办理相关手续、补交土地出让金后，可用于经营性开发建设或转让。

（五十五）民间资本投资难以确定复垦治理义务人的历史遗留工矿废弃地和无主的计划经济时期遗留矿山地质环境恢复治理项目的，经国土资源主管部门验收合格后，给予一定的财政补贴。从事农、牧、林、水产业生产的，经旗县级以上人民政府批准，可优先确定复垦治理单位或个人使用。

（五十六）企业投资建设服务业集聚区，执行工业园区用地价格。新建、扩建非营利性民办学校和公益性农畜产品批发市场、农贸市场的，执行公益事业用地政策。

（五十七）民间资本投资开发共伴生矿、尾矿和低品位矿产资源的，在矿产资源补偿费等方面，与国有矿山企业享受同等减免政策。

（五十八）矿山企业采用新技术、新工艺和新装备，提高矿产资源开采回采率、选矿回收率和综合利用率的，在矿产资源节约综合利用以奖代补、示范工程专项资金及绿色矿山评选等方面给予优先支持。

（五十九）允许民间资本自主组建勘查单位，申请勘查资质，参与“找矿突破战略行动”，开展地质勘查。民间资本与地质勘查基金合作投资形成的勘查成果，按照投资比例和合同约定转让的，同等条件下民间投资方具有优先购买权。

（六十）非公有制企业收购、兼并破产或经营不善的国有矿山企业的，经自治区人民政府批准，矿产中已评估作价并用于安置企业职工的部分，可在矿业权价款中予以充抵。

七、优化政务服务环境

（六十一）自治区人民政府建立统一的政务信息云服务平台，各地区、各部门要加强政务公开，向社会、企业公开办事程序及时限，及时公布发展规划、产业政策、投资政策、财税政策、金融政策、收费项目及标准、注册登记、监管执法、统计数据等信息。

（六十二）缩短证照办理时间，除食品流通许可以外，各类企业登记许可申请须在7个工作日内办结。申请办理企业设立、变更登记，符合条件的，审批时限缩短为5个工作日；申请名称登记的，实行当天受理、当天核准、当场办结制。

（六十三）简化项目审批手续，对于审批、核准类项目，要件和手续齐备的，须在5个工作日内完成审批、核准；对于备案类项目，不设置任何前置条件，须在3个工作日内完成备案，其中对符合国家产业政策、投资500万元以下的项目，实行告知备案。

（六十四）对符合条件的单独选址用地项目，属于自治区审批的，实行土地征转一并办理；在土地利用总体规划确定的城镇建设用地规模范围和工业园区、服务业集聚区范围内的，按照批次用地方式报批，再按照具体项目办理供地手续；用地审查、审批、登记、发证等，要件和手续齐备的，须在15个工作日内完成。

（六十五）采取提前介入、跟踪督办等措施，对取得排放总量指标，不涉及重金属、危险化学品及敏感区的项目，缩短环评审批时限，环境影响报告书、报告表、登记表的审批时限分别缩短为30个、15个、10个工作日。

（六十六）建设工程项目已办理用地审批、规划许可、工程质量监督等相关手续，已确定建筑施工企业，须进行施工图审查的项目土建施工图已审查合格的，须在3个工作日内办理完毕施工许可证。许可施工后，有关部门要强化对施工过程的质量监管。

（六十七）严禁任何机关、事业单位以及各类协会、学会等社会团体向企业和个体工商户摊派费用，严禁违法违规检查、评比，严禁强行指定购买专用产品和接受有偿服务。除涉及食品安全、医疗安全、药品安全、生产安全、公共安全、金融安全、环境保护的事项外，企业、个体工商户所在地相关部门对企业和个体工商户的例行检查，须经当地人民政府批准后实行联合检查，一年内针对同一企业的检查不得超过1次。

（六十八）健全投诉机制，全区各级监察部门和工商联维权投诉中心要及时受理企业的投诉举报，须在5个工作日内回复投诉事项处理情况。健全查访和追责机制，严查“乱收费、乱罚款、乱检查、乱摊派”行为和机关“门难进、脸难看、事难办”、“乱作为、不作为”、“吃拿卡要”等问题，对故意刁难、妨碍企业生产经营造成严重影响的单位和个人，依法依规处理。

（六十九）加强立法保护，切实维护企业合法权益。为个体工商户规划和设立经营场地，引导其依法、合规、有序经营。对涉及食品安全、医疗安全、药品安全、生产安全、公共安全、金融安全、环境保护的项目和企业，要严格审批和监管。

（七十）本规定适用于除国有及国有控股企业以外的所有经济成分。自治区统计部门要依照本规定建立相应的统计指标体系。本规定未尽事宜，在自治区已出台的其他规定中有体现的，遵照已出台的规定执行；过去自治区已出台的有关规定凡与本规定不一致的，一律以本规定为准。2013年6月26日

中共吉林省委 吉林省人民政府关于突出发展民营经济的意见

吉发〔2013〕5号

民营经济是市场经济的重要主体，是推动科技创新的中坚力量，是吉林经济的重要支撑，突出发展民营经济对富民强省具有十分重要的战略意义。为推动我省民营经济快发展、大发展，特制定以下意见。

一、总体要求与发展目标

1. 总体要求。按照“扩大总量、提高质量、优化结构、增加效益、富民强省”的发展要求，全面实施“全民创业、招商引资、素质提升、集群发展、市场培育”等五大工程，着力做大总量、做优结构、做强龙头、做精产品、做长链条，不断增强民营经济整体实力和竞争力，为吉林振兴提供强大支撑。

2. 发展目标。

——到2017年，民营经济主营业务收入达到5万亿元、民营经济增加值达到1.3万亿元以上，分别比2012年翻一番以上，增加值占全省GDP的比重达到65%以上。

——到2017年，民营经济市场主体数量达到240万户以上，其中，民营企业29万户以上，分别比2012年增长1倍以上。

——到2017年，民营经济上缴税金达到1500亿元以上，年均增长17%以上，占全口径财政收入的比重达到50%以上。

二、放宽准入领域和条件

3. 坚持“非禁即入”，鼓励民营企业进入基础产业、基础设施、市政公用事业、社会事业、保障性住房等建筑业、金融服务和社会服务等领域。

4. 变审批制为注册制，先照后证。

5. 允许以知识产权、土地使用权、股权、债权、林权等作价出资，其出资比例可占注册资本总额的70%。

6. 除法律、法规对经营场所有特殊规定的行业外，经有利害关系的行为相对人同意，可将住宅用于经营场所。

7. 支持个体工商户升级为企业，在不重名前提下可使用原名称。

三、鼓励全民创业

8. 鼓励党政机关和事业单位人员在符合国家有关规定和方式下领办创办企业。党政机关人员经批准，可以脱岗进行为期不超过两年的创业培训，培训期间保留原职务级别、编制、人事关系和工资福利待遇。根据本人意愿，两年内可以回原单位工作，原则上按原职务级别安排工作。超过两年的要办理相关辞职手续。辞去公职的，辞职前工作年限，视为社会保障缴费已缴年限。事业单位人员经批准，可以脱岗进行为期不超过三年的创业培训，培训期间保留原职务级别、编制、人事关系和工资福利待遇，并继续为其缴纳社会保障费用，允许三年内回原单位工作，享有与连续工作的人员同等待遇。超过三年的要办理辞职手续。

9. 对招商引进、在外吉林人返乡创办和省内新办的企业，自投产或营业始，两年内由同级财政安排资金给予支持。

10. 支持开发区、园区建设，鼓励发展特色主导产业集群和公共服务平台并给予专项资金支持。支持各开发区、园区建设孵化楼、孵化车间、孵化厂房等小微企业孵化基地和民营企业创业园。对基地、园内新办企业，依据其对政府做出的贡献，三年内由同级财政给予资金补助。

11. 鼓励各开发区、园区建立融资担保、研发及技术检测、人才培训等企业公共服务平台，为民营企业创造良好发展条件。鼓励商会、协会等社会团体和工会、共青团、妇联等群团组织为全民创业发展服务。各级政府用专项资金予以扶持。

12. 鼓励各级政府免费开展“创业者、小老板和企业家”培训；开展大学生、退役士兵等拟创业者到符合其创业方向的企业进行为期一年的带薪创业实习试点，由实训企业或地方政府出资，工资标准不低于所在城市最低工资标准。对初级创业者，地方政府可推荐优秀企业家受聘创业导师，自愿义务与创业者结对帮扶，传授创业经验，指导帮助创业。

四、支持科技创新

13. 鼓励企业兼并国外先进科技型企业和聘用国外专家。经省级主管部门认定后，政府奖励并购资金和聘用费用的10%，由省和当地政府从专项资金中给予补助。

14. 大力推进技术资源市场化。鼓励大专院校、科研院所和大企业开放实验室等专业技术服务资源，依据其对外服务收入对当地政府做出的贡献，五年内由同级财政给予资金补助。

15. 支持建设企业技术中心和公共科技服务平台，对达到省级以上标准的，省级专项资金给予补助，企业所在地政府要配套支持。支持科技型中小微企业发展，鼓励企业开发新产品、应用新技术，各级政府要给予专项资金支持。

16. 鼓励职务发明的主持者和重要参与者技术投资入股，可通过当地政府以奖励或预借资金的形式办理，其中预借入股的资金可以从入股分红中逐渐归还。对于有特殊贡献的个人和对国内、省内首台（套）装备的研发人员，当地政府可依据其做出的贡献给予奖励。

五、培育开拓市场

17. 支持大企业以本企业大宗物资采购和产品配套为导向，以股份制等形式吸引和创办民营配套企业，当地政府参照配套企业每年为当地做出的贡献，安排资金对大企业予以奖励。

18. 各级政府采购、招标要积极面向民营企业采购产品和服务，增加政府信息透明度，降低企业获取信息和参与招标的费用。

19. 各级政府要积极创造需求，鼓励兴办社区保安、交通协管、食品药品安全生产问题发现、流动人口管理和养老服务等社会服务企业，让社会服务成为民营企业进入的新领域。

20. 各级政府要支持企业利用各种平台开拓市场，并对组织参加国内外知名展会的企业给予展位费和会议费补助；支持培育现代服务业集聚区、总部大厦和楼宇经济等有形市场，给予专项资金支持；鼓励企业创建名牌产品和商标，对新认定的中国名牌企业和中国驰名商标企业，分别给予奖励。

六、强化金融服务

21. 支持民营企业上市和发行债券。对新上市的企业和发行债券的企业，各级政府要给予经费补助。

22. 发挥好各类投资基金的作用，特别是运用好政府设立的中小企业和民营经济发展基金，支持民营经济发展。对当地贡献较大的企业，由同级政府给予适当奖励。

23. 大力发展小额贷款公司和村镇银行。小额贷款公司最大股东或主要发起人持股比例可放宽到50%，其中，注册资本超过5亿元的不受比例限制。支持经营良好的小额贷款公司设立分支机构和挂牌上市。

24. 积极发展担保公司，支持拓宽应收账款质押等动产担保范围，鼓励降低担保费用，积极支持民营企业融资。

25. 引导金融机构支持民营企业贷款，对当年其年贷款余额比上年增长10%以上的，地方政府给予一定奖励。

七、加强财政支持

26. 2013年省中小企业和民营经济专项资金及发展基金规模达到10亿元。各市（州）、长白山开发区、各县（市）也要相应建立中小企业和民营经济专项资金及发展基金。中小企业和民营经济专项资金主要用于科技创新、公共服务体系、孵化基地和创业园区、兼并科技型企业、开放技术资源、开拓市场、人才培训、金融服务等方面。中小企业和民营经济发展基金主要用于股权投资、风险投资和科技成果转化，以参股方式，积极引导社会基金入股重组民营企业，滚动发展。各级政府性资金对各类投资主体同等对待。

27. 对新办社会服务类民营企业，自创办之日起三年内，依据其对当地政府的贡献，由同级财政安排资金给予奖励。

28. 开发区、园区内工业企业土地出让金可先交50%，其余一至两年内分期交纳。开发区、园区要为进区的工业企业提供较为完备的基础设施配套，当配套设施不完备时，当地政府要给予企业配套资金补助。

八、提供税收优惠

29. 对经过认定的民营高新技术企业，减按15%的税率征收所得税。企业开发新产品、新技术、新工艺发生的研发费用，按规定比例和方式在税前扣除。企业从事技术转让、技术开发等取得的收入，免征营业税。其中，技术转让所得不超过500万元部分，免征企业所得税；超过500万元部分，减半征收企业所得税。

30. 积极支持中小企业信用担保机构按国家有关规定，税前计提担保赔偿准备和未到期责任准备。对符合条件的担保机构从事中小企业信用担保或再担保业务取得的收入，自办理免税手续之日起三年内免征营业税。

31. 微型企业、个体工商户和其他个人营业税按期纳税的起征点上调到月营业额20000元，按次纳税的起征点上调到每次（日）营业额500元。对年应纳税所得额低于6万元（含6万元）的小型微利企业，应纳税所得额减半，并按20%的税率缴纳所得税。

32. 资产重组过程中涉及的不动产、土地使用权在企业内部转让按规定免征营业税。

33. 对新办企业，自办理税务登记始，两年内免征房产税和土地使用税。对经省级主管部门认定的孵化基地和创业基地，五年内免征房产税和土地使用税。对贡献较大的孵化基地和创业园区，各级政府给予专项资金补助。

九、改善发展环境

34. 建立规范诚信服务型政府。改革行政审批，下放审批权力。规范行政审批和执法行为。完善行政审批流程，提高审批效率。清理和减少行政事业性和经营服务性收费。政府承诺企业的条件，一定要履行；政府与企业签定的合同一定要执行到位；前任政府履行的责任，后任政府要接续。各级政府要组织机关事业单位和聘用中介机构对民营企业进行全程跟踪服务，对民营企业发展中遇到的问题及时协调解决。

35. 充分尊重民营企业在市场中的主体地位和法律上的平等地位。积极引导和促进民营企业依法经营、诚实守信，积极履行社会责任，维护职工合法权益。

36. 各级软环境办要设立公开电话，监督各级政府出台政策的实施，受理并解决企业合理合法诉求，维护企业合法权益，监察软环境建设，严肃查处涉软案件。

十、加强组织领导

37. 强化组织领导。成立全省突出发展民营经济领导小组，领导小组下设办公室，办公室设在省工信厅。各市（州）、长白山开发区、各县（市）参照省里做法成立领导小组。加强舆论宣传，在全省范围内集中开展“解放思想、改革创新、治理环境、优化服务，突出发展民营经济”的大讨论，形成尊重民营企业、支持民营企业、突出发展民营经济的浓厚氛围和强大合力。

38. 抓好绩效考核评比工作。民营经济发展目标要按年度分解落实到各市（州）、长白山开发区、各县（市）、省直有关部门和各有关单位。要建立民营经济发展绩效考核评比制度，并纳入各级政府和各部门领导班子年度绩效管理。开展年度考核评比和表彰奖励活动。

39. 建立完善民营经济统计监测制度，加强对民营经济运行情况分析，及时掌握发展动态，切实反映民营经济发展情况。

40. 加强民营企业党建工作。深入实施“双覆盖双增强”工程，支持民营企业以单独或联合组建的方式建设党的基层组织，以党建带动群团组织建设，巩固扩大党在民营企业的组织和工作覆盖，服务职工群众，服务企业生产经营，不断增强党组织凝聚力和企业发展竞争力。

黑龙江省人民政府办公厅关于印发黑龙江省企业失信行为联合惩戒实施办法（暂行）的通知

黑政办发〔2013〕26号

各市（地）、县（市）人民政府（行署），省政府各直属单位：

《黑龙江省企业失信行为联合惩戒实施办法（暂行）》已经省政府领导同意，现印发给你们，请认真贯彻执行。

黑龙江省人民政府办公厅
2013年4月17日

黑龙江省企业失信行为联合惩戒实施办法（暂行）

第一章　总则

第一条　为加大对失信行为惩戒力度，加快形成全社会守信光荣、失信可耻的氛围，引导企业提高法律诚信意识，推动“诚信龙江”建设，根据《黑龙江省企业信用信息征集发布使用办法》（2007年省政府令第9号）精神，制定本办法。

第二条　本办法所称企业，是指经过工商注册登记的从事生产经营和服务活动的各类经济组织。

本办法所称失信行为，是指企业在生产、经营、服务活动中被各级行政机关和经依法授权或者委托承担行政管理职能的组织（以下统称各级行政机关）依法予以认定形成失信记录的行为。

第三条 凡在本省行政区域内对企业失信行为的联合惩戒工作，适用本办法。

第四条 本办法由省级信用主管部门组织实施，各级行政机关为执行本办法的主体。

省级社会信用体系建设主管部门负责加强省公共信用信息平台信用记录的管理及推动全省范围内实施失信行为联合惩戒工作。

市（地）、县（市）政府（行署）负责推进本行政区域内失信行为联合惩戒工作的实施。

第五条 实施失信行为联合惩戒依据的信用记录，应以省公共信用信息平台的信用记录为准。

第六条 失信行为联合惩戒分为信用记录核查、失信行为认定及实施失信惩戒三个步骤。

第七条 各级行政机关在日常监督管理、行政审批、采购招标、评级评优、信贷支持、安排和拨付有关财政补贴资金等行政管理工作中，应按本办法规定查询省公共信用信息平台信用记录。

第二章 失信行为认定

第八条 各级行政机关依据省公共信用信息平台失信记录，根据本办法规定的失信行为认定标准，对行政管理所涉及企业的失信行为程度予以认定。

第九条 企业失信行为分为一般失信、较重失信和严重失信三个等级。

第十条 企业出现以下行为之一可认定为一般失信行为：

（一）未通过各级行政机关依法进行的专项检查、周期性检验、年审年检等行为。

（二）未及时到各级行政机关办理验证、换证、备案、注销、撤销、变更等行为。

（三）未按各级行政机关要求实施相关标准、规范、措施等行为。

（四）被处以警告或较小数额罚款的行政处罚的行为。

（五）拖欠劳动报酬、社会保险、税款、银行贷款、合同款等金额较少、未经过各级行政机关行政处罚、且无主观恶意的行为。

（六）各级行政、司法机关认为应列为一般失信的行为。

第十一条 企业出现以下行为之一可认定为较重失信行为：

（一）企业同时存在两项或两项以上一般失信行为。

（二）未经过行政审批或者超越行政审批范围从事生产经营活动的行为。

（三）被处以较大罚款数额，没收违法所得、非法财物在一定数额以上的行政处罚的行为。

（四）拖欠劳动报酬、社会保险、税款、银行贷款、合同款等金额较大、时间较长，且有明显主观恶意的行为。

（五）在申请行政审批等事项以及公证和法律服务中提供虚假材料、弄虚作假的行为。

（六）司法机关认定的被执行人失信行为。

（七）发生一般或较大生产安全事故的行为。

（八）各级行政、司法机关认为应列为较重失信的行为。

第十二条 企业出现以下行为之一可认定为严重失信行为：

（一）企业同时存在两项或两项以上较重失信行为。

（二）借用其他企业资质，主观恶意扰乱市场秩序行为。

（三）被行政机关吊销行政许可的行为。

（四）被处以责令停产停业、特大数额罚款，没收违法所得、非法财物数额巨大等重大行政处罚的行为。

（五）扰乱市场秩序、危害交易安全、制售假冒伪劣产品、造成环境污染、发生重特大生产安全事故、哄抬物价等行为。

（六）拖欠劳动报酬、社会保险、税款、银行贷款、合同款等数额巨大、时间较长，存在明显主观恶意，产生恶劣社会反响的行为。

（七）利用非法手段获取公民、法人和其他组织的信息并用于经营活动的行为。

（八）被市级以上政府和省级以上行政机关通报或曝光的行为。

（九）各级行政、司法机关认为应列为严重失信的行为。

第十三条对企业失信行为的认定，应由最初对企业失信行为作出行政决定的部门提出失信行为认定建议，供其他行政机关参考。

第十四条各级行政机关应按照本部门规定，结合实际，对失信行为具体标准予以明确，并报省级信用主管部门备案。

第三章 失信行为联合惩戒

第十五条各级行政机关在行政管理中通过省公共信用信息平台查询到企业存在失信记录，应根据各自行政职能，在对企业失信行为认定基础上，按照本办法规定，对失信企业实施失信惩戒。

第十六条 对一般失信行为惩戒应当采取以下措施：

（一）将失信企业列为日常重点监控和监管对象，提高监督检查频次。

（二）不列入各类免检、免审事项范围。

（三）不授予或取消该企业及其法定代表人荣誉称号。

第十七条 对较重失信行为惩戒除包含对一般失信行为采取的惩戒措施外，还应当采取以下措施：

（一）在企业参与招标投标、政府采购等政府公共服务项目活动中予以严格限制。

（二）在涉及信贷、担保、融资等金融活动中予以严格限制。

第十八条 对严重失信行为惩戒除包含对较重失信行为采取的惩戒措施外，还可采取以下措施：

（一）对失信企业所有取得的行政许可进行重新审核。

（二）企业不得参与招标投标、政府采购、财政资金补贴等政府公共服务项目活动。

（三）根据《最高人民法院关于限制被执行人高消费的若干规定》，对失信企业高消费行为予以限制。

第四章　信用修复

第十九条　存在失信记录的企业，在一定期限内能主动纠正失信行为，可以按照一定条件和程序实施信用修复，重塑企业信用。

第二十条　一般失信行为或较重失信行为中的以下行为可进行信用修复：

（一）第十条第三项、第五项所列失信行为。

（二）第十一条第四项、第五项、第六项所列失信行为。

（三）各级行政机关认为可以信用修复的失信行为。

第二十一条　符合信用修复条件的失信企业，自各级行政机关作出的失信惩戒处理结果生效之日起30个工作日内，完成对存在问题的整改，并向最初对企业失信行为作出行政决定的部门提出信用修复申请。

相关部门应在规定时间内完成企业整改情况的核查。对已经整改到位的企业，其信用修复申请由省级行政管理部门受理的，省级行政管理部门可直接向省级信用管理部门出具信用修复说明。信用修复申请由市、县级行政部门受理的，需经省级主管部门同意后，向省级信用管理部门出具信用修复说明。省级信用管理部门接到有关部门出具的信用修复说明后10个工作日内，将信用修复记录纳入省公共信用信息平台。

第二十二条　信用修复并不去除省公共信用信息平台发布的真实的未过期的失信记录。

第二十三条　企业信用修复结果发布生效后，各级行政机关、司法机关对该企业采取的失信惩戒措施应予以解除。

第五章　异议处理

第二十四条　各级行政机关对存在失信记录的企业实施失信惩戒后，应将处理结果及时告知企业。

企业对省公共信用信息平台发布的本企业信用记录有异议的，自被告知之日起15个工作日内，可向省信用管理部门提出异议申请，并提供有关佐证材料。

企业对各级行政机关认定的失信行为标准有异议的，自被告知之日起15个工作日内，可向实施惩戒的行政机关提出异议申请。

第二十五条　省信用管理部门接受企业信用记录的异议申请后，应对已发布的异议信用记录予以标注，并与企业信用记录提供者核对。企业信用记录提供者应自被告知之日起5个工作日内出具书面意见，并附佐证材料。

省信用管理部门应当自接到异议申请之日起15个工作日内向提出异议申请的企业作出书面答复。异议信用记录与实际情况不一致的，应当及时更正。与实际情况一致的，不予变更。由于信用记录错误导致失信行为认定不准确，致使企业受到惩戒或过重惩戒的，省信用管理部门应及时将信用记录更正结果告知实施惩戒的行政机关，各级行政机关应依据更正后的信用记录确定是否实施失信惩戒或重新调整失信行为等级。

企业对不予变更的异议申请处理决定不服的，可以依法申请行政复议或者提起行政诉讼。

第二十六条　企业对失信行为认定产生异议的，各级行政机关应当自接到异议申请之日起15个工作日内向提出异议申请的企业作出书面答复。失信行为认定不符合本办法的，应当及时纠正调整失信等级和惩戒措施。

企业对上述处理决定不服的，可以依法申请行政复议或者提起行政诉讼。

第六章　守信激励

第二十七条　对于没有不良记录且良好信用记录超过两项以上的企业，可对其采取守信激励措施。

第二十八条　对拥有良好信用信息的企业，各级行政机关在法律法规规定范围内可以实施以下激励措施：

（一）依照国家和省有关规定授予相关荣誉称号。

（二）在政府采购、项目招标投标、资格审查、评级评优、安排和拨付有关补贴资金等工作中，在同等条件下予以优先。

（三）法律、法规、规章规定的其他激励措施。

第七章　责任追究

第二十九条　各级行政机关应当建立健全责任追究制度。

各级行政机关违反本办法规定，有下列行为之一，造成国家损失、侵害企业合法权益等严重后果的，由有关部门依据干部管理权限依法追究相关单位负责人和直接责任人的责任：

（一）提供错误信用记录的。

（二）对企业失信行为认定错误的。

（三）未查询企业信用记录的。

第三十条　县级以上政府应当将行政机关在行政管理和服务中实施联合失信惩戒工作作为对行政机关年度考核的重要内容，并定期对行政机关落实联合失信惩戒工作情况进行检查和评估，及时查处违反本办法规定的行为。

第八章　附则

第三十一条　本办法自发布之日起30日后实施。

关于印发《黑龙江省扶助小微企业专项行动实施方案》的通知

各市（地、省农垦总局、森工总局）、绥芬河市、抚远县中小企业主管部门：

国家决定2013年开展扶助小微企业专项行动，按照《工业和信息化部关于开展扶助小微企业专项行动的通知》（工信部企业［2013］67号）要求，参照国家行动方案，并结合我省实际，制定了《黑龙江省扶助小微企业专项行动实施方案》，现将方案印发给你们，请各地认真抓好贯彻落实。

附件

黑龙江省扶助小微企业专项行动实施方案

为深入贯彻国发14号文件精神和落实相关政策，工信部出台了《扶助小微企业专项行动实施方案》。按照《工业和信息化部关于开展扶助小微企业专项行动的通知》（工信部企业［2013］67号）要求，我省围绕扶助小微企业专项行动制定了如下实施方案：

一、指导思想

全面贯彻党的十八大精神，深入落实党中央、国务院扶持小微企业发展的政策措施，按照省委、省政府的决策部署，以“服务小微、助力成长”为主题，以改善小微企业发展环境为核心，以完善政策法规体系、构建公共服务体系为支撑，为小微企业送政策、送温暖、送服务，全面提升小微企业自身素质和水平，营造全社会关注、服务小微企业的良好氛围，推动我省小微企业实现平稳健康发展。

二、主要目标

全省非公有制经济增加值增长13%，占全省地区生产总值52%左右；进一步抓好各项支持政策落实，出台我省扶持小微企业发展的配套措施，不断完善发展环境；继续实施成长工程，建立与完善中小企业工作培育体系，全省评价培育1000户成长型中小企业，培育“三型”小微企业1000户，确保400户进入全省工业规模以上企业；建立完善中小企业提升发展能力机制，组织50户成长型企业编制三年发展规划，对30户企业开展管理咨询，对300户中小企业开展云计算服务；完善我省中小企业公共服务平台网络，突出10大特色板块服务，完成第二批窗口平台建设，并与省平台实现互联互通；帮助企业拓展市场，扶持电子商务发展，在5个省建立10个地面连锁店，继续推广“直邮”活动，对150户企业开展直邮服务；扩大助保金贷款风险补偿试点，助保金贷款额争取达到30亿元以上；推动市（地）发行1～2支中小企业集合票据，发行额1～2亿元；实施万名创业小老板培育计划，全省培育1万名创业小老板；打造精品示范培训工程，全年完成中小微企业培训各类人才2.3万人次，其中，中小企业经营管理领军人才100人；对企业反映突出的负担问题开展清理整顿。

三、重点工作

（一）扶助企业成长

1. 优化发展环境。严格按照2013年新一届国务院第一次常务会议9项任务要求，严肃查处对企业乱收费、乱罚款、乱摊派的各种侵权行为，进一步减轻企业负担。出台我省扶持小微企业配套措施，充分发挥全省发展非公有制经济（中小企业）工作领导小组成员单位作用，按照职能组织中省直有关部门开展包扶重点企业活动。召开全省非公有制经济暨中小企业工作会议，表彰奖励我省百强非公有制经济纳税大户、百名最佳创业小老板和相关服务机构。

2. 实施成长工程。深入实施中小企业成长工程，建立起全省中小企业梯次培育体系。一是开展成长型中小企业评价扶持工作。二是实施省市县三级共同培育小微企业倍增计划，实行目标分解，年底考核验收，组织中介服务机构为成长型企业编制三年发展规划。三是开展管理咨询服务活动，聘请专家帮助企业解决发展难题。四是推进中小企业智慧云管理工作，利用手机终端云平台，实现移动办公。五是推动中小企业总部经济工作，通过政府引导、资源整合、政策扶持、企业运作等模式，由企业投资，采取租赁形式在哈尔滨高新技术开发区建立全省中小企业总部经济大厦，引进全国知名服务机构20家，提供全程跟踪“保姆式”服务，预计到年底计划入驻年盈利超300万元企业100户以上。

3. 加强市场开拓。帮助中小企业拓展国内外市场，推广五种模式助力企业拓展市场：一是采取电子商务模式。继续扶持全省中小企业电子商务运营中心发展，采取网上商城加地面连锁店互动运营模式，让黑龙江名优特产品尽快走向全国。同时，联合省邮政公司通过“邮乐网”等模式，帮助企业开拓市场。二是采取店中店直营模式。搭建小微企业产品展示合作平台，组织中小企业产品进社区、进街道、直接面对终端消费者，帮助小微企业拓展市场发展空间，提升竞争能力。三是推广直邮服务模式。与省邮政管理公司合作，通过邮寄企业广告信函，帮助中小企业扩大市场份额。四是采取分销模式。与省邮政管理公司合作，通过邮政各级系统开展分销活动。五是组织中小企业参加“哈洽会”

“农洽会”“中博会”等各类展览展销活动。

4. 推进平台建设。一是继续建设中小企业公共服务平台网络和10大特色平台，完善第一批“窗口”平台建设，推进第二、三批平台建设，建立与完善企业评价系统，公开、公正评价服务平台和各类服务机构，调动、整合中小企业服务机构、服务资源统筹为全省中小企业、非公有制经济提供全方位的优质服务。二是开展服务机构下企业进车间活动。组织综合平台、技术平台及社会中介机构巡回市（地）、县（市），深入企业开展丰富多彩的咨询服务活动。三是加强省级公共服务平台认定工作的指导力度，对服务优、业绩佳的平台积极向国家申报，争取列入国家级示范平台行列，形成国家、省、市三级平台网络。

5. 强化食品安全。一是组织编制平台建设技术方案和食品企业诚信信息数据规范。二是对已有乳制品企业诚信信息平台进行升级改造，进一步扩大平台规模，优化平台功能，搭建省级食品企业诚信信息平台。三是依据数据规范，组织开发食品企业诚信信息填报系统。四是归集食品企业诚信信息，对省公共信用信息平台已归集的食品企业基础信息、资质信息等进行整合纳入食品企业诚信信息平台，归集各行政监管部门掌握的食品企业良好信息和警示信息，归集整理各企业自主上报信息。

（二）提升融资服务

6. 开展专项对接。一是认真组织开展各种银企对接活动，全年与金融机构和企业集中进行二次签约活动，贷款额达100亿元以上。二是开展专项银企对接活动。组织和带领金融机构、担保机构深入有关市（地）、县（市）开展3～5次专项银企对接活动，帮助解决企业融资难、担保难问题。三是开展融资培训活动，不定期举办中小微企业融资培训班。

7. 推进担保体系建设。一是引导各类担保机构创新担保业务品种，降低担保门槛，为县域中小企业特别是小型微型企业贷款提供支持。二是组织担保机构参加各类融资服务活动，发挥担保机构在破解中小微企业担保难题中的重要作用。三是做好担保机构申请国家担保业务资金补助和减免营业税争取工作，调动担保机构拓展业务的积极性、主动性。

8. 探索新型贷款模式。继续推进与国开行创业合作平台，以小额贷款公司为中转站、通过资金转贷的形式支持小微企业融资，提高资金运转效率，缩短贷款周期，有效解决“三型”小微企业贷款难的问题。全省组织推荐创业项目200个，国开行出资2500万元基本利率贷款，带动小贷公司出资5000万元，支持120户小微企业创业融资项目，带动6000人就业。

（三）搭建创业平台

9. 培育创业小老板。重点围绕产业项目、县域经济创办小企业；围绕资源加工、产业集群、龙头企业等创办一批为龙头骨干配套服务的工业加工类小企业。选择创业初期工业企业重点培育，确定培育目标和措施，针对创业企业不同需求，制定一企一策的培育服务措施。通过组织创业辅导专家进行订单服务、创业初期问题诊断，优先推荐小微企业融资贷款、优先安排入住创业基地、优先推荐优秀创业小老板、优先获得各类扶持补贴等措施推动培育企业加快发展壮大。开展全省小老板创业竞赛活动，全年评选出100名全省优秀创业小老板。

10. 建设小微企业创业园。指导、支持和鼓励有条件的地区建设中小企业创业园。鼓励地方围绕县域经济发展、产业项目建设，依托各类工业园区、产业基地（集群）等工业企业集中区建设小微企业创业园。加强对创业基地建设的管理指导，形成省市县中小企业创业基地建设网络，全年计划新建6个小微企业创业园。

（四）强化人才保障

11. 破解企业用工难。继续深入做好2013年全省校企用工合作对接会，扩大服务范围和内容，将其打造成知名品牌。按照工信部、教育部要求，在全省开展“2013年全省中小企业网上百日招聘高校毕业生活动”，全年为企业提供用工信息19万条，其中计划网上百日招聘活动提供近万个工作岗位。

12. 完善培训支撑体系。全力构建大培训的市场运行机制，重点根据企业不同类型和发展需求，设计20～30个不同内容的全省成长型中小企业经营管理人员专题系列培训项目，向市（地）和社会培训机构公开招标。初步构建由政府牵头组织，社会培训机构承办的培训工作模式。实现互惠互利与合作共赢，放大培训规模和效果，全年预计培训班次86期，开展网上远程教育培训。

13. 抓好精品示范培训。一是以“促进我省中小企业转型升级”为主题，继续与清华大学联手，面向全省优秀中小企业家及工信系统干部，举办第六届“清华大学—黑龙江管理与创新大讲堂”。二是按工信部要求，配合哈工大，在我省积极开展中小企业经营管理领军人才培训工程。三是为进一步开阔我省中小企业家的视野，计划选择少数优秀企业家，赴国内知名院校，以突破瓶颈制约、实现跨越式发展为主题，组织一期“黑龙江优秀中小企业家能力提升高级研修班”。

（五）培育科技创新

14. 推进中小企业信息化。实施中小企业信息化推进工程，小微企业信息化应用率达到80%。一是研发设计、技术创新、管理提升、市场开拓等方面公开征集信息化解决方案，经专家评定，选取10个最佳解决方案，给予奖励。组织开展相关信息发布和推广对接活动。二是组织信息技术服务企业、电信运营商就面向中小企业云计算服务的申报工作，经专家评定，确定5个信息技术服务企业。对于确定的5个企业授予“黑龙江省中小企业云计算服务企业”牌子，并给与相应的资金支持。

15. 推动技术创新发展。一是实施中小企业创新能力建设计划。在企业技术中心认定培育、新产品开发等方面全力扶持小微企业。二是实施中小企业知识产权推进工程，提升中小企业知识产权创造运用能力。按照工信部的部署，开展中小企业知识产权创造运用能力培育试点工作。

（六）减轻企业负担

16. 建立减负长效机制。一是清理各种不合理收费项目，降低过高收费标准，继续开展行政审批、行政许可项目清理工作。二是抓好惠企政策落实。做好关于支持小微企业健康发展政策的落实工作，落实税收优惠等各项惠企措施。三是建立企业负担调查监测试点，开展企业负担情况监测工作。四是完善减负工作机制。进一步形成减负工作部门的合力作用，建立工作交流机制，加强对市地和企业的指导，通过政策引导、及时将调查评价结果与各地交换意见，督促改进减负工作。

四、进度安排

1. 2013年每季度，召开中省直单位协调会议。研究部署专项行动和任务分工，印发专项行动实施方案，正式启动我省扶助小微企业发展专项行动。不定期通报工作进展情况。

2. 2013年6月，组织开展中期检查。依据我省行动方案，对专项活动重点工作进行中期检查，由各有关单位进行自查，经汇总形成工作总结上报国家工信部，同时协调解决影响工作开展的相关问题。

3. 2013年10月，开展年度总结。检查专项行动实施方案确定的各项重点工作和目标任务完成情况，进行经验总结，提出2014年度支持小微企业发展的工作思路及专项行动安排，上报工信部。

五、保障措施

1. 加强协调配合。加大《黑龙江省促进中小企业发展条例》的宣传贯彻力度，扩大惠及面。充分发挥全省发展非公有制经济（中小企业）工作领导小组成员单位作用，加强部门间协调配合，形成工作合力，创造宽松政策环境。

2. 发挥政策引导。充分发挥各类专项资金的引导作用，在中小企业信息化建设、信用体系建设、融资担保、创业辅导、技术创新、省确定的重点服务项目等方面加大支持力度。加强项目建设要素保障，为中小企业服务体系建设营造良好发展环境。积极协调煤、电、油、运、气和融资等要素保障，全力推进中小企业服务体系项目建设，为中小微企业提供优质服务。充分落实免税、政府采购向小微企业倾斜等方式扶助小微企业发展；鼓励担保机构和再担保机构为小微企业提供担保，解决小微企业融资难题。

3. 加强监督考核。对政策的落实、工作推进建立保障机制，明确将小微企业有关工作列入各地区、各部门年底考核范围，年底要组织考核、评选和通报。尽快推动建立对小微企业发展的目标管理与考核奖惩机制，把小微企业发展目标分解到部门，落实到人，加强督促检查和跟踪问效。

4. 加强舆论宣传。引导和动员各类新闻媒体加强政策宣传，对中小企业和非公经济发展进行深度和系列报道，开展专题和下基层报道，加强网络信息互动和企业参与，努力营造全社会关注中小企业和非公经济发展的良好氛围。

上海市经济信息化委关于进一步完善本市中小企业服务体系的指导意见

沪经信企（2013）229号

各区县经委（商务委）、有关开发区管委会：

在市委、市政府和国家有关部门的关心支持下，经过近两年的努力，本市初步建立了以市区（县）两级中小企业工作部门为主导、市区（县）两级中小企业服务中心为枢纽的中小企业服务体系，部分区（县）已开始将中小企业服务机构向街镇、园区、楼宇延伸。为全面推进中小企业服务机构向街镇、园区、楼宇延伸，进一步完善本市中小企业服务体系，现提出如下意见：

一、指导思想及建设目标

（一）指导思想

深入贯彻落实科学发展观，坚持以中小企业需求为导向，以服务小型微型企业为重点，扎实推进中小企业服务体系向街镇、园区、楼宇延伸，以“规范化、网格化、多样化、信息化”的建设思路引导服务机构设置前移、服务工作重心下沉，真正把服务触角紧贴中小企业，加快形成适应本市中小企业发展需要的服务体系。

（二）建设目标

到2013年底，本市各区（县）中小企业服务机构的服务功能都要向各街镇和中小企业集聚的园区、楼宇延伸，建立街镇、园区、楼宇中小企业服务工作机制，基本形成覆盖全市的中小企业网格化服务体系。

二、总体要求

（一）街镇、园区、楼宇中小企业服务工作的定位

各街镇、园区、楼宇的中小企业服务工作主要是为所在区域中小企业提供公益性的综合服务，组织开展各类服务活动。

各街镇、园区、楼宇的中小企业服务工作要在政府中小企业工作部门领导下，与市区（县）两级中小企业服务中心协同，与各类社会服务机构联动，积极有效地开展面向所在区域中小企业的各项服务工作。

（二）街镇、园区、楼宇中小企业服务工作的主要任务

1. 宣传落实各项政策。宣传落实国家、本市和本区（县）中小企业扶持政策和产业政策等。

2. 受理企业诉求与建议。了解企业在生产经营管理中遇到的各类问题和困难，及时向区（县）政府有关职能部门反馈，利用社会化、专业化的力量，帮助企业协调解决，依法维护中小企业合法权益。

3. 组织服务对接。利用市区（县）中小企业服务机构的资源，联系和引导各类社会服务机构为中小企业提供信息服务、技术创新和质量服务、创业服务、人才和培训服务、投融资服务、市场开拓服务、管理咨询服务、法律服务。针对新经济、新业态等，搭建招商综合信息服务平台，归集各类政策法规、招商供求及企业诉求等信息，为区县招商引资和服务企业工作提供支撑。

（三）街镇、园区、楼宇中小企业服务工作机制的建设

1. 设立街镇、园区、楼宇中小企业服务工作载体。各街镇、园区、楼宇的中小企业服务工作应根据所在区域产业发展的规划、中小企业业态集聚的特点以及中小企业的实际需求，因地制宜地设立工作载体。

街镇、园区、楼宇中小企业服务工作载体可以是街镇、园区、楼宇中小企业服务中心，或是区（县）中小企业服务中心街镇、园区、楼宇分中心，或是街镇、园区、楼宇中小企业服务工作站，或是专职的街镇、园区、楼宇中小企业服务工作人员。

鼓励把街镇、园区、楼宇中小企业服务工作载体设立为具有独立法人资格的实体机构。

2. 加快形成服务工作载体的运行功能。各街镇、园区、楼宇中小企业服务工作载体要选配具有丰富的企业服务工作经验、较强的敬业精神和良好的组织协调能力的人员充实服务岗位；要落实独立的办公和服务场所，并配置必要的办公设施；要设立醒目的标志，公示服务内容和联系方式；要制定内部管理制度，规范服务流程，健全服务档案；要加强人员培训，提高服务水平，优化人员素质与结构，增强服务创新能力和综合协调能力。

3. 集聚服务工作载体可依托的各类资源。各街镇、园区、楼宇中小企业服务工作载体要与“上海市中小企业服务互动平台”互联互通，根据所在区域中小企业的实际需求，集聚专业服务资源，更好地为中小企业提供质优价实的服务；要通过职责明确、形式多样的服务工作，形成中小企业服务的全覆盖。

三、保障措施

（一）加强组织领导

各区（县）中小企业工作部门、有关开发区管委会要高度重视街镇、园区、楼宇的中小企业服务工作，明确职责，加强领导；要加大工作推进力度，尽快形成工作方案，于2013年5月31日前，报上海市促进中小企业发展协调办公室（电子版发至：ssme108@sina.com）。

（二）加大扶持力度

市区（县）两级中小企业工作部门、有关开发区管委会要采取相应的政策措施，支持街镇、园区、楼宇中小企业服务工作载体建设，帮助其尽快形成服务能力。

（三）加强工作考核

推进区（县）中小企业服务机构向街镇、园区、楼宇延伸，进一步完善本市中小企业服务体系，是我委2013年一项重要的工作，并列为区（县）中小企业工作的年度考核内容。市区（县）两级中小企业服务中心要协助政府部门加大推进力度，加强培训和业务指导，总结各区（县）建立健全街镇、园区、楼宇中小企业服务工作机制的经验和成功做法，真正把完善本市中小企业服务体系的工作落到实处。

上海市经济和信息化委员会

2013年5月7日

福建省人民政府关于进一步促进工贸企业稳定增长六项措施的通知

闽政发明电［2013］1号

各市、县（区）人民政府，平潭综合实验区管委会，省人民政府各部门，各直属机构，各大企业，各高等院校：

为把握稳中求进工作总基调，加快转变经济发展方式．推动产业转型升级，进一步落实稳增长政策措施，确保全年目标实现，现就促进工贸企业稳定增长提出如下措施：

一、认真落实稳增长政策措施。各级政府和有关部门要继续落实好促进工业稳定增长“6+6”（闽政发明电［2011］4号、5号）、支持技改12条（闽政［2012］28号）、扶持小微企业发展（闽政办［2012］71号）、促进民营经济发展（闽政［2012］9号）等一系列政策措施，指导企业用好政策，确保出台的各项稳增长措施落实到位，鼓励企业多接单、多生产，支持企业开拓国内、国际市扬，促进全省工贸企业稳定增长。

二、鼓励企业增产增效。2013年上半年，省级财政一次性安排2亿元用于奖励有市场、有效益的企业扩大生产。对2012年福州，厦门，泉州地区已缴税金（含政策性税收优惠及退税部分）达160万元以上、其它地区达120万元以上，且2013年季度用电量在150万千瓦时以上的制造业企业，根据企业季度工业产值同比增长15%－30%、30%及以上分档，分别按季度同比新增用电量每千瓦时给予0.05元、0.1元奖励，对单家企业奖励额不超过150万元；新投产企业奖励电量和已缴税金均按30%折算。由各设区市、平潭综合实验区经贸部门会同当地财政、外经贸、税务、统计、电力等部门对符合条件的企业进行初审后，分别于2013年4月10日、7月10日前将第一季度、第二季度应奖企业的相关材料报送省经贸委及相关部门，经审核后及时下达奖励资金。根据水电资源情况，适时调整用电峰谷时段，鼓励部分有市场、有效益、高载能产品企业错峰生产；部分水电资源丰富的趸售县视丰水期来水情况，适时执行弃水期电价。具体办法由省经贸委牵头会同省物价局、省电力公司等相关单位制定并组织实施。

三、持续加大技改投入。2013 年省级财政安排 3 亿元技改专项资金，围绕《福建省企业技术改造专项行动计划》确定的重点任务，滚动实施 500 个“百项千亿”重点技改项目，优先支持具备发展后劲、适应市场需求、社会贡献大以及年内可投产的项目。对 2012 年福州、厦门、泉州地区已缴税金（含政策性税收优惠及 退税部分）达 300 万元以上，其它地区达 150 万元以上的项目承担企业，按项目建设期内银行贷款实际发生额或技术设备投资额 的 5% 给予贴息或补助，单个项目不超过 500 万元。对一般发展水平县及“异地搬迁”、“退城入园”技改项目的支持办法另行研究。各地财政部门应在资金计划下达之后 15 天内将资金拨付到项目单位。

四、鼓励企业扩大出口。支持企业开拓国际市场，降低企业出口收汇风险，引导企业接长单、大单。支持我省企业拓展出口货源，鼓励省外货源经我省口岸出口。

五、进一步减轻企业负担。继续执行涉及工业企业、外贸流通性企业房产税、土地使用税等暂缓征收政策，并将暂缓征收调整为“即征即奖”方式，支持企业转型升级技术改造和扩大先进产能等，单家企业年度奖励金额不超过 500 万元；属于国家发展改革委《产业结构调整指导目录（2011 年本）》中淘汰类或项目用地未按时开发的企业不享受优惠政策．具体实施办法由各市、县（区）政府、平潭综合实验区管委会制定。各设区市政府，平潭综合实验区管委会要将执行情况上报省政府办公厅并抄送省经贸委、财政厅。执行期限至 2013 年 6 月底。2011 年以来已暂缓征收的企业房产税，土地使用税参照执行。对涉及工业企业、外贸流通性企业的电能表检定费、水表检定费、煤气表检定费、医疗卫生计量器检定费、压力表检定费、电子秤检定费按照现行标准的 70% 征收；执行期限至 2013 年 6 月底。将江海堤防工程维护费由原来按照工业企业、外贸流通企业上年销售收入或营业收入的 0. 9‰改为按照流转税额的 0. 9‰征收。具体实施办法由各设区市政府、平潭综合实验区管委会制定。

六、加强能源调度推动企业转型升级。2013 年继续调剂燃气电厂气量不少于 10 万吨，支持陶瓷、玻璃、石化等行业企业组织调整能源结构，实现天然气替代，加快企业技术改造，推动产业转型升级；具体办法由省 LNG 筹建办会同省经贸委、省电力公司等相关单位制定并组织实施。

各市、县（区）人民政府，平潭综合实验区管委会应结合本地区实际情况，参照省级政策制定相应配套政策，更好地发挥政策叠加效应。根据现行财政体制，以上政策实施中厦门市所需资金由厦门市政府统筹解决。

福建省人民政府

2013 年 1 月 3 日

福建省人民政府办公厅关于贯彻落实金融支持经济结构调整和转型升级政策措施的实施意见

闽政办〔2013〕89 号

各设区市人民政府、平潭综合实验区管委会，省人民政府各部门、各直属机构，各大企业，各高等院校，各金融机构：

为贯彻落实国务院办公厅《关于金融支持经济结构调整和转型升级的指导意见》（国办发〔2013〕67 号），推动我省经济持续健康发展，经省政府同意，提出以下实施意见。

一、引导更多资金投向实体经济

各金融机构要全力支持实体经济发展，盘活存量资金，提高资金使用效率。鼓励银行业金融机构通过贷款重组、信贷资产转让、不良贷款核销等方式盘活存量信贷资源。进一步密切政银企、银证、银保、银信等合作，多渠道、多层次、全方位筹措各类资金。认真落实各总行（总部）与省政府签署的战略合作协议，努力向上争取新增信贷规模、总行直贷项目或单列指标。盘活的存量和争取的增量规模和资金主要投向“五大战役”“三维”对接、“三群”联动、工业转型升级等重点项目和中小微企业、战略性新兴产业、传统优势产业、劳动密集型产业、“三农”等领域。

各金融机构应将每年支持实体经济的有关情况报告各金融监管部门，汇总后上报省政府。建立健全金融机构服务实体经济的考核评价机制，有关部门定期分析相关情况，加强检查督促，在考核金融机构贡献奖励时增加相关评价指标。（责任单位：人民银行福州中心支行、福建银监局、福建证监局、福建保监局，省财政厅，省农信联社，在闽各金融机构）

二、保障企业关键环节的合理资金需求

鼓励金融机构开展供应链和产业链金融业务。支持金融机构在纺织服装、鞋业、电机、石材、厨卫设备、工艺美术、林业、茶业等产业集聚区域建立专业支行或特色支行，创新开发龙头企业与上、下游供应商之间和协作配套企业之间的供应链金融品种，增强中小企业的配套能力和竞争力。各金融机构要围绕降低产成品资金、加快应收资金回笼和增加“市场订单”等当前企业的主要资金需求，将订单融资、应收账款质押融资、仓单质押融资、买方信贷、国内贸易信用保险等作为重点推动的产品，并以企业获得的重点工程和政府投资项目采购合同

订单为依据，为企业提供短期流动资金贷款。支持采用大型设备厂商租赁、中长期固定资产售后回租、信托融资等金融创新产品，帮助企业获取市场订单。全面推广年审制、循环贷款、无还款续贷，方便企业贷款到期前直接续贷。有序发展网络融资平台，拓宽小微企业融资渠道。加强与国家开发银行等金融机构在新型城镇化建设等方面的合作。大力引入保险资金参与能源、基础设施等领域建设。各金融机构要支持暂时出现困难的企业渡过难关，不能以收回再贷为名抽贷、压贷，避免导致企业资金链断裂。（责任单位：福建银监局、人民银行福州中心支行、福建保监局，省发展改革委、经贸委、财政厅、外经贸厅，省农信联社，在闽各有关金融机构）

三、做好企业技术改造金融服务

建立企业技改金融服务承诺机制，确保有市场、竞争力强的劳动密集型、传统优势产业的企业技改项目的信贷资金需求。推广“风险投资 + 银行贷款”联动模式，支持企业加快科技成果转化。推进科技保险试点。鼓励通过融资租赁方式支持企业购置新设备、新生产线等，符合条件的项目，可享受技改设备补助政策。支持以融资租赁公司为平台，通过转贷款等方式加大企业技改中长期信贷资金投入。建立政银企共同出资的“风险资金池”，省级财政安排8000万元，开展企业技改贷款项目和台资企业转型升级发展的“助保金”贷款业务，相关银行要降低贷款门槛，并给予贷款利率优惠。建立企业技改贷款贴息机制，对纳入“百项千亿”计划的技改项目贷款，继续按银行贷款实际发生额的5%给予贴息扶持。（责任单位：人民银行福州中心支行、福建银监局，省台办，省经贸委、发展改革委、外经贸厅、财政厅，在闽各有关金融机构）

四、持续提升小微企业金融服务水平

拓展小微企业贷款覆盖面，加大信贷资金配给，确保小微企业贷款增速不低于各项贷款平均增速、增量不低于上年同期水平，小微企业贷款户数高于上年同期水平。支持金融机构开办小微企业信用贷款和小额信贷保证保险业务。小微企业的不良贷款容忍度可放宽至3%。多渠道建立贷款风险共担机制，省级财政安排5000万元，与相关银行合作拓展小微企业、海洋产业等“助保金”贷款业务；省级财政安排1亿元，与相关银行及有关企业共同设立“万家小微企业成长基金”，各地可根据自愿原则，结合财力情况按不低于1：1配套。各级政府可根据实际建立多种形式的贷款风险补偿机制，为小微企业融资提供增信服务。切实发挥“助保金”贷款的风险分担作用，撬动银行新增贷款规模和资金。小额贷款公司贷款主要用于支持小微企业等发展。

各金融机构要严格执行银监会有关规定，设立小微企业专营机构，开辟贷款审批“绿色通道”。落实考核与激励机制，对小微企业贷款“增量拓面”、提升服务成效明显的金融机构，优先支持批量筹建同城支行和发行小微企业专项金融债，优先安排新增信贷规模和办理支农再贷款、再贴现。从明年起，每年元月上旬，各设区市人民政府、平潭综合实验区管委会、省直各有关部门、“一行三局”应将上一年小微企业金融服务的成效、存在的问题、下一步工作打算和政策建议专题报告省政府。（责任单位：福建银监局、人民银行福州中心支行，省经贸委、财政厅、海洋与渔业厅，省农信联社，在闽各有关金融机构，各设区市人民政府、平潭综合实验区管委会）

五、进一步加强“三农”金融服务

认真落实省政府《关于进一步加强农村金融服务十条措施的通知》（闽政〔2013〕8号）等政策，加大“三农”信贷投入，确保实现“两个不低于”工作目标。建立健全林权交易流转平台，推进林权顺畅流转。扩大林权抵押贷款规模，推广统规统建农房建设项目贷款和按揭、抵押贷款业务，在泉州市金融服务实体经济综合改革试验区、沙县农村金融改革试点县、莆田市城乡一体化综合配套改革试验区等开展农村土地承包经营权和农村宅基地使用权的确权颁证、抵押登记试点，以及抵押贷款业务。扩大农业保险覆盖面，加大对设施农业保险、渔业互助保险等政策扶持力度，建立完善财政支持的农业保险大灾风险分散机制。（责任单位：人民银行福州中心支行、福建银监局，省国土资源厅、农业厅、林业厅，省农信联社，在闽各有关金融机构，泉州、三明、莆田市人民政府）

六、努力扩大直接融资规模

做好上市后备企业培育工作，推动更多企业在境内外上市融资，对在境外资本市场融资募集资金70%以上投资省内的，享受我省扶持企业上市优惠政策。加强分类指导，促进上市公司主业做实做优。对发展较好的上市公司，鼓励通过并购重组、定向增发等方式进一步做大做强；对发展一般的上市公司，通过转换机制、兼并重组、发行公司债等途径提高资产质量；对经营困难的企业，实行“一企一策”，帮助企业脱困。探索发行优先股满足重点产业整合企业的资金需求。推动更多符合条件的企业进入银行间债券市场或证券交易所，发行企业债、公司债、中小企业私募债、中小企业集合票据、短期融资券、中期票据等。力争保障房私募债和市政建设项目票据发行取得突破。各地政府可设立直接债务融资发展基金，为企业发行区域集优票据提供增信支持，批量推动中小微企业发债融资。支持符合条件的企业通过中小企业股份转让系统融资发展。

积极引导和推荐优质企业到海峡股权交易中心挂牌，在股权转让、信贷服务、项目合作等方面提供对接服务，研究出台支持海峡股权交易中心发展的政策措施，将挂牌企业优先纳入省级重点上市后备企业资源库。引导和鼓励各类保险基金、投资基金来闽发展，满足高科技企业、科技成果产业化、战略性新兴产业孵化培育对资本的多元化需求。（责任单位：福建证监局、人民银行福州中心支行，省发展改革委、经贸委，兴业证券，各设区市人民政府、平潭综合实验区管委会）

七、强化融资担保服务

支持各地政府设立“政府主导、多方参与、市场化运作”的融资担保公司。探索建立融资性担保公司资本金和客户保证金银行托管制度，增强资金安全性及担保能力，更好地为中小企业融资提供信用增级服务。鼓励金融机构创新贷款担保与保证方式，注重对小微企业实际还款能力的评估，积极推进信用贷款和贷款保证保险。完善地方法人金融机构股权的质押登记、确认，稳妥探索企业使用农村土地经营权和租赁地地上建筑物物权及附着物抵押信贷模式，增强农村集体工业用地和租赁用地融资能力。继续实施并完善银行小微企业贷款担保风险补偿政策。将林权抵押贷款业务纳入我省县域金融机构涉农贷款增量奖励政策范围。进一步落实农户生产性贷款担保风险补偿政策，支持农民合作社、农村行业协会组织会员建立担保基金，为农户提供贷款担保服务，并按年度为农户提供生产性贷款担保额的1.6%给予风险补偿。（责任单位：省经贸委、国土资源厅、财政厅，省农办，福建银监局、人民银行福州中心支行，在闽各有关金融机构，各设区市人民政府、平潭综合实验区管委会）

八、推动多元化金融组织体系建设

加大“引金入闽”力度，吸引更多的金融机构来闽设立分支机构，争取每年引进1～2家外资银行和台资银行。支持在平潭综合实验区、泉州市金融服务实体经济综合改革试验区、厦门和福州两岸区域性金融服务中心率先试点由民间资本发起设立自担风险的民营银行、金融租赁公司和消费金融公司等金融机构，争取在设立闽台合资证券公司方面取得突破。进一步推动股份制商业银行、城商行等金融机构向市、县延伸，逐步扩大基层的营业网点覆盖面。支持银行业金融机构在人口稠密地区开办社区银行、延长营业时间，提供更便利的金融服务。加快村镇银行组建工作，鼓励民间资本参与村镇银行的组建及增资扩股，相关部门简化审批流程，做到并联审批，确保“十二五”期间实现村镇银行县域全覆盖。推动开业一年以上的村镇银行以及地方法人银行业金融机构在乡（镇）、村设立分支机构。加快“金融服务不出村”工程建设，开展“银村共建”“银商合作”，扩大农村基础性金融服务覆盖面，力争2013年实现每个乡（镇）拥有自动存取款设备、农信系统小额支付便民服务行政村全覆盖。（责任单位：福建银监局、人民银行福州中心支行、福建证监局，省农信联社，泉州、厦门、福州市人民政府，平潭综合实验区管委会）

九、切实防范和化解金融风险

加快社会信用体系建设，培育良好的社会诚信文化，推进公共征信系统建设，实现省内互联互通。着力解决银企信息不对称问题，搭建银企信息对接平台，依法开放企业和个人信用信息，支持银行有效甄别遴选客户。切实加强金融机构的风险防范，防止信贷资金违规进入民间借贷、股市等，强化内部制度建设，努力防止外部风险向金融企业内部传导，确保内部不出问题。对暂时出现资金困难的企业，讲究方式方法，分类处置，通过政银企合作推进企业重组，尽力实现平稳过渡。加强对融资性担保公司、典当行、小额贷款公司等的有效监管，清理规范非融资性担保公司。引导民间融资阳光化，在福州、泉州等民间借贷活跃地方设立民间借贷登记服务中心。建立健全预警处置机制，继续加大对高利贷、非法集资、非法证券、洗钱、金融诈骗等非法金融活动的打击力度，严守不发生系统性区域性金融风险的底线，保持和发展良好的金融生态环境。（责任单位：各设区市人民政府、平潭综合实验区管委会，人民银行福州中心支行、福建银监局、福建证监局、福建保监局，省发展改革委、经贸委，省工商局）

福建省人民政府办公厅
2013年7月16日

中共江西省委 江西省人民政府关于大力促进非公有制经济更好更快发展的意见

赣发〔2013〕14号

为贯彻落实党的十八大、十八届三中全会和省委十三届七次全体（扩大）会议精神，坚持和完善基本经济制度，激发非公有制经济活力和创造力，现就大力促进非公有制经济更好更快发展，提出如下意见。

一、促进非公有制经济更好更快发展是我省必须长期坚持的大战略

1. 促进非公有制经济更好更快发展势在必行。

进入新世纪以来，我省经济社会发展取得了巨大成就，迈出了科学发展、绿色崛起的坚实步伐。当前，我省正处在加速发展的爬坡期、全面小康的攻坚期和生态建设的提升期。要实现经济总量、财政收入、居民收入“三个翻番”目标，建设富裕和谐秀美江西、与全国同步全面建成小康社会，必须大力促进非公有制经济更好更快发展。要全面深化改革、扩大开放、推进创新，通过体制机制的改革创新，加大对内对外开放的力度，切实降低创业创新的门槛，培育更多的非公有制经济市场主体，吸引更多的外来民间资本，更好地引导、扶持非公有制企业做大做强，充分激发非公有制企业创新创造活力，持续提升非公有制经济发展的质量和效益，不断充分发挥非公有制经济在支撑增长、促进创新、扩大就业、增加税收中的重要作用，充分发挥非公有制经济在我省发展升级、小康提速、绿色崛起中的重要作用，让社会主义市场经济各种生产要素的活力竞相迸发，让一切创造社会财富的源泉充分涌流，更好更快地创造更多发展成果惠及全省人民。

2. 非公有制经济更好更快发展关键在于进一步解放思想。公有制经济和非公有制经济都是社会主义市场经济的重要组成部分，都是我国经济社会发展的重要基础。坚持和完善基本经济制度，必须毫不动摇巩固和发展公有制经济，坚持公有制主体地位；必须毫不动摇鼓励、支持、引导非公有制经济发展，激发非公有制经济活力和创造力。要从思想深处摒弃对发展非公有制经济的顾虑和歧视，进一步牢固树立内商外商一视同仁、国企民企平等竞争、大企小企同等对待的理念，放手、放胆、放权鼓励支持非公有制经济大发展。坚持权利平等、机会平等、规则平等，废除对非公有制经济各种形式的不合理规定，保证各种所有制经济依法平等使用生产要素、公开公平公正参与市场竞争、同等受到法律保护，最大限度拓宽非公有制经济发展空间。积极探索基本经济制度有效实现形式，鼓励非公有制企业参与国有企业改革，鼓励发展非公有资本控股的混合所有制企业，鼓励有条件的私营企业建立现代企业制度。探索发展国有资本为引导、非公有资本合作为主体、市场化运作、专业化经营的混合所有制经济。支持混合所有制经济探索实行企业员工持股，形成资本所有者和劳动者利益共同体。中共江西省委文件

3. 今后5年全省非公有制经济发展的目标任务。实施非公有制经济比重提升“6788”计划，到2017年，全省非公有制经济增加值占全省地区生产总值比重超过60%，非公有制经济上缴税金占全省税收总额的比重超过70%，非国有投资占全省固定资产投资总额的比重超过80%，非公有制经济城镇就业人员占全省城镇就业总人数的比重超过80%。推进非公有制经济市场主体成长“2334”计划，到2017年，力争全省个体工商户登记数达到200万户，在境内外各层次资本市场上市的非公有制企业达到30户，年营业收入100亿元以上非公有制企业达到30户（其中，力争扶持培育出年营业收入1000亿元以上的非公有制龙头企业），非公有制企业（含分支机构）总数达到40万户。实施创新型重点非公有制企业“双百”培育计划，重点打造100家科技含量高、市场前景好的“科技小巨人”企业和100家发展升级创新型示范企业。

二、切实落实非公有制经济发展政策

4. 扩大投资领域。消除各种隐性壁垒，进一步破除各种形式的行政垄断。鼓励引导民间资本进入法律法规未明确禁止准入的行业和领域，重点引导支持民间资本进入交通、能源、矿产资源开发、城市基础设施、医疗、教育、养老、文化娱乐、对外出版、网络出版、现代物流、旅游和金融服务等领域，制定并实行非公有制企业进入特许经营领域具体办法。实行统一的市场准入制度，在制定负面清单基础上，各类市场主体可依法进入清单之外领域。降低投资准入门槛，取消不合理的准入限制，规范设置和降低准入条件，明确进入途径、进入后的运行方式和监管办法，不得单独对民间资本设置附加条件，创造公平竞争、平等准入的市场环境。推进应用型技术研发机构市场化、企业化改革，可吸引民间资本入股。允许民间资本以控股形式参与教育、科研院所、文化艺术、卫生医疗、体育等事业单位的改制经营。国有资本投资项目允许非国有资本参股，鼓励引导民间资本参与全省重大项目和央企在赣公司对外合作项目的投资、建设和运营，对交通、能源、城建、医疗、教育、养老等涉及公共资源领域的项目实行竞争性配置，建立健全民间资本参与重大项目投资招标的长效机制。

5. 放宽经营条件。推行工商注册制度便利化，削减资质认定项目，企业注册时，除国家法律法规明确规定在登记前须经批准的项目外，可不限经营范围。积极实施工商登记制度改革，除法律、法规另有规定外，取消有限责任公司、一人有限责任公司、股份有限公司的最低注册资本金额的限制，不再限制公司设立时股东（发起人）的首次出资比例和缴足出资的期限。申请公司设立登记时，除法律、法规另有规定外，将注册资本实缴登记制改为认缴登记制，工商登记机关登记其全体股东认缴的注册资本总额，不再登记实收资本，申请人不再提交验资证明文件，公司对股东已经实缴的注册资本进行验资，并发给出资证明书。不再实行先主管部门审批、再工商登记的制度，由先证后照改为先照后证，商事主体向工商部门申请登记，取得营业执照后即可从事一般生产经营活动；对从事需要许可的生产经营活动，持营业执照和有关材料向主管部门申请许可。商事主体应当向商事登记机关提交年度报告，无需进行年度检验。允许以高新技术成果、知识产权、土地使用权、股权等作价出资兴办公司，其比例可占注册资本的70%。允许农民以承包经营权入股发展农业产业化经营。鼓励承包经营权在公开市场上向专业大户、家庭农场、农民合作社、农业企业流转，发展多种形式规模经营。鼓励引导工商资本到农村发展适合企业化经营的现代化种养业，向

农业输入现代生产要素和经营模式。中国护照在申办各类经济实体或个体工商户登记时效力等同于居民身份证。允许个人独资企业、合伙企业、商会组织作为股东或者发起人投资设立公司（不含一人有限责任公司）。允许个体工商户用原经营场所、在不与他人重名的前提下沿用原名称、沿用原前置许可有效证件转型升级、变更改制为企业，扩大生产规模。

6. 鼓励扶持创业。完善扶持创业的优惠政策，形成政府激励创业、社会支持创业、劳动者勇于创业新机制。鼓励支持各设区市及有条件的县（市、区），依托城区、工业园区、产业集聚区建设小微企业创业园或创业孵化基地。对吸纳符合条件的高校毕业生、退役军人、下岗失业人员、返乡农民工、留学归国人员等人员进入创业孵化基地或小微企业创业园创办实体的，优先落实促进就业和小额担保贷款扶持政策。创业园（孵化基地）对入驻企业和个人在创业孵化基地发生的物管费等相关费用，3年内按其每月不超过实际费用的50%给予补贴。国有企业和事业单位职工经单位批准，可停职领办创办企业。3年内不再领办创办企业的允许回原单位工作，3年期满后继续领办创办企业的，按辞职规定办理（辞职的经济补偿金按《劳动合同法》等规定执行）。经单位批准辞职的职工，按规定参加社会保险，缴纳社会保险费，享受社会保险待遇。允许、鼓励大专院校、科研院所科技人员利用职务科技成果入股或创办科技企业，参与收益分配。

7. 促进开放升级。继续加大力度招商引资、择商选资、招大引强。抓住实施鄱阳湖生态经济区建设、赣南等原中央苏区振兴发展两大国家区域发展战略，推进南昌打造核心增长极、九江沿江开放开发和昌九一体化等区域发展战略的契机，定期发布鼓励民间投资的项目信息，采取定向招商、项目招商、以商招商、商会招商、投资公司招商、龙头企业招商、产业链招商等系列方式增强招商引资的质量和效益，提升招商选资工作的专业化水平。鼓励省外境外非公有制企业家、战略投资者、技术和管理人才来赣投资兴业，加强在外赣商的联系和服务，鼓励异地赣商回乡发展。对来赣投资的大型非公有制龙头企业、总部或研发中心迁至我省的非公有制企业，按一事一议原则实行优惠政策。

8. 高效配置土地。鼓励节约、集约用地，清理盘活闲置土地，完善土地租赁、转让、抵押二级市场。在工业园区自建3层以上标准化生产性厂房并保证设施专用的，由工业园区给予一定补助。对租用政府投资、建设的多层标准化厂房的小型微型企业，3年内给予租金优惠。对现有工业用地，在符合规划、不改变用途的前提下，按照规定程序经批准提高土地利用率和增加容积率的，不再增收土地价款；对新增工业用地，要进一步提高工业用地控制指标，厂房建筑面积高于容积率控制指标的部分，不再增收土地价款。工业园区标准厂房建设免收市政配套费，并可进行分幢分层办理产权分割手续。鼓励非公有制专业开发企业进行工业地产开发，解决非公有制小微企业生产厂房和配套设施建设使用需求。凡是符合规划和产业政策、符合节约集约用地要求的工业、现代服务业项目用地，应尽力予以保障。符合省重大项目条件的，优先保障用地需求。

三、加大非公有制经济发展财税金融支持力度

9. 设立专项资金。2013年起，省、市、县财政分别设立非公有制经济发展专项资金，并根据地方财力的增长和非公有制经济对地方财政贡献的增长逐年逐步增加资金额度，重点用于鼓励、扶持和引导非公有制经济发展、非公有制经济服务体系建设和非公有制经济发展研究等。加大政策引导扶持力度，提升政策引导扶持效益，努力发挥各级非公有制经济发展专项资金的引导、杠杆作用，促进我省非公有制经济产业升级、开放升级、创新升级，进一步做大总量，提升质量。

10. 实行税收优惠。用好用足税收优惠政策，加大国家结构性减税及在赣南等原中央苏区兴办鼓励类企业实行一系列税收优惠政策的宣传落实力度，确保各项优惠政策及时落实到位，做到应减尽减、应免尽免。着眼于税源增多、税收可持续增长，合理制定税收增长计划，严禁收过头税，严禁违法要求企业提前缴税，符合法定条件的资金周转困难企业经批准可以延期缴税并免收滞纳金。营业税改征增值税后，在一定时期内，各级财政部门按现行财政体制对部分税负增加较重的企业采取适当的过渡性扶持政策。对年应纳税所得额低于6万元（含6万元）的小型微利企业，其所得按50%计入应纳税所得额，按20%的税率缴纳企业所得税；对增值税小规模纳税人中月销售额不超过2万元的企业或非企业性单位，暂免征收增值税；对营业税纳税人中月营业额不超过2万元的企业或非企业性单位，暂免征收营业税。新办非公有制企业按规定缴纳房产税、土地使用税确有困难的，可按税收管理体制报批减免。

11. 拓宽融资渠道。扩大金融业对民间资本开放，在加强监管前提下，允许具备条件的民间资本依法发起设立中小型银行等金融机构。鼓励民间资本投资入股金融机构和参与金融机构重组改造，参与城市商业银行风险处置的，持股比例放宽至20%；参与农村信用社和农村商业银行风险处置的，允许单个企业及其关联方阶段性持股比例超过20%；参与村镇银行发起设立或增资扩股，村镇银行主发起行的最低持股比例降低到15%，允许发展成熟、管理规范的村镇银行在最低股比要求内，调整主发起行与其他股东持股比例。支持小额贷款公司按规定改制为村镇银行。鼓励民间资本设立创业投资企业、股权投资企业及相关投资管理机构。鼓励非公有制企业发行企业债、公司债、集合债券、中期票据、短期融资券、中小企业私募债等多种直接融资工具，支持企业引入风险投资、私募股权投资等战略合作伙伴，实现规范快速发展。支持境外资本依法合规到我省直接投资。

12. 增加有效信贷。对坚持服务“三农”和小微企业、依法合规经营的小额贷款公司，其从银行业金融机构融资比例可放宽到资本净额的100%。支持各类政策性担保公司发展，鼓励和引导其对非公有制企业的担保支持，同时完善担保风险补偿机制。支持行业商会协会以“信用共同体形式”发起成立信用联保服务公司或联保基金，推进信用捆绑联保融资。银行业金融机构要不断创新金融产品，提供方便快捷、成本合理的融资服务，严禁在正常贷款之外附加不合理放贷条件和收费行为。对符合创业条件的个人，可向创业项目所在地政府部门所属小额担保贷款经办机构，申请最高可达10万元的小额担保贷款。对符合二次扶持条件的个人，贷款最高限额可达30万元。对合伙经营和组织起来创业并经工商管理部门注册登记的，贷款规模最高可达50万元。对符合劳动密集型小企业或再就业基地、非正规就业劳动组织、小企业孵化基地和创业孵化基地等条件的非公有制企业，由小额贷款担保中心和经办金融机构，根据企业实际吸纳安置人数、经营项目、信用情况和还贷能力合理确定贷款规模，最高限额可达400万元。上述创业贷款期限按实际需要确定，从事当地政府规定微利项目的，可按规定享受财政贴息的优惠政策。

四、提高非公有制经济发展质量和效益

13. 支持科技创新。建立健全鼓励原始创新、集成创新、引进消化吸收再创新的体制机制，健全技术创新市场导向机制，发挥市场对技术研发方向、路线选择、要素价格、各类创新要素配置的导向作用。对非公有制企业研发机构在承担国家科技任务、人才引进等方面与公办研发机构实行一视同仁的支持政策。对研发投入达到规定比例的非公有制企业，同级政府可给予企业研发和技改资金扶持。省政府对建立博士后科研工作站和主持国家标准制定的非公有制企业给予奖励。建立产学研协同创新机制，支持非公有制企业与有实力的国内高校、国家科研机构和央企实现深度科技对接合作，省内高校、科研院所提供配合支持，构建产业技术创新联盟，推动创新升级，增强经济发展动力。改善科技型中小企业融资条件，大力支持非公有制企业技术创新，实行与国有企业一视同仁、同等对待的扶持政策。完善风险投资机制，创新商业模式，促进科技成果资本化、产业化。对迁入我省、在我省设立二级分支机构或在我省投资设立生产同一高新技术产品的全资企业的省外高新技术企业，经备案后直接核发我省高新技术企业认定证书，向所在地税务机关申请减按15%优惠税率缴纳企业所得税。鼓励非公有制企业自建研发中心、工程中心、产品中心、创新中心，相关部门适当降低非公有制企业资质认定、准入门槛。

14. 推进品牌提升。各级政府要依托各自的产业优势，制定产业发展规划和扶持政策，打造知名品牌。引导支持行业商会协会申请注册集体商标，打造区域品牌。鼓励企业商标国际注册，使用自主商标拓展国际市场。鼓励、支持和引导非公有制企业建立健全质量管理体系、施行国际国家标准认证。加强对专利权、著作权、商标权等知识产权的保护，支持驰名商标和著名商标的认定和保护，重点鼓励争创国家免检产品，支持申报地理标志、无公害食品、绿色食品、有机食品等资格认证。各级政府对以上在知识产权保护、资质认证和品牌创建方面取得成效的企业给予一定奖励和扶持。

15. 培育龙头企业。鼓励、支持和引导民间资本抱团合作、整合资源、优势互补、兼并重组，引导生产要素向行业龙头企业集聚，培育一定数量有特色、有一定规模的产业集群，形成分工合理、配套完善、有较强竞争力的区域产业板块。鼓励、支持和引导同行业龙头型、科技创新型非公有制企业出资入股、兼并重组国有企业。鼓励、支持和引导非公有制龙头企业通过多层次资本市场上市融资。省政府对取得中国证监会首次公开发行股票材料受理通知的拟上市企业，视进展情况给予一定奖励。

16. 鼓励走出去发展。扩大民间资本对外投资，确立企业及个人对外投资主体地位，鼓励发挥自身优势到境外开展投资合作，鼓励自担风险到各国各地区自由承揽工程和劳务合作项目，鼓励创新方式走出去开展绿地投资、并购投资、证券投资、联合投资等，努力在国际市场获取资源、技术、人才、知识产权、营销网络等要素，逐步实现研发、生产、销售全球化。鼓励非公有制企业与国际市场接轨，引进国外先进设备、技术和人才，改造和提升传统优势产业。对组织和参加境内外大型展销活动的非公有制企业和展会服务机构，其展位费、公共布展费等给予补助。支持非公有制企业到省外境外开展品牌专卖、电子商务、连锁网络，巩固并扩大营销网络体系。鼓励境内非公有制企业运用人民币进行跨境贸易和投资结算。支持非公有制企业参加出口信用保险，对年出口额200万美元（含）以下的小微企业，统一投保短期出口信用保险；对出口额200万美元以上的企业，按当年实际缴纳保费的50%给予支持（按规定限额）。

17. 提升企业家素质。弘扬企业家精神，培养和造就一批有抱负、有眼光、有社会责任感、懂经营、会管理、善创新的非公有制企业家。教育引导非公有制企业经营者坚定对中国特色社会主义的信念，坚定对党和政府的信任，坚定对企业发展的信心，争当爱国、敬业、诚信、守法、贡献的合格中国特色社会主义事业建设者。把培养非公有制企业家纳入全省企业家培养的统一规划，有计划有重点地分期分批进行培训培养。加强创业培训，使退役军人、下岗失业人员、转移就业农民特别是失地农民、返乡农民工得到政府在培训项目的相应资助。高等院校要开设创业教育必修课程。建立以优秀企业家、管理专家为主体的“创业导师库”，通过管理咨询、企业诊断等手段对不同规模、不同层次的非公有制企业进行培训辅导，提高创业成功率，提升企业管理水平。支持民办职业技术学校和非公有制企业对接合作，共建高技能人才“订单式”培养

示范基地。努力促进非公有制经济健康发展、非公有制经济人士健康成长。

五、营造非公有制经济发展良好环境

18. 优化市场竞争环境。大力推进商务诚信建设，建立健全社会征信体系，褒扬诚信，惩戒失信，教育、引导非公有制企业守法合规经营、诚信经营、承担企业社会责任。加强并改进对市场主体、市场活动的监督管理，加大打假力度，提高失信成本和风险，切实做到准入放宽、监管有序。消除地区封锁，打破行业垄断，清除市场壁垒，提高资源配置效率和公平性，加快形成企业自主经营、公平竞争，消费者自由选择、自主消费，商品和要素自由流动、平等交换的现代市场体系，健全统一开放、机会均等、公平诚信、竞争有序的市场规则，使市场在资源配置中起决定性作用。

19. 保护企业合法权益。公有制经济财产权不可侵犯，非公有制经济财产权同样不可侵犯。任何单位和个人不得滥用行政权力任意干涉企业合法生产经营活动，不得侵占、破坏非公有制企业及其经营者的合法财产，未经法定程序，不得查封、扣留、冻结。依法打击侵害非公有制企业合法权益的违法犯罪行为，维护非公有制企业合法权益。坚持公开公正文明执法，规范执法行为，规范行使自由裁量权，努力实现执法办案的法律效果与社会效果相统一，为非公有制经济发展营造良好的法治环境。

20. 提高政府办事效率。推进政府机构改革和政府职能转变，进一步清理和减少行政许可、非行政许可审批事项，重点减少投资和生产经营活动审批事项。市场机制能有效调节的经济活动，一律取消审批。在省管权限内不涉及公共资源开发利用的投资项目核准改为备案管理。企业投资项目，除关系国家安全和生态安全、涉及全国重大生产力布局、战略性资源开发和重大公共利益等项目外，一律由企业依法依规自主决策，政府不再审批。完善主要由市场决定价格的机制，凡是能由市场形成价格的都交给市场，政府不进行不当干预。简化程序，同一部门承担的多个审批事项原则上合并办理，限时办结。公开审批程序，完善行政审批服务中心“一站式”项目联合审批机制，行政许可项目逐步推行网上审批，能同步办理的同步并联办理，提高行政审批效率。对重大项目、重大事项一事一议、特事特办，建立健全重大项目审批绿色通道，实行全程服务制度。

21. 加强服务体系建设。整合协调科技、中小微企业、外向型经济、农业产业化和商会等服务体系，探索建立以政府公共服务为引导、公益性服务为基础、商业性服务为支撑的企业社会化综合服务体系。引导扶持民间资本投资发展现代生产型服务业，探索采取政府引导扶持、民间商会组织协调、企业参与的方式，引导扶持现代生产型服务业、中介服务业集聚发展、配套合作、公开平等竞争。取消依附于行政许可的各种中介服务，引导扶持集中建设中介服务超市，企业在中介服务超市中自由选择中介服务商，提高服务效率、降低服务成本、提升服务质量。对非公有制企业专门人才的职称评审、专业技术资格和职业资格考试，相关职能部门可以组织专场评审或专项评审，设立快捷通道落实办理。受财政资助的科技平台、科研设施，向所有企业提供开放性服务，适当减免中小微企业使用费。

22. 切实减轻企业负担。组织清理行政事业性收费项目，能合并、取消的一律合并、取消，降低收费标准，凡收费标准有上下限的，一律按下限收取，严禁提高标准或变相提高标准乱收费。全面清理涉企中介机构收费项目，能取消的一律取消，能减少费用的尽量减少，实行涉企收费项目登记手册制度，凡手册没有登记的收费项目，企业有权拒交。列入鼓励类的服务业企业，其用电、用水、用气、用热与工业企业实现基本同价。努力降低企业环评、安评成本。

23. 严格规范各类检查。各级政府部门要严格依法履职，建立健全对企业的监督检查制度并抄告本级监察机关。各级监察机关要强化“对监督者实施再监督”的理念，依法对政府部门落实监督检查制度的情况进行监督检查。认真查访行政办事服务机关不作为、乱作为等问题，查处对非公有制企业乱摊派、乱检查、乱收费、乱处罚和强行指定中介服务机构等违法违纪行为，对故意刁难、妨碍企业生产经营的单位和个人依法依规严肃处理。对严重损害发展环境的问题，要与有关单位责任人进行约谈，督促整改、跟踪问效。建立健全投诉反馈、检查纠错机制，充分发挥各级行政投诉中心的作用，畅通非公有制企业反映诉求和举报的渠道，及时受理和分办、督办非公有制企业反映的问题。

24. 营造良好舆论氛围。在全社会大力营造崇尚创业创新、开明开放、诚信守约、宽容失败、合作共赢的舆论氛围，宣传自我革新的勇气和胸怀，切实加强和改进非公有制经济领域的思想宣传工作。培育树立一批中国特色社会主义事业建设者典型、一批优秀非公有制企业典型、一批支持非公有制经济发展的先进地区和部门典型，利用电视、报纸等各种媒体并开设专频专栏，加大对先进典型的宣传。充分发挥舆论监督作用，对侵犯非公有制企业及企业家合法权益和干扰合法经营活动的典型事例及时予以曝光。

六、加强非公有制经济发展组织领导

25. 完善领导协调机制。调整充实省促进非公有制经济发展领导小组，下设办公室作为领导小组的办事协调机构，落实工作力量。领导小组及其办公室统筹制定全省非公有制经济发展战略规划，加强对重点非公有制龙头企业发展和重大项目建设的协调，跟踪督查企业发展情况和项目实施情况，研究和协调解决非公有制经济发展过程中的重点难点问题。市、县两级都要建立健全促进非公有制经济发展的领导协调机构，落实领导责任，明确部门分工，健全工作机制。

26. 健全政治引领机制。探索完善党委统一领导、党委组织部牵头抓总、非公有制经济组织党工委统筹负责、有关部门协同配合的非公有制经济组织党建工作领导体制和工作机制。省非公有制组织党工委负责统筹协调指导全省非公有制经济组织党建工作，宣传和贯彻党的路线、方针、政策，促进中央和省委各项决策部署在非公有制经济组织的贯彻落实，指导各设区市非公有制经济组织党工委抓好非公有制经济组织的党建工作。鼓励支持非公有制经济组织党建工作的探索创新。

27. 建立商会协同机制。重点培育、优先发展中国特色社会主义行业商会协会，探索一业多会，引入竞争机制。成立行业商会协会，直接向民政部门依法申请登记，并限期实现行业商会协会与行政机关脱钩。鼓励、支持和引导行业商会协会自愿加入工商联组织，充分发挥工商联在行业商会协会改革发展中的促进作用和总商会职能，发挥工商联作为非公有制经济领域协商民主的重要渠道作用，更加活跃有序地组织工商界的界别协商。鼓励扶持各类行业商会协会组织建设企业总部基地，增强服务非公有制经济发展的功能。

28. 建立考核督查机制。建立健全非公有制经济的统计调查制度和监测预警评价制度，建立监测点、数据库，进行第三方评估，加强对非公有制经济数据的分析使用和非公有制经济发展环境的评估。建立非公有制经济发展考核评价体系，将考评结果纳入各地各有关部门工作绩效考核目标体系。每年对中央和省委、省政府出台的政策措施落实情况和非公有制经济发展环境进行调查研究、分析评估和工作督导，建立健全定期报告、工作激励机制，每2年召开一次全省非公有制经济发展表彰大会。

各级党委、政府和省直相关部门要坚决贯彻落实中央和省委、省政府出台的各项扶持非公有制经济发展的政策，从本地本部门的实际出发，制定切实可行的实施意见和具体实施细则。

2013 年 12 月 20 日

河南省工业和信息化厅 河南省财政厅关于推动全省中小企业公共服务平台网络建设工作的指导意见

豫工信〔2013〕306 号

各省辖市、省直管试点县（市）中小企业主管部门、财政局：

根据工业和信息化部办公厅、财政部办公厅《关于印发 2013 年中小企业服务体系发展专项资金项目申报指南的通知》（工信厅联企业〔2012〕298 号），我省中小企业公共服务平台网络建设项目已列入 2013 年国家中小企业服务体系发展专项资金项目支持重点。为高标准完成我省中小企业公共服务平台建设任务，推动全省中小企业公共服务平台网络建设，提出如下指导意见。

一、指导思想

以科学发展观为指导，围绕全省中小企业发展特点和服务需求，坚持政府推动与发挥市场机制作用相结合，按照主体多元化、资源社会化、分布网络化、服务便捷化的建设思路，建立和完善覆盖全省的中小企业公共服务平台网络体系，为中小企业提供优质、规范、便捷、高效的公共服务。

二、总体目标

按照“政府引导、公共服务带动、社会服务广泛参与、协同发展”要求，统筹规划、分步实施，到 2015 年底，建立起以省平台为中枢、28 个省辖市（省直管县）综合窗口平台和 30 个重点产业集聚区产业窗口平台为分支、若干个社会化专业化服务机构为节点的，具有河南特色的，省、市、县（市、区）三级联动、资源统筹、功能互补、互联互通和服务协同的中小企业公共服务平台网络体系。

三、建设重点

中小企业公共服务平台建设，要根据本地中小企业发展要求，充分利用现有基础条件，因地制宜，突出重点，统筹规划，避免重复建设。

（一）围绕统筹调动全省服务资源组织省平台建设。一是以实体服务场地为载体，统筹建设具有枢纽功能的河南省中小企业综合服务中心，着力打造功能完善、立体多元的全省中小企业综合性服务基地。二是以信息网络服务为载体，统筹建设全省统一的门户网站和窗口网站群，实现一体化的网络服务、在线服务和呼叫服务，打造集中的运营管理、运维管理和数据资源中心，形成线上、线下相结合的综合信息服务中心。

（二）围绕组织带动本地服务资源实施综合窗口平台建设。综合窗口服务平台是省辖市（省直管县）中小企业部门为区域性中小企业提供各类政务代理和专业化直接服务的综合服务平台，是中小企业公共服务平台网络的重要分支，承担承上启下、为区域中小企业提供直接服务的功能。综合窗口平台建设以实体的服务场地为载体，突出各类政务代理和专业化直接服务，着眼于组织带动和引入本地服务资源入住，进行直接服务所需的服务场地改造和服务设施完善，以及与省服务平台实现互联互通的基础网络环境建设。服务场地总面积不得少于500平方米，其中包括服务大厅、培训区、展示区、服务区等区域。大厅应设有“电子显示屏、触摸屏”等基础硬件设施。

（三）围绕特色服务需求加强产业窗口平台建设。产业窗口服务平台是建立在产业集聚区或中小企业相对集中的园区，以产业中小企业发展需求为重点，为企业提供信息、技术、质量、人才、市场和融资等专业化直接服务的产业服务平台。产业窗口平台建设要围绕区域和产业集聚区中小企业的公共技术需求，突出完善必要的信息服务、产品研发设计、试验检测、新技术推广、产学研合作等服务设备仪器的升级改造，服务环境改善以及互联互通的网络设施，为中小企业提供特色鲜明、针对性强的专业化特色服务。

四、建设标准

全省中小企业公共服务平台建设，实行“四个统一”。

（一）统一名称、标识、网络域名和服务热线。名称：统称为河南省中小企业公共服务平台；标识、网络域名和服务热线待核准后统一公布。

（二）统一信息化管理。全省门户网站采用统一标准、统一开发、统一运营、统一运维、分级管理的模式。各综合窗口平台原则上不再另行开发应用系统，直接使用省平台提供的应用功能。各综合窗口服务平台原有类似的或新建特定应用的系统可以链接到省门户网站且实现数据共享；产业窗口平台根据自身服务特点自行组织开发应用系统，可链接到省门户网站，实现数据资源共享。

（三）统一服务规范。制定统一的中小企业公共服务平台服务规范，实行服务标准、服务流程、服务功能、服务收费、服务承诺和服务办理时限“六公开”并上墙公示，规范服务行为。

（四）统一考核评价机制。建立服务平台服务业绩绩效考核评价机制，实行动态管理，定期对服务平台的内部建设、服务业绩、服务质量和水平进行考评，实行优胜劣汰，动态调整，保证服务平台网络体系的整体质量。

五、运营机制

中小企业公共服务平台运营，实行属地中小企业主管部门业务指导、资源统筹、规范管理和运营监督。在运营机制上，坚持政府扶持补贴与市场化运营相结合，加强对窗口平台和服务机构的带动和引导，注重培育可持续发展能力，指导服务平台在满足中小企业公共服务需求的同时，开拓服务市场，开发有市场需求的特色专业服务产品，用市场化服务覆盖公共服务成本，建立有利于服务平台可持续发展的运营模式。

六、保障措施

（一）加强政策指导。各地中小企业主管部门和财政部门应根据工信部、财政部关于加强中小企业公共服务平台网络建设的文件精神和本意见精神，结合本地实际，联合制定出台贯彻实施意见，落实相关工作措施，明确本地中小企业公共服务平台的建设规划和方案，为中小企业公共服务平台网络建设提供政策保障。

（二）强化组织领导。由省工业和信息化厅、省财政厅共同组建河南省中小企业公共服务平台网络建设项目工作领导小组，负责对全省中小企业公共服务平台网络建设工作的组织指导和监督管理。省工业和信息化厅负责对服务平台网络项目进行建设和管理；省财政厅负责对专项资金的使用情况实施监督与检查，协调解决各级财政配套资金落实工作，领导小组下设办公室，办公室设在省工业和信息化厅中小企业局，负责全省中小企业公共服务平台网络建设项目的管理指导、监督检查和考核评估。各级中小企业主管部门和财政部门负责本地区服务平台网络建设项目的建设和管理工作。

（三）加大资金扶持。我省中小企业公共服务平台建设资金，采取国家资金补助、各级财政配套与建设单位自筹相结合。各级财政部门要积极筹措资金支持中小企业公共服务平台建设，吸引和带动社会投资参与平台建设，保证窗口服务平台建设的顺利推进。通过对国家资金配套、对服务平台服务业务补助、购买服务等方式给予支持，增强服务平台后续发展的能力。

（四）加强动态管理。各级工信和财政部门要加强对窗口服务平台日常运作的指导和监测，建立对服务平台的绩效考核机制，定期对服务平台的内部建设、服务业绩、服务质量和水平进行考评，对信誉好、服务优、效果显著的示范服务平台，实行服务补助和奖励表彰等扶持措施，引导服务平台规范运营，实现可持续健康发展。

2013 年 4 月 26 日

河南省人民政府办公厅关于转发河南省促进民营企业中小企业健康发展行动计划（2013～2014 年）的通知

豫政办〔2013〕44 号

各省辖市、省直管试点县（市）人民政府，省人民政府各部门：

省工业和信息化厅制定的《河南省促进民营企业中小企业健康发展行动计划（2013—2014年）》已经省政府同意，现转发给你们，请认真贯彻执行。

2013 年 5 月 30 日

河南省促进民营企业中小企业健康发展行动计划（2013～2014 年）

省工业和信息化厅

为贯彻落实党的十八大精神，毫不动摇地鼓励、支持、引导民营经济发展，促进我省民营企业、中小企业创业创新、转型升级和健康发展，结合我省实际，特制定本行动计划。

一、指导思想

以党的十八大精神为指导，深入贯彻落实科学发展观，以实施九项工程为抓手，以扩充总量、提高质量、优化结构、创新提升为重点，坚持市场导向和政府推动相结合，进一步加强领导、优化环境、强化服务，推动我省民营企业、中小企业持续健康发展。

二、任务目标

（一）经济总量进一步扩张

1. 民营经济增加值每年增长 14%以上，2014 年完成增加值超过 2.6 万亿元。

2. 中小企业增加值每年增长 15%以上，2014 年完成增加值超过 2 万亿元。

（二）企业规模进一步壮大

全省民营经济市场主体每年新增 20 万家以上，2014 年底超过 300 万家；中小企业每年新增 1 万家以上，2014 年底超过 42 万家；规模以上企业总数每年新增 1000 家以上。

（三）发展质量进一步提升

企业效益不断提升，2014 年民营经济实现利润超过 8000 亿元，就业人数超过 2200 万，纳税超过 2000 亿元，出口超过 1300 亿元；中小企业实现利润超过 6000 亿元，就业人数超过 1100 万，纳税超过 1500 亿元，出口超过 1200 亿元。创新能力进一步提高，创新体系进一步完善。

三、重点工程

（一）“百千万”成长工程

一是百家升级。每年筛选 100 家以上中型企业为“百家成长企业”，由省重点扶持，促其成长壮大，力争每年有 100 家升级为大型企业。二是千家进规。每年筛选 1000 家以上小微企业为“千家培育企业”，省、市、县三级联动，重点培育，促其加快发展，力争每年有 1000 家成长为规模以上企业。三是万家创办。每年带动创办 10000 家以上企业，大力发展创新型、创业型和劳动密集型企业，注重扶持大学生科技创新创业。建立动态培育库，实行部门联动，集中要素资源，进行动态服务，促其成长发展和做大做强。

（二）转型升级工程

一是实施企业技术改造。建立省技术改造项目库，中小企业发展资金项目、中小企业技术改造项目、重点产业振兴项目、省工业结构调整和省节能减排专项资金对符合条件的中小企业给予积极支持。充分发挥专项资金杠杆作用，推进传统产业转型升级。二是推进专精特新企业发展。每年安排 100 个特色中小企业专项资金项目、150 个农业产业化资金项目，用于支持专精特新企业发展。三是加快淘汰落后产能。严格执行产业政策，禁止落后产能异地转移，推动产能过剩、资源能源浪费、环境污染严重的企业退出市场。通过淘汰落后产能，腾出资源、土地、环境容量、市场等发展空间，努力实现绿色发展。四是推进“两化”（工业化和信息化）融合。加大省信息化发展专项资金对中小企业重点信息化项目建设的支持力度。完成郑州市国家级“两化”融合试验区建设和验收工作，着力抓好 25 个省级“两化”融合试验区建设，推进产业集聚区数字化改造，创建 10 家国家级“两化”深度融合示范企业。发挥 100 家省级“两化”融合示范企业带动作用，推进 100 个应用集成、资源共享和业务整合重点应用系统建设，成立河南省 CIO（企业首席信息官）联盟，引导企业完善内部信息化工作机制，完成 1 万家“数字企业”建设任务。

（三）特色产业集群建设工程

一是建设 80 个以龙头企业带动、小微企业集聚为特征的特色产业集群。按照特色鲜明、上下游企业配套完整的发展方向，集中要素资源，加大扶持力度，2013 年重点规划和支持 30 个特色产业集群，2014 年达到 50 个特色产业集群。二是以新型工业化示范基地为抓手，制定评价体系，健全激励机制，每年力争培育 10 个左右省级新型工业化示范基地、争创 2 个国家级基地，不断提升集群发展水平。三是打造全球重要的智能手机终端生产基地。以郑州航空港经济综合实验区为中心，建设全球智能手机研发制造基地，培育形成郑州航空港经济综合实验区和信阳、漯河、鹤壁等地“一区多点”智能手机产业发展格局。重点抓好 30 个亿元以上的在建项目，新引进 20 个亿元以上的潜在项目，打造全球重要的智能手机终端生产基地和全国重要的电子信息产业基地。

（四）人力资源保障工程

一是实施人才素质提升计划。将中小企业经营者和员工培训纳入省人力资源培训规划。组织实施中小企业领军人才培训计划，每年组织 100 名中小微企业家到国内著名院校学习深造；组织实施中小企业银河培训计划，每年培训中小企业经营管理骨干人才 1 万人次以上；组织开展“百校千企”对接活动，每年培养急需紧缺技师和高级技师1万人；组织实施企业在职职工培训计划、农村劳动力技能就业计划、“阳光工程”“雨露计划”，每年完成各类职业技能培训300万人次以上；组织实施高校毕业生创业培训计划，每年培训3000人次以上。省财政对中小企业人才素质提升给予适当培训补贴，用于中小企业经营管理人才、技术人才、新入职和即将入职的职业院校毕业生培训。二是加强企业用工服务。建立全省产业集聚区就业信息服务平台，依托产业集聚区综合服务中心设立人力资源和社会保障服务平台，开设人力资源和社会保障服务窗口，为企业提供技能培训、用工推荐、代理招聘、社会保险等方面“一站式”服务；支持校企合作共建，依法减免实习实训基地和工厂的相关税费。继续做好用工对接工作，每年联合开展120场分行业、分区域的双选会；组织开展我省中小企业网上百日招聘高校毕业生活动，为中小企业提供用工服务。三是加强全民技能振兴工程项目建设。在2012年省全民技能振兴工程项目建设的基础上，继续重点支持建设一批农村劳动力转移就业技能培训示范基地、高技能人才培养示范基地、技能大师工作室、公共实训鉴定基地、省级创业带动就业孵化基地、示范性公共就业训练中心、技工院校和职业院校师资培养培训示范基地，进一步完善职业培训网络，满足中小企业对劳动者技能培训的需要。

（五）金融服务工程

一是加强银企对接。推动银行业金融机构建立中小企业金融服务体系，增设中小企业专营部门，研究制定中小企业贷款投放考核、贷款差异化监管等措施。推动各级政府尽快出台小微企业贷款风险补偿政策，确保小微企业贷款增速高于当年贷款平均增速。建立政、银、企三方协调联动机制，分领域、分行业持续开展银企对接活动。继续组织开展以支持重点企业和项目、小微企业和“三农”为核心的“双百双千”活动；深入实施千家“小巨人”企业融资培育计划，探索建立梯度培育、层次发展机制，支持中小企业扩大融资规模、优化融资结构；探索建立小企业违约惩戒机制，打造诚信发展环境；加强对中小企业金融服务的组织和协调，推动建设省级银企对接电子网络平台和融资需求项目库，实现中小企业融资信息实时发布和对接；充分发挥中国中小企业河南网网络融资平台作用。二是拓宽融资渠道。加强企业上市辅导，加快中小企业上市步伐，支持企业在资本市场通过发行股票、债券等方式进行直接融资。支持符合条件的中小企业在银行间市场发行集合票据、集合债券等直接债务融资工具，对中型企业在银行间市场发行集合票据、集合债券等直接债务融资工具的，由省财政按照不超过实际发行金额的0.1%给予发行费补贴，每户企业累计补助不超过50万元；对小微企业发行集合票据、集合债券等直接债务融资工具的，由当地政府按发行额的0.5%给予发行费补贴。三是发展新型融资机构。积极发展村镇银行、贷款公司、融资性担保机构等融资机构，在国家政策允许范围内，积极引导民间资本投入民营经济发展。积极稳妥地推进小额贷款公司试点工作，符合村镇银行准入条件、改制工作程序、监督管理、法人治理、经营管理及支农服务等要求的小额贷款公司可以按规定改制为村镇银行。积极推进以政策性担保机构为主体的省、市、县三级融资性担保体系建设，支持民营融资性担保机构为民营企业、中小企业提供融资担保服务。

（六）市场开拓工程

一是加强政府采购。编制《政府采购和重点项目建设优先使用省内产品目录》，对纳入目录的产品，同质同价情况下优先采购，优先邀请本省企业参加非公开招标采购活动。落实中小企业采购政策，预留年度政府采购项目预算30%以上的份额给中小企业，并向本省中小企业倾斜，在政府采购评审中对小微企业产品可视不同行业情况给予6%～10%的价格扣除；推动省内产品列入国家节能产品政府采购清单和环境标志产品政府采购清单，同等条件下优先采购本省产品。二是推进电子商务建设。推进郑州市国家电子商务示范城市、郑东新区电子商务示范基地和国家跨境贸易电子商务服务试点建设，推动各地建设中小企业网商园。启动实施“十百千”（十家电子商务平台、百家网上商城、千家工业企业）系列电子商务行动计划，加快培育网络消费市场。深入实施“翔计划”，每年帮助1万家中小企业建设电子商务营销网络。三是支持企业开拓国内外市场。积极组织中小企业参加国内外大型展览展销、投资洽谈、网上展销会等经贸活动。对参加国家级的中国中小企业国际博览会、华东交易会、东盟博览会、亚欧博览会的小微企业给予展位费补助；对参加境外国际性展览会的，给予符合条件的中小企业摊位费、人员费不超过项目支持内容实际70%的补助。省财政对小微企业出口信用保险保费给予全额补贴。

（七）公共服务体系建设工程

一是推进公共服务平台建设。启动第一批中小企业公共服务平台建设工作，到2014年年底，完成省平台、28个综合窗口平台和30个产业窗口平台的建设任务。每年认定30个省级中小企业公共服务平台、20个小企业创业基地，争创6个国家中小企业公共服务示范平台。二是加强新型工业化示范基地服务平台建设。按照国家建设新型工业化示范基地服务平台的要求，以新型工业化示范基地为支撑，每年创建1个国家级平台、2—3个省级平台。三是建立完善民营经济、中小企业监测、运行服务体系。把民营经济、中小企业纳入省经济发展统计监测体系，进一步加强对民营经济、中小企业的调查统计和监测分析工作，在全省布局设立2000个企业重点监测直报点，建立完善反映民营经济、中小企业发展情况的分类统计体系、监测分析指标体系、定期发布制度、市场监测制度、风险防范和预警机制，为政府决策提供依据，为民营经济、中小企业发展提供服务。四是建立完善民营企业、中小企业社会服务体系。充分发挥工商联、行业商会等组织提供服务、反映诉求、规范行为的作用；探索一业多会，引入竞争机制，扶持和培育一批服务专业化、发展规模化、运行规范化的中介组织；加强中介组织人才队伍建设，提高中介组织工作者的职业化、专业化水平。

（八）创新能力提升工程

一是推动企业创新发展。认真落实科技创新和研发费用加计扣除政策。对新获批的国家级研发中心，省财政给予财政补贴。对认定的符合条件的高新技术企业，减按15%的税率征收企业所得税。加强质量品牌建设，每年培育省长质量奖获奖企业10家、河南省名牌产品200个，新增一批中国驰名商标、河南省著名商标和国家地理标志产品。二是加快科技成果转化。鼓励中小企业与高校、科研院所加强产学研合作，重点建设60个研发中心、重点实验室等研发创新平台。探索组建“联合开发、优势互补、利益共享”的产业技术创新战略联盟。充分发挥国家科技型中小企业技术创新基金和省科技型中小企业技术创新资金引导作用，促进科技成果转化。三是加大科技企业孵化器建设力度，为科技型企业成长壮大提供载体。继续开展省级科技企业孵化器认定工作，每年认定3～5家省级科技企业孵化器、推荐1～2家国家级科技企业孵化器。鼓励各种类型孵化器全面发展，引导有关省辖市、行业建设综合和专业孵化器，逐步在全省形成网络化布局。引导孵化器拓宽服务范围，创新服务方式，提升服务质量，鼓励其提供技术指导、项目对接、产权交易、信息共享等多种服务。

（九）优化发展环境工程

一是放宽市场准入。贯彻非禁即入政策，放宽对经营场所和出资方式的限制。二是完善配套政策。省有关部门要认真落实国家、省出台的促进民营经济、中小企业发展的优惠政策，并认真研究制定实施细则。三是减轻企业负担。严格落实中央和省已取消的涉企行政事业性收费项目和减免政策，清理取消一批省级设立的涉企行政事业性收费项目。公布河南省政府性基金、行政事业性收费项目目录，明确征收标准和范围，降低收费标准。对涉及小微企业的行政事业性收费和强制准入的经营服务性收费一律按下限标准收取。严格执行收费公示制度，加大督导检查力度，严明纪律，禁止变相收费和隐性收费，严肃查处乱收费、乱罚款及各种摊派行为，着力优化中小企业发展环境。四是强化企业服务。建立企业服务长效机制，做好“三项对接”（产销对接、银企对接、用工对接）工作，着力拓市场、破瓶颈、解难题。完善三级重点企业服务机制、政企沟通机制、企业权益保护和问题受理机制。认真落实领导分包、“首席服务员”、现场办公、审批服务“绿色”通道等制度、措施，及时解决中小企业反映的问题。提高行政审批服务效能，切实简化报批、审批手续，继续加强对行政执法工作的监督检查，确保涉企行政处罚、行政许可、行政检查等行为依法进行。开展集中整治企业和重点项目周边治安环境专项行动，确保中小企业正常生产秩序。省有关部门在涉企资金安排时，对民营企业、中小企业与其他企业要平等对待。强化民营企业、中小企业资金、用地、人才及煤、电、油、气、运等生产要素保障，全面引导、扶持中小企业发展。对纳入“百千万”成长工程实施范围的企业，优先推荐申报国家、省支持项目，享受有关扶持政策。

四、保障措施

（一）加强组织领导

一是建立健全组织协调机制，充分发挥省促进中小企业发展工作领导小组等综合协调机构的作用，统筹推进行动计划实施。二是建立考核制度。把促进民营经济、中小企业发展纳入各级政府、各部门考核范围，作为对各级政府、各有关部门年度考核的重要内容，制定考核办法，加强监督检查和绩效考核。

（二）明确部门分工

省有关部门要结合分工方案（见附件），细化工作任务，制定实施意见。同时，要加强协调配合，共同推进，及时解决行动计划实施过程中的重大问题，确保行动计划顺利实施。

（三）加强财政扶持

设立省中小企业发展专项资金并建立稳定增长机制，主要用于促进中小企业特别是小微企业发展的政策支持、条件改善和环境优化。县级以上政府要在本级财政预算中安排中小企业发展专项资金。

（四）加强宣传引导

加大政策宣传力度，深入基层、企业和产业集聚区送政策、送服务，让广大民营企业、中小企业了解政策、掌握政策、用足用好各项政策。加强舆论引导，树立创业典型，对为当地经济社会发展做出突出贡献的民营企业、中小企业进行表彰奖励，努力营造全民创业、创业有功的良好氛围。

2013年5月23日

附件

河南省促进民营企业（中小企业）健康发展行动计划（2013～2014年）

部门分工方案

序号	牵头单位	配合单位	责任分工
1	省工业和信息化厅	省发展改革委、科技厅、财政厅、农业厅、工商局、统计局	1. 推动百家企业升级（省工业和信息化厅、发展改革委）； 2. 推动千家企业进规（省工业和信息化厅、科技厅、财政厅、农业厅、统计局）； 3. 推动万家企业创办（省工业和信息化厅、工商局）。
2	省工业和信息化厅	省发展改革委、财政厅、农业厅、通信管理局	1. 每年安排100个特色中小企业专项资金项目（省财政厅）； 2. 每年安排150个农业产业化资金项目（省农业厅）； 3. 加快淘汰落后产能（省工业和信息化厅、财政厅）；
3	省工业和信息化厅、通信管理局。	省工业和信息化厅 省财政厅、商务厅	1. 建设80个特色产业集群（省工业和信息化厅、财政厅）； 2. 每年培育10个左右省级新型工业化示范基地、争创2个国家级基地（省工业和信息化厅）； 3. 建设全球智能手机终端研发制造基地（省工业和信息化厅、财政厅、商务厅）。
4	省人力资源社会保障厅	省发展改革委、教育厅、工业和信息化厅、财政厅	1. 将中小企业经营者和员工培训纳入省人力资源培训整体规划（省人力资源社会保障厅）； 2. 组织实施“中小企业领军人才培训计划”，每年组织100名中小微企业家到国内著名院校学习深造；组织实施“中小企业银河培训计划”，每年培训中小企业经营管理骨干人才1万人次以上（省工业和信息化厅）； 3. 组织开展“百校千企”对接活动，每年培养急需紧缺技师和高级技师1万人（省人力资源社会保障厅、教育厅）； 4. 组织实施“企业在职职工培训计划”“农村劳动力技能就业计划”“阳光工程”“雨露计划”，每年完成各类职业技能培训300万人次以上（省人力资源社会保障厅）； 5. 对高校毕业生实施创业培训计划，每年培训3000人次以上（省教育厅）； 6. 省财政对中小企业人才素质提升方面给予适当培训补贴，用于中小企业经营管理、技术人才、新入职和即将入职的职业院校毕业生的培训（省财政厅）； 7. 依托产业集聚区综合服务中心设立人力资源和社会保障服务平台（省发展改革委、人力资源社会保障厅、财政厅）； 8. 组织开展我省中小企业网上百日招聘高校毕业生活动（省工业和信息化厅、教育厅）； 9. 加强全民技能振兴工程项目建设（省人力资源社会保障厅）。
5	省政府金融办	省工业和信息化厅、人行郑州中心支行、河南银监局、证监局	1. 推动银行业金融机构建立中小企业金融服务体系，增设中小企业专营部门，分领域、分行业持续开展银企对接活动（省政府金融办、人行郑州中心支行、河南银监局）； 2. 加强企业上市辅导，支持企业在资本市场通过发行股票、债券等方式进行直接融资（省政府金融办、河南证监局）； 3. 积极发展村镇银行、贷款公司、融资性担保机构等融资机构（河南银监局、省工业和信息化厅）。
6	省商务厅	省财政厅、工业和信息化厅	1. 落实中小企业采购政策，预留年度政府采购项目预算30%以上的份额给中小企业（省财政厅、工业和信息化厅）； 2. 推进郑州市国家电子商务示范城市、郑东新区电子商务示范基地和国家跨境贸易电子商务服务试点建设，推动各地建设中小企业网商园。启动实施“十百千”（十家电子商务平台、百家网上商城、千家工业企业）系列电子商务行动计划（省工业和信息化厅、商务厅）； 3. 深入实施“翔计划”，每年帮助1万家中小企业建设电子商务营销网络（省工业和信息化厅）； 4. 积极组织中小企业参加国内外大型展览展销、投资洽谈、网上展销会等经贸活动（省商务厅、工业和信息化厅、财政厅）。
7	省工业和信息化厅	省统计局、交通运输厅、住房城乡建设厅、农业厅	1. 建设小企业创业基地和中小企业公共服务平台（省工业和信息化厅）； 2. 每年创建1个国家级新型工业化示范基地服务平台、2～3个省级平台（省工业和信息化厅）； 4. 建立完善民营经济、中小企业监测、运行服务体系（省统计局、工业和信息化厅、交通运输厅、住房城乡建设厅、农业厅）。

续表

序号	牵头单位	配合单位	责任分工
8	省科技厅	省质监局、工商局、财政厅、国税局、地税局	1. 对新获批的国家级研发中心，省财政给予财政补贴（省财政厅）； 2. 对认定的符合条件的高新技术企业，减按15%的税率征收企业所得税（省国税局、地税局）； 3. 每年培育省长质量奖获奖企业10家、河南省名牌产品200个（省质监局）； 4. 新增一批中国驰名商标、河南省著名商标和国家地理标志产品（省工商局）； 5. 重点建设研发中心、重点实验室等60个研发创新平台（省科技厅）； 6. 每年认定3～5家省级科技企业孵化器、推荐1～2家国家级科技企业孵化器（省科技厅）。
9	省监察厅	省财政厅、工业和信息化厅、发展改革委、工商局、省政府督查室等	1. 放宽市场准入，贯彻非禁即入政策（省工商局）； 2. 落实减负政策，清理取消一批省级设立的涉企行政事业性收费项目（省发展改革委、财政厅、工业和信息化厅）； 3. 严格执行收费公示制度，加大督导检查力度，严明纪律，禁止变相收费和隐性收费，严肃查处乱收费、乱罚款及各种摊派行为，着力优化中小企业发展环境（省监察厅、省政府督查室）。 4. 强化企业服务，优化发展环境（省企业服务活动联席会议成员单位）。

湖南省经信委 湖南省财政厅 湖南省国土资源厅 湖南省住建厅 湖南省地税局 湖南省工商局 关于大力推进中小企业创业基地建设的意见

各市州经（工）信委、财政局、国土局、住房和城乡建设局（建委、规划建设局）、规划局、房地产局、地税局、工商局：

为深入贯彻落实财政部、工信部、工商总局《关于大力支持小型微型企业创业兴业的实施意见》（工信部联企业［2012］347号）和湖南省人民政府《关于进一步支持中小微企业发展的实施意见》（湘政发〔2012〕18号）精神，大力推进中小企业创业基地建设，经研究，特提出以下意见。

一、充分认识推进中小企业创业基地建设的重要性

中小企业创业基地，是为创业项目、初创企业提供研发、生产、经营场所、公共设施与配套服务、孵化与培育企业的平台载体。推进中小企业创业基地建设，是降低创业门槛、减少创业风险、催生企业主体的有效途径，是促进中小微型企业加快科技成果转化、集约利用资源、集聚转型发展的重要举措，对于推动全民创业、扩大就业、加快区域产业培育和经济发展、构建和谐社会具有十分重要的现实意义。

二、明确指导思想、目标任务和基本原则

（一）指导思想

以科学发展观为指导，从本地产业发展、城镇和经济园区建设等实际出发，按照建设资源节约型、环境友好型社会的要求，大力加强中小企业创业基地建设，为中小微企业的创立和发展提供低门槛、低成本、一站式服务的创业平台，加快全民创业进程，加快中小微型企业发展。

（二）目标任务

力争通过五年努力，全省每个有条件的市、县依托工业园区等中小企业集聚区至少建立一个规模较大、设施配套、功能齐全、服务完善的创业基地，全省中小企业创业基地总数达到150个以上，在孵企业达到5000户、就业人数达到20万人以上。

（三）基本原则

1. 政府引导，市场化运作。各级政府通过统筹规划和土地供应、规费减免、税收分成、财政投入等加强对中小企业创业基地建设的引导，吸引各类机构和民间资本投入，建立市场化的运营机制，使创业基地的政策性、公益性、公共性目标与有偿性、效率性要求有机结合，实现可持续发展。

2. 依托园区，整合资源。以工业园区、经济技术开发区、高新技术经济区、工业集中区、产业转移园区为依托，充分利用各类闲置场地、厂房、楼宇，提高基础设施、生活配套场所、公共服务平台的共享水平，集约利用资源，降低建设和运营成本，提高投资效益。鼓励建设多层标准厂房，节约利用土地。

3. 明确定位，专业发展。根据当地科技、产业、人才、资源等基础条件，确定一至二个产业作为孵化、培育企业的方向、重点，合理界定创业基地与园区的功能、产业配套、协作关系，建设专业化、特色化的创业基地。

三、加强创业基地服务能力建设

（一）科学制定建设规划

结合本地土地利用、城镇、园区和产业发展等总体规划，科学规划创业基地建设，确保创业基地建设布局合理、定位明确、功能齐全、资源节约、环境友好。

（二）搞好创业基地设施建设

多渠道筹措建设资金，按规划建设好孵化厂房和水、电、气、路、通信、环保及办公、会议、生活等基础、配套设施，提供良好的创业硬件保障。

（三）精选创业项目

根据功能定位、专业发展的要求，选择科技含量高、产业链配套、节能环保、成长性强的创业项目入驻创业基地，努力提高创业基地企业入驻率、孵化率和孵化产业层次。

（四）完善创业服务

建立专业的运营管理机构和服务队伍，加强员工业务培训和绩效考核，提高自身服务能力、服务质量。通过引进、联合、共建等多种方式，构建信息、咨询、辅导、培训、法律、融资担保、技术支持、市场开拓等公共服务平台，不断改善创业服务，提高创业成功率。

四、开展省级中小企业创业基地的认定和管理

（一）省级中小企业创业基地的标准与条件

1. 基地规划布局合理、建设方案切实可行。

2. 培育、孵化企业用厂房面积3万平方米以上，基础、生活等配套设施齐全。

3. 成立了具有独立法人资格的运营机构，有5人以上专职服务人员，且大专以上学历和具有专业技术职称的服务人员比例在60%以上，服务规范。

4. 引进或与专业服务机构建立了紧密合作关系，能较好地满足信息、咨询、辅导、培训、融资、技术、市场开拓等创业服务需求。

5. 入驻项目筛选严格，入驻企业不少于20家，从业人员不少于300人，创业成功率不低于70%，每年毕业企业不少于在孵企业的10%。

6. 当地政府、有关部门落实国家、省扶持创业基地及基地企业的政策情况良好。

7. 老、少、边穷地区可根据实际情况适当放宽标准。

（二）省级中小企业创业基地申报资料

1. 湖南省中小企业创业基地情况表（附件1）。

2. 申请报告，包括运营单位基本情况及服务开展情况、创业基地建设与发展主要成效。

3. 创业基地规划布局图和建设方案（复印件）。

4. 创业基地运营单位法人执照（复印件）。

5. 创业基地运营单位上年度财务报表。

6. 创业基地入驻企业基本情况表（附件2）。

7. 申报资料真实性声明。

（三）省级创业基地的认定程序

1. 符合条件的创业基地向所在地经信委（局）申报，所在地经信委（局）审查并签署意见后报市州经（工）信委，市州经（工）信委审定合格后以正式文件向省经信委申报。

2. 省经信委对市州申报的创业基地进行现场考查、评估，对符合条件的省级创业基地名单在省中小企业网向社会公示七天。

3. 省经信委对公示无异议的创业基地下发认定文件，并对认定的省级创业基地授予《湖南省中小企业创业基地》标牌。

（四）省级创业基地应于每年的7月10日和次年的1月10日前通过省中小企业网的省级创业基地管理系统报送创业基地半年和全年信息

省经信委对省级创业基地实行动态管理，对运营管理不善的，取消其省级创业基地认定，收回授予的《湖南省中小企业创业基地》标牌。

五、加大对创业基地的政策扶持

（一）保障用地

创业基地应符合土地利用总体规划。各级人民政府应优先将创业基地建设用地纳入土地利用计划。对符合土地划拨目录的采取划拨方式供给土地；不能采取划拨方式的国家、省级创业基地，按同等别工业用地最低价优惠30%供地。

（二）税费减免

新建中小企业创业基地报建费按综合费率不超过40元/平方米征收；利用闲置场所改造建设创业基地，免征各项报建费。创业基地缴纳房产税、土地使用税确有困难的，可向主管税务机关申请减免，由县以上地方税务机关按照税收减免管理权限审批。

（三）资金支持

每年从省级中小企业发展专项资金中切块并优先申报国家中小企业发展专项资金支持创业基地建设项目，对创业基地降低或减免小型微型企业租金给予补贴。市、县财政应安排资金支持创业基地建设。

2013年7月3日

中共广西壮族自治区委员会 广西壮族自治区人民政府关于进一步优化环境促进非公有制经济跨越发展的若干意见

（2013年12月6日）

非公有制经济是社会主义市场经济的重要组成部分。我区非公有制经济不断发展壮大，已成为经济社会发展的重要基础和力量，必须毫不动摇鼓励、支持、引导非公有制经济发展，充分激发非公有制

经济的活力和创造力。根据党的十八届三中全会精神，现就进一步优化环境促进我区非公有制经济跨越发展提出以下意见。

一、进一步明确非公有制经济发展的主要目标

1. 到2017年，非公有制资本投资规模年均增长30%以上；全区规模以上非公有制工业企业增加值达7000亿元以上，年均增长17.5%以上；非公有制工业增加值占全区GDP比重达到30%以上。到2017年，培育年主营业务收入超50亿元非公有制企业40家以上，年主营业务收入超100亿元非公有制企业20家以上，年主营业务收入超300亿元非公有制企业3家以上，年主营业务收入超500亿元非公有制企业2家以上；在国内同行业中主营业务收入名列前三名的非公有制企业10家以上。非公有制经济规模不断扩大，结构不断优化，产业水平不断提高。

二、进一步清除市场准入障碍

2. 切实放宽准入范围。进一步贯彻落实《国务院关于鼓励支持和引导个体私营等非公有制经济发展的若干意见》（国发〔2005〕3号）、《国务院关于鼓励和引导民间投资健康发展的若干意见》（国发〔2010〕13号）以及《广西壮族自治区人民政府关于印发进一步促进民营经济发展的若干措施的通知》（桂政发〔2010〕76号）等有关促进非公有制经济发展的各项政策措施；除国家法律法规明确禁止准入的行业和领域外，一律对非公有制资本开放，不得单独设置附加条件。

3. 鼓励支持引导非公有资本参与发展混合所有制经济。非公有资本可以参与国有资本、集体资本交叉持股、相互融合；国有资本投资项目允许非国有资本参股；允许非公有资本参与混合所有制经济实行企业员工持股；鼓励非公有制企业参与国有企业改革改制，扶持帮助进入资本市场融资，鼓励发展非公有资本控股的混合所有制企业，鼓励有条件的非公有制企业建立现代企业制度。

4. 改革优化审批准入程序。除关系国家安全和生态安全、涉及重大生产力布局、战略性资源开发和重大公共利益等项目外，政府不再审批；在项目核准备案、占用征收林地审核审批、环境影响评价、水资源论证、水土保持方案、地质灾害危险性评估等方面，简化审批手续；进一步落实国家关于推进公司注册资本登记制度改革措施，放宽注册资本登记条件，企业年检制度改为年度报告制度，放宽市场主体住所登记条件，大力推进企业诚信制度建设，推进注册资本由实缴登记制改为认缴登记制，降低开办公司成本，切实推进工商注册制度便利化。

三、进一步疏通拓宽投融资渠道

5. 持续加大信贷支持。加强对非公有制企业与银行业金融机构的项目对接指导，建立政银企交流合作机制，引导和鼓励银行业金融机构，特别是农村信用合作社、城市商业银行等地方金融机构加大对非公有制经济贷款的支持力度，切实提高对非公有制经济贷款的规模和比重，开发适应非公有制企业融资需求特点的金融产品，实施分类帮扶；银行业金融机构应通过供应链融资、知识产权抵押融资、应收账款质押融资、融资租赁等服务方式为非公有制企业提供多样化的信贷支持；鼓励金融机构扩大土地承包经营权、农房、大型农用生产设备、林权、水域滩涂使用权等抵押贷款，应收账款、仓单、存单、股权、知识产权等权利质押贷款。发展信用户联保体和信用户共同体，对其信用户发放信用贷款；禁止银行业金融机构在发放贷款时附加不合理的贷款条件和各种不合理收费。

6. 强化担保服务。充分发挥自治区中小企业贷款担保风险补偿基金的引导和杠杆作用，对国家、自治区鼓励发展产业的非公有制企业提供银行贷款担保的机构给予风险补偿，提高机构对非公有制企业的担保能力，担保机构对有产品、有信用、有发展前景的非公有制企业要适当降低担保收费标准，不得强制搭售其他产品；银行业金融机构要积极探索运用符合非公有制经济特点的抵押担保方式，拓宽抵押范围，积极探索开展多种形式的贷款抵押方式。

7. 完善金融服务体系。鼓励国有商业银行增设为非公业户服务的专营机构、特色支行、特色柜台；推动股份制银行在非公有制经济相对活跃、金融需求旺盛的地区增设机构网点；支持鼓励地方性银行机构加快在县域设立分支机构；支持农村信用社完善网点；在加强监管前提下，允许具备条件的非公有资本依法发起设立中小型银行等金融机构；鼓励证券机构结合非公有制经济特点，提供资产证券化等金融工具，支持非公有制企业境内外上市、新三板和区域性股权交易市场挂牌，扩大直接融资规模；支持保险机构为非公有制企业提供农业、进出口信用、科技、国内贸易、贷款保险保证等创新保险产品。

8. 加强诚信体系建设。整合金融、税务、海关、工商、质监、环保、食品药品安全等信息资源力量，注重引入行业协会等社会力量开展第三方评估，打造非公有制企业诚信体系，建立健全失信主体惩戒机制，促进诚信经营，为企业融资奠定信用基础。

四、进一步鼓励非公有制企业自主创新

9. 加大技术指导和资金支持。将符合产业政策、产业关联度大、市场前景好的非公有制企业技术改造项目纳入全区重点技术改造或重大科技攻关工程项目，给予技术指导和资金支持；支持非公有制企业参

与重大科技计划项目和技术攻关，帮助有条件的非公有制企业建立工程技术研究中心、企业技术中心、研发中心，提高企业技术水平和研发能力。

10. 支持增加研发投入。开展创新型企业建设工作，鼓励非公有制企业创建国家级和自治区级创新型企业；对非公有制企业拥有自主知识产权和核心技术可迅速做大或带动产业发展的产品或项目予以扶持，加快科技成果转化；对非公有制企业研发机构在承担国家科技任务、人才引进等方面与公办研发机构实行同等的支持政策；引导非公有制企业加大技术改造投入，将符合产业政策、方向的非公有制企业技术改造项目纳入重点技术改造项目，给予贷款贴息扶持。

11. 扶持内部创新。实施非公有制强优企业培育计划，集中优势资源培育一批具有发展潜力的非公有制强优企业；支持科技创新、管理创新、产品创新和商业模式创新，增强核心竞争力，引导和鼓励非公有制企业树立质量品牌意识，积极注册商标和争创自治区著名商标、中国驰名商标。鼓励和支持非公有制企业在境外注册商标和申报知识产权。

12. 扶持非公有制企业合作发展。进一步完善和落实小微型企业支持扶持政策，推动非公有制企业发展壮大；推动自治区非公有制企业加强与国内外企业合作，开拓市场，共同发展，做大做强。

五、进一步健全财政税收土地政策体系

13. 继续加大财政扶持力度。提高财政资金的使用效率，充分发挥其引导拉动作用。自治区工业和信息化发展、战略性新兴产业发展、北部湾经济区重大产业发展、中小企业发展、科技研发和创新等专项资金，要对非公有制经济发展给予倾斜支持，逐年提高对非公有制经济的扶持比重。各市、县（市、区）政府用于扶持非公有制经济的资金也要在现有基础上逐年增加规模，不断加大扶持力度。通过贷款贴息、“以奖代补”、股权投资等方式，支持非公有制经济产业重点项目建设、产业升级、节能减排、技术研发及产业化、市场开拓、信用担保、规划编制、人才队伍建设等。

14. 积极促进创业投资产业发展。按照自治区有关政策规定，继续安排专项资金注入自治区政府创业投资引导基金，主要通过参股方式，扶持创业投资企业发展，重点引导创业投资企业投向符合自治区产业政策的处于种子期、初创期的科技型、创新型中小微型企业。

15. 加大企业税收优惠支持。从 2013 年 1 月 1 日至 2017 年 12 月 31 日止，对新办的以国家鼓励类产业项目为主营业务的非公有制企业，自取得第一笔主营业务收入所属纳税年度起，给予 5 年免征地方分享部分的企业所得税优惠；从 2013 年 1 月 1 日起新办并经认定为高新技术的非公有制企业，减按 15 %税率征收企业所得税后，自认定（复核）批准的有效期当年起 3 年内，予以免征企业所得税地方分享部分；自 2013 年 8 月 1 日起，对增值税小规模纳税人中月销售额不超过 2 万元的企业或非企业性单位，暂免征收增值税；对营业税纳税人中月营业额不超过 2 万元的企业或非企业性单位，暂免征收营业税。

16. 加大城镇土地使用税、房产税支持力度。非公有制企业经批准开山填海整治的土地和改造的废弃土地，从使用的月份起免征城镇土地使用税 5 年，第 6 年至第 10 年减半征收；对国家拨付事业经费和企业办的各类学校、托儿所、幼儿园自用的房产、土地，免征房产税、城镇土地使用税；落实民办学校法人财产权，减免资产过户费用和服务性收费。

17. 加大用地支持力度。非公有制企业投资符合国家产业发展方向、技术含量高、产业带动性强的项目和投资 1 亿元人民币以上、每亩投资强度 500 万元人民币以上的项目，优先统筹安排新增建设用地指标。非公有制企业投资现代农业示范基地、生态经济林示范基地、养生农业种植基地等重大农业产业化项目在符合土地利用总体规划，不改变原土地现状和用途情况下，鼓励采取向农村集体经济组织租赁、入股方式使用土地；属于特别重大产业项目并且确需征收集体土地的，经报自治区人民政府批准同意，其用地可采取“只征不转”的方式办理用地审批手续。非公有制企业投资的使用国有未利用地，且前期开发由土地使用者自行完成的工业项目用地，其工业用地出让金最低标准可区别情况按《全国工业用地出让最低价标准》的 15% ~50% 执行。

18. 优化支持供地方式。非公有制企业参与城市基础设施、公益性科技和非营利性教育、文化、卫生、社会福利、体育等社会公益事业建设，其项目用地符合《划拨土地目录》的，可采取划拨方式供应；对属于依法应当有偿使用的土地，除房地产用地开发外，可以采取租赁方式供应；实行用地办理“绿色通道”制度，对非公有制企业投资的重大项目用地，及时受理，及时审查，特事特办。对急于用地建设的基础设施项目，国土资源部门主动协助项目业主办理控制性单体工程审核审批和先行用地手续，确保项目用地及时落实。

六、进一步优化非公制经济发展软环境

19. 支持非公有制经济集聚吸引人才。认真落实各类人才进入非公有制企业的教育培训、就业创业、社会保险等政策，完善教育、培训、就业、社会保障等支持政策，继续执行关于在自治区重点工业园区内降低企业缴费费率的政策；鼓励支持非公有制企业引进区外优秀人才，建立院士工作站、博士后科研工作站；加强非公有制企业家队伍建设，定期组织非公有制企业经营管理人员和创业者开展管理提升培训；非公有制企业的职称申报及评定与公有制企业享有同等待遇，将非公有制企业的各类人才纳入享受政府特殊津贴人员、自治区学术技术带头人及后备人选等优秀人才选拔培养范围。

20. 完善非公有制经济产权保护制度。非公有

制经济财产权不可侵犯；全面清理和整顿涉及非公有制企业的收费，严格规范执收行为，除法律、法规和省级以上人民政府批准的行政事业性收费外，任何部门无权制定行政事业性收费项目，凡未按规定权限和程序批准的行政性收费项目和政府性基金项目，均一律取消；非公有制企业除依法缴纳税费和依法接受监管外，不再承担其他社会负担。严格查处乱收费、乱罚款、乱摊派等各种侵权行为，切实保护中小企业及其职工的合法权益。

21. 实行挂钩帮扶制度。建立各级领导、部门和干部与非公有制企业的联系帮扶制度，对非公有制领军企业、骨干企业和成长型企业实行挂钩服务；对经营困难企业一、弱势企业实行挂钩帮扶，帮助企业解决不同发展阶段的具体问题，促进企业进一步发展壮大。

22. 建立维权举报制度。由各级监察机关设置的12388举报电话负责非公有制企业对纪检监察对象违法行为的举报。要及时接听答复企业诉求，对查实的违纪违法案件，依法惩处；实行非公有制企业评价部门单位服务质量制度，把各职能部门为非公有制企业服务的效率和质量作为评价的重要内容。对于违规检查行为，相关部门予以通报批评。

23. 加强对非公有制经济的统计监测工作。统计部门要建立健全系统科学的非公有制经济统计体系，准确反映非公有制经济的运行情况；投资主管部门、行业管理部门及行业协会要切实做好非公有制经济的监测和分析，及时把握非公有制经济动态。

24. 加强服务机构建设，强化督促考核。引导和支持各类中介服务机构，开展信息、培训、技术、创业、投融资、质量检验、企业管理咨询等服务；调整充实或组建自治区、市、县（区）三级非公有制经济工作领导小组及其办公室，切实保障机构、人员和经费，明确各成员单位工作职责，强化服务非公有制经济发展职能；每年对地级市和自治区相关部门支持服务非公有制经济发展进行工作考核，并将考核结果纳入领导干部业绩评价。

25. 营造良好氛围。加强对非公有制经济发展相关法律、政策的宣传和解读力度，提供“一站式”服务，开辟“绿色通道”，及时客观公正宣传非公有制经济发展的积极作用；宣传非公有制企业的先进典型，总结介绍各地的好经验、好做法。

各级各部门要根据本意见，按照“定目标、定事项、定责任、定时间、定结果”的要求，制定实施细则并发布项目；需要配套政策的，要抓紧制定出台，确保政策落到实处。

2013年12月9日

海南省中小企业发展专项资金管理暂行办法

第一章 总 则

第一条 为了规范中小企业发展专项资金管理，充分发挥财政资金的杠杆放大效应，解决中小企业融资难问题，促进我省中小企业发展，根据《中华人民共和国预算法》《中华人民共和国中小企业促进法》《海南经济特区促进中小企业发展条例》和财政预算管理的有关规定，制定本办法。

第二条 本办法所称中型、小型、微型企业的划分标准，按照国家规定执行。

第三条 中小企业发展专项资金（以下简称专项资金）是根据《中华人民共和国中小企业促进法》设立，从海南省产业发展引导资金中安排，主要用于支持中小企业特别是小型微型企业融资、结构调整、转变发展方式、扩大就业，以及改善服务环境等方面的专项资金。

第四条 专项资金的管理和使用应当遵照国家有关法律、法规的规定，符合国家和我省宏观经济政策、产业政策和区域发展政策，遵循公开透明、定向使用、科学管理、注重效益的原则，确保资金使用规范、安全和高效。

第五条 专项资金由省工业和信息化厅、省财政厅共同管理。

省工业和信息化厅会同省财政厅确定资金的年度支持方向和支持重点，组织项目申报，对项目进行审核，确定拟支持的项目及专项资金安排，对项目实施情况进行监督检查。

省财政厅负责专项资金的预算管理和资金拨付，会同省工业和信息化厅上报和下达专项资金使用计划，并对资金的使用情况进行监督检查。

第二章 支持内容及方式

第六条 专项资金主要用于以下方面：

（一）支持中小企业特别是小型微型企业融资。重点支持中小企业通过担保向银行等金融机构取得贷款，鼓励担保机构增强业务能力，扩大中小企业担保业务，改善中小企业融资环境。

（二）促进中小企业特别是小型微型企业结构调整和优化。重点支持中小企业提升“专精特新”发展能力，加强与大企业协作配套，促进专业化、集聚化发展，稳定和扩大就业，发展国家重点培育的产业，提升经营管理水平等。

（三）改善中小企业特别是小型微型企业服务环境。重点支持中小企业信用担保体系、中小企业公共服务平台、小企业创业基地等建设，以及中小企业服务机构等提升服务能力和服务质量，加强和改善中小企业创业、创新、质量、管理咨询、信息服务、人才培养、市场开拓等服务。

第七条 专项资金主要采取贷款贴息、担保费率补助、购买服务或奖励等方式进行支持。

贷款贴息。包括固定资产、流动资金和技术改造等贷款贴息。

担保费率补助。对担保机构为中小企业提供低费率服务的，按融资担保业务的一定比例给予担保费率补助。

购买服务。对中小企业服务机构按照政府制定的服务计划为中小微企业提供的公共服务，以政府购买的方式给予一定比例补助。

奖励。对支持我省中小企业发展的金融机构、担保机构，按业务排名对其管理团队或业务团队给予一定额度奖励；对成长性好的中小企业管理团队，按其在行业内的纳税排名给予一定额度奖励；省政府确定的其他奖励。

第八条 贷款贴息的额度，按照项目贷款总额的一定比例给予贴息，每个项目贴息额度一般不超过100万元。具体的贷款贴息、担保费率补助比例以及对金融机构和担保机构的奖励额度，依照年度资金申报通知执行。成长性中小企业奖励，按省政府有关规定执行。

第九条 同一个项目已通过其他渠道获取省级财政资金支持的，专项资金不再重复支持。

第三章 资金的申请

第十条 申报专项资金的企业必须同时具备下列资格条件：

（一）在海南省内办理工商注册登记，具有独立的法人资格；

（二）财务管理制度健全；

（三）成立1年以上（含1年），且生产经营或业务开展情况良好；

（四）近3年没有因财政、税务及其他违法、违规行为受到县级以上财政部门及相关监管部门的处理处罚；

（五）申报项目符合专项资金年度支持重点；

（六）符合海南生态、环保要求；

（七）企业正常发放职工工资，按国家规定给职工缴纳各项社会保险；

（八）诚信经营，积极承担社会责任。

第十一条 申报专项资金的企业应同时提供下列材料：

（一）企业法人营业执照副本及章程（复印件）；

（二）项目申请说明；

（三）其他需提供的资料。

第四章 资金的申报、审核和审批

第十二条 省工业和信息化厅、省财政厅每年年初按照本办法规定，结合我省国民经济发展总体规划、产业发展规划以及中小微型企业发展需求等，联合起草和印发资金申报通知，明确当年资金的支持重点、支持方式、具体条件、申报程序等内容。

第十三条 市县中小企业管理部门和同级财政部门在本地范围内公开组织项目资金的申请工作，对申请企业的资格条件及相关资料进行初审，并出具书面意见后，将企业申报资料上报省工业和信息化厅和省财政厅。

第十四条 资金申报材料中涉及税务、金融等信息的，省工业和信息化厅会同同级税务部门、金融部门对资料进行审核。

第十五条 省工业和信息化厅根据需要组织相关专家，依据本办法第三章的规定和年度资金申报通知要求，对申请项目进行评审。

第十六条 省工业和信息化厅将评审确定的项目计划，在媒体上公示。公示期（不少于7个工作日）满后，经审核未发现不符合本办法第三章规定的，省工业和信息化厅会同省财政厅提出项目资金计划报省政府批准。

第五章 资金拨付

第十七条 根据省政府批准的项目资金计划，省财政厅会同省工业和信息化厅下达项目资金计划。

第十八条 项目资金计划下达后，省财政厅将资金拨付到企业所在地的市县财政部门。市县财政部门按照预算管理的有关规定，在10个工作日内将资金拨付至项目单位。

第十九条 市县拨付资金文件抄送省财政厅、省工业和信息化厅。

第二十条 用款企业要严格按照资金的性质和使用范围使用资金。

第六章 监督与管理

第二十一条 省财政厅和省工业和信息化厅对各市县专项资金组织申报、项目评审、资金使用和管理等工作进行不定期抽查。

第二十二条 获得资金支持的项目企业，须于每年1月底前向所在地的市县财政部门和中小企业管理部门报送上年度资金使用及项目建设情况。

第二十三条 各市县财政部门和中小企业主管部门按照省财政厅、省工业和信息化厅的要求，对本地区专项资金使用和项目实施情况进行绩效评价，并于每年3月底前将专项资金实施效果、存在问题及政策建议等报省财政厅、省工业和信息化厅。

第二十四条 资金必须专款专用，任何单位不得挤占、截留、挪用、骗取专项资金。凡违反规定的，视情节轻重由县级以上财政部门依照《财政违法行为处罚处分条例》（国务院令第427号）进行处罚；构成犯罪的，依法移送司法机关处理。

第二十五条 省财政每年从专项资金中安排1%－3%且不超过100万元作为资金管理工作经费，专项用于专项资金项目的评审、评估、审计、日常管理和监督评价工作等。

第七章 附 则

第二十六条 本办法由省工业和信息化厅会同省财政厅负责解释。

第二十七条 本办法自2014年1月1日起施行。省财政厅等部门2009年1月8日印发的《海南省中小企业发展专项资金管理暂行办法》（琼财企〔2009〕26号）同时废止。

海南省人民政府办公厅关于印发海南省企业登记制度改革十六条意见的通知

各市、县、自治县人民政府，省政府直属各单位：

《海南省企业登记制度改革十六条意见》已经省政府同意，现印发给你们，请认真贯彻执行。

海南省人民政府办公厅

2013年12月2日

为贯彻落实党的十八大、十八届三中全会精神和省委、省政府关于深化行政审批制度改革的决策部署，适应市场经济发展的新形势，进一步转变政府职能，为我省重点企业项目落地、中小微企业发展、农民增收和大学生就业等创造更好的发展环境，推动我省经济社会健康可持续发展，现提出如下意见。

一、实行“先照后证”。市场主体的主体资格与经营资格相分离，经营资格许可不再作为登记的前置条件，登记不再审查许可经营项目的许可证件。

营业执照可不载明经营范围，市场主体领取营业执照后，一般经营项目即可自主经营；许可经营项目必须向审批部门申请，取得许可证或者批准文件后方可凭许可证或者批准文件经营。

法律、法规规定经批准方能申请登记的企业，申请人应当在申请设立登记前办理相关批准手续，凭许可证或者批准文件办理企业登记。（《海南省企业登记保留前置行政许可审批事项目录》详见附件）

二、实行注册资本认缴登记制。实行公司注册资本认缴登记制，放宽出资比例、出资方式、出资期限和最低限额等事项的登记。

三、放宽企业名称核准条件。凡注册资本（金）100万元以上（含100万元）的企业名称可冠“海南”或“海南省”行政区划。企业名称中可将行政区划加括号放在字号之后、组织形式之前。

允许使用各类新兴行业用语作为行业表述；允许转型企业改制后名称中保留原字号、行业及组织形式；允许港、澳、台企业使用驰名、著名商号的英文字母作为字号。

除法律法规禁止或者与他人在先权利冲突之外的名称，均允许使用。

四、放宽住所的登记。只对市场主体的住所予以登记，不再对其经营场所进行登记，相关联的市场主体可以用同一地址登记为住所。

五、建立公司秘书制度。公司在设立登记时，应当明确公司秘书作为公司登记信息公示的责任人，负责企业与登记机关等政府部门和社会的联络。

六、放宽农民专业合作社的登记。支持从事农产品销售、加工、运输、贮藏，种植、养殖、捕捞业，农业生产资料购销、农家乐和家庭农场经营，以及与农业生产经营有关的技术、信息服务等的农业生产经营服务者申办农民专业合作社。

七、实行形式审查原则。登记机关对登记申请负形式审查义务，材料的真实性、合法性、有效性均由申请人负责。因工商登记争议引发市场主体内部、外部民事纠纷时，当事人应当依法通过民事救济途径解决其纠纷。

八、进一步下放企业登记权限。除外商投资企业外，省工商局登记企业的注册资本（金）原则上在5000万元以上（含5000万元）。游艇会所（俱乐部）、股权投资基金和股权投资基金管理企业等特殊类型的企业，由省工商局负责登记。

省工商局将原登记的1000万元以下注册资本（金）（含1000万元）的企业下放到企业住所地市县工商局登记管理。

对企业注册资本（金）在100万元以上（含100万元）并申请冠“海南”或“海南省”行政区划的名称预先核准业务，可由企业住所地市县工商局直接办理。

九、下放部分非公司市场主体登记权限。将各市县工商局对合伙企业、个人独资企业、农民专业合作社、港澳台个体工商户的登记权，授予住所地工商所。

十、企业年度检验制度改为企业年度报告制度。登记机关建立经营异常名录制度，对未按规定报告的企业载入经营异常名录。住所地工商所对企业年度报告情况进行监督管理。

十一、个体工商户验照改为备案制。备案材料的真实性、合法性由个体工商户开办者负责。

对符合条件、有规模、有实力的个体工商户，鼓励、支持其转型升级为企业。

十二、构建全省统一的市场主体信息公示平台。省工商局作为市场主体信息公示平台建设的牵头单位。工商行政管理部门通过平台公示市场主体的登记、备案、监管等信息；市场主体按照规定公示年度报告等信息。

十三、缩短办事时限。对申请材料齐全、符合法定形式的企业登记申请，应当受理，并自受理之日起3个工作日内办结；3个工作日内不能办结的，经登记机关负责人批准，可以延长2个工作日。名称预先核准、股权出质登记业务，自受理之日起1个工作日内办结。

十四、提供网上年报和网上登记服务。在全省提供网上年报服务，在省工商局及海口、三沙、文昌、洋浦和国际旅游岛先行试验区等地开展提供网上登记服务试点，方便企业通过工商机关门户网站提交登记和年报材料。

十五、开放网上市场主体信息查询服务。开通省工商局门户网站企业信息查询栏目，各市县工商局在登记大厅增设查询电脑，提供市场主体登记管理基本信息查询服务。

十六、推行内资企业设立联合审批。对注册内资新企业涉及工商、质监、税务、公安四部门审批的工商营业执照、组织机构代码证、税务登记证、刻章许可证及印章刻制等“一照一章三证”，各级政务中心实施一个窗口受理、四部门同步审批、统一发证，5个工作日内完成登记注册所有审批手续。

贵州省人民政府关于进一步做好扶持微型企业发展工作的通知

黔府办发〔2013〕4号

各市、自治州人民政府、各县（市、区、特区）人民政府，省政府各部门、各直属机构：

自2012年2月省人民政府下发《关于大力扶持微型企业发展的意见》（黔府办发〔2012〕7号，以下简称《意见》）以来，我省微型企业发展迅速，在壮大实体经济、带动社会就业、促进社会稳定等方面取得了良好效果。但在工作中还存在审批环节复杂、办理手续时限长、金融扶持政策落实难等问题。为进一步做好扶持微型企业发展工作，经省人民政府同意，现就有关事项通知如下：

一、缩减审批环节和办理时限

（一）申办微型企业时，申办人直接向当地工商分局提出创业扶持申请，取消乡（镇）人民政府（接到办事处）推荐环节。

（二）有关部门在办理微型企业必要的行政审批时，在受理3个工作日内完成审批并回复申请人，要件齐备的，做到立等可取。具备条件的县（市、区、特区），涉及微型企业行政审批的部门要定期集中办公，集中办理微型企业注册登记、行政审批、兑现补助、税收奖励、贷款申请等业务。

（三）各县（市、区、特区）扶持微型企业发展工作领导小组办公室（以下简称微企办）、扶持微型企业发展工作领导小组评审委员会、工商分局在3个工作日内完成审核和注册登记工作。

（四）取消创业申请人应取得人力资源社会保障部门颁发的创业培训合格证的前置要求，但申请人应于注册登记2个月内取得创业培训合格证。

二、尽快兑现财政补助资金和税收奖励政策

（一）各级财政部门要将扶持微型企业财政补助资金纳入年度预算，按计划及时预拨。受理微型企业拨款申请后，县微企办会同财政等有关部门在5个工作日内将补助资金划入符合条件的微型企业银行基本账户。

（二）省微企办要会同省财政厅、省国税局、省地税局等有关部门按照《意见》要求，抓紧制定微型企业税收奖励兑现办法并组织实施。

三、切实解决微型企业融资难问题

（一）中国银监会贵州监管局、人民银行贵阳中心支行、省政府金融办要督促银行业金融机构落实《意见》关于扶持微型企业的金融服务政策，建立针对微型企业贷款的风险准备金制度，提高对微型企业贷款不良率的容忍度，建立微型企业呆坏账核销“绿色通道”，提高呆坏账核销效率。

（二）各市（州）、县（市、区、特区）要按照《意见》要求，于2013年3月底前建立政府出资的就业小额担保贷款中小企业信用担保机构，为符合扶持条件的微型企业提供担保支持。

（三）人民银行贵阳中心支行要围绕2013年全省投放微型企业信贷60亿元的目标，加大“窗口指导”力度，综合运用货币政策，指导各级人民银行加强与微企办沟通，引导各类金融机构积极为微型企业提供贷款服务。

（四）符合就业小额担保贷款（包括妇女就业贴息小额担保贷款）申贷条件的微型企业，可通过人力资源社会保障部门担保机构申请贷款，并按有关规定办理借贷手续。经办担保机构要通过银行评级授信、联保等担保方式拓宽反担保渠道，降低反担保门槛。

四、整合资源扶持微型企业发展

各地、各有关部门在安排涉企项目和专项资金时，对微型企业要适度放宽条件，原则上要将资金总额的10%以上投向微型企业，并逐年递增。其中，省中小企业发展专项资金在实施“万户小老板工程”时，每年扶持的微型企业不少于2000户，金额不少于1100万元；科技型中小企业技术创新基金支持微型企业的项目，每年不少于50项，金额不少于1500万元；星火计划、科技成果重点推广计划支持微型企业的项目，每年不少于50项，金额不少于1000万元。

五、推动微型企业集中集聚发展

各地要结合产业园区建设、“5个100”工程以及扶贫生态移民工程等，制定鼓励微型企业进驻相关工业园区、产业园区、现代高效农业示范园、特色小城镇、城市综合体、旅游景点等的具有优惠措施。鼓励建立微型企业创业园、孵化园、产业板块，引导加工制造、电子商务、软件开发、商贸物流、信息服务、建材安装等微型企业集聚发展，形成有特色的微型企业体系、微型企业村镇。

六、营造全民创业氛围

各级微企办、各工商分局要通过便民手册、宣传栏、现场咨询等方式，向社会公开申办微型企业有关条件、手续、程序、政策等，让广大群众知晓申办微型企业的程序和扶持政策，调动群众申办微型企业的激情。省微企办要会同省监察厅等有关部门建立扶持微型企业发展投诉申告机制，对故意拖延、刁难申办者的行为进行严肃查处。

2013 年 1 月 5 日

陕西省人民政府关于金融支持民营经济持续健康发展的意见

陕政发〔2013〕31 号

各设区市人民政府，省人民政府各工作部门、各直属机构：

为了全面贯彻党的十八大精神，毫不动摇的鼓励、支持、引导非公有制经济发展，鼓励和指导金融机构加大对民营经济发展的支持力度，引导民间资本进入金融服务领域，积极发展服务中小企业的地方金融机构，健全和完善多层次的金融市场体系，提升民间资金向产业资本转化的能力，进一步做大做强民营经济，促进民营经济持续健康发展，特制订本意见。

一、进一步拓宽民营企业融资渠道

（一）加大信贷支持力度。各银行业金融机构要优化信贷结构，完善信贷管理制度，建立适合民营企业特点的信用评价制度、信贷流程，提升信贷审批效率，增加信贷规模，加快信贷产品和金融服务创新，确保民营企业贷款年增速高于全省贷款平均增速，增量高于上年水平。省金融办要将各金融机构支持民营经济发展情况纳入全省金融机构年度考核内容。（陕西银监局牵头，人民银行西安分行、省金融办等配合）

（二）积极推动民营企业上市。省金融办要加强与各设区市政府和证监、发展改革、财政、税务、工商、土地等部门配合，构建企业上市的统筹协调机制，打造民营企业上市“绿色通道”，引导其通过中小板、创业板上市或在全国中小企业股份转让系统挂牌。落实推动企业上市的扶持政策，降低企业上市融资成本。证监部门要督促处于辅导期的民营企业按照上市公司标准规范运作；指导已上市的民营企业利用配股、增发、发行可转换债券等方式扩大再融资规模。（省金融办牵头，陕西证监局、省发展改革委、省财政厅、省国土资源厅、省国税局、省地税局、省工商局等配合）

（三）鼓励引导民营企业多渠道融资。在民营企业开展“双推双增”（推介金融市场产品，增强直接融资能力；推进融资方式创新，增大社会融资规模）融资工程，支持符合条件的民营企业通过发行企业债、公司债、短期融资券、中期票据、中小企业集合票据、私募债、信托，以及资产转让等方式增强融资能力。积极拓展新型融资方式，鼓励有条件的民营企业采取股权融资、项目融资、租赁融资、信托融资、风险投资基金、PE 等方式开展融资。规范和发展产权交易市场，有效吸纳和集聚民间资金，推动民间资本的合理合规合法流动和重组。（省金融办、省发展改革委、省中小企业局、人民银行西安分行、陕西银监局、陕西证监局等按职责分工负责）

（四）提高保险服务民营经济发展的能力。保监部门要结合民营企业发展特点，鼓励和引导保险机构开发手续简化、保障充分、责任清晰、理赔快速的各类保险产品，重点为民营企业提供财产险、责任险、意外伤害险等保险产品。积极推进保险机构做好民营企业信用贷款保证保险试点工作，推动保险资金加大对优质民营龙头企业的股权、债券投资，鼓励保险资金探索投资民营医疗卫生和养生养老产业。特别是在加快现代农业发展方面，推广“银保富”系列产品，银行和保险机构联手，帮助解决发展现代农业资金短缺的突出问题。（陕西保监局牵头，省金融办、省财政厅配合）

二、鼓励和引导民间资本进入金融服务领域

（五）鼓励、引导民间资本进入金融领域。根据国家有关政策，积极争取试点由民间资本发起设立自担风险的民营银行、金融租赁公司和消费金融公司等金融机构。支持符合条件的民营企业参与地方银行业金融机构的设立和增资扩股，参与县级信用联社、农合行改制或参与农村商业银行增资扩股。鼓励民间资本参与村镇银行发起设立或增资扩股。鼓励民营企业发起设立小额贷款公司，重点推动在经济发展滞后、金融服务不完善的县域设立小额贷款公司，试点设立专业化、大型市级小额贷款公司。（省金融办、陕西银监局按职责分工负责）

（六）支持民间资本发起设立股权投资基金和创业投资基金。支持符合条件的民间资本依法设立公司制、合伙制的私募基金、创业投资基金、风险投资基金等股权投资类企业，开展专业化股权投资、基金管理、投资咨询等业务，推动全省股权投资事业健康规范发展。通过扩大省创业投资引导基金规模，认真落实各项扶持政策，引导民间资本设立创业投资基金，支持中小高新技术企业。（省发展改革委牵头，省金融办、省工商局配合）

（七）积极开展金融综合改革试验。在榆林进行金融综合改革试验，探索民间金融规范化发展路径和模式。建立由省发展改革委主导的省市重大项

目与民间资本对接机制，引导民间资本参与重点项目建设。支持组建大型民营投资公司，引导民间资本投向实体经济。支持设立大型市级小额贷款公司，积极引进外资设立小额贷款公司。开展民间资本管理公司和民间借贷服务中心试点，探索建立民间金融债权和股权的公示登记、公开交易机制，加强对民间借贷的规范和引导。在延安开展农村金融改革创新试点，鼓励商业银行在延安县域设立分支机构和法人企业，大力发展农村微型金融，扩大农户可用于抵质押的财产范围，健全涉农贷款抵质押财产的评估、管理、处置制度和流转市场，完善涉农贷款抵质押业务操作流程。（省金融办牵头，榆林市政府、延安市政府、省发展改革委、陕西银监局配合）

（八）支持神木县开展金融改革创新。以民间资本阳光化、规范化为主旨，支持神木县争取国家级金融改革试点。引进金融专业人才，加强地方金融管理力量，提高地方金融监管水平。加强对民间借贷的管理和引导，区分性质、分类处置，加大对非法集资打击力度，不断规范民间借贷行为。银行业金融机构要加大对当地骨干民营企业的信贷支持，帮助企业规范融资。支持神木县农村商业银行扩大资本金规模，做优做精。支持设立财政资金引导、贷款需求企业参与的会员制融资性担保公司。支持组建专业化民营投资公司，率先开展民间资本管理公司和民间借贷服务中心试点。规范发展小额贷款公司，鼓励小额贷款公司增资扩股，优化股东结构。支持建立聚集银行、保险、融资性担保公司、小额贷款公司、融资租赁公司等金融机构，服务中小微企业的金融一条街。（省金融办牵头，榆林市政府、神木县政府、人民银行西安分行、陕西银监局配合）

（九）支持府谷开展民营经济转型升级试验。鼓励和引导商业银行在府谷开设分支机构。依托府谷充裕的民间资金，试点设立围绕支柱产业的产业链型的小额贷款公司，鼓励已设小额贷款公司增资扩股、业务创新，以及联合组建小额贷款集团公司；推动符合条件的小额贷款公司联合改制为村镇银行；支持设立大型再担保公司和融资担保公司。支持民营企业参与农村商业银行的增资扩股、村镇银行的设立。府谷县申报设立小额贷款公司、融资担保公司执行省定扩权县（市）申报程序，直接报送省金融办。逐步建立和完善支持民营经济转型升级的金融体系。（省金融办牵头，榆林市政府、府谷县政府、人民银行西安分行、陕西银监局配合）

三、健全小微企业和县域金融服务体系

（十）增加为小微企业服务的银行金融机构。鼓励商业银行通过新设或转型一批支行作为服务小微企业的专业支行、特色支行，建立小企业经营中心。将政策性银行、大型商业银行向县域延伸，鼓励农业银行向乡镇延伸。加强县域现有银行业机构的合作，提高协同效应，丰富农村金融产品。（陕西银监局牵头，人民银行西安分行、省金融办等配合）

（十一）支持小额贷款公司做大做强。积极推动符合条件的小额贷款公司转制为村镇银行。规范发展小额贷款公司，对主发起企业的所有制形式逐步放开，允许符合条件的国有、外资，以及省外的公司、集体企业等企业法人在我省发起设立小贷公司。允许小额贷款公司按规定在税前计提贷款损失准备金，享受金融机构服务“三农”、小微企业的税收优惠政策。放宽“小额贷款公司从银行业金融机构获得融入资金的余额，不得超过资本净额50%”的限制，提高小额贷款公司资金杠杆率。加强对小额贷款公司高管和从业人员的培训，逐步建立小额贷款公司从业人员资格认证制度。适当扩大小额贷款公司业务范围，允许经营规范、管理水平高的小额贷款公司开展向大股东借款、资产转让等业务；积极筹建小额再贷款公司；对小贷公司开展小额贷款资产收益权和应收账款资产收益权转让进行贴息补贴，贴息资金从金融业发展专项资金中列支，降低小贷公司融资成本。（省金融办牵头，人民银行西安分行、陕西银监局、省财政厅、省工商局、省中小企业局、省国税局、省地税局等配合）

（十二）做好中小企业债券发行服务工作。推动西部证券进入证监会中小企业私募债试点券商目录，指导各地在推荐中小企业私募债发行企业，以及后期偿债风险保障上发挥作用，完善债券发行主体结构。加强与国家发展改革委、中国银行间市场交易商协会和中国银监会的合作，通过帮助中低信用等级中小企业发行集合债、集合票据、集合信托等融资工具，为成长型中小企业募集中长期资金提供帮助。（省金融办、省发展改革委、省中小企业局、人民银行西安分行、陕西证监局等按职责分工负责）

（十三）增强融资担保服务能力。通过建立风险补偿基金、省再担保公司牵头组建担保联盟等方式，积极构建政策性融资担保体系。加强企业、银行、担保公司的合作，积极构建商业性融资担保体系。转变财政资金使用方式，大力发展规模较大的政府资金引导、民间资本参与的混合所有制的融资担保公司，发挥财政资金的撬动作用。各市、县要进一步增加政府性融资担保公司的资本金规模，增强服务中小微企业的能力。建立省再担保公司资本金补充机制，支持设立大型的民营再担保公司。鼓励融资担保机构通过再担保、联合担保以及担保与保险相结合等多种方式，做好融资担保服务。推动完善贷款抵押物认定、登记办法和抵押物流转办法，创新贷款担保方式，扩大小微企业、农户的有效担保品范围。推进在建工程、收费权、林权、大型农机具、农用地承包权流转、农村宅基地及房屋和知识产权、采矿权、商标权、项目建设合同等无形资产及股权、债券等动产的抵押质押融资服务。（省金融办、省发展改革委、省财政厅、省中小企业局、人民银行西安分行、陕西银监局等按职责分工负责）

（十四）提高保险业的服务和风险保障能力。继续加大省级财政补贴力度，扩大农业保险承保规模，研究创新具有地方特色的农业保险新品种。支持保险机构开办农村住房保险、农民人身意外伤害保险等涉农保险。支持农业保险承办机构在县区、

乡镇设立服务网点，完善我省农业保险服务体系。鼓励保险公司开发适合地方经济社会发展特点的保险产品，为农村居民和中低收入者提供多种形式的保险保障。继续支持农机安全互助保险，扩大农机安全互助保险试点范围。研究建立农业保险巨灾风险准备金制度，为促进农业持续健康发展，抵御巨灾风险提供保障。（陕西保监局牵头，省金融办、省财政厅、省农业厅配合）

（十五）完善扶持小微企业发展的财政与金融联动机制。认真贯彻落实国家支持小微企业发展的优惠政策，健全完善支持小微企业发展的财政与金融联动机制。通过将民营经济的财政激励奖补、税收优惠、贷款贴息、保费补贴、风险补偿与再贷款、再贴现等货币政策导向对接，撬动更多的金融资源支持民营经济发展。各银行业金融机构要加大对符合产业政策、发展前景良好的民营企业的信贷支持力度，对处于转型期的民营企业，要做好融资帮扶工作，指导和支持企业转型发展。提高对民营企业贷款的风险容忍度，落实对民营企业贷款的“尽职免责”政策。财税部门要全面落实对小微企业和服务小微企业金融机构的各项税收优惠、财政补贴政策，引导信贷资金加大对获得财政扶持的民营企业和小微企业的投入力度。对符合转型升级要求但经营困难的小微企业，要按照规定及时落实税费减免优惠政策。逐步扩大中小企业专项资金规模，支持小微企业发展。研究建立小微企业新增贷款风险补偿机制，帮助小微企业解决资金周转困难。（省金融办、省财政厅、人民银行西安分行、陕西银监局、省国税局、省地税局等按职责分工负责）

（十六）创新监管服务机制。金融监管部门要按照国家政策要求，落实存贷比扣除、风险权重优惠和提高小微企业贷款不良率容忍度等优惠政策，支持地方金融机构发行小微企业贷款专项金融债；因地制宜制订科学、审慎的小金融机构市场准入细则，实行分类监管、差异化监管，提升监管容忍度，不断提高监管技术和监管有效性。督促金融机构加强金融服务，严格自律，切实承担起社会责任，严格落实贷款新规，防止贷款资金被挪用或外流，确保资金真正进入实体经济，支持民营企业良性发展；加强现场监管，禁止存贷挂钩，禁止一切不合理收费，禁止搭售金融产品，禁止将银行自身考核指标压力转嫁给企业，有效降低小微企业融资成本。（陕西银监局牵头，省金融办、人民银行西安分行配合）

2013年8月3日

陕西省人民政府关于改革工商登记制度促进市场主体发展的意见（试行）

陕政发〔2013〕50号

各设区市人民政府，省人民政府各工作部门、各直属机构：

为贯彻落实党的十八届三中全会和国务院2013年10月25日常务会议精神，进一步深化行政审批制度改革、转变政府职能，充分发挥市场在资源配置中的决定性作用，现就改革工商登记制度、促进市场主体发展提出以下意见。

一、总体要求

以“便捷高效、规范统一、宽进严管”为原则，按照加快转变政府职能、建设服务型政府的要求，改革工商登记制度，降低社会创业门槛，促进市场主体发展，为我省经济社会持续健康快速发展奠定坚实基础。

二、主要内容

（一）放宽市场主体名称登记条件。市场主体名称中可以使用新兴行业作为行业用语。国有、集体企业改制要求保留原企业名称的，可以在原企业名称的基础上，增加企业组织形式作为改制后的企业名称；从原单位剥离的企业，经原单位同意，可以在企业名称中使用原单位的字号或简称。企业法人有两个以上控股子公司的，其名称中可以登记“集团”字样。市、县级工商局可以受理冠“陕西”字样企业名称核准申请。

（二）放宽市场主体住所登记条件。市场主体提交住所权属证明确有困难的，可只提交房产管理部门、街道办事处、居委会、村委会或者开发区（工业园区）管理机构出具的使用证明即可登记注册。同一地址可以登记两个以上市场主体的住所。市场主体经营场所与住所在同一县级登记机关管辖区域内不同地址的，可以向所在地县级工商部门申请备案，不再办理分支机构登记注册。

（三）放宽公司注册资本登记条件。除法律、法规另有规定外，取消有限责任公司最低注册资本3万元、一人有限责任公司最低注册资本10万元、股份有限公司最低注册资本500万元的限制；不再限制公司设立股东（发起人）的首次出资比例和缴足出资的期限。公司实收资本不再作为工商登记事项。公司注册资本由实缴登记制改为认缴登记制，实行由公司股东（发起人）自主约定认缴出资额、出资方式等，并对缴纳出资情况真实性、合法性负责的制度。

（四）放宽市场主体经营范围登记条件。市场主体可按照《国民经济行业分类》规范中的“大类”、“中类”或“小类”自主选择经营范围。新兴行业经营范围可以使用新兴行业用语表述。

（五）实行“先照后证”。法律法规和国务院决定规定的前置许可审批项目中的27个项目（目录附后）继续作为前置许可项目，其他前置许可审批项目调整为后置许可项目。涉及后置许可项目市场主体，先申请办理营业执照，再办理许可审批手续，登记机关在其经营范围中标注“凭许可证明文件在有效期内经营”。

（六）支持个体工商户转型为企业。个体工商户申请转型为企业，符合企业名称管理规定的，可以继续使用原字号（商号）；已取得审批的许可经营项目，可以继续使用在有效期内的原许可证明文件；申请登记的住所（经营场所）仍为原住所（经营场所）的，不再提交住所（经营场所）证明文件。

（七）支持电子商务行业发展。从事网络商品交易和服务的市场主体经营范围，可依申请核定为“网上经营”或“网上提供服务”。允许无实体店铺的网络商品交易和服务的市场主体用其居住场所作为经营场所进行登记注册。

（八）支持农民专业合作社发展。支持农民以土地承包经营权和林权出资设立农民专业合作社。支持组建农民专业合作联合社，鼓励农民专业合作社跨地域、跨所有制、跨行业经营。引导农民专业合作社开展品牌经营，发展“订单农业”。

（九）支持家庭农（林）场发展。家庭农（林）场可以根据自身的发展规模、经营特点和需要，自主选择登记为个体工商户、个人独资企业、合伙企业或有限责任公司。家庭农（林）场登记注册名称中可以使用“家庭农（林）场”字样，家庭住所可以登记为家庭农（林）场住所。支持以土地承包经营权、林场所有权、生产技术等作价出资设立家庭农（林）场。家庭农（林）场可以兼营相应的农（林）场休闲观光服务。

（十）简化登记注册程序。市场主体设立、注销登记和出资人、股权、法定代表人等重要事项登记继续实行“一审一核”登记程序，其他事项登记实行“审核合一”登记程序。登记机关对材料齐全、符合法定形式的登记申请应及时受理、限时办结。

（十一）支持外商投资企业发展。除国务院现行规定仍需审批的项目外，外商投资企业其他许可审批、登记事项适用本意见。允许中方自然人与外国投资者出资在陕设立中外合资和中外合作企业。

（十二）改革企业年度检验制度。将企业年度检验制度改为企业年度报告制度。企业按年度在规定的期限内，通过市场主体信用信息公示系统报送年度报告，并向社会公示，任何单位和个人均可查询。企业对年度报告的真实性、合法性负责。建立市场主体经营异常的黑名录，通过市场主体信用信息公示系统，记载并向社会公布未按规定期限公示年度报告的企业。

（十三）下放企业登记管辖权限。除法律法规和国务院决定明确规定由省级工商行政管理部门负责登记的企业外，其他企业一般由企业所在地市、县级工商行政管理部门登记管辖。市级工商行政管理部门也可按照简政放权原则，进一步下放登记管辖权限。

三、配套措施

（一）加强信用信息系统建设。依托省公共信用信息交换平台，建设以工商登记注册信息为基础，以相关部门许可审批、资质资格审批、监管信息为重点，以市场主体自愿申报信用信息为补充的全省统一市场主体信用信息系统。各相关部门要按照“谁登记、谁公示”、“谁审批、谁公示”的原则，及时将市场主体的相关信息上传至信用信息系统，实现各相关部门信息系统与省公共信用信息交换平台的有效衔接，构建服务于政府监管、社会监督和公众查询的市场主体信用信息共享服务体系，健全市场主体失信惩戒制度，引导企业规范诚信经营。

（二）清理行政审批事项。各地、各有关部门要按照“取消、下放、合并”的原则，继续深入推进市场主体准入过程中许可审批事项的清理工作。除涉及国家安全、公民生命财产安全外，没有法律法规和国务院决定依据设定的许可审批事项，一律予以取消；凡是能交给下级政府部门审批的，一律予以下放。

（三）制订后续配套监管措施。各相关部门要按照“谁许可、谁监管、谁负责”的原则，创新监管模式，完善监管手段，建立互联互通的工作机制和改革后的监管体制机制，加强事前指导、事中规范、事后监督。各级工商行政管理部门要制定工商登记制度改革的实施办法，调整优化登记流程，修改完善业务软件，开展相关培训指导，建立健全工作机制，确保工商登记制度改革顺利实施。其他各相关部门要尽快研究制订与新制度相配套的后续监管措施，加强监督。

四、组织实施

（一）加强组织领导。省政府将及时研究和统筹协调解决工商登记制度改革过程中遇到的困难和问题。省工商局具体负责改革推进实施工作。各地、各相关部门要高度重视、加强领导，建立完善工作机制，确保改革各项措施落实到位；有效衔接、稳步推进，确保改革期间监管不断档；要在实践中继续探索，进一步完善工商登记制度。

（二）明确任务分工。省发展改革委负责研究制订全省市场主体信用信息系统总体建设方案、技术标准及运行管理办法，协调解决系统建设和运行中的重大问题。省工商局会同省信用管理办公室负责市场主体信用信息系统的开发建设、运行维护和服务工作。省政府法制办会同省工商局负责与省人大常委会沟通协调修订改革中需完善的地方性法规。省编办负责督促有关方面对涉及工商登记制度改革的行政审批事项进行清理。省监察厅负责对工商登记制度改革工作实施全程监督。

（三）营造浓厚社会氛围。各地、各相关部门和新闻媒体要采取多种形式，向社会广泛宣传工商登记制度改革的主要内容和政策措施，积极引导企业和群众参与，在全社会形成关注、理解、支持和参与改革的良好氛围。

此前省政府下发的相关文件与本《意见》不一致的，以本《意见》为准。

附件：继续作为工商登记前置许可的项目（27项）（略）

2013 年 12 月 15 日

甘肃省扶助小微企业专项行动实施方案

根据工业和信息化部《关于开展扶助小微企业专项行动的通知》（工信部企业〔2013〕67 号）要求，结合我省实际，制定以下方案：

一、总体思路

（一）指导思想。深入贯彻党的十八大精神，以落实《国务院关于进一步支持小型微型企业健康发展的意见》（国发〔2012〕14 号，以下简称国发 14 号文件）和《甘肃省人民政府关于促进小型微型企业发展的指导意见》（甘政发〔2012〕39 号，以下简称省发 39 号文件）为重点，以“扶助小微、转型成长”为主题，继续实施《“十二五”中小企业成长规划》和《甘肃省“十二五”中小企业成长规划》，以扶助小微企业专项活动为载体；以落实扶持小型微型企业健康发展政策措施，改善企业发展环境为核心；以完善政策法规体系、构建公共服务体系为支撑；重点培育创新型、创业型和劳动密集型（以下简称“三型”）小微企业，促进小微企业加快转变发展方式，实现持续平稳健康发展。

（二）工作目标。深入落实国发 14 号文件和省发 39 号文件，督促全省各市州出台相应的实施意见或办法；工业中小企业增加值增长 20% 以上；加大财税支持力度，重点支持 100 户创新型、创业型、劳动密集型中小微企业；新认定 10 家省级中小企业公共服务平台，建成运营 8 家市级中小企业服务窗口；重点支持 15 个省级中小企业创业孵化基地；继续支持担保机构为小微企业提供担保服务，建立再担保平台；扩大融资规模，全年“银政投”融资突破 15 亿元，增长 50%。建立针对小微企业服务的咨询专家库，提升小微企业管理水平；培训 2000 名中小微型企业管理人员；建设企业投诉中心，推动减轻企业负担政策落实。

二、重点工作

（一）深入贯彻落实国发 14 号文件和省发 39 号文件。充分发挥甘肃省促进中小企业发展工作领导小组的作用，加强政策协调，推动国发 14 号文件和省发 39 号文件相关配套政策出台和措施落实。继续加大对政策宣传和政策落实情况的跟踪，推动各项政策落到实处。

（二）推动“三型”小微企业发展。

1. 支持创新型小微企业发展

加强对创新型小微企业的扶助，以产业集群为载体，支持技术创新服务平台建设，集聚带动创新资源为小微企业服务，提升企业的创新发展能力；加快企业自主创新，积极发展科技型小微型企业。坚持提升小微型企业技术创新能力，加大支持中小企业技术创新的力度，聚合社会技术创新服务资源，建立满足企业自主创新需求的便捷、高效的技术创新支持网络。主动与科技部门对接，落实鼓励企业技术创新的税收优惠政策，研究支持小微企业“专精特新”发展的政策措施。

继续实施中小企业信息化推进工程。开展小微企业需求调研，推动研发设计、技术创新、管理提升、市场开拓等提升小微企业竞争力的信息化解决方案的开发与推广应用，支持信息技术服务企业、电信运营商面向小微企业需求开展云计算服务，组织开展相关信息发布与对接活动。

继续实施中小企业知识产权战略推进工程。普及宣传知识产权知识，开展专题培训，提高中小企业知识产权意识。推动试点城市探索提升小微企业知识产权创造、运用、保护和管理能力的途径与方式，及时总结交流试点经验，提升试点效果。

2. 支持创业型小微企业发展

落实《关于大力支持小型微型企业创业兴业的实施意见》（工信部联企业〔2012〕347 号），推动简化创立程序、减免相关费用、放宽经营场所限制、加强信贷支持等政策的实施，进一步加快创办小企业力度；推动开展创业培训、创业辅导和创业巡讲等活动，提高小微企业创业兴业能力；支持小企业创业基地建设，鼓励基地完善服务功能，提高创业服务水平。继续组织开展大学生网上招聘活动，免费为中小企业提供网络招聘信息服务。

3. 支持劳动密集型小微企业发展

研究引导支持劳动密集型小微企业发展的对策措施，培育一批有特色产品、有较强市场生存能力和国际竞争力的劳动密集型小微企业发展；充分发挥中小企业发展专项资金的引导作用，支持劳动密集型企业技术进步，创新发展。

（三）加快中小企业服务体系建设。

1. 进一步完善全省中小企业公共服务示范平台网络，省级中小企业公共服务“枢纽”平台争取正式挂牌运营，新建成运营 8 家市级中小企业服务“窗口”平台。鼓励采用云计算、移动互联网等技术和服务模式，促进平台网络的互联互通、资源共享和服务协同，重点开展对小微企业的公共服务。

2. 新认定 10 家以上省级中小企业公共服务平台，申报一批国家中小企业公共服务示范平台，落实进口设备免税政策，加强对已认定平台运营情况的跟踪测评和监督检查，组织开展服务承诺活动，鼓励示范平台率先为小微企业提供优质服务。

3. 深入实施国家中小企业银河培训工程和中小企业经营管理领军人才培训计划。以小微企业为重点，开展政策法规、技术创新、质量管理、知识产权、两化融合、安全生产、节能减排、清洁生产、创业兴业、经营管理等培训。

4. 建立针对中小企业服务的管理咨询专家库，鼓励和引导管理咨询机构开展对小微企业的管理咨询服务，提升企业的管理水平。

5. 组织参展第十届中国国际中小企业博览会，深化国际化、专业化、市场化改革，为全省小微企业搭建展示、交易、交流、合作平台，帮助企业开拓国内外市场。

（四）进一步改善融资服务。

1. 继续开展"银政投"融资服务活动，再选择1～2户银行纳入"银政投"融资服务平台；积极联系各银行业金融机构，签署"支持甘肃中小企业融资合作协议"，帮助小微型企业获得更多金融支持；进一步拓宽融资渠道，加快融资服务平台建设，强化其为小微企业提供贷前、贷后管理和服务的市场定位；

2. 办好"陇原之星"中小企业银河精英训练营活动，打造成促进银企合作，切实解决中小企业融资难的品牌活动；

3. 完成在全省58个贫困县设立融资性担保机构设立工作，实现对58个连片贫困县的担保业务覆盖，建立全省再担保平台。

4. 对符合条件的中小企业信用担保（再担保）机构给予资金扶持和税收减免，鼓励其提高对小微企业的担保业务规模，降低小微企业担保收费。推进担保机构的整合重组，重点扶持业务突出担保机构做强做大。积极发展再担保机构，探索构建中小企业信用担保建设模式。

（五）深入推进减轻企业负担工作。充分发挥甘肃省企业投诉中心作用，受理小微企业各类投诉，及时提出处理意见或转有关部门处理，定期向省政府汇报投诉处理情况。落实各项减轻企业负担政策，对企业反映突出的负担问题开展清理整顿。建立企业负担调查评价体系，推进企业减负长效机制建设。继续组织开展减轻企业负担政策宣传活动，营造良好舆论氛围。指导地方改进减负工作，完善省际互查和区域交流机制。

三、进度安排

（一）2013年3月，印发全省扶助小微企业专项行动实施方案。

（二）2013年4月，组织开展全省中小企业调研活动，依据专项实施方案确定的重点工作，对各地中小企业主管部门工作进展情况进行督查，汇总情况，形成详细的中小企业调研报告。同时，协调解决影响中小企业工作进展的情况和问题。

（三）2013年7月，组织开展中期检查。依据专项行动实施方案确定的各项重点工作，由各地工信委对工作进展情况进行自查；汇总自查情况，形成阶段性工作小结，同时协调解决影响工作进展的情况和问题。

（四）2013年11月，开展年度工作总结。检查专项行动实施方案确定的各项重点工作和目标任务完成情况，总结经验、查找不足，提出2014年度支持小微企业发展的工作思路和专项行动计划建议。

五、保障措施

（一）加强领导。各市州工信委要将扶助小微企业专项行动纳入年度工作计划，要依据国家和省上的专项行动方案，制定本市州的行动方案，明确本地区行动的领导责任主体和任务分工，保证各项行动顺利完成。

（二）加强合作。充分动员政府有关部门、行业协会、服务机构等社会各方面力量，汇聚各方智慧与资源优势，加强合作，共同开展好专项行动。建立定期沟通制度，召开协调会，加强各部门之间的沟通和协调，听取意见建议，创新工作方法，务求实效。

（三）加强考评。要加强调研，及时了解行动的组织开展情况，总结经验，推广宣传好的经验和做法，建立考评机制，对专项行动开展情况评估问效，各市州要每季度上报本市州行动方案执行情况。

（四）加强宣传。充分利用报刊、广播、电视、网络等媒体，宣传小微企业在经济社会发展中的重要地位、作用和扶持小微企业发展的重要意义；宣传扶助小微企业发展的政策措施；宣传优秀"三型"小微企业的典型经验和企业应对挑战转型成长的典型做法，提振企业信心。

（五）加强支持。2014年国家中小企业服务体系发展专项资金和省级中小企业发展专项资金服务体系建设项目将以扶助小微企业专项行动为重点，支持围绕扶助小微企业专项行动实施方案相关重点工作开展的服务业务项目。

青海省人民政府办公厅关于印发青海省千家中小微企业培育工程实施意见的通知

青政办［2013］231号

各市、自治州人民政府，省政府各委、办、厅、局：

《青海省千家中小微企业培育工程实施意见》已经省人民政府同意，现印发给你们，请认真贯彻落实。

2013年8月22日

青海省千家中小微企业培育工程实施意见

中小微企业是我省经济社会发展的重要力量，在繁荣经济、促进就业、催生产业、扩大内需、保障社会稳定等方面发挥着重要作用。为全面贯彻落实国务院和我省支持中小微企业发展各项政策措施，加快中小微企业发展，根据《国务院关于进一步支持小型微型企业健康发展的意见》（国发〔2012〕14号）和省政府关于《青海省支持小型和微型企业发展的若干政策措施》（青政〔2012〕16号）精神，制定青海省千家中小微企业培育工程（以下简称：千家企业培育工程）实施意见。

一、总体要求

全面贯彻落实国家和我省支持中小微企业发展的政策措施，营造良好发展环境，通过综合运用财税金融扶持政策，重点支持中小微企业围绕我省优势产业、重点产业和新兴产业加快创新发展步伐，提高企业专业化生产、服务和协作配套的能力，支持和促进企业转变发展方式，加快转型升级步伐，走以专补缺，以小补大的“专精特新”成长之路。通过培育，不断提高“专精特新”中小微企业的数量和比重，全面提升发展质量和水平，增强核心竞争力。

二、发展目标

筛选1000家具有发展潜力、特色鲜明的中小微企业开展培育工作。重点培育科技型、成长型和“专精特新”企业，不断扩大市场主体规模。到2015年的目标：

（一）总体目标

实现“双20”。即千家企业主营业务收入年均增幅超过20%，完成增加值年均增幅超过20%。

（二）具体目标

向“双百行动”输送培育企业50户以上；

规上企业户数以2012年为基数增加30%；

主营业务收入300万元以上的企业户数以2012年为基数增长30%；

每年新注册中小微企业1000家以上；

西宁（国家级）经济技术开发区、柴达木循环经济试验区和海东工业园区（以下简称：三大园区）要建立中小微企业创业园、科技园和集聚区，有条件的县（市、区）要建立中小微企业创业孵化基地，不断增强县域经济发展后劲；

建设省、州、市两级中小企业公共服务平台网络，建立国家级中小企业公共服务示范平台10个，省级中小企业公共服务平台20个；

新增国家级企业技术中心1～2家，省级企业技术中心10个，省级工程技术中心10家，科技型企业20户，高新技术企业15户；

新增中国驰名商标3～5个，青海省名牌产品15～20个，青海省著名商标15～20个；

在多层次资本交易市场上新增股权交易挂牌企业10户以上，培育上市及挂牌后备企业20户以上。

三、工作措施

（一）形成合力，加快发展

1. 集中支持。整合优化存量资金，省本级财政和各级政府安排的涉企专项资金要向千户培育企业倾斜，形成合力，促进培育企业持续健康发展。

2. 培育对象。符合中小微企业划型标准；法人治理结构完善；具有一定的科技创新能力，成长性较好；拥有市场前景好的自主品牌或产品；拥有规模化生产能力的新产品；在所属行业中有较强衔接和融合能力；填补产业空白企业；无重大不良记录企业。

3. 支持创新发展。引导企业加大技术创新投入，加强管理创新、商业模式创新和品牌建设。加大对创新型、科技型和成长型中小微企业的支持力度，鼓励企业开展“专精特新”产品、技术的研发和产业化，全面提升企业自主创新意识，增强企业自主创新能力。

4. 实行动态管理。根据培育对象的经营和发展情况，每年在第一季度进行适当调整，有进有出，动态管理。

（二）加大支持力度，创新支持方式

1. 加大支持力度。逐步增加省本级财政预算中的中小企业发展专项资金规模。省财政厅、省经委、省农牧厅、省商务厅、省科技厅等部门管理使用涉及扶持中小微企业发展的专项资金，每年用于千家企业培育工程的比例应不低于60%；各州（市）也要在年度财政预算中安排专项资金，并逐步加大资金规模，切实发挥财政资金的放大和助推效应，撬动民间投资，带动全省中小微企业健康、稳步和可持续发展。

2. 创新支持方式。各级财政专项资金对千家培育企业在市场调研、产品研发、投资办厂、科技攻关、技术改造、管理提升、品牌推广和市场营销等环节进行全方位、多层次支持。采取省级资金与地方配套资金相结合、切块支持与绩效考核相结合、补助和奖励相结合的方式，使用和管理省级中小企业发展专项资金，切实提高专项资金使用效率。鼓励规下转规上。自规下企业转为规上企业次年起，可在三年内继续执行原税收政策，从省级中小企业发展专项资金中一次性奖励10万元。

3. 进一步落实财税优惠政策。省政府相关部门要对扶持中小微企业的财税政策进行全面梳理，全面贯彻落实国家和我省关于西部大开发、高新技术企业发展、科技创新、技术转让、信用担保等各项涉及小微企业减征、免征、税前加计扣除、减计收入的相关税收优惠政策。从2013年8月1日起，对增值税小规模纳税人中月销售额不超过2万元的企业或非企业性单位，暂免征收增值税；对营业税纳税人中月营业额不超过2万元的企业或非企业性单位，暂免征收营业税。

（三）拓展融资渠道，缓解融资困难

1. 加强信贷支持。积极引进和培育中小金融机构，有效拓展企业融资渠道。省内各银行业金融机构要确保千家培育企业贷款增速不低于全部贷款平均增速，增量不低于上年增量。重点加大对千家培育企业中符合产业政策、增加就业明显及创新型、科技型企业的信贷投放。建立和完善金融机构风险补偿机制，鼓励金融机构加大对中小微企业的信贷支持。进一步完善银政企合作机制，推进银企协商和项目对接，提高签约贷款的到位率。加快发展创业投资和股权投资基金，扩大小微企业债券、票据等发行规模，加快证券场外交易市场建设。

2. 优化融资担保服务。用好中小企业发展各项资金，建立健全信用担保机构等中小企业公共服务体系。省内各国有控股融资性担保机构对中小微企业开展的担保业务额要达到总业务额的80%以上。鼓励和支持各类融资性担保机构面向广大中小企业特别是小微企业开展低费率担保业务，要把当年新增中小微企业担保业务额占新增担保业务总额的60%以上，且担保费率低于银行同期贷款基准利率50%，作为省内融资性担保机构申请各类政府扶持资金以及享受税收减免等财税政策的基本条件之一。鼓励和支持融资性担保机构扩大对千家培育企业担保业务量，充分发挥资本补充、低费率贷款风险补偿机制的积极作用，对向千家培育企业提供贷款担保的融资性担保机构，加大奖励和补助力度。

3. 鼓励直接融资。鼓励千家培育企业在资本市场开展直接融资，引导和支持企业发行中小企业集合债、上市、信托、短期融资券和并购重组活动。对开展挂牌上市和发债成功的企业给予费用补贴。

4. 发挥基金引导作用。设立青海省中小企业发展基金，支持和引导中小企业特别是初创小微企业发展，充分发挥其在促进科技成果转化、加快转型升级等方面的积极作用，引导企业技术改造和技术创新。

（四）加强培训，加大人力资源支持

1. 对千家培育企业新招收人员，由企业或培训机构进行岗前培训的给予培训补贴。在岗职工符合条件的，按规定从失业保险基金中给予在岗职工培训补贴或岗位补贴。

2. 对千家培育企业提供新增就业岗位，每吸纳一名人员就业，签订一年以上劳动合同并按规定参加社会保险的，按照合同期限给予企业社保补贴和一次性奖励。对当年新招用人员中，符合小额贷款申请条件的人员达到职工总数的30%（超过100人的企业达到15%）以上，并与其签订一年以上劳动合同的，给予200万元以内的小额担保贷款。

3. 对劳务经纪人组织本地劳动力到培育企业就业的，每成功介绍一人给予100元的奖励，成功介绍低保户、残疾人就业的给予200元/人的奖励。

4. 加强企业经营管理和财务人员的培训工作。建立政府引导、行业指导、社会参与和企业自主相结合的培训机制，针对培育企业发展的不同阶段和不同需求，开展多种形式的培训辅导，全面提升企业经营管理者和财务人员的素质，鼓励和引导企业加快建立现代企业制度，增强综合竞争力。

（五）提高工作效率，优化发展环境

1. 提高办事效率。工商行政管理部门对除食品流通许可以外的各类企业登记许可申请在7个工作日内办结；申请办理企业设立登记、变更登记，符合条件的，审批时限缩短为5个工作日；申请名称登记的，实行当天受理、当天核准、当场办结制。

2. 简化办事程序。环保部门对环境无影响的企业项目执行备案登记制度，并于当日办结；对环境有一定影响的小微企业项目，简化项目环评审批程序，并在3个工作日内办结。国土资源管理部门对千家培育企业融资需办理抵押土地使用权登记的，在符合相关规定的基础上，要在10个工作日内办结。

3. 切实减轻负担。落实好各项减免费政策，对千家培育企业建设工程项目中的城市卫生费、城市建设配套费、建筑市场管理费、环境评估费、土地登记费、统计登记费等行政收费予以减免或适当减免；对实施兼并重组的企业，减免相关行政事业性收费和土地、房产权属变更契税；严格执行税收征收管理法律法规，不得违规向企业提前征税或者摊派税款；精简对企业的检查、达标、评比活动，禁止各类摊派行为。

4. 优先配置资源。在同等条件下，对千家培育企业的生产要素指标优先给予配置；积极发展现代物流业，对物流需求量较大的企业，优先安排运量。

5. 完善服务体系。加快服务平台建设，着力推进省、州（市）两级中小微企业公共服务平台网络建设，鼓励和支持三大园区、创业园和中小微企业集聚区建设专业化及综合性服务平台建设，不断提高对中小微企业的专业服务水平和服务质量。对被认定为国家中小企业公共服务示范平台的机构，给予一次性奖励。

6. 推动生产性服务业发展。整合社会资源，加快发展各类为中小企业提供服务的生产性服务业，鼓励和支持具备技术研发、管理咨询、创业指导、融资租赁、教育培训、信息服务、法律咨询、事务代理和财务管理等服务功能的企业发展。推动电子商务等信息技术在中小微企业中的推广普及和深化应用，不断提升企业竞争力。

7. 解决发展场所。鼓励和支持中小微企业集聚区建设，要优先安排千家培育企业发展所需的场地，以及公用工程和配套服务设施。鼓励和支持培育企业优先入驻园区和创业孵化基地，对入驻企业给予相应的资金补助或贷款贴息。

8. 加大帮扶力度。深入推进帮扶中小微企业“六项工程”和扶助小微企业专项行动，落实帮扶措施，建立扶持中小微企业发展的长效机制。

9. 营造舆论氛围。省内主要媒体要制定宣传计划，开辟专栏，大力宣传千家企业培育工程。同时要宣传中小微企业在我省经济和社会发展中的重要地位、作用以及典型事迹，积极营造全社会关心、支持和帮助中小微企业发展的良好氛围。

（六）纳入考核体系，完善奖惩机制

1. 纳入考核体系。从2014年起，将千家企业培育工程工作纳入各地、各部门年度考核体系。

2. 建立奖惩机制。省政府每年对培育工作先进地区、部门和成绩突出的工作人员进行表彰，奖励发展成绩突出的优秀标杆企业。相关部门在安排专项资金时，要对受表彰地区给予适当倾斜。

对工作不到位、措施不得力、没有达到培育目标的地区和部门要给予通报批评。

四、组织保障

（一）加强组织领导

由省促进小微企业发展协调工作小组（以下简称“协调工作小组”）负责千家企业培育工程的总体推进工作，督促和指导各地区、各部门、各园区开展培育工作。各州、市、县（市、区）、镇政府和工业园区及工业集中区是企业培育工作的主体，要充分认识千家企业培育工程的带动和示范作用，结合自身实际，制定推动千家企业培育工程的具体措施，增强服务意识，强化工作责任，加强协调配合，切实转变作风，把各项目标任务细化到部门、具体到企业、落实到岗位、量化到个人，确保千家企业培育工程各项目标任务的顺利完成。

省经委代行协调工作小组办公室职责，确定培育企业名单，建立项目库，推动企业技术改造和科技创新，建立和完善公共服务体系；汇总分析培育情况，帮助和协调相关责任主体开展培育工作；会同相关部门加大招商引资力度，坚持招商引资和招才引智有机结合，积极引进资金、技术、人才和先进的管理理念，为企业加快转型升级提供动力。会同省政府督查及有关部门开展支持中小企业政策措施、各项工作落实的专项督查。

省发展改革委牵头负责中小企业集合债的组织发行工作。

省财政厅会同省经委等部门制定青海省中小企业发展资金使用管理办法。

省金融办进一步推动和完善金融机构风险补偿机制；加大对培育企业的金融政策支持力度，积极推动培育企业通过上市、股权融资、私募债、集合债券、集合票据等方式进行直接融资；建立健全中小企业融资担保体系；筛选确定金融、保险业的培育企业，落实扶持措施。

省农牧厅负责筛选确定涉农培育企业，落实涉农企业的培育支持政策，培育涉农企业加快发展。

省商务厅负责筛选确定商贸流通培育企业，落实商贸流通企业培育支持政策措施，推动商贸流通企业健康发展；推动电子商务等信息技术在中小微企业中的推广普及和深化应用。

省统计局和国家统计局青海调查总队要创新中小微企业统计模式，会同有关部门核实企业统计数据，参与确定培育企业名单，及时把达到规上标准的企业纳入统计范围，加强企业数据分析和研究，为培育工程顺利实施提供支持。

省人力资源和社会保障厅落实培育企业就业人员的培训、补贴政策，加大对培育企业支持力度。

省文化新闻出版厅负责筛选确定文化新闻出版培育企业，落实文化新闻出版企业的支持政策，大力发展文化新闻出版中小微企业。

省科技厅落实为科技型、创新型企业的各项服务，做好对认定的省级科技企业孵化器、大学科技园的机构和省级科技服务平台的政策支持；负责筛选确定科技服务行业培育企业，落实培育政策措施，支持企业加快发展。

省国土资源厅落实企业项目用地及资源配置的各项优惠政策，加大对培育企业的支持；筛选确定采矿业培育企业，落实扶持措施。

省环境保护厅要做好培育企业项目环评审批工作，落实好对中小微企业项目环评优惠政策；筛选确定相关行业培育企业，支持企业健康快速发展。

省交通厅落实好各项减免费政策，筛选确定交通运输培育企业，落实支持政策措施，促进培育企业加快发展。省旅游局负责筛选确定旅游行业培育企业，落实培育企业的支持政策，大力发展旅游行业中小微企业。

省住房和城乡建设厅负责筛选确定相关行业培育企业，落实企业培育措施，推动企业健康发展。

省国税局、省地税局负责全面落实各项涉及小微企业免征、减征、税前加计扣除、减计收入的相关税收优惠政策，并将具体落实情况按季度报协调工作小组。

人民银行西宁中心支行负责推动金融机构开展多样化、个性化、专业化服务，指导和督促商业银行开发有针对性的中小企业融资产品。

省内各银行业金融机构要创新金融产品和服务，支持企业采取信用贷款、知识产权质押、仓单质押等多种方式融资，加大对培育企业的信贷支持力度。

三大园区要积极推动小微企业创业园和中小微企业集聚区建设工作，不断完善创业园、集聚区的基础设施和服务功能，提高公共服务和专业化服务能力。

青海省信用担保集团有限责任公司要积极拓展担保业务，创新担保方式，加大对中小微企业的融资担保服务力度，扩大对中小微企业的担保业务量，提高担保业务对中小微企业的覆盖范围。

其他相关部门按照《千家中小微企业培育工程目标任务分解表》确定事项有效推动千家企业培育工程的实施。

（二）全面推动实施

各地区、各部门、各园区要按照本意见和《关于贯彻落实支持小型和微型企业发展的若干政策措施的实施意见》（青政办〔2012〕68号）职责分工要求，统筹协调本地区、本部门、本园区企业培育工作，分解落实所属区县的培育工作任务。各地区党政一把手要亲自抓，分管领导具体抓，建立健全责任制，把责任落实到乡镇、街道、社区，落实到政府部门的工作人员。

2013年8月

附件

千家中小微企业培育工程目标任务分解表

一、分地区目标分解

地区	培育企业户数	向“双百行动”输送培育企业户数	规上企业增加户数	每年新注册中小微企业户数
西宁市	280	10	25	200
海东市	180	5	20	180
海西州（含柴达木循环经济试验区）	150	10	25	190
海南州	80	3	10	80
海北州	80	3	10	80
黄南州	40	2	3	40
玉树州	20	1	2	25
果洛州	20	1	2	25
西宁经济技术开发区	120	10	15	100
海东工业园	30	5	10	80
合 计	1000	50	122	1000

二、分行业目标分解

序号	行业类别	培育企业户数	牵头部门
1	农、林、牧、渔业	50	省农牧厅
2	采矿业	30	省国土资源厅
3	制造业	740	省经委
4	建筑业、房地产业	20	省住房和城乡建设厅
5	交通运输业	10	省交通厅
6	现代物流等生产性服务业、信息产业	30	省经委
7	批发、零售、住宿、餐饮等生活性服务业和外贸出口行业	70（其中外贸出口企业20户）	省商务厅
8	文化产业	10	省文化和新闻出版厅
9	旅游产业	10	省旅游局
10	金融、保险业	10	省金融办
11	科学研究、技术服务业	10	省科技厅
12	环境和公共设施管理业	10	省环境保护厅
合计		1000	

续表

三、分部门任务分解			
序号	工作任务	牵头部门	协助部门
1	实现“双20”总体目标，推荐企业户数770家，负责向“双百行动”输送培育工业企业50户以上。建立国家级中小企业公共服务示范平台10个，省级中小企业公共服务平台20个。新增国家级企业技术中心1~2家，省级企业技术中心10家。对物流需求量较大的企业，优先安排运量。加强银政企合作，推进银企协商和项目对接。	省经委	省科技厅、省农牧厅、省商务厅、省金融办、省住房和城乡建设厅、省交通厅、省文化厅、省旅游局、各园区
2	各地区企业主管部门和各园区管委会要对本地和本区域内的企业全面摸底，提出培育对象和培育数量，每年对培育对象根据经营和发展情况进行综合评价，适当调整，有进有出。由青海省促进小微企业发展协调工作小组办公室备案认定。各园区要建立中小微企业创业园、科技园和集聚区，有条件的县（市、区）要建立中小微企业创业孵化基地，加大对千家培育企业支持力度，实现双“20”目标。	各州、市，各园区	
3	负责中小企业集合债的组织发行。	省发改委	省经委、省金融办
4	加大支持力度。逐步增加省本级预算中的中小企业发展专项资金规模。创新支持方式。省本级财政和各级政府安排的各类涉企专项资金要形成合力，对培育企业进行全方位、倾斜式支持。设立青海省中小企业发展基金。	省财政厅	省经委、省科技厅、省农牧厅、省商务厅、省金融办
5	增加中小企业信贷投放。省内各银行业金融机构要确保小微企业贷款增速不低于全部贷款平均增速，增量不低于上年增量。加大对增加就业明显、科技型企业信贷投放。	人民银行西宁中心支行 省金融办	省内各银行业金融机构
6	加强对中小微企业经营者和财务人员的培训，根据培育企业发展的不同阶段进行有针对性、连续性的培训辅导和政策扶持，提高培训的效果和质量，全面提升企业管理者和财务人员素质。落实培育企业就业人员的培训、补贴政策，加大对培育企业支持力度。	省人力资源和社会保障厅	各州、市政府
7	负责推荐70家商贸流通企业，落实商贸流通企业培育支持政策措施，推动商贸流通企业健康发展。推动电子商务等信息技术在中小微企业中的推广普及和深化应用。	省商务厅	省经委、省农牧厅、省科技厅
8	筛选推荐科技创新型企业，依托国家科技型中小企业技术创新基金，对科技型中小企业进行分类支持，精心培育，每年培育一批有较高价值品牌的科技型中小企业，新增省级工程技术研究中心10家，科技型企业20户，高新技术企业15户。	省科技厅	省经委、省农牧厅、省商务厅
9	新增中国驰名商标3~5个，青海省名牌产品15~20个，青海省著名商标15~20个。对除食品流通许可以外的各类企业登记许可申请在7个工作日内办结；申请办理企业设立登记、变更登记，符合条件的，审批时限缩短为5个工作日；申请名称登记的，实行当天受理、当天核准、当场办结制。	省工商局	省经委、省农牧厅、省商务厅、省科技厅、 省质监局
10	在多层次资本交易市场上新增股权交易挂牌企业10户以上，培育上市及挂牌后备企业20户以上。鼓励小微企业在多层次资本市场上市（挂牌）、发债和开展并购重组活动。对开展挂牌上市和发债成功的企业给予费用补贴。建立健全中小企业信用担保体系。进一步推动和完善金融机构风险补偿机制。	省金融办	省经委、省财政厅、省科技厅、省农牧厅、
11	推荐50家农、牧、渔业企业，落实涉农企业政策措施，支持涉农企业健康发展。	省农牧厅	省经委、省商务厅、省科技厅
12	对环境无影响的小微企业项目执行备案登记制度，并当日办结；对环境有一定影响的小微企业项目，简化项目环评审批程序，执行环境影响报告表制度，并在3个工作日内办结。	省环境保护厅	
13	对千户培育企业融资需办理抵押土地使用权登记的企业，在符合相关规定条件的基础上，国土资源管理部门要在10个工作日内办结。	省国土资源厅	

续表

三、分部门任务分解			
序号	工作任务	牵头部门	协助部门
14	推荐10家交通运输企业。落实各项减免费政策，切实减轻企业负担。	省交通厅	
15	推荐10家文化产业企业，以文化资源为依托，提升并推动文化产业集群式发展。	省文化和新闻出版厅	
16	推荐10家旅游产业企业，以旅游资源为依托，提升并推动旅游产业集群式发展。	省旅游局	
17	负责推荐20家培育企业，落实企业培育措施，推动企业健康发展。	省住房和城乡建设厅	
18	负责全面落实各项涉及小微企业免征、减征、税前加计扣除、减计收入的相关税收优惠政策，并将具体落实情况按季度报“协调工作小组”。	省国税局、省地税局	
19	积极拓展担保业务，创新担保方式，扩大对中小微企业的担保业务量，提高担保业务对中小微企业的覆盖范围。	青海省信用担保集团有限责任公司	

自治区党委 人民政府关于加快发展非公有制经济的若干意见

宁党发〔2013〕7号

为全面贯彻落实党的十八大精神，大力实施“两大战略”，扎实推进宁夏内陆开放型经济试验区和银川综合保税区建设，毫不动摇地鼓励、支持、引导非公有制经济发展，保证各种所有制经济依法平等使用生产要素、公平参与市场竞争、同等受到法律保护，促进我区非公有制经济又好又快发展，现提出如下意见。

一、放开投资领域

按照国务院关于鼓励和引导民间投资健康发展的要求，全面清理并废止一切限制民间投资的不合理政策、规章，除国家明令限制民间投资进入的行业外，其他一律放开。

（一）鼓励参与基础设施建设。支持民间资本投资公路、铁路、油气管网、商贸物流等项目，参与经营公铁联运、铁海联运等物流业务。支持依法参与煤炭资源开采，煤矿经营、煤炭洗选加工和煤化工等项目；参与石油和天然气管网建设和大型炼油等项目，开展煤炭等矿产品进出口和加工贸易。支持参股进入基础电信运营市场，支持民间资本开展增值电信业务。支持独资或参股建设各类电站。

（二）鼓励进入金融服务领域。支持参与商业银行增资扩股；支持投资村镇银行、资金互助社等新型农村金融机构，放宽村镇银行最低出资比例的限制；支持设立小额贷款公司、私募股权基金、风险投资基金等金融（融资）租赁公司、汽车金融公司、企业财务公司、信托投资公司等非银行金融机构。宁夏银监局、自治区金融办分别制定具体实施方案。

（三）鼓励参与园区建设。支持民间投资工业园区、产业集中区、物流园区、慈善园区等各类园区建设和运营，依法保护其所有权、受益权和处置权，同等享受国家有关园区建设的优惠政策。

（四）鼓励参与市政建设。支持进入城镇供水、供气、污水处理、中水回用、雨水收集、环卫保洁、垃圾清运、园林绿化等市政项目建设、运营，已建成项目可通过公开拍卖经营权方式鼓励参与运营管理。

（五）鼓励参与社会事业建设。支持兴办各类医疗机构，对承担公共卫生服务、基本医疗服务和医疗保险定点服务的民营医疗机构，以政府购买服务形式给予补偿；支持进入教育领域，对达到国家办学标准的民办学校，给予与公办学校同等的办学补贴；支持进入政策许可的文化创意产业，开展出版发行、影视制作、演艺娱乐、文博会展、动漫游戏、网络服务等业务；支持参与建设和经营有线电视接入网、有线电视接收端数字化改造等项目。

二、放宽准入条件

降低创业门槛，千方百计扩充市场主体。

（六）创新出资方式。允许以实物、土地使用权、农村土地承包经营权、商标权、专利权、著作权、版权、债权、林权、持有的股权等作价出资创办小微企业。作价出资金额最高可占公司注册资本的70%。

（七）允许延长出资期限。试行注册资本“零首付”，除高危、食品药品等安全行业和重污染行业及小额贷款公司、担保公司外，允许资金不足而其他前置许可要件齐全的企业先登记注册，一年内注册资本到位20 %，其余部分三年内到位。

（八）鼓励个体工商户转为企业。保持工商登记档案资料延续性，在不重名的前提下继续保留使用原名称、字号和商标使用权，沿用原前置许可转为公司制企业。

（九）放开经营范围。企业注册时，除涉及食品药品安全、文化安全和公共安全领域及公司经营范围中属于国家法律、规章规定在登记前须经批准的项目外，其他领域可不限经营范围。

三、创新金融服务

大力推进金融产品创新，努力形成多层次、多业态、多类型金融产品互相促进、竞争有序的金融市场。

（十）加大信贷支持力度。支持各类银行建立适应中小微企业特点的信贷管理和贷款评审制度；运用再贷款、再贴现和差别准备金动态调整等货币政策工具引导金融机构加大对中小微企业的信贷支持；积极引进国内外大型商业银行，争取发展区域性股份制银行。宁夏银监局、人民银行银川中心支行、自治区金融办分别制定或完善具体办法。

（十一）规范商业银行服务收费。禁止金融机构对小微企业贷款违规收取承诺费、资金管理费、财务顾问费、理财咨询费等费用。禁止金融机构向企业贷款时重复设置保全措施。宁夏银监局牵头负责制定监管办法。

（十二）加强担保体系建设。建立规范的政策性担保机构资本金注入机制，整合各部门分设的担保机构，集中力量做大做强宁夏担保集团和五市担保中心。自治区加大对宁夏担保集团资本金注入力度，“十二五”末资本金达到10亿元以上。建立融资性担保机构风险补偿机制，适当降低对小微企业及“三农”的贷款担保收费。自治区财政厅、金融办负责制定具体办法。

（十三）拓宽融资渠道。自治区金融办要建立中小企业上市后备资源库，加强优质中小企业上市培育和指导；积极扶持具备条件的非公有制企业境内外上市融资。自治区发改委会同自治区经济和信息化委等自治区有关部门加强对非公有制企业发行债务融资工具的宣传、培训、辅导和推介，扩大非公有制企业通过发行短期融资券、中期票据以及中小企业集合票据、集合债券和企业债、公司债、集合信托等发行规模，自治区财政按其发行额度每年给予2%贴息；自治区金融办要积极稳妥发展私募股权投资和创业投资等融资工具。

（十四）放宽融资抵押品范围。支持银行业金融机构在依法合规和有效管理风险的前提下，鼓励采用知识产权、仓单、商铺经营权、商业信用保险单、股权、应收账款、特许经营权、政府采购合同等无形资产进行抵质押贷款。加快推进农村金融服务创新，积极探索土地承包经营权、农房和林权等“三权”抵押融资。

（十五）做大做强新型金融机构。支持小额贷款公司不断增资扩股，壮大规模，提高抗风险能力；继续推行由“大银行—小额贷款公司—全民创业”无缝对接直通车模式，解决小额贷款公司后续资金不足问题，促使小额贷款公司可持续健康发展；鼓励和引导区（境）外优秀企业及优秀企业家来我区设立小额贷款公司，实现我区小额贷款公司由数量型向质量型转变。

四、加大财政扶持

深入实施中小企业“百家成长，千家培育”工程，推动非公有制企业转型升级。

（十六）建立中小微企业发展基金。自治区出资5亿元设立中小微企业发展基金，作为国家中小企业发展基金的配套资金，分5年到位，主要用于引导地方、创业投资机构和其它社会资金支持初创期小微企业发展和中小企业应对市场风险等，其中用于临时周转的资金实行无息、有期、循环使用。自治区财政厅、经济和信息化委共同制定具体管理办法。

（十七）实行特殊的财政补贴政策。对新办小微企业，由受益财政出资，自取得第一笔收入的纳税年度起3年内享受与其缴纳企业所得税、增值税和营业税地方留成部分等额的财政补贴；后3年享受与其缴纳企业所得税、增值税和营业税地方留成部分50%的财政补贴。自治区财政厅负责制定具体办法。

（十八）加大技改力度。自治区中小企业发展专项资金每年递增10%，重点支持信息化与工业化融合、公共服务平台建设、重点领域和关键环节的技术改造等。自治区财政厅、经济和信息化委共同负责制定具体办法。

（十九）优化市场环境。政府采购产品、服务和工程招标对符合资质要求的各类企业同等对待。招标单位不得提高投标企业资质等级排斥潜在投标人。面向小微企业的采购项目不低于年度预算总额的20%，采购评审中对小微企业产品可给予6%—10 %的价格扣除。自治区公共资源交易管理局牵头负责制定具体办法，并组织实施。

（二十）建立奖励制度。每年对小微企业依据前3年的贡献情况给予一定奖励。由县（市、区）财政出资，以小微企业前3年平均纳税额为基数，给予税收新增部分30%的奖励。自治区财政厅、经济和信息化委共同负责制定具体办法。

（二十一）构建科技创新长效机制。自治区财政用于扶持企业科技创新的资金要保持均衡增长，支持中小企业建立创新研发平台，加强行业技术创新平台建设，政府投资建设的大型科技平台对各类企业开放，适当减免中小微企业使用费。

（二十二）加强人力资源培育。每年培训1000名高级经营管理人才。对到小微企业从事技术研发、成果转让的事业单位高层次人才，其人事关系5年内可保留在原单位，由原单位继续为其缴纳单位应缴部分的社会保险，同时允许其回原单位评审专业技术资格，其在企业从事本专业工作业绩，可作为评审相应专业技术资格的依据。企业每吸纳1名宁夏籍应届高校毕业生，签订1年以上劳动合同并按规定缴纳社会保险费的，由所在市县一次性给予企业上岗培训补贴2000元。高等院校、科研院所等专业技术人员在完成本职工作的前提下在职创业的，其收入归个人所有。

（二十三）鼓励建设职工公寓。将非公有制企业自建的职工公寓纳入公共租赁住房年度建设计划，享受公共租赁住房税费优惠政策和减免自治区各项行政事业性收费、政府性基金的优惠政策和中央、自治区有关补助资金。自治区住建厅负责制定具体办法。

五、减轻税费负担

坚持放水养鱼、与民生息的原则，切实减轻企业负担。

（二十四）落实西部大开发税收优惠政策。对自治区新办的大中型非公有制企业，自取得第一笔收入的纳税年度起，免征地方分享部分的企业所得税5年；已注册成立的非公有制企业，凡符合西部大开发鼓励类目录的，执行西部大开发15 %的税收优惠政策，同时符合自治区招商引资政策的，可再执行自治区招商引资税收优惠政策。

（二十五）鼓励股权投资。创业投资企业采取股权投资方式投资于未上市的中小微高新技术企业2年以上的，可按其投资额的70%在股权持有满2年的当年抵扣该创业投资企业的应纳税所得额；当年不足抵扣的，可在以后纳税年度结转抵扣。

（二十六）帮扶中小微企业。对新办小微企业，对房产税、城镇土地使用税进行三免三减半政策；对纳税困难的中小微企业，经有权限的税务机关审批，可减征或免征房产税、城镇土地使用税；经营确有困难的中小微企业，经审批可延期3个月缴纳税款，缓缴期间免予加收滞纳金。

（二十七）规范中介服务收费。对现有各类行政许可，凡无法律依据的，一律坚决取消。除中央明确要求外，各级政府不得自行设定行政许可。对虽有法律依据但不适应经济社会发展的行政审批事项要按法定程序及时进行调整或取消。对依附于行政许可的各种中介服务，能取消的取消，能合并的合并，能降低收费标准的降低收费标准。政府部门不得硬性指定中介服务机构，工业园区可由政府统一购买有关中介服务。自治区政府法制办负责清理涉企行政许可，物价局负责重新核定中介服务收费标准。自治区经济和信息化委要建立全区非公有制企业负担监测评估报告制度，定期向社会公布监测评估结果。

（二十八）减免行政事业收费。非公有制企业登记注册费在现行收费基础上实行减半收取，免征小微企业部分管理类、登记类和证照类行政事业性收费。取消个体工商户登记费和变更登记费。取消执法监督中向受检企业收取的样品费和检验检测费。免收小微企业地方教育费附加、水利建设基金、残疾人就业保障金等政府性基金。免除对小微企业的气象、文物、绿化、消防、地震、质检、人防等收费。凡收费标准有上下限的，一律按下限收取，严禁提高标准或变相提高标准乱收费。自治区工商局、财政厅、物价局分别制定具体办法。

六、健全服务体系

着力解决好有人议事、有人负责、有人办事、有钱办事的问题。

（二十九）理顺体制。整合行政资源，优化职能配置，理顺中小企业管理体制，加强统筹规划、综合协调和指导服务。自治区编办、经济和信息化委共同负责研究制定方案。

（三十）建立公共服务平台。建设自治区、市、县三级中小企业公共服务平台网络体系，开展人才培训、技术创新和质量服务、信息化、管理咨询、融资担保和信用、创业服务、市场开拓、国际合作、法律维权等服务。

（三十一）建立统计监测体系。建立中小微企业统计指标体系，强化中小微企业统计调查和运行监测分析。自治区统计局、经济和信息化委、国家统计局宁夏调查总队共同制定具体办法。

（三十二）切实维护企业合法权益。未经法定程序，不得查封、扣留、冻结企业财产和资金。对非法侵害非公有制企业和个体工商户权益、干扰企业生产经营活动的行为要从严查处。

（三十三）保护正当竞争。引导非公有制企业严格执行法律法规，自觉遵守产品质量、环境保护、安全生产等有关规定。加强对非公有制企业执行劳动合同、工资报酬、劳动保护和社会保险等法律法规的监察。鼓励非公有制企业建立工会组织，保障职工的合法权益，构建稳定和谐的劳动关系。

（三十四）支持商会和行业协会工作。剥离依附于行政机构的行业协会，规范运行机制，核定收费项目和标准。自治区对机构健全、运转良好、业绩突出的大型驻宁商会给予一定工作经费补助。对做出突出贡献的给予表彰奖励。自治区财政厅、物价局和工商联共同制定具体办法。

（三十五）建立投诉机制。设立中小微企业服务投诉电话，除法律、法规、规章另有规定外，5个工作日内回复投诉事项处理情况。建立查访机制，严查“门难进、脸难看、事难办”和“吃拿卡要”等问题；建立追责机制，对故意刁难、妨碍企业生产经营造成严重影响的单位和个人依法依规处理。投诉电话设在自治区监察厅，由监察厅在公开媒体上予以公告。

七、加强组织领导

各级党委、政府要把发展非公制经济摆在更加重要的位置，立足实际研究制定具体实施办法，确保中央和自治区各项扶持非公经济的政策措施落到实处。

（三十六）加强综合协调。调整和充实自治区非公有制经济领导小组，协调解决非公有制经济发展过程中出现的问题，促进非公有制经济快速健康发展。自治区经济和信息化委要充分发挥领导小组办公室作用，作好相关工作。

（三十七）加强党的建设。高度重视非公有制经济组织党建工作，不断扩大党的组织和党的工作覆盖面，充分发挥党组织在职工中的政治核心作用和对企业发展的政治引领作用，促进非公有制经济健康快速发展。

（三十八）建立考核制度。各地要建立健全政府领导负责、部门分工明确、责任落实到位的工作协调机制。把发展非公经济纳入各级政府效能考核。自治区每年向社会公布各市、县（区）中小企业发展目标考核和县域工业园区考核综合测评结果。

（三十九）营造良好氛围。大力宣传促进非公经济发展的珐律法规和方针政策，表彰非公经济发展中涌现出的优秀企业、优秀企业家和优秀个体工商户，激发广大非公有制企业活力。

2013 年 1 月 10 日

宁夏回族自治区科技型中小企业认定管理办法（暂行）

第一章 总 则

第一条 为促进科技型中小企业加快发展，规范科技型中小企业的认定和管理，根据《中华人民共和国中小企业促进法》、《宁夏回族自治区促进中小企业发展条例》，以及《自治区党委 人民政府关于加快推进科技创新的若干意见》（宁党发［2013］37 号），制定本办法。

第二条 中小企业是指在自治区行政区域内依法设立的符合国家产业政策和有关中小企业划分标准的各种所有制和各种形式的企业。

第三条 本办法所称科技型中小企业是指拥有从事研究开发的科技人员和知识型员工，投入科技经费、开展技术创新活动，并依托自有技术提供产品或服务的中小企业。

第四条 自治区科技厅、自治区经信委负责科技型中小企业的认定和管理工作；各市、县科技部门、工信部门负责本地区科技型中小企业认定的组织、受理和推荐工作；认定工作采用常年受理，集中认定的方式。

第二章 认定条件

第五条 凡在自治区内的中小企业，符合国家产业政策、技术政策，具有从事研究开发的科技人员和知识型员工和科技投入，依托自有知识产权或专有技术、先进知识等提供产品或服务的，达到以下条件的，可申请认定为科技型中小企业：

（一）工业企业从业人员在 1000 人以下或者年营业收入在 40000 万元以下；涉农企业从业人员在 1000 人以下或者收入在 20000 万元以下；技术服务业等其他行业企业从业人员 500 人以下或者营业收入 10000 万元以下。

（二）企业大专以上学历的科技人员占职工总数比例不低于 20%，其中直接研发人员占企业职工总数不低于 5%，企业具有相应的研发条件。

（三）企业近 2 个会计年度（成立时间不足 2 年的按实际经营年限计算）的研究开发费用总额占主营业务收入到达以下标准：

销售收入 20000 万元以上的不低于 1.5%；

销售收入 5000 万元～20000 万元的不低于 2%；

销售收入 1000 万元～5000 万元以下的不低于 3%；

销售收入 1000 万元以下的不低于 5%；

（四）企业拥有自主知识产权、科技成果、专有技术或者承担过科技项目，包括：专利、商标、标准、新药证书、动植物新品种、集成电路布图设计、计算机软件著作权、经认定的科技成果或其他专有技术等。

（五）企业依托技术创新、自主知识产权或专有技术形成的产品，以及具有一定技术含量的产品和技术性服务收入的总和占企业年度总收入的比例不低于 30%。

第六条 凡符合中小企业划型标准，已通过认定的高新技术企业、自治区级以上创新型（试点）企业视同为科技型中小企业，填写自治区科技型中小企业认定信息表进行备案，不再重新认定。

第三章 认定程序

第七条 申请科技型中小企业认定的企业，应向企业注册地所在的市、县科技部门提交以下材料：

（一）《自治区科技型中小企业认定申请书》；

（二）企业近 2 年经审计的财务报表、研究开发经费投入证明材料（不足 2 年的按照实际经营年限计算）；

（三）其它材料，包括组织机构代码证、工商营业执照、知识产权、科技成果等证明材料。

第八条 市、县科技行政管理部门会同工信部门对本地申报企业填报信息进行审查、审核并签署推荐意见，上报至自治区科技厅。

第九条 自治区科技厅会同自治区经信委组织有关管理部门及相关行业专家对申报企业进行评审。

第十条 自治区科技厅、经信委对拟认定的科技型中小企业名单进行公示，公示期为 10 个工作日，经公示无异议后，联合签发认定文件。

第四章 认定企业管理

第十一条 科技型中小企业实行动态管理，实行“一年一报告，三年一复审”的动态管理方式。

（一）经认定的科技型中小企业应当于每年4月底前填报上年度信息表，市、县科技部门审核后，报自治区科技行政管理部门备案。

（二）认定满3年的科技型中小企业，需要按本办法要求进行复审。企业应在期满前3个月提出复审申请，不提出复审申请或复审不合格的企业，其科技型中小企业的资格将自动取消。

第十二条 认定通过的科技型中小企业存在提供虚假信息、违法违规等行为的将取消资格，3年内不再受理该企业的认定申请。

第五章 扶持政策

第十三条 经认定的科技型中小企业，在享受现有各项支持政策的同时，企业科技创新后补助标准提高到30%；创新贡献大、示范带动强的科技型中小企业，后补助标准提高到40%。

第十四条 对规模较大的科技型中小企业，自治区“百家成长、千家培育”工程将予以重点扶持；对规模较小的科技型中小企业，自治区在科技型中小企业创新资金、国家创新基金将予以重点培育。

第十五条 积极向金融机构推荐科技型中小企业的贷款融资项目，并对科技型中小企业的融资项目优先给予贴息补助。

第十六条 自治区中小企业服务机构将在科技型中小企业的创业孵化指导、项目申报、专利服务、科技检索、技术转让、税收政策等方面积极向科技型中小企业提供优质服务。

第六章 附 则

第十七条 本办法由自治区科技厅负责解释。

第十八条 本办法自发布之日起实施。

自治区关于进一步支持小型微型企业健康发展的实施意见

新政发〔2013〕52号

伊犁哈萨克自治州，各州、市人民政府，各行政公署，自治区人民政府各部门、各直属机构：

小型微型企业是实体经济的重要组成部分，在增加社会就业、推动科技创新、保持经济平稳较快发展、保障社会和谐稳定等方面具有不可替代的作用，对推进新疆实现跨越式发展和长治久安具有重要的战略意义。为认真贯彻落实《国务院关于进一步支持小型微型企业健康发展的意见》（国发〔2012〕14号），进一步优化发展环境，促进自治区小型微型企业健康发展，结合我区实际，提出以下实施意见：

一、充分发挥财政资金支持作用

（一）自治区中小企业发展专项资金对小型微型企业创新成果应用、技术改造、转型升级项目予以重点支持。自治区其他支持企业发展的各类专项资金加大对小型微型企业的支持力度。（责任单位：自治区经信委、财政厅）

（二）设立自治区中小企业发展基金。基金的资金来源包括自治区财政预算安排、基金收益、捐赠等。基金主要用于引导地方、创业投资机构及其他社会资金支持处于初创期的高成长性、科技创新型、劳动密集型小型微型企业。（责任单位：自治区经信委、财政厅）

（三）自治区根据财力情况，适当增加自治区新产品新技术开发推广资金、科技型中小企业技术创新基金规模，对小型微型企业科技项目和产学研合作项目予以优先支持。（责任单位：自治区经信委、科技厅、财政厅）

（四）负有编制部门预算职责的各部门在满足机构自身运转和提供公共服务基本需求的前提下，应当预留本部门年度政府采购项目预算总额的30%以上，专门面向自治区中小企业采购，其中，预留给小型微型企业的比例不低于60%。（责任单位：自治区财政厅）

（五）落实中央和自治区财政、价格主管部门已公布取消的行政事业性收费，继续清理涉企不合理的经营性收费。自2012年1月1日至2014年12月31日对小型微型企业免征部分管理类、登记类和证照类行政事业性收费。（责任单位：自治区财政厅、发改委、减负办、监察厅）

二、落实扶持小型微型企业发展的税收优惠政策

（六）自2012年1月1日至2015年12月31日，对年应纳税所得额低于6万元（含6万元）的小型微利企业，其所得减按50%计入应纳税所得额，按20%税率缴纳企业所得税。将符合条件的国家中小企业公共服务示范平台中的技术类服务平台，纳入现行科技开发用品进口税收优惠政策范围。（责任单位：自治区国税局、地税局、财政厅）

（七）创业投资企业采取股权投资方式投资于未上市的中小微型高新技术企业2年以上的，可按其投资额的70%在股权持有满2年的当年抵扣该创业投资企业的应纳税所得额；当年不足抵扣的，可以在以后纳税年度结转抵扣。（责任单位：自治区国税局、地税局、经信委、财政厅）

三、加大金融支持力度

（八）各银行业金融机构要在确保“两个不低于”（对小型微型企业贷款的增速不低于全部贷款平均增速，贷款的增量不低于上年同期水平）的基础上，不断创新小型微型企业金融产品、信贷模式和服务方式。（责任单位：新疆银监局、人民银行乌鲁木齐中心支行）

（九）允许商业银行将单户 500 万元（含 500 万元）以下的小型微型企业贷款视同零售贷款计算风险权重，降低资本占用。对商业银行小型微型企业贷款不良率的容忍度放宽至 5%。对信用等级高的小型微型企业，要降低利率上浮幅度或执行基准利率，对经营正常的企业不得提前收贷。（责任单位：新疆银监局、人民银行乌鲁木齐中心支行）

（十）推动小型微型企业进行股份制改造，完善小型微型企业上市扶持引导机制。对具有上市潜力、成长性好的小型微型企业及时纳入自治区重点培育成长性企业上市后备资源库进行重点指导、培育，对自治区企业上市给予资金支持，帮助其在中小板、创业板、新三板（全国中小企业股份转让系统）上市融资。（责任单位：自治区金融办、新疆证监局）

（十一）支持符合条件的小型微型企业通过发行短期融资券、集合票据、区域集优、企业债券等形式进行融资。自治区中小企业发展专项资金对成功发行集合票据和通过区域集优模式融资的小型微型企业的发行费用给予一定额度的补助。（责任单位：自治区经信委、人民银行乌鲁木齐中心支行、财政厅、发改委）

（十二）对担保机构当年新增小型微型企业担保业务额占新增担保业务总额 70% 以上，且新增担保业务额达到平均净资产 2 倍以上的融资性担保公司，自治区中小企业发展专项资金按每年年末新增平均在保余额的一定比例给予补助。（责任单位：自治区经信委、财政厅）

（十三）对经确认的小型微型企业延期贷款担保损失，中小企业发展专项资金对担保机构给予一定比例的损失补偿，单户每年最高不超过 80 万元；对融资性担保公司针对小型微型企业开展的专利权、股权质押融资的贷款损失，按损失额 20% 给予补偿，单户每年最高不超过 60 万元。（责任单位：自治区经信委、财政厅）

四、帮助小型微型企业积极开拓市场

（十四）支持小型微型企业积极开拓国际市场。对小型微型企业参加境外商品展览、开展境外商标注册和专利申请、进行国际市场宣传推介等国际市场开拓活动给予补助。对通过公路运输将其产品销往内地的小型微型工业企业给予一定的运费补贴。（责任单位：自治区商务厅、经信委、财政厅）

（十五）鼓励和支持农产品小型微型企业在京、津、沪、粤、苏等援疆省市的批发市场、农贸市场、商场和超市，建立特色农产品综合展馆、展厅、专营店、直销店和销售专区、专柜。（责任单位：自治区商务厅、农业厅、工商联）

（十六）深化分类通关改革，缩短符合条件的小型微型企业进、出口货物在口岸的滞留时间。设立乌鲁木齐海关集中接单现场，降低企业通关成本。扩大跨关区“属地申报、口岸验放”的通关模式范围，在保障有效监管的前提下，将适用企业范围由之前的 AA 类及 A 类以上放宽至一年内无走私违规记录、资信良好的 B 类生产型出口企业。降低企业进出口货物运输成本和通关时间，海关与出入境检验检疫局共同探索实现“一次申报，一次查验，一次放行”。对出口瓜果、蔬菜等农副产品以及深加工制品，海关在通关过程中开辟“绿色通道”，给予“提前申报，货到验放”、“预约通关”、“加急通关”等多项通关便利措施。（责任单位：乌鲁木齐海关、新疆出入境检验检疫局）

（十七）引导大企业与小型微型企业开展多种形式的经济技术协作，构建良好的利益机制，主动将外包产业链条有关环节给小型微型企业，实现互利双赢。研究制定防止大企业长期拖欠小型微型企业资金的政策措施。（责任单位：自治区国资委、经信委）

五、鼓励小型微型企业创业发展，增加就业

（十八）从 2012 年 1 月 1 日至 2014 年 12 月 31 日，对新设立的注册资本（金）50 万元以下的企业（含个体工商户）免收注册登记类、证照类行政事业性收费。对大中专毕业生、城镇失业人员、退役士兵、返乡创业农民、残疾人等困难群体初次创业申办企业的，实行注册资本零首期缴纳，自领取营业执照后 2 年内缴足出资人认缴的注册资本（注册资本不得低于法定最低注册资本）。（责任单位：自治区工商局）

（十九）对小型微型企业和个体工商户在当年新招用大中专毕业生，与其签订 1 年以上期限劳动合同并交纳社会保险费的，在 5 年内按实际招用人数每人每年 4000 元为限额扣减地方税收，其中对吸纳南疆三地州、少数民族大中专毕业生限额标准可上浮 20%。政策审批期限截止到 2015 年 12 月 31 日。（责任单位：自治区人力资源和社会保障厅、财政厅）

（二十）鼓励建设小企业创业基地。各地政府要优先安排用地计划指标，规划建设小企业创业基地，简化审批手续。鼓励各级工商联、行业协会、商会和异地协会、商会投资创办小企业创业基地（园区）。“十二五”期间，每个地州市至少建设一个小企业创业基地。（责任单位：各州、市人民政府，各行政公署）

（二十一）支持利用闲置的厂房、场地或依托

工业园区、大学科技园区，建设小企业创业基地。鼓励创业基地和各类园区建设标准厂房，为小型微型企业提供生产经营场地。对建设小企业创业基地实施的交通、供水、绿化、能源供应及排污综合治理等基础设施建设给予支持。对创办三年内租用经营场地和店铺的小型微型企业，各地中小企业发展专项资金给予一定比例的租金补贴。（责任单位：自治区经信委）

（二十二）对进入自治区创业孵化基地和国家级开发区（园区）的小型微型企业，其新建、技改项目自治区中小企业发展专项资金予以倾斜支持。（责任单位：自治区经信委）

六、加强对小型微型企业的人才培养

（二十三）按照《自治区中长期人才发展规划纲要（2010－2020）》确定的重点领域，组织开展面向小型微型企业各类人才的培训，选拔一批小型微型企业经营管理人才、专业技术人才、高技能人才和企业信息化人才纳入自治区新型工业化人才库统一培养。（责任单位：自治区经信委、人力资源和社会保障厅）

（二十四）继续组织实施中小企业银河培训工程。以小型微型企业为重点，支持社会化培训机构开展小型微型企业经营管理人才、专业技术人才和高技能人才培训，“十二五”期间，培训万名经营管理人才和创业者。（责任单位：自治区经信委、人力资源和社会保障厅、财政厅）

七、帮助小型微型企业提升经营管理水平

（二十五）支持小型微型企业取得质量管理体系认证、环境管理体系认证和产品认证等国际标准认证，推广先进的质量管理理念和方法，严格执行国家标准，建立健全质量管理体系、企业标准体系，严格执行生产许可、经营许可、强制认证等准入管理，增强产品质量安全保障能力。（责任单位：自治区质监局、经信委）

（二十六）支持和推进信息技术在小型微型企业的产品设计、生产管理、采购管理、销售管理、经营管理等环节中的应用，提升小型微型企业经营管理水平。（责任单位：自治区经信委）

（二十七）组织实施创品牌、育名牌工程，建立小型微型企业的品牌培育及奖惩激励机制，强化企业对维护品牌信誉的自我约束。积极引导和鼓励小型微型企业参与标准制（修）订工作。建立以组织机构代码实名制为基础的企业质量信用档案，以物品编码为溯源手段的产品质量信用信息平台。（责任单位：自治区质监局、经信委）

（二十八）支持中小企业提升知识产权创造、运用、保护、管理能力，依靠自主创新开拓市场。有针对性地对中小企业进行知识产权培训，提高企业知识产权意识。推进知识产权试点示范，引导企业建立和完善知识产权工作体系、制度和机制，加强企业运用知识产权制度的能力。提升知识产权管理和服务工作，提供申请、运用、保护、托管、咨询、质押融资等服务。完善知识产权专业技术评价体系和人才评价标准，开展企业知识产权管理工作人员职称评定工作，为中小企业培养储备人才。（责任单位：自治区科技厅、知识产权局、经信委）

（二十九）指导小型微型企业认真实施《小企业会计准则》，建立以财务管理、成本核算为中心的技术、生产、安全、质量等基本管理制度，提升信息化应用能力和企业管理水平。（责任单位：自治区财政厅、经信委）

八、强化对小型微型企业的公共服务

（三十）小型微型企业营业执照年度检验，免予提交审计报告，实施绿色通道快捷服务；生产经营正常，因特殊原因不能按要求提交材料按时参加年检的，经企业申请，可延期90天年检。个体工商户转为企业时，其名称符合企业名称登记相关规定的，允许继续使用原个体工商户名称、字号。（责任单位：自治区工商局）

（三十一）到2015年，支持建立和完善100个为小型微型企业服务的公共服务平台，重点培育认定50个自治区中小企业公共服务示范平台，发挥示范带动作用。实施中小企业公共服务平台网络建设工程，支持各地州市统筹建设资源共享、服务协同的公共服务平台网络，建立健全服务规范、服务评价和激励机制，调动和优化配置服务资源，增强政策咨询、创业创新、知识产权、投资融资、管理诊断、检验检测、人才培训、市场开拓、财务指导、信息化服务等各类服务功能，重点为小型微型企业提供质优价惠的服务。充分发挥行业协会（商会）的桥梁纽带作用，提高行业自律和组织水平。（责任单位：自治区经信委、财政厅）

（三十二）建设自治区级小型微型企业电子商务平台。重点在装备制造、农产品加工、医药、高新技术、能源化工等领域培育一批集交易、物流、支付等服务于一体的行业电子商务平台。引导帮助小型微型企业开展搜索营销经营方式，利用搜索引擎拓展市场。（责任单位：自治区经信委）

（三十三）进一步加强对小型微型企业的调查统计工作，2013年底前建立和完善小型微型企业分类统计体系和监测分析、信息发布制度，为宏观决策和企业运营提供决策依据。（责任单位：自治区统计局、工商局、经信委）

九、加强组织领导

（三十四）各地、各部门要进一步加强组织领导，建立健全责任机制，确保国家和自治区的各项

扶持小型微型企业发展的政策措施落到实处。自治区人民政府将对各地的贯彻落实情况不定期组织专项督查。（责任单位：各州、市人民政府，各行政公署，自治区监察厅、经信委）

十、小型微型企业标准

（三十五）本意见所指小型微型企业的标准执行《关于印发中小企业划型标准规定的通知》（工信部联企业〔2011〕300号）

新疆维吾尔自治区人民政府

2013年5月8日

大连市人民政府关于工商登记制度改革的实施意见

各区、市、县人民政府，各先导区管委会，市政府各委办局、各直属机构，各有关单位：

为贯彻落实《辽宁省人民政府关于工商登记制度改革的若干意见（试行）》（辽政发［2013］42号）精神，转变政府职能，积极稳妥推进工商登记制度改革，激发创业活力，结合我市实际情况，特提出如下实施意见：

一、放宽注册资本登记条件

取消有限责任公司最低注册资本3万元、一人有限责任公司最低注册资本10万元、股份有限公司最低注册资本500万元的限制；不再限制公司设立时全体股东（发起人）的首次出资比例；不再限制公司全体股东（发起人）的货币出资金额占注册资本的比例；不再规定公司股东（发起人）缴足出资的期限。公司实收资本不再作为工商登记事项，公司登记时，无需提交验资报告。

法律、法规对特定行业注册资本最低限额另有规定的，从其规定。

二、实行公司注册资本认缴制

公司股东（发起人）应当对其认缴出资额、出资方式、出资期限等自主约定，并记载于公司章程。有限责任公司的股东以其认缴的出资额为限对公司承担责任；股份有限公司的股东以其认购的股份为限对公司承担责任。公司应当将股东认缴出资额或者发起人认购股份、出资方式、出资期限、缴纳情况通过全省市场主体信用信息公示系统向社会公示。公司股东（发起人）对缴纳出资情况的真实性、合法性负责。公司股东认缴的出资总额或者发起人认购的股本总额（即公司注册资本）应当在工商行政管理机关登记。

法律、法规规定实行注册资本实缴登记制的特定行业，从其规定。

三、改革许可经营项目审批

省级以下设定的企业登记前置许可审批、备案一律停止执行。依据文件精神，我市地方性规章和规范性文件设定的企业登记前置许可审批、备案项目，相关行业主管部门要结合实际，尽快制定具体实施意见。

现行法律、行政法规、国务院决定规定的企业登记前置许可审批事项，在行政审批大厅实行“一站式”集中办理。

四、简化住所（经营场所）登记手续

申请人对住所（经营场所）的合法性、真实性负责，登记时不再审查住所（经营场所）的法定用途及使用功能，申请人提交场所合法使用证明即可予以登记。

属于自有房产的，提交产权证明；无产权证的，提交证明其产权所属的文件；只有使用权的，提交使用权证明。租用房屋的，提交租赁协议和出租方产权证明或使用权证明，其中租用宾馆、旅馆、商场（厦）、办公楼、写字楼等部分面积作为经营场所的，只需提交租赁协议。对暂时无法提供有效房产证明文件的房屋，提交乡镇以上人民政府、街道办事处、市场主办单位、各类开发区（含工业区、集聚区、科技园区等）管委会、创业孵化基地管理机构、村（居）委会等有权机构出具的同意在该场所从事经营活动的场地使用证明。

省政府发布新的市场主体住所（经营场所）登记办法后，按新办法执行。

五、将企业年度检验制度改为年度报告公示制度

企业应当按年度通过全省市场主体信用信息公示系统向工商行政管理机关报送出资情况、资产状况、运营状态等信息，并向社会公示，任何单位和个人均可查询。企业对年度报告公示信息的真实性、合法性负责。工商行政管理机关可以对企业年度报告公示内容进行抽查。企业实行年度报告制后，各行业主管部门要采取有效措施，加强相应行业管理。

六、将个体工商户验照改为年度报告制度

个体工商户实行年度报告制后，各行业主管部门要采取有效措施，加强相应行业管理。

七、本实施意见自2014年1月1日起实施。

大连市人民政府
2013年12月31日

厦门市小额贷款公司管理暂行办法实施细则

第一章 总 则

第一条 为加强对小额贷款公司的监督管理，规范小额贷款公司经营行为，促进小额贷款公司持续、稳健发展，根据《厦门市人民政府关于印发〈厦门市小额贷款公司管理暂行办法〉的通知》（厦府〔2012〕530号）（以下简称《管理办法》）精神及相关规定，制定本实施细则。

第二条 本细则适用于本市行政区域内小额贷款公司的设立、经营及监督管理。

第三条 对小额贷款公司的监管，按照依法监管、属地管理，遵循“企业自律、行业约束、社会监督、行政监管”，坚持风险性监管和合规性监管相结合、定性监管和定量监管相结合的原则，维护社会金融稳定。

第二章 机构设立与经营管理

第四条 小额贷款公司设立须经筹建和开业两个阶段。

小额贷款公司筹建、开业应符合《管理办法》相关规定，开业申请材料还应提交自律承诺书、拟任法定代表人、董事、监事、高级经营管理人员（总经理、副总经理、财务主管、风控主管等）的简历和从业证明、无犯罪记录证明、个人信用报告等材料，审计报告应在福建省注册会计师协会网站备案，应承诺开业满一年后注册资本增资到3亿元以上，应至少有两位专职高级管理人员且其中至少一人具有银行从业经历。

区经贸主管部门（管委会）（以下简称 区主管部门）负责受理辖区小额贷款公司的筹建申请材料和开业申请材料的初审工作，对提交证件的原件进行核对并对材料内容是否符合《管理办法》规定进行查验，确保申报材料的真实性和合规性。

市经济发展局（以下简称 市经发局）负责组织审核专家组对申请小额贷款公司筹建申请材料进行评审论证、组织市联席会相关成员单位（中国人民银行厦门市中心支行、厦门银监局、厦门市工商行政管理局）（以下分别简称：市人行、银监局、市工商局）对开业申请材料进行审核后，予以确认。

各区（管委会）设立小额贷款公司的数量按照省经贸委规定执行。

开展外资小额贷款公司试点工作，依照法律法规和国家有关规定办理相关前置审批手续。外资小额贷款公司设立按照《管理办法》要求办理。

第五条 小额贷款公司营业场所、法定代表人、董事、监事、高管人员、组织形式等变更事项，由所在区主管部门同意并报市经发局备案；公司名称、股东、注册资本金、股权结构、公司章程重大修订等变更事项，以及终止营业等重大事项，由所在区主管部门同意后，经市经发局组织市人行、银监局、市工商局等市联席会相关成员单位对变更申请材料进行审核后，予以确认。因以上事项引起修改公司章程的，可以在申请变更事项时一并提出。

小额贷款公司凭相关批准文件到市工商局办理变更登记或备案手续。

第六条 小额贷款公司应与人民银行、银监局等有关监管部门进行对接并接受指导，按要求报送有关资料，配合有关调研和监测。

第七条 小额贷款公司应在批准经营范围和行政区域范围内开展业务，合规经营；不得擅自设立分支机构、营业网点、代办机构、委托他人从事业务活动。

第八条 小额贷款公司应建立各项业务管理办法、风险控制和防范制度、业务统计制度、信息披露制度、信息安全管理与档案管理制度以及风险事件和重大事项报告制度等。

第九条 小额贷款公司应建立完善信贷管理操作规程和风险防控机制，建立科学的授权授信、审贷管理流程和内部控制体系，明确贷前调查、贷时审查、贷后检查业务流程和操作规范，实行审贷分离，交叉复核，严格执行权限审批制，切实加强贷款管理工作。

第十条 小额贷款公司开办贷款业务要按照《担保法》和《物权法》的要求，选择合法的抵押物和质押物，并依法办理登记及他项权手续。

第十一条 小额贷款公司不得违反规定吸收存款。发放贷款，应坚持“小额、分散”的原则，鼓励小额贷款公司面向农民和微型企业提供信贷服务，着力扩大客户数量和服务覆盖面。小额贷款公司不得向股东及其关联方发放贷款，对单户贷款余额和同一客户贷款余额等须符合有关监管规定要求，审慎经营。

第十二条 小额贷款公司应将其开立基本账户及其他一般账户的银行名称、账号等基本情况向市经发局、区主管部门备案。小额贷款公司开户银行要配合监管部门监控和监测资金流向，对小额贷款公司的异常资金流向、违规操作及时向市经发局及区主管部门报告。

第十三条 在法律、法规规定的范围内，小额贷款公司从银行业金融机构获得融入资金，应将融资协议报市、区主管部门。

第十四条 小额贷款公司发生风险事件、重大事项应及时向区主管部门报告，重大风险事件及重大事项同时向市经发局、人民银行、银监局报告。

第十五条 小额贷款公司应按照《金融企业财务规则》要求，建立健全财务会计制度，加强核算，真实记录和全面反映业务经营、财务活动，准确及时报送各类业务信息。建立内部控制管理制度、资产分类制度和拨备制度，准确进行资产分类，充分计提各项准备金。

第十六条 小额贷款公司应通过福建省小额贷款公司运营统计平台填报相关数据，按时向市人行和银监局报送资产负债表、利润表，以及其他财务会计、统计报表和有关资料；按时向市人行报送利率监测报表，并按照小额贷款公司金融统计制度要求按时报送统计报表、信息。每年 3 月 30 日前向区主管部门报送上年度审计报告及经营管理运行情况报告。小额贷款公司提供的各类报表、文件和资料应当合法、真实、准确、完整。

第三章 监督管理

第十七条 小额贷款公司监管的主要内容：

（一）是否有吸收或变相吸收社会公众存款及非法集资行为；

（二）是否从事非银行业金融机构委托贷款，包括股东在内的委托贷款业务；

（三）是否未经批准从事超经营范围业务活动；

（四）是否违反国家有关利率政策和规定，高息放贷、牟取暴利或以收取手续费、咨询费等名义变相提高利率，高息放贷；

（五）是否采取违法手段进行收贷；

（六）是否以现金放贷、现金收取贷款利息等违反现金管理规定，以及账外经营；

（七）是否有股东以借贷资金或集合他人资金认缴出资额、股份，抽逃或变相抽逃资本金，不规范转让股权；

（八）是否违反规定对变更事项不报批；

（九）是否未经主管部门许可超过规定比例和要求向银行金融机构融入资金；

（十）是否违规设立分支机构、营业网点，向其他组织机构和经营场所派驻业务人员从事贷款业务，委托其他单位和个人代办贷款业务；

（十一）是否对外提供担保和从事股权性等高风险的投资、非法票据买卖；

（十二）是否向本公司股东、董事和高级管理人员以及其关联方提供贷款；

（十三）是否在执行财务制度和会计核算中弄虚作假、故意隐瞒实际经营状况，未按规定要求按时、真实、准确、完整报送统计报表等有关资料；

（十四）是否按规定要求充分计提贷款损失等各项准备金；

（十五）是否按规定及时报告风险事件和重大事项；

（十六）是否在经营场所显著位置公布小额贷款公司设立批准文件、营业执照、自律承诺内容、区主管部门监督电话等；

（十七）是否按规定进行变更事项申请或备案；

（十八）是否有其他违反国家有关法律法规及相关规定的行为。

第十八条 市经发局、区主管部门可单独或牵头采取非现场监管和现场检查、委托审计检查相结合等监管方式，实施对小额贷款公司的监管。

非现场监管是在采集、分析、处理小额贷款公司相关业务经营和融资数据信息的基础上，分析监测、评估小额贷款公司资金来源及流向、资产质量、内控制度、合规经营等情况，采取相应风险预警、高管人员约谈、限期整改等监管措施的行为。

现场检查是在小额贷款公司的经营管理场所以及其他相关场所，采取查阅、复制文件和资料，浏览、复制贷款业务流程，谈话及询问等多种方式，对相关内容进行监督检查的行为。

委托审计检查是市经发局委托会计师事务所等中介机构，根据市经发局要求对小额贷款公司实施审计检查，并将审计情况和结论作为实施监管等措施行为。

第十九条 市经发局牵头建立小额贷款公司年度检查制度。

第二十条 区主管部门应建立小额贷款公司风险事件及重大事项报告制度，制定小额贷款公司突发风险事件应急处置预案。

第二十一条 市经发局、区主管部门可根据监管需要，要求小额贷款公司提供各类专项资料包括股东会议、董事会等会议纪要；报告经营情况，经营的合规性、风险性，以及有关制度、机制建设与落实情况。

第二十二条 区主管部门应加强对小额贷款公司实施违规、违法行为的监管，以及对小额贷款公司高级管理人员的经营行为进行监督、约束。

第二十三条 区主管部门应加强对小额贷款公司财务、业务数据的收集、核对整理和统计分析，对主要风险指标进行监测，对经营风险进行初步评价和早期预警。就发现的问题及时与监管对象进行沟通和确认，提出监管建议和处置意见；对问题比较严重的，区主管部门应当组织开展专项现场检查，并将处置情况及时上报市经发局。

第二十四条 区主管部门于每年 4 月 10 日前将小额贷款公司上年度审计报告及经营管理运行情况报告上报市经发局，市经发局审核确认后将评价结果记入档案。

第二十五条 区主管部门应当设立公开投诉举报电话（邮箱）、举报信箱，并要求小额贷款公司在营业场所显著位置向社会公众公布。

第二十六条 市经发局及区主管部门应当充分利用媒体报道、公安、工商、金融监管等部门预警和情况通报等方式加强监管、提高监管实效。

第二十七条 市经发局牵头组织定期或不定期的现场检查。对发现的重大风险隐患，以及省经贸委指定要求检查的小额贷款公司，应及时采取有关监管措施和组织现场检查。

第二十八条 监管现场检查工作组进行现场监管检查不得少于 2 人，检查前应当出示监管部门出具的检查文件和有效身份证件，检查人员与被检查对象有直接或间接利害关系的，应当实行回避。

市经发局在监管检查工作中可以聘请相关专业的中介机构及专家提供相关专业服务。

现场检查结束后，检查工作组应书面出具《小额贷款公司现场检查书》，针对相关问题，提出监管建议并跟踪落实。

第二十九条 市经发局负责组织区主管部门、市担保典当行业协会按月编写厦门市小额贷款公司运行工作简报，并形成厦门市小额贷款公司年度运行情况报告。

第四章 违法违规行为的处理

第三十条 小额贷款公司发生非法吸储、非法集资，担保诈骗、涉及损失金额可能达到其净资产5%以上、群体性事件、董事、监事及高级管理人员严重违法违规等对小额贷款公司产生重大风险情形的，区主管部门、市经发局应及时进行评估风险，视情启动区、市小额贷款公司突发风险事件处置预案，采取处置措施，维护社会金融稳定。主管部门应及时向相关部门、债权人（合作银行）、公司其他股东通报违法、违规行为和风险情况。

第三十一条 小额贷款公司违反相关规定的，市经发局、区主管部门有权约见其董事、监事、高级管理人员进行监管约谈，要求就有关情况进行说明。

有下列情形之一的，由所在区经贸主管部门责令限期改正；逾期未改正的，由市经发局撤销批复文件，工商行政管理部门依法吊销营业执照。

（一）未经核准擅自更换法定代表人和任命主要管理人员的；

（二）擅自设立分支机构的；

（三）未经核准变更；

（四）超出核准的经营范围的；

（五）违反利率政策的；

（六）拒绝或阻碍有关部门非现场监管或者现场检查的；

（七）不按照规定提供资料、提供虚假资料或隐瞒重要事实的；

（八）未按照规定进行信息披露的；

（九）经认定需整改的其他行为。

第三十二条 监管部门和工作人员，以及参与相关工作的其他人员，有违反国家法律法规的行为，将依法追究责任。

第五章 附则

第三十三条 本细则实施中的具体问题由市经发局负责解释。

第三十四条 本细则自发布之日起施行，有效期到2014年12月27日。

厦门市经济发展局办公室2013年9月27日印发

关于青岛市促进中小微型企业发展工作考核意见

各区、市人民政府，各有关部门：

经市政府同意，为促进我市中小微型企业健康发展，根据国务院《关于进一步支持小型微型企业健康发展的意见》（国发〔2012〕14号），山东省、青岛市政府《关于贯彻国发〔2012〕14号文件进一步支持小型微型企业健康发展的实施意见》（鲁政发〔2012〕28号）、（青政发〔2012〕46号）和《山东省小型微型企业发展考核办法（试行）》（鲁中小企局〔2013〕16号）的要求，结合我市实际制定本意见。

一、建立中小微型企业发展考核评价指标体系

1. 万人中拥有小型微型企业户数及同比增速。
2. 培育规模以上工业企业情况。
3. 规模以上工业中小企业主营业务收入同比增速。
4. 直报系统实报监测企业户数完成情况。
5. 中小微型企业专精特新产品（技术）培育认定情况。
6. 中小企业公共服务平台建设情况。
7. 落实国家和省市进一步促进小微企业健康发展政策情况。

二、考核办法

每年年终，由市相关部门分别提供全市及各区市中小微型企业发展工作情况有关数据。考核总计110分（考核指标分值及评分方法见附件），根据得分高低对各区市中小微型企业发展工作情况进行排序。

三、考核结果应用

考核结果由市经济信息化委、市监察局联合进行通报，督促各区市认真分析和查找工作中的薄弱环节，制定针对性的整改措施。考核结果作为市政府对各区市政府工作考核的重要内容之一，并对年终考核得分排名居前列的区市，优先推荐年度各级中小企业工作先进单位。

四、组织实施

市经济信息化委会同市监察局、统计局、工商局等组成考核小组，具体实施考核工作。

五、工作要求

各区市、各部门要充分认识促进中小微型企业发展的重要性，高度重视中小微型企业考核工作，加强领导，落实责任，认真组织，确保考核结果真实有效。各区市和市有关部门要如实、及时提供考核指标规定的各项数据，保证数据来源准确可靠。执行中遇到的具体问题，由市经济信息化委负责解释。

本办法自2013年4月30日起施行，有效期至2015年4月30日。

附件：青岛市促进中小微型企业发展工作考核指标及评分标准

青岛市经济和信息化委员会
青岛市监察局
2013年5月6日

附件

青岛市促进中小微型企业发展工作考核指标及评分标准

考核指标	明细指标	数据来源	分值	评分标准
1. 万人拥有小型微型企业户数及增速	万人拥有小型微型企业户数	工商局私营企业户数、统计局人口数	10	按各区市该项指标数值由大到小排序，数值最高的区市本项得满分。其余区市本项得分＝该区市本项指标数值/本项指标数值最高区市的指标数值本项指标的满分。本项指标数值为零或负增长时，得分为零分。
	万人拥有小型微型企业数比上年增速		10	
2. 培育规模以上工业企业情况	规模以上工业企业净增户数	市统计局	10	按各区市该项指标数值由大到小排序，数值最高的区市本项得满分。其余区市本项得分＝该区市本项指标数值/本项指标数值最高区市的指标数值本项指标的满分。本项指标数值≤零时，得分为零分。
3. 规模以上工业中小企业主营业务收入增速	——	市统计局	10	规上工业中小企业主营业务收入同比增速达到全市目标增速得6分，每超（或低）1个百分点加（或减）1分，本项得分最高为10分。本项指标数值为零或负增长时，得分为零分。
4. 直报系统实报监测企业户数	——	市经信委	10	实报监测企业户数完成年度目标得6分，未完成年度目标不得分，四市和黄岛、城阳每超10户加1分，其他四区每超年度目标10%加1分。本项得分最高为10分。
5. 当年市认定中小微型企业专精特新产品（技术）数	——	市经信委	10	按各区市当年获市认定专精特新产品（技术）的数量由多到少排序，数量最多的区市本项得满分。其余区市本项得分＝该区市获市认定数/数量最多区市的数量该项指标的满分。
6. 区市级中小企业公共服务平台年度考核得分	——	市经信委	20	本项得分＝各区市级平台年度考核得分/100本项指标的满分。
7. 各区市落实国家和省市进一步促进小微企业健康发展政策	中小企业专项资金占当年各区市本级财政收入的比重	各区市中小企业主管部门	10	按各区市该项指标数值由大到小排序，数值最高的区市本项得满分。其余区市本项得分＝该区市本项指标数值/本项指标数值最高区市的指标数值本项指标的满分。
	当年市认定中小创业基地和企业园数	市经信委	10	当年各区市获市认定中小企业创业基地和产业园，每有1处得10分，当年未获市认定的不得分。本项最高得分为10分。
合计			100	
8. 加分项	示范平台建设	市经信委	10	当年获得国家级和市级示范平台，每有1处分别加5分和3分，当年同一平台获不同级别称号的，按获最高级别称号计分。
总计			110	

深圳市关于支持中小微企业健康发展的若干措施

深府〔2013〕56号

为贯彻落实《国务院关于进一步支持小型微型企业健康发展的意见》（国发〔2012〕14号）和《深圳经济特区中小企业发展促进条例》，切实营造有利于中小微企业发展的营商环境，进一步发挥中小微企业在推动科技创新、促进战略性新兴产业发展和加快经济结构优化升级等方面的重要作用，推动中小微企业提升发展质量，加快做大做强，为我市实现“有质量的稳定增长，可持续的全面发展”夯实基础、提供动力，特提出以下措施。

一、促进中小微企业转型升级和创新发展

（一）提升产业层次。积极引导中小微企业进入战略性新兴产业和现代服务业领域，大力支持优势传统产业中小微企业通过技术创新、品牌建设等手段向高端化发展。进一步加大对中小微企业技术改造的支持力度，市产业技术进步资金重点支持传统产业的中小微企业进行技术改造。推动中小加工贸易企业转型升级，对转型升级涉及的备案、结转手续、设备检验等提供便利。加快淘汰高能耗、高污染、低效能中小微企业。（市经贸信息委、财政委、深圳海关）

（二）提高发展质量。加大对中小微企业工艺改进、检测检验、认证认可、技术攻关的扶持，支持中小企业提升产品质量，打造知名品牌。支持中小微企业通过实施管理咨询项目和信息化应用提升经营管理水平。探索中小企业诚信体系建设新模式，建立健全中小企业诚信奖惩机制和信息资源共享机制，对高信用中小企业给予高级别通关待遇等奖励。（市市场监管局、经贸信息委、深圳海关）

（三）夯实创新基础。鼓励中小微企业加大研发投入，帮助中小微企业落实研发费用税前加计扣除等政策。加快建设一批中小微企业技术创新、产品研发、检验检测等公共服务平台。为中小微企业与高等院校、科研院所等机构对接合作搭建平台，支持双方联合建立研发机构。进一步强化科技孵化器和中小微企业创新创业基地的创新支撑功能，重点为初创期科技型和创新型小微企业提供服务。（市科技创新委、经贸信息委）

（四）开展创新帮扶。实施中小微企业创新帮扶计划，通过创新帮扶模式、建立帮扶激励机制，促进高校院所、中介机构、上市公司等各类社会创新资源与中小微企业进行服务对接，支持建设若干创新帮扶示范服务平台。鼓励产业技术创新战略联盟向中小微企业转移扩散技术创新成果。重点帮扶培育一批“专精特新”的创新型中小微企业发展壮大。加强中小微企业知识产权保护，开展面向中小微企业的专利辅导、专利代理等服务，培育中小微企业成为知识产权示范企业。（市经贸信息委、科技创新委、财政委、市场监管局）

（五）强化人才支撑。提升企业家培训的规模和层次，重点培养企业领导者和高管的创新能力。支持中小企业引进国内外行业领军和高层次人才，鼓励大中型企业为配套小微企业培训专业人才。为中小微企业培养质量、标准化、检测等各类专业技术人才和行业紧缺人才提供免费培训。将更多中小企业纳入人才安居工程范围，在符合规划前提下，鼓励重点中小企业在自有产权的待建土地上按一定比例配建产业配套住房，解决员工安居问题。鼓励高校毕业生到中小微企业就业，对小微企业招用高校毕业生按有关规定给予一定的培训费和社会保险费补贴。（市人力资源保障局、经贸信息委、科技创新委、规划国土委、住房建设局、各区政府、各新区管委会）

二、扶持中小微企业做大做强

（六）实施梯度培育发展战略。进一步加强中小微企业梯队建设，以创新型小微企业、成长型中小企业、国家和深圳市高新技术企业、上市培育企业为基础，逐步培育扩大梯队规模，根据企业不同发展阶段的主要需求制定针对性强的扶持政策，打造“标准化扶持”加“个性化服务”的模式，每年推动一定比例的企业进入更高层次梯队，促进重点中小微企业发展壮大。（市经贸信息委、财政委、科技创新委、市场监管局、规划国土委）

（七）推动并购重组和集约化发展。制定鼓励企业并购重组的具体措施，发挥我市上市公司资源丰富的优势，鼓励上市公司对其产业链关联的中小微企业开展多种形式的并购，鼓励中小微企业以并购重组的方式走资本市场发展道路，支持中小微企业之间通过合并重组加快做大做强。实施产业链配套计划，建立健全各类产业链服务平台，通过推动产业链整合发展、商业模式创新和中小微企业协作发展，提升中小微企业专业化和集约化发展水平。（市经贸信息委、财政委）

（八）加强政府采购支持。落实国家政府采购支持小微企业发展的各项规定，制定实施细则。市、区两级政府采购中小微企业产品、工程和服务的预算比例不低于30%，其中面向小微企业的比例不低于60%。在采购评审中，对小微企业产品可视不同行业情况给予6%～10%的价格扣除。鼓励大中型企业与小微企业组成联合体共同参加政府采购，小微企业占联合体份额达到30%以上的，可给予联合体2%—3%的价格扣除。（市财政委、经贸信息委、各区政府、各新区管委会）

（九）加大对开拓市场的支持力度。支持中小企业参加政府组团项目赴境内外参展，鼓励中小微企业以行业协会或行业龙头企业为主导建立联盟协同开拓市场。加大对中小微企业自行参加境内外重点综合性

展会和专业性展会的资助力度。加快电子商务公共服务平台建设，发挥“深商 e 天下”作用，支持小微企业利用电子商务开拓市场。为企业“走出去”提供国别投资环境信息库、境外合作项目库等公共信息服务。改善通关服务，为符合条件的小微企业提供担保验放、集中申报、24 小时预约通关和不实行加工贸易保证金台账制度等便捷通关措施。提高出口退税效率，凡符合退税规定、单证齐全的，20 个工作日内完成退税审批。（市经贸信息委、财政委、深圳海关、深圳国税局、各区政府、各新区管委会）

三、加大对中小微企业的财税支持力度

（十）加大专项资金投入。市民营及中小企业发展专项资金每年预算规模扩大为 2 亿元，各区（新区）要安排配套的扶持中小企业发展资金，重点支持小微企业发展。市、区（新区）各类中小企业专项资金每年资助小微企业的数量比例不低于 60%，其它用于支持企业发展的各类专项资金要提高受资助中小微企业的数量比例。（市财政委、经贸信息委、科技创新委、交通运输委、文体旅游局、各区政府、各新区管委会）

（十一）依法设立中小微企业发展基金。市创业投资引导基金和市民营及中小企业发展专项资金分别投入一定资金，设立深圳市中小微企业发展基金，争取国家中小企业发展基金支持，吸引社会资本参与，委托专业机构进行市场化管理运作，重点支持符合我市产业导向的初创期、成长期中小微企业发展。鼓励向基金捐赠资金，对企事业单位、社会团体和个人等向基金捐赠资金的，企业在年度利润总额 12% 以内的部分，个人在申报个人所得税应纳税所得额 30% 以内的部分，准予在计算缴纳所得税税前扣除。（市创投办、财政委、经贸信息委、科技创新委、地税局、深圳国税局）

（十二）落实对小微企业的税收优惠政策。符合条件的小型微利企业，减按 20% 的税率缴纳企业所得税，对其中年应纳税所得额低于 6 万元的小型微利企业，其所得减按 50% 计入应纳税所得额。将符合条件的中小企业公共服务示范平台中的技术类服务平台纳入科技开发用品进口税收优惠政策范围。对金融机构与小微企业签订的借款合同按规定免征印花税。（市地税局、深圳国税局）

（十一）减免行政事业性收费。落实国家和广东省减免缓征小微企业部分行政事业性收费的有关政策。取消我市企业注册登记费和发票工本费，工伤保险基准费率下浮 20%。进一步清理行政事业性收费，严格执行行政事业性收费公示制度。（市发展改革委、财政委、市场监管局、人力资源保障局、经贸信息委、地税局、深圳国税局）

四、加强对中小微企业的融资支持

（十四）拓宽融资渠道。深化中小企业上市培育工作，引导支持更多符合条件的中小企业上市融资。支持中小微企业在全国中小企业股份转让系统、前海股权交易中心等各类交易市场挂牌交易。逐步扩大中小企业集合票据、集合信托和短期融资券等发行规模，鼓励保险资金购买中小企业集合债券和集合票据等。积极推动商圈融资、融资租赁、供应链融资、典当融资等融资模式。（市经贸信息委、科技创新委、金融办、前海管理局、深圳银监局、深圳保监局）

（十五）完善贷款增信与风险补偿机制。按照政府增信、企业联保的原则，建立中小微企业贷款增信与补偿机制，与重点民营企业池共享财政增信与补偿资金，调动商业银行积极性，重点解决中小微企业短期流动资金融资问题。发展中小微企业贷款保证保险，引入保险公司分担中小微企业贷款风险。（市财政委、经贸信息委、深圳保监局）

（十六）促进银行业金融机构对中小微企业的信贷支持。在落实银监会小企业贷款“两个不低于”的基础上，加大对单户授信 500 万元以下小微企业贷款的支持，其增速不低于全部贷款平均增速。进一步加强银企信息交流与合作平台建设。通过深圳市金融创新奖引导银行业金融机构扩大中小微企业贷款抵质押物范围，加快做实知识产权质押融资，积极开展股权、应收账款、仓单、商铺经营权、商业信用保险保单等多种方式的质押贷款业务。对小微企业贷款余额和客户数量超过规定比例的商业银行，给予增设同城支行和小微企业专营支行等激励。将小微企业不良贷款率放宽至 5%。（深圳银监局、市金融办、经贸信息委）

（十七）完善融资担保体系。引导促进融资性担保公司更多地为中小微企业融资提供担保服务，支持其参与中小企业集合债券、集合票据发行，鼓励担保公司参加小微企业集合担保信贷计划和政府采购融资担保试点。落实中小企业信用担保机构准备金所得税税前扣除政策和免征营业税政策。对小微企业通过融资性担保公司贷款的担保费给予一定补贴。（市经贸信息委、财政委、地税局）

（十八）发挥民间资本的重要作用。引导民间资金通过参与私募股权投资、小额贷款公司和村镇银行等途径实现规范化、阳光化发展。建立小额贷款公司监管信息系统，明确小额贷款公司适用金融企业的税收政策，进一步研究支持小额贷款公司发展的政策措施。支持天使投资发展，积极争取村镇银行试点名额。（市金融办、经贸信息委、财政委、深圳银监局、地税局）

五、保障中小企业发展空间

（十九）完善中小企业用房用地机制。建立以房招商、以房养商新机制，鼓励中小企业通过参与旧工业区改造、购买改造用房等多种途径，优先利用现有产业用房空间满足发展需求。企业在市高新园区、产业集聚区及其他政府优惠出让土地上建设的办公及生产经营用房，可以出租的，应优先出租

给符合条件的中小微企业。（市规划国土委、经贸信息委、科技创新委、各区政府、各新区管委会）

（二十）各区（新区）优先解决上市中小企业总部落户。对没有自有总部的已上市中小企业，依据属地管理原则，上市中小企业注册地所在区（新区）应会同市规划国土部门在3个月内提出具体解决方案，原则上1年内予以解决。对于暂时未能解决总部用房用地的上市企业，企业所在区（新区）应对企业总部租用办公场地的费用给予一定补贴。（各区政府、各新区管委会、市规划国土委、经贸信息委）

（二十一）统筹协调解决上市中小企业总部用房用地。市上市培育工作主管部门负责牵头协调上市中小企业总部落户我市工作。已上市企业注册地所在区（新区）确实无法解决企业总部用房用地的，由市上市培育工作主管部门梳理汇总，协调市产业和规划部门提出意见后，提交市政府在全市范围内统筹安排，确保上市企业扎根深圳发展壮大。政府直接投资建设、政府租赁或购买的符合条件的工业厂房、政府回购的城市更新项目中配建的创新型产业用房优先用于解决上市中小企业总部落户需求。（市经贸信息委、规划国土委、各区政府、各新区管委会）

（二十二）积极解决上市中小企业募集资金落地。支持符合我市产业发展要求的上市中小企业募集资金投资深圳，对申请在我市新建和扩建的募投项目，经用地单位在我市产业用地供需服务平台提交申请后，由市产业主管部门在2个月内提出意见。符合落地条件的，纳入产业用地供需平台中的产业项目库，由市土地主管部门采取用地预申请的模式组织供应，原则上2年内予以解决。市、区（新区）有关部门要进一步加大上市企业园区建设力度，积极推进土地二次开发尤其是旧工业区改造，在产业用地规划中优先考虑上市中小企业的需求。（市规划国土委、经贸信息委、各区政府、各新区管委会）

六、健全中小微企业公共服务体系

（二十三）健全创业服务体系。深入实施商事登记制度改革，全面降低创办企业的门槛和成本。在整合改造提升旧工业区、闲置厂房、商务楼宇、创业园区的基础上，重点支持建设一批功能完备、运作规范的小微企业创业示范基地。引导各类专业服务机构在小微企业集聚区和创业基地设立辅导中心。联合高校和各类科研机构建立创业项目信息发布平台，联合创业服务机构建立一站式创业咨询服务平台，建立初创企业、创新型小微企业与天使投资的信息对接平台。继续办好中国（深圳）创新创业大赛，支持大赛获奖项目落户深圳。研究出台鼓励支持大型企业、上市公司高管等具有一定工作经验和资源、拥有核心技术的人才进行创业的措施。（市经贸信息委、市场监管局、科技创新委）

（二十四）推进公共服务平台建设。按照政府指导监督、公益性服务与市场化运作相结合的原则，支持建设我市中小微企业公共服务平台网络，“十二五”期间完成1个总平台和15个分平台的枢纽服务平台网络建设，与其他公共服务平台实现对接互通。推动建设一批面向小微企业服务的信息化应用服务平台和卓越绩效示范基地。发起成立中小微企业服务联盟，聚集300家以上专业服务机构充实服务网络。认定扶持一批市级中小微企业公共服务示范平台，支持我市服务机构申报国家级和省级中小企业公共服务示范平台。各级示范平台要面向中小微企业提供公益性或低收费服务。（市经贸信息委、市场监管局、深圳海关、各有关单位）

（二十五）鼓励行业协会（商会）参与中小企业服务体系建设。引导各类行业协会（商会）加强与政府的信息对接，为会员企业提供信息发布、政策宣讲、权益保障等更多及时周到的服务。市中小企业主管部门等有关单位要加强对行业协会（商会）等组织服务中小微企业的指导和协调，研究建立相应的激励机制。（市经贸信息委、深圳海关、各有关单位）

七、优化中小微企业服务

（二十六）加强组织保障。成立市中小微企业发展工作领导小组，完善市区联动的工作机制，全面统筹协调中小微企业发展。分管副市长任组长，领导小组办公室设在市中小企业主管部门。（市经贸信息委、各有关单位、各区政府、各新区管委会）

（二十七）建立中小微企业发展顾问制度。聘请国内外著名企业家、经济学家、管理咨询与创投机构专家等与中小企业发展相关的知名专家学者作为我市中小微企业发展顾问，探讨研究我市中小微企业发展的趋势方向和路径，创新发展机制。（市经贸信息委）

（二十八）健全中小微企业统计监测机制。加快完善市区联动的中小企业分类统计、经济运行监测与发布机制。市有关部门应指导推动各区（新区）逐步建立对中小微企业的分类统计和数据定期发布制度，完善全市中小微企业市场监测、风险防范和预警机制。研究对中小微企业进行识别标识，方便各有关机构更加清晰、便捷地对中小微企业进行分类支持。（市统计局、国家统计局深圳调查队、经贸信息委、市场监管局、各区政府、各新区管委会）

八、附则

（二十九）本措施所适用的中小微企业是指符合我市产业发展规划，并且符合工业和信息化部等4部委联合下发的《关于印发中小企业划型标准规定的通知》（工信部联企业〔2011〕300号）中，根据各行业企业从业人员、营业收入、资产总额等指标制定的中型、小型、微型三种类型企业的标准。

（三十）本措施自发布之日起实施，有效期4年，由市中小企业主管部门负责解释。

中国中小企业年鉴（2014）

YEARBOOK OF CHINA SMALL AND MEDIUM ENTERPRISES

第七篇

调研与实践

北京市在减轻小微企业税负方面的经验做法

2013年7月24日，国务院常务会议决定进一步公平税负，从8月1日起，暂免征收部分小微企业增值税和营业税。2013年本市继续全面落实各项税收优惠政策、保证政策落地，不断优化纳税服务，为全市小型微利企业健康发展提供坚实保障。

一、落实增值税及营业税政策方面

（一）认真执行小规模纳税人降低增值税征收率政策

对年销售额50万元以下的工业企业和80万元以下的商业企业小规模纳税人的增值税征收率由原来的6%和4%，一律降至3%，税负分别降低了50%和25%。2013年1~10月共减征税款3.5亿元。

2012年9月“营改增”后，部分现代服务业企业年销售额500万元以下的小规模纳税人由原含营业税5%税率降为不含增值税的3%征收率，税负降低了41.8%。据测算，2013年1~9月我市“营改增”的小规模纳税人减征税额达16.6亿元。

（二）严格执行提高个体工商业户起征点政策

自2011年11月1日起，将个体工商业户的增值税起征点由5000元调整到20000元，额度提高4倍。调整之前，全市定期定额核定个体工商户为15.2万户，其中核定起征点以上的9.8万户，占核定户数的65.08%；调整之后，起征点以上户数为1.3万户，占核定户数的9.02%。因起征点调整直接惠及8.5万户个体工商户，再加上委托代征市场内业户，共惠及近18万户。起征点调整后，85%以上的个体工商户免征了增值税，2013年1~9月共减征税额3.45元，税负减少48.6%。有效减轻了个体工商户税收负担。

（三）认真贯彻落实小微企业免征增值税政策

自2013年8月1日起，对月销售额不超过2万元的增值税小规模纳税人免征增值税。本市认真贯彻落实关于小微企业增值税的优惠政策。一是提前开发完善了网上申报有关功能模块，确保应享受减负政策的小微企业充分享受，无一遗漏；二是通过互联网、办税大厅公告栏、12366纳税服务咨询热线，广泛发布相关信息，重点做好小微企业纳税服务工作，解答、搜集小微企业反映的涉税问题；三是对工作中发现的税收政策和管理方面的重大问题，及时上报税务总局寻求尽快合理解决。2013年8~9月，我市享受免征增值税优惠政策的小微企业户次139599户，免征增值税2999万元，占小规模纳税人应纳税额总额的3.72%。

（四）认真贯彻落实小型微利企业营业税优惠政策

1. 根据《财政部 国家税务总局关于暂免征收部分小微企业增值税和营业税的通知》（财税［2013］52号）规定，自2013年8月1日起，对营业税纳税人中月营业额不超过2万元的企业或非企业性单位，暂免征收营业税。截至目前，享受优惠政策纳税人22万户，优惠面达38.75%，免征营业税税额678万元。一定程度上降低了小微企业税收负担，扶持了小微企业发展。

2. 积极支持中小企业享受融资税收优惠政策。一是市经济信息化委与市地税局积极配合，对从事中小企业信用担保的担保机构做好审核推荐工作，并将名单报国家税务总局申请免征营业税，截至2012年底已有30家担保机构享受优惠；二是鉴于金融企业涉农贷款和中小企业贷款损失准备金税前扣除政策到2010年到期的情况，我市通过向国家税务总局积极争取，将该政策延长至2013年底；三是加强宣传辅导，深入落实对金融机构与小型微型企业签订的借款合同免征印花税的税收优惠，执行期限自2011年11月1日~2014年10月31日，进一步减轻中小企业税收负担。

二、落实所得税政策方面

2012年度本市辖内企业中享受“符合条件的小型微利企业“税收政策（按20%税率）企业3.34万户，减免所得税额6793.87万元。工作中主要采取以下措施：

（一）加强政策宣传，指导中小企业用足用好优惠政策

我市以税收宣传月为契机，加强税收政策宣传。在企业所得税汇算清缴期间，结合中小企业实际需求编印专题辅导材料，通过博客、LED屏、手机飞信、语音电话等手段多渠道多形式向纳税人广泛宣传。各区局紧密结合工作实际，召开中小企业专题辅导会、政策宣讲会。同时加强对一线税务干部的业务培训，使其熟悉掌握相关业务，提高纳税服务质量。

（二）简化办税流程，为企业享受税收优惠提供方便

进一步简化小型微利企业税收优惠的备案手续，由原来的纸质备案改为电子备案，纳税人纳税申报时只需电子填报申报表、优惠表即视同企业已进行优惠备案，不需额外向税务机关报送纸质材料。

（三）结合国家自主创新示范区税收政策，积极开展调研

我市积极结合示范区内高新技术企业税收政策，开展中关村国家自主创新示范区税收政策执行情况的调研，加大对中小高新技术企业技术创新的政策支持力度，为促进示范区内中小高新技术企业技术创新、科技进步发挥积极作用。

三、在落实营改增税收优惠政策方面

按照《财政部国家税务总局关于在北京等8省

市开展交通运输业和部分现代服务业（包括研发和技术服务、信息技术、文化创意、物流辅助、有形动产租赁、鉴证咨询）营业税改征增值税试点的通知》（财税［2012］71号）规定，自2012年9月1日，我市被纳入营改增试点改革范围以来，本市小微企业纳税人在内的试点纳税人切实享受到了中央结构性减税改革成效。据财政局统计，“1+6”行业营改增涉及26万户，减税规模约120亿元，其中绝大多数是中小企业。

四、在落实小微企业促进就业政策方面

（一）加大对区县小微企业就业工作的指导力度

积极鼓励区县根据地区经济发展、失业人员总体情况和就业形势，以重点安置就业困难人员为突破口，制定适合本地区特色的促进就业政策，积极推进绿色就业，进一步强化企业的安置功能。截至到10月底，全市5593家中小微企业通过享受岗位补贴和社会保险补贴政策，吸纳城乡就业困难人员26865人，其中城镇就业困难人员6284人、农村就业困难人员20581人；审批岗位补贴和社会保险补贴金额共计21850.83万元；完成年度指标107.5%。

（二）鼓励小型微型企业积极吸纳高校毕业生

2013年我市印发《北京市小型微型企业招用高校毕业生社会保险补贴实施办法》的通知（京人社服发〔2013〕216号）。文件中规定我市行政区域内的小型微型企业，招用毕业年度内的北京生源高校毕业生，依法签订一年及以上期限劳动合同，按规定缴纳职工社会保险，按月足额发放工资，可申请享受一年的社会保险补贴。社会保险补贴以本市社会保险最低缴费基数为补贴基数，基本养老保险补贴20%，医疗保险补贴10%，失业保险补贴1%，政策执行到2014年底。

五、2014年在税收方面支持小微企业工作设想

2014年我市将按照国家税务总局的总体要求及工作部署，结合税收工作实际，以落实政策为根本，以纳税服务为先导，继续做好促进中小企业健康发展相关工作，助力小微企业健康发展。

具体包括：继续贯彻落实各项税收政策。本市将继续把扶持中小企业发展作为重点工作，做好政策落实与调研，使符合税法规定条件的中小企业充分享受到相关优惠政策。并配合国家科技强国战略部署，扎实落实国家鼓励技术进步的各项优惠政策，为中小企业全面发展提供税收支持。同时继续通过网络宣传、编印政策材料等方式多形式开展政策宣传与辅导，做好政策解读，为广大中小企业营造良好纳税环境，提供优质纳税服务。

北京市金融支持小微企业的落实成效

为贯彻落实《国务院办公厅关于金融支持小微企业发展的实施意见》（国办发〔2013〕87号），现将我委开展小微企业金融服务工作情况汇报如下：

一、北京市小微企业基本情况

（一）全市小微企业基本情况

根据2008年二次经济普查数据，北京市小微企业约25.2万户，企业数量占全市企业总数97.0%；实现营业收入1.3万亿元，占全市企业总量的21.5%；实现利润总额950.2亿元，占全市企业总量的17.4%；上缴税收506.9亿元，占全市税收的23.1%；从业人员324.6万人，占全市企业总量的46.2%。

目前，我市中小企业统计制度对年度数据调查范围是规模以上中小微企业。小微企业2.9万户，占全市规上企业的74.5%；资产总额9.1万亿元，同比下降11.3%，占全市规上企业的10.6%；实现营业收入达到1.8万亿元，同比下降7.6%，占全市规上企业的15.9%；利润总额为2443.2亿元，同比下降65.5%，占全市规上企业的15.5%；应缴税金总额719.5亿元，同比下降1.2%，占全市规上企业的12.4%；从业人员134.4万人，同比增长0.1%，占全市规上企业的22.6%。

（二）小微企业融资情况

（1）间接融资情况。2013年以来，本市金融机构不断加强对小微企业的信贷支持力度。截至2013年10月末，本市小微企业人民币贷款余额3577.5亿元，同比增长19.9%，分别比大、中型企业人民币贷款同比增速高13.1个、17.4个百分点。其中，小微企业人民币贷款比年初增加611.8亿元，同比多增432.5亿元，其中，微型企业人民币贷款比年初增加152.3元。

（2）直接融资情况。截至2013年10月末，我市中小企业创新融资规模累计达到121.1亿元，其中发行集合信托66.3亿元，发行集合票据13.9亿元，发行中小企业私募债35.1亿元，创新融资规模稳步增长，继续在全国保持领先。

二、北京市支持小微企业金融服务的政策措施

（一）建立完善政策体系，不断优化融资环境

市政府出台了《关于贯彻国务院进一步促进中小企业发展若干意见的实施意见》（京政发［2011］17号）及《关于进一步支持小型微型企业发展的意见》（京政发〔2012〕40号）。推动有关各方落实金融扶持政策，对缓解中小企业融资难题，提出了一

揽子政策措施，包括发展小型金融机构、创新金融产品、做大担保体系、拓宽抵质押方式、鼓励创投机构发展，支持各类股权投资、担保、典当、产权交易等机构利用新型融资手段等，并通过完善市、区县两级中小企业投融资服务体系、加大对小型微型企业融资服务。

《北京市中小企业促进条例（草案）》已通过人大常务委员会第一次审议，按立法计划，拟于2013年底出台。《条例》将设立中小企业发展基金、建立健全小型微型企业贷款风险补偿机制、建立健全中小企业融资担保体系、鼓励金融机构开发面向中小企业金融创新产品和服务等6条金融支持小微企业措施列为立法条例。

（二）加强服务体系建设，不断提升服务能力

积极推进我市中小企业公共服务平台网络建设，服务平台网络分市级枢纽平台和窗口平台两个层次，在中关村国家自主创新示范区会议中心建设1万平米的市级中小企业公共服务平台；窗口平台分步建设16个区县窗口和若干个产业集群平台，总投资1.6亿元，构建“116N”的立体式公共服务平台骨干网络。目前，枢纽平台已完成软件开发及系统集成项目、信息化建设监理项目、硬件和基础软件采购建设项目的招标采购；开始进行服务大厅的装修改造招标采购。第一期15家窗口平台已基本改造完成，第二期15家窗口平台正在改造过程中。截至2013年第三季度，北京市中小企业公共服务平台网络建设累计已确定投资9449.5万元，占计划总投资的60%。

（三）继续改善融资环境，推动金融服务创新

（1）完善投融资服务体系建设，不断提升服务能力。完善市区两级中小企业投融资服务体系，初步形成以市中小企业投融资服务平台为核心，16个区县投融资服务平台为支撑，带动100家金融服务机构的“1+16+100”投融资服务体系，整合社会资源，建立协调机制，加强与金融机构的合作，推动中小企业与金融机构的对接，使金融机构充分发挥自身优势，大力发展中小企业融资业务，推出有特色的融资服务产品及金融服务，近几年平台陆续推出了“集合信托”“集合票据”“融资租赁”“私募债”“小微企业信用贷款”“知识产权质押”等一系列创新融资产品，累计促成企业融资100亿元；开展融资培训近百期，服务企业上万家。

同时，与人行营管部共同建立了北京市中小企业金融服务平台，为中小企业提供了覆盖整个融资服务业务范围的政策信息和服务信息。编制完成《北京市中小企业融资服务手册》，汇编服务中小企业的金融机构、产品及相关政策、办事流程，向万家小微企业免费发放并将电子版在网上发布。

（2）创新融资产品，拓宽中小企业直接融资渠道。针对中小企业特别是小型、微型企业融资成本高，信用级别较低，无法满足银行贷款和担保机构担保要求的问题，2010年下半年，我委整合社会资源，组织担保、再担保、信托、银行等金融机构，建立集合融资长效工作机制，采取“统一组织、统一担保、全面推动、分区实施”方式，推出中小企业集合信托产品—“北京中小·成长之星中小企业集合资金信托计划”，为做好中小企业集合信托发行工作，发挥市区两级中小企业主管部门作用，建立市区两级联动机制，及时协调企业和金融机构间问题，保障发行工作顺利开展。

截至2013年10月末，我市共发行集合信托总计66.3亿元，融资规模保持快速增长态势，在全国处于领先的地位，有效地缓解了中小企业融资难题。

为进一步发挥中小企业私募债在拓宽我市中小企业融资渠道方面的作用，我委组织交易所、证券公司、担保机构、律师事务所、会计师事务所、银行等相关机构，建立长效发行机制，制定推动中小企业发行私募债工作方案，自2012年5月推出中小企业私募债以来，累计发行私募债35.1亿元，有效解决了中小企业中长期资金问题。

（3）创新融资模式，解决科技型中小企业抵押难题。为解决科技型中小企业缺乏抵押物的难题，充分发挥保险机构的风险分担作用，由市经济信息化委牵头，会同北京保监局、北京银监局、市金融局共同推出中小企业知识产权质押贷款产品，制定并发布《关于开展中小企业知识产权质押贷款保证保险共保试点工作的指导意见》，通过多家保险公司参与形成的保证保险业务共保体为企业提供信用保险担保，以知识产权质押形式向银行申请贷款。2013年中小企业知识产权贷款保证保险共保试点工作首先在海淀区开展，目前已确定工商银行北京分行、中国银行北京分行、北京银行等10家试点银行和中国人保财险北京市分公司、中华联合财险北京分公司、中国大地财险北京分公司等3家试点保险机构。

（4）加大创业投资规模，解决企业股权融资难题。作为国内首只省级中小企业创业投资引导基金，北京市中小企业创业投资引导基金规模达到9.2亿元，已与国内创业投资机构共同出资分6批设立了26家参股创投企业，协议注册金额达到42.2亿元，财政资金放大倍数将近4倍。参股创投企业先后投资了70家创业期科技型、创新型中小企业，投资金额超过10亿元。主要集中在北京市战略新兴、文化创意类企业，有效地支持了我市初创期小型微型企业发展，促进了我市“科技创新、文化创新”双轮驱动战略实施。

在给小微企业“雪中送炭”的同时，也带动了更多社会资本关注创业期科技型、创新型中小企业的发展，形成良好的创投投资氛围，并且探索建立了财政资金循环滚动的成功模式，在全国率先实现财政资金循环使用。引导基金的做法多次上报中央办公厅、国务院办公厅，并得到了国家工信部、财政部、发改委等部门的肯定，山西、辽宁、广西、新疆、吉林等20多个省市地区来我市学习先进经验。

（5）加大财政资金支持力度，降低中小企业融资成本。2012年11月，我委与市财政局共同制订了《北京市支持中小企业创新融资资金管理实施细则》，安排专项资金对中小企业给予融资额2%的贴息支持，并对开展中小企业创新融资服务的金融机构给予适当资金奖励，极大地调动了金融服务机构的积极性，并进一步降低企业融资成本。

专项资金逐年扩大创新融资的支持规模，支持范围已涵盖全行业中小企业，从2010年～2012年底，中小企业创新融资规模达到76.3亿元，安排财政资金约1.2亿元，不仅了提高了财政资金的使用效力，放大财政资金60多倍，达到以少量资金拉动整体中小企业发展的杠杆效应。在市级资金的带动下，东城、西城、昌平、石景山等部分区县也提供了融资贴息支持。

2013年上半年，已完成了第一批中小企业创新融资资金支持项目，安排财政资金8074万元，已超过2012年全年支持额度。

（6）推进融资担保体系建设，加强小微企业增信服务。通过担保机构增信来向银行融资是中小企业尤其小型微型企业融资的重要渠道，因此，促进担保机构健康发展是改善中小企业特别是小型微型企业融资环境的重要手段。

我市通过综合运用资本金注入、风险控制、资金补偿和考核奖励等多种方式，来提高担保机构对中小企业特别是小型微型企业的融资担保能力，并逐步扩大再担保资金规模和使用范围。2012年，市财政安排10.4亿元资金对中关村、首创、再担保等3家政策性担保机构进行资本金注入，扩大对小型微型企业的担保规模。

为鼓励担保机构积极开展小微企业业务，安排市财政资金对担保机构开展小微企业业务给予资金奖励，累计奖励金额4473万元。为鼓励和引导担保机构创新业务，对担保机构开展的创新融资业务给予资金奖励，累计奖励金额2787万元。

利用好国家资金和政策，支持我市担保机构开展中小企业担保业务，每年我委与市财政局共同组织我市担保机构向工信部、财政部申报国家中小企业信用担保资金支持项目，获得补助资金累计1.4亿元，2013年获得国家中小企业信用担保补助资金5950万元。

每年我委与市地税局为担保机构积极争取三年内免征营业税，我市已有30多家次担保机构享受此项政策，其中7家担保机构正在免征营业税期内，2013年，担保机构免征营业税工作已经结束，推荐5家担保机构向工信部、国税总局申请免征营业税。

（四）扩大市区两级财政资金规模，转变支持重点

2013年，北京市中小企业发展专项资金由每年5亿元增至8亿元，增长60%；2012年，由市经济信息化委负责的3亿元中小企业发展专项资金，支持重点转向公共服务平台、小企业创业基地、创新融资等服务环境建设，支持的比例达到50%，其中公共服务平台支持资金6029万元，小企业基地支持资金2505万元，创新融资支持资金6240万元。2013年，在16个区县中，有12个区县相继设立了中小企业发展专项资金，资金总额4.47亿，新增专项资金3.37亿。其中：7个区县新设中小企业专项资金，3个区县增加了资金额度，3个区县建立了递增机制。

（五）转变财政资金支持方式，设立中小企业发展基金

为贯彻落实《关于进一步支持小型微型企业发展的意见》（京政发〔2012〕40号），我委会同市财政局、人行营管部共同研究设立北京市中小企业发展基金，设立方案已经初步形成，研究方案如下：

（1）基金规模。基金初期20亿元。

（2）资金来源。以整合现有资源为主、统筹部分专项资金、当年预算适当增加，计划每年从各专项资金中统筹3亿元补充到基金，同时将今后新增中小企业的股权支持类资金统一纳入基金范畴管理，力争在3年内使基金规模达到30亿元，预计带动社会资金150亿元。

（3）基金使用方式。基金的设立主要是解决小微企业在融资中存在的问题，因此，我们在使用方式上以小微企业融资模式为主。一是股权投资基金，通过引导性投资、跟进投资方式带动社会投资机构为对种子期、初创期小微企业进行直接的股权资金支持；二是风险补偿基金，与金融机构合作设立风险代偿基金池，对金融机构发放小微型企业信用贷款提供风险补偿；三是债权基金，为中小企业提供债权性质融资支持，包括购买中小企业债权产品和中小企业应急资金两种形式。

（六）开展扶助专项行动活动，为小微企业创新发展注入新的活力

依据《工业和信息化部关于开展扶助小微企业专项行动的通知》（工信部企业［2013］67号）文件精神和全国中小企业工作会议部署，制定北京市扶助小微企业专项行动实施方案。“方案”以“扶助小微、转型成长”为主题，全面贯彻我市“科技创新、文化创新”双轮驱动战略，围绕政策服务、体系建设、融资服务、创新服务、创业服务、企业减负等六个方面开展活动。

通过各方力量协同推进，截至10月底，已开展各类系列活动700余场，参加活动的小微企业近25000家，近50000名中小企业管理人员现场接受了指导和培训。

（七）加强宣传，努力扩大社会影响

依托新闻媒体、培训、手机报及网站等多种形式进行政策宣传，企业覆盖面不断扩大。2013年5月，市经济信息化委与新华社北京分社合作，开通了“北京中小企业手机报”，目前已覆盖上万个企业用户；2013年10月，完成《北京中小企业》期刊首期的编印工作，实现对企业线上、线下免费赠阅；联合北京电视台，制作了“小微企业巡礼”系列节目，在“北京您早”和北京新闻中播出，在一个月的时间内，集中报道我市具有典型性、代表性的小微企业，以点带面，加强了政策宣传。

三、成功案例

案例一

成立于2008年的北京尚潮创意纪念品开发有限公司是位于中关村科技园区东城园的一家文化创意企业，是故宫纪念品的主要设计方之一，目前拥有20多款自主知识产权原创形象，300余款原创文化产品，其产品曾获得博物馆文化产品一等奖、旅游商品大赛金奖。然而两年前，企业还在为如何扩大产品线开拓销售渠道而苦恼，当时员工仅有20多人，租用的办公楼为200平方米，注册资金只有100万元，没有实物资产可以抵押，有的只是文化产品的创意想法，对于这样一家设计类的小微企业来说，资金成了掣肘企业发展的重要瓶颈。

在中关村东城园，有类似融资需求的文化创意企业不止一家，无抵押、无担保、无信用记录，三无的情况导致文化创意类小微企业从银行贷款存在一定难度。北京市中小企业投融资服务平台推出的中小企业集合信托创新融资产品缓解了这些小微企业的燃眉之急。2011年，中关村科技园区东城园"文化北京"中小文创企业集合信托发行，东城园内多家小微文创企业受惠。尚潮公司在没有任何实物抵押的情况下，成功获得了该笔集合信托150万元贷款。

有了该笔融资资金的支持，尚潮公司一改原来的单一点状产品设计生产现状，迅速实现产品多样化和规模化，并进一步拓展了销路。2012年企业收入翻了一番，达到680万元，企业员工人数也达到40余人。有了第一次融资成功经验，2013年，企业再次获得200万元集合信托贷款，企业获得持续资金支持，预计2013年收入将突破900万元，企业发展也进入了快车道。

2010年起，北京市中小企业投融资服务平台尝试将多家中小企业联合起来，作为一个整体打包，取长补短，统一组织，统一担保，通过信托公司统一发行信托计划募集资金，再把募集到的资金分配到各家企业，降低了企业融资门槛。同时，北京市中小企业创新融资贴息政策为企业降低了融资金额2%的融资成本。

近年来，北京中小企业投融资服务平台在北京市经济和信息化委员会的领导下，结合小微企业特点，联合金融机构，先后推出集合信托、融资租赁、私募债、小微企业信用贷款、新三版等一系列创新融资服务，搭建起金融机构和小微企业之间的桥梁。截至2013年11月底，已累计为近700家小微企业融资超过120亿元。

案例二

2013年2月25日，同方股份收购壹人壹本方案获得同方股东大会通过，成为2013年中国上市公司的首个收购案。本次收购方是横跨12个产业布局的巨无霸，而被收购方则是在国内平板电脑及移动互联网市场的民营品牌龙头，这一组合瞬时成为资本市场热点。

北京壹人壹本信息科技有限公司是北京市中小企业创业投资引导基金参股创投企业——北京启迪明德创业投资有限公司（简称启迪明德）投资的项目之一。2010年8月向壹人壹本投资2522万元，持有公司8.16%的股权。投资时壹人壹本仅成立1年，注册资金和实收资本只有约367万元，亏损80多万元，是一个典型的电子信息产业的初创期项目。

投资前，平板电脑及移动互联网市场牢牢地被苹果三星等外资品牌所垄断，但壹人壹本创始人认为，手写平板电脑具有独特优势，决心要做"苹果被咬下的那个缺口"。引导基金和启迪明德管理团队非常赞同公司的发展理念，在公司亏损的状态下毅然投资，并在公司治理、发展规划、融资等方面积极帮助企业成长，协助公司对接了中关村、北京市、国家部委等相关委办局，在公司市场形象宣传、政府市场开拓、争取科技企业发展资金等方面做出了重大提升；协助公司建立了多家银行的合作和授信，为企业发展解决了后顾之忧。

在引导基金和启迪明德管理团队的积极引领下，壹人壹本开始进入成长爆发期，被推崇为中国的"商务平板电脑领袖"。公司以独有的"原笔迹数字书写技术"为核心，持续深入地研发了智慧办公套件、笔式交互操作系统以及智慧云，开创的手写电脑获得了中国高端政商用户的认可，目前公司拥有全国31个省级代理商，逾400家地级代理商，近1000个终端店面，覆盖中国大陆90%以上的地级市场。自产品上市以来，E人E本产品共销售45万台，销量位列中国平板电脑市场第三名，中国本土商务平板电脑第一名，并成为全国政协第十一届四次会议专用手写电脑。公司在2013年6月推出的最新款产品T7，进一步突出了原笔迹办公系统，在云计算应用方面有重大突破，打开行业应用市场。

公司2010年至2012年的营业收入分别为1.78亿元、5.59亿元和5.74亿元，净利润分别为0.16亿元、0.41亿元和0.51亿元。公司2012年上缴税收近1000万元，直接就业人数200余人，间接拉动代理商销售人员近千人。

2012年，壹人壹本凭借737%的复合增长率和可持续成长潜力，在"2012年度第十一届中国企业成长百强评选中脱颖而出，一举夺得第十一届中国企业成长百强榜冠军（非上市公司），创造了首次进榜即折桂的奇迹，也成为第一家夺得年度中国企业成长百强总冠军的IT厂商。

引导基金和启迪明德在促进企业成长的过程中，自身也获得了丰厚的回报。壹人壹本100%的股权于评估基准日的评估值为13.68亿元，实际交易价格为14.5亿元。启迪明德对壹人壹本的投资在两年内迅速增值4~5倍。

北京市中小企业公共服务平台及小企业基地建设工作成效突显

2012年以来，为不断转变财政资金的支持方式，有效提升财政资金的使用效率，北京市进一步加强了中小企业公共服务体系建设，尤其在中小企业公共服务平台、小企业创业基地建设方面取得了较好的工作成效。

一、引导带动社会良好资本积极参与中小企业公共服务平台和小企业基地建设

为进一步加大对中小企业尤其小微企业的扶持

力度，2013年，本市不断转变工作思路，有效加强政府引导和服务职能，本市将市级中小企业发展专项资金由每年5亿元提升至8亿元，支持重点也逐步由支持单个企业项目转向中小企业公共服务平台、小企业创业基地和创新融资等公共服务环境建设，支持的比例将达到50%，全力提升了服务体系建设水平。截至目前，本市共认定完成了39家中小企业公共服务平台和40家小企业创业基地。运行一年多来，本市中小企业发展专项资金（简称专项资金）共支持了13家的中小企业公共服务平台和小企业创业基地服务环境建设项目，资金额度2514万元。专项资金已引导带动各类社会良好资本参与公共服务体系建设总投资达11亿元。其中中小企业公共服务平台项目11个，社会资本参与投资1.1亿元；小企业创业基地服务环境建设项目2个，社会资本参与投资9.9亿元。目前中小企业公共服务平台和小企业基地建设已惠及6175家中小微企业，有效带动广大中小微企业增加人员就业、扩大生产规模，形成了较好的社会效益和经济效益。

二、加强政府引导，充分发挥市场化运作手段，不断提升综合服务能力

目前，全市中小企业公共服务平台新增和改扩建中小微企业服务面积已达1.5万平方米，小企业创业基地改扩建面积已达15.5万平方米，一年多来，通过有效的市场化运作手段，不断引导带动广大社会优质资源进入平台和基地，其自身服务能力得到了提升、服务范围得到了拓展、服务层次得到了深化。例如：汇龙森国际企业孵化（北京）有限公司是我市首批认定的公共服务平台和基地之一，目前园区已成为亦庄经济技术开发区内集500多家科技型小微企业的聚集区。首先在解决园区内小微企业工商、税务、资金等难题方面，公司先后组建了信息化公共服务平台、综合商务公共平台、投融资公共服务平台、企业家俱乐部等公共服务平台，为小微企业提供基础的共性服务。在企业网站建设、基础商务外包、投融资需求以及企业家的人脉发展等方面，为园区的小微企业提供贴身服务。其二在解决园区内小微企业专业技术、专业设备的瓶颈问题方面，公司根据园区企业聚集情况，先后组建了生物医药、新材料、医疗器械等三个公共专业技术服务平台，重点发展自身的产业化环节的专业服务能力。聚焦小微企业的小试和中试环节，为其提供专业的空间、技术、设备等支持，促进小微企业快速发展。截至目前，生物医药公共技术服务平台已投资3500万元，建设面积2100平米，累计提供检测服务3000余项次；新材料公共技术服务平台已投资1800万元，5个功能实验室占地1000平米，提供各项试验服务40余项次，有力地促进了园区内生物医药及新材料领域内中小企业的发展。

天津市民营经济发展情况调查

为深入贯彻落实市第十次党代会精神，进一步推动民营经济加快发展，近期，对我市民营经济发展情况进行了专题调查和研究分析，并提出了一些建议。

一、我市民营经济发展现状

近年来，我市民营经济稳步发展，为推动我市经济和社会发展做出了积极贡献。

1. 市场主体稳步增加，经济规模持续扩大。截至2012年底，全市民营经济市场主体达44.65万户，注册资本金达12207.16亿元，分别是2007年的1.48倍和4.75倍。市场主体中民营企业达18.35万户，注册资本金达12050.82亿元，分别是2007年的1.71倍和4.83倍；个体工商户达26.28万户，注册资本金达到156.34亿元，分别是2007年的1.36倍和2.13倍；民营企业集团343个，比2007年增加177个。

2. 民资进入领域不断拓宽，经营范围逐步加大。民营经济经营领域已覆盖到现代服务业、教育、医疗卫生，以及典当、金融信托、金融租赁、国际保理等新兴金融行业。其中，批发零售业5.83万户，占行业的87%；制造业3.7万户，占行业的81%；科学研究、技术服务和地质勘查企业2.62万家，占行业的90%；租赁和商务服务业2.15万家，占行业的86%；建筑业1.07万家，占行业的85%；金融业1967户，占行业的33%；电力、燃气及水的生产和供应业243户，占行业的45%；教育业22户，占行业的54%。

3. 产业结构日趋优化，质量效益明显提升。2012年，限额以上民营经济二、三产业企业数量和销售收入的比重均在42∶58左右，其中，第三产业企业5064家，占总量的58.08%，实现营业收入5918.35亿元，占总量的57.75%；第二产业企业3655家，占总量的41.92%，实现营业收入4330.55亿元，占总量的42.25%。从工业企业运行效益看，2012年，全部国有及规模以上工业总产值完成23250.54亿元，是2007年的2.34倍，其中民营企业完成5358.89亿元，是2007年的2.93倍；规模以上工业企业利润为1939.96亿元，是2007年的4.72倍，其中民营企业完成519.85亿元，是2007年的7.2倍；规模以上工业企业利税总额为2962.23亿元，是2007年的4.59倍，其中民营企业完成697.93亿元，是2007年的5倍；规模以上工业民营企业利润年均增长48.4%，高于全市规模以上工业平均水平12.03个百分点。

4. 综合实力显著增强，社会贡献日益突出。2012年，全市民营经济预计完成增加值5180亿元，是2007年的3.23倍，占全市生产总值的40.4%，

比2007年提高9.7个百分点；民营经济上缴税收855.51亿元，占全市的36.5%；全市科技型中小企业达到3.42万家，其中民营企业3万多家，占全市科技型中小企业的88%；民营经济拥有从业人员323.91万人，是2007年5.07倍，占全市城镇企业从业人员的75%，新增就业人数占全市城镇企业新增就业的70%。

二、我市发展民营经济的主要做法

近年来，市各相关部门认真贯彻落实市委、市政府部署要求，围绕加快发展我市民营经济采取了一系列行之有效的政策措施，归纳起来，主要体现在以下几个方面：

1. 坚持把发展民营经济摆在重要位置，不断加大组织推动力度。市第九次党代会提出，个体私营经济、民营企业和中小企业具有巨大的发展空间和潜力。要真正转变观念，切实落实政策，创造公平竞争的环境，放开领域，放宽条件，放手发展，支持个体私营、民营等非公有制经济参与国企改革，鼓励支持个体私营、民营企业做大做强，发展企业集团，走现代企业发展的路子，要使民营经济成为天津经济增长的新亮点。为落实市第九次党代会精神，以市委、市政府名义召开加快民营经济发展工作会议进行全面动员部署，提出了“三个创造”（创造宽松和谐的政策环境、创造公平竞争的市场环境、创造全民创业的社会环境）总要求，明确了五年奋斗目标和18项重要举措，掀起了民营经济发展新高潮。到2009年，根据中小企业、民营经济发展工作需要，市政府在机构改革中组建了市中小企业发展促进局，各区县也相应设立了中小企业工作机构，形成了全市中小企业民营经济工作体系。2012年4月，为进一步加强对全市民营经济工作的领导，天津市个体私营经济发展领导小组更名为天津市民营经济发展工作领导小组，领导小组办公室设在市中小企业局，从组织架构和工作机制上，形成了齐抓共管、合力推进民营经济发展工作的新格局。

2. 坚持转变政府职能，不断优化政务服务环境。2007年以来，行政审批制度改革不断深化，降低各级各类行政许可事项的准入门槛，取消不属于国家法律法规和行政规章规定的前置审批事项，清理和整顿针对企业的各种乱收费、乱罚款、乱检查、乱摊派等现象，减轻民营企业一些税费负担。截至目前，市级审批事项已由1033项减少至423项，在四个直辖市中最少。同时，我市连续五年开展的“上水平”系列服务活动，都把促进民营经济发展纳入重要内容，市、区县、乡镇三级服务组的广大干部主动深入企业，解难题、送服务、促发展，形成了人人为民营经济服务，人人参与民营经济发展的良好环境。

3. 坚持加大政策支持力度，积极构建政策支撑体系。继2007出台了《中共天津市委天津市人民政府关于加快民营经济发展的意见》后，根据新形势新发展需要，先后出台了《关于进一步促进我市中小企业发展的意见》《关于鼓励和引导民间投资健康发展的若干意见》《关于大力支持小型微型企业发展的若干意见》以及支持示范工业园区、科技型中小企业、中心城区楼宇经济发展等一系列新政策。同时，市工商局、财政局、金融办、国土房管局等相关部门也结合各自工作实际，出台了有关扶持民营经济发展的配套政策。这些政策措施，有效调动了民营经济发展的积极性，增强了民营企业发展活力。

4. 坚持促进产业集聚发展，着力打造一流载体。市委、市政府精心谋划、统一规划、高水平开发建设各类园区，并不断完善配套设施、提升功能水平，为民营企业集群集聚发展提供了强有力的空间支撑。2009年开发建设的31个区县示范工业园区，截至2013年一季度，累计签约项目2130个，总投资达6701亿元，入驻企业达到6731家，其中绝大部分为民营企业。2011年开展的亿元楼宇工作，目前累计推出164个重点扶持的亿元楼宇，已有67个楼宇税收超亿元，打造了物流楼、金融楼、科技楼、创意楼、律师楼等一批特色楼宇，快速集聚了一大批业态先进的民营企业。

5. 坚持不断扩大对内开放，全力开展招商引资。全市上下紧紧抓住滨海新区开发开放有利时机，在坚持大力引进外资、央企的同时，采取各种措施，更加注重在全国范围引进民间资本，取得明显效果。仅据市合作交流办统计，从2008年到2012年，全市共引进内资5937.47亿元，年均增长38.1%。2012年，全市共完成民间投资4105.48亿元，同比增长32.8%，高于全社会固定资产投资增速14.7个百分点，占全社会固定资产投产的比重为46.3%。

6. 坚持营造良好环境氛围，加强舆论宣传引导。充分利用报刊、电台、电视、网络等各类媒体，全方位、多层面集中宣传报道民营经济发展工作。市中小企业局、市工商局、市工商联等部门开展了促进民营经济发展系列活动，在天津日报等媒体大力弘扬创业精神，开设“民营经济”专栏，系统宣传民营经济发展政策；举办“圆梦津城·全民创业大会”，开展“创业零距离”全民创业大赛以及创业巡讲和一系列创业沙龙；天津市与全国工商联共同举办民营经济发展论坛等等，营造了创业创新和发展民营经济光荣良好氛围。

三、我市民营经济发展中存在的主要问题

虽然我市民营经济取得了长足发展，但从在经济社会发展中的地位看，以及与发达地区相比，仍然存在着一些亟待解决的问题。

1. 思想观念不够解放，服务意识不够强。有的领导干部对发展民营经济重视不够，只把国有企业看成自己职责的事，没有把发展民营经济当作份内的工作；有的思想上有顾虑、工作上放不开手脚，不愿与民营企业打交道，因担心国有资产流失而不愿让民营企业参与国有企业改制。一些部门缺乏主动服务意识，在执法管理和服务层面上，执法不规范、程序不简便、服务不到位、效率不够高等现象

还没完全消除。

2. 经济总量不够大，个体规模较小。从总体规模看，我市民营经济在全市经济总量中的比重仅为40%，低于全国平均水平。从市场主体看，虽然近几年我市民营企业户数有较快增长，但与发达地区相比还有较大差距。据粗略统计，北京、上海民营企业数量分别是我市的3倍和5倍。从个体规模看，我市民营经济以中小企业为主，主营业务收入中大企业（集团）所占比例不足30%，即使是限额以上民营工业企业（集团），户均资产、人员也仅占非民营工业企业（集团）的28.8%和57.2%。据2012年中国民营经济500强排行榜显示，我市仅有12家企业（集团）位列其中，而浙江、江苏、广东上榜数量分别为144户、118户、21户。

3. 产业结构不尽合理，行业过于集中。我市民营经济以劳动密集型的传统产业居多，且大多在行业的低端，产业的末端。从事具有现代服务业特征的仓储物流、信息传输、软件、租赁等业态的比例偏低。据对我市限额以上民营企业的现状调查结果显示，主要集中于冶金钢铁制造业、建筑业和批发零售业，而高新技术产业、现代服务业所占比例还比较低，行业分布不够合理，产业结构相对单一。

4. 驰名商标少，品牌影响力不足。截至2012年，我市拥有驰名商标110件，据了解，浙江同期拥有464件，福建拥有301件，据品牌中国产业联盟颁布的2012年品牌中国1000强中，我市排名在第14位。同时，我市缺少像广东的华为公司、浙江的吉利控股公司、四川的新希望集团、上海的复星高科技集团等主营业务收入高、品牌影响力强的全国知名民营企业。

5. 创新能力较弱，综合竞争力不够强。一些企业还没有把企业发展、产业产品结构调整转移到依靠科技进步上来。首先，部分民营企业创新意识不够，在产品研发上投入不足、用力不够，尚无自主核心技术支撑，拥有自主知识产权也不多，产品结构单一，同质化现象明显，抗风险能力还比较弱。同时，企业之间、企业与大学和科研院所之间科技联盟机制尚未形成，新技术成果转化率还比较低，与发达地区存在一定差距；其次，经营管理不够规范，多数企业仍沿用家族管理模式，公司治理结构、经营管理相对滞后；再次，企业高端人才严重缺乏，部分企业也重视人才培养和高端人才引进工作，但普遍力度不够。

6. 政策措施需优化，市场环境亟待改善。近年来，我市出台了一系列扶持中小企业和民营经济发展的政策措施，从执行效果看，重政策制定、轻宣传落实的现象依然存在。扶持民营经济发展的财税、金融等政策措施有待完善。市场准入和资源要素配置不公平现象依然存在。民营企业在享受优惠政策和资金扶持方面，还存在着不同程度的不平等待遇，在进入铁路、市政、金融、电信、教育、医疗等领域还比较难，“弹簧门”“玻璃门”尚未完全拆除。

7. 创业氛围不够浓厚，社会环境有待营造。从我市现实情况看，受传统思维定式影响，稳定工作、安逸生活依然被人们追捧；多数人把创业看作是高风险、低回报的事情，不敢创业、不愿创业的风气依然存在。激励民营企业家健康成长的长效机制尚未建立。在舆论环境上，正面宣传、典型引路的力度还不够大，创业不易、应被关心支持，创业光荣、应该得到尊重的社会氛围还不够浓厚。

四、进一步加快发展我市民营经济的对策建议

针对上述问题，应重点做好以下九个方面工作：

1. 进一步解放思想、更新观念。各级各部门要进一步解放思想，更新观念，以发展的眼光，从全局的高度，充分认识当前和未来大力发展民营经济的重要性、紧迫性。要树立民营经济活则全盘活，民营经济兴则全局兴，民营企业富则全民富的发展理念、服务意识。要瞄准中央对天津定位，按照市委、市政府部署要求，进一步修订、完善我市促进民营经济发展长远规划，制定实施细则，发掘新的增长动力，推动我市民营经济转型发展、创新发展、开放发展、节约集约和绿色发展，让民营经济真正成为一支拉动全市经济社会发展的重要力量。

2. 进一步加强组织领导。新形势下推进民营经济发展，必须加强组织领导。要强化党委统一领导、党政齐抓共管、部门各负其责的领导体制和工作机制。各级党委和政府要将其摆上经济社会发展的重要位置，列入重要议事日程，纳入区域总体发展规划，作为工作目标考核的重要内容。充分发挥市民营经济领导小组的作用，强化民营经济主管部门的职能和统筹协调能力，建立民营经济工作联席会议制度，创新工作推动协调机制，研究建立相应的评价奖惩激励机制。市委、市政府每年召开一次促进民营经济发展工作会议，总结经验、表彰先进、典型带动，纳入考核指标，不断掀起推动发展的高潮。进一步健全民营经济统计体系，建立统计模型，完善统计制度，为市委市政府科学决策提供可靠依据。

3. 进一步健全政策支持体系。切实加大政策支持力度，对照新36条和国家部委42项实施细则，以及近期国务院新下放的135项审批事项，系统梳理现有民营经济发展政策，认真检查政策落实情况，集中清理政策障碍。同时，学习借鉴先进地区促进民营经济发展的政策，再研究出台一批含金量高、力度大的促进民营经济加快发展和转型升级的政策，力争做到“人家有的，我们也有”，并下气力抓好政策宣传和落实，帮助企业掌握和用足用好政策。严格按照“非禁即入、有序退让”的原则，拓展民营经济发展政策空间，真正拆除“玻璃门”“弹簧门”。

4. 进一步提高政府服务水平。依据合理性、有效性、公开性和责任性的原则，进一步简化行政审批手续，实施规范化、标准化审批制度，简化立项、合同、章程、注册登记的审批，做到公开、公正、透明，努力为民营企业提供优质服务。充分发挥财税政策对民营经济发展的引导、培育作用，重点支

持民营企业技术成果转化、技术改造、标准制定、品牌创建，以及面向民营企业的各种专业化服务平台与载体建设。积极搭建银企融资对接平台，创新融资产品，降低融资成本，拓宽融资渠道，切实解决企业实际困难。将市场准入标准公开透明，创造各种所有制经济平等准入、公平竞争、共同发展的市场环境，实现民资在铁路、市政、金融、电信、教育、医疗等领域自由进出。采取有效措施，坚决制止各种不正当竞争和侵犯消费者权益的行为，严厉打击假冒伪劣、偷税漏税等违法经营活动，规范企业经营行为和市场经营秩序。

5. 进一步营造社会环境。采取多种形式，大力宣传民营经济在经济社会发展中的重要作用，宣传国家和市支持民营经济发展的政策措施，营造全社会关心支持加快民营经济发展的良好氛围。要加大对创业者的表彰奖励和宣传报道，宣传表彰依法经营、诚实守信、认真履行社会责任、积极参与社会公益事业的民营企业家的先进事迹，形成全社会尊重企业家、尊重创业者的社会氛围，让民营企业家有荣誉、有地位、有尊严。建章立制扶持行业协会、商会向自主化、专业化、市场化发展，有序推进部分政府职能向行业协会转移，建立完善政府购买服务机制，充分发挥行业协会、商会在行业发展、创新社会管理中的独特作用。

6. 加快培育一批民营大企业（集团）。应根据《国民经济行业分类》大类（适当考虑一些重要中类）划分，制定相关标准，对现有民营企业的管理水平、自主知识产权、自主品牌等进行评估，从中筛选一批具有一定规模的民营企业，编制优选企业目录，纳入支持和培育计划，一企一策，予以重点扶持。设立培育民营大企业（集团）专项扶持资金，专门扶持纳入培育计划的目标企业。鼓励帮助企业通过资本资产运作，尽快做大做强，抓紧培育一批上市企业，支持民企参与国企调整重组。

7. 大力实施品牌战略。鼓励民营企业加大品牌培育、延伸和经营力度，提高品牌的知名度和质量，扩大品牌经济规模。引导有条件的民营企业争创具有竞争力的世界、国内知名品牌。由市民营经济主管部门牵头，联合工商、质监、发改、财政等相关部门，每年规划和组织申报评审一批驰名商标和著名商标；修订和完善相关政策，对获得中国名牌、驰名商标称号，尤其是获奖后品牌价值提升、名牌效应显著的企业及有功部门和人员给予重点宣传和奖励。

8. 积极推进人才队伍建设。提高人才结构的对应度，重点加快企业三支队伍建设，建设一支具有现代经营理念、掌握先进管理知识、熟悉国际惯例的职业企业家队伍；建设一支知识水平高、综合素质高、创新能力强的复合型人才队伍；建设一支操作水平高、适应能力强的技工队伍。应由组织人事部门牵头，工商联、民营办等部门协助，采取走出去、请进来的方式，每年定期组织规模民营企业负责人参加高层次的培训学习和考察活动。民营企业在人才引进上享受国家和市有关政策规定，同时对在吸纳劳动力就业方面贡献突出的企业也应给予一定奖励。

9. 加快推进民营经济载体建设。一是打造平面载体。依托现有的各类工业园区建设，引导支持民营企业参与重点项目建设，做好配套生产服务工作，统筹解决民营企业用地、用水、用能需求，支持企业结构调整、转型升级。以这些重点项目为中心，积极发挥产业链优势，加快促进民营企业集群发展。建设民营企业聚集地，加快打造民营经济产业园区。二是打造立体载体。大力发展亿元楼宇，推动中心城区楼宇资源的开发整合和业态创新，鼓励民营大企业（集团）参与楼宇经济载体建设开发，建立区域总部、结算、研发中心。三是提升各类载体功能。加强孵化器，设备、技术、资金、人才等共享平台，通讯和信息平台，法律、商务等中介服务平台的建设，完善载体功能，为民营企业发展提供良好的软硬件支撑。四是加大招商引资力度。充分依托载体平台，引进和发展适合区域经济发展和定位的新兴行业、新兴产业。把吸引外埠民间资本和民营企业到我市投资作为发展民营经济工作的重点，确定重点招商对象，制定具体措施，建立工作目标责任制和招商引资“绿色通道”，提供“一条龙”“一站式”服务。

黑龙江省非公食品产业发展现状及问题研究

黑龙江省非公有制食品工业的主要产业有乳制品、大豆制品、绿色食品加工、粮食加工、薯类加工、肉制品加工、山特产品加工等。行业门类齐全，总量不断扩大，经济效益稳步提升，正日益显示出蓬勃发展的活力。但结构松散，只有找准定位，在现有资源优势的基础上，深度开发，进一步推进食品工业产业化经营，使我省非公有制食品工业产业做大做强，实现食品产业基地化、规模化、品牌化、国际化，提升行业整体竞争力。

为进一步了解我省非公有制食品工业发展现状和存在问题，加快食品工业产业结构优化升级，推动我省经济持续健康发展，为相关部门制定食品工业扶持政策和发展规划提供参考，黑龙江省统计局社会经济调查总队于8月中旬，对全省非公有制食品工业企业开展了为期两个月的调查。本次调查为一次性重点调查，调查范围为农副产品加工业、食品制造业和酒、饮料精制茶制造业3个行业大类，40个行业小类，主要包括谷物磨制、饲料加工、食用植物油加工、肉制品及副产品加工、乳制品制造、酒和饮料制造等主要工业行业。调查涉及了2013年上半年企业数量、就业人数、工业总产值、主营业务收入、利税等经济指标以及企业发展状况、存在的问题等内容。调查方式采用资料搜集、问卷调查和实地调查走访相结合。

本次调查的非公有制食品工业企业主要经济指标：规模以上全部非公有制食品工业企业1066家（利用现行的工业统计报表数据）；规模以下非公有

制食品工业企业在现行的规模以下食品工业抽样调查总体库中随机抽选467家，共1533家。问卷调查：规模以上非公有制食品工业企业在1066家中随机抽选389家，其中，企业数30户以下的鸡西、鹤岗、伊春、七台河、黑河和大兴安岭全面调查；规模以下非公有制食品工业企业467家，共856家。

一、非公有制食品工业发展的优势和潜力

1. 自然资源优势。我省是全国耕地面积最多的省份，是全国第一产粮大省，也是国家重要商品粮基地，粮食总产量已突破千亿斤。现有耕地1187.07万公顷，土壤有机质含量高于全国其它地区，黑土、黑钙土和草甸土等占耕地的60%以上，地处世界三大黑土带之一，盛产大豆、玉米、水稻、小麦、马铃薯等作物；有林地2327万公顷，是全国10个拥有大草原的省份之一（牛奶产量、乳制品产量均居全国前列），有牧草地222.64万公顷，拥有我国最大的林区（森林面积、森林总蓄积是全国之最）；有黑龙江、乌苏里江、松花江、嫩江和绥芬河五大水系，现有大小湖泊640个、在册水库630座，水面达80多万公顷，是全国水资源较丰富的省份之一。良好的自然生态环境和丰富的农业资源为食品工业发展提供了大量优质原料。

2. 产业基础优势。我省绿色食品的发展速度、规模和质量一直居全国首位，是绿色食品大省。2012年，绿色食品总产值占全国的1/6、绿色食品认证面积占全国总面积的1/4、绿色食品原料标准化生产基地占全国1/2。到2012年底，绿色（有机）食品加工企业达550家，完成产值650.0亿元，比上年增长49.4%，其中，产值超亿元的企业有65家。绿色食品产品产量1040万吨，比上年增加130万吨。形成了绿色玉米、大豆、水稻、乳品、肉类、山产品、饮品和特色产品等八大产品生产加工体系，为我省大力发展食品工业奠定了坚实的基础。

3. 政策环境优势。为大力发展食品工业，我省努力营造较为宽松的政策环境。一是省委、省政府先后提出了“八大经济区”“十大工程”和“十大重点产业”战略，以十大产业为核心，进一步优化产业布局、壮大产业基地、培育产业集群、延长产业链条；并出台了《关于促进非公有制经济（中小企业）加快发展的实施意见》等。二是国家继续实施振兴东北老工业基地战略；国家级现代农业示范区和“两大平原”现代农业综合配套改革试验区试点；批复《大小兴安岭林区生态保护与经济转型规划》；鼓励食品工业向原料产区、重要物资节点和产业园区布局等政策措施，为加快我省食品工业发展、优化食品产业结构提供了宝贵的发展机遇。

4. 行业发展优势。食品工业是我省最具发展潜力的工业四大支柱产业之一。近年来，我省食品工业发展进入快速增长期，通过实施市场牵龙头企业，龙头企业带原料基地，原料基地带农户的龙头带动战略，基本形成了以乳制品加工、大豆加工、玉米加工、水稻加工、肉制品加工、绿色食品加工、果蔬加工、马铃薯加工、山特产品加工等产业群，在加工范围、深度、结构上，产业规模化、品牌化、区域化、社会化等方面均有良好的表现。

二、非公有制食品工业发展现状

1. 企业规模不断扩大，综合实力持续增强。调查结果显示，截至2013年6月底，规模以上非公有制食品工业企业1066家，比上年同期增加202家，增长23.4%。资产总额达1145.6亿元，比上年同期增长15.3%，占规模以上全部食品工业的比重为63.9%，户均拥有资产10746.7万元，比上年同期增加1427.8万元；资产负债率50.5%，与上年同期持平，完成工业总产值1162.3亿元，比上年同期增长26.7%，占规模以上全部食品工业总产值的80.2%。

被调查的规模以下非公有制食品工业的467家企业中，小型企业178家、微型企业289家。资产总额49.1亿元，比上年同期增长22.6%；资产负债率46.4%，比上年同期增长0.4个百分点；完成工业总产值18.9亿元，增长10.0%。

2. 企业呈快速增长态势，经济效益较好。调查结果显示，2013年上半年，规模以上非公有制食品工业企业实现主营业务收入1105.7亿元、利润总额55.9亿元、税金总额26.7亿元，比上年同期分别增长26.7%、29.2%和22.7%，占规模以上全部食品工业的比重分别为76.1%、96.4%和88.4%。

被调查的规模以下非公有制食品工业的467家企业实现主营业务收入18.3亿元，比上年同期增长15.9%；实现利润总额1.1亿元，增长75.2%；实现税金总额0.7亿元，增长23.3%。

3. 企业生产经营状况良好，产品产量稳中有升。问卷调查结果显示，2013年上半年，被调查的856家企业生产经营状况与上年同期相比，认为“好”和“较好”的企业有326家，占被调查企业的42.3%；“持平”的企业320家，占37.4%；“较差”和“差”的企业174家，占20.3%。有303家企业生产的产品产量比上年同期“增加”，占被调查企业的35.4%；359家与上年同期“持平”，占41.9%；比上年同期“减少”企业有194家，占22.7%。

4. 产业链条逐步形成，区域特色明显增强。调查结果显示，2013年上半年，规模以上非公有制食品工业主营业务收入超亿元企业286家，比上年同期增加78家，共实现主营业务收入798.2亿元，比上年同期增长36.6%，占规模以上全部食品工业的72.2%；主营业务收入超10亿元的企业8家，比上年同期增加3家。从行业上看：乳制品制造3家，淀粉和淀粉制品加工2家，食用植物油加工、酒精制造和瓶（罐）装饮用水制造各1家。主营业务收入超10亿元的企业有双城雀巢有限公司（20.9亿元）、中粮生化能源肇东分公司（19.7亿元）、黑龙江龙凤玉米开发有限公司（16.0亿元）、大庆展华生化科技有限公司（12.9亿元）、黑龙江省飞鹤乳业有限公司（12.1亿元）、黑龙江贝因美乳业有限

公司（11.1 亿元）、哈尔滨顶津食品有限公司（11.1 亿元）、黑龙江金谷农业科技发展有限公司（10.2 亿元）。

近年来，随着食品工业园区建设的加快和大项目的不断引进，在龙头企业的带动下，产业集群逐步形成，集聚作用日益显现。如：齐齐哈尔有以飞鹤、蒙牛等企业为重点的乳产业集群；以中粮龙江、鹏程生化等企业为重点的玉米产业集群；以依安奈伦淀粉工业有限公司、讷河港进、克山沃华等企业为重点的马铃薯产业集群；以北大仓集团、富裕老窖酒业、鹤城酒业、巴蜀酒业等企业为龙头的白酒产业集群。双鸭山有以阳霖油脂集团、同泰油脂集团、金谷农科等企业为龙头的大豆加工产业集群；以北大荒、五芳斋等企业为龙头的水稻加工产业集群；以宏达生物、丰瑞化工等企业为龙头的玉米加工产业集群；以黑龙江农垦东北黑蜂、饶峰土特产等企业为龙头的蜂产品加工产业集群；以桦宝农副产品、硕达食品有限公司等企业为龙头的白瓜籽加工产业集群。佳木斯有以益海粮油、黑龙江付士米业、嘉旺实业、龙佳米业、香兰米业等企业为龙头的米业加工；以吉庆豆业、益海（佳木斯）粮油、桦川县泰丰植物油脂、冬梅大豆食品有限公司等企业为龙头的大豆精深加工生产基地；以阳光生化、兴业淀粉有限公司、桦川慧丰酒业、桦南巨龙实业、同江丰顺农发公司等企业为龙头的玉米加工；以大明宝贝面粉有限公司、福成粮油等企业为龙头的小麦加工；以雨润集团利民食品、力佳食品、汤原四海食品、桦川利亚生猪定点屠宰厂等肉类屠宰加工。大庆有以杜蒙伊利乳业公司、大庆乳品厂公司等企业为龙头的奶制品加工；以大庆金锣肉制品公司、馋神食品、万川禽业等企业为龙头的畜产品加工；以天泰生化科技公司、龙泰农业、鑫亿粮油等企业为龙头的农副产品加工；绥化有以中粮生化能源肇东公司、龙凤玉米公司等企业为龙头的玉米加工业；以望奎双汇北大荒肉业公司、肇东大庄园肉业集团等企业为龙头的肉制品加工业。

5. 品牌特色日益显现。在被调查的 856 家企业中，有 273 家企业持有名牌产品商标，占被调查企业的 31.9%。其中，中国驰名商标 45 个（规模以上企业 36 个）、中国名牌商标 37 个（规模以上企业 28 个）、省级名牌商标 261 个（规模以上企业 171 个）。

我省食品工业着眼于国内外市场需求，培育打造了“九三”“北大荒”“阳霖”“完达山”“大众肉联”“响水大米”“五常大米”“梧桐大米”等知名品牌和驰名商标。同时，先后成功引进雀巢、可口可乐、英糖、南华集团、中粮集团、康师傅、统一、汇源、娃哈哈、华丰、杏花村、雨润、伊利、蒙牛、光明乳业等一批国内外知名品牌和食品企业。

6. 非公有制企业唱主角。到 2013 年 6 月末，全省规模以上全部食品工业企业 1147 家，国有和集体企业 81 家，非公有制企业 1066 家，占全省规模以上全部食品工业企业的 92.9%；全省规模以下食品工业企业大约 7000 多家，全部为非公有制企业。非公有制食品工业企业已经成为我省食品工业发展的主体。

三、非公有制食品工业发展存在的问题

近年来，我省非公有制食品工业发展总体较好，但在发展中仍然存在生产经营方式落后、机制不灵活、竞争不充分、产业结构不合理等一些问题，制约着企业做大做强。

1. 产业结构层次较低，产业链条短。我省非公有制食品工业主要以谷物磨制、饲料加工、食用植物油加工企业为主，产品整体水平偏低，食物资源粗加工多，技术含量较低，精深加工产品少，资源型产品、初级产品仍占主导地位。2013 年上半年，规模以上非公有制食品工业谷物磨制、饲料加工、食用植物油加工三个行业共有 610 家企业，占规模以上非公有制食品工业的 57.2%。其中，谷物磨制 455 家，占 42.7%；饲料加工 62 家，占 5.8%；食用植物油加工 93 家，占 8.7%。被调查的规模以下非公有制食品工业的 467 家企业中三个行业共有 184 家，占被调查企业的 39.4%。其中，谷物磨制 149 家，占被调查的规模以下非公有制食品工业的 31.9%；饲料加工 13 家，占 2.9%；食用植物油加工 22 家，占 4.7%。

2. 企业规模小，抗风险能力差。我省现有非公有制食品工业企业绝大多数企业主要是由家族作坊式企业发展而来，属于技术含量低的劳动密集型传统产业，经营管理粗放、资源配置能力有限，重复盲目生产、无序竞争和产业结构雷同现象比较严重。同时，企业规模小，自主创新能力差，技术革新迟缓，受市场调节影响大，抵御风险能力低。2013 年上半年，全省规模以上非公有制食品工业只有 20 家大型企业、中型企业 97 家、小型企业 907 家、微型企业 42 家（按新的企业划型标准），占规模以上全部非公有制食品工业的比重分别为 1.9%、9.1%、85.1%和 3.9%。资产总额超 10 亿元以上的企业 15 家，户均 16.9 亿元，10 亿元以下的企业 1051 家，户均 0.9 亿元。被调查的规模以下非公有制食品工业的 467 家都是小微型企业，资产总额 49.1 亿元。多数企业生产规模小，没有自己的原料生产基地，企业生产所需的原料有些年份很难得到保障。如：双鸭山硕达食品有限公司 2012 年就在当地货源不能满足企业生产正常需要时，到牡丹江、内蒙等地购进了大部分白瓜籽原料。

3. 资金短缺，融资难。企业融资问题，近年来虽有一定的改善，但始终没得到彻底解决。问卷调查结果显示，被调查的 856 家企业中，资金不足的企业有 633 家，占被调查企业的 73.9%。其中，规模以上资金不足的企业 286 家，占规模以上被调查企业的 73.5%；规模以下资金不足的企业 347 家，占规模以下被调查企业的 74.3%。食品企业大多经营规模小、负债大，且多数为个体、私营企业，自身并无多少固定资产，靠租赁取得的厂房、设备，无法满足银行关于贷款抵押物的要求，特别是粮食加工企业固定资产投入大，原料往往一季收购四季加工，流动资金占用量大、回笼慢，企业资金异常

紧张，严重影响了农产品的收购和扩大再生产。如：佳木斯市建国村有许多小微型水稻加工厂，因是集体土地无法抵押贷款，限制了企业的发展。东宁县鹰鹿食品有限责任公司，每年需要流动资金大约800万元用于收购松籽等原材料。2013年，该企业已在龙江银行利用库存商品、原材料等抵押物获得贷款500万元，马上要进入松籽收购期，尚需资金300万元，因无法寻求抵押物，而造成资金缺口。

4. 原材料生产成本上涨，亏损企业增加。问卷调查结果显示，被调查的856家企业中，有71.1%的企业受原材料上涨影响，其中，规模以上有282家企业受原材料上涨影响，占规模以上被调查企业的72.5%；规模以下有327家企业受原材料上涨影响，占规模以下被调查企业的70.0%。2013年上半年，规模以上非公有制食品工业企业有129家亏损，亏损额6.6亿元，比上年同期分别增加1家和0.8亿元。被调查的规模以下非公有制食品工业467家企业有83家亏损，亏损额0.3亿元，比上年同期分别减少3家和0.2亿元。企业加工生产中的原材料、土地、能源、劳动力等价格不断上涨，直接导致企业利润下滑。如：海林市山市镇华达果仁加工厂，购入原材料黑木耳的时候每公斤上涨5元钱，同时，企业人员工资每个月上涨120元，生产成本的增加，使企业产品在市场竞争中失去了优势。黑龙江赛瑞集团（佳木斯）有限公司是以甜菜为生产原料的农产品加工企业，为综合性民营股份有限公司，受多种因素影响，糖厂效益不好，糖价和销售量一路下降，出厂价由原来的7000元/吨降低到现今的5900元/吨，销售价格低位运行。受利润因素影响，该公司无奈只有精简员工，由原来的1000多人减少到400余人。2007年至2013年已经亏损1.5亿。2013年上半年亏损3374.8万元，比上年同期增亏1462.0万元。

5. 科技力量薄弱，技术人才匮乏。我省非公有制食品工业企业研发力量短缺，大型企业研发投入相对不足，小微型企业基本无研发机构，科技人员少，自主研发能力薄弱，产品更新换代较慢。企业与高校、科研院所联系松散，缺乏坚实的科技支撑体系，许多技术问题得不到及时解决，导致企业不能达产达效，造成资源浪费。问卷调查结果显示，在被调查的856家企业中，有研发机构的企业只有124家，占被调查企业的14.5%；人才短缺的企业有252家，占被调查企业的29.4%。绥芬河市建新酱菜有限公司，主要经营酱菜的制作，为提高产品竞争力，购买了先进的检验设备，因为企业规模和地域因素，一直聘不到专业技术人才进行操作，造成设备闲置，影响了企业发展。

6. 政策扶持力度不够，监管、配套服务跟不上。一是政策支持力度不足。目前，国家尚未建立食品工业发展扶持政策，在食品工业发展上，各地都是比照非公经济、民营中小企业和“三农”等方面围绕金融、财税制定的优惠扶持政策，对食品工业企业扶持力度不够。二是政府监管力度不够。长期以来，食品监管分别由农业、工商、质检、食品和药品等部门分段负责，在管理上比较混乱，缺乏有效监管机制。三是质量控制体系不健全，缺乏有力的调控机制和手段，社会化食品安全质检服务机构不健全，难以满足食品加工企业多样化需求。个别市（地）检测机构不健全，部分县（区、市）还没有农产品质量安全管理专门机构，原料直接进厂，企业自行验收，无法保障原料的质量，与农户收贮交易矛盾时有发生。

7. 资源开发缺乏科学性，监管不到位。我省发展食品工业有许多比较优势，但在开发和利用上，缺少中长期规划和有序引导，缺少区域和行业的发展规划，管理和监管不到位，造成严重的重复建设和恶性竞争。非公有制食品工业企业存在同一资源过度无序开发，总体利用不够，造成一些宝贵资源严重浪费；同业的企业产品结构趋同，存在低水平重复建设，盲目生产，互相争资源、争市场。

四、对非公有制食品工业发展的几点建议

近年来，我省非公有制食品工业虽然发展较快，但仍然存在产业基础薄弱、规模小、产业集中度不高、科研力量和技术人才短缺等问题，为加快我省非公有制食品工业的发展，带动农业结构调整和产业升级，提高农产品的加工转化率和附加值，推进农业大省向食品大省转变，提出以下建议：

1. 加大政策扶持力度，创造良好的发展环境。一是结合我省“十二五发展规划”和非公有制食品工业发展的重点产业，研究制定针对性强、可操作的全省食品产业发展规划，以及与之相适应的食品行业的税收、土地、贷款贴息等优惠扶持政策和措施，重点支持食品行业加速发展。二是用足用好国家、省向重点骨干食品企业和重点非公有制企业倾斜的扶助资金和各项优惠政策，为食品产业发展注入新活力。三是加大财政支持力度，进一步调整投资结构，优先发展绿色食品重点产业和生产基地建设，强化我省食品工业的特色和优势。据省绿色食品办公室统计，2012年，我省绿色食品加工企业投资额度162.4亿元，比上年同期增长20.4%，其中，国家预算内投资1.4亿元，比上年下降17.6%；国内贷款6.3亿元，增长6.8%；利用外资32.9亿元，增长17.5%；自筹资金118.2亿元，增长23.3%；其他投资3.6亿元，增长2.9%，分别占投资总额的0.8%、3.9%、20.2%、72.9%和2.2%。

2. 发挥资源和产业优势，培育和壮大龙头企业。一是针对我省资源优势的特点，研究制定相关政策，做好引导和服务工作，促进食品企业间的合作与兼并重组，对年主营业务收入在亿元以上的乳制品、粮食、肉制品、马铃薯、甜菜、白酒、果蔬和山特产品加工重点龙头企业，通过合资合作、产权转让、收购兼并、租赁承包等方式，开展跨区域、跨行业、跨所有制的联合与合作，打造能带动行业跨越发展的企业集团。逐步形成以大型企业为龙头、中型企业为支撑、小微型企业为基础的现代化产业集群。二是扩大食品加工层次、提高资源的综合利用率和增加食品工业附加值，以适应城镇居民食品消费结

构向多元化、营养化、方便性的发展需要。依托北大荒米业、九三油脂、哈尔滨大众肉联等知名绿色食品品牌，大力开发精加工方便食品、功能性食品、休闲食品和旅游食品，无公害绿色食品、有机食品等各类健康食品，创建黑龙江“寒地黑土”绿色食品品牌连锁店，集中资源打品牌，促进我省食品产业提档升级。三是加快配套检验检测、人才培训、科技开发、产品设计、物流建设等生产性服务业的建设，形成优势互补、信息共享、协调发展的新格局。把结构调整和产业升级作为主攻方向，努力建立具有龙江特色的现代食品工业体系，全面提升食品工业发展水平。

3. 加大资金扶持力度，打破企业融资难困境。企业融资是一个系统性问题，要从根本上打破企业融资难这一困境，需要企业、相关部门和各级政府共同努力，寻找突破口，多角度、多层次的满足融资需求，助推企业发展。一是企业自身必须树立可持续发展意识，重视和保证自己的信用体系建设，尽可能将企业的有关信息透明化、公开化。二是加大信贷支持力度，根据当地经济发展实际，推出一些适合非公有制食品工业企业融资需求的金融创新产品，对规划中食品工业产业的重点项目和重点企业，在授信额度、审贷、放贷上，特事特办，保证企业资金链条的延续和项目建设的需要。三是聚合生产要素，鼓励和支持食品工业企业利用资本市场筹集发展资金，扶持大型龙头食品工业企业上市融资。四是完善企业融资的信用担保体系，由政府引导，成立专门的信用评级机构，通过测评，建立中小微企业信用档案和数据库，规范其信用行为。五是政府应制定间接贴补机制，对科技型、成长型的企业融资实行减税、贴息、补贴等优惠政策，以调动金融机构为中小企业融资的积极性。六是充分利用民间资本和外资投资食品行业，鼓励和争取更多的知名食品企业落户龙江。

4. 打造知名品牌，提高市场竞争力。一是搞好品牌整合。我省农产品品种繁多，低水平重复竞争，制约着农产品质量的提高和市场占有率的增加。重点整合优质乳制品、米、食用植物油、肉制品、马铃薯、甜菜、白酒、食用菌、果蔬和山特产品的品牌，聚合产品优势，提高产品档次。二是放大品牌效应。加工企业要以优质农产品为基础，打品牌、创名牌，创建一批产品优质、特色鲜明的名优品牌，放大“九三”“北大荒”“阳霖”“完达山”“大众肉联”“响水大米”“五常大米”“梧桐大米”等知名品牌效应。让优质农产品进入北京、上海、天津、广州等大城市、超市和大卖场，提高产品知名度和市场占有率。在被调查的856家企业中，只有16家企业生产的产品出口国外，占被调查企业的1.9%，有526家国内销售，占61.4%，有302家本地销售，占35.3%，12家定向加工，占1.45%。三是形成食品行业产品推介的合力。积极鼓励各食品生产经营企业加大宣传投入，采取多种形式推介产品，利用“农博会”“绿博会”“广交会”“哈洽会”“上海农展会”等大型农产品展销活动，大力宣传和展示我省的优质农产品，树立良好的企业形象，逐步扩大我省农产品在国内、国际市场上的份额，让我省的农产品走向全国、走向世界。

5. 加快科技创新，拓展食品加工产业链。一是加快新技术的推广应用。大力推广食品行业新技术、新工艺以及适用技术，开发新产品、新原料，提高产品的技术含量和品质。二是加快推进企业科技创新。引导龙头企业与高等院校、科研机构联合协作攻关，建立研发中心、产学研联盟，增强自主创新能力，打造一批有自主知识产权和市场前景好的如大豆制品、粮食深加工等名、优、新、特产品。建立大中型企业自己的科研开发基地和食品产业自主创新研发平台，加快开发能够推动结构升级和可持续发展的关键技术，为食品产业优化升级提供支撑。

6. 规范行业行为，增强食品工业发展后劲。一是狠抓调控运行。健全专门机构，进一步加强对食品工业运行的分析、监测、预测和预警，及时、准确、全面地把握运行走势，增强行业的预见性和指导性，保证经济的平稳、健康运行。二是加强监管和行业自律。充分发挥食品工业协会作用，健全完善以协会章程为核心的各项管理制度，加强引导企业之间的情况交流，避免地域内企业间的不正当竞争，把名优品牌做乱做杂，保证食品企业正常的盈利水平。如：五常大米在全国有很好的声誉，但现在市场上假冒和掺假现象较多，如不加强管理和引导，将来可能会自毁声誉，毁掉五常大米的品牌。三是推进食品安全与诚信体系建设。积极引导食品企业提高管理水平，创新经营机制，强化企业标准化生产，规范企业的生产经营行为。督促企业建立健全质量保证体系，积极推行GMP（良好操作规范）、HACCP（危害分析关键控制点）、ISO9000系列标准和ISO14000环境管理系列标准认证工作。

行业名称	指标名称	计量单位	大型	中型	小型	微型
工业	从业人员（X）	人	X≥1000	300≤X<1000	20≤X<300	X<20
	营业收入（Y）	万元	Y≥40000	2000≤Y<40000	300≤Y<2000	Y<300

注：大型、中型和小型企业须同时满足所列指标的下限，否则下划一档；微型企业只须满足所列指标中的一项即可。

说明：1. 规模以上工业是指年主营业务收入2000万元及以上的工业企业；规模以下工业是指年主营业务收入2000万元以下的工业企业和个体工业。

2. 统计上大中小微型企业划分标准

（黑龙江省统计局）

2013 年黑龙江省县域经济社会发展情况分析

2013 年，我省出台了《关于进一步促进县域经济加快发展的实施意见》，对县域经济发展给予政策松绑、资金鼓励。各县（市）围绕“十大重点产业”上大项目，加快培育壮大特色产业园区、特色优势主导产业，全省县域经济呈现综合实力提升、质量效益提高的良好发展态势。同时，由于区位和基础条件的限制，我省县域经济发展也存在谋划不够、阶段滞后、水平不高的情况，急需破解难题，激活发展动力，加快实现县域经济社会跨越式发展。

一、县域经济社会发展现状

（一）综合实力增强

（1）经济规模继续扩大。2013 年，全省县域地区生产总值达到 6725.4 亿元，比 2012 年增长 12.6%，增幅比全省平均水平高 4.6 个百分点。县域地区生产总值占全省比重达到 46.8%，比上年提高 3.6 个百分点。全省地区生产总值超过 100 亿元的县（市）达到 24 个，占 64 个县（市）的 37.5%，比上年提高 4.7 个百分点，其中肇东、双城、安达、五常 4 个市的地区生产总值超过 300 亿元，分别达到 499.4 亿元、428.9 亿元、380 亿元和 321.2 亿元。县域人均地区生产总值达到 29691.4 元，比上年提高 3875.4 元，增长 15%，增速超过全省平均水平 10 个百分点。县域人均地区生产总值超过 3 万元的有 27 个县（市），占 64 个县（市）的 42.2%，比上年增加 3 个县（市），其中有 20 个县（市）的人均地区生产总值超过全省平均水平（37509 元），增加 5 个县（市）。

（2）投资总额快速增长。2013 年，全省各县（市）充分发挥区位和资源优势，强力推进招商引资和产业项目建设工作，投资规模扩大。全省县域固定资产投资完成 4351.2 亿元，比上年增长 26.3%，比全省平均水平高 7.7 个百分点。县域固定资产投资占全省固定资产投资的比重 39.1%，比上年提高 3.8 个百分点。有 15 个县（市）固定资产投资额超过 100 亿元，比上年增加 6 个县（市），其中，双城、海林、宾县、肇东、安达、宁安达到 150 亿元以上，最高的双城市完成固定资产投资 204.8 亿元。全年全省县域共签约项目 4470 个，比上年增加 1371 个，增长 44.2%；投资额在 1 亿元以上的项目 1675 个，比上年增长 64.2%。县域实际利用域外资金 2840.1 亿元，增长 27.7%。

（3）消费市场总体平稳。2013 年，全省县域实现社会消费品零售总额 1734.4 亿元，比上年增长 15.1%，总量占全省的 27.9%，增幅比全省平均水平高 1.3 个百分点。人均社会消费品零售额为 7656.9 元，有 27 个县（市）高于县域平均水平，列前 5 位的分别是：绥芬河市（29044.9 元）、安达市（19374.9 元）、同江市（15434.5 元）、尚志市（14380.5 元）、抚远县（14154.6 元）。

（二）发展模式各具特色

各县（市）围绕资源禀赋、产业项目基础和区位优势，结合农业产业化、县域城镇化等实际，明确了不同的主导产业，确定了不同的园区定位，形成了不同特色的县域经济发展模式。

（1）依托中心城市型。五常市提出了“依托哈尔滨、打造新五常”发展战略，充分依托哈尔滨在资金、技术、人才、项目、文化等经济社会综合优势，及时调整工作重心，注重产业提升，注重园区培育，注重结构调整，从一个农业县发展成一个新型的工业城市。2013 年，该市落户项目 119 个，计划投资额 186 亿元，“一区三园”全年实现工业总产值 112 亿元，比上年增长 25%；上缴税金 6 亿元，增长 46.3%；其中园区实现产值 60 亿元，税金 2.2 亿元；22 个项目实现当年引进、当年开工建设。肇东市围绕哈尔滨打造城市圈经济，努力打造低空经济产业、高端制造产业、绿色食品产业、生化医药产业、石油化工产业、文化产业、现代化大农业、现代物流业、新材料产业、循环经济和环保产业等十大产业。

（2）口岸经济带动型。东宁县利用口岸优势，抓好中俄经贸合作转型升级，倾力打造对俄经贸合作新优势。自 2005 年开始，在俄罗斯相继辟建了 6 个园区，其中，4 个境外工业园区累计完成投资 31.7 亿元，入驻光伏发电、服装、鞋帽、木材、互感器等生产企业 49 户。2 个农业园区累计投资突破 7.2 亿元。首创了跨境连锁加工模式。全力打造能源矿产、跨境连锁加工、绿色有机食品三大产业集群。2013 年，绥芬河、东宁、同江实现进出口总额分别为 82.4、27.3 和 18.2 亿美元。

（3）园区建设牵动型。肇州工业园 2010 年 10 月整合组建，3 年里先后晋升省级工业园区、省级农业科技园区、国家农业科技园区。主要是以农牧资源为依托，以工业园区为平台，以产业项目为牵动，全力发展绿色食品产业，引领县域经济快速发展。截至 2013 年 10 月底，已有 59 个企业项目入驻，投资总额近 100 亿元。园区项目全部投产，年销售收入可达 300 亿元，实现税收收入 12 亿元；产业项目吸纳就业 2100 人，从事与园区相关产业人员 1.1 万人；龙头企业与 120 家合作社、1.7 万农户建立合作关系，农民获益超 2 亿元。

（4）他山之石拉动型。穆棱市在资源、地域相对优势均不明显的情况下，依托周边绥芬河、东宁、密山、虎林、牡丹江航空港、珲春六个口岸和丰富的资源优势，从绥穆经济一体化到“绥穆新城”再到“一区三城”，该市走出了一条“借口岸光，打俄罗斯牌”的国际化发展之路。2013 年，全市实现地区生产总值 165.4 亿元，是 2008 年的 2.6 倍（现价计算）；进出口总额 2.5 亿美元，是 2008 年的 4.2 倍，其中，出口额为 2.4 亿美元，占进出口总额的 96%。该市不断壮大五大产业集群，打造中俄进出口加工基地，带动县域经济实现跨越式发展。

（5）特色资源主导型。宝清县依托煤炭资源和农畜产品优势，加快推进重点产业项目建设，发挥项目的支撑和牵动作用，逐步形成了煤电化和绿色食品等主导产业项目优势明显的现代产业体系新格局。2013年，实现工业增加值63.2亿元，是2010年的3倍（现价计算），全县财政总收入26亿元，是2010年的4.7倍。

（三）质量效益提高

（1）产业结构不断优化。全省各县（市）积极促进传统产业优化升级，加快发展战略性新兴产业，推进产业结构调整。2013年，三次产业结构由上年的31.0∶35.8∶33.2，调整到30.0∶36.0∶34.0，其中，第一产业下降1个百分点，第二产业和第三产业分别上升0.2和0.8个百分点。县域第二、三产业增加值占地区生产总值比重为70%，比上年提高1个百分点，其中，21个县（市）高于县域平均水平。县域经济社会发展好的县（市）基本形成了以第二、三产业为主导的产业体系。2013年，我省以第二产业为主导的县（市）有14个，三次产业中第二产业比重最高，分别为肇州（69.1%）、穆棱（58.7%）、肇源（58.6%）、杜尔伯特（57.2%）、集贤（56.2%）、安达（53.7%）、海林（51.5%）、宝清（48.2%）、林甸（48.1%）、友谊（41.8%）、桦川（41.8%）、肇东（40.3%）、宁安（39.7%）、鸡东（39.7%）。以第三产业为主导的县（市）17个，第三产业比重均超过40%，分别是绥芬河（86.5%）、木兰（51.1%）、北安（51%）、东宁（48.7%）、萝北（45.5%）、巴彦（45.4%）、双城（45%）、通河（44.8%）、漠河（43.5%）、五常（42.2%）、延寿（41.9%）、绥滨（41.9%）、宾县（41.3%）、依兰（40.4%）、尚志（40.4%）、同江（40.2%）、嫩江（40.2%）。第一产业比重超过50%的有10个县（市），分别为饶河（65.6%）、抚远（59.8%）、逊克（58.1%）、五大连池（57.1%）、呼玛（57.1%）、望奎（56.7%）、嘉荫（56.5%）、绥棱（56.1%）、海伦（51.4%）、塔河（51.1%）。

（2）可支配财力增强。我省经过三年的产业项目建设攻坚，县域可支配财力逐步提高。2013年，全省县域实现公共财政收入280.2亿元，比上年增加35.7亿元，增长14.6%，公共财政收入超过10亿元县（市）达到4个，分别为肇东18.4亿元、安达16.1亿元、双城11.6亿元、绥芬河10.4亿元，超过5亿元的达到17个。县域公共财政收入占地区生产总值的比重为4.2%，比上年提高0.1个百分点，比重高于县域平均水平的有34个县（市），其中，前十位的县（市）分别为：萝北（9.4%）、漠河（8.8%）、绥芬河（8.4%）、孙吴（7.6%）、方正（7.4%）、逊克（7.3%）、抚远（7.1%）、饶河（6.9%）、北安（6.6%）和延寿（6.3%）；最低的克山县只有2.4%。

2013年，全省县域地方税收收入为167.4亿元，比上年增长13.4%；县域地方税收收入占公共财政收入的比重为59.7%，有36个县（市）高于县域平均水平，其中，前十位的县（市）分别为：青冈（87.1%）、绥滨（85.2%）、同江（82.1%）、兰西（81.8%）、萝北（81.1%）、虎林（80.5%）、宾县（79.5%）、杜尔伯特蒙古族自治县（78%）、饶河（77.8%）和林甸（77.7%）；比重最低的是宁安，仅为36.2%。

（3）工业化和农业现代化进程加快。我省加快同步推进工业化和农业现代化取得明显成效。2013年，全省县域工业增加值为2153.8亿元，比上年增长19.5%，增幅比全省平均水平高12.5个百分点。县域工业增加值占地区生产总值比重为32%，比上年提高1个百分点，其中，有5个县高于50%，分别为：肇州（68.3%）、肇源（58%）、杜尔伯特蒙古族自治县（56%）、穆棱（55%）和集贤（53.5%）。各县（市）农业综合机械化率都在80%以上，其中，46个县在90%以上，最高的克山县达98.6%，山地丘陵的一些县（市）由于部分地块不适合机械作业，农业综合机械化较低。

（四）社会事业全面进步

（1）医疗条件改善。2013年，全省县域每万人拥有医院、卫生院技术人员数28.9人，有28个县（市）高于县域平均水平，其中，前5位的分别为：友谊（86.9人）、漠河（79.8人）、萝北（64.5人）、五常（63.1人）、北安（62.6人）。

（2）师生比合理。2013年，全省县域中小学每个教师负担学生数为11.7人，比上年减少1.7人，各县（市）均在合理范围内，部分县（市）教师充足，教学条件进一步改善。

（3）科教文卫事业投入大。2013年，全省县域科教文卫事业费支出334.2亿元，人均水平达到1475.8元，比人均公共财政收入水平高238.6元，科教文卫等社会事业投入显著增强。

（4）社会福利事业有序推进。2013年，全省县域每万人拥有收养性福利床位数为34.9张，列前三位的县分别为：嘉荫（79.7）、望奎（70.6）和明水（67.3）。

（五）民生改善成效突出

（1）居民收入水平提高。2013年，全省县域农村居民人均纯收入为9116元，比上年增加968元，增长11.9%。有26个县（市）超过1万元，比上年增加11个；有40个县（市）超过县域平均水平。列前5位的县（市）分别为：东宁（16695元）、绥芬河（14425元）、富锦（13296元）、虎林（13263元）和海林市（12973元）。县域城镇居民人均可支配收入为16411元，比上年增2065元，增长14.4%。有42个县（市）超过1.5万元，比上年增加16个县（市）；有2个县（市）超过2万元。人均收入水平。列前5位的县（市）分别为：绥芬河（24376元）、东宁（20793元）、海林（19250）、穆棱（19183元）和宁安（19111元）。

（2）社会保障水平提升。我省建立健全社会保障机制，完善政策规范，强化服务管理，基本养老、基本医疗保险制度的成效逐步显现。2013年，全省县域城镇职工和城镇居民参加基本医疗保险的人数为441.6万人，占城镇人口的65.3%，有20个县（市）超过80%。各县（市）新型农村合作医疗参保人数占应参人数的比重均在96%以上，其中，有

8 个县（市）达到 100%。县域城镇基本养老保险参保人数为 206.3 万人，占城镇人口的 30.5%，比上年提高 2.7 个百分点；县域农村养老保险参保人数 643.2 万人，占农村人口的 40.5%，比上年提高 4.3 个百分点。县域登记失业率为 3.3%，比上年下降 0.1 个百分点，其中，有 18 个县（市）低于 3%。

（3）农村饮水安全达标率上升。我省加强农村饮水工程建设，各县（市）农村饮水安全达标率均有不同程度提升。2013 年，农村饮水安全达标率在 70% 以上的县（市）有 35 个，比上年增加 8 个，在 80% 以上的县（市）有 23 个，比上年增加 10 个。

（六）生态环境不断优化

（1）主要污染物排放量减少。2013 年，全省县域化学需氧量、氨氮、二氧化硫和氮氧化物排放量分别为 81.6、4.1、14.1 和 9 万吨，比上年分别减少 9、0.3、0.9 和 0.4 万吨，分别下降 9.9%、5.8%、5.7% 和 4.2%。

（2）空气质量达标率较高。2013 年，全省有 40 个县（市）空气质量达标率在 90% 以上，只有 4 个县（市）在 80% 以下。

（3）水环境质量改善。2013 年，全省县域地表水水质达标率好于上年，有 29 个县（市）达 100%，44 个县（市）在 90% 以上，比上年增加 2 个县（市）。有 49 个县（市）集中式生活饮用水源地水质达标率为 100%，比上年增加 2 个。

（4）林地、草原面积较大。据第二次全国土地调查数据，我省县域林地和草地面积分别为 1537 和 140.3 万公顷，分别占县域土地面积的 42.1% 和 3.8%。林地覆盖率在 50% 以上的县（市）有 20 个；草地率在 10% 以上的县（市）有 13 个，在 20% 以上的县（市）有 5 个。

二、存在的主要问题

（一）研究谋划滞后

（1）发展研究滞后。一是对国家和我省经济社会发展战略和政策导向缺乏深入细致研究，导致产业项目引进、资源配置等重大决策产生失误，甚至有些项目开工之时就是亏损之日。二是研究挖掘县（市）情不够。对本地农业、旅游、文化、生态、人力、矿产等方面蕴藏的宝贵发展资源认识还浮于表面、开发还比较肤浅；三是对本县（市）政府拥有的资产情况、政府及企业负债情况、融资能力和融资空间以及操作办法研究明显不够，导致开发建设依靠政府财力多、依靠社会融资少，导致政府运行成本不断增加。

（2）发展谋划滞后。一是在发展战略谋划设计方面，把握新机遇、迎接新挑战、寻求新发展、开创新局面的“提前量”气魄和前瞻性胆识明显不足，尚没有系统建立起农业大县——经济强县——全国名县的梯度发展目标。二是在谋划城镇发展方面，经营城镇和打造城镇的理念明显不足，促进各类生产要素迅速集聚和合理流动、运作土地资本和地域空间、塑造城镇品牌方面层次不够。三是在推进发展落实方面，很多重点发展区域、领域、行业都有所考虑、有所部署，但在重大工作项目上升为全省乃至国家行为，努力使远大理想和宏伟蓝图在本县（市）形成实实在在的发展载体上差距较大。

（二）发展阶段滞后

（1）城镇化刚步入加速阶段。2013 年全省县域城镇化率为 29.6%（按户籍人口计算），若按常住人口计算，根据 2010 年第六次全国人口普查数据，城镇化率为 37.2%。从国际城镇化发展经验看，城镇化过程一般可分为起步期（城镇化率小于 30%）、加速期（城镇化率在 30%—70% 之间）、成熟期（城镇化率大于 70%）三个阶段，因此，我省县域城镇化刚刚进入第二阶段的门槛，城镇化仍然任重而道远。

（2）工业化刚步入第一阶段。2013 年，全省县域工业化率为 32%。根据国际标准，工业化率达到 20% ~40%，为工业化初期，40% ~60% 为半工业化时期，60% 以上为工业化时期，因此全省县域正处在工业化初期阶段。

（3）城镇化与工业化不协调。根据国际经验，合理的城镇化率与工业化率的比值范围在 1.4 ~2.5 之间，全省县域城市化率与工业化率的比值按户籍人口计算 2013 年为 0.93，按常住人口计算约为 1.16，明显处在不合理发展区间，城镇化明显滞后工业化。

（三）发展程度滞后

（1）综合经济实力明显不够。一是总量不大。2013 年，全省县域地区生产总值为 6725.4 亿元，没有江苏省三个县级市（昆山、张家港、江阴合计为 7771.2 亿元）的经济总量大，比经济发展水平相近的吉林省县域地区生产总值少 922.5 亿元。全省县域公共财政收入为 280.2 亿元，仅比昆山市（243.52 亿元）多 36.68 亿元，比吉林省县域公共财政收入少 67.6 亿元。二是人均水平不高。2013 年全省县域人均地区生产总值 2.97 万元，比吉林省县域人均水平低 1.1 万元。三是结构不优。2013 年，县域第二、三产业增加值占地区生产总值的比重为 70%，比吉林省县域低 12.3 个百分点，比全省和全国分别低 12.5 和 20 个百分点。四是财力还不强。公共财政收入占地区生产总值比重为 4.2%，比吉林省县域低 0.3 个百分点，比全省和全国分别低 4.7 和 7.9 个百分点；人均公共财政收入仅为 1237.2 元，比吉林省县域低 649.5 元，比全省和全国分别低 2094.1 和 3831.4 元。

（2）投资拉动力明显不够。全省县域投资效益下降，2013 年，固定资产投资额为 4351.2 亿元，比上年增加 896.9 亿元，拉动地区生产总值增加 757.3 亿元，比上年下降 158.2 亿元，投资对地区生产总值增加的效果系数为 0.174（即投资 1 万元拉动地区生产总值增加 1740 元），比上年下降 0.091。投资对公共财政收入增加的效果系数为 0.0082，比上年下降 0.0079，说明每投资 1 万元拉动公共财政收入增加额比上年减少 79 元。

（3）经济外向度明显不够。2013 年，全省县域进出口总额为 208.4 亿美元，比上年减少 8.8 亿美元，下降4.1%；占全省进出口总额的比重为53.6%，同比下降3.8个百分点。全省县域外贸依存度仅为19.2%，与全国平均水平（45.3%）相比差距巨大，反映出改革开放以来我省县（市）经济发展一直游离于国际、国内经济循环和产业分工之外，既没有参与抢占发展的制高点，也没有有效地参与产业布局和梯次转移。

（4）创新创造力明显不够。区域创新体系尚不健全、不完善，产业、产品科技含量和附加值没有达到应有的水平；文化底蕴没有深度挖掘，城镇建设和发展缺少文化传承、缺乏文化元素、缺失文化内涵，城市文化没有达到应有的品位和风格；全民创业氛围不浓，全民招商力度不够，干部群众创业激情和能力没有达到应有的释放；高端人才缺失，适用人才缺少，创业人才缺乏，使创新、创业人才对经济发展的引领作用没有达到应有的程度。

三、对策建议

（一）政策驱动，形成利益补偿机制

抓住机遇，积极争取国家对粮食主产区利益补偿政策。建国后，我省作为资源大省，为全国国民经济发展做出了极大贡献。目前是很多企业停产破产了、煤炭开采成本高滞销了、原始天然林禁伐了、石油产量下滑了，只有粮食产量和商品粮调出量居全国第一位，默默地为保障国家粮食安全做贡献，但粮食生产没有税收，不增加财力就不利于生产更多更好的有机食品和绿色食品，推进社会事业发展和改善民生也缺乏基础。2013年，我省地方公共财政收入在全国31个省（市、自治区）中列第23位，城镇居民人均可支配收入列第29位，财力弱，收入水平低已存在多年。2013年上半年，我省经济下行压力沉重，地区生产总值仅增4.8%，规模以上工业增加值和固定资产投资分别增2%和1.6%，公共财政收入仅增2.7%。因此，应紧紧抓住当前我省经济发展步履艰难、收入水平低的时机，向国家积极争取粮食调出利益补偿政策，由中央财政和粮食调入省给粮食调出省补偿，若按调出一斤粮食补偿一元计算，我省每年有近1000亿元的财政收入，是我省县域公共财政收入的近4倍，接近2013年全省地方公共财政收入（1277.4亿元），这将极大地改善我省财政状况，支持县域经济社会加快发展。

（二）规划驱动，降低同质化竞争

结合上升为国家战略“五大规划”和《黑龙江省主体功能区规划》，根据各自的比较优势，弄清楚县域发展在区域发展中的定位，在区域发展大局中谋划县域发展。根据区域发展规划制定县域发展的战略、思路、举措等。县域发展定位的确定，既要跳出“一县一地”的局限，注重从区域发展的整体布局和要求中来考虑，又要立足自身实际，有利于发挥自身优势。充分考虑与整个区域发展情况以及功能设置的相互配合，充分考虑自身的优势特色以及与邻近区域的合作互补，充分考虑经济社会的协调发展以及资源环境的承受能力。妥善处理城乡之间、产业之间、部门之间以及结构和规模、质量和效益、积累和消费等方面的关系，以充分利用各种资源、凝聚各种力量、防范各种风险，实现持续健康发展。

（三）战略驱动，实现跨越式发展

（1）实施追赶式发展战略。一是通过机遇追赶。要牢牢把握融入两大平原现代农业综合配套改革试验、沿边开发开放这两个重大发展机遇，尽快转入产业提档升级、企业成长壮大、城镇快速发展的新阶段。二是通过创新追赶。抓好科技创新，引领县域经济超常规、跨越式发展。抓好管理创新，通过改革、改组、改造转变产业组织方式和企业经营方式，整合发展资源，增添发展活力，提升发展能力。三是通过攻坚克难追赶。要干实事，加快开发区、工业园区的建设和升级步伐。要想新事，别人没有想到的事要想，别人没有做到的事要做，通过自身做事的超越，实现县域经济社会发展的全面追赶。

（2）实施投资型拉动战略。投资增长率和经济增长率具有正向的紧密关联度。我省县域经济尚处于初级发展阶段，经济增长具有典型的要素拉动特征。国际经验表明，处在工业化初级阶段，经济结构的共同演变规律之一就是投资率不断提高、消费率相对下降。县域经济发展正处在工业化进程的初期阶段，城镇化刚进入加速发展阶段，对城市建设投入需求也处于上升期，自然对投资有更多的需求，具有强大的投资动力和投资空间，投资仍是拉动经济增长的主要力量。要加快区域基础设施的投资，完善基础设施可以形成规模经济和集聚经济，创造良好的区域投资环境。

（3）实施增量式带动战略。一是抓好项目支撑增量。要确保重大项目优质提档，确保建成一批、新上一批、储备一批、谋划一批，把项目建设的良好势头保持下去，使之产生巨大的发展增量。二是抓好产业隆起增量。要把产业升级作为县域新一轮发展的战略重点，努力形成三次产业的新增长点。力促一产强，二产新，三产大。三是抓好企业成长增量。着力从能够促进企业成长和提高质量效益中寻求增量动力，使大型企业“大而强”、小型企业“快而活”。

（4）实施城镇化支撑战略。城镇化是工业化的必然要求，是发展第三产业的重要依托，是解决“三农问题”的主要途径，是拉动内需的不竭动力，是保护资源和生态环境的长远大计。一是把握好人口从业结构。引导人口逐步向效率更高的制造业和现代服务业转移。二是把握好增加人口密度。即追求人口密度产生的集聚效应。三是把握好城镇发展方向。规划好区域内重点开发、建设的小城镇，形成“小城市群”，支撑起区域经济社会发展的轮廓和骨架。

（5）实施增长极崛起战略。经济增长是一个由点到面、由局部到整体依次递进、有机联系的系统，其载体就是城镇、产业、部门、园区等增长极。一是深度谋划。根据经济发展不平衡理论，一定时期内还要实施非均衡发展战略，发展到一定程度才能强调均衡发展。二是突出重点。在区域上，要考虑

形成县（市）、地级、全省区域层次上的系统性，与广大农村要有较强的联系性，确定优先发展的城镇。在产业上，加快发展主导产业，形成主导产业扩散效应，带动县域经济发展。三是制度创新。打造增长极，最主要的是要把资金、物资、信息、人才等稀缺资源聚集到发展潜力巨大、规模经济和投资效益明显的少数优越区域，使之成为县域经济增长的中心地带，也就是增长极，再通过市场调节带动其他区域经济发展。

2012－2013 年全省县域投资效益情况

单位：亿元

年份	地区生产总值增加额	公共财政增加额	固定资产投资额	投资对地区生产总值增加的效果系数	投资对公共财政收入增加的效果系数
2012	-915.5	55.6	3454.3	0.2650	0.0161
2013	757.3	35.7	4351.2	0.1740	0.0082

（黑龙江省统计局）

2013 年安徽省民营经济发展报告

2013 年，我省民营经济克服宏观经济下行压力加大、环境偏紧、制约因素增多等不利条件的影响，逆势上行，呈现“提速增效、贡献突出、结构优化、后劲增强”的良好发展态势。

一是提速增效。全年规模以上民营工业企业增加值 5518.5 亿元，增长 16%，增幅比全部规模以上工业高 2.3 个百分点；实现主营业务收入突破 2 万亿元，达 21611.9 亿元，增长 18.4%，增幅比全省高 2.3 个百分点；实现利润 1288.9 亿元，增长 18.4%，增幅比全省高 1.5 个百分点。

二是贡献突出。全年民营经济增加值 10843 亿元，增长 10.7%，占全省 GDP 的 57%，对全省 GDP 增长贡献率达 59.1%。全省地方税收的 78.9% 来自民营企业，固定资产投资的 66.5% 来自民间投资。民营工业对全部工业增长的贡献率为 63.3%，拉动全省工业增加值增幅 8.4 个百分点。

三是结构优化。民营制造业也由初级加工向精益制造加快转变，装备制造企业数首次超过农产品加工业，计算机、通信和其他电子设备制造业已经成为民营企业主营业务收入增长最快的行业。联宝（合肥）电子科技有限公司全年实现主营业务收入超百亿元。全威（铜陵）铜业科技有限公司、安徽国购投资集团、铜陵精达铜材（集团）有限公司 3 家民企荣登由全国工商联发布的“2013 全国民企 500 强”榜单。

四是后劲增强。全年民间投资 12146 亿元，增长 25.6%，高于全省投资 4.4 个百分点。截至 12 月底，全省实有民营企业 35.38 万户，新增 5 万户，增长 16.45%，是我省民营企业数量增加最多的一年；个体工商户 167.83 万户，新增 15.57 万户，增长 10.22%。民营科技企业 1722 家，占全省的 85%。

2013 年，按照省委、省政府的决策部署和省发展民营经济领导小组的总体要求，省民营办牵头协调、主动作为，各成员单位积极配合、大力支持，全省上下同心同向、系统联动，形成了政策持续发力、环境持续改善、服务跟进到位、工作形成合力的良好局面。

一是抓发动，跟进政策落实。政策配套成体系。围绕省委、省政府《关于大力发展民营经济的意见》（皖发〔2013〕7 号），23 个省直部门出台了配套政策，16 个市出台了贯彻意见，加上贯彻国家政策制订的金融支持实体经济转型升级、扶持小微企业发展、完善担保体系、培育“专精特新”、促进就业创业、促进信息消费和两化融合等一系列政策，初步实现了企业发展各个阶段所需政策的套餐化。

政策宣传全方位。组织开展政策暨融资知识全省巡讲、市长访谈、致民营企业家一封信，全面宣传“民营经济 20 条”“省 30 条”“国务院金 10 条”等一系列政策措施。成功与安徽广播电视台合作举办“让中国梦飞起来——安徽民营经济发展高端论坛”等活动。通过高频率、广覆盖的宣传，提高了企业对政策的知晓率，使企业从跑项目、要资金转向跑政策、要兑现，反过来又进一步促进政策的跟进落实。

政策督查高频率。除定期调度政策配套及落实情况外，重点开展了四次全省性的专项政策落实督查活动，召开企业座谈会，梳理意见建议，现场交办、限时办结。并对省稳增长“新 30 条”和民营经济“20 条”政策执行效果进行评估，极大地促进了相关部门对政策的细化实化。及时做好张宝顺书记在全省发展民营经济大会上的讲话和王学军省长在省政协民营经济专题协商会上的讲话有关任务的分解落实，明确责任单位、任务边界、时间节点等。

二是抓关键，破解突出难题。新招善用解决“融资难”问题。加强融资性担保体系建设。发挥省民营经济专项资金 11 亿元的杠杆作用，撬动 38.38 亿元财政资金作为国有资本金注入 107 家担保机构，加上财政追拨的作为省担保集团参股市县担保机构的 20 亿元、国家补助 1.06 亿，当年全省落实财政性担保资金近 60 亿元。到 2013 年底，378 家融资性担保机构在保户数 4 万多户，在保余额 1390 亿元，平均放大 2.53 倍，高于全国平均水平。设立小微企业专营机构、特色支行 397 家。全年小微企业贷款余额较年初增加 1120 亿元，增长 22.6%，高于全省贷款平均增速 5.3 个百分点。举办全省中小企业金秋银企对接会，签约对接资金 57.3 亿元。创新产业集群担保资金 8000 万元使用方式，已为 118 户企业发放 3.07 亿元担保贷款。申报“新三板”企业 16 家（中西部第一、全国第四）。省股权交易托管中心挂牌企业 22 家、托管企业 127 家，为企业融资 6000 余万元。推进私募债发行试点工作，明确担保费率控制在 1% 左右，综合成本在 10% 左右。

老招新用解决“市场难”问题。先后组织装备制造、高效电机对接会、海峡两岸电子信息博览会、工业机器人、家电领域智能语音技术应用推广会、第三届安徽省传统工艺美术产品展等活动，实现“互采互用、互为市场、抱团发展”。在省外举办安徽名优产品青海行等活动，推动我省汽车、家电、纺织、建材、农产品进入西部地区。办好中国（合肥）国际家用电器暨消费电子博览会，积极组织企业参加中博会、工博会等大型展会，并对1400多家企业的展位费、国际认证等给予补助5600万元。全年民营企业进出口额207.6亿美元，增长11.7%，占全省的45.5%。

实招实用解决“创业难”问题。新认定民营、大学生创业孵化基地、农民工创业园、小微企业创业基地148个。出台高校毕业生、退役士兵创业引导资金管理办法，首次对高校毕业生创业给予补助，并提供1.3亿元信用及担保贷款支持。全面推行“整贷直发”模式，新发放小额担保贷款61亿元。简化购房手续，吸引务工人员回乡置业、回乡创业。

三是抓平台，提供普惠服务。打造公共网络平台。开通企业易信群、安徽民营经济网及手机APP，建成以省中小企业服务中心为枢纽，16个市和28个产业集群专业镇窗口平台为支撑，实现资源共享、服务协同、互联互通的全省综合性网络服务平台。全年开展服务活动2400多次，吸引和带动社会服务资源2028家，服务企业1.3万户、9万多人次。

打造企业培训平台。面向创业者，开展“赛飞”创业辅导培训；面向中层管理者，举办“名师大讲堂”活动；面向企业总裁，与北大等高校和金融机构合作开办EMBA总裁班、中小企业投融资培训班。全年培训企业家、经营管理人员和创业者7340余人次。

打造招商引智平台。成功举办全国知名民营企业六安光彩行、江淮行、皖北行等活动。5亿元以上合同项目开工175个，完成投资562亿元。大力推动徽商“凤还巢”。省级异地安徽商会19家、徽商组织97家。举办亚布力中国企业家论坛。实施引智项目75个，到职专家185人次。14家民营企业获批设立国家级博士后工作站。

四是抓主体，培育“新徽商”。培育“专精特新”。开展扶助小微企业专项行动。对个体工商户转制为企业以及创办并稳定经营的微型企业，由当地政府给予补贴。坚持“专精特新”导向，认定“专精特新”中小企业200户、产业集群专业镇47户，编辑《新标杆—专精特新企业200例》，拟定《关于促进中小企业专精特新发展的实施意见》。

推进自主创新。民营企业实施自主创新试点省专项资金项目75个，补助2.5亿元；承担科技攻关计划项目200个、补助1.4亿元；享受高新技术企业所得税优惠16.98亿元，占全省的51%。拥有省级工程技术研究中心、生产力促进中心、院士工作站共380家，占全省的67.7%；国家级和省级技术转移示范机构5家，重点试验室19家。

提升品牌质量。帮助民营企业开展品牌建设，通过安徽名牌评价、政府质量奖励、地理标志保护、卓越绩效推广等方式，帮助民营企业争创“安徽精品”。民营企业新增安徽名牌产品160个，50家获“2013年安徽卓越绩效奖”，11个产品申请地理标志产品保护已获批。1800多家企业设立首席质量官。民营企业51项地方标准已立项审批。

五是抓环境，聚集正能量。创新服务方式。突出“政府搭建平台、平台服务企业”的理念，把着力点放在建立健全社会化服务体系上。截至目前，中小企业服务省级示范平台达到56家，国家级示范平台达到15家。省经信委成立企业发展服务处，开通企业服务热线（96871），受理企业诉求并及时分类转办、跟踪督办。开辟税务登记“绿色通道”，实施网络化服务。坚持把保障房建设同园区务工人员需要相结合，新建成10.66万套公租房。

减轻企业负担。推动出台《关于进一步规范涉企收费的通知》，取消、调整、下放、缓征28项行政事业性收费，缓征3项政府性基金，年减轻企业负担约8.2亿元。实施社保“五缓两降三补贴”等措施，全年累计减免缓抵各项税费超过200亿元。

营造良好氛围。通报表彰2012年度发展民营经济先进市、县（市、区）。发布“2012年度安徽民营企业百强”名单。举办“中国梦？创业行——安徽青年在行动”、“褒禅山杯”第三届安徽青年创业大赛等活动。表彰奖励3户进入全国民企500强企业。

2014年，我们将深入贯彻十八届三中全会精神，开展民营经济“提速提效年”活动，主攻一大重点（跟进政策落实，释放改革红利，促进加快发展），突出两大路径（存量优化——培育“专精特新”；增量调整——支持创业创新），优化三大服务（信息服务、融资服务、市场开拓服务），强化四大支撑（政策、人才、技术、环境），实现五个提升，即民营经济总量、速度、效益、贡献、活力的同步提升，全年新增民营企业5万户，个体工商户15万户；民营经济增加值1.1万亿元，增速快于全省GDP增速，占全省GDP的58%左右。

（安徽省经信委中心企业局）

安徽省产业集群发展情况报告

根据《工业和信息化部办公厅关于请报送产业集群发展情况的通知》（工信厅企业函〔2014〕140号）文件要求，现将我省产业集群发展情况报告如下：

一、基本情况

近年来，我省以中小企业高度集聚为特征的产业集群专业镇（以下简称专业镇）发展迅速。2013年，全省149个产业集群专业镇（2008年省政府认定了57家产业集群专业镇，2009年我委认定了43家产业集群专业镇。2013年我委认定了50家产业集群专业镇，其中有两个专业镇区划调整合并）呈现出产业聚集程度不断提高、块状经济发展加快、龙头企业带动性增强、集群产业链逐步延伸、产业主体向园区集聚的态势，已成为推动县域工业化、城镇化的重要力量。

（一）总量规模不断扩大，产业集聚特色鲜明

149 个专业镇 2013 年实现工业增加值 1347.6 亿元，营业收入 5486.87 亿元，上缴税金 177.29 亿元，利润 440.15 亿元，同比分别增长 21.34%、29%、18.96%、23.79%；从业人员达到 136.13 万人，同比增长 8.7%。由于受资源、环境、区位等因素的影响，在产业集群的产业形成上具有明显的资源和地域特色。如皖北地区农副加工所占比例较大，皖中地区以农副加工、机械装备业占主导地位，皖南地区以机械装备业占据比例较大，形成一定的承接过渡态势。并形成一批在全国有影响的产业集群。无为高沟镇被认定为“国家火炬计划无为特种电缆产业基地”、博望镇被认定为“刃模具机床高新技术产业基地”、桐城市被命名为“中国包装印刷产业基地”和“中国塑料包装产业基地”等。

（二）区域分布相对均衡，发展水平参差不齐

从地域分布看，皖北地区 44 个专业镇，皖南地区 49 个专业镇，皖中地区 56 个专业镇。省辖市中，六安市拥有 16 个专业镇，是全省拥有专业镇数量最多的市。

从相关指标看，专业镇从业人数合肥市最多（16.45 万人），池州市最少（1.68 万人）；规模以上企业数芜湖市最多（485 个），铜陵市最少（41 个）；实现营业收入合肥市最多（777.67 亿元），铜陵市最少（15.05 亿元）；实现增加值芜湖市最多（184.36 亿元），铜陵市最少（10.44 亿元）；上缴税金六安市最多（18.05 亿元），铜陵市最少（0.63 亿元）；实现利润芜湖市最多（45.28 亿元），铜陵市最少（1.41 亿元）。

全省省认定产业集群专业镇地域分布情况表

地市	汇总	地市	汇总	地市	汇总
皖南		皖北		皖中	
芜湖	8	亳州	7	合肥	12
宣城	15	淮北	2	六安	16
马鞍山	8	阜阳	11	滁州	13
铜陵	2	宿州	11	安庆	15
池州	5	淮南	7		
黄山	11	蚌埠	6		
合计	49		44		56

从下图区域来看，皖中专业镇营业收入居首，为 2260.26 亿，占全部专业镇营业收入的 42.6%。

皖南（亿元）		皖北（亿元）		皖中（亿元）	
芜湖市	714.01	亳州市	52.03	合肥市	777.67
宣城市	292.73	淮北市	254.07	六安市	477.88
马鞍山市	483.20	阜阳市	305.02	滁州市	588.04
铜陵市	12.27	宿州市	254.78	安庆市	416.66
池州市	128.79	淮南市	237.12		
黄山市	184.20	蚌埠市	126.78		
总计	1815.2		1229.8		2260.26

全省专业镇各市营收入比例图(单位:亿元)

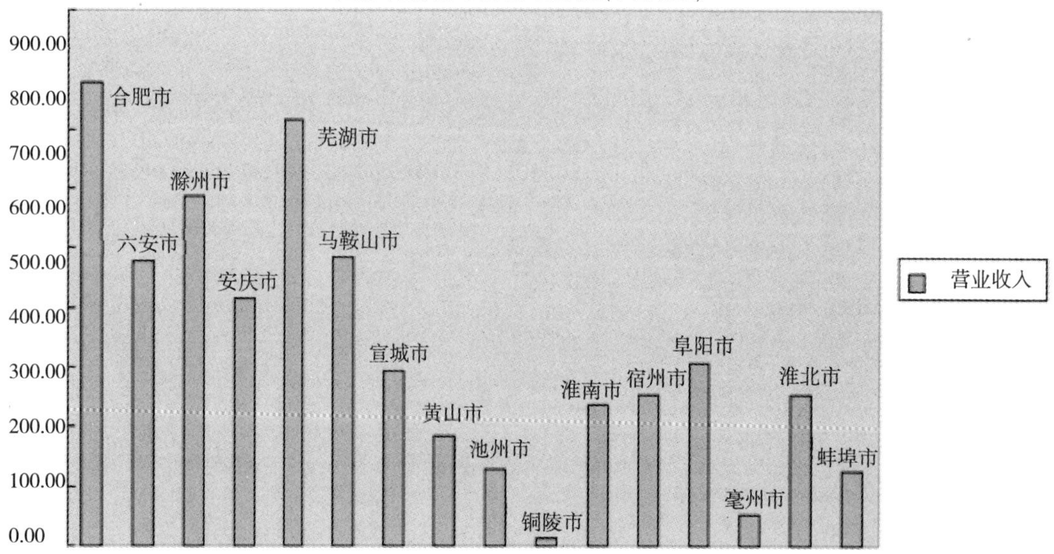

从经济规模来看，营业收入百亿元以上专业镇10个，50亿元以上专业镇23个，10～50亿元83个，10亿元以下33个。

从专业镇行业分布来看，超过100亿规模的专业镇集中在家电制造、电线电缆、纺织服装、汽车零部件等特色产业；50～100亿元规模的专业镇集中在机械制造、羽绒、羽绒制品、新型材料等特色产业。

产业集群专业镇营业收入比例图

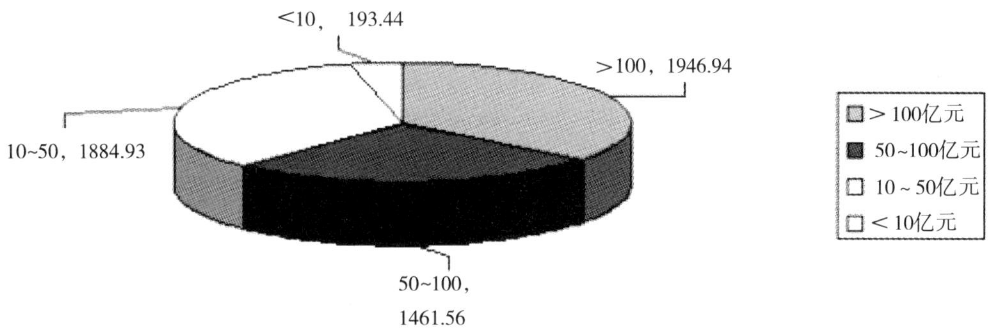

（三）龙头企业带动作用显著，产业链条逐步延伸

一方面，我省采取多方面措施促进大企业发展，促进生产要素向优势企业、优势行业集中，带动相关产业的发展，形成专业镇企业的“雁群效应”。如汽车产业，在江汽和奇瑞的带动下，逐步涌现出一批汽车零部件配套产业集群，相关企业加速向集群聚集，呈现出集群化加速发展的格局。另一方面，我省产业集群内部的专业化分工协作逐步细化，原来的一些生产环节逐渐分离成为独立的生产企业，形成了新的专业化生产、社会化分工的协作体系，产业链逐步延伸。如亳州药材产业，形成从种植—收购—加工—成品到市场的产业链；芜湖汽车配件业，形成从原料—加工—成品—组装到市场的产业链。同时，一些龙头企业通过实施贴牌生产、委托加工、特许加盟、品牌一体化的经营策略，聚集了一大批协作企业。

（四）集群化促进市场建设，配套服务功能日益完善

产业集群发展加速专业化市场的形成，如天长秦栏镇电子市场、亳州药材市场、芜湖汽车市场、黄山茶叶市场、铜陵铜材市场的建立，较好地发挥了区域性专业市场的功能和作用，工贸相互促进作用日趋显现，推动人流、物流、信息流、资金流的集中，带动产业的集聚和产业链的形成。一些专业镇配套服务体系日益完善，如天长市秦栏镇产业集群，初步建立了人才服务、技术研发、市场开拓等配套服务体系。合肥、芜湖、铜陵、马鞍山、安庆等建立了中小企业服务中心，重点为专业镇提供公共服务。一些行业技术发展中心、高新技术创业服务中心、高新技术企业孵化基地、高等院校、科研院所等机构与专业镇进行产学研合作，为专业镇提供技术研发、产品检测等服务，促进了专业镇产业和企业升级。专业镇内主导行业纷纷建立行业协会或同业公会和商会，初步形成了政府—社会—市场“三层联动”的行业服务体系［公共服务平台、共性技术平台及生产技术平台及生产服务业务发展情况见附表（略）］。

尽管我省产业集群取得了长足的发展，但是仍存在一些问题。一是规模偏小、层次偏低。我省产业集群年销售收入百亿元以上专业镇占比不到10%，产业聚集度不高、层次低，缺少知名品牌。二是龙头企业带动力偏弱。龙头企业与其他中小企业协作关系不紧密，存在企业“孤军作战”现象。三是企业创新能力不强。个体、家庭小生产管理方式占有相当大的比重，技术创新能力弱。四是产业集群内部分工协作关系不紧密。产业集群内部抱团发展意识弱，没有形成互相关照、共赢发展的有机联系。五是专业化社会化的服务体系不健全。普遍缺少融资担保、资产评估、项目咨询、人才培训、信息网络、产品检测、物流配送、物业管理等服务组织。

二、开展的主要工作

（一）制订并发布规划

《安徽省“十二五”产业集群专业镇发展规划》的要点是：以市场为导向，以龙头企业为依托，以产业园区为载体，以专业镇为基础，加快中小企业产业集聚，尽快培育壮大一批特色鲜明、结构优化、产业链完整、服务体系健全和市场竞争力强的产业集群，形成区域经济发展新优势，成为全民创业基地、吸纳就业基地、自主创新基地、名牌创建基地、产业升级基地。

（二）出台了支持政策

先后出台了《关于加快产业集群专业镇发展的若干政策意见》和《关于大力发展民营经济的意见》。两个意见含金量都较高。前者从规划、减负、品牌建设、技术创新、公共服务、用地、厂房建设、金融支持、专项支持等都有规定。后者的涵盖面更广，包括财税支持、金融服务、创业支持、优化环境等，更为具体和管用，普惠性更强。

（三）组织了系列活动

近年来先后在国内知名的天长秦栏镇、桐城新渡镇召开现场会暨培训会，并组织到江苏等省考察学习发展产业集群的先进做法与经验，让专业镇及龙头企业的同志开阔眼界、提升能力、激发活力、增加压力。同时，积极利用中博会、工博会、家博会等平台，遴选产业集群重点板块，组团集体参展亮相，提升了相关产业集群的整体形象和市场影响力。

（四）有序做好认定工作

根据省政府办公厅《关于印发安徽省非公有制经济发展综合考核评价等办法的通知》（皖政办〔2008〕32号）和《安徽省“十二五”产业集群专业镇发展规划》（皖经信中小企〔2012〕175号），明确认定范围，严格认定条件，规范申报程序，并实施动态管理，每两年认定考核评价一次。并建立产业集群专业镇数据指标季报制度。

（五）切实帮助纾难解困

推进私募债发行试点工作，明确担保费用为控制在1%左右，私募债的综合成本在10%左右。发挥8000万元产业集群担保资金作用，第一批向合作银行推荐159户企业，支持了4亿元流动资金担保贷款。另外，针对“专精特新”企业和产业集群专业镇龙头企业，举办诸如融资、产业结构调整、产品转型升级、两化融合等专题培训。

（六）搭建公共服务平台

开展政策“进县域、进园区、进企业”宣讲活动。利用安徽中小企业服务网和企业易信群，免费提供政策、技术等信息服务。28个产业集群专业镇中小企业服务平台已融入省“1+44”网络平台体系，初步实现互联互通、资源共享、服务协同。发挥省企业发展服务中心作用，通过“96871”热线电话，收集信息、分类转办、协调服务。认定小微企业创业基地和创业孵化基地。

三、下一步工作计划及建议

（一）下一步工作计划

一是在载体建设上下功夫。与新型城镇化建设有机结合，重点培育30个产业集群专业镇示范点，科学规划，坚持起点要高的原则，满足低碳、绿色、安全、环保的要求，实现产镇一体、宜业宜居。原则上要求每个专业镇拥有一家融资服务机构、一个中小企业公共服务平台、一家省级以上企业技术中心或工业设计中心、一个以上省级或国家名牌。

二是在完善产业链上下功夫。合理引导优质资源向龙头企业集聚，形成以大企业为主导、小企业专业化配套协作的产业组织体系。重点引进能够弥补当地产业集群核心技术空白或有效拉长产业链的企业或项目。大力发展大型专业市场、大宗商品电子交易市场、物流、会展等生产性服务业，形成从原料—运输—生产—销售相对完整的产业链。

三是在提高创新能力上下功夫。鼓励有条件的企业自建或与大学、科研机构共建技术中心，参与产业技术创新战略联盟、产业共性关键技术研发、国家和省科技计划项目以及地方标准、行业标准的制定，形成产学研协同创新机制。大力发展设计、创意、研发、电商、物流等新业态，降低制造业成本。

四是在打造集群品牌上下功夫。把打造集群品牌当作打基础、管长远的工作认真加以重点推进，整合优势资源，从培育名品、名人（企业家、能工巧匠）、名店、名企做起，推进集群区域品牌向特色化、优质化发展，以带动产业集群进一步发展壮大。

五是在推进“两化融合”上下功夫。在有条件的产业集群组织开展两化深度融合标准建设推广、电子商务集成、智能制造培育、信息技术创新应用等，重点提升企业信息化应用水平。

（二）建议

一是从战略上认识到抓产业集群是推进新型工业化、新型城镇化发展的重要抓手，也是转变职能的重要方式。建议部中小企业司从“发牌子占阵地”做起，即每年认定一批特色产业集群或专业镇，通过授牌和宣传，形成“滚雪球”效应。

二是建议中小企业发展专项资金应重点支持国家认定的特色产业集群或专业镇建设，主要用于环保、水、电、气、路等基础设施建设，公共服务平台建设，共性、关键性技术研发等的补助，形成示范带动效应。

三是建议加强调研指导，出台支持产业集群发展的综合性政策。

（安徽省经信委中小企业局）

中东部四省与湖南省中小企业信用再担保体系建设比较研究

摘要：当前，我省中小企业信用担保体系已发展到一定规模，但还普遍存在担保机构规模小、金融机构认同度不高、放大倍数低等问题。针对这种状况，本文阐述了完善我省再担保体系的必要性和可行性，介绍了北京、广东、江苏、安徽四省的再担保经验，通过分析中小企业担保体系的运行绩效，对我省中小企业信用担保发展的诸多问题给予具有针对性的建议。

关键词：中小企业信用再担保；湖南省；发展模式。

建立完善的中小企业信用担保体系是世界各国缓解中小企业融资难的通行做法。再担保是中小企业信用担保体系的重要组成部分。为进一步加强我省中小企业信用再担保体系建设，有效提升中小企业信用担保机构信用，防范和化解担保行业系统性风险，充分发挥公共财政资金的政策效能和杠杆作用，由省经信委牵头，省财政厅、省金融办、湖南担保公司组成再担保调研组，对江苏、安徽、北京进行了考察，并与省内部分担保机构、部分银行业金融机构进行了座谈，结合我省实际，提出了我省中小企业信用再担保体系建设的基本思路和政策措施。

一、中东部四省再担保的探索与实践

1999年，原国家经贸委印发《关于建立中小企业信用担保体系试点的指导意见》的通知（国经贸中小企［1999］540号），初步规范了担保机构和再担保机构的设立和业务开展，启动了全国中小企业信用担保体系建设。2007年，国家选择8个省市开展中小企业信用再担保试点工作，湖南省是其中之一。2008年2月，全国第一家区域性再担保机构——东北中小企业信用再担保公司成立，再担保试点工作取得突破性进展。截至2012年12月底，全国已有16家省级中小企业信用再担保机构设立运营，覆盖19个省（区、市）再担保业务。由于国家没有统一的再担保模式，各地因地制宜，进行了各具特色的探索。比较有代表性的有江苏、安徽、北京、广东等地的再担保业务模式。

（一）四省再担保的主要特点

（1）资本金规模较大。江苏省信用再担保公司初期注册资本30亿元，目前达到39亿元。其中省财政出资18亿元，主体信用评级为AA+。安徽省信用担保集团有限公司政府全额出资，注册资本41.86亿元，净资产50.02亿元。北京市中小企业信用再担保有限公司由北京市国资公司承担政府出资人职责，注册资本20亿元。广东省中小企业信用再担保公司国有独资的广东粤财投资控股有限公司牵头组建，注册资本20亿元。

（2）采取政策性导向下的市场化运作模式。一是各省再担保机构都是以提升担保机构信用为己任，不以盈利为目的。采取公司化管理，市场化运作，既实现政策意图，又能控制再担保风险。二是再担保收费都不高，再担保机构承担的风险责任高于再担保费收入。江苏省收费按再担保业务总额的0.07%收取，承担风险比例在20%以上。安徽省按照担保机构担保收费的10%收取再担保费，其中50%收费通过培训服务等方式返还。北京市再担保按照担保机构的担保费30%的比例收取，代偿分担比例为50%。

（3）采取以信用评级为基础的多样化的再担保模式。江苏省采取一般保证责任机构再担保模式，对担保机构进行评级分类管理，不同类别的担保机构开展不同的业务合作，有主办、承办、专办和特办四种模式。北京市采取比例再担保与一般保证责任再担保、机构再担保和项目再担保相结合的模式，同时开展分保业务。广东省采取一般保证责任和约定期限的连带保证责任相结合的再担保模式，根据担保机构的信用等级，分别采取机构再担保、项目再担保和产品再担保等形式。

（4）围绕再担保多元化开展业务。江苏省积极拓展担保业务，在13个城市设立了分公司开展担保业务，同时积极开展小额贷款、资金理财、三集产品、城投债等创新担保业务。安徽省积极开展合作机构的联保分保业务。北京市再担保机构与体系内担保机构合作推出中小企业集合信托业务，开发“创业贷”产品，搭建各类特色融资平台。广东再担保机构积极开展三集产品的担保业务，与银行机构开发各类产品，还加强与市、县政府合作，推动区域担保基金和担保平台的建设。

（5）强有力的政策支持。江苏省政府出台政策明确省政府出资部分每年只要求2%的固定回报率，且分红返还，其中1%转增资本金，1%用于提高民营资本回报率；省财政每年安排中小企业信用担保专项资金2亿元。安徽省为增加再担保机构的资产规模，省政府将其作为投资平台，代持包括上市公司股份在内的许多政府投资的股权。北京市财政局制定了《北京市中小企业信用再担保资金管理办法》；北京市经信委和北京市财政局联合印发了《北京市支持中小企业创新融资资金管理实施细则》，其中明确了对为小微企业创新融资提供再担保服务的再担保机构进行奖励。广东省再担保公司不仅成为全省中小企业信用担保体系建设的牵头人，还致力于构建全省中小企业综合金融服务平台。

（6）有效推动中小企业信用担保体系建设。一是纳入再担保体系的担保机构成为银行机构优先合作的对象；二是纳入再担保体系的担保机构与银行机构的合作政策更加优化，担保能力得到实质性的提升。如北京市纳入再担保的担保机构平均资本金放大倍数达到7倍以上。三是纳入担保体系的担保机构在管理水平、人员素质、风控能力、信用水平等方面都得到较大的提高。四是各省再担保机构积极开展了担保业务创新，发挥了规范和引领的作用。

（二）四省市再担保体系建设存在的主要问题

（1）一般保证责任再担保的增信效果不明显。江苏省和安徽省都是以一般保证责任再担保为主要模式，特别是江苏省坚持“不同步代偿、不缴纳保证金、不与银行签订协议”的原则，银行和担保机构的认可度有限。已经有担保机构陆续提出要退出再担保体系。

（2）部分省市再担保主业不突出。江苏省再担保公司在13个市设立分公司开展担保业务；安徽担保集团内设15个业务部门，其中5个担保业务部。担保业务与再担保业务交织在一起，对再担保产生负面影响。

（3）再担保的覆盖面小。各省再担保服务对象大多以政府出资的担保机构为主。如安徽省再担保体系内72家担保机构，民营机构仅3家。广东再担保合作的担保机构25户，仅占全部担保机构的6.7%。

（4）再担保体系建设的政策体系不完善。四省中除北京市外，都没有再担保机构的管理办法和再担保机构的风险补偿机制。江苏省在省级中小企业信用担保资金中安排了再担保业务补助。

（5）再担保缺乏对担保机构的有效服务。一是再担保机构主动服务不够，承担风险责任的能力不强。如江苏、安徽都是择优选择担保机构纳入再担保体系，一旦代偿率超过一定比例就要求退出再担保。二是纳入再担保的担保机构担保能力没有得到实质性的放大。如广东省再担保体系内担保机构的放大倍数仅2.6倍。

（三）四省市再担保体系建设的启示

（1）再担保体系建设是中小企业信用担保体系建设的重要内容，可以改善担保机构经营环境，提升担保机构担保能力，促进担保机构更好地发挥缓解中小微企业融资难的作用。

（2）再担保模式要与担保机构和银行机构的需求相匹配。仅采取一般保证责任再担保这种单一模式，难以满足担保机构和银行机构多元化的需求。

（3）再担保机构业务可以多元化，但与再担保主业不能冲突。

（4）要加强再担保机构建设，特别在自身专业素质和业务创新能力等方面要有明显提高。

（5）再担保收费既要体现政策性，也要体现市场化原则。

（6）推动再担保体系建设需要政府的大力支持。在再担保机构的运行机制、资本金持续增长、风险补偿等方面要有相应的政策支持，才能确保再担保机构实现可持续发展。

二、湖南省再担保体系建设情况

省委、省政府高度重视中小企业信用担保体系建设。2007年出台的《湖南省人民政府关于加强中小企业信用担保体系建设的意见》（湘政发［2007］11号）明确“省担保公司主要为全省各类符合条件的担保机构提供再担保服务，分散担保风险”。2009年8月，为应对国际金融危机对中小企业的冲击，省委、省政府决定以省中小企业信用担保有限公司为基础，组建注册资金15亿元的湖南担保有限责任公司（以下简称“湖南担保公司”），开展再担保业务，目前实收资本10.423亿元。

（一）湖南担保再担保业务开展情况

湖南担保公司成立后，借鉴江苏模式，提出了一般保证责任的再担保业务模式。即湖南担保与担保机构签订《委托再担保协议》，为担保机构的所有融资性担保业务承担一般保证责任。2011年共与6家银行签订了《再担保合作协议》，发展了8家合作机构，再担保在保额为43.5亿元。由于合作银行对一般保证责任的再担保认可度低，实际操作中并未给予担保机构优惠合作条件，增信效果不明显，部分机构在2012年退出了再担保体系。2012年，湖南担保为了进一步凸显再担保增信和分险功能，推出了一般保证责任再担保加项目最终损失责任分担的再担保业务模式，即湖南担保公司为担保机构的所有融资担保业务承担一般保证责任，同时又为担保机构发生损失的担保业务按比例进行分担（湖南担保公司分担10%～30%）。为确保担保机构享受银行优惠条件，由湖南担保、合作银行、担保机构三方签订再担保合作协议，公司协议中明确加入再担保的担保机构与银行合作的优惠条件，对担保机构的增信进行了明确。该模式推出后，提升了银行和担保机构对再担保的认可度，也取得了一定的效果。2012年合作担保机构数达到了22家，合作银行15家，再担保在保额109亿元。但合作银行认为一般保证责任再担保对担保贷款业务的风险保障仍然较低，对化解不良贷款风险的时效性不强，虽然能对担保机构起到一定的增信作用，但力度不大；合作担保机构认为一般责任保证再担保虽然对银行有终极保障，但对化解担保机构经营过程中的风险没有帮助，损失责任分担比例较低，且过于滞后。另外，由于湖南担保公司资本金未完全到位，银行认为湖南担保公司的资本实力不足，再担保能力较弱，客观上影响了再担保业务的开展。

（二）湖南担保公司再担保业务开展存在的主要问题

经过两年的运行，我省再担保体系建设取得了阶段性的成效，对担保机构发挥了一定的增信分险作用，但与担保行业持续健康发展的内在要求相比，还存在较大的差距。主要有以下几个方面的问题：

（1）再担保的政策体系不完善。一是没有再担保机构的管理办法，再担保机构的确立、运作方式、与银行机构及担保机构的关系、风险管理及处置等方面没有规范，仅凭湖南担保公司自身的力量难以推动再担保业务的开展。二是缺乏推进再担保体系的扶持政策。目前我省仅在《湖南省中小企业信用担保资金管理办法》中明确了对再担保业务的补助，标准低，没有对再担保风险设定补偿机制。

（2）再担保业务模式单一，且没有得到银行机构和担保机构的认同。担保机构所处的发展状态不同，对再担保的需求不一样；银行机构的特点及对风险防范的关注点不同，对再担保的需求也有差异。因此，目前阶段仅用单一的再担保模式，难以得到银行机构和担保机构的认同。

（3）湖南担保公司实力不强，再担保业务的创新不够。一是公司资本金规模较小且没有完全到位，影响了再担保增信能力，不利于再担保业务的发展；二是公司人员结构不太合理，部分人员没有担保及金融行业从业经验，难以适应开展再担保业务的要求。

（4）担保机构发展不平衡，再担保有效需求不足。一是担保业务做得好的担保机构比较少，主要集中在长株潭地区。二是大多数担保机构的业务开展依赖银行推荐，自主开发能力不强，再担保规模难以扩大。三是担保机构缺乏稳定的从业人员群体，从业人员流动性大，严重影响了担保机构的业务发展。

三、湖南省再担保体系建设的基本思路

截至2013年12月底，全省融资性担保机构202家，注册资本总额233亿元。国有资本57.17亿元，占总注册资本总额的25.04%，在担保行业服务实体经济中发挥了引导和示范作用。目前，全省纳入再担保体系的担保机构30家，合作银行机构13家，

再担保责任余额152亿元。为缓解中小企业，特别是小型微型企业融资困难，促进中小微企业转型发展发挥了不可替代的作用。

但是从担保业务总规模来看，这99户担保机构资本金放大倍数不足3倍，如果按照净资产来测算，放大倍数就更低了。2013年申报国家中小企业信用担保资金担保业务补助项目的42家担保机构属于全省业务开展比较好的担保机构，平均净资产总额58亿元，新增贷款担保总额249亿元，平均净资产放大倍数达到4倍。达到5倍以上的仅5家，最高放大倍数仅6.24倍。从结构上看，全省194户融资性担保机构中，尚未开展业务的95家，占49%；做了业务放大倍数不足净资产3倍的57家，占29.4%；业务开展达到净资产3~5倍之间的37家，占19%；达到5倍以上的5家，占2.6%。

从近年来的实践看，担保机构依靠自身的力量独立实现担保能力的充分放大，只有少数的机构可以做到，大部分机构放大倍数只能在3~5倍以内，有的甚至更低，担保资源没有得到充分利用。因此，只有通过建立比较完善的中小企业信用再担保体系才能实现担保机构整体效能的提升。

（一）政策的体系定位

再担保具有社会性、公益性、服务性的特点，不应以盈利为目的。要尽可能扩大再担保的覆盖范围，将省内符合条件的担保机构都纳入再担保体系；暂不符合条件的，要通过培育、辅导，让其成为符合再担保条件的担保机构。因此，在再担保模式的确定、再担保收费标准的确定、再担保风险的处置方式以及为担保机构的服务、促进全省中小企业信用担保体系建设等方面，都应该以政策性目标为出发点。

（二）灵活多样的再担保模式

（1）再担保模式确定。再担保的模式既要适应担保机构和银行机构的需要，又要确保再担保机构的可持续发展。从我省实际出发，我省再担保的模式可以是一般保证责任再担保，也可以是连带保证责任再担保，还可以是一般保证责任再担保与连带保证责任再担保交叉组合的模式。

（2）再担保收费。收费标准的确定既要体现政策性目标，又要符合风险定价原则，体现市场化和差异化。借鉴外省的做法，可以确定在1‰~6‰之间（大致在担保机构担保费率的3%~20%以内），根据担保机构的信用等级和再担保机构承担的风险方式进行调整。可以分多个等次，信用等级高的，再担保费可以低一些；信用等级低的，再担保收费可以高一些。连带保证责任的可以高一些；一般保证责任的，可以低一些。

（3）再担保机构与银行机构的合作方式。

① 再担保机构应与银行机构签署再担保合作协议，约定再担保与银行双方的权利和义务。包括：对体系内担保机构的授信方式、保证金的标准及缴存方式、放大倍数的确定、贷款利率的优惠方式、单笔业务最高额的确定、风险的防范、风险分担的比例、风险的处置、代偿方式、代偿宽限期等等。

体系内担保机构应该与银行签署再担保框架下的担保合作协议。

② 纳入再担保体系的担保机构，合作银行应快速授信，免交授信保证金。

③ 明确在一般保证责任再担保和连带保证责任再担保合作框架下，担保机构与银行机构相应的合作政策。

（4）再担保机构与担保机构的风险分担。再担保机构对担保机构的风险分担可以分为两类：一是代偿的分担；二是代偿损失的分担。

① 代偿损失分担。对于再担保机构承担一般保证责任的担保机构，根据担保机构信用等级，在10%~50%之间确定分担比例。

② 代偿分担。对于再担保机构承担连带保证责任的担保机构，由于其担保业务开展更规范，银行认可度高，当其担保放大倍数达到净资产的8倍以上时，可以采取代偿分担的方式来增加其流动性，同时进一步扩大该担保机构的担保能力。可以考虑根据担保机构业务发展情况，在10%~50%之间合理确定代偿分担比例。

（三）构建专业化和多元化相结合的再担保机构

（1）明确湖南担保有限责任公司是我省唯一开展全省范围内再担保业务的担保机构。

（2）建立资本金持续增长机制。坚持政府控股与多元化出资相结合。一是做实资本金。二是改善股权结构，引进国有企业作为战略投资者，也可以引进民营资本对湖南担保公司进行战略投资。三是争取国家中小企业基金的增资扶持。四是省级财政调剂相应的资金用于充实湖南担保的资本金。五是利润少分红，除提取风险准备金外，可以用于转增资本金。六是对省内担保机构进行整合。

（3）加强内部管理，提升创新能力。一是加强内部管理制度及企业文化建设；二是加强人力资源管理，建立科学的激励约束机制，通过加强从业人员培训、公开选拔专业人才等方式提升人员素质；三是建立研发机制。不断研发促进担保机构与银行机构合作的新产品、新模式，发挥再担保的引领作用。

（4）形成多元而又互补的业务结构。湖南担保公司母公司专注再担保业务，在风险可控的前提下开展中小企业集合债券、集合票据的担保业务。中小企业集合信托计划的发行主要以担保机构担保为主，湖南担保公司主要开展再担保。省中小企业信用担保有限公司主要开展其他担保机构难以开展的，单笔业务在1000万元以上的担保业务。在突出再担保主业的同时，积极开展创投业务，建立统贷统保平台，牵头组织体系内担保机构开展联保和分保业务。

（5）加强对担保行业的规范和引领。按照稳重求进、稳中有为的原则，一是开展对新设担保机构的业务辅导；二是开展担保机构业务培训和指导；三是加强与担保机构的信息交流与共享；四是适时探索再担保总授信模式；五是积极开展联保、分保业务；六是研发创新担保业务，拓宽担保机构业务空间；七是组织开展统贷业务。

（四）建立有效的再担保风险控制机制

（1）严格担保机构的准入。将规范开展中小企业融资担保业务、发展较好的担保机构纳入再担保范围。

（2）加强担保机构的指导和培训，帮助担保机构提高风险控制能力。

（3）对再担保业务及时监控，与担保机构、银行机构加强沟通交流，共同做好风险排查。

（4）建立风险准备金制度。按照再担保费收入的50%提取未到期责任准备金；按照再担保业务余额的0.1%提取赔偿准备金；提取税后利润的50%作为一般风险准备。

（5）设立再担保基金，用于防范再担保风险。再担保基金的来源：湖南担保公司自有资金、担保机构缴存资金、地方政府缴存的资金、国家及省财政安排的资金。再担保基金相当于风险池，主要承担再担保体系内担保机构发生的代偿风险。

（6）开展对担保机构的信用评级。通过评级，加强对担保机构的分类管理，促进担保机构不断提升管理水平，提高信用等级。

（7）建立再担保业务管理信息系统。对加入再担保的担保机构的业务应采用信息化手段加强管理，既便于了解和掌握业务发展情况、及时控制风险，又便于加强与担保机构、银行机构的信息沟通。

（8）建立再担保的退出机制。对于担保主业不突出，大量开展非担保业务；或者违规开展担保业务，多次提示不整改；甚至有非法集资等违规、违法行为的担保机构，坚决从再担保体系中退出。

四、加强湖南省中小企业信用再担保体系建设的政策建议

（一）请求省政府尽快出台《关于促进中小企业信用再担保体系建设的意见》

为规范和指导我省中小企业信用再担保业务的开展，促进全省中小企业信用再担保体系建设，请求省政府尽快出台《关于促进中小企业信用再担保体系建设的意见》。

（二）开展担保机构信用评级工作

一是研究出台《湖南省中小企业信用担保机构信用评级管理办法》；二是省经信委牵头，省财政厅、省金融办、人民银行长沙中心支行参与，组织开展对担保机构的信用评级工作。

（三）扩大省中小企业信用担保资金规模，加大对再担保业务补助力度

目前，我省中小企业信用担保资金6000万元，仅能满足全省中小企业信用担保机构担保业务补助需求的40%。要增加对再担保业务的补助，建立对开展再担保业务的补偿机制，需要增加补助资金，建议从2014年起，省中小企业信用担保资金规模增加到1亿元。同时完善《省中小企业信用担保资金管理办法》，提高对再担保业务的补助标准，扩大对再担保业务的扶持力度。并对加入再担保体系的担保机构适度倾斜。

（四）尽快做实湖南担保公司资本金

湖南担保有限责任公司目前有4.6亿元的资本金缺口，既严重制约了中小企业信用再担保业务的开展，也不符合工商登记部门和融资性担保监管部门的要求。这两个部门已多次要求湖南担保公司尽快落实资本金或减少注册资本金。另外，国家设立的中小企业发展基金已经安排了两年共60亿元，其中拟安排18亿元用于支持再担保机构做大做强。如果我省再担保机构资本金不能做实，会影响国家对我省再担保的支持。目前资本金缺口是因为湖南发展投资集团出资不到位。建议省财政厅协调湖南发展投资集团尽快落实资本金，或安排预算内资金补足资本金缺口。

（五）组建湖南省再担保投资集团

目前湖南担保公司已经有3个子公司，已经具备组建集团的基本条件。为了更好地开展再担保业务，争取国家中小企业信用担保资金及中小企业基金的支持，建议适时组建集团，取名为“湖南省中小企业信用再担保集团有限公司”。

湖南省2008～2012中小企业创业发展工作总结

湖南省拥有国土面积21.18万平方公里，辖13个市、1个自治州、122个县市区。随着工业经济的快速发展，目前全省已形成机械、食品、有色、石化、轻工、冶金、建材、电子信息等8个千亿产业，长沙工程机械、岳阳石化2个千亿集群，长沙经济技术开发区等3个千亿园区。

近年来，湖南省中小微企业创业发展工作稳步推进，各项经济指标保持平稳较快发展。2012年，全省中小企业预计完成增加值9340亿元，比上年增长14.3%，占全省GDP的42.2%。非公经济实现增加值12791.2亿元，比2011年增长13%，占GDP比重达57.7%，较上年同期提高0.7个百分点。

一、基本情况

自2008年以来，全省中小企业创业基地建设加快发展，成为中小企业发展的“摇篮”。截至2012年底，全省中小企业创业基地达115家，总资产达145亿元，标准厂房面积达565万平方米，入驻企业3420家，毕业企业1475户，安排就业近20万人，对促进全民创业、科技成果转化、产业转移发挥了重要作用。

二、主要作法及取得成效

（一）加强组织领导，高度重视创业工作

一是各级党委政府高度重视。省委、省政府将创业发展工作作为科学发展之基、民生致富之本，摆上重要议事日程，从战略的高度全面谋划和推动。

绝大多数市州成立了全民创业领导小组，建立了长效工作机制。

二是明确了工作目标。2009 年以来，省、市出台系列政策措施，提升创业活跃程度和创业成功率，力求每年新增中小企业 1 万户、新增就业岗位 20 万个以上。

三是强化了工作载体。从 2012 年起，我省开始实施中小企业“百千万”成长工程，推动中小微企业发展和全民创业工作，争取全年新增营业收入过 4 亿元的大企业 100 户以上，新增营业收入过亿元的中型企业 1000 户以上，新创办小型微型企业 30000 户以上。

四是加强监督考核。省政府将创业工作列入年度工作目标考核内容，作为非公有制经济发展表彰奖励的重要依据。同时定期组织开展创业标兵评选表彰等活动，激励各级政府积极落实创业政策，促进创业工作。

（二）加大政策扶持，创造优良发展环境

一是出台了系列扶持政策。2009 年，省委、省政府出台了《关于大力推动创业工作的意见》（湘发〔2009〕9 号），明确了推进创业平台建设、建立健全创业服务体系、拓宽初创企业融资渠道等 9 个方面的政策措施。2012 年，省政府出台了《关于进一步支持中小微企业发展的实施意见》（湘政发〔2012〕18 号），就大力推动全民创业提出了专项措施。2013 年，省经信委联合财政、国土、住建、工商和地税等 5 部门出台《关于大力推动中小企业创业基地建设的意见》（湘经信中小企业〔2013〕362 号），落实支持创业基地建设的财政、土地、税费等优惠政策，扩大全省创业基地的孵化面积，提高创业基地的服务能力和水平，降低小微企业创业成本。

二是创业基地立足政策创新运营机制。如长沙高新区创业服务中心充分利用市、区扶持政策，近两年来每年培育中小微企业 1000 余家，其中大学生创办企业达 700 余家。同时其利用社会闲置厂房进行基地扩容，成立小额贷款公司开展投融资服务，延伸了创业服务链。长沙金荣创业基地参考台湾地区内江工业园模式，不断创新创业基地运营模式，提升了孵化企业的内生动力。岳阳先进制造产业科技企业孵化器在市、区支持下，新建 6000 平方米标准厂房，引导 12 家科技创新型中小企业入园发展，创造就业岗位 900 多个，展现了民营创业基地的强健活力。

（三）落实财税政策，减轻各类创业主体负担

一是大力扶持创业基地建设。2008 年以来，每年安排省中小企业发展专项资金和争取国家资金 1000 多万元支持创业基地建设。指导创业基地抓好创业服务，营造良好的创业环境。

二是大力扶持初创期小企业。从 2008 年起我委每年从省中小企业发展专项资金中安排 800 多万元用于扶持初创小微企业，为创业者提供良好的创业服务，有效降低创业风险。

三是落实税收政策优惠政策。落实对创业基地项目建设环节和经营环节的税费减免和财政扶持，推动创业平台建设，间接帮助创业者大量减少土地、厂房和配套设施投入。各地财政、地税部门为创业基地用好、落实减免和返回房产税、土地使用税和营业税政策。仅 2012 年，长沙市减免 115 万，株洲市减免 188.8 万，湘潭市减免 116.5 万，岳阳市减免 70.8 万。同时落实对初创企业项目建设环节和经营环节的税费减免，减少企业的初始投入和初期经营负担。全省将增值税、营业税起征点提高到了国家规定的上限，70% 以上的个体工商户和微型企业享受到免税政策。据不完全统计，2012、2013 二年，全省共减免非公经济和中小微企业税收 76.86 亿元。

（四）拓宽融资渠道，缓解创业主体融资困难

一是加大了初创型中小微企业的信贷支持。2012 年年底，全省贷款余额为 10234 亿元，其中，中型企业占 37.95%，小型企业占 25.83%，微型企业占 4.59%，小微企业贷款增速与全部贷款平均增速相比高 6.73 个百分点，小额企业贷款增量与 2011 年相比增加 18.2%。

二是大力推进政府扶持担保体系建设，为初创企业提供融资担保。全省共有中小企业信用担保机构 196 家，注册资本总额 198.11 亿元。省政府建立了中小企业信用担保资金，2009 年～2011 年安排了 14 亿元财政专项调度资金支持市州建立担保机构。全省 14 个市州都成立了注册资本金 1 亿元以上的中小企业信用担保机构，2012 年共为 15813 户中小企业提供贷款担保 573 亿元，同比分别增长 20% 和 22.7%，担保机构在缓解中小企业融资困难中的作用日益凸显。

三是加快地方融资平台建设。各级政府牵头组建中小企业融资平台 96 个，发行中小企业“三集”产品 34 期，融资总额 84.15 亿元，服务中小微企业 384 家。

（五）开展主题服务活动，营造浓厚创业氛围

一是举办了“湖南 2012 创富大赛”。与邮政储蓄银行湖南省分行联合下发了《关于举办“湖南 2012 创富大赛”的通知》，明确了 1000 万元活动经费，400 万元奖励，20 亿元信贷额度的政策。组织开展创富拓展训练营、创富高峰论坛、创富帮帮团、创富 PK 赛等系列活动，在全省初创型中小微企业中选出创富先锋 32 名，创富之星 70 名和金奖 1 名，银奖 2 名，进行了资金扶持和信贷支持。

二是组织“腾飞杯”中小企业管理升级竞赛活动，提升创业型企业管理水平。在长沙等八个市州，遴选 110 多家创业型企业参加了管理升级集中训练，采取政府与咨询机构、咨询机构与企业签合同，按效果考核付费的方式开展活动。据年底考核评估，53 家参赛企业销售收入同比增长 75%，环比增长 49%；利润同比增长 125%，环比增长 64%；税收同比增长 74%，环比增长 44%，各项经济指标在经济总体下滑的情况下，实现了逆势突破，而且实现了突破管理、营销、成本控制等各方面的整体提升。

三是开展了“送政策到企业”活动。8 月举行了“送政策到企业”活动启动仪式。将近几年国务院、省政府和国家、省直有关部门出台的政策文件编印成《扶持中小微企业发展政策文件汇编》，在工业园区和创业基地免费发放 2 万册。在中小企业湖南网设立“送政策到企业”专栏，动态发布、更新相关政策，将政策同时纳入各类会议、培训班，共有2万多人接受培训。

四是开展中小企业电子商务普及工作。要求中小企业湖南网免费为9000家中小企业和1000家中小企业服务机构在湖南中小企业网建立网页。联合百度湖南营销中心联合启动了“中小企业翔计划”，帮助创业型中小企业开展网络营销和电子商务。

三、存在问题

我省创业活动不活跃，制约的主要因素有六个方面：一是认识不高，创业氛围不浓。二是创业门槛高。审批手续繁琐、手续繁杂、费用高等种种创业障碍仍然存在。三是已有创业扶持政策力度不大、且存在落实难的问题。四是创业融资十分困难。初创企业由于缺少资产抵押和信用记录，贷款极难；同时由于创业风险投资发育不好，很好的项目也难得到投资。五是创业公共服务体系建设滞后，创业服务需求难满足。六是创业环境仍然有待优化，乱收费、乱罚款、乱摊派、乱检查等现象仍然较多，亲商、尊商、安商、富商的环境尚未形成。

四、中小企业服务体系建设及服务情况

（一）中小企业综合服务机构作用初步彰显

2011年省经信委专门出台了《关于大力推进全省中小企业服务中心建设的意见》，要求各市、县按照“有独立的法人资格、有足够的服务场地、有完善的服务设施、有专业的服务人员、有固定的经费来源”加强服务中心建设。目前，全省全部14个市州、70%的县（市、区）和19个工业园区成立了中小企业服务中心，省、市、县三级中小企业服务中心构成的覆盖全省的综合服务平台网络基本形成。这些综合服务机构在自身直接服务的同时，组织各类专业机构提供服务，发挥了很好的桥梁和纽带作用。如长沙市服务中心组织开展中小企业管理升级活动，收到了比预期更好的效果。

（二）中小企业网络服务平台建设稳步推进

2012年3月，成立了湖南省中小企业公共服务平台网络建设工作领导小组，建立了平台网络建设工作机制。目前，我省共有1个省平台、7个市州窗口平台、11个产业窗口平台，共19个平台项目在建。19个项目总投资达8540万元。到2012年底，19个项目完成投资金额5936.35万元，占总投资的69.5%；改造面积19873平方米，占改造面积的93%；购置设备及软件1600台（套），金额4417万元；地方政府配套资金使用金额650万元；益阳等3个窗口平台完成较好；带动服务机构569户，开展服务活动7524次，服务企业15451户，服务人数达103910人次。

（三）创业平台和公共技术平台建设初见成效

2007年以来，省里每年分别安排资金专项支持公共技术平台和创业基地建设。到目前为止，共扶持建立中小企业研发、设计、试验、检验检测平台138个，为8000多家中小企业提供了相关技术服务；已经建成和正在建设的创业基地有80多个，为小企业提供创业场地，加强创业服务，改善创业软环境，提高创业成功率。长沙市开通了网上创业平台，为创业者提供创业服务。

五、意见建议

（一）进一步加大对创业基地的支持力度

创业基地是全民创业的重要载体，只有加大对基地的支持，才能降低创业门槛，激发创业热情。建议加大对创业基地建设土地、税收、财政等政策支持，引导和促进各类投资主体进入创业领域，扩大投资，推进创业发展工作。

（二）进一步支持初创型中小企业发展

建议国土、住建、工商、科技、发改等部委细化政策措施，鼓励发展实业，扶持创业型企业发展。加强分类指导，对创业型企业进行支持，特别是针对科研人员、高校毕业生、返乡农民工、下岗工人等群体，分门别类制定相应扶持政策。

（三）进一步推进中小企业公共服务平台建设

公共服务平台为初创型中小企业提供信息、技术、融资、培训、管理、商务、现代物流等服务，具有开放性和资源共享性。建议加大对为产业集群服务的技术（研发试验、设计、检验检测、产学研合作等）平台、市场开拓平台、物流平台建设的政策支持。

（四）进一步引导民间资本流向创业领域

创新信托、私募、股权、风险、典当、担保、寄存等多种融投资方式，把民间储蓄、闲置和其他资本吸引到创业投资上来，通过投资拉动全民创业。

（湖南省经信和信息化委员会）

湖南省中小企业公共服务平台网络建设情况汇报

湖南省是2012年批准中小企业公共服务平台网络建设方案的15个省市之一。自建设方案获得批准后，我委高度重视，成立了平台网络建设工作领导小组，出台了《湖南省中小企业公共服务平台网络窗口项目建设指南》，按照“政府引导扶持、公共服务带动、社会服务广泛参与、协同发展”的要求，积极推进公共服务平台网络建设。现将相关情况汇报如下：

一、整体规划

我省计划用2~3年的时间建设省级枢纽平台1个、市级综合服务平台14个、产业服务平台17个，计划投资12720万元，预计建设改造服务面积30050平方米。通过构建互联互通、资源共享、快速响应、

服务协同，具备信息分类检索、网络在线交互、呼叫转接、服务导航、特色专业服务、在线服务与评测考核等多重功能的服务平台网络系统，优化中小企业服务体系骨干架构和基础环境，为中小企业提供找得着、用得起、有保证的优质服务。

二、平台网络建设进展

规划建设的32个项目中，2012年开工项目19个，即1个省平台、7个市州综合窗口平台、11个产业窗口平台；2013年开工项目10个，即4个市州综合窗口平台、6个产业窗口平台。到2013年9月底，省平台已基本完成场地装修、设备购置、公司组建、软件系统开发等工作，将按计划在2013年底正式开通；已开工建设的28个窗口平台项目中，除1个综合窗口、2个产业窗口因场地正在兴建之中未能按计划实施外，其余都已按计划完成场地装修、设备购置、运营团队组建、特色服务等建设，省平台年底正式开通后即可实现互联互通、资源共享、协同服务。29个项目共完成投资9943.4万元，占计划投资的78.17%，改造面积已完成25680平方米，占计划改造面积的85.45%；购置设备及软件2594台（套），金额5201.03万元。根据项目建设进度，我省2012年下拨专项补助资金1350万元，2013年下拨专项补助资金850万元。

三、存在问题

（1）服务资源满足难。湖南生产性服务业不发达，服务资源特别是优质服务资源严重不足，有限的服务资源又因条块分割的管理体制而分散在教育、科技、质监等各个系统内，服务平台网络难以在短时期有效整合、聚集充足的各类服务资源以满足中小企业服务需求。

（2）平台网络推广难。中小企业量大面广，信息化程度不高，要让广大中小企业接受并习惯性地利用平台网络，在聚集充足资源、保证服务质量的同时，必须广泛、深入而且持续地进行推广，需要大量的资金和人力投入。

（3）平台网络持续运营难。平台网络虽然依靠中央财政补助、地方政府配套支持完成了一次性建设投入，但面临持续运营和后续投入问题。一方面，如何构建整个平台网络包括省平台与窗口之间、服务机构之间、各窗口相互之间高效协同的运营模式有待探索；另一方面如何构建各平台包括省平台和窗口平台自身的运营模式也有待探索，特别是综合窗口难有稳定的收入来源，运营相当困难。

四、建议

（1）加强顶层设计和统一指导，加快构建互联互通、资源共享、协同服务的全国服务平台网络。

（2）加大对窗口平台特别是综合窗口和省平台的财政支持，建议每年从中央财政资金中切块予以专项支持。

（3）加大平台推广和服务推广力度，通过服务平台网络大力培育服务资源和服务需求，促进服务平台尽快成为服务机构、中小企业的共同“家园”。

（4）建立培训机制，提升平台网络从业人员素质。开展平台网络建设，培育高素质的服务人才亦是重要内容。现平台网络从业人员业务水平参差不齐，其素质高低直接影响中小企业服务质量。建议通过制定专项培训计划，构建常态化的培训机制，提升相关从业人员水平，促进人才的引进和交流，为平台网络建设夯实人才基础。

（湖南省经济和信息化委员会）

不断创新 务实进取 为中小企业发展托起梦想的翅膀

陕西省中小企业促进局局长、党组书记 丁义安

随着西部大开发步伐加快，陕西中小企业发展也进入快车道。“十一五”以来的六年里，陕西中小企业营业收入年均增长22.5%，增加值年均增长18.8%。2012年，全省中小企业营业收入突破2万亿，达到20218亿元，增长24.8%；增加值7128亿元，增长18.3%，高于全省工业企业平均增速，占全省GDP的比重达到49.3%；规模以上中小工业实现销售产值增长29.9%，增速位居全国前列。

一、转变：以解放思想务实创新为先导

陕西中小企业起步较晚，发展相对滞后，无论是企业数量、发展总量、产业集群、服务体系建设，还是政策措施、发展环境、工作力度等，与沿海发达省（市）相比都有明显差距，非公经济增加值占GDP的比重比低。思想不解放，服务意识不强，创新动力不足是发展迟缓的主要原因。

“十一五”期间，陕西省委、省政府贯彻“两个毫不动摇”发展方针，制定了加快发展中小企业的重要战略。陆续出台了《陕西省实施〈中华人民共和国中小企业促进法〉办法》《中共陕西省委、省人民政府关于加快非公有制经济发展的指导意见》《关于进一步促进中小企业发展的实施意见》《关于进一步鼓励民间投资健康发展的实施意见》，以及《陕西省中小企业发展十二五规划》和《县域经济发展纲要（2007～2012）》等一系列政策，加大对中小企业的财税支持力度，放宽市场准入，鼓励支持企业创业创新。2012年贯彻落实国务院扶持小型微型企业发展一揽子举措，制定出台了我省《关于支

持小型微型企业健康发展的实施意见》，要求各地建立健全政府领导负责、分工明确、责任到位、合力扶持小型微型企业发展的工作协调机制，夯实市、县（区）发展中小企业的责任。每年向社会公布全省各市、县（区）中小企业发展目标考核和县域工业集中区考核综合测评结果，形成各地争先进位、奋力赶超的发展氛围。实行清费返税减轻企业负担，通过政府采购帮助企业开拓市场，设立省级中小企业发展基金，建立小微企业收费罚款公示网，杜绝乱收费现象。把中小企业特别是小型微型企业发展纳入全省“三位一体”目标责任考核体系，形成定期考核机制。要求各地、各部门结合实际，抓紧制定相应的实施细则或配套政策，切实促进小型微型企业持续健康快速发展。中小企业专项资金连续三年逐年递增，从几千万增加到目前的4个多亿，极大调动了发展中小企业的积极性；建立省级非公有制经济发展联席会议制度，省、市、县三级非公有制经济维权投诉办公室和非公经济发展环境评议制度，健全促进中小企业、非公经济发展协调机制，进一步优化发展环境。每两年省委、省政府召开全省非公有制经济发展大会，隆重表彰优秀民营企业、杰出民营企业家和为社会公益事业做出突出贡献的民营企业家，树立标杆，典型引路；大力营造创业光荣、尊重企业、关心企业家的社会氛围。

陕西中小企业促进局，转变发展观念，创新工作举措，强化责任意识、创新意识、服务意识。为解决中小企业融资难，在贯彻落实国务院有关政策规定的同时，积极探索融资新渠道。我们联合省银监局、知识产权局等7部门制定下发了《陕西省知识产权质押贷款管理办法》，开展知识产权质押贷款工作，已有23家科技型中小企业获贷款5.09亿元；推进中小企业上市融资和中小企业中长期票据发行，目前全省中小企业创业板上市6户，募集资金总量为22.79亿元，引导中小企业发行集合票据3期，融资5.12亿元，通过融资对接为1500户企业协议融资75亿元，支持的小额贷款公司累计发放贷款30.94亿元。通过开展争先创优、“三问三解”“法律服务进企业”“千企千村”扶助扶贫工作和“双提双比一争创”活动，确实转作风、争先进、创一流，打开中小企业发展一个又一个新局面。

二、发展：以大力培育市场主体为中心

抓大育小，两手抓，两手都要硬。通过实施百千万中小企业成长工程、创新工程、远程创业培训工程，多渠道、多层次培育和发展创业主体，打造企业家队伍。根据成长工程中新增百家升级、千家成长、万家培育的工作内容，在中小企业中积极开展争创“创业之星”“科技之星”和“行业之星”活动，鼓励大学毕业生和返乡农民工以及有自主创业愿望的人自主创业；鼓励中小企业在节能减排、低碳、绿色环保等方面争当经济示范企业；鼓励中小企业在创新、品牌和产业延伸方面成为行业龙头企业。2012年，全省中小企业个数达到143.8万户，其中小微型企业124万户，新增小微型企业3.4万户。陕西创业促进会开展创业辅导，组织成功企业家作为创业辅导团成员，定期为有创业意愿的人员进行项目诊断，大大提高了创业成功率，仅2013年筹集110万元作为无息资助资金，并协调民生银行等金融机构的低息贷款3000多万元，支持260多人实现创业梦想。

杨凌本香集团，十年前资产只有几十万元，掌门人燕君芳也只是一个刚出大学校门的女大学生。创业初期，燕君芳凭着自己在大学所学专业，提出依靠科学养猪技术，发展“安全猪肉产业化示范工程”项目，该项目得到各级政府的大力支持，多次获得中小企业专项资金的帮扶。经过十年不懈努力，本香集团已经基本形成了确保食品安全为目标，以质量控制为关键，以标准化生产和科学管理为手段，集“饲养生产、良种繁育、商品猪养殖、生猪屠宰、肉制品加工、冷链配送及连锁专卖”为一体的“全产业链模式”，实现了安全猪肉生产的全程控制，形成了“本香”品牌效应。公司生产的安全猪肉产品获得了“无公害产品”“陕西名牌产品”等称号，公司商标“被评为陕西省著名商标”。集团规模也由不起眼的小企业发展成为拥有数亿资产龙头骨干企业。养殖基地以杨凌为大本营，南到秦岭深山中的凤县，北至圣地延安的洛川、延川，形成年出栏50万头的生产能力，每年可为市场提供7万多吨健康猪肉。“本香品牌”肉制品已经走出杨凌、进入西安、走向北京，成为众多消费者餐桌上的“放心猪肉”。

本香集团在自身发展同时，发挥龙头企业示范带动作用。公司在各基地建立“安全养猪协会”，协助组建养猪服务中心，无偿提供办公设备、兽医器械，培训技术人员，统一供应安全饲料、养猪设备和兽药疫苗。形成了“公司+养猪协会+农户”的经营模式，带动数十万农民增收。公司多次被农业部和陕西省评为“带动农民增收先进单位”。燕君芳本人也评为全国三八红旗手、全国劳模，被省委、省政府评为杰出民营企业家和为社会公益事业做出突出贡献的民营企业家。

本香集团、福金米业、海天制药、咸阳天成科技等一批中小企业在优惠政策和政府的大力支持下，不断发展壮大。

三、拉动：以项目引进园区建设为引擎

我们突出抓县域工业集中区和项目引进，使之成为县域经济发展的重要引擎和新的经济增长点。2012年，全省重点建设的100个县域工业集中区，实现营业收入超过3200亿元，同比增长30%；其中营业收入超100亿元、50亿元、30亿元的工业集中区分别达到4个、17个和26个，成为全省经济稳增长的重要拉动力量。2012年，在西洽会举办的重点建设县域工业集中区项目推介会上，现场集中签约24个项目，项目总投资66.57亿元，合同引资56.23亿元；在第九届中博会召开的陕西县域工业园区项目推介会上，推介了28个项目，签约金额达

50亿元；积极实施“央企进陕”“民企进陕”活动，引进700多家企业投资陕西1.5万亿元，掀起新一轮投资“陕西热”。

全省各地园区发展因地制宜，突出优势资源产业化。西安市大力推进优势企业集聚和配套发展。通过产业结构调整优化，培育龙头企业，延伸产业链条，促进优势产业聚集发展。泾河工业园形成了以陕重汽为龙头的汽车零部件加工产业集群；临潼旅游商贸开发区围绕陕鼓、标缝，积极发展鼓风机和缝纫机零部件配套加工产业，以银桥、伊利泰普克等骨干企业为龙头，聚集发展乳品加工产业集群；蓝田县西北家具工业集中区形成了以家具生产加工及仓储物流一条龙的家具业产业集群，都形成了明显的产业聚集效应。区县工业园区实现营业收入970.3亿元，实现工业增加值282.64亿元，分别比上年同期增长12.34%和11.76%，园区完成基础设施投资36.12亿元，同比增长18.8%；新建工业项目31个，总投资50.86亿元，分别比上年同期增长51.9%和46.3%。

安康按照“园区循环化、循环扩大化”的发展思路，加大10个县域工业园区建设力度，着力打造清洁能源、新型材料、富硒食品、生物医药、安康丝绸、装备制造等重点循环产业链。高新区10万吨金属镍、500万吨硫酸项目、汉滨区石煤综合利用项目、石泉为电、旬阳纳米氧化锌和化肥生产，安康实施了一批循环产业重大项目，形成选冶、制酸、发电、供热、废渣综合利用等多个产业循环链，一大批循环经济企业入驻工业园区，促进了安康新型工业快速发展。2011年，安康全部工业产值增长42%；增加值增长22%。清洁能源、新型材料、富硒食品、生物医药安康丝绸五大支柱产业产值占规模工业总量88%；安康高新区和“一体两翼”五县区规模工业增加值占全市规模工业比重81%。园区集聚效应初步显现，园区项目接替有序，循环经济产业链雏形初现，成为支撑和引领县域循环经济发展重要载体。11个工业集中区完成基础设施投资27.5亿元，入园企业620户，新增投资千万元以上入园企业60户以上，工业产值占全市45%左右。特别是金属镍循环经济产业项目一期工程启动建设，成为引领安康循环经济发展的翻身项目，2012年，安康工业生产增速均保持在30%以上，居全省前列。

四、提升：以科技创新成果转化为重点

我们把中小企业的科技创新和成果转化作为转型升级的重要手段，促进全社会科技资源高效配置和综合集成，加快科技成果向现实生产力转化，激发各类创新主体的活力。近年来，我们大力扶持中小企业创新研发基地建设，支持中小企业科技创新，科技型中小企业超过2万户。实施知识产权战略提升企业创新发展能力和竞争能力，认定首批中小企业专利新产品66个。据不完全统计，我省中小企业规模以上工业企业固定资产投入用于自主研发的投入超过7%，80%的研发经费由企业自筹解决，产学研结合，多种形式开展自主创新的企业占规模以上工业企业的17.3%。企业专利申请的公开公告2525件，企业推广应用先进适用技术970件，其中104项达国际先进水平。

西安经开区在挖掘科技资源、促进科技成果转化方面先行一步。科技资源要素加速聚集，实体经济活力不断迸发，一个个拥有优势技术的创新型企业汇聚成“科技生产力”集体爆发。2011年，经开区成为全省首个“千亿元”先进制造业基地；其中，规模以上工业总产值775亿元，总量全市第一；以中小科技企业为主体的战略性新兴产业实现产值174亿元，占全区规模以上工业总产值的比重达22.5%，较上年提高3个百分点。

近年来，经开区以市场需求倒逼科研成果转化。让“统筹”与实体经济的需要结合，与市场导向和特色优势产业培育结合，尊重并调动实体经济主体对市场的敏锐“嗅觉”，将市场对科技资源配置的基础性作用放在首位，确保统筹和成果转化的成功率及方向上的准确性。经开区以统筹科技资源改革为突破口，相继制定了《关于深化统筹科技资源改革促进科技成果转化的意见》《关于印发促进主导产业发展暂行办法》《关于支持成果转化暂行办法》和《关于提升企业创新能力暂行办法》等系统性措施，促使新材料、航空产品转包等特色产业实现了集聚式发展，并占据行业领先位置，科技资源和要素承载能力不断增强。中国兵器245亿元打造“兵器集团第二总部”，中航工业65亿元建设集产学研于一体的世界先进锻造技术研发与成果转化基地，中国北车60亿元建设轨道交通及电气研发制造基地，中国电子20亿元建设集“科技创新、成果转化、生产运营、服务支撑”等功能齐备、具国际影响力的新兴产业发展示范区在经开区相继建成。以科研院所为引擎，企业为主体，市场为导向，产业化为目标，科技园区承载，高端人才驱动，创新平台支撑，促进实体经济转型升级的新模式正在形成。经开区统筹实践的推进，带来了优势科技资源的加速聚集；要素集聚的强大气场，反过来推动统筹实践迈向纵深。以《关于深化统筹科技资源改革促进科技成果转化的意见》发布和西北有色院稀有金属科技成果转化基地揭牌为指引，经开区统筹科技资源改革步入水到渠成的良性轨道。

西安经开区、高新区、咸阳高新技术产业园区等十几个工业园区，已经成为科技型中小企业摇篮，中小企业转型升级的加油站。在陕西从科技大省到科技强省的发展进程中，中小企业已经成为强大动力和最大的受益者。

五、服务：以提高质量企业受益为根本

服务体系建立和完善中，我们坚持“政府扶持中介、中介服务企业”的发展思路。坚持社会化、专业化、市场化的原则，整合社会资源，加快建立完善的中小企业和非公经济社会化服务体系。重点建设人力资源、融资担保、技术支持、管理咨询、

创业培训、信息服务六大体系，在信息咨询、市场营销、投资融资、产权交易、技术支持、人才培训、对外合作、法律咨询等方面，为中小企业和非公经济提供全方位、多层次、低成本的专业化服务，满足中小企业和非公经济发展需求。

加快服务体系硬件建设。2012 年，在省政府高度重视支持下，省级财政列支 950 万元，建成了省中小企业服务平台，引进社会服务机构 20 多家，多形式服务企业。省局从中小企业资金中安排 600 万元，支持 11 个市在年底前建成市级中小企业服务平台。加快推进网络平台建设。经工信部批准，我省省级平台，11 个市级综合“窗口”和 15 个产业集群“窗口”平台列入建设计划。我局认定了第二批 29 个“陕西省中小企业公共服务示范平台”。我省加快中小企业产品技术展示中心建设，该项目总投资 2 亿元，面积 2 万平米，省发改委已立项，省财政分 4 年列支 1.5 亿元，其中 2012 年度建设资金现已到位，正在按照建设计划开展工作。

开展多种形式的服务活动。2012 年，在中小企业服务年各项活动中，以省中小企业服务平台为载体，依托社会机构，服务中小企业，开展服务活动 91 余项，200 余场次，培训人数近 5 万人。陕西贝易达现代科技有限公司、陕西启迪科技园发展有限公司建立融资超市平台，促成了一批企业与银行达成合作协议。西安时代光华管理咨询服务有限公司和陕西彼岸管理咨询有限公司开展管理提升服务，每周举办陕西省中小企业服务平台网络大讲堂和陕西省中小企业服务平台竞争力大讲堂两个公益培训，邀请国内知名管理专家，为企业家和创业者讲授管理知识。陕西创业促进会开展创业辅导，组织成功企业家作为创业辅导团成员，定期为有创业意愿的人员进行项目诊断，提高了创业成功率；2013 年共举办创业培训 22 期，有 5000 多位创业者及大学毕业生得到免费培训。省中小企业在线公司及 90 多个中小分网，开展信息咨询服务。省中小企业服务中心、中小企业协会、技术服务站开展人员培训、职称评定及技能鉴定服务。2013 年组织银河培训 12 期，培训人员 1460 人次，有 707 个评定为初、中、高专业技术职称，有 3000 多人通过初、中级技能鉴定。

六、展望：以创新驱动企业腾飞为蓝图

2013 年是贯彻落实十八大精神，抢抓机遇，加快发展的重要之年，也是“十二五”规划承上启下的关键之年。我们的发展目标是：全省中小企业营业收入增长 22%，增加值增长 17%，占全省 GDP 的比重提高 1 个百分点，达到 50%；新增小微型企业 2.5 万户，其中 5000 户工业企业；新增规模以上工业企业 300 户；新增从业人员 25 万人；新增重点县域工业集中区 50 个，全省县域工业集中区营业收入增长 25% 以上；省级中小企业公共服务示范平台新增 20 个。

为实现发展目标，我们采取“10 项措施”：改善发展环境，积极破解“玻璃门”“弹簧门”两门难题；加快服务体系建设，拓展服务领域、提高服务效能；推进市场主体建设，重点支持创新型、创业型和劳动密集型小微企业发展，力争促进 300 户小微企业成长为规模企业；加快工业集中区建设，逐步实施“12381”发展工程；继续破解融资难题，推进中小企业信用担保体系建设，引导担保机构进行产品创新、业务拓展；大力推进创新发展，促进企业加大技术投入，开发“专精特新”产品；逐步推进信息化，培育一批企业管理信息化应用示范企业，建设陕西中小企业智慧云平台；加大减负维权力度，开展发展环境评议和加强减负调查体系建设；加强人才培育支持，实施银河培训实现全省 20 万人次接受技能培训的目标；改进工作作风，学习贯彻十八大精神，结合“为民、务实、清廉”主题实践教育活动，在局机关开展“转作风、强服务、抓落实、创一流”活动。

2013 年，面对新的形势和任务，我们肩负的使命光荣而艰巨。我们要在省委、省政府的正确领导下，全面落实科学发展观，开拓进取，扎实工作，努力开创中小企业工作新局面，为我省中小企业腾飞托举梦想的翅膀，为建设“三强、一富、一美”的陕西做出新的更大的贡献！

甘肃省支持中小微企业发展的主要措施

省非公经济发展协调领导小组办公室：

根据《甘肃省非公经济发展协调领导小组办公室关于抓好全省非公经济督查事项办理工作的通知》（甘非公办发〔2013〕12 号）要求，现结合我委工作实际，将全省中小微型企业运行情况和主要支持措施汇报如下：

一、中小微企业运行情况

1～6 月，全省共有工业中小企业 12261 户（不含个体工业企业），其中：规模以上 1686（中型企业 279 户，小型企业 1311 户，微型企业 96 户），规模以下 10575 户；从业人员 49.06 万人，其中：规模以上 28.96 万人，规模以下 20.10 万人。累计完成工业增加值 393.16 亿元，同比增长 22.13%，其中：规模以上完成 339.08 亿元，同比增长 23.9%；规模以下完成 54.08 亿元，同比增长 12.1%。规模以上工业中小微型企业实现主营业务收入 869.9 亿元，同比增长 17.19%；实现利润 28.63 亿元，同比增加 45.55%；上缴税金 28.9 亿元，同比增长 12.86%。

1～6 月，全省新增融资性担保业务额 136 亿元，较上年增长 40%；各类担保机构共计 346 户，较上年增加 36 户，增长 11.6%。上半年共计为 7000 余户中小微企业提供了担保服务，支持中小企业担保额 92 亿元，较上年同期净增 32 亿元，同比增长 53%，担保机构在破解中小企业融资瓶颈、拓宽中小企业融资渠道上发挥了积极作用。

1～6月，全省金融机构中小企业贷款余额达2704.75亿元，比年初增加309.86亿元，其中中型企业贷款余额1076.95亿元，比年初增加84.45亿元；小型企业贷款余额1430.85亿元，比年初增加172.69亿元；微型企业贷款余额196.95亿元，比年初增加52.72亿元。中小微型企业贷款占全省企业贷款的51.94%。

总体来看，上半年我省中小企业继续保持平稳较快的发展势头，较2012年底各项主要指标的增速有明显提高，但受全国总体经济下行压力较大影响，影响中小微型企业运行的不确定因素增多。

二、支持和推动中小微型企业发展的主要措施

（一）认真落实鼓励、支持、引导中小微型企业发展的各项政策措施，优化发展环境

一是认真贯彻落实国务院2次关于支持小微企业发展的常务会议精神和《国务院关于进一步支持小型微型企业健康发展的意见》（国发［2012］14号），出台了《甘肃省人民政府关于促进小型微型企业发展的指导意见》（甘政发［2012］39号）。二是加强《甘肃省人民政府关于促进小型微型企业发展的指导意见》的落实，汇总了省直各相关部门根据《意见》制定的本部门相应措施细则和具体办法以及工作落实情况，并对各市州《意见》执行情况进行督查。同时，我们专门对国家和甘肃省近些年出台的扶持中小企业和非公经济发展的《关于鼓励支持和引导个体私营等非公有制经济发展的若干意见》（国发［2005］3号）《国务院关于进一步促进中小企业发展的若干意见》（国发［2009］36号）《国务院关于鼓励和引导民间投资健康发展的若干意见》（国发［2010］13号）《国务院关于进一步支持小型微型企业健康发展的意见》（国发［2012］14号）和《中共甘肃省委甘肃省人民政府贯彻<国务院关于鼓励支持和引导个体私营等非公有制经济发展的若干意见>的实施意见》（省委发［2005］63号）《甘肃省人民政府关于鼓励和引导民间投资健康发展的实施意见》（甘政发［2011］62号）《甘肃省人民政府关于促进小型微型企业发展的指导意见》（甘政发［2012］39号）和《国务院办公厅关于金融支持经济结构调整和转型升级的指导意见》等8个文件共224条政策进行了认真梳理和分类归并，并在此基础上在甘肃省省直相关部门和企业两个层面上进行了调研。三是在政策咨询服务方面，会同工信部中小司编印了国务院《支持小微企业发展答问》《中小企业政策百问百答》《创办小微企业政策百问百答》和《甘肃省促进小型微型企业发展指导意见解读》，同时在主要媒体上开辟专栏，重点宣传省直各部门的配套政策措施。

（二）实施中小企业成长工程，加快推进规下企业进入规上，确保建成投产项目达产达标

为加快中小企业培育，实施中小企业成长工程，加快规模以下工业企业发展，使之尽快达到规模以上水平，根据《甘肃省人民政府关于解决当前工业突出问题促进工业平稳较快发展的意见》（甘政发〔2012〕33号）精神，我委强化手段，与省统计局合作，督促主营业务收入在500万～2000万元之间的中小企业通过技术改造等多种措施，争取销售收入达到2000万元以上，以做大经济总量，进入统计口径，并对入规企业考核合格后给予一定奖励，目前这项工作已取得初步成效，截至2013年6月底，全省规模以上工业企业共1746户，与2012年初1371户相比，净增加375户，其中新增企业有434户（包括新建企业和326户规下成长为规上企业）。2013年上半年，这434户新增工业企业累计完成工业增加值45.6亿元，占全省工业总量4.7%，拉动全省工业增长3.9个百分点，对全省工业增长的贡献率达到29.1%。预计2013年能入规企业达到300户，预计可新增工业增加值20亿元，可拉动全省工业增长1.03个百分点。同时我们对2012年建成投产工业项目达产达标情况进行了摸底和督查，预计全年达产达标项目586项，新增产值515.82亿元。

印发了《甘肃省中小企业创业孵化基地评价认定办法（试行）》（甘工信发〔2012〕500号），按照省政府全民创业领导小组要求，制定了《甘肃省全民创业行动创业孵化基地建设专项工作方案》，鼓励创业兴业，今后每年重点培育和扶持15个小微型企业创业基地，新增加1万户微型企业，增加8万个就业岗位。

（三）加快中小企业信用担保体系建设

我委把加快担保机构建设作为转变政府职能、解决中小企业融资难的一项重要工作来抓，加之市场需求旺盛、民间资本充裕和投资意愿浓烈，我省的融资性担保取得了快速的发展，已逐步成长为一个全新的行业。特别是省政府以第77号令公布实施了《甘肃省融资性担保机构审批管理办法》，并相应出台了《甘肃省人民政府关于促进融资担保业发展的意见》，有力地促进了全省融资担保业快速发展。经过规范整顿，以中小企业为主要服务对象的全省融资性担保业走上了规范、有序发展的道路，并得到了较快发展，资本实力明显增强，担保实力和能力显著提高。从监管上看，理顺了监管体制，具体负责制定政策、指导发展、审定资格、监督管理等职责。各市州担保机构监管部门对本行政区域内的担保机构实施属地化管理，具体负责本行政区域担保机构设立、变更、退出申报材料的汇总、转报及日常监管和风险处置等工作。

（四）不断拓宽融资渠道，缓解小企业资金困难

进一步创新中小企业融资方式，积极探索金融服务中小企业的新途径，通过政府推荐筛选项目、银行审核放贷、风险投资机构积极参与，搭建了融资服务平台，促进了银企间的合作共赢。融资服务平台作为联系和纽带，有效促进了政府、银行、企业、担保、投资机构间的合作发展，通过有效发挥政府公信力和财政资金的杠杆作用，发挥了财政资金“四两拨千斤”的作用，实现了多方共赢，特别是在国家银根紧缩的情况下，对缓解中小企业融资难发挥了积极作用。2013年，我们采取从项目库中，把规上和规下以

及中小微企业融资需求贷款项目，分别向建行、中行和甘肃银行等5家金融机构进行了推荐。目前，这些合作银行正在分地区、分批次进行前期贷款调查，力争融资规模年底突破15亿元，较上年增长50%。我委还分5期举办了“陇原之星”中小企业精英训练营，训练营期间，5家银行共与124家中小企业达成融资协议36.36亿元。据反馈签约落实情况，签约企业落实贷款达到了80%，贷款额为20亿。

（五）开展中小企业服务年活动，助力中小企业发展

根据工业和信息化部安排，结合我省实际，2012年，开展了“中小企业服务年活动”，制定了《甘肃省中小企业服务年活动方案》，重点开展政策咨询、投资融资、创业创新、转型升级、管理提升、舆论宣传等6个方面的服务活动；2013年，开展了“扶助小微企业专项行动”，制定了《甘肃省扶助小微企业专项行动实施方案》（甘工信发〔2013〕232号），重点推动创新型、创业型和劳动密集型等“三型”小微企业发展和减轻企业负担工作。四是继续做好重点中小企业运行监测工作。目前我省已有超过500户重点监测中小企业纳入国家监测平台，同时相应建立我省的中小企业经济运行监测体系，实现对我省中小企业的综合情况、专项情况、倾向性问题和主要经济指标数据定期收集、汇总分析，并按季度发布《甘肃省工业中小企业运行监测》。

（六）加大财政资金对小微企业的支持力度

从2012年开始，国家中小企业发展专项资金管理办法规定，专项资金支持小微企业的额度比例不得少于资金总额的80%，我省2013年重新修订了《甘肃省中小企业专项资金管理办法》，也明确规定支持小微企业不得低于80%，扩大了专项资金惠及小微型企业的覆盖面，有力地促进了小微企业成长。

（七）加大承接产业转移力度，积极开展全方位的招商引资活动

为加大承接产业转移力度，省政府出台了《关于加快开发开放积极承接产业转移的实施意见》，同时成立了甘肃省承接产业转移工作领导小组及办公室。确立了以环渤海经济圈、长三角经济圈、珠三角经济区、闽东南地区等5个产业“转出地”为重点的工作方向。发布了《甘肃省承接产业转移指导目录》，规划了兰白核心经济区、关中—天水经济区、河西新能源和新能源装备制造区、陇东能源化工区、金武经济区、民族特色产业集聚区等六大承接产业区域布局，确定了石油化工、有色金属、冶金、机械、电子信息、新材料、食品、医药、建材、轻工、纺织服装、生产性服务业、汽车、航空航天、节能环保等16个优先承接发展的产业，将全省5个国家级和30个省级开发区作为承接产业转移的重要载体。全省储备了679个承接产业转移重点项目，总投资5178亿元，目前，全省承接产业转移工作机制和网络体系已经形成。我们还充分利用中国中小企业博览会、APEC中小企业技展会、兰洽会等，广泛宣传和推介成长性好、发展潜力大、市场竞争力强的产业和项目，吸引各类投资主体来甘肃投资建设。

（甘肃省工业和信息化委员会）

关于宁夏回族自治区企业发展环境的调查分析报告

为了进一步了解我区企业发展环境，深入分析企业发展中存在的主要问题，推动“两优”发展环境建设，按照委领导要求，近期，我们采取召开座谈会，发放调查问卷、实地调研企业和网络查询等形式对企业发展环境中存的主要问题和困难进行了调查。

现将基本情况报告如下。

一、调查内容及企业数量

本次问卷调查内容涵盖企业在发展过程中的政策、生产要素、投资环境、税费负担、融资及权益保护等方面，涉及近100家企业。按行业分，建筑业占10.3%，制造业占36.1%，农林牧渔业占4.1%，批发和零售贸易、餐饮业占6.2%，现代服务业占27.8%，其他（含软件）占16.5%。按企业所有制类型，国有及集体经济（占11.3%），非公有制经济（占88.7%）；按企业规模，大型占8.2%，中型占29.9%，小型占46.4%，微型占15.5%。

此外，还委托有关调查公司专门对100家中小企业进行景气和环境感受抽样调查，涉及农林牧渔业、工业、建筑业、批发零售业、住宿餐饮业、金融业、房地产业、盈利服务业和非营利服务业。

二、企业发展中存在的主要问题分析

（一）政策方面

一是企业对政策的知晓率和熟识度不高。在对我区涉企政策了解情况的调查中，一般了解的占58.7%，比较熟悉的占35.1%，不熟悉的占4.1%，很熟悉的占2.1%。

二是通过政府渠道了解政策的面窄。企业通过协会及个人传播渠道获取的占43.3%，通过政府发布渠道了解的占41.2%，通过新闻媒体报道了解占15.5%。（见下图）

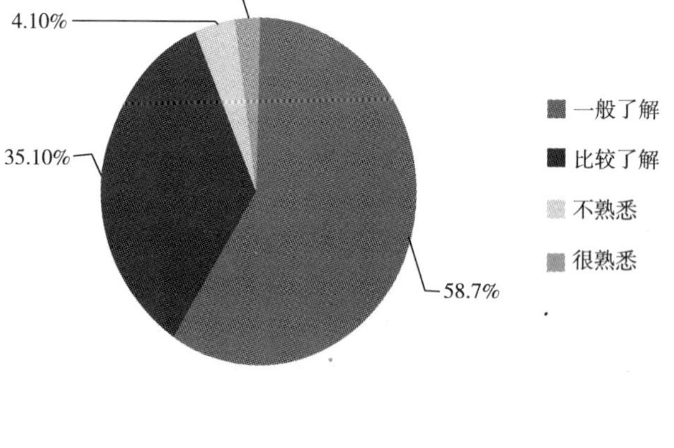

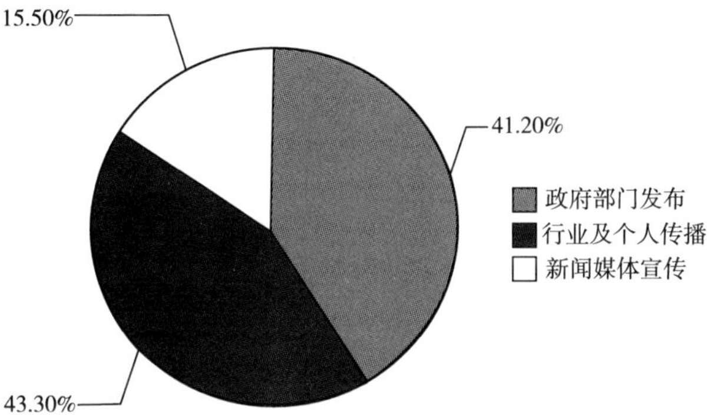

三是37%的企业对政府出台的扶持政策不关注。相当一部分企业不知道政府对企业的扶持政策内容有哪些，政策流程如何申办。

四是企业享受的扶持政策面窄。1%的企业享受过出口退税，不足5%的企业享受过国际市场开拓资金，9%的企业享受过创业辅导培训，9%的企业享受过公共服务项目外包，19%的企业享受过发展专项资金，33%的企业享受过小微型企业税收优惠政策，2%的企业享受过企业研发费加计扣除政策，7%的企业享受过融资资金扶持政策。

（二）生产要素方面

一是企业劳动力短缺占30.7%。重点是技术人才缺乏，普遍短缺20%以上。二是14.8%的企业对土地需求不满足，且土地成本高，土地成本超过前期投入20%的企业比例为50.3%。企业土地来源方式主要是当地统一规划建设园区和自行购买，分别占45.1%和37.3%。三是40%的企业资金要素不能得到满足。四是32.3%的企业技术与人才要素不能满足。

据此，58.1%的企业认为企业在设立时，各类要素成本支出仍然偏高，73.3%的企业认为在全国没有优势，除了土地资源满足率较高之外，其他方面上还有很大的上升空间。

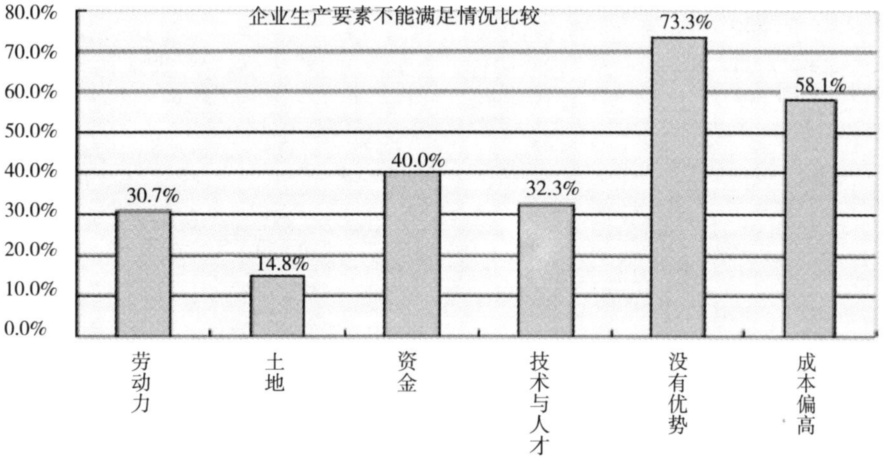

（三）投资环境方面

一是企业成立注册登记时间较长。调查企业中，登记注册成立时间30天以上的占81%以上，其中45天以上的占20%，60天以上的占28.3%，10天至20天的占17.4%，仅有1.6%的企业在7天之内办理完成。另据有关资料，在全国30个城市审批环境综合评价中银川市排名第26位，注册一个新企业，广州为28天，银川为59天。

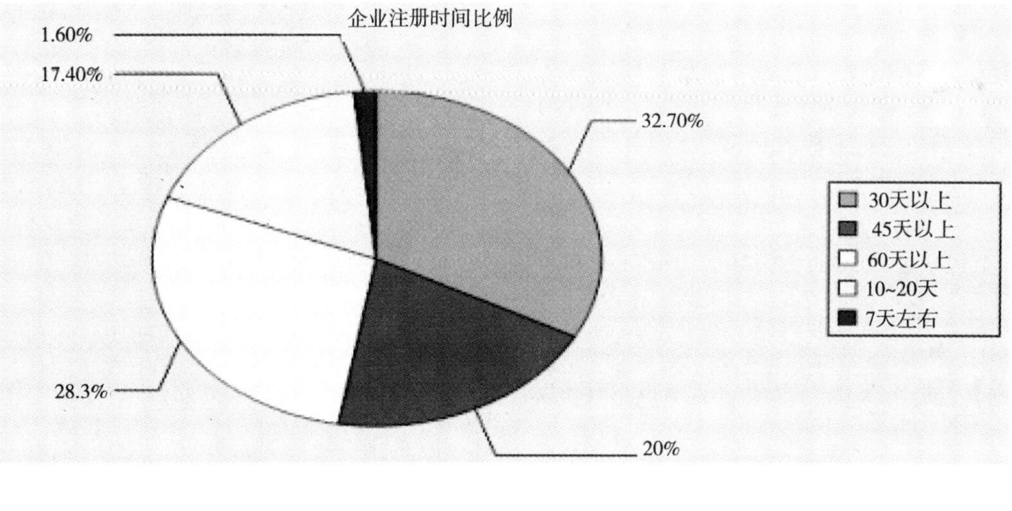

二是前置行政许可及审批过滥过多。企业在投资设立时遇到的前置行政审批项目和审批事项主要集中在：国土、安监、质监、人社、工商、环保、消防、住建、税务等部门。其中住建、质监、人社、安监、环保部门相关事项办理时间均在30天以上，且都需要区市县逐级审批，企业反映所需材料繁琐，有吃拿卡要现象；土地、消防、工商、税务等事项在10天以上，对企业开展生产经营活动的影响较大。

事例：据某新办企业反映，仅办理建筑施工许可证一项就有22个程序和步骤，近一年才能办理完毕，而工程早已经建设完成，造成后续手续积压难办。目前，我区各级政府都设立了政务大厅，实行一个窗口对外，一站式服务，也的确取得了一定的效果，但据相当数量企业反映，各级政府的政务大厅基本上是增加了办事的程序，而未起到应有的精简效果，原来直接到部门办的事，现在先要到政务大厅"挂号"，再交送部门（单位）承办，相当于增加了程序和来往负担，政务大厅成了部门审批的"过往交换站"和"办事挂号站"

三是涉企部门较多。与外省一样，企业日常经营中主要与工商、税务、经信、发改、安监、统计部门打交道。企业打交道的部门中，①行政执法类：工商部门占77%，国税部门占26%，地税部门占29%，环保部门占24%，安监部门占18%。②行政审批类：经信委占25%，发改委占19%，财政局占10%。③综合服务类：统计部门占15%，科技部门占14%，商务局占14%。

（四）企业负担方面

据对中小企业负担情况的调查显示，表示当前企业税费沉重占46%，生产成本高占41%，乱收费现象严占7%，项目审批流程繁琐占9%等。

（1）企业税收基本情况分析。

① 76%的中小企业要缴纳的税在5种以内。据调查，企业在日常经营活动中，只有10%的中小企业免税，而76%的中小企业要缴纳的税在5种以内，13%的中小企业在5~10种之间，1%的中小企业在10%~15%种之间。各企业中，生产制造企业缴纳税种相对多，贸易企业相对少。主要的税收为企业增值税、所得税、营业税、消费税、关税等。

② 39%的企业无税收优惠。企业目前所享受的税收优惠政策主要有：4%的企业享受过出口所得税惠，24%的企业享受过所得税优惠，32%的企业享受过增值税优惠，3%的企业享受过营业税优惠，而没有享受过税收优惠的企业占39%。

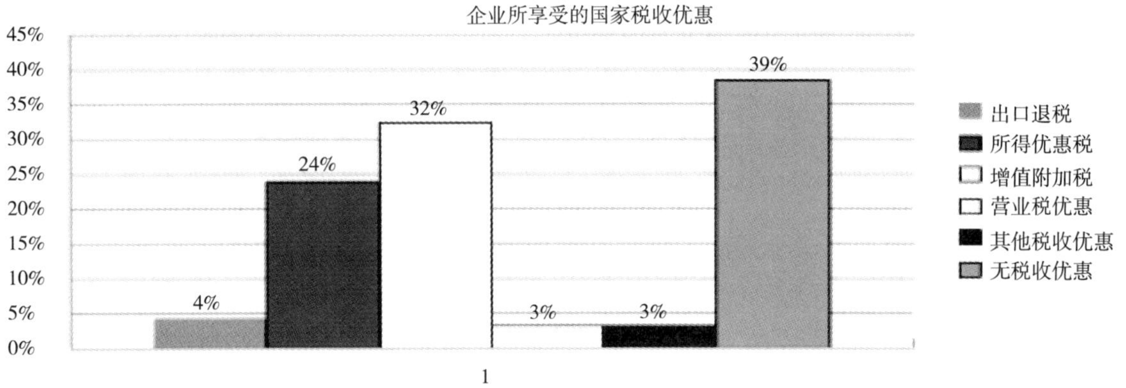

③ 超过一半的企业认为对企业的税收优惠政策力度还够。调查显示，55%的企业认为优惠力度不够，需要进一步加大；45%的企业认为优惠力度尚可，但审批手续太复杂。

（2）企业收费情况分析。据初步统计，目前向企业（尤其是中小企业）征收的行政事业性收费的部门有18个，按收费项目分有69个大类，数百项子项。按收费来源，分为政策性收费（由立法或者政策的制定中形成，在执行过程体现的负担行为）、行政性收费（因履行政府管理职能形成，由企业担负的费用，比如行政事业性收费、政府性集资、罚款等）和社会性负担（如社会团体、中介机构等的不规范服务行为三大类）。

① 70%以上的企业认为过高。对企业当前各类非税费用总体负担调查显示：30%的企业认为很高，不能承受；41%的企业认为较高，勉强可以承受；29%的企业认为一般可以承受。

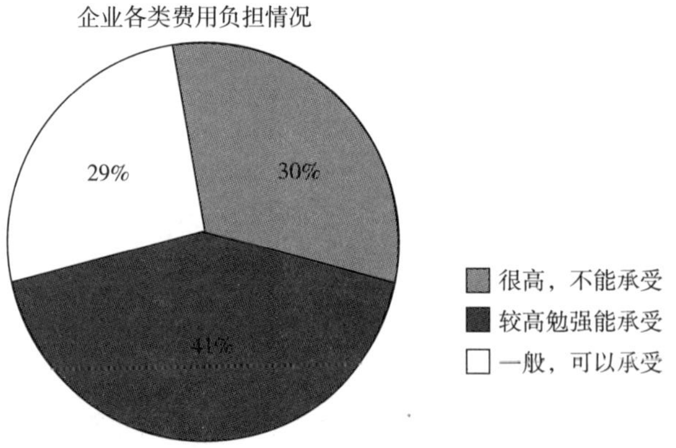

② 政府部门是涉企收费的主体。影响中小企业发展的各项非税收费中，涉及企业的部门有：工商部门占89%，安全生产部门占32%，环保部门占29%，行业协会占17%，质量监督部门占15%，卫生部门占13%，公安部门占5%，城管部门占4%。

对企业影响最大的各类收费

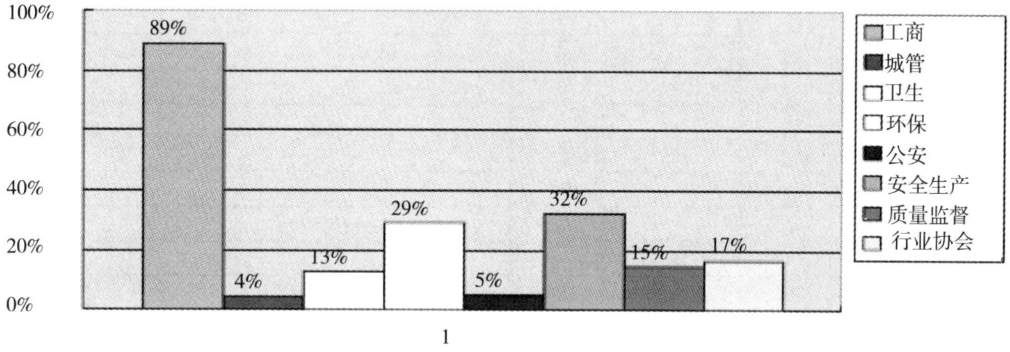

③ 各类不合理的收费现象在中小企业的生存发展中普遍存在。调查显示，企业近三年经历的不合理收费现象有：乱培训占 38.54%，乱排名占 21.88%，乱摊派占 19.79%，强拉赞助占 16.67%。乱罚款占 15.63%，乱评比占 13.54%，强迫订书刊占 7.29%。

企业近三年经历过以下不合理现象所占比重

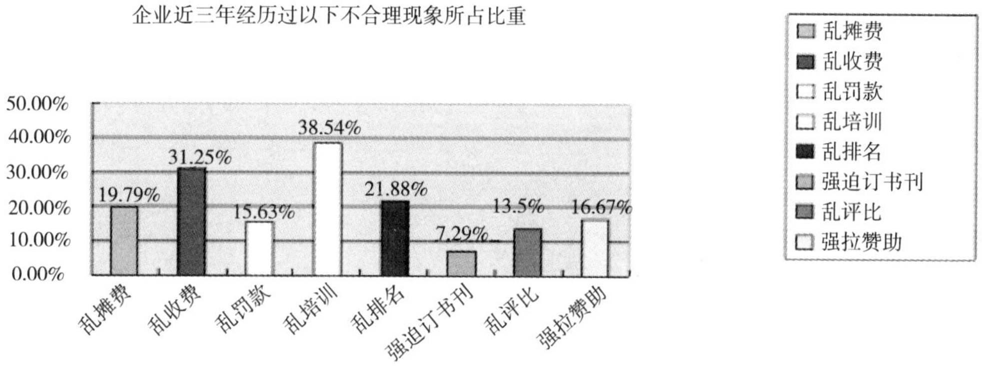

④ 各类评价、评估服务等中介机构收费标准随意性大。据企业反映，做一套安评、环评手续的费用在 2 万 ~10 万元之间，有领导或熟人关系就少交点，没有关系就多交点；有的部门硬性指定中介服务机构，一套评价材料都在 2 万 ~3 万元左右。另外，各种协会数量和收费也是相当惊人，据一家食品企业反映，其公司被近 20 个协会列为会员单位，理事单位年费 5000 元，一般会员 1000 元，一年就需支出 7 ~8 万元。

事例：

A. 以一家年销售收入 9 亿元的企业为例，2012 年缴纳各种税款及收费（增值税、营业税、所得税、城市维护建设税、教育附加、印花税、房产税、车船税、土地使用税、残疾人就业基金、工会会费、检验检测、绿化费、消防费、认证费、咨询费、人员培训费、环境评价费、安全评价费、各种协会收费 20 项）合计 2706 万元，占销售收入的 3%。

B. 以一家 2012 年销售收入 4600 万元的企业为例，2012 年缴纳各种税款及收费（增值税、营业税、所得税、城市维护建设税、教育附加、印花税、年检会费、工会会费、绿化费、认证费、咨询费、人员中介培训费、协会会费、咨询服务费、登记费 15 项），合计 353.2 万元，占销售收入的 7.7%。

C. 以一家年收入 1451 万元企业为例，2012 年缴纳各种税款及收费（增值税、营业税、所得税、城市维护建设税、教育附加、印花税、车船税、年检会费、地方教育附加费、残疾人就业基金、工会会费、水利费、人员中介培训费、协会会费、许可审查费 15 项）合计 64.21 万元，占销售收入的 4.4%。

D. 年收入 160 万元的微型企业为例，2012 年支出（增值税、营业税、所得税、城市维护建设税、教育附加、印花税、房产税、车船税、年检会费、地方教育费、工会会费、水利费、认证费、咨询费 14 项）合计 23.25 万元，占销售收入的 14.5%。

（五）融资环境及成本方面

据相关融资调研报告显示，我国目前小微企业受资金不足或资金紧张影响比例为 53.94%，其中环渤海地区为 42.69%，长三角为 33.78%，而我区为 51%，反映出我区金融、融资环境对企业影响更大。

（1）企业融资困难但需求旺盛。企业在获得本地贷款时，企业认为审批手续复杂、程序繁琐、时间长的占 63.9%；80.2% 的企业认为存在资金短缺问题。调查显示，企业目前资金需求额在 1000 万元以上占 46.8%，500 万元以上的占 36.2%，100 万元以上的占 12.7%，100 万元以下的占 4.2%，资金需求比较旺盛。

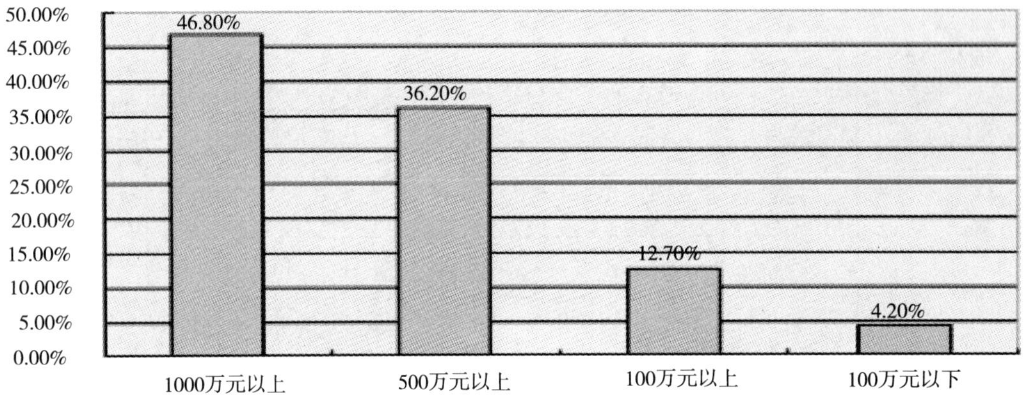

（2）企业主要的融资渠道仍为银行贷款。企业出现贷款需求时，民间借贷占25.97%，银行贷款占68.83%，引进合作资金占2.60%，资本市场融资占1.30%，其他占1.30%，银行贷款仍是解决我区企业资金短缺的主要途径。

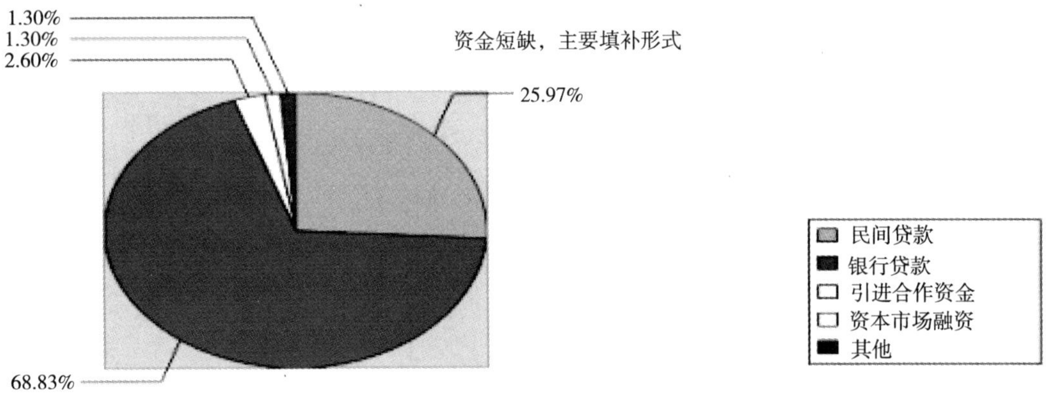

（3）企业所需资金主要用途为流动资金。调查显示，企业获得资金后，主要用于流动资金的占71.88%，用于固定资产投资的占17.71%，技改项目占3.13%，投资其他新项目占5.21%，银行还贷占1.04%，其他占1.04%，资金缺口主要体现在流动资金上。

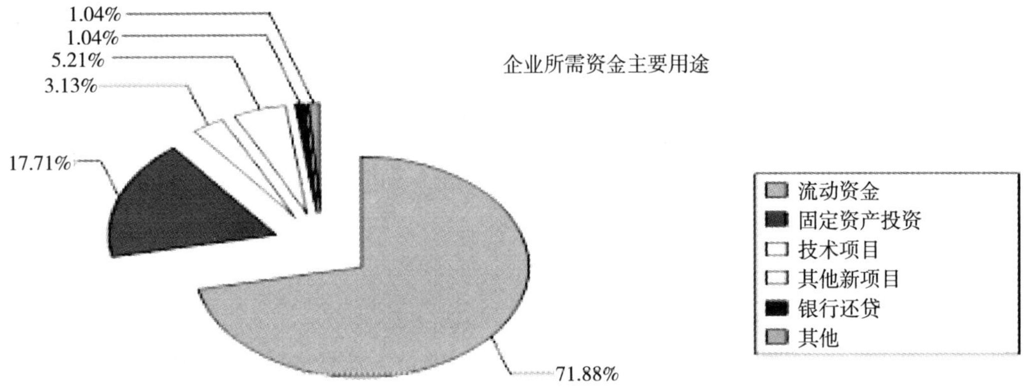

（4）银行贷款难的主要原因分析。调查显示，23%的企业认为银行对企业财务状况和经营状况要求太过苛刻；32%的企业认为担保条件过于苛刻；35%的企业认为银行对企业信用等级要求太高；28%的企业认为缺乏专门针对小企业特点的信贷产品；14%的企业认为银行贷款业务流程设置不合理；只有1%的企业认为自身存在一些问题，还有9%的企业认为是其他原因。说明在银行贷款的过程中银行门槛过高过严，是贷款难的主要原因之一。（见下图）

企业认为银行贷款难的主要原因

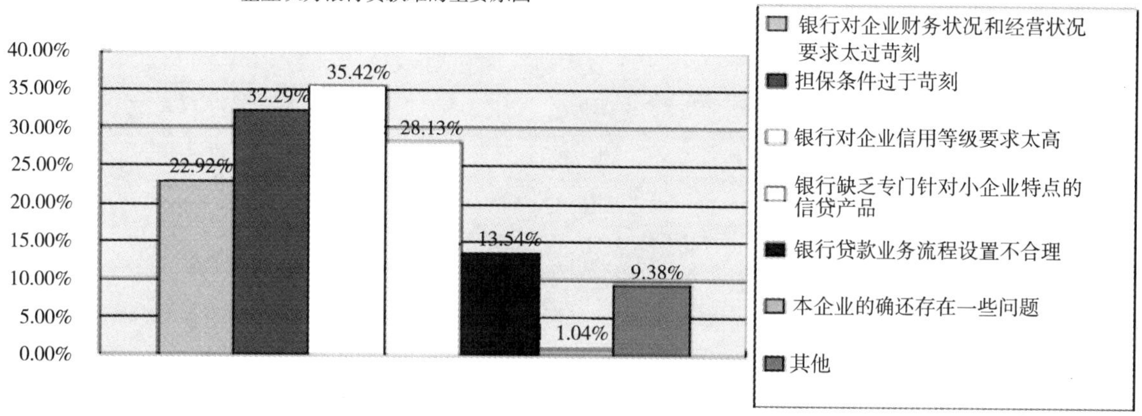

（5）原材料价格的上涨和人员工资的增加直接影响着企业的经营成本。企业在生产中遇到的成本上升主要表现在：76.04%的认为人员成本增加，67.71%的认为原材料价格上涨，38.54%的认为土地，厂房租金上涨，21.88%的认为能源价格上涨，12.50%的认为环保成本增加，1.04%的认为其他关联成本增加。

企业生产中遇到的成本上升主要表现比重

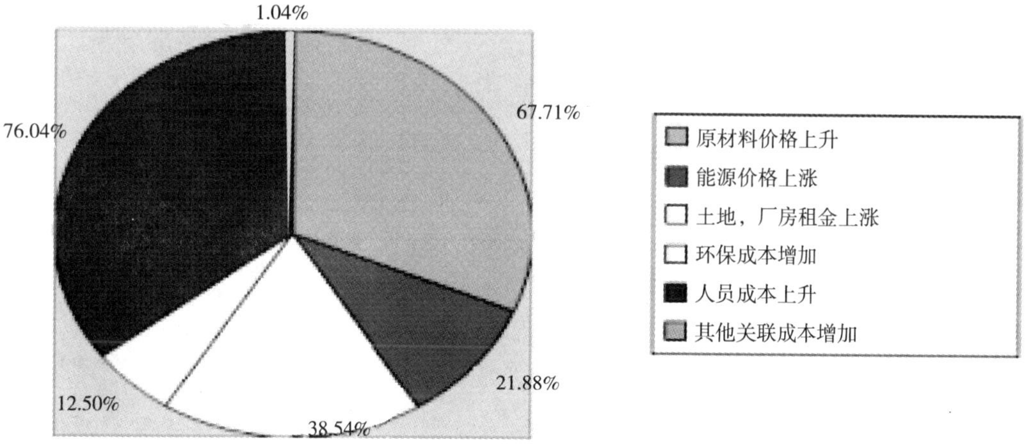

（六）权益保护方面

（1）诉求内容反映企业发展困难较大。目前，我区企业主要权益诉求内容主要是：企业内部困难的占35.7%；合法利益受损害、存在行业不正当竞争的占27.5%；税费负担重的占25%；有关部门过失、失职的占7.1%；企业遇到乱收费、乱罚款、乱摊派的占4.7%。

（2）企业诉求渠道主要通过政府反映。诉求渠道主要是：向政府部门反映的42.8%，向商协会反映32.2%，向司法机关检举14.3%，向新闻媒体反映的10.7%。

（3）企业对诉求效果八成以上不满意。对投诉和反映效果：满意的14.8%，不满意的占85.2%。综合可以看出，我区整体市场发展水平和层次对企业有较大影响，因受外部经济环境不景气影响，企业内部困难和问题也较多，而政府部门对企业反映情况的处置能力还需继续大幅度提高。

企业诉求主要内容

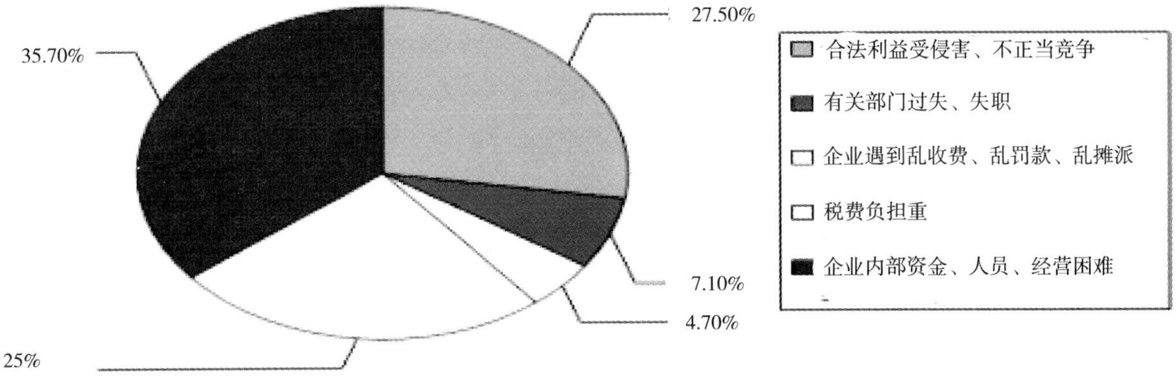

三、宁夏与东西部企业发展环境对比

（一）国民生产总值（GDP）方面的对比

（1）2004年~2011年，东部国内生产总值占全国比重由55.39%提高为56.8%，增长了1.41个百分点；西部国内生产总值占全国比重由17.1%提高为20.9%，增长了2.6百分点；宁夏占全国比重为0.4%。

（2）到2011年，东西部人均GDP分别增长到57549.48元、28443.27元，西部为东部的49.42%，宁夏人均GDP增长到33043元，是东部的57.4%。

（二）投资环境方面的对比

（1）基础设施建设的差距。由于西部地区地形复杂、地势起伏较大，修建公路、铁路、机场等成本高，加之西部各省（市、区）自身财力有限，很难拿出足够的资金进行水、电、气、路、通信等基础设施建设，多数地区要靠中央资金支持，因此，西部地区的水、路、通信等基础设施和生态环境与东部地区相差较远。宁夏依托承东启西、纵贯南北的区位优势，形成了公路、铁路、航空通边达海的立体化综合交通运输体系，其中人均高速公路历程居全国第一。但是由于不延边不靠海，物流成本过高确是不争的事实。

（2）市场化程度方面的差距。在以政府与市场的关系、非国有经济的发展、产品市场的发育、要素市场的发育、市场中介组织发育和法律制度环境五个方面为评价内容的“中国市场化指数评价”中，宁夏综合指数为6.1分，在西部12省区（市）中仅超过甘肃、西藏、青海、新疆，同东部差距在20分以上。西部地区市场发育程度较东部差，律师事务所、会计师事务所、投资咨询机构等市场中介服务体系的数量和质量明显不如东部地区，这极大地制约了西部地区及宁夏的招商引资工作。

（3）市场经济观念上的差距。西部开发相对较晚，长期以来从干部到群众的开放意识、思想观念明显落后于东部。我区全民创业的氛围还不够浓厚，每千人小微企业数量仅为38个，仅占东部（148）的25.6%。

（4）能源及矿藏较东部占较大优势。西部地区地域辽阔，人口密度小，铬、钒、钛等矿产资源比较丰富，储量均大于东部和中部地区，煤、石油、天然气也拥有一定的储量。目前，西部铅、锌、铝土矿、金、煤、磷、硫铁矿保有储量增长速度超过东部或中部的两倍以上。宁夏是国家新一轮向西开发的内陆经济特区，能源优势明显，煤炭探明储量310亿吨，居全国第六位，也是全国太阳能、风能等新能源产业发展最快的地区。

（三）固定资产方面的投资

在全社会固定资产投资中，东部占全国的56%，西部占全国的19%，其中宁夏0.53%。国有经济单位投资，东部占48%，西部仅占22%。港澳台及外商投资，东部更是占绝对优势，占了84%，而西部仅为6%。民间投资东部竟占到60%，而西部仅为18%。

（四）企业负担方面

在税收方面，改革开放时期，为了大量的引进外资，国家在税收政策方面给东部很多减免政策，西部地区基本没有什么优势跟东部相比。在收费方面，东部地区各种职能机构健全，制度规范，乱收费现象基本杜绝；西部地区各种服务职能机构、制度不健全，存在相当严重的乱收费现象。据相关调查显示，重庆市是中西部地区中小微企业发展环境最为优化的地区。见下表：

地区	享受政策优惠比例	税费负担减少感受比例
中西部平均	29.21%	30.27%
重庆市	37.60%	40.57%
陕西省	28.99%	32.80%
长三角	32.13%	33%
宁　夏	31.37%	10%

四、建议

近些年来，我区凭借先天资源禀赋和能源优势吸引和发展了一批现代化工业及相关产业，然而随着产业结构的调整和产业层次的转型，能源优势必将逐渐弱化，发展软环境会成为促进企业发展重要力量。同东部发达地区相比，我区在企业发展的软环境方面还有相当大的差距，各种政策、服务、技术、市场等环境因素都还需要进一步改进、完善和提高。综合以上分析，努力营造在西部最优、比东部更优的企业投资发展环境，打造真正的内陆开放型经济特区，显得势在必行、迫在眉睫。其重点是在提高政策普惠企业覆盖面、进一步减轻企业税费负担、千方百计创造条件满足企业各种生产要素、积极改善企业融资环境和成本、真心实意做好企业权益保护工作上下真功夫、出实招。

（一）努力打造政策洼地

以贯彻落实《加快发展非公有制经济的若干意见》为，全面整合梳理各项涉企政策，强化政策落实力度，加大优惠政策的普惠面，使政策真正汇聚到企业，在现有的基础上，力争使80%以上的企业都能够享受到优惠政策带来的实惠。

（二）完善生产要素市场

根据我区实际情况，通过提高劳动力素质、建设企业地产项目、设立企业发展专项资金、鼓励和引进技术要素和人才，真正实现区位优势、交通优势、能源优势向经济优势的聚集转化，打造西部生产要素优化配置的核心区。

（三）创新金融服务体系

利用“两区”建设时机，破除固步自封的旧有观念，树立金融革新引导市场发展的理念，引进一批区外企业担保、投融资现代服务机构，加快政府担保、股权融资、集合融资发展的步伐，形成全方位、多层次、多业态金融市场相互竞争、相互促进、蓬勃发展的良好局面。

（四）切实减轻企业负担

清理、整顿和规范现有行政许可和行政审批项目，下大力气取消一批干预微观经济和企业具体生产经营的许可和审批，行政利用国家简政放权时机，进一步精简办事程序、提高办事效率，缩短企业注册成立时间；同时，下决心取消一切不合理的行政事业性收费和中介服务收费，规范涉企收费标准，彻底为企业松绑。

（五）建立企业诉求表达机制

完善企业诉求表达机制，充分尊重企业联合会、商业协会、行业协会协调联系、反馈沟通的作用；建立企业诉求畅通机制，设立企业投诉反映热线，各地、各部门对企业反映的情况要实行限时办结制和首问责任制，切实解决反映问题。

（宁夏回族自治区经信委中小企业处、综合处）

推动中小企业创业发展，拓展城乡居民收入渠道

近年来，由于国际国内种种原因，物价呈现不断走高的趋势，“什么都涨，唯独工资不见涨”，这是广大居民普遍的感觉。为解决这个问题，2013年政协提出《关于着力解决重点民生问题，率先全面建成小康社会》的一号提案，对拓宽城乡居民收入渠道，提出了针对性、前瞻性和操作性很强的建议，这对保障民生，推动大连全域城市化发展有着深远的意义。

近几年，为推进城乡居民经营性收入增长，我们按照“大企业富市，小企业富民”的工作思路，举全市之力推动中小微企业创业发展，并把此项工作做为“富民强市”的重要战略，大力实施中小微企业成长工程，不断改善中小微企业发展环境，全市上下形成了鼓励全民创业、支持企业创新的良好氛围。截至目前，大连市中小微企业总数突破12.5万户，其创造的增加值占全市GDP总量的65%以上，吸纳就业人数占全市就业总数的85%。2012年大连市中小微企业实现增加值4972亿元，同比增长22%；营业收入15363亿元，同比增长20%；上交税金484亿元，同比增长20%；固定资产投资3794亿元，同比增长21.9%；劳动就业者总收入669.4亿元，同比增长10%。

中小微企业现已成为支撑我市经济建设的重要推动力量，已成为科技创新和县域经济发展的主力军、安置就业的主渠道、城乡居民收入的主要来源。主要做法是：

一是营造宽松的创业环境。为营造宽松创业发展环境，市政府出台了改善创业发展环境的25条意见，提出全面改善中小企业法制、政务、政策、服务、市场和舆论等六大环境。5年来，清理企业收费项目277个，清理罚款项目1355个，表彰项目压减至41个，全市仅保留行政事业性收费60项。为切实维护企业合法权益，组建了市中小企业投诉中心，开通“96366”中小企业维权法律服务平台，为中小企业免费提供法律咨询和援助达5万多人（次），并在电视、报纸和主流网站，建立相关专题栏目，宣传创业典型和成功经验，在全市上下营造创业发展良好环境。

二是加大政策支持力度。5年来，相继出台实施民营中小企业成长工程指导意见、鼓励民营经济和中小企业发展的税收优惠政策等30余项政策，累计发放中小企业专项资金5亿多元，新设立5000万元小微企业发展基金。小微企业发展基金，是由市政府设立并按照市场化方式运作的政策性基金，主要面向我市符合国家产业政策并具有良好发展前景的小微企业，重点支持智能制造装备、海洋工程、新材料、生物医药、节能环保、半导体和集成电路等战略性新兴产业领域。通过放宽市场准入限制、拓宽融资渠道、优化创业环境、完善税费优惠政策等举措，建立起推进全民创业的政策支撑体系。

三是加强金融服务支持。为切实缓解创业过程中融资难、融资贵问题，举办多种形式银企对接活动，开通中小企业融资网站，设立一站式中小企业融资服务中心，为2200家中小企业提供信用评级服务。政府出资设立3亿元规模的信贷风险补偿专项资金，协作银行按1:10比例配比放大，形成30亿元的专项贷款，不需要抵押和担保，对中小微企业创业给予信贷资金支持。

四是加强创业平台体系建设。制定出台《大连市小企业创业基地和中小企业公共服务平台认定办法》和资金扶持办法。通过政策扶持，采取政府引导和民办公助、公共服务和市场服务相结合的方式，建立市级以上小企业创业基地21个，入驻的创业小企业1031户，安置就业2.1万人，实缴税金2.9亿元。我市还创建了节能、服装、生物医药、食品、轴承、模具等19个中小企业公共技术服务平台，其中国家级中小企业公共示范平台四个，省级中小企业公共技术服务平台12个。每年市政府对于中小企业公共服务平台的资金补助达1000万元以上。特别是对重点公共服务平台建设加大资金投入力度，2012年市政府投资5000万，建设了建筑面积在3600平方米的模具技术服务中心。市政府出资免费为14个区市县、36个行业协会和工业园区提供网站硬件设施，免费为2000户中小企业建立网站。

五是加大创业培训服务。开展创业导师活动，为中小微企业聘请创业导师100人，建立针对中小微企业服务的管理咨询专家库，鼓励和引导管理咨询机构开展对中小微企业的管理咨询服务，提升企业的管理水平。充分发挥各级中小企业服务中心作用，5年来，通过市中小企业服务中心举办各种培训班2245个班次，免费培训各类人员22万人次，涉及企业管理、技工技能培训和创业讲座等内容60多项。在9个区市县建立中小企业培训基地。先后与清华大学、浙江大学等名校共同举办高峰论坛，开办远程教育，为企业高层管理人员提供良好的学习交流平台。

当前，中小微企业创业中存在的问题：

一是融资难、融资贵是当前创业者和中小微企业所面临的最大难题。2013年上半年，金融机构贷款基本利率为6.89%，平均上浮14.8%，对小微企业上浮有的达30%以上。中小企业上浮利率贷款占64%，小微企业上浮利率贷款占84%，显然融资成本居高不下，严重影响小微企业创业发展。

二是我们发现制约和影响全民创业的首要问题仍然是思想保守，观念落后，缺乏现代市场经济的开放意识、机遇意识、竞争意识和风险意识。在创业过程中瞻前顾后，缺乏永不言败的豪情和屡败屡战的韧性，担心丢面子，没有南方人“见利就争”的创业心态。

三是创业服务还需进一步改善。全民创业需要政府各职能部门营造宽松的环境，提供各种优质高效的服务。我们发现创业的环境、提供的服务与全民创业的要求和创业者的希望还有较大的差距。仍然存在服务质量、办事效益不高的问题，扶持全民创业的政策措施还没有全部真正落到实处。

对下一步工作，提三点建议：

一是进一步加大政策扶持，鼓励和支持全民创业。据调查，广东有千万资产者人数15.7万人，上海有14万人，浙江有13.3万人，江苏有7.3万人。广东省的GDP是我省的3倍，而中小企业户数也正好是我省3倍。因此，支持创业，扶持中小微企业是增强经济发展内生动力的重要来源。按照“创业富民”的工作思路，实施更加积极的创业政策，千方百计扩大创业群体，为创业者提供良好的政策环境。进一步落实促进创业的地方性法规和配套政策，统筹各种财力物力，进一步加大财政资金扶持力度，争取和吸引更多金融资金和民间资本用于支持创业发展，开辟更多的创业渠道，让劳动者实现创业有门路、有政策、有资金。积极引导和促进劳动密集型中小微企业加快发展，鼓励企业兴办高水平的科技研究机构，创造更多智力密集型就业机会。要重点关注高校毕业生、农民工创业，在全市积极营造“百姓创家业、能人创企业、企业创大业”的全民创业氛围。

二是加大公共服务力度，推动创业服务体系建设。进一步加强职业技能培训和公共创业服务体系建设，创新培训方式，整合培训资源，发挥高校院所和行业协会等创业服务组织和中介机构的作用，打造一批创业实训基地，增强创业培训的针对性、有效性，推进特色职业培训，提高创业者创业能力。要加快建立统一规范的人力资源市场，组织开展更有效的创业服务专项活动，加强公共创业服务体系建设特别是基层服务机构建设，建立创业信息公共服务平台，提高创业组织、指导、服务的质量和效率。

三是引进外部投资创业者，打造一批创业产业园区。继续落实和完善工商登记、税费减免、市场准入、土地使用等方面的优惠政策，为投资创业者提供一个良好、诚信、和谐的环境，以优质服务来增强吸引力。对引进项目进行跟踪服务，帮助解决项目开工建设过程中存在的具体问题和困难，确保创业项目早竣工、早投产。进一步加快推进各类创业园及创业孵化基地建设，引导和支持中小微企业向产业园区集聚，加快形成拉动作用大的产业集群。

（大连市中小企业局）

厦门与台湾中小企业产业对接机制研究

摘要：台湾产业经过数年的发展，在研发、运营、人才、信息和融资等方面形成了自身的比较优势，产业链条完整并形成若干知名品牌，但由于本土市场空间小，发展受限，台企正加速向大陆转移。为此，探索厦门与台湾中小企业产业对接机制及对策，吸引更多的台湾企业落户厦门，对于促进厦门市产业结构转型升级，实现新一轮跨越式发展具有重要的现实意义。本调研课题对厦门与台湾中小企业产业发展现状进行了分析，研究了两地中小企业产业对接情况，指出ECFA的签署与《综合配套改革方案》的实施为厦台两地中小企业产业发展带来新契机，两地产业深化合作交流在于建立一套有效的对接机制，包括合作创新机制、人才培养机制、利益协调机制、金融合作机制、管理服务机制等，最后提出相应的对策和建议。

一、厦门与台湾中小企业产业发展现状

（一）厦门中小企业产业发展现状

1. 现状

根据工商、统计部门公开数据显示，截至2012年底，厦门中小微型企业总数约10.1万户，占全市企业数的99.5%，其中：小微企业约7.3万户，占总企业数的72%。据不完全统计，中小微型企业创造的增加值占全市GDP的60%，提供就业岗位占全市就业总数的80%，全市65%的技术创新成果、50%的税收和40%的出口也是由中小微型企业完成。

厦门市中小微型企业发展总体呈现如下特点：

（1）企业数量快速增长，但总体规模偏小。近年来，厦门中小微型企业数呈现出逐年增长、不断加快的态势。厦门现有的中小微型企业中，2009～2012年注册的企业有4.95万户，占企业总数的48.81%。从注册资本金的规模上看，500万元成为绝大多数中小企业规模体量的上限，而100万元则占据了中小企业注册规模的半壁江山，其中，注册资本在500万元以下的企业约占82.49%（其中100万元以下的约占52.67%，100～500万元的占29.82%），500～1000万的占7.67%，1000万以上的占9.84%。随着政府支持创业、扶持小微企业政策措施的逐步落实，今后厦门小微企业的数量占比将越来越大。

（2）行业布局紧跟政策导向，投资领域快速拓展。厦门中小企业不仅广泛活跃在电子、机械等厦门支柱性产业领域，而且在提供商务配套、生产性服务业、社区管理、旅游服务等厦门重点支持发展的战略性新兴产业领域也逐步占据了越来越重要的地位。批发和零售业、制造业、租赁和商务服务业是厦门中小企业的主体，约占73.51%，其中，批发和零售业约占40.13%，制造业约占18.82%，租赁和商务服务业约占14.56%；另外，建筑业、科学研究及技术服务和地质勘查业、信息传输及计算机服务和软件业、居民服务和其他服务业、房地产业、交通运输及仓储和邮政业等行业所占比例均在3%～5%。

（3）企业经营优势明显，转型升级步伐加快。与民营经济发展互为主体的中小微型企业，由于民间资本投资体制与中小企业灵活经营机制的先天优势，在资本逐利以及快速决策的有效驱动下，企业经营灵活，在适应产业导向和市场变化方面优势明显。近年来，新成立的中小企业大部分以各类型园区为空间载体集聚发展起来，更是电子信息、光电技术、新材料应用、生物医药等新技术成果转化以及大企业配套项目在厦门落地的组织载体。在金融危机的影响下，导致国内外经济形势复杂多变的情况下，中小企业主动发挥自身优势，积极适应市场变化，努力转化生存危机为转型机遇，通过调整产品结构，推进产业结构调整和优化升级，逐步形成了一批拥有自主知识产权、知名品牌和市场竞争力较强的优势企业，有效地提升了厦门产业竞争力。

2. 困难和问题

随着金融危机和欧债危机持续蔓延，全球经济复苏步伐缓慢，市场需求持续低迷，国内经济增长回落，经济下行风险压力加大，厦门中小微企业经营压力增加，一些深层次、结构性问题已显现。

（1）外部发展环境依旧艰难。

①税负重、优惠政策门槛高。中小微企业负担重。厦门中小微企业要缴纳、承受种类繁多的税费或“隐性”负担。此外，政府制定的优惠政策门槛过高，从而导致很多企业没有真正享受到政策扶持。同时，小微企业经营者往往忙于生产经营，不关心政策、不研究政策、不了解政策，也难以充分享受政策优惠。

②财税支持力度相对不足。国家工信部中小企业司每年安排100多亿元的专项资金，支持中小企业的固定资产投资、技术创新、市场开拓以及地方中小企业服务体系建设，但下达到厦门的资金规模仅有2000万元左右。厦门从2003年设立厦门市中小企业发展专项资金，在中小企业贷款贴息、担保风险补助、社会化服务体系建设等多方面发挥了重要作用，2013年资金规模已上升到5600万元，但相对于深圳、武汉等城市仍有一段差距，支持力度有待进一步增强。

③扶持政策落实执行亟待改进。虽然政府出台了扶持中小企业发展的各项政策，但具体执行中难免打了折扣。社会对于民营企业的认同度远远低于国企或外企，政府管理经济的各种政策措施和方法受传统计划经济的影响，或从有利于政府管理的角度出发，使得政府政策和措施客观上不利于中小企业的发展。这种体制背景下，使得中小企业备受歧视，只能在夹缝中生长，他们所得到的政策和各种服务层次无法满足发展的需要。中小企业发展遇到的具体困难存在较大的差异，需要政府的帮助也不尽相同，需要政府能够提供差异化的服务。

④社会化服务体系不健全。虽然厦门目前已经建立了比较完善的中小企业公共服务体系，但是中小微企业的发展还需要广大的社会化中介组织从教育培训、管理咨询、市场营销、技术开发和法律支援等方面提供专业化、个性化的服务。而事实上，社会上大量的中介机构服务能够真正提供企业高质量的专业服务的并不多，而且，大多数中介机构规模较小，服务层次低，无法真正满足中小企业的发展服务需求。

（2）企业自身经营管理问题。

①资金不足，融资难，融资贵。2010年以来，资金不足成为制约中小微企业发展壮大的重要因素。据调查显示，银行信贷基本覆盖了全部大型企业和80%的中型企业，而80%规模以下的小企业则无缘银行信贷。同时融资成本偏高增加了小微企业的负担，目前

中小企业融资成本一般包括：一是贷款利息，浮动幅度一般在基准利率的20%以上；二是抵押物登记评估费用，一般占融资成本的20%；三是担保费用，一般年费率在3%；四是其他一些小额手续费。

②成本上升、赢利空间缩小。劳动力成本、生产运营成本上升明显，人民币升值进一步压缩了企业盈利空间。很多小微企业由于产品缺乏竞争力，无法把增加的成本向产品终端传递转移，同时也难以通过管理创新降低成本，致使生产处于微利甚至亏损状态。

③人才短缺。厦门中小企业存在较大的人力资源缺口，将近70%的民营企业缺乏高级技术人员和高级管理人员。究其原因，在于民营企业的落后的用人机制，在高级管理人员的聘用上，厦门企业的家族化倾向十分明显，68.18%的企业高级管理人员由投资者兼任，另外有9.09%的企业高级管理人员由董事会推荐家族人员担任，而从市场上招聘的高级管理人员不到30%。这种封闭式的家族型组织结构，形成了家庭成员对最高权力的垄断，限制了高素质人才的发展空间，并因此导致中小企业高级管理人才的流失。另外，企业为留住人才的激励机制也甚为落后，并且系统性的培训仅占微小比例，人力资本的积累水平远不如外资企业和国有企业。

④技术创新能力弱。中小企业多属于劳动密集型，技术含量低，缺乏核心竞争力、核心科技技术，由于设备、技术、生产工艺较大型企业落后，高能耗，低产值的现象较严重，企业急需加大研发力度，提高生产效率。然而在研发、技改时，需要大量的资金、人才做支撑，小微企业往往缺少这方面的支持。目前，厦门的出口产品一般处于产业价值链的低端，缺乏自主品牌和核心竞争力，贴牌生产是大部分出口企业普遍采用的方式，企业在生产运营过程中扮演加工者的角色，准入门槛低，技术含量低，产品附加值低，获利空间很小，进而影响了企业在科技研发上的投入。

（二）台湾中小企业产业发展现状

1. 现状

台湾经济以中小企业为主，中小企业的比重占97%，并创造了79%的就业机会，出口值高达49%，创汇能力和贡献在大企业之上。台湾中小企业存在和优势就在于群聚。产业间、企业间因生产因素的汇集，对内可有效降低要素交易的成本，对外形成竞争优势。根据世界经济论坛所发布的2013年全球竞争力排名，台湾地区为全球第13名。但在12项指标当中的"聚落发展程度排名"，台湾地区则独占鳌头为全球第一，其他诸如产业精致度排名、创新程度排名则分占第13、14名。这也是台湾企业的规模，就国际的标准来看，不一定够大，但却能在某些领域上作专、作精的秘诀。这种规模相对受到较多限制的框架，一方面成就"宁为鸡首"的社会价值；另一方面则需要企业间的紧密合作，甚至在空间分布上也要尽量缩短距离，这是台湾的最强项。

台湾地区有许多我们不知道的"钻石级"小强产业。这当中应用在计算机屏幕的保护玻璃、苹果触控屏幕平板玻璃，其出口成长率竟高达2083%。此外，数字静相摄影机及数字相机，其成长率达843%；数值控制卧式车床，其成长率亦达598%。这些高成长产业，多数位于台中大里至西屯一带的工具机聚落内，是属于最耀眼的"钻石级"，这些也是台湾产业聚落的典范。

当然对于需要创新、精致的部分，在概念上并不必然有显著的规模经济效应，因此大型企业和中小企业各有擅长。所以，如果能够以他们作为标杆，把更多的创新和精致元素导入，这应该是台湾地区产业竞争力提升的路径图。

2. 困难和问题

台湾中小企业由于企业规模不大，市场竞争激烈，在发展过程中遇到的困难比大企业来得多。特别是近年来，随着台湾产业结构调整的步伐加快，中小企业也面临着新的发展瓶颈。

（1）中小企业融资困难。台湾的大型企业由于经营规模大，资力雄厚，有足够的抵押品，财务报表健全，很容易向银行贷到巨额借款，同时利率也低，有时还受到政府的保护，甚至连抵押也不需要。另外大企业还可以通过发行债券、股票等方式筹集资金。而中小企业则不同，严重依赖外部资金的注入。台湾中小企业以金融机构为主的外借资金占全部资金的比重由1992年的59.16%上升到2011年的69.15%。中小企业资金的取得主要是金融机构的借款和商业授信，如银行、信托公司、信用合作社、农渔信用社等，但以银行为主。中小企业由于本身条件有限，如会计制度不健全，借款用途不明，抵押不足，无可行的还款方案等，使银行对其贷款采取非常谨慎的态度。虽然银行对中小企业的贷款总额呈上升趋势，但就贷款比重而言，却是呈逐年下降的态势。从1992年的39.36%下降到2011年的20.80%。虽然当局成立了一些中小企业银行以协助中小企业发展，但由于种种原因，最后效果也不明显。这些都造成了中小企业融资环境的日益恶化，促使它们只能转而寻求其他的融资方式，如向亲友借款、向地下金融组织借款或用标会的方式筹款。用这些方式借来的款项不但利率高，风险也大，从而增加了中小企业的融资成本。

（2）劳动力不足。台湾在进入工业化阶段后，工资水平上涨很快，特别是近十几年来，第三产业蓬勃兴起，台湾经济结构与发达国家已相当接近。一般民众转向从事较轻松、高报酬的工作，对较艰苦的工作，特别是制造业意愿不高，加上劳资纠纷日渐增多，使企业用人日益紧张。同时中小企业的人事成本占企业的营收比例却不断提高，据统计，2010年工业部门的人事成本占收入比达3至4成，而服务业等部门的人事成本则高达5成。由于上述原因，台湾的中小企业近年转而使用临时性工时劳工以及外来劳工的数量正在增加。

（3）外界冲击。由于现代科技的高度发展，信息化时代的来临，经济全球化的趋势日趋明显，使台湾的产业受到一定冲击。台湾中小企业要如何应对这种变化，应如何在国际产业产销分工体系中，调整其所扮演的分工角色，是台湾中小企业必须面对的一大难题。

此外，祖国大陆经济的迅猛发展，以其低廉的人工成本，充沛的人力以及迅速提高的技术水平，对台湾中小企业形成了冲击。而韩国、新加坡等传统竞争对手也在加快产业改造。所有这些都使台湾中小企业受到了很大的压力。

（三）台湾中小企业在厦发展的现状

厦门与台湾一衣带水，血脉相连。厦门经济特区因台而设，海峡西岸经济区因台而成。厦门也是大陆台资企业较集中的城市之一。近年来，台资企业在厦门的投资领域越来越广，规模越来越大，经济效益也越来越好，投资行为趋向长期化。

20世纪80年代初，台湾岛内劳动力成本上升，一批产业需要外移。此时，改革开放的厦门特区，向它们张开了热情的双臂。1984年，第一家台商独资企业落户厦门。20世纪80至90年代间，全国4个国家级台商投资区就有3个落户厦门。厦门已成为台资在大陆最密集的区域之一，形成了多个台湾产业集群。比如，以翔鹭为龙头，形成了石化—化纤—纺织产业链；以多威、信华为主，形成了电子产业集群；以友达光电等为主，形成光电产业集群；以及以正新为主的橡胶业，以明达、东龙为主的建材业，还有机械、金属加工等产业。如今，在厦台企已发展到4000多家，80%集中在电子、机械、制伞、光学、服装、制鞋、房地产、餐饮、IT等行业，约占厦门工业总产值的40%左右。台湾企业在厦门设立的代表处不断增多，台资银行也开始在厦门设点。

更为重要的是，在厦门台商投资区内，有3/4的台资企业，通过滚动发展，在大陆其他城市分设投资项目，充分发挥了承接桥梁和示范带动作用。其中，翔鹭石化、正新橡胶、春保钨钢、灿坤科技等科技企业在厦打造了一个个"产业王国"，成为全国同行业内的佼佼者。

1. 台资企业遍布岛内外

据了解，台资与其他境外资本动辄千万美元的投入不同，大部分项目是以相对较少的投资探路，然后一步步踏实地逐步成长壮大，因此，很多在厦台资企业的发展是伴随着厦门的发展而由小变大，由弱变强，进而成为行业的龙头。可以说，厦门已成为台商发展和创业的舞台，而台商也为厦门经济的繁荣发展做出了巨大的贡献。

目前，厦门市台商投资企业协会的会员单位已有上千家。厦门利用台资已初步发展成为岛内经济特区为中心，岛外海沧、杏林、集美三个台商投资区和同安、翔安沿海经济开发区为外围的全方位、多层次的投资格局，其中岛内台商投资趋于向技术型与服务型集中，岛外投资则趋于向资本密集型与规模经济型集中，大体形成了岛内"前店"、岛外"后厂"的产业发展关系。

相对而言，台商投资和经营的行业主要集中在生产领域。而近年来，旅游业、房地产、基础设施建设、服务业等更成为台商投资的新热点，比重逐步上升。

2. 大项目带动配套企业来厦

目前厦门的台商投资企业已经呈现出独资化、大型化和企业经营集团化的特点。在厦的台资企业，尤其是大企业的起点高，产品升级换代快，经济效益普遍较好，盈利面在70%以上，其中投资经营工业生产项目为主的企业盈利面高达80%以上。这些大型项目充分带动了台资大、中、小企业，甚至集团企业到厦投资。在台湾排名前100位大企业中，约有50%曾来厦门进行工商考察和经贸洽谈。大量增资扩产滚动发展，台资企业大量增资扩产已成为厦门重要的经济增长的动因之一。

3. 行业集群显现

以软件行业为例，随着ECFA效应的不断凸显及两岸互动交流合作日益深入，厦门台资软件和信息服务企业聚集效应日益彰显，厦门软件园已逐步构筑起两岸软件和信息服务企业合作的重要载体，不断吸引着台资企业的入驻。

据统计，至2012年底，厦门台资软件和信息服务企业突破百家，共102家，其中入驻软件园二期的台资软件企业有47家，占全市台资软件企业的46.08%；而目前正在建设的软件园三期已经核准入园的台资软件园企业有5家。

2012年厦门软件园通过多方面加强与台产业交流合作。一是两岸信息服务业对接交流会在软件园成功召开，两岸40多家软件和信息服务企业参加对接；二是扶持已落地台资企业发展，争取产业政策扶持资金；三是台湾中华资讯软体协会连续第二年担任厦门国际动漫节的协办单位，并组织企业参展、参赛；四是做好云计算产业示范园区的规划，与台湾相关产业协会和专家进一步完善合作体系；五是加大招商力度，与台湾中华资讯软体协会、台湾物联网协会等对接，力促其落地软件园三期，设立海西总部或大陆总部。

二、厦门与台湾中小企业产业对接情况

在特区成立之后，厦门先后设立了集美、杏林和海沧三个国家级台商投资区，成为早期台商进入大陆的一块踏板。在台湾第一波以轻纺为代表的劳动密集型产业转移、第二波以石化为代表的资金密集型产业转移中，厦门台商投资区都发挥了很好的承接作用。厦台产业合作在规模、领域上不断扩大，带动了台湾上下游关联企业来闽投资，初步形成了相对集中的产业聚集与规模效应。

由于多年在厦门举办中国国际投资贸易洽谈会、海峡两岸机械电子商品交易会等重大经贸交流盛会，进一步促进了厦台产业对接朝专业化、高档次、高科技方向发展。以台引台、台侨结合、台外结合，得到了充分发挥。台商投资企业通过不断增资扩股，形成的龙头企业，带动了相关配套产业延伸，促进了厦门产业结构优化升级，提升了厦门产业的档次，增强了市场竞争能力。

以下将从三个产业为例分析两地中小企业产业对接情况。

（一）光电产业

光电产业在厦门起步较早，具有良好的基础。

由于厦门拥有联想、戴尔、万利达等多家液晶产品的规模终端企业，引起了光电产业配套制造商的高度关注，而随着几家大型台湾光电产业在厦门的陆续投资兴建，厦门的电子产业开始了全面的高位发展。如今，友达、奇美、明达光电、国联光电、中华映管、星光豪泰科技、东元集团等都已抢滩厦门，台湾光电行业的四大巨头，已经有3家落户厦门，同时它们还带来了众多的中下游配套企业，形成了相对完善的产业链，直接带动了电子工业制造业的大资金投入。

台资光电企业已成为厦门市光电产业最重要的组成部分，厦门承接台湾光电产业转移的格局已基本形成。2010～2011年，厦门率先编制了9项LED照明示范工程地方技术规范和规定，并在此基础上已发布了2项福建省级地方标准、2项两岸互认标准，开创了两岸技术标准互认的先河。第一个完成“两岸搭桥”计划中唯一的LED路灯项目第一阶段工程建设，并进行LED芯片技术协同创新攻关，2011年底三安光电LED芯片整灯光效超过了90 lm/w，达到两岸先进水平。2013年，长鸿光电一期在海沧投产，预计可以带来20亿元产值，二期有望明年初投产，未来3～5年内产值将突破百亿大关。台资企业正成为厦门光电产业的中坚力量

在大规模承接台湾的产业转移的基础上，近几年厦门光电产业发展迅速，2003年至2012年底的10年间，厦门市光电企业数量从50家发展到300多家，产值从35亿元增长到1260亿元，增长35倍，年平均增长率在40%以上。特别是2009年至2012年，短短3年间，厦门市光电产业产值增长约3倍，实现了跨越式飞跃。2012年，全市光电高新技术企业97家、产值上亿元企业51家，分别占全市光电总产值的49.3%和87.4%。

目前厦门光电产业拥有23个企业技术中心（其中3个国家级、7个省级、13个市级），3个重点实验室（其中1个国家级、1个省级、1个市级），3个国家级博士后工作站，7个工程技术研究中心（其中2个省级、5个市级）。此外，厦门市光电产业专利授权逐年增长，仅半导体照明领域，2008年至2011年，企业已申请的半导体照明专利共计976件，年均增长23%。

（二）生物医药产业

生物与医药产业是厦门市重点发展的战略新兴产业之一，2010年，生物与新医药产业产值约占厦门市这一产业产值的1/2，全省的1/4，产业集聚效应可见一斑。2011年，厦门市提出生物医药港的发展定位，建设海沧生物医药港，力争打造全国规模最大、技术水平最高和对台交流最活跃的生物与新医药产业基地。

海沧生物医药港规划面积约1036公顷，其中公共服务区62公顷，用于建设高科技企业孵化园、检测研发中心等，其余用地为生产制造区——医疗电子产业园、生物制药及保健园、化学药物及生物技术园。目前，海沧现有生物医药企业90多家，主要企业有锐珂医疗、金达威、唐传生物、艾德生物、朝阳生物、崇仁医疗等，产品包括基因药、化学药、诊断试剂、医疗器械、生物保健产品及其他生物产品。

近几年，海沧持续加大生物医药产业的招商力度，加强与世界知名医药企业合作，同时，积极主动对接台湾生物医药产业的发展和转移，开展对台生物医药技术合作、项目引进尤其是人才引进工作。2012年，台湾保健产业发展联盟在海沧设立办事处，接下来将借助这一平台，将台湾生物医药、保健产业等现有的7家联盟公协会及所属相关产业的会员企业引进到海沧，让台湾与海沧在生物医药乃至其他领域的沟通、交流、合作更加通畅。

（三）文化创意产业

自2004年台湾“经济司”发布《文化创意产业发展条例》以来，台湾文化创意产业以超常规速度迅速发展。同时，在厦门市“十一五”规划纲要中明确提出“要注重发展文化创意产业”后，厦门市的文化创意产业也已经取得了不小成绩。“十一五”期间，厦门文化创意产业以年均11.2%的速度发展。2010年实现增加值159.6亿元，比增29.82%，占全市GDP的比重为7.77%。

而2011年颁布的“十二五”也多处提到要加强文化创意产业的发展。厦门市把文化创意产业列为五大服务业产业集群之一和六大战略性新兴产业之一进行培育，文化创意产业对厦门市GDP增长的贡献率进一步凸显，成为厦门经济发展中成长性最好、最具有活力、可持续发展的新兴产业。

自2008年以来，厦门制订并出台了一系列配套政策，为文化创意产业的快速发展营造了良好的政策环境。这些政策涵盖发展规划、布局规划和具体扶持政策等，对一些重大项目，还灵活采用“一企一策”“政策随着项目定”等方式，有力地推进了大陆最大的中文游戏平台4399、总投资50亿元的厦门华强文化科技产业基地等一批大项目的落地。目前，厦门已逐步形成包括传媒、印刷复制、图书发行、动漫游戏、文化旅游、演艺娱乐、文化会展、古玩与艺术品产业等门类比较齐全的文化产业格局，创意设计、影视动画、文化旅游和数字内容等四大产业集群呼之欲出。

值得一提的是，厦门充分发挥对台独特区位优势，在两岸文化产业交流合作中的平台作用正不断凸显。由海峡两岸共同举办的文博会已成为推进两岸文化产业对接和促进厦门乃至福建省文化产业发展的重要抓手和平台；由两岸轮流举办的图书交易会已成为海峡两岸出版发行业界广为关注的文化品牌。厦门和台湾之间的紧密交流合作的区位优势，特别是地理位置、特区政策倾斜、同一亚文化圈是两岸文化创意产业对接的优势所在，为两岸文化创意产业合作发展提供了广阔的空间。

三、厦门与台湾中小企业产业发展融合契机

（一）《海峡西岸经济区发展规划》奠定合作基础

2004年福建省提出了“海峡西岸经济区”的建

设规划，计划通过10～15年的努力，海峡西岸将形成规模产业群、港口群、城市群，成为中国经济发展的发达区域，成为服务祖国统一大业的前沿平台。2009年5月14日，《国务院关于支持福建省加快建设海峡西岸经济区的若干意见》发布，从此赋予先试的海西战略已从地方决策上升为中央决策，从区域战略上升为国家战略。

厦门作为海西经济区的前沿和桥头堡，更为两岸中小企业产业融合与发展提供有利条件。目前，厦门市政府已为海西相继出台了一系列政策支持与措施优惠，积极打造良好的投资环境：一是允许进行政府管理体制创新、投融资体制改革、循环经济发展等方面先试先行。二是从财政收入中拨出巨额资金兴建包括交通、水电、通讯等方面在内的基础设施，从而极大改变海西的投资环境。三是国家给投资海西经济区的企业较大税收优惠，如“三免一减”税政，营造吸引更多的各路投资的乘数效应。

（二）ECFA签署为两地产业发展带来新契机

2009年5月出台的《国务院关于支持福建省加快建设海峡两岸经济区的若干意见》，明确提出赋予海西在两岸经济合作框架下对台先行先试政策。2009年8月，厦门市通过了《厦门市贯彻落实党中央、国务院和省委、省政府加快建设海峡西岸经济区决策部署的实施意见》，明确提出发挥在海西建设中的先行先试和龙头示范作用，特别是在对台工作上先行先试，全力打造两岸交流合作的前沿平台。

在两岸初步迈上和平发展轨道与两岸“三通”基本实现的基础上，两岸正式签署经济合作框架协议（ECFA），将以制度安排的方式推进两岸整体层面的经济交流合作，包括两岸经贸关系正常化、两岸经贸活动自由化与两岸经济一体化。这必将带给厦门以新的机遇与挑战，必将对厦门对台优势与作用、对台经贸关系的拓展、对台经贸交流合作的先行先试以及厦门自身建设与发展产生重大影响。

1. ECFA签订互惠贸易

《海峡两岸经济合作框架协议》（ECFA）的基本内容涵盖海峡两岸之间的主要经济活动，包括货物贸易和服务贸易的市场开放、原产地规则、早期收获计划、贸易救济、争端解决、投资和经济合作等。

其中，在货物贸易早期收获方面，大陆将对539项原产于台湾的产品实施降税，包括农产品、化工产品、机械产品、电子产品等10类，基本上涵盖台湾各个产业，金额超过120亿美元。台湾将对267项原产于大陆的产品实施降税，包括石化产品、机械产品、纺织产品及其他产品等4类，金额约30亿美元。

在服务贸易早期收获方面，大陆将对会计、计算机及其相关服务、研究和开发、会议、专业设计、进口电影片配额、医院、民用航空器维修，以及银行、证券、保险等11个服务行业扩大开放。台湾将对研究与发展、会议、展览、特制品设计、进口电影片配额、经纪商、运动及其他娱乐、航空电脑订位系统以及银行等9个服务行业进一步放开。

ECFA的签署，基本解决了两岸经贸合作正常化、制度化、机制化问题。协议的实施将逐步消除两岸贸易壁垒、合理配置资源、拓展合作领域，有助于建立投资双向化、形态多元化、产业链合作化的新模式。ECFA将为台湾经济注入动力，提振台湾本土出口，化解台湾在区域经济整合中的边缘化困境。

2. ECFA加速产业转移

相对厦门而言，台湾更早完成了产业升级。在产业格局上，台湾领先于厦门。两地产业合作将因ECFA的签署而不断增强。台商带着设备和资金到厦门投资，厦门提供劳动力、土地和原材料，加工制造环节完成之后再由台商出口成品到海外，其实是在台湾企业之间的一种内循环，在很多领域与厦门联系不是很密切。而ECFA的签署将改善这一局面，因为随着贸易成本发生变化，两地产业必然会进一步加强合作，形成产业链。

ECFA使两地在一个更好的环境下展开更高层次的产业合作。ECFA通过双方的降税安排，两地产业链中的加工制造成本将得以降低，这将大大降低在厦门投资的台资企业的成本，台资企业将可更多开拓大陆内需市场。

随着ECFA的签订，早期收获清单计划的落实，今后厦台经济合作更有潜力发展的是在服务业，它会成为两岸下一阶段经济合作的高点。目前，台湾服务业已占整个GDP的70%。ECFA实施后，服务业将得以更多进入厦门市场。另外，协议也将促进厦门企业拓宽在台的投资领域，两地相互投资形态将由此呈现多元化、高附加值化、优质化的发展。

3. 后ECFA时代效应明显

两岸协议ECFA货品“早收清单”从2011年1月1日、2012年1月1日、2013年1月1日分三阶段降税。随着ECFA降税协议进入第三阶段，早收清单中两岸800多项货品于2014年1月1日起全部实现零关税。其中，台湾输往大陆的火龙果、电熨斗、家用自动面包机、自行车用的橡胶轮胎、农林牧用轮胎以及塑胶、纺织制箱包、纺织服饰等31项产品关税将降为零。

厦门是进口台湾商品的重要口岸，也是台商较为集中的地区。关税“调零”后，将有利于橡胶轮胎、塑胶、纺织品等台企所需的原材料大量进口。另一方面，在大陆各口岸中，厦门进口台湾水果量最大，当地经营进口台湾水果的企业有10多家，进口量约60%分拨至北京、重庆、上海、长春、哈尔滨等12个省市。零关税将促使终端零售成本下降，厦门进口的台湾水果将进一步增加。仅2013年上半年，厦门累计签发ECFA证书458份、签证金额1128.6万美元，分别增长24.46%和60.36%，企业减免入台关税约56.4万美元。

在厦台两地产业对接中，ECFA的签署显得尤为重要。长期看，无论是产品进入的竞争还是服务业进入及其带来的竞争，都将有助于两地产业的分工与合作，为两地产业发展带来新契机。

（三）《综合配套改革方案》深化厦台交流合作

2011底，国务院批准厦门实施《厦门市深化两岸交流合作综合配套改革试验总体方案》，方案提出，要全面深化两岸交流合作，努力构建两岸经贸合作最紧密区域、两岸文化交流最活跃平台、两岸直接往来最便捷通道、两岸同胞融合最温馨家园。

《方案》在土地、税收、平台建设、市场准入、两岸交流合作等方面，赋予厦门推进改革的政策措施80多项，支撑长远发展的平台建设10多个，是厦门经济特区建设30年来，推动科学发展，深化两岸交流合作，涉及领域最广、政策措施最多、改革力度最大的一个综合性改革方案。

《方案》实施一年多来，土地、财税、金融等，一批事关全局和重点领域的先行先试政策事项取得突破；两岸新兴产业和现代服务业合作示范区、两岸金融服务中心、东南国际航运中心、大陆对台贸易中心，“一区三中心”等重大平台建设进展迅速，一批重大基础设施开工建设，一批重大产业项目开工投产、签约入驻，厦门发展后劲进一步增强，对台优势显现。

1. 两岸新兴产业和现代服务业合作示范区

两岸新兴产业和现代服务业合作示范区是全国首个以两岸产业合作为主题的国家级示范区，目前，规划编制报批、吹填造地、项目招商工作进展迅速。合作示范区以翔安南部地区为核心，面积约156平方公里，核心区面积47平方公里，相关基础工程已全面开工。

与此同时，一批项目纷纷意向入驻。目前，已有新加坡、马来西亚等国家和台湾、香港等地区的客商及部分央企、知名民企等20多个团组，前来厦门实地考察与洽谈，一批新兴产业和冷链物流、商贸物流、电子商务、金融创新、科教研发、高端旅游、文化创意等现代服务业项目意向入驻。

作为全国首个以两岸产业合作为主题的国家级示范区，这里将重点规划建设新兴产业、空港产业、金融商务、保税物流、文化旅游等功能区，并布局新一代信息技术、高端装备制造、生物与新医药等高端产业。着重发挥海峡两岸产业的比较优势，积极创新促进新兴产业和现代服务业发展的体制机制，促进两岸人员、物资、资金和信息的高效集聚与合理流动，推动两岸产业深度对接，形成两岸经贸合作最紧密的区域。

根据规划，合作示范区的发展目标是到2020年，基本实现与台湾地区新兴产业和现代服务业的全面对接，形成两岸产业融合度高、结构合理、辐射能力强的现代产业体系，建成基础设施完备、体制机制优势突出、前沿平台作用凸显、具有国际先进水平的两岸新兴产业和现代服务业中心。

2. 东南国际航运中心

东南国际航空中心是继上海、天津、大连之后国家明确支持建设的第四个国际航运中心，它的建设主要是要凸显厦门对台交流的任务，提升厦门港在全国沿海大港布局中的战略定位。

目前，厦门航运交易所、东南国际航运仲裁院、福建电子口岸三个机构正式运作，构建起航运要素集聚的公共平台，成为国内第三个设立国际航运仲裁机构及交通电子口岸，第五个拥有综合性、专业性航运交易所的城市。东南国际航运中心总部大厦已开工建设；投资千亿元的海峡两岸旅游文化综合体和中粮福建产业园项目、中铁物资钢铁物流综合服务基地项目等大项目进驻海沧；马士基、和记黄埔等一批世界知名航运商、码头营运商相继入驻航运中心。

东南国际航运中心还将推进国际一流油轮母港建设，推动两岸油轮运输试行先行先试政策。目前，厦门港正积极试点油轮航线“两头在外，中间直航”模式，即允许国际邮轮采取这种模式，经厦门港直航台湾。这一模式有利于加速推动两岸油轮航线发展，推动两岸旅游业界往来。

此外，东南国际航运中心的建设将通过发展客滚运输及其延伸行业，推动台湾港口企业与厦门港口企业相互参股、合作经营厦门港和台湾港口的码头，实现优势互补，错位发展。目前，厦门海沧区与高雄自由贸易港已经签订了合作协议，将进一步推进两岸能源、原材料等大宗物资进口集散地和分拨地的建设。

3. 两岸金融服务中心

在厦门建设两岸区域性金融服务中心，是国家已批复的惟一“两岸区域性”金融中心。两岸金融服务中心建设以来，海西最大的金融综合体“海西金谷广场”、厦门金融中心大厦、建发国际大厦等37栋高楼相继动工建设，整合市属国有金融资源，成立净资产目标为100亿元的金圆投资集团。

相比硬件的突破，两岸金融服务中心的软件突破更受关注。厦台两地共有12家6对银行签订了跨境人民币代理清算协议，16家商业银行总行同意授权厦门地区分行办理对台人民币结算清算代理业务，厦门成为大陆首个提出建立两岸跨境人民币结算清算群的城市。厦门8家银行获得开办人民币与新台币双向兑换业务资格。

截至2013年10月底，两岸金融中心（含思明、湖里片区）在谈项目、在办项目194个；已落户项目185个；注册资金总计达584亿元。台湾富邦金控、台湾永丰金控、台湾国泰人寿、台湾君龙人寿、台湾国泰产险、台湾统一综合证券、台湾元富证券等台湾金融机构已先后入驻厦门两岸金融中心。同时，金圆集团与多家金融、投资等机构商谈片区二级开发多种合作方式，全面促进和打造高品质的金融中心。

4. 大陆对台贸易中心

在厦门建设的“大陆对台贸易中心”，是中央在全国唯一给予的大陆对台贸易中心。目前，规划建设工作全面启动，支持大嶝对台小额商品交易市场等载体建设，适当放宽台湾商品免税额度限制，在一定的商品范围内和现有每人每天3000元人民币的基础上，适当提高进入大嶝市场人员每人每天免税携带台湾商品的额度，促进厦台商贸业交流合作。

在两岸冷链物流方面，制定出台推进两岸冷链物流产业合作试点工作实施意见，组团赴台促进两岸冷链物流企业全面的交流合作，已有30余家企业与台湾冷链物流联盟进行初步交流对接，厦门翔业集团万翔冷链物流中心、嵩海集美海峡食品物流园分别正式与台湾中华工程公司、台湾工业研究院签约合作。

大陆对台贸易中心力争在建立和完善促进对台贸易的平台载体、市场准入和贸易便利化方面探索先行先试，建成融贸易经济、电子商务、会展经济、综合物流、要素服务于一体，聚集两岸及全球贸易主体，从事货物贸易、服务贸易和信息交流的贸易体制创新实验区和两岸国际贸易合作示范区。

四、构建厦门与台湾中小企业产业对接机制

厦门与台湾两地地理位置相近，不可避免的会出现竞争，这就需要两地尽快构建产业对接机制，以产业政策协调和构建产业协作平台来引导企业开展产业合作，从而实现合理产业分工和区域协调发展，最终实现共同利益。

（一）合作创新机制

2011 年起 ECFA 早收清单的实施，两岸进一步双向开放服务业领域，为彼此产业合作从制造业扩张到服务业创造了条件。在此情形下，厦门应优先对台放宽现代服务业市场准入的标准，允许台商在厦门以独资或控股方式，投资环境服务、与健康相关的服务和社会服务、工业设计、建筑设计、资产评估、会计、审计和簿记服务等服务业，大力发展服务外包产业，积极推动离岸呼叫中心业务试点，建设国家服务外包示范城市。鼓励台资企业在厦门设立地区总部、营运中心、研发中心、配套基地、采购中心和物流中心。支持在厦门设立厦台产业投资基金，投资服务于厦台两地的基础设施项目和涉台重点产业项目。与此同时，应积极开展厦门与台湾在新一代信息技术、生物医药、新材料、新能源、海洋等新兴产业领域的合作。

ECFA 签署后，还应适时推进两地产业合作的新模式，集中体现为：应创新两地产学研合作机制，鼓励两地科研机构、高等院校、企业共设合作研发机构，联合建设重点实验室，开展基础研究、前沿技术和共性关键技术研究，联手培养研发团队和科技人才，支持两地科技要素自由流动，支持台湾高科技人才、台湾学生来厦创业，吸引台湾创新型中小企业落户厦门。允许符合资质条件的台资企业申报国家科技计划等国家重大科技专项，成立厦台知识产权联盟，探索建立两岸知识产权同业保护、服务、协调和预警应急机制。大力开展对台招商引资和引智工作，在厦门现有的优势产业领域与台湾的科研机构或龙头企业联合建设自主创新平台，进行关键技术攻关和实施科研成果转化。依托在厦的台商投资区和重点产业园区，共同建设厦台产业对接专业园区，鼓励和支持台商在有关部门指导下，按照台湾科技园区管理模式，在厦门自主开发建设产业园区，吸引台湾具有先进技术创新型中小企业落户，以此来推进相关园区的功能整合，增强对接台湾产业转移的载体功能，促进产业集群式发展。

（二）人才培养机制

厦门需加强人才培养和储备，为厦台高层次产业合作提供支撑。目前企业技术人员和熟练工种短缺已成为厦门较为突出的问题。在一定成都市制约了两地产业对接。随着 ECFA 提出两岸合作新方向，厦门要维持和提升产业合作优势，必须完善多元化产业人才体系。一是实施产业聚才、项目引才。即提升自身产业素质，争取优质项目来吸引人才；二是加快高等教育发展步伐，重点加大理工类人才的培养力度；三是学校借鉴台湾经验，大力加强职业教育，推动两地职业教育交流合作；四是开展新型农民科技培训、村级农民技术员培训、农村劳动力转移就业和培养具有大中专学历的高级农民，为闽台农业合作提供人才支持；五是加强培养服务产业人才，闽台产业合作逐步由制造业扩散至金融、物流、文化等产业，高等院校、职业学校与社会培训均需扩大服务业人才的培养规模，提高培训质量，以此配合两地产业的多元化发展；六是扶持建立人才资源社会化服务体系，积极培育中介机构，完善人才要素市场，切实为企业开放人力资源提供可靠信息和更为广阔的渠道。

（三）利益协调机制

虽然两岸在一些领域上面临着同质化竞争的现象，但两地在各自产业领域内也有相当多的合作空间，两地需要思考在对方优势产业中如何进行互补，在己方优势产业中如何壮大，在共同起步产业中如何携手发展的生存策略而非拼命挤占对方市场份额。两岸急需建立产业利益协调机制，通过授权官方或是民间的高科技产业协调组织，在考虑双方内部市场、产业技术优势、产业发展方向及产业核心利益诉求的情形下，利用即将建立的制度化协商平台合理分配两岸产业利益，从而摆脱过度无效的竞争。同时，要建立相应的知识产权保护和利益分配机制，改善厦台制造业深度对接的产业配套环境，推进厦台产业的深度对接。

（四）金融合作机制

随着两岸“大三通”的顺利实现和 ECFA 的签署，厦门与台湾的贸易、投资、人员交流往来日益密切，从而对两地金融业深度合作提出了更加迫切的要求。一方面，厦门应探索建设现代化支付系统的城市处理中心，进一步开展对台贸易人民币结算业务，扩大跨境贸易人民币结算规模。与此同时，厦门应努力推进对台离岸金融市场建设，逐步建立和完善适应离岸投资贸易发展的宽松可控的存贷款制度、税收制度、外债管理制度和外汇资金结算便利制度，使得在厦台资企业直接融资更加便利。另外，厦门还应积极推动建设多层次资本市场体系，扶持在厦的国家级高新技术园区内的非上市股份有限公司进入全国性场外股权交易市场，进而开展股份公开转让，积极探索建立重点服务非上市台资企业的股份交易市场。同时，大力发展对台期货市场，推动与期货交易配套的相关业务发展，通过引进台资来改革厦门国贸期货经纪公司。此外，要积极稳妥地推进对台债券市场的发展，寻求优质台资项目发行期限长、额度大的债券；另一方面，近期应鼓励台资银行、证券、保险等各类金融机构和股权投资机构在厦门设立总部、资金营运中心、研发中心、外包中心或后台服务机构。支持符合规定条件的台

湾金融机构，按照现行政策和法律法规来厦门设立法人机构、分支机构或代表处。允许台湾金融保险机构在厦门开展对台金融服务。重点支持台资企业新设综合类证券、证券投资基金、产业基金等紧缺性金融项目，引进台资网络保险专业中介机构。支持台资金融机构积极拓展航运金融、科技金融等金融服务新领域，开展适合台资企业的金融服务产品。与此同时，加强厦台两地金融专业人才的培训、业务交流和创新合作。积极扶持拥有台湾金融专业证照的人员在厦门从事金融服务业。简化台湾金融业从业人员在厦门申请从业人员资格和取得执业资格的相关程序等。

（五）管理服务机制

为了进一步促进厦门与台湾的贸易投资便利化，①应深入推进“属地申报，口岸验放”的通关模式以推动两地通关便利化。同时，根据厦门与台湾对口业务部门的合作部署，推进两地海关、检验检疫、食品安全、质量标准认证等部门的合作，实现监管互认、执法互助、信息互换及检测结果的比对。②应加快建设厦门“大陆对台贸易中心”。适当放宽在大嶝对台小额商品交易市场购买台湾商品的免税额度限制，适当提高进入大嶝市场人员每人每天免税携带台湾商品的额度，促进厦台商贸交流合作。③厦门在发展对台现代商贸流通方面，可创新性地开展电子商务管理模式。另外，厦门还可在划定特定区域来建设对台新兴产业和现代服务业合作示范区的基础上，实施鼓励其发展的税收优惠政策，适当放宽台资企业在该区域内从事现代服务业的资格限制，降低市场准入条件，鼓励台资企业开展现代服务业创新服务。

五、促进两地中小企业产业融合对接的建议

在日益复杂的经济环境之下，无论是台湾中小企业，还是厦门台资中小企业，普遍面临着要素成本上涨、经营资金短缺、销售渠道不畅等挑战，需要有一个现代化、集中式的交易展示平台，为台资企业转型升级，拓展国际、国内市场服务，两岸中小企业产业对接正合其时。

（一）发挥核心竞争力

现阶段两岸经贸关系密切，双方的中小企业各有所长，台湾一向以研发及销售能力见长，厦门则享有优势劳动力及广袤的市场，面对全球经济危机的严峻挑战，两地中小企业要携手合作，各自发挥核心竞争力，进行资源整合，产业分工，两地区域协作定将带动整体经济实力和综合竞争力。

厦台产业优势互补，可以开展合作的领域相当多，如电子信息、通讯、金融、生技、医疗保健、汽车、绿色产业等，都具有强烈的互补性，透过相互参股、产业链整合、创建共同品牌等方式，厦台产业合作空间广大。两岸应搭建合作的桥梁和平台，有序推动厦台产业对接。对厦门而言，将中小企业作为承接台湾产业的切入点，进而扩大区域外围的联动效应，借由通过经济利益的转移，使对台优势成为厦门的拳头，确立厦门在全省的龙头地位，进而带动海峡西岸经济区的快速发展。

（二）推动转型升级

推动在厦台资企业转型升级、做大做强，为厦台产业对接奠定基础，发挥良好示范效应。进一步优化台商投资结构，引导台商投资于高科技与新兴产业。逐步开放市政公用行业市场，开放建设投资市场和公用设施的建设，鼓励在厦台资企业特别是长期在厦投资拥有良好信誉并打算转型的台资企业进入。进一步加强人才培养和延揽，为台资企业提供人才储备。

（三）加强载体建设

加强厦台产业对接载体建设，创新厦台交流合作机制。创设厦台产业对接促进机构，组建领导班子和工作队伍，统一对接规划制定和优惠政策标准。加快“海峡论坛”会址建设，依托“台交会”、投洽会、“海峡论坛”以及各项厦台经贸文化交流活动，结合产业对接目标实施，吸引潜在对象来厦考察投资。扩大厦台之间行业协会、民间组织之间的交流与沟通，充分发挥产业中介组织在协调和推动厦台产业对接中的积极作用。

（四）引进创新模式

台湾在帮助解决中小企业融资难方式的创新模式，比如“台湾信保基金”值得我们借鉴。大陆于1993年开始中小企业信用担保试点，截至2012年末，我市29家融资性担保机构年末担保在保余额为122.92亿元，担保在保户数为1，956户，为缓解我市中小企业融资难发挥了重要作用。但由于起步较晚，运作经验不足，仍然无法有效地满足中小企业发展的资金需求。借鉴台湾成功经验，结合我市实际，建议可以试点建立中小企业信用保证基金，以政府出资为主，积极吸纳金融机构资金，充分发挥政府主导作用，形成政策性和商业性有机结合的中小企业信用担保新制度；鼓励金融机构、企业和民间投资，构建政府资金为主体，资金来源多元化、稳定可持续的资金投入补充机制；通过鼓励银行参股担保基金、引导银行与担保机构稳定合作、与担保机构合理确定风险分摊比例等方式，探索建立银保合作、风险共担的长效运作机制；同时，加强市场化运行和公开透明的监督管理，加强制度创新，不断提升担保机构的服务能力。

（五）完善投资环境

落实从中央到地方对台资企业的扶持和税费优惠政策，把各项促进台资企业继续发展的政策措施及时传达到广大台资企业。优化台资企业进出口通关环境，进一步推进“属地申报、口岸验放”通关模式，优化台资企业贸易收结汇手续、出口退税手续、检验检疫手续的办理，减免相关费用。重视做好在厦台资企业的维权工作，完善涉台纠纷协调解决机制，加快各项涉台法规政策的修订完善，创造公开、公正、廉洁、高效的政法环境。

（厦门市经济发展局）

青岛市落实国发14号文件支持小微企业健康发展情况的调研报告

近年来，我市认真贯彻落实《国务院关于进一步支持小微企业健康发展的意见》（国发〔2012〕14号），坚持走“专精特新”和集聚发展道路，初步形成了发展有政策、服务有平台、融资有渠道、成长有梯度、创业集聚有载体的中小企业发展格局。截至2013年底，全市共有私营企业16.9万户，个体工商户40.3万户，4758户规模以上工业中小企业完成工业总产值1.16万亿元，实现主营业务收入1.07万亿元、利税1103.9亿元，吸纳从业人员约78.2万人，分别占规模以上工业的72.3%、69.8%、74.2%和72.5%。

一、建立贯彻落实国发14号文件的政策体系

一是出台《关于贯彻落实国发〔2012〕14号文件进一步支持小型微型企业健康发展的意见》（青政发〔2012〕46号）。从财税支持、减轻负担、融资支持、促进创新、开拓市场、提升管理、集聚发展、公共服务等8个方面提出了62项具体政策措施。二是完善政策体系。配套出台了《优化小型微型企业登记注册工作实施意见》《加快小企业产业园和创业基地建设的通知》《进一步服务小微企业发展的实施意见》《进一步推进小微企业金融服务工作的指导意见》等系列文件，从创业、减负、融资等方面进一步加强对小微企业的政策扶持，形成了比较完整的政策扶持体系。部分政策在国发14号文件和46号文基础上进行了创新和突破。如从2012年起对小微企业登记注册实行零首付、零收费、简化消防审查程序等更优措施；在政府采购评审中，除按规定在价格方面给予小微企业6%～10%的价格扣除外，还分别在价格和技术等方面再给予4%～8%的加分因素；创办小微企业补贴标准由5000元提高到1万元，可享受小额担保贷款额度提高到最高45万元。三是健全工作机制。2012年起，在市优化经济发展环境工作领导小组中设立中小微企业工作组，对各成员单位促进小微企业发展工作情况进行年度考核，考核结果计入相关部门年度考核得分。2013年，印发了《关于青岛市促进中小微型企业发展工作考核意见》，建立了我市中小微型企业发展考核机制，提出了包括落实国家和省市促进小微企业健康发展政策情况等七项考核指标，考核结果作为市政府对各区市政府工作考核的重要内容进行通报。另外，以市促进小企业发展领导小组名义，对全市22个政府部门和10个区市贯彻落实46号文件的情况组织了三次督查调研，督研报告报市委市政府并通报全市。

二、加大小微企业财税支持力度

一是完善财政资金支持。市财政每年安排用于支持中小企业发展的专项资金共计1.5亿元，主要包括中小企业发展专项资金5430万元、科技型中小企业发展资金2350万元、小企业贷款风险补偿金承诺指标5365万元、小微企业出口信用险补助资金2000万元。2013年，争取国家扶持中小微企业发展资金2.8亿元，包括国家中小企业专项资金9100多万元，国家创新型中小企业基金1.4亿元，中小企业国际市场开拓资金5000多万元。二是落实小微企业税收优惠政策，2012～2013年累计为约21万户次小微企业和个体工商户减免税51.8亿元。三是政府采购向小微企业倾斜。2012年落实中小微企业政府采购113.3亿元，占全部政府采购额的69.9%，高出政策规定40个百分点；2013年落实102.6亿元，占全部政府采购额的60.7%，比政策规定高出30.7个百分点，惠及中小微企业9677家。四是清理、减免涉企收费，减轻小微企业负担。2012年以来，全面暂停征收11项涉企行政事业性收费，继续降低16项经营服务性收费标准等，每年为企业减负约4.3亿元。2013年起实行阶段性降低失业保险缴费费率政策，年减轻企业负担约7亿元。

三、大力缓解小微企业融资困难

2012、2013年末，全市小微企业贷款余额为1349.4亿元和1687.9亿元，分别增长19.6%和33.5%，高于同期全市各项贷款增速4.5和22.1个百分点，连续四年高于平均贷款增速，均实现了“两个不低于”的目标。

（一）拓宽小微企业融资渠道

一是完善融资服务体系。形成了政策性优惠贷款、信用助贷、网上“融资通”三大平台，银行、担保、过桥、融资租赁、直接融资、重点项目扶持六条路径的中小企业融资服务体系。2012～2013年，政策性措施解决中小微企业融资469.3亿元。二是积极促进科技与金融结合。共建了9个科技信贷风险准备金池，总规模1.35亿元，为61家企业提供贷款7.53亿元。设立天使投资引导资金，吸引社会投资基金总规模达4亿元。三是企业上市工作取得新进展，8家企业上报境内外申请材料，6家上市公司实现再融资21.6亿元，新三板储备企业达到170家，5家实现挂牌。2013年引进了齐鲁股权交易中心，我市13家小企业成功挂牌，19家企业纳入托管。

（二）加强小微企业信用担保服务

完善小微企业信用担保补助机制，市财政共筹集资金8000万元注资市担保中心。发挥政策性担保机构的龙头带动作用，开展低费率担保业务，创新开展小微企业贷款周转金服务。2013年，市财政统

筹安排担保补助资金3000万元，引进省再担保集团获授信28亿元，新成立的城乡担保公司与银行积极开展再担保业务。开展中小企业信用担保业务的担保机构57家，注册资本85亿元，新发生中小企业担保额201亿元，同比增长11%，担保中小微企业3054户。

（三）加快发展小金融机构

2013年，放宽了小额贷款公司股权结构等方面的限制，新设立青岛金鼎信小额贷款公司，注册资本3亿元，主发起人持股比例突破到90%。创新性地开展小额贷款公司试点资格招标工作，选拔更加优质的民间资本发起或参与设立小额贷款公司。2013年，全市35家小额贷款公司累计发放中小企业贷款50.6亿元，占发放贷款总额的66.9%。

四、促进小微企业创新发展

（一）支持小微企业技术改造

设立技改专项资金，2013年贴息扶持小微企业技改项目9个，安排资金1700万元，撬动银行固定资产贷款2.1亿元，带动企业总投资5.5亿元。帮助29个项目获得2013年工业中小企业技术改造（含技术创新成果转化应用）中央专项资金5054万元。

（二）提升小微企业创新能力

围绕提高中小企业技术创新能力，重点构建以企业为主体的技术创新体系。2013年，市级以上中小企业技术中心达到285家，占全市总数的80.7%；中小高新技术企业524家，占高新技术企业总数的81.6%。一是加强中小企业创新能力建设。立项推进1718个技术创新重点项目，其中中小企业的项目约占50%。落实企业研发费加计扣除政策，2013年有261家企业享受政策，中小企业164家，研发费支出额27.74亿元，连续6年增长。二是深化产学研合作。建立常态化产学研合作促进机制，年内累计为133家企业的180项技术需求，提供了定向发布和全程跟踪服务；筛选推介了880余项科技成果，促成产学研合作项目50余项。三是实施品牌价值提升工程，目前入库企业数量接近700家，中小企业占95%以上；全市597个市级以上名牌中，中小企业占80%以上。四是提高小微企业知识产权创造水平。2013年，我市发明专利申请32901件，授权1930件，同比分别增长172.2%和26.5%，均居副省级城市首位，其中中小企业发明专利申请量和授权量均占总数的50%左右。全市有效注册商标6.3万件，其中中小企业商标数量占85%以上。

（三）支持创新型小微企业发展

一是引导中小企业走“专精特新”发展道路。完善“专精特新”产品（技术）培育认定、扶持、服务机制，累计培育企业500家以上，认定298个“专精特新”产品（技术）和57家“专精特新”示范企业。累计投入1.66亿元专项资金扶持了359个项目，项目新增销售收入超过120亿元。二是实施创新型中小企业培育计划。累计投入经费1.3亿元，扶持企业近600家，带动企业研发创新投入近7亿元。2013年，我市154个项目获得国家创新型中小企业基金支持1.4亿元，比上年翻一番。启动实施“蓝色小巨人计划”，扶持科技型中小企业113家，支持经费达到2610万元。三是加强创新人才引进培育。实施创业创新领军人才计划和青年科学家培育计划，全年新引进科技创新人才1500余人。实施“大学生人才储备计划”“英才211计划”和“百万人才集聚行动”，目前人才引进政策已涵盖所有的小型微型企业。四是帮助“专精特新”企业开拓市场。连结三年举办青岛市中小企业“专精特新”成果展，组织跨国采购对接活动，132家企业与外商进行了258次面谈，会后外商验厂32次，达成意向成效额4500万元；组织百家“专精特新”中小企业参加“青岛名牌神州行”武汉展销推介会；组团参加中国国际中小企业博览会。总计现场成交2000余万元，达成采购意向10亿多元。充实“青岛市中小企业“专精特新”产品（技术）成果网上展厅”，502家企业的1000多个产品在网上展销。

五、加大小微企业创业扶持力度

（一）降低注册准入门槛

按照国务院、国家工商总局和省政府的总体部署，我市工商登记制度改革已于3月1日正式启动，目前已全面落实注册资本认缴登记制，停止企业（个体工商户）的年检（验照）工作，完成相关市场主体信用信息公示软件的修改，下放注册资本1亿元以下企业登记权，实行“独任核准制”。截至2014年3月20日，全市新登记市场主体7132户，同比增长50.8%；新增注册资本110.4亿元，同比增长58.5%；网上核准名称13108户，同比增长123.6%。

（二）强化创业政策扶持

2013年，全市共发放各类创业补贴3474万元，发放创业贷款5.8亿元，扶持2.1万人创业，带动就业6.5万人。全市新增城乡就业43.8万人，中小企业占70%以上。2014年又出台《关于进一步促进创业带动就业的实施意见》，提出了创业带动就业扶持资金扩至10亿元，小额担保贷款基金规模扩至10.2亿元，提高创业补贴标准，扩大创业带动就业补贴范围等15条新政策，构建城乡一体大创业扶持体系。

（三）完善创业投资引导机制

设立市级创业投资引导基金，市财政投入2亿元，募集社会资本13亿元，对26家企业实施直接股权投资5.3亿元，2013年，被投资企业实现利润6.8亿元，新增就业岗位3000多个。新设立青岛市“蓝色经济创业投资引导基金”，首期规模1亿元。获科技部创投引导资金支持5000万元，募集基金2.1亿元。

（四）建设创业孵化载体和服务体系

构建了“一中心、多基地”的创业孵化平台。建成1个大学生创业孵化中心、8个大学生创业园、23个综合性创业孵化基地、42个高校毕业生创业孵化基地，认定和培育的小企业创业（孵化）基地31个。建立健全公共创业服务体系，开展“场地+资金+商机+培训+导师+人才”六位一体的创业服务，成立了青岛市创业者协会、创业促进会，创办创业大学，多渠道培养创业型人才。

六、促进小微企业集聚发展

（一）建设小企业产业园

按照产业集聚、资源集约、服务集中的要求，主要采取“区中园”或“区边园”的模式，积极推动小企业产业园建设试点和培育工作。全市在建和拟建小企业产业园26个，计划入驻小微企业2000户。2013年重点跟踪培育的10个小企业产业园项目，1个已建成、4个大部分建成或主体完工，部分企业投产运营，5个启动建设。

（二）全面推进千万平米孵化器建设

年开工252万平米，完工136万平米；全市累计竣工557万平米，投入使用319万平米，入驻企业1900余家，就业4.9万人。全年新认定市级孵化器35家，总数达47家。其中，新获批国家级孵化器2家，总数达12家。启动实施孵化器建设项目补助和创业项目资助，受理210个创业项目，首批支持35个项目2860万元。

七、加强小微企业公共服务

一是2010年底构建了以市级平台为中枢、以区市二级平台为骨干、以重点镇街园区三级平台为基础、以专业化平台为分支的全市中小企业公共服务平台网络体系，目前平台总数达到161家（市级1家，区市11家，乡镇103家，专业化平台46家）。二是建设中小企业云服务平台。2013年12月19日上线试运行，设有政务、技术、融资、法律、市场开拓等12个功能板块，细化为550多个服务产品，可容纳5万人同时在线，满足全市15万家中小企业访问需求，实现服务功能、服务能力双提升。三是多种形式开展中小企业服务活动。2013年，组织开展各类专项服务活动590次，服务中小微企业12万户次19万人次；采取政府购买服务方式，为1318家新注册的小微企业提供免费财税代理服务，为企业节省费用近600万元；开展了百家中小企业“基础管理体系”免费诊断公益行动和“法律体检”专项公益行动，累计举办57期“小企业之家”半月讲坛，免费为中小企业讲解政策、法律、财务等方面内容，听课人员总计超过8200人次。四是建立小微企业诉求事项办理机制。充分发挥市促进小企业发展领导小组的组织协调、服务监督作用，建立起小微企业诉求收集—受理—协调解决—督查督办—服务评价通报—考核一条龙工作机制，在协调解决小企业生产经营发展中遇到的融资、担保、土地等困难和问题方面，起到积极的推动作用。

八、存在的主要问题及建议

（一）财税政策对小微企业的支持力度有待进一步加强

近年国家虽连续出台支持小微企业发展的税收优惠政策，但仍存在力度不够大，受益面不够广的问题。如“对月销售额不超过2万元的小微企业暂免征收增值税和营业税”政策，只有少数微型企业才能享受，制造业企业年销售额在300万以下的为微型企业，能够享受该政策的更少。

建议国家进一步加大小微企业减免税政策力度。一是建议提高增值税、营业税起征点和免征额标准，由现行的2万元提高到4万元。二是为鼓励小微企业积极投入生产经营，对小微企业新增加的房屋、土地，在一定期限内（如2年），给予定额减免房产税和城镇土地使用税2万元的优惠。三是在制定小微企业税收优惠政策时，建议统一各税种关于小微企业的税收标准。对小微企业的认定与《中小企业划型标准》一致，对小微企业不再设置其他前置性适用条件，除国家禁止发展的行业外，其他小微企业都纳入优惠范围。

（二）融资难、融资贵问题依然突出

大多数小微企业缺少符合银行风险控制要求的抵押担保能力，加上银行坏帐责任终身追究制度，难以获取银行贷款，只能利用其他高利率融资渠道。同时，银行对500万元以下的小额贷款按基准利率上浮20%～30%执行，抵押贷款利息和费用约9%，担保贷款还要再负担2%～3%的担保费，真实利率已超过10%。此外，小企业经营信息不透明，银行机构征信体系仍不完善，导致银行机构对小微企业贷款较为谨慎。

建议采取有力措施缓解中小企业融资难、融资贵问题。一是设立国家政策性中小企业专营银行，建立独立的中小企业信贷审批和考核机制，开发低息中小企业信贷产品。二是设立各级政府出资为主导的信用担保基金，为企业提供低成本担保支持，撬动和引导商业银行资金向中小企业信贷倾斜。

（三）创业创新能力相对较弱

多数中小企业没有研发机构，从全市的情况看，具有一定科技水平和创新能力的中小企业，仅占中小企业总数的3.7%，技术研发投入占销售收入的比重一般都低于1.5%。

建议加大公共财政对小微企业专精特新的支持力度。进一步改善小微企业持续研发能力弱的现状，激发小微企业创新创业动力，引导中小微企业走“专精特新”发展道路。

九、下一步打算

（一）改善营商环境，进一步加大政策支持力度

以国内同类城市最优发展环境为标准，重点围绕精简下放审批事项、提高审批效率、实现信息资源共享、开放垄断性中介市场、规范涉企检查、实现进出口大通关、建立直查快办快速通道、实现外资企业同等待遇等方面，制定政策措施，抓好工作落实，全力打造小微企业最优发展环境。制定基础设施放宽民间投资准入的实施方案。学习借鉴先进城市的经验做法，加大对小微企业的财政资金投入，综合运用无偿资助、股权投资、业务补助或奖励、代偿补偿、购买服务等支持方式，采取市场化手段，引入竞争性分配办法，鼓励创业投资机构、担保机构、公共服务机构等支持中小企业，充分发挥财政资金的引导和促进作用，体现“普惠性”原则。

（二）加快推进工商登记制度改革，进一步激发小微企业创业活力

一是制定我市工商登记制度改革实施意见。贯彻《青岛市人民政府关于贯彻鲁政发〔2014〕5号文件的通知》，细化六项改革措施。二是加快推进工商登记制度改革的后续措施，加快出台《青岛市企业住所（经营场所）登记管理办法》，简化登记程序，解决束缚小微企业登记的住所问题；推进“先照后证”制度改革，清理前置许可事项，向社会公布需保留的前置许可目录；推进市场主体信用信息公示制度改革，在全市建立信用管理协同机制，形成“一处违法，处处受限”的信用约束机制。

（三）进一步加大政策宣贯落实力度

密切关注国家和省新出台的中小企业扶持政策，结合我市实际及时制定出台实施细则和配套政策。依托现代信息手段扩大政策宣传覆盖面，整合部门政策信息资源，提高政策宣传实效。发挥市领导小组职能作用，组织政策落实情况督查并形成常态化工作机制。进一步完善涉企部门与小微企业沟通机制、服务监督评价机制、小企业诉求解决机制。落实好现行的财税优惠政策，简化手续、扩大政策覆盖面，支持小微企业增强自主创新能力、产业升级和集聚载体建设，扶持重点企业上市融资。设置更优惠的条件，加大政府采购向中小微企业倾斜力度。大力清理规范涉企行政事业性收费、政府基金、经营服务性收费、中介机构收费，减轻小微企业负担。

（四）加强融资拓展工作，进一步缓解小微企业融资难题

完善融资服务机制，拓宽企业融资渠道。完善融资通平台，年服务中小企业500家。扩大区域性融资服务站点建设，依托各区市中小企业公共服务中心，年内新建4处市场化运作的融资服务站点。在市、区（市）两级大力推广助保金贷款、两个统贷平台、政府采购贷等融资模式，探索建立小企业“互助资金池”等融资平台，各类政策性融资平台解决融资10亿元以上。推进担保再担保体系建设，壮大政策性担保公司实力，加快发展小微企业贷款保证保险和信用保险业务，探讨建立担保与金融机构间“利益共享，风险共担”的合作机制。全年民营企业担保额达到210亿元以上，资金过桥业务达50亿元以上。深化股权债券等融资平台建设，依托齐鲁股交蓝色经济区管理总部，争取全年股权、债券、融资租赁等方式融资企业达10家以上。

（五）进一步促进小微企业创新创业和集聚发展

深入推进中小企业“万户培育、千户成长、百户升级”的百千万成长工程。推进蓝色跨越三年行动计划，鼓励中小投资蓝色产业；加快实施千万平米科技孵化器和千万平米软件园区建设。用足技改贴息政策，扩大企业研发费加计扣除政策覆盖面，引导鼓励认定高新技术企业和企业技术中心，在中小企业中新培育40个市认定企业技术中心，培育认定100个“专精特新”产品（技术）和20个“专精特新”示范企业，提高中小企业创新能力。落实好创业扶持、技能培训、技能鉴定和推动家庭服务业发展等方面的一揽子政策。用好各级创业投资引导基金、天使投资基金、小额担保贷款基金等，撬动社会投资，放大资金效应。建立健全市场主导、企业主体、规范有序的招工运作机制和劳动力信息市场，积极搭建供需平台。加快小企业园和创业基地建设，统筹解决中小企业用地需求。新培育小企业产业园5个，累计总数达到10个以上；新培育小企业创业基地5个，累计总数达到25个以上。

（六）提升云平台服务功效，帮助企业开拓市场

建立服务资源集聚、政府业务指导、专业运维管理“三项机制”，开展宣传推广、服务项目发布对接、企业用户拓展“三项运营活动”，整合服务资源，扩大云平台服务覆盖面。全年力争发展合作服务商100家以上，吸纳注册企业用户1万家以上，达成有效服务5000次以上。深入开展扶助小微企业专项行动，精选服务产品，开展特惠服务月活动，深入挖掘小微企业服务需求，精心组织好政府采购服务试点工作。总结好第三届中小企业“专精特新”成果展和服务成果展，与跨国采购商建立长期合作关系，完善“专精特新”网上3D展示厅，组织中小企业“走出去”，参加“APEC中小企业技展会”“中博会”等展销洽谈会，帮助企业开拓市场、提升形象、宣传推介。引导中小微企业积极参加网络营销活动，利用电子商务拓展市场空间。

（青岛市经济信息化委）

新疆生产建设兵团非公有制经济发展情况报告

改革开放特别是党的十六大以来，兵团党委、兵团坚持党在社会主义初级阶段的基本经济制度，结合兵团实际制定政策措施，促进兵团非公有制经济快速发展，非公有制经济已成为兵团经济的重要组成部分。

一、兵团非公有制经济发展的基本情况

2013年，兵团非公经济生产总值预计实现488亿元，占全兵团生产总值的33%，增长23%。兵团

民营企业再投资和招商引资保持了良好的势头，全社会固定资产投资中民间投资预计完成700亿元，占兵团总投资的47%，增长21%。外贸进出口额中民营进出口企业预计实现93亿美元，占全兵团进出口额的80%，增长21%。18万多个体工商户、4200多家非公企业安置就业人数约50多万人。

（1）非公有制经济发展环境进一步优化。兵团党委、兵团贯彻国务院《关于鼓励支持和引导个体私营等非公有制经济发展的意见》（国发〔2005〕3号）精神，出台了《关于加快兵团非公有制经济发展的意见》（新兵党发〔2005〕10号）、《关于加快推进招商引资工作的意见》《新疆生产建设兵团招商引资若干优惠政策》《关于鼓励外商投资的实施意见》等政策措施。兵团“十二五”规划纲要明确了“十二五”末兵团非公有制经济要占到兵团经济总量的40%以上，作出经济结构战略性大调整、发展方式战略性大转变的战略选择，提出“既要顶天立地的大企业大集团，又要铺天盖地的中小企业”，对非公有制经济的发展提出了新的更高的要求。兵团党委的一系列政策措施有力地促进了兵团非公有制企业健康发展。

（2）民营企业成为工业发展和项目聚集的主力军。目前，兵团共有各类园区29个。其中，国家级经济开发区5个。2013年，全年招商引资项目1580个，当年引进兵团以外项目到位资金757.2亿元，比上年增长54.2%。其中，非国有投资项目到位资金占兵团招商引资到位资金的90%以上。19个对口援疆省市产业合作项目375个，引进兵团外资金339.89亿元。兵团级以上园区引进招商引资项目214个，到位资金382.6亿元。民营企业投资项目在兵团招商引资项目中居主导地位。

（3）民营科技企业贡献份额不断提高。引导非公有制中小企业按照科学发展观的要求，加大企业人才培养与交流，注重转变发展方式，加大新产品研发力度，提高产品核心竞争力，增强了企业可持续发展后劲。“十二五”以来，一批民营企业积极申报国家、兵团及师市科研项目获得支持，民营科技型企业得到发展。目前，已有20家民营企业成为兵团农业产业化龙头企业，14家民营企业获得全国工商联科技进步奖。

（4）民营经济与国有经济形成互补。兵团民营经济在棉纺业、农副产品加工业、食品加工业、农用机械装备制造业、有机肥生产业、养殖屠宰加工业、餐饮宾馆业、运输服务业、商贸流通业、房地产业及家电、汽车、农机修理、中介等服务行业占有绝对主导地位，民营企业对优化产业结构、盘活国有资产、提供就业岗位、增加职工收入发挥了重要作用。

（5）民营大企业大集团带动了兵团相关产业升级。兵团已有喀什、霍尔果斯特殊经济开发区兵团区，石河子经济技术开发区、阿拉尔和五家渠等5家国家级经济开发区。一大批知名民营大企业落户兵团。如，山东信发、湖南曾氏、江苏大全、广东恒大、内蒙古大安钢铁、梅花味精等大型民营企业集团投资均在百亿元以上，新能源、新材料等新兴产业在兵团快速发展。民营大企业大集团的建设项目带动了兵团相关产业的升级，极大地推动了兵团新型工业化进程，在兵团经济转型、产业提升中发挥了引领、带动和示范作用。

（6）民营企业为兵团发展稳定做出贡献。新疆六师煤电有限公司关注民生、情系百姓、自觉承担社会责任。2013年，公司年产值150亿元，上缴六师五家渠市税收4.36亿元。近三年，为师市公益事业投入1900万元。促进社会就业，维护民族团结和社会稳定。企业吸纳就业人员6000余名，录用维、回、哈等少数民族员工600多名。组织成立300人以上民兵营加强维稳训练。公司先后获得兵团“工人先锋号”“推进新型工业化建设先进企业”等荣誉称号。

新疆新大地实业有限公司于2001年由原兵团第一汽车运输公司改制为民营企业。改制前总负债5700万元，负债率为158%。在求生存、谋发展的同时，建立健全制度，加强企业文化建设，构建和谐企业，充分发挥党、工组织作用，促进企业持续稳定发展。2012年末，公司注册资金4000万元，年产值超1亿元，上缴税金1853万元。公司党委分别被中央组织部、兵直党工委授予“全国创先争优先进基层党组织”“优秀基层党组织”称号；先后被兵团及兵团有关部门授予“文明单位”“关爱员工好企业”“兵团就业先进单位”“行业先进单位”。自2006年重新组建民兵（运输）以来，数百多人次参加了军事部门的训练、备勤、应急拉动，特别是“7·5”事件后，圆满完成重点执勤维稳任务，多名民兵及公司人武部受到兵直人武部和兵团军事部的表彰。

图木舒克市唐城购物广场公司践行“兵团精神”，在师市政策支持下，于2006年成为图木舒克第一家招商引资的内地民营企业和最具规模的城市综合市场。历经艰辛，市场拥有已400余商户，是师市唯一的“周日大巴扎”中心，成为图木舒克市首个以完善的城市基础设施、保障广大市民及军垦职工生活、生产需求的基地，是国家农业部“定点市场”。自2008年起，承办市政府“周六维吾尔族民间音乐《刀郎木卡姆》演唱会”121场，举办首届三师美食文化节；对少数民族和下岗创业商户实行优惠，43户商户、19名大学生、26名下岗职工减免租金86.2万元；用于员工培训成长、支持当地就业的投入达610万元。新建的“唐城国际五金建材家居城”可带动1500人就业。公司曾获“全国就业与社会保障先进民营企业”“双爱双评先进企业”“兵团第五届民族团结进步模范单位”。

（7）非公有制经济人士队伍得到健康成长。近年来，兵团有33名非公有制经济人士分别被评为全国和兵团级“优秀中国特色社会主义事业建设者”；8个企业、41人分别受到国家有关部门的表彰。有1176位非公有制经济人士得到了政治安排，其中64位担任各级人大代表，98位担任各级政协委员。实施光彩项目710个，到位资金约80亿元。会员企业采取多种形式扶贫帮困、捐资助学，捐款捐物累计3718.8万元。汶川、玉树地震发生后，兵团非公有制企业及个体工商户分别捐款630万元、208万元；2013年4月20日四川雅安发生7.0级地震，兵团光促会副会长马依尔江个人向灾区捐款100万元，将公司捐助50万元物资送到灾区。2家企业被全国工商联授予抗震救灾先进集体，2名企业家荣获先进个人称号。5位企业家获“中国光彩事业国土绿化贡献奖”；2位获“中国光彩事业贡献奖”。1位企业家先后被授予第二届“中国青年创业奖”，第八届中华慈善“最具爱心慈善楷模奖”，全国工商联“热心公益杰出人物奖”。

二、兵团非公经济发展存在的主要问题

（1）思想认识不到位，缺乏对兵团发展非公有制经济重要性的认识。一些师对非公有制经济存在不同程度的歧视和限制现象，一视同仁的竞争环境还没完全形成。

（2）非公有制经济人士参政议政的渠道还不畅通，一些重大经济、政治活动非公有制经济人士参加较少。

（3）党的组织在非公有制企业中的覆盖面还不高、发展还不平衡、作用发挥不充分，影响着党的方针政策和兵团党委部署在非公有制企业中的贯彻落实。

三、对兵团非公有制经济发展的建议

（1）把非公有制企业的管理纳入兵团各级经济社会发展的总体规划，摆在重要议事日程，切实加强对兵团非公有制经济的统一领导。进一步优化发展环境，在政策上凸显对重点中小微企业的支持力度。

（2）支持非公有制经济人士有序参与兵团经济、政治和社会重大活动，特别是在兵团经济重大决策过程中，吸纳非公有制经济代表人士参与兵团政策制定、重大决策。

（3）贯彻“团结、服务、引导、教育”的工作方针，将非公有制经济代表人士纳入兵团各级领导干部人才培养规划，通过多种方式，对其进行系统培训。加强非公有制企业党的建设，引导教育非公有制经济人士自觉贯彻党的方针政策。

（韩国梁）

第八篇 附录

工业和信息化部中小企业司

根据《国务院办公厅关于印发工业和信息化部主要职责内设机构和人员编制规定的通知》，中小企业司主要职责是：承担中小企业发展的宏观指导，会同有关方面拟订促进中小企业发展和非国有经济发展的相关政策和措施；促进对外交流合作；推动建立完善服务体系；协调解决有关重大问题。

（一）具体职责

1. 负责中小企业和非国有经济的宏观指导、综合协调和服务；拟订并组织实施促进中小企业、非国有经济发展的政策措施。

2. 拟订中小企业发展规划，监测分析中小企业发展动态，发布相关信息；协调解决发展中的重大问题。

3. 引导中小企业转变发展方式，推动结构调整优化；协调建立完善市场准入及退出机制；制定并实施创业扶持政策措施；提出产业集群发展战略规划及政策措施；参与指导和协调中小企业节能减排。

4. 提出中小企业专项资金年度预算建议；拟订和组织实施中小企业专项资金年度计划和固定资产投资计划；推动建立中小企业发展基金。

5. 指导中小企业和非公有制经济改革发展，推动管理创新；维护中小企业和职工合法权益。

6. 提出中小企业技术创新政策措施，建立和完善中小企业技术创新支持体系；指导中小企业公共技术平台建设；指导推进中小企业信息化。

7. 提出改善中小企业融资环境的政策建议；承担中小企业在境内外上市融资审核等相关工作；推进中小企业信用制度建设，引导和规范中小企业担保行业发展；指导中小企业产权及相关要素市场建设。

8. 拟订促进中小企业服务体系发展的政策措施，指导中小企业服务体系建设，规范中小企业服务市场；指导中小企业开拓市场；协调落实中小企业获得政府采购份额的有关工作。

9. 指导和推动中小企业对外经济技术合作；推动建立与外国政府和国际组织间的中小企业合作交流机制。

10. 承办部领导交办的其他事项。

（二）内设处室

中小企业司设6个处室。

1. 综合处。拟订促进中小企业人力资源开发的政策措施，指导建立中小企业培训体系；指导中小企业信息网等信息服务体系建设；负责司内文秘、行政事务和综合协调工作。

2. 政策规划处。提出促进中小企业发展及服务体系建设的法规政策及相关标准的建议，监督检查有关中小企业法律法规的贯彻实施情况；提出中小企业发展战略和中长期规划、中小企业发展专项资金年度预算建议；推动建立中小企业发展基金，确定基金使用方向。

3. 非国有经济处。拟订促进非国有经济改革发展的政策措施，提出中小企业结构优化、产业转移政策；监测分析各类中小企业发展动态；推动市场环境建设；指导工业园区建设，组织建立产业集群示范和公共服务平台，推动产业优化升级；参与指导中小企业节能减排；组织开展管理咨询，指导企业加强管理。

4. 融资担保服务处。提出中小企业融资的政策建议；负责监督和管理中小企业信用担保行业，推动中小企业信用担保体系和信用制度建设，完善信用征集与评价体系；推动中小企业集合发债和投资公司发展；承担中小企业境内外上市融资审核等相关工作；指导产权交易市场建设。

5. 创新服务处。提出促进创业、创新等中小企业服务体系建设相关政策措施并组织实施；负责推动中小企业社会化服务体系建设；建立和完善创业辅导体系；指导创业基地、公共服务平台建设；推动中小企业信息化建设；促进新技术、新产品开发应用、专业化生产及为大企业配套；协调中小企业获得政府采购份额的有关工作。

6. 交流合作处。提出中小企业对外交流合作、市场开拓等政策措施；推动建立和落实政府间合作协议和项目；推动中小企业扩大出口和引进外资、技术和智力等合作；协调区域间中小企业的交流合作。

（三）联系方式

联系电话：010－68205326
电子邮件：dsme@ miit. gov. cn，
dsme@ sme. gov. cn
通信地址：北京市西长安街13号3号楼
邮政编码：100804

工业和信息化部中小企业发展促进中心

工业和信息化部中小企业发展促进中心是工业和信息化部专门从事中小企业服务的直属事业单位，是国家层面综合性中小企业服务机构，对外称“中国中小企业发展促进中心”（以下简称“中心”）。

（一）成立背景

1978 年我国实行改革开放政策以来，中小企业迅猛发展，成为国民经济和社会发展的生力军，逐步成为对外贸易和吸引外资的重要主体，受到世界各国的重视。

为加强对中小企业对外合作工作的宏观指导，1985 年 8 月 21 日国务院领导批示成立中小企业对外合作协调（指导）小组。协调小组于 1986 年 3 月 30 日正式成立，由时任国家经委党组副书记、副主任的朱鎔基同志担任组长，成员包括原国家经委、原对外经济贸易部及上海市有关单位的领导同志。协调小组设立中小企业对外合作协调办公室，对外名称为“中国中小企业对外合作协调中心”。中心的主要任务是协调各地区及各主管部门有关中小企业的对外合作业务，为国内外中小企业合作开辟渠道，调查研究国外中小企业的基本情况，向国内外中小企业提供服务。

2010 年 1 月，为顺应发展变化的形势和中心实际工作情况，经工信部审核并报中编办批准，中心正式更名为“中国中小企业发展促进中心”。

（二）发展目标

中心是在国务院领导直接关怀下成立的一个专司中小企业服务工作的事业单位。经过 20 多年的发展，形成了一支经验丰富、熟悉政策、了解规则、精于谋划、善于协调、踏实做事的干部队伍。面对新的机遇和挑战，中心将坚持以邓小平理论、三个代表重要思想为指导，深入贯彻科学发展观，适应新型工业化发展要求，坚持眼前与长远结合，国际与国内结合，服务政府与面向市场结合，业务发展与职工福祉结合，坚持以需求为导向，以服务为核心，以能力为基础，以制度创新为前提，以资源整合为手段做好各项工作。努力成为政府认可、企业满意、国内领先、国际知名的国家层面综合性中小企业服务机构。

（三）主要业务范围

1. 宣传落实国家有关促进中小企业发展的法律法规、政策措施，承担政府委托的相关工作。

2. 开展国内外中小企业法律法规、政策措施及发展状况的调查研究，承担相关课题研究任务。

3. 组织实施或受政府委托具体执行中外中小企业交流合作项目。

4. 受政府委托，承担有关中小企业服务体系建设事项。

5. 组织实施或受政府委托开展国内外中小企业商务洽谈及产品展览活动。

6. 开展管理及技术人员培训、信息、咨询、技术创新及融资服务。

7. 负责《中国中小企业》杂志、《中国中小企业年鉴》编辑、出版、发行。

8. 承办工业和信息化部交办的其他事项。

各地中小企业主管部门

北京市经济和信息化委员会中小企业处

（一）主要职责

指导和促进本市中小企业发展；会同有关部门拟订促进中小企业发展和非公有制经济发展的相关政策和措施，指导城镇集体企业改革，协调解决有关重大问题；推动建立完善中小企业服务体系；推动中小企业信息化建设；会同有关部门负责北京市中小企业创业投资引导基金使用的决策、监督和管理；指导中小企业开展国内外合作与交流。

（二）领导班子成员

任世强　市经济信息化委委员

荆甫智　处　长

（三）联系方式

办公地点：北京市朝阳区慧新东街6号

邮政编码：100029

电　　话：010－57587756

传　　真：010－57587761

网　　址：www. bjsme. gov. cn

天津市中小企业发展促进局

天津市中小企业发展促进局负责全市中小企业和非国有经济发展统筹规划、综合协调、组织推动、指导服务工作的市政府派出机构，规格为正局级。

（一）主要职责

1. 贯彻落实国家和我市有关发展中小企业、民营经济的法律法规和方针政策，起草或拟定我市有关促进中小企业、民营经济发展的地方性法规和规章，研究提出扶持中小企业发展的政策；负责对全市中小企业的综合协调、指导和服务。

2. 制定全市中小企业、民营经济发展战略，负责编制全市中小企业中长期规划和产业布局规划并组织实施；负责制定中小企业的经济发展目标和固定资产投资指导性计划；负责中小企业、民营经济的统计和经济运行分析，负责统计报表制度的制定和统计资料的收集、审核、汇总工作，协调解决经济运行中的重大问题。

3. 引导中小企业进行产业、产品和组织结构调整；组织中小企业开展科技创新、技术改造、市场开拓、对外经济交流与合作和招商引资工作；协助有关部门做好中小企业的安全生产、节能减排和环境保护工作，负责组织有关部门对鼓励型小企业的认定工作。

4. 负责中小企业发展专项资金、技术改造、区县示范工业园区和科技创新等专项资金的年度预算和使用管理。

5. 负责区县重大建设项目的协调服务和推动，建立区县大项目库，指导区县做好项目的论证、筛选、立项等工作，加强在建项目宏观调控管理，完善监督考核机制，提高投资效益。

6. 引导中小企业集聚发展，指导和扶持区县示范工业园区、乡镇工业区、都市工业园以及小企业创业基地发展；指导中小企业服务体系建设，改善中小企业创业环境，联系、指导和规范为中小企业提供服务的各类中介组织工作。

7. 负责编制中小企业科技、质量以及教育培训发展规划和年度指导性计划，协调有关部门做好名牌产品、驰名商标和著名商标的推荐和评审工作。负责全市中小企业、民营经济的融资服务工作，指导中小企业担保机构建设，建立中小企业信用评价体系。

8. 负责全市民营经济的综合调研与协调服务工作。组织有关部门督察有关促进民营经济发展的政策落实情况。

9. 指导中小企业、民营经济的信息化建设工作，推动电子政务、电子商务加快发展。

10. 承办市政府交办的其他事项。重点包括：

（1）负责推动、协调和指导区县示范工业园区建设和亿元楼宇发展及招商引资，并做好招商人员培训工作。牵头组织市有关部门，对示范工业园区和亿元楼宇工作进行监督考核。

（2）协调市各有关部门，整合全市中小企业信息，定期发布全市中小企业运行情况。搭建网上直报平台，对我市小微企业进行月度监测。负责区县示范工业园区和亿元楼宇经济运行数据的统计分析工作。

（二）内设机构

天津市中小企业发展促进局设办公室、调研处、工业发展处、服务业发展处、经济合作处、综合服务处、科技创新服务处和人事处8个内设机构。

（三）班子成员（6人）

局长、党组书记：尉永久

巡视员、党组副书记、副局长：蒋颖

副局长：薄云（党组成员）

副局长：任鹏

副巡视员：王云齐

副巡视员：司志强

（四）对外联络方式及网址

地址：天津市河东区十一经路88号

邮编：300171

电话：02224305108

传真：02224305108

网址：www. smetj. gov. cn

河北省省中小企业局

2013 年 1 ~9 月，河北省中小企业政府管理职能部门为省中小企业局，内设办公室、规划统计财务处、融资担保处、产业指导处、创新服务处、市场开发处、人事人才处、机关党委（离退休干部处）等 8 个处室，领导班子成员为局长孙际林，副局长王雅君、贾胜忠、毛庆军。2013 年 9 月，根据河北省编委《关于调整省工业和信息化厅机构编制的通知》（冀机编〔2013〕33 号）和省编委办《关于省工业和信息化厅增加内设机构编制的批复》（冀机编办〔2013〕129 号）精神，省政府机构改革，不再保留省中小企业局，将原省中小企业局职责划入省工业和信息化厅，同年 12 月完成机构改革人员、职能划转工作。目前河北省工业和信息化厅承担中小企业管理职能，具体设置如下：

（一）中小企业处（民营经济办公室）

承担全省中小企业和民营经济的宏观指导、发展规划、综合协调工作；拟订并组织实施中小企业发展专项资金年度计划和固定资产投资计划；推进中小企业公共服务体系建设，指导中小企业公共服务平台网络运营和管理；承担省民营经济领导小组办公室的日常工作；承担原省中小企业局局属企业改制管理工作。

（二）政策法规处

承担拟订全省发展中小企业、民营经济的地方性法规、规章草案并组织实施职责。

（三）规划处

承担作为省民委委员单位承担的民族区域自治地区的帮扶职责。

（四）财务处

承担中小企业专项资金预算及资金使用的监督检查，指导市、县（市、区）中小企业专项资金的设立和使用等职责。

（五）产业政策处

承担推动县域工业发展，拟订并组织实施中小企业产业集群发展规划及建设，统筹指导集群内公共技术服务平台的建设和管理，促进中小企业专业化生产及为大企业配套等职责。

（六）科技处

承担拟订并组织实施中小企业创业辅导基地的规划与建设，统筹指导创业辅导机构和辅导队伍的建设和管理，组织中小企业品牌认定，提出鼓励中小企业技术创新措施，指导中小企业技术进步，开展“三下乡”活动等职责。

（七）运行监测协调局

承担中小企业、乡镇企业、民营经济统计网络建设、运行监测和统计分析职责。

（八）安全生产处

承担烟花爆竹企业的新建、扩建、改建审批，会同有关部门对烟花爆竹企业的安全生产检查等职责。

（九）融资担保处

承担企业融资工作，参与企业上市培育；指导企业融资公共服务平台建设，推动中小企业信用担保体系建设；实施对融资性担保机构的监督管理和政策支持，拟订并组织实施对融资性担保机构的风险补偿计划；承担省融资性担保业务监管联席会议办公室日常工作。

（十）对外经济合作处

承担指导中小企业对外开放、经济技术交流与合作，组织中小企业市场开拓职责。

（十一）人事处

承担指导中小企业、民营企业人才引进、使用和培养，组织实施民营经济组织人才队伍提高工程，负责中小企业、民营企业人才培训项目实施和基地建设等职责。

（十二）河北省工业和信息化厅领导班子成员名单

王　昌　厅长、党组书记，省国防科技工业党委书记
邹　平　副厅长、党组副书记
徐振川　副厅长、党组成员，省国防科技工业局局长、省国防科技工业党委副书记
刘永亭　副厅长、党组成员
段润保　副厅长、党组成员
陈殿才　党组成员、纪检组长、监察专员
周军堂　副厅长、党组成员
邵建华　党组成员、省无线电管理局局长
王福强　巡视员
孙际林　巡视员
宋进珠　副巡视员
郝莉笑　总经济师
王建分　总工程师

（十三）对外联系方式及网址

联系电话：0311—87908778（白天）、87908738（夜间）
传真电话：0311—87908748（白天）、87801583（夜间）
地　　址：石家庄市和平西路 402 号
邮　　编：050057
网　　址：http：//www. ii. gov. cn/
http：//www. smehb. gov. cn/

山西省中小企业局

山西省负责指导、管理、服务中小企业的政府职能部门是省中小企业局。2003 年政府机构改革中，中共山西省委、山西省人民政府下发了《关于印发山西省人民政府机构改革方案的通知》（晋发［2003］27 号），根据文件精神，山西省乡镇企业管理局（民营经济发展局）改组为山西省中小企业局（保留山西省乡镇企业管理局的牌子），为正厅级建制，是省人民政府指导、管理、服务中小企业、乡镇企业和非国有经济的直属机构。2004 年 4 月，山西省中小企业局正式挂牌。

2009 年政府机构改革，根据《中共山西省委、山西省人民政府关于印发 < 山西省人民政府机构改

革方案 >的通知》（晋发［2009］13 号），设立山西省中小企业局，副厅级建制，由山西省经济和信息化委员会管理。

2009 年 9 月，山西省人民政府办公厅印发了《关于印发山西省中小企业局主要职责内设机构和人员编制规定的通知》（晋政办发［2009］147 号），方案规定：

（一）职责调整

1. 取消国务院及省人民政府已公布取消的行政审批事项。

2. 将省中小企业局承担的农产品加工及质量监督管理职责划入省农业厅。

（二）主要职责

1. 贯彻执行国家和省有关中小企业和非公有制经济（以下统称为中小企业）的法律法规和方针政策；指导、服务中小企业；研究提出扶持全省中小企业发展的政策，组织或参与起草有关中小企业的地方性法规和规章，并组织实施。

2. 贯彻执行国家及省的产业政策，研究拟定全省中小企业的发展战略和发展规划，指导和推进中小企业产业结构的调整，指导全省中小企业发展园区建设。

3. 监测、分析、预测全省中小企业运行态势，编制并组织实施中小企业近期发展调控目标和措施，协调解决中小企业发展中的重大问题。

4. 指导全省各类中小企业的改革、改组、改造，推进现代企业制度的建立；指导中小企业融资上市工作；促进建立和发展中小企业产权及相关要素市场，指导中小企业的股份制改造。

5. 对全省各种经济成分的中小企业实行宏观指导、协调和服务，规范企业行为；研究提出中小企业技术进步的政策，指导中小企业技术改造和新技术、新设备、新产品开发等工作；建立完善中小企业技术创新支撑体系，指导中小企业创新基地建设，推动中小企业信息化工作；参与指导、管理民营科技企业，向有关部门推荐、申报符合资格认定条件的民营科技企业和科技型中小企业创新基金项目。

6. 研究提出改善中小企业融资环境的政策措施，协调解决中小企业融资的有关重大问题；提出政府扶持中小企业资金的筹集、管理、使用建议，负责省级中小企业发展基金和省级财政对中小企业扶持资金的管理使用，并向有关部门推荐、申报其他相关资金项目。

7. 指导全省中小企业经营管理人员和职工的教育培训及人才、智力引进工作；指导全省中小企业外事、外经、外贸工作；组织中小企业开展国内外经济技术交流与合作；指导中小企业外资引进、利用工作。

8. 指导中小企业服务体系建设，建立和完善创业辅导体系，改善创业环境；协调落实中小企业获得政府采购份额的有关工作。

9. 配合有关部门做好中小企业环保节能、环境监测、安全生产、劳动用工、职业卫生、质量管理、社会保障等工作。

10. 对非公有制经济发展进行规划、指导、监督、协调和服务。保护非公有制经济的合法权益，鼓励、支持和引导非公有制经济的发展。

11. 提出促进县域经济发展的具体政策和措施，指导各县（市）确定符合本地实际的经济发展思路，研究县域经济发展中遇到的问题，推动县域经济发展。

12. 配合有关部门做好全省中小企业党建、工会等工作和精神文明建设工作；指导本系统各类协会、学会和社团工作。

13. 承担省人民政府及省经济和信息化委员会交办的其他事项。

（三）内设机构

根据上述职责，省中小企业局设 8 个内设机构和离退休人员工作处。

1. 办公室（省推动非公有制经济办公室）

综合协调机关日常工作；负责机关文电、会务、信息、宣传、督查、档案、机要、信访、提案、保密、保卫、财务、行政、后勤等工作。提出促进非公有制经济发展的政策措施和改革方案，对全省非公有制经济发展提出近期规划和远景目标，并在实施中进行指导和督促。协调工商、金融等部门支持非公有制经济诚信守法经营。

2. 人事处（机关党委）

负责机关和直属单位的人事工作和机构编制工作；承担本系统出国人员的政审工作；配合有关部门做好全省中小企业党建、工会等工作和精神文明建设工作；负责机关和直属单位的党群工作。

3. 政策法规处

起草有关中小企业的地方性法规、规章草案；承办规范性文件的合法性审核工作；监督检查有关法律法规的执行情况；研究提出扶持中小企业改革与发展的综合性政策建议；承办行政复议、行政应诉、行政赔偿及其他法律事务；指导各类中小企业改革，引导中小企业建立现代企业制度；促进建立和发展中小企业产权及相关要素市场，指导中小企业的股份制改造和上市工作；指导中小企业服务体系建设；指导本系统各类协会、学会和社团工作。

4. 发展规划处

研究提出中小企业发展战略、中长期规划和年度目标；负责省级中小企业发展基金和省级财政对中小企业扶持资金的管理使用；负责本系统基建项目管理；指导中小企业的外事、外经、外贸工作；组织中小企业开展国际经济合作与交流，参与组织中小企业国际市场开拓资金项目的申报工作。

5. 管理指导处

贯彻执行国家和省的产业政策，研究提出中小企业的产业发展方向、重点和有关政策，指导中小企业的产业结构和布局结构调整，指导全省中小企业发展园区建设；指导地区间、企业间的协作联合，协助有关部门开展招商引资；组织产品展销等活动；负责中小企业类型划分和认证工作；指导中小企业诚信建设工作；配合有关部门做好中小企业环保节能、安全生产、劳动用工等工作。

6. 经济监测处

监测、分析、预测全省中小企业运行态势，组织对中小企业经济运行中出现的重大问题进行调查研究，并提出对策和建议；会同有关部门研究制定中小企业统计制度并组织实施；负责中小企业统计数据、报表的汇总、分析工作；负责中小企业经济信息的收集、整理、分析和发布工作；研究提出中小企业创业辅导服务体系建设的政策措施，建立和完善创业辅导体系，配合有关部门做好再就业工作；根据城镇化进程提出县域经济发展的具体政策和措施，指导县域经济走新型工业化道路，推动发展特色经济和民营经济；承担县域经济发展的监测和统计工作。

7. 科教质量处

指导全省中小企业人才开发、引进以及教育培训、职称评审、技术进步、产品开发等工作；建立完善中小企业技术创新支撑体系，指导中小企业创新基地建设，参与中小企业新技术、新产品鉴定的有关工作和重大科技成果的推广应用；组织开展国际、国内技术交流与合作，推进中小企业的产学研联合工作；参与指导、管理民营科技企业，负责民营科技企业的申报工作和科技型中小企业创新基金项目的申报；配合做好中小企业质量管理工作。

8. 融资财务处

研究提出改善中小企业融资环境的政策措施，协调解决中小企业融资的有关重大问题；指导中小企业直接融资工作，引导、推动民间资金和风险投资机构投资中小企业；负责推进中小企业信用制度建设，会同有关部门建立和完善信用征集及评价体系；指导中小企业信用担保体系建设工作，引导和规范信用与担保行业发展，制定并实施中小企业信用担保支持计划；协调落实中小企业获得政府采购份额的有关工作；负责局直属单位的财务管理工作。

离退休人员工作处负责机关离退休人员管理服务工作，指导直属单位离退休人员管理服务工作。

纪检监察机构按晋办发［2005］17号文件执行（行政编制3名已划转省纪委统一管理）。

（四）人员编制

省中小企业局机关行政编制为45名（含离退休人员工作处编制4名）。其中：局长1名，副局长3名；正副处级领导职数19名（含机关党委专职副书记1名、离退休人员工作处领导职数2名）。

（五）其他事项

1. 省中小企业局不再保留省乡镇企业管理局的牌子。

2. 所属事业单位的设置、职责和编制事项另行规定。

（六）领导班子

胡荣华　局党组书记、局长
王怀荣　副局长
闫龙江　局党组成员、副局长
武晨阳　局党组成员、副局长
王　斌　副巡视员

（七）对外联系方式及网址

联系电话：0351－5607109
传真电话：0351－5607109
网　　址：http：//www. sxsme. gov. cn/

另外：

2012年，根据山西省机构编制委员会办公室《关于省中小企业局增设服务体系建设处的通知》（晋编办字［2012］156号），山西省中小企业局增设服务体系建设处，正处级建制，核定处级领导职数1正1副。

主要职责是：研究中小企业服务体系建设的保障措施，培育服务队伍，规范中小企业服务市场；指导省级中小企业公共服务示范平台的建设；负责省级服务体系建设资金的管理和使用；总结推广服务体系建设典型经验和发展模式；协调中小企业获得政府采购份额的工作。

内蒙古自治区中小企业局

2010年6月21日，内蒙古自治区人民政府办公厅印发《关于自治区中小企业局主要职责内设机构和人员编制规定的通知》（内政办发［2010］60号），自治区中小企业局正式成立，在自治区经济和信息化委员会的领导下，负责组织推动全区中小企业及非公经济的管理工作。

（一）主要职责

1. 贯彻落实国家和自治区制定的产业政策，组织起草中小企业及非公经济发展的地方性法规草案和规章；研究提出自治区扶持中小企业及非公经济发展政策的建议。

2. 拟订自治区中小企业及非公经济部长期发展规划及调控目标，强化中小企业及非公经济产业结构和布局结构调整；指导中小企业及非公经济建立现代企业制度。

3. 负责统计监测分析全区中小及非公经济运行态势，审核监督国家和自治区扶持中小企业专项资金和中小企业技术进步贴息资金的使用。

4. 会同有关部门做好全区中小企业的融资担保工作及中小企业信用担保项目资金的申请审核、监督管理工作。

5. 拟订自治区中小企业服务体系建设的相关政策措施，指导中小企业公共服务平台建设。推动中小企业及非公经济信息化建设和新技术、新产品开发应用；承担与有关部门配合做好中小企业的融资担保工作及中小企业信用担保项目资金的申请审核、监督管理工作。

（二）内设机构及领导班子

内3个处室。综合处、发展规划处、服务体系指导处。

人员编制23名，其中：局长1名（副厅级），副局长2名（正处级）、处长3名、副处长4名。

领导班子成员名单：局长张金亮、副局长刘宝森、马强。

（三）联系方式

电　　话：0471－4825120
传　　真：0471－4824953
网　　址：nmgjxw. gov. cn
邮　　编：010098
地　　址：内蒙古自治区呼和浩特市敕勒川大街1号党政综合楼
电子邮箱：nmgzxj@126. com

吉林省工业和信息化厅（吉林省中小企业局）

（一）主要职责

负责中小企业发展的宏观指导，会同有关部门拟订促进中小企业发展和非国有经济发展的相关政策和措施，协调解决有关重大问题。

（二）涉及中小企业工作处室设置

中小企业处：

负责中小企业的宏观指导，会同有关方面拟订促进中小企业发展和非国有经济发展的相关政策和措施；协调解决有关重大问题，具体职能：一是负责中小企业宏观指导，会同有关方面拟定促进中小企业、非国有经济发发展的相关政策措施，编制中小企业中长期发展规划；二是负责统计监测中小企业情况用运行趋势；三是组织申报国家中小企业专项资金扶持项目，审核省中小企业发展专项资金扶持项目；四是拓宽中小企业市场合作渠道，引导中小企业加快“走出去”步伐；五是推进中小企业信息建设；六是做好中小企业发展相关宣传报道工作。

融资服务处：

提出改善工业企业和中小企业融资环境的政策措施，协调解决工业和中小企业融资的有关重大问题；负责提出企业发行债券的初审意见，引导和推动民间资金和风险投资机构投资中小企业；促进中小企业信用担保体系建设。

创业服务处：

负责指导全民创业工作；指导中小企业广泛吸纳社会人员就业工作；指导中小企业加强经营管理；负责服务体系建设，整合社会资源为中小企业、非国有经济发展服务。

（三）领导班子成员名单

厅　长：常明（党组书记）

副厅长：马军 张毅 白绪贵 高志国 宫毓刚 孙大维（分管中小企业）步民（纪检专员）姚忠龙

（四）对外联系方式和网址

联系电话：0431－88904501 88904518

网　　址：http：//gxt. jl. gov. cn

黑龙江省工业和信息化委员会

（一）主要职责

负责中小企业发展的宏观指导，会同有关部门拟订促进中小企业发展和非国有经济发展的相关政策措施，协调解决有关重大问题；指导和推动全省中小企业创业、融资、担保、创新、培训、配套服务体系建设。承担省发展非公有制经济工作领导小组的日常工作。

（二）处室设置及其职责

黑龙江省工业和信息化委员会是中小企业的管理部门，其内设机构中有中小企业局、对外合作处、创业处、融资服务处、培训与交流处等五个处室具体负责全省中小企业管理工作。

1. 中小企业局。研究提出扶持乡镇企业发展的政策措施，指导乡镇企业布局及结构调整；协调解决中小企业、乡镇企业和非公有制经济发展中的重大问题；规划指导中小企业产业集群、园区和公共服务平台工作，负责中小企业、非有公制经济统计、分析及成长性企业认定工作；会同财政部门组织国家中小企业专项资金申报、评审工作。承担省发展非公有制经济领导小组的日常工作。

2. 对外合作处。组织开展工业、信息化的对外合作与交流，推动经济技术协作；参与拟定工业、信息化企业利用外资的有关政策及工业利用外资的重点领域、重点项目规划，并组织实施；负责外商投资工业和信息化项目以及工业、信息化企业境外投资项目有关管理工作；协调解决外商投资工业企业运行过程中的有关问题；指导企业市场营销，组织协调工业企业参加重要产品展销活动。

3. 创业处。负责组织开展创业服务工作，指导创业（孵化）基地建设；建立和完善创业辅导体系；制定并组织实施支持创业、创新相关政策；争取相关资金支持企业创业工作，培育微小企业向规模企业发展。

4. 融资服务处。提出改善各类企业融资环境的政策措施，协调解决企业融资的有关重大问题；推动中小企业集合发债和投资公司发展，引导民间资本和风险投资机构投资各类企业；负责中小企业信用担保行业发展的指导、综合组织和协调服务工作，参与中小企业信用担保机构的培训、信用评级、备案工作；组织开展企业上市融资的相关工作；指导中小企业产权交易市场建设。

5. 培训与交流处。负责全省工业和信息化系统管理干部、企业中层以上管理者和专业技术人员的教育培训，组织落实国家和省有关中长期培训规划和年度培训计划；负责企业经营管理人员职业资格管理及人员素质的调查研究；指导企业职业技能培训，负责开展人才合作与交流，指导企业开展校企对接和引进国外智力工作；指导培训基地建设工作；负责本委所属院校的管理工作。

（三）黑龙江省工业和信息委员会领导班子成员名单

贲起利　党组书记、副主任
孙　珅　主任、党组副书记
庞光明　副主任、党组成员
赵　磊　副主任、党组成员
高玉学　副主任、党组成员
陈　杰　副主任、党组成员
郭　禄　副主任、党组成员
方安儒　副主任、党组成员
刘爱丽　副主任、党组成员
王　涛　纪检组长、党组成员
李　会　副主任
林　克　副巡视员

（四）对外联系方式及网址

黑龙江省工业和信息化委员会门户网站

http：//www. hljiic. gov. cn/public/AA/index. jsp

上海市促进中小企业发展协调办公室

（一）机构名称

上海市促进中小企业发展协调办公室。隶属上海市经济和信息化委员会，是上海市人民政府批准设立的专司全市中小企业发展事务的行政机构。

（二）主要职责

根据2011年6月1日施行的《上海市促进中小企业发展条例》规定，市人民政府负责促进中小企业发展工作的主管部门应当履行下列职责：

1. 组织拟订本市促进中小企业发展规划和有关政策措施；

2. 综合协调、督促本市有关部门落实国家和本市促进中小企业发展的各项政策措施；

3. 发布相关政策信息，指导、促进中小企业发展，协调处理中小企业发展中遇到的困难和问题；

4. 推动建立和完善中小企业服务体系，扶持中小企业服务机构发展；

5. 会同市有关部门负责市中小企业发展专项资金的使用管理；

6. 市人民政府赋予的其他职责。

（三）部门设置

行政秘书部

综合规划部

政策法规部

信用服务部

（四）领导班子成员名单

市经济和信息化委主任：李耀新

市经济和信息化委副主任：傅新华

市中小企业办主任：吴文

市中小企业办副主任：宋晓辉、葛东波

（五）对外联系方式及网址

上海市促进中小企业发展协调办公室

地址：上海市徐汇区大木桥路108号7楼

邮编：200032

电话：（8621）64225699

传真：（8621）64220924

网址：http：//www.1128.org，www.ssme.gov.cn

江苏省省经济和信息化委员会

根据《中共中央办公厅国务院办公厅关于印发〈江苏省人民政府机构改革方案〉的通知》（厅字〔2009〕21号）和《中共江苏省委江苏省人民政府关于印发〈江苏省人民政府机构改革实施意见〉的通知》（苏委〔2009〕252号），设立省经济和信息化委员会，为省政府组成部门，挂省中小企业局、省乡镇企业局牌子。

（一）涉及中小企业工作的主要职责

制定贯彻国家产业政策的实施意见，推进产业结构调整和优化升级。研究提出产业发展方向和重点行业发展的政策措施。提出优化产业结构、所有制结构和企业组织结构的政策建议。负责信息产业园区、乡镇工业和中小企业集中区规划建设的指导与服务。参与各类工业园区的业务指导工作。联系和指导有关行业协会及其他社会中介组织的工作。

负责中小企业（含民营经济、乡镇企业，下同）发展的综合指导与协调。拟订发展中小企业的地方性法规、规章和政策措施并组织实施。拟订全省中小企业发展专项规划并组织实施。监测分析中小企业运行态势，协调解决中小企业发展的重大问题。指导创业基地建设，推进中小企业自主创新，促进产业结构和产品结构调整。指导中小企业开展国内外经济技术交流与合作，推进中小企业与大企业协作配套发展。指导和推进中小企业服务体系与融资担保体系建设。促进金融机构建立与中小企业的融资渠道，承担或参与中小企业发展基金、担保基金的建立和管理方面的有关工作。负责融资性担保机构的监管。

（二）主要领导及分管领导

徐一平　省经济和信息化委员会党组书记、主任

周毅彪　省经济和信息化委员会党组成员、副主任

陆元刚　省经济和信息化委员会党组成员、副主任

（三）涉及中小企业工作的主要处室

中小企业综合协调处（省民营经济投诉中心）：负责全局业务综合协调工作；落实国家和省有关中小企业法规、方针、政策；拟订促进和扶持中小企业发展的地方性法规及政策；承担中小企业系统的行政复议工作；组织中小企业发展与改革中重大问题的调查研究，提出中长期发展战略和规划；承担中小企业发展扶持资金的预算、管理与监督工作；推进中小企业服务体系建设；开展中小企业创业辅导，指导创业基地建设；承担民营经济投诉工作。

中小企业改革发展处（融资担保处）：指导中小企业改革和制度创新，提高经营管理水平，组织企业家队伍培训工作；研究提出中小企业融资、担保的政策措施；承担全省融资性担保机构的设立与变更审批、关闭和日常监管。

中小企业科技创新处：承担中小企业经济信息的统计、汇总、分析与发布工作，监测中小企业发展态势；指导中小企业信息化建设，推动中小企业应用信息技术化；指导中小企业科技进步、技术创新工作；指导中小企业的财务、会计和内部审计工作。

中小企业产业与合作处（省中小企业国际合作协调中心）：指导中小企业调整产业、产品和布局结构；指导乡镇工业和中小企业集中区规划建设，推动产业集聚；指导中小企业与大企业配套发展；推进中小企业开展国内外经济技术交流与合作；配合有关部门组织和指导中小企业劳动、卫生、环保及节能等方面的工作。

（四）对外联系方式

单位地址：南京市北京西路16号苏兴大厦

邮政编码：210008

联系电话：025－86637126

传真电话：025－83328173
电子邮箱：jsmyjj@ sina. com
网　　址：www. jste. gov. cn

浙江省经济和信息化委员会

（一）主要职责

1. 贯彻执行国家有关经济运行调节和信息化工作的方针政策和法律、法规；起草我省相关的地方性法规、规章草案和政策并组织实施；组织编制、实施工业和信息化的发展战略、中长期规划和年度计划；组织制订工业和信息化专项规划和行业规范，指导、监督、检查执行情况。

2. 监测分析全省经济运行态势，进行预测预警、信息引导，调节经济日常运行；拟订并组织实施近期经济运行调控目标、政策和措施，监测调控政策执行效果，协调解决经济运行中的重大问题并提出建议；负责工业、信息化应急管理和产业安全有关工作。

3. 负责推进工业产业结构战略性调整，拟订相关的产业政策和发展规划，推进信息化和工业化融合发展，优化全省工业、信息产业布局，推动软件业、信息服务业和新兴产业的发展，指导产业转型升级，制定并组织实施产业结构调整实施方案，牵头提出工业转型升级专项资金使用的重点领域和方向；按照分工承担全省工业、信息产业园区的有关工作，协调推进工业园区、块状经济和产业集群发展，组织培育区域品牌。

4. 负责全省企业技术改造投资管理工作，拟订产业投资规模和结构调控目标、政策及措施；申报、核准、备案企业技术改造（含利用外资）项目；负责中央和省财政有关专项资金项目的申报、组织实施和督查工作；承担技改投资项目进口和国产相关设备抵免税审核确认工作；监督企业技术改造项目招投标活动；参与制定投资体制改革方案和重大工业建设项目投资的有关工作。

5. 指导企业技术创新和技术进步，提出相关的政策，组织实施国家和省有关重大技术攻关项目，推进企业技术创新体系和能力建设，培育企业技术中心，负责组织实施重大装备国产化和重大技术装备、应对技术壁垒专项，推动企业技术引进、新产品开发和高新技术产业化；组织协调相关的产学研合作创新，参与指导企业知识产权工作。

6. 负责建立煤电油运等要素保障机制；监测煤炭运行态势和市场状况，拟订并组织实施有关保障政策和措施，负责煤炭经营企业资质和煤炭运行秩序的管理，负责煤炭应急储备的管理；负责制定成品油生产、供应、储备年度计划并组织考核和检查，负责协调成品油市场供应调度，组织推广清洁油品的生产和使用；组织重点物资的紧急调运和综合运输协调工作，负责协调全省春运工作。

7. 负责全省电力运行管理，协调电力供需、电网运行中的有关问题；负责全省电力电量综合平衡和电力年度计划编制及管理，监督指导电力调度；负责电力需求管理和有序用电，指导节约用电，牵头处置大面积停电事故；按照权限和分工，核准资源综合利用和新能源发电项目；负责热电联产、集中供热的改造建设；指导新农村电气化县建设；参与全省电力重大建设项目的相关工作，参与电力价格制定。

8. 负责全省节能降耗和资源综合利用的综合协调工作，指导工业循环经济、清洁生产、新能源推广应用工作，拟订相关的专项规划和政策措施，组织协调项目示范；负责全省资源综合利用认定和监督管理；负责对高耗能固定资产投资项目的节能审查，核准节能产品认定；指导新型墙体材料改革工作；负责能源利用监察（监测）和执法工作。

9. 牵头协调指导工业和信息化企业发展生产性服务业工作，研究提出相关政策措施，推进制造业和服务业融合发展，推进生产性服务业功能区和公共服务平台建设；指导企业积极发展科技服务业、现代物流业、国际贸易、文化创意产业和售后服务业等，指导总部经济、楼宇经济发展。

10. 指导工业和信息化企业市场拓展和合作交流，协调和指导工业和信息化引进内资工作；开展工业、信息化的对外合作交流；参与开展区域产业协作。

11. 负责工业和信息化行业管理工作，提出工业和信息化行业规划和相关政策，协调工业和信息化行业发展中的重大问题；承担产业信息发布和相关行业准入许可事项；推进工业和信息化行业淘汰落后生产能力工作；管理和指导相关行业协会工作；负责省级医药储备管理工作；协调全省茧丝绸工作。

12. 指导各种经济成分的工业信息化企业，规范企业行为规则；制定并组织实施培育发展大企业大集团、行业龙头企业的政策、措施；组织协调企业治乱减负工作；指导企业管理创新和现代企业制度建设；组织实施企业经营管理人员素质提升工程，推进企业管理咨询资质认定。

13. 统筹推进全省信息化工作，组织制定并实施相关的政策，协调全省信息化建设中的重大问题；负责信息化建设的市场监管和服务能力建设；指导协调电子政务发展，推动电子商务和社会经济各领域的信息化应用。

14. 按照规定权限，负责信息安全管理，协调信息安全和信息安全保障体系建设，指导监督政府部门、重点行业重要信息系统与基础信息网络开展安全保障工作，监督管理网络安全技术的应用（除计算机病毒防治外），协调处理网络与信息安全重大事件。

15. 按照规定权限，负责全省信息网络设施建设，制定相关的规划并协调管理，组织推进通信网、广播电视网和计算机网等“多网”融合发展；指导推进全省政务和社会公共服务信息资源开发利用工作。

16. 贯彻执行无线电管理法律法规、规章和方针政策，起草全省无线电管理地方性法规、规章草案和政策并组织实施；按照规定权限配置和管理无线电频谱资源；负责无线电管理行政许可事项；负责组织无线电监测、检测，协调处理无线电干扰，依法组织实施无线电管制；负责管理全省无线电管理派出机构。

17. 负责国防科技工业的综合协调和管理。组织协调、督促检查国家下达的国防科技工业高新工程、专项计划和军品科研、生产任务的实施，并提供保障服务；审核报批武器装备科研生产许可，承担相关的保密资格审查认证，监督管理军品市场；组织指导民用部门军品配套工作，实施军民两用技术双向转移和产业化，指导军民结合产业基地发展工作。负责民爆器材行业管理和生产经销环节的安全监管工作。

18. 综合协调和指导服务中小企业（乡镇企业）发展，提出促进中小企业发展的政策措施，协调解决重大问题；指导中小企业创业创新发展；指导和推进支持中小企业发展的投融资服务体系建设，指导和监管中小企业融资性担保业务；指导促进中小企业产权交易与流转、合作交流和市场拓展；负责中小企业公共服务平台和社会化服务体系建设；负责国家和省中小企业（乡镇企业）发展专项扶持资金、担保及再担保资金的申报、组织实施和稽查工作。

19. 承办省政府交办的其他事项。

（三）涉及中小企业工作的主要处室

中小企业发展规划指导处：组织开展对中小企业改革和发展重大问题的调查研究；提出并组织实施中小企业中长期发展规划和年度计划，建立中小企业培育信息库；承担中小企业（乡镇企业）相关统计和发展动态监测分析；开展中小企业法律咨询和维权服务。

负责人：应云进

联系电话：（0571）87059135

中小企业创业创新促进处：指导中小企业科技创新和国家扶持中小企业技术改造的相关工作；指导中小企业管理创新和制度创新；指导农民创业和发展农产品加工业；指导和服务农村家庭工业提高发展；推进中小企业社会化公共服务体系建设。

负责人：董晓培

联系电话：（0571）87059129

中小企业融资担保处：指导和推进支持中小企业发展的投融资服务体系建设，指导协调和落实国家和省有关扶持中小企业融资担保的相关政策措施，改善中小企业投融资环境；审批全省融资性担保机构设立与变更，指导、监管担保业的发展；推进中小企业信用制度和信用体系建设，完善信用征集与评价体系；指导中小企业开展产权交易，促进中小企业产权流转；承担省融资性担保业务指导监管联席会议办公室的日常工作。

负责人：谢建国

联系电话：（0571）87055245

中小企业协作交流处：指导和组织中小企业开展国际合作与交流；指导中小企业与大企业开展协作配套和专业化生产；组织中小企业参加国际、国内大型展会及市场拓展活动；组织中小企业开展地区间经济合作与交流；承担中小企业协作交流的对外联络工作。

负责人：陈海江

联系电话：（0571）87051385

（四）主要领导及分管领导

张金如　省经济和信息化委员会党组书记、主任 主持全面工作

徐焕明　省经济和信息化委员会党组副书记、副主任

协助党组书记、主任负责机关日常运行管理、产业发展、医药、石化行业管理、党建、干部人事、老干部等工作。分管办公室、产业发展协调处、医药石化行业管理办公室（省履行禁止化学武器公约办公室）、人事处、离退休干部处、直属机关党委、工会。分管《经贸实践》杂志社。联系巨化集团公司。

高建明　省经济和信息化委员会党组成员、副主任

协助主任负责中小企业发展规划指导、投融资服务等工作。分管中小企业发展规划指导处、中小企业融资担保处。分管省中小企业发展促进中心和省中小企业局后勤服务中心。

岳　阳　省经济和信息化委员会党组成员、副主任

协助主任负责工业和信息化对外合作交流、经济合作、军民结合推进、引进内资、中小企业创业创新等工作。分管经济合作处、军民结合推进处、中小企业创业创新促进处、中小企业协作交流处。分管省中小企业服务中心（省中小企业对外经济技术交流中心）。

（五）对外联系方式及网址

单位地址：杭州市体育场路479号省行政中心8号楼

邮政编码：310007

公开电话：（0571）87056941

监督电话：（0571）87052727

电子邮件：zjjxw@ zjjxw. gov. cn

机构网址：www. zjjxw. gov. cn

安徽省经济和信息化委员会暨中小企业局

（一）安徽省经济和信息化委员会是省政府组成部门，其主要职责

1. 贯彻执行国家有关经济、信息化和无线电管理的方针政策和法律法规，拟订相关地方性法规规章草案；拟订并组织实施经济和信息化的发展规划，推进产业结构战略性调整和优化升级，推进信息化与工业化融合。

2. 制定并组织实施工业、信息化相关行业的规划、计划和产业政策，提出优化产业布局、结构的政策建议；拟订行业技术规范与行业标准并组织实施，指导行业质量管理和安全生产管理工作。

3. 监测、分析经济运行态势，调节经济日常运行；制定和实施近期经济运行调控目标和政策措施，提出解决经济运行中重大问题的意见和建议；收集、

整理、分析和发布经济信息；承担工业、信息化相关行业应急管理、产业安全和国防动员有关工作。

4. 负责提出工业、信息化技术改造投资规模和方向的建议，提出行业投资布局建议；按照规定权限，审批、核准国家和省规划内及年度计划规模内工业和信息化固定资产投资项目，并对重点项目进行监管和督查。

5. 拟订并组织实施高技术产业中涉及生物医药、新材料等的规划、政策和标准；组织推动企业技术创新；指导企业技术进步、技术引进和重大技术装备研制，推进高新技术与传统工业改造结合；推动产学研联合。

6. 拟订并组织实施工业、信息化相关产业的能源节约、资源综合利用、清洁生产促进政策；参与拟订能源节约和资源综合利用、清洁生产促进规划；组织协调示范项目和新产品、新技术、新设备、新材料的推广应用；指导和协调工业环境保护和节能环保产业的发展；负责墙体材料革新和建筑材料节能管理、散装水泥推广等工作。

7. 承担煤炭和非煤矿山安全生产监督管理责任，负责煤炭工业生产管理和非煤矿山行业管理工作；负责煤炭固定资产投资规划和年度计划规模内有关技术改造投资年度计划编制工作，衔接平衡煤炭重点企业发展规划和生产建设计划；编制和实施年度煤炭计划，协调煤炭生产和安全管理中的重大问题；指导检查非煤矿山标准化建设和安全生产管理工作。

8. 拟订并组织实施煤电运等要素保障的政策措施，协调重要物资的紧急调度和综合运输；承担电力工业管理与运行监测工作，监督指导电力调度，指导电力生产安全管理，协调电力生产的重大问题；负责全省盐业行政管理和省级医药储备管理。

9. 负责中小企业和非公有制经济发展的宏观指导，拟订促进中小企业和非公有制经济创业创新的政策措施，协调解决有关重大问题。

10. 统筹推进全省信息化工作，组织拟订相关政策措施并协调信息化建设中的重大问题，促进通信网、广播电视网和计算机网融合发展，指导协调电子政务发展，推动跨行业、跨部门的互联互通和重要信息资源的开发利用、共享。

11. 承担信息安全管理的责任，指导和监督政府部门、重点行业的重要信息安全系统与基础信息网络的安全保障工作，协调全省信息安全保障体系建设，指导信息安全防范工作；协调处理网络与信息安全重大事件。

12. 负责无线电频率资源管理，依法监督管理无线电台（站）；负责无线电监测、检测和干扰查处，维护空中电波秩序；协调军地无线电管理相关事宜，协调处理无线电干扰事宜，依法组织实施无线电管制。

13. 承办省政府交办的其他事项。

根据上述职责，省经济和信息化委员会内设机构：办公室、综合处、规划处、产业处、技改处 、科技处 、经济运行局、中小企业局 、企业服务处、民企合作发展处、节能处、运输处、原材料处、信息化推进处 、电子信息处 、信息资源处 、软件处、信息安全处 、无线电处 、安全生产处、装备处、项目督查办 、电力处 、消费品处、财务处、人教处、煤炭办、非煤办、监察室、离退休局、机关党委。

（二）省经信委主要负责人

党组书记、主任　牛弩韬

党组副书记、副主任　张德山

委办公室电话：0551－2871726、2871122

作为委内设机构安徽省经济和信息化委员会中小企业局，由原省经委中小企业局和创业指导处合并组建。其主要职能：会同有关方面拟订促进中小企业发展、全民创业和非公有制经济发展的政策措施；拟订改善中小企业融资环境的政策建议，协调解决有关重大问题；指导中小企业和非公有制经济创业、创新，推动建立完善中小企业社会化服务体系；承担省发展非公有制经济推进全民创业领导小组办公室；根据事业发展，经省编委批准又先后增设了推进名企合作发展处和企业发展服务处两个正处级机构。一局（中小企业局）两处（企业发展服务处、推进民营企业合作发展处）既是经信委内设的三个机构，又在工作上直接关联、互为补充，其中两个处主要负责人由中小企业局副局长兼任。

分管副主任、党组成员：吴韦人

电话：62871816

中小企业局局长（副厅级）：陈冬克

电话：62871166

中小企业局副局长（常务）：刘成全

电话：62871701

中小企业局副局长兼企业发展服务处处长：

张立明　　电话：62871056

中小企业局副局长兼推进民企合作发展处负责人：孙清

电话：62871709

中小企业局副局长：施力

电话：62871725

福建省经济和信息化委员会

（一）主要职责

1. 贯彻执行国家工业和信息化发展战略、法律法规和政策；起草并组织实施我省相关地方性法规、政府规章；拟订并组织实施新型工业化、信息化的战略、规划、计划及政策措施，推进现代产业体系建设，指导、监督、检查执行情况；参与拟订全省国民经济和社会发展战略、中长期规划和年度计划。

2. 负责监测分析全省经济运行态势，并发布相关信息；拟订并组织实施工业、信息化运行调控目标、政策和措施；协调解决工业和信息化运行中的有关问题；建立并组织实施重点行业、重点企业、重点产品运行调度机制和经济运行应急调度机制；拟订并组织实施全省重点支农产品、重要工业品、重要生产原材料等的调控方案，组织协调煤电油气运等重要生产要素、重要原材料的调控方案；牵头协调各种交通运输方式；建立工业企业服务机制。

3. 负责拟订并组织实施我省产业发展、结构调整升级的政策措施；负责提出工业和信息化领域固定资产投资方向和目录；按规定负责管理工业和信息化领域企业投资项目，指导推进企业技术改造；拟订并组织实施工业和信息化领域企业投资项目利用政府资金的政策和使用管理办法；负责拟订指导推进民营经济发展的政策措施；牵头承担民营企业产业项目对接；指导、推进工业和信息化领域闽台、闽港、闽澳和对外产业交流与合作；拟订产业龙头促进计划、产业集群建设发展意见和政策措施，统筹、规划、指导、协调全省工业产业园区（基地）建设。

4. 负责相关能源行业管理；负责监测分析能源运行情况并发布能源信息；衔接能源生产和供需平衡，协调解决能源运行中的重大问题；培育和监管能源市场；提出能源价格调整建议；负责煤炭、电力、石油、天然气等能源产品的应急保障工作；负责全省电力运行与调度管理；负责天然气调度及管道安全管理；依法负责全省发电企业并网运行条件审查；依法承担全省电力行政执法工作。

5. 负责全省节能监督管理；组织协调、监督管理循环经济发展工作；组织协调清洁生产促进工作；指导资源综合开发和合理利用；依法承担节能等相关行政执法工作。

6. 负责原材料工业、装备工业、消费品工业、电子信息工业、软件和信息服务业等行业管理工作；拟订并组织实施行业技术规范、标准、行业准入和产业政策；指导行业质量和品牌工作；协调解决行业运行发展中的重大问题；按规定负责盐业行政管理；负责传统工艺美术行业管理；依法负责农药生产的监督管理；依法管理稀土资源综合开发和合理利用。

7. 负责国防科技工业的综合协调和管理，拟订并组织实施行业发展规划，引导行业布局；推进军民融合发展的武器装备科研生产体系建设；负责民爆器材行业管理和生产经营环节的安全监管；承担国家国防科技工业局交办的任务。

8. 负责指导和服务企业改革和发展；牵头拟订促进中小企业发展的政策措施；负责建立和完善中小企业服务体系和融资担保体系；引导和支持企业提升经营管理水平；负责指导和服务全省乡镇企业的有关工作；依法指导企业法律顾问工作。

9. 负责牵头协调推进战略性新兴产业发展；负责拟订并组织实施企业技术创新的政策措施；指导引进重大技术装备的消化创新；承担指导协调企业技术创新公共服务平台建设有关工作；指导和推动产学研联合，组织实施重大产业示范工程。

10. 负责协调、指导生产性服务业发展，研究提出相关政策措施，推进制造业和服务业融合发展；统筹规划、指导现代物流、工业设计、典当、融资租赁、小额贷款机构等生产性服务业发展；指导推进科技服务、售后服务、服务外包等工作。

11. 负责全省无线电频率资源的分配和管理；依法监督管理无线电台（站）；负责无线电监测和检测；负责协调处理军地间无线电管理相关事宜；负责协调处理无线电干扰事宜，维护空中电波秩序；依法组织实施无线电管制；承担福建省无线电管理委员会的日常工作。

12. 负责指导全省信息产业发展；统筹、规划、协调工业化和信息化深度融合工作；依法承担信息系统工程建设市场的监督管理。

13. 组织开展省际、区际间的经济技术协作活动；指导协调省际、省内、区域、企业的经济技术协作；联系外省政府驻闽办事机构；承担省政府有关对口支援工作。

14. 负责组织协调有关部门做好支前工作，承担省国防动员委员会支前办公室的具体工作。

15. 负责协调推进信息消费工作，会同有关部门研究提出相关政策措施并组织实施。

16. 承办省委、省政府交办的其他事项。

（二）处室设置

21 个内设机构

（1）信息产业工会
（2）办公室
（3）综合处
（4）政策法规处（省减轻企业负担办公室）
（5）计划财务处
（6）投资和规划处
（7）产业协调处（省民营企业对接办公室）
（8）技术进步处
（9）中小企业处
（10）能源处（省电力执法办公室）
（11）环境和资源综合利用处（省节能监察办公室）
（12）装备工业处
（13）国防科技工业处
（14）原材料工业处（省烯土办公室）
（15）石化工业处（省履行禁止化学武器公约事务办公室）
（16）消费品工业处
（17）电子信息处
（18）软件服务业处
（19）无线电频率台站管理处
（20）无线电监督检查处
（21）信息化推进处
（22）生产服务业处
（23）经济技术协作处（省政府对口支援办公室）
（24）支前工作处
（25）产业研究室
（26）人事处
（27）机关党委
（28）离退休干部工作处
（29）经济运行局
（30）监察室
（31）行政服务中心

（三）领导班子成员名单

周联清　省经信委党组书记、主任；省国资委党委副书记、主任
卢增荣　省经信委党组副书记、副主任（正厅长级）、省无线电管理委员会办公室

主任

郭恒明 省经信委党组成员、副主任（正厅长级）、省国防动员委员会支前办公室主任

谢超雄 省经信委党组成员、副主任（正厅长级）、省国防科技工业办公室主任

邵玉龙 省经信委党组成员、副主任

李长根 省经信委党组成员、纪检组长

郑李亭 省经信委党组成员、副主任

徐铁骏 省经信委党组成员、副主任

陈　伟 省经信委党组成员、副主任

唐亚非 省经信委党组成员、总工程师

林　立 省经信委巡视员

王　怡 省经信委副巡视员

兰　文 省经信委副巡视员

（四）对外联络方式及网址

办公地点：福建省政府大院 8 号楼二、三、四层

通讯地址：福州市华林路 76 号

邮　　编：350003

传真/电话：0591－87857032/87833668/87832776

网　　址：www. fjetc. gov. cn

江西省中小企业局

根据《中共江西省委江西省人民政府关于印发〈江西省人民政府机构改革实施方案〉的通知》（赣发〔2009〕5 号），保留江西省中小企业局，为省工业和信息化委员会管理的副厅级行政机构。

（一）主要职责

1. 在全省经济社会发展总体规划的框架内，制定全省中小企业和非公有制经济发展规划，指导全省中小企业发展，会同有关部门拟订促进中小企业和非公有制经济发展的相关政策和措施，监测分析全省中小企业和非公有制经济运行态势，进行预测预警和信息引导，协调解决运行发展中的有关问题并提出政策建议，负责中小企业成长工程和国家扶持中小企业发展专项资金项目的组织实施，承担省促进非公有制经济发展领导小组办公室的工作。

2. 在全省经济社会发展总体规划的框架内，拟订并组织实施工业园区发展规划，提出促进工业园区发展的法规、规章和政策建议，负责组织、指导特色产业园区、生态工业园区及数字化园区建设，负责对全省工业园区的分类管理、经济运行分析，承担省工业园区工作领导小组办公室的工作。

3. 负责指导和推动中小企业信用担保体系建设。负责对中小企业信用担保机构设立的前期审核、日常业务监管工作。提出改善中小企业、非公有制企业融资环境的政策措施建议，促进建立和拓宽企业融资渠道，协调解决企业融资有关问题，承担省中小企业信用担保指导协调小组办公室的工作。

4. 承办省人民政府交办的其他事项；承办省工业和信息化委员会交办的其他事项。

（二）内设机构

根据上述职责，省中小企业局内设 6 个职能处室（正处级）。

1. 办公室

负责文电、会务、机要、档案等机关日常运转工作；承担信息、安全、保密、信访、政务公开、机关财务管理等工作。

2. 工业园区处

拟订全省工业园区发展规划；监测分析工业园区运行态势；提出促进工业园区发展法规、政策及措施的初步建议；具体承担工业园区的组织、协调和服务以及省工业园区工作领导小组办公室的日常工作。

3. 非公有制经济处

监测分析全省非公有制经济发展态势；提出促进非公有制经济发展的政策措施建议；指导非公有制企业加强管理；承担小企业创业基地建设和省促进非公有制经济发展领导小组办公室的日常工作。

4. 信用担保处

负责对中小企业信用担保机构设立的前期审核、日常业务监管工作，协调解决中小企业融资问题和处置风险，提出改善中小企业融资环境的政策措施建议；承担省中小企业信用担保指导协调小组办公室的日常工作。

5. 企业发展指导处

负责全省中小企业的综合协调、指导服务和经济运行分析，提出发展规划和政策措施建议；承担中小企业成长工程的具体实施、服务体系建设工作。

6. 人事处

负责机关及直属单位的人事管理、机构编制及机关离退休人员管理；指导中小企业教育培训及队伍建设等工作。

机关党委。负责机关和直属单位的党群工作。

（三）人员编制

省中小企业局机关行政编制 34 名。其中，领导职数：局长 1 名、副局长 3 名；正处级 7 名、副处级 5 名。

处级纪检员（监察员）1 名。

（四）领导班子成员名单

吴治云 党组书记、局长

李文美 党组成员、副巡视员

李增学 党组成员、副局长

万俊明 党组成员、副局长

涂赞洁 党组成员、副局长

（五）对外联系方式及网址

办公地点：南昌市省府大院北二路 92 号

邮政编码：330046

办公电话：0791－6212771

网　　址：http：//www. jx968969. cn

山东省中小企业局

（一）机构概况

根据《中共山东省委、山东省人民政府关于山东省人民政府机构改革实施意见》（鲁发［2000］9 号），在省经济贸易委员会内设立山东省中小企业办公室，同时挂山东省乡镇企业办公室牌子，负责全

省乡镇企业、个体私营企业的规划、指导、协调、服务工作。

（二）主要职责

1. 贯彻国家有关发展中小企业的方针、政策和法律法规，研究提出全省中小企业的发展战略、规划和政策法规，会同有关部门监督实施。

2. 根据国家的产业政策，指导中小企业合理布局和产业、产品结构调整，提高产品质量和经营管理水平。

3. 指导中小企业体制改革，对全省中小企业发展中的重大问题提出政策建议。

4. 指导全省个体私营经济的发展，研究拟定有关发展规划、鼓励政策和管理办法。

5. 指导中小企业的财务会计、内部审计、质量、安全、环境保护、资产管理和资产评估等工作；组织指导中小企业对外经济技术交流与合作，协调和指导中小企业利用外资和出口创汇工作。

6. 负责全省中小企业统计工作；研究掌握中小企业的生产动态，汇集、分析和发布有关经济技术信息，提供信息咨询服务。

7. 组织指导中小企业的科技进步和技术创新，负责乡镇企业技术改造项目审核申报工作；指导中小企业的职工教育培训工作。

8. 组织指导直属企事业单位的改革，推动直属事业单位逐步走向社会、进入市场；组织实施机关人员分流工作。

9. 承办省经济贸易委员会交办的其他事项。

2012 年 12 月，山东省中小企业办公室（挂山东省乡镇企业办公室牌子）更名为山东省中小企业局（挂山东省乡镇企业局牌子）。

（三）领导班子成员名单

分党组书记、局长：刘新风

分党组成员、副局长：徐田军

分党组成员、副局长：邢亚民

对外联络方式：0531－82037297

河南省工业和信息化厅中小企业服务局

（一）处室设置

根据上述职责，中小企业服务局设 2 个处：发展指导处、融资担保处

（二）主要职责

1. 发展指导处

根据《河南省人民政府办公厅关于印发河南省工业和信息化厅主要职责内设机构和人员编制规定的通知》（豫政办〔2009〕115 号）规定，省工业和信息化厅中小企业服务局负责中小企业发展的宏观指导，会同有关方面拟订促进中小企业发展和非公经济发展的相关政策和措施；推动完善中小企业创业辅导、信用担保等社会化服务体系；提出中小企业发展专项资金安排建议；协调解决有关重大事项。

（1）贯彻落实国家发展中小企业、非公经济的法律、法规和政策；拟订并组织实施促进全省中小企业、非公经济发展的地方性法规、规章和政策，监督检查执行情况，优化企业发展环境。

（2）负责中小企业、非公经济的宏观指导、综合协调和服务；协调解决发展中的重大问题。

（3）引导中小企业转变发展方式，推动中小企业、非公经济产业和产品的结构调整；提出产业集群发展战略及政策措施。

（4）负责中小企业专项资金项目的推荐、申报和审定工作。

（5）指导中小企业改革，促进制度和管理创新；促进中小企业加强经营管理，提高经营者素质。

（6）指导中小企业开展科技进步、新产品开发，提出中小企业技术创新政策措施，建立健全中小企业技术创新支持体系；组织实施中小企业技术改造；指导中小企业公共技术平台建设。

（7）拟订改善中小企业、非公经济融资环境的政策措施，协调中小企业、非公经济享受政府贴息贷款政策的落实；引导和推动民间资本、风险投资机构和金融机构投资中小企业、非公经济；推进中小企业、非公经济信用制度建设，推动和规范中小企业信用担保行业和小额贷款公司发展。

（8）指导中小企业、非公经济服务体系建设；建立和完善创业辅导体系，改善创业环境，组织实施中小企业的人才培训工作；引导各类社会中介机构为中小企业、非公经济提供服务。

（9）指导中小企业开拓市场；协调落实中小企业获得政府采购份额的有关工作。

（10）承办省工业和信息化厅领导交办的其他事项。

2. 融资担保处

拟订改善中小企业、非公有制经济融资环境的政策措施，拓宽融资渠道；推进全省融资性担保体系建设和小额贷款公司发展，拟定融资性担保行业、小额贷款公司建设规划和扶持发展政策措施；负责全省融资性担保机构、小额贷款公司的准入、退出、日常监管和风险处置；负责全省融资性担保机构、小额贷款公司的人才培养和储备工作；指导全省融资性担保机构、小额贷款公司的征信体系建设；负责河南省融资担保业协会建设工作。

（三）领导班子成员名单

沈　超　省工业和信息化厅党组成员、中小企业服务局局长

万战伟　省工业和信息化厅中小企业服务局副局长兼任发展指导处处长。

鞠　亚　省工业和信息化厅中小企业服务局副局长兼任融资担保处处长。

（四）对外联系方式及网址

发展指导处：

联系电话：0371－65507621　　65507565

传　　真：0371－65507600　　65507565

融资担保处：

联系电话：0371－65507631（传真）

通讯地址：郑州市花园路 144 号信息大厦

邮　　码：450008

网　　址：http://www.iitha.gov.cn/

湖北省经济和信息化委员会

（一）主要职责

1. 贯彻落实国家和省关于新型工业化和信息化的方针、政策和法规，拟订相关地方性法规、政府规章；提出新型工业化发展战略和政策建议，协调解决新型工业化进程中的重大问题，推进信息化和工业化融合。

2. 拟订并组织实施工业行业规划、计划和产业政策，提出优化产业布局、结构的政策建议，拟订行业技术规范和标准并组织实施，指导行业质量管理工作，负责企业负担监督工作。

3. 监测分析工业经济运行态势，进行预测预警和信息引导，协调解决行业运行发展中的有关问题并提出政策建议；组织重要物资的紧急调度和参与紧急运输协调工作，协调日常经济运行中的突出和重大问题；负责工业应急管理、产业安全和国防动员有关工作。

4. 负责提出工业和信息化固定资产投资规模和方向的意见，按省政府规定权限审核、批准省政府规划内和年度计划内固定资产投资项目。

5. 承担振兴装备制造业组织协调的责任；依托国家和省重点工程建设协调有关重大专项的实施，推进重大技术装备国产化，指导引进重大技术装备的消化创新。

6. 主管电力行政工作；负责编制全省年度电力电量平衡计划并组织实施；履行《电力法》授予的电力监督检查权和行政执法权。

7. 提出企业技术进步政策的建议，组织推动企业技术改造、技术创新；推进产学研结合，促进相关科研成果产业化，推动软件服务业和新兴产业发展。

8. 组织拟订县域经济发展规划和政策，指导县域培育发展特色产业和产业集群；监测分析县域经济发展动态，协调解决县域经济发展中的重大问题；负责县域经济目标考核工作。

9. 负责中小企业发展的宏观指导，会同有关部门拟订促进中小企业发展和非公有制经济发展的相关政策和措施，推进中小企业服务体系建设，协调解决有关重大问题；负责编制中小企业发展资金使用计划和中小企业统计工作。

10. 拟订并组织实施工业能源节约和资源综合利用、清洁生产促进政策，参与拟订能源节约和资源综合利用、清洁生产促进规划，组织协调相关重大示范工程和新产品、新技术、新设备、新材料的推广应用。

11. 负责机械、汽车、石化、信息、轻工、纺织、冶金、建材、磷化、盐业、食品、医药、煤炭、包装等工业行业管理和医药储备管理，指导相关行业加强安全生产管理；承担省履行《禁止化学武器公约》工作领导小组的日常工作。

12. 统筹推进信息化工作，拟订信息化发展战略、政策；负责信息化建设的统一规划、组织协调和监督管理；指导和促进信息技术在国民经济和社会各领域的推广应用；负责规划和组织电子政务建设，协调电子商务发展，协调推动跨地区、跨行业、跨部门的互联互通和重要资源的开发利用、共享；承担省信息化领导小组、省电子政务工作领导小组的日常工作。

13. 负责协调维护信息安全和网络与信息安全保障体系建设；指导监督政府部门、重点行业的重要信息系统与基础信息网络的安全保障工作；协调处理网络与信息安全的重大事件；承担省网络与信息安全协调小组的日常工作。

14. 拟订并组织实施信息资源开发利用和信息基础设施建设中长期规划和年度计划，参与制定相关的支持政策；协调推进通信、广播电视和计算机网络融合发展，跟踪推进信息基础设施重大项目建设；协调通信市场涉及社会公共利益的重大事宜。

15. 负责无线电和电子电器产品维修行业管理工作。

16. 为大企业提供“直通车”服务，承担省大企业“直通车”服务领导小组的日常工作。

17. 承办上级交办的其他事项。

（二）处室设置

1. 办公室（财务处）
2. 政策法规处（企业负担监督办公室）。
3. 规划和技术改造处
4. 产业政策处
5. 科学技术处
6. 经济运行处
7. 中小企业发展处
8. 融资担保服务处
9. 节能与综合利用处
10. 县域经济处
11. 运输协调
12. 电力处
13. 煤炭管理处
14. 机械汽车产业处
15. 重化产业处
16. 轻工纺织产业处
17. 医药产业处
18. 电子信息产业处
19. 软件和信息服务业处
20. 信息化推进处
21. 电子政务处
22. 信息安全协调和基础设施管理处
23. 对外经济合作处
24. 人事处
25. 机关党委
26. 监察室
27. 离退休干部工作办公室

（三）对处联系方式

地址：湖北省武汉市武昌水果湖省委大院
邮编：430071
电话：027—87233838
网址：http：//www.hbeitc.gov.cn

湖南省中小企业局

（一）机构名称

湖南省中小企业局（湖南省经信委内设局，正处级，领导高配，内部为中小企业局，对外为湖南省中小企业局，可以独立行文）

（二）主要职责

承担中小企业的综合管理、指导、协调和服务工作；研究提出促进全省中小企业和非公有制经济发展的政策措施；拟订中小企业发展战略、中长期发展规划和年度计划并组织实施；监测与分析中小企业、非公有制经济的运行；拟订鼓励创业政策、措施并抓好落实，指导创业基地建设，推动创业工作；指导县域工业经济发展；指导中小企业工业园区建设；负责中小企业社会化服务体系建设；做好中小企业融资和融资担保的服务与协调工作；拟订政府重点扶持中小企业的项目及资金投入方向，会同有关部门管理中小企业发展专项资金；指导中小企业法律援助工作，维护中小企业合法权益；指导全省非公有制经济的发展；承担非公有制经济工作领导小组办公室和中小企业发展工作领导小组办公室的日常工作。

（三）处室设置

中小企业局下设发展促进处、服务指导处、融资服务处（规格为副处级）

（四）领导班子成员名单

局　长：黄学工

副局长：黄朱相

副局长：谢应钦

（五）对外联系方式及网址

联系方式：0731－88955551

网　　址：湖南中小企业网

http：//www.smehn.com.cn/

广东省中小企业局（广东省民营经济发展服务局）

（一）主要职责

贯彻实施国家有关中小微企业和民营经济发展的政策、法规，提出促进中小微企业和民营经济发展的政策、措施；综合协调有关部门搞好中小微企业和民营经济的管理、服务；指导中小微企业和民营经济的改革与创新，推进中小微企业和民营经济服务体系建设；指导中国国际中小企业博览会工作；指导中小微企业与大企业协作配套发展；指导城镇集体企业经营管理工作。

（二）处室设置

1. 民营经济处 电话：020－8313334；

传真：020－83133281

主要职责：提出营造中小微企业和民营经济公平发展环境、激发中小微企业和民营经济活力和创造力、促进混合所有制经济发展的法规草案、政策措施；研究分析中小微企业和民营经济运行情况，协调解决中小微企业和民营经济发展的重大问题；指导中小微企业和民营经济开展国外经济技术交流与合作；培育发展民营骨干企业；承担省促进中小企业发展领导小组办公室日常工作。

2. 服务体系建设处 电话：020－83135852；

传真：020－83135859

主要职责：研究提出中小微企业和民营经济服务体系建设相关法规草案、政策措施，组织拟定中小企业服务体系建设发展规划和计划；统筹中小企业服务体系建设，建立和完善创业辅导、人才培训、市场开拓、信息化应用、管理咨询等服务平台，负责推进中小企业公共服务平台建设；推动中小企业信息化应用；指导小企业创业服务；指导为中小企业提供服务的各类服务机构和中介组织开展工作。

3. 技术进步处 电话：020－83135986；

传真：020－83135851

主要职责：研究提出促进中小微企业和民营经济自主创新和创新成果产业化法规草案、政策措施；研究提出中小微企业和民营经济融资政策措施；指导中小微企业和民营经济产业转型、结构优化升级、技术进步；指导中小微企业和民营经济公共技术服务平台建设和推动产学研合作；引导金融机构加强和改善对小微企业和民营经济的服务；推动中小微企业和民营经济的服务；推动中小微企业信用担保行业发展；指导中小微企业和民营经济与大企业配套发展。

（三）领导班子成员

局　长：张文献

副局长：官维平 何佐贤 陈慧君

（四）处室负责人

民营经济处：陈立军

服务体系建设处：黄建明

技术进步处：谌志群

（五）对外联系方式及网址

地址：广东省广州市吉祥路100号

邮编：510030

网址：http：//www.gdei.gov.cn

广西壮族自治区工业和信息化委员会

根据《广西壮族自治区人民政府办公厅关于印发广西壮族自治区工业和信息化委员会主要职责内设机构和人员编制规定的通知＞（桂政办发〔2010〕173号）文件精神，广西壮族自治区中小企业的行政管理部门为广西壮族自治区工业和信息化委员会，增挂自治区中小企业局和自治区乡镇企业局牌子。

（一）工信委主要职责

1. 提出全区新型工业化发展战略和政策，协调解决新型工业化进程中的重大问题，拟订并组织实施全区工业、信息化的发展规划，推进产业结构战略性调整和优化升级，推进信息化和工业化融合发展。

2. 拟订并组织实施全区工业、信息化的行业规划、计划和产业政策，提出优化产业布局、结构调整的政策建议，研究起草相关地方性法规、规章草案，组织实施行业技术规范和标准，指导行业质量管理工作。

3. 监测、分析全区工业和信息化相关产业运行态势，统计并发布相关信息，进行预测预警和信息引导，协调解决行业运行发展中的有关问题并提出政策建议，建立煤、电、油等重要物资的运行调控机制并组织实施；负责工业和信息化相关行业应急管理、产业安全和国防动员有关工作。

4. 负责提出工业和信息化固定资产投资规模和方向（含利用外资和境外投资）、财政性建设资金安排的意见，负责全区工业和信息化相关产业投资的组织实施，按规定权限审批、核准和备案规划内和年度计划规模内固定资产投资项目及节能项目评估，指导工业和信息化投资项目的招标管理工作。

5. 拟订高技术产业中涉及生物医药、新材料、信息产业等的规划、政策并组织实施，指导行业技术创新和技术进步，以先进适用技术改造提升传统产业，组织实施有关国家和自治区科技重大专项，推进相关科研成果产业化；推动软件业、信息服务业和新兴产业发展。

6. 承担振兴全区装备制造业组织协调的责任，组织拟订技术装备发展和自主创新规划、政策，依托国家和自治区重点工程建设协调有关重大专项的实施，推进重大技术装备国产化；指导引进技术装备的消化创新。

7. 拟订并组织实施全区工业和信息化相关产业的能源节约、资源综合利用、清洁生产、循环经济规划和促进政策；组织协调相关重大示范工程和新产品、新技术、新设备、新材料及散装水泥的推广应用。

8. 推进工业和信息化相关行业体制改革和管理创新，提高行业综合素质和核心竞争力，指导相关行业加强安全生产管理。

9. 负责全区中小企业、乡镇企业发展的宏观指导，会同有关部门拟订促进中小企业、乡镇企业以及非国有制经济发展的相关政策和措施，协调解决有关重大问题；推进农产品加工业发展；负责组织协调减轻企业负担工作。

10. 统筹推进全区信息化工作，拟订相关政策并协调信息化建设中的重大问题，促进电信、广播电视和计算机网络融合，指导协调电子政务发展，推动跨行业、跨部门的互联互通和重要信息资源的开发利用、共享。

11. 依法统一配置和管理无线电频谱资源、依法监督管理无线电台（站），负责无线电发射设备的管理，协调处理军地无线电管理相关事宜，负责无线电监测、检测、干扰查处，维护空中电波秩序，依法组织实施无线电管制。

12. 承担相关信息安全管理的责任。负责协调全区信息安全和信息安全保障体系建设，指导监督政府部门、重点行业的重要信息系统与基础信息网络的安全保障工作，协调处理网络与信息安全的重大事件。

13. 负责全区工业和信息化相关行业的管理工作，研究提出电力工业发展建议，负责全区茧丝绸管理工作，负责电力、煤炭、石油天燃气的工业行业管理，负责无线电管理执法监管工作，负责全区铁路、公路、水路、航空、邮电年度运输和生产的综合协调。

14. 负责全区国防科技工业的综合协调和管理，承担全区国防科技工业、民用船舶工业、盐业行业的管理，负责民用爆破器材生产、经销的安全生产监督管理，负责拟订烟花爆竹行业规划和有关标准、规范，承担国家国防科技工业局和各军工部门需要地方政府办理的业务，联系自治区二轻城镇集体工业联合社。

15. 负责全区工业园区管理，牵头研究拟订全区工业园区的布局规划和发展规划，组织拟订全区工业园区管理办法和奖惩措施并组织实施，指导、协调、督促工业园区建设，指导全区承接产业转移工作。

16. 承办自治区人民政府交办的其他事项。

（二）内设机构

办公室、政策法规处、综合处、规划处、科技处、投资处、经济运行处、中小企业发展处、节能与循环经济处、能源处、原材料工业处、装备工业处、轻纺工业处、食品医药工业处、自治区国防科学技术工业办公室、工业园区处、电子信息和软件处、信息化推进处、信息安全协调处、人事处、教育培训处等职能处室。其中，中小企业发展处具体负责对全区中小企业、民营企业发展实行宏观指导和管理。

（三）领导班子成员名单

委党组书记、主任：束华

委党组成员、副主任：蓝红星、潘峰、邱东、侯刚、戴翔、朱鼎朝

委党组成员、总工程师：陈清

委党组成员、纪检组长：袁煌

巡视员：张慧

副巡视员：王萍、崔工伟。

（四）联系方式

广西壮族自治区工业和信息化委员会/广西中小企业局地址：广西南宁市民族大道113号工信大厦

联系电话：0771－8095219、8095050（委办公室）

传　　真：0771－2800166（委传真室）

邮　　编：530028

广西壮族自治区工业和信息化委员会网址：http：//www.gxgxw.gov.cn

中小企业发展处联系电话：0771－8095258

（传真）8095070

Email：xqjgx@163.com

地　　址：南宁市民族大道113号工信大厦

邮　　编：530028

海南省工业和信息化厅中小企业处（海南省中小企业局）

（一）机构设置

经省政府批准，2006 年 7 月，省级中小企业行政管理职能明确归口于海南省工业经济与信息产业局，2009 年 7 月，海南省中小企业局（正处级）正式挂牌成立，职能隶属海南省工业和信息化厅，核定编制 5 人。

（二）主要职责

承担全省中小企业发展的宏观指导，会同有关方面拟订并组织实施促进中小企业和非国有经济发展的相关政策措施；指导和推动全省中小企业的对外交流合作；推动建立完善服务体系；协调解决全省中小企业和非国有经济发展中出现的有关重大问题。

（三）成员名单

海南省中小企业管理机构为海南省工业和信息化厅，业务处室为中小企业处（海南省中小企业局）。

联系方式：

网　　址：www. iitb. hainan. gov. cn

电　　话：0898 －65239272

传　　真：0898 －65362210.

海南省工业和信息化厅厅长：韩　勇

副厅长：廖　强

海南省中小企业局人员、分工：

徐晓南　（局长）主持全面工作；

蔡胤彦　（副局长）分管中小企业政策研究、中小企业专项资金、中小企业融资担保等工作；

符亚宁　（调研员）主办中小企业专项资金业务、重点项目跟踪等工作；

李元兴　（调研员）主办中小企业公共服务网络平台建设、企业对外交流合作等工作；

吴才武　（副调研员）主办中小企业培训、中小企业运行监测等工作；

鄌晋晓　（主任科员）主办中小企业公共示范平台认定、小企业创业基地认定及监管、省中小企业成长性奖励资金业务、文字综合等工作；

张婷婷　（副主任科员）主办省中小企业融资、省中小企业发展专项资金业务、企业减负等工作。

重庆市中小企业发展指导局

（一）机构名称

重庆市中小企业发展指导局，简称重庆市中小企业局。另挂：重庆市乡镇企业局、重庆市非公有制经济发展领导小组办公室两块牌子。实行三块牌子一套班子的管理体制。

（二）主要职责

贯彻执行有关中小企业、乡镇企业发展的法律、法规、规章和方针政策；起草相关地方性法规、规章和政策并组织实施；负责拟订全市中小企业、乡镇企业的发展战略、规划和年度指导性计划并组织实施；承担全市中小企业、乡镇企业统计分析、预测监测的责任，提出近期调控目标、政策和措施；协调解决运行中的重大问题；指导中小企业、乡镇企业建立现代企业制度以及投资方向、产业和产品结构的调整；负责推进全市都市工业园（楼宇）建设；负责小企业创业基地建设；指导中小企业的特色产业集群建设；负责国家和市对中小企业专项扶持资金项目的管理，协调有关专项资金的组织和安排；指导中小企业、乡镇企业的科技创新、人才建设和信息化建设；指导和规范中小企业社会化服务体系建设，组织、协调行业协会和社会化服务机构向中小企业、乡镇企业提供服务；负责全市农产品加工业的发展并承担相应责任；负责三峡库区淹没工矿企业的关闭、破产和迁建及结构调整工作；承担重庆市三峡库区淹没工矿企业结构调整办公室工作；指导中小企业开展国内外经济技术合作交流及市场开拓工作，指导协调区县（自治县）开展中小企业招商引资工作；负责指导全市中小企业、乡镇企业的融资工作，参与信用担保体系建设；负责中小企业、民营企业的维权投诉工作，依法维护其合法权益；负责协调减轻中小企业、乡镇企业负担工作并承担相应责任；承担重庆市非公有制经济发展领导小组办公室的日常工作；承办市政府交办的其他事项。

（三）领导班成员名单及人员编制

局党组书记、局长　马发骧

局党组成员副局长　谢卫东、马其昌、周奎

副局长　王任林

局党组成员、局长助理　朱建

纪检组组长　冈生泽

副巡视员　刘大文。

机关行政编制为 64 名。其中：局长 1 名、副局长 4 名，处级领导职数 20 名（含机关党委专职副书记 1 名、离退休人员工作处领导职数 1 名）。纪检组长和机关党委书记按市委有关规定配备。机关后勤服务人员事业编制为 6 名。

（四）内设机构名称及负责人名单

办公室。主任：刘群生；副主任：黄长宝、徐新意

经济运行处。副处长：石少林

产业发展处（三峡库区淹没工矿企业结构调整办公室）处长：冯庄；副处长：彭光荣

对外经济合作处。处长：郭平；副处长：付宗伦

政策法规处（重庆市人民政府民营企业维权投诉中心）。处长：代修超；副处长：张云波

融资服务处（发展基金管理办公室）。处长：廖冰；副处长：敬儆

科技处。处长：将纪群；副处长：李好、刘洪林

人事教育处（引进智力工作办公室）。处长：魏学林

机关党委。专职副书记：王晓龙
离退休人员工作处。处长：暂缺
监查室。主任：彭东志

（五）对外联系方式及网址

联系电话：023－67638766
联 系 人：刘群生
单位地址：重庆市江北区红黄路九号
邮　　编：400020
网　　址：http：//www. cqsme. com/

贵州省民营经济发展局（贵州省中小企业局）

（一）主要职责

履行全省民营经济、中小企业发展工作管理、协调和服务职责。贯彻落实国家和省有关推动民营经济、中小企业发展的法律法规及政策，对民营经济、中小企业实行宏观管理和指导；制定全省民营经济、中小企业发展战略规划；提出对民营经济、中小企业的扶持政策及配套措施；对民营经济、中小企业发展政策、法规执行情况进行监督；推进民营经济、中小企业信用体系建设；负责信用担保、融资性担保、小额贷款等行业的管理和指导；管理和使用国家和省财政下拨的中小企业发展专项资金；探索对民营经济高科技项目股权投资和管理模式的有效途径；负责和指导建立、健全全省民营经济、中小企业服务体系；协调和指导全省各类为民营经济、中小企业服务中介组织的工作；组织和指导全省民营经济、中小企业开展对外交流合作；负责全省旅游商品产业推进工作；负责“多彩贵州旅游商品设计大赛、能工巧匠选拔大赛和旅游商品展销大会”省组委会办公室工作；承担全省推动民营经济中小企业发展工作联席会议办公室工作。

（二）领导班子

杨　静　贵州省经济和信息化委员会副主任
周　航　贵州省民营经济发展局（贵州省中小企业局）副局长
王庆祝　贵州省民营经济发展局（贵州省中小企业局）副局长

（三）处室设置

下设民营经济处、中小企业发展处两个处。

1. 民营经济处

研究制定推动民营经济、中小企业发展的政策措施，协调、督促和检查民营经济、中小企业政策的贯彻落实，协调民营经济、中小企业发展中的重大问题；研究和制定全省民营经济、中小企业发展战略规划；负责对全省民营经济、中小企业运行和发展情况的统计调度分析；负责局重要报告和文件的起草工作；组织和协调综合性的调研活动；负责推动全省民营经济、中小企业社会化服务体系建设；负责民营经济、中小企业的人才培训工作；负责指导各类小企业创业基地的建立和规范；负责全省民营经济、中小企业信息化建设；协调民营经济投诉等工作；负责文秘、会务、机要、保密、督办、目标考核、行政事务及接待工作；承担全省推动民营经济中小企业发展工作联席会议办公室工作。会同有关部门研究制定促进民营经济、中小企业投融资服务的政策，探索民营经济、中小企业投融资的有效途径；探索对民营经济高科技项目股权投资和管理模式的有效途径；协调金融机构建立民营经济、中小企业融资渠道，搭建融资服务平台；负责推进民营经济、中小企业信用体系建设；负责促进中小企业信用担保体系建设，会同有关方面拟订促进中小企业信用担保体系发展的相关政策和措施；负责支持中小企业信用担保机构、小额贷款公司扶持资金的管理。

2. 中小企业处

会同有关部门研究制定促进民营经济、中小企业发展的产业政策及投资方向；促进民营经济、中小企业技术进步和新兴产业发展；负责民营经济、中小企业聚集发展、集群发展；负责全省旅游商品产业推进工作；引导和推动民营经济、中小企业依法经营，加强企业管理，提高经营管理者素质，提高管理水平；组织和指导全省民营经济、中小企业开展对外交流与合作；促进民营经济、中小企业以创业带动就业；管理、使用国家和省级财政用于民营经济、中小企业发展的中小企业发展专项资金及对外招商引资的组织及协调工作；负责指导各类中小企业公共服务平台的建立和规范；负责“多彩贵州旅游商品设计大赛、能工巧匠选拔大赛和旅游商品展销大会”省组委会办公室工作。

（四）联系方式

地　　址：贵州省贵阳市中华北路省政府大院5号楼
邮　　编：550004
电　　话：0851－6864035
传　　真：6864029
网　　址：http：//www. smegz. gov. cn

西藏自治区工业和信息化厅中小企业处（非公有制经济）办公室

（一）主要职责

①承担中小企业和非国有经济的宏观指导、综合协调和服务工作；②会同有关部门拟订并组织实施促进中小企业、非国有经济发展的政策措施；③引导中小企业转变发展方式，推动结构优化；④指导中小企业开展对外经济交流与合作；⑤承担中小企业服务体系建设工作，协调解决有关重大问题；⑥承担指导民族手工业发展的职责。

（二）联系方式

办公地点：拉萨市娘热路20号
邮政编码：850000
电　　话：0891－6364583
传　　真：0891－6364583
网　　址：xzgxzxqyc@163. com

陕西省中小企业局

根据《中共中央办公厅国务院办公厅关于印发〈陕西省人民政府职能转变和机构改革方案〉的通知》（厅字〔2014〕39号），设立省中小企业促进局（副厅级），由省工业和信息化厅管理。

（一）职能转变

1. 强化推进全省县域工业化的工作职责。

2. 强化推进全省非公有制经济发展的职责。

3. 强化建设中小企业服务体系的职责。

（二）主要职责

1. 贯彻执行有关中小企业、非公有制经济、县域工业化的法律法规和方针政策，研究拟订相关地方性法规和规章草案及政策措施。

2. 负责协调、指导和服务全省中小企业、非公有制经济发展，培育市场主体，促进企业成长。

3. 负责拟订并组织实施全省中小企业、非公有制经济发展战略、中长期发展规划和年度目标计划，促进结构调整和转型升级。

4. 负责全省中小企业、非公有制经济发展运行情况的统计、分析、监测、评价和考核；负责中小企业信息化建设。

5. 负责全省县域工业化、县域工业集中区的发展和考核；负责中小企业招商引资与合作交流。

6. 负责企业自主创新和技术创新，开展技术改造、新产品开发、新技术推广、市场开拓、专业化发展和品牌建设；负责中小企业、非公有制经济人才队伍建设。

7. 承担省促进非公有制经济发展联席会议办公室、省民营经济转型升级试验工作领导小组办公室的工作，引导非公有制企业建立现代企业制度。

8. 负责全省中小企业服务体系建设；组织服务机构对创业者和中小企业开展服务。

9. 负责中小企业信用担保体系建设，指导企业直接融资和间接融资。

10. 承办省政府、省工业和信息化厅交办的其他事项。

（三）内设机构

根据上述职责，省中小企业促进局设8个内设机构。

办公室、人事处、发展规划处、企业经济运行处、县域工业处、非公经济发展处、技术创新处、融资服务处；另外，按有关规定设置设机关党委、离退休人员服务管理处、纪检组、监察室。

办公地址：西安市新城区新城大院省政府前大楼四层西侧

电　　话：029－87291898 87291897

邮政编码：710006

网　　址：http：//www.smte.gov.cn/

甘肃省工业和信息化委员会（中小企业局）

（一）主要职责

1. 中小企业处

“三定方案”中规定的主要职责是：负责全省中小企业和非公有制经济发展的综合协调、指导和服务，拟订相关政策、规划并组织实施；负责中小企业社会化服务体系建设及服务机构的市场准入、资质认证等管理工作；会同有关部门负责中小企业专项资金、基金的管理使用；负责监测分析全省中小企业和非公有制经济发展动态；指导和组织企业开展招商引资。

2. 融资服务处

“三定方案”中规定的主要职责是：“拟订促进中小企业融资业务发展的政策措施，拟订融资性业务监督管理制度，会同金融机构解决融资性业务监管中的重大问题；协调金融机构建立企业融资体系，引导民间资金和风险投资机构投资中小企业；负责中小企业融资试点工作，指导中小企业产权交易、股权融资，推动中小企业发行债券和上市。”

3. 信用担保体系建设处

“三定方案”中规定的主要职责是：拟订中小企业信用担保行业的规划和政策措施并组织实施；负责审批中小企业信用担保机构设立与变更，建立完善风险补偿和防范机制；会同财政部门负责中小企业信用担保项目审核和相关扶持资金的监督管理；负责中小企业信用体系建设，建立和完善信用信息征集及评价体系，指导担保行业自律组织建设和中小企业内部信用管理制度建设。

（二）处室设置

中小企业处 融资服务处 信用担保体系建设处

（三）领导班子成员名单

分管领导：党组成员、巡视员：马苏平

（四）对外联系方式及网址

中小企业处：0931－8818361（电话兼传真）

网　　址：http：//www.gsec.gov.cn

青海省经济和信息化委员会中小企业发展局

（一）主要职责

中小企业发展局成立于2000年5月，从成立到2003年底，主要围绕省属国有企业结构调整和指导、促进全省中小企业改革与发展等职能开展各项工作。随着政府职能转变和机构改革的需要，2004年4月，将原省乡镇企业局相关职能划入中小企业处，成立了中小企业指导局，编制由5人扩大为8人，2008年经省编办同意更名为中小企业发展局，并挂非公有制经济服务局牌子。主要职能为：组织实施全省非公有制经济、中小企业、乡镇企业经济发展战略和中长期发展规划；研究制定扶持非公有制经济及中小企业、乡镇企业的法规规章和政策；提出中小企业结构调整、产业升级的指导意见，指导推动中小企业跨地区、跨行业的交流与合作；推动完善服务体系，参与中小企业发展资金的使用管理，负责乡镇企业统计工作。

（二）领导班子：

局　长：陶兴德 0971－6138763

副局长：马新洲 0971－6151750

　　　　宋积晟 0971－6132830

办公室：0971－6150716（传真）

邮　箱：6151750@163.com

网　址：www.smeqh.gov.cn

宁夏回族自治区非公有制经济服务局

（一）主要职责

1. 贯彻实施有关法律、法规、规章，执行国家和自治区关于非公有制经济和中小企业发展的方针、政策；研究提出自治区促进非公有制经济和中小企业发展的政策建议，牵头拟订配套措施并协调落实。

2. 负责全区非公有制经济和中小企业的宏观指导、综合协调和服务；编制全区非公有制和中小企业经济发展规划并组织实施；监测、分析非公有制经济和中小企业运行情况及发展趋势，发布相关信息。

3. 指导全区非公有制经济和中小企业转变发展方式，推动结构调整优化；促进中小企业技术创新、市场开拓、专业化发展及与大企业协作。

4. 培育非公有制经济市场主体，推进非公有制经济和中小企业集聚集群发展；协调推进全区中小企业服务体系建设和创业基地建设；指导中小企业做好节能减排工作。

5. 提出自治区非公有制经济和中小企业发展专项资金的分配使用意见，并组织实施；协调推动中小企业融资、信用制度建设和经济技术交流合作；协调推进中小企业产权及相关要素市场化建设。

6. 承办自治区人民政府和自治区经济和信息化委员会交办的其他事项。

（二）处室设置

1. 办公室。

负责协调和督办机关日常工作；承担机关文电、会务、机要、档案、信息、宣传、保密、信访、财务和政务公开等工作；承担机关人事工作、机构编制及有关法律事务工作；承担机关重要文件及综合性材料起草工作。

2. 规划发展处。

拟订全区非公有制经济和中小企业发展的战略、规划和政策措施；提出非公有制经济和中小企业发展专项资金年度预算及安排建议；协调指导非公有制经济和中小企业改革发展，推动结构调整优化和特色产业集群建设；承担非公有制经济和中小企业运行情况监测分析和信息发布工作。

3. 企业服务处。

承担推进中小企业服务体系建设相关工作，引导和支持中介机构为非公有制经济和中小企业发展提供服务；协调推进中小企业创业基地和创业街区建设；协调配合建立完善政府、企业、金融和担保机构信贷合作机制，推进中小企业信用担保体系和信用制度建设；协调指导中小企业拓宽融资渠道。

4. 交流合作处。

协调推动全区非公有制经济和中小企业对外交流与合作；协调做好非公有制经济和中小企业人才培训和引进工作；推动非公有制经济和中小企业技术创新支持体系建设；组织开展相关的管理咨询和技术咨询工作；协调指导中小企业做好节能减排工作。

（三）领导班子成员名单

马　波　宁夏回族自治区经信委党组书记，宁夏回族自治区非公有制经济服务局党组书记、局长

马立廷　宁夏回族自治区非公有制经济服务局党组成员、副局长

尤学忠　宁夏回族自治区非公有制经济服务局党组成员、纪检组长

常晋宏　宁夏回族自治区非公有制经济服务局党组成员、副局长

魏继义　宁夏回族自治区非公有制经济服务局党组成员、副局长

（四）对外联系方式及网址

联系电话：0951－5043156

传真电话：0951－5043156

网　　址：中国中小企业宁夏网

http://www.smenx.gov.cn/

新疆维吾尔自治区经济和信息化委员会

2009年6月，根据中共中央办公厅、国务院办公厅《关于印发新疆维吾尔自治区人民政府机构改革方案的通知》（厅字〔2009〕7号），设立新疆维吾尔自治区经济和信息化委员会（自治区国防科学技术工业办公室）（以下简称自治区经济和信息化委员会，自治区国防科学技术工业办公室），为自治区人民政府组成部门，是原自治区经贸委和原信息产业厅的基础上组建的。

根据自治区人民政府《关于印发新疆维吾尔自治区经济和信息化

委员会（自治区国防科学技术工业办公室）主要职责设机构和人员编制规定的通知》（新政办发〔2010〕75号）精神。

（一）主要职责

1. 贯彻执行国家经济和信息化的法律法规和方针政策，提出自治区新型工业化、信息化发展战略和政策建议；制订自治区经济和信息化发展的综合性法规、规章、政策，并组织实施和监督检查；协调解决工业化和信息化进程中的重大问题；推进信息化和工业化融合；推进国防科技工业和军民结合产业发展。

2. 制订自治区经济和信息化发展规划、年度计划并组织实施；根据国家产业政策，制订自治区产

业政策，并组织实施和监督检查；指导自治区产业合理布局和结构调整，促进一、二、三产业协调发展；制订工业和信息产业优化布局、结构调整的政策措施并组织实施，组织协调重点产业调整和振兴规划的制订与实施。

3. 监测分析自治区国民经济运行态势，调节国民经济日常运行；制订经济运行调控目标、政策措施并组织实施；统计并发布相关信息，进行预测预警和信息引导；组织协调解决自治区经济运行中的重大问题并提出政策建议；负责自治区能源保障和重要物资供需平衡有关工作；负责协调油地关系；组织制订并实施现代物流业发展的相关政策措施；负责交通运输综合协调、经济运行应急管理、产业安全和国防动员有关工作。

4. 负责自治区经济和信息化领域各行业的管理，组织拟订行业专项规划、计划、技术规范和标准并组织实施；指导行业管理办公室拟订行业规划和行业法规；指导盐业行业管理；负责自治区有关园区建设管理工作；负责自治区煤电煤化工产业发展工作。

5. 负责自治区工业、信息产业及信息化建设的技术改造、投资工作；制订并组织实施自治区技术改造、投资的有关政策措施；研究和规划技术改造项目投资方向和布局，引导企业、金融机构及社会资金的投向；负责技术改造、投资项目审核上报、核准、备案工作；负责重点技术改造项目招投标活动的监督管理。

6. 组织制订自治区经济和信息化领域技术进步及自主创新的政策措施，推动技术创新和产学研相结合，推进相关科研成果产业化；制订高技术产业中涉及生物医药、新材料、信息产业等规划、政策和标准并组织实施，推动新兴产业发展；负责实施国家重大产业技术开发项目；组织实施自治区新产品开发、新技术推广及鉴定、奖励工作；负责组织协调振兴装备制造业工作，推进重大技术装备国产化，指导引进重大技术装备的消化创新。

7. 推进自治区经济和信息化领域体制改革和管理创新；负责对自治区各类经济成份企业的宏观指导和服务，组织推进大企业大集团战略的实施；制订促进自治区中小企业发展和非国有经济发展的相关政策措施，指导中小企业改革与发展，推动建立完善服务体系及信用担保体系，协调解决有关重大问题；负责自治区经济和信息化领域人员的培训，会同有关部门实施企业智力引进工作；负责组织协调自治区减轻企业负担工作。

8. 负责自治区工业节能减排综合协调和监督管理工作，制订能源资源节约和综合利用法规、规划、政策并组织实施；推进自治区有关循环经济发展；组织协调自治区有关清洁生产和节能环保产业发展工作；负责自治区工业节能执法工作。

9. 负责自治区国防科技工业的管理与协调；负责制订自治区军民两用技术双向转移、军民通用标准体系建设等军民结合产业发展规划、政策并组织实施。负责自治区民爆行业管理；对自治区民用爆炸物品生产、销售依法实施许可和监督管理。

10. 组织拟订自治区电力行业规章，组织执行行业技术规范和标准；负责权限范围内的电力行政执法、监督和行政许可；参与电力体制改革工作；负责制订年度电力行业运行调控目标；组织协调解决电力生产、运营和供应中的重大问题；负责保障重点用电，指导电力调度工作。

11. 统筹推进自治区信息化工作；指导、协调自治区经济社会各领域信息技术的推广应用工作；组织协调国家和自治区重点信息化工程；推进跨行业、跨部门面向社会服务的互联互通及重要信息资源开发利用和共享，协调通信业有关工作；对自治区信息服务市场进行监督管理；推进信息化知识、技能的普及教育。

12. 组织指导自治区电子信息产业的发展；组织推进自治区电子信息产品制造业、软件业、信息服务业的研发、生产；指导自治区电子信息产业基地建设及结构调整工作；组织协调自治区电子信息产业重大专项实施；对自治区电子信息产品市场进行监督管理。

13. 负责归口管理、指导、协调自治区电子政务建设和应用工作；负责指导、协调、管理自治区有关网络与信息安全工作。

14. 负责自治区行政区划内的无线电管理工作；根据授权参与涉外无线电管理工作。

15. 组织指导自治区经济和信息化领域对外经济技术合作、交流及招商引资工作；联系自治区经济和信息化领域社会团体组织，指导其改革与调整；指导有关行业协会、学会、研究会的工作。

16. 负责管理自治区行业管理办公室。

17. 承办自治区人民政府交办的其他事项。

（二）内设机构

自治区经济和信息化委员会（国防科学技术工业办公室）内设机构有办公室、综合处（研究室）、法规处、产业政策处、经济运行局、规划与投资处、科技与装备处、园区管理处、企业处、环境和资源综合利用处、电力处（自治区“三电”办公室）、安全生产处（自治区民用爆炸物品管理办公室）、军工处（军民结合推进处）、原材料工业处、消费品工业处、电子信息处、软件服务业处、信息化推进处、信息安全处、无线电管理处（自治区无线电管理局）、无线电行政执法监督处、经济协调处（行业协会管理办公室）、财务审计处、培训处、组织人事处、机关党委、直属机关党委、监察室（与纪检组合署办公）、离退休干部工作处等29个职能处室。5个行政行业管理办公室、15个直属事业单位及16个派出机构即：（地州（市）无线电管理局）

（三）办事指南

自治区经济和信息化委员会办公地址：乌鲁木齐市友好南路179号

办公电话：0991—4523947

传真0991—4543050、0991—4520676。

（四）领导班子成员名单

胡开江　自治区经信委党组书记、主任

周　超　自治区经信委党组副书记、副主任（厅

长级）

苏国平 自治区经信委党组副书记、副主任（厅长级）

朱 立 自治区经信委党组成员、副主任（厅长级）

王晓宁 自治区经信委党组成员、巡视员、石化行办党委书记、主任

贺晓江 自治区经信委党组成员、秘书长

毕开春 自治区经信委党组成员、副主任（援疆干部）

梁 勇 自治区经信委副主任（援疆干部）

哈丹·卡宾 自治区经信委党组成员、副主任

斯拉因·司马义 自治区经信委党组成员、副主任

彭 季 自治区经信委总经济师

阿不力米提·马木提 自治区经信委巡视员（12月退休）

王明德 自治区经信委副巡视员

王树东 自治区经信委主任助理（挂职干部，12月任职）

大连市经济和信息化委员会（中小企业局）

（一）主要职能

1. 贯彻国家新型工业化发展战略和政策，协调解决新型工业化进程中的有关问题；拟订工业和信息化的发展规划并组织实施；推进产业结构调整和优化升级，推进信息化和工业化融合。

2. 制定并组织实施工业、信息产业的行业规划、计划和产业政策，提出优化产业布局、结构的政策建议，起草相关法规和规章草案；拟订行业技术规范和标准并组织实施；负责工业行业管理。

3. 分析工业经济发展趋势，提出调节政策建议和调控目标；负责日常工业经济的调控；监测分析工业运行态势，发布相关信息，进行预测预警和信息引导；协调解决工业运行发展中的有关问题并提出政策建议；负责工业应急管理、产业安全工作。

4. 承担工业和信息化固定资产投资管理相关工作，提出市级财政性建设资金安排的意见，依照有关规定，管理项目建设和资金使用。

5. 拟订高技术产业中涉及工业和信息产业的规划、政策和标准并组织实施；指导行业技术创新和技术进步；指导企业新产品开发和新技术推广工作；组织实施科技重大项目，推进相关科研成果产业化，推动软件业、信息服务业和工业设计产业等新兴产业发展。

6. 承担振兴装备制造业组织协调的责任；拟订重大技术装备发展和自主创新规划、政策，协调重大专项的实施；推进重大技术装备国产化，指导引进重大技术装备的消化和再创新。

7. 拟订工业和信息化的能源节约和资源综合利用、清洁生产促进政策、规划并组织实施，组织相关重大示范工程和新产品、新技术、新设备、新材料的推广应用；负责组织企业节能监察和合理用能评估、审查工作。

8. 开展工业和信息化的对外合作与交流，依照有关规定，实施工业企业合资合作项目和境外投资项目管理，推进企业开展招商引资、技术引进、国际化经营和开拓国际市场。

9. 依照有关规定，组织制定和实施委（局）属企业改革方案，协调解决改革中重大问题和遗留问题；负责对企业实行宏观管理和指导，规范企业行为；宏观指导企业法律顾问工作；参与指导企业融资工作。

10. 依法行使全市电力、煤炭行业行政管理、行政执法和监督工作；负责经济运行资源保障工作，优化资源配置。

11. 依法行使全市盐业行政管理，负责全市食盐专营、食盐生产企业管理和行政稽查；负责黄金行业管理工作。

12. 负责制定全市中小企业、民营经济发展规划；拟订促进其发展的法规、政策和措施，协调解决发展中的重大问题；指导全市集体企业、乡镇企业改革与发展。

13. 推进全市信息化工作，贯彻国家相关政策并协调信息化建设中的重大问题；指导、协调、促进电信、广播电视和计算机网络融合；指导协调电子政务发展，推动跨行业、跨部门的信息化工程项目建设和重要信息资源的开发利用、共享。

14. 负责信息安全工作，协调推进信息安全和信息安全保障体系建设；指导监督政府部门、重点行业的重要信息系统与基础信息网络（除公共电信网）的安全保障工作。

15. 依照有关法规，管理无线电频率资源，依法监督管理无线电台（站）；依法组织实施无线电管制，协调无线电干扰事宜，维护空中电波秩序；协调处理军地间无线电管理相关事宜。

16. 贯彻执行国家有关国防科技工业的方针、政策；负责军工单位与地方之间的服务协调工作；拟订地方性有关发展国防科技工业的配套政策与法规；协调推进军民结合的武器装备科研生产体系建设。

17. 承办市委、市政府交办的其他事项。

（二）内设机构

根据上述职责，设置26个职能处室。

1. 办公室
2. 综合法规处
3. 财务处
4. 投资与规划处
5. 产业政策处（大连市行业协会办公室）
6. 经济运行处
7. 科学技术处
8. 资源节约和综合利用处
9. 中小企业处
10. 企业发展协调指导处
11. 工业园区项目协调处
12. 国际合作处
13. 电力煤炭处

14. 机械装备处
15. 交通运输装备处
16. 军工处
17. 原材料工业处（大连市履行禁止化学武器公约工作领导小组办公室、大连市黄金管理办公室7.）
18. 消费品工业处（大连市盐业管理办公室）
19. 电子信息产品管理处
20. 半导体产业处
21. 软件与信息服务管理处
22. 信息化推进处
23. 信息安全与网络业务协调处
24. 无线电台站管理处
25. 无线电监督检查处
26. 党委办公室（人事处、机关党委）

（三）领导班子成员

靳国卫　大连市经济和信息化委员会主任、大连市中小企业局局长
刘一丁　大连市经济和信息化委员会书记、大连市中小企业局书记
刘　刚　大连市经济和信息化委员会副主任、大连市中小企业局副局长、大连市国防科工办副主任
毕长泉　大连市经济和信息化委员会副主任、大连市中小企业局副局长、大连市国防科工办副主任
李本海　大连市经济和信息化委员会副主任、大连市中小企业局副局长、大连市国防科工办副主任
刘志凯　大连市经济和信息化委员会副主任、大连市中小企业局副局长、大连市国防科工办副主任
于德虎　大连市经济和信息化委员会装备办副主任
韩　广　大连市经济和信息化委员会副主任、大连市中小企业局副局长、大连市国防科工办副主任
李云生　大连市经济和信息化委员会副主任、大连市中小企业局副局长、大连市国防科工办副主任

网　　址：http://www.jxw.dl.gov.cn/
联系电话：83635164

宁波市经济和信息化委员会中小企业处

（一）主要职责

负责国家中小企业发展专项资金项目工作、市场拓展工作。组织企业参加中小企业博览会、APEC中小企业展览会。指导中小企业制度创新和管理创新工作。做好中小企业信用担保建设工作、中小企业融资环境改善工作、中小企业创业辅导工作。负责中小企业公共技术服务平台和小企业创业基地建设工作、高级工商管理EMBA班相关工作。做好中小企业信用担保机构、中小企业统计、监测和分析工作。

（二）分管领导

宁波市经济和信息化委员会副主任鲁章敖
处　　长：李国奇

厦门市中小企业政府职能部门

（一）厦门市经济发展局

党组书记 局长：柯继安

厦门市经济发展局是厦门市政府下设一级局，内设办公室、综合和法规处、经济运行处、投资和技术进步处、行业处、企业处、能源处、环境和资源综合利用处、生产性服务业处、外经处、市场处、协作联络处、对口支援处、区域经济合作处、人事处、离退休班干部工作处等16个处室，主要职责为：

1. 贯彻执行国家新型工业化发展战略和政策；贯彻执行国家工业领域法律法规和产业政策；起草并组织实施我市有关工业方面的地方性法规、规章；拟订并组织实施全市工业方面的规划、计划、导向目录等政策措施，推动产业结构调整和优化布局；参与拟订全市国民经济和社会发展战略、中长期规划和年度计划。

2. 负责监测分析工业运行态势，并发布相关信息；拟订并组织实施工业运行调控目标、政策和措施；协调解决工业经济运行中的有关问题；建立并组织实施重点行业、重点企业、重点产品运行调度机制和经济运行应急调度机制，建立工业应急体系，健全应急管理、预案防范和培训体系；拟订并组织实施全市重要工业品、重要生产原材料等的调控方案；建立工业企业服务机制；负责煤、电、油、气、运的调度和保障工作。

3. 负责组织实施我市产业结构调整和优化升级，拟订和修订产业结构调整目录的相关内容；指导、协调我市工业企业与央属企业合作；指导、协调与台湾产业对接有关工作；拟订培育发展产业链、产业集群意见和政策措施；统筹、规划、指导、协调全市产业布局及工业产业园区建设。

4. 负责提出工商领域固定资产投资规模和导向，指导工商领域固定资产投资、结构调整工作；组织推动重大工业项目建设；按规定审批、核准、备案全市工商领域的企业投资项目；拟订并组织实施工商领域企业投资项目利用政府资金的政策和使用管理办法；负责编报支持工业企业各专项资金的预算，会同财政部门提出专项资金使用计划和投资计划并组织实施与监督落实。

5. 负责全市电力、煤炭、石油、天然气、新能源和可再生能源等能源的行业管理和监测；指导能源结构调整，逐步推广使用清洁能源，推动工业企业使用天然气以取代现有燃煤燃油锅炉；负责监测分析能源运行情况并发布能源信息；衔接能源生产和供需平衡，协调解决能源运行中的重大问题；培育和监管能源市场；提出能源价格调整建议；负责煤炭等能源产品的应急保障工作；负责成品油流通

的监督管理；负责全市电力设施和石油、天然气管道设施保护的监督管理工作。

6. 负责全市节能监督管理工作，拟订全市节能评价考核办法并组织实施，负责全市固定资产投资的节能评估与审查；组织协调、监督管理循环经济、低碳经济发展工作；组织协调清洁生产促进工作；指导全市资源综合开发和合理利用工作。

7. 负责电子信息产业、装备工业、消费品工业、原材料工业、工业设计等工业领域生产性服务业、计算机信息系统集成、物联网等行业管理工作；承担市重点发展产业和战略性新兴产业培育工作；拟订并组织实施行业技术规范和标准；指导行业质量和品牌工作；协调解决行业运行发展中的重大问题；负责盐业管理，贯彻执行国家有关盐业管理的法律法规和政策规定；负责有关军品管理的职责，承担我市军品生产任务企业的基本建设、技术改造、科研开发、新产品研制等的审核工作；负责促进军工技术转民用的工作。

8. 负责指导和组织工业企业开拓国内外市场，拟订工贸结合的政策，开展工业产品市场分析调研；负责牵头协调全市整顿和规范市场经济秩序工作，参与社会信用体系建设工作。

9. 负责指导、协调和服务民营、中小企业；牵头拟订促进民营、中小企业发展的政策措施；负责建立和完善中小企业服务体系和融资担保体系，组织协调政银企合作；引导和支持企业提升经营管理水平；指导推动企业信用体系建设；负责指导和服务全市乡镇企业的有关工作。

10. 承担有关担保业、典当业的行业管理；受理我市融资性担保机构、典当行的设立与变更申请，负责有关担保业、典当业的日常监督管理。

11. 负责拟订并组织实施企业技术创新、产学研联合的政策措施；指导引进重大技术装备的消化创新；协调指导企业技术创新体系建设，负责组织企业技术中心认定、评价、管理工作；开展工业产品质量控制和技术评价实验室认定；指导和推动产学研联合，组织实施重大产业示范工程；会同有关部门统筹、规划、协调工业化和信息化的融合工作；协调组织市新产品新技术鉴定验收及市优秀新产品奖的评审工作。

12. 负责全市重要工业品进出口管理工作，拟订并实施促进全市工业企业扩大出口的有关政策措施，组织指导地产工业品出口，推动工业企业开拓国际市场；协调解决工业企业进出口过程中的重大问题；指导工业企业开展对外经济技术合作与交流，开展国际化经营。

13. 负责全市机电产品进出口管理工作，拟订扶持我市机电产品进出口的政策措施；组织机电产品出口生产体系建设；负责机电产品招标工作的实施和管理。

14. 负责制定全市国内合作交流工作规划，指导、协调我市有关经济部门和各区及企业开展国内合作交流工作，实施省、市际政府间的经济技术协作计划，协调解决协作中遇到的重大问题；负责国家部委机关、外省市政府在我市设立的办事机构的联络、服务工作；负责指导全市异地商会的筹备和成立工作，对全市异地商会进行业务指导和监督管理；联系全国各地闽商商会，建立对外联络制度；承担市人民政府对口支援工作领导小组的日常工作；协调闽西南五市、闽粤赣十三市区域经济合作办公室工作。

15. 承办市委、市政府交办的其他事项。

办公地点：厦门市湖滨北路61号市府东楼7、8、9楼

邮　　编：361022

联系电话：0592－5054285

网　　址：www.xmjfw.gov.cn

（二）厦门市中小企业管理办公室

根据厦委发［2003］14号文精神和市政府常务会研究意见，为整合政府管理中小企业职能，顺应了中小企业提出的有关政府工作部门协调管理中小企业工作，在市经济发展局增挂“厦门市中小企业管理办公室”（简称中小办）。中小办作为全市负责中小（民营）企业管理工作的机构，根据《中小企业促进法》的有关精神，综合考虑全市贯彻实施《中小企业促进法》的工作进展情况，进一步调动和依托经发局企业处“宏观协调和管理各经济成分企业”的职能，以及直接与工信部中小企业司对口争取国家扶持中小企业发展专项资金等优惠政策对全市中小（民营）企业的扶持。

办公地点：厦门市湖滨北路61号市府东楼九层911室

联系电话：0592—5052399

邮　　编：361022

青岛市经济和信息化委员会
中小企业发展局

（一）规划发展处

职能：拟订促进中小企业发展的政策措施并组织实施；监测分析中小企业发展态势，发布相关信息；提出中小企业发展专项资金年度预算建议，并参与组织实施；推动建立中小企业发展基金；组织实施中小企业成长工程；负责全市中小企业的统计；负责促进小企业发展领导小组办公室日常工作。

电话：0532－85912658 85912657

传真：0532－85912659

网址：www.qdeic.gov.cn

邮箱：85912659@163.com

（二）创业服务处

职能：组织完善中小企业发展的服务体系建设；建立中小企业公共服务平台，为中小企业创业、发展提供政策咨询和信息服务；指导中小企业创新发展，鼓励其参与大企业配套合作；推进中小企业特色产业基地建设和转型升级；推进中小企业信息化建设；参与组织中小企业开展国内外经济技术交流合作。

电话：0532－85912662 85912830

传真：0532－85912830
网址：www. qdeic. gov. cn
邮箱：qd85912662@126. com
（三）领导班子成员
分管领导：董德义 巡视员

深圳市中小企业服务署

（一）主要职责

1. 贯彻落实国家和省、市有关发展中小企业的法律法规和方针政策，配合相关部门拟订发展中小企业的地方性法规、规章与政策。

2. 掌握中小企业运行态势，为相关部门制定调控目标和措施提出意见建议；承担有关信息收集与发布等工作。

3. 促进中小企业发展和建立现代企业制度；根据产业发展政策及投资导向目录，引导中小企业调整产业结构和产品结构，推进技术创新；推动中小企业与大型企业开展协作配套。

4. 协助主管部门与财政部门管理市民营及中小企业发展专项资金和专项基金；负责组织中小企业申报国家扶持中小企业发展的各类专项资金及专项基金。

5. 协调联系行业协会、相关部门及其他机构，推进为中小企业提供融资担保、市场开拓、人才培训、创业创新、科技孵化、信息化应用、技术支持、品牌培育、经营管理以及信息咨询等多方面、多层次的服务体系建设。

6. 协助促进完善中小企业投融资市场，牵头引导和推动中小企业改制上市。

7. 扶持中小企业拓展国内外市场；鼓励和扶持中小企业加强技术进步、信息化应用、人才培育和经营管理等工作。

8. 负责中小企业投诉受理工作，维护中小企业合法权益。

9. 承办主管部门等交办的其他事项。

（二）内设机构：

综合部、上市与融资服务部、监测与市场服务部、创新与创业服务部。

（三）领导班子成员名单：

顾宏伟、杨宇清、冯德崇、李光文。

（四）对外联系方式及网址

地　　址：深圳市福田区新洲路4009号七楼
联系电话：82975925
传　　真：82975804
网　　址：www. szsmb. gov. cn

兵团中小企业服务中心（兵团工业节能服务中心）

兵团中小企业服务中心（兵团工业节能服务中心）（以下简称“中心”），是兵团机构编制委员会2012年6月批准设立，隶属于兵团工业和信息化委员会的正团级差额拨款事业单位，编制4人。中心以社会性、公益性、服务性为基本准则，以为中小企业提供公平、公正、公开的规范服务为宗旨，体现兵团扶持中小企业发展战略部署，有效地协调融资、技术创新、培训、咨询等各类专业服务机构服务于中小企业，发挥兵团中小企业服务中心搭建起的公共示范平台作用，推进兵团中小企业技术进步，转换经营机制，提高经济效益。并且提高兵团工业节能水平和能源利用率，降低企业成本，提高企业竞争力。建立健全中小企业服务体系，为兵团中小企业发展营造良好的氛围，促进兵团中小企业又好又快发展。

（一）兵团中小企业服务中心基本职能

1. 接受兵团委托，对兵团中小企业服务体系建设制定发展规划，提出政策建议。

2. 配合兵团落实有关促进中小企业发展的扶持政策，维护中小企业合法权益。

3. 根据兵团授权，对兵团中小企业服务机构，中介机构进行行业管理，规范服务行为。

4. 沟通中介服务机构与兵团的联系，促进其良好运作和成长。

5. 组织中介服务机构间的交流与协作，指导和促进其开展业务活动，提高服务水平。

6. 组织企业间的交流与协作，实现资源共享和优势互补。

7. 负责对兵团工业重点用能单位实施节能监测，定期上报能源统计报表。编制节能规划，推进工业领域开展合同能源管理，培育工业领域节能服务企业。对工业固定资产投资项目进行节能评估和审查。负责工业节能宣传和培训；开展节能新技术、新产品推广应用。

8. 完成兵团工信委交办的相关工作任务。

办公地点：新疆维吾尔自治区乌鲁木齐市新兴街112号
服务热线：0991－2634280
传　　真：0991－2634280
邮　　箱：btzxqyfwzx@163. com
网　　址：www. xjbtsme. gov. cn

各地中小企业服务机构

北京市中小企业服务中心

中心于2000年12月成立，是北京市经济和信息化委员会直属机构，由北京市财政预算拨款，为北京地区中小企业、民营企业提供政策指导、改制重组、融资担保、创业投资、高管培训、国际合作、专家咨询、企业信息化等全方位服务。

中心设有六部一室：政策指导部、融资担保部、创业投资引导基金管理部、会展培训部、国际合作部、信息开发部和办公室。中心致力于为北京地区中小企业提供政府服务、专业化服务、社会化服务，在三大服务体系建设中务实创新，促进中小企业、民营企业的快速成长。

地　　址：北京市朝阳区工体北路6号
邮　　编：100027
联系电话：010－84018989
传　　真：010－64065056
网　　址：www. BeijingSME. org
E－mail：Bjsme2005@ sina. com

北京市农民就业服务指导中心

北京市农民就业服务指导中心（以下简称“中心”）是北京市经济和信息化委员会直属的全额拨款事业单位，内设企业综合服务部、职业技能鉴定部、就业服务指导部和办公室等4个部门。中心主要面向郊区15万家中小企业（镇村企业），依托区县经信委、乡镇政府、镇村产业基地、技能鉴定站，开展各项公益性服务工作，主要为郊区中小企业（镇村企业）提供经济运行统计分析、企业经营管理者培训、职业技能培训鉴定、用工招聘、政策信息、市场开拓等服务工作。

中心具有人力资源和社会保障部和农业部核准颁发的《职业技能鉴定许可证》，是北京市唯一的农业行业特有工种职业技能鉴定机构，为北京中小企业（镇村企业）职工和非农就业农民开展职业技能培训和鉴定考核，鉴定考核合格者将获国家人力资源和社会保障部、农业部联合颁发的《中华人民共和国职业资格证书》。

中心积极为企业招聘职工和城乡劳动者求职提供公益性中介和信息服务。中心主办的就业信息网（www. jiuyexinxi. cn）为企业发布招聘信息，为劳动者发布求职信息。目前，网站可提供电工、缝纫工、保安、保洁、财务、司机等上百个工种供求职者选择，已经成为北京郊区企业用工招聘和城乡劳动者求职的重要信息来源平台。

地　　址：北京市朝阳区工体北路6号
邮　　编：100027
联系电话：010－85235995（兼传真）
网　　址：www. jiuyexinxi. cn
E－mail：nongminjiuye@ 126. com

北京国融工发投资咨询有限公司

北京国融工发投资咨询有限公司（以下简称“公司”）成立于1994年，注册资本1000万元，法定代表人及董事长石幼文，总经理王建军。该公司是一家国有控股企业，控股股东为北京工业发展投资管理有限公司，占股比例为94%。

公司拥有一支包括注册咨询工程师、中关村科技园区信用评级分析师、注册会计师、注册造价工程师、注册资产评估师、注册房地产估价师、注册土地估价师及高级工程师、高级经济师，各领域专家在内共计67人的专业人才队伍。

公司经营范围：投资咨询；企业资信等级评估、企业财务资信评估、企业固定资产资信评估及其它资信评估、企业固定资产投资、贷款的可行性评估、金融业务咨询、房地产价格评估；编制建筑（含房地产开发）、轻工、机械、商业、旅游、建议书、可研。

公司拥有国家发展改革委批准的甲级综合工程咨询资格，专业涉及机械、轻工、建筑（房地产开发）、商物粮、综合经济、公路、化工、医药、电子、市政公用工程（环境卫生）、节能。可为企事业单位编制项目建议书、项目可行性研究报告、项目申请报告、资金申请报告和评估咨询。公司拥有人民银行批准的企业信用评级资格，可为各企事业单位进行信用评级。

公司受北京市经济和信息化委员会、北京市财政局委托承建和运营北京市中小企业投融资服务平台，为中小企业提供银行融资、风险融资、上市融资等投融资服务。

该公司本着“客观、公正、科学、高效”的工作理念，在科学发展观指导下力争打造出拥有一流的团队和一流的服务的投资咨询公司，为广大客户提供更加快捷和有效的服务。

地　　址：北京市朝阳区慧新东街6号
邮　　编：100029
联系电话：010－57587440
网　　址：www. bjgyrz. com
　　　　　www. bjsidic. com

天津市中小企业生产力促进中心（天津市中小企业发展促进中心）

一、基本情况

天津市中小企业生产力促进中心（天津市中小企业发展促进中心）是天津市中小企业发展促进局直属事业单位。中心以为中小企业“创业、创新、转型、发展”提供全程服务为宗旨，联合多家进驻中心的服务机构，为中小企业在金融、法律、信息、创业、科技创新、市场开拓、人力资源培训、诚信等方面提供全程全方位服务，是加快中小企业技术进步，提高市场竞争能力，打造具有公信力的中小企业服务平台。

二、主要职能

1. 协助政府部门贯彻落实国家和本市中小企业发展的法律法规和方针政策；

2. 整合社会资源，推进并落实天津市中小企业八大服务平台建设；

3. 负责中小企业信息收集和发布，协助主管部门掌握中小企业经济形势；

4. 协调和组织中小企业开展国内外经济技术合作与交流，促进国内外先进技术推广应用；

5. 协助中小企业组织开展各类专项资金申报工作。

三、部门设置

下属四个部门：

综合部：负责人事、行政、财务管理

运营部：负责平台管理、会展服务

培训部：负责企业培训、管理咨询、管理诊断、人才交流

服务部：负责咨询服务、后勤服务、接待服务

四、联系方式

地　　址：天津市河西区洞庭路 20 号陈塘科技商务区服务中心 408 – 7

邮　　编：300220

联系电话：022 – 58689200

天津市中小企业协会

天津市中小企业协会是天津市中小企业经营者及为中小企业服务的机构自愿组成的联合性、非营利性社会团体。前身是天津市乡镇企业协会。2009 年经天津市社团管理部门批准，更名为天津市中小企业协会，现有会员单位 1084 家，接受天津市中小企业发展促进局的业务指导和天津市社团局的监督管理。

协会自成立以来，受到市委、市政府领导同志和有关领导机关的高度重视与关心支持，协会工作得到各界广泛关注和指导。协会本着“搭建平台、服务企业、合作共赢、创新发展”的宗旨，积极配合政府部门开展各项工作，努力维护企业和企业家的合法权益，及时提供信息、人才、教育培训、创业、科技、管理咨询、金融、出国考察、法律等方面服务及交流合作活动，为促进中小微企业成长，保障民营经济持续、快速、健康发展付出了辛勤劳动，受到广泛好评，连续十年（四次）被天津市政府授予“先进社团组织”称号，2011 年在中国中小企业协会、中国企业创新成果案例审定委员会主办的“中国创新成果征集活动”中被评为“中国中小企业创新服务先进机构”，2012 年被天津市中小企业发展促进局授予“天津市中小企业公共服务示范平台”称号。

协会秘书处设会员服务部、人力资源部、联络交流部、信息服务部、咨询服务部等五个职能部门，以为中小企业服务为宗旨，搭建十个平台，开展注重实效的工作和丰富多彩的活动。

联系电话：022 – 24305128

E – mail：tjzxqyxh@ tjzxqyxh. com

传　　真：022 – 24303412 022 – 24220039

网　　址：www. tjzxqyxh. com

天津市中小企业服务中心

天津市中小企业服务中心经天津市人民政府批准设立，于 2001 年 6 月正式成立，隶属于天津市经济和信息化委员会，业务指导单位是天津市中小企业发展促进局，是国家和天津市中小企业公共服务示范平台。

中心秉承公益服务的宗旨，为全市中小企业搭建中小企业公共服务平台。1. 培训服务平台。近三年来培训人员上万人次，培训对象涉及各个行业，培训范围覆盖全市各个区县。2. 法律服务平台。组织法律顾问团为中小企业提供法律咨询服务、法律讲座等，免费发放各类普法资料。3. 管理咨询平台。组织专家入户为企业进行管理咨询服务和日常咨询服务。4. 信息化平台。充分发挥中小企业服务网作用，定期刊登最新中小企业信息，及时登载政府扶持中小企业的政策和措施。5. 对外交流服务平台。为促进我市中小企业对外交流与合作，根据会员及部分中小企业意愿要求，采用多方法、多渠道组织中小企业进行商务考察。

中心基本职能：

1. 向政府有关部门反映中小企业发展情况；

2. 配合政府有关部门落实中小企业扶持政策；

3. 维护中小企业合法权益；

4. 为中小企业创立、生存和发展提供全面的社会化服务；

5. 联系或委托各类社会服务机构为中小企业提供服务等。

中心从事中小企业服务的工作人员均为具有中、高级职称，具备中小企业经营管理实际工作经验的人员。中心广泛联系政府部门、大专院校、科研院所、各类中介机构，具备强大的技术业务后援，能为中小企业提供范围广、层次高、既科学又实用的各类服务。

地　　址：天津市河西区解放南路富裕广场4号楼4门9层
联系电话：022－3235215　022－23235275
　　　　　022－23235276
传　　真：022－23235215
邮　　编：300202
E－mail：tjsme23235215@126.com
网　　址：www.tjsme.com.cn（中国天津中小企业服务网）

天津市城市集体经济联合会

天津市城市集体经济联合会于1992年8月成立，是由多种形式集体经济组织和中小企业及其服务人员自愿组成的联合性、非营利性社会组织，主管机关是天津市经济和信息化委员会。拥有会员企业2000家，理事366人，常务理事93人。

联合会服务团队的主体是志愿服务团，组建了律师服务团40人，管理咨询服务团70人，技术支持服务团35人、创业辅导服务团50人，人才培训服务团30人。让志愿为中小企业服务的专家、企业家和管理者200多人进入服务平台，为会员和中小企业提供“贴紧实际、切实有效”的公益性服务。

联合会设立集体经济法律政策服务热线022－23304892已有10年；编印《中小企业和集体经济适用法律法规政策选编》一年一册，已免费为会员提供10册。

联合会先后创办《联合与创新》、《天津中小企业》、《企业成长》等刊物，先后创办“天津中小企业成长网”、“集体经济创新网”、“企业成长网”，及时传播政策法律、调研成果、典型经验、发展趋势、转型升级、企业文化、团队建设等方面信息。

联合会从2003年开始实施国家和天津市中小企业银河培训项目，10年来，先后举办各类培训班121个，培训中小企业经营管理骨干18000多人次。

联合会从2001年开始对中小企业免费开展政策法律、改革改制及经营管理方面的咨询服务。从2004年开始实施管理咨询服务项目，先后实施了48个管理咨询服务项目。

地　　址：天津市和平区建设路青岛道13号
邮　　编：300040
联系电话：022－23329470　022－23304892
E－mail：tucea@163.com

天津市企业联合会

天津市企业联合会由天津市经济和信息化委员会主管，是天津市政府授权的雇主组织代表。

主要职能：

1. 管理咨询。开展人才测评服务和管理咨询，组织全国管理咨询师报考、劳动关系协调师认证工作。

2. 人才培育。建设企业家、职业经理人培育基地，举办“天津经济大讲堂”活动，承办天津市中小企业培训项目，全年培训近5000人次。

3. 法律维权。推进雇主工作，推进《劳动合同法》和《企业工资集体协商条例》的实施。

4. 管理创新。推动我市企业管理现代化创新成果开发工作，开展优秀企业家评选表彰和天津市百强企业排序及分析工作。

5. 信息服务。举办招商引资说明会、洽谈会，宣传天津工业布局、产业规划、投资环境和政策。

6. 会员服务。建设企业家数据库、联络员数据库、活动数据库，会员管理信息服务系统，使会员管理信息化规范化。

7. 工业旅游服务。加强网络建设，宣传、扩大旅游示范企业影响力，促进企业间的学习和提高，重点培育、开发新的工业旅游示范点。

8. 人才引进。与相关人才服务机构合作，为企业留住优秀人才、引进紧缺人才，用好现有人才提供服务。

9. 宣传出版服务。依托《经营与管理》杂志、《天津企联简报》和天津企联网站，提升企业知名度和影响力。

联系电话：022－23359692　022－23525167
网　　址：www.tjql.org
E－mail：tjpeixunbu@163.com

河北省中小企业服务中心

河北省中小企业服务中心，是河北省工业和信息化厅下属事业单位，为河北省中小企业公共服务平台网络承建单位之一，承担了省级枢纽平台的主要建设任务。中心成立于2003年9月，编制15人，内设办公室、综合服务部、服务协调推进部、培训和职业技能开发部。主要承担中小企业创业辅导、法律咨询、对外合作服务、企业宣传、形象策划、广告制作服务，产权交易服务，教育培训服务和相关技能鉴定等。2007年经省编办批准，河北省中小企业服务中心加挂河北省中小企业培训中心牌子，经国家劳动部批准在服务中心建立河北省乡镇企业特有工种职业技能鉴定站，被农业部确定为“高技能人才金蓝领试点单位”，是国家和省级中小企业公共服务示范平台、河北省民营企业人才培训基地、河北省中小企业法律服务平台，全国中小企业服务联盟核心成员单位。

中心近年来结合基本职能和工作实际，打造了具有自身特色的服务品牌，“订单式”服务被国家工信部评为创新服务奖。中心协调省内外专业服务机构、行业协会、大专院校、知名专家，建立全省中小企业服务联盟，以中小企业服务需求为导向，开展各类公益性服务。以“订单式”服务活动为抓手，通过分层分类的协约式培训、“V”咨询服务、送课下乡、特色职业技能鉴定等独具特色的服务形式，充分满足了中小企业专业化、个性化的服务需求。

联系电话（传真）：0311－87803322
网　　址：www.smehb.cn
地　　址：石家庄市自强路105号
邮　　箱：hbsme@126.com

河北省中小企业信息中心

河北省中小企业信息中心成立于2004年3月，是河北省工业和信息化厅下属事业单位。主要职责是：为中小企业的发展提供技术、项目、物资、设备、资金、人才等信息；建立“河北省中小企业数据库”，调查分析中小企业现状，负责“河北省中小企业网”网站的设计制作及运营维护，建立中小企业信息服务平台，推动企业信息化和“企业上网工程”，为企业提供全方位的信息增值服务；为中小企业提供信息管理与应用的解决方案，提供电子商务、资源整合的窗口。主办的中国中小企业河北网和民企在线电子商务网站是省内中小企业关注度高、访问量大的中小企业综合信息服务平台。

“中国中小企业河北网”（http://www.smehb.gov.cn）是集政府公共服务，非营利机构公益服务和中介机构商业化服务为一体的信息服务网络。为全省各级中小企业主管部门和广大中小企业、民营企业提供政务信息、商务信息，大学生网上招聘，中小企业生产运行监测数据收集与分析，各类供需信息对接，中小企业信息化应用，国际中小企业博览会网上展示和宣传等服务，为推动全省中小企业发展发挥了重要作用。

“民企在线”（http://www.hebmq.com）体现了中小企业电子商务平台为我省中小企业提供大量新的市场机会。通过“民企在线”，企业可以发布自己的产品信息，宣传与企业有关的形象资料；可以加强企业同供应商、客户的联系，收集商品供求信息，提高企业反应能力。通过“民企在线”可将市场需求与销售、采购、生产制造等环节结合起来，使企业管理和业务开支大大降低，提高企业经济效益。

信息发布联系人：高晓莉
联系电话：0311－87906848
E－mail：gaoxl@smehb.gov.cn
QQ：59506041
电子商务、自助建站联系人：王鸿泉
联系电话：0311－87906848；
QQ：405481992

河北省中小企业信用担保服务中心

河北省中小企业信用担保服务中心，是省财政出资设立的专门为中小企业融资服务的政策性融资担保机构，现注册资本金3.55亿元人民币。按照“政策性导向，市场化运作，企业化管理”的经营模式，以支持民营经济、中小企业发展和促进全省信用担保体系建设为宗旨，以信用支撑和资金支持为手段，为符合国家和省产业政策，有产品、有市场、有效益、有发展前景的成长型中小企业提供融资担保，对市、县担保机构进行再担保，为中小企业财务管理、投融资、资信评估提供咨询服务。

担保中心立足政策性融资担保机构职能定位，大力突出政策性、公益性，以低廉的取费为全省中小企业提供优质、快捷的融资担保服务。目前，担保中心与21家银行业金融机构签订了合作协议，协议放大倍数10倍，累计授信超过40亿元，在保责任余额超过18亿元，是省内合作银行最多、资本金放大倍数最高、财政资金杠杆作用发挥最优的融资性担保机构。先后荣获省政府“金融稳定奖”、“金融创新奖”、河北省工信厅“先进集体”、河北省中小企业局“河北省十佳融资担保机构”和“全国最具公信力中小企业信用担保机构”等荣誉称号。

省担保中心在减负让利助力中小微企业发展的同时，严格规范业务操作程序，强化风险把控和防范。从市场营销到项目受理，从项目调查到项目评审，从合同签约到抵（质）押登记，从项目代偿到债权追偿，从后期保障到教育培训，部门分工明确，业务流程规范，责任落实到人。业务操作采取纸质流程、网络流程和银行的流程同时进行，便于及时准确发现问题，提高效率。坚持项目内审和项目外审相结合，充分发挥金融、法律、环保、会计等相关领域专家评委的专业权威作用，极大提升了业务操作的风险把控和防范能力。

在普惠和服务中小微企业的同时，省担保中心贯彻工信厅党组部署的重要工作，分别到全省20余个县开展支持农村和县域经济发展政策的推广和宣传活动，与威县、巨鹿县、曲周县、涞源县、唐山开平区等十几个县区签署了融资担保战略合作协议。

地　　址：河北省石家庄市中华北大街50号军创国际6层
联 系 人：贾保英
联系电话：0311－85366288
网　　址：www.hebdb.com.cn

河北省新技术推广站

河北省新技术推广站是经省编办批准，隶属于河北省工业和信息化厅的事业单位。主要职责是：为中小企业提供各类技术项目信息服务；帮助中小企业研究开发新技术、新产品，负责对成熟技术的推广应用；组织新技术交流与培训；开展技术咨询服务，承担技术创新项目的可行性论证和新技术推广优秀项目的评审组织工作；参与新技术推广计划的制定并组织实施，对国家重点推广的新技术，建立示范点并组织推广工作；提供模具技术服务。

河北省新技术推广站以“技术为本、服务至上”为工作理念，坚持“开拓创新、真抓实干”的宗旨，扎实为全省企业提供多层次、全方位、高质量的专业化技术性服务。2001年和2004年相继增挂了“河北省企业技术创新服务中心”和“河北省中小企业模具技术中心”的牌子，在原来职能的基础上增加了技术成果转让；技术创新项目咨询、论证、鉴定；各类技术服务；模具研发设计、改造、试模和检测等服务内容，具备为中小企业提供综合技术服务、组织技术创新及新产品鉴定的资质和功能。2004年被全国电刷镀协会确定为理事单位，是河北省表面工程协会牵头单位；是国家和省级中小企业公共服务示范平台。

联 系 人：谭明

地　　址：河北省石家庄市桥西区工农路368号

网　　址：www.ctihe.com

联系电话：0311－66030776

河北省电子信息技术研究院

河北省电子信息技术研究院（原河北省电子技术研究所）成立于1972年，2000年转制为科技型国有企业；资产总值1246万元，其中871.5万元为非专项资产总值，科研、办公经营场所建筑面积7014平方米。现有职工人数84名，专业技术人员71名，其中高中级职称的人员占科技专业人员的85%以上，享受国家政府特殊津贴的专家2人，高职以上22人，硕士以上学历15人。

主要从事于计算机应用软件、嵌入式软件模型及算法的研究与应用，企业信息化研究与咨询服务；面向政府部门和中小企业提供信息化建设全面解决方案、技术服务和培训服务、工业自动化控制产品；在电子政务、工业自动化领域具有丰富的项目实施和管理经验；面向食品行业开展食品工业企业开展诚信体系建设服务工作。

研究院是经过国家认定的软件企业和高新技术企业，具有计算机信息系统集成资质、安防设计施工资质，是省内唯一一家经过认定的食品工业企业诚信管理体系建设与评价机构，是河北省“十二五”制造业信息化科技工程组织实施单位，国家信息化测评中心河北省中心也设在我院。

河北省科技厅授予我院“河北省中小企业技术创新公共服务示范机构”，河北省工信和信息化厅授予我院“河北省中小企业公共服务示范平台”和“河北省中小企业公共技术服务平台”。

联 系 人：陈月

联系电话：0311－86956111　0311－85866048

传　　真：0311－85862315

网　　址：www.hebboao.com
www.smeheb.com

山西省中小企业服务中心

山西省中小企业服务中心成立于2002年9月，是经省政府批准设立的为全省中小企业提供公益性、扶持性等综合服务的公共服务机构。为正处级全额事业单位，隶属山西省中小企业局。系国家工信部首批命名的“国家中小企业公共服务示范平台”

中心的主要工作职责：配合政府相关部门贯彻落实中小企业扶持促进政策；反映中小企业的呼声，维护中小企业合法权益；承担山西省中小企业公共服务平台建设运营工作，联系引导各类中介机构为中小企业的创立、生存和发展提供多形式、全方位的服务，在全省中小企业公共服务体系中发挥核心和引领作用。

联系人：张毅斌

联系电话：0351－7031926

传　　真：0351－7031926

E－mail：shw324@163.com sxsme@163.com

网　　址：www.sme8718.com

地　　址：太原市迎泽大街329号山西省中小企业服务平台

内蒙古自治区中小企业公共服务中心

内蒙古自治区中小企业公共服务中心隶属于自治区经济和信息化委员会，系由自治区中小企业局指导的全额拨款事业单位，现有工作人员35名，大专学历及中级职称以上专业技术人员占77%以上。中心内设综合办公室、工业经济研究室、运行监测科、网络信息科、融资担保部、技术创新部、咨询培训科。主要承担自治区中小企业服务体系建立和服务平台网络建设、管理、维护工作；为全区中小企业提供信息、创业、法律、政务、商务、人力资源、技术支持等服务；承担自治区中小企业运行的监测、分析工作。

内蒙古自治区中小企业公共服务中心是内蒙古中小企业公共服务平台网络的龙头平台和枢纽中心。中心定位于打造内蒙古“中小企业之家”，建设国内一流、面向全区中小企业的全程一站式、综合性、公益性公共服务平台网络。主要以集中方便解决中小企业共性需求为重点，成为中小企业反映诉求、掌握信息、学习交流、提升素质，获得公益性服务或非盈利性服务的主要渠道和场所，在内蒙古中小企业局的领导下，积极组织和整合各类社会资源为全区中小企业服务。

中心具有一支结构合理、团结有力、朝气蓬勃的服务团队，有较强的信息采编、发布、交流、技术支撑能力和较齐全的网络设备及现代化办公设施。与相关信息化技术服务机构保持深度合作，具有信息化建设、软件开发、业务拓展、技术创新等全套互联网解决方案和技术支持能力。开展工业经济项目调研工作，建立了由技术、经济、管理、金融等各领域专家近300人组成的专家库，具有较强的项目论证、咨询、管理、技术合作能力。内蒙古中小企业协会、装备制造协会设在该中心，已吸纳400多家会员，协会与有关中小企业咨询管理公司、行业商协会、律师事务所、金融机构等建立了战略合作关系，具备优势服务资源和为中小企业提供政策宣传、信息咨询、投资融资、项目对接、企业诊断、人才培训、合作交流等服务条件。

地　　址：内蒙古呼和浩特市大学西路长兴大厦
联系电话：0471－4967190
传　　真：0471－4962460
网　　址：www.nmgsme.gov.cn
邮　　箱：nmgzxqyggfwzx@126.com

内蒙古工大华远化学工程有限责任公司

内蒙古工大华远化学工程有限责任公司是内蒙古中小企业公共服务平台网络的呼和浩特市“窗口”平台。公司成立于2003年，是内蒙古工业大学校办产业，公司注册资金600万元，现有员工65人，其中专业技术人员占公司从业人数的90%以上。公司内设对外办事大厅、呼叫中心、技术中心、信息中心、综合事务中心。公司专业从事工程咨询、安全评价、能源审计、节能评估、压力容器设计、压力管道设计等综合性工程技术服务工作；可开展信息服务、融资服务、电子商务、创业担保、人力资源、法律服务、技术支持、企业培训、专利咨询等专业服务。2011年，中心被认定为自治区中小企业公共服务示范平台。2013年，中心被认定为国家中小企业公共服务示范平台。

地　　址：呼和浩特市赛罕区大学东路巨海商厦十楼
联系电话：0471－2231171
网　　址：www.hhhtzxqyck.com
E－mail：463265081@qq.com

包头市中小企业服务中心

包头市中小企业服务中心是内蒙古中小企业公共服务平台网络的包头市“窗口”平台。包头市中小企业服务中心成立于2003年，系事业单位，现有从业人员21人，其中专业技术人员18人。中心下设百佳担保公司、百佳典当公司、百佳公物拍卖行、百佳破产咨询中心。百佳典当公司为自治区、包头市典当行业协会会员单位；百佳公物拍卖行为国家、自治区拍卖行业协会会员单位、包头市拍卖行业协会会长单位，获得内蒙古拍卖行业协会评定的A级资质；百佳破产咨询中心依据内蒙古自治区高级人民法院企业破产案件管理人名册（第一批）公告，获得破产管理人资质。中心按照政策性扶持和市场化运营相结合的原则，以包头市中小企业为服务主体，积极开展服务，取得了良好效果。2012年，中心被认定为自治区级中小企业公共服务示范平台。

地　　址：包头市昆都仑区市府西路八号
联系电话：0472－5148265
E－mail：guli_302@yahoo.com.cn

呼伦贝尔市中小企业投资担保有限公司

呼伦贝尔市中小企业投资担保有限公司是内蒙古中小企业公共服务平台网络的呼伦贝尔市“窗口”平台。公司系呼伦贝尔市政府控股的政策性担保机构，成立于2005年，现有从业人员35人，其中专业技术人员占比90%以上。公司以支持中小企业和非公经济发展为工作出发点，在发展担保融资主业的基础上，适度扩大业务服务范围，创新服务内容，完善服务机制，增强服务功能，为中小企业提供融资、技术、信息服务。目前，已形成以担保贷款为主业，以信用评级、产权交易、风险投资、咨询培训、信息化服务与电子商务应用为有效补充的中小企业服务系统。公司被认定为国家级和自治区级中小企业公共服务示范平台。

地　　址：呼伦贝尔市海拉尔区海东工业园区
联系电话：0470－2218770
邮　　箱：yrs@hlbedb.com

通辽市工业经济技术服务管理中心

通辽市工业经济技术服务管理中心是内蒙古中小企业公共服务平台网络的通辽市“窗口”平台。中心隶属于通辽市经济和信息化委员会，系事业单位，现有职工71人，其中专业工程技术人员44人。中心是以应用开发研究、中小企业培训服务、工程咨询、技术服务为主的专业服务机构，具备工程咨询国家甲级资质，能源审计、节能评估、清洁生产自治区级资质，开展了工业经济、工业技术、节能监察、节能监测、节能技术、清洁生产、工业经济信息网络建设、机械设计、自动化设计等技术服务、中小企业培训服务及编制发展规划、项目建议书、项目可行性研究报告、项目申请报告、项目资金申请报告、项目评估咨询等咨询服务。2007至2009年，在中国企业创新成果（案例）评选中，连续3年被评为“促进中小企业创新发展成果显著中介机构”。中心承办了通辽市中小企业网（www.nmtlsme.com）、内蒙东部地区节能网（www.nmdb.jnw.com）。成功举办了中小企业经营管理人员培训班、能源管理师培训班、清洁生产审核师培训班及下岗职工技能培训班等一系列培训。近几年共服务中小企业439家，完成项目可研和节能专篇160项，开展了14家企业的能源审计工作，完成了50个固定资产投资项目节能评估报告和节能评估报告，自动化技术服务8项，清洁生产审核15项，为企业在节能、减排工作上提出并实施各类方案310余项。2011年，中心被认定为自治区级中小企业公共服务示范平台。

地　　址：通辽市科尔沁区东顺路73号
联系电话：0475－6399863
网　　址：www.nmtlsme.com
E－mail：tladw@sina.com

鄂尔多斯市中小企业服务中心

鄂尔多斯市中小企业服务中心是内蒙古中小企业公共服务平台网络的鄂尔多斯市“窗口”平台。中心隶属于鄂尔多斯市中小企业局，系全额拨款事业单位。中心成立于2012年，现有员工28人，其中专业技术人员26人。内设综合服务部、金融服务部、信息服务部、创业服务部、管理咨询部。中心相关资质健全，可从事QMS质量管理体系认证、OHSMS职业健康安全管理体系认证、HACCP食品安全体系咨询认证、Q/E/OHSMS体系认证、Q/H/卫生注册体系认证、Q/HACCP/有机体系认证、全程管理咨询、环境体系咨询、安全体系咨询、绿色食品咨询、企业规范化管理体系解决方案、QS认证咨询，具备可行性研究报告编制资质、企业能源审计报告和节能规划编制资质、安全预评价报告编制资质、清洁生产审核报告编制资质、环境友好企业咨询、上市公司环境核查资质、会计报表审计资质、企业资产评估资质、企业整体经济效益评价。先后荣获了中国十大创意策划机构、2011年度著名策划机构、2010中国十大创意策划专家等荣誉称号。中心为中小微型企业提供服务咨询热线、法律援助、审计验收、知识产权保护、项目可行性研究、环评、安评、能评报告、节能检测、银企对接、融资担保、企业上市前期咨询、电子商务、信息服务、域名注册、网站服务、网络广告、软件开发、技术研发合作、市场开拓、中小企业经验交流、“品牌培育”项目、各类认证咨询、人力资源管理咨询、财务咨询、市场营销策划、整合品牌推广等服务，是鄂尔多斯市服务中小微企业的主渠道。

地　　址：鄂尔多斯市康巴什新区市政府政务服务中心三楼
联系电话：0477－8588158
网　　址：www.ordoszxqy.com
E－mail：jwqye2008@163.com

乌兰察布市中小企业公共服务中心

乌兰察布市中小企业公共服务中心（乌兰察布市项目咨询论证办公室）是内蒙古中小企业公共服务平台网络的乌兰察布市“窗口”平台。中心隶属于乌兰察布市经济和信息化委员会，系全额拨款事业单位，现有从业人员20人，其中专业技术人员占比达90%。中心可为乌兰察布市中小企业提供项目咨询论证、项目建议书编制等服务。目前，服务中心已引进各类中介机构15家，在服务功能方面已初具规模，在为中小企业搭建融资平台、项目咨询论证、环评能评、法律咨询等方面成效显著。

地　　址：乌兰察布市集宁新区乌兰察布西路
联系电话：0474－8321642
网　　址：www.wlcbjxw.gov.cn
E－mail：qyk8321642@163.com

赤峰市中小企业服务中心

赤峰市中小企业服务中心是内蒙古中小企业公共服务平台网络的赤峰市“窗口”平台。中心成立于2010年，为非盈利性社会化服务组织，具备独立法人资格。中心注册资金6.3万元。目前拥有工作人员20名，其中管理人员5名，大专及中级以上职称人员占16名，另有外聘专家41名。中心内设综合部、信息咨询部、技术项目部、专家顾问部和网络信息部。中心承办了中国中小企业赤峰网（www.smecf.gov.cn），建立了赤峰市中小企业的信息档案，可协助主管部门监测、分析中小企业经济运行态势，为中小企业提供创业扶持、融资担保、技术支持、信息咨询、安全评价、能源评价、市场开拓和人才培训等社会化服务。中心组织中小企业参加了国际中小企业博览会，搭建对外交流平台；与银行签署了合作协议，开展银企座谈会、推介会，累计向金融机构推荐优质融资企业120多家，服务企业670余次；组织专家对赤峰市中小企业提供行业和专业技术咨询服务共270多次，通过专家巡诊等形式免费为中小企业解决21项技术难题；举办了中小企业培训班，对236名中小企业管理、技术、营销等从业人员进行了培训，服务效果显著。2012年，中心被认定为自治区级中小企业公共服务示范平台。

地　　址：赤峰市新城区
联系电话：0476－8288981
网　　址：www.smecf.gov.cn
E－mail：cfzxqy@163.com

内蒙古广电网络资讯传播有限公司

内蒙古广电网络资讯传播有限公司是内蒙古中小企业公共服务平台网络的“窗口”平台，系经自治区广电局批准成立的国有控股企业。公司成立于2008年，注册资金300万元，办公场所800平米，现有专业技术人员36人。公司下辖综合部、财务部、编播部、市场部、培训部，拥有包头、赤峰、通辽、乌兰察布4个盟市工作服务站。公司内部制度完善，财务制度健全，有较规范的信息发布管理办法及相关服务流程。公司拥有广播电视经营制作许可证、文化经营许可证、境外节目服务安装许可证、数据广播、电视购物运营批复文件、内蒙古首批中小企业公共服务平台批复文件等相关资质。公司以覆盖内蒙古地区13，200多公里的广播电视光纤干线网为依托，通过“阳光视讯”品牌的三个图文信息频道及采用遥控器点击查询的资讯平台，为全区320万有线数字电视家庭用户提供政务和生活服务资讯的多媒体资讯平台。

2012年4月，利用内蒙古有线数字电视62频道开办了内蒙古中小企业公共服务频道。与北京、上海、杭州等地的培训类节目供应商共同开展中小企业电视培训活动；与自治区人力资源保障厅、自治区工商局、自治区地税局、自治区经信委、内蒙古电视台、内蒙古日报社、北方新报、北方网络电视台、手递手杂志、内蒙古人才网、呼和浩特人才交流中心等单位合作开展中小企业政策解读、中小企业访谈、中小企业政策法规的宣传活动。目前，已开办了中小企业资讯、中小企业动态、中小企业培训大讲堂、政策解答、园区企业风采、精彩内蒙古、奋斗等栏目，成为内蒙古乃至全国唯一利用有线数字电视专业频道开展中小企业培训、宣传、节目制作、播出的专业化窗口平台单位。截至2012年底，公司利用数据广播信息平台，面向全区中小企业和个体工商户发布各类服务资讯130万条，累计播出中小企业培训类节目2485小时，远程培训30万人（次）；开展中小企业负责人管理培训3次，培训300人（次）。参与拍摄的工业园区银企对接6次。2011年，公司被认定为自治区级中小企业公共服务示范平台。

地　　址：呼和浩特市兴安北路88号
联系电话：0471－6607977
网　　址：www.96066.tv
E－mail：tvgdxx_chen@163.com

吉林省促进中小企业发展服务中心

吉林省促进中小企业发展服务中心是2009年3月10日经省编委批准设立的副厅级建制全额拨款事业单位，是政府政策扶持的公益性的大型综合服务机构，隶属于吉林省工业和信息化厅。现有事业编制60人。内设6个县处级部门，即综合部、融资服务部、创业服务部、技术服务部、市场服务部、管理咨询与维权部。中心集聚一批法律、经济、管理、计算机、英语、会计等专业人才，拥有一支高素质、专业化的服务团队。为广大中小企业提供创业、融资、人才、技术、信息、市场、咨询和维权等综合服务。中心的主要职责是：

一、协助主管部门贯彻落实国家和省有关促进中小企业发展的法律法规和方针政策；

二、负责开展创业服务，即整合社会资源，提供创业咨询、创业培训、创业指导、创业孵化和创业代理等服务；

三、负责开展融资服务，即整合社会资源，提供融资咨询、融资策划、贷款担保、银企保对接、上市咨询与培育、多渠道融资与完善投融资市场、信用征集与评价等服务；

四、负责开展人才服务，即整合社会资源，提供人才开发、创业者和企业经营管理者培训、人才培育、人力资源配送等服务；

五、负责开展技术服务，即整合社会资源，构建中小企业公共技术服务平台，提供技术设计、研发、试验、检测、咨询、培训、产学研合作、科技创新、技术改造、科技成果转化与应用等服务；

六、负责开展信息服务，即负责中国中小企业吉林信息网建设，提供政策、市场等各类信息的采集、分析、加工、传播和企业信息技术支持等服务；

七、负责开展市场服务，即提供展览展销、贸易洽谈、产需衔接、国内外经济技术交流与合作等市场开拓服务；

八、负责开展管理咨询服务，即整合社会资源，提供管理咨询、管理诊断、管理创新等服务；

九、负责开展维权服务，即整合社会法律资源，提供法律咨询、法律顾问、法律维权、法律援助等服务；

十、承担全省中小企业服务联盟秘书处工作；负责对全省市、县两级中小企业服务中心的业务指导。中心系全国中小企业服务联盟执委会副主任单位，组建伊始即坚持以服务企业、促进发展为宗旨，坚持高起点起步、高标准要求、高效率工作、高质量服务，努力打造全国一流的公益性的综合服务机构。

对外联络：综合部联系人：张东武
联系电话：0431－81151161、138431113
传　　真：0431－81151159/81151161
E－mail：cjfwzx@126.com
地　　址：长春市朝阳区建设街2838号
邮　　编：130021
网　　址：www.smejl.gov.cn）

黑龙江省中小企业服务中心

一、中心情况简介

黑龙江省中小企业服务中心（加挂黑龙江企业技术创新中心牌子）隶属于黑龙江省工业和信息化委员会，是财政全额预算拨款公益性事业单位，按处级事业单位管理，核定编制15名。办公地点分别在黑龙江省政府第二办公区和哈尔滨市宣化街412号，使用面积820平方米，其中办公用房9间（180m^2），会议室1间（60m^2），服务大厅580m^2。现有工作人员23人，其中：正处级和副处级各1名，正科级干部9名，副科级干部1名，一般干部3名，聘用人员8人。具有正高级职称5人，副高级职称6人，中级职称9人，初级职称2人。博士1人，研究生学历6人，本科10人，大专5人。

二、主要承担的工作：

（1）在全省范围内推广应用和实施国家级重大新技术，指导企业开展重大的新技术推广，接受政府和有关部门的委托整合社会资源为企业技术创新提供支持。

（2）利用我中心“黑龙江省技术创新网”，加强产、学、研之间的联合，促进科研成果向生产力转化，为企业提供政策法规，科技成果，技术需求，企业管理，市场营销，行业发展等信息服务。

（3）建立了“黑龙江省企业资源库”和“黑龙江省科技人才资源库”。以省内外高校、科研院所、大中型企业技术研发中心的专家、教授和科技人员为依托，成立了专家咨询委员会，为企业解决各种难题。

（4）为中小企业提供各种有效服务，如开展工业设计、技术研发、知识产权保护、信息化应用、产品性能和质量检测等工作；为企业提供各种信息服务。

（5）组织承办全省车用乙醇汽油推广使用工作。主要负责乙醇汽油宣传工作；组织技术培训和咨询服务；统计分析乙醇汽油的使用情况；协助工商等行政执法部门对市场运行进行监管；协调乙醇汽油在销售和使用过程中出现的相关问题。

（6）受省工信委委托开展全省优秀新产品评审工作，每两年组织一期评审工作，目前，已完成4期评审工作。

（7）开展全省企业技术工程中心的评审认定工作，协助委科技处对全省企业技术工程中心进行管理。

（8）协助省工信委开展黑龙江省中小企业科技成果推广应用奖评审工作。

三、联系方式和网址

联系人：周大伟

联系电话：0451－82513238

传　　真：0451－82513238

E－mail：zdw29@163.com

网　　址：www.hljeis.com.cn

黑龙江省中小企业技术创新服务中心

一、单位基本情况

黑龙江省中小企业技术创新服务中心（原黑龙江省乡镇企业技术开发中心）是1984年由原国家科委和黑龙江省编委批准成立的，为中小企业提供公益性服务的财政全额拨款的事业单位。按处级事业单位管理，核定编制15名，实有在编14人。下设3个部门：综合部、网络信息部、培训鉴定部。其中：高级技术人员4人，中级技术人员5人，初级技术人员和工勤人员5人。办公地点在黑龙江省工信委第四办公区大楼二楼，办公室7间，办公场所300多平方米。

二、单位目前承担的主要工作

（1）网站信息服务工作。以中国中小企业黑龙江网（www.smehlj.gov.cn）为龙头，市（地）、县（区）分网为支撑，骨干企业网站为网点，面向全省中小企业、非公有制企业以及中小企业服务机构为重点服务对象的政府公益型信息网络平台。

（2）中小企业生产运行监测平台工作。2009年11月，按照国家工信部中小企业司关于建立中小企业生产运行监测平台的部署、受省工信委委托，黑龙江省中小企业技术创新服务中心承担全省中小企业生产运行监测数据收集、平台管理和数据录入工作。

（3）全国农产品（大豆）加工预警工作。2008年，经农业部乡镇企业局批准，中心成为全国农产品（大豆）加工预警项目承建单位。为农业部农产品加工所按时提供准确的大豆加工企业预警信息，为农产品加工企业提供及时的市场走势及价格浮动等信息。

（4）技术推广和咨询服务。一是开发技术交流服务系统，为技术项目供求双方搭建平台。开发建设中小企业新技术新项目数据库，建立技术成果网上交易平台。二是积极开展科技成果推广服务，利用宣传资源优势，采取网络发布、开办和参加展会、搭建展厅等各种方式为企业提供科技成果推广服务，促进产学研对接。三是整合资源，积极开展技术咨询服务。联合大专院校、科研院所，组建专家组，根据企业实际需求为企业提供各种项目技术咨询服务。

（5）职业技能培训鉴定工作。2004年经农业部乡镇企业局批准建立黑龙江省中小企业职业技能鉴定站，中心为原国家劳动部核准的22个农业工种五个等级进行职业技能鉴定。

三、联系方式

联系电话：0451－53630946

　　　　　0451－53637478－19

传　　真：0451－53630946

E－mail：53637478@163.com

网　　址：www.smehlj.gov.cn

鹤岗市中小企业服务中心

鹤岗市中小企业服务中心是按照国家工信部和黑龙江省工信委的总体要求，借鉴先进地区的经验和做法，结合鹤岗市中小企业实际，经市政府批准成立的市级综合性服务机构。中心定位于“鹤岗市中小企业之家”，面向全市中小企业提供一站式综合性服务，重点在“小企业催生、保姆式服务”两个方面发挥作用，以补充和完善各职能部门为企业服务缺失和断层问题。是我市集中解决中小企业共性需求、获取信息、提升素质、融资担保、人力资源、技术支持、法律服务等综合性服务平台，为全市中小企业平稳快速发展起到助推作用。

一、基本情况

鹤岗市中小企业服务中心成立于2012年8月，是经市政府批准设立的综合服务性事业法人单位，位于鹤岗市南山区铁西路，隶属于市工信委。服务中心平台面积800平方米，其中：办公区300平方米，服务大厅内设培训中心及信息服务、融资服务、创业服务、投资合作、法律援助、政务服务等6个窗口和综合办公区。培训中心设有投影仪配套的音响设备，中心门前设有条形滚动字幕式电子显示屏，一楼大厅和6楼大厅设有大型电子显示屏等，办公设施配套齐全。

二、主要职责

（1）贯彻执行国家和省有关中小企业和非公制经济（以下统称为中小企业）的法律法规和方针政策；指导、服务中小企业；研究提出扶持全市中小企业发展的政策，起草有关中小企业的地方性规章草案。

（2）贯彻执行国家及省的产业政策，研究拟定全市中小企业的发展战略和发展规划，指导和推进全市中小企业产业结构的调整，指导全市中小企业发展园区建设。

（3）监测、分析、预测全市中小企业运行态势，编制并组织实施中小企业近期发展调控目标和措施，协调解决中小企业发展中的重大问题。

（4）指导全市各类中小企业的改革、改组、改造，推进现代企业制度的建立；指导中小企业融资上市工作；促进建立和发展中小企业产权及相关要素市场，指导中小企业的股份制改造。

（5）对全市各种经济成份的中小企业实行宏观指导、协调和服务，规范企业行为；研究提出中小企业技术进步的政策，指导中小企业技术改造和新技术、新设备、新产品开发等工作；建立完善中小企业技术创新支撑体系，指导中小企业创新基地建设，推动中小企业信息化工作；参与指导、管理民营科技企业，向有关部门推荐、申报符合资格认定条件的民营科技企业和科技型中小企业创新基金项目。

（6）研究提出改善中小企业融资环境的政策措施，协调解决中小企业融资的有关重大问题；提出政府扶持中小企业资金的筹集、管理、使用建议，负责市级中小企业发展基金和市级财政对中小企业扶持资金的管理使用，并向有关部门推荐、申报其它相关资金项目。

（7）指导全市中小企业经营管理人员和职工的教育培训及人才、智力引进工作；指导全市中小企业外事、外经、外贸工作；组织中小企业开展国内外经济技术交流与合作；指导中小企业外资引进、利用工作。

（8）指导中小企业服务体系建设，建立和完善创业辅导体系，改善创业环境；协调落实中小企业获得政府采购份额的有关工作。

（9）配合有关部门做好中小企业环保节能、环境监测、安全生产、劳动用工、职业卫生、质量管理、社会保障等工作。

三、内部机构及职能

服务中心下设“六部一办一中心”，即信息服务部，融资服务部、人力资源服务部、创业服务部、交流合作部、政务服务部、法律咨询服务部、综合办公室和培训中心。

1. 信息服务部

负责建立项目库，推介专家团为中小企业提供国家、省、市重点扶持项目申报系统的技术支持和服务，推介重点支持项目，为中小企业开发项目建设提供前期市场预测服务；负责设立中小企业服务热线，开展政策发布、咨询解答、企业投诉等服务工作；负责建立企业信息化体验中心，系统介绍各类信息化技术和产品，普及相关信息化技术，搭建信息化和产品供需桥梁。

2. 融资服务部

负责帮助企业拓展融资渠道，策划融资方案，寻找融资机构，协助融资谈判，落实抵押、质押或担保条件，实现融资贷款；负责为中小企业提供专业化的融资顾问、财务顾问、管理顾问服务；其他融资业务。

3. 人力资源与创业服务部

负责开展各类人员工培训工作；负责组织企业进行用工招聘和人才库建设工作。

负责为中小企业提供有关项目建设前期咨询、立项和相关行政许可的申报，指导企业编制项目可研，定期发布工业和信息化投资指导目录和项目信息；负责企业入驻创业基地工作；为中小企业提供创业辅导、管理咨询、催生小企业等智力服务。

4. 交流合作部

负责发布技术供求信息，开展产学研交流活动。负责建立中小企业之间的技术交流、对接、合作平台，建立以对俄贸易为重点的中小企业经贸合作服务平台。

5. 政务服务部

负责发布政策信息，受理中小企业政策咨询和投诉求助，组织政企恳谈。负责与纪检监察部门联合组织“中小企业评议涉企部门”活动，优化经济发展环境。

6. 法律咨询服务部

与司法局合作，为中小企业提供民商经济纠纷、合同争议、知识产权保护法律咨询服务，优惠帮助中小企业维权和诉讼服务。

7. 综合办公室

负责综合协调本单位日常工作，负责本单位文电、会务、督查、档案、机要、信访、提案、保密、保卫、行政、后勤等工作。

8. 培养中心

根据服务窗口和实际工作需要，中心设主任 1 人，工作人员 22 人，大专以上学历为 100%。

四、发展目标

以电子信息技术为手段，以网络为平台，以知识管理为核心，有效整合各类社会资源，全面建设服务于中小企业的网络工作平台。为广大中小企业提供政策法律和技术经济信息咨询，项目合作服务，融资担保服务，国际交流/合作服务、人才培训/招聘、信息化建设、管理咨询诊断、新产品设计开发、市场开发/推广等信息资源和业务服务，建成具有综合性、开放性特点的一站式综合性信息服务系统。

将服务平台打造成贯彻执行国家及省、市关于中小企业的发展方针、政策和法律法规的中心；打造成研究企业发展战略、发展规划，研究企业发展中的问题并提出相应对策、建议和措施的中小企业之家；打造成推动全民创业，促进扩大就业，提供融资服务，改善企业运行质量，提供法律援助，保护企业及职工合法权益的职工活动之家。切实为企业解决实际问题，让企业得到实惠，最大限度地发挥服务平台的作用。

五、服务基础条件

1. 服务场地

为满足中小企业快速发展的需要，按照国家和省工信委的要求，2012 年鹤岗市中小企业服务中心承建了中小企业服务平台项目，项目已于 2012 年 8 月完工并运行。平台服务场所面积 800 平方米，其中服务大厅及培训室 500 平方米，办公区 300 平方米。服务大厅设立六个服务窗口，即信息服务，融资服务、创业服务、投资合作服务、政务服务、援助诉求服务、综合办公室。多功能培训室可容纳70人进行培训。

2. 服务设施

购置安装“窗口”服务所需的软、硬件设备59台（套）。主要用来满足网络接入、信息查询与发布、项目发布、产品展示、商务交流、培训等服务。

3. 人员设置及人员结构

主 任1人、工作人员22人。

年龄结构：30岁以下3人，占12%人；30岁以上的8人，占32%；40岁以上的6人，占24%；45岁以上的8人，占32%。

知识结构：大专以上学历100%。

4. 合作资源

服务中心以不同的形式与相关中介机构合作，有6家金融机构、9家律师事务所、5家会计师事务所分别与中心鉴定合作协议。遇到重大项目，还可以咨询鹤岗市专家顾问组。除此之外，还广泛联系政府部门、大专院校、科研院所等，中心具备强大的技术业务后援。服务中心不仅拥有一支高级的管理人才和专业的技术人才队伍，并且有完善的激励机制，保证了服务中心运营发展的长期性和稳定性，为全市中小企业提供优质、高效的综合性服务。

齐齐哈尔市中小企业服务中心

齐齐哈尔市中小企业服务中心，是经齐齐哈尔市政府正式批准成立的事业单位，隶属于齐齐哈尔市工业和信息化委员会，是为中小企业、微企业及社会各界人士提供公益性服务的政府机构。

服务宗旨：整合一切资源，为中小企业提供全方位服务。

业务范围：信息服务、人力资源、融资担保、政府服务、交流合作、法律咨询援助、中介服务、扶持项目咨询、创业指导、商务代办、会展服务、企业并购、专家服务、项目对接等服务。

齐齐哈尔市中小企业服务中心分为服务窗口和办公场所两部分，服务窗口设在齐齐哈尔市党政办公中心的政务大厅内，包括：服务窗口和会议中心；办公场地包括：中心人员办公室和中心机房，主要有主任办公室、副主任办公室、办公室、财务室、档案管理室、信息处理部、技术支持部、金融服务部、综合业务部、外联部、培训中心等。中心实行主任负责制，设有主任1名、副主任1名、其他工作人员多名，均为大学以上学历。

在市委市政府的指导下，在市工信委的具体领导下，齐齐哈尔市中小企业服务中心联合政府相关部门，整合社会服务机构，搭建综合性服务平台，以市场化运作和信息化保障为手段，重点突出对中、小、微企业及社会各界提供服务的持续性、准确性、全面性。在企业的创立、发展、壮大的每个阶段，提供公益、免费的帮扶服务，推动中小企业的健康、快速发展，提升企业竞争力，帮助企业解决发展中的瓶颈，促生更多新企业，推动中、小、微企业成为我市经济发展中的重要力量。

佳木斯市中小企业公共服务中心

佳木斯市中小企业公共服务中心是经市政府批准成立的综合类公益性事业单位，定位于“中小企业之家”，面向全市中小企业提供一站式、综合性服务平台。按照开放性和资源共享性的原则，为中小企业提供信息查询、技术创新、融资担保、政策法规、管理咨询、创业指导、市场开拓、人员培训和农机协作配套等服务，是集中解决中小企业共性需求的综合性服务中心。按照开放性和资源共享性的原则，为佳木斯市区内以及所辖十个县（市）区的中小企业提供信息查询、技术创新、融资担保、政策法规、管理咨询、创业指导、市场开拓、人员培训和农机协作配套等服务，是集中解决中小企业共性需求的综合性服务中心。

服务功能：佳木斯市中小企业公共服务平台建设以“政府引导、无偿服务、市场运作”为发展思路，最大限度地发挥政府服务功能和商业服务功能作用。在组建初期突出重点，按照总体规划、分阶段实施的原则，先行启动“信息网络、融资担保、人力资源、催生创业、农机协作、政务窗口、法律咨询”7个服务平台和18家中介服务机构，并逐步向“9+1”服务平台领域扩展，形成“以服务中心为主体，以中小企业协会和入驻中介部门为两翼，以各职能部门联动为助推”的多角度、多方位、多层次的运营模式。

主要职能：集中解决中小企业共性需求，中小企业反映诉求、获取信息、学习交流、催生企业、提升素质、融资担保、人力资源、技术支持、政务窗口、法律咨询等综合性服务，逐步建立超市式、全过程、系列化的服务体系平台，与有关部门联系向全市中小企业推介金融服务、创业指导和开展各类专业技术人员的培训服务，服务中心将成为企业家与政府的桥梁、企业与市场的纽带，为全市的中小企业健康发展起到助推作用。

需求服务程序：企业或创业者可以通过电话、书面和网络申请需求服务，本中心接到申请后协调办理登记服务手续，程序简便、快捷。

从事中小企业服务的26名工作人员均为大学以上学历，组成了一支高级的管理人才和专业的技术人才队伍。服务中心还广泛联系政府部门、大专院校、科研院所、授权投资主体等，具备强大的技术业务后援，为全市中小企业提供优质、高效的综合性服务。

伊春市中小企业服务中心

伊春市中小企业服务中心，成立于2005年1月20日，是隶属于伊春市工业和信息化委员会科级事业单位，单位性质为全民所有制事业单位，单位地址伊春市新兴西大街（伊春市行政服务中心一楼）。伊春市中小企业服务中心是伊春市中小企业综合性、公益性服务机构，现有人员23人，其中管理人员3人，技术服务人员20人。其中从事中小企业信息化服务技术人员、大专及中级以上职称人员19人，占全员比例78.3%以上。中小企业服务中心现在服务场所，配套条件包括交通、供电、供热、通讯、通风、消防、环保、国际互联网络服务平台等设施条件齐备。

伊春市中小企业服务中心现有办公及服务场所500平方米。服务中心实行主任负责制，设主任1人、副主任2人、高级专职网管1人，专业服务工作人员20人。中小企业服务中心现下设企业策划服务部、培训部、信息服务部、法律咨询和服务部、产业技术公共服务部，各业务部门负责相应服务业务。

项目实施前，伊春市中小企业服务中心依托伊春市工业和信息化委员会网站，伊春市行政服务中心网站，承担伊春市行政管辖区内的中小企业服务网络业务，到目前为止，为全市中小企业提供融资、信息等各项窗口服务100次，服务企业13000户，服务人数26000人次，为中小企业协调解决融资贷款累计8.5亿元，有力促进了项目建设的进程。

伊春市中小企业服务中心是不以营利为目的窗口单位，可以为全市中小企业提供各项法律咨询、政策、技术等方面的综合服务，是伊春市政府指导联系和推动伊春市中小企业技术创新工作的纽带和桥梁。为促进全市中小企业的发展开辟了新的服务领域和强有力的支持。

目前伊春市中小企业7.9万户、规模以上企业183户和八大工业园区企业93户，伊春市中小企业和规模以上企业的创业和发展亟需解决整合服务资源、畅通信息渠道、改善经营管理、提高发展质量、增强市场竞争实力、实现创新发展等共性需求，需要在政务、创业、人力资源、信息来源、企业发展、创新与合作、财经服务、法律咨询和服务、金融、市场发展和公共技术支持等公共服务方面提供直接、全面、优质、免费的综合服务。

目前，伊春市为中小企业和规模以上企业提供综合服务的机构较少、能力较弱，而且没有专职的中小企业窗口平台。伊春市中小企业服务中心只有通过市工信委、伊春市行政服务中心、市科技局等网站，扶持市内少数企业，这些信息平台主要为规模以上企业提供研究开发等技术类服务，面向中小企业开展多方位、多种类的综合性服务还很不够。

伊春市中小企业窗口平台的建立，将极大地解决伊春市中小企业发展中的管理升级、产业升级和效益升级的问题，解决中小企业发展的难题，如企业管理、人才招聘、企业认证、专利代理、科技成果推广、工程项目咨询、财务会计审计、产品检测和计划统计等方面的实际问题。

“十二五”期间，是实现全面建设小康社会目标承前启后的关键时期，是深化改革、加快转变经济发展方式的攻坚时期，也是工业和信息化发展的加力提速期。加速建设中小企业窗口平台，对于保持全市工业快速发展的良好态势，提升工业发展水平，构筑现代产业体系至关重要。按照科学发展观和新型工业化的要求，依据《伊春市国民经济社会发展及生态建设第十二个五年规划纲要》，围绕调整和优化结构、进一步扩大总量规模、提高自主创新能力、实现可持续发展做好基础的窗口平台建设。

上海市中小企业发展服务中心

2010年11月，经上海市编制委员会批准，撤并原有的上海市小企业（生产力促进）服务中心和上海市小企业（贸易发展）服务中心，组建成立上海市中小企业发展服务中心。中心为市财政全额拨款的非盈利性事业单位，是本市专司中小企业发展的综合性服务机构。服务中心隶属于市经济信息化委，业务指导单位为上海市促进中小企业发展协调办公室。人员编制定为80名。

上海市中小企业发展服务中心体现为中小企业发展提供综合服务的特性，面向各种所有制、各行业中小企业，协助落实政府部门政策举措，发挥中小企业服务主渠道作用，引领各类社会服务机构为中小企业服务。

上海市中小企业发展服务中心的基本职责和主要任务是：推动政策落实、反映企业诉求、建设服务体系、提供公共服务。近年来，在市中小企业办直接指导下，服务中心做了大量服务工作，主要有：

1. 推动政策落实

自国家《中小企业促进法》颁布以来，国家和地方政府各个部门相继出台了一系列的扶持政策。服务中心组织人员收集整理中小企业各类政策，发布中小企业政策排片表；开通市级和17各区县中小企业服务热线，开通“中小企业诉求直通车”，受理中小企业个性化需求；开展中小企业发展资金的项目申报、初审和后期跟踪问效工作。

2. 建设服务体系

推动全市17个区县建立了中小企业服务中心，在各区县建立了中小企业服务联络员队伍，指导区县服务体系向乡镇街道、主要园区等延伸，与二十多个行业协会建立了合作服务机制，在本市200多个街镇和都市产业园区设有工作站或联络点，与40多个信息化软硬件供应商建立了战略合作伙伴关系，在17个区县设立了50多家中小企业信息化推进服务站，与本市十多个委办局和行业协会共建中小企业品牌建设推进委员会。

3. 提供公共服务

组织推进中小企业品牌建设；支持中小企业人力资源开发；开展管理咨询和法律援助服务活动；办好“上海中小企业网”、《上海中小企业信息速递》和《上海中小企业》杂志；帮助中小企业科技创新和产业升级；促进中小企业的经贸合作与国际交流，组织开展中小企业主题服务活动，组织企业参加中博会等展会；推进都市产业集聚发展；推进中小企业信息化建设；开展中小企业融资服务。

4. 反映企业诉求

服务中心建立了中小企业与政府部门、服务机构间的诉求传导机制。调研分析本市中小企业经济运行的基本态势和发展需求，对已有政策落实情况开展问效和评估，及时反映共性的困难和问题，反映中小企业关注的热点问题和新动向、新模式，并提出建议。

服务中心设立了咨询热线电话和专门工作窗口。及时反映和协调解决影响中小企业经营和发展的政策措施和工作环节，维护企业合法经营权利，帮助企业解决实际困难。

地　　址：上海市徐汇区大木桥路108号6楼
邮　　编：200032
联系电话：8621－54521128
传　　真：64165939
网　　址：www. ssme. gov. cn

上海市中小企业上市促进中心

2012年4月，经批准将原有的上海市小企业综合服务事务所变更为上海市中小企业上市促进中心。中心为市财政全额拨款的非盈利性事业单位，隶属上海市经济和信息化委员会。其主要职能是对本市中小企业经济运行和发展趋势进行监测、分析和研究，以及对拟上市中小企业进行改制培育服务等。

目前中心下设三个部门，分别为运行监测部、上市促进部和综合部。其主要职能包括：

1. 上市促进工作

通过开展“百家中小企业改制上市培育”系列公益培训活动，帮助企业及时了解和掌握资本市场的最新动态和规则；梳理和研究促进中小企业上市的相关政策和法规，做好政策咨询和协调服务；组建专家服务团队，对企业的改制上市工作进行专业指导等工作，引导和推动中小企业借助资本市场实现快速发展。

2. 运行监测工作

重点围绕“专精特新”中小企业、小型微型企业的运营情况和发展状况，在相关部门指导下，开展运行监测和统计分析工作，帮助协调企业困难问题，及时反映企业发展过程中遇到的共性问题。

3. 政策研究工作

收集整理国内外中小企业发展服务情况及政策法规，针对热点难点问题开展调研，前瞻性开展中小企业工作研究，提出相应政策建议。

地　　址：上海市徐汇区大木桥路108号7楼
邮　　编：200032
联系电话：8621－64221590
网　　址：www. ssme. gov. cn

江苏省中小企业发展中心

江苏省中小企业发展中心是江苏省经济和信息化委员会、省中小企业局、省乡镇企业局下属的全民事业单位。为全省中小企业发展服务。负责调研提出我省中小企业服务体系建设发展规划，为我省中小企业提供政策指导、创业导向、金融支持、对外交流、法律咨询、信息沟通及培训等服务。中心下设综合发展部、咨询培训部、对外合作协调部和研究室。

联系电话：025－83737871
地　　址：南京市广州路199号天诚大厦9楼
邮　　编：210009

江苏省中小企业协会

江苏省中小企业协会是经江苏省民政厅核准成立，并注册登记的、具有独立法人资格的社团组织。协会接受业务主管部门江苏省经济与信息化委员会（江苏省中小企业局）和江苏省民政厅的业务指导与监督管理。协会的业务范围：贯彻《中华人民共和国中小企业促进法》、《国务院关于鼓励支持和引导个体私营等非公有制经济发展的若干意见》和《江苏省中小企业促进条例》，宣传国家和省扶持中小企业发展的政策措施，促进中小企业健康发展。引导中小企业遵纪守法，诚信经营，发展经济，提升职业道德，加强自律管理，承担社会义务；组织会员交流和总结发展经验，开展中小企业发展的理论研究和学术交流活动，提高会员综合素质和经营管理水平；为会员提供各种信息、培训、咨询、论坛、考察、市场开拓和经贸洽谈等多种服务；发挥纽带、桥梁作用，促进会员企业与政府部门之间、会员与高校和科研单位之间、会员与其他企事业之间，以及会员之间的沟通联系与广泛合作；维护会员企业和企业家的合法权益，反映中小企业建议、呼声和诉求。

地　　址：南京市西康路1－8号河海大厦2楼
邮　　编：210024
联系电话：025－83205664

浙江省中小企业发展促进中心

赖立文主任
地　　址：杭州市环城北路296号
邮　　编：310006
联系电话：0571－87058876
传　　真：0571－85155409

浙江省中小企业服务中心

肖太斌主任
地　　址：杭州市环城北路296号
邮　　编：310006
联系电话/传真：0571－85151844

浙江省中小企业科技教育培训中心

胡小明负责人
地　　址：杭州市文三路555号
邮　　编：310012
联系电话：0571－85124375
传　　真：0571－85124375

浙江省地方工业产品检测中心（浙江省水泥质量检测站）

胡小明负责人
地　　址：杭州市文三路553号
邮　　编：310012
联系电话：0571－85123095
传　　真：0571－85122092

浙江省中小企业局后勤服务中心

沈建治负责人
地　　址：杭州市环城北路296号
邮　　编：310006
联系电话：0571－85156152
传　　真：0571－85156152

福建省中小企业服务中心

福建省中小企业服务中心于2005年9月正式成立，是隶属于福建省经济和信息化委员会的财政全额拨款的事业单位，是国家级、省级中小企业公共服务示范平台。

中心的主要职责：

1. 宣传和贯彻落实国家和省有关发展中小企业的法律法规和方针政策，配合政府有关部门落实中小企业扶持政策，向政府有关部门反映中小企业情况，针对中小企业发展中的突出问题提出政策建议，为政府部门提供决策依据。

2. 对全省中小企业服务体系建设工作进行协调与指导，制定全省中小企业服务体系建设长期和阶段规划方案，提出年度服务体系建设工作重点，推动市县中小企业服务机构建设，对全省中小企业示范服务机构评价筛选和服务绩效进行动态考核，构建全省中小企业社会化服务体系。

3. 联系和引导各类社会中介服务机构为中小企业的创立、生存和发展提供全面的社会服务，包括创业扶持、融资担保、技术支持、信息咨询、市场开拓、法律服务和人才培训等多方面、多层次的服务，在全省中小企业服务体系中发挥核心和引领作用。

4. 负责建设完善我省中小企业公共服务平台网络，负责省级中小企业公共服务大厅建设与管理。

5. 受省经贸委委托，负责中小企业生产经营运行监测及分析工作；负责我省乡镇企业统计调查与信息直报工作。

6. 组织中小企业开展国内外经济技术合作与交流，促进国内外先进技术的推广应用；帮助中小企业拓展国内外市场。

7. 承办主管部门等交办的其他事项。

2013年中心主要活动及成效：

一是中小企业公共服务平台网络建设稳步推进。在多方调研认证的基础上，做好顶层设计；稳步推进首期1个省级中小企业公共服务平台、6个设区市窗口服务平台、9个产业集群窗口服务平台的建设工作；推进省级平台一期工程，完成省级服务大厅设计工作；赴各地市考察已建窗口平台建设情况，对项目建设进行指导；制定了相关制度，规范平台网络建设；积极整合社会服务资源，目前已经征集139家中小企业服务机构及70位服务专家。2013年10月，“构建中小企业公共服务平台网络”入围省委宣传部、省直机关工委、省委文明办等单位主办的“学厦航、打造优质软环境作表率活动”的第二轮十佳举措奖。

二是编印《“扶助小微企业专项行动”政策文件选编》1万册、《中小企业政策问答》1万册，赠送给中小微企业，让企业能够用好用足扶持政策。

三是赴南安、三明、宁德、光泽开展了4场政策宣讲送服务活动，为1000多家企业解读中小企业扶助政策。发放《中小企业服务需求调查表》，了解中小企业面临的困难、问题及诉求。

四是做好500多家中小企业生产经营运行监测统计分析工作，实时掌握我省中小企业生产经营运行态势，同时做好全省乡镇企业信息统计调查和直报工作，为制定中小微企业政策提供依据。

五是举办了“6·18福建省中小企业公共服务展”、“福建省扶助小微企业专项行动·宁德服务对接会”、“南安服务对接活动”、“光泽惠企政策宣传解读座谈会”等活动，通过组织省工行、省电信、省级中小企业公共服务示范平台等单位为中小微企业提供政策解读、法律咨询、融资服务、管理咨询、信息化应用等服务，服务中小企业1500多家，共进行了300多项对接服务，帮助200多家中小微企业解决了融资难问题。

六是与福建省企业经营管理者评价推荐中心联合举办了3期福建省中高级人才招聘会，共为200多家中小企业提供800多个管理岗位的人才招聘服务，实现了人才与中小企业的有效对接。

七是组织30家中小企业服务机构参加在香港举办的中小企业服务机构研修班，提升服务机构的服务水平。

八是共组织108家中小企业参加了中国农洽会、中国国际中小企业博览会、中国（广元）国际中小企业交易会等3场展会，帮助中小企业减免展位费等，进一步帮助企业拓展市场。

九是配合组织第二批福建省中小企业公共服务

示范平台和省级小微企业创业基地、第三批国家中小企业公共服务示范平台、2013 年中小企业服务体系发展专项资金及 2013 年福建省中小企业公共服务平台网络补助资金等项目的申报，各项申报工作顺利完成，激发了各地服务机构争优创先的激情。

联系电话：0591－88023380

传　　真：0591－88016036（传真）

E－mail：zxqyfwzx@ fjetc. gov. cn

网　　址：www. fujiansme. com

江西省中小企业服务中心

一、概况

根据《赣府厅字〔1986〕488 号》《赣编办文〔2012〕31 号》文件，江西省中小企业服务中心为江西省中小企业局管理的正处级全额财政拨款公益性事业单位。

二、主要职责

（1）在省中小企业局领导下，负责全省中小企业运行监测，预测预警运行动态；负责分析研究重大中小企业问题，为省局决策提供服务。

（2）在省中小企业局领导下，负责全省中小企业公益类教育培育工作；负责江西创业大学（公益性）日常工作；负责全省创业大学指导和服务，为打造全省一流的企业家和中高层管理队伍提供服务。

（3）在省中小企业局领导下，负责全省中小企业公共服务体系建设运营工作；负责建设运营维护省本级中小企业公共服务体系，指导规范帮助省以下中小企业公共服务体系建设运营，为改善优化全省中小企业发展基础环境提供服务。

（4）在省中小企业局领导下，负责全省中小企业信息化服务工作；负责建设运行维护省本级公共服务平台网络建设；负责指导服务省以下综合窗口平台和产业窗口平台建设运行；负责全省中小企业电子商务平台建设服务；负责指导帮助省以下中小企业电子商务平台建设，为全省中小企业信息化推进提供服务。

（5）承担省中小企业局交办的其他事项。

三、内设机构

根据上述工作职能，省中小企业服务中心内设 5 个科室（正科级）。

（1）综合科。负责文电、会务、机要、档案、人事编制、工青妇团等机关日常运转工作；负责机关财务管理、资产管理、车辆管理、工作接待工作；负责安全、保密、信访稳定等工作。

（2）运行研究科。负责全省中小企业运行数据库建设；负责监测分析中小企业运行，并进行预测预警；负责研究中小企业重大重点问题；负责产业分析平台建设运行维护。

（3）技术服务科（体系运营科）。负责全省中小企业服务体系运营工作；负责为中小企业提供人才、技术、融资、管理咨询等实体服务；负责整合服务资源，建设运行维护省本级中小企业服务体系；负责指导规范省以下服务体系建设运行。

（4）教育培训科。负责全省中小企业培训；负责江西创业大学日常管理；负责指导服务省以下创业大学。

（5）信息服务科。负责建设运行维护省本级中小企业服务网络平台；负责指导帮助省以下综合窗口服务平台和产业窗口服务平台建设运行；负责建设运行省本级中小企业电子商务平台建设运行维护；负责指导帮助省以下中小企业电子商务平台建设运行。

四、人员编制

省中小企业服务中心事业编制 39 名。其中，领导职数：主任 1 名、副主任 2 名；正科级 5 名、副科级 5 名。

五、部分表彰情况

（1）2011 年“国家中小企业公共服务示范平台”（国家工信部）。

（2）2011 年“优秀综合服务机构”（中国中小企业发展促进中心）。

（3）2009 年“服务体系建设先进集体”（江西省中小企业局）。

（4）省中小企业局创先争优“红旗党支部”（省中小企业局机关党委）。

（5）2012 年创先争优“先进基层党支部”（省直机关工委）。

六、联系方式

地址：江西省南昌市高新南大道 8 号

电话：0791－82136656　0791－82136680

传真：0791－82136753

南昌市中小企业综合窗口服务平台

南昌市中小企业综合服务平台，是根据国家工信部中小企业公共服务平台网络建设要求，配合江西省中小企业服务平台网络建设工作需要，在南昌市政府与南昌市工信委的大力支持下，而实施建设的。于 2013 年 6 月 28 日正式开通试运营。旨在进一步提升我市中小企业公共服务水平，促进中小企业的转型升级。将南昌市中小企业的服务水准真正推向全国示范的顶尖水平。

南昌市中小企业综合窗口服务平台坐落于南昌市洪城路 655 号南昌海联大厦内。大楼 1 层、13 层，分别开通了 16 个低柜化、一对一式的服务窗口。在 2 层，由南昌创业大学学员自发建设了“商巢”南昌创业大学学员俱乐部。在 14 层设立了 6 个服务保障部门。凝聚了全国顶尖的专业服务力量，实现了一站式、综合化的服务模式。同时，平台亦可通过“江西中小企业服务平台网络（www. jx968969. cn）”和“南昌市中小企业网上服务超市（www. jxncesm. com）”接受企业的在线服务申请。同时开通了中小企业服务热线：0791－86625569，提供电话咨询和及时服务应答。使企业即使足不出户，也可享受专业服务支持。

南昌市中小企业综合服务平台的服务功能，是通过整合凝聚全国专业中介服务力量形成的。提供大量的公益服务功能。内容涵盖企业投融资担保服务、信息服务、技术服务、创业服务、培训服务等几乎所有企业运营所需的服务内容。南昌平台本身为社会公益性质的服务机构，不收取来访企业和入驻服务机构的任何咨询与中介服务费用。各平台入驻机构的服务项目，也力求达到全市同类服务的最低价格水平。给予我市各中小微企业最大程度的优惠。

目前，平台整合带动社会服务资源已达93家，现场入驻服务机构16家，形成了“窗口服务、在线服务、实地现场服务”三位一体的服务解决方案。通过对接江西省中小企业服务平台网络，实现了全省中小企业服务功能的互联互通，共享协作。同时，向下延伸至全南昌市各区、县、镇、街道以及重点企业的现场，形成超远程的延伸服务网络。

南昌市中小企业综合窗口服务平台独具特色的建设了一流综合化办事服务大厅；开设了实体与网络媒体互联互通的中小企业技术成果与产品成就的综合展示大厅；架设了南昌市中小企业“银、保、企直通道”；形成了我市首个中小企业的信用信息服务与信息化监管体系；开放了超市化的中小企业综合服务超市；拥有投融资服务平台、技术创新平台、培训教育平台、信息咨询平台、信用建设平台、中介服务平台这六大服务平台和覆盖市、县（区）、乡镇（街道）、重点企业的四级服务网络；打造了全省领先的南昌创业大学、南昌市中小企业网上综合服务超市、南昌市中小企业综合服务平台网站；组建了涵盖全市中小微企业的南昌市中小企业协会、南昌市中小企业信用促进会、南昌市中小企业专家服务团、南昌创业大学导师团等优质的服务抓手。希望更大程度的缩短服务办事响应时间与流程手续，简化服务环节，提升服务效能。

立足创新 荟萃亮点

南昌平台循着打造全新服务品牌，助力中小企业发展的清晰思路，充分发挥自身的体量优势，把创新型、创业型中小微企业作为服务的重点对象，立足综合化服务创新思路的理念，不断整合社会资源，激活和带动社会优质专业服务力量，积极探索中小企业服务中心服务企业的新模式，初步走出了一条符合南昌本地服务需求的助力中小企业发展之路。

（1）开辟了一条为中小微企业融资开渠的新路径。南昌平台独创性的开设了服务面积达40余m^2的南昌市中小企业金融服务大厅，配套建设了与国家开发银行合作的投融资担保服务平台，吸纳了中国中小企业金融服务平台、南京证券、南昌洪城公证处、渣打银行等多家顶尖金融服务机构。为中小微企业在融资担保、金融理财、上市协办、财税代办等服务领域提供了全方位的帮扶渠道。截至2014年6月，南昌平台共为近400户企业累计融资达49亿元，增加企业销售收入98亿元，为地方财政提供税金5.44亿元，累计新增就业岗位2.48万个。本息回收率100%。目前平台已和8家金融机构签订了合作协议。正在继续与兴业银行、北京银行洽谈入围合作事宜。做为市级平台中少有的担保倍数在1:8以上的服务机构，不仅拥有较强的抗风险能力，更累计为420户中小企业提供贷款担保172199万元，其中2014年1～5月份为13户中小企业提供贷款担保8340万元，担保责任余额33350万元，无代偿无损失，无不良信用记录。得到了社会各界的一致好评。

（2）建设了一个增强南昌市中小微企业的核心竞争力的“摇篮”。南昌平台在实现树立起精品化短期培训品牌的同时，联合南昌大学、江西财经大学、江西师范大学创建了南昌创业大学。实现了一年制长期培训和精品化短期培训相结合的丰富办学模式。为确保创业成功率，缩短企业成长周期，避免企业经营弯路。南昌中小企业培训服务平台建立了一条龙的创业扶持流程，在南昌创业大学先后开设了高级总裁研修班、工商管理班、品牌营销班班、投资金融班、企业班、组长班等6各专业班。围绕企业关注的高层管理、财税政策解析、宏观经济、人力资源等方面，年均开设短期精品班8个。平台累计教学达10000多个课时，培训总人数累计近8000余人。同时，南昌创业大学还充分利用和优化社会资源及中心自身优势资源，坚持“动态培训与常态培训相结合、企业所需与课程设置相结合”的原则，凝聚南昌创业企业的发展优势，建立南昌企业发展的合作新模式，成功构建企业间互信交流的大舞台。企业学员经过长期的培训交流，建立了深厚的学习友谊和信任感。碰撞出了大量的商业合作的“火花”。自平台办学以来，企业学员共同建设了红谷滩秋水广场台湾美食街、建立了服装行业商会在线电子商务及研发平台、成立了南昌市创业商会、南昌市创业企业沙龙、商巢企业家俱乐部，开设了“淘宝网·江西馆”等很多合作项目。使南昌中小企业创业发展更加团结一致，也使南昌企业整体品牌形象，得到进一步提升。

（3）整合社会专业力量，组建了一支南昌市中小企业专家服务团、南昌创业大学导师团。南昌平台不断打造全新的南昌市中小企业服务品牌链，为南昌市中小微企业发展提供专业、高效、实用、独具特色的专业化服务。为此，平台集合了一大批专家技术资源，将在技术领域有极强实力，且愿意为中小企业服务的专家学者集合在一起，分设工业、农业等六个服务队，采用“窗口坐诊、网络咨询、实地巡访”相结合的形式，为企业提供技术支持与工艺指导。每年还将结合各自的一线服务实际，为市政府提交六份产业分析调研报告，帮助政府在产业决策时，掌握第一手的信息资源。目前，专家技术团已对接我市200多家高新技术企业，服务解决了300余项企业生产工艺、运营管理、技术开发等方面的难题。每月提供近50余次的技术咨询应答服务。

（4）推广赣商企业，建设了一个南昌市中小企业优秀产品与技术成果展示大厅。展示厅面积达$100m^2$，陈列南昌市优秀中小企业产品与技术成果百余项。每季度进行产品陈列更新，备选产品近千个。月均参观140余人次。展示厅创造了实体展示与网络媒体互联互通的长期展览模式的先河。利用多媒体手段，将南昌企业的优秀产品成果，通过图片、视频与实物相结合的形式，进行最完美的呈现。观摩者既可以在实体展示大厅看到实物展品，更可以通过多媒体手段，了解企业咨询和展品的基本信息、规格、联系方式等。使企业产品展示推广更加高效便捷。

中小企业在社会经济中的地位日趋重要。南昌平台将充分把握此次建设运营的契机，继续调动各方面力量，集聚社会资源，准确把握企业需求，营造良好氛围，为中小企业搭建一个实实在在的高效、优质、公益的综合服务平台！

南昌大学国家大学科技园

一、科技园发展基本情况

南昌大学科技园于 2001 年 4 月经江西省科技厅、教育厅批准成立，2004 年 5 月被国家科技部、教育部联合授予国家大学科技园的称号。科技园主园区位处南昌国家高新技术产业开发区内，是以南昌大学为依托，充分发挥大学的科技、人才、学科等资源优势，并通过整合政府和社会资源创建的专门从事科技创业创新、科技成果转化、高新技术企业孵化、创新创业人才培育的科技企业孵化器。

科技园围绕技术创新狠抓软硬件建设，构建了主园区、产业区、研发区、培训区、虚拟园区、辐射区“一园六区”的发展格局。先后获得了科技部科技型中小企业创新基金服务机构、国家高新技术创业服务中心、国家专利技术展示交易中心、中国江西留学人员创业园、国家技术转移示范机构，国家示范生产力促进中心、国家大学生科技创业实习基地、中国生产力学院（南昌）、国家中小企业公共服务示范平台等 12 块国家级授牌和多块省、市级授牌。2012 年 4 月，科技园被国家科技部、教育部联合评定为 A 类（优秀）国家级大学科技园，实现了“建设全国一流大学科技园”的发展目标。

二、公共服务平台建设情况

整合大学、政府和社会资源，搭建了投融资、技术支撑、网络信息、中介、产权交易、人才培训、行政事务、商务、政策九大服务平台。并以“南昌大学科技园发展有限公司”为投资主体，通过参股、合作、引入等方式建设了一批具有各种功能、多元化组织架构的平台公司实施市场化运作，创立了“昌大特色”的支撑服务体系，可为中小企业提供技术开发、技术转移、投融资、网络信息、人才培训、财税代理、商务事务、法律咨询、国际合作等全方位、全过程的服务。

1. 投融资平台

分别与中国银行江西省分行、中国农业银行江西省分行和江西省科技担保有限责任公司、南昌高新区创业投资有限公司及江西省中小企业担保投资有限公司等多家风险投资机构建立战略合作伙伴关系，创立了由孵化资金（种子资金）、风投资金、信用担保资金、创新基金、银行信贷等多元化的创业投资融资体系，建立了多元化的科技金融服务能力。

2. 技术支持平台

集成南昌大学研发和智力资源，组建了十大专业技术服务平台，即机电工程、信息工程、稀土工程、发光材料、生物制药、食品工程、化学工程、南昌高新区半导体发光材料及器件产业集群技术研发、江西机械制造 CAD/CAE/CAM 工业设计、江西省动漫产业专业技术服务平台，并与 41 家高水平研发机构建立了长期合作关系，其中包括国家级、部省级重点工程中心和实验室。有力地促进了产学研用的结合与发展。

3. 技术转移平台

针对研发成果的不同特征，不同阶段以及不同需求，在转化实践中探索实践出了一套技术成果转移转化模式。构建了产学研平台、技术转移平台、企业孵化平台紧密结合，上、中、下游连成一线的科技成果转化新模式，形成了基地导向式、企业导向式、市场导向式、挂牌交易式、技术（产品）超市式、技术推广式、展会活动式、基金扶育式等多种灵活多样的技术转移方式。拥有面积 1500m^2 的独立的交易场所和网上专利技术交易平台。

4. 中介服务平台

引入了十多家中介机构进入园区，形成了功能齐备的中介服务体系，为创业企业提供管理咨询、项目评估、企业策划、专利事务、法律、会计等全方位的中介增值服务。

5. 网络信息平台

开发了“高校技术转移交易服务平台”，通过整合全国大学科技园和依托高校的科技成果、专家人才、科研设备等科技资源，建立以企业需求为导向，以信息化手段为支撑，跨地区、跨行业、跨领域的技术转移交易服务平台，为技术交易的全过程提供包括交易咨询、信息发布、交易撮合、价款结算、合同登记和融资配套等在内全流程服务。

6. 人才培训平台

先后组建了“南昌大学科技园创业培训中心”和“南昌大学创业与就业培训学院”，经中国生产力促进中心协会批准组建了“中国生产力学院（南昌）”，是科技部、教育部授予的“国家大学生科技创业实习基地”，与南昌市人保局合作组建了“国家创业示范基地南昌创业指导中心大学生指导站”，与南昌市人才市场、高新区人才交流中心建立了人才交流的战略合作，拥有 9000 平方米集教学、食宿为一体的培训基地。

7. 商业服务平台

建立了园区商务中心和物管中心，为入园企业提供文印、邮递、交通购票等服务。科技园电子阅览室、多媒体会议室、多功能报告厅、商务洽谈室、餐厅、茶座、健身房等向园区企业全面开放。园内环境怡人，安全保卫规范有序，为在孵企业创造了方便、舒适、安全、优美的人文空间，提升了园区的服务品位。

8. 行政事务平台

组建了科技园创业辅导服务中心和财务中心，帮助入园企业办理工商证照、入园手续、申报科技项目和经费，并进行财会、税务代理等服务，打造便捷、高效、和谐的创业服务环境。

9. 政策平台

形成了由南昌高新开发区、南昌大学、科技园三部分组成的创新创业优惠政策。内容涉及土地购置、财税减免、工商注册、科技资源利用、场地租金优惠、资金扶持、学校教职工入园创业、入园企业员工子女入学和收费等。

三、科技园服务成效

1. 培育科技型企业情况

目前园内企业、研发和服务机构已达到209家，累计毕业企业211家，园内企业、毕业企业及成果转化企业累计产值上百亿元，产生税收过10亿元，累计产生经济效益超过20亿元，提供就业岗位3万多个。

2. 技术创新与科技成果转化情况

园区企业承担国家、省级项目332项 。申请专利367项，帮助企业解决技术难题、技术改造和技术开发累计283项，累计转化科技成果2065项。

3. 促进大学生创业就业情况

园区有10多所高校的大学生在园区创业就业。培育大学生创业企业56家，企业类型涵盖网络信息、生物制药、新材料、环境保护、机电、食品等十几种行业。累计接纳大学生、研究生实习5000多人、接纳应届毕业大学生就业4000多人，促成大学生自主创业600多人。

下一步，科技园将紧紧围绕增强科技创新创业服务能力建设的目标，坚持以自主创新为主线，以体制机制改革为动力，以服务经济建设和转变发展方式为重点，在孵化形态上，由纯孵化器向苗圃+孵化器+加速器的新型孵化产业链发展方向上推进；在孵化类型上，由综合型孵化向专业集群型孵化方向上发展；在服务体系上，由传统的区域性科技创新服务向以互联网手段为支撑的全国性现代科技服务业升级，力争为江西乃至区域经济的发展作出更大的贡献。

江西省陶瓷检测中心景德镇陶瓷产业窗口服务平台

一、单位基本情况

江西省陶瓷检测中心（以下简称“中心”）是2006年4月经江西省机构编制委员会办公室批复成立、2007年5月注册的具有独立事业法人资格的陶瓷专业测试机构，属于自收自支的公益型事业单位。开办资金368.5万元。

2007年，以国家日用及建筑陶瓷工程技术研究中心所属分析测试中心及国家日用陶瓷产品质量监督检验中心为基础，整合萍乡工业陶瓷国家测试中心，组建国家陶瓷产品质量监督检验中心（江西）并获得授权。国家陶瓷产品质量监督检验中心（江西）与江西省陶瓷检测中心为两块牌子、一套人马，前者的法律责任由后者承担。中心总部设于景德镇陶瓷学院内，设有产品检验部、分析测试部和萍乡工业陶瓷检测分部。

中心的宗旨是服务陶瓷行业，业务范围为开展日用陶瓷、建筑陶瓷、卫生陶瓷、工业陶瓷、陶瓷原辅料和包装材料等产品的检验检测工作，承担陶瓷产品质量仲裁检验和陶瓷产品科技成果检测鉴定等工作，并联合国家日用及建筑陶瓷工程技术研究中心就检测中发现的产品质量问题开展技术咨询与服务等。

2012年，中心先后被有关部门认定为江西省级中小企业公共服务示范平台和国家中小企业公共服务示范平台。同年11月，因服务成效显著，被景德镇市工业和信息化委员会、市中小企业局评为中小企业创业服务优秀单位。

二、服务情况

1. 技术条件

中心拥有比较齐全的涵盖日用、建筑、卫生和工业陶瓷产品质量检验的设备，以及一批具有国际、国内先进水平的大型分析测试与检验设备，其中透射电镜、场发射扫描电镜、X射线荧光光谱仪、多晶X射线衍射仪、综合热分析仪、原子吸收光谱仪等仪器设备具有国际先进水平，在整个江西、甚至华东地区都位列前茅。

2. 服务队伍

中心现有工作人员45名，工作人员业务素质高，服务意识强，由博士担纲，其他人员除极个别外都具有大专及以上学历，且大都具有多年检测工作经验。

3. 人员资质

中心检测技术人员都具有仪器操作上岗证和检测项目上岗证。

4. 服务资质

中心于2007年6月通过国家认证认可监督管理委员会资质认定，获质量监督检验授权证书和计量认证证书，并于2009年6月通过中国合格评定国家认可委员会实验室认可。现已通过认证检测参数/项目381项，基本覆盖了我国陶瓷产品质量安全的现行标准。

三、服务亮点

针对陶瓷中小企业的服务需求，本中心的服务重点在于：产品检验与检测服务、陶瓷原料与辅助物料的物理化学分析检测、热分析检测、技术咨询与人员培训等服务项目，具体如下：

1. 陶瓷产品的质量检测与性能检验

陶瓷产品外形各异，尺寸不一，品种繁多，除外观、花色等要为消费者接受外，其质量和性能还需达到一定的标准，包括国际、国内标准以及企业标准等，才能推向市场，而这需要通过一系列检测，尤其是出口产品，检验更为严格。此外，陶瓷产品质量仲裁和陶瓷产品科技成果鉴定也需要进行产品检验，提交产品检验报告。

陶瓷产品的质量与性能检验是本平台提供的主要服务功能之一。

2. 陶瓷原料、辅助材料的物理化学分析检测

原料是陶瓷工业的基础，陶瓷辅助材料包括色料、釉料等，它们的成分、性能等对陶瓷的使用性能与装饰效果有着重要的作用，是实现清洁生产、绿色制造的重要前提条件。陶瓷原料及辅助材料的物理化学分析包括物相分析、化学成分分析以及有关物性等的分析。

3. 热分析检测服务

陶瓷产业从原料到制品，中间需要经过一系列

热工过程，对原料或配方的高温显微分析、综合热分析等热分析测试可以为热处理工艺参数的选择、工艺制度的优化提供参考依据。此外，陶瓷产品的某些热物理性能如热膨胀系数等也需要检测。

4. 检验、检测技术咨询服务

为陶瓷中小企业提供陶瓷产品检验、检测方面的技术咨询服务。

5. 人员培训

为陶瓷中小企业提供关于陶瓷产品厂内初检与定级方面的培训服务。

6. 信息服务

同全国陶瓷文献信息中心和中国陶瓷知识产权信息中心合作，共享其文献信息与知识产权信息资源，可以为陶瓷中小企业提供相关的信息服务，包括有关检验、检测方面的标准与其他文献信息服务、知识产权信息服务等。

中心除为江西省陶瓷中小企业提供产品检验和分析测试等服务外，还辐射到华东、华北、华中和华南地区，在全国具有广泛的影响。自成立以来，中心为全国上千家中小型陶瓷企业提供了包含日用陶瓷、建筑陶瓷、卫生陶瓷、工业陶瓷及陶瓷原辅材料的测试服务。

近年来，中心立足瓷都景德镇，以优惠的价格、优质的服务为江西省及全国其他地区的中小陶瓷企业提供了包括日用陶瓷、建筑卫生陶瓷及工业陶瓷等在内的陶瓷原辅材料及产品理化检验、热分析测试、技术咨询和人员培训等多方面的服务，取得了一定的经济效益与良好的社会效益。

三、2013 年主要服务业绩

（1）为省内外陶瓷中小企业提供了陶瓷原辅材料理化检验及产品质量检测、和热分析测试服务，检测项目达 6532 批（次），服务中小企业 107 家，客户满意率达95%。其中，上海美标陶瓷有限公司、景德镇特地陶瓷有限公司、江苏威尔斯通陶瓷有限公司、重庆锦晖陶瓷有限公司、唐山惠达陶瓷有限公司、浙江湖磨抛光磨具制造有限公司、景德镇科宏特种陶瓷有限公司、景德镇鹏飞建筑陶瓷有限公司、景德镇乐华陶瓷洁具公司等是本中心具有代表性的长期合作客户。

（2）开展了技术咨询和人员培训服务。为陶瓷中小企业提供检验、检测技术咨询，举办技术培训 20 次。

通过中心提供的各类检验、检测服务、技术咨询与人员培训服务等，共享产业平台资源，节约了陶瓷中小企业生产和管理成本，提高了企业的经济效益与社会效益。

山东省中小企业公共服务平台

为转变政府职能，提高对中小企业的公共服务能力，改善中小企业发展环境。按照国家工信部等五部委《关于加快推进中小企业公共服务体系建设的指导意见》要求，率先在全国建立了山东省中小企业公共服务平台网络，该平台网络（www. smesd. gov. cn）是工信部、财政部重点支持建设的项目，是按照《关于中小企业公共服务平台网络建设方案的批复》（工信部联企业［2011］384 号）批复要求、立足全省中小企业发展规划，围绕全省中小企业重点服务需求，规划建设的专注于服务全省中小企业的国家级中小企业公共服务平台，是我省中小企业公共服务体系建设的重要组成部分。

我省服务平台网络包括一个省平台和 16 个市级综合窗口平台、20 个产业集群窗口平台，规划建设形成以省服务平台为枢纽，窗口服务平台为节点，实体服务机构为基础的资源共享、服务协同、功能完善、覆盖全省的可持续发展的中小企业公共服务平台网络。

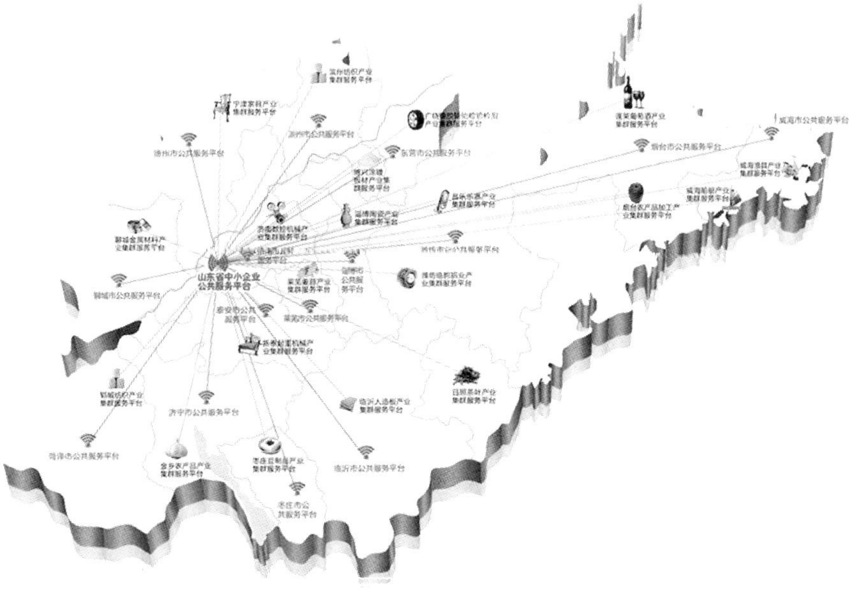

山东省中小企业公共服务平台网络分布图

山东省中小企业公共服务平台网络构成

我省服务平台网络是依托山东省云计算中心和中国中小企业山东网的优势资源，统筹全省各类服务资源，采用云服务模式搭建的旨在为全省近百万中小企业、各类社会服务机构、中小企业各级主管部门之间搭建了一个方便快捷、功能完善的沟通对接渠道。

服务平台通过网络门户、专家在线、呼叫中心、体验中心、窗口服务大厅、智能终端等多种服务形式，重点解决中小企业最急迫的金融服务、电子商务、管理咨询、人才培养、法律服务、信息化服务、技术创新、检验检测等服务需求，真正为中小企业提供“找得着、用得起、有保证”的立体化、全方位、功能完善、覆盖全省的一站式综合服务。

服务平台坚持“政府指导、合作共赢”的原则，联合更多有志于服务中小企业的优秀机构，在为全省中小企业服务中实现共创、共赢、共成长。

网　　址：www. smesd. gov. cn

服务热线：400－804－1000

山东省中小企业公共服务平台功能

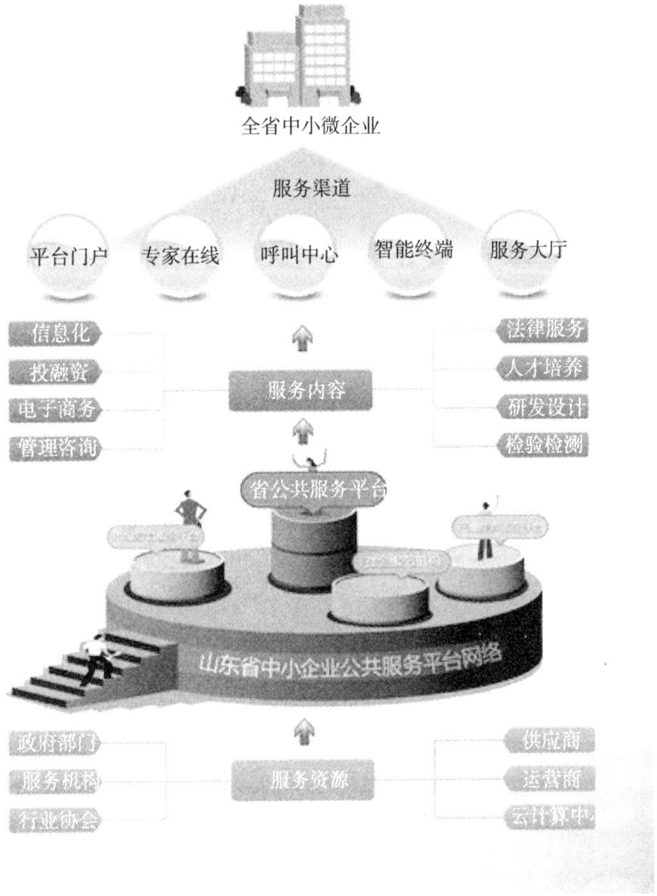

山东省中小企业公共服务平台网络服务功能

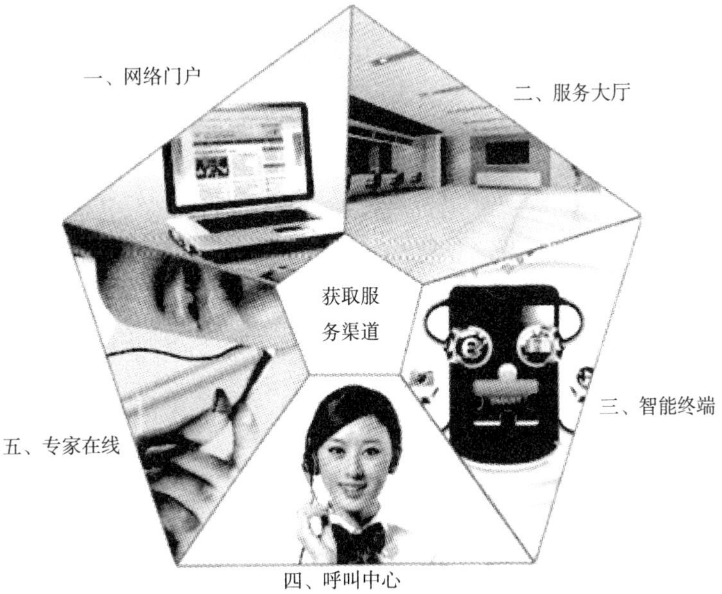

山东省中小企业公共服务平台网络服务渠道示意图

济南市中小企业公共服务中心

济南市中小企业公共服务中心（以下简称“济南服务中心”）是济南市经济和信息化委员会直属的国家级中小企业公共服务示范平台，主要职能是负责济南市中小企业公共服务平台的综合协调，网络建设，运营管理，联系引导社会中介机构为中小企业服务等事务性工作。作为全市中小企业服务体系核心机构，济南服务中心以搭建平台、聚集资源、创新服务、打造品牌为重点；以“服务企业，助力成长”为主题；以增强服务能力为主线；以建设广大中小微企业找得到，信得过，用得起，有保障的公共服务平台为目标，积极创建泉城“小微企业之家”公共服务品牌。中心服务大厅、信息化体验中心、公益讲堂、多媒体培训教室、项目洽谈室、创业工作室、会议室、专家室、配套服务区等公共服务面积1800平方米，开设投融资、创业、管理咨询、电子商务、科技创新与质量管理、人才与培训、法律、信息化8大服务体系，开通中小企业服务热线（0531－88188918）、中小企业网上服务平台（jnck. smesd. gov. cn）和小微企业之家微信服务平台（微信公众帐号：jnsmefwzx），实现“一网一线一平台”的立体服务模式。组织带动各类服务机构110余家，服务专家队伍120余人，特色服务产品160余项，推出“公益讲堂”、“融资联谊会”、“专家坐诊”、“创业俱乐部”、“公益巡诊”等十大公益服务品牌，公益性和低收费服务占比达到50%以上。服务中心正逐步成为我市集中方便解决中小企业共性需求，中小企业获取信息，学习交流，提升素质，享受公益性或低收费服务的主要渠道和场所。

“公益讲堂”是济南市中小企业公共服务中心精心打造的公益培训平台，秉承“服务企业，助力成长”原则，营造良好的社会公益氛围，传播先进的企业发展理念，促进中小微企业健康发展。各类公益课程紧贴中小企业发展现状，紧扣中小企业发展主题，紧抓中小企业成长关键。为方便广大中小微企业有针对性选择培训课程，所有培训内容提前在网站（gyjt. jnsme. cn）公布，供中小企业选择课程、在线报名、参与活动、分享提升。

“融资联谊会”是以解决我市中小微企业融资难、成本高、担保难为宗旨，通过不定期开着的融资联谊会提供专业化融资服务，通过融资联谊会的资源共享、互惠互利，积极搭建金融机构和中小微企业客户之间的桥梁，进一步拓宽中小企业融资渠道，助推中小微企业健康快速发展。

“专家坐诊”是由专家委员会推荐专家定期面对面为中小企业提供咨询、解决问题的服务。服务大厅内专门设立专家室，在网上提前公布专家坐诊表，明确坐诊专家的研究领域和咨询范围，中小企业可电话、网络、微信提前预约。

“公益巡诊”则侧重于帮助企业解决重大问题。可由企业先上报需求要解决的问题，中心组织专家委员会研究，提出意见建议，做出专业详细解决方案和规划设计，必要时组织专家上门巡诊服务，实地解决具体问题。

“创业俱乐部”是通过充分发挥俱乐部的凝聚作用，构架起中小企业创业者与政府及其它社会组织间沟通的桥梁，充分发挥俱乐部成员的优势资源，实现资源共享、优势互补、共同发展。积极为创业青年服务，助力青年创业者实现创业梦想。主要服务内容有：

1. 组织会员针对创业中和企业经营管理中遇到的新情况、新问题，开展经验交流和理论研讨活动，不定期举办交流会，帮助会员及时获取有关信息，促进会员之间进行业务协作。

2. 定期组织初创企业与中型、大型企业的供需对接会，帮助小微企业拓展业务。

3. 举办各类交流活动，邀请成功企业家与刚起步创业青年开展交流活动，大企业参观学习活动，实地了解企业管理的运行和发展情况。

4. 策划和组织实施与创业服务有关的会议、高级培训班、海内外考察学习、联谊等活动。

信息化体验中心：

信息化体验中心以信息化应用体验为主，集宣传、展览、培训和服务为一体。能够让参加人员亲身体验一个企业管理的完整流程，将企业经营管理的实际运作与先进管理理念结合，切身感受到信息化对企业发展作用。主要服务内容有：

1. 信息化体验服务。可以安排包括销售、采购、生产、技术、人力资源、财务、办公室、总经理等在内的团队来体验中心免费体验。中心将安排经验丰富的实施顾问带领大家模拟企业的信息化运作流程，进行企业信息化管理的体验服务。

2. 信息化技术交流服务。根据中小微企业需求不定期举办信息化技术交流会、研讨会、培训班等，有关信息将会在服务中心网站上发布。

3. 信息化咨询服务。中心可以提供个性化的咨询服务，针对企业的现状，通过调研，为企业做需求分析，提供企业需求分析报告，帮助中小微企业软件选型。

地　　址：济南市历下区经十路14647号（燕子山路南口西侧）
联系电话：0531－88188917 0531－88188918
传　　真：0531－88188916
邮　　件：jnsmefwzx@126. com
邮　　编：250014
网　　址：jnck. smesd. gov. cn
QQ群：181749226
微信公众帐号：jnsmefwzx

威海市小微企业创业服务中心

威海市小微企业创业服务中心是经市委市政府同意批准设立的威海市市级中小微企业综合性公共服务平台，由威海市中小企业局主管。中心以搭建创业平台、服务小微企业为宗旨，通过线上与线下相结合、实体与网络相结合、中心提供免费公共服务与中介机构提供低收费市场化服务相结合的运营模式，组织引导社会化服务机构面向全市中小微企业开展创业代理、融资担保、市场开拓、素质培训、法律服务、管理咨询、企业信息化、技术支持等专业服务。

中心拥有1200m^2的综合服务大厅、多媒体培训教室和多功能厅等实体服务场地。本着“不求所在、但求所用”的原则，中心创新性开展了签约服务工作，筛选出31家优秀中介机构作为2014年签约服务机构进驻服务大厅开展服务，通过对入驻机构服务企业情况实行月通报、季考评制度，极大提高了签约机构的工作积极性和服务企业效率。同时搭建了中小企业公共服务平台网络系统，建立了全市重点服务对象数据库，与网上入驻的上百家服务机构实行业务联通，并与威海市中小企业融资担保平台、威海市中小企业电子商务公共服务平台、威海市企业公共服务云平台实现有机融合，最大限度地满足了企业多样化的服务需求。上半年围绕重点产业、重点行业、重点企业发展中遇到的困难和问题，先后开展了中小企业工业设计、中小企业重点产业提升、最新政策解读、新法解读、中小微企业互联网时代营销策略、中小微企业知识产权保护与应用、企业法律风险与防范以及新三板、Q板上市、企业融资担保等培训咨询服务活动16场次，累计服务中小微企业2000多家。

下一步，中心将秉承“小中见大，无微不至”的服务理念，紧紧围绕中小微企业发展和全民创业需求，深入开展公益服务“进市区、进园区、进企业、进车间”活动，变“坐等企业找服务”为“主动上门送服务”，由“套餐式”服务转向“订单式”服务，通过“上门诊断”为中小微企业提供“量身定制”式贴心服务。同时开发建设中小微企业微网站服务平台系统，增设触摸查询自助系统，丰富对外宣传和服务方式，开拓服务领域，创新服务方式，提升服务实效，努力为政府部门服务中小微企业搭建桥梁平台，为各类社会中介机构服务中小微企业构筑载体，推进中小微企业群体和实体经济发展壮大。

济宁市任城区中小企业公共服务中心

济宁市任城区中小企业公共服务中心，于5月27日正式揭牌，是在市、区两级主管部门指导下，由济宁市鑫泰信息科技有限公司建设，归口任城区民营经济发展局指导和管理。总投资1390万元，建筑面积2480平方米，其中服务大厅500平方米。服务中心定位于“立足任城、辐射全市”，为中小企业提供“找得到、信得过、用得起、有保证”，全方位、一站式公共服务，目的是打造成“中小企业之家”。采取“政府扶持中介机构，中介机构让利中小企业”的运营模式，政府通过购买服务的方式，已有36家规模大、资质高、信誉好的公共服务机构入驻中心，为中小企业提供低费、高效、便捷的服务。

服务中心作为中小企业服务体系建设的核心机构和政府为中小企业服务的综合窗口，下设一个综合服务大厅，一个培训中心，一个中小企业协会，一个市级创业辅导基地，一个公共技术服务平台，三个部室（综合部、业务部、运营服务部），主要为中小企业提供：政策咨询、投资融资、信用评价、管理咨询、创业辅导、项目信息、人力资源、法律援助、中介服务、电子商务、信息化等立体化、多角度、全方位服务。是落实区委、区政府对中小企业扶持政策的重要抓手，承担着引导整合各类资源为中小企业服务、营造全社会扶持中小企业良好氛围的重要职责和任务。

潍坊市中小企业公共服务中心

为认真贯彻党的十八届三中全会精神，根据国务院关于加强中小微企业公共服务的总体要求，按照工信部和省政府关于建设中小企业公共服务平台的统一部署，潍坊市中小企业办公室成立了中小企业公共服务中心，联合市财政、金融、科技、商务等部门共同建设“市区一体化”公共服务平台。平台由潍坊市中小企业公共服务中心运营管理，是政府及其职能部门协同各类服务机构为全市企业提供综合服务的窗口，是政府联系中小微企业及各类服务机构的桥梁。按照市委市政府工作安排，服务中心加挂“潍坊市创新创业服务中心”牌子，为促进全市企业创新工作和全民创业、中小微企业“二次创业”提供服务。

服务中心位于潍坊市高新区胜利东街195号，建筑面积2400平方米，距市政府2公里，地理位置优越，交通十分便利。一楼东区为服务大厅、西区为金融综合服务区，二楼为创新服务区和综合服务区，中心配备多媒体教室、业务洽谈室、会议室等公共设施，功能服务完善，配套设施齐全。

服务中心秉承“协同服务、创新发展”的服务理念，采取“9+2”服务模式，设立九大功能服务区和信息化体验、一企一技术展示两个中心，为全市企业提供“全面、便捷、高效”的服务，实现对中小微企业“创业辅导、培育成长、创新提升、隐形冠军”的梯次培养目标。中心成立潍坊市中小企业服务联盟，制定实施《潍坊市中小企业公共服务中心引进机构条件与管理考核办法（试行）》、《潍坊市中小企业公共服务中心管理暂行办法》、《潍坊市中小企业公共服务中心服务大厅窗口工作人员行为规范（试行）》等运营管理措施，努力建成国内一流、面向全市企业服务的综合性、专业化平台，着力打造潍坊“中小微企业之家”这一公共服务品牌，创建国家中小企业公共服务示范平台。

服务中心依托服务大厅和潍坊中小企业网，融线上线下服务于一体，精选34家专业服务机构，为全市企业提供技术创新、融资担保、信息化、管理咨询与诊断、项目建设、创业辅导、财税代理、市场开拓、法律援助、政策咨询、教育培训、人力资源、品牌建设等综合性、系列化服务；设立“一网、三库、一热线"，共享全省中小企业云平台资源，聚集用友、金和、数码大方等20余家ISV厂商的信息化应用服务资源，采用云计算、移动互联网等技术和服务模式，实现省市县三级网络平台的互联互通和协同响应，为全市中小微企业提供覆盖全部业务流程、整个生命周期的一站式信息化服务。

一、公共服务大厅

设立九大功能服务区，34个服务窗口，为全市企业的转型升级，创新发展提供服务。服务内容包括：

1. 技术创新服务。引入第三方创新服务平台，打造"技术货架"，从产品概念提炼、应用技术选择、工业设计合作、专利和认证、生产和测试、科研课题申报等多个环节为中小微企业提供服务。开展"技术移植"，将成熟技术嫁接到传统行业；帮助科研院所寻找技术出口，促进新科研成果落户中小微企业实现转化，为企业探寻可以利用先进技术转型的产品方向和商业模式创新的途径。

2. 融资担保服务。创新融资担保服务模式，借助银行、担保机构、保险公司、证券公司、投资公司等机构，帮助企业拓宽融资渠道，加大金融支持；加快中小企业集合债、集合信托、集合票据发行，帮助中小微企业开展挂牌私募、股权质押、融资租赁、融资担保等服务，增强企业融资能力、降低融资成本、提高融资效率，解决企业融资难、融资贵的问题。

3. 信息化服务。依托信息化体验中心，在信息化体验、企业建站、信息技术交流、软件推广、电子商务等方面，为企业提供"咨询、方案、实施、运营"四位一体的服务；促进信息技术在企业研发设计、生产制造、营销物流、经营管理等领域的深度应用，加快实现设计数字化、装备智能化、商务电子化、服务定制化，推动企业由加工制造向智能制造转变。发挥国家及省、市、县中小企业网四级联网、互联互通的优势，及时传递各级党委、政府及相关部门的政策法规、行业动态、产业政策等。

4. 管理咨询与诊断服务。提供战略规划、组织管控、财务管理、营销管理、风险管理、生产经营、品牌战略、人力资源、企业文化等咨询诊断服务。采取讲座、论坛、网络课堂等方式，为中小微企业经营者和员工提供各类培训，帮助企业学习掌握现代企业管理知识，提高科学决策能力和经营管理水平。

5. 项目建设服务。开辟中小微企业招商与转调创服务窗口，围绕"大招商、招大商"，开展项目引进、工商注册、安评、能评、环评及质量体系认证等服务。

6. 创业辅导服务。为中小微企业"二次创业"和各类能人自主创业提供创业政策解读、创业机会分析、创业技能培训、专业人才招聘等方面的服务。

7. 财税代理服务。为中小微企业提供会计、审计、评估、财务代理、记账代理、税务筹划、知识产权代理等服务，为企业降低成本、提高资产使用效率提供服务。

8. 市场开拓服务。组织企业参加各类展览展销、贸易洽谈、产品推介、国内外经济技术交流与合作活动，帮助企业建立营销网络、创新营销模式，完善营销渠道，降低营销成本，提高营销效率，提高市场竞争力。

9. 法律援助服务。为中小微企业提供法律咨询、法律援助、法律帮扶、法律法规指导、普法宣传、企业法务培训、送法进企业、企业纠纷维权等服务。

二、两个中心

1. 中小企业信息化体验中心。设有信息化管理体验平台，集宣传、展览、培训和服务于一体，提供信息化管理软件的测评服务，系统介绍各类信息化技术和产品，普及相关信息化技术，搭建信息化产品供需桥梁，让参加人员亲身感受信息化给企业管理带来的魅力。引进知名IT企业，为制造业企业提供信息化解决方案，推广集工程设计、创新设计和工程图于一体的新一代三维CAD软件系统，采用3D全参数化设计模式（即工程模式），全面提高产品设计的速度和精度，加快两化深度融合步伐。

2. 一企一技术展示中心。打造全市中小微企业技术创新成果展示平台，以提升企业自主创新能力为目标，加快企业转型升级，实现企业原始创新、集成创新和引进吸收再创新，全面提升企业核心竞争力。同时，扩大产品宣传，提升中小微企业品牌形象，促进企业有效开拓市场。

河南省中小企业发展服务中心

一、概况

河南省中小企业发展服务中心是根据河南省机构编制委员会办公室《关于河南省工业和信息化厅所属事业单位清理规范意见的通知》（豫编办〔2012〕313号）的文件精神，由原省技术交流站（省中小企业技术创新服务中心）、省乡镇企业造纸产品质量监督检验站（省中小企业技术服务中心）和省中小企业信用担保服务中心合并成立的全省综合性中小企业服务机构，中心已于2013年2月组建完成。隶属于河南省工业和信息化厅。

二、主要任务及目标

河南省中小企业发展服务中心主要工作任务：在省工业和信息化厅的领导下，为中小企业提供创业辅导和投资融资、贷款担保、产权交易等方面的金融服务；为中小企业提供技术支持、人才引进、人员培训、网络平台建设等方面的人才和技术服务；为中小企业提供市场分析、成果转让、经济运行监测、对外合作、展览展销等方面的市场运营服务以及企业维权和政策法规服务。

专项业务服务方面，一是做好产品质量检验检测及计量器具的检定工作。在全国范围内开展纸及纸制品质量监督检验；质量仲裁检验与鉴定；质量委托检验；新产品样品委托检验；产品技术标准委托验证试验；政府委托产品质量监督检验；检测技术方法与标准手段研究；承担农业系统造纸企业升级、升级残品检验和产品质量分等分级检验，为企业提高和改善产品质量提供数据和技术改进措施；纸产品继续使用性能与条件评价；相关技术培训、技术指导与咨询服务等质量监督与检验工作；积极向有关部门和领导反映纸及纸制品质量信息及技术标准执行情况；随着中心不断向前发展，中心还为中小企业提供检验检测、质量管理、人员培训等公共服务。二是努力开展职业技能鉴定及培训工作。为更好开展中小企业各类人才技能培训服务工作，中心在全省建立了48个工作站和16个技能培训基地，并统一配置部分仪器设施。针对不同人员的需求提供对口培训，并对各类职业技能开展鉴定服务工作，已取得了较好地效果，深受广大中小企业从业人员的好评。三是建立中小企业公共服务平台。为使我省中小企业健康快速发展，根据《关于促进中小企业公共服务平台建设的指导意见》（工信部联企业〔2010〕175号）、《河南省工业和信息化厅关于开展省级中小企业公共服务平台认定工作的通知》（豫工信〔2010〕330号）精神，按照全省中小企业公共服务平台建设总体方案，河南省中小企业发展服务中心（原河南省中小企业职业技能鉴定指导中心）认定为河南中小企业技术服务平台（《河南省工业和信息化厅关于公布2010年度河南省中小企业公共服务平台名单的通知》（豫工信〔2010〕658号））。具体承担省平台的运营工作。为中小企业提供研发设计、试验试制、检验检测、共性技术推广、知识产权服务、质量管理、设备共享、信息咨询、人员培训等公共服务，在解决中小企业共性需求，畅通信息渠道，改善经营管理，提高发展质量，增强市场竞争力，实现创新发展等方面发挥示范带动作用。四是承担2012年河南省中小企业公共服务平台网络建设工作。在我省搭建中小企业公共服务平台是落实促进中小企业发展的扶持政策，成为沟通政府与中小企业之间的桥梁与纽带，实现服务平台网络各节点资源共享、服务协同的核心枢纽。平台的建立将为我省中小企业提供综合性服务，并确保实现：为企业服务达到每年开展服务不少于5000项/次；开展各种项目的服务对接不少于50项；每年完成为我省造纸企业提供产品质量的检验检测服务不少于100家；每年达到完成1万人次的各适用项目的培训；利用金融服务平台每年为100家企业提供融资服务，并实现为我省中小企业提供信用担保100亿元。

联系电话：0371－65721132

通讯地址：河南省郑州市红专路98号

网　　址：www. hnzxzx. org

中国中小企业河南网

河南中小在线信息服务有限公司是根据国家发展和改革委员会发改办企业〔2004〕1465号文件的要求于2004年9月成立的政府公益性网站（中国中小企业河南网 www. smehen. gov. cn），隶属于河南省工业和信息化厅。具有独立法人资格及从事相关服务的资质和能力，是经工业和信息化部认定（豫工信〔2010〕658号）的国家中小企业公共服务示范平台。网站隶属于工业和信息化部中小企业司政府门户网站体系，坚持政府公益性网站的办网原则，目前已建立市、县分站169家，建成面向41万家河南中小企业及广大网民提供免费信息查询、自助信息发布、培训、企业服务、人才招聘及在线咨询等服务的综合性公共服务平台。

一、主要职责

（1）担负着国家中小企业公共服务示范平台和省级信息化服务平台的建设及维护工作，并为全省41万家中小企业及社会公众提供免费信息查询、自助信息发布、法律、在线咨询及网络融资等公共服务。

（2）负责全省中小企业统计分析及重点中小企业运行监测工作。对全省中、小、微企业进行基础数据统计和分析，并印发中小企业统计月季年报刊物，初步建立中小企业统计、监测分析和定期发布制度，为各级政府制定相关政策提供依据。

（3）负责河南省企业服务网的建设和运行维护等工作，保障网络的安全平稳运行。

（4）负责各级工业和信息化部门门户网站的后台管理及技术支持工作，并承担中小企业统计系统、双百企业直报系统等14个厅相关处室业务系统的管理维护工作。

二、发展现状

根据中小企业关注的热点和需求，开设一级栏目102个，二级栏目246个，为企业提供政策法规、办事服务、行业要闻、安全环保、行业标准等资讯以及最新研究、市场行情、会展信息等最新动态信息，还整合资源建立了中小企业统计分析、中小企业生产运行监测平台、专项资金申报、工业能源利用监测与信息管理、担保机构业务监管报送系统、自助信息发布等十余个公共服务平台。

目前，平台每天发布各类信息达3000余条，上万家中小企业访问网站，日均点击率稳定在25万次以上，ALEXA国际排名稳居全国省级中小企业网站前列，企业库收录的企业信息达9万余家，注册的企业会员数已突破22万家，已成为河南省最具代表性的中小企业公共服务平台集群之一。

平台下设办公室、信息采编部、技术培训部、融资服务部、市场开发部等5个部门，人员24人。其中大专及以上学历占总人数的100%，主要管理人员和技术人员均为相关专业本科及以上学历，拥有中级及以上技术职称专业人员比例占80%以上。平台拥有固定的服务场所和必要的服务设施及设备，租用网通百兆光纤，累计购置19台高性能服务器、4台交换机、2台网络防火墙、1套入侵监测系统和磁盘阵列、服务器负载均衡、若干办公电脑等设备承载网站内容管理系统、中小企业统计、企业服务网、双百企业直报、融资性担保业网上诉求及协同办公系统、网络融资等各类应用系统。以保证平台安全、稳定、高效的运转，为中小企业各类服务的开展提供更强有力的支撑。

联系电话：0371－65749597

地　　址：河南省郑州市红专路98号

邮　　编：450008
网　　址：www. smehen. gov. cn

湖北省中小企业服务中心

湖北省中小企业服务中心成立于2003年，隶属于湖北省经济和信息化委员会，是政府联系全省中小企业和各类社会服务机构的桥梁和纽带，是政府面向全省中小企业提供各种服务的执行机构。中心下设办公室、信息服务部、技术服务部、融资服务部、培训咨询部、综合服务部、体系指导部。

近年来，中心以建设全省中小企业公共服务平台为重点，以打造精品工程、创建服务品牌、提供优质服务为主线，组织各地服务中心和窗口平台，协调各类行业协会（商会）和社会专业服务机构，切实抓好"三起来、三联动、三结合"，为全省广大中小微企业提供"一站办理、一网打尽、一呼百应"的优质、高效、便捷服务，有力助推了中小微企业发展。

中心被工信部认定为"国家中小企业公共服务示范平台"；被湖北省人民政府表彰为"湖北省就业先进工作单位"；连续两年被省经信委表彰为"先进单位"和"省实施中小企业成长工程先进单位"。

联系电话：027－87327399
邮　　箱：smehub@ 163. com

武汉市中小企业服务中心

武汉市中小企业服务中心（以下简称"中心"）是武汉市经济和信息化委员会直属的公益性事业单位。为中小企业提供融资撮合、管理咨询、上市辅导、技术推广、产业对接、创业帮扶、市场引导、法律维权、人才培育和财税代理等方面的服务。

作为公益性服务机构，引领182家社会化专业服务机构结成中小企业服务联盟，共同为企业提供服务，具有较强的服务资源整合力、公信力和号召力。

武汉市中小企业服务中心是"国家银河培训工程武汉培训机构"、"全国重点支持的创业服务机构"；被湖北省经济和信息化委员会认定为"中小企业服务体系建设示范单位"，被中国中小企业协会评选为"中国中小企业创新服务先进机构"；是APEC中小企业服务联盟中国委员会副主任单位、全国中小企业服务联盟副秘书长单位。

由我中心建设运管的武汉中小企业公共服务平台，被国家工信部授予首批"国家中小企业公共服务示范平台"称号。

联系电话：027－85316789
网　　址：www. whsme. net. cn

武汉市中小企业培训服务示范平台

武汉市中小企业培训服务示范平台由武汉市中小企业职业教育指导中心（简称"中心"）建立并运作。中心成立于1990年，是隶属于武汉市经济和信息化委员会的中小企业公益服务机构，国家中小企业公共服务示范平台、省中小企业教育培训示范单位、市中小企业中介服务示范机构、市专业技术人员继续教育示范基地。中心现有员工25人，其中高级职称5人，有十多人次获得部、省市级优秀教师、先进教育工作者和创业服务先进荣誉称号。中心还聘请了近200名专家、企业家为兼职培训师和专业顾问，并拥有132名培训咨询服务创业导师。

联 系 人：刘云萍
联系电话：027－82422312
手　　机：18627828029
E－mail：365027681@ qq. com
网　　址：www. whzxqy. cn

宜昌市中小企业服务中心

宜昌市中小企业服务中心。前身是1993年经市编委批准成立的原宜昌市乡镇企业经济技术信息服务中心，2005年3月经市经委党组研究决定并报市编委批准，将"宜昌市乡镇企业经济技术信息服务中心"更名为"宜昌市中小企业服务中心"。是全民所有制事业单位，注册资金89.9万元，现有总资产268万元。现有人员21人，其中拥有大专以上学历的人员占90%以上。是全市中小企业综合服务机构，为全市中小企业提供管理咨询、创业辅导、人员培训、人才引进、信息服务、项目开发、信用担保、资金引进、法律援助等服务项目。现服务窗口面积达到1000平方米。

联 系 人：邓永红
联系电话：0717－6443352
E－mail：ycjwyj@ 163. com

广东省民营企业合作交流协会

广东省民营企业合作交流协会是经省民间组织管理局批准的，于2011年8月合法成立、具有社团法人资格的非盈利社会组织机构。我会由我省从事民营经济的骨干企业、集团（公司）的主要成员，以及部分经济研究团体、科研设计单位、各类商（协）会、学会、促进会、研究会等专家学者自愿组成。

该会秘书处现有专职工作人员共12人，其中3人为研究生学历、6人为本科学历、1人为大专学历，工作人员专业素质及综合素质均优良，并不断通过内部学习、外部交流等方式提升工作业务能力。

秘书处现设有办公室、财务部、会员服务部、人才培训部、重点项目部、管理提升部、电商服务部等部门。我会制定了《秘书处工作规范》、《部门岗位职责》、《工作请示报告制度》、《财务管理（暂行）办法》、《办公室管理规则》等多项管理制度，切实加强内部管理。我会严格执行国家的财经法规，并根据自身情况制定适合协会实际管理需要的内部控制制度；会计账目清晰，财务状况运行良好。

成立以来，协会以多种形式组织开展活动。通过组织交流会、举办论坛、培训班、研讨会、投融资对接、商务考察等多种形式的活动，为我省民营企业提供合作与交流平台，积极推进我省民营经济的现代化建设，为会员与相关企业的发展提供全方位的服务，努力提高民营经济的综合竞争力，推动民营企业的持续健康科学发展。

联系电话：020－83057662、020－83057285
传　　真：020－83057162
地　　址：广东省广州市越秀区北京路374号之二瑞安广州中心11楼1107～1108
邮　　编：510030
网　　址：www. gdmqh. org

广东省南方民营企业发展研究院

广东省南方民营企业发展研究院在广东省民政厅注册成立，是从事非营利性社会服务活动的民办非企业单位。民企院的宗旨是以科学发展观为统揽，秉承省委、省政府大力发展个体、私营等非公有制经济，鼓励和支持民营经济发展的精神，开展民营企业发展政策的研究、咨询工作。

广东省南方民营企业发展研究院主要业务范围是：开展民营企业发展政策研究；制定民营企业发展规划；策划民营企业市场拓展战略；培养民营企业高端人才。

广东省南方民营企业发展研究院基本业务是：

担当各级党委、政府民营企业发展研究的顾问和参谋，从事民营企业发展政策的研究和推动工作；

调查研究总结推广民营企业发展经验，参与民营企业文件、民营企业发展方案、民营企业政策的讨论和制订；

承担省有关民营企业方面的课题研究，就我省重大民营企业发展问题组织专家进行研究，为广东和省内各地区经济和社会发展提供前瞻性的研究成果；

为民营企业及服务于民营企业的各类服务机构的规范发展提供智力支持。

网　　址：www. gdmqyjy. com
联系电话：020－87517099
传　　真：020－38358101
地　　址：广州市天河区黄埔大道西159号富星商贸大厦西塔22楼D

广东省现代物流研究院

广东省现代物流研究院（以下简称“研究院”）是根据中共中央政治局委员、国务院副总理汪洋关于促进广东省物流业发展的批示，在广东省政府相关职能部门牵头组织下，于2009年由广东省内有关从事物流行业和投资业务的企业、相关社会团体利用非国有资产组建的非营利性组织。

研究院秉承“政府引导，注重实用，兼顾市场，合作共赢”的理念，为政府部门提供宏观决策、制订物流发展规划及承接业务外包服务，承担广东省制造业PMI指数、物流指数编制和发布，为企业提供物流及供应链管理解决方案和技术创新支持，组织协调境内外各类型交流活动，开展现代物流、供应链高端人才培训，编制物流发展年度报告等物流行业刊物。努力打造成为我国现代物流及供应链研究及技术推广的高水平、跨学科、开放式平台，物流与供应链管理前沿理论和技术创新的研究基地，是研究院的美好愿景。

多年的实践，研究院为政府部门、业内众多物流及供应链企业提供各类专业化定制服务，成绩斐然，赢得了业主的认可和赞誉，树立了优质品牌形象。

联系电话：020－83564067
传　　真：022－83563873
地　　址：广州市越秀区豪贤路102号汇德大厦1812～1813室
网　　址：www. gdxdwl. org. cn

广东省中小企业发展促进会

广东省中小企业发展促进会（以下简称促进会）于2005年12月28日成立，以“服务社会、服务企业、服务政府”为宗旨，着力构建中小企业社会化服务体系，搭建政府、企业与社会之间的桥梁，整合社会资源，在服务的过程中不断促进政府发展、推动体制改革、推进社会进步。

自成立以来，促进会成功组织策划了各类面向全省中小企业服务的大型活动，如岭南商道、中小企业服务日、工商领袖峰会、中博会高峰论坛、投融资峰会等，得到了政府、社会与企业的高度评价，并迅速成为系统内举办各种活动频度较强、活动质量较高、影响力较大、市场化程度较高的社团组织。

促进会累计举办珠三角工商领袖、投融资、国际咨询等大型论坛10余场，轮回举办中小服务日活动10余场，举办岭南商道论坛60多期，各种小型培训活动百场以上，培训服务中小企业10万之多。促进会还创造了参会免费的会展经济模式，成为华南地区举办各种活动频度最强、活动质量较高的协会，并迅速成长为省内最具影响力的社会团体之一，具有策划组织大型活动的资源、经验和能力，推动华南地区会议经济的发展。

促进会所做的工作，是愿意成为一道桥梁，沟通政府、社会和企业，并实现一个使命：做一个让人尊敬的新型社团，使社团工作成为一份备受社会尊敬的职业，努力使企业家成为最受尊重的社会群体。未来，促进会将秉承一贯的服务宗旨，沉淀资源，聚集能量，塑造文化，开辟疆野，创建更多无形无境的桥梁。建立优秀社团文化，打造优秀团队，成就优秀的社团组织，继续“汇集智慧、相伴成长”！

联系电话：020－83484768
传　　真：020－83484400
邮　　编：510030
地　　址：广州市越秀区东风中路350号瑞兴大厦
网　　址：www. gdsme. org

广东省中小企业服务中心

广东省中小企业服务中心是依据《中华人民共和国中小企业促进法》，经广东省机构编制委员会办公室批准，在从事技术推广服务工作近四十年的广东省技术推广站（广东省技术创新服务中心）的基础上，于2002年12月成立的公益性中小企业综合服务机构，隶属于广东省经济和信息化委员会。分别获得工信部认定的首批“国家中小企业公共服务示范平台”，广东省人民政府、广东省中小企业局颁发的“广东省中小企业公共服务十佳单位”、“广东省中小企业综合服务机构示范单位”、“广东省中小企业培训示范机构”等荣誉称号。

在广东省经济和信息化委员会、广东省中小企业局的领导下，广东省中小企业服务中心认真贯彻落实国家《关于加快推进中小企业服务体系建设的指导意见》（工信部联企业〔2011〕575号）和广东省人民政府关于《广东省中小微企业综合服务体系建设实施意见》（粤府〔2012〕52号）等文件精神，发挥广东省中小企业服务龙头和核心作用，秉承“服务政府、服务中小企业、服务中小企业中介机构”的宗旨，积极配合协助省中小企业局完善中小企业服务体系，整合服务资源，承担广东省中小企业公共服务平台网络省级平台的建设和中小企业运行监测及中小企业服务联盟等重点项目，组织开展投资融资、技术推广、人才培训、信息咨询、市场开拓等方面的工作，全方位为中小企业提供服务。

联系电话：020－83353339
地　　址：广东省广州市连新路11号
邮　　编：510030
网　　址：www. gdsme. com. cn

广西中小企业网

广西中小企业网（www. smegx. gov. cn），全称“中国中小企业广西网”，是全国中小企业网的广西一级分网，国家主管部门是国家工信部中小企业司，地方主管部门为自治区工信委，承办单位是广西中小在线信息服务有限公司。广西中小企业网从2008年成立至今五个年头，在广西壮族自治区工业和信息化委员会的指导下，已成为广西中小企业的信息服务门户平台，每天通过“网站＋短信＋邮件＋线下活动”等多维一体的方式服务中小企业。

网站定位：广西中小企业公共信息服务平台。

主要由“三大专业服务平台”组成：

1. 广西中小企业融资服务平台——广西融资在线（rz. smegx. gov. cn）；

2. 广西中小企业信息化服务平台——广西软件网/广西用友软件服务大联盟（www. gxyongyou. com）；

3. 广西中小企业电子商务服务平台——桂企网、特土特广西特产商城、特土特礼品册。包括：桂企网（www. gxb2b. net），

特土特广西特产商城（tetute. taobao. com），特土特礼品册（www. tetute. net）。

此外还有：

短信服务

《桂企快报》，2012年1月开始，每周周一以手机报的形式，直接发到企业负责人的手机上。栏目设有政务、融资、信息化、电子商务、企业和企业家、管理商学院、服务动态七大栏目。

资讯邮件

《桂企快报》（邮件版），每周一的《桂企快报》通过邮件的形式发送给更多的中小企业。

《广西融资快讯》，是由广西融资在线推出的每周一期的融资资讯邮件，通过邮件的形式，每周四早上发到企业的邮箱。

纸质刊物

《广西中小企业简报》2013年开始每月一期，以轻杂志的方式，汇集中小企业时事热点，汇聚企业困难呼声，是广西区内最贴近企业需求的杂志。杂志主要以纸质文本的形式每月定期报送自治区人民政府、自治区工信委、自治区财政厅等政府及各厅局部门，以在线轻杂志的方式，通过手机报和邮件的形式发送给广西中小企业网会员。

广西中小企业网由广西中小在线公司负责运营和维护，公司地址和联系方式如下：

会员热线/云建站热线：0771－5884905/5884904
融资热线：0771－5888480/5888481
信息化咨询服务热线：18077106605
传　　真：0771－4967508
地　　址：广西南宁市石柱岭二路4号（广西工人报社）207室
邮　　编：530031
编辑部投稿邮箱：tg@ smegx. gov. cn
企业服务邮箱：smegx@ smegx. gov. cn

广西中小企业联合会

经广西壮族自治区工业和信息化委员会审核，自治区民政厅批准，广西中小企业联合会于2009年2月25日正式成立。

广西中小企业联合会是由广西中小企业自愿组成的非营利行业性企业社团，会员以工业企业为主，兼顾其他行业企业。本会宗旨：合作共赢，做强做大。具体表现为：坚持以邓小平理论和“三个代表”重要思想为指导，全面贯彻落实科学发展观，全心全意为会员企业服务，以实现整合资源，共谋发展，推动广西中小企业持续健康发展为目的，遵照国家法律、法规，参照国际规则，维护会员企业合法权益，进行行业自律和管理，加强企业诚信体系建设，促进广西中小企业的持续蓬勃发展，提升广西中小企业市场竞争能力、自主创新能力和自我发展能力，提高会员企业经营管理水平，针对会员企业提出的建议和要求而开展各项活动，并在政府等单位与会员企业之间发挥桥梁和纽带作用，为会员企业开拓国内外市场和加强国际交流与合作提供有效服务。

该会以围绕推动广西中小企业持续健康、快速发展为总体目标，开展以下业务：

1. 协助政府宣传贯彻《中华人民共和国中小企业促进法》、《国务院关于鼓励支持和引导个体私营等非公有制经济发展的若干意见》和自治区政府关于促进中小企业发展等相关法律、法规和政策；

2. 研究和探讨广西中小企业发展方向、目标、体制、政策、管理等理论和实际问题，调查了解并反映中小企业的建议和要求，为政府决策和制定政策提供建议和依据；

3. 为广西中小企业提供创业辅导、企业诊断与管理咨询、投资融资、技术支持、企业信息化、人员培养与人才引进、对外合作、展览展销和法律咨询等服务；

4. 维护广西中小企业和中小企业家的合法权益；

5. 促进广西中小企业与政府、金融、工商、税务等有关部门的交流沟通，帮助广西中小企业融资贷款、招商引资、增资扩股、寻求担保和申请政府专项扶持资金，帮助中小企业拓展市场，协调解决会员企业相关问题，促进企业相互间的交流与合作；

6. 组织推广广西优秀中小企业发展经验，开展评选、表彰、宣传优秀中小企业活动，促进广西中小企业品牌建设与自主创新工作；

7. 通过对中小企业诚信体系与信用体系的建设，引导广西中小企业守法诚信，遵守国家法律法规，提升职业道德，加强行业自律，积极承担社会责任；

8. 编辑、出版、发行会刊和年鉴等出版物；

9. 在政府的委托和指导下，开展广西中小企业资质与资格认证，开展中小企业管理升级、中小企业信息化建设等业务；

10. 承办政府主管部门及有关部门委托的其它工作。

通过深入开展形式多样的宣传发动工作，截止2013年12月10日，联合会会员企业达到638家，其中会长单位1家，荣誉会长单位3家，常务副会长单位12家，副会长单位53家，理事单位90家、普通会员单位479家。今年新增荣誉会长单位1家、新增常务副会长、副会长单位各2家、新增理事单位8家，并吸纳32家企业成为普通会员单位，不断发展和壮大了联合会队伍。

地　　址：南宁市双拥38号广西新谊金融投资大厦8楼
邮　　编：530022
联系电话：0771－5802377、5883811
传　　真：0771－5802379
E－mail：gxsme888@163.com

广西壮族自治区乡镇企业培训中心

广西壮族自治区乡镇企业培训中心，于1986年经自治区人民政府批准，由自治区编委确定编制，定为正处级事业单位，编制15人，财政全额拨款。系原自治区乡镇企业管理局直属单位。

2003年4月，广西壮族自治区乡镇企业培训中心，获得国家安全生产二级培训机构资格。2004年11月23日，经农业部人事劳动司审查批准，获得“农业行业特有工种职业技能鉴定站”资质证书。

2004年，由于机构改革，撤销广西壮族自治区乡镇企业管理局，归广西壮族自治区经济委员会建制，是广西壮族自治区经济委员会直属二层机构。

2010年，自治区党委、自治区人民政府对自治区人民政府个别机构进行调整，设立自治区工业和信息化委员会，为自治区人民政府组成部门。原自治区经济委员会（自治区中小企业局）的职责划给自治区工业和信息化委员会。原自治区信息产业局的职责划给自治区工业和信息化委员会。自治区工业和信息化委员会增挂自治区中小企业局牌子和广西壮族自治区乡镇企业局牌子。广西壮族自治区乡镇企业培训中心归为自治区工信委直属二层机构。

培训中心现有干部职工10人（在职10人、退休9人）。其中具有研究生学历2人、大学本科学历3人、大专学历4人及高中学历1人；高级职称1人、中级职称5人及高级技工职称1人；教师相关专业有法学、机械制茶、食品工程、电子声像、工业自动化、电子商务及计算机应用等，并且具有丰富的教学经验和专业的管理能力。

二十多年来，中心主要开办了水泥标准、化学检验，砖瓦生产技术、建筑系列工程职称、企业领导骨干，贫困地区乡、镇、村企业骨干，政策法规、产业政策、烟花爆竹、企业经营管理、安全生产、职业健康、环保、食品检验、WTO、农产品加工、企业创新、信息化管理等培训班，旨在努力提高主管部门领导和企业厂长及管理人员的法律意识、社会责任感、办公业务素质、经营管理能力及技术创新能力，并使中小企业从业人员充分认识和努力发挥自身经营灵活、转型负担少的优势，促进企业转型升级，创造更多的经济效益和社会效益。中心平均每年举办各种培训班35期，为各市、县乡镇企业主管部门和企业培训领导干部、管理人员及特种作业员工近2000人。

地　　址：广西南宁市星湖路43号
邮　　编：530022
联系电话：0771－5854739。

广西壮族自治区乡镇企业建材产品质量监督检验站

基本情况简介

1. 组织机构

广西壮族自治区建材产品质量监督检验站（以下简称“建材站”）是根据广西壮族自治区人民政府桂编［2000］76号批准成立的事业单位。广西乡镇企业建材产品质量监督检验站（以下简称“乡镇建材站”）是根据广西壮族自治区编制委员会桂编［1987］71号批准成立的事业单位。两站都是经过广西壮族自治区质量技术监督局资质认定授权的省级建材产品质量监督检验机构。

建材站同时是中国合格评定国家认可委员会认可实验室、广西出入境检验检疫局认可分包实验室、全国工业产品生产许可证办公室批准的水泥产品生产许可证检验机构。

建材站的前身是广西建材产品检测中心，于1982年在广西建筑科学研究所内成立。1984年9月，根据桂编［1984］99号文件，建材站随广西建筑材料科学研究设计所从广西建筑科学研究所分出。于1989年12月通过广西技术监督局和广西建筑材料工业局共同审查认可，更名为广西技术监督局建材产品质量监督检验站。2000年12月通过省级法定质检机构换证审查，获得继续授权，开始使用广西壮族自治区质量技术监督局建材产品质量监督检验站的名称。2004年2月，广西质量技术监督局桂质监发［2004］27号文，将上述名称更名为广西壮族自治区建材产品质量监督检验站。

乡镇建材站成立于1987年3月31日。依据广西质量技术监督局1993年桂监字（1993）第121号，乡镇站曾经以广西壮族自治区建材产品质量监督检验二站的名义开展检验业务工作。2007年4月28日，广西质量技术监督局桂质监发［2007］78号，将上述名称更名为广西乡镇企业建材产品质量监督检验站。

2006年8月10日，广西壮族自治区经济委员会以桂经人事［2006］311、312号文件，将建材站和乡镇建材站合并运作，两站同一个领导班子。2013年2月26日，广西壮族自治区机构编制委员会桂编［2013］80号文件调整机构，本站是广西壮族自治区工业和信息化委员会管理的相当正处级财政全额拨款事业单位，广西乡镇企业建材产品质量监督检验站事业机构及人员编制并入广西壮族自治区建材产品质量监督检验站，在广西壮族自治区建材产品质量监督检验站增挂广西乡镇企业建材产品质量监督检验站牌子。

本单位申明，除了必需以乡镇建材站名义开展业务和出具检测报告外，都以建材站的名义运行管理体系和出具检测报告。

2. 职责任务

承担全区建材产品质量监督检验及建材生产企业的节能环保检测的技术性和事务性工作。

3. 质量方针

诚实守信，科学规范，客观公正，开拓创新。

具体的含义就是坚持诚实守信的职业道德，以科学的态度严格执行标准及规范，实事求是、客观、公正地为客户提供满意服务，牢固树立创新理念，不断开拓社会及客户需求的新的检测项目。

4. 人力资源

本单位共有人员37人。其中技术人员35人，高级工1人。技术人员中高级工程师8人，工程师14人，经济师1人，会计师2人，馆员1人，助理工程师9人。

5. 场所及设施、设备的配备情况

办公和检验场所：广西南宁市星湖路南二里6号，广西南宁市星湖路43号。

本单位在广西南宁市星湖路南二里6号与广西建筑材料科研设计院共处一栋大楼，本单位使用相对独立的该楼的地下室、一楼、二楼、三楼、2栋3单元1楼33号房共计1715m^{2}的办公和检验场地。在广西南宁市星湖路43号使用办公楼的地下室、三楼、十三楼及办公楼附属场地等共计733m^{2}的办公和检验场地，两处场地面积合计2448m^2。

本单位配备有建材产品质量检验的各种先进精良仪器设备500多台（套）。固定资产1800多万元。

6. 业务范围

检测（验）产品及项目包括：水泥、水泥熟料、水泥包装袋、水泥助磨剂、粘土、煤、掺合料、石灰、墙体材料、建材产品能耗测试、瓦、路面砖、陶瓷砖、卫生陶瓷、石材、钢材、混凝土管、井盖、集料、混凝土、砂浆、建筑节能保温材料、土工、建筑涂料、建筑防水卷材、管材管件、室内空气质量、水和废水、环境空气和废气、噪声与振动以及其它新型建材产品。

7. 检验（测）技术及科研成果

本站经过二十多年的建设与发展，已形成技术力量雄厚、检测设备先进，具有检测和提高产品质量开发科研能力的建材专业质检站。经广西质量技术监督局计量认证和授权认可，是中国合格评定国家认可委员会（CNAS）认可的检测实验室和广西出入境检验检疫局认可的分包实验室，出具的检验报告得到中国及与其签署多边互认协议的国家和地区的承认。本站水泥品质指标检验水平位居全国前列，多次获全国品质指标检验大对比特等奖。本站还注重检测、科研与服务相结合，为建材企业提供提高产品质量、降低能耗技术服务，主持或参与了“研制水泥分散剂”、“用高新检测技术装备中小水泥企业实现增产、高质、降耗、减排”、“广西建筑主体材料放射性调查与研究”等科研项目，其中“研制水泥分散剂”项目获广西科技进步二等奖。本站建筑材料放射性核素检测使用了美国 CANBERRA 生产的 GC 3018 高纯锗 γ 谱仪，检测精度位居广西领先水平。在广西率先开展窑炉热平衡测试项目，填补了广西空白，该项目处于全国先进水平。由我站主编的广西工程建设地方标准 DBJ 45 / 011 - 2012《烧结砖单位产品能耗限额标准》经广西壮族自治区住房和城乡建设厅批准并公告（桂建标［2013］12 号）已于 2013 年 3 月 30 日发布，2013 年 4 月 30 日实施。该标准是在本站对广西众多烧结砖企业能耗监测的基础上，参考了国家有关标准和其他省市地方标准，经广泛征求意见，反复修改完善后制定完成的，是符合广西实际的烧结砖能耗限额标准，对推动广西节能减排有重大意义。2013 年本站作为参编单位，参加国家标准《烧结墙体屋面材料单位产品能源消耗限额》的制定，该项目正在实施过程中。

8. 相关资质情况

（1）中国合格评定国家认可委员会 证书编号：No. L0249；

（2）广西质量技术监督局资质认定计量认证，证书编号：2012 20 1643 Z；

（3）广西质量技术监督局资质认定授权认可，证书编号：（2012）（桂）质监认字 023 号；

（4）广西质量技术监督局资质认定计量认证，证书编号：2012 20 1642 Z（乡镇建材站）；

（5）广西质量技术监督局资质认定授权认可，证书编号：（2012）（桂）质监认字 022 号（乡镇建材站）；

（6）广西出入境检验检疫局认可分包实验室，证书编号：GLAC01/14；

（7）广西建设厅建设工程质量检测机构，证书编号：桂建检字第 4501239 号；

（8）全国工业产品生产许可证办公室批准的水泥产品生产许可证检验机构；

（9）国家普通硅酸盐水泥标准样品的定值单位。

（注：上列资质除标明外，其余均为建材站。）

质检站地址：

广西南宁市星湖路南二里 6 号，

广西南宁市星湖路 43 号；

邮政编码：530022，

电话（传真）：0771 - 5314042（站长室），

0771 - 5332188（业务室）；

电子邮箱：gxjczjz@163.com。

广西壮族自治区通用机械产品质量监督检测站

该站是广西壮族自治区工业和信息化委员会管理的全额拨款事业单位（桂经人事［2004］126 号文），是通用机械产品质量监督检验机构，宗旨是为通用机械产品质量安全提供监督检验保障服务并为客户提供科学、公正、可靠数据检验报告，业务范围是为客户对通用机械产品质量进行几何量检测、材料性能检测、无损探伤检测、整机检测。

联系方式：

电　　话：0771 - 3307196

传　　真：0771 - 3307196

Email：gxtjzjz@126.com

地　　址：广西南宁市北湖北路 22 号。

广西区汽车内燃机质量监督检验站

广西壮族自治区汽车内燃机质量监督检验站，主要从事汽车、内燃机、低速货车、拖拉机、工程机械、建筑机械、柴油发电机组、摩托车等产品及其零部件的质量监督检验、质量技术仲裁、内燃机生产许可证检验等业务，是自治区直属事业单位。

地址：广西壮族自治区 柳州市 柳南区 河西路 18 号，

电话：0772 - 3839230 ，0772 - 3839230 - 2847。

广西壮族自治区冶金产品质量监督检验站

该站成立于 1981 年 8 月 20 日，初始站名为“广西壮族自治区标准局冶金产品检测中心站”，挂靠广西冶金研究所（院），2004 年 1 月站院分离，成为独立法人事业单位，隶属于广西壮族自治区工业和信息化委员会。

广西壮族自治区冶金产品质量监督检验站是广西壮族自治区质量技术监督局依法授权的省级冶金（含有色金属）行业产品质量监督检验技术机构，也是广西科学技术厅授权的广西科技成果检测鉴定单位、广西壮族自治区出入境检验检疫局社会分包实验室、广西壮族自治区交通厅船舶检验局授权的合格检验单位，具备广西壮族自治区国土资源厅授予的地质勘查乙级实验测试（岩矿测试）资质。

广西壮族自治区冶金产品质量监督检验站于 1989 年 11 月首次通过广西壮族自治区质量技术监督局组织的计量认证/审查认可评审，之后连续通过广西壮族自治区质量技术监督局组织的实验室资质认定计量认证/授权复查评审，具有化学、机械、无损检测 3 大类、164 个产品、586 个参数的省级实验室资质认定计量认证证书和授权证书。2009 年 2 月，广西壮族自治区冶金产品质量监督检验站通过中国合格评定国家认可委员会（CNAS）检测实验室认可评审，成为国际互认检验机构，获得认可证书及岩石与矿物、金属与合金等 7 个检测领域、111 类产品的检测项目授权。主要检验领域：金属矿、非金属矿、金属材料冶炼及压延产品、冶金辅料、耐火材料、化工产品等。

广西壮族自治区冶金产品质量监督检验站仪器设备齐全，技术力量雄厚，多次出色地完成了上级下达的冶金产品质量监督抽查、质量调研和检验任务；为公安、检察、法院、检验检疫局、工信委、科技厅等政府部门和社会各界提供了公正、科学的产品仲裁检验、鉴定验收和委托检验服务，取得了较好的社会效益。曾主持起草锰矿石、锡精矿、高纯氧化铟、高纯氢氧化铟、废铟料等20多项国家标准，参与起草或修订铝土矿、铁矿石、锑锭、高纯氧化钪等国家（或行业）标准10多项，荣获广西科技进步二等奖1项（2010年）、中国有色金属工业科技进步二等奖1项（2010年）、广西科技进步三等奖3项（1993年、1997年、1999年）、中国有色金属工业科技进步三等奖1项（2003年）。

联系电话：0771－5626560

联系传真：0771－5653360

联系地址：广西壮族自治区南宁市长堽路40号。

广西壮族自治区化工环保监测站

广西壮族自治区化工环保监测站是广西壮族自治区工业和信息化委员会直属事业单位，具有独立的事业单位法人地位，是广西壮族自治区质量技术监督局授权的产品质量检验机构。

内设综合室、业务室、监测室等3个部门。

服务方向：

为政府部门、受监测单位及社会客户提供科学、公正、有效的环境监测数据资料。负责石化系统的环保、环境监测；化工重点污染企业定期监测；进行环保监测及环保治理方法研究等。同时，还进行环境影响评价监测和环保设施竣工验收监测，为环保部门决策提供科学依据。

广西化工环保监测站综合室

电话：0771－3331730。

广西轻工产品质量监督检验站

广西轻工产品质量监督检验站1980年10月16日经广西标准局、广西轻工业厅联合以桂标字［1980］017号，［80］轻科字87号文批准成立，是全额拨款的事业法人单位，2000年12月18日本站经广西事业单位登记管理局发证为独立法人，更名为广西壮族自治区轻工产品质量监督检验站，隶属广西工业和信息化委员会领导，有独立账户和独立核算，经济来源属财政拨款。是广西最早成立的省（自治区）级检验站，首批通过广西质量技术监督局审查认可及计量认证，并于2011年5月通过国家实验室认可。本站具有独立开展产品质量检验业务的权利，所提供的检验数据及结论具有法律效力，对所有客户均一视同仁并提供优良服务。

服务方向：

承担授权产（商）品的各种检验：受有关部门委托对实行认证、生产许可证的产品进行质量检验及产（商）品质量争议仲裁检验；承担企业新产品鉴定检验；申办营业执照产品质量检验；标准制、修订工作中的验证检验及其他委托检验。

广西轻工产品质量监督检验站办公室

电　　话：0771－4921832，0771－4916069

网　　址：http：//nanning037754.11467.com

单位地址：亭洪路33号

邮政编码：530031。

广西纺织产品质量监督检验站

机构概况。广西壮族自治区纺织产品质量监督检验站建于1981年，是广西首批成立的省级产品质量监督检验站之一。本站自1988年起通过了广西质量技术监督局的计量认证和审查认可，获得了广西质量技术监督局的授权，对社会开展各类纺织产品委托检验，是具有独立法人资格全额拨款的事业单位，位于南宁市亭洪路43号，现直属广西壮族自治区工业和信息化委员会管理。本站作为独立设置的产品质量监督检验机构，经广西质量技术监督局和广西科学技术厅授权，依法开展纺织产品检验、纺织仪器检定/校准、纺织科技成果鉴定等第三方检测业务。

服务信息。授权检测范围包括：以棉、毛、丝、麻、化纤为原料的各种纱线、机织物、针织物、印染织物、服装、复制品、非织造布、蓬盖布、特种工业用布、绳线带、过滤布、帘子布等，涵盖服用、装饰用、产业用三大类纺织品。站内设有计量检定机构“广西纺织计量站”，建立了纺织仪器计量标准十项，可开展20多种纺织仪器设备检定/校准计量工作。

广西壮族自治区纺织产品质量监督检验站办公室

电话：0771－2240778。

广西壮族自治区电子产品监督检验所

机构概况

广西壮族自治区电子产品监督检验所是广西壮族自治区工业和信息化委员会直属事业单位，是具有独立法人的第三方电子信息产品监督检验机构，是全国电子信息产品质量监督检验系统成员单位，是广西唯一具有“涉密信息系统测评”资质的检测机构。内设有办公室、检测中心、网络测试中心、智能化检测中心、业务技术室。

服务信息

经授权对外开展业务有：信息系统安全等级保护测评；信息安全风险评估；信息网络系统、通信网络系统、综合布线系统、计算机房系统、安全防范系统、视频监控系统、有线电视、公共广播系统检测；智能建筑工程验收测验；计算机软、硬件产品检测；电子信息应用产品、广播电视产品、日用电子器具、电子医疗器械、电子元器件检验；声级计、声校准器计量检定；电子信息产品科研成果检测鉴定等。

广西壮族自治区电子产品监督检验所办公室

电话：0771 –2343152。

海南省中小企业服务中心

一、简介：海南省中小企业服务中心（以下简称“中心”）是海南省政府为改善对中小企业的服务，带动社会服务资源共同构建的服务中小企业的公共服务平台，是海南省中小企业公共服务体系的核心机构，在海南省中小企业管理部门指导下，带领全省各类服务机构，为全省中小企业提供各类服务的综合服务中心。其性质为非企业的、非营利的、公益性的社团组织。中心实行理事会领导下的法人负责制。

二、中心基本架构

（一）中心理事会

中心理事会是中心的决策机构，负责中心法人任免、人事任免、项目管理、任务调配等重大事务的决策。

（二）内部机构设置

1. 综合服务部

负责综合协调、文秘、行政财务等综合事务；为中小企业提供专业人才培训，就业培训；完成省中小企业管理部门组织的各类博览会、展览会、研讨会等会议事务。

2. 发展规划部

负责中心及全省中小企业公共服务项目的管理和协调工作，统筹全省的专业服务机构，指导相关中小企业专业服务机构为各行业中小企业提供专业服务；协助省中小企业管理部门负责国家和省的相关资金项目组织申报工作；为中小企业提供创业指导。

3. 信息服务部

为全省中小企业提供法规、政策、信息服务，推进中小企业信息化，为中小企业提供法律咨询服务。承接中国中小企业信息网海南省业务。

4. 融资服务部

帮助中小企业规范财务管理，指导中小企业融资和资本运作。

5. 信用与担保服务部

为中小企业提供担保、小额贷款等各项融资服务，创新中小企业担保产品，指导企业开展信用建设。

三、基本职能

“中心”通过视频网络、平面媒体和网下具体服务三位一体的形式，提供各类涉及中小企业的政策和信息咨询服务；事务代理与创业辅导服务；人员培训与人才培育服务；质量检测、技术支持与信息化服务；管理诊断咨询服务；投融资、信用担保和信用服务；法律咨询服务；市场开拓服务等。具体包括：

（一）为全省中小企业提供法规、政策、信息服务；

（二）帮助中小企业申报各类资助项目；

（三）为中小企业提供融资服务，帮助企业解决融资难题，指导中小企业的资本运作；

（四）帮助中小企业进行规范的财务管理，指导中小企业申请免税、合理避税；

（五）为企业提供信息服务，指导企业信息化工作；

（六）为中小企业提供专业人才培训，创业培训；

（七）为中小企业提供创业服务；

（八）为中小企业提供专业质检服务；

（九）统筹全省的专业服务机构，指导相关中小企业专业服务机构为各行业中小企业提供专业服务；

（十）完成省中小企业管理部门委托的各类博览会、展览会、研讨会等会议事务。

联络地址：海口市海府路38号银都大厦8楼

电　　话：0898 –68522019

传　　真：0898 –68522016；

网　　址：http：//www. smehi. gov. cn/

西藏自治区中小微企业（民营企业）发展服务中心

西藏中小微企业（民营企业）发展服务中心（以下简称“发展服务中心”）经自治区民政厅批准，于2013年9月注册，直属西藏自治区工业和信息化厅，是面向中小微企业提供综合性专业服务的民办非企业法人机构。其业务范围包括：宣传国家非公有制经济（中小企业）法律、法规及政策；向政府部门反映非公有制经济（中小企业）的情况，维护非公有制经济（中小企业）的合法权益；协助政府有关部门落实非公有制经济（中小企业）的扶持政策；整合社会资源，构建非公有制经济（中小企业）服务体系；开展创业辅导、融资担保、技术支持、管理咨询、信息服务、市场开拓、人才培训、法律援助等社会化服务；组织非公有制经济组织（中小企业）开展经济技术合作与交流，促进先进技术的推广应用，帮助中小企业拓展国内外市场；建设、管理、营运西藏中小企业信息网站；承办主管部门交办的其它事项。业务上受自治区工信厅中小企业处的管理和指导。

联系电话：0891 –6364583

邮　　箱：xzgxzxqyc@163. com

陕西省中小企业服务中心

陕西省中小企业服务中心是陕西省中小企业促进局下属单位，是为我省中小企业提供综合性服务的机构，成立于2002年12月，以“搭建政企桥梁，整合社会资源，创新发展平台，服务中小企业”为服务宗旨。其主要职能是：配合政府有关部门落实中小企业扶持政策，依法维护中小企业合法权益，同时为政府部门产业政策决策提供基础调研辅助服务；为中小企业提供项目申报咨询、融资服务、业务辅导、管理咨询、信用管理、信息服务、公益性人才培训、达标认证、法律援助、市场开发、技术产品展示、国内外合作交流服务。管理运营面积为6150平米的省级中小企业服务平台，目前正在筹建陕西省中小企业产品技术展示中心。2010年通过了ISO9000体系认证，09年被评选为全国中小企业服务联盟副主任单位。

单位地址：西安市长安北路1号会展国际大厦2606、2607、2608室
邮　　编：710061
电　　话：029－85201091－8031
　　　　　029－87435118
传　　真：029－87435118

陕西省中小企业协会

陕西省中小企业协会是在省民政厅正式登记注册的社团法人，协会成立于2002年6月。

陕西省中小企业协会是陕西省中小企业、企业经营者自愿组成的全省性、综合性、服务性的社会团体。协会的宗旨是“会员至上、服务第一”，以促进中小企业健康发展为中心，在进行行业自律和管理的同时，围绕提升中小企业竞争能力和自主创新能力、提高经营管理水平、维护中小企业和企业家合法权益、反映中小企业建议和要求，开展各项配套服务。

陕西省中小企业协会共设立综合部、咨询部、融资部、培训部、信息部、会员部等六大部门．为中小企业提供创业辅导、企业诊断、管理咨询、投资融资、技术支持、企业信息化、人员培训、人才引进、对外合作、展览展销和法律援助等服务。

单位地址：西安市长安北路一号会展国际大厦2707室
电　　话：029－85201091－8070
　　　　　029－85201876
传　　真：029－85201876
电子邮箱：sxzxqyxh@126. com

陕西省创业促进会

陕西省创业促进会是全省创业公共服务平台，是由省政府主要领导倡导，省民政厅批准，省中小企业促进局主管，省财政厅等13个厅局支持，我省知名企业和企业家共同发起组建的具有独立法人资格、非盈利性的公益社团组织。

陕西省创业促进会是旨在扶持创业者成功创业的公共创业服务机构，通过为准备创业者提供创业训练，为初始创业者提供启动资金，为成长型中小企业提供融资支持，为创业者提供企业家创业导师辅导，引导创业者进入商业网络，扶持成长型中小企业做大做强，对接龙头企业制定集群创业扶持计划带动创业者集群创业，构建从选择创业者、培训创业者、启动创业项目、扶持成长型中小企业和集群创业等一套我省阶梯扶持创业的模式和标准。

平台位置：平台2703室
单位地址：西安市环城南路西段18号，金花豪生国际大酒店2楼
电　　话：029－85201091－8048
　　　　　029－88422127
传　　真：029－88422722
邮　　箱：bpas001@126. com
网　　址：www. bpas. org. cn

陕西贝易达现代科技有限公司

陕西贝易达现代科技有限公司成立于2007年，是一家致力于为中小企业提供电子商务、软件开发、IT应用以及企业资讯服务的高新技术企业。

公司致力于打造中小企业电子商务公共服务示范平台，利用现代信息科技手段帮助中小企业实现高效运营，快速发展。目前已经形成集信息、信用、金融、会展、科技成果转化、物流、交易为一体、融贝易达“陕西模式”和共性衍生项目为两翼的区域型电子商务综合服务平台体系，旗下网站有“陕西中小企业商务网”、“融资超市”、“软件超市”、“乐购陕西”等。

地　　址：西安市长安北路1号会展国际大厦2705室
邮　　编：710061
电子邮箱：sxbyd@smesw. com
电　　话：029－85201091－8049
　　　　　029－88227766　88332007
传　　真：029－88319848

陕西中小在线信息服务有限公司

陕西中小在线信息服务有限公司成立于2004年9月，为贯彻落实国家发改委（发改办企业［2004］830号、［2004］1465号）文件精神，在省委、省政府指导下公司负责运营的中国中小企业陕西网（www. smeshx. gov. cn）于2005年5月18日正式开通，网站由陕西省中小企业促进局主办，作为我省中小企业综合信息服务平台，网站自开通以来以助力中小企业可持续健康成长为使命，遵循“政府支持、资源整合、资讯领先、服务制胜”的理念，为我省中小企业提供及时、高质量的综合信息服务。目前，网站已形成覆盖全省78%的省－市－县三级架构的中小企业综合服务平台网络，是陕西省访问量最大、最专业的中小企业门户网站。

公司地址：西安市长安北路1号会展国际大厦

2701、2702 室
电　　话：85201091 - 8046 400 - 6017 - 518
邮　　箱：info@ smeshx. gov. cn

陕西省中小企业信用担保有限公司

陕西省中小企业信用担保有限公司隶属于陕西金融控股集团有限公司，是陕西省内成立最早、唯一面向全省中小企业提供融资担保的国有控股担保公司。

公司坚持“政府引导，企业参与，规范化经营，市场化运作”的指导思想，秉持服务全省中小企业宗旨，坚持稳健、高效、务实、创新的经营理念，与省内数十家金融机构合作开展了担保业务，有效地解决了我省部分中小企业融资难的问题。公司先后荣获陕西省信用协会评选的“陕西省信用建设先进单位”荣誉称号，西安市经济委员会颁发的“西安市中小企业特约服务机构”奖牌等诸多荣誉。

公司地址：西安市北二环西段金泰财富中心 B 座 1801 室
电　　话：029 - 85201091 - 8076
029 - 8162 9433 / 6861 2288 / 6861 2299
传　　真：86 + 029 + 6893 2669
邮　　箱：sgtbrand@ 163. com
网　　站：http：//www. sgtbrand. com

陕西彼岸企业管理咨询有限公司

陕西彼岸企业管理咨询有限公司是一家专业的企业人员培训机构，公司成立于 2005 年，至今已有 7 年的历史，先后为我省数千家中小企业，近十万人次实施了培训，受到了客户的一致好评。公司通过整合社会上具有竞争力的讲师资源，现已形成了一支专业的师资团队，服务于企业因战略决策、企业经营管理方法和企业员工素质滞后造成发展困境的各中小企业。

7 年的时间里彼岸已成为陕西省杰出的人员培训公司之一，依靠科学先进的管理工具引导企业铸造强大的创新能力；使企业经营管理人员掌握科学的管理方法；协助企业培养符合其战略思想的员工队伍；使企业实现可持续发展。

地址：西安市长安北路一号国际会展大厦 2807B 室
邮编：710061
电话：029 - 85201091 - 8070
029—85200306、86570319
邮箱：bi - port@ 126. com

陕西启迪科技园发展有限公司

陕西启迪科技园发展有限公司成立于 1998 年，由启迪控股股份有限公司、西安蓝溪科技投资控股有限公司、西安清华校友会三家股东共同创建，注册资本 16000 万元，主要承担着清华科技园（陕西）西安园区和咸阳园区的开发、经营与管理工作。公司以科技园的开发、经营、管理和服务为主业，以科技投资业务为辅，构成公司业务发展格局，并且拥有一支高素质的经营队伍。

清华科技园（陕西），是以促进医疗器械领域的科技成果转化、高新技术企业孵化和创新创业人才培养为宗旨的科技创业辅导机构，是陕西省人民政府、北京清华科技园发展中心重点支持建设的国家高新技术创业服务中心，是清华大学科技园在中国西部最早的辐射园区和重要的有机组成部分。

清华科技园（陕西）依靠所拥有的丰富的科研优势和人才优势，通过“官、产、学、研、金融、中介、贸、媒”的结合，为中小企业提供代办企业注册、项目融资、技术支持、管理咨询、人才引进、平台搭建等一系列完善的创业辅导服务，以及高新技术项目认定、专利申报、中小企业专项资金及科技部创新基金项目申报等增值服务，营造适宜科技型中小企业创业和发展的优良环境。基于“聚集、聚合、聚焦、聚变”四聚模式，致力成为中国最具创新活力的“科技创新创业环境解决方案提供商”和“科技创新增值服务运营商”。

平台位置：平台 28 层 06B 室
公司地址：西安高新区科技二路 65 号清扬国际大厦 B 座
电　　话：029 - 85201091 - 8068
029 - 33691687
邮　　箱：zyj@ landsea. net. cn

甘肃省轻工研究院

甘肃省轻工研究院（原甘肃省轻工业科学研究所）始建于 1959 年。是甘肃省最早成立的以轻工、化工研究开发为主的科研院所，2001 年 9 月转制为科技型企业。目前是集科研开发、技术服务、成果转化、工程咨询、工程设计、产品检验、人员培训为一体的应用开发研究单位，是甘肃省重点科研院所。在职职工 93 人，其中高级工程师 20 人，中级职称 28 人；甘肃省农产品加工行业领军人才 2 名，省级学科带头人 1 名；相关农产品加工、食品、发酵、造纸等轻化工行业知名专家 8 名，注册咨询工程师 11 名。内设机构有食品发酵研究室、分离中心、工艺设计室、造纸室、轻工产品质检站、中试车间及华瑞新技术开发公司和行政职能部门。甘肃省特色农产品（食品）加工行业科技创新服务平台、天然产物提取科技创新团队、甘肃省天然产物萃取分离工程技术研究中心，甘肃省农副产品深加工中小企业服务平台都设在我院。具有工程咨询甲级资质、工程设计乙级资质、清洁生产审核资质等。拥有办公、科研、中试车间面积7500平米，拥有超临界 CO2 萃取设备、亚临界萃取设备、分子蒸馏设备、液相色谱仪、气相色谱仪、生化培养箱等天然产物提取、食品发酵、精细化工、产品检测等试验和中试科研仪器设备400多台套。可开展天然产物的提取分离、农副产品加工、食品、发酵、造纸、日化、香精香料等轻工行业的科研及新产品开发、成果转化、技术推广、工程咨询、工程设计、技术服务、产品检测等工作。是西北民族大学、甘肃农业大学、兰州理工大学研究生和大学生联合培养及实习基地。

联系电话：0931－8126511

0931－8126510

网　　址：http：//www. gsqgyjy. com/

甘肃省科学院生物研究所

甘肃省科学院生物研究所成立于1978年，是以生物资源的生物技术研究开发与可持续利用研究和成果转化为主，为地方经济和社会发展提供科技支撑和技术服务的应用型省属重点科研院所。拥有甘肃省微生物资源开发利用重点实验室、甘肃省工业微生物工程技术研究中心、甘肃省生物催化与生物转化工程实验室、甘肃省工业生物技术产业行业技术中心、中国工业微生物菌种保藏管理中心甘肃分中心、国家中小企业公共服务示范平台等重要科研平台，也是省内外部分企业的兰州技术研发中心依托单位，部分高校的人才联合培养基地。我所依托以上优质研发平台、一个工程咨询中心（具有农业和轻工领域咨询资质）和占地30多亩的中试试验基地，开展面向国内外经济社会层面的应用基础研究和成果转化，以及面向企业的技术及产品中试、产品研发、工业设计、工程设计、产品检验检测、技术及检测人员培训等技术服务。

服务行业包括农林牧、医药、轻工食品、环保等，服务领域涉及生物医药、循环经济、生态环境、生物质能源等。全所现有科研人员50人，平均年龄38岁，中、高级以上职称占61%，有国务院特贴专家、甘肃省领军人才、甘肃省优秀专家、甘肃省省属院所学科带头人、“甘肃青年科技奖”获得者、中科院“西部之光”等各类人才8人；博士、硕士占46%；兼职教授、硕导4人，拥有甘肃省首批科技创新团队（工业生物技术研究与应用创新团队）。建所以来共承担完成包括国家自然科学基金、国家科技支撑计划、国家“863”计划等项目和省部级计划项目130多项；在国内外各类学术期刊上，共发表学术论文200多篇，撰写专著8部；申报国家专利28项；获得国家技术创新奖1项，国家食品科技进步优秀项目奖2项，省科技进步奖15项。

联系电话：0931－8613554（传真）

0931－8768420（传真）

网　　址：http：//www. gsmsc. cn

甘肃省建材科研设计院

甘肃省建材科研设计院成立于1976年，2005年整体转制为国有独资科技型企业，现隶属甘肃省工业和信息化委员会。院有各类职工近200人，其中：正高级工程师5人，高级工程师25人，省委省政府专家顾问团顾问1名，甘肃省领军人才3名，兰州市领军人才1名，国家专业技术执业资格注册人员50人（次）。主要从事建筑、建材行业的新材料研究开发、工程设计、工程咨询、工程监理、建材产品质量监督检验、科研成果产业化、节能环保工程总承包等工作。现拥有建筑工程设计、建材工程设计、建材工程咨询、建筑和冶炼工程监理、建筑材料检验检测认证等7个甲级资质和国家中小企业公共服务示范平台、国家工信部工业产品质量控制和技术评价实验室、甘肃省节能墙体屋面材料重点实验室、甘肃省建筑材料标准化委员会等20个技术创新服务机构与平台。在绿色建筑、新型建筑材料、建筑节能、太阳能热利用、工业项目节能减排、固体废弃物资源综合利用等方面的研究开发能力居全国先进水平，是国家太阳能光热产业技术创新战略联盟的副理事长单位。

联系电话：0931－4687421　0931－4680740

网　　址：http：//www. gssjcy. com

海西州中小企业服务中心

海西州中小企业服务中心经海西州经济和发展改革委员会批准，于2012年10月正式成立。中心得到了国家工业和信息化部中小企业司、中国中小企业发展促进中心和省经信委等有关部门的关心支持和帮助。服务中心办公楼总建筑面积5800㎡，中心内部配备了专业健全的软硬件设施设备，包括可容纳120人同时会议或培训的大型多功能会议厅、可容纳36人召开小型会议的多功能会议室，可容纳近30人同时办公的大型综合办公室，以及电视网络宽带洗卫浴一体的专家公寓和人性化的员工餐厅等。

目前中心内设8个部门，分别为综合服务部、市场开拓部、财税资产部、融资服务部、法律事务部、培训咨询部、信息技术部、工程咨询部等，同时吸纳海西东晟工程咨询有限公司、陕西兴华环保科技有限公司、青海瀚海律师事务所、青海裕程联合会计师事务所等15家擅长不同专业领域的服务机构入驻中心，主要服务内容涵盖法律、财务、工程咨询、清洁生产、节能环保等经济领域，开启8个综合服务板块，包括信息服务平台、融资担保平台、人才培训平台、技术服务平台、创业辅导平台、市场开拓平台、管理咨询平台、法律服务平台，共同搭建海西州中小企业公共服务平台，主要为州内中小企业提供融资担保、管理咨询、技术创新、市场开拓、创业辅导、人才培训、法律援助、信息支持等社会化服务。服务中心现有员工54人，本科以上学历22人，大专以上学历32人，技术人员16人，中级以上职称10人。为进一步壮大服务队伍，建立了专门的专家资源库，专家资源库拥有注册会计师、注册造价师、注册税务师、注册评估师、高级工程师、律师等各领域专家18人，其中5人具有高级职称，13人为专业技术人员。海西州中小企业服务中心的成立，有利于进一步改善海西地区中小企业发展环境，健全中小企业服务体系，加快提升企业核心竞争力。

在国家工业和信息化部中小企业司、中国中小企业发展促进中心、青海省经信委和海西州经济和发展改革委员会等有关部门的支持下，中心采取主动进位、主动服务的工作态度，积极发挥桥梁纽带作用，协助入驻服务机构与州内相关企业建立业务合作关系，不断拓展合作领域，目前已开展资质证照办理、项目咨询、编制可行性研究报告报告、资金申请报告、资金验收报告、电子商务、环评、安评、清洁生产审核、节能评估、审计验资等服务。中心于2014年3月创建了州内首个中小企业网络公共服务平台—中小企业海西网（hx. smeqh. gov. cn），网站以省平台为枢纽，与分布在全省9个州地市县综合“窗口”服务平台和11个重点产业集聚区“窗口”服务平台联通，带动聚集省内外服务资源，畅通渠道，资源共享，协同服务；并于2014年5月创办了州内首份中小企业公共刊物《海西中小企业》（内部刊），刊物每两月出版1期，主要面向全州市县行委各级经发、财政、经协、商务等经济主管部门、工业园区以及中小企业、金融机构等单位免费赠阅。

海西州中小企业服务中心的建设和运营，将进一步结合海西州产业结构特点，联系、调研、组织社会中介机构，整合社会资源，加强对“专精特新”中小企业的培育和支持，促进中小企业走专业化、精细化、特色化、新颖化发展之路，不断提高发展质量和水平，增强核心竞争力，为全州三千多户中小微企业提供有效的社会化服务。

地　　址：青海省德令哈市长江路39号
联系电话：0977－8330222
联系传真：0977－8330555
联 系 人：祁进梅
网　　址：http：//hx. smeqh. gov. cn
E m a il：hxsme2013@126. com

青海省轻工业研究所有限责任公司

青海省轻工业研究所成立于1972年，2006年整体改制为隶属于省科技厅的国有科技型企业。公司是青海省唯一从事轻工产品开发、工艺设计、农副产品开发、工程咨询、承担行业规划的科研机构。经过近四十年的不断发展，现已成为我省轻工行业具有实力的专业应用型研究机构，设置有食品发酵研究室、皮革毛皮研究室、轻工研究室、轻纺工业建筑设计室、青海省皮革毛皮质量监督检验站、科技开发中心、新产品开发中试基地和青海师范大学硕士生培养基地，具备工业投资项目工程咨询丙级资质和工业建筑工程设计丙级资质。公司在食品发酵、皮革毛皮和农畜产品加工等领域的新产品的研制、开发、咨询、服务、皮革毛皮产品质量的监督检验方面能够提供社会服务；同时能够从轻纺工业建筑设计及工艺设计到民用建筑的设计；从工程咨询、规划咨询、编制项目建议书及可行性研究报告到新项目投产后提供咨询等诸环节，全方位优质的为各类中小企业提供服务。公司已通过GB/T19001－2000及ISO9001－2000质量管理体系认证，2012年被省经委评为“青海省中小企业公共服务示范单位（平台）”，2013年被工信部评为“国家中小企业公共服务示范平台”。现正致力于依托省内资源，面向市场，开展产品创新和技术创新，不断增强自我发展能力和为中小企业公共（技术）服务示范的能力。

公司占地面积3397. 4m2，各类服务场地面积1250 m2，各类中试、检测设备80台套。2013年末总资产为508万元，营业总收入为460. 6万元，其中为中小企业技术服务性收入为293. 1万元，占总营业收入的63. 64%。公司现有职工35人，大专以上学历30人，其中高级职称10人，中级职称15人。公司自成立以来，先后承担和完成了省、部、委下达的科研项目110项，获得国家授权专利10项，国家和省级科技奖25项，取得省级科技成果10余项。

公司研究、开发以食品、发酵、皮革、纺织、日用化工、农副产品、畜产品等青海省特色生物资源加工为主要内容的市场前景好的新技术、新产品、新工艺、新材料，为青海省特色生物资源中小企业寻找新的经济增长点，提高产业集群整体技术水平，为推动所属产业集群的发展提供技术支撑。为社会相关行业和中小企业提供化学分析、检测以及皮革毛皮等特色生物资源产品的质量监督检验。为各事业单位、中小企业和有关部门提供科技创新能力培训和各种技术培训活动。利用国内外高校和市场资源，开展技术、管理、营销等多方面、多层次的人才培训，为青海省特色生物资源中小企业的发展培养各类高素质的人才。对青海省特色生物资源中小企业引进的技术进行消化、吸收和再创新，开发具有行业特点和自有知识产权的技术和产品。并与大专院校、科研机构及企业建立合作关系，研究开发能推动青海省特色生物资源的中小企业发展，提高整体技术水平的公共技术和关键技术。

开展技术交流和服务，对科技成果进行技术、经济评估，促进科技成果、新技术、新工艺、新材料在青海省特色生物资源中小企业内的推广应用。并利用公司现有的仪器设备和服务场地，为全省的科研活动提供和开展协作共用服务。对我省广大中小企业的企业技术研究开发工作进行指导并提供服务，为企业提供信息交流、咨询诊断、市场开拓、设计、加工、检测及相关的技术服务等。

2010年以来，公司服务各类中小企业500余次，平均年服务100余家，对各类中小企业培训技术人员240人次，培训员工1000人次；最近三年来完成省、部、市级科研课题18项，全部通过鉴定和验收，研究开发新技术、新工艺、新产品20项；推广新技术、新工艺、新产品15项，引导企业技术改造45项；工程项目建设咨询400项。2013年度服务中小企业105家（其中非盈利性服务和低收费服务占总服务量的30%以上），全年服务收入占总营业收入的比例达63.64%。经过多年的发展和完善，培养了一批专业技术水平高，服务能力强的技术骨干和技术团队，为今后进行中小企业公共服务平台打下了坚实的基础。

联系人：洛仍　宋永朋
电　话：6143998 6143171
地　址：青海省西宁市西关大街青年巷2号
邮　箱：syp12h@163.com

银川中小企业公共服务平台

银川中小在线资信服务有限公司是中小企业公共服务平台银川窗口平台的建设单位，承建银川窗口平台以来，积极开展中小企业公共服务，先后开发建设了银川市小微企业服务超市、银川市软件动漫产业资金互助社、银川市小微企业孵化器和“创新、创意、创业”互联网柜台服务系统等多个中小微企业公共服务平台。

1. 在宁夏回族治自区政府和银川市政府的支持和协助下，“银川市小微企业服务超市”正式启动运营。银川市小微企业服务超市是为了将优化中小企业发展环境落到实处，有效提升服务水平，依托中国中小企业银川网和银川中小企业在线资信服务平台建设。银川市委托银川中小在线资信服务有限公司承担中小微企业服务券的印制、发放、登记、备案、结算等具体工作及签约服务机构资质认定工作。银川市小微企业服务超市在引导企业应用优质、专业服务，降低专业应用服务成本，提供全程咨询服务等方面具有不可比拟的优势。“银川市小微企业服务超市的正式启动运行，既是工业系统贯彻落实市委、市政府要求，确保经济稳定增长的具体举措，也是进一步优化小微企业发展环境的有效平台，更是积极主动为中小微企业排忧解难、引导科学发展的创新之举。银川市小微企业服务超市起到上联政府、下联企业的桥梁与纽带作用。成为银川市中小微企业主管部门的政府工作平台，成为中小企业了解政府机关工作的重要窗口，成为各级政府部门了解中小企业、非公有制经济发展情况的重要渠道。我公司承担运营的银川市小微企业服务超市采用服务补贴、团购服务及免费赠送等多种方式，在线提供财税、招聘、法律、融资和信息化建设等服务，自运营以来，已有一千多家企业积极地投递了服务申请表，通过审核的有515家企业，最终通过网络平台服务的企业超过1000家。

2. 在宁夏回族治自区政府、银川市政府、银川市经济开发区政府管委会共同帮助下，银川中小在线资信服务有限公司作为银川市软件动漫产业资金互助社的发起者，联合其他软件动漫企业，政府出资共计2450万和资金互助社经营所得用于对入孵企业的资金支持。同时，公司还成立了宁夏软件园孵化基金，用自有的600万资金作为基金，对入孵企业投资。截止2014年9月20日，已发放贷款10620万，经过不断努力和改进，互助社目前运行良好，能够为入社企业提供快捷高效的服务。已享受贷款服务的社员普遍反映良好，并提出增加入社资金的申请。

3. 三创小微企业互联网柜台系统是在银川市软件动漫产业资金互助社为基础，将资金互助社升级为“三创小微企业互联网金融服务系统”。三创小微企业互联网金融服务系统是服务于创意、创业、创新的小微企业，集“科技企业孵化器” + “P2P” + “互联网金融”为一体的综合性互联网融资平台。由银川中小在线资信服务有限公司、银川iBi育成中心和银川铸龙投资有限公司共同出资成立三创小微企业互联网金融投资管理公司，建设小微企业互联网金融平台，开展小微企业在线金融服务。银川中小在线资信服务有限公司建设网络平台，以银川市软件动漫产业资金互助社和银川中小企业应急互助资金融通平台为主发起人，联合其他资金互助社、小额贷款公司、互联网资金和银行等多种融资方式共同为小微企业提供互联网融资服务。每个单位独立运营，风险自控，通过网络平台调剂余缺、互助发展，形成信息共享、独立运营、资金调剂的服务模式，为小微企业提供多层次的融资需求，缓解企业短期融资需求，进一步推动全市小微企业的发展。

4. 银川中小在线资信服务有限公司是宁夏软件园运营依托单位，利用银川市小微企业服务超市三创小微企业互联网柜台系统和宁夏软件园孵化基金等多个孵化服务平台，为入孵企业提供全方位的孵化服务。2013年底被认定为国家级科技企业孵化期。孵化器利用三创小微企业互联网柜台系统，服务于创意、创新、创业的小微企业，系统基于“小微企业服务超市” + “孵化器” + “互联网金融服务平台”的新型小微企业服务平台，为企业提供资金支持，最终可以在“三创小微企业互联网服务系统”入会上柜，进一步拓宽小微企业的融资渠道。孵化器内的企业可以利用自己本身的产品或者项目申请微项目支持。利用银川市小微企业服务超市政策，采用产品或者项目众筹的模式，由服务券领投，带动其他资本进入，对入孵企业进行第一轮资金支持。

孵化器内的企业在发展初期，如果资金短缺可以向孵化器提出资金需求，孵化器通过对企业考察，发布孵化企业微风投需求，吸纳互联网资金对发展良好企业进行五万元微风投。对入孵企业进行第二轮资金支持，随着企业继续的发展壮大，对资金的需求也增加，孵化器会将一些发展良好的小微企业通过在三创小微企业互联网服务系统入会上柜，获得更多的资金服务。在系统内入会上柜的企业，总共可以获得最多不超过一千万元的资金服务。

为了更好地服务于园区的软件、动漫、电子商务、物联网及服务外包企业，为企业提供良好的创业和发展环境。宁夏软件园管理办公室按照国家科技部“火炬计划”相关政策和要求，执行自治区国家级创业中心的创业者孵化入住与退出制度、创业优惠政策，向入园企业提供专业及优质的孵化和创业服务，为企业提供费用减免、资金互助担保与临时融通、企业创业培训、创业者就业指导等系列服务。并专门针对大学生就业、创业提供服务和指导。为有效提升孵化培育和发展高新技术企业、实现科技成果产业化，吸引各类科技创业人员来园区创业，促进科技型中小企业创新发展，降低企业生产成本，扶持企业发展壮大，宁夏软件园不断加大对孵化企业的支持力度，不但增加硬件投入，更加注重创业和孵化软件服务。近几年来，园区内针对孵化企业，联合国家外专局、科技厅等部门提供了各种创业培训、职业培训，并对大学生实习见习提供培训和各种服务，每年提供的培训超过200场次。园区企业经济效益良好，宁夏软件园社会效益日渐凸显，为我区科技型人才、大学生创业和就业提供了优越的发展环境。

联系电话：0951－5699331

网　　址：http：//www.smeyc.com/

http：//www.0951sme.com/

大连市中小企业服务中心

1. 服务中心宗旨是：创建服务平台，发展中小企业。基本职能为：落实政府扶持中小企业和民营经济健康快速发展，营造政府支持中介、中介服务企业的良好发展环境。

2. 服务中心共设立5个部门，分别为培训部、信息部、协调部、投诉部及综合部。

3. 职能：为全市中小、民营企业在创业辅导、人才培训、网络信息、信用评级、管理咨询、产权交易、融资担保、法律服务、市场开拓、技术创新等方面提供十大平台服务。

http：//www.smedl.gov.cn/

联系电话：0411－84507299

序号	中介机构名称	联系电话
1	大连市企业管理咨询有限公司	0411－85811169
2	辽宁利安达会计师事务所有限公司	0411－84506736
3	大连成安财务咨询顾问有限公司	0411－82807797－808
4	大连万隆天信会计师事务所有限公司	0411－84526102
5	晓健科技（大连）有限公司	0411－83658095
6	大连中启管理咨询有限公司	0411－86562315
7	圣迪管理咨询（大连）有限公司	0411－82440526
8	大连鑫城管理咨询有限公司	0411－84341774
9	辽宁海博咨询有限公司	0411－82633505
10	大连晟明安全技术咨询有限公司	0411－84378213

大连市中小企业联合会

大连市中小企业联合会是中小企业和企业家的联合组织，被市政府确立为中小企业的服务平台。现有团体会员近千户，涵盖了我市各行业、各种不同所有制的经济组织，是我市影响最大、联系范围最广、服务功能最强的综合性社团组织之一。

大连市中小企业联合会自成立以来，在市中小企业局的领导下，始终坚持面向中小企业、为中小企业和企业家服务的宗旨，充分发挥桥梁和纽带作用，将实践性、社会性和服务性融为一体，围绕中小企业、企业家的需求开展服务，搭建高水准的服务平台：

交流合作服务平台。组织中小企业参加国内外商务考察、经贸洽谈、项目对接、经济交流与合作等。为有发展前途、有偿债能力的中小企业或项目寻找资金支持，帮助企业破解融资难题。

政策信息发布平台。开展政策咨询、信息服务工作，为中小企业提供国家、省、市等各级政府发布的政策信息。编辑出版内部刊物《企业之窗》，推介企业的产品、品牌与形象，宣传优秀企业经营者的新经验、新智慧与新思想。建设协会网站，为会员企业提供互联网链接服务。

管理创新服务平台。组织专家对中小企业在管理制度、管理方法和管理手段等方面的经验，进行培育、总结、跟踪、指导，评选企业管理进步成果，并进行推广交流，推动中小企业扎实、持续地开展管理创新。

提升管理素质服务平台。针对中小企业需求，突出实践性和可操作性，采取集中办班、专题讲座、现场观摩、企业间经验交流等形式，开展培训与研讨。联合大专院校、管理咨询公司、律师事务所、会计师事务所等智力支持机构，为中小企业开展管理咨询活动。

维持合法权益服务平台。帮助中小企业妥善处理劳动争议个案，指导企业维护自身合法权益；引导中小企业尽快建立健全各项劳动规章制度，依法规范劳动管理，做好劳动争议防范工作。开展调查研究，发挥沟通、协调的作用，及时反映中小企业的意见和呼声。

大连市中小企业联合会在今后的工作中，将进一步完善服务功能，提高服务层次，更加有效地连接政府、企业、机构和市场，及时集成、转换和传播信息，助推企业增强核心竞争能力，把自身架构成一个更具影响力的社团组织。

地　　址：大连市甘井子区商城花园街2号

联系电话：39651108 39651105

网　　址：http：//www.dlec.org.cn

电子邮箱：dlqixie2000@163.com

大连市信用担保协会

大连市信用担保协会成立于2006年1月9日，是全市信用担保机构自愿结成的地方性、行业性、非营利性的社团组织。协会接受业务主管单位大连市金融发展局、社团登记管理机关大连市民政局的业务指导和监督管理。

大连市信用担保协会宗旨是：遵守宪法、法律法规和国家政策，遵守社会道德风尚，独立负责地开展各种社会活动；发挥桥梁和纽带作用，反映会员呼声，维护会员合法权益；加强行业自律管理，规范担保行业行为，逐步完善全市中小企业信用担保体系；推广和宣传大连市信用担保，提供信用担保配套服务，促进行业健康发展，改善信用环境，服务经济建设。

协会倡导恪守诚信、文明经营的理念，对违反《自律公约》行为、扰乱市场秩序行为，将会加强制度上的约束。

目前，全市有130家担保机构已成为协会会员，其中大连市企业信用担保有限公司、联合创业担保有限公司等30家担保机构为协会理事单位。

协会的主要业务范围：

（一）组织制定自律性行规行约；制定会员间业务合作的技术标准和业务规范；研究担保行业发展问题，参与制订行业发展规划；

（二）建立担保行业客户信息系统和客户信用评估系统；

（三）为担保机构会员单位提供担保业务推介服务，为企业会员单位提供担保推荐和相关服务；为会员单位提供资信评定、资产评估、会计审计等社会中介服务及政策法规、科技创新、国际合作等信息咨询服务；

（四）组织和参与担保行业统计、调查，收集发布行业信息；组织经验交流，开展企业管理、专业技术、信息化建设及法律事务等的咨询服务；

（五）组织开展银行、担保及企业合作与发展的学术研讨及经验交流活动；组织协会会员的业务培训和考察调研活动；

（六）编辑行业出版物，建立主网站，举办行业研讨活动，加强信息化建设；

（七）促进会员间的业务合作、维护会员合法权益，维护担保行业内的公平竞争，协调会员关系；发展与有关团体和组织的合作关系；

（八）其他服务或活动。

联系电话：0411－39917789

传　　真：0411－39917757

地　　址：大连市中山区中山路88号天安国际大厦49层

邮　　箱：dlcga@126.com

宁波中小在线网

宁波中小在线网是宁波市中小企业公共服务咨询平台。这个简称“8718”的公共服务咨询平台，是以现代通信技术和互联网技术为基础，以强大的集成数据库为支撑，整合政府资源和社会资源，为广大中小企业提供实时互动、方便快捷、优质廉价的远程咨询服务平台；是展示政府形象、沟通政企联系、了解企业需求、提高服务效率和实现公共服务模式的创新型实事工程。

（一）整合信息资源，构建政企互动平台

“8718”是在宁波市人民政府大力支持下，由宁波市经济和信息化委员会主办，由宁波市经济和信息化委员会信息中心和宁波中小在线网承办的公益性咨询服务平台。在设计和建设过程中，得到了国家发展和改革委员会中小企业司的业务指导和市政府各直属部门的支持和协助。目前，已经有41家市级政府管理部门加入“8718”的咨询热线并确定了信息联络员；与50多个经信委系统的行业协会建立了业务联系并建立了信息中心；与中国中小企业信息网在各省市的40多个分站建立了业务联盟；与20多个社会中介机构开展业务合作。这使得“8718”在较短时间内建立起一个具有20000多条数据的知识库、政务资源交互库和会员企业信息库，为构建动态的、无障碍的、方便快捷的政企交互平台打下了坚实基础。

（二）七大服务体系，服务企业多种需求

“8718”针对企业不同发展时期的特点和需求，建立了法律法规、反倾销预警、信息化推进、人才培训和中介、融资和担保、科技创新、品牌创建等七大服务体系，协助企业克服困难、共度时艰、同谋发展。

七大服务体系的服务内容，主要包括三个方面：

一是企业经常需要的政策性、知识性、指导性服务内容，如法律法规服务体系，从中央到地方，对各行各业的各类规章、法律都可以快速查询。

二是企业应对竞争、加快发展需要的深层次服务内容，如反倾销预警服务，对服装、注塑机、文具、打火机等重点行业，定期提供预警报告等。

三是企业面临的经营性服务内容，如人才培训和中介服务、科技成果推介服务等。随着时间推移，服务体系也将逐步扩大。

（三）五种咨询模式，方便各类人员咨询

“8718”针对企业用户特点，以网络咨询为主，多种咨询模式并举，方便各类人员的咨询需要。

一是电话咨询，设置了87188718咨询热线，有30多条中继线和10多位话务员，提供全天候服务。

二是网上自助咨询，设置了www.87188718.com门户网站，以搜索方式自主查询相关内容。

三是移动短信咨询，设置了短信咨询平台，无论使用中国联通手机还是中国移动手机，都可以方便咨询。

四是网上互动查询，以QQ对话模式，在网上与呼叫中心值班员互动咨询。

五是预约咨询，针对复杂问题，可以预约有关专家或官员当面咨询。

（四）不断扩大影响，受到企业广泛关注

“8718”得到宁波日报、宁波晚报、东南商报、宁波电视台、宁波人民广播电台等新闻媒体的积极推动，影响力逐步提升，已累计受理各类咨询8600余次，其中有效回复7800余次。

按咨询内容分类，排在前三位的分别是行政政策、法律法规咨询，科技创新咨询和金融服务咨询。按用户地域分类，宁波大市范围（11个县、市、区）内占98%以上，其中老四区（江东区、江北区、海曙区、鄞州区）居更多；外地用户占比不足2%，涉及浙江、上海、江苏、山东的11个城市。

按回复处理途径分类，绝大多数依靠有关职能部门的支持回复，占78%以上；其次是通过自身数据库查询回复，占19%多；其他则通过调用外地合作单位数据库回复。

通过对以上数据的分析，从中得出以下结论：

一是“8718”受到了中小企业的广泛关注，初步显示出她强大的生命力。

二是“8718”需要得到各级政府部门支持才能充分发挥她应有作用。

三是“8718”的影响力将超越宁波市本身，这对于提升宁波“文明城市”的整体形象有着潜在的积极意义。

网址：宁波中小在线网
nbsme. gov. cn/xwtjxx/753134435. htm

厦门市中小企业服务中心

厦门市中小企业服务中心（以下简称“中心”）是厦门市中小企业综合服务平台的建设运营单位，该中心是依据《中小企业促进法》，经厦门市编委批准设立的财政核拨经费事业单位，主要职责有：1、制定全市中小企业服务体系建设发展规划，提出政策建议。2、为中小企业直接提供融资担保、信息、培训、市场开拓、技术创新、信用评价、政务代理和法律维权等服务。3、联系、引导各类社会中介机构为中小企业提供服务；沟通与政府的联系，反映情况，提供信息，促进服务机构良好运作。4、组织各类中介机构间交流与协作，指导和促进其开展业务活动，提高服务水平。

中心下设综合部、监测与市场服务部、融资与上市服务部、创新与创业服务部等内设机构，现有职工29名，其中高级职称9名，中级职称10名，大专以上学历和中级以上职称人员占全体工作人员的96.55%，现有办公、服务场所面积2，300平方米，硬件服务设施齐全。

中心成立后努力加强自身建设，不断创新工作机制，积极整合社会服务资源，想方设法解决中小企业共性需求问题，采取灵活多样的方式，为全市中小企业提供融资、信息化、管理提升、技术创新、公益培训、创业等服务工作。是国家级、省级（福建省）、市级（厦门市）“中小企业公共服务示范平台”。

地　　址：厦门湖滨南路83号港澳中心6楼
联系人：梁兴全
联系电话：0592－2237763
邮　　箱：LXQ361@126. COM
网　　址：www. xmsme. cn

厦门中小在线信息服务有限公司

厦门中小在线信息服务有限公司是按照工信部中小企业司关于建设运营中小企业公共信息服务平台的统一部署，由厦门市中小企业服务中心（厦门市经发局下属事业单位）与中国中小企业信息网（工信部中小企业司下属机构）联合投资设立的企业实体。公司成立于2004年9月，主要承担厦门中小在线网（中国中小企业厦门网）建设，为中小企业提供信息服务、以及推进中小企业信息化建设等。

“厦门中小在线网”（www. xmsme. gov. cn）是厦门市民营经济工作领导小组办公室（市中小企业管理办公室）的官方网站，是工信部认定的首批“国家中小企业公共服务示范平台”、国家发改委确认的中国中小企业信息网首批一级地方分网（发改办企业［2004］1465号）、科技部火炬高技术产业开发中心认定的“中国创新驿站厦门基层站点”（国科火字〔2012〕164号），也是福建省经贸委、财政厅认定的“福建省中小企业公共服务示范平台”和厦门市经发局、财政局认定的“厦门市中小企业公共服务示范平台”。

公司主要以“厦门中小在线网”和《厦门中小企业》杂志为载体，借助于网络平台，着力为中小企业解决政策信息不对称、获取专业服务不便捷、市场开拓能力不强、人力资源匮乏等问题，为全市范围内的中小企业提供政务政策咨询、投融资、信息化、人员培训与招聘、技术对接、法律维权等“一站式”信息服务。目前，“厦门中小在线网”日均访问量达7万次以上，是厦门市规模最大、服务最全面的中小企业公共信息服务平台，已经成为厦门市中小企业第一门户网站。

地　址：厦门湖滨南路83号港澳中心5楼
联系人：杨双
电　话：0592－2207107
邮　箱：info@ xmsme. gov. cn
网　址：www. xmsme. gov. cn

厦门万策智业科技有限公司

厦门万策智业科技有限公司成立于2006年，位于厦门软件园二期，注册资金500万元，总投资额超过2000万元，属厦门市高科技企业、双软认定企业，厦门市及福建省重点软件及IT营销人才实训基地。主营业务为“大学生实训”，包括“软件实训”

和“IT营销实训”。在大学生实训业务的基础上拓展增值业务，目前已形成包括BPO（业务流程外包）、软件产品研发及销售、软件及营销证书三大增值业务体系。从而形成了万策智业实训业务与实训增值业务之间共同发展、优势互补的良好局面。

万策智业为海西经济发展过程中的人才建设做出了重要贡献，万策智业得到了福建省信息化局、厦门市商务局、厦门市教育局、厦门市人力资源及社会保障局、厦门市经发局、厦门市财政局、厦门市软件园、厦门市软件行业协会等政府部门及协会的大力支持。授予万策智业“福建省软件适用人才重点培训基地”、“厦门市外包人才实训基地”、“厦门市中小企业公共服务示范平台”称号。

地　　址：厦门软件园二期望海路25号701之一
联 系 人：张孝平
联系电话：13950015580
邮　　箱：zxp9009@163.com
网　　址：www.wanczy.com

厦门中开信息技术有限公司

厦门中开信息技术有限公司成立于2007年5月，由两位股东林国海、辜永民投资创建，注册资金为人民币900万元，是专注服务于“中小企业创新服务体系建设”的高科技民营企业。公司位于厦门海沧区内，现使用办公场所占地面积11000平方米，四层办公综合楼总建筑面积2714.29平方米。

公司主营科易网（www.1633.com），科易网作为处于技术贸易领域领军地位的门户网站，率先提出并建设了真正意义上的全国技术交易市场平台。

平台聚合了专利技术在线市场、专家在线工作平台、第三方服务平台、在线会展等四大核心平台，并对技术交易过程中各个关键环节进行深入研究的基础上，自主开发出完善的技术交易全流程服务体系，包括信用管理体系、对接交流体系以及在线交易体系等，实现从项目匹配、对接洽谈、技术评估、关联服务、合同签订、技术转移直至款项支付的一站式全流程服务，打通技术交易的绿色通道。为全国中小企业及专利技术拥有者提供社会化服务，解决企业技术创新、难题解决以及其他各类科技服务相关问题。

目前，科易网拥有专业服务人员75人，大部分具有本科以上学历，大都为拥有5年以上经验的高级科技服务人才、技术人才，公司在中小企业创新服务领域取得了卓越的成绩，得到各级领导高度肯定，并获得了“国家现代服务业创新发展示范企业”“国家科技成果转化服务（厦门）示范基地”“国家技术转移示范机构”“中国创新驿站区域站点”“中国技术市场协会金桥奖”等多个国家级荣誉。

地　　址：厦门市海沧新阳工业区阳明路728号
联 系 人：厉雪雯
联系电话：0592－3908678
邮　　箱：lixuewen@k8008.com
网　　址：www.k8008.com

方圆标志认证集团厦门有限公司

方圆标志认证集团厦门有限公司（以下简称“厦门方圆”）是经国家认证认可监督管理委员会批准，由方圆标志认证集团在福建设立和管理的具有独立法人资格的子公司，成立于1999年。目前拥有独立的面积约600平方米的办公场所，包括面积约120平方米的培训、会议多功能教室。

厦门方圆拥有各类专业技术及管理人员150多人。其中：国家注册审核员教师1名；国家注册质量工程师2名；国家注册高级审核员20多名；国家注册审核员30多名；国家注册实习审核员、专家90多名；硕士学历7名，大学本学历121名，大专学历20名；高级职称人员（含高级工程师）35名，中级职称人员40名。

公司业务广泛。依托集团开展和承接：各类管理体系认证和产品认证，国家注册审核员、内审员、质量工程师培训，各类管理技术培训，卓越绩效管理培训等。是厦门唯一的具有国家注册质量工程师考前培训资格的培训机构。

地　　址：厦门市思明区后埭溪路皇达大厦
联 系 人：万 石
电　　话：0592－2699211
邮　　箱：ws@xmcqm.com.cn
网　　址：www.xmcqm.com.cn

厦门易法法务信息管理有限公司

厦门易法法务信息管理有限公司面向中小企业推出的信息化法律服务外包服务，凭借先进的互联网信息技术为中小企业提供专业化、集约化、便捷化和低成本的一站式法律服务解决方案。

易法法务成立于2008年，由北大法意发起人创立，是中国第一家以法律信息化平台为载体的在线法律风险管理外包提供商。公司依托具有自主知识产权的中小企业法务信息自助咨询系统、企业法务管理系统等信息化管理系统，以互联网集中式呼叫中心为载体，覆盖全国的服务网络为通路，建立高度系统化管理与协作的法律公共服务平台，实现法律服务的标准化与系统化，法务管理系统服务化的全新法律服务模式。易法法务为众多的中小企业提供各类法律顾问咨询，各类法律文书的审核与草拟，为项目投资提供法律保障方案，为平息纠纷设计解决方案，保障企业合法经营，预防各类潜在法律风险，有效降低企业的以营成本，帮助企业在竞争日益激烈的环境中获得竞争优势。

地　　址：厦门火炬高新园区软件园华讯楼C区4F－A、B
联 系 人：林新莉

联系电话：0592 - 3322865
邮　　箱：linxinli@ lega151. com
网　　址：www. legal51. com

集美大学食品科技研发检测中心

集美大学食品科技研发检测中心于2008年11月经大门市科技局批准，由集美大学组建。该项目为2008年厦门市重大科技项目，获市科技资助1000万元。该中心定位为：厦门同安现代食品产业基础（厦门轻工食品园）的技术服务平台，厦门食品科技企业孵化园的技术服务平台，同时也是面向全市及海西区域内食品行业的公共专业技术平台。主要任务是食品、农产品、动植物及其加工产品等的研发和检测，以及检测技术开发、咨询、培训等工作。主要业务包括：食品安全检测，食品科技项目的策划及培育，提供食品科技成果信息促进产学研合作，食品安全检测，食品科技项目的策划和培育，提供食品科技成果信息促进产学研合作，食品检测技术开发、咨询和培训；国际先进的食品研发及检测技术的引进、消化、合作与创新等。中心座落于同安轻工食品园区内，总面积4000平方米，包括行政办公室、综合业务室、食品研发部、3个专业检测科室和开放性的基地。

地　　址：厦门市同安区美禾九路170号
联 系 人：江锋
联系电话：0592 - 7019058
邮　　箱：xmfood@ 126. com
网　　址：www. xmspfhy. com

厦门优数科技有限公司

厦门优数科技有限公司是一家专注于节能应用、智能控制和设施管理系统开发为信心的高科技企业，该公司成立于2006年4月，注册资本500万元。公司目前具有双软论证、传述贸易资格证、ISO9001、ISO14000认证证书。

公司依托核心团队在信息技术、LED照明、公共事业行业管理领域的专业知识，在保障现有客户、现有系统得到巩固和服务的同时，重点发展“智能、节能”产业，将IT、自动控制、智能化、LED、太阳能等高科技术应用研究于城市建设、公共事业的产品和服务。公司将通过EPCS的经营模式，倡导“高科技为客户人际创造价值”的经营理念，努力建设成学习型的现代企业。

地　　址：厦门火炬高新园区火炬楼1号南一楼
联 系 人：严永贵
联系电话：0592 - 5080688
邮　　箱：yyd@ ussoo. cn
网　　址：www. ussoo. cn

青岛市中小企业公共服务中心

青岛市中小企业公共服务中心（以下简称“中心”），是青岛市市级中小企业综合公共服务平台，由青岛市经济和信息化委员会主管，定位于打造青岛“小企业之家”，建设国内一流、面向全市中小微企业的一站式、综合性服务平台。是企业反映诉求、获取信息、学习交流、提升素质，享受公益性和低费优质服务，集中快捷解决中小微企业共性需求的主要渠道和场所。

“中心”主要为中小微企业提供政策、政务、融资担保、电子商务、创业、人力资源、法律、技术、管理、信息化建设和市场开拓等服务。通过专业化服务机构联盟，以及55585558青岛市中小企业服务热线、青岛市中小企业信息网、短信平台和青岛市中小企业云服务平台，实现集聚集成、专业快捷的特色服务，已成为功能齐全、影响力广、辐射力强的国家首批中小企业公共服务示范平台。

在市级实体平台和全市平台网络建设国内领先的基础上，启动实施了市级云服务平台建设工程，并于2013年12月上线试运营。

云服务平台整合社会优质服务资源，搭建了面向全市中小企业的全方位在线公共服务平台，为中小企业创立和发展提供找得到、用得起、有信用、高效实用的在线服务。云服务平台不仅是中小企业获取信息、寻求服务的最佳渠道，更是中小企业展示风采、寻觅商机的广阔舞台。

云服务平台着力打造中小企业优质服务生态圈，为中小企业提供政务、融资、技术、培训与创业、信息化、市场开拓、法律、管理、人力资源、检验检测、认证认可、商务等12大类服务、近千个服务产品，服务类别齐全，服务内容全面，基本涵盖中小企业共性需求。相对实体服务平台，服务机构更多、服务产品更丰富、服务范围更广、服务能力更强，云服务平台具有应用技术先进、访问便捷与实时快速响应、在线需求发布、服务定制与推送、在线双向评价等特点，中小企业获取服务更方便，且不受时间和空间限制，可容纳5万人同时在线，可满足全市15万家中小企业访问需求。

服务热线：0532 - 55585558
青岛市中小企业云服务平台：www. smeqd. gov. cn
官方微博：http：//weibo. com/u/1622528225

深圳市商业联合会

（1）简介：深圳市商业联合会（以下简称：深商联）是深圳市商业服务业领域各类企业、事业单位和个人自愿参加的综合性商会。深商联通过直接服务和间接服务的形式，积极推进国内外商贸信息、技术和经验的交流，促进深圳商贸企业资源和社会资源的有效配置，积极主动地为企业牵线搭桥、排忧解难，为会员提供各种资讯、培训、宣传、投融资、展会、人才推介等服务，致力打造为国内外具有较高社会知名度、公信度的有较强的组织能力、创新能力和资源配置能力，致力于推动会员企业成长，让会员及社会满意的现代商会。

深商联是代表深圳商贸流通领域行业的主导力量，目前拥有国内外行业协会团体会员近30家，各类会员近1000家，是深圳市商贸流通领域的权威自律和自治机构，是深圳市商贸流通企业对外交流与合作的重要桥梁。

（2）对外联络方式：

联系电话：0755－83643486

传　　真：0755－83643450

网　　址：http：//www. sz－gcc. cn。

深圳市中小企业发展促进会

（1）简介：深圳市中小企业发展促进会（以下简称：促进会）是1999年5月经深圳市人民政府批准，在市民政局注册登记的具有法人资格的社会团体，属于综合性协会。2009年7月被民政局授予“深圳5A级社会组织”称号，2010年1月被国家民政部评为全国先进社会组织。促进会共有会员3000家，遍及IT、电子、通讯、医药、化工、建材、印刷、服装、钟表、食品、工艺礼品、咨询、贸易、拍卖、租赁等70个行业，副会长和常务理事单位均是该行业的龙头企业，在业界起着推动行业发展的先进表率作用。促进会是全市乃至全国第一家通过ISO9001质量体系认证的协会，拥有一支专业素质高、忠诚敬业的精英队伍，内设秘书处、行政人事部、会员服务部、国际事务部、信息编辑部等部门，另下属两个机构：深圳市中小企业决策管理研究院、深圳中小企业投融资联盟。促进会自成立以来，本着“为中小企业献全面服务”的理念，努力发挥政府和企业间的桥梁和纽带作用，在政策咨询、市场开拓、融资服务、信息传递、企业培训以及管理水平提升等方面提供专业化、综合性的系列配套服务，促进了深圳市中小企业的发展壮大。

（2）对外联络方式：

联系电话：0755－82821654　82821669

　　　　　82821653　82821670

传　　真：0755－83288453

网　　址：http：//www. szsme. com。

石河子市中小企业服务有限公司

石河子市中小企业服务有限公司是2011年经石河子市批准设立的一家国有控股的服务型公司。其股东构成为：石河子市信用投资担保有限责任公司，占本公司股本的51%；新疆公信天辰有限责任会计师事务所，占本公司股本的49%。

公司在政府指导下对广大中小企业开展综合服务，是政府联系中小企业的桥梁，已初步在政府与中小企业之间搭建起了以融资，信息化，培训，创业服务，咨询为一体的服务平台。公司在2012年10月被兵团科技局批准为“石河子中小企业服务中心”。在2013年5月9日被自治区经济和信息化委员会授予“自治区中小企业公共服务示范平台”称号。

服务职能

1. 信息服务：为中小企业免费提供各类信息查询服务，建设电子商务平台、办公OA平台、中小企业网站；完善远程教育培训平台、中小企业资源分析平台、知识产权服务平台。

2. 技术创新：开展技术咨询、知识产权等服务，帮助企业增强创新能力；推动产学研联合，促进技术成果转化、技术推广和创新资源共享。

3. 质量管理：推广先进质量管理方法和产品标准，指导企业建立质量管理体系；帮助企业申请相关体系和产品认证，参与质量评奖活动。

4. 管理咨询：提供发展战略、财务管理、人力资源、市场营销、企业现场管理等咨询诊断。帮助企业提高科学决策和经营管理水平。

5. 培训业务：为中小企业开办企业管理提升、采购营销策划、人力资源管理、计算机信息管理等素质培训；为拟创业人员开办创业培训，提供创业信息、商务计划书编制以及工商登记手续等代理和相关行政许可申报服务；为新上岗员工提供岗前技能和安全培训；组织失地农民开办各类实用技术培训。

6. 市场开拓：组织企业开展各类展览展销、贸易洽谈、产品推介、国内外经济技术交流与合作活动。帮助企业建立广告营销网络。

7. 项目推荐：针对中小企业申报项目工作中存在的问题，为中小企业提供专业的政策咨询、项目资料编写申报跟踪、专家答辩等一系列综合服务。

8. 融资服务：开展灵活多样的经营性和权益性（包括金融租赁、现金对价收购应收款项）融资、担保服务，帮助无抵押物的中小企业解决融资担保难题，为企业快速获取流动资金贷款提供便捷通道。

公司愿景：成为中小微企业之家新浪乐居论坛

地　　址：新疆石河子市城区北环路46号

传　　真：0993－2701602

联系电话：0993－2701602

　　　　　14799003925　15199381688

电子邮箱：26721728@ qq. com

　　　　　29849696@ qq. com

服务网址：www. shzsme. com

服务QQ群：250151086

五家渠市金桥中小企业服务有限公司

五家渠市金桥中小企业服务有限公司（以下简称金桥公司）成立于2011年2月8日，注册资金300万元，注册地址：五家渠市博峰路999号74幢101号。金桥公司内设人力资源部、财务部、信息部、培训部，培训部下设培训一部、培训二部等部门，现有职工21人，全部为大专以上学历，专业涉及化工、环境科学、食品卫生、社会区域、工程技术、建筑施工等多个领域。本科学历 18 人，硕士 2 人，具有工程师及各种执业资格证书 7 人，大中专学历及以上占总人数的 95%。公司具有 500 平方米服务场地以及先进的电算化教室。

一、服务宗旨

金桥公司通过整合社会资源为中小企业提供多品种、全方位的综合服务，以促进中小企业在制度、管理和技术等方面的创新，从而提高企业的核心竞争力和综合实力，促进中小企业健康发展。

二、服务范围

金桥中小企业服务有限公司服务范围包括以下几个方面：中小微企业技能培训、管理培训、管理咨询、中小企业创业辅导、项目申报、投融资顾问、企业信息化解决方案服务、产权交易咨询、中小企业信用征集、评价、查询、信息发布等。

三、主要职能

执行国家、自治区、兵团和五家渠师市扶持中小企业发展的方针政策，研究区域中小企业服务体系发展规划。向政府有关部门反馈各类中小企业经营、发展的动态信息，为政策部门及时制定经济调控措施提供依据。同时，为五家渠师市中小企业的创业和发展搭建服务平台。

与疆内外企业服务机构及金融机构合作，通过市场化运作，面向企业开展技术创新项目咨询及业务策划和融资担保服务，促进五家渠师市中小企业产品更新和技术进步。

协助政府部门开展中小企业运行监测和质量分析，承担中小企业分类信息的收集和发布工作。

四、服务业绩

金桥公司自成立 3 年来，坚持高标准严要求，服务内容主要是中小微企业融资平台搭建、信息服务（法律、政策、市场、管理信息）、创业服务（创业辅导、政务代理）和培训服务（管理培训、营销培训、技能培训、岗位培训、企业信息化操作系统培训）等。

2013 年主要的服务业绩概括如下：

1. 举办了中小企业新员工入场、安全教育、职业健康、职业道德、财务知识、创业知识、电工上岗证、电焊上岗证、特种设备上岗证、销售技能等 19 项培训。管理培训和技能培训 910 人，其中技能培训 13 个班，培训人数 600 人，平均培训 97.5 课时；管理培训 5 个班，培训人数 310 人，培训课时 131 小时，客户满意度达 100.00%。

2. 为企业提供法律咨询等服务 112 次，协调处理法律纠纷 30 案例，其中通过网络在线咨询 62 次，处理案件 12 例。

3、为 58 家企业领办、代办工商执照、税务登记、年检、土地、规划、建设消防、环保等前期手续。没有出现信息泄露问题，累计节约 72 个工作日。

2013 年公司通过整合优势资源，集聚了 5 家知名中介服务机构：山东省工程咨询院（咨询单位）、中国工程物理研究院（环评单位）、山东征信环保节能与工程咨询有限公司、新疆百域君鸿律师事务所、山东大学等，并与之建立了良好的战略合作关系，为中小微企业提供优质、专业、全方位的业务服务。

2013 年中小企业工作大事记

1 月

1 月 6 日，工业和信息化部党组成员、总工程师朱宏任在民进中央与全国人大副委员长、民进中央主席严隽琪，全国政协副主席、民进中央副主席罗富和，民进中央副主席朱永新就共同促进中小企业发展座谈。

1 月 9 日，工业和信息化部党组成员、总工程师朱宏任在柏林与德国联邦经济和技术部国务秘书恩司特·伯格巴哈共同主持了第四次中德中小企业政策磋商。会后，双方签署了关于继续开展中小企业经营管理人员培训合作备忘录。

1 月 14 日，工业和信息化部党组成员、总工程师朱宏任在韩国大田市与韩国中小企业厅厅长宋宗镐共同主持了中韩中小企业政策交流委员会第一次会议，就两国中小企业创业兴业政策及发展合作等议题交换了意见。

1 月 17 日，工业和信息化部办公厅印发了《关于加强国家中小企业公共服务示范平台管理工作的通知》（工信厅企业［2013］7 号）。

2 月

2 月 1 日，中共中央政治局常委、国务院副总理张德江主持召开国务院促进中小企业发展工作领导小组会议并作重要讲话。工业和信息化部部长苗圩，党组成员、总工程师朱宏任出席会议。

2 月 1 日，工业和信息化部党组成员、总工程师朱宏任在北京出席全国工商联 2012－2013 年中国民营经济发展形势分析会并作主题演讲。

2 月 5 日，全国中小企业工作电视电话会议在北京召开。工业和信息化部部长苗圩出席会议并讲话。会议由工业和信息化部党组成员、总工程师朱宏任主持。

2 月 21～22 日，中共中央政治局常委、国务院副总理张德江在天津调研中小企业。工业和信息化部部长苗圩陪同调研。

2 月 25 日，工业和信息化部党组成员、总工程师、国务院促进中小企业发展工作领导小组成员兼办公室主任朱宏任主持召开国务院促进中小企业发展工作领导小组办公室扩大会议。

2 月 26 日，中国国际中小企业博览会改革创新研讨会在广州召开。中博会组委会副主任、工业和信息化部党组成员、总工程师朱宏任出席会议并讲话。

2 月 27 日，工业和信息化部印发《关于开展扶助小微企业专项行动的通知》（工信部企业［2013］67 号）。

3 月

3 月 6 日，工业和信息化部党组成员、总工程师朱宏任召开专题会议，研究中小企业发展基金管理办法等相关工作。

3 月 7 日，工业和信息化部党组成员、总工程师朱宏任一行到北京市海淀区中关村科技园调研中小企业。

3 月 19 日，工业和信息化部向中共中央政治局委员、国务院副总理马凯上报了《关于推进中小企业科技创新能力建设工作情况的报告》（工信部企业［2013］89 号）。

3 月 22 日，工业和信息化部党组成员、总工程师朱宏任参加 2013 年度第一次融资性担保业务监管部际联席会议。

3 月 29 日，工业和信息化部办公厅印发《关于印发国务院促进中小企业发展工作领导小组成员单位及有关部门 2013 年重点工作的通知》（工信厅企业［2013］59 号）。

3 月 31 日，由中国企业联合会、国资委企业改革局、工业和信息化部产业政策司和中小企业司共同主办的 2013 年全国企业管理创新大会在北京召开。工业和信息化部党组成员、总工程师朱宏任出席会议并讲话。

4 月

4 月 2 日，工业和信息化部党组成员、总工程师朱宏任会见天津市副市长王宏江一行。

4 月 9 日，工业和信息化部办公厅印发《关于推荐第三批中小企业公共服务示范平台的通知》（工信厅企业函［2013］216 号）。

4 月 16 日，工业和信息化部党组成员、总工程师朱宏任会见全国工商联党组成员、副主席庄聪生，就进一步加强两部门合作，共同推进中小企业和非公有制经济发展工作进行了座谈。

4 月 22 日，工业和信息化部在北京举办“2013 中小企业信息化服务信息发布会暨中小企业信息化培训启动会”，总结 2012 年中小企业信息化推进工作并部署 2013 年工作任务。工业和信息化部党组成员、总工程师朱宏任出席会议并致辞。

5 月

5 月 2 日，工业和信息化部党组成员、总工程师朱宏任代表工业和信息化部与中国农业银行股份有限公司共同签署《中小企业金融服务战略合作协议》。

5月9日，工业和信息化部党组成员、总工程师朱宏任出席“2013厦门市中小企业服务博览会”开幕式并致辞。

5月22日，工业和信息化部党组成员、总工程师朱宏任召开专题会议，听取中小企业发展基金参股融资性担保机构实施细则起草工作汇报。

6月

6月4~5日，工业和信息化部党组成员、总工程师朱宏任同志赴上海市调研中小企业“专精特新”发展情况，并召开了部分省市中小企业“专精特新”工作座谈会，听取了天津、辽宁、上海等省市中小企业“专精特新”工作汇报。

6月10日，工业和信息化部党组成员、总工程师朱宏任在西宁出席支持青海中小企业加快发展座谈会，会议签署对口援青省市支持青海中小企业发展战略合作协议。

6月19日，工业和信息化部办公厅印发了《关于开展中小企业人力资源做好高校毕业生就业工作的通知》（工信厅企业〔2013〕106号）。

6月27日，工业和信息化部党组成员、总工程师朱宏任在北京出席第十届中国国际中小企业博览会新闻发布会。

6月27日，工业和信息化部办公厅印发《关于印发中小企业公共服务平台网络共享数据指标目录和设计细则（2013版）的通知》（工信厅企业〔2013〕110号）。

7月

7月3日，工业和信息化部党组成员、总工程师朱宏任出席“中国——中东欧国家地方领导人会议”和由工业和信息化部、重庆市人民政府和中国—中东欧国家合作秘书处共同主办的“中国—中东欧中小企业合作论坛”并致辞。

7月13日，工业和信息化部党组成员、总工程师朱宏任出席首届中国中小企业投融资交易会并致辞。

7月17日，工业和信息化部印发《关于促进中小企业“专精特新”发展的指导意见》（工信部企业〔2013〕264号）。

7月19日，国务院促进中小企业发展工作领导小组办公室印发《关于调整国务院促进中小企业发展工作领导小组办公室组成人员的通知》（工信厅企业〔2013〕127号）。

7月23日，国务院促进中小企业发展工作领导小组主任、工业和信息化部党组成员、总工程师朱宏任主持召开领导小组办公室会议。会议通报了新一届国务院促进中小企业发展工作领导小组组成人员调整情况，学习传达了李克强总理、马凯副总理重要批示精神，部署下一步工作。

7月26日，工业和信息化部党组成员、总工程师朱宏任听取国家开发银行有关同志关于构建小微企业社会化金融体系工作汇报。

7月29日，工业和信息化部印发《关于做好〈中小企业金融服务战略合作协议〉贯彻落实工作的通知》（工信部企业〔2013〕286号）。

7月30日，工业和信息化部办公厅、财政部办公厅印发《关于2013年中小企业公共服务平台网络建设方案的批复》（工信厅联企业〔2013〕130号）。

7月30日，工业和信息化部印发《关于做好中小企业金融服务战略合作协议贯彻落实工作的通知》（工信部企业〔2013〕286号）。

8月

8月9日，工业和信息化部部长苗圩在全国工商联出席小微企业发展座谈会，听取小微企业发展情况和意见与建议。工业和信息化部党组成员、总工程师朱宏任出席了座谈会。

8月12日，全国工商联完成了我部委托开展的对国发〔2012〕14号文件贯彻落实情况的调查评估工作，向我部报送了调查评估报告（全联函〔2013〕42号）。

8月13日，工业和信息化部党组成员、总工程师朱宏任同志在吉林省白山市出席了由全国工商联、吉林省人民政府共同主办的“2013年中国民营经济发展（长白山）论坛”并作主题演讲。

8月16日，工业和信息化部、财政部、海关总署、国家税务总局印发《关于公布享受科技开发用品进口税收优惠政策的国家中小企业公共服务示范平台名单（第二批）的通知》（工信部联企业〔2013〕309号）。

8月29日，工业和信息化部党组成员、总工程师朱宏任一行赴天津就中小企业创新转型试点工作进行了专题调研。

9月

9月3日，工业和信息化部向全国工商联发送了《关于“小微型企业29条”贯彻落实情况调查评估工作的复函》（工信部企业函〔2013〕373号），对全国工商联对评估工作的精心组织和高质量的评估成果表示感谢。

9月7日，工业和信息化部党组成员、总工程师朱宏任在印度尼西亚出席第20次APEC中小企业部长会议，并作题为“加强合作 优化环境 促进中小企业提升国际市场开拓能力”的发言。

9月15日，工业和信息化部党组成员、总工程师朱宏任在宁夏银川出席2013中国——阿拉伯国家博览会开幕式和由工业和信息化部、宁夏回族自治区人民政府和阿拉伯工业发展和矿业组织共同主办的“中国——阿拉伯国家中小企业合作论坛”并致辞。

9 月 24 日，工业和信息化部党组成员、总工程师朱宏任到部电子五所调研。

9 月 24 日，工业和信息化部向国务院上报了《关于贯彻落实支持小型微型企业健康发展政策情况的报告》（工信部企业［2013］341 号）。

9 月 25 日，工业和信息化部党组成员、总工程师朱宏任在广州出席第十届中国国际中小企业博览会开幕。

9 月 25 日，工业和信息化部党组成员、总工程师朱宏任在广州出席第十届中博会中国中小企业高峰论坛并致辞。

9 月 26 日，工业和信息化部党组成员、总工程师朱宏任在广州出席第十届中博会高成长中小企业投融资论坛暨股权项目对接会并致辞。

10 月

10 月 14 日，工业和信息化部党组成员、总工程师朱宏任在西安出席第七届中国中小企业节开幕式并演讲。

10 月 21 日，工业和信息化部党组成员、总工程师朱宏任在浙江省调研第八届 APEC 中小企业技术交流暨展览会筹备工作进展情况。

10 月 24 日，工业和信息化部党组成员、总工程师朱宏任主持召开国务院促进中小企业发展工作领导小组办公室专题会议。会议学习传达了李克强总理、俞正声主席、马凯副总理在全国工商联《“小微企业 29 条”贯彻落实情况调查评估报告》上的重要批示精神，研究部署下一步工作。

10 月 24～28 日，根据国务院办公厅工作安排，工业和信息化部党组成员、总工程师朱宏任带队对湖南省、广西壮族自治区小微企业金融服务工作情况进行监查。

11 月

11 月 5 日，由中国民主建国会中央委员会、工业和信息化部、贵州省人民政府共同主办的 2013 中国（贵州）非公有制经济发展论坛在贵州省毕节市隆重开幕。全国人大常委会副委员长、民建中央主席陈昌智出席论坛并做主旨演讲。工业和信息化部党组成员、总工程师朱宏任出席开幕式并发表演讲。

11 月 11 日，工业和信息化部在四川省成都市召开部分省市中小企业公共服务平台网络建设工作座谈会。工业和信息化部党组成员、总工程师朱宏任出席并作了“大力推进平台网络建设促进中小企业健康发展”的重要讲话。

11 月 18 日，工业和信息化部党组成员、总工程师朱宏任赴全国工商联，与全国工商联副主席黄荣及经济部负责同志进行了座谈，并与全国工商联党组书记全哲洙就共同做好非公有制经济和中小企业工作交换了意见。部中小企业司负责同志参加座谈。

11 月 28 日，工业和信息化部党组成员、总工程师朱宏任同志一行在安徽省调研中小企业工作，就贯彻落实十八届三中全会精神，做好促进中小企业和非公有制经济发展工作与杨振超副省长、安徽省经信委负责同志进行了座谈。

11 月 30 日，工业和信息化部党组成员、总工程师朱宏任同志一行到深圳市调研中小企业公共服务平台网络建设工作，就深圳市中小企业公共服务平台网络建设情况，与深圳市经贸信息委（市中小企业服务中心）、部分平台网络建设单位负责同志进行了座谈，并实地考察了枢纽平台和工业设计产业窗口平台。

12 月

12 月 9 日，中小企业信息化工作交流座谈会在北京召开。工业和信息化部党组成员、总工程师朱宏任出席座谈会。

12 月 19 日，工业和信息化部、发展改革委、财政部、工商总局、质检总局、银监会、广东省人民政府向国务院上报了《关于第十届中国国际中小企业博览会举办情况的报告》（工信部联企业［2013］504 号）。

12 月 20 日，工业和信息化部党组成员、总工程师朱宏任出席中国企业联合会第二十届全国企业管理现代化创新成果审定委员会终审会。

12 月 23 日，工业和信息化部印发《关于公布第三批“国家中小企业公共服务示范平台”名单的通告》（工信部企业［2013］510 号）。

12 月 24 日，工业和信息化部党组成员、总工程师朱宏任主持召开企业经营管理人才素质提升工程中小企业经营管理领军人才培训工作专题会议。

12 月 27 日，工业和信息化部办公厅、国家统计局办公室联合印发《关于完善和细化中小企业划型标准工作方案的函》（工信厅联企业［2013］213 号）。

12 月 30 日，工业和信息化部与全国工商联签署合作协议，建立部际合作机制。

12 月 31 日，工业和信息化部、发展改革委、财政部、人力资源社会保障部、商务部、海关总署、税务总局、工商总局、银监会联合印发《关于促进劳动密集型中小企业健康发展的指导意见》（工信部联企业［2013］542 号）。

2013 年工业和信息化部中小企业发展促进中心工作大事记

2013 年，在部党组的坚强领导下，在中小企业司和有关司局的大力支持下，中心领导班子带领全体干部员工认真学习贯彻十八大及三中全会精神，深入开展群众路线教育实践活动，紧紧围绕扶助小微企业专项行动确定的各项任务，加强规章制度和人才队伍建设，推动业务运作专业化，提升服务能力，努力做好支撑服务工作，切实做好有关业务工作。

1. 课题研究

（1）加强研究能力建设。建立中小企业金融服务外包研究基地和重庆研究基地，新聘了一批熟悉中小企业工作的专家学者加入专家库。与对外经贸大学、浙江工业大学签署了关于联合编写《中国中小企业年度发展报告》和发布《中国中小企业景气指数研究报告》的协议。为更好地发挥中心专家咨询委员会的作用，研究起草了专家委员会管理办法。

（2）承接产业政策司“提升我国中小企业品牌影响力的对策研究”课题。与黄河科技大学共同组建课题组，研究中小企业品牌影响力的决定因素，分析现状和发展趋势，并提出对策建议。

（3）承接产业政策司《促进我国劳动密集型小型微型企业发展的政策建议》。研究劳动密集型小型微型企业相关理论问题，分析其影响因素，梳理国外促进劳动密集型小型微型企业发展的政策实践，提出相关建议。

（4）承接中小司《中小企业融资模式的探索与实践课题研究》。对中小企业融资共总结出 13 种创新模式，是近年来我国中小企业融资服务领域的一个创新研究成果。

（5）承接中小企业司《中小企业国际合作模式—中德中小企业合作示范区建设研究》。以太仓中德中小企业工业园、中国－新加坡苏州工业园为案例，提出促进中小企业国际合作示范园区建设的对策、思路及政策建议。

此外，还承接了产业政策司《加强和完善行业管理工作中充分发挥行业协会作用研究》，国家发改委《中小企业发展之路—达沃斯的角色研究》、《中欧创新集群合作促进城镇化发展的研究》，美国能源基金会《工业中小企业能源审计研究》《中小企业节能能力建设及培训研究》等。

2. 培训咨询

（6）中小企业政策大讲堂全国巡讲活动。根据需求补充了一批专家，专家库专家达到 134 名。与宜信集团合作编写了《好产品大未来》《得客户者得天下》《创新营销赢市场》《企业家是怎样炼成的?》《知人善用留贤才》《你还在记流水账吗?》《懂点法律好做生意》等 7 册组成的《小微企业生存之道系列手册》；与中财讯财税筹划技术研究院合作编写了《营业税改征增值税政策解读》《营业税改征增值税财务处理方法》《营业税改征增值税最新疑难解答》《中小企业纳税风险管理标准》《中小企业财务管理风险管理标准》等 5 册组成的《小微企业财税政策专题系列手册》。截至 2013 年 12 月中旬，已完成天津、北京、辽宁鞍山、广东韶关、河南郑州等 7 场重点班，参训企业近 2000 家。

（7）中德政府合作项目。赴德参加第四次中德中小企业政策磋商会议，将协议项目延续到 2016 年；完成中德政府合作培训项目第十一期班、十二期中文班、十三期班、第二期政府主管部门及服务机构人员赴德培训交流工作；接待第二期德国中小企业经营管理人员来华交流班；召开中德政府合作培训项目指导委员会第五次工作会；组织“中德汇”骨干学员赴俄罗斯参加中小企业经营管理人员培训国际学友会交流会暨首届欧亚商务论坛；加强中德政府合作培训项目学友会组织——“中德汇”建设；筹备编写中德中小企业合作指导系列丛书等。

（8）“中小企业经理人证书考试”项目。2013 年新增试点省份 3 个，目前共计 8 个省份开考，报考总人数为 9760 人；《中小企业投融资》等 18 本系列教材已全部出版，其中 13 门课程已完成网络课件的制作；完成系统平台研发建设工作；与对外经济贸易大学签署培训合作框架协议等。

（9）援外培训。共承办双多边援外项目共 7 期，培训发展中国家官员 150 人，涵盖亚洲、欧洲、非洲、加勒比海及南太地区近 90 个国家。加强双边中小企业培训，承担了埃及、突尼斯、多哥三个双边中小企业政策研修班。

（10）中小企业经营管理领军人才培训。受部中小企业司、人教司委托，承担了战略发展研修班和转型升级研修班的组织实施工作，两班合计培训人数为 135 人。共有 26 名讲师举行了专题讲座和研讨交流，集中授课期间，还进行了 5 次主题沙龙、3 次学员故事分享、6 次班会、6 次参观考察、1 次国际合作对接等活动。

（11）国际培训项目。协助组织完成中意 2 个国际培训项目：一是意大利专家来华开展节能减排培训工作，协助部节能司和国际司，在意大利国土海洋部和四川省节能服务中心支持下，在成都举办了“能源管理负责人”培训，100 余人参加；二是意方邀请中方 40 名负责工业节能的政府官员前往意大利，就工业节能减排进行 12 天的研修交流，在时间紧、任务重的情况下，圆满地完成了此次培训组织工作。

此外，继续在全国开展中小企业上市服务、融资担保等专题系列培训工作，组织开展了中小企业发展优惠政策专题研讨班、工业转型升级与新兴产业优惠政策解析暨新型工业化产业示范基地研讨班、节能减排评估师培训等短期适应性培训。引进出版日本产业训练协会《现场管理研修教程》、《中高层管理研修教程》教材等。

（12）中瑞（张家口）中小企业国际合作园产业发展总体规划。从分析张家口市的发展基础和面临的形势出发，对接瑞典产业发展的综合优势，研究提出了园区产业发展指导思想、基本原则和主要目标，对发展装备制造、信息技术、节能环保和新能源、生物医药四大产业以及保障措施进行了深入分析。

此外，还承接了广西中小企业新能源科技成果转化试点基地项目、协助三门峡百年农机公司在新三板上市等咨询项目。

3. 园区建设

（13）中瑞（张家口）中小企业国际合作园。5月11日，与张家口市签署战略合作协议；7月3日，与张家口市南山产业集聚区管委会签署合作协议，合作规划建设中瑞（张家口）中小企业国际合作园区；10月14日，邀请相关专家和领导对中瑞（张家口）中小企业国际合作园产业发展总体规划进行评审；11月，随张家口机械经贸代表团赴瑞典、英国进行经贸洽谈活动等。

此外，继续跟进中德（长春）中小企业产业合作区、中德（蒲江）中小企业合作园、中意（云浮）中小企业合作园区等建设工作，继续做好南昌（国家）小微企业产业发展示范园工作，运作湖北川东服装园业务，继续推进了哈尔滨中俄中小企业物流园区建设等。

4. 会议会展

（14）第八届APEC中小企业技术交流暨展览会筹备工作。7月23日，浙江省人民政府向工信部正式发出“关于申请主办第八届APEC中小企业技术交流暨展览会的函”；8月23日，中心正式函复浙江省经信委；9月4日，第八届技展会获得APEC秘书处同意；9月10日，中心研究提出第八届技展会筹备总体方案和与义乌市合作协议建议稿；9月26日，工信部会同外交部就举办第八届技展会向国务院提交请示报告；APEC秘书处立项后，工业和信息化部会同外交部上报国务院《关于举办第八届亚太经合组织（APEC）中小企业技术交流暨展览会的请示》；11月9日国务委员杨洁篪圈阅，11月10日国务院副总理马凯圈阅。第8届APEC技展会立项审批工作顺利完成。

（15）2013品牌峰会。11月23日，2013年第二届中国品牌领袖峰会暨C－BPI行业第一品牌颁奖盛典在北京国家会议中心隆重召开。峰会围绕“解密品牌成功之道”、“民族品牌如何崛起”、“新十年、新跨越”等议题邀请相关领导、知名专家、优秀企业家代表发表演讲并进行了对话和研讨。开幕式后举行了隆重的2013C－BPI行业第一品牌颁奖典礼。

（16）2013中国中小企业发展高峰论坛。与北大青鸟集团于3月30日共同举办“2013中国中小企业发展高峰论坛”，为中小企业家了解形势，宣讲政策，探寻发展之道做了积极的努力。

（17）中阿中小企业合作论坛。9月15日，首届中国—阿拉伯国家中小企业合作论坛在银川成功举办。来自阿拉伯工业发展和矿业组织以及苏丹、阿联酋、沙特阿拉伯、卡塔尔、孟加拉国、巴基斯坦等阿拉伯国家外交使节、相关部门负责人和企业家代表以及有关省市、全国中小企业服务联盟成员和中小企业代表共300余人参加论坛。论坛期间举办了中阿工业品在线博览会网站和中阿中小企业合作平台网站开通仪式。

（18）新能源汽车论坛。在工信部装备司指导下，举办了中国（杭州）国际新能源汽车市场化推动高峰论坛，与地方政府、相关企业一起就新能源汽车发展进行了深入研讨，还对相关汽车电池等企业进行了调研。

（19）APEC中小企业峰会。连续第六年在中国举办，由中国国际贸易促进委员会、APEC工商咨询理事会、APEC中国工商理事会共同主办，我协会支持，协会会员发展服务中心参与承办。峰会通过举办“大制造微创新”“跨国公司平衡法则”“互联网新金融模式”“如何赢得细分市场”“文化与商业的融合”“健康大产业”“电子商务重构传统产业”“公益传播：品牌的责任”等论坛，在管理、文化、商业等领域开展跨界讨论，加快促进中小企业的跨区域合作。

此外，还与中国人民大学商学院共同主办“首届中国小微企业融资发展论坛”，与全国中小企业股份转让系统有限责任公司签署战略合作协议等。

（20）第十届中小企业（玉林）商机博览会。由中国中小企业国际合作协会、中国－东盟博览会秘书处、广西壮族自治区工业和信息化委员会、商务厅和玉林市人民政府共同主办的第十届中小企业商机博览会（中国·玉林）9月5日在玉林国际会展中心开幕。展会内容包括中国（玉林）中小企业发展论坛、企业品牌展示及商品展销、项目推介与商务洽谈及2013中国侨乡玉林旅游养生美食节、2013“岭南都会”消费购物节等配套节庆活动。共设3个展区1500个国际标准展位，参展企业来自20多个国家和地区。

（21）2013中国（广元）国际中小企业交易会和高峰论坛。11月15～18日，2013中国（广元）国际中小企业交易会在广元国际商贸会展中心成功举办。本届中交会由中国中小企业国际合作协会、四川省博览事务局、中共广元市委和市政府共同主办。展会总面积1.8万平方米，设境外中小企业区、境内中小企业区、四川精品区和地方品牌商品四大展区，参展企业340余家，拓展组展展位440余个，10余个国家和港澳台地区的76家企业参展。同时，由中国中小企业国际合作协会、四川博览事务局、中共广元市委、广元市人民政府共同举办了2013中国（广元）中小企业国际合作论坛，主题为“西部地区中小企业发展机遇与挑战”，对西部地区中小企业如何把握机遇和转型升级进行了深入探讨。

（22）2013东盟中国企业建材及家居用品（越

南）博览会。8 月 14 日，由中心主办、上海国际服务贸易（集团）有限公司承办的 2013 “越南展” 在越南胡志明市西贡国际展览中心隆重开幕。现场展位近 2100 余个，参展企业 500 余家，分别来自 18 个国家。其中，中国参展团参展展品涉及五金、卫浴、灯具、建筑材料、机电产品、家居家具用品等领域，展位达 100 多个。

此外，参与主办第十三届中国塑料交易会、“2013 商会大会”，先后接待了英中贸易协会、南非 - 中国商会、伊朗霍梅尼救济基金会、日本 NPO 法人日中经济发展中心等代表团来访，与英国 TCG 开展合作，进行了海外发展中心的重组工作等。

5. 支撑服务

（23）绿色工业大会。第三届绿色工业大会由工业和信息化部、联合国工业发展组织共同主办，广东省人民政府支持，由我中心和部电信研究院负责组织实施。我中心的工作主要包括：招募与注册中方参会代表、落实中方主持人和发言人、会议宣传报道、资料制作、设备租赁、会场布置、现场摄影摄像及录音等，协助部节能司与联合国工业发展组织协商确定会议议程，承担了相关翻译工作。会议于 2013 年 11 月 7 日至 9 日在广州长隆国际会展中心成功举办。中心所做的工作得到了部里的充分肯定，办公厅来函予以表扬和鼓励。

（24）APEC 中小企业部长会筹备工作。一是承担“APEC 中小企业部长会议主题议题及成果设计研究”课题，对 APEC 基本情况和历届 APEC 中小企业部长会议主题议题及成果进行研究，提出 2014 年第 21 届 APEC 中小企业部长会议成果设计和总体方案建议；二是编制 2014 年第 21 届 APEC 中小企业部长会议预算方案建议；三是承担我方参加第 37 次 APEC 中小企业工作组和第 20 届 APEC 中小企业部长会议的组织联络和相关筹备工作；四是派人陪同宏任总工和中小司、国际司领导赴印尼巴厘岛参加第 37 次 APEC 中小企业工作组和第 20 届 APEC 中小企业部长会议。此外，拟在 2014 年部长会前的第 39 次 APEC 中小企业工作组会议期间举办“网络融资创新论坛”，已向 APEC 秘书处提交项目申请，并得到美国、新加坡等成员体支持。

（25）配合落实“企业减负专项行动”。在运行局指导和支持下，开发了全国企业负担调查系统，确定了 3000 多家企业作为样本，开发调查数据报送和处理软件及网络系统，开展调查培训，最终形成上下联动的企业负担调查工作体系和网络系统。同时，开展了企业负担课题研究，对企业负担理论进行探讨，比较分析国内外相关评价方法，形成企业负担评价指标体系，建立企业负担指数测算模型，形成了企业负担评价分析报告和相关工作建议，并于 9 月向社会发布了报告，引起了广泛关注。

（26）协助做好平台认定和测评工作。协助中小企业司做好中小企业公共服务示范平台认定工作，安排评审专家生活起居，发放、收集、整理评审意见，撰写示范平台服务绩效摘要。提出示范平台服务情况测评标准和工作方案，组织专家于 6 月、7 月、10 月分别对天津市、山东省和安徽省、江苏省、上海市的 10 家相关平台服务情况开展抽查测评。

此外，还协助做好了关闭小企业专项资金相关工作、信息报送工作、编译世界各国及地区促进中小企业发展的法律法规、中小企业政策法规文件汇编、中欧合作相关工作等。

6. 信息化推进

（27）策划实施了中小企业公共服务平台呼叫热线创新平台项目。整合江苏相关呼叫服务资源参与项目建设，获得 200 多个免费一年的虚拟坐席资源，为中小企业服务机构提供咨询呼叫等服务设施，向部中小司提出建立全国中小企业服务热线建议。

（28）研发相关培训信息化系统。研发并投入运行中小企业经理人证书考试项目系统平台，包括项目官方网站、网络助学平台、课程录播系统、视频面授系统、实践环节考核系统、机考系统、企业经营模拟等系统；完成中小企业经理人证书考试项目教材网络课件制作，为学员提供网络学习服务。

此外，还继续推进“国际合作交易网”项目、建设移动互联网联盟等。

7. 媒体宣传

（29）《中国中小企业》杂志。把提高刊物质量作为 2013 年中心工作，通过“专题宣传”“百问百答”“工作探讨”等栏目，大力宣传中小企业及服务体系。全年出版杂志共 12 期，约 120 万字，没有发生重大失误，没有出现违规违纪的现象。新增设了广西、河北、深圳、西安工作站，加强了编辑经营队伍力量。

（30）《中国中小企业年鉴》。在中小司指导支持和各地中小企业主管部门积极参与下，年鉴质量逐年提高，已成为中小企业服务体系建设的一项基础性工作，得到了越来越广泛的认可。部有关领导对年鉴工作非常重视，多次提出工作要求和希望。目前，年鉴已正式送印。

（31）中心（协会）网站。按时办理域名和主机续费，按要求及时完成北京市公安局网络备案，保证了网站正常运行。进一步加强网站内容建设，由各处（部）分包栏目采编内容，更加丰富和完善了网站信息，全年共新发布各类信息 400 余条，比 2012 年增加了一倍，首页内容完全更新。截至 12 月 25 日，综合处共编发了 121 条信息，信息处 82 条，政策处 77 条。

此外，继续发布了“中国品牌力指数”，继续编印中国工业产品质量企业案例推广、中国中小企业金融服务指南（2013）等。

8. 服务体系

（32）做好全国中小企业服务联盟秘书处工作。8 月 29 ~ 30 日，全国中小企业服务联盟能力建设培训班在北京大学成功举办，来自全国的 45 家中小企业服务机构的代表共 110 人参加了培训。10 月起，联盟秘书处发函给各联盟执行委员会成员，征求对联盟换届及今后工作的意见。联盟换届会议计划于 2014 年召开。

（33）中小企业首选服务商。2013 年 4 月在北京召开“中国中小企业服务创新大会暨首选服务商发布会”，首次发布“中国中小企业首选服务商”名单。入选服务商代表在会上宣读了《中国中小企业首选服务商倡议书》，倡导强化社会责任意识，树立良好的社会形象，以“诚信、优质、创新”的服务，在服务中小企业的同时不断壮大自己，实现共赢。

此外，继续申报了中小企业服务体系专项资金支持等。

2013 年各地中小企业工作大事记

北京市

1 月 12 ~ 13 日，市经济信息化委组织召开了 2013 年区县中小企业工作会议。会上，各区县结合 2012 年工作总结及 2013 年工作思路计划，重点汇报了如何贯彻落实《市政府关于进一步促进中小企业发展若干意见的实施意见》的情况及取的工作成效。中小企业处对 2012 年全市中小企业工作进行了总结，对 2013 年工作任务进行了部署和安排。

市经济信息化委姜贵平副主任及各区县中小企业主管单位的副主任、中小企业主管部门负责人参加了会议。

2 月，依据《工业和信息化部关于开展扶助小微企业专项行动的通知》（工信部企业［2013］67 号）文件精神和全国中小企业工作会议部署，我市制定北京市扶助小微企业专项行动实施方案。该扶助小微企业专项行动分宣传发动、组织实施、总结验收三个阶段进行。

3 月 14 日，市经济信息化委研究出台了《北京市中小企业公共服务平台管理暂行办法》和《北京市小企业创业基地管理暂行办法》，规范、引导、支持我市中小企业公共服务平台、小企业创业基地建设，加强对中小企业，尤其是小型、微型企业的服务。

3 月 15 日，市经济信息化委、市财政局组织召开北京市中小企业创业投资引导基金合作创投机构座谈会。姜贵平副主任出席会议。北京红土嘉辉创业投资有限公司、北京赛伯乐创业投资公司、北京临空创业投资有限公司等 15 家引导基金参股创投企业参加会议，介绍了各自公司运营的基本情况以及对政府服务的建议和需求。

4 月 18 日，北京市中小企业服务年活动之一“青云计划——扶助中小企业成长”系列活动隆重启动。该活动由北京市经济和信息化委员会指导，北京市工商联与百度公司合作推进。百度公司将在 2012 年投资 5000 万元，为 5000 家企业免费建设网站，为 20000 家企业提供推广补助资金，帮助中小企业，特别是小微企业降低经营成本，拓展营销渠道，切实服务中小企业发展。

全国工商联专职副主席庄聪生、北京市经济和信息化委员会副主任姜贵平、北京市工商联常务副主席郑默杰、郑勇男及百度公司主要领导出席了启动仪式。

7 月 10 日，由北京市政府和澳门特别行政区政府主办的第二届北京·澳门合作交流洽谈会在澳门举行。北京市经济和信息化委员会作为本次京澳洽谈会的协办单位，组织了本市 19 家中小企业参会，取得了丰硕成果：北京卓宸畜牧有限公司与万胜（澳门）仓储食品酒店用品有限公司、北京成宇药业有限公司与金源澳门离岸商业服务有限公司、北京新发盛家具有限公司与澳门世邦家俬建材有限公司达成初步合作意向，澳方企业将于近期来京进行合作考察；北京市中小企业服务中心与澳门中小企业协进会签署了框架合作协议，结成战略合作伙伴关系。会议期间，樊健副主任与澳门中小企业协进会理事长区宗杰先生进行了座谈，就加强双方合作，充分整合各自中小企业的优势资源，共同有效推动北京和澳门中小企业开拓国际市场等议题进行了深入沟通并达成共识。此次京澳洽谈会的成功举办，为北京市中小企业开拓国际市场尤其是葡语系、拉丁语系的国际市场提供了良好的平台。

7 月 15 日，根据《国务院促进中小企业发展工作领导小组成员单位及有关部门 2013 年重点工作》（工信厅企业［2013］59 号）的通知精神，为进一步贯彻落实《北京市人民政府关于进一步支持小型微型企业发展的意见》（京政发［2012］40 号，以下简称京政发 40 号文件）及《北京市扶助小微企业专项行动实施方案》，促进中小企业特别是小型微型企业健康发展，前期在征求各领导小组成员单位的基础上，市促进中小企业发展工作领导小组办公室向各领导小组成员单位制定并印发了《贯彻落实京政发 40 号文件 2013 年下半年重点工作》。

9 月 6 日 ~8 日，中小企业处会同北京市乡镇企业局农民就业服务指导中心参加了由农业部在河南省驻马店市举办“2013 年中国农产品加工投资贸易洽谈会”（以下简称“农洽会”）并取得丰硕成果。一是 4 家企业被农业部授予“全国主食加工业示范企业”。在主食加工业授牌仪式上，农业部认定 40 家企业为第二批全国主食加工业示范企业，北京东颐食品有限公司等 4 家企业被农业部授牌、认证。二是 4 家企业产品获得“农洽会”组委会金奖和优质产品奖。“农洽会”期间，组委会对送审的 250 家企业、570 个农产品加工产品进行了评定，评选出 29 个金奖和 137 个优质产品奖。北京市申报参评产品 5 项，经专家组评审，1 家企业产品荣获金奖、3 家企业产品获得优质产品奖。此奖是农产品加工产品唯一设立的奖项。三是我委获得“农洽会”最佳组织奖。根据“农洽会”先进工作单位评选表彰办法，经过组委会评审，在参会的 30 个省市、自治区中，北京市经济和信息化委获得“农洽会”最佳组织奖。

9 月 25 日 ~27 日，北京市经信委组织参加了由工信部、国家发改委、财政部、国家工商总局、国家质监总局、银监会以及广东省政府、印度尼西亚中小企业与合作社国务部、联合国南南合作办公室联合主办的第十届中国国际中小企业博览会（简称：中博会）。我委组成北京展团分别参加了两个展区各项活动。北京主体展区按发展概况、政策措施、重点工作、发展前景等四个部分全面系统地介绍了北京市中小企业工作情况。专业展区共组织了食品业、中华老字号等 32 家企业参展。

10 月 28 日，北京市中小企业创业投资引导基金第六批合作创投机构签约仪式举办。经公开征集、专家评审、社会公示和政府决策等程序，市经济信息化委与市财政局共同选定了富汇创新创业投资管理有限公司、中科招商投资管理集团有限公司等合作机构，将共同出资成立 4 家引导基金参股创投企业，协议出资金额 7.81 亿元，其中引导基金协议出资 1.95 亿元，合作机构协议出资 5.86 亿元。北京市中小企业服务中心代表政府作为引导基金的名义出资代表，与参股创投企业其他股东方共同签订了《投资人协议》等文件。

天津市

1 月 5 日 ~14 日，由天津市中小企业局副局长任鹏带队的考察招商团组赴美国、加拿大开展装备制造、医药等产业专项招商活动。

1 月 6 日 ~1 月 24 日，天津市中小企业局与市政府督查室、市发改委、市规划局、市环保局等部门组成联合考核组，对 2012 年度 31 个示范工业园区规划建设、招商引资、经济运行、综合经济指标等情况进行考核检查。评定天津华明高新技术产业区等 12 个园区为 2012 年度优秀示范园区，小站工业区等 17 个园区为 2012 年度达标园区，茶淀工业区等 2 个园区为 2012 年度未达标园区。

1 月 17 日，天津市中小企业工作会议在天津大礼堂召开。副市长李文喜出席会议并讲话，市政府副秘书长于忠诚主持会议。会议总结 2012 年工作，部署 2013 年全市中小企业工作。

2 月 17 日，在天津市“促惠上”活动动员会暨新一批重大项目建设推动会上推出“天津市第九批区县重大建目”设项。

2 月 18 日，天津市委副书记、市长黄兴国到河西区、南开区、和平区、红桥区、河北区调研。要求坚持不懈狠抓楼宇经济发展，努力培育和打造更多“立起来的开发区”。市中小企业局局长尉永久陪同调研。

2 月 21 日，天津市政府召开加快科技型中小企业发展视频会议。市委副书记、市长黄兴国出席并讲话。副市长宗国英出席滨海新区分会场会议，副市长何树山主持会议。黄兴国强调，发展科技型中小企业是市委、市政府做出的一项重要战略决策。各地区、各部门要一刻也不放松地抓下去，形成铺天盖地的发展态势，培育一大批顶天立地的“小巨人”企业，成为全市经济发展新的增长点。

2 月 21 日 ~22 日，中共中央政治局常委、国务院副总理张德江到天津专题调研中小企业。实地考察 10 多家中小企业，并主持召开座谈会。张德江指出，要全面贯彻落实党的十八大精神，切实营造有利于中小企业发展的政策环境、市场环境、创业环境、成长环境、服务环境和舆论环境，促进中小企业持续健康发展，并提出由国家工信部、科技部、财政部会同天津市政府开展创新转型试点工作。市委书记孙春兰，市委副书记、市长黄兴国陪同调研；副市长王宏江汇报天津中小企业工作。

2 月 25 日，中共天津市委召开常委扩大会议，传达学习贯彻中共中央政治局常委、国务院副总理张德江在天津考察工作时的重要讲话。市委书记孙春兰主持并讲话。市委副书记、市长黄兴国传达。市人大常委会主任肖怀远，市委副书记、市政协主席何立峰出席。

2 月 27 日，天津市政府在天津礼堂小剧场召开天津市亿元楼宇工作推动会，副市长王宏江出席并讲话。市中小企业局局长尉永久通报全市亿元楼宇工作进展情况；市中小企业局副局长蒋颖通报 2012 年度全市亿元楼宇项目考核情况。

3 月 4 日，天津市召开加快示范工业园区拓展区、区县重大项目建设暨促进中小企业转型升级工作推动会。副市长王宏江出席会议并讲话。市政府副秘书长于忠诚主持会议。市中小企业局局长尉永久通报了示范工业园区建设、招商和考核情况；巡视员、副局长蒋颖通报了前八批区县重大项目建设情况及第九批区县重大项目情况；副局长薄云通报了科技型中小企业转型升级情况。市政府督查室、市发展改革委、市农委、市科委、市国土房管局、市规划局、市财政局等有关部门负责同志，滨海新区及涉农区县分管领导参加会议。

3 月 10 日，天津市中小企业局编辑《示范工业园区安全实用手册》，印发各区县，指导园区安全管理工作。

3 月 15 日，国家工信部在天津召开全国中小企业发展专项资金管理工作座谈会。工信部中小企业司副司长许科敏出席会议并讲话，市中小企业局副局长薄云致辞。18 个省、自治区、直辖市及计划单列市中小企业主管部门负责同志参加会议。

3 月 22 日，天津市中小企业局举办 300 人参加的示范工业园区及亿元楼宇招商工作暨培训会议。市中小企业局局长尉永久参加并讲话，副局长任鹏通报了有关情况。

3 月 28 日，天津市中小企业局会同市知识产权局组织天津自行车王国产业园区（京津科技谷）等四家专利试点工业园区召开了 2013 年工作推动会。市中小企业局副局长薄云出席会议。

4 月 2 日，天津市中小企业局、天津市人民政府驻北京办事处在北京联合召开主题为“新天津·新引擎·新机遇”的天津市示范工业园区及亿元楼宇招商座谈会。副市长王宏江出席会议并讲话。

4 月 2 日，市中小企业局副局长薄云带队深入宁河县，对区县经济开发区、示范工业园区规划建设、招商引资、经济运行等情况及区县重大项目建设情况进行调研。

4 月 3 日 ~10 日，天津市中小企业局巡视员、副局长蒋颖带队深入河北区、河西区、和平区开展“聚焦小微、扶助成长”中小微企业专题调研活动 。

4 月 8 日，天津市中小企业局副巡视员王云齐率队赴蓟县、宝坻区开展“聚焦小微、扶助成长”中小微企业专题调研。

4月9日，天津市中小企业协会召开第一届理事会第五次会议。副市长王宏江出席会议并讲话。市政府副秘书长于忠诚，市中小企业局局长尉永久参加会议，协会常务副会长李瑞营主持会议。

4月19日，中共天津市委常委、市委统战部部长、市民营经济发展工作领导小组组长刘长喜，市政协副主席、市工商联主席黎昌晋到市中小企业局调研一季度民营经济运行情况。

4月22日，天津市召开市内六区楼宇经济发展座谈会。副市长王宏江出席会议并讲话。市政府副秘书长于忠诚主持会议。市中小企业局局长尉永久介绍第三批亿元楼宇准备情况。

4月23日，市长黄兴国主持召开市政府第6次常务会议，会议通过并确定了全市第三批亿元楼宇项目。

4月26日，天津市中小企业局在津南区双港工业区召开区县示范工业园区安全管理培训会。

5月2日、6日，天津市副市长王宏江、市政府副秘书长于忠诚察看河西区、和平区楼宇建设情况。市中小企业局副局长蒋颖陪同察看。

5月10日，借“第二十届津洽会”开幕之际，由天津市中小企业局主办的以“新天津·新引擎·打造立起来的开发区”为主题的天津市楼宇经济发展研讨会在梅江会展中心举行。

5月13日，天津市中小企业局批复天津市西青学府工业区等15个园区开展拓展区建设。至此，31个示范工业园区已有27个被批准开展拓展区建设，并已陆续进入建设阶段，其中12个园区已基本完成基础设施建设。

5月18日，天津市中小企业局与红桥区联合举办银泰大厦招商引资推介会。市中小企业局副局长任鹏参加会议并讲话。

5月24日，天津市副市长王宏江到市中小企业局调研中小企业、民营经济发展工作。中小企业局局长尉永久汇报了工作。市政府副秘书长于忠诚陪同调研。

5月27日，天津市副市长王宏江与来津的国家科技部党组书记、副部长王志刚就落实中共中央政治局常委张德江指示精神，在津率先开展“三部一市”中小企业创新转型试点工作进行座谈。市政府副秘书长于忠诚、市科委主任赵海山、市中小企业局局长尉永久参加座谈。

5月28日，天津市民营经济领导小组办公室主任尉永久在市中小企业局主持召开办公室工作会议。领导小组办公室副主任、市中小企业局巡视员王云齐就《对我市民营经济发展情况的调查》作了情况说明；商议了提请召开天津市民营经济发展工作领导小组工作会议的建议事宜。尉永久就加强办公室建设发表了意见。

5月29日，中共天津市委副书记、市民营经济发展工作领导小组组长王东峰主持召开天津市民营经济发展工作领导小组2013年第一次工作会议。市委常委、市委统战部部长、市民营经济领导小组副组长刘长喜，副市长、市民营经济领导小组副组长王宏江，市政协副主席、市工商联主席、市民营经济领导小组副组长黎昌晋，市委副秘书长叶礼敏，市政府副秘书长于忠诚出席会议。市民营经济发展工作领导小组成员，市民营经济领导小组办公室成员参加会议。市民营经济发展工作领导小组办公室主任、市中小企业局局长尉永久汇报工作。

5月30日，天津市中小企业局与新加坡国际企业发展局在天津共同举办“天津－新加坡产业对接会”。市中小企业局副局长任鹏、副巡视员司志强参加会议。

6月6日，由全国工商联和天津市政府主办，天津市工商联、天津市中小企业局承办的第六届“中国民营经济发展天津论坛”在天津梅江会展中心召开。全国政协副主席、全国工商联主席王钦敏出席并致辞。市委副书记、市长黄兴国出席论坛。市委常委、常务副市长崔津渡出席并致辞。全国工商联副主席黄荣，市委常委、市委统战部部长刘长喜，全国政协常委、全国侨联副主席、天津市侨联主席张元龙等出席论坛。市政协副主席、市工商联主席黎昌晋主持。

6月6日，天津市中小企业局与市工商联联合举办主题为“民营企业聚焦天津”的天津市示范工业园区及亿元楼宇推介会。市委常委、市委统战部部长刘长喜，市政协副主席、市工商联主席黎昌晋出席会议并讲话。天津市中小企业局副局长任鹏主持会议，局长尉永久推介了示范工业园区及亿元楼宇投资环境，

6月9日，由天津中小企业局主办的“2013创新中国文化创意专场”暨“圆梦津城”第二届全民创业大赛“文化创意”专场在中新天津生态城国家动漫园举办。

6月14日，陕西省副省长李金柱来津考察和平区楼宇经济。天津市中小企业局局长尉永久陪同考察。

6月20日，《2013中国天津中小企业发展白皮书》编印发行。

6月底~9月底，天津市中小企业局在全市示范工业园区和乡镇工业区集中开展了安全生产大检查，全面排查治理了示范工业园区和乡镇工业园区事故隐患，有效防范了事故的发生。

6月30日~7月1日，东莞市委副书记、市长袁宝成率莞商代表团一行12人来津考察。天津市委副书记王东峰，市委常委、统战部长刘长喜，副市长王宏江，市政协副主席、市工商联主席黎昌晋接待代表团一行，并共同举办“莞商—天津投资洽谈会”。市中小企业局局长尉永久介绍了天津示范工业园区及亿元楼宇等载体投资环境和政策。莞商代表团考察了天津部分区县示范工业园区。

7月5日，由天津市中小企业局主办的以“圆创业者梦想，助小微企业成长”为主题的2013年“圆梦津城”全民创业行动计划暨第二届全民创业大赛新闻发布会在天津电视台大演播厅隆重举办。天津电视台、天津日报等媒体参加。

7月9日，天津市区县示范工业园区安全生产大检查动员部署会在华明工业区召开。天津市中小企业局局长尉永久、市安全生产监督局副局长朱智

峰、东丽区副区长张洪宝、市中小企业局副巡视员王云齐、司志强出席。朱智峰传达了习近平总书记、李克强总理关于安全生产工作重要批示精神和市委、市政府的安排部署；王云齐就示范工业园区安全生产大检查工作进行动员部署。

7月10日，天津市中小企业局在河北区中小企业服务中心召开2013年中小企业年中工作会议。市中小企业局局长尉永久讲话，巡视员、副局长蒋颖主持会议。

7月16日，由天津市中小企业局主办的2013年"圆梦津城"全民创业行动启动仪式暨第二届全民创业大赛"南开大学"高校专场决赛在南开大学大学生活动中心田家炳音乐厅召开。市中小企业局、团市委、南开大学、天津电视台有关领导参加并共同开启启动仪式。启动仪式后，举行了南开大学高校专场决赛。

7月23日、25日，天津市副市长王宏江赴南开区、红桥区、河东区、河北区察看楼宇经济。市中小企业局局长尉永久、巡视员、副局长蒋颖陪同察看。

7月24日，为扎实推进党的群众路线实践教育活动，天津市中小企业局组织党员干部参观津西监狱，听取服刑人员现身说法，自觉接受廉政警示教育。

7月30日，天津市政府组织召开天津市楼宇经济工作年中推动会。副市长王宏江参加并讲话。市政府副秘书长于忠诚、市中小企业局局长尉永久、巡视员、副局长蒋颖、副巡视员王云齐出席。

8月14日~16日，天津市人大常委会对实施《中华人民共和国中小企业促进法》和《天津市实施〈中华人民共和国中小企业促进法〉办法》情况开展集中执法检查。市人大常委会主任肖怀远参加并讲话。市人大常委会副主任李亚力、李泉山和秘书长杨福刚，部分常委会委员、市人大代表参加执法检查。副市长王宏江和市人大常委会、市政府有关部门负责同志陪同。在执法检查集中座谈会上，市中小企业局局长尉永久汇报了中小企业法律法规贯彻实施的总体情况，市发改委、市经信委、市商务委、市科委、市财政局、市工商局、市金融办作了书面汇报。

8月21日，天津市中小企业局完成2013年国家中小企业发展专项资金项目申报及专家评审工作。天津市58个项目共获得国家资金扶持3196万元。

8月29日，国家工信部党组成员、总工程师朱宏任和工信部中小企业司司长郑昕一行4人专程来津，就落实中共中央政治局常委张德江来津调研时确定的在天津开展中小企业创新转型试点工作进行专题调研。天津市副市长王宏江、市政府副秘书长于忠诚、市中小企业局局长尉永久和市科委、市财政局有关负责同志参加调研。

8月30日，市委书记孙春兰深入市工商联调研并与民营企业家座谈。孙春兰强调，民营经济是社会主义市场经济的重要组成部分，为全市改革发展稳定做出了重要贡献。要深入贯彻落实党的十八大精神，进一步解放思想，转变观念，创新体制机制，营造良好环境，毫不动摇地鼓励支持引导民营经济健康发展。

9月1日，天津市中小企业局在河西、北辰、宝坻、津南四个区县开展建立经济运行数据库试点，信息数据录入工作基本完成。

9月7日~12日，天津市中小企业局副局长任鹏率队参加第十七届中国国际投资贸易洽谈会并开展海西地区优势产业专项招商。

9月10日~11日，天津市中小企业局局长尉永久率检查组，深入静海县、津南区的七个示范工业园区进行安全大检查。

9月11~14日，全国部分省市中小企业（乡镇企业）协会合作交流会在天津市召开，来自16个省市的中小企业协会代表80余人参加会议。会议期间，与会代表赴北辰区、西青区进行投资环境考察。

9月25日~28日，第十届中国国际中小企业博览会在广州国际会议展览中心举行。天津市中小企业局副局长薄云率天津代表团参加展会，并参加了本届展会组织的高峰论坛等活动。

9月26~28日，天津市中小企业局副局长任鹏率团组赴广州、东莞招商。

9月，天津市对22户中小企业担保机构给予国家及市级财政资金扶持2450万元。

9月，为贯彻落实天津市委、市政府《关于全面提高对外开放水平的决定》精神，支持中小企业加速境外产业集群发展，天津市中小企业局制订了《支持中小企业加速境外产业集群发展行动方案》。

10月16日，天津市中小企业局完成2013年中小企业"专精特新"产品（技术）的认定和资金扶持工作。出台《关于促进中小企业创新转型培育"专精特新"产品（技术）的指导意见》。认定了31个采用新技术、新工艺生产，拥有自主知识产权和专利技术，处于价值链高端、技术含量高的产品，并对符合条件的产品（技术）的扩大产能固定资产投资项目给予1000万元资金扶持。

10月19日，全国民营企业贸易投资洽谈会在天津市滨海新区举办。会议以"落实国家战略、推进环渤海发展"为主题，突出展示了天津与全国知名民企在招商引资、贸易合作等领域的丰硕成果。市委副书记王东峰、国家工商总局副局长孙鸿志出席开幕式并致辞。中国个体劳动者协会会长钟攸平，市委常委、市委统战部部长刘长喜，副市长宗国英、市政协副主席黎昌晋出席开幕式。副市长王宏江主持会议。

10月24日，2013"圆梦津城"全民创业大赛中北高科技专场暨中北高科技产业园开园仪式在天津中北高科技园区举办。

10月29日，天津市市长黄兴国主持召开市政府第18次常务会议，审议并原则通过《天津市促进中小企业发展条例（草案）》，经修改后提请天津市人大常委会审议。市中小企业局局长尉永久作《条例（草案）》起草说明。

10月29日，天津市中小企业局召开涉农区县楼宇经济工作会议。市中小企业局巡视员、副局长蒋颖主持并讲话。

11 月 19 日，2013 “圆梦津城” 第二届全民创业大赛高职院校专场决赛在现代职业技术学院文体中心隆重举行。来自海河教育园区有关院校的大学生创业者进行了参赛。

11 月 21 日，广西壮族自治区政府参事来津考察楼宇经济发展。天津市中小企业局巡视员、副局长蒋颖介绍情况。

11 月 25 日 ，天津市召开中小企业改造转型升级工作座谈会。副市长王宏江出席会议并讲话。

11 月 26 日，中共天津市委副书记、市长黄兴国在天津礼堂主持召开民营经济座谈会，听取民营企业、行业协会、商会代表的意见和建议。市委副书记王东峰，市委常委、市委统战部部长刘长喜，副市长王宏江，市政协副主席、市工商联主席黎昌晋出席。

11 月 28 日 ，天津市市长黄兴国主持召开市政府第 20 次常务会议，审议并原则通过《关于进一步加快民营经济发展的意见（送审稿）》，提请市委常委会议审议。市民营经济发展工作领导小组办公室主任、市中小企业发展促进局局长尉永久作《意见（送审稿）》起草说明。

12 月 2 日，中共天津市委召开常委会议，讨论并原则通过《关于进一步加快民营经济发展的意见》。市委书记孙春兰强调 要深入贯彻党的十八大和十八届三中全会精神，进一步解放思想，增强机遇意识、创新意识、实干意识，掀起民营经济新一轮发展热潮。市委副书记、市长黄兴国，市人大常委会主任肖怀远，市政协主席何立峰，市委副书记王东峰出席。市民营经济发展工作领导小组办公室主任、市中小企业发展促进局局长尉永久作《意见（送审稿）》起草说明。

12 月 6 日，天津市民营经济发展工作会议在天津礼堂召开。市委书记孙春兰出席并讲话，指出，要认真落实《关于进一步加快民营经济发展的意见》，推动民营经济跨越式发展，真正使本市民营经济“万木丛生”，成长为“参天大树”，为全市经济社会发展注入新的更大活力。中央统战部副部长、全国工商联党组书记、常务副主席全哲洙，市委副书记、市长黄兴国讲话。市人大常委会主任肖怀远，市政协主席何立峰出席。市委副书记王东峰主持。市领导段春华、刘长喜、王宏江、黎昌晋出席。市有关方面负责同志，部分民营企业和行业协会代表等约 300 人参加会议。

12 月 6 日 ，天津市出台《中共天津市委天津市人民政府关于进一步加快民营经济发展的意见》，提出了天津市民营经济的发展目标，确定了鼓励、支持和引导民营经济发展的 27 条措施。

12 月 9 日 ，由天津市中小企业局巡视员、副局长蒋颖为组长，市政府督察室、市发改委、市财政局、市国土房管局、市中小企业局单位参加的联合考核小组对区县 2013 年楼宇经济工作进行考核。

12 月 10 日 ，天津副市长王宏江赴和平区、河西区调研楼宇转型升级工作。市中小企业局局长尉永久参加调研。

12 月 13 日，天津市民营经济发展工作领导小组召开 2013 年第二次会议，认真落实全市民营经济发展工作会议部署，推动落实市委、市政府《关于进一步加快民营经济发展的意见》，促进全市民营经济又好又快发展。市委副书记、领导小组组长王东峰出席会议并讲话。市委常委、市委统战部部长、领导小组副组长刘长喜主持会议。市政协副主席、市工商联主席、领导小组副组长黎昌晋出席会议并讲话。

12 月 15 日，天津市中小企业局印发《关于印发天津市区县示范工业园区年度考核办法的通知》。

12 月 16 日 ，天津市政府召开中小企业改造转型升级交流座谈会，推动打造天津经济发展的升级版。副市长王宏江出席并讲话。

12 月 23 日，经天津市统计局审核批准，市中小企业局印发 2014 年度《天津市中小微企业经济运行监测报表制度》，规定对天津市 16 个行政区域内小型微型企业、涉农区县年主营业务收入 500 – 2000 万元工业企业、区县示范工业园区及园区内全部企业等运行情况进行统计监测。

12 月 26 日，天津市“圆梦津城”第二届全民创业总决赛暨小企业基地授牌仪式在天津电视台演播室隆重举办。总决赛由市中小企业局、天津电视台联合主办，由团市委、市妇联、市教委、市人力社保局等联合协办。圆梦津城全民创业大赛组委会主任、市中小企业局局长尉永久，市妇联主席戴蕴，市工商联副主席娄杰，团市委副书记张炳柱出席。为天津妇女创业中心等 20 家天津市小企业创业基地进行了授牌，并根据投资人和现场观众投资意向结果，12 位创业者获得“梦想金钥匙”奖、“创业金钥匙”奖、 “财富金钥匙”奖，共达成融资意向 1700 万元。

12 月，天津市中小企业局会同市知识产权局开展了第二批示范工业园区专利产业化试点工作。确定北辰区天津高端装备制造产业园和东丽区华明工业园区为专利试点单位。

河北省

1 月 16 日，河北省中小企业系统信用体系建设座谈会在唐山召开。11 个设区市的主管局长、科长，省中小企业信用体系建设研究机构和省中小企业信息中心负责同志参加了会议。

3 月 14 日，省中小企业局召开全省中小企业人才工作座谈会。省工信厅副厅长、省中小企业局副局长王雅君出席会议并讲话，各设区市主管局长、科长参加会议。

3 月 28 日，全省中小企业民营经济信息宣传工作座谈会召开。省中小企业局副局长毛庆军出席会议并讲话。

4 月 14 日，由省中小企业局、保定市人民政府主办，保定市委组织部、保定市工业和信息化局、河北大学承办的“河北省第七届中小企业高校毕业生人才招聘会”在保定举行，吸引了来自全省各地的企业四百余家，现场应聘者两万余人。期间，组织召开了应届毕业生就业需求座谈会。

4月10日，在安徽合肥召开了全省中小企业公共服务窗口平台观摩交流会议，组织参观了合肥市中小企业公共服务平台。各设区市工信局主管局长、科长以及全省各窗口平台负责人和部分服务机构人员参加了会议。

4月18日，由中国包装联合会、河北省中小企业局和东光县人民政府共同主办的第六届中国·东光纸箱机械展销会暨产业发展论坛于在东光县纸箱机械展销中心开幕。本届展会展位面积10000平方米，参展企业168家，专业观众近3200余人，其中境外20余国家和地区60余名采购商出席开幕式。

5月18日，中国.廊坊国际经济贸易洽谈会在廊坊市国际会展中心隆重开幕。会议期间，由省中小企业局参与承办的中国民营500强高端会议暨“百家民企进河北”合作项目恳谈会如期举行。省外百家知名民营企业家在恳谈会上与我省民营企业进行了项目洽谈和对接。省中小企业局孙际林局长、王雅君副局长出席会议。

5月16日，由省中小企业局主办，任县人民政府承办的“河北·任县机械和橡塑制品产销对接对标会”在任县举办。任县机械制造和橡塑制品40家重点骨干企业负责人和销售负责人出席会议，并到华密、永明、华晨等企业进行实地的对接对标。

5月23日，2013年度“金色阳光行动”启动仪式暨枣强行活动于在枣强县玻璃钢园区举行，省工信厅副厅长、省中小企业局局长孙际林、省工商联副主席李纯勇出席启动仪式并讲话，衡水市市委常委、副市长任民在仪式上致辞。

5月21日，省中小企业局组织召开全省融资性担保行业工作会议，省工信厅副厅长、省中小企业局局长孙际林出席会议并讲话，各设区市工信局主管局领导和负责融资性担保机构监管的科（处室）主要负责同志和重点县（市、区）工信局主管领导参加会议。

5月28日，省中小企业局印发《关于认定2013年度河北省中小企业公共服务示范平台的通知》（冀企创〔2013〕6号），认定河北玛世电子商务有限公司等19个平台为“河北省中小企业公共服务示范平台”。

6月5日，省中小企业局举办全省中小企业专项资金项目管理培训班。省工信厅副厅长、省中小企业局局长孙际林出席并讲话。各设区市，定州、辛集市，省财政直管县负责中小企业专项资金项目管理工作的副局长和相关工作人员参加培训。

6月5日，省中小企业局在安平县召开了产业窗口平台服务工作交流会议。各产业窗口平台和所在地中小企业主管部门负责人以及部分社会服务机构代表参加了会议。

6月19～20日，2013年河北省中小企业发展名家讲坛分别在保定市和青县举办，清华大学继续教育学院特聘教授马志坚授课，保定市和青县的中小微企业高层管理者和行政管理人员近1000人分别参加了培训。

6月25日，由省中小企业局与百度共同主办的“搜赢大数据时代——2013百度翔计划助力中小企业成长峰会”在石家庄举行。河北省工信厅副厅长、省中小企业局王雅君副局长出席会议并致辞。百度公司高层及石家庄当地企业家700余人参加会议，与会人员就行业经济、产业与互联网经济融合等话题展开了深入讨论。

7月17日，省中小企业局在石家庄召开上半年全省民营经济运行分析会议。省工业和信息化厅副厅长、省中小企业局副局长王雅君出席会议并作总结讲话。各设区市、省直管辛集市和定州市工业和信息化局主管民营经济统计的副局长和科（处）长等人员参加了会议。

7月30日～8月3日，省中小企业局先后在石家庄市和唐山市举办了中小企业公共服务平台网络南部六市和北部五市窗口平台培训班。全省各窗口平台近300人参加培训。

8月23日和30日，省中小企业局联合省司法厅、省总工会、省工商联，组织抚宁、大厂两县工业和信息化局，分别在秦皇岛抚宁县和廊坊大厂县成功举办了“2013’金色阳光行动——抚宁行、大厂行活动”。开展法律咨询和政策解读，发放宣传资料，举办了专题讲座，共计培训企业400余家、人员600余名。

9月26日，全省中小企业公共服务平台网络第一批建设的设区市综合窗口平台－－张家口市中小企业公共服务平台，正式启动运行。平台建设面积达到近5000平米，引入服务机构17家，组织开展了20多场服务活动，张家口市委常委、副市长郑丽荣到会并讲话，省中小企业局创新服务处及省中小企业服务中心负责人到会致辞祝贺。

10月30日，省中小企业局印发《关于公布产业集群龙头企业的通知》（冀企产［2013］21号），认定河北天天乳业集团有限公司等233家企业为“河北省产业集群龙头企业”。

11月26日，省中小企业局印发《关于认定2013年度河北省中小企业示范产业集群的通报》（冀企产［2013］22号），认定石家庄循环化工等11个产业集群为2013年度“河北省中小企业示范产业集群”。

11月26日，省中小企业局印发《关于公布2013年度河北省中小企业名牌产品的通报》（冀企产［2013］23号），同意石家庄国耀电子科技有限公司生产的磁博士牌电磁感应开水器等259项产品获得2013年度河北省中小企业名牌产品称号。

山西省

1月6日，山西省科技厅认定山西芳灵贸易有限责任公司等57家企业为民营科技企业。

1月6日，山西省太原市成立中小企业信用建设委员会，此举旨在推动和改善中小企业信用环境，促进中小微企业持续健康发展。

2月19日，全省千万吨级焦化园区项目——孝义鹏飞集团500万吨6.25米新型捣固式焦炉项目建成点火，标志着山西省孝义市吹响了焦化产业转型升级的冲锋号。

2月27日，山西省中小企业工作暨中小企业系统党风廉政建设会议在太原召开。

3月18日，《山西省中小企业和民营经济发展“十二五”规划》经省人民政府同意，以晋政办发[2013] 30号正式印发。

3月28日，山西省汾阳市正式从国家质检总局获批筹建“全国清香型白酒酿造产业知名品牌创建示范区”。

3月30日，山西省第二届管理咨询高峰论坛在太原举行。

4月7日，山西省应用技术学校、山西省高校毕业生就业指导中心等10家单位被认定为第一批山西省中小企业公共服务示范平台。

4月10日，山西省中小企业服务联盟正式成立，标志着山西省中小企业公共服务体系建设迈出重要一步。

4月11日，晋城市中小企业局被中国产学研合作公共服务平台战略联盟授予战略联盟成员单位。

4月12日，山西吕梁俊安焦化企业转型建设、年生产能力为2000吨的全国首个耐高温乳糖酶项目正式投入工业化生产。

4月23日，山西省制定出台了《关于进一步支持中小微企业发展的措施（2013年第1批）》（晋政办发[2013] 48号），从财政方面提出了“15条”支持中小微企业发展的政策措施。

4月23日~24日，国家中小企业银河培训工程第20期“银河讲坛”在太原开讲。

5月15日，山西省委常委、统战部长白云就中小企业、民营经济发展情况来省中小企业局调研。

5月21日，山西省中小企业局、共青团山西省委主办的“创办小微企业大家谈”活动在山西省百圆裤业连锁经营股份有限公司成功举办。

5月22日，山西省制定出台了《关于进一步支持中小微企业发展的措施（2013年第2批）》（晋政办发[2013] 57号），从金融方面提出了“12条”支持中小微企业发展的政策措施。

5月30日，山西省副省长任润厚就中小企业创业基地建设情况到晋中市沪晋中小企业创业基地进行调研。

5月30日，建设银行古交市支行与古交市10家民营企业签订了共计1亿元的贷款合同，成为山西省驻地银行注入民营企业的最大一笔“助保金”贷款。

5月30日，晋中市山西红杉药业有限公司正式成为前海股权交易中心首批挂牌企业。

6月5日~7日，山西省中小企业局组织红海玻璃、吉利迩潞绸等10家“专精特新”中小企业参加了“第一届上海（国际）中小企业精品展”，帮助参展企业建立了网购平台。

6月20日，山西同盟达物流信息服务平台、山西青创投资融资服务平台等11家单位被认定为第二批山西省中小企业公共服务示范平台。

6月23日，山西省中小企业基金发展集团有限公司、太原市晋源区政府，就建设山西省中小企业创业示范基地正式签约。

6月27日，山西省忻州市制定出台了《关于进一步支持中小微企业发展若干措施》（忻政办发[2013] 90号），提出了“14条”支持中小微企业发展的政策措施。

6月28日，山西省中小企业局、山西省财政厅联合认定太原科创小微企业创业孵化基地等26个单位为第二批省级中小企业创业基地，并对这26个单位予以公布和授牌。

6月28日，山西省中小企业局、山西省财政厅联合认定山西瑞飞机械制造有限公司技术中心等41个单位为第二批省级中小企业技术中心。

7月6日~12日、14日~20日，山西省两批100名优秀的小微企业家走进清华大学，参加“管理创新高级研修班”学习，此举是山西省首次为小微企业家免费举办的高端培训。

7月20日，山西省大同市制定出台《关于大力发展中小微企业和民营经济的实施意见》，提出了“30条”支持中小微企业和民营经济发展的政策措施。

8月7日，山西省中小企业局召开党的群众路线教育实践活动动员大会，动员部署全局系统深入开展党的群众路线教育实践活动。

8月8日，山西省政协副主席李雁红，就中小微企业经济运行情况来省中小企业局调研。

8月10日，山西省孝义市制定出台了《关于支持中小型微型企业发展的若干意见》，提出了“19条”支持中小微企业发展的政策措施。

8月15日，山西日益康食品股份有限公司在香港股权柜台交易市场（香港OTC）成功挂牌，成为长治市首家登陆境外资本市场的本土民营企业。

8月29日，山西股权交易中心正式揭牌，首批866家中小企业挂牌展示。

9月10日，山西省首个现代生物制药院士工作站——山西中远威药业有限公司院士工作站在晋中市太谷县成立。

9月13日，山西省工商局、山西省民营企业协会组织评定的“2012年山西省百强民营企业认定名单”正式出炉，山西晋城钢铁控股集团有限公司排名第一。

9月25日~28日，山西省组织135家中小微企业、280余种产品，参加第十届中国国际中小企业博览会，达成合同、意向和销售项目30余个，资金总额48亿元。

10月23日，山西省中小企业创业示范基地在太原市晋源区姚村镇正式启动建设。

10月25日，山西省运城市制定出台《关于加快中小微企业转型跨越发展的实施意见》（运发[2013] 8号），提出了“20条”支持中小微企业发展的政策措施。

10月26日~27日，山西省中小企业局、山西省人力资源和社会保障厅联合举办了“2013·山西中小微企业高校毕业生千企万人金秋招聘会”，提供就业岗位2.5万个，达成就业意向1.56万人次。

10 月 28 日，“2013 年中国民营企业 500 强”榜单排序完成并向社会发布，山西运城海鑫钢铁集团有限公司、山西安泰控股集团有限公司、山西立恒钢铁股份有限公司、山西常平钢铁有限公司、山西通达（集团）有限公司、美锦能源集团有限公司、山西潞宝集团和山西建邦集团有限公司等 8 家企业入围。

10 月 29 日，山西振东制药股份有限公司生产的“复方苦参注射液”，被国家知识产权局和世界知识产权组织授予第十五届中国专利奖。

11 月 1 日，山西省运城经济开发区被授予首批“工信部专精特新中小企业电子商务‘腾计划’中小企业电子商务应用人才实训基地”及“工信部专精特新中小企业电子商务‘腾计划’实体企业单品电子商务产业孵化基地”。

11 月 3 日～30 日，山西省中小企业服务中心与太原各高校联合举办了“圆梦三晋”2013 银河创业训练营活动。

11 月 8 日，2013 第八届中国创意产业年度大奖在北京揭晓，山西省广灵剪纸文化产业园荣获创意产业最佳园区奖。

11 月 21 日～22 日，以“扶助小微企业，促进转型成长”为主题的 2013“创新中国行”中小企业信息化培训活动在山西省晋中市、太原市举办。

11 月 22 日，山西省中小企业局与建设银行山西省分行，就创新小微企业金融服务、全面开展战略合作进行签约。

11 月 22 日，首部山西民企社会责任报告《山西民营企业 2012 年度社会责任报告》汇编面世。

11 月 25 日～29 日，山西省中小企业系统在清华大学举办了第一期管理创新高级研修班。

12 月 1 日起，山西省在太原市所有城区、省级综改试验县及部分扩权强县试点县，共 32 个试点县（市、区）开展工商登记制度（公司注册资本登记制度）改革试点。

12 月 19 日，“2013 年山西最具社会责任中小企业”评价活动榜单揭晓，109 家中小企业入选“2013 年山西最具社会责任中小企业”。

12 月 24 日，山西省太原市政府与建行山西分行签订“助保金”贷款战略合作协议，太原市财政将划拨 1 亿元设立“风险补偿铺底资金”，撬动合作银行 12 亿元贷款支持中小微企业发展。

内蒙古自治区

1 月 8 日，“翔计划”在内蒙古启动。自治区中小企业局联手中国电信内蒙古分公司、百度公司、内蒙古中小在线等单位积极助推中小企业成长“翔计划”行动。中国电信内蒙古分公司开展智慧企业推广，为 200 户企业提供“智慧企业”服务；百度公司为 3000 多户企业开展信息化应用培训，为 500 多户企业提供搜索营销免费服务，为 539 个网站赠送了 1683 个地图标注；内蒙古中小在线在中国中小企业商业频道共发布供求信息 11 万多条，免费为内蒙古 1132 家中小企业建设了网站。

2 月 28 日，自治区党委、政府成立自治区非公有制经济发展专项推进领导小组，中小企业局张金亮局长成为领导小组成员。

3 月 1 日，工信部组织召开第九届中博会总结会及第十届中博会改革筹备会。我区获得优秀组织、优秀个人及优秀论文奖。

3 月至 8 月期间，自治区中小企业局联合多家金融机构，深入到巴彦淖尔市、鄂尔多斯市、锡林郭勒盟。乌海市、呼伦贝尔市等地开展“三进”活动（送金融服务进旗县、进园区、进企业）。五盟市实地考察中小企业 127 户，对接企业 1067 户，促成 564 户企业与金融机构签订意向性贷款协议 366.6 亿元。连续三年开展的“三进”活动，共组织了 255 家（次）金融机构深入 109 个旗县及园区，与 2883 户中小企业现场对接，达成协议贷款 973.42 亿元，实际到位资金 247.8 亿元。

5 月 19 日至 21 日，自治区经信委副主任、中小企业局局长张金亮陪同自治区党委常委、自治区副主席潘逸阳，赴锡林郭勒盟调研。实地考察了多伦县、正蓝旗、正镶白旗、太仆寺旗的工业园区、重点项目、城市建设和政务服务等工作开展情况。

6 月 2 日，全区县域经济工作会议在呼和浩特召开。自治区党委书记王君作重要讲话，强调要从战略和全局的高度，充分认识加快发展县域经济的重要性和紧迫性，以坚定的决心和有力的举措，推动县域经济跨越发展，加快全面建成小康社会进程。自治区党委副书记、自治区主席巴特尔主持会议，自治区党委副书记李佳作总结讲话。乌兰、符太增等多位自治区领导出席了会议。自治区经信委王秉军主任、中小企业局张金亮局长参会。

6 月 28 日，自治区党委、政府在呼和浩特召开的非公有制经济表彰大会和非公有制经济招商引资大会，内蒙古自治区党委书记王君、自治区主席巴特尔，中央统战部副部长，全国工商联党组书记、常务副主席全哲洙出席大会并讲话。大会对内蒙古 61 个先进非公有制企业、38 名优秀企业家、102 名优秀个体工商户进行了表彰奖励，现场举行了 119 个项目集中签约仪式，金额达 6100 多亿元。自治区中小企业局张金亮局长出席参会。

9 月 25 日，由国家工信部、发改委、财政部、商务部、国家工商总局、国家质监总局、银监会、广东省政府和印度尼西亚、联合国南南合作办公室联合主办的第十届中国国际中小企业博览会在广州国际会议展览中心开幕。自治区王波副主席、自治区中小企业局张金亮局长陪同中共中央政治局委员、广东省委书记胡春华、国家工信部总工程师朱宏任巡视了内蒙古主题展区，并与参展商们亲切交流，详细了解内蒙古参展参会企业情况，使我区参会代表深受鼓舞。本届会展我区 10 个盟市、26 户企业、151 人参展。

10 月 9 日，2013 年我区 19 家担保机构争取国家补助资金达 3890 万元，比上年增加了 1425 万元，是 2010 年的 2.25 倍。

11 月 22 日，自治区中小企业公共服务平台建设进展顺利。国家工信部支持我区网络平台建设的

1100万元资金和自治区财政配套的首批2200万资金已拨付到位。自治区枢纽平台2162㎡服务大厅及办公区域的装修改造工作已经开始，配套软硬件设备购置已经同步开展，呼和浩特市、包头市、鄂尔多斯市、赤峰市、巴彦淖尔市等5家窗口平台已开展服务。赤峰市12个旗县区实现了公共服务中心全覆盖，其他盟市如伊金霍洛旗、扎兰屯市等一批旗县中小企业公共服务平台也开展了各具特色的服务项目。

12月3日，自治区下拨资金5000万，开始推广“助保金贷款”。为解决中小企业融资难题，2013年自治区中小企业局创新财政扶持中小企业方式，协同自治区财政厅设立中小微企业“助保金贷款”引导资金，用于鼓励旗县政府与银行合作建立小微企业信贷风险补偿资金池，共同开展产业链、商业圈、企业群打捆授信融资，改善小微企业融资服务。资金池由自治区、盟市、旗县三级政府共同注资设立。

12月5日，自治区经济和信息化委认定41家平台为第三批“内蒙古自治区中小企业公共服务示范平台”。目前自治区示范平台累计达97家。

12月22日~27日，为推动我区中小企业健康发展提升中小企业管理机构和管理人员的管理能力和服务能力，自治区中小企业局与清华大学联合举办了全区中小企业系统管理干部服务能力提升高级研修班，全区12个盟市2个计划单列市102个旗县（市、区）的中小企业主管部门负责人、小企业创业基地、公共服务示范平台和担保机构管理人员近400名学员参加了为期五天的高端培训。培训班邀请清华大学教授讲授当前中国宏观经济形势、中小企业政策法规解读及服务体系建设、现代化产业管理、政府公共管理与创新以及担保公司如何为小微企业更好服务等课程。

2013年12月25日，我区内蒙古工大华远工程技术有限公司、赤峰市中小企业服务中心、内蒙古同远企业管理咨询有限责任公司三家企业被认定为第三批“国家中小企业公共服务示范平台”。至此全区已培育国家级公共服务示范平台7个。

辽宁省

1月31日，省中小企业厅召开2013年度机关建设工作表彰大会。厅党组书记、厅长赵连生同志及其他成员出席会议，厅机关全体人员和直属单位部分负责同志参加了会议。

副厅长修海峰同志主持会议并宣读了优秀党支部、优秀共产党员、优秀公务员、先进单位、先进工作者的表彰大会决定。厅领导为获奖单位和个人颁发了荣誉证书。

2月21日，辽宁省中小企业联合会、辽宁省中小企业服务中心在辽宁大厦举办了全省中小企业联系工作会议，全省14个市及绥中、昌图县中小企联秘书长、服务中心主任等30余人参加会议，省中小企业厅副厅长修海峰到会并讲话。

3月5日，省中小企业召开2013年机关党建工作会议，进一步贯彻落实十八大精神和省级机关的工作会议精神。厅党组书记、厅长赵连生同志出席会议并讲话，副厅长李秀林同志、修海峰同志、周英俊同志、金东海同志，副巡视员宋维国同志出席了会议。机关全体党员，直属单位班子成员参加了会议，会议由党组成员副厅长修海峰同志主持。

3月30日上午，辽宁省烟火协会年会即产销工作会议在沈阳金城宾馆召开。省中小企业厅副厅长夏榕出席会议并讲话。

5月27日上午，辽宁省中小企业赛飞创业辅导师培训在安徽青阳县西峰山庄举行，来自辽宁各市及省内大专院校30位学院参加了开班仪式。省中小企业厅党组成员、副厅长修海峰同志出息了开班仪式并讲话。

5月30日，辽宁省中小企业厅信息中心在辽宁现代服务职业技术学院举办了“创业培训进高校”活动，此次活动邀请了辽宁经济管理干部学院院长杨光（国家二级教授、国务院特殊津贴专家）和辽宁省大学创业第一人解洪志并进行专题讲座。

6月18日，由省中小企业厅，中国移动通信集团辽宁有限公司、北京中智信达国际科技有限公司联合举办了中小企业“百千万工程”企业家论坛启动仪式在省政协会馆正式举行。省中小企业厅副厅长夏榕，中国移动通信集团辽宁有限公司、北京中智信达国际科技有限公司副董事长谭志文，省直机关工委纪工委书记窦杰，省妇联副主席李玉娟出席论坛。参加论坛的企业家及各界人士达300多人。夏榕副厅长在启动仪式上做了致辞讲话。

6月21~23日，由生中小企业培训中心、省中小企业联合会主办，共青团朝阳市委、喀左县宣传部、喀左县经信局等10部门协办的辽宁省（喀左）紫砂行业小微企业辅助活动既创业辅导基地激动一时在喀左县举行。

省中小企业厅副厅长修海峰同志出席了开班仪式，省中小企业厅发展规划处的同志做了创业政策专题讲座，辽宁省工艺美术大师周占群作了紫砂专业技能培训，喀左县劳动就业局、招商局、职业高中300人参加了培训，对喀左县15名紫砂工艺美术人才颁发了省级技术职称证书。

6月21日，全省中小企业维权工作会在辽宁大厦召开，各市中小企业局绥中县经信委，昌图县经信局维权工作负责同志参加了会议。与会同志汇报了各市（县）2012年度和2013年上半年维权工作进展情况，以及2013年下半年维权工作安排情况，夏榕副厅长出席会议并做了重要讲话，会议由维权处处长黄兴利同志主持。

7月4日，省中心小企业与融资促进会第二次会员大会在沈阳召开，各市即绥中、昌图县中小企业主管部门相关领导，中国银监会辽宁省监管局，中国人民银行沈阳分行，国家开发银行辽宁省分行，中国工商银行辽宁省分行，中国建设银行辽宁省分行及广发银行沈阳分行等10余家商业银行主管领导，有关担保机构及各服务中心主任及会员企业的代表等150余人参加了会议。会议由省中小企业厅副厅长修海峰主持，省中小企业厅副厅长金东海，原政协主席、省中小企业信用与融资促进会会长肖作福出席会议并讲话。

7 月 19 日，省中小企业召开党的群众路线教育实践活动动员会，对全厅教育实践活动的深入开展进行具体部署，厅党组书记、厅长赵连生同志做了动员讲话，省委第十九督导组组长焉锦林同志发表重要讲话，副厅长修海峰主持会议。

7 月 26 日，省中小企业厅维权处与省中小企业联合会在沈阳共同举办了“7. 28 企业维权法律质询日创新型中小企业专场”主题活动。为我省 750 家创新型中小企业开展维权法律质询服务，全省 10 家律师事务所及 50 多家创新型中小企业参加了此次活动。

10 月 11 日，辽宁省中小企业厅在沈阳召开了季度民营经济运行情况分析会，厅党组书记、厅长赵连生同志及党组成员出席会议。14 个市及绥中、昌图两县民营经济主管部门、省厅各处室及直属单位的负责同志等 60 余人参加会议。李秀林副厅长主持了会议。

11 月 11 日，省中小企业厅党组召开专题民主生活会，围绕为民务实，清廉，按照“照镜子、正衣冠、洗洗澡、治治病”的总要求，聚焦“四风”，联系思想和工作实际进行对照检查和根源剖析，开展了批评与自我批评。厅党组书记、厅长赵连生书记主持会议，副省长谭作钧同志和省委第十九督导组组长焉锦林到会指导并讲话，副组长姜长全及督导组全体成员出席会议。全体厅党组的成员参加了会议。

11 月 29 日省中小企业厅组织开展了依法行政，建设法治政府专题培训，赴厅长夏榕同志，厅机关行政人员及直属单位领导班子成员参加了本次培训。

黑龙江省

1 月 6 日，第 29 届中国 · 哈尔滨国际冰雪节暨哈尔滨寒地博览会经济合作项目签约仪式在香格里拉大饭店举行。来自法国、比利时、马来西亚等国家，北京、上海、浙江、山东、安徽、台湾地区、香港特别行政区和省内的企业代表与哈尔滨市签订了 48 个经济技术合作项目协议书。

1 月 16 日，省及哈尔滨市非公有制经济代表人士在哈尔滨香格里拉大酒店欢聚一堂，举行新春联谊会，畅叙友情、共谋发展。

1 月 17 日，召开了全省中小微及民营企业家座谈会。2013 年，黑龙江省将以“服务企业、助力成长”为主题，以改善企业发展环境为核心，完善政策法规体系、构建公共服务体系，推动非公有制经济健康发展，以此实现 2013 年全省非公经济增速 13%，占全省地区生产总值 52% 的目标。

1 月 21 日 ，以“服务中小企业，助力龙江发展”为目的的黑龙江省中小企业公共服务平台网络 1 月 21 日正式启动。

1 月 24 日 ，在绥芬河综合保税区，你会拿到这样一张卡片—“绥芬河市人民检察院检企联系卡”，卡片上用中俄两种文字标注着绥芬河市检察院 24 小时法律服务电话和检察机关依法行使的法律监督职权等内容。

2 月 18 日，为帮助企业开拓市场、增加生产、缓解资金压力、减轻负担，黑龙江省内 11 个部门联合出台了《关于促进全省工业经济稳定增长的政策措施》（亦称《工业十七条》）。

2 月 19 日 ，黑龙江省中小微及民营企业家座谈会上，一条消息让聚首冰城的民营企业家格外振奋：预计 2012 年我省中小企业、非公经济增速可达 14% 以上，绝对量占全省地区生产总值比重 51% 以上。

3 月 9 日 ，由省工信委和人民银行哈中心支行共同组织召开的“全省工业和信息化项目融资需求推介会”在哈尔滨举行。来自省内的 13 家银行机构，14 家担保、风投、租赁、证券机构与省内的 234 个项目进行了对接。

3 月 25 日 ，2012 年非公经济增加值占全市 GDP 的 54. 1%，非公经济纳税额占全市税收的 67. 6%；今年非公经济增加值有望占全市 GDP 的 55% 左右。记者从哈尔滨市工信委获悉，近两年来，哈市非公经济稳步增长，已经成为哈市经济发展的主力军。

3 月 27 日，省检察院举行赠书仪式，向 23 位非公有制企业代表、2 名省检察院人民监督员赠送 50 套《企业法律服务手册》丛书。省检察院检察长徐明出席赠书仪式。

3 月 28 日，多举措扶持小微企业。近两年，为发展壮大小微企业，牡丹江市启动“千户小微企业成长工程”，在四城区辟建了中小企业园区，通过在园区中建设公寓式厂房，推广“园中园”、“厂中厂”等“工团经济”模式，引导促进小微企业配套集聚。

4 月 4 日 ，哈南工业新城开建机器人产业园。2013 年以来，哈经开区积极开展机器人产业园区建设工作，目前已依托哈南工业新城规划辟建了 3 平方公里机器人产业园区，一期正在进行 15 万平方米的起步区建设，可为入区企业提供可直接入驻的标准化厂房、办公场所、配套生活及其他服务设施。目前哈经开区已经与 10 余家国内外机器人企业达成了合作意向。

4 月 9 日 ，哈尔滨市文化产业引导资金正式启动。在启动现场，8 家文化企业获得了 3180 万元文化产业引导资金贷款。

4 月 15 日 ，以进一步整合社会服务资源，加大扶持力度，全面提升企业素质，推进成长型企业向规模型企业发展为目的的佳木斯市中小微企业服务年活动正式启动。

4 月 24 日 ，从省政府召开的新闻发布会上获悉，2012 年非公经济在全省经济中比重持续提升，经济总量稳居全省国民经济半壁江山，并在扩大就业、保持社会稳定、繁荣市场流通、促进经济转型和改善民生等方面发挥了重要作用，成为推动经济持续健康发展的重要因素和具有强劲活力与成长性的经济增长领域。

5 月 3 日 ，从省工信委获悉，以“服务小微，助力成长”为主题的扶持小微企业发展专项行动 5

月 3 日在我省启动。专项行动以改善小微企业发展环境为核心，以完善政策法规体系、构建公共服务体系为支撑，围绕扶助企业成长、提升融资服务、搭建创业平台、强化人才保障、培育科技创新、减轻企业负担等 6 个方面开展 16 项重点行动。

5 月 9 日，省工商联十届二次执委会议暨全省组织工作会议在哈尔滨召开。省政协副主席、省工商联主席洪袁舒出席会议，并代表省工商联十届执委会作 2012 年工作报告。

5 月 12 日，黑河市举办 2013 年民营企业招聘周校园招聘会，当天，黑河市大学生就业创业工作指导站也同时揭牌。

5 月 21 日，黑龙江省暨哈尔滨市 2013 年“民营企业招聘周”活动启动仪式 5 月 21 日上午在哈尔滨市人力资源市场举行，来自哈尔滨市的 200 余家知名民营企业参加了此次招聘活动。

5 月 22 日，哈尔滨银行举行紫丁香小微企业客户联盟启动仪式，面向小微企业会员推出 10 项增值服务，并向 12 位优质客户颁发了预授信证书。

5 月 28 日，依兰县 4 月下旬以来共开工产业化项目 12 个，总投资 23.4 亿元。项目全部达产后，年可新增产值 16.8 亿元、税金 1.3 亿元。

6 月 2 日，按照现代产业体系的观念，产业链越长，产品加工越精细，就会聚集越多的相关企业形成产业集聚。看黑龙江这个老工业基地的转型成果，哈洽会无疑是最好的窗口。

6 月 18 日，作为第 24 届哈洽会重要金融活动，省政府与上海证券交易所、深圳证券交易所（以下统称“交易所”）签订《中小企业私募债券业务试点合作备忘录》（以下简称《备忘录》）。根据《备忘录》，省政府和交易所在各自职责范围内，加强协作，加强市场自律管理和服务，共同推进中小企业私募债券试点工作。

6 月 20 日，萝北县云山石墨园区，9 个石墨精深加工产业项目，投资总额达到 45.37 亿元，8 个项目年内建成投产。

7 月 5 日，深入牡丹江几个县市采访，老典型不断深挖特色潜力，延长产业链条，助推产业升级；新典型“上”独门绝活，大手笔谋划高端项目。以项目为牵动，园区为载体的“工业立市”思路，正助推着龙江县域经济“特”立“独”行大步向前。

7 月 5 日，哈尔滨市政府已经作出规划，冰城将由“粮食大市”向“食品强市”转变，未来将建成全国最安全的食品生产基地和闻名全国的“中国绿色食品之都”。

7 月 6 日，1～5 月，全省完成城镇固定资产投资 1339.2 亿元，同比增长 26.5%，增幅高于全国平均水平 6.1 个百分点，在全国各省市区排位居第 6 位，在中东部省市区居第 1 位，分别比辽宁、吉林和内蒙古高 4.4、1.4 和 8.5 个百分点。

7 月 7 日，把非公有制党组织建设当做系统工程常抓不懈，通过健全组织机构，突出宣传引导等方法，实现党的基层组织建设与企业健康快速发展的“双赢”局面。从“要我建”到“我要建”，如今全省共有 6009 户个体私营企业建立了党组织。

7 月 8 日，东北林业大学科技园举行奠基仪式，正式启动建设。省领导杜宇新、孙东生、赵雨森出席奠基仪式。

7 月 8 日，东北三省菌需物资展销会在东宁举行，中国东宁食用菌生产资料交易大市场同步开业。这标志着东宁县形成了日趋完善的黑木耳全产业链条。

7 月 10，上半年我省农机装备制造业迈出可喜步伐：项目建设稳步推进、招商引资进展顺利、主营业务收入快速提升。目前，全省新型农机装备制造产业完成固定资产投资 3.7 亿元，重点产业项目开工率 87.5%；规模以上企业完成主营业务收入 21.8 亿元，同比增长 35.2%，比去年高出 7 个百分点。

7 月 11 日，在近日南岗区科技局举办的“高新技术企业创新发展培训讲座”上获悉，从 2008 年国家对全国高新技术企业实行统一认定、共同享受国家税收优惠政策以来，南岗区有 38 家企业通过了高新技术企业认定，累计拥有专利 896 项。

7 月 12 日，黑龙江省成立了由哈尔滨工业大学牵头，省内 12 所高校共同参与的国内首个省级高校科协联盟，目前全省 80 所高等学校中已有 18 所成立了科协组织，他们对于推动高校教育和科研发展，提升高校核心竞争力，建设科技创新高地，发挥着不可替代的作用。

7 月 15 日，省科技厅会同龙江银行举办“园区科技企业金融需求专题座谈会”，以促进科技型中小企业融资难题的解决。

7 月 15，首届“邮政杯”美在龙江——百家民企、百幅作品摄影大赛，近日在省政协礼堂举行启动仪式。

7 月 16 日，在国务院有关部门和地方政府的大力支持下，各级中小企业主管部门围绕中小企业服务体系开展了一系列探索和实践，并取得了积极成效。

8 月 6 日，助力中小企业成长，有效扩大企业销售市场，近日，省工信委与省邮政公司在哈尔滨举行战略性合作框架签约仪式。

8 月 10 日，作为 5A 级物流企业，北大荒物流集团依托北大荒丰富的粮食和食品资源，采用先进的物流信息管理系统，打造以粮食和食品集装箱运输为主，以冷链物流为特色的现代化、国际化第三方物流企业集团。

8 月 15 日，2012 年上半年，哈市食品工业接续去年快速增长、产值破千亿态势保持强劲增长，继续领跑全市工业，实现工业总产值 513.4 亿元，同比增长 15.5%，产值增速再次拔得哈市四大支柱产业头筹。

8 月 22 日，牡丹江市东安区政府与大连金玛集团就总投资 56 亿元的牡丹峰养生文化村项目正式签约。这是全市产业项目建设收获又一硕果，也标志着牡丹江将做大养老养生产业。

8 月 22 日，目前，牡丹江市的绿色食品销售已扩展到 105 个国家和地区，绿色有机认证产品达 171 个，认证面积 380 万亩，无论绿色食品的数量还是品质都在全省和全国处于领先位置。

8月28日，第十三届中国（齐齐哈尔）绿色（有机）食品博览会在齐齐哈尔市国际会展中心隆重开幕，3000余名国内外嘉宾和客商参加盛会。来自10个国家和地区，国内24个省、市、自治区206户企业以及本地区150家企业带来14大类、2300余种产品参展，其中绿色（有机）食品近400种，新参展企业46家。

9月10日，全省工业节能降耗首次出现工业综合能耗持续走低，下降幅度逐月拉大，能源利用率大幅提升的可喜局面。

9月23日，2013黑龙江绿色食品产业博览会于9月23日至27日在哈尔滨国际会展体育中心举行。

10月18日，储备拟多层次资本市场上市企业近二百户本报讯（记者薛婧）记者从哈尔滨市金融办获悉，近年来，哈市积极探索利用多层次资本市场融资和资本运作，筹措发展资金，目前，已经形成了“上市一批、申报一批、辅导一批、改制一批、储备一批”的上市推进工作格局，全市储备拟多层次资本市场上市企业近200户。

10月23日，上午，省委书记王宪魁一行专程来到北京，就我省申办全国工商联2014年常委会事宜，拜会全国工商联，向全国政协副主席、全国工商联主席王钦敏进行了汇报，并与中央统战部副部长、全国工商联党组书记、常务副主席全哲洙进行会谈并交换了意见。省长陆昊简要介绍了我省经济社会发展情况及潜力。

10月25日，省检察院服务民营经济发展纪实。非公企业的发展不仅需要政策支持，还需要一个公正、稳定的法治环境。

10月28日，群众路线教育实践活动开展以来，省委统战部深入基层广泛征求意见，根据广大非公经济人士提出的希望有更多机会走出来学习交流的意见建议，本着边查边改、务求实效的原则，于15日至18日在哈尔滨举办全省非公有制经济中小企业学习班，300余企业家参加了培训。

11月14日，大庆高新区企业黑龙江润源化工有限公司在伦敦证券交易所挂牌上市，成为我省唯一在伦敦证券交易所上市企业和全国唯一在伦敦证券交易所上市的润滑油生产企业。一个月来，润源股票创下了最高涨幅190%、恒定涨幅60%至70%之间的骄人业绩，市值一举突破5亿元。

11月22日，为提高企业创新能力，经过调研，哈市认定哈尔滨和泰电力设备有限公司、黑龙江天晴干细胞有限公司等6户企业为哈尔滨市第七批市级企业技术中心。目前，哈市共有74家市级企业技术中心。

11月24日，近年来，各地积极招商，成为大项目、好项目的投资洼地。尤其是投资主体集中于非公经济，提升了县域经济发展的活力。前三季度，全省非公有制固定资产投资4045.8亿元，同比增长37.4%。非公经济项目数量7125个，同比增长42.3%，占全省项目数量比重63.6%。

12月6日，从哈尔滨市工信委了解到，截至目前，哈市已认定市级首台（套）产品三批共30项，其中前两批20项首台套产品共获得补助奖励资金985万元，引导企业投入产品研发资金5888万元，撬动资金近6倍，有力地提升了企业的自主创新能力。

12月6日，北安管理局召开职工代表座谈会，认真梳理了制约北安管理局非公有制经济发展瓶颈问题，因地制宜提出“三项”新举措，助推非公有制经济快速发展。

12月13日，七台河市充分发挥企业党建工作优势，积极强化企业党组织的引导力、凝聚力和推动力，助力企业科学发展、和谐发展。

12月15日，近日，哈尔滨市政府确定专项政策、资金扶持计划，激活处于困局中的双城奶牛养殖业，推动双城奶牛基地、奶牛合作社建设，助力双城雀巢公司引领农民向规模化、精细化养殖转型。

12月21日，获得13项国家发明专利的“经颅磁－电脑病治疗仪器开发及应用”项目，近日获省科学技术奖（发明类）一等奖。据悉，由民营企业独立自主研发的项目摘得省科学技术最高奖，这在黑龙江科技奖励史上尚属首次。

12月24日，三年累计发放小额贷款32.9亿元，扶持3.27万人创业，带动12.6万人就业。者从哈尔滨市人社局获悉，2011年哈尔滨市委决定开展“创业创新、全民成才”活动以来，小额贷款带动创业拉动就业效果明显。哈市三年累计发放小额贷款32.9亿元，完成30亿元目标的109.7%。

12月28日，全省第四次非公有制经济人士优秀中国特色社会主义事业建设者表彰大会暨非公有制经济人士理想信念教育实践活动总结大会在哈尔滨召开。

上海市

政策法规

5月7日，上海市经济和信息化委员会印发《关于进一步完善本市中小企业服务体系的指导意见》。

5月20日，市人大财经委、市经信委召开《上海市促进中小企业发展条例》实施后评估课题启动会议，成立了课题组，委托上海交通大学凯原法学院具体承担。5－10月份，课题组集中开展了《条例》实施情况后评估，协调23个领导小组成员单位和17个区县自查并形成自查报告，召开多场座谈会，发放近千份企业调查问卷，反复修改完善形成了后评估报告，为后续市人大常委会《条例》执法检查提供了依据。

10月31日，市人大常委会召开《上海市促进中小企业发展条例》执法检查项目启动会。

12月4日，市人大常委会殷一璀主任、洪浩副主任带队，市人大常委会部分组成人员和市人大代表到中国出版蓝桥创意产业园对本市贯彻实施《条例》情况进行现场视察。

12月26日，市人大常委会正式审议本市贯彻实施《条例》情况，充分肯定了本市中小企业工作取得的成绩，并就加强工作体制和服务体系等工作提出了要求。

科技创新

4月18日，2013年度上海市中小企业技术信息需求高校发布会举行，本市17所高校技术服务团队与112家中小企业的技术需求项目进行了对接。

9月11日，本市“专精特新”中小企业首席质量官第一期培训班正式开班。2013年共举办两期培训班，培训了160家“专精特新”中小企业“首席质量官”。

融资服务

1月24日，2014年“上海百家中小企业改制培训”系列活动启动。8月22日，为加快上海中小企业在“全国中小企业股份转让系统”挂牌上市，“上海百家中小企业改制培训——全国中小企业股份转让系统专题”培训举办。2013年共开展5场改制上市培训活动，累计培训企业353家次，共755人次。

8月29日~30日，由市金融办、市经信委等部门共同支持，“2013上海中小企业金融洽谈会”在东亚展览馆举办。

10月25日，为解决小额票据贴现难，重点支持商业银行开展100万元以下的小额票据贴现业务，缓解中小企业资金压力，市经济信息化委支持上海农商银行、浦发银行上海分行设立的“上海市小额票据贴现中心”正式挂牌。

全年，由市经信委牵头，市金融办、上海证监局、人行上海总部等部门及20多家商业银行共同参加，按季度共召开4次中小企业信贷例会，开展融资对接、信息沟通、业务探讨等活动，帮助300余家中小企业融资近50亿元。

市场拓展

6月5~7日，由市经信委、市商务委、市政府合作交流办、市台办、长宁区政府等联合主办的“第一届上海（国际）中小企业精品展”在上海世贸商城举行。共有11个国家和地区的402家企业参展，近5万人次观展，实现现场交易2708万元，促成意向合同近300项，金额约3.2亿元。

9月25~28日，市经信委傅新华副主任带队，本市组织73家中小企业参加了在广州举办的第十届中国国际中小企业博览会，专设了15个展位（38家企业）的上海“专精特新”主题馆。

服务体系

1月28日，2013年“关注小微企业，发展专精特新”主题服务活动在解放日报、上海商报刊登专版，围绕“形势政策早知道”服务主题，进行宣传。全年共开展各类活动1050场，直接服务中小微企业10万多人次。

2月1日，《上海中小企业信息速递》同步网络版正式上线。12月3日，《上海市中小企业信息速递》正式推出了微信版。2013年底，《上海市中小企业信息速递》月度发行量达到11万册。

11月7日，“上海市中小企业服务互动平台”开通，标志着本市中小企业服务体系实现了互联互通。共有245家综合类、专业类服务机构会聚平台，为中小企业提供创业辅导等8类公益性服务。

11月7日，上海市中小企业服务热线正式融入“12345”上海市民服务热线。18条市、区中小企业服务热线与“12345”市民服务热线并线运行，中小企业有任何咨询、求助、投诉和建议，只用拨打“12345”一个号码即可。

全年，按照“1+17+X”的中小企业服务体系核心架构要求，指导区县将服务体系延伸至街镇、主要园区和都市楼宇。截至2013年底，17个区县基本全部完成延伸，208个街镇、169个园区和都市楼宇全部成立了中小企业服务分中心或设立了联络点、“X”数量达到377个。

“专精特新”培育

1月16日，市中小企业办公室、市中小企业发展服务中心组织举办“2013宏观经济分析”专题报告会，邀请国务院发展研究中心金融研究所副所长巴曙松为“专精特新”企业做专题演讲。

1月25日，2013年“专精特新”中小企业“半月坛”实务讲座活动启动。2013年全年举办了22期，共有400多家企业751人次参加培训。

3月1日，由市经信委支持、“专精特新”企业家学员倡议发起，上海市“专精特新”企业家联谊会正式成立。

6月4日，国家工信部组织部分省市在沪召开了“专精特新”工作专题研讨会。

6月6日，上海市中小企业办、市中小企业发展服务中心举办2013《上海智造》—“专精特新”中小企业产品和服务发布会，推出了100个《上海智造》—“专精特新”中小企业精品。

9月27日，上海“专精特新”中小企业领军人才培训班第8期、第9期分别在上海交大和复旦大学开班。10月13日、18日，第10期和11期分别开班。2013年共完成“专精特新”中小企业领军人才培训班四期，培训企业家200多人。四季度，组织了2期“专精特新”企业家海外研修班，36名“专精特新”企业家赴德国、瑞士进行了研修培训。

10月19日，市委统战部、市经信委共同召开上海市“专精特新”企业家座谈会。市委常委、市委统战部部长沙海林，市委统战部副部长吴捷，市经信工作党委书记周国雄出席座谈会。12位“专精特新”企业家代表就中小企业发展、自贸区建设、民营经济代表人士培养等方面进行深入交流。

其 他

6月5日，市中小企业办、市青联、市中小企业发展服务中心在上海世贸商城举行了“上海市中小企业发展服务志愿者团”授牌启动仪式。11月20日，市中小企业办、市青联、市中小企业发展服务中心举办“走进产业园、服务中小微”—中小企业发展服务志愿者团“走进园区”系列活动启动仪式。

12月6日，国家工信部中小企业司在沪举办全国中小企业运行监测培训班。

江苏省

1月20日，省经信委在南京召开创业创新领军企业家赴美培训学习成果汇报会。首期参加培训的学员积极到会，踊跃交流学习心得，总结培训经验和成效，为进一步做好创业创新领军企业家赴美培训工作提建议。省经信委党组成员、中小企业局副局长张乐夫主持会议并讲话。

1月21日，全省中小企业管理创新工作座谈会在南京召开。会议总结交流了工作经验，研究部署下一步推进中小微企业管理创新工作的任务。各省辖市中小企业主管部门分管领导和职能处室负责同志、2012年度中小企业管理创新示范企业代表、部分省级管理咨询机构代表以及委相关处室负责同志共80余人参加了会议。委党组成员、副局长张乐夫出席会议并作重要讲话。

3月13日～15日，工信部产业集群调研组由中小企业司党蓁副司长带队，对我省产业集群发展情况进行专题调研。省经信委党组成员、省中小企业局陆元刚副局长向调研组汇报了江苏中小企业产业集聚发展的情况，并陪同调研。

省经信委与中国进出口银行统贷业务进展顺利。3月26日下午，中国进出口银行江苏省分行与兴化市人民政府签署中小企业战略合作协议。兴化市人民政府在缴纳5000万元保证金后将获得省进出口银行5亿元中小企业授信。省经信委党组成员、省中小企业局副局长陆元刚参加签约仪式并讲话。

4月2日上午，江苏省数字企业体验中心揭牌仪式在江苏电信公司未来信息馆举行。省经信委党组成员、中小企业局副局长陆元刚、中国电信江苏分公司副总经理陈刚共同为江苏省数字企业体验中心揭牌。数字企业体验中心将为全省中小企业提供真实、便捷的新一代信息技术应用体验环境，帮助广大中小企业更好地开展数字企业创建。

6月3日下午，工信部中小企业司与省经信委在南京进行了工作座谈。委领导徐一平主任、陆元刚副局长出席座谈会。郑昕司长通报了我国筹备2014年APEC年会的有关情况，并就协办第21届APEC中小企业部长会议征求我省意见；徐一平主任代表省经信委对工信部中小企业司长期以来对我省中小企业工作的关心和支持表示感谢，并对工信部到我省就协办第21届APEC中小企业部长会议征求意见表示欢迎，表示将按照部省有关领导的指示精神做好相关工作。

6月17日，省经信委党组成员、委副主任周毅彪专程赴省国信创业投资公司调研省中小企业发展基金运作情况。周毅彪副主任全面视察了省国信创投公司工作场所，了解了省国信创投公司有关公司建设发展的历程，重点听取了自去年5月中旬省经信委与省国信集团签订战略合作协议以来的情况汇报。自启动省中小企业发展基金管理中心（省中小企业发展中心）与省国信创投公司共同出资成立的我省首个政府基金合作的中小企业创业投资公司以来，目前已投资9家中小企业，投资金额1.03亿元，7个投资项目进入尽职调查，其余项目正在积极推进中的管理运作情况。

6月30日，以“创新创业、共赢未来”为主题的2013中国江苏中小企业创新创业大赛于在南京成功举办。本次大赛由省经信委、中小企业局主办。省经信委副主任胡学同出席本次活动并讲话，省委组织部人才处负责同志致辞。有关市、县经信委（中小企业局）负责人、省内外10多家新闻媒体记者及参赛企业负责人共150多人参加了本次活动。

7月31日～8月1日，省经信委在常州召开2013江苏省现代农业装备产业中小企业协作配套对接会。共有江苏、浙江和安徽三省的32家大中型主机企业，江苏大学、南农大工学院、农业部南机所等7家科研单位和我省各地近150家中小配套企业参会。本次活动是落实全委“六大行动”的有关工作精神的一次积极探索，旨在提高我省现代农业装备产业协作配套水平，完善产业链，促进科研成果转化，推动我省现代农业装备产业转型升级并带动中小企业产业集群的形成和发展。

9月18日，江苏省中小企业公共技术服务协会第一次会员大会在南京召开。115个会员单位出席会议，省民政厅、教育厅、科技厅、财政厅相关处室领导到会指导，13个省辖市分管中小企业公共技术平台的处长应邀参会。省纪委派驻省经信委纪检组组长、党组成员卢同奇，省经信委党组成员、中小企业局副局长陆元刚出席会议并分别讲话。江苏省中小企业公共技术服务协会由有志于为中小企业提供技术服务的高校院所、科技中介、检验检测机构、技术平台和相关的社会组织自愿组成，以“整合科技资源、凝聚服务力量、服务企业创新”为宗旨，以“沟通、共享、拓展、共赢”为目标，力争成为全省中小企业技术创新支撑体系的龙头。

9月25日，由工业和信息化部、广东省人民政府等七个部门和印度尼西亚中小企业与合作社国务部、联合国南南合作办公室联合主办的第十届中国国际中小企业博览会（以下简称第十届中博会），在广州隆重开幕。中共中央政治局委员、广东省委书记胡春华，工业和信息化部党组成员、总工程师朱宏任等领导巡视了展馆。我省共组织了81家中小企业参展，藉此在全球经济持续低迷环境下，帮助我省中小企业开拓市场，扩大销售。江苏展区规模达98个国际标准展位，参展规模和企业数量为最多的省区之一。

10月23日～24日，省经信委和无锡市人民政府在无锡组织举办2013江苏中小企业汽车产业协作配套对接会。共有上汽、北汽、一汽、东风、奇瑞、江淮、悦达、金龙、常隆、新大洋、新大地等省内外46家汽车整车、系统集成企业和省内外160家汽车零部件中小企业报名参会，参会人数超过400人。委党组成员、省中小企业局陆元刚副局长和无锡市曹佳中副市长到会并致辞。

11月27日，由江苏省经济与信息化委员会和中国电信江苏公司共同主办的江苏省数字企业云服务促进对接会在南京隆重举行。省经信委党组成员、中小企业局副局长陆元刚、中国电信江苏公司总经理肖金学出席会议并分别致辞。各市经信委相关部门负责人，数字企业代表，各市电信分公司代表，以及数字企业云平台运营及合作方代表等约200人出席了本次会议。本次会议以“增强数字企业云平台服务功能，提升中小企业信息化应用水平”为主题，旨在推进江苏数字企业创建。

山东省

1月7日，我省荣获2012中国东北及环渤海地区创新型中小企业“专精特新”产品展洽会最佳组织奖

2月1日，省局召开山东省中小企业发展促进中心成立大会。山东省机构编制委员会办公室以（鲁编办〔2013〕6号）文件批复同意鲁中小企办字〔2011〕79号文件的请示，原省乡镇企业科技服务中心、省乡镇企业职工中专学校体制改革整合为山东省中小企业发展促进中心。

2月18日，经省政府同意，省中小企业局、省监察厅印发《山东省小型微型企业发展考核办法（试行）》（鲁中小企局字［2013］16号），这是我省首次就扶持小微企业对17市政府出台考核指标。

4月10日~11日，全省中小企业“专精特新”工作座谈会在济南召开。

4月29日由省局主办的山东中小企业国际融资洽谈会在香港港岛香格里拉酒店成功举办。

4月31日，省中小企业局下派“第一书记”在曹县朱洪庙乡范李小学举办庆祝“六一”儿童节、共筑美丽中国梦——爱心捐赠仪式。

6月6日，工信部中小企业司与全国人大办公厅联络局一行来山东就促进中小企业发展与驻鲁全国人大代表进行座谈。

6月5日~6日，山东省担保行业协会二届三次理事会暨非融资性担保分会成立大会在济南召开。选举山东省再担保集团有限公司董事长安郁杰为分会会长。

6月29日~30日，全省中小企业上半年经济运行分析会在烟台龙口召开。工信部中小企业司王岩琴处长到会指导并介绍了全国中小企业上半年运行情况和中小企业工作要求。

6月21日，省局党的群众路线教育实践活动集中学习交流会召开。省经信委督导组于振连同志与会指导。局领导班子，各处、各单位党员干部参加了会议。

9月11日，山东省产业化驱动城镇化座谈会在泰安召开。会前，省中小企业局联合《齐鲁晚报》对全省20多个产业强镇进行了深入采访调研，集中25个整版进行了宣传报道。会上表彰了山东省产业化驱动城镇化十强镇和领军人物。

11月3日~4日，全省产业集群公共服务平台建设工作交流会在枣庄滕州市召开。

11月7日，全省创业创新工作电视电话会议在济南召开。省委副书记、省长郭树清出席并讲话。各市市长、中小企业工作部门等单位的主要负责人在主会场参加会议。

12月12日，省局组织企业参加由农业部和海南省人民政府等单位主办的中国（海南）热带农产品冬季交易会，展会期间山东企业共签订供销合同4200万元。

河南省

3月1日~6月8日，河南省工业和信息化厅组织河南网参与工业和信息化部、教育部联合举办的“2013年全国网上百日招聘高校毕业生活动”，开辟了“百日招聘河南专场”，共组织1710家企业参与网络招聘活动，提供职位数2141个、就业岗位26341个，这三项数据均居全国首位。

3月22日，河南省工业和信息化厅印发了《关于河南省融资性担保公司日常监督管理办法的通知》（豫工信企业〔2013〕187号），进一步加强融资性担保公司的行业管理，依法行政，依法实施监管，不断规范融资性担保公司的经营行为，使我省融资性担保公司的监督管理工作进入法制化、规范化、制度化的轨道。

4月26日，河南省工业和信息化厅会同河南省财政厅出台了《关于推动全省中小企业公共服务平台网络建设工作的指导意见》（豫工信〔2013〕306号），提出了平台网络建设的总体目标、建设重点、建设标准和保障措施。

5月9日，河南省工业和信息化厅联合百度公司在全省启动了以“让中小企业市场开拓在搜赢大数据时代中拓展”为主题的“翔计划”活动。全年共举办“翔计划”培训20余场次，参与人数超过5000人，免费为1320家企业提供了网络营销服务，免费赠送企业网站2200个，3000多家企业从中受益。

5月30日，河南省政府办公厅印发了《河南省促进民营企业中小企业健康发展行动计划（2013—2014年）》（豫政办〔2013〕44号），明确了2013年、2014年我省民营企业、中小企业发展目标，以实施“百千万”成长工程、转型升级工程、特色产业集群建设工程、人力资源保障工程、金融服务工程、市场开拓工程、公共服务体系建设工程、创新能力提升工程、优化发展环境工程等九项工程为抓手，以扩充总量、提高质量、优化结构、创新提升为重点，坚持市场导向和政府推动相结合，提出了进一步加强领导、优化环境、强化服务、推动我省民营企业中小企业持续健康发展的重点工作和政策措施。

5月31日，河南省委、省政府在郑州召开了全省民营企业表彰暨民营经济工作会议，省委、省人大、省政府、省政协主要领导出席会议，省委副书记、省长谢伏瞻，省委常委、省统战部长史济春，时任副省长陈雪枫作重要讲话。会议隆重表彰了为我省经济社会做出突出贡献的76家优秀民营企业和41名优秀民营企业家。通过高规格的表彰和后续宣传报道，提高了民营企业的影响力，激发了广大民营企业和民营企业家投身中原经济区建设的热情，营造了崇尚创业、创业有功、全社会关心关注支持民营企业发展的浓厚氛围。

6月24日，河南省工业和信息化厅印发了《关于做好中小企业“百千万成长工程”实施工作的通知》（豫工信企业〔2013〕443号），按照中型企业

抓成长、小微企业抓培育的思路，从全省筛选了141家成长性好、带动性强的中型企业为“百家成长企业”，由省级重点扶持，促其成长壮大；筛选了1240家科技含量高、有发展潜力的小微企业为“千家培育企业”。同时，按照“创办小企业、开发新岗位、以创业促就业”的指导思想，大力发展创新型、创业型和劳动密集型企业，不断扩充我省企业总量，提升发展质量。

8月2日~3日，由中国中小企业上市服务联盟与河南省工业和信息化厅联合举办的“国家中小企业银河培训工程—中国中小企业大讲堂 推动中小企业上市融资走进河南”培训班在郑州举行，来自全省60多家中小企业的董事长、总经理、财务总监等97名高级管理人员和中小企业主管部门负责人参加了此次培训班，系统学习了中小企业上市融资方面的相关知识，对加快我省企业上市改制，规范企业管理，拓宽企业融资融通渠道，促进区域资本市场快速健康发展，具有十分重要的指导作用。

9月25~28日，我省由张维宁副省长任团长组团参加了第十届中国国际中小企业博览会，以“中国粮仓，国人厨房”为主题，集中宣传展示和推介了我省食品工业企业的专精特新品牌产品和技术。组织300多家企业开展了产品推销和市场开拓活动，共签约产销合同30.74亿元。期间，为搭建重点产业转移新平台，巩固产业转移成果，我省紧紧抓住客商云集的有利时机，成功举办了“豫粤产业合作洽谈会”“豫粤家居、建材产业对接洽谈会”和“豫粤小家电产业对接洽谈会”，推介河南省情及优势产业，组织豫粤客商交流、洽谈、对接和重点项目签约。共推介发布我省承接产业转移项目1086个，总投资8332亿元，共签约产业转移合同项目76个，总投资309.71亿元，其中引进省外资金290.85亿元。

7~9月份，为着力缓解中小企业融资难，河南省工业和信息化厅会同河南银监局在全省联合组织开展了金融机构与中小企业银企对接系列活动，并于10月25日成功召开金融机构与中小微企业贷款项目对接暨签约会议。此次系列对接活动，全省共有9401家中小企业参与其中，有7991家中小企业对接成功，合同贷款金额516.22亿元。

湖北省

1月10日，全省中小企业工作座谈会在咸宁召开，

会议通报了2012年度全省中小企业成长工程、融资担保体系建设、中小企业运行监测、中小企业公共服务平台建设及国家中小企业发展专项资金项目申报等工作情况，并对存在的困难和问题做了分析，提出了2013年的工作思路和重点。各市州经信委分管领导及相关科室同志参加，胡树华副主任出席会议并讲话。

2月5日下午，省经信委召开全省中小企业工作电视电话会议，传达工业和信息部全国中小企业工作会议精神，总结2012年全省中小企业工作情况，部署2013年中小企业重点工作及扶助小微企业专项行动计划。欧阳万坤主任、胡树华副主任，省经信委相关处室、17个市州中小企业主管部门和部分服务机构共260人参加了会议。

3月25日，省长王国生主持召开专题会议，研究进一步加快县域经济发展的措施。王国生强调，要把发展县域经济放在更加突出、更加重要的位置，在继承“一主三化”县域经济发展指导方针的基础上，总结实践经验，抢抓有利机遇，强化改革创新，推进全省县域经济的科学发展、跨越式发展。

4月1日 ~2日，全省县域经济工作会议在潜江、天门召开。会议总结县域经济发展成绩，交流发展经验，分析当前经济形势，部署下一步工作，要求各地各部门坚定信心，抢抓机遇，以“四化”同步协调发展推动全省县域经济实现新跨越。省委书记李鸿忠出席并讲话，省长王国生主持会议，省委副书记张昌尔出席会议，省委常委、常务副省长王晓东宣读了《省委、省政府关于表彰2012年度全省县域经济发展先进县（市、区）的决定》。

4月12日，省政府在武汉召开全省中小企业成长工程暨银企合作工作会议，会议总结了2012年全省实施中小企业成长工程工作和银企合作工作情况，表彰了先进单位和先进工作者，研究部署了2013年的工作。副省长许克振出席会议并讲话，欧阳万坤主任报告了2012年全省实施中小企业成长工程和开展银企合作工作情况，会议由省政府副秘书长陈新武主持。各市、州、直管市、林区政府分管工业的市（州、区）长、省直相关部门、省级金融机构负责人，各市州经信委主任、中小企业科（处）长和县（市、区）经信局局长、部分担保机构负责人参加了会议。

5月7日，省经信委“服务中小微企业楚天行”活动走进襄阳，正式启动全省推进中小微企业信息化“十个一”工程。“十个一”工程，即：建设1个平台（省中小企业公共服务平台），开通1部电话（全省统一的中小企业服务热线），面向10大产业（电子信息、食品等6大重点产业和钢铁、建材、化工、纺织等4个传统产业），建设100个信息化培训基地，甄选100家信息化服务提供商，实施1000个信息化项目，打造1000家信息化建设示范企业，建设10000个企业网站，培训10000名企业信息化人才，通过以上活动和手段，服务10万家以上的中小企业，帮助中小企业提升研发、生产、管理、营销能力，降低成本，提高效率，化解压力，转型发展。

5月10日下午，省经信委在武昌召开全省融资性担保行业管理工作会议，总结工作、交流经验、部署行业发展与管理任务，充分发挥担保行业连通产融的桥梁纽带功能，更好地为全省经济和中小微企业发展提供融资担保服务。省经信委主任欧阳万坤、省政府金融办主任刘美频出席会议并讲话，省工商局副局长李跃春、省公安厅经侦总队副总队长熊庆中就行业管理发表意见，省经信委副主任胡树华主持会议并报告行业发展与管理工作情况。

2013年5月23日，为贯彻落实国务院和省政府关于中小微企业各项政策，不断整合社会优质服务

资源，建立完善的社会化中小企业培训体系，引导和促进中小微企业加快转变发展方式，推动我省工业经济转型升级，湖北省小微企业创新发展与转型成长培训班在汉举行，来自全省400多位中小微企业经营管理者参加为期两天的培训，同时接受管理咨询、事务代理、金融服务等。

9月5日、6日，湖北省重大人才工程——"123企业家培育计划"（民营企业）第二批培养人选答辩评审会于在武昌新海天大酒店顺利举行，胡树华副主任主持了现场评审组织工作。98名来自不同行业领域的省内民营企业家分别参加4个专业组的答辩评审。

9月25日，第十届中国国际中小企业博览会在广州开幕，我省68家企业参展。我省已连续参加了10届中小企业博览会，今年企业参展产品以绿色食品、机电产品及智能装备为主。副省长许克振出席展会并巡视湖北展区，欧阳万坤主任、陶红兵总工程师参加开幕式并陪同巡馆。

10月12日上午，许克振副省长在省中小企业服务中心督办省政协十一届一次会议第140号提案，明确要求把省中小企业公共服务平台建设作为转变政府职能、服务中小微企业的重要抓手和载体，打造成为服务企业发展的精品工程。许克振副省长一行考察了省中小企业公共服务平台，参观省枢纽平台数据中心、成果/产品展示中心、企业服务呼叫中心、培训/发布中心、信息化体验中心等，观摩了全省统一中小微企业电话呼叫服务和网络在线服务演示，远程观看了孝感市综合窗口服务平台和鄂州市金刚石产业窗口服务平台的服务现场，详细了解了全省中小企业公共服务平台建设和服务中小微企业情况。

10月23日，省政府召开重点建议办理工作座谈会，听取省经信委及省直相关部门对省人大代表提出的《关于采取有力措施切实减轻企业负担，促进实体经济发展的建议》办理情况。省委常委、常务副省长王晓东出席会议并作重要讲话，强调企业减负工作要拿出"大决心、大力度、出重拳、下猛药"措施。欧阳万坤主任汇报了建议办理工作情况，会议由省政府副秘书长程用文主持。

11月2日，首届"楚天杯"工业设计大赛颁奖仪式在武汉科技会展中心举行。此次大赛经省政府同意，由省经信委、省发改委、省教育厅、省科技厅共同主办。大赛得到社会各界的广泛关注和积极参与，全省主要大专院校和骨干企业报名参赛，共征集作品1000多件。大赛组委会邀请省内外行业专家组成专家指导委员会和专家评审委员会，经过两轮评审，最终确定"东风HUV高机动性高通过性越野车"等95件作品获奖，其中：一等奖6名、二等奖12名、三等奖18名、优秀奖59名。

11月2日，第九届中国湖北产学研合作项目洽谈会在武汉科技会展中心拉开帷幕。全国8个省市和60多家高校、科研院所共有2590多项最新科研成果亮相。省长王国生出席开幕式，省委副书记张昌尔宣布开幕。工业和信息化部副部长杨学山，国家知识产权局局长田力普，中国科学院院士王之江，中国工程院院士孙玉，美国驻武汉总领事李伟明，俄罗斯激光协会主席伊万，省领导阮成发、郭生练、许克振、郭跃进，武汉市市长唐良智等出席开幕式。

11月24日上午，湖北省重大人才工程"123"企业家培育计划（民营企业）第二批培养人选集中培训班在华中科技大学管理学院开班。我委欧阳万坤主任，省委人才办专职副主任刘仲初，华中科技大学校长助理许晓东、管理学院院长王宗军等同志出席开班式，仪式由刘仲初同志主持，全省40名第二批培养人选参加了开班仪式并获入选证书。

湖南省

开展惠企政策宣传。1至12月，组织开展"惠企政策落实年"活动，组织工商、税务、国土、建设、财政等部门开展政策宣传、执行和落实检查。汇编国家、省扶持非公经济和中小企业发展政策文件，分发给各级中小企业主管部门和重点中小企业。

完善非公有制经济和中小企业发展考核奖励办法。2月，在原考核办法的基础上，调整考核指标和权数，增加对中小企业发展的考核指标。以省政府办公厅名义下发《湖南省非公有制经济和中小企业发展考核奖励办法》（湘政办函〔2013〕33号）。

落实税收优惠政策。2至12月联合省地税局对24家符合条件的担保机构落实相关政策，免征3年营业税。会同省财政、地税部门深入7个中小企业创业基地，协调落实税收减免400万元。协同税务部门，认真落实了高新技术企业、科技研发、支持和促进就业、资源综合利用等税收优惠政策。

实施中小企业"百千万"成长工程。2至12月，建立中小企业"百千万"成长工程信息库。到2013年底，全省1130家中小微企业在中小企业"百千万"成长工程信息库登记注册，正常上报企业运行情况的企业保持在400家左右。根据《中小企业"创业"计划和"小巨人"计划的实施方案》，调整中小企业"百千万"成长工程"小巨人"计划和"创业"计划企业。在《中国改革报》上刊发专刊，对湖南省中小企业"百千万"成长工程进行广泛宣传。

推进中小企业融资超市建设。2至12月湖南省中小企业融资超市已建立7个园区和县级服务工作站，与22家银行机构、58家担保机构、37家股权投资机构建立合作关系，在线注册中小企业3143家，提交融资需求217.38亿元，银行已放贷款16.7亿元，授信13.1亿元。

开展"扶助小微企业专项行动"。3至12月，制定下发了《湖南省"扶助小微企业专项行动"实施方案》，组织开展了9大专项活动。其中，中小企业管理升级活动在全省13个市州展开，遴选500多家企业参加集中训练，131家参赛企业的主营收入、利润、税收等经济指标分别同比增长43.76%、36.64%、41.07%，环比增长40.48%、44.33%、40.51%；组织中小企业参加第十届中国国际中小企业博览会，设立展位60个，共接待客商6000余人次，签订合同金额2400万元；组织23家中小企业参加（非洲）中国商品、技术与服务展，为促进我省中小企业进一步开拓非洲市场搭建了平台。

开展湖南省“百千万”成长工程重点企业融资服务月活动。5月，湖南省经济和信息化委员会组织银行机构、担保机构、股权投资机构对1212户湖南省“百千万”成长工程重点企业开展为期一个月的融资对接服务活动，对886家有融资需求的企业授信120亿元，确定已经贷款31亿元，担保机构为124家企业提供贷款担保19亿元，股权投资机构与70家企业达成了股权投资初步意向。

开展促进非公经济和中小企业发展政策措施贯彻落实情况督查。7月，经省中小企业局提请，省政府督查室牵头组织省经信委、监察、财政等13个部门，分成4个督查组，于对14个市州促进非公经济和中小企业发展政策措施贯彻落实情况进行督查，形成了《关于促进非公有制经济和中小企业发展政策措施贯彻落实情况的督查报告》。

推动中小企业创业基地建设。7月，省经信委联合省财政厅、省国土厅、省住建厅、省地税局、省工商局等部门，出台了《关于大力推进中小企业创业基地建设的意见》（湘经信中小企业［2013］362号），明确了创业基地建设原则、目标任务、工作重点和保障措施。认定了长沙国家生物产业基地等67家省级中小企业创业基地。同时，引导和支持创业基地加快创业服务队伍建设，加强创业辅导，为创业者提供各项综合服务。

召开非公有制经济和中小企业发展工作领导小组会议。8月30日，组织召开了省非公有制经济和中小企业发展工作领导小组会议。会上，谢超英主任以省非公经济和中小企业工作领导小组办公室主任的身份作了《关于促进全省非公有制经济和中小企业发展工作情况的汇报》；会议审议通过2012年度市州目标考核结果、第五届发展非公经济和中小企业先进单位和先进个人名单

加强中小企业信用担保体系建设。年底，全省融资性担保机构发展到207家，比上年增加13家。注册资本金总额240亿元，比上年增长15.4%，户均资本金达到1.16亿元。其中，2013年正常开展中小企业信用担保业务的担保机构90家，注册资本金总额110亿元，资产总额153.4亿元。全年共为1.74万户中小微企业提供贷款担保697亿元，同比分别增长9%和20%。其中，新增贷款担保386.7亿元，新增担保企业7229户，同比分别增长15.1%、减少8.9%；年末在保责任余额381.9亿元，年末在保企业户数9689户，同比分别增长18.1%、减少3.9%。全省担保机构已累计为4万余户中小企业提供融资担保1500亿元。

广东省

1月5~6日，为推动在继续扶持中小企业发展的基础上，积极培育一批超百亿、超千亿的民营大企业，提高民营经济的竞争力和影响力。省长朱小丹在我委（省经济和信息化委员会，下同）党组书记赖天生陪同下，实地走访了蓝粤能源、金发科技、白云电气、东凌集团、立白集团、番禺南星等民营企业；并在省政府召开座谈会，与部分民营企业家进行深入交流。副省长刘志庚主持座谈会。

1月8日，省中小企业局召开全省中小企业局长工作座谈会。张文献局长对全省中小企业主管部门的贯彻落实工作进行全面部署。

1月8日~9日，刘志庚副省长带领省直有关部门负责同志到深圳、惠州等市调研中小企业民营经济发展情况。省政府副秘书长林英，我委副主任林位超陪同调研。

2月26日，中国国际中小企业博览会改革创新研讨会在广州召开。中博会组委会副主任、工业和信息化部党组成员、总工程师朱宏任和中博会组委会秘书长、省政府副秘书长林英出席会议并讲话，中博会组委会副秘书长、中博会组委会秘书处主任、我委主任杨建初在会上宣读第九届中博会表彰文件，中博会组委会秘书处副主任、工业和信息化部中小企业司副司长田川和中博会组委会秘书处副主任、省中小企业局局长张文献出席会议。会议由中博会组委会副秘书长、工业和信息化部中小企业司司长郑昕主持。

2月26日，中国国际中小企业博览会座谈会在广州举行。中博会组委会执行主任、广东省副省长刘志庚出席会议并讲话。会议由中博会组委会副主任、工业和信息化部党组成员、总工程师朱宏任主持。中博会组委会秘书处主任、我委主任杨建初在会上介绍中博会有关情况。

2月27日~3月1日，工业和信息化部党组成员、总工程师朱宏任，中小企业司司长郑昕调研组一行赴我省广州市番禺区，中山市小榄镇、古镇和佛山市南海区调研我省促进中小企业转型升级的有关情况。省中小企业局局长张文献陪同调研，官维平副局长参加调研。

3月21日，广东省副省长刘志庚、省政府副秘书长林英等在广州、佛山调研中小企业、民营经济发展情况。省中小企业局（民营经济发展服务局）局长张文献陪同调研。

3月27日，省中小企业局局长张文献带队到百度公司广州营销体验中心考察调研，与百度公司华南区负责人围绕推动我省中小企业信息化建设及培养信息化应用人才等举行工作座谈。省中小企业局副局长何佐贤参加考察调研。

5月23日，第十届中国国际中小企业博览会备忘录签字仪式在广州举行。签字仪式由中博会组委会秘书长、省政府副秘书长林英主持。中博会组委会副秘书长、我委主任赖天生，工业和信息化部中小企业司副司长吴义国，省中小企业局局长张文献，省外办、省外经贸厅和省贸促会有关负责同志共同见证签字仪式。

6月28日，广东省中小企业公共服务平台试运行暨座谈会在广州召开。省中小企业局（民营经济发展服务局）局长张文献出席会议并讲话。省中小企业局（民营经济发展服务局）副局长何佐贤等参

加会议。

7月2日~4日，“中国－中东欧国家地方领导人会议·重庆2013”在重庆国际会展中心举行。省政府副秘书长刘晓捷，省中小企业局局长张文献参会。

7月8日~10日，刘志庚副省长率广东省政府代表团访问立陶宛，推介第十届中国国际中小企业博览会，考察通信产业发展情况。我委主任赖天生陪同。

8月13下午~16日上午，全省中小企业系统调研综合培训班在广州举办。张文献局长作开班动员讲话，官维平、何佐贤副局长与学员们进行交流。

9月11日，广东省筹办第十届中国国际中小企业博览会联席会议在广州召开。广东省副省长、中博会组委会副主任兼执行主任、省筹办会总召集人刘志庚出席会议并讲话。会议由省政府副秘书长、中博会组委会秘书长、省筹办会召集人林英主持。我委主任、中博会组委会副秘书长、省筹办会召集人赖天生通报第十届中博会筹备工作情况。

9月22日，第十届中国国际中小企业博览会第二次全国联络员会议在广州召开。中博会组委会秘书处副主任、省中小企业局局长张文献介绍筹备工作情况，工业和信息化部中小企业司副司长许科敏出席会议并讲话。

9月22日，第十届中博会组委会在广州举行新闻发布会。中博会组委会秘书长、省政府副秘书长林英介绍第十届中博会筹备情况，工业和信息化部中小企业司副司长许科敏出席会议并回答记者提问，会议由省政府新闻办常务副主任张知干主持。

9月25日，第十届中国国际中小企业博览会在广州国际会议展览中心开幕。本届中博会会期四天，展会展示面积10万平方米，其中境内参展企业2410家；境外有来自36个国家（组织）和地区的442家企业和机构参展。预登记客商数量超过5万人。

9月25日~28日，“广货网上行”成果展在中博会期间隆重举行。9月25日上午，省委书记胡春华在副省长刘志庚和我委主任赖天生的陪同下，到“广货网上行”展区进行参观指导。

10月18日，省中小企业局局长张文献带队到河源市龙川县通衢镇葛藤村开展贫困户对接活动。

11月25~27日，全国乡镇企业统计工作布置会在广东肇庆市波海楼召开，来自全国30多个省、自治区、直辖市及计划单列市有关部门的代表参加会议。农业部乡镇企业局刘明国副局长和广东省中小企业局副局长蔡锦洲出席会议并讲话。

11月26日，经企业自愿申请，各地级以上市及顺德区中小企业行政主管部门初审推荐，专家评审，我局公示遴选的第二批（150家）重点帮扶高成长性中小企业（民营企业）名单。

12月2日，根据《广东省小企业创业基地确认管理办法》和《关于开展2013年广东省小企业创业基地认定工作的通知》要求，我局认定“广州市高新技术创业服务中心”等15家单位为“2013年广东省小企业创业基地（第四批）”。

12月17日上午，省中小企业局局长张文献以及相关处室负责同志上线广东民声热线节目，广东人民广播电台进行现场直播。节目的主题是“企业转型升级”。

广西壮族自治区

2月5日下午，广西壮族自治区工信委领导戴翔副主任带领有关同志到广西南宁分会场参加工信部召开的《全国中小企业工作会议》（视频大会）。视频会议由工信部总工程师朱宏任主持。会议主要由工信部总工程师朱宏任传达中央政治局常委、副总理张德江在国务院进一步促进中小企业发展领导小组工作会议上的讲话精神；工信部部长苗圩作重要讲话。

3月12日，广西工信委与建设银行广西分行签署中小企业战略合作框架协议，自治区工信委主任束华、副主任侯刚、戴翔出席签字仪式。

7月12日，广西工信委召开《广西中小企业经营成本调研工作研讨会》，自治区工信委中小企业发展处，广西民族大学管理学院课题写作组全体人员，各市工信委分管领导、中小企业科科长，广西中小企业联合会等，共计45人出席。会议讨论通过了课题写作组的《广西中小企业经营成本调研报告》（初稿）；并对14个市提交的市级《中小企业经营成本调研报告》进行评比打分，对获一等的奖柳州市、崇左市，获二等奖的玉林市、贺州市、钦州市分别给予了表扬和奖励。

9月17日下午3点，广西壮族自治区工信委主办、南宁市工信委承办的《工信部门 金融机构服务企业活动暨中小微企业信贷项目对接会》在南宁召开，与此同时，全区其他13个市在各市分会场也同步召开《工信部门 金融机构服务企业活动暨中小微企业信贷项目对接会》。在主会场，自治区工信委、南宁市工信委、国家开发银行广西分行、农业银行广西支行、招商银行南宁分行、交通银行广西分行、建设银行广西分行的领导出席，各部门相关人员，广西中小企业联合会、南宁市中小企业服务中心及相关企业的代表约150人参加会议。

会议主会场上，5家银行与10家企业进行了信贷项目签约。同时，在13个市分会场参会的银行和企业也进行信贷项目签约。广西全区共有107家中小微企业与银行签订信贷合同或意向书，贷款总额35.3亿元。广西日报、广西电视台等新闻媒体对会议活动进行了报道。

9月24~26日，自治区工信委有关领导等随广西代表团赴广州参加第十届中国国际中小企业博览会。

根据陈武主席7月13日批示精神，陈刚副主席率广西政府代表团于9月24日赴广州参加第十届中国国际中小企业博览会。

广西共组织各市县和中小企业代表近400人参会，参展企业36家，使用展位48个，共展示产品194个。其中，汽车及零部件参展企业26家，主要展示广西乘用汽车及有自主知识产权的零配件产品

163个；电子产业参展企业10家，展示产品31个。集中展现了广西产业转型升级、中小企业“专、精、特、新”的发展成就，以及由“广西制造”向“广西创造”转型的亮点。

此次博览会期间，广西签订经济合作签约项目合同21个，投资额95.95亿元；签订销售合同和意向书7.36亿元。取得了签约成果突破百亿元大关的新成就。

10月15日，广西工信委组织召开第三届广西农交会产品金银奖评审会，评委会成员单位农业厅、林业厅、水产畜牧兽医局、商务厅派人出席。会议评选出参加第三届农交会展览的产品金奖36个，银奖108个。

12月19日，广西壮族自治区工信委召开《全区中小企业工作座谈会》，主要研究2013年度广西中小微企业发展情况和遇到的困难问题；国家工信部中小企业司郑昕司长应邀出席会议，并就贯彻学习党的十八大及十八届三中全会精神、大力促进中小企业发展有关政策及今后工作的重点做了重要讲话。广西工信委戴翔副主任就2014年中小企业的主要工作进行了布置。广西各市工信委（中小企业局）分管领导和中小企业科科长、各市中小企业服务中心负责人、广西中小企业联合会会长和副会长企业单位代表、新闻媒体记者、联合会工作人员等130余人参加会议。

海南省

6月19日，海南省开展公共服务平台和小企业创业基地认定工作。认定了8家省级中小企业公共服务示范平台，1家小企业创业基地。截止目前全省共有28家省级中小企业公共服务示范平台，5家小企业创业基地。

7月11日，经海南省人民政府批准，“海南省扶助小微企业专项行动”正式开展。专项行动主要围绕政策宣传、培训服务、信息服务、形势调研和企业市场拓展等五个主题展开，具体内容包括20项服务项目。

7月26日，《海南省中小企业公共服务平台网络建设方案》获工信部批准，海南省将于2014年开始实施。计划用3-4年时间，统筹省枢纽服务平台与8个市县综合窗口服务平台、8个行业窗口服务平台互联互通，搭建起覆盖全省的中小企业公共服务网络。

7月29日，经海南省工业和信息化厅党组批准，海南省中小企业局正式对外挂牌。

8月30日，《海南省中小企业发展专项资金管理暂行办法》（琼府办〔2013〕143号）由海南省人民政府办公厅正式印发。

9月25~28日，海南省成功组团参加第十届中国国际中小企业博览会。海南省代表团由韩勇厅长任团长，共34家企业参加，现场共签订合同6个，合同金额1275万元；约定合作意向12个，涉及金额5040万元，现场销售总金额达17.6万元。

12月20日，在海南省工业和信息化厅的积极推荐下，海南省发展和改革委员会培训中心被国家工业和信息化部认定为国家第三批中小企业公共服务示范平台。截止目前海南省已有4家国家级示范平台。

12月31日，在海南省中小企业发展专项资金融资奖补政策的撬动下，截至12月底，全省新增中小企业担保贷款32.91亿元，超额完成了年初海南省政府确定的25亿元融资目标。

贵州省

1月14日，贵州省民营经济发展局（省中小企业局）与香港金融管理学院合作备忘录在贵阳正式签署。标志着贵州省民营经济发展局（省中小企业局）为促进贵州中小企业扩大对外开放及人才培养，增强贵州与香港的经济贸易交流与合作，迈出了可喜可贺的步伐。经贵州省民营经济发展局（省中小企业局）、香港金融管理学院协商，达成四项合作事项：一是开展中小企业、民营企业合作培训；二是在贵州省实施的“千人赴港计划”培训计划中，香港金融管理学院有针对性的为贵州省中小企业、民营企业设计专项培训班，主要以提升企业管理水平、提升核心竞争力水平为主；三是开展交流合作；四是建立合作机制。

1月16日，由省民营经济发展局（省中小企业局）指导、省中小企业服务中心主办、黔商情公司承办的“黔商情”大讲堂课程的第三讲在省委组织部培训中心大会场开讲。

2月1日，为贯彻国发2号文件，培育和打造好贵州“五张名片之首——酒业”以及特色食品，省经信委副主任、省酿酒工业协会副理事长龙超亚，召集茅台集团、习酒、董酒、匀酒、安酒、青酒、国台酒等酒企领导及酒行业专家，省特色食品办公室，遵义、仁怀酒管局和省酿酒工业协会等单位参加的贵州酒业研讨会。会议结合全国和我省酒业发展形势，就如何完成各项指标，集思广益，积极建言献策，共谋贵州酒业发展大计。

2月28日，全省扶持微型企业发展工作电视电话会议召开，省委常委、副省长秦如培出席会议并讲话。会议要求，全省各级各部门要重点围绕支柱产业、优势产业和特色产业的发展同步推进微型企业发展；按照“简、优、限”要求，从用地保障、办证办照、信息咨询、生产经营、贷款融资、产品营销、拓展市场等方面为微型企业提供便利和帮助，要以思想的大解放推动微型企业大发展。

3月15日，省民营经济发展局（省中小企业局）就民企进园区出台具体意见，鼓励民营经济、中小企业进园区、进标准厂房以及围绕大企业开展关联聚集配套。此工作也被省政府列入30项重点工作之一。

3月20日，省民营经济发展局（省中小企业局）印发2013年全省中小企业和民营经济工作的总体要求、发展指标和重点工作。为完成这一发展指标，省民营经济发展局（省中小企业局）从九个方面入手抓好重点工作：一是落实倍增计划，提高民营经济比重。二是加大企业扶持，推动创业带动就业。三是建设服务大厅，拓展服务平台网络。四是推动民企进园区，提高产业集中度。五是创新融资渠道，推动民间资本快速扩张。六是推动对外开放，促进企业开拓内外市场。七是加强人才培养，提升企业整体素质。八是认真转变作风，营造民企发展良好环境。九是强化工作基础，健全完善民营经济统计制度。

4月2日，按照工信部关于今年深入开展“扶助小微企业专项行动”的要求，省民营经济发展局（省中小企业局）根据我省实际进行安排部署，明确了一是推动出台扶持小微企业发展的配套政策措施；二是推动创业、创新、创优，发展一批创业型、创新型和劳动密集型企业；三是加快小企业创业园区建设，健全中小企业社会化服务体系，完善全省平台网络，申报和认定更多示范服务平台和社会化公共服务平台；四是发展微型企业2万户，免费培训中小微企业管理人员1万人次，完成职业经理人培训500人次；五是着力解决中小微企业“融资难、融资贵”的扶助小微企业专项行动工作目标。明确了一是代省政府起草《贵州省提高民营经济比重实施方案》，贯彻落实《贵州省人民政府关于大力扶持微型企业发展的意见》；二是加大小微企业扶持力度；三是加大服务平台网络建设；四是大力实施中小企业培训工程；五是继续推进中小企业信用担保体系建设，加强各地中小企业融资平台建设，推进“政银企担”、“政银企”合作，探索推进中小企业集合债、私募债发行；六是扶持一批中小企业创业孵化园区的重点工作内容。

4月3日，为认真贯彻落实《中共贵州省委贵州省人民政府关于以县为单位开展同步小康创建活动的实施意见》精神，省民营经济发展局（省中小企业局）印发实施方案，明确“创建活动”的总体要求和主要目标，并部署了创建活动的八项主要工作任务：一是深入实施“民营经济三年倍增计划”；二是加快县域民营企业结构调整和产业升级步伐；三是发挥财政资金引导作用；四是促进民营企业扩大对外开发；五是加强中小企业公共服务平台建设；六是继续实施好“万户小老板工程”；七是加大人才培养提升工作力度；八是改善金融服务环境。

4月9日，省民营经济发展局（省中小企业局）在上海举行浙商座谈会，向浙江民营企业家介绍贵州的资源优势、投资环境和产业发展重点。

4月10日，我省在上海市西郊宾馆举行“面向长三角招商推介会暨项目签约仪式”，共促成122个相关项目达成投资合作协议，涉及金额1315.87亿元。

4月10日，为进一步实施“万户小老板”工程，省民营经济发展局（省中小企业局）出台了《关于进一步推进万户小老板工程的意见》，明确了推进万户小老板工程的五项主要措施：一是充分发挥各相关部门的指导作用，优先扶持以各级中小企业服务中心为承担单位的“万户小老板工程”项目；二是进一步提高小老板自身素质；三是在全省支持2000户左右小老板外，还将优选择一部分“小老板”给予重点支持；四是加强“万户小老板工程”管理和服务；五是建立起“小老板—个体工商户—微型企业—小型企业—规模以上企业”分级梯次培育机制。

4月11日，2013年中国中小企业信息网工作座谈会在北京召开。会议对2012年度优秀一级分站和通讯员进行了表彰。中国中小企业贵州网在全国几十家一级分站中，连续第七年获得了优秀分站奖、优秀新闻原创奖和优秀通讯员奖等三大奖项。

5月13日，省民营经济发展局（省中小企业局）邀请上海投融资专家团队在贵阳举办“贵州省中小企业星光培训工程中小企业投融资专题讲座”和“贵州中小企业投融资对接会”，引导我省中小企业充分利用多层次资本市场，拓宽融资渠道，解决融资难问题。

6月28日，为做好民营经济统计核算工作，全面准确把握我省民营经济发展的总量、速度、结构和质量，省民营经济发展局（省中小企业局）、省统计局召开座谈会，研究开展民营经济统计核算工作。会议集中讨论了省统计局起草的《贵州省民营经济核算方法制度（试行）》，并于11月6日、8日举办全省民营经济统计核算培训会，有效加强了我省民营经济发展成果的评价考核和动态监测。

8月1日，贵州广播电视台经济广播与贵州中小企业网合作开通“中小企业之声”，共同开拓全新的服务领域，通过声音与网络的结合服务于广大中小微企业；贵州中小企业网同步推出中小企业之声专栏，推出中小微企业关注的最及时、最权威、最前沿、最准确、最客观的新闻资讯。

8月12日，民营经济组织专业技术人员职称评定工作推进会在省中小企业总部基地召开。

8月22日~28日，根据我省开展党的群众路线教育实践活动、深入实施改革开放年活动和服务企业效能大提升专项行动精神，由省民营经济发展局（省中小企业局）牵头组织贵州百名民营企业家“东行取经”专项行动，通过走杭州，观苏州，看上海，给企业家“开眼”、“进补”、“充电”，有效激发了企业家的创业干事热情，转变企业家的小富即安观念。

8月26日，贵州省民营经济发展局（省中小企业局）上海股权托管交易中心战略合作协议签约暨贵州省联络办事处授牌仪式在上海股权托管交易中心举行。本次合作签约首创两个第一。一是上海股交中心第一个向西部地区的贵州开通绿色通道；二是上海股交中心第一个在全国设立省际联络办事处。

9月13日，贵州省妇女手工工作座谈会在贵阳召开，贵州妇女手工业协会正式成立并召开了第一次全会和理事会。该协会共覆盖全省9个市州28个县区，涉及刺绣、蜡染、民族服装服饰、银饰、雕刻、剪纸、编织等7大门类。

10月15日，省经信委与中国银行贵州省分行签订战略合作备忘录，确定建立长期稳定战略合作关系。中行贵州省分行大力支持我省能源、交通、城市基础设施、旅游、医药及房地产建筑行业等领域发展，向工业领域及中小微企业提供的授信已超过300亿元，为我省经济社会特别是工业发展做出了积极贡献。中行贵州省分行将在“十二五”期间对我省优势产业和重点建设项目提供300亿元资金支持。

9月25日～28日，我省组织40余家企业参加第十届中国国际中小企业博览会。

11月8日，我省东屹建设集团股份有限公司在上海股权托管交易中心举行挂牌仪式，成为我省第一家在上海股交中心挂E板的企业。

11月12日，2013中国（贵州）国际民族民间工艺品·文化产品博览会新闻发布会在贵阳召开。

11月15日，2013中国（贵州）国际民族民间工艺品·文化产品博览会在贵阳会展中心开幕。

12月2日，省经济和信息化委员会、省财政厅联合印发《上海股权托管交易中心股权融资补助实施方案（试行）》，对在上海股权托管交易中心成功挂牌的贵州民营企业，按企业挂牌直接发生费用的40%进行补助，单个企业补贴最高不超过80万元。

12月5～7日，我省组织30余家企业、近百名参展商参加香港国际中小企业博览会。

12月11日，在香港瑞科教育集团会议室，贵州省民营经济发展局（省中小企业局）龙超亚局长与香港瑞科教育集团王中英董事长签订合作协议书。双方对2013年的合作进行了深入交流和总结，认为应在现有基础上进一步扩大和深化合作，就如何发挥瑞科教育集团境外平台的教育资源优势，促进贵州中小企业扩大对外开放及人才培养，增强贵州与境外的经济贸易交流与合作等方面达成共识。

12月30日，省内贵州格林耐特科技股份有限公司、中黔电器集团股份有限公司在上海股权托管交易中心挂牌，是我省在4个月的时间里成功挂牌的第4家民营企业。

2013年，“国家中小企业银行培训工程”和“贵州省中小企业星光培训工程”两大平台共举办各类培训班52期，累计培训人员共11000人左右，有效推动了我省民营经济、中小企业的人才队伍建设。

陕西省

1月23日，全省中小企业工作会议在西安召开。会议的主要任务是，深入贯彻落实全省工业系统工作会精神，总结2012年中小企业工作，分析形势，安排部署2013年全省中小企业工作。

3月27日，陕西省质量技术监督局制定了《关于鼓励和引导民营企业提升质量水平增强竞争力的实施意见》，将在标准化、计量、质量管理等十个方面对民营企业加强指导和服务。

3月25日，副省长李金柱带领省级有关部门负责同志专程赴榆林调研工业保增长工作，当晚主持召开推进会。他强调，要坚定信心，扬长促短，创新管理，破解难题，全力为企业发展创造良好环境。

4月7日，由陕西省中小企业促进局主办的第十七届西洽会陕西省重点建设县域工业集中区项目推介会暨签约仪式在西安曲江宾馆举行。会上，共有30个项目集中签约，项目总投资82.82亿元。省人大常委会党组副书记、秘书长黄玮出席会议并讲话，省中小企业局局长丁义安主持会议。

4月26日上午，陕西省中小企业促进局联合人行西安分行、陕西银监局、陕西证监局、陕西保监局在西安召开了全省中小企业融资暨担保工作会议，落实省委、省政府领导关于支持中小企业、民营经济发展的一系列重要指示精神，创新中小企业融资服务机制，加大我省金融支持中小微企业发展力度。

5月8日，陕西省政府对2012年度加快发展中小企业的先进单位，以及发展先进、争先进位的县域工业集中区予以通报表彰。其中，对获奖的县域工业集中区各奖励100万元，奖励资金按以奖代补方式针对项目下达。

5月16日，陕西省级民营经济转型升级试验动员大会在榆林市府谷县召开。副省长李金柱出席大会并讲话。开展民营经济转型升级试验，是陕西省委、省政府加快民营经济转型升级的重大战略决策。从推进产业优化升级、管理机制创新和“两型”社会建设三大任务入手，落实资源保障、财税扶持、金融改革、供电改革、产业升级、基础设施、生态建设、科教支撑、民企培育和管理创新十大行动计划，推动转型升级试验取得实效。

7月3日，陕西省“2013大学生就业公益行动陕西中小企业就业推进会”召开。首场中小企业专场就业招聘会，于7月10日在省图书馆举行，提供近200个招聘展台和众多就业岗位。

7月5日，陕西省中小企业促进局组织省中小企业服务平台携服务机构，进入清华启迪科技园开展送服务活动。多家平台的服务机构和银行金融部门带着政策解析、金融支持、电子商务等服务与企业面对面交流，供之所需。

7月15日，陕西省委书记赵正永在榆林市神木县主持召开民营企业家座谈会。针对民间借贷问题，要求切实加强分析研究，区分性质、分类处置，确保民营经济持续健康发展。

7月30日，陕西省中小企业促进局党组书记、局长丁义安在省中小企业服务平台召开省局直属单位及社会化服务机构负责人座谈会，就局群众路线教育实践活动征求大家对省中小企业局和丁义安同志的意见和建议。

8月13日上午，陕西省政府2013年上半年陕西经济社会发展系列新闻发布会第十二场——“中小企业促进局专场发布会”在省政府新闻办公室举行。省中小企业促进局党组书记、局长丁义安围绕“小康陕西与非公经济和中小微企业”主题，向媒体通报了2013年上半年中小企业运行情况及下半年实施的重点工作

8月23日，陕西省中小企业专家顾问团管理咨询委员会和技术创新指导委员会正式成立，并聘请王治国等19位专家为委员会专家。今后这些专业委员会将通过实施科学研究认证、成果转化嫁接、经

济技术咨询等，为中小企业提供更具针对性的服务，为企业发展出实招。

9月25日，陕西省中小企业促进局局长丁义安率团参加第十届中国国际中小企业博览会。

10月14日上午，由中国中小企业协会和西安市人民政府共同主办的第七届中国中小企业节在西安开幕。全国人大常委会原副委员长顾秀莲、省人大常委会副主任李晓东、西安市市长董军出席开幕式并致辞。中国中小企业协会会长李子彬作了题为“改革创新、升级转型、持续发展”的主题演讲。

10月15日上午，受金柱副省长委托，省政府副秘书长张宗科在榆林市府谷县主持召开会议，安排部署“府谷县省级民营经济转型升级试验十大行动计划”落实工作。省发展改革委、省科技厅、省工信厅、省财政厅、省国土资源厅、省环境保护厅、省国资委、省金融办、省中小企业局、榆林市政府和府谷县委、县政府等负责同志出席了会议。

11月15日，陕西省政府在安康市旬阳县组织召开全省县域工业集中区建设座谈会，李金柱副省长出席会议并讲话，省中小企业促进局局长丁义安就全省重点建设县域工业集中区发展情况进行了通报，并对今后一个阶段加快发展县域工业集中区的主要工作做了安排部署。

11月27日下午，省属企业支持府谷民营企业转型升级座谈会在榆林市召开。副省长李金柱出席会议并讲话。

12月31日上午，陕西省中小企业促进局召开党组扩大会议，传达学习省委第十二届四次全会精神和全国工业和信息化工作会议上苗圩部长的重要讲话精神。

甘肃省

3月29日，根据工业和信息化部《关于开展扶助小微企业专项行动实施方案的通知》（工信部企业〔2013〕67号）要求，结合我省实际，印发了《甘肃省扶助小微企业专项行动实施方案的通知》（甘工信发〔2013〕232号）。

4月，为全面了解我省中小企业发展情况，我委印发了《关于对全省中小企业发展情况调研的通知》（甘工信发〔2013〕196号），对全省中小微型企业运营情况进行了调研。

4月26日，我委会同省发改委、省财政厅按照《甘肃省中小企业专项资金项目竣工验收暂行办法》（甘工信发〔2012〕374号）和《甘肃省工业和信息化委员会 甘肃省发展和改革委员会 甘肃省财政厅关于做好中小企业项目竣工验收的通知》（甘工信发〔2012〕1056号）要求，印发了《甘肃省工业和信息化委员会 甘肃省发展和改革委员会 甘肃省财政厅关于中小企业项目竣工验收情况的通报》（甘工信发〔2013〕335号）对各市州2009－2013年中小企业项目竣工验收情况进行了通报，要求各地认真贯彻通知要求，及时督促项目单位做好项目竣工验收工作。

5月8日，为促进我省中小微企业及非公有制经济健康发展，规范中小企业发展专项资金的使用管理，提高资金使用效率，根据《甘肃省促进中小企业发展条例》、《中共甘肃省委甘肃省人民政府关于推动非公有制经济跨越发展的意见》、《甘肃省人民政府关于促进小型微型企业发展的指导意见》和财政预算管理的有关规定，我委会同省财政厅修订了《甘肃省中小企业发展专项资金管理暂行办法》（甘财企〔2013〕32号）。

5月28日，我委修订了《甘肃省中小企业公共服务示范平台认定和管理暂行办法》（甘工信发〔2013〕414号）和《甘肃省中小企业公共服务示范平台考核细则》（甘工信发〔2013〕415号）。

5月29日，根据《关于做好2013年甘肃省中小企业公共服务示范平台申报工作的通知》（甘工信发〔2012〕1034号）和《关于印发甘肃省中小企业公共服务示范平台认定和管理暂行办法的通知》（甘工信发〔2013〕414号），考核淘汰了13家不合格的示范平台，新认定了17家省级中小企业公共服务示范平台。省级中小企业公共服务示范平台累计达到82家。

7月26日，工信部和财政部批复我省《关于2013年中小企业公共服务平台网络建设方案》（工信厅联企业〔2013〕130号），“2013－2015年我省将用3年时间统筹建设省枢纽服务平台与分布14个市州的综合窗口平台和7个产业聚集区窗口服务平台互联互通，具有信息、创业、技术等特色服务功能，资源共享、服务协调、功能完善、覆盖全省的中小企业公共服务平台网络骨干架构，形成中小企业可以依靠、值得信赖的服务品牌。”按照批复，全省22个承建单位总投资1.4亿元，2013年投资7957万元，2014年投资5126万元，2015年投资877万元。

9月2日，根据工信部、财政部《关于2013年中小企业公共服务平台网络建设方案的批复》（工信厅联企业〔2013〕130号），我委在兰召开了中小企业公共服务平台网络建设布置会，各市州工信委分管领导、科长、窗口平台承建单位负责人及相关人员60多人参加了会议。省工信委马苏平副主任安排部署了中小企业公共服务平台网络建设工作，提出了当前全省中小企业公共服务平台网络建设重点工作。

12月5日～6日，根据工业和信息化部全国中小企业运行监测工作会议要求，为更好地完成重点企业运行监测工作，建立起国家、省、市（州）、县（区）一体的运行监测体系，我委在兰举办了全省中小企业运行监测培训班，各市（州）、县（区）工信委（局）负责中小企业运行监测的工作人员、市（州）工信委中小企业科长、乡镇企业统计直报点工作人员等120余人参加了培训班。

12月15日，根据工信部、财政部《关于2013年中小企业公共服务平台网络建设方案的批复》（工信厅联企业〔2013〕130号），我委会同财政厅组织专家，按照“一窗口、一申报、一批复”的原则，分批对我省中小企业公共服务平台网络建设方案进行了审核、批复，全面启动了以“1 个省枢纽服务平台为核心，14 个市州综合平台、7 个产业集聚区服务平台为窗口，100 家省级中小企业公共服务示范平台为支撑的全省中小企业公共服务平台网络体系建设。”

青海省

1 月 22 日，下发通知对 2010 年至 2012 年期间获得国家和省级中小企业发展专项资金支持的各类项目进行检查。检查涉及 2010 年至 2012 年期间的各类中小企业项目 534 个，涉及专项资金总额 2.7 亿元，检查工作采取各地区自查和我委重点抽查相结合的方式开展。同时，对检查中发现的主要问题，深入分析原因，认真总结经验，查找不足，督促各地中小企业管理部门采取有力措施整改落实，取得了良好效果。

2 月 28 日，省经委会同省教育厅，组织各相关单位和开展我省 2013 年全国中小企业网上百日招聘高校毕业生活动。

6 月 10 日，省政府和工信部在西宁共同组织召开了以“加强交流，增进合作，支持青海，共同发展”为主题的支持青海中小企业加快发展座谈会，工业和信息化部总工程师朱宏任、青海省省委常委、常务副省长骆玉林、青海省政协副主席马长庆出席会议，工业和信息化部中小企业司司长郑昕主持会议。省经委会与六个对口援青省市中小企业管理部门分别签订了支持青海中小企业发展战略合作协议，座谈会取得了丰硕的成果。

7 月 13 日至 15 日，组织我省部分中小微企业融资担保公司和服务机构，参加了由中国中小微企业协会和中国高新技术产业开发区协会共同举办的 2013 年中国中小微企业投融资交易会。

7 月 26 日，省经委编制上报的《青海省中小微企业公共服务网络平台建设方案》，获得工信部、财政部批准同意实施。

8 月 22 日，我委牵头制定的《青海省千家中小微企业培育工程实施意见》（青政办〔2013〕231 号），经省政府批准，印发各地贯彻执行。

9 月 10 日，青海省经济委员会和中国农业银行青海省分行正式签署了《中小微企业金融服务战略合作协议》，通过发挥职能作用、创新服务方式、改善服务环境等多种有效措施，在开展中小微企业金融服务、培育优质中小微企业群体、建立长效合作机制等多个方面积极开展合作。

9 月 23 日，制定了《关于组织机关干部深入企业开展帮扶活动的方案》，抽调 1000 名干部职工，深入企业一线开展为期 3 个月的面对面帮扶工作。

9 月 25 日至 28 日，第十届中国国际中小企业博览会在广州国际会议展览中心隆重开幕。省委副书记、省长郝鹏率我省政府代表团和经贸代表团 80 余人参会参展。与往届相比，在展位数未变的情况下，参展企业及产品增加 3 倍多。

10 月 11 日，海西州中小企业服务中心正式挂牌成立，省经委副主任张春楠陪同联合国工业发展组织驻华代表处区域首席代表柯文斯，工业和信息化部中小企业司副司长吴义国，中国中小企业发展促进中心主任秦志辉、副主任郑红莅临现场参观指导。省政府副省长、海西州委书记辛国斌出席会议并作重要讲话。

10 月 30 日，青海省轻工业研究所有限责任公司被国家工信部授予国家中小企业公共服务示范平台称号，至此我省经认定的国家中小企业公共服务示范平台已达到 6 家。

12 月 9 日至 13 日，组织省内部分优秀中小企业家赴山东寿光蔬菜科技博览园，雷沃重工集团，诸城得利斯集团、桑莎集团、青岛海信集团、海尔集团及青岛啤酒集团等七家国内、国际知名企业考察学习。

12 月 20 日，青海省经委与国家工信部中小企业发展促进中心、中国中小企业上市服务联盟在西宁联合举办国家中小企业银河培训工程—中国中小企业大讲堂. 上市融资青海行活动，邀请国内知名专家、企业家给我省部分优秀中小企业家授课。省经委中小局负责同志出席活动并讲话，省内部分中小企业高级管理人员，各市、州经（商、发、工信）委和各工业园区负责人 80 余人参加了活动。

积极组织开展中小微企业人才培训工作，年内先后举办各类培训班 7 期，累计培训企业相关人员 1200 余人次，培训内容涉及中小微企业发展宏观经济政策、人力资源管理、经营战略、企业信息化基础知识、上市融资和职业经理人素质培训等诸多方面。

宁夏回族自治区

2 月 18 日，宁夏发展非公有制经济大会在银川召开，宁夏回族自治区党委书记张毅、自治区主席王正伟、自治区政协主席齐同生出席会议，张毅、王正伟讲话，全区各市县（区）非公经济企业和从业者近千余人参加了大会。会上，自治区党委、政府授予闫小龙等 47 人“优秀企业家”荣誉称号，宁夏中银绒业股份有限公司等 98 家企业“优秀企业”荣誉称号，银川市兴庆区巍华纸业等 97 户个体工商户“优秀个体工商户”荣誉称号，银川市兴庆区人民政府等 33 家单位“发展非公有制经济工作先进单位”荣誉称号，并进行了表彰。大会还印发了自治区党委、人民政府《关于加快发展非公有制经济的若干意见》。

5 月 3 日，自治区百家成长千家培育工程工作会议召开，会议表彰了 2012 年“百千工程”成长进位超过 4 亿元的 11 户大企业，通报了 2012 年“百千工程”考核情况，印发了新认定的 2013 年自治区“百家成长千家培育工程”百家成长入选企业和 2013 年“百千工程”工作计划。

5 月 10 日，自治区交通运输厅、自治区经济和信息化委印发《全区重点工业企业运输车辆通行费减征实施办法》，对 2013 年 6 月 –12 月期间重点工业企业运输车辆通行费予以减免。

9月15日，由工信部、宁夏回族自治区人民政府、阿拉伯工业发展和矿业组织联合主办的首届中阿中小企业合作论坛在银川举行。论坛以“建立中阿中小企业合作机制，推动中阿经济健康快速发展”为主题，进行了主题演讲、项目推介、对接洽谈等活动，来自中阿双方政府部门、部分阿拉伯国家驻华使节、外交官、区域贸易机构代表、企业家、商协会的300名领导、专家、学者、企业家参加了本次论坛。工信部朱宏任总工程师，自治区党委常委、固原市委书记李文章，阿拉伯工业发展和矿业组织总干事穆罕默德·本·尤素福到会致辞。

12月26日，自治区党委宣布任命自治区非公有制经济服务局领导班子，决定撤销自治区轻纺工业局、自治区农牧厅乡镇企业局、自治区经信委中小企业处，新组建自治区非公有制经济服务局，负责全区中小企业和非公有制经济的宏观指导、综合协调和服务工作。

新疆维吾尔自治区

1月～5月，向自治区人民政府起草并上报了《关于进一步支持小型微型企业健康发展的实施意见》（送审稿），5月自治区人民政府以新政发［2013］52号文正式下发，并组织召开了宣贯会，将《关于进一步支持小型微型企业健康发展的实施意见》编印成5000册免费发送我区中小微企业。

1月～10月，加大对中小企业财政资金扶持力度，分两批组织评审我区中小企业专项资金项目，其中支持固定资产投资类项目280个12118万元，支持中小企业服务体系建设项目125个5051万元；同时，为我区中小企业争取国家中小企业专项资金6835万元，同比增加110万元。

2月～5月，组织开展自治区中小企业公共服务示范平台认定工作，确定新增16家单位为自治区中小企业公共服务示范平台；向工信部推荐申报国家中小企业公共服务示范平台7家，2家获批。

2月5日～15日，组织开展中小企业公共服务示范平台检查工作，并向工信部报送总结报告。

3月～6月，编写并印发了《2012年度新疆中小微企业发展报告》。

3月～10月，与新疆人民广播电台合作，开展《新疆企业之声》节目服务地州行活动，走进昌吉、伊犁、阿尔泰、吐鲁番四地州举办现场活动10场，共358家企业1577人参与宣传报道活动。

4月12日，印发《新疆中小企业服务体系建设指导意见》、《新疆小企业创业基地管理办法》，为我区中小微企业发展提供政策保障。

5月18日，开展了全疆流动资金调查工作，基本摸清了中小企业流动资金需求，组织召开中小微企业银企对接会，会上有4家银行与8家企业签约贷款2.77亿元。

7月～10月，对我区的国家中小企业公共服务示范平台、全区担保机构及窗口平台开展调研工作，形成调研报告。

8月17日，组织召开了全疆中小企业信用担保座谈会

9月～12月，创新培训模式，积极和浙江中小企业培训中心合作，选派30名优秀的中小微企业服务机构人员、30名中小微企业少数民族经营管理人员到浙江挂职学习，选派50名中小微企业经营管理人才到北京理工大学学习，选派30名中小微企业少数民族经营管理人才到新疆财经大学学习。

9月25日0～28日，第十届中国国际中小企业博览会在广州市举行。组织新疆代表团以自治区政协副主席李湘林为团长，自治区经信委党组书记、主任胡开江为副团长，15个地州市领导、经信委领导及我区70家中小企业代表共计220人参展参会；参展产品涉及石油、化工、建材、农产品深加工等70多个，开展贸易洽谈合作项目16个，签订意向协议4.8亿元。

11月，编印《新疆中小微金融政策及融资产品汇编》，印刷3000册免费发送我区中小企业。

11月，与新疆股权交易中心联合举办中小微企业股权质押融资培训班，共同探索股权融资模式，积极拓宽中小企业融资渠道。

12月15日，组织我区信用担保机构向国家申报免征营业税

2013年，实施中小企业银河培训工程，采取请进来和走下去、集中和分片相结合的方式，对自治区7个地州市培训中小微企业经营管理人员、领军人才等6000人。

2013年，组织420多家中小微企业家免费走进新疆人民广播电台《新疆企业之声》节目视频直播室进行现场访谈，为企业发布各类免费信息1190多条。

2013年，制定下发了《自治区扶助小微企业专项行动实施方案》，指导各地州市开展专项行动为小微企业发展提供有效服务，促进了小微企业快速发展；年底十大工作任务全部完成，向工信部上报了工作总结。

2013年，推进新疆中小企业公共服务平台网络建设。年初，召开全疆中小企业平台网络建设工作座谈会；通过充分调研和考察，向工信部、财政部上报了《新疆中小企业公共服务平台网络建设总体方案》并获批；出台《新疆中小企业公共服务平台网络建设工作意见》、《新疆中小企业公共服务平台网络建设项目管理办法》、《新疆中小企业公共服务平台网络窗口平台项目建设指南》；年终，邀请工信部中小企业司领导莅临召开了全区中小企业公共服务平台网络建设推进会，总结交流经验，安排部署下一步工作。

2013年，创刊《新疆中小企业》杂志，全年共出版4期。

2013年，充分发挥各类媒体作用，组织媒体深入中小企业，挖掘典型，开展系列报道。在新疆日报、新疆经济报、电视等媒体报道70多篇。

2013年，积极化解改革热难点和历史遗留问题。今年以来接待上访职工达400人次，重点解决

了乌鲁木齐石油化工锅炉安装公司（集体企业）破产清算工作；将潞安新疆公司办社会职能移交方案上报自治区人民政府；制定了八钢所属医院移交方案；积极协调原旅客运输公司医院移交工作；落实国有企业办中小学、职教幼教退休教师待遇共计1.65亿元，移交地方管理的人员共有3352人；争取10万元慰问金慰问系统内困难户300户。

大连市

（一）成功举办2013年度大小企业产品（项目）配套合作对接交流会

为加强我市大小企业间战略合作，12月23日下午，市经信委、市国资委、市企业联合会、市企业家协会、市中小企业联合会和市中小企业服务中心在仲夏花园酒店共同举办了大连市大小企业产品（项目）配套合作对接交流会。市政府各有关部门和各区市县经济主管部门负责同志、金融机构负责人、中省直企业代表、市属企业代表、中小企业代表以及新闻记者300余人参加会议。

刘岩副市长出席会议并发表重要讲话。他充分肯定了大小企业为我市经济社会所做得重要贡献，深刻阐述了推动大小企业合作发展的重大意义。他指出，市政府高度重视我市工业经济和中小企业的发展，始终把推动大小企业发展作为地区经济发展首要任务。面对当前复杂经济形势，市政府出台了一系列扶持企业发展的政策措施，积极帮助企业迎战困难，促进企业可持续发展。今天召开配套对接会，就是搭建一个平台，推动大小企业间产品项目进行深度交流合作和对接，让大小企业牵手合作，共同发展。

他希望广大中小企业在依托大企业建立稳定协作关系、参与产业链条和市场分工的同时，坚持创新驱动，向“专精特新”方向发展，培育自己的核心竞争力，在激烈的市场竞争中占有一席之地。

他强调，市政府将一如既往采取有效措施，强化支持、优化服务，积极为企业发展营造良好的环境，使广大企业在合作共赢中实现更好更快发展。

会上，有9家企业发布产品供需信息，现场达成4个合作项目，涉及合同金额超过5亿元，20多家大企业和200多家小企业实现交流对接。

（二）瓦房店轴承产业集群获评第四批国家新型工业化产业示范基地

2月1日，国家工信部正式下达文件，瓦房店轴承产业集群入选第四批国家新型工业化产业示范基地（轴承产业）。这是继大连湾临海装备制造业聚集区、经济技术开发区电子信息和高新技术产业园区软件和信息服务之后我市第四次获此殊荣。

（三）举办中国中小企业大连网金州分站应用操作培训班

3月20日，大连市信息资源管理中心与金州新区中小企业服务中心合作在金州新区站北街道举办了中国中小企业大连网金州分站应用操作培训班。大连市信息资源管理中心董晶主任在培训前做了动员讲话。一百余家金州新区中小企业代表参加了此次培训。

（四）2013企业创新转型高峰论坛在连召开

4月10日，用友软件股份有限公司在大连日航酒店举办了“技术重塑管理 新技术 新模式 新世界—2013企业创新转型高峰论坛”。副主任刘刚受邀参会。

（五）辽宁省中小企业厅副厅长夏榕一行来连调研

4月10日，为推进《辽宁省中小微企业权益保护条例》的立法进程，辽宁省中小企业厅副厅长夏榕一行3人来连开展立法调研，并与我市部分中小微企业负责人进行座谈。党委书记刘一丁、副巡视员马斌及相关处室陪同参加。

（六）工信部在我市召开部分省市中小企业管理部门座谈会

5月21日，副巡视员马斌在我市国际金融中心参加了由工信部组织召开的部分省市中小企业管理部门座谈会并致辞。这次会议主要内容是征求对《融资性担保公司管理办法》的修改意见。河北、吉林、江苏、浙江、山东、河南、湖北、四川省中小企业管理部门、大连市中小企业局以及上述地区的部分担保机构负责人参加会议。

（七）我市设立大连市小微企业发展基金

6月5日，大连市财政局、大连市中小企业局联合下发了《大连市小微企业发展基金管理暂行办法》（大财企〔2013〕410号）。大连市小微企业发展基金是指市政府设立的通过有偿使用方式支持我市符合国家产业政策并具有发展前景的小微企业的专项资金。该办法规定了大连市小微企业发展基金的资金来源、管理机构及职责、使用及管理等。中小企业处将与财政局按照规定，及时将大连市小微企业发展基金安排到位，鼓励小微企业健康快速发展。

（八）我市举办第十八届中国国际家具（大连）展览会

6月6日，由大连市政府主办，市中小企业局、市家具协会、大连北方国际展览股份有限公司承办的第十八届中国国际家具（大连）展览会在大连世界博览广场举办，第十八届中国国际家具配件及原辅材料（大连）展览会同期同地举办，展会期为6月6—9日。两大展会的参展企业达到600余家，展品涵盖了实木家具、板式家具、软体家具以及家居饰品、金属家具、藤制家具、办公家具等多种类别。此次展会继续贯彻“以出口为导向，内外销并重”的方针，在开拓国际市场的基础上，深入发掘国内市场。

（九）举办经济形势报告会

6月16日，在大连香洲花园酒店三楼会议厅，市经信委与市财政局、市中小企业联合会共同举办经济形势报告会，邀请著名经济学家、国务院参事室特约研究员姚景源来连做“中国经济的热点与难点”报告。主任靳国卫主持报告会，各区市县中小企业部门领导、各行业协会领导和企业相关负责人以及委机关各处室相关人员参加报告会。

（十）辽宁省集成电路产业基地在我市举办公共服务平台开放日活动

在市经信委的推动和协调下，辽宁省集成电路设计产业基地日前在我市高新区集电大厦举办了“IC设计公共技术服务平台开放日”活动。活动邀请了西门子传感器与通信有限公司、大连硅展科技有限公司、爱康普科技（大连）有限公司等20多家IC及相关企业的技术负责人，向企业展示推介了平台现有的测试验证设备，介绍平台开放日的活动规则并开展一对一回访工作。

（十一）副主任毕长泉参加“创新型企业走进直播间”活动

6月20日，副主任毕长泉赴沈阳参加省中小企业厅举办的“创新型企业走进直播间”活动，做客辽宁人民广播电台经济频道直播室，就大连市中小企业相关情况与主持人面对面交流。

（十二）我市出台参与政府采购的中小微型企业认定办法

为贯彻落实《国务院关于进一步支持小型微型企业健康发展的意见》（国发〔2012〕14号）文件，发挥政府采购的政策功能，进一步促进我市中小微型企业更好地参与政府采购工作，我中小企业局与市财政局结合当前政府采购工作中的实际情况，共同制定出台了《关于印发参与政府采购的中小微型企业认定办法的通知》（大中小企发〔2013〕12号）文件。此办法不但能使中小微企业在参与政府采购项目评审方面获得政策优惠，还能降低采购过程中的运作成本，有利于中小微型企业参与政府采购项目的招投标。

（十三）优化中小企业融资环境

7月11日，主任靳国卫在中航国际广场参加了“聚合金融资源，助力中小企业发展——银企对接媒体行动”启动仪式，并参加了中国民生银行大连分行小微企业贷款余额突破100亿元暨小微企业微贷产品新闻发布会。

（十四）召开培育创新型中小企业工作会议

9月6日，在市中小企业服务中心5楼会议室，副巡视员潘树坚主持召开我市培育创新型中小企业工作会议，会上对我市培育创新型中小企业和在创新型中小企业开展综合咨询服务（试点）工作进行了具体安排，并下发了创新型中小企业培育和综合咨询服务（试点）工作实施方案。要求会后各区市县（先导区）中小企业主管部门高度重视，认真组织，精心安排，确保企业创新工作顺利进行。

（十五）扶助中小微企业专项行动成效显著

为推动中小微企业创新转型发展，2013年3月-11月市经信委等有关部门在全市范围开展为期8个月的扶助中小微企业专项行动，成立大连市促进中小微企业发展工作领导小组指导下，制定了《大连市扶助中小微企业专项行动实施方案》，确定了八项工作任务，组织实施了30项具体活动，发放了宣传手册5万多册，召开政策推介会、座谈会200余场；设立“96366”法律服务热线，免费为企业提供综合性服务8000人次，免费为中小微企业培训10.2万人次，为5316户符合条件的企业及个体工商户减免税17.43亿元，为企业解决融资300亿元，让小微企业实实在在受益，使小微企业负担得到进一步减轻，让小微企业切实感受到政府的温暖。

厦门市

1月8日，厦门市经济发展局副局长邓建华做客厦门市政府网，解读《厦门经济特区中小企业促进条例》。

1月10日，2013年度“百企千场万人”公益培训启动仪式暨《TTT企业内部讲师培训》公益培训班开课。

1月11日，厦门市中小企业服务中心组织召开“2013年公益培训、管理咨询工作座谈会”。

1月14日，厦门市中小企业服务中心、厦门市中小企业协会联合在市人民大会堂举办《厦门经济特区中小企业促进条例》解读宣贯会。

2月5日，市经发局组织各区经贸局、相关服务机构参加工信部召开的全国中小企业电视电话会议。

3月18日，厦门市第一家小额贷款公司——湖里诚泰小额贷款股份有限公司正式开业。

3月21日中国民生银行·厦门市中小企业协会银企对接会召开。

4月10日，厦门市经济发展局邓建华副局长做客厦门市人民政府网，解读扶持小微企业发展政策。

5月9日~10，“2013厦门市中小企业服务博览会暨厦台成长型中小企业项目对接会”在会展中心隆重举行。

5月10日，厦门市首个中小微企业云金融服务平台——投融汇正式上线。

6月28日，厦门市作为全国唯一的国家级中小企业公共服务示范机构地方代表，受邀在大会上与全国近300家中小企业公共服务示范平台的参会人员分享了我市中小企业发展服务工作经验。

7月12日，由厦门市经发局企业处牵头、厦门市中小企业服务中心组织的中小企业管理咨询义诊工作座谈会召开。

7月25日，厦门市中小企业服务中心组织召开了首场中小企业股权融资对接会。

8月21日，厦门市中小企业服务中心举办管理咨询义诊对接会，免费为中小企业“把脉”。

9月5日，厦门市企业减负办组织召开企业减负监督员工作座谈会。

9月26日，厦门市中小企业服务中心举办企业精益生产对标活动，组织我市百余家中小企业赴立林科技“取经”。

10月16日，厦门市小微企业信保资金贷款推介会在厦门宾馆举行。

12月25日，厦门市经发局组织召开2013年度厦门市中小企业生产运行监测工作会议。

12月26日，厦门市翔安区首家小额贷款公司厦门翔安海翔小贷公司正式挂牌开业。

12月27日，厦门市中小企业协会和高能资本集团联合香港柜台市场举办香港柜台市场（HKOTC）

业务对接会，详解中小企业如何挂牌香港柜台市场。

青岛市

1. 编发《关于贯彻落实国发〔2012〕14 号文件进一步支持小型微型企业健康发展的意见政策解读》

1 月，为深入贯彻落实国发 14 号文件和青政发 46 号文件，加大对中小微企业的扶持力度，从企业角度出发，汇总整理了 52 个政策执行中存在的主要问题，对青政发 46 号文件进行了深入解读，同时收录了涉及小微企业的多个配套政策文件。《解读》对于宣传我市促进小微企业的各项政策措施，帮助和指导企业用好用足优惠政策，具有重要的意义。

2. 公布首批“专精特新”产品（技术）认定名单

2 月 27 日，按照《青岛市“专精特新”产品（技术）认定办法》评审认定了青岛市首批“专精特新”产品（技术），同时启动了 2013 年度“专精特新”产品（技术）培育计划。青岛中科软件技术有限公司的有源 RFID 集成器件等 110 个产品（技术）被认定为首批中小企业“专精特新”产品（技术）。确定青岛龙泰天翔信息科技有限公司等 220 户企业的 242 个产品（技术）列入 2013 年度“专精特新”产品（技术）培育计划。

3. 印发《2013 年全市中小企业服务体系建设和平台网络重点服务活动实施方案》

3 月 18 日，为促进全市中小企业健康发展，切实为中小企业提供找得到、用得起、有保障的服务，根据工信部《扶助小微企业专项行动实施方案》和我市《2013 年全市中小微企业工作要点》，以市促进小企业发展领导小组办公室名义印发了《2013 年全市中小企业服务体系建设和平台网络重点服务活动实施方案》。以市促进小企业发展领导小组成员单位、全市中小企业公共服务平台网络体系和有关服务机构等主要力量为依托，组织开展八大板块 22 项专项服务行动，2013 年，全市平台网络累计共开展服务活动 590 次，服务中小企业家 12 万家次，服务人数 19 万人次。

4. 市政协主席王书坚到市中小企业公共服务中心视察

4 月 10 日，市政协主席王书坚带领政协常委和政协委员一行 20 多人，在青岛市中小企业公共服务中心（以下简称“中心”）进行了《关于促进青岛民营经济加快发展方式转变》提案（十二届二次会议会字第 510 号）视察督办活动。王书坚主席一行在市委常委、副市长牛俊宪，市经济信息化委主任项阳青等陪同下，视察了“中心”并召开了视察督办活动座谈会。市经济信息化委就提案办理和全市民营经济发展情况进行了汇报；6 位政协委员围绕行业发展、品牌建设、公共服务、制度创新等先后发言，第 510 号提案人就提案办理情况发表了意见，对提案办理情况表示满意；王书坚主席和牛俊宪副市长分别发表了讲话。

5. 举办第二届青岛市中小企业“专精特新”成果展

5 月 3 日 ~7 日，成功举办第二届青岛市中小企业“专精特新”成果展。首次以区市为单位展示专精特新产品（技术）成果和工作成果，共有 133 家企业的 400 多种“专精特新”产品进行了集中展示，现场销售额达 352 万元，达成采购意向 1.32 亿元。展会期间，同步开通了网上展厅，发放政策汇编 200 余本，会刊 500 余本，宣传推介资料近 5000 份。市四大班子主要领导均亲临展会现场参观指导，并给予了较高评价。

6. 建立全市中小微型企业发展考核机制

5 月 6 日，与市监察局联合出台了《关于青岛市促进中小微型企业发展工作考核意见》（青经信字〔2013〕34 号），考核各区市政府落实中小微企业政策情况等七项指标。建立了全市中小微型企业发展考核机制，由市经济信息化委会同市监察局、统计局、工商局等组成考核小组，具体实施考核工作。考核结果将作为市政府对各区市政府工作考核的重要内容之一进行通报。

7. 建立中小企业热线对市级部门和区（市）服务评价机制

为进一步提升中小企业服务热线的质量和效率，优化中小企业发展环境，由市促进中小企业领导小组办公室每月汇总中小企业服务热线有关市级部门和区（市）办结企业来电及企业满意度评价情况，以工作简报形式向领导小组成员单位发布，并抄送市优化经济发展环境工作领导小组办公室。首期简报 8 月 8 日印发各成员单位。

8. 全市中小企业产业园（基地）建设现场会在莱西市召开

9 月 10 日，市促进小企业发展领导小组在莱西市召开“全市中小企业产业园（基地）建设现场会”，市委常委、常务副市长牛俊宪出席会议并讲话。市经信委、发改、财政、规划、国土等相关政府部门领导，各区市政府分管副区（市）长及中小企业主管部门负责人，莱西市各街（镇）政府主要领导和重点园区主要负责人等 70 多人参加了会议。会议期间先后观摩了莱西市姜山镇中一机械制造等 3 个小企业产业园；莱西市、城阳区做了典型发言；市经济信息化委汇报了全市小企业产业园和创业基地建设基本情况。牛俊宪副市长在讲话中对前一阶段小企业产业园和创业基地建设工作给予充分肯定，对今后全市中小企业集聚载体建设做出了工作部署。

9. 全国人大财经委中小企业促进法（修改）立法调研组来青调研座谈

9 月 18 日，由全国人大常委会委员、财经委员会副主任委员乌日图率领的全国人大常委会立法调研组来青，就中小企业促进法修改工作进行立法调研。调研组在八大关宾馆小礼堂会议室召开座谈会，听取了市人大、市政府及有关部门、中小微企业、人大代表相关工作情况的汇报，详细询问了中小企业在实际发展中遇到的问题，听取了他们对修改完善中小企业促进法的意见和建议。在听取汇报后，乌日图充分肯定了我市中小企业的发展以及《中小企业促进法》的贯彻落实情况，就大力扶持中小企业发展方面提出了具体的要求和希望。市委常委、副市长牛俊宪、市经济信息化委主任项阳青参加会议并汇报了我市相关工作，市人大常委会副主任吴淑玲主持座谈会。

10. 我市组团参加第十届中国国际中小企业博览会

9月24日～28日，组织我市25家中小微企业成功组团参加了第十届中国国际中小企业博览会。其中17家企业参加专精特新主题展，8家食品企业参加绿色食品专业展。主题展区围绕节能、环保、绿色、低碳主题，集中展示了我市“专精特新”的特色技术和产品。展会期间，我市展团初步达成贸易合同及产品采购意向2.8亿元。

11. 出台《关于加快全市中小企业云服务平台网络建设工作指导意见》

12月20日，印发《青岛市人民政府办公厅转发市经济信息化委关于加快全市中小企业云服务平台网络建设工作指导意见的通知》（青政办字〔2013〕140号）。《意见》提出，按照“政府引导、市场化运作、整合资源、普惠服务”的原则，采用现代信息网络平台技术，打造市级、区（市）级及镇（街道）级平台互联互通、统分结合、资源共享、协同联动的云服务平台网络体系，建立科学的平台运行和互动服务机制，为广大中小微企业提供用得起、有实效的各类专业性服务。

12. 青岛市中小企业云服务平台正式上线启用

12月19日，青岛市中小企业云服务平台举行了上线启用仪式，国家工信部中小企业司叶定达处长和市委常委、常务副市长牛俊宪、市促进小企业发展领导小组成员单位领导和各区（市）中小企业主管部门、云服务平台合作服务商联盟成员单位、部分注册上线企业负责人及新闻媒体记者共120多人参加了上线启用仪式，国家工信部党组成员、朱宏任总工程师专门发来祝贺短信。云服务平台主要依托市政府数据中心，采用云计算技术，整合政府和社会优质服务资源，设置了政务、技术、融资、培训创业、信息化等十二项服务功能，首批37家合作服务商，500多项服务产品，通过在线服务、供需对接、信息推送、跟踪反馈、服务评价等手段，为全市中小企业提供全方位的线上线下专业化服务。

13. 胶州市中小企业公共服务平台被授予国家级示范平台称号

12月20日，工业和信息化部公布了第三批“国家中小企业公共服务示范平台”名单，我市胶州市中小企业公共服务平台被授予“国家中小企业公共服务示范平台”称号，是全国县级首批、全省唯一一家被授予国家示范平台的县市级综合性中小企业公共服务平台。胶州市中小企业公共服务平台是我市首批建成运行的区市级公共服务平台，经过近几年的努力取得了明显成效，协调银行、担保公司等金融机构助企融资50亿元以上，为企业争取各级扶持资金超过1.5亿元，惠及企业近200家；举办“企业之家大讲堂”等培训班40余次，培训企业人员近7000人次；组织外出参观参展活动30余次；编发《工业信息化》和《直通企业》简报28期，免费向企业发放；帮助企业办理重点实事200件以上。

年度推荐企业

北京超拓远大石油科技有限公司

一、企业简介

北京超拓远大石油科技有限公司（以下简称公司），成立于2000年7月31日，注册资金2000万元，注册地址为北京市海淀区上地三街九号嘉华大厦C－501室。主要从事油气田地面设备及系统的研发、销售与服务。在国内率先提供“无人值守全自动控制”石油天然气加热炉。公司拥有员工128人，建立了覆盖全国的5大区域销售网络体系，在石油石化系统拥有稳定的客户群体。在技术、服务方面成为全国领先的油气地面设备行业综合服务提供商。

公司的技术主要集中在油气田地面设备的研发、设计和生产。其中，多井式负压天然气加热炉SC－4－F－400/25项目、低压排液计量装置SC－FP－6.4/0.2－X项目被国家科学技术部等四部委授予国家重点新产品证书。特别是，公司已经掌握了在高温高压下对天然气进行加热；实现多井式集中加热；“无电自控”“冗余设计”“自适应技术”，实现熄火安全保护和负荷自动调节等技术，确保天然气能够达到露点的工艺要求。公司拥有一项发明专利，二十几项实用新型专利，取得了用户和行业要求的资质证照20项，荣誉证书12项。

二、公司产品简介

近几年来，超拓远大荣获多项殊荣：2007年被中石化华北分公司评为优秀供应商；2011年被中国中小协业协会等八家单位评为中国优秀民营企业；被中关村管委会评为“中关村新锐企业百强”；2013年被中关村企业促进会评为“百家最具发展潜力信用企业”。

公司提供的产品和服务如下：

（1）加热炉全自动控制系统

控制系统是整个系统的中枢“神经”，是加热炉可靠、安全运行的保障，它指挥该加热系统全自动运行，真正实现无人值守。公司长期从事各种加热炉控制系统的研发和生产，产品可靠性高、使用方便、功能完善，可以满足各种场合的使用要求，包括PLC型控制器、仪表型控制器、GSM通讯的可编程的系统控制器件。

（2）SCGTA负压燃烧控制系统

SCGTA负压燃烧控制系统是集超拓公司多年的热工设计经验和心得于一体，并借鉴当今世界先进的设计思想，结合我国油田实际使用环境而开发出来的燃烧控制系统，可广泛应用在各种以天然气为燃料的小型加热炉、热水炉以及其他加热设备。系统采用美国进口的机械控制组件，可在没有电源的环境中稳定工作，故障率低，自动实现熄火保护、热负荷调节等功能，经长庆、华北、四川和南阳、塔河、塔里木等油田推广使用，受到用户的一致好评。

（3）负压然气加热炉

SC系列集气站多井式加热炉是超拓公司在深入了解我国油气集输站场的现实条件后，针对油气田生产站场分散、自然条件恶劣、管理难度大、生产成本高等因素，而设计制造的又一新型加热炉产品。该产品实现了无电条件下的全自动运行，整个运行与控制的过程都通过进口的精密仪表自动控制。SC系列负压型加热炉以其优异的性能，良好的工作状态，赢得了长庆、青海、华北、大港、新疆等许多油田用户的赞誉。

（4）微正压型天然气加热炉

SC系列多井式微正压型天然气加热炉是超拓公司在结合国内外最新技术的基础上，经过多年潜心研究的技术结晶，该加热炉以自行研制的专利技术（专利号：ZL96216036.9）为基础，采用先进的STD工业计算机控制技术，实现了产品的自动运行、自动控制、自动远程监控等多项性能，热效率达80%以上，在国内同类产品中，各项技术参数均名列前茅。

三、未来展望

十年磨一剑，超拓远大以专业、专长、专修的服务精神，在石油天然气领域，将加热炉、有机热载体炉、分离器、换热器和相关的设备的生产做成了卓越的业内口碑。同时，超拓远大紧紧围绕国家清洁能源产业政策，研发新的产品以满足市场的需求。当前，公司已经拥有三大系列产品，包括石油石化非标设备产品业务，云端LNG汽车加注站设备与建站业务，高效节能三联供能源站业务，这些业务必将为我国的节能环保事业做出突出的贡献。

2013年公司成功实现融资，引进了国内著名投资机构，从此公司资本实力更强，公司治理更加完善，并将传统产业与资本市场有机结合。从美丽的珠江三角洲到鄂尔多斯草原，从富饶的大庆油田到无边无际的塔克拉玛干沙漠，从西气东输的源头到有着东方明珠的上海，从低洼的四川盆地到高耸挺拔的昆仑雪域，只要有油田、有天然气，就有我们精心打造的加热炉、有机热载体炉、分离器等产品设备。同时，为我国清洁能源战略的发展做出我们自己的贡献。

联 系 人：周宝星
联系电话：13901098586
邮　　箱：bzhou@chautoo.com

北京金日集团

一、企业简介

北京金日成立于1992年，位于北京市大兴经济开发区，发展至今已成为多元化的集团企业。旗下的北京金日兴科技术有限责任公司、北京金日新事业技术有限公司、北京金日恒升科技有限公司和北京金日酷媒文化传播有限公司，分别在科技企业孵化、工业自动化、地铁隧道媒体、新媒体广告等领域成为瞩目的焦点。

二、产品简介

历经20年的发展和磨练，集团工业自动化产品已得到市场、客户、同行业的广泛认可，其中自主研发的核子秤自动配料系统、配水自动化系统、焦炉四大机车自动化系统等产品获得了广泛好评，并在全国冶金领域占有极高的占有率。

集团科技企业孵化发展至今已有10年，金日科技园位于大兴经济开发区的中心位置，园区总规划面积45000平方米，其中一期工程32000平方米。金日科技园定位于引进城区及各地高新技术及软件企业，并提供各项优质的配套服务，成为开发区内最大的科技企业孵化器基地。在现有基础上，2014年底将投入建设“金日科技园二期”，建筑面积20000 m^2；同期已投入建设“固安科技园”占地面积75亩，建筑面积120000 m^2。

在新媒体领域，由金日恒升自主研发的“地铁隧道媒体系统”是以国内首创、国际先进的创新科技成果为支撑的文化创新成果，系统的实现填补了国内该领域的空白，并在世界同类产品中达到一流的技术水平。作为全球领先的地铁隧道媒体设备提供商和媒体运营商，北京金日拥有全球最大的隧道媒体运营网络，至今保持着媒体铺设里程最长、单次显示时间最长、储备铺设能力最强的记录。目前公司已在北京、深圳、上海、成都核心区域地铁线路安装隧道媒体系统并大规模运营，同时即将在广州、香港等城市全面建设；另外英国、俄罗斯、西班牙等多个国家也与公司签署合作协议，以共同在国际城市推广使用该系统。北京金日将进一步通过自主研发和技术创新引领该行业的高速发展，逐步建立中国唯一具有自主知识产权的全球化户外媒体。

联 系 人：吕民
联系电话：13901208918
邮　　箱：chairman@ bjjr. com. cn

北京九州一轨隔振技术有限公司

一、企业简介

北京九州一轨隔振技术有限公司于2010年7月成立，注册资金5000万元人民币。公司为国有大型控股企业，由北京市劳动保护研究所、北京首科集团公司、北京北科创业投资有限公司和国奥投资发展有限公司及自然人共同出资合力建设。公司现拥有自主研发的专利技术。公司定位为打造世界一流的轨道交通隔振企业，主营业务为轨道交通隔振的技术开发、产品研发及生产、市场推广、相关的工程技术服务以及一切相关后续服务。

北京九州一轨隔振技术有限公司建有雄厚的研发、市场和生产平台，拥有一流的专家技术团队以及技术集成应用和推广转化管理团队，具备承接大型轨道交通隔振工程的能力。一批有自主知识产权的国际先进技术成果已成功应用于国内地铁。在轻轨、高速铁路等大型轨道交通项目建设中，赢得了良好的赞誉，市场发展前景广阔。目前工厂已具备年产30千米地铁钢弹簧浮置板隔振器组件的生产能力（总价值超过2.5亿）。公司在2011年开始正式运转，且经营状况良好。

二、产品简介

阻尼钢弹簧浮置道床其结构坚固稳定、耐久；轨道结构高度小，可以减少隧道净空，节省投资；减小高架桥的荷载；轨道维修量小；能满足敏感地区特殊减振要求，隔振效果好，钢弹簧浮置板隔振系统实用固有频率通常为6～8赫兹，隔振效果大于20分贝，可以有效地减振、消除固体声。适用于线路从建筑物下面或附近通过，以及建筑物隔振要求较高的区域，如研究机构、医院、博物馆和剧院、音乐厅等对振动敏感的场所和区域。从浮置板表面可随时更换弹簧，不用拆卸钢轨，不影响地铁运行；从浮置板表面可随时检修或校正线路不平顺；通过对弹簧表面特殊处理及弹簧强度储备，弹簧的设计寿命为50年；隔振器固件设计寿命为100年。北京九州一轨隔振技术有限公司具有阻尼钢弹簧浮置道床隔振设计、施工和配套隔振器产品生产能力，探索出一整套符合中国国情的可行、可靠的阻尼弹簧浮置道床隔振器结构及技术产品，变简单的“中国制造”为更高层面的“中国创造”。其研发了一种新型的地铁浮置道床的隔振支撑结构及其安装方法，该隔振支撑结构不仅能够提供更有效地阻尼效果，而且在极端状态下能够提供应急安全措施，防止断簧事故危及列车的安全通行，大幅度提高了浮置板道床的安全保障系数。

我国目前有33个城市正在规划筹建城市轨道交通，其中已经有28个获得国务院批复；北京市更在酝酿“地铁出城”，计划将北京市轨道交通线路一直拓展到河北省固安、廊坊、燕郊、保定等城市。我国现已全面进入城市轨道交通建设迅猛发展的时期。按照现已知规划，预计至2020年我国城市建成运营的地铁线路将接近200条，总里程约6500公里。

上述城市轨道交通建设的巨大增量，对轨道隔振尤其是隔振效果和稳定性好且价格较低的国产阻尼弹簧隔振浮置道床将产生井喷式的大量需求。预计其中已规划采用和将会改用阻尼弹簧浮置板隔振器的路段将不低于600公里。

若能充分落实国家环境保护部针对入选《国家先进污染防治示范技术名录》项目的产业扶植政策，为相关工程反哺一定比例的“环境保护专项资金”，将进一步降低建设单位的环保项目资金压力，这一切都将对我国轨道交通噪声振动控制和国有环保产业产生空前的推动、提升作用。

北京九州一轨隔振技术有限公司将建设成为一家国内一流的，大型隔振工程技术专业化公司，借助国家环保产业政策的大力扶植，树立在全国范围内的隔振器领域和隔振技术的主导地位。公司立足北京，放眼全国，实现未来5年全国市场占有率达到40%以上，在其他隔振领域也努力打造国内大型设备隔振技术的领导品牌。

三、公司未来发展目标

初期战略目标：通过覆盖全国的服务体系，北京九州一轨隔振技术有限公司将不断加强与轨道公司的合作，提升浮置道床产品的质量和工程服务品质，解决轨道隔振领域的高端技术要求，满足各地方轨道公司高速发展的建设需求。

中期战略目标：通过与轨道公司的良好合作，九州一轨将不断发展轨道隔振领域的技术和服务能力，满足轨道建设及运营过程中广泛的减振和降噪要求，协助轨道公司提供高品质的地铁运营服务，成为各地方轨道公司的优秀合作伙伴。

远期战略目标：依托北京科学院强大的科研力量和国奥投资优质的资源平台，九州一轨将不断延伸轨道领域和隔振领域的发展路径，肩负“中国创造”的使命，专注于技术水平“国内领先、国际一流”的理念，立足于产业长期发展，源源不断的将最新科研成果转化为生产力，为构筑一个宁静和谐的社会而不断努力。

联 系 人：王文京
联系电话：13901193879
邮　　箱：wangwenjing@ bjjzyg. com

北京水魔方数字科技有限公司

一、公司简介

北京水魔方数字科技有限公司创立于2006年7月，是致力于三维动画、电视广告、宣传片拍摄及视觉特效表现的专业动画公司。公司总部设在北京，注册资金1000万。公司员工近200人，并拥有150人的资深动画制作团队，主创人员皆参与了诸多动画片及国内外大型动画项目的制作，并极力奉行“用思想征服视界”的精益求精的精品理念，不断致力于高端动漫电影领域的拓展。

在公司发展的8年时间里，为国内外诸多的知名企业和集团提供了高水准的影片制作服务，包括CCTV－2、CCTV－4、CCTV－9及央视春节联欢晚会、央视大型纪录片《颐和园》的特效及动画制作等，在业内奠定了扎实的动画制作功底。

水魔方一直力求通过最新的技术和与众不同的创意为客户提供最优秀的视觉表达服务。人性化的公司管理、高水准的工作状态和公平的激励机制为制作精英们营造了舒适的创作环境。

北京水魔方数字科技有限公司的员工专科占35%，本科占50%，研究生10人。北京水魔方以成为能创造社会价值的世界一流视觉表现企业为目标，实行工作流程阶段负责制，强化个人的责任与风险意识，在培养员工的技术能力的同时，提高对他们的综合素质考察。除拥有完善的工作考勤制度外，北京水魔方还拥有特色鲜明的岗位部门培训制度，注重员工个人素质的培养，坚持每周每人的培训学习，强化员工的学习意识以跟进时代的发展潮流。

二、公司业务简介

公司主要以互动新媒体方向、三维地产动画方向、影视动漫方向为主要业务内容，拥有整套专业的影视拍摄设备、后期三维动画制作渲染、非线编辑设备百余台，并有专门的服务器设备。

（一）互动新媒体方向

新媒体是新的技术支撑体系下出现的媒体形态，如数字杂志、数字报纸、数字广播、手机短信、移动电视、网络、桌面视窗、数字电视、数字电影、触摸媒体、手机网络等。相对于报刊、户外、广播、电视四大传统意义上的媒体，新媒体被形象地称为“第五媒体”。

（二）三维地产动画方向

三维动画又称3D动画，随着计算机软硬件技术的发展而产生的一种新兴技术。三维动画软件在计算机中首先建立一个虚拟的世界，设计师在这个虚拟的三维世界中按照要表现的对象的形状尺寸建立模型以及场景，再根据要求设定模型的运动轨迹、虚拟摄影机的运动和其他动画参数，最后按要求为模型赋上特定的材质，并打上灯光。当这一切完成后就可以让计算机自动运算，生成最后的画面。

三维动画技术模拟真实物体的方式使其成为一个有用的工具。由于其精确性、真实性和无限的可操作性，被广泛应用于医学、教育、军事、娱乐等诸多领域。在影视广告制作方面，这项新技术能够给人耳目一新的感觉，因此受到了众多客户的欢迎。三维动画可以用于广告和电影电视剧的特效制作（如爆炸、烟雾、下雨、光效等）、特技（撞车、变形、虚幻场景或角色等）、广告产品展示、片头飞字等等。

三维动画还涉及影视特效创意、前期拍摄、影视3D动画、特效后期合成、影视剧特效动画等。

（三）影视动漫方向

1. 二维动画

其涉及动画创意、分镜设计、三维场景、特效后期合成等。

2. 角色动画

其涉及3D游戏角色动画、电影角色动画、广告角色动画、人物动画等和游戏制作。需要对游戏有一定的热情，熟悉游戏主要场景、人物、道具等特征，其次需要一点点美术基础。

三、公司发展展望

公司成立8年来，凭借对创意与技术精益求精的创新理念，水魔方目前已成为国内数字多媒体产业中的著名品牌，并且不断对未来高端动漫以及电影领域进行拓展。水魔方在地产动画方面与万达、万科、远洋、金隅、财富等集团保持良好的战略合作关系，水魔方凭借着集体强大的创意能力和高水准的专业团队，为国内400余家知名企业和集团提供了高水准的服务。其作品受到了客户同行的肯定，并且多次获得行业及媒体授予的各项殊荣。

在影视特效领域，水魔方先后参与了电视剧、电影及游戏电影的特效制作，获赞誉无数。

在电视领域，水魔方与中央电视台的合作覆盖各主流频道，大型活动的视觉呈现，也是水魔方的重要领域，在2008奥运会文化活动、CCTV春节晚会等各大晚会、音乐节上，都能看见水魔方的身影。水魔方为工业和信息化部全力打造的智能2020主题视频，得到工信部领导的高度认可，水魔方依托优秀的设计师团队及具备丰富现场经验的执行团队，摆脱传统展览展示行业的不能“一站式执行”的弊病，把自身的内容制作能力融入其中，形成与众不同的展览展示体验。

水魔方无疑是创意行业的代表性企业之一，其一系列作品，得到了业内诸多好评，成立7年来更是捧回了无数创意动画类重要奖项。水魔方专注于数字动画体验及多媒体系统集成，拥有专业设计团队，将新型的数字多媒体展览展示技术融入到整体展项中，突破传统的展示模式，形成创意加专业加技术加服务的模式。水魔方人不断的突破，向未来更宽广的世界迈进。

联 系 人：梁建福
联系电话：13601232975
邮　　箱：cocktailljf@163.com

北京英福美信息科技股份有限公司

一、企业情况

北京英福美信息科技股份有限公司创立于2005年，从事软件与信息服务外包、IT应用解决方案服务和自有软件产品销售等业务的一家新三板挂牌高新技术企业。

公司依托自主创新的技术平台和雄厚的研发实力，专注于软件系统研发领域，先后与大型跨国公司、世界500强企业，如：富士通、东芝、日立、微软中国、GE中国，国内的联想、神州数码公司等进行过技术合作，在医疗、远程教育、物流等行业，提供高质量、成熟的行业解决方案。核心技术团队具有十几年对日本、欧美及国内客户项目开发的丰富经验。建立健全了一套从项目立项、实施到结项的完整项目管理标准流程和开发规范体系。具有ISO9001:2000认证和CMMI3认证。

二、公司成功经验

公司通过不断增强自主创新能力、提高开发效率与技术水平，提升核心竞争优势，来保持行业领先优势。公司具有针对需求分析、模块设计、系统测试等全流程的软件开发服务，掌握软件开发的核心技术以及核心设计方案。拥有软件著作权19个，软件产品证书7个。

公司在积极做好软件与信息服务外包的同时，投入大量的人力及物力，开发了2个产品生产线。其一是，自主研发了以英福美i－Beacon商标注册的电子学习E－learning远程在线教育培训系列产品。该产品以在线学习和教学管理平台为核心，采用最新教育模型，并兼顾高性能、高可靠性和易维护；系统采用交互性的设计理念，将在线学习、在线考试、课件制作和教学管理整合，使系统更加合理易用；支持跨国性企业教育培训活动的实施，主要为企业机构提供远程在线互动教育平台、构建与咨询、课件代理和课件个性化定制等服务。该产品已在日本电装（中国）集团公司及下属几个企业运行使用，得到了客户的好评。并且日本富士通FOM公司成为E－learning日本区域代理商。

其二是，在医疗透析领域中常年为日本透析医学会统计调查委员会及所属医疗机构提供血液透析信息化产品服务的基础上，基于与国内著名三甲医院多年的联合研发成果，融入移动医疗的创新应用理念，引进日本血液透析统计的30年专业成熟模型，自主研发了以英福美i－DaiPro商标注册的血液透析系列产品。主要包含有，i－DaiPro血液透析电子病历、透析专家咨询系统、透析预后评估系统。功能包含了患者透析诊疗、血液透析过程无纸化质量控制管理、患者检验数据的收集和存储、患者透析数据查询及分析、医务人员及床位排班管理、透析设备及耗材管理等。能与医院信息（HIS）系统对接，实现数据信息的共享，高效的数据导入，为医生提供所需关键评价指标的计算和仿真模拟和多角度的综合评价报告，以协助医生实现对患者的正确治疗和最佳预后评估，还对血液透析患者给予饮食方面的建议。i－DaiPro血液透析电子病历已分别在北京空军总医院、北京友谊医院试用运行，得到客户一致好评。

公司目前研发的肾病透析专业诊疗云服务平台，是为北京市血液净化质控中心建立血液透析病历信息云平台服务，实现北京市百家血透中心电子病历数据的自动接收与整理。针对每年全北京市各级血透中心上报的血透病历数据，通过信息云平台，依据医疗大数据分析的方法，从病人构成、发病原因、具体治疗项目分析、效果趋势预测等多个角度进行详尽的数据解析和丰富的统计分析结果，为北京市血透质控中心提供功能强大的数据支持与辅助决策服务，为各血透治疗中心提供多角度的治疗分析结果。同时，平台通过门户网站，为具有相应权限的注册医生提供临床基础数据的分析服务、为注册患者提供专业的基于数据的辅助诊疗服务，有益的健康指导和生活指南。实现云平台的真正服务于医院、医生与患者。

三、公司未来展望

公司研发推广自主知识产权的行业产品及解决方案成为公司今后发展方向。当前，公司研发的E－learning产品为企业培训带来新的培训理念，符合国家的培训教育方向和企业实际需求。

公司的血液透析系列产品更具有广阔前景。我国的医改是一个长期不断推进的过程，信息化也将是一个与之伴随的长期稳定投入。近几年，各级医疗卫生体系建设正在由“重硬件”转向“重服务”，在不断筑强城乡居民看病就医的保障网，目的就是使患者都能得到便捷、低成本的医疗卫生服务。我们的血液透析产品服务于慢性肾病领域，而与之相对应的血液透析市场正处于大爆发阶段，随着我国老龄社会的到来，高血压、高血糖等疾病的高发导致慢性肾病的发病率持续上升。我国慢性肾病的发病率高达11%，并呈逐年上升趋势。我国于2012年提出重大疾病医保，并于2013年开始试点，计划于

2014年全面实施，其中首推的治疗领域就是尿毒症。据权威研究报告测算，我国目前接受规范治疗的透析病人仅为30万人，到2020年有望接近200万人，这对应的是一个价值1000亿的医疗服务细分市场。因此我们认为血液透析产品会给公司带来可观的经济效益，也会为社会带来积极影响。

英福美致力于“英才汇聚，福馨同创，美好未来”的企业文化，崇尚诚信，追求质量，不断进取，踏实工作，发扬团队合作的精神，为国内外客户提供优质服务。

联 系 人：王卫
联系电话：13501147721
邮　　箱：wwei@ ifmsoft. com. cn

天津东义镁制品股份有限公司

天津东义镁制品股份有限公司，注册资本11800万元，占地面积100亩，总投资4.2亿元人民币。主要经营金属镁锭、镁合金制品生产、销售，以及进出口业务，是山西东义煤电铝集团出资建设的镁合金生产企业，该公司设有市级企业技术中心，是目前全国最大、全球产业链最长的镁合金企业。主要产品有：挤压镁牺牲阳极、挤压型材、镁合金铸造阳极、压铸镁合金产品、高纯镁、合金及坯料。

天津东义镁制品股份有限公司以市场为导向，一方面抓生产，将各型产品输送到社会各个层面，一方面狠抓技术研发和创新，将企业建设成为具有极强自我创新能力的集新品研发、技术服务、生产经营的新型科技型企业。天津东义镁制品股份有限公司作为国家镁合金工程材料研究中心天津基地，年产高品质镁合金管材、板材、棒材及压铸件1万吨。

联 系 人：陈利红
联系电话：59621606

天津久安集团有限公司

天津久安集团有限公司是以研发、制造、销售高低压电气成套设备为主的高新技术企业。现拥有资产4亿元，注册资本20800万元，占地面积10万余平米，建筑面积7万余平米，机械设备400台（套），其中进口数控加工设备等占40%；现有从业人员600余名，其中中高级工程技术人员占20%。目前，公司拥有市级技术中心一座，拥有自主知识产权产品专利36项。已形成以京津为轴心，东北、西北为两翼，辐射全国及世界的销售网络。

公司的主导产品：高低压系列开关柜（箱）、高压开关、箱式变电站、母线槽、电缆桥架、多功能工具柜、异型桥梁钢模、建筑轻钢结构、建筑钢模板等。产品性能好，可靠性强，资质齐备。其中，高低压电气成套设备分别取得了“西高所”及“天传所”颁发的型号使用证、低压产品取得了两部委（1995年）的生产许可证和CCC证书。已成为中石油、中海油、中石化系统一级供应商，电力、铁路系统指定参标入围单位。并参与了国家《低压成套备和控制设备》GB7251.1标准起草修订工作。

公司始终坚持以市场为导向，以质量求生存，以创新求发展，以管理求效益。采用国际先进标准和工艺；奉行“尽职守法、关爱环境、预控风险、节能降耗、以人为本、关注顾客、优质服务、持续改进”的管理方针，强化“5S”现场文明管理。于1998年通过了法国国际质量认证有限公司（BVQI）ISO9002质量体系认证，获得了德国政府授信（TGA）标志的合格证书，相继取得了北京新世纪认证有限公司的质量管理体系ISO9001：2000、环境管理体系ISO14001－2004、职业健康与安全管理体系GB/T28001－2001认证证书、CCS船级社认证、CE认证，并成为国际电气巨头企业ABB公司、施耐德电气公司、美国伊顿默勒公司紧密型技术与商务合作伙伴。

由于有着可靠的质管体系和完善的售后服务体系，产品先后应用于京津等地大型供配电重点项目以及西气东输、南水北调、北京奥运场馆等国家重点工程；并远销亚洲、非洲、南美洲、大洋洲等十几个国家和地区，赢得了国内外用户的广泛赞誉。

联 系 人：史克君
联系电话：69549881

天津日拓汽车电装有限公司

天津日拓汽车电装有限公司始创于2005年，注册资金1000万元，员工500人，是一家专门从事汽车线束和汽车电子控制器开发与制造的汽车配套企业。早期，天津日拓汽车电装有限公司主要为部分低档汽车生产配套汽车线束和汽车电子控制器。为进一步适应市场需求，公司加大研发投入，加快技术进步，加强技术应用转化，除研发经费外，公司每年投入销售额的2%用于技术中心软硬件设施的更新和完善，逐步实现了在现有基础上的升级，目前已发展成为集开发、设计、生产、服务为一体的汽车线束及电子控制器的专业生产厂商。企业拥有自主知识产权19项，市级技术中心，汽车线束及电子控制器产品多达上千种，技术和服务受到了国内外很多大型汽车生产厂家的肯定。

公司积极探索，敢于实践，不断完善技术实力，有力地促进了企业发展。一是加强技术的专有性。公司的技术中心是国内第一家汽车线束和控制器行业的市级技术中心，依靠自身的技术优势和从业经验进行新产品开发，确保研发的产品具有唯一性和领先地位。二是加强技术的知识产权保护。公司设计的汽车控制器具有独立知识产权，与主机厂签署了相关的技术协议，确保产品在一定时期内受到政策保护，实现知识产权有效转化和利用。三是加强细分市场的专业化发展。公司是国内最早提出“和主机厂结成同步开发共同体”构想的公司，通过派项目组到各个主机厂同步开发，缩短了开发周期，节约了大量资金，此方法现已成为汽车线束、电子产品设计行业通用做法。

目前，天津日拓在国内同行业中已处于领先地位，取得了一定的成绩。下一步，公司将继续加大技术研发投入，不断提升企业整体实力。

联 系 人：刘芳

联系电话：58702021

天津荣亨集团股份有限公司

天津荣亨集团股份有限公司1982年建厂，1999年2月16日改制成为股份有限公司（非上市公司），2008年市政府命名的“天津市高新技术企业”。公司是天津市铸锻行业协会的会长级单位，天津市企业家协会会长级单位。集团注册地为天津市宁河县津榆公路北侧，注册资金6358万元。公司拥有国际先进水平的精密铸造、机械加工、石油钻采设备等先进生产流水线和检测设备。主要产品有“荣亨牌”潜油电泵、潜油电机、增压注水泵、双螺杆泵、往复式柱塞泵、泵用叶轮导壳等高级精密铸造件。覆盖全国各大油田，并远销到美国、德国、俄罗斯、加拿大、日本、印尼等国。

天津荣亨集团股份有限公司是以石油钻采设备生产为基础的中型民营企业，拥有自己的知识产权，5项发明专利、32项实用新型专利分别填补了国内外的技术空白，深受用户好评。

企业通过加强技术创新、管理创新、机制创新走出了一条自我发展之路。一是注重技术研发，技术研发中心开发的37种产品分获国家专利，其中联体小功率电机项目已经获得美国的发明专利。二是注重机构的建设和人才的培养，目前已拥有专业科技人员86人，其中中级以上工程技术人员65名，有5名专家享受国务院津贴。集团技术人员平均学历大专以上，集团先后与天津大学、天津科技大学、中科院等院校及科研机构建立了密切的协作关系，并成为同行业瞩目的正规划研发机构。

目前荣亨集团石油钻采装备产品的国际市场占有率达到了46%以上，国内市场占有率也达到了60%以上。公司1997年获得了挪威船级社的ISO9000质量体系认证，以及计量体系认证、CCC认证。

联 系 人：崔树清

联系电话：69161618

天津一阳磁性材料有限责任公司

天津一阳磁性材料有限责任公司是从事磁性材料及应用产品研发、生产和销售的高新技术企业。2009年投资人民币10亿元，在天津市蓟县专用汽车产业园建立了新厂，占地面积120000平方米，建筑面积60000平方米，正式投产后预计产稀土永磁材料及其附属产品6000吨，此产能在全世界同行业内可排前五位，国内可排前三位。2013年，实现销售收入达到了4亿元人民币。

公司不断加大对研发的投入，目前，成立了以一阳产品工艺研究中心为龙头的一级研发体系。公司的生产技术和工艺配方均由专业的技术团队支持，部分研究人员已经从事本行业30余年，有着深厚的理论功底和丰富的实践经验，加之与中科院、清华大学、科技大学、钢铁研究总院的通力合作，使公司的工艺技术一直保持在世界先进水平。新配方的研发成功，使公司在保证了产品性能的基础上，降低了10%～15%的生产成本，对公司产品的国际市场占有率有着重要的作用。

公司以烧结钕铁硼磁体为主要产品，钕铁硼磁体已经在信息技术、航空航天、绿色能源和医疗领域广泛应用，如计算机硬盘、光盘驱动器、航天飞机、风力发电、核磁共振等，是现阶段中国稀土永磁材料产业的代表性企业和全球最大的钕铁硼磁体制造商之一，在全球同行业内具有非常大的影响力，产品远销70多个国家和地区。

联 系 人：孙凡

联系电话：59131166

肥乡县远达车辆制造有限公司

肥乡县远达车辆制造有限公司是一家具有自主知识产权，专业从事各类专用车、环卫车改装生产的民营企业。公司2001年成立以来，紧盯市场需求，持续推进产品升级，不断实现自我突破，由最初的一个个体小改装厂发展成为拥有自主知识产权的中型企业。目前，公司总资产1.58亿元，年生产各类专用车1万辆、环卫车5000辆，2013年实现销售收入6.4亿元，纳税2250万元，是全国乡镇企业创名牌重点企业、河北省名优企业。

始终把产品升级作为企业的核心竞争力

中小型民营企业船小好调头，适应市场需求不断实现产品转型升级最为关键。远达公司成立至今，一直秉承“坚持市场引领、不断提升产品水平”的经营理念，13年间围绕专用车生产先后经历了3次产品转型升级。第一次是2005年，公司由成立时主要生产拖拉机斗和全挂车，转型升级为生产半挂车，成功列入国家汽车公告企业，当年销售额突破了1000万元，到2009年销售额突破1亿元。第二次是2010年，与德国凯驰公司进行技术合作，联合研制了以洗扫车和压缩式垃圾车为主的各类环卫车，由生产半挂车转型升级为生产各类环卫车，2012年销售额成功突破5亿元大关，企业发生了脱胎换骨的变化。第三次从2013年8月开始，公司投资3.2亿元进行环卫车项目扩建，建设全自动智能组装生产线和科研中心，实现了环卫车生产由人工组装向智能化生产转变。

三次产品转型升级，助力企业转型升级，13年间企业由小作坊发展成为拥有自主知识产权的企业，由个体发展成为中型企业，实现了跨越赶超发展。

始终把创新驱动作为企业发展的动力

远达公司的发展历程，也是一个不断“有中生新”的过程。一是注重技术创新和新产品开发。目前环卫车产品已发展到9大系列60多个品种，同时新研制的雾炮车已生产出样车，正在进行测试，下一步还将进军专用客厢车改装生产领域，发展房车等产品。二是注重人才培养和科技投入。目前公司有168名工程技术人员，占到公司员工总数的三分之一。公司建有专门的技术研发楼和研发中心，由最初时的1人挑大梁发展到目前拥有30余人的研发团队，研发力量不断增强。仅2013年公司研发投入就达到680万元。三是注重与国内外大企业合作。先后与德国凯驰公司、东风汽车公司、一汽解放汽车公司、北汽福田汽车公司等多家大型汽车公司建立长期合作关系。通过对标学习，不仅给公司带来了新的技术，更给公司带来新的管理理念，公司整体管理水平大幅度提升，营销和服务能力也得到加强。

始终把诚信经营作为企业实现可持续发展的源泉

企业靠诚信起家，也一直坚持诚信经营。公司成立之初就非常重视产品质量和公司信誉，十多年前客户赠送给公司董事长的一幅“车好人实在”的锦旗，至今仍悬挂在公司。远达把其作为企业发展的座右铭，时刻提醒员工要用诚信经营的理念，来赢得广大客户的心。诚信经营，让企业品牌有了更广泛的认知。公司2006初意识到品牌的重要性，开始实施品牌战略。先是注册了“永康”牌商标，当年又连续通过了国家CCC认证和ISO9001：2008质量管理体系认证，提高了品牌认可度。诚信经营，让企业市场不断扩大。远达坚持客户至上，做到产品销售到哪里，售后服务就跟踪到哪里，在各地建立了20多个售后服务网点，及时解决客户在产品使用过程中遇到的各种问题，并将意见反馈回公司加以改进，提高客户满意度。通过努力，远达不但扩大了市场份额，销售收入增加了四分之一，还使企业向生产和销售并重转变，综合管理水平显著提高。

启示：远达面对激烈的市场竞争，以强烈的危机意识和执着的创新精神，持续调整产品结构，不断扩大市场规模，从同质化竞争中脱颖而出，品牌影响力不断提升。其成长历程值得小微企业学习借鉴。

对外联系方式：0310－8528119，8528999

河北常山生化药业股份有限公司

常山生化创建于2000年，由肝素粗品加工起步，经过十几年的快速发展，目前已发展成为国内少数拥有完整多糖类药物系列产品产业链的国家高新技术企业。公司于2011年在深交所成功上市，2013年被评为国家火炬计划重点高新技术企业、河北省院士工作站。去年实现销售收入7.4亿元，利税近2亿元。

河北省医药行业巨头林立，从规模上讲常山生化并不算大，但近5年来，依靠自己打造出的王牌产品，销售收入翻了三番，利税翻了四番。

引进高端人才，突破关键技术，做高精尖产品

在创业之初，常山生化定下了一个规矩：在技术研发上一定要先做精，再做强，最后才是做大。受规模限制，常山生化最初在肝素产业链低端做粗品加工，产品附加值低，受市场变化影响较大，发展缓慢。为打开局面，企业调整发展战略，低附加值产品都采取外包或合作的模式生产，将精力聚焦高附加值产品，延伸产品产业链，向高附加值的高精尖产品要效益、要发展。

要创新就要引进尖端的人才。公司总经理姬胜利，之前是山东大学的教授、博士生导师，国内肝素领域权威专家，也是药品生产质量管理规范（GMP）管理方面的专家；美籍华人丁毅力博士，入选了河北省第四批“百人计划”，公司从美国请其回来，现在是常山生化的研发骨干；企业建立了院士流动站，争取到管华涛、陈志南、杨胜利等几位院士长期支持研发工作。

有了尖端人才，公司的研发创新有了保障，在肝素产业链上不断向高附加值端延伸。目前常山生化的达肝素、依诺肝素、那屈肝素三个高附加值产品都达到了国际先进水平，在国内同行中处于领先地位。万脉舒牌低分子肝素钙注射液的企业生产标准远高于国家标准和行业标准，享受国家发改委的单独定价，国内市场占有率已经连续4年位居全国同行业第一。高精尖产品为企业带来了效益，使企业取得了快速发展。

开展上市融资，实行兼并重组，做强也要做大

“做强”之后，常山生化开始在资本市场中做文章，来实现“做大”，但“做大”也要有选择。2007年，企业争取到了一个在香港地区上市的机会，当时公司上市流行包装，就是通过对公司业绩、资产额等内容的包装，以达到上市标准，而企业担心即便上市成功，这样的包装会给企业后期发展带来被动，思虑再三，最终决定放弃这次上市机会。

2011年国家即将推出创业板，常山生化第一时间向国家证监会提交了上市申请资料，由于财务指标扎实、公司业绩突出，仅用了6个月时间，就获得批复。2011年8月，企业在深圳成功挂牌上市，融资7.6亿元，为常山生化的高速发展创造了条件。

上市后，常山生化积极寻找合适机会推进兼并重组，为公司完善肝素产业链创造有利条件。2012年3月以8000万元收购了常州泰康并更名为常山生化药业（江苏）有限公司。这次并购主要是考虑到，它拥有肝素原料药，同时低分子肝素注射液与我们总公司在产品档次上有明显区分，使总公司与子公司之间能够形成上下游和高低搭配，有利于分享市场和客户，实现1＋1大于2的双赢格局。此外，这家子公司2011年6月就通过了日本GMP认证，也能帮助我们进入日本市场。

借助资本市场的力量，常山生化成功驶入了高速发展的快车道，2011年以来实现年均30%以上的增长，企业迅速做大。

瞄准国际高端，开展跨国合作，打开国际市场

在经济全球化、技术全球化的今天，科技国际合作已经成为发展潮流，通过更多的国际交流合作来实现资源共享和协同创新，有利于促进科技事业的共同发展。在十余年的发展中，常山生化不断探索、尝试国际化发展方式。

为进一步增强研发实力，开拓生物药业领域新产品，使产品达到国际一流标准，2013年常山生化与美国凯捷健有限公司达成技术协议，共同出资成立了常山凯捷健公司，开发糖尿病治疗药物，形成我们新的增长点。目前已研究开发出国家一类新药艾本那肽，并上报国家药监局。艾本那肽是国际上治疗糖尿病的全新品种，可以延长药物作用时间，使病人每周只需注射一次，开创了治疗糖尿病除口服降糖药与注射胰岛素之外的一个全新疗法。该产品上市后，既能为广大糖尿病患者带来福音，也能为常山生化带来更为广阔的市场前景。

启示：无论是引进尖端人才进行自主创新，还是瞄准国际高端开展跨国合作，常山药业公司的目的只有一个：向高附加值的高精尖产品要效益、要发展。

对外联系方式：0311－88712901，89190198

河北晨阳工贸集团有限公司

河北晨阳工贸集团有限公司是集水漆生产、家政保洁、建材贸易、工程施工、电子商务等为一体的现代化集团公司，地处京津石经济金三角腹地徐水县晨阳大街，占地面积15万平方米，年产具有国际领先水平的各种环保节能水性漆12.5万吨，是全国最大的全水漆生产企业。

1998年，河北晨阳工贸集团有限公司在国内率先发起水性涂料“绿色革命”。16年来，晨阳扎根水漆梦想，专注水漆的生产、研发与推广，成长为中国最大全水漆生产企业，把环保和绿色带给千家万户。

绿色引领，赢得市场机遇

当今世界，低碳环保、绿色发展已经成为主旋律。由于油漆在生产和使用过程中的种种危害，欧盟自2004年起，全面禁止在欧盟国家内生产、销售溶剂型漆，2007年起禁止在室内装饰中使用溶剂型油漆，而美国也从2004年起限制中国油漆家具进入美国市场。在国内，随着国民环保意识提升、消费行为转变，节能环保的水漆涂料行业正迎来前所未有的发展机遇，市场也呈现“井喷式”需求态势。晨阳集团抓住了这一历史性发展机遇，以领先一步的胆识和智慧，以新产品研发和产品高品质为保障，逐渐替代进口产品，迎来广阔发展空间。

与传统油漆相比，水漆由于只使用清水稀释，生产和使用过程不会挥发任何有害有机物。目前，晨阳水漆已拥有5大系列上百个品种，填补了国内多项空白。除不产生污染外，特种隐形涂料可有效屏蔽放射性元素；正在研发的取代聚苯板、保温板的反射隔热涂料，可以避免多年后白色垃圾带来的环境污染以及火灾隐患。与同等产能规模的传统油漆厂相比，晨阳年可节约溶剂10万吨，相当于节约石油20万吨，节约标准煤28.6万吨；减排二氧化碳71.5万吨，相当于10万辆轿车1年的排放量。

目前，晨阳正在整体规划实施千亩产业园项目，建成中国最大水漆生产基地，到2015年底年生产能力达到125万吨，解决就业突破2万人。

创新引领，夯实市场基础

2001年企业创办之初，即组建了技术中心，为开展研发合作、进行技术创新，提供了有效平台。晨阳集团技术中心现发展成为河北省企业技术中心，已投入科研资金近1.4亿元，目前拥有科研人员近200名。晨阳还建立了国内唯一一家水性涂料院士工作站，与中科院工程研究所合作建立了全国唯一一家水性涂装纳米材料实验室，并与中国涂料工业协会和北京化工大学、河北科技大学等科研院所开展产学研合作。

晨阳水漆共创造18项技术专利、2项国家级发明专利，15项科研成果通过省级科技成果鉴定，其中“水性金属防护漆”被科技部评为“国家重点新产品”。

营销引领，扩大市场规模

标准为王。晨阳牵头制定国内水漆标准，并参与制定包括高铁列车应用在内的多项水漆的国家标准和行业标准。产品相继通过ISO9000国际质量体系认证、欧盟SGS环保检测认证及德国TUV环保检测认证，具备与国际品牌比肩竞争的实力。

合作共赢。先后成为北京奥运工程指定供应商，入列中石化、中国化工集团水漆涂料合格供应商；其防霉、防潮产品成功应用于北京地铁工程，开创水性涂料在地铁工程应用方面的先河；同多家大型企业集团互为长期战略合作伙伴。

品牌至上。晨阳主打“无毒、无害、无污染”品牌战略，引领绿色消费市场。随着政府对污染行业施压、公众环保需求的增加，晨阳水漆高调跟进，2013年中央电视台《新闻联播》对晨阳水漆的安全、无污染进行报道；2014年伊始，晨阳水漆的广告就在央视等全国媒体不断播出，引发了水漆发展新一轮热潮。晨阳把水漆的环保理念进行了全民普及，为跨越发展奠定了牢固的基础，也带动了水漆行业的又一波快速增长。

启示：要想把企业做大做强，实现可持续发展，就要顺应时代潮流，走绿色发展之路，靠科技引领行业变革，靠质量赢得高端市场，实现生态效益、经济效益、社会效益的多赢。永不停滞的创新精神，专一发展的绿色执着，是晨阳集团绿色崛起带来的启示。

联系电话：0312－8667222

河北金音乐器集团有限公司

金音集团始创于1989年，产品涵盖长笛、短笛、萨克斯、单簧管、双簧管、提琴等100个品种300种规格的乐器和400余种乐器配件，85%以上产品实现出口欧美、日本、韩国等50多个国家和地区，是国内生产西洋管弦乐器的骨干企业。2012年跻身全球百强乐器与音响产品供应商，产品出口量、国内市场占有率均居同行业首位。2013 年实现销售收入6.8 亿元，利税6039 万元，税金1192 万元，成为武强县第一纳税大户。

把产品当作艺术来做，对标先进工艺技术

公司与美国布鲁克林大学音乐学院共建了乐器综合科学研究所，实现检测、实验、研发等方面先进技术的共享应用。通过引进国际上最先进的抛光设备、焊接设备、除尘设备和激光打标设备，新建和改造了 5 条生产线，实现了数控流水线自动化加工生产。参与制定了西管乐器产品标准，拥有专利 42 项，其中长笛演奏指环、小提琴面板检测调试方法与装置、乐器钩肩背带等 3 项发明专利填补了国内空白，与河北师范大学音乐学院合作开发新品塑性太阳号（苏萨风）为国内首创。定期聘请美国长笛演奏制作大师约翰逊·兰迪和众多国内著名演奏家来公司检验测试产品，指导成品调试定音，不断改进创新。组建了质量管理控制中心和实验室，购置了管乐器气密性检测仪、木材水分测试仪等先进检测设备，执行严格的自检、互检和专检的“三检制度”，确保产品达到最高标准。通过对技术、生产工艺的改进和对产品调试、检测的重视，金音产品质量达到了国际领先水平，金音的乐器在维也纳的金色大厅里演奏出了贝多芬、莫扎特、李斯特等知名艺术家的作品。

从做产品到做产业，实现多元化发展

乐器产业是武强县域经济发展的支柱产业，金音集团是武强乐器产业的龙头企业。为了实现多元化发展，进一步推动县域经济发展，金音集团与德国 GEWA 公司、北京路德文化艺术中心等国内外知名公司，共同打造具有完整乐器文化产业链的中国武强国际乐器文化产业基地。融合武强年画等文化元素，延伸乐器文化产业链，实现乐器产品研发、生产销售、物流配送、电子商务等各环节有效衔接，以及音乐人才的培养、交流及休闲旅游等各方面共同推进。其中金音集团与京璐德文化艺术中心共同投资1300 万元共同创办的璐德国际艺术学校，成为打造武强国际音乐产业基地产业链的重要一环。目前，已有 8 家企业入驻基地，并带动了周边 42 家配件企业的发展，解决 5200 人就业，全县乐器生产、加工及配套企业近 20 家，产业增加值近 3 亿元。一个国际性西洋乐器产业板块正在武强隆起。

把产业当做文化来做，传承发扬故土文化

为充分挖掘音乐主题文化的潜力，传承发扬故土文化，提升周窝镇经济生活水平，金音集团依托乐器产业的基础，与一路德国际艺术学校合作，在周窝村联合打造了音乐文化小镇。在不改变周窝原有面貌的情况下，聘请中央美院建筑学院、北京 798 艺术中心等对小镇进行规划设计，按照“一院一景”的原则，对小镇现有民居院落进行全面改造，沿街店铺承租，统一包装，统一运营，建设了音乐厅、乐器展室、音乐吧、咖啡屋、青年旅馆等娱乐休闲场所。目前周窝已经成为一个集音乐创意、休闲旅游为一体的良好去处，同时提升了武强乐器产品的知名度和品牌价值。音乐小镇不但大幅提升了金音集团知名度，加快了武强文化产业发展，更成为了有效拉动周边县域经济发展的引擎。

启示：金音乐器立足当地优势，深挖文化财宝，高站位、大手笔，重技术、重人才，深挖掘、出精品，实现了从做企业到做产业的转型，带动了区域经济社会和谐发展。燕赵大地有深厚的文化底蕴，河北省许多县（市）在文化产业或其他特色产业上都有基础、有优势，以特色龙头企业引领，实现县域经济社会发展的新突破模式，可以从武强县和金音乐器的经验中寻求启示。

联系电话：0318 －3727387

河北先河环保科技股份有限公司

河北先河环保科技股份有限公司成立于 1996 年，主导产品是城市空气、地表水质、污水 COD、烟尘烟气、酸雨和饮用水质六大在线监测系统及数字应急监测指挥系统。经过十余载的发展壮大，目前先河公司注册资金已从当初的 50 万元增至 20280 万元，总资产 110500 万元，销售收入 33915 万元，员工 481 人，年纳税额超过 3000 万元。公司连续多年被评为“中国环保产业骨干企业”，是国家重点高新技术企业、国家创新型企业、河北省知识产权优势培育单位，建有省级企业技术中心和省工程实验室。2010 年 11 月 5 日，公司登陆创业板市场，成为中国环境监测仪器行业首家上市公司。

研发＋产业化，奠定产业基础

先河环保始终重视产学研工作的开展，先后与清华大学、天津大学、中科院长春应化所等院所合作，攻克了环境污染的快速监测、自动监测和在线监测等重大技术难题，已成为国内环境监测仪器行业领头企业，参与制定多项行业标准，并实现了科技成果与产业化之间的“无缝链接”，不仅增加了企业收入，还推动了相关行业的发展。其城市空气质量连续自动监测系统、水质在线连续自动监测系统、污染源在线连续自动监测系统等产品，已成为公司的支柱产品，年产值均超过 1.5 亿元。特别是与中科院安徽光机所合作，成功开发的国内第一套完全自主知识产权的“城市空气质量连续自动监测系统”成功替代了进口产品，使国内同类产品价格由 120 万元下降至 40 万元左右，自 2002 年投放市场以来，市场占有率已达到 30% 以上，仅此一项，就为国家节省财政资金 15 亿元以上。

专注＋差异化，成就竞争优势

先河环保成立之初，主要产品为国家技术监督局的科技项目成果——大气 24 小时恒流自动采样器、粉尘采样器等小型设备，当时已经有不少企业从事这类产品的生产和销售。在激烈的竞争环境中，先河环保意识到企业要想在未来取胜，就必须另辟蹊径，以创新为动力，避开与同类企业之间的直接竞争。按照这个思路，先河环保早在 1998 年就确定了差异化的经营战略，将经营方向定位于发展高技术含量的在线环境监测产品——24 小时连续自动在线环境监测仪器。通过多年的发展和不断创新，产品已遍布全国除台湾、香港、澳门在外的所有省、市、地区，近200个城市，主导产品市场占有率超过30%。

开放+合作，引领高端发展

我国在环境检测行业起步较晚，发展水平滞后于发达国家，高端环境监测市场的竞争必然是与国际一流对手及先进技术的角逐。为了尽快达到国际水平，实现与国际接轨，先河环保实施广泛的国际合作战略，积极整合全球优势产业资源，提高公司对市场的控制权，先后与德国、日本、英国、美国、澳大利亚、西班牙、意大利、瑞典等国的多家国际知名分析仪器公司、大学开展环境监测技术交流，并组织技术骨干到国外进行学术访问。2008年与澳大利亚生态技术（ECOTECH）公司共同设立企业技术研发中心，2011年与美国自动精密工程公司（美国API公司）、METONE公司等建立战略合作关系，进一步拓展了技术指标和监测参数。2013年收购美国CES公司，成为其控股股东，成功填补了重金属监测领域的空白。通过共建技术中心、开展战略合作、并购等形式，先河环保在国内大气监测领域的领先地位进一步得到巩固，在国际市场的话语权和控制力稳步提升。

启示：先"生"夺人，先入为主。先河环保通过准确预判经济发展形势，明确企业发展定位，提早进入节能环保市场，奠定了企业成功的重要基础。更重要的是，先河环保对产品创新的理解和实施。公司在发展过程中始终坚持"开放创新""引进创新"，优化整合各种资源，这不仅是企业做大做强的必然要求，更是企业实现恒久发展的制胜之道。

对外联系电话：0311－85323985，85323925

吉林省鑫泰食品调料有限公司

一、企业简介

吉林省鑫泰食品调料公司成立于1992年，位于长春市宽城区利国街20号，占地面积1万平方米，共三个生产车间20条生产线，150名员工，年产能5000吨，销售额达4000万元，年均上缴税金42万元。公司主要从事各类植物油和调味料的生产和销售，是省内生产规模最大、品种最全、专业化程度最高的调味品生产企业。也是省内本行业中唯一一家运作全国市场的企业。

公司旗下"吉百家""吉每家""鑫泰大众"三大品牌，品牌下设芝麻油、芝麻酱、调味油、调料酒四大系列百余款产品，销售网络覆盖范围、覆盖深度、销售份额上都位居吉林省内芝麻油销售行业首位，占吉林省市场份额90%。凭借严格的品质管理和强大的市场拓展能力，从90年代起迅速建立起一个享誉省内外调味品王国，畅销产品达百余种，分销网络遍布全国，占全国市场份额60%。

从业20年来，在政府相关部门的关心指导下，公司生产的产品以符合国家标准为前提，达到了出口食品生产企业卫生标准，吉林省质量技术监督局颁发了"标准化良好行为示范企业"AAA级企业，并通过了ISO9001∶2008质量管理体系认证，严把产品质量让公司得到了政府及社会消费者的一致好评。公司现任吉林省调味品协会副会长单位；长春市食品、酒水行业协会理事单位；长春市宽城区食品调料行业协会秘书长单位；中国企业商业信用评价中心诚信AAA等级企业。公司不但致力于为消费者提供高品质的产品，更在产品的外观包装上不失时机地设计新的品牌标识，不同于早期传统的外观造型，新包装采用国际视觉审美的流线设计，因而更富现代感和美感，更易为消费者接受。"吉百家"系列产品外观包装已经获得国家专利局的《外观设计专利证书》；2011年"吉百家"商标获得了长春市工商局颁发的"长春市知名商标"荣誉称号；2012年"吉百家"获得了吉林省工商局颁发的"吉林省著名商标"荣誉称号；2013年"吉百家"获得了吉林省质量技术监督局颁发的"吉林省名牌"荣誉称号。

"关注质量，心系民生"是鑫泰公司发展的中心主旨。响应国家对于"强化食品安全管理工作"的号召，力求在本行业内起到表率和引领作用，从市场参与者的角度履行监督和指导职能，为吉林省调味品行业向着规范化、规模化的方向发展而倾尽全力。

二、成功经验

公司发展至今，离不开工信中小企业处及政府相关部门的服务与支持。从帮助解决融资途径、减少融资成本，到无偿为企业提供讲师进行公司管理培训，再到组织企业参加国内外对接展会，让企业零费用提高国内外销量，等等。中小企业公共服务平台更是给企业提供大量地丰富资源，并有效地对企业困难提出全方位解决方案，细心的指导、政策的解读，都是企业在发展的道路上的一盏明灯。

企业注重以人为本，培育出独具特色的优秀企业文化，提升企业竞争能力。以为消费者有滋有味的生活提供高品质服务为宗旨；以为社会创建一个具有百年发展力的卓越企业和优秀品牌为使命；以为员工搭建实现人生价值的舞台为责任；以培养一流的员工，建设一流的队伍，使用一流的设备，实行一流的管理，生产一流的产品，提供一流的服务，塑造一流的品牌为追求。科学管理，确保质量，拓宽市场，提高效益，以品质优、服务优赢得市场及口碑。打造中国调味品行业最具品牌价值的企业！

三、联系方式

地址：吉林省长春市宽城区利国街20号

邮编：130052

电话：0431－82690033，82690022

长春市吉韩模具有限公司

吉韩模具是一家专业从事模具设计、开发、生产、服务于一体的专业性公司，为飞机、汽车、客车、家电、医疗器械等行业生产各类大型冷冲模具、级进模具、塑料模具、检具、非标设备及塑料制品等。

拥有三家全资子公司：吉林省三友模具服务有限公司经营数控、电加工设备、模具标准件及工具；

模具生产基地——吉林省吉韩模具有限公司，包括产品研发部、模具车间、数控车间，拥有大行程数控龙门铣床13台，普通机加设备60余台，具备大型模具及零件加工能力；注塑件生产基地——长春市吉韩模具有限公司，拥有10余台全电脑注射成型机，具备为主机厂配套生产的成型经验。现有厂房总占地面积37000多平方米，现有员工150多人。

公司已于2002年通过ISO9001质量管理体系认证，被一汽集团和哈飞工业集团评为“工装定点加工企业”，被长春轨道客车股份有限公司确定为B级供应商，并持续稳定的为第一重型机械有限公司、第一汽车集团公司技术中心、唐山轨道客车股份有限公司等企业提供配套产品。

企业不断的发展壮大，建立健全科学规范的管理制度至关重要，2009年初公司通过政府搭建的平台，与英雷诺阿企业管理咨询（北京）有限公司进行了洽谈，由颇具经验的咨询师进驻企业，引进了为期一年半的精益生产管理和法人治理项目，通过对经营绩效的改善、管理现场的改善、员工素质的提升、凝聚力的形成、法人结构的治理，全面提升企业管理水平，增强市场竞争能力。

2011年公司又请来了简柏特公司的管理咨询人员，对公司的组织机构进一步进行优化，完善KPI绩效考核系统，巩固精益生产管理成果。通过战略绩效管理，积极探索企业法人治理结构的新机制，规范企业法人治理结构，并依靠企业团队的不断努力，在与时俱进，开拓进取，建立健全科学、高效的法人治理结构，实现企业管理制度创新，使公司的管理水平和技术水平能够走向规范化、规模化等方面，逐步向先进企业行列靠拢，使企业的规范化管理水平更上一层楼。

与此同时，公司始终坚持技术创新是企业发展壮大的根本，因此几年来与吉林大学陆续开展了汽车注塑件气辅成型工艺开发、模具设计与制造、汽车关键零部件冷精密成形工艺开发、模具设计与制造、车体部件高精度拉弯成胎具开发及数值模拟技术研究等多个项目的技术合作，其中汽车注塑件气辅成型工艺开发项目，荣获“吉林省优秀产学研联合项目”三等奖。

自2003年开始，我公司先后为哈尔滨飞机工业集团、哈尔滨玻璃钢研究院、北京航空航天大学、长客玻璃钢等企业生产树脂复合材料成型模具，收到了良好的经济效益。但是，由于受到技术水平的限制，产品质量无法提升，因此2013年又与吉林大学合作了车用结构件树脂传递模塑成型关键技术开发本项目，目标是开发汽车复合材料构件（如发动机罩、行李箱盖板、车厢、保险杠等）树脂传递模塑成型技术，掌握汽车复合材料构件的树脂传递模塑成型工艺和成型模具的设计制造技术，并建成树脂传递模塑成型制件及模具产业化生产基地，实现为一汽集团提供10万件车用复合材料构件、50套车用复合材料构件模具的配套生产能力。

项目成果来源为吉林大学鉴定成果——《车用大型结构件复合材料树脂传递模塑制造技术》，在国内居于领先水平。树脂传递模塑（简称RTM）技术被誉为21世纪主要复合材料成型技术之一。已经在国外汽车零部件（车体及部件、卡车车顶、车身构件等）广泛应用。是将树脂注入闭合模具中，通过浸润增强材料并固化而得到制件，具有投资少、生产效率高、节能、环境排放物低、工艺适应性强、制品内外表面均光洁、外观质量好等特点。

公司自1998年成立以来，先后被评为省级AAA级信用企业，长春市制造业信息化工程示范企业，2001年被省政府命名为“人民满意服务单位”，被吉林省技术监督局评为“质量信得过单位”，被一汽集团和哈飞工业集团评为“工装定点加工企业”，被长春轨道客车股份有限公司评为B级合格供应商，2004年被长春市工商业联合会认定为“重信誉、守信用、讲信义”单位，2007年获得了“百姓口碑最佳单位”，被二道区政府评为“明星级企业”。

联系方式：
地址：长春市二道区吉长公路零公里处（师范学院正门对面）长春市九台工业园区
电话：0431－84731953，8435346，82561541
传真：0431－84738765，82561540
网址：www.ccjihan.com
E－mail：ccjihan@163.com

黑龙江省长乐山大果沙棘开发有限公司

黑龙江省长乐山大果沙棘开发有限公司始建于1996年，是一家集大果沙棘种苗繁育、栽植、生产加工、销售和科研为一体的中型民营企业。公司位于美丽富饶、人杰地灵的东北边陲——黑龙江省黑河市孙吴县中央大街388号。

公司注册资本5600万元，园区占地面积7万平方米，建筑面积2.2万平方米。公司现有员工120人，其中具有大专以上学历的高薪技术人才约占40人。公司现有主要生产线7条，其中易拉罐生产线1条，锡纸盒生产线1条，瓶装果汁饮料生产线1条，PET果汁饮料生产线1条，超临界二氧化碳沙棘籽油萃取生产线1条，叠片离心沙棘果油提取生产线一条，浓缩果汁制取设备一套，黄酮浸提设备1套。公司经营范围为沙棘、蓝莓系列产品的制造、销售。公司生产销售的产品主要有：沙棘及野生蓝莓果汁系列饮品、沙棘果酒、冰酒、果酱、罐头系列食品及沙棘油保健品等3个系列30余个品种。

公司通过了质量管理体系（ISO9001）、食品安全管理体系（ISO22000）和有机产品管理体系（GB/T19630）认证，“长乐山”牌大果沙棘汁被中国绿色食品发展中心认定为A级绿色食品，“长乐山”牌商标被黑龙江省质监局授予黑龙江省著名商标，“长乐山”牌果汁是黑龙江省名牌产品。

公司是黑龙江省农业产业化省级重点龙头企业、出口食品卫生注册企业。孙吴大果沙棘被国家质检总局批准为地理标志保护产品，孙吴县被中国经济林协会授予“中国大果沙棘之乡”称号。

作为我国目前最大的大果沙棘系列产品生产企业，公司依托地方特色自然资源，瞄准世界生物资源开发技术前沿领域，通过与科研单位、院校合作和自主创新，使企业的科技水平和创新能力不断提升，也有效提升了大果沙棘产业的科技含量和在全国沙棘行业中的地位。同时，凭借大果沙棘产品独特的天然、绿色、健康的理念，使黑龙江省长乐山大果沙棘开发有限公司的产业成为了黑河市乃至黑龙江省独具特色的绿色朝阳产业。

通过十几年的努力，公司现已建成沙棘种苗繁育、沙棘苗木栽植、沙棘产品加工和沙棘产品研发四个基地，种苗繁育基地达 1000 亩，年繁育能力 350 万～400 万株。目前沙棘栽植面积已达 10 万亩，园式化管理面积 3.5 万亩，其中 6.5 万亩已进入盛果期，年产大果沙棘果实 6000 吨，并且沙棘结果面积以每年 2000 亩的速度递增。

几年来，在孙吴县委、县政府的大力支持和国家、省有关部门的大力扶持下，公司得到了快速健康发展，并先后承担了国家级科技攻关、国家农业科技成果转化基金、国家大小兴安岭林区生态保护与经济转型规划、黑龙江省重点科技攻关等政府科技计划项目 10 多项，企业资产规模以年均 50% 的速度迅速增加。公司的销售收入逐年大幅增加，2013 年的销售收入达 6000 万元。公司希望通过 3～5 年的努力，把公司打造成为以高新技术加工系列沙棘产品为主的大型沙棘综合产品制造企业，公司将着力开发化妆品、药品、生物科技等，成为在国内沙棘加工行业有影响力的企业，成为带动区域经济发展的示范基地、研发基地、生产加工基地和财源基地。

地　　址：黑龙江省孙吴县中央街 388 号
网　　址：www. clssj. com
电子邮箱：hljcls@ 163. com

齐齐哈尔老马太太清真食品有限公司

齐齐哈尔老马太太清真食品有限公司成立于 2006 年，注册资金 100 万元人民币，是集清真食品开发、生产、销售为一体，以及餐饮连锁经营的民营企业。公司主营速冻面米食品、清真肉制品深加工、方便食品开发及生产、餐饮连锁等。主打商标为“东北老马太太”和“清真老马太太”，主导产品为系列速冻水饺、汤圆、混沌、早餐饼等米面制品的生产和销售，品种就有 20 多种，如：牛肉葱花、牛肉虾仁、牛肉三鲜、牛肉香菇、牛肉韭菜、牛肉芹菜、牛肉白菜、牛肉酸菜、牛肉胡萝卜、羊肉胡萝卜、羊肉香菜、四喜蒸饺、多口味馄饨，还有即冲即食的方便水饺、方便馄饨等等，以及其他速冻食品和清真美味，其中包括元宵、月饼、美餐饼、卷饼肉、美味饭团、凉糕、肉灌制品等。同时，推出中央厨房计划，以餐饮连锁为基础，在各二级以上城市开展以“好伊食”“清蒸菜”为系列的中式清真快餐连锁。

“老马太太”清真食品把“细致每一环节”贯穿始终，坚持把重点放在原料、健康、口味和民族特色上。牛、羊来自指定养殖基地，按有机食品标准喂养，以确保牛、羊肉鲜嫩的品质和营养价值；蔬菜来自自有绿色种植基地，确保达到有机、生态、绿色的食品标准要求；面粉来自我国小麦主产区，以定点的优质高筋麦芯为原料，采用绿色标准和先进生产设备精制而成。优质的原材料，结合清真食品的生产工艺，配以“老马太太”私家祖传秘籍，以品质和口味取胜，受到广大消费者的认可，“老马太太清真食品”因此而闻名。

采用自创“灌汤”工艺的“老马太太”清真速冻水饺，是家喻户晓的“鹤城一绝”产品，在齐齐哈尔市地区超市上架率已经达到 90% 以上，消费者综合口味满意度在 95% 以上。“老马太太”清真食品，已经成为齐齐哈尔地方名牌、“鹤城老字号”“3·15 消费者信得过产品”。并成功获得 2010 年、2011 年、2012 年、2013 年齐齐哈尔绿色食品博览会、哈洽会、内蒙古绿色食品交易会优质产品奖；2011 年、2012 年、2013 年年度全国穆斯林大会大众口啤奖。2009 年起，“老马太太”清真水饺走出鹤城，行销省内的哈尔滨、大庆等大中城市。2010 年起，分别在哈尔滨、沈阳、长春设立办事处，行销机构与经销商遍布黑吉辽蒙，产品深受各地消费者喜爱，前景喜人。年产量近 1000 余吨，销售额为 1500 余万元。

公司十分重视产品研发，与齐齐哈尔大学合作，针对绿色清真食品进行合作研发，为公司持续发展提供技术支撑。

“老马太太”清真水饺始终坚守“信誉至上，质量第一”原则，从源头做起，无论是选料还是包制层层把关，把纯正的清洁、真实原汁原味地奉献给消费群体，因此受到管理机关和消费者的一致好评。

多年以来，老马太太清真食品有限公司以独到的品味、质量、信誉和服务载誉鹤城，企业不断壮大，业绩持续攀升，仅依法纳税额度每年就将近 100 万元，同时照顾安排下岗职工再就业 100 余人，为国家和社会分忧等诸多方面做出了尤为突出的贡献。

公司打破以往家族式管理的模式，按照 ISO 系统标准，采用温情化管理模式，强调管理应该是更多地调动人性的内在作用，但不是把强调人情味作为企业管理制度的最主要原则。人情味原则与企业管理原则是不同范畴的原则，二者的有机结合，才能使企业很快地发展。

经过多年的不懈努力，不仅“老马太太”清真食品已经成为齐齐哈尔地方名牌、“鹤城老字号”“3·15 消费者信得过产品”。并成功获得 2010～2013 年中国（齐齐哈尔）绿色食品博览会、哈洽会、黑龙江省绿博会、内蒙古绿色食品交易会等多个展会的优质产品奖、最受欢迎奖、最畅销产品奖等多项殊荣。还在由中国伊斯兰教协会主办，民族报社、宁夏自治区政府等多家承办的“中国优秀清真企业”评选活动中，总经理获得“中国杰出穆斯林企业家金狮奖”等最高荣誉。

老马太太清真食品有限公司将以饱满的热情和百倍的努力，坚定不移地遵循诚信原则，一如既往地做好“老马太太清真系列食品”，奉献我们的优质和真诚，让这一品牌继续发扬光大，为弘扬回族饮食文化做出新的更大的贡献！

地　　址：黑龙江省齐齐哈尔市铁峰区南局宅民主街 18 号
网　　址：www. laomataitai. com
电子邮箱：qslmtt@ 163. com
联 系 人：韩雪
电　　话：18545206066

虎林市众孚木业有限公司

虎林市众孚木业有限公司成立于 2001 年，注册资金 50 万元，位于黑龙江省虎林市，毗邻俄罗斯远东原始森林，集森林、湿地、界江于一体的世界三大净土之一，主要原材料有红松、水曲柳、红皮云杉、红豆云杉、桦木等，是全国首家立茬木材加工企业。公司有 2 个工厂（东方红厂区、虎林粮库厂区），厂房建筑面积 25000 平方米，固定资产 2000 万元，年销售 5000 多万元，现有职工 58 人，技术人员 18 人。公司与东北林业大学、上海木材干燥研究所、日本京都大学联合研发，先后投资 600 余万元，独创了立茬原木加工工艺，突破性地解决了立茬木材加工不开裂的世界难题。其中木材横断面锯切、立茬干燥、脱脂软化、定型四项技术获得了 2 项国家发明专利和 10 项国家实用新型专利，已应用到生产之中。

公司以设计多样化，产品多元化为发展方向，主要产品定位于厨房工艺品系列。产品包括：厨房挂件、摆件工艺品系列、旅游产品木质版画系列、家具及饰品系列。公司现有 3 个系列 15 种产品。“程师傅”菜墩是目前国内市场唯一整体制作实木菜墩。实木立茬菜墩成功出品，颠覆了立茬木材不宜深加工的悖论，它标志着我国在立茬木材加工领域有了实质性突破。

公司注册的“程师傅”品牌，以木材中精品的高端品质，在国内市场赢得了广泛的好评，获得了消费者的口碑，树立了“程师傅”的品牌形象。“程师傅”品牌系列开发与应用将给中国家庭及饮食行业的用具带来新的变化，公司以“创新、创业、诚信、共赢”为理念，为消费者提供共享时尚的新生活。

几年来，公司在改革、创新中求发展。在两个文明建设中取得了可喜成绩。2011 年工厂生产的除夕饺子宴厨具，木制地图被评为第二届中国国际林业产业博览会暨第四届中国义乌国际森林产品博览会金奖。同年，“程师傅”牌实木菜墩组合、除夕饺子宴专用厨具被评为黑龙江省名牌产品，“程师傅”品牌被评为黑龙江省著名商标。企业带头人程刚荣获全国创业优秀个人称号。

在产品的市场占有率上，众孚木业有限公司一贯注重品牌效益。开创了“名牌战略，产品创新”的经销方式，加大产品在市场营销环节中的广告宣传力度。先后投入大量资金，在广播、电视传媒做广告和制做大量的宣传册、画，同时我们还花巨资请国内有名的策划公司给我们策划。产品远销北京、上海、海南、杭州、吉林、辽宁、山东等地。深受消费者的青睐，并在消费者中享有很高的声誉。

虎林市众孚木业有限公司正在以“激情、勤奋、包容、创新”为核心形成企业文化。强力推进“以质量求生存，人人都是技能工”的经营战略。秉承以人为本，继承创新的企业核心价值观。以产品质量名优品牌的形象，谱写企业永续发展的新篇章。

地　　址：黑龙江省虎林市东方红林业局工业园区
电子邮箱：zfmy888@ 163. com
联 系 人：程刚
电　　话：0467 – 5995555，13258533355

铁力市四宝生物科技有限公司

黑龙江省铁力市四宝生物科技有限公司组建于 2005 年 5 月，是专业从事林蛙种群繁育、养殖、加工、技术与服务一体化的综合性民营科技型企业。公司组建以来，坚持“依靠科技创新，走产学研联合之路”的发展理念与经营模式，并取得了长足发展。目前总资产达到 2300 余万元，拥有年产 5 吨林蛙皮胶原蛋白提取工厂、原生态林蛙养殖示范基地 40 个，放养面积 60000 多公顷（公司预计在 2015 ~ 2016 年在全省建设完成 400 个林蛙养殖示范基地），公司被批准为国家高新技术企业，具有多项创新成果，获 20 多项国家专利，开发出即冲活性林蛙油、雪蛤胶原蛋白小分子肽、林蛙卵油、林蛙油软胶囊、林蛙皮胶原蛋白眼贴/面膜以及雪蛤系列等 17 种高科技产品，部分产品通过有机食品认证（OFCC）。公司注册了“森格”“养滋堂”“雪帝雅”“森林稻花”“岩列山泉”等商标，其中“森格”牌商标荣获黑龙江省著名商标。“森格”牌中国林蛙油被国家质量监督检验检疫总局批准为“地理标志产品”，并受国际保护，“养滋堂”牌林蛙胶原蛋白小分子肽原液被选为黑龙江省名优产品。

CCTV – 7《致富经》、CCTV – 10《走进科学》（百度视频搜：“放出去的财富”）栏目报导了我公司林蛙产业发展和产品开发情况，省委政研室和省宏观经济专家组都先后到公司进行深入调研，并将调研结果在省委内参和奋斗杂志上发表。

由于公司的林蛙繁育养殖、精深加工、科技研发处于全国同行业前列，企业被确认为“伊春市科技型民营企业”“伊春市生物产业示范基地”“黑龙江省高新技术企业”和东北林业大学生命科学学院、哈尔滨商业大学食品学院的“试验实习基地”。获得黑龙江省“非公有制科技创新先进企业”、黑龙江省“放心食品十佳企业”、黑龙江省“诚信维权单位”“2007 年中国质量万里行诚信企业”、伊春市“先进私营企业”、伊春市“诚信维权单位”、铁力市“诚信单位”等荣誉称号。

公司在林蛙产品精深加工方面处于国内领先地位。近年来，先后与东北林业大学生命科学学院、哈尔滨商业大学、中国林蛙研究所、中国科学院生物物理研究所、东北农业大学等科研院所共同合作研发了林蛙油小分子肽、复合生物酶水解生产胶原蛋白、林蛙皮提取抗菌肽、林蛙油非伤害性采收及活性蛙胚精深加工等项目。公司还与北京出入境检验检疫局检验检疫技术中心共同承接国家科技支撑计划资助项目："重大外来与新发水生动物疫病识别与监测技术研究林蛙病毒监测"项目。

依托这些研究成果，目前开发出三大新产品。一是抗菌肽。经过前期研究，本项目已经取得了显著进展，被列入国家科技创新基金项目，现已经具备规模化生产的潜力。二是胶原蛋白。该项目是利用复合生物酶水解生产林蛙皮胶原蛋白，此项目通过省科技成果鉴定，被认定为"新技术"和"新产品"，该项技术已申报国家专利。三是林蛙油非伤害性采收及活性蛙胚精深加工。该项目是黑龙江省重大科技新产品项目，现代研究表明，活性蛙胚包括卵细胞和卵胶囊（林蛙油）双重成分，是林蛙基因启动、表达、形成各组织器官时期，功能因子含量多，因此，药用价值更高。本项目生态效益也非常显著，非伤害性采收林蛙油延长了林蛙的利用年限和次数，由一年一次延长到3～5年（3～5次），可持续有效地对林蛙资源加以保护和利用，同时也保护了生态环境。

公司秉承"诚信、创新、敬业、包容、厚德"的企业精神，依靠科技创新、依靠科学管理、依靠全体员工，使企业由小到大、由弱变强，成为集养殖、加工、科研、商贸一体化的科技型、专业型民营企业，努力打造成为中国"林蛙产业第一品牌"。

公司地址：黑龙江省铁力市站前街粮库路一号
销售热线：0458－2386888
公司网址：www. tlsibao. cn
微信公众账号：xueha7888

黑龙江对青鹅业集团有限公司

黑龙江对青鹅业集团有限公司创立于1997年，经过近10年的艰苦创业，现已发展成为一家集种鹅孵化、繁育、养殖、屠宰、加工、冷链物流、销售为主的民营企业，资产总额1.8亿元，注册资本7030万元。公司生产基地建在松北区对青产业园区，现有员工560余人，其中专业技术人员85人。厂区占地面积3.5万平方米。集团下设食品加工厂、鹅业孵化养殖基地和750亩青贮饲料基地。公司主要产品有：烤鹅、鹅杂；鸡鸭类、肉灌制品等五大系列近百个品种。鹅业孵化养殖基地占地100万平方米，年存栏种鹅5万只、孵化鹅雏220万只，年出栏商品肉鹅200万只；青贮饲料基地年产苜蓿草6000多吨，保证了养殖所需饲料的供应。2013年主要产品产量8000吨、主营业务收入1.3亿、利税1270万元。2014年全年预计销售收入1.5亿。

对青鹅业集团有限公司生产的产品，以纯天然绿色为主，在生产上，通过不断地技术改造和创新来提高产品的技术水平和产量；在产品的管理上，不断强化质量保证体系建设，2008年通过了ISO9001:2000质量体系认证；2009年通过了HACCP食品安全管理体系认证；2008年通过了中国绿色食品发展中心绿色食品A级认证。企业先后获得"黑龙江省著名商标""黑龙江省肉类食品行业诚信企业""黑龙江省消费者首选肉制品""哈尔滨旅游特色食品""2009年第24届世界大学生冬季运动会指定产品"等多项荣誉。目前，公司在哈尔滨市设有130余家专卖店（专柜），在大庆、绥化、肇东等地设有30余家专卖店（专柜），鹅类真空包装产品销往全国10个省（市）、自治区的100多个大中城市，进入沃尔玛、好又多等大型超市25余家，深受全国广大消费者的高度好评。

作为农业产业化市级龙头企业的对青鹅业集团，现已形成以良种繁育为核心，养殖为途径，屠宰加工为延伸的完整产业化链条。届时，集团将以"一流的管理、一流的设施、一流的质量"为依托，朝着集产、供、销各环节为一体的大型农业产业化企业方向迈进。

公司地址：哈尔滨市松北区对青山镇山后村
销售热线：0451－82510828，4006689997
公司网址：http：//www. duiqing. com/
电子邮箱：952724243@ qq. com
duiqing@ 163. com
联 系 人：刘荣
联系电话：15004606210

南京艾布纳密封技术有限公司

南京艾布纳密封技术有限公司成立于2006年，是一家集开发、科研、生产、销售为一体的科技型、专业化民营企业。占地总面积30亩，已建厂房面积15000平方米，待建面积10000平方米（实验大楼）。艾布纳自创立以来一直致力于航空、汽车发动机缸体缸盖等轻合金承压件浸渗密封的研发及推广。目前主要产品有甲基丙烯酸酯类浸渗剂、太阳能切片胶及电子胶、平面硅橡胶、螺纹锁固厌氧胶、环保型缓蚀剂及清洗剂、浸渗施胶设备、全自动涂胶机、检漏机。公司开发主导产品8690有机型浸渗剂（环保型可回收）系列，其技术处于世界领先水平，目前除艾布纳公司只有英国超密封公司拥有该项技术。公司先后通过REACH、SGS（ROHS）、AQA（ISO/TS16949、ISO9001）、德国莱茵TUV（ISO14001、OHSAS18001）、美国UL等认证。近几年来，我们占有了大陆浸渗密封70%以上的市场。

2012年公司成立"南京市新型密封材料研究中心"，把每年销售额的8%投入到技术研发中去。2013年已受理49个专利（实际已授权22个，其余正在受理中），其中有4个发明专利、5个高新技术产品。先后获得了"国家高新技术企业""江苏省民营科技企业""江苏省科技型中小企业""江苏省高新技术（后备）企业""南京市著名商标"等称号。

公司负责人：黄彩萍
联系电话：025－57422555

公司传真：025－56619007
联系地址：南京市溧水经济开发区前进路10号

南京迪威尔高端制造股份有限公司

南京迪威尔高端制造股份有限公司成立于2009年8月，坐落于南京沿江工业开发区，紧邻长江，与南京化工园毗邻，靠近宁连高速、宁淮高速、宁徐高速和宁连铁路。

公司注册资金12600万元，现有职工506人，占地约80000平方米，生产厂房约40000平方米，下设锻造、机械加工、热处理、综合、精加工及检修等生产车间。

公司是一家专业研发、生产和销售油气设备专用件的高新技术企业。目前已形成井口装置及采油树专用件、深海设备专用件、压裂设备专用件及钻采设备专用件为主的四大产品系列，产品广泛应用于全球各大主要油气开采区的陆上井口、深海钻采、页岩气压裂、高压流体输送等油气设备领域，与全球主要的知名油气设备制造商建立了长期、稳定的战略合作关系，行业地位突出。

公司是中国锻压行业“AAA”资信企业，拥有“国家火炬计划重点高新技术企业”“江苏省企业技术中心”“江苏省绿色高端精密锻造工程技术研究中心”“江苏省民营科技企业”“江苏省高成长型中小企业”“江苏省管理创新优秀企业”“江苏省信息化与工业化融合试点企业”等多项荣誉称号。已取得了20项发明专利、12项实用新型专利和7项软件著作权。公司同时系中国锻压协会锻压信息化推进委员会的执行委员单位，负责衡量整个行业相关产品的信息通信技术应用水平，并进行信息化推广工作。

地址：江苏省南京市沿江工业开发区中山科技园迪西路8号
邮编：210048
电话：0086－25－68553206
传真：0086－25－68553214
网站：www. nj－develop. com

南京康尼电子科技有限公司

南京康尼电子科技有限公司（以下简称康尼电子）是专业从事轨道交通产品的研发与产业化的省级高新技术企业。公司获得“江苏省重点软件企业”“江苏省著名商标”“江苏省中小企业创新示范企业”“江苏省科技型企业”等称号。公司研发中心通过省级软件企业技术中心的认定。

康尼电子质量体系健全，通过了ISO9001质量体系复审，获得环境、职业健康及质量三合一体系证书，研发体系管理通过了CMMI3级评估。公司拥有自主研发技术，拥有软件著作权24项，专利14项。经过多年的研发，康尼电子自主研制的门控器通过了国家CE、CB认证，并通过德国西门子（SIEMENS）、加拿大庞巴迪（BOMBARDIER）公司和法国阿尔斯通（ALSTOM）公司的境外验证。

康尼公司已成为国际著名车辆供应商法国阿尔斯通公司的A级供应商，西门子、庞巴迪公司在中国首选的优秀供应商，享有“中国轨道交通第一门”的美誉。

公司负责人：胡国民
联系电话：025－83497150，13951965808
公司传真：025－85799729
联系地址：南京市模范中路39号

南京斯坦德云科技股份有限公司

南京斯坦德云科技股份有限公司坐落于南京市秦淮区白下高新技术园区，成立于2010年，注册资本5230万元，现有员工234人，是从事集云计算硬件支撑平台相关产品生产、销售、系统集成及服务外包于一体的综合性企业。

公司主要产品有云桥高速存储系统、云桥高速远距离传输交换设备、云桥一体机，其中云桥高速存储和高速网络产品通过专业实验室的各项检测，得到了业内专家的充分肯定，并在运营商、教育和金融等行业进行了应用和示范，整体市场占有率达5%以上。对于同期其他产品，无论是在技术上还是在价格上，都具有一定的竞争优势。

公司2013年被认定为“江苏省高新技术企业”“江苏省民营科技企业”“江苏省博士集聚计划入选企业”“南京321计划入选企业”。同时，作为国家软件与集成电路公共服务平台云计算应用与服务平台（南京）的建设者之一，斯坦德拥有国际高性能计算委员会亚太地区唯一认证实验室和江苏省南京市物联网行业应用云计算平台工程技术研究中心 。

客　服：400－100－0929
邮　箱：std@ cn－std. net
电　话：025－6856 3816
传　真：025－6856 3821
企业网址：www. chinastandard. cn
企业地址：江苏省南京市秦淮区光华路1号斯坦德物联网大厦

南京泰通科技有限公司

南京泰通科技有限公司成立于2001年，坐落于南京市雨花经济开发区，占地30亩，注册资金5000万元，从十四所军转民改制成立，专业从事轨道交通无线通信、信号系统装备的研发、集成、制造、销售及服务，参与了中国铁路多项通信、信号设备标准的制订，拥有近200项自主知识产权，为青藏铁路、大秦铁路、武广高铁、京沪高铁等国家多项重点工程提供了可靠的系统装备。其系列产品在国内铁路市场的占有率在45%以上。

泰通科技自创立至今，拥有员工近200人。公司先后获得“国家级高新技术企业”、铁道部“铁道运输安全设备生产企业”“江苏省软件企业”“江苏省五星级数字企业”“江苏省信息化与工业化融合试点企业”“南京市企业技术中心”“南京市铁路无线通信工程技术研究中心”“江苏省企业知识产权标准化示范单位”“省级知识产权示范企业”“江苏省重大科技成果转化实施企业”“AAA级银行资信企业”“AAAAA级质量诚信企业”等多项荣誉资质。

公司已通过ISO9001：2008版质量管理体系、ISO14001：2004环境管理体系和OHSAS18001：2007职业健康安全管理体系等多项认证，在全国专网通信领域取得了多项领先技术。公司在自主研发的基础上，与东南大学、铁道部科学研究院、北京交大、中电集团第十四研究所、南京邮电大学等建立了产学研合作关系。公司与东南大学射频光电研究所联合创办了产学研实验基地。同时，公司与境外加拿大Pelesys公司、滑铁卢大学、台湾正文科技（Gemtek）公司等就e－learning系统、图像识别、4G等技术进行合作、输送。

企业名称：南京泰通科技有限公司
注册地址：江苏省南京市雨花台区凤汇大道35号
邮　　编：210039
公司网址：http：//www. ticom. com. cn/
联系方式：025－68507666
传　　真：025－68502028
E－mail：ticom@ ticom. com. cn

萍乡市普天高科实业有限公司

萍乡市普天高科实业有限公司，成立于1999年3月，占地面积200亩，注册资金2100万元，是一家集研发、生产、经营、技术服务为一体的高科技股份合作制企业。

公司主要产品有陶瓷膜过滤器、复合膜过滤器、陶瓷膜错流过滤器、微孔陶瓷除尘器、旋涡式湿法除尘器等环保设备；催化剂、催化剂载体、分子筛以及各类化工填料。产品主要应用于有色金属冶炼、钢铁、石化炼油、煤化工、电力、制药等领域。

公司自主研发的微孔陶瓷除尘器荣获“国家重点新产品”“江西省重点新产品”“江西省优秀新产品”“江西省自主创新产品”，省市“科技进步奖”等荣誉称号；陶瓷膜过滤器荣获“全国用户满意产品”。

我公司是国家“863计划”课题承担单位，目前承担了“冶金行业烟气深度除尘及烟气净化关键技术”中的“冶金窑炉超微孔陶瓷膜管除尘器研制”项目。

公司与北京大学、武汉理工大学、东北大学、北京科技大学等国内多所科研院所均有合作关系。是科技部“科技型中小企业技术创新基金项目”承担单位，江西省民营科技型企业，连续多年被评为当地纳税大户。

公司始终遵循“以质量求生存，以信誉求发展”的经营宗旨，坚持“科技创新、和谐发展”的公司精神，为顾客提供满意的产品是公司永远的追求。目前产品畅销全国各地，深受用户好评。

公司位于素有“赣西明珠”之称的江西西大门萍乡市，毗邻鄱阳湖生态经济区、长株潭经济区，320国道、沪昆高速及沪昆铁路穿境而过，地理位置优越，交通条件十分便利。萍乡历史文化悠久，自然风景秀丽，民风淳朴，热情好客。热忱欢迎海内外客户前来公司指导工作。

公司电话：0799－3411238
传　　真：0799－3413298
联 系 人：黄乃乔
电　　话：13607992221

江西瑞金金字电线电缆有限公司

江西瑞金金字电线电缆有限公司前身为江西瑞金电线厂。地处瑞金市象湖镇竹马岗，占地面积35000平方米，固定资产7000多万元，注册资本10080万元。始建于1966年，是原机械电子工业部、航空航天部定点生产民用和军用线缆的专业厂，专业归口由江西省国防科工办管理。公司现有员工120人，其中拥有电线电缆专业中级职称以上的专业人才30余人，技术力量雄厚。公司专业生产各种布电线、航空用线缆、电力架空线、烟花点火线、通信电线电缆等“金字牌”系列产品。

2003年，公司根据政策进行改制，由国营转为股份制民营企业，并更名为江西瑞金金字电线电缆有限公司。改制后的企业，在董事长黄宗汉的带领下，大刀阔斧地对旧有的管理模式进行了改革。一是夯实基础管理，向管理要效益。公司从实际出发，采取切实有效的措施，对供销管理、财务管理、生产管理、质量管理、人事管理及薪资绩效进行了一系列的改革，转化了员工观念，提升了全员执行力，打造了一支高效精干、能打硬仗的员工队伍，切实为企业的发展提供了人员和制度保障。二是狠抓产品质量，树立品牌形象。产品质量是企业的生命，尤其是公司的军工产品事关国家国防建设，丝毫松懈不得。因此公司管理层常向员工灌输产品质量的重要性，并建立了一套完整的质量管理运行体系。在董事长黄宗汉的领导下，公司于2004年通过了ISO9001：2000质量管理体系认证，于2005年通过了国家强制3C认证，并获得国防武器装备三级保密认证及全国首批武器装备科研生产认证。由于质量过硬，公司产品深受广大用户信赖，行销全国20多个省市，并荣获了“江西名牌”“江西地产最畅销产品”“江西优质产品”“江西优秀新产品”等称号，“金字牌”商标也被评为“江西省著名商标”。三是坚持技术创新，极力打造产品特色和亮点。“企业要想立于不败之地，必须不断发展创新，产品结构上要不断推陈出新，力争每年承接2～3项军工研制项目并推出2～3个新产品”，正是在董事长黄宗汉这种发展思路的指导下，公司一直坚持走科技创新道路，致力于研制小精尖产品，先后开发出耐高温航空导线、航空用封严编织绳、导电索、头盔线、金属编织管、搭铁线、镀银铜电刷线、聚四氟乙烯钢丝编织屏蔽软管、超薄型屏蔽软管及衬套、航空用防波套、特种轻型防波套、航空用钢丝绳、高磁导金属复合软管等8大系列400余种规格的军工产品。其中填补国内空白16项，替代进口产品12项，多次获得省、地、市科学技术成果奖和新产品开发奖，曾荣获国家级科技进步三等奖、原机电部授予建国四十周年阅兵新式武器研制先进集体称号。截止到2014年5月，公司共获得8项实用新型专利；已申报2项发明专利并获国家知识产权局受理。由于注重科技创新、成果转化及知识产权保护，2013年12月，公司被认定为国家高新技术企业。

为做强做大金字电缆，根据公司发展战略规划，2013年公司投资15000万元，实施退城进园扩能技改项目，在瑞金市经济技术开发区新建车间、厂房及生产线。该项目自2013年5月正式动工兴建以来，各项工作进展顺利，截止到2014年7月9日，一期工程土建部分已完工，1号车间设备安装工作也已近尾声，力争2014年7月31日前完成调试工作；二期工程2号车间（13000余平方米）已完成主体结构施工，4号、5号车间及3号、4号宿舍楼已完成±0.00以下基础施工，目前累计已完成投入6000余万元。项目预计2015年12月完工，建成达产后可形成年产10万公里军用和民用电线电缆及100万米航空电线电缆的生产能力，实现销售收入5亿元，创税收1000万元，新增就业人员60名。

自实施改制以来，在当地政府的大力支持及公司全体员工的共同努力下，企业效益逐年向上攀升，一步一个台阶，实现了质的飞跃，公司现已成为当地的纳税大户及重点企业，并先后荣获“江西省诚信企业”“江西省民营科技企业”“地产最畅销产品”“AA守合同重信用企业”“质量管理先进单位”“2012年江西省国防工业先进单位”等荣誉称号。

“吃水不忘挖井人”！公司发展起来后，时刻不忘企业的发展离不开当地政府和群众的大力支持和帮助，因此始终怀着一颗“感恩的心”，加倍努力工作，力争实现更快更好的发展，为地方经济作出更大的贡献！并积极参与当地市政府、工商联及社会团体组织的感恩活动，兴学助教、扶贫救灾。近3年来，公司累计捐献财物共38万元。

江西飞尚科技有限公司

江西飞尚科技有限公司是基于物联网（传感网）的结构状态与安全监测方案设计，产品研发、生产、销售、系统集成和云计算服务为一体的高科技公司。公司成立于2010年4月，坐落于南昌小蓝经济技术开发区，占地面积26亩，注册资金3750万元，拥有在建1.73万平方米的研发、生产基地。公司具有8大系列60余款高科技产品，主要应用于市政、桥梁、隧道、边坡、水利大坝、矿山、特种设备等各个行业工程的应力应变、变形、渗流/渗压等物理量监测和安全稳定分析与预应力张拉领域，是国家高新技术企业和双软认证企业。

公司目前在国内有3家全资子公司，北京天丰磊科技有限公司、北京中测瑞仪物联科技研究院、江苏飞尚安全监测咨询有限公司以及分布在全国主要省会城市的办事处，现有职工200余人，其中8位博士，30余位硕士，技术支持人员均为本科以上学历，专业梯队合理，具备60～70余人的专业软件、硬件研发队伍；形成了一批具有自主知识产权的产品，包括各类安全监测用传感器、自动化监测监控系统以及配套的采集系统和预应力智能同步张拉系统等，拥有自主知识产权41项，软件登记产品4项。公司先后与清华大学、交通部公路科学研究所、中国科学院、哈尔滨工业大学和大连理工大学等近10家国家重点科研院校建立长期战略合作伙伴关系，参与了十二五课题国家科技支撑计划“重要基础设施安全监测控制物联网共性集成技术研究及应用示范”项目子课题的研究编写。并于2012年成立自有的物联网研究院和云计算服务中心，在强大的科研实力基础上，结合行业现状及多年的行业经验，为客户量身打造符合行业实际需求的高端产品及人性化的交互操作平台。

公司自成立以来，深得省市各级领导的高度重视与关怀，先后被评为“高新技术企业”和“双软认证企业”，并被认定为市级企业技术中心，2014年获得省测绘局颁发的“测绘乙级资质”证书，被南昌市政府授予“科学技术进步奖”及“工业企业科技创新20强”荣誉，通过了ISO9001：2008质量体系认证，获2001年创业邦大赛100强、黑马大赛50强，。

公司在“科技创新”原则的指导下，始终坚持“以客户为导向，以创新为目标”的基本理念，秉承“因为专业，所以安全”的口号，在充分利用自身人才和技术的市场优势下，吸取一线客户的亲身体验，与国内外行业专家共同探讨、不断开发创新。2013实现销售收入近1亿元，营业利润约3000万元，综合纳税900多万元，预计2014年公司销售收入将达2亿元，综合纳税2000余万元。公司先后在2011年、2013年引进两轮风险投资，合计7000万元人民币，计划在2014年下半年引进第三轮风险投资，力争在2016～2017年前完成上市股改工作并成功上市。

公司现年生产传感器10万支，采集设备1万套，所研发和生产的磁通量传感器目前在国内处于领先水平。公司的专业产品包括千斤顶智能同步张拉系统、安全监测仪器、自动化监测监控系统、振弦式传感器、光纤传感器以及相关的采集系统和综合管理系统等系列产品已经广泛地应用于桥梁、铁路、隧道、大坝等健康监测领域及施工领域，在软件设计上采用最先进的技术，结合多年的行业经验为客户量身打造人性化的交互操作平台。公司具有研发实验生产基地，标准化厂房和试验检测中心，有丰富的监测技术储备，有规范的企业技术标准，在安全监测、物联网构建和云计算技术方面进行了深入的研究，并长期从事结构安全监测产品研发销售、结构安全监测系统集成、预应力智能同步张拉，服务于近百家国内的从事结构监测的科研院所及基础设施管理者，先后承担过亚洲最大单体网壳钢结构于家堡地面站房、云南澜沧江大桥、广州珠江黄埔大桥、云南李子箐尾矿库、青岛地铁、南昌地铁等项目的安全监测，具有丰富的结构监测经验，拥有一支经验丰富的专业化系统集成队伍。

公司致力于发展针对结构安全的新型实用技术以及综合管理系统，以物联网及云计算技术为依托，逐步形成以软硬件设备供应、系统设计、集成、实施、评估为基础，提升上下游一体化的综合服务能力和市场竞争力，为结构安全及工业监测提供专业产品及成套解决方案，给安全监测带来新的技术和理念。公司作为中小型、高成长型、高科技型企业，我们将与国内基础设施安全监测行业的同行们共同发展，力争成为结构安全监测行业的领先者！

联 系 人：唐国华
职　　务：副总经理
联系电话：0791－85953062，13807054601

江西华宇软件股份有限公司

江西华宇软件股份有限公司成立于2004年7月。2014年1月24日在全国中小企业股份转让系统正式上市，股票简称：华宇股份，股票代码：430563。华宇股份是以软件开发及信息技术服务为主的高新技术企业和双软企业，尤以摇感技术（3S）系统的开发、单片机开发为特色，利用最新的地理信息系统（GIS）平台，最先进的全球定位系统（GPS）技术和最新的遥感（RS）数据，开发适合市场需要的应用系统。凭借多年在森林防火地理信息系统开发、信息技术服务、系统集成积累的丰富经验，为客户提供领先的、专业的系统以及快速响应的售后服务，华宇股份已经成为森林防火行业内最有实力的应用系统解决方案提供商。森林火灾是一种突发性强、发生面广、破坏性大、处置扑救较为困难的自然灾害。它烧毁林木和森林资源，破坏森林环境，严重威胁森林生态稳定与平衡，威胁人民群众生命财产安全。按照林业建设发展总纲要的要求，我国森林防火工作将根据中国的国情和森业行业的实际情况，贯彻“预防为主，积极消灭”的方针。

在森林防火过程中，华宇股份也取得了不错的成绩。以鹰潭龙虎山景区的森林防火体系为例，公司在景区内的重点区域安装360度旋转大型摄像头，在发现火情后自动报警，将信息反馈到景区内的森林防火中心，我省监控发现的时间比国家通报时间提前了3个小时，为火灾扑救赢得了宝贵的时间。目前，公司所研发的森林防火系统软件已经覆盖江西南昌、上饶、宜春、赣州等300多个重点景区，覆盖率达90%。其中，2011年在宜春市建设的森林防火预警指挥中心系统被评为年度江西省信息系统优良工程。

2012年，国家森林防火指挥部在通报全国20多个城市森林防火综合能力考核中，江西省荣获第一名，这是自2008年以来，江西省连续5年工作上获得第一名。2012年江西省发生森林火灾46起，过火面积1154.36公顷，受害森林面积411.66公顷，同比分别下降69.5%、69.8%和71.3%，为我省历史上森林火灾最少，防火成效最好的年份之一。森林起火会导致大气污染，增加雾霾的污染，只有防御措施做得好，才能减少雾霾的污染程度，并能反作用于城市，吸附粉尘及有害物质，保护自然环境。

华宇股份开发的具有自主知识产权的产品主要有：“森林防火指挥辅助决策系统”“森林火灾自动识别与报警系统”“森林消防跟踪定位系统”“无人机跟踪定位监测系统”“林业有害生物监测预警综合信息系统”“网络视频监控系统”“茶叶质量安全管理追溯系统”“古树名木信息系统”等。目前已有20多项计算机软件著作权，十几个计算机软件产品登记证书和实用新型专利证书。近年来获得“年度优秀IT企业”“AAA级守合同重信用单位”“江西省信息技术应用先进单位”等荣誉称号。华宇股份拥有工业与信息化部颁发的计算机信息系统集成资质证书，安防资质证书，国家认定的高新技术企业及双软企业，并通过ISO9001质量管理体系认证。华宇股份坚持“不断超越，追求完美，诚信为本，创新为魂”的经营理念，坚持科技创新，不断寻求突破，采用最新的GIS技术把握行业发展趋势动态，积极拓展业务领域，丰富和完善产品线。近年来在森林防火、林火识别、病虫害预警预报、视频监控等专业领域、坚持不断地开展应用型软件研发和技术创新，并结合市场化项目实施，加速产品化进程，形成多项具有核心技术和自主知识产权的、富有竞争力的产品。华宇股份多年来以“以技术引领市场，以服务赢得用户”为宗旨，在业界赢得了良好口碑与客户赞同，树立了优秀企业形象。

电话：0791－88116074
传真：0791－88117573
网址：http：//www.jxgis.com
地址：江西省南昌市高新区高新一路金庐软件开发中心

福铃公司

江西樟树市福铃内燃机配件有限公司，位于江西省樟树市城北工业开发区，成立于1999年6月，是一家主要以生产汽车及发动机零部件，集铸造、热处理、机加工为一体的民营科技型企业。2013年公司总资产6000万元，实现销售收入7000余万元。公司占地面积40000平方米，已建成车间、员工宿舍、办公楼、检测楼等21000余平方米。拥有铸造、热处理、加工中心、数控机床、检测试验等设备400余台（套）。公司下设财务部、生产部、销售部、物流部、采购部、技术部、技术中心、质管部、人力资源部等九大职能部门，公司技术力量雄厚，有较强的开发、制造能力。公司主要生产：齿轮室、齿轮室盖、排气歧管、排气弯管、气门座圈、气门导管、气弹簧座、气门锁片、飞轮壳、驱动轴、加强板与支架等60多种产品，涉及汽车动力系统、传动系统、汽车底盘等。福铃公司是江铃汽车股份有限公司、庆铃汽车股份有限公司、北京福田环保动力股份有限公司、成都成发汽车制造有限公司、三一重工、长城汽车、东风轻型发动机制造有限公司、长春一汽四环发动机制造有限公司、广汽吉奥、恒大动力等国内大型汽车及发动机制造企业的零部件供应商。公司在2005年通过ISO/TS16949质量管理体系认证，在2007年通过ISO14001环境管理体系认证。公司坚持走科学发展观道路，非常注重新技术、新产品、新工艺、新材料的自主研发和应用。2009年公司自主研发的“汽车发动机气门座圈模具”获得实用新型专利。2013年公司获得了“一种用于热处理淬火的控温淬火池”“一种带有可卸式保温罩的料框”的实用新型专利。另外公司还申报了“铸造合金气门座圈‘两控温一控时淬火’热处理工艺”专利；2010年“汽车发动机新型材料气门座圈”通过江西省重点新产品技术鉴定，专家一致通过该产品技术处于国内领先。

公司现有员工160余人，其中高级工程师、工程技术人员占24%以上，其中高级工程师占7%。公司坚持自主创新道路，成立企业技术中心，技术中心拥有人员39人，专业技术人员33人，全部为汽车配件制造或机械制造相关专业大专以上学历，拥有较高的学术氛围，较强的产品开发能力，且与国内大型汽车制造、汽车发动机制造企业、大学建立良好的合作关系。其中高级工程师11人，工程师22人，省级科技评审专家2人，省级工程技术评审专家2人，外聘教师、博导4人。中心各类专业技术人员比例安排合理，专业涵盖汽车工程、汽车发动机制造、机械制造、金属材料研究、热处理学、电子商务、会计学、行政管理等，是一支高素质的研发队伍。公司非常注重人才的培养，年均培训企业员工400人次。2013年年初公司成立技术中心，对汽车动力系统、底盘系统、传动系统零部件、金属合金材料等开发取得了显著的成绩，计划实现年均开发新产品11项，现已申报3项。并对现有的检验、试验设备进行整合、升级，使得检验水平大大提高。目前公司拥有先进的研发设备，引进的国内外生产设备及检验仪器：光谱分析仪、数码金相显微镜、轮廓仪、三坐标测量仪、碳硫分析仪、分光光度计、粗糙度测量仪、抗拉强度试验机、快速磨损试验机、金属探伤仪等设备仪器总资产达400多万元。平均检测金属材料化学成分、金相组织、物理性能各种指标达300项。

市场部：谢青

联系电话/传真：0795－7851133

网址：www.jxflqp.com

青岛乾程电子科技有限公司

青岛乾程电子科技有限公司成立于2005年7月，座落在青岛市崂山区高新软件园内，注册资本6250万元，专业从事电能计量产品及其相关配套自动化产品研发、生产和销售的高新技术企业，是国家电网公司和南方电网公司重要合作伙伴之一。目前青岛乾程电子科技有限公司已涉足电能表、用电采集系统、配网自动化、能效管理系统、电力运维服务等多个行业领域，综合竞争力已经达到同行业的先进水平，是省内最大的电力营销设备研发和制造企业，已作为重点拟上市企业列入青岛市培育范围。公司先后获得“青岛市科技型企业”“软件企业”“青岛市技术中心”“守合同重信用企业”“山东省著名商标”“山东省名牌产品”“国家火炬计划重点高新技术企业”“山东省先进中小企业”“CV Awards 2012最具潜力企业百强”等十几项称号。现将我们立足五个方面的创新，努力实现企业跨越式发展的主要做法和体会汇报如下：

一、思维创新是企业跨越式发展的前提

前几年，经过摸爬滚打，公司已经具备了相当的规模，在智能电表行业占有了一席之地，但看到发达地区民营企业的规模和发展历程后，面对日益激烈的市场竞争和千载难逢的创业机遇，公司根据突破传统思维定式、增强创新意识的要求，制定了“突破思维、与时俱进、跨越发展、科技立企、卓越运营、和谐企业”的发展思路。努力实现“六个转变”：发展速度从匀速稳步发展向跨越式发展转变；技术创新从引进创新向自主创新转变；企业经营管理从常规化向集约化转变；业务发展重点从传统基础性业务向长效高效业务转变；企业产品（服务）从单一型向组合型转变；员工薪酬水平从滞后于企业发展水平向建立正常增长机制转变。2012年公司引入联想集团战略投资，成立了全资子公司青岛艾孚科技有限公司和杭州乾程弘泰电力科技有限公司，建立了占地300亩、智能电表日产达到3.5万台的制造基地，并正式进军海外市场，企业进入了快速发展期，实现了营业额从2008年1100万元增长至2013年4亿多元的跨越式发展。实践证明，思维创新是企业跨越式发展的前提。

二、科技创新是企业跨越式发展的关键

从一个只做国内电能计量终端产品的产品单一的企业到生产研发海外智能计量产品、电力自动化测控终端、新能源并网终端和能效管理系统多个产品，具有技术影响力和发展潜力的高新技术企业，其重要原因就是得益于企业具有较强的核心竞争力。公司投资500万元设立了1200平方米的现代化、高科技、多功能研发中心，建立了恒温、恒湿的EMC电磁兼容测试实验室、可靠性分析实验室以及符合国标要求的智能表计型式实验室，设计并开发了ERP系统、人力资源管理（HR）系统、产品数据管理（PDM）系统、客户关系管理（CRM）系统及供应链管理（SCM）系统等业务平台，实现了信息化与工业化的融合，是国内最专业的智能电能表研发中心之一，2012年被认定为市级企业技术中心。公司建立了一支团结敬业、开拓创新、技术精湛、朝气蓬勃的技术创新队伍。近年来，公司高薪聘请多位高级技术和管理人才。公司3名副总裁中有2名来自华为，1名来自海尔，另外还有高端专家级技术人才多名。研发中心现拥有研发人员 118 名，其中 70% 以上具有工程师以上职称。公司每年都会将营业收入的 5% 投入到研发创新中，重点投向了产品研发、关键技术储备、自主创新平台建设等方面。同时与清华大学、青岛科技大学、天津大学、荷兰电科院等机构签订了产学研合作协议书。公司以不断创新的技术，丰富的产品和先进的设计，稳定可靠的质量赢得了广泛的赞誉，其尖端技术已在业内获得了广泛认可。目前授权和受理专利 50 余项，承担了国家科技部等多项重大科研项目，企业也成为青岛市知识产权试点单位，并被授予中国专利山东明星企业的称号。通过自主创新和质量战略的实施，提高了企业核心竞争力。

三、管理创新是企业跨越式发展的基础

企业在不断发展，规模不断扩大后，最终还要走向社会化和现代化。公司领导层积极探索创新组织体系和工作体系，在企业战略管理、变革管理、知识管理、流程管理、体系管理、供应链管理等多方面也进行了深刻的变革，自上而下的形成了一个"系统化、标准化"的管理模式。塑造卓有特色的企业文化，形成富有企业文化特色的高效运营活力，使公司持续健康发展。

2012 年 3 月，乾程电子正式成立管理学院，通过管理学院这一平台，规划和搭建企业培训和学习体系，组织规划企业发展所需的核心能力，推动企业文化的传播和内部经验的汇集与传承实现，不断进行管理方法和管理模式的推广和创新。建立了由 3 名专职讲师、30 多名内部培训师组成的培训队伍，各种培训活动开展的如火如荼，为企业人才发展提供了充足的动力，企业管理模式的不断创新为公司的快速发展奠定了良好基础。

四、融资创新是企业跨越式发展的保障

面对企业普遍存在的融资难题，青岛乾程电子科技有限公司通过资本市场运作，不断创新融资模式，破解了企业发展瓶颈，实现了跨越式发展。公司确立了"以企业发展和项目建设资金需求为主线，以金融借贷为支撑，通过企业并购，与外部战略投资者合资等方式，融入所需发展资金"的融资模式。一是积极用好传统银行信贷融资，争取更多的银行综合授信额度。二是成立青岛乾程科技控股有限公司，为公司提供以短期借款为主的间接融资渠道，满足与公司经营规模相适应的营运资金需求。三是通过引入联想旗下投资公司——君联资本作为战略投资人成为企业第二大股东战略投资者，以较少的资金撬动了较大项目，实现了互利多赢。多元化创新融资模式，不仅为公司实现跨越式发展提供了资金保证，还大幅降低了企业的融资成本，进一步优化了企业的负债结构，降低了企业经营风险。

五、销售创新是企业跨越式发展的根本

企业积极创新营销体系，建立了自己的营销中心和专门的技术维护队伍。在全国组建了东北、西北、华南、华东、华北、华中六个销售大区，并建立技术支持、销售管理等部门。企业还展开了销售渠道建设策略，紧住供电局、各电力系统等渠道，提高销售渠道整合管理技巧，建立了良性客户链，连续在国网、南网多次中标，2011 ~ 2013 年度，企业销售收入分别达到 23029 万元和 36654 万元及 40000 万元，净利润分别达到 1364 万元和 3498 万元及 2335 万元，企业已步入良性发展的快车道。

企业的发展壮大，离不开国家、社会各界的支持与关爱，回报社会是企业的责任，也是一个企业家自我价值的真正体现。作为行业领先的高新企业，乾程电子积极创造就业岗位，始终坚持诚实纳税，不断探索创新管理模式，发挥企业的带动效应。2011 ~ 2013 年度，公司缴纳的各类税金分别为 525 万元、1676 万元和 2306 万，增长率达到了 101%、219% 和 37.5%，不仅带动了当地经济快速发展，积极履行了企业的社会责任，还提供了上千个稳定的就业岗位，为青岛市的经济发展做了突出贡献，获得了社会的广泛赞誉。

在今后的工作中，我们将不辜负省、市、区各级领导的大力支持与关注，积极落实好党的路线、方针、政策，继续坚持公司经营理念，专注于乾程智能电网产业园建设和海外产品的研发；继续坚持与员工共同发展，共享经营成果的企业文化；继续以提高效益，提升管理水平，提供更多新增岗位，回报社会为目标；以团结、积极、开拓、向上的企业氛围，构建和谐企业！

淄博金龙电力设备股份有限公司

淄博金龙电力设备股份有限公司创建于 1999 年 1 月，现有员工 280 余名。公司位于中国泵业名城、中国琉璃之乡——淄博市博山区。公司是一家以生产高低压成套电气设备、真空断路器、高压及超高压隔离开关、接地开关、全真空固体环网柜等电气产品的民营企业。公司通过了 ISO9001 质量管理体系认证和 ISO14001 环境管理体系认证，为国家电网、蒙能电力集团、神华国能、神华集团、大唐电力、华电集团、中国轻工设计院入网企业，在全国建立了完善的售前、售中、售后服务网络，为广大用户提供了更优质的服务。

公司被认定为"国家高新技术企业""文明诚信民营企业""守合同重信用企业""文明信用企业"等；公司技术中心被授予"淄博市高压开关设备工程技术研究中心""淄博市企业技术中心""淄博市高压成套开关设备工程实验室"等荣誉称号；公司与华中科技大学合作建立了"华中科技大学科技成果转化基地""淄博金龙电气研究院""院士工作站"等产品研发机构；公司秉承"实事求是，谨慎大胆，科技兴企，稳健经营"的发展理念，坚持"生产一代，储备一代，研发一代"的生产经营方针，通过对国内外先进技术的引进、消化、吸收和持续创新改进，以及良好的过程控制和品质管理，使得公司快速发展成为国内高低压成套设备生产的标准化企业。

一、实施创新驱动发展战略，促进企业转型升级

创新是金龙公司发展战略的核心之一，也是驱动公司发展的核心动力。为注重加强管理创新，公司引入了“5S精益管理”理念和ERP信息管理系统，实施新的运营模式，运营效率稳步提高，产品质量明显改善。公司现处在高速发展期，为规范企业运行，提升企业品牌与形象，于2012年12月29日在齐鲁股权托管交易中心挂牌。我们决心把挂牌作为一个新的起点，为实现公司进入更高一级的资本市场奠定强有力地基础。

为注重加强产品创新，公司的技术中心现有多名专家和技术研发人员，利用公司优越的软硬件设施，展开多项领域内的电气研究。目前公司拥有17项专利，每年都有新的系列产品投入市场。

注重加强市场创新，在抓产品研发的同时，高度注重市场开发，在对客户和市场周密调研的基础上，针对不同的服务对象，分别设计和提供有针对性的产品技术方案，完工的工程项目得到了客户的认可。充分利用公司的销售和服务网络，发展了新的集团客户群，为公司拥有更多的市场份额提供强有力地保障。

产学研合作是推动企业创新发展的必由之路。在公司蓬勃发展的同时，公司领导也逐渐认识到在技术创新和产品研发方面单靠企业力量是有限的，只有加强产学研合作，才能为企业储蓄源源不断的技术和创新动力。2013年，公司与中国工程院院士张勇传沟通协商，建立了院士工作站。依托工作站的专家资源，对气体绝缘全封闭（GIS）组合电器和刚性气体绝缘输电线路（GIL）产品开展研究，其属于国内研制的自主创新技术和装备国产化产品。该项目成果转化后可实施企业产品产业化以及实现产品的共生性产业链，同时可在国内进行技术输出、技术合作、引导生产（科研）企业产品产业化。近年来，我们还加强了和国内知名院校的合作，与华中科技大学、东北大学、上海交大建立了良好的合作关系，为公司的人才储备、技术开发等储存了大量资源，这些措施推进了科技创新的步伐，提升了企业的竞争力。

由公司正在研发的18KV－8000A－31.5KA的大电流真空断路器项目，填补了国内空白，属世界领先技术；市场广阔，属市场急需产品；产业化后将供不应求，属国家鼓励类产品。

二、突出抓好项目建设，推动企业快速发展

2012年年底之前，公司占地面积仅2026.4平方米，员工70余人，设备共计10余台（套）。公司始终坚持“以客户为中心，秉承科技兴企”的发展理念，生产的产品和承揽的工程项目得到了广大客户的认可。随着业务量不断的增加，原有生产场地产能受限。公司于2012年底在当地政府的大力支持下，实施了金龙电力“年产10000台高低压开关柜设备”迁扩建提升项目，地址位于山东省博山经济开发区机电产业园。项目总投资23314万元，占地72亩，新建厂房32000平方米，研发楼、综合楼8900平方米。项目于2013年7月全面竣工并投产，这标志着公司发展进入了一个全新的发展阶段。公司的业绩随着迁扩建提升项目的全面竣工投产已进入新的阶段，也为公司各项经济指标快速增长提供了保障。各项财务数据节节攀高，销售收入大幅度提高，上缴各项税金增长速度加快。2011年公司产值1500万元，上缴税金42.6万元；2012年公司产值3500万元，上缴税金156.1万元；2013年公司产值8700万元，上缴税金624万元。预计2014年产值将达到2.5亿元，销售收入及纳税额将继续保持快速增长的态势。

金龙公司从一个名不见经传的小厂发展到现在的标准化工厂，从一个作坊式的拼装工厂发展成拥有研究中心、高技术含量的电气设备专业生产企业，这些发展离不开当地政府和社会各界的大力支持。企业由小到大、由弱变强的发展历程，是公司在发展过程中始终坚持转方式调结构、始终坚持科技创新兴企业的结果，更是当地政府正确领导、大力扶持的结果。项目投产达效后新增就业岗位200余个，公司高度重视人才，把人才作为推动企业创新发展的财富和基石。公司实施标准化管理，强化员工岗位培训。每个岗位都有明确的工作标准，每项业务都有明晰的工作流程，质检部对关键岗位及易错环节及时进行检验、检测。经过培训员工能客观审视、分析现有流程存在的问题，实时改进方案，不断优化流程，既保证了老员工的工作效率，也使新员工以最快的时间融入工作。

荣誉只代表着过去，新形势对我们提出了更高的要求，公司将在当地政府的正确领导下，以及社会各界的大力支持下，继续大力推动结构转型，加大研发创新力度，将产品与市场有效结合，为国家电气领域做出更大的贡献。

山东亿丰源生物科技股份有限公司

山东亿丰源生物科技股份有限公司，发展到今天已走过了10个年头。十年来，公司和其他企业一样，先后经历了起步、成长到快速发展的每一个阶段。期间，也不乏遇到些挫折和磨难，但一路走来，亿丰源向世人展示的是一个成功企业的发展史。它之所以成功，是因为它选对了发展的道路，选对了方向，选择了绿色，选择了健康。它之所以成功，是因为它在发展的每一个阶段都得到了各级各部门的强有力支持。它由一家不起眼的小有机肥生产企业，发展成了全国有机肥排名第一且在三版首家实现挂牌上市的业内领军企业。它先后被评为“推动中国有机肥产业健康发展贡献单位”“中国农资行业十大优秀企业”“中国农民最信赖农资品牌”“中国化肥工业排头兵企业”“中国农资十大诚信企业”“2012中国最具竞争力中小企业”“山东省消费者满意单位”“山东省名牌产品”；“枣庄慈善奖”它获得“枣庄市市长质量奖”“中国爱心企业”等荣誉称号。

一、牢记“质量是生命之源”宗旨，始终把产品质量放在首位

“亿丰源人”始终遵循“服务三农，回报社会”的核心价值观，把服务百姓，为农民提供优质农资产品，满足客户需求作为最终目标，大胆地打出了

"每一粒肥都是承诺"的大旗。含括了对产品质量、大地母亲、生态环境、子孙后代健康、和谐社会建设以及新农村发展所应承担的一份义务和责任。迄今为止，公司官方网站及相关链接50多个网页，无一例产品质量不合格报道，产品质量做到了零投诉，充分体现了公司对产品质量的高度重视。

二、坚持"人才是兴业之本"理念，打造一流管理团队

公司始终坚持"人才是兴业之本"理念，打破家族式管理模式，面向社会广纳八方人才，高薪聘请职业经理人主抓管理，让高素质人才对公司人、财、物进行合理的配置和使用。建立健全了人才的招聘、培养、成长和激励机制，搭建起员工成长发展的平台。目前，参与亿丰源研发的博士生3名，长期扎根在亿丰源工作的研究生7名，本科生42名，中级以上职称36名。经过多年的培养、打造，逐渐形成了适应市场环境和发展需要、互为一体、紧密配合、充满活力、勇于开拓进取的管理团队，为公司发展奠定了坚实的基础。2012年获得山东省"管理创新奖"和"三名企业"荣誉称号。

三、加大科研投入，不断增强企业核心竞争优势

亿丰源始终恪守"创业富民，创新强企"理念，坚持与科研院所联姻结对子，得到了专家教授的强有力支持。公司每年拿出销售收入的6%以上作为研发经费，先后与山东省农科院、山东科学院等合作开发新产品、新工艺，现已拥有高新技术发明专利32项，实用新型专利8项，注册商标14枚。通过了市级研发中心、工程技术中心评审验收，院士工作站和省级微生物实验室正在积极创立之中。

四、加大品牌宣传力度，全方位提升企业和产品知名度。在很多同行企业还不知发展去向的时候，公司就有了明确的发展目标和方向，那就是：做一流的产品，创一流的品牌，提供一流的服务。2007年公司成功登陆央视网企业频道，成为有机肥唯一黄金合作伙伴；2008年公司聘请著名相声、小品演员陈寒柏做形象代言人，在山东卫视、农科频道、CCTV－7和地方台循环播出。2012年10月又与演员马少骅签约作为新成立的思地恩公司品牌代言人。公司还与《农资导报》《农民日报》《农村大众》《山东科技报》《中国农资》等多家平面媒体建立了长期合作关系。同时，公司还组织参与了滕州马铃薯摄影大赛，亿丰源2013首届魅力乡镇农民新年晚会，2014年"亿丰源杯"爱老敬老孝星评比活动等多项宣传活动。不仅如此，公司长期坚持组织农技专家和农业院校青年学生组成的农化服务队伍，深入田间地头。公司产品覆盖除西藏外的各省、市自治区和台湾地区，并出口日本、韩国、马来西亚等国。

五、弘扬企业文化，增强员工凝聚力和向心力

人没有了信念就没有了追求。企业没有了文化，就失去了方向。企业文化建设代表一个公司的软实力。好的企业文化，可以营造一种积极向上的氛围和家的感觉，让每一名员工都将自己的命运与企业紧密相连。多年来，亿丰源创建并坚持自己的企业文化，通过各种渠道影响到企业中的每一个人，使之成为共同追求的目标。我们还将企业文化整理成"三字经"刊登在《亿丰源报》上，其内容丰富、内涵深刻，既方便记忆，又方便学习，让员工常记在心头。亿丰源在全工业园区率先唱响了亿丰源自己的企业歌曲"亿丰源，我可爱的家园"。"心态决定状态，格局决定结局""剑不如人，剑法胜于人"，亿丰源人人都有自己的格言和座右铭。浓厚的亿丰源文化氛围，给客户留下了深刻的印象，深深地打动了那些到过亿丰源的每一个人。聊城客户尹振普被亿丰源浓厚的企业文化所感染，在离开亿丰源时用四句话道出了他的感受，他说："进了亿丰源的门，就是亿丰源的人，出了亿丰源的门，带走亿丰源的魂"。企业文化的打造，带来的是员工思想上不断进步，综合素质不断提升，忠诚度进一步增强。一大批从一线工作岗位提拔上来的中高层管理队伍，成为亿丰源发展的中坚力量。公司注重坚持人性化管理理念，在衣食住行、劳保福利、工作环境等方面尽最大努力去做好，成为区唯一符合缴纳企业年金的企业。

六、创新管理模式，全面提升企业管理水平

"一个好的机制可以把坏人变成好人，一个坏的机制可以把好人变成坏人"。亿丰源的发展也和绝大多数民企一样，起步的初期同样经历了制度不完善、财务不健全、管理不规范几个阶段。但随着企业的不断发展壮大，淘汰落后的经营方式，创新现代企业管理模式，是企业持续发展乃至做强做大的必要选择。公司先后建立健全了各项规章制度，修订了各项操作规程和工艺流程，完善了用人、留人、激励人机制，由原来的人管人变成制度流程约束人，为企业快速发展奠定了基础。2012年6月6日，亿丰源成功在齐鲁股权托管交易中心实现三版上市交易。从而实现了规范企业行为，自我加压和融资三大任务目标。公司严格按照"管理规范、财务规范、股东结构规范、企业和发展战略规范"这一国际公认的上市公司标准严格规范企业行为，不久将抢先一步成为枣庄市主板上市企业。

七、勇于承担社会责任，积极参与社会各项公益活动

要做事先做人。把企业、产品当成事业来做就能做大。当一家人一起干的时候，解决的是一家人的温饱问题，这是最基本的需求，是在为自己而做；当一个人带领几个人、几十个人、几百人、几万人一起干的时候，解决的是员工、股东、社会的需求，不仅是为自己而做，也是为国家而做。一个没有使命感的企业是不可能走得太远的。亿丰源一贯坚持把创业富民、创新强企、承担社会责任作为企业的宗旨，积极投身于社会公益事业，每年挑选20名最贫困的大学新生作为资助对象，帮助其完成学业；常年坚持走访慰问敬老院、孤寡老人和儿童，为困难村、特困户免费送肥，先后捐款捐物达1000多万元。

亿丰源发展到今天，已经走过了10个年头，但在"亿丰源人"看来，发展的路才刚刚开始。"十年磨一剑，扬帆正逢时"。在目前国内国际金融形势多变的严峻形势下，“亿丰源人”必须保持清醒头脑，抢抓机遇，知难而上，不辱使命，创新发展。一是进一步扩大生产规模和经营范围。二是继续引进高素质人才，加大与科研院所的合作力度，增强企业核心竞争力。三是继续加大品牌打造力度，实现销售收入成倍增长，将亿丰源打造成中国有机肥第一品牌，朝着预定的绿色健康事业目标，为我省经济、社会发展做出应有贡献！

龙大食品集团有限公司

龙大食品集团有限公司是国家首批农业产业化重点龙头企业、全国重要的速冻食品生产出口基地，公司成立于1993年，注册资本6796万元，下设32家子公司，其中中外合资企业16个，占地面积230多万平方米，现有员工6800人。公司核心业务是农副产品的精深加工，出口和内销并举。主要产品是猪肉制品、花生油、冷冻蔬菜、冷冻调理食品等，精加工食品达500多个品种。“龙大”品牌为中国驰名商标，并被商务部评为重点培育和发展的出口品牌，龙大集团技术中心为国家级企业技术中心，承担过国家星火计划和省级科技攻关项目。

2013年，龙大集团实现销售收入82.5亿元，出口创汇2.54亿美元，利税4.5亿元，净资产30.7亿元，取得较好成绩。

龙大集团作为较大的民营经济实体，自发展以来一直注重技术创新提升农业产业化的质量，惠及农民，实现互利双赢。

一、依托规模化，大范围带动农民致富

龙大集团勇于探索在农业产业化方面“转型升级”的突破口，做大做强农业产业化，通过规模化发展，尽可能带动更多的农民致富。龙大集团的产业化经营采取“公司+农场+标准化”的模式，大力发展出口型的标准化基地。公司先后从日本、荷兰等地引进了牛蒡、黄秋葵、毛豆、菠菜等30多个蔬菜新品种，全部成功进行了繁育推广，促进了农业品种改良，每年创造的社会效益在20亿元以上。公司自2002年开始大面积发展标准化蔬菜基地，应对日益严格的农产品质量要求，通过深化两个源头建设，构建起“安全蔬菜产业链”和“安全肉食产业链”。

目前，公司共带动种植面积66万亩，其中蔬菜基地20万亩，发展养殖基地数量198万头生猪。蔬菜基地辐射到山东、河北、内蒙古、甘肃、黑龙江、浙江、福建、江苏等8个省份，种植蔬菜种类近40种，全部用于加工出口。带动全国从事种植、养殖、运输、加工的农村劳动力达50多万人。2013年主要农产品原料采购值48亿元，社会效益巨大。

龙大集团与农户进行合同管理，保护两者的利益，由公司提供种源、药品等关键投入品，并提供技术指导，农户负责种植。采取“统一供应种子、统一田间管理、统一农药管理、统一肥料使用、统一采收”的五统一管理模式，加强蔬菜源头的控制，从选种、播种直至蔬菜采收，都建立了详细的数字化记录。

二、实施农业工业化，强化创新助发展

在农业产业化创新方面，龙大集团创新性地将工业的理念、技术和装备“内植”于农业，推进农业的工业化运作，坚持用工业化的理念抓农业，把农业基地作为工业发展的“第一车间”来抓，大力推进农业产业化经营。通过农业生产流程工业化再造，全面提升了农业产业化的经营水平，种植源头变成果蔬生产车间，养殖源头变成规模化养殖厂。农业生产实施工业化管理后，建立了完善的种养标准体系、技术服务体系、质量检测体系、农业投入品配送体系等规范内容，加速推进农业工业化管理进程，走出了一条“农业工业化”的高效发展之路。

通过长期的分工协作，农场车间的农民在生产环节完全具备了自检、互检的意识，能够自己查找问题根源，制定防止再发生的措施。转到下道工序的产品必须是合格的，这已成为指导农民生产的基本准则。通过推行农业生产工业化管理模式，农民懂得了如何穿戴工作服进行农业操作、如何清洁消毒包装器具、剩余喷洒农药的处置方法、农产品包装标识的要求规定等一系列工厂化实施内容。通过强化工业化生产理念，农民切身体会到绩效考核、价格浮动带来的实惠，只有将本职岗位的工作做好、做快，才能有更高的种植回报。

龙大集团2010年获得国家级企业技术中心认定，在科技创新和研发技改方面不断加大投入力度，科技活动经费支出总额每年都占销售收入的6%以上。以国家认可实验室、国家蔬菜研发分中心、调理食品产业技术创新联盟为辐射，积极承担国家重大科研课题，现拥有国家课题2项，省级科技计划2项，发明专利5个。集团公司承担的“十一五”国家科技支撑计划“PIC猪高效繁育养殖及深加工产业开发”，建立起国家级标准的生猪繁育养殖基地；承担的国家星火计划“中小企业公共服务平台信息化建设”项目，实现了快速高效的公共检测服务体系建设；承担的省级科技攻关项目“食品安全关键技术与管理体系研究与示范”的实施，推动了食品安全的规范化建设；还与中国检科院共同承担食品行业关键检测技术的研究课题，制定了食品中呋虫胺残留检测、多种农产品中杀草强残留量的研究等行业标准。

龙大集团注重技术创新，通过参与制定行业标准提升新产品技术水平，推动行业进步。多年来，公司参与制定行业标准、地方标准、企业标准共计10余项。龙大集团标准化技术委员会成立以来，多次参与到重大标准的调研、起草、意见征集等环节，获取重要一手资料，其中参与修订的标准有：出口果蔬中复硝盐残留量检验方法和进出口粮谷中克螨特残留量的测定。通过积极参与，提升了标准制定的针对性和有效性，加快了行业技术进步。参与商检系统制定的标准有：除草剂残留量检测方法第6部分：液相色谱-质谱/质谱法测定食品中杀草强残留量、进出口食品中呋虫胺残留量检测方法液相色谱-质谱/质谱法。标准的制定，使我国的出口食品关键农药残留检测方法做到了有据可依，有标准支撑。

三、提高种植效益，实现民企共赢、惠及农民

龙大集团发展标准化蔬菜基地有严格的要求。基地要求是连片土地，土壤必须经过农药残留化验，基地必须有本基地专用的水井，配备足量的专用喷药工具，基地四周必须有隔离带以及隔离网，基地管理者有一定的种植经验及较高的农药使用知识。通过加强对蔬菜源头的管理，蔬菜质量的整体稳定性较以前大幅提高。实践证明：原材料的安全才是成品质量安全的强有力保证。

多年来，企业重视与农民的利益关系处理，追求盈利分配平衡，实现长久合作、民企共赢。公司对回收采取“成本核算、底线保本”的方式，保证农户不会出现因市场价格波动而出现亏损的现象，从而保护农户的利益和积极性，最终形成长久的“互利双赢、利益关联”的紧密关系，通过高价格吸引、高标准要求，企业和农户实现双赢。龙大秉承“宁亏自己，不亏农户”的原则，建立了与广大农民牢不可破的“鱼水关系”，奠定了两者合作的牢固根基，只要农户严格按照企业要求的质量标准执行，龙大集团保证农户的每亩的纯收益在2000元以上。农场接受龙大集团下达的种植计划，生产的蔬菜全部由企业加工出口，两者紧密结合，共同执行最新的种植加工标准，农民与企业捆绑在一起共闯国际大市场，让农民成为农业国际化产业链的一部分，真正做到让产业增加农民收入、让产业带动农民致富。

山东宝来利来生物工程股份有限公司

山东宝来利来生物工程股份有限公司成立于1996年，是全国最早的动物微生态制剂研发和生产企业、国家重点高新技术企业。在各级党委、政府和有关部门的大力扶持下，公司已成为中国最大的动物微生态制剂产品供应商和动物微生态技术及解决方案服务商，销售服务网络覆盖全国30余省、市、自治区，产品出口非洲、欧盟、韩国、新加坡等多个国家。公司现拥有博士后科研工作站，是中国动物微生态学会、中国精细化工协会动物行业委员会、中国水产业科技创新联盟及中国林牧渔业经济学会饲料经济专业委员会副理事长单位，并取得了产品质量体系和食品安全管理体系双认证。

一、建设平台，增强公司对技术研发的创新力

宝来利来公司一直把科技创新力建设为企业核心竞争力。一是注重设施建设。宝来利来公司拥有山东省动物微生态制剂工程技术中心、山东省企业技术中心、山东省工程实验室、山东省中美动物微生态技术合作研究中心。生物研究院现有菌株3000余株，是亚洲最大的菌种保藏中心。为进一步提升公司技术研发的核心能力，按国际一流标准设计的生物研究中心达到国际P3水平，建筑面积1万平方米，具有GMP标准的生物制剂车间4座，成为宝来利来生物研究院“开创生物奇迹”的地方。二是注重自主研发。近3年，公司完成了超过300项的科研成果，成为中国动物微生态行业的技术研发之源。自主研发了肽菌素、产酶益生素、青贮宝等国家重点新产品6项，山东省科技进步三等奖2项，省科技成果鉴定5项，授权抑菌型微生态制剂的研制生物防腐保鲜技术、霉菌毒素生物吸附技术等国家发明专利8项，实用新专利1项，形成了一系列极具企业特色的专有技术。三是注重资源整合。为使技术在全球领先，公司进行了全球研发资源和研发人才的整合，与美国哈佛大学医学院、加拿大农业部奎尔夫研究所、荷兰阿姆斯特丹大学、德国柏林自由大学、堪萨斯大学兽医学院等20多所国外科研机构建立了良好的合作关系。同时，与中国农科院、中国海洋大学、吉林农业大学、山东农业大学、吉林大学、天津科技大学等30多所国内大学或科研机构进行技术合作，共同合作承担国家“863”项目6项。2012年，公司与美国哈佛大学医学院免疫实验室、加拿大农业部奎尔夫研究所合作成立了山东省中美动物微生态技术合作研究中心，通过这一平台的建设，进一步提升了公司的研发竞争优势。

二、招才引智，增强公司对专家队伍的吸引力

创新是企业的灵魂，科技创新的关键是人才。宝来利来公司一直重视高层次人才队伍的建设，成立以来，坚持开放性的人才战略。一是充实专业结构。生物研究院拥有研发人员150人，95%以上具有硕士及以上学历，专业方向涉及动物营养、畜牧兽医、微生物、水产微生物、植物等专业20余个，形成了知识结构和年龄层次合理、富有拼搏精神和创新能力的科研队伍，保障了公司研究院技术研发的需求。二是提升团队实力。2013年以来聘请了耶鲁大学、美国哈佛大学的多名专家教授，提升了宝来利来人才队伍的国际领先水平。公司为留住高层次人才，正在规划建设专家公寓，希望将更多的优秀人才吸引到泰安来，为动物微生态事业做贡献。三是重视高校就业。每年公司引进应届毕业生近百人，其中研究院每年吸收高等院校及科研院所优秀人才近50名，一定程度上缓解了当地高校的就业压力。

三、产业联合，增强公司对农业农民的带动力

一是坚持服务至上。公司的动物微生态产业涉及饲用微生态、水产微生态、畜禽微生态等业务领域，研发的新产品肽菌素获得国家重点新产品称号，能完全替代饲用抗生素，为食品安全事业做出了重大贡献。宝来利来公司以超越同行的专业精神和服务能力，获得养殖界和饲料界的广泛认可和一致好评，18年来帮助成千上万的牧场和养殖户走上健康养殖、生态养殖的道路。二是建设服务网络。公司近几年推广最佳动物微生态应用方案（OPAP）技术服务，2013年，全面推进基层乡镇生态养殖服务中心和李博士会员连锁店的发展步伐，投资建设了100家会员店，每一家会员店配备至少一名技术服务专家，为会员们解决了许多养殖问题。2014年，公司将加快会员店建设，计划投资建设500家会员店，将宝来利来的技术服务扩散到全国各地。预计至2015年建成全面覆盖中国乡村市场的生态养殖技术服务网络，努力打造宝来利来服务团队建设。三是

带动周边农户。公司每年采购的原材料都来自泰安周边县市区，每年带动当地农户近千户，直接增加农民收入上千万元，为当地农业带来了很大的促进作用。

四、做强项目，增强公司对地方经济的支撑力

公司18年来专注于动物微生态事业，产品效果得到了客户的广泛好评，在业内也有很高的评价。一是承担科研项目。先后承担了国家发改委、国家科技部、国家经贸委、国家农业综合开发、国家工信部、国家农业部等相关部委和省政府相关部门共计56项动物微生态制剂项目。二是经济效益明显。公司涉足的产业是战略新兴产业，得到了国家的大力支持，3年来除免税产品及高新技术企业减税外，为国家贡献税收3000余万元，年均增长率达到36.4%。近几年公司发展迅速，不断优化产业结构，加快产业布局，现已涉及到动物微生态、农业微生态、人用微生态、环境微生态等四大产业。三是项目前景广阔。公司致力于生态养殖与食品安全。2014年，公司决定投资30亿元，新征土地150亩，建设集研发服务于一体的宝来利来生物产业科技园。项目建设达产后，年新增销售收入50亿元，实现利税18亿元，大大提高对地方税收的贡献率。

五、打造品牌，增强公司对国际市场的影响力

一是加强品牌宣传。公司通过在CCTV－7、新饲料、饲料广角等媒体、互联网、展会等多种渠道进行宣传和推介，矢志不渝地宣传宝来利来品牌，提高品牌美誉度，对推广传播微生态养殖技术起到了巨大的作用。二是注重交流培训。宝来利来公司作为微生态行业的先行者，注重对微生态学术及技术培训。公司连续3年承办了“泰山国际动物微生态技术创新论坛”，邀请海内外知名微生态行业的专家、饲料集团、规模牧场、养殖场、饲料经销商进行技术交流与合作，加大了微生态技术在全国及世界范围内的传播与推广，进一步的加强了集团的品牌建设，起到了良好的品牌效应。三是公司定位准确。面对日趋激烈的高科技领域的全球化竞争趋势，宝来利来确定了2015～2025“专业化、国际化的全球动物微生态技术及解决方案服务商”的战略定位，3000多名宝来利来的研发人员和方案工程师，秉承“致力于生态养殖与食品安全”的企业使命，贯彻“脚踏实地、精益求精”的工作态度，时刻准备着为国内外用户提供超越满意的服务。

宝来利来，科技创造未来，集团将继续秉承致力于生态养殖与食品安全的理念，为微生态事业、为地方经济发展贡献自己的力量。

沂源康源生物科技有限公司

沂源康源生物科技有限公司位于沂源县大张庄镇，成立于2009年，现有员工50余人，是一家集科研、生产、销售和技术服务于一体的现代化生物科技企业，也是目前国内一家实现生物曲霉菌种产业化的企业。公司所产米曲霉、黑曲霉孢子粉及菌粉等产品主要应用于调味品发酵和生物饲料、生物肥及秸秆腐熟剂发酵等领域。作为一家从零起步、名不见经传的新建小微型企业，自建立以来，逐步进入了良性发展轨道，并且实现了快速发展。2012年，企业实现销售收入2000万元、利税700余万元。

一、选准产业项目，艰难起步创业

康源生物科技有限公司所涉足的生物曲霉菌种产业是一种新生产业，原先一直是科研院所和相关企业试验室内的科研成果，当时国内的一些大企业因这一行业市场小没有涉足，而一般的小企业因为技术门槛较高又无法轻易进入，在产业化方面正处于一种“真空地带”。康源生物公司就是在这种背景下，选择了这一产业，并将这种科研成果从基础科研的实验室阶段，通过成果转化，成功推向产业化，形成了现实生产力。公司总经理周长春2006年毕业于淄博职业学院生物工程专业时，他的很多同学面对薪资诱惑大部分选择了转行，而他情愿每月只拿600元的生活费在淄博当地一家酿造企业工作，也不愿丢掉专业知识。两年之后，凭借自身的技术优势已成为这家企业的工程师和车间主任，年收入也突破了10万元。但满怀创业激情的他不甘心就这样“碌碌无为”，在对生物曲霉菌种产业深入分析论证之后，他大胆作出决定，毅然辞职回到家乡发展自己的生物科技产业。

创业之初的艰辛不言而喻，资金、技术、市场问题接踵而至。最为重要的便是资金问题，周长春冒着风险把父母给他攒的盖房娶媳妇的10万元家底和父亲的20万元银行贷款作为启动资金，临时租用了一个废弃的粮库，将其改造成一个生产车间，创办起了康源生物科技公司。功夫不负有心人，经过近一年的努力，康源生物科技有限公司很快实现了效益，在成立的当年公司就获利60多万元。

二、突出科技创新，抢滩行业前沿

生物曲霉菌种产业属高新技术产业，必须依靠专业的人才和技术作支撑。康源生物科技公司始终把“科技为先”作为企业第一发展理念，高度重视技术研发、人才队伍和创新平台建设，为企业加快发展提供了有力保障。为切实解决技术和配方问题，公司与山东大学、成都大学、北京金中泰食品科技发展中心等科研院所联合建立了科研基地，确立了长期战略合作关系，组建起了高水平研发团队，致力于生物菌种系列产品的研发。目前公司资深工程师5人，各类科研技术人员20多人。在短短几年内就设立了市级“生物发酵曲霉菌工程技术研究中心”，省、市级“一企一技术”创新企业，并先后通过了ISO9001、ISO14001、OHSAS18001管理体系认证。目前，公司拥有国家超微孢子粉用振动筛发明专利1项，孢子粉与培养基用风分离装置等实用新型专利7项；申请制定了酱油曲精、食醋曲精的企业标准，填补了行业标准的空白。通过一系列的科技创新措施，企业曲霉菌种产品以良好的技术和稳定性，深得全国行业内客户青睐。

三、创新营销策略，实现快速成长

由于生物曲霉菌种产品是一种新生事物，同时康源生物科技公司也是名不见经传的小微企业，产品性能和质量也不为行业内的下游企业所熟知。周长春顶着压力，千方百计跑出去找客户、寻市场，主动把产品送上门，让客户免费试用，并负责给他们提供优质到位的配套技术服务，解除客户的后顾之忧。就这样执着地跑了半年多的时间，终于用过硬的产品质量和真诚的服务换来了第一单业务，并逐步扩大了市场份额。市场稳定之后，康源生物科技公司通过为大企业做行业段式配套产品等方式，将源头产品转移到企业来生产，依托这些大企业实现“借船出海”。目前公司产品已覆盖国内800多家下游企业，并远销新加坡、美国、欧洲等国家，实现了出口创汇的突破。

康源生物科技公司随着生产规模的不断扩大，最初的生产场地已完全不能满足发展需要。在土地指标非常紧张的情况下，当地政府通过积极协调运作，将一处村级办公室和闲置学校置换出来提供给康源公司，并新征土地帮助企业新建了标准化、无菌化的生产车间和设施先进的研发中心，实现了企业的扩张发展，让企业告别“寄居式”生产模式，成为一个占地20多亩的新型小微企业。

四、抢抓发展机遇，全力做大做强

当前，随着公众环境保护和自身健康意识的不断增强，有机农业发展和有机肥、有机饲料的使用率持续攀高，国家宏观调控政策也将进一步加大对相关产业发展的支持、推动力度。作为生产有机肥、有机饲料所需菌种的生产厂家，发展空间巨大。面对良好的宏观形势和企业发展坐标，康源公司一班人满怀信心、踌躇满志，重点围绕生物肥和生物饲料两大领域，加大产品研发和成果转化力度，计划到县城高新技术产业园实施新建项目，推进企业实现再造，力争未来3年内主导产品市场占有率达到40%以上，企业年实现销售收入过亿元、利税3000万元。

河南世纪香食用菌开发有限公司

公司简介：

河南世纪香食用菌开发有限公司是在1986年成立的许昌县食用菌研究所基础上于2002年1月31日正式注册成立的法人企业，是目前河南省规模最大的一家集食用菌科研、培训、生产、加工、销售、进出口为一体的科技开发型省级农业产业化龙头企业公司，下设有河南省食用菌工程技术研究中心、河南省博士后研发基地、国家一级食用菌菌种厂、食用菌培训学校、食用菌精深加工基地，国家级珍稀食用菌工厂化液体瓶栽标准化生产基地等实体。公司是河南省政府确定的首批省级产业化集群——许昌世纪香食用菌产业化集群。

公司的主导产品为白灵菇、灰树花、香菇等13种产品，公司以科技为先导，先后引进选育了30多个食用菌优良品种；研究开发出白灵菇、灰树花、猴头菇、香菇等63项具有国内先进水平的食用菌生产加工新技术，已按照16项国家标准和8项地方标准建成了中原地区珍稀食用菌示范品种最全、生产加工出口规模最大的国家级标准化食用菌基地。先后通过了出口食品卫生注册，ISO9001：2000、ISO22000和HACCP、GAP等多项国际体系认证。公司注册的“百珍”“世纪香”牌产品不仅荣获河南省名牌产品、河南省著名商标，其主导产品白灵菇罐头还荣获全国特色产品博览会金奖、第八届国际农产品交易会金奖。

公司先后建成了全国珍稀食用菌工厂化液体瓶栽生产示范基地和百亩标准化工厂化有机食用菌生产基地，采用了国际领先的液体菌种培养和接种技术，研发并运用了整套自动化瓶装食用菌生产线，配备了全自动化控温、控湿、通风和光照设施及设备，达到天天生产，天天出菇，周年均有有机鲜菇供应市场，实现了农业生产工业化、现代化、自动化、集约化、规模化。使规模种植的食用菌品种达到20个以上，发展了许昌县百珍、金色田园、天天香等8家规模以上食用菌专业合作社，年利用秸秆9万吨，产业化集群年社会效益达19.3亿元，走出了一条国内首创的“公司＋农民合作社＋农户＋基地＋标准化”的产业化快速发展之路。

公司的食用菌菌丝、各类鲜品、罐头、干品、盐渍类等出口到欧美、东南亚等30多个国家，年均出口1000万美元，白灵菇的标准化生产及加工出口规模世界第一、技术具国内先进水平。公司发展成为河南省农业产业化重点龙头企业、全国食用菌优秀龙头企业、全国十大低碳示范企业、全国科普惠农先进企业、河南省扶贫先进集体、河南省首批出口食品农产品安全示范区、国家级食用菌标准化示范基地、国家农业综合开发示范企业、中国食用菌协会副会长单位。2008年，回良玉同志到公司标准化生产基地视察后给予了高度评价：“世纪香做的很好，科技＋特色＋规模＋档次＋品牌就等于效益。”如今，食用菌产业已成为许昌县的主导产业、支柱产业、特色产业。

下步发展战略：

利用世纪香食用菌种植、生产、加工的优势，加强食用菌加工和保鲜技术研究，提高产品质量和档次，增强国内外市场竞争力；重点开发食用菌即食食品、保健食品、精深加工食品和循环利用食品，增加食用菌产品附加值；大力开展食用菌药用成分提取与利用研究，拉长产业链条，提高食用菌生产的综合效益；重视食用菌生产基地建设，走公司加农户的发展模式，不断扩大食用菌种植面积。预计到2015年年生产加工食用菌8万吨以上，实现销售收入3.8亿元，实现利税3200万元。公司将继续发挥龙头带动作用，从农户增收出发，做大做强许昌食用菌产业，努力把许昌建成全国食用菌加工出口第一大市。为我许昌市发展成为食品强市提供持久不竭的、强有力的支撑。

地址：中国·河南许昌市许繁路北段
电话：0086－374－8380330，5578122
传真：0086－0374－5578990
邮编：461100
邮箱：zgsjx@126.com，zysjx@hotmail.com
网址：http：//www.zgsjx.cn

http：//www. sjxmushroom. com
http：// www. sjxmushroom. en. alibaba. com/

一加一天然面粉有限公司

一、公司概况

一加一，天然面粉专家。1993 年成立，21 年以来推动面粉生产从“某种面粉 0 添加”到“所有面粉 0 添加，绝无添加剂残留”的全天然面粉新时代，促进面粉行业安全变革，并实现 4 年销量增长 20 倍的行业新奇迹，现已走进越来越多更注重健康的家庭，成为河南最受消费者欢迎的面粉品牌，在河南各大超市单品销量均遥遥领先！

公司现有 3 家分公司，其中遂平公司是“省级农业产业化龙头企业”，日处理小麦 1000 吨，两条日处理小麦 500 吨的生产线，其中北线是国内首条防哈防虫天然面粉生产线，并可根据需要随时达到 1000 吨产能，小麦储存能力 8 万吨；西平公司是“国家级农业产业化龙头企业”，日处理小麦 1000 吨，小麦储存能力达 5 万吨；许昌公司位于许昌市东城区，新建日处理小麦 2000 吨专用面粉生产线。到 2016 年公司日处理小麦能力将达 4500 吨，年加工能力 160 万吨。届时，一加一将跻身于中国面粉行业的前列。经过一加一人不懈的努力，一加一天然面粉有限公司先后被国家、省、市、县有关部门授予“农业产业化省重点龙头企业”“中国小麦粉加工企业 50 强”“河南省名牌产品”“2012 年全国粮油产销会金奖”“十二五期间全国民族特许商品定点生产企业”“河南省强筋小麦加工工程技术研究中心”“第四届中国郑州农业博览会优质奖”“全国农产品加工业示范企业”“守合同重信用企业”“驻马店市市长质量奖”“驻马店市品牌示范企业”“驻马店市优秀创新型企业”“十先民营企业”等荣誉称号。

二、成功经验

1. 专业化经营，集中精力做好面粉事业。

一加一认为，什么都做，将什么都做不好，所以，一加一选择了专业发展面粉。为此，一加一放弃了其他领域的发展机遇，将焦点聚集在面粉之上。一加一天然面粉 20 年来一直坚持专业化经营，只做面粉，从不涉足其他行业，这种专业化经营的理念已经深入到每个员工的一言一行之中。

一加一天然面粉致力于让更多消费者吃上天然面粉，首创没有添加剂的天然面粉，其优良品质受到市场和消费者的高度认同。克明面业、康师傅、思念食品等著名食品深加工企业都选择一加一天然面粉作为其稳定的供货商；一加一天然面粉现在已经是河南各大超市销量领先的面粉品牌。

2. 专注研发创新，保持品质领先。

为了确保品质领先，一加一一直注重品质的研发升级。一加一天然面粉拥有省级工程技术研究中心和市级工程技术研究中心各一个，其中省级工程技术研究中心投入 2067 万元购置国际领先的布拉本德粉质仪、拉伸仪、近红外谷物分析仪、试验磨、醒发箱等实验和检测设备；现有专业科研人员 20 人，其中高级工程师 3 人，中级职称人员 7 人，初级以上工程技术人员 10 人，外聘专家 3 人。并与世界谷物协会、河南工业大学、武汉轻工业大学等科研院所建立了良好的长期协作关系，签订定向技术研发合同，联合进行产品研究开发。截至目前，公司已获得 15 项专利，其中发明专利 2 项、实用新型专利 2 项、外观设计专利申请 11 项，已成功承担省市级以上科技攻关项目 4 项，“防虫防哈面条粉的技术开发”被确认为河南省科学技术成果，并被评为驻马店市科学技术奖一等奖。并被河南省人力资源和社会保障厅等部门授于“河南省博士后研发基地”“武汉工业学院研究生创新基地”。

3. 规范质量控制、切实保障食品安全。

一加一天然面粉始终坚持“让更多消费者吃上天然面粉”的公司使命，为切实保障食品安全，公司建立了覆盖“从农田到面粉出库”全过程的严格的监管制度，力争从原粮采购、面粉生产、产品存储等各个环节做到无污染、没有添加剂残留，让更多消费者吃上安全、健康、放心的天然面粉。

第一，公司采取“农民地、企业租、合作社种”的模式，不但提高了粮食的产量和质量，而且保障了企业按质按量的收购小麦，保证了一加一天然面粉绝无添加剂残留的纯天然健康特性，保障了天然面粉品质的稳定，更是在源头上保障了食品安全，同时这种模式也体现了一加一天然面粉对社会的一种担当。

第二，在面粉标准上，坚持“所有面粉 0 添加，绝无添加剂残留”，并联合多家高校进行调查研究，全部面粉都采用优质小麦配比，通过多种优质小麦配比使得一加一天然面粉实现和添加有改良剂的面粉同样效果。

第三，公司小麦从收购入仓、生产、到成品入库，全部采用 PLC 自动控制系统控制管理。对于生产车间的环境进行严格把关，从润麦到加工，确保各个环节无污染。从原粮进仓到面粉生产和成品入库等环节全部采用先进的工艺设备和管理理念，确保小麦营养成分不流失，并采用全不锈钢管道，将有可能解决面粉在输送过程中，尤其在拐角处残留面粉的局面，实现真正意义上的“0 添加，无残留”——既没有添加剂残留，也没有面粉残留。

第四，在产品包装上，采用无塑化剂绿色环保包装，这也是面粉行业内首家推出“不含塑化剂的安全、卫生的包装袋”的企业。每条包装袋比一般包装袋贵 0. 3 元，每吨 12 元，按照一加一每天 1500 吨产量计算，每年仅包装袋一项就增加采购成本 540 万元。

第五，建立严格的流通规范。对运输及装卸环节进行了细致的规范。加工基地设置洗车场，每辆车装车前必须经过严格冲洗。保证了面粉运输过程中的安全和卫生，并建立专业的市场核查机制，保证销售环节的消费者安全。

三、对外联系方式

联 系 人：刘杰
职　　务：总裁助理

联系电话：18611099809
0371－65601060
0396－4966068
电子邮箱：yjyxmb@163.com

驻马店市王守义十三香调味品集团有限公司

“王守义十三香”这家诞生于“天中大地”的民营企业，在过去的30年中，其产品悄悄地散布到全国各地，“王守义十三香”也成了妇孺皆知的知名品牌。诠释其中奥秘，你会被集团公司董事长兼总经理王银良不屈不挠、艰苦创业的精神所震撼，你会被十三香的集体主义团队精神所倾倒。

“士贵立志，志不立则无成”。1984年王银良以坚定的信念接过了弘扬十三香的重担，以父亲的传统调味品作坊为基础，办起了十三香调味品加工厂，在父亲的精心指导下，王银良潜心学习研究了与天然调味品有密切联系的各方面理论知识，把祖传秘方与现代天然调料用科学知识有机结合，融为一体，采用20多种纯天然中药材、香料研制出了适合现代人口味的调味品，起名“十三香”，作为十三香的主要标识，十三香产品以新的形象推向了市场。1993年十三香企业产值愈千万元，实现了第一步跨越，十三香加工厂变更为十三香调味品有限公司，1998年4月十三香调味品有限公司变更为驻马店市王守义十三香调味品集团有限公司，1999年公司完成并投产了大型电气、自动控制生产线，填补了我国调味品行业的一项空白，同时为企业发展注入了巨大动力。

王守义十三香在继承传统调味文化的同时还对传统中药材香料炮制的过程进行了深入研究，在中药材炮制和加工过程中，原料的药性及口味的变化很难掌握，十三香公司开发出的大型纯天然调味品加工生产线，重新整合了传统工艺流程，规定各种原料在混合后必须在一定的环境条件下经过一段时间的储存，使各种原料的不同特性充分混合，串味完成物理化学变化，以达到十三香产品的独特要求。将传统炮制加工方式与科学加工工艺相结合，使十三香清真调味品产业逐步向规模化、规范化、现代化发展。

目前，公司是一家以调味品生产销售为主营业务，同时兼营彩印、包装材料等辅业的综合性调味品企业。经过30年的艰苦创业，公司由小到大，由弱到强，目前已发展为拥有4个产品主车间、4个产品分车间、1个技术开发中心，拥有先进的生产技术和设备的大型调味品集团，是全国最大的调味品加工生产企业。

公司总占地面积270余亩，建筑面积20万平方米，员工1200余人，注册资金16000万元，2013年产值13亿元，年产各种调料6万余吨。年纳税额由建厂初期的不足万元，发展到2013年上缴税收1亿余元，总资产达到6亿元，销售额达到12多亿元。公司坚持“抓质量、树名牌、守信誉、为顾客”的经营理念，以市场为导向，以营销为动力，以质量为保障，走技术产业化道路，打造一支优秀的人才队伍，拥有强大的产品开发能力。目前，十三香公司生产的王守义十三香调味品，产品畅销全国及周边十几个国家和地区，是深受广大消费者喜爱的高知名度、高美誉度产品，在全国香辛料调味品行业中处于领军地位。

公司产品除“王守义十三香”调味料外，又开发了“麻辣鲜调料”“包子饺子调料”“炖肉料”“鸡精”“炖鸡料”“炖鱼料”“炸鸡料”等多种规格的清真调味品。同时，公司还精心设计了瓶、听、礼品袋、礼品箱等多种包装，多层次、多界面的满足广大消费者的需求。“十三香”产品还曾获得河南名优产品等称号，公司还先后荣获“中国调味品著名品牌企业20强”“河南省旅游产品定点生产企业”“中国调味品行业复合调味品十强品牌企业”“国家级扶贫龙头企业”“河南省农业产业化优秀龙头企业”等荣誉称号。2011年3月，王守义商标被国家商务部认定为“中华老字号”。

公司自成立以来，一直不遗余力地支持中国公益事业的发展，特别是支持教育事业的发展，把关爱教育、增强全民体质、安危扶难当成自己义不容辞的责任。主要表现在：修建十三香路，建立十三香健身社区，支援建设希望小学，对口援建贫困县，资助贫困大学生，对灾区的捐献、支持军民共建等方面。几十年来，他正是靠自己这一高尚思想品德和崇高精神的境界，带领十三香人为公益光彩事业累计捐款2亿元，仅2013年就为驻马店公益事业捐款4000多万元，扶贫助学捐款50多万元，为帮助贫困地区的学生上学，王银良同志决定在驻马店市、县各建一所希望小学，到目前为止，已经在驿城区、确山、正阳、西平、新蔡、汝南、泌阳、遂平、上蔡、平舆等各县区各建立了一所希望小学，耗资近千万元。

面对新形势、新任务、新目标，摆在十三香公司面前的工作仍然艰巨而繁重。在董事长王银良的带领下，全体十三香人将团结奋进，锐意进取，坚持“以人为本、用户至上、质量兴企、缔造一流品牌、创造一流企业”的企业核心价值观，以“建设国内最具竞争力的调味品生产企业”为企业愿景，不断开创十三香集团各项事业的新局面。

通讯地址：驻马店市十三香路1号
邮　　编：463000
联 系 人：杨书伟
联系电话：0396－2622111
18336207777

河南仕佳光子科技有限公司

一、基本情况

河南仕佳光子科技有限公司由郑州仕佳通信科技有限公司和中国科学院半导体研究所于2010年10月共同投资成立，是国内唯一一家集宽带通信光纤到户（FTTH）分路器及相关集成芯片的研发、生产和销售于一体的高新技术企业。

公司以中科院半导体研究所技术专家团队为核心，汇集了一批国内外一流的专家、学者，组成40余人的研发团队，其中院士1人、政府特殊津贴获得者1人、研究员5人，博士以上学位研究人员8人。

公司建立了6400平方米洁净研发生产车间，洁净度分别达到100级、1000级和10000级，引进了国际上先进的光刻、生长和刻蚀光波导加工设备，致力于解决光网络中PLC光无源器件芯片的研发及产业化。

在河南省科技厅、省发改委和河南省中科院成果转移转化中心的支持下，公司建立了河南省光电子技术院士工作站、光电子集成河南省工程实验室、河南省光电子集成工程技术研究中心、光电子集成技术国家地方联合工程实验室和河南省中科院成果转移转化中心电子信息分中心等5个研发平台。

目前，公司主要产品有全系列（12/4/8/16/32/64/128）光分路器晶圆、芯片及模块、V槽机、FA（光纤阵列）等。公司光分路器全系列芯片产品于2013年7月份开始批量推向市场，产品性能指标和良率均达到国际水平，得到客户的广泛认可。在1N系列常规芯片基础上，2014年，公司已向市场推出高附加值的2N系列和13、5、6等非对称系列产品（这些产品价格为1N产品的3倍以上）；同时，加大公司模块封装规模，由目前的1万块/月扩产到5万块/月，从而进一步增加公司规模效益。同时，扩大公司跳线、FA（光纤阵列）产量，丰富公司光无源产品系列，提升公司竞争力。2014年，公司继续推进AWG、VOA及相关产品的设计及流片，优化工艺，提升产品的性能参数及工艺稳定性。

二、公司优势

公司自成立以来，在产品量产、工艺平台建设、研发创新、技术积累等方面取得了瞩目的成绩。

1. 核心芯片快速量产。公司用了不到三年的时间实现了PLC光分路器芯片的量产，赶超了韩国企业十几年的研究成果，不仅为国内宽带建设节约数亿美元外汇，而且打破了国外企业对光分路器核心芯片的垄断，提升了我国宽带建设的核心竞争力，为国家信息安全做出了贡献。

2. 打造出具备国际竞争力的PLC工艺平台。公司在进行现有产品研发和生产的同时，设计及工艺技术得到了提升和完善，并开始为国内外众多高校、研究机构及军工企业提供技术合作与代工服务。工艺平台的打造，在增加营业收入的同时，使公司在行业中也形成了较高的影响力，极大地提升了未来向国防军工、信息安全、物联网等领域拓展的能力。工艺平台已经成国内相关技术产业化的模板和亮点。

3. 建立了一支为公司参与市场竞争、可持续发展提供动力的研发队伍。公司技术研发团队40余人，技术带头人为中国科学院半导体研究所王启明院士，其中研究员（博士生导师）6人，博士研发人员13人，形成了从理论设计、工艺攻关到产业化层级完善的专业技术团队，已建立了光电子集成技术国家地方联合工程实验室、光电集成河南省工程实验室、河南省光电子集成工程技术研究中心、河南省光电子技术院士工作站、河南省中科院成果转移转化中心电子信息分中心、河南省博士后研发基地等6个国家、省部级研发及产业化平台。

三、联系方式

地址：河南省鹤壁市淇滨区延河路201号
邮编：458030
电话：0392－2298000
传真：0392－2276819

河南创世电机科技有限公司

河南创世电机科技有限公司成立于2010年，注册资本5000万元，是河南省首家以小型柴、汽油机动力为核心，配装小型动力发电机组、动力水泵机组、小型农用动力机械、园林动力工具等便捷型生产、生活用具的专业制造组装企业。公司现有员工168人，其中高级工程师2人，专业研发人员20人，初级以上专业技术人员80余人。

公司现有柴、汽油机动力装配自动流水线10条，以及折弯机、螺旋式空气压缩机等生产设备和相应的检测设备，公司产品相继通过美国EPA、欧洲CE、NRMM等一系列产品认证，98%以上的产品出口到印度、俄罗斯、迪拜、加拿大、埃及、尼日利亚等十多个国家。公司2013年实现产量10万台，其中出口9.8万台，销售收入1.03亿元，利润887万元，总资产1.1亿元，年销售增长率12%，银行信用等级AA级。

投建的轻量环保动力装置项目是结合国际市场发展需求，利用先进技术研究开发的，该产品是国内首家采用镁合金新材料减轻动力整机质量的企业，产品具有环保、节能、方便的特点。通过采用电控系统催化后处理技术，废气再循环ECR，多气门与进排气系统可变技术在动力装置上的逐步使用，利用自主研发用于排放一致性控制专用检测设备，使动力机在不同工况时达到最佳混合气浓度，使产品比国内普通型动力装置油耗量降低40g/kwh；重量减轻33%左右；噪声限值达到规定要求；废气排放量一氧化碳（CO）为80g/kwh；nc＋Noxx为8g/kwh，技术优势显著，并具有可满足美国加州空气资源委员会（CARB）要求的蒸发排放要求动力系统。

镁具有散热快，减震、抗震，重量轻等优势特点，随着材料研发和加工技术的进步，镁及镁合金产品的优异性能日益突显，使其应用有了突破性增长，依托技术引进、实行自主创新、有民族特色的镁产业正在飞速发展。镁产量每年都在大幅度上升，但用途开发滞后，落后于欧美国家，没有把镁的各种性能和技术落实在设计和用户手中。公司生产的动力发电机上镁及镁合金的应用非常合适，平均每台大约用镁达到3.5公斤，完全取代了铝在发电机上的应用，并且应用技术已经十分完备，镁合金比铝强度高，重量比铝轻1/3，比铝减震提高30%，抗震增强30%，噪音污染率降低6%～12%分贝，散热比铝快三分之二。所以此项目能有效推动金属镁产业的发展，使镁及镁合金的应用发展迎来新的高潮。

凭借新材料、低耗能、轻量环保、使用方便等先进的性能和外观，产品需求量大大增加，生产规模急需扩大，现已在东杨工业区投资建设新厂区，二期“年产150万台的轻量环保小型动力装置”项目，总投资5.8亿元，占地150亩，其中净地129亩。主要建设生产车间、仓库、办公科研楼等，总建筑面积约7.5万平方米，主要产品为汽、柴油发电机组。

项目建成后，设备标准处于同行领先水平，可日产成品3000台，年产镁合金发电机组150万台。产品98%以上出口到欧洲、美国、俄罗斯、非洲等国家，全部达产后可实现年产值15亿元，实现利税3亿元，解决就业1500人，带动相关产业链，促进鹤壁经济发展，成为中国新型镁合金发电机组生产基地。

公司网址：www. csqyj. com
联系电话：0392－2238888
传　　真：0392－2218866

佛山市集成金融集团有限公司

佛山市集成金融集团有限公司是广东省首家、也是目前唯一一家民营金融集团。集团下属集成融资担保、集成小额贷款、集成期货、集成保险经纪、集成创投、中小企业产权交易所、集成资信评估、嘉友黄金理财、佛商卡、嘉友网络科技等10家成员公司。中国集成金融集团控股有限公司是内地首家登陆香港地区资本市场的民营金融集团，也是内地首家登陆资本市场的融资担保公司。

多年来集成金融集团始终坚持围绕“区域领先的中小微企业投融资综合服务商”这一战略定位，努力搭建覆盖中小微企业全套非银行金融功能的综合性金融服务平台。

集成金融集团已发展成为拥有400多人的金融行业专业管理、服务团队，管理超过50亿元金融资产。据不完全统计，集成金融集团成员企业累计为近1800家企业提供融资担保服务，融资担保额累计突破80亿元；为近400家企业提供小额贷款服务，累计贷款规模突破20亿元；为近100家企业提供直接或间接股权投资服务；为近1000家企业提供套期保值服务。集成金融集团先后获得“2012年广东省金融创新奖”“广东省中小企业融资服务示范机构”“全国2011小额信贷最佳创新贡献奖”等多项殊荣。

联系地址：佛山市禅城区汾江南路37号财富大厦B座13/14楼
服务热线：400－0130－999
服务网址：www. jcw999. com / www. 51jili. com

比音勒芬服饰股份有限公司

比音勒芬服饰股份有限公司成立于2003年，是一家集设计、产品开发及营销于一体的国内领先的高尔夫服饰品牌企业，是中国国家高尔夫球队指定品牌，入选广东省重点创新帮扶500家高成长性中小企业（民营企业）。

公司于2007年在广州建立总部基地，办公面积达15000平方米。比音勒芬专注设计、研发和销售男、女高尔夫服饰，产品分为运动高尔夫系列、生活高尔夫系列、经典高尔夫系列三大类。比音勒芬整合全球领先的研发资源，打造面向中国消费者又具有国际化视野的一流研发团队，专门致力于高尔夫服饰的研发创新。比音勒芬产品风格定位低调高档、阳光休闲，以热爱健康生活方式的企业家、高级白领、演艺人士等为主要客户群体。

目前，比音勒芬的营销网点已经覆盖全国28个省、直辖市、自治区，全国共设销售网点300余家，网点类型包括百货专柜、专卖店、五星级酒店专柜、机场、高尔夫球会等。多元化的产品研发，规范化的终端管理，以及设计高档的店铺形象和灵活高效的市场拓展策略，让比音勒芬在网点数量、销售业绩等多项指标体系中已位于中国高尔夫服饰品牌前列。“打造中国高尔夫服饰第一品牌”，已经成为比音勒芬品牌发展目标。

联系电话：020－34765888
详细地址：广州市番禺区南村镇兴业大道309号比音勒芬大厦

广州尚品宅配家居股份有限公司

广州尚品宅配家居股份有限公司在2004年成立于广州，是一家依托IT信息技术创新实现“C2B＋O2O”先进商业模式的现代家具服务企业。尚品宅配下辖广州、北京、上海、南京、佛山五地6家全资子公司及数十家分公司，在上述五地拥有近50家直营店，并在全国300多个城市拥有超过800家加盟店。公司营业收入已连续5年保持100%以上的高速复合增长率，预计未来3年内仍将保持50%～80%的高速增长态势。公司年营业收入达10亿元，员工总人数超过3000人。

尚品宅配的创新商业模式可以概括为以下4个关键词。① C2B，即消费者需求驱动厂家，以消费者对家具的个性化需求为起点，驱动尚品宅配提供个性化的家具产品设计、制造、安装等服务；② O2O，即线上对线下，尚品宅配新居网线上营销获取商业机会，与线下800家门店体验互动，网与店一体化经营，新居网成为实体门店线下交易的前台；③ 大规模定制生产，即以大规模生产的成本和速度，为每一个客户定制生产个性化的产品；④ 云计算和大数据的研发及引用，家具行业首个利用云计算技术大幅提升设计能力，结合大数据挖掘及分析技术研发应用，是未来高速发展双引擎。

尚品宅配实现了个性化营销、柔性化生产、社会化物流的业务运作模式，被《哈佛商业评论》誉为“C2B模式的中国样本”。

联络方式：何裕炳

电　　话：020 - 61004066
传　　真：020 - 61006919
邮　　箱：hyb@ spzp. com

广东达诚机械有限公司

广东达诚机械有限公司系一家集研发设计、制造、营销、服务于一体的国家高新技术企业，入选广东省重点创新帮扶500家高成长性中小企业（民营企业）。公司座落于美丽的海滨城市——汕头市，毗邻港口、机场、火车站及汽车总站，交通便捷。公司始建于1993年，目前已有厂房4万多平方米，在职员工200余人，其中中高级职称技术员50余人。

公司专业研发和生产塑料（胶）机械，主要包括片材机、热成型机、全生物降解机械、包装机械及模具。公司拥有多项自主知识产权的专利科技成果，产品技术含量高，实用性强，品质位于亚洲前列，客户口碑良好。

目前产品已畅销国内30多个省市，并出口美洲、英国、希腊、独联体、保加利亚、埃及、韩国、中国台湾、泰国、阿联酋、伊朗、印尼、马来西亚、菲律宾、越南、中东等40多个国家及地区。公司与喜之郎集团、顶新集团（康师傅）、亲亲集团、浙江新天力、北京万容、日本中央化学、台湾统奕公司（统一集团）、台湾安捷、泰国东方等知名大型企业缔结良好的长期合作伙伴关系。

公司一贯坚持诚信、平等、客户利益第一的经营理念，产品全面实行GB/T 19001 - 2000 idt ISO 9001:2000质量体系管理。公司拥有优秀的设备加工能力（美国哈斯加工中心、台湾高速高精度数控铣床及CNC雕铣机等）及高效的售后服务，并为客户提供强大的技术支援和人员技术培训。

电话：0754 - 82518856
传真：0754 - 82518867

广州美亚电子商务国际旅行社有限公司

广州美亚电子商务国际旅行社有限公司是一家以差旅管理服务为主的在线商旅服务企业，入选广东省重点创新帮扶500家高成长性中小企业（民营企业）。

公司成立于2003年8月，总部设在广州，注册资本5000万元，在全国共设有15家分子公司，服务网络履盖北京、上海、深圳、东莞、南昌、长沙、武汉、青岛、成都、重庆、西安、香港等地。目前已完成美亚商旅平台（B2G）、美亚旅行网（B2C）、美亚分销平台（B2B）三大电商平台的构建。其中公司自主研发的B2G商旅服务平台，以差旅云服务和智能行程管理为创新点，以机票、酒店、旅游产品为载体，整合信息流、数据流、资金流为企业客户实现在线商旅审批、预订及出行管理、安全救援等一站式的商旅服务。使企业员工出差更便捷，企业差旅管理更科学、高效，企业差旅成本有效降低。

近年公司凭借强大的资源整合能力，优质而专业的服务能力及与时俱进的创新意识，获得社会、行业及客户的广泛认同。公司商旅管理业务市场占有率在华南地区名列前茅，公司的国际机票预订业务市场占有率在华南稳居第一。公司先后获得“国家高新技术企业”“广东省重点创新帮扶高成长性中小企业”“广东省/市著名商标”“广东省电子商务示范企业”“广东省/市中小企业公共服务示范平台”“广东省/市民营科技企业”“广州市企业技术中心”“中国差旅管理服务公众满意最佳典范”“中国商旅最佳供应商”等诸多荣誉。

公司一直以成为中国民旅差旅管理品牌的领航者为已任，立足于中国企业商旅需求，为企业提供个性化定制商旅服务，并以此为基础，通过商业模式及服务的创新，推动中国商务旅游产业的升级。

公司网站：www. meiya. com
　　　　　www. shinetour. com
联系电话：4006 - 139 - 139
地　　址：广州市天河区珠江新城华明路13号华普广场东塔17楼

梧州山王拖拉机制造有限公司

梧州山王拖拉机制造有限公司，是广西壮族自治区首家生产前后驱动方向盘拖拉机的厂家，是一家具有独立法人资格，集生产、科研、销售于一体的有限公司。公司坐落于经济繁荣、交通方便、地理环境优越的苍梧县工业园区内，于2006年9月8日成立。主要经营范围：方向盘拖拉机的生产和销售、农业机械、工程机械加工和销售。公司现有职工300人，年产拖拉机达5000多台。2012年公司主营业务收入11912万元。

该公司生产的SW系列前后驱动方向盘拖拉机是广西首家通过省级技术鉴定的拖拉机产品，拥有4项国家实用新型专利和2项外观设计专利。该产品结构紧凑、性能可靠、操作方便、爬坡能力强，特别适用于山区农村短途运输作业，是广大农村用户理想的运输工具。由于质量过硬、服务周到，该产品在广西、广东、湖南、四川、贵州等地深受广大农户的欢迎，在全区同类企业的产品市场中占有率达50%以上，市场前景广阔，甚至在越南也有用户使用该款拖拉机。

公司2006年10月8日获得广西壮族自治区农业机械鉴定站颁发的《技术鉴定证书》；2006年10月25日获得广西壮族自治区质量技术监督局对企业产品标准备案登记证书；2008年1月16日获得广西壮族自治区农业机械化管理局颁发的《农业机械推广鉴定证书》；2008年1月25日获得北京世标认证中心颁发的ISO9001体系认证证书。除此之外公司还通过了每年的ISO年审和自治区质量技术监督局的定期监督检验。

为适应企业的发展和迎合国内市场的需求，公司还在不断研制和推出新产品。2009 年研制出 SW6FS 前后驱动方向盘拖拉机、SW130 和 SW134 多功能拖拉机三种新产品，并通过了省级技术鉴定。2010 年研制出 SW15FS－100G、SW130－150G 沼液沼渣抽排机并通过鉴定；同年 6 月再研制出 SW10FS、SW12FS 型前后驱动方向盘拖拉机。2011 年新研制的两款甘蔗装载机 ZLG－10、ZLG－12 也通过了省级技术鉴定。

"质量至上，用户第一"是公司的宗旨，"以质量求生存、以创新求发展"是公司的经营理念。2010 年 3 月本公司获得梧州市消费者协会颁发的 2009 年度"诚信单位"称号。"行远必自迩、追求无止境"，公司将一如既往的奋进不息，改革创新，提升品质，打造最具竞争力的农机制造公司。

联系电话：0774－2501111，0774－2509999

传真号码：0774－2501111

邮政编码：543100

柳州双英汽车配件制造有限公司

柳州双英汽车配件制造有限公司，是重庆双英集团于 2003 年 12 月投资创办，公司地处阳和工业新区工业园 B－30－5，占地面积 70 亩。公司凭借"顾客至上、诚实守信、和谐奋进、双赢发展"的战略经营思想，形成了制造高品质汽车座椅骨架、总成为主的生产经营格局。先后与上汽通用五菱、美国李尔、上海延锋江森、延锋伟世通、方盛座椅、柳汽、柳工等形成长期稳定的配套合作关系。公司主导产品为各类汽车座椅骨架总成、微型轿车水箱上下纵梁、散热器下横梁和脚踏总成等零部件。公司拥有自动焊接线、电泳生产线、泡沫生产线、缝纫生产线、全自动总装生产线等现代化生产设备，具备自主设计开发能力，公司先进的管理和成熟的工艺技术，在柳州汽配行业中占有重要一席。

公司目前已有员工 600 多人，其中具有中高级职称专业技术人员 160 多人。随着市场经济的不断深化，在质量上与国际接轨，按 TS16949 汽车管理体系标准不断改进和优化质量管理流程，以稳定而不断提升的优良品质成就了企业的市场业绩。公司从创业开始的年产值 2000 多万元，在短短的几年时间里就翻了近几番，目前总产值达到 3.6 亿元人民币。

"顾客至上、诚实守信、和谐奋进、双赢发展"。公司正是坚守着这样的经营理念，励精图治才换来今天的骄人业绩，然而成绩属于历史，肩负社会责任，做大做强，精诚回馈社会，与社会和谐双赢才是双英人最终的追求。

联系电话：0772－3591731

传真电话：3515259

邮　　箱：lzgl@ shuangying－jt. com

公司地址：柳州市阳和工业新区工业园阳旭路 B－30－5 号

邮　　编：545006

柳州市双飞汽车电器配件制造有限公司

柳州市双飞汽车电器配件制造有限公司，创建于 1993 年，是中国最大汽车电器配件生产厂家之一；业务主要由四部分组成：整车线束；接插件；电线；后装产品；专门配套中高级轿车、乘用车、商用车、公交大巴、工程机械车等各领域车型。

总厂设在广西柳州市，其他 3 个生产基地分布于青岛、南京、厦门。

公司拥有专门的技术研发团队。集设计、开发、试验验证、大批量生产于一体。并通过了质量管理体系 QS9000 与 ISO/TS16949 认证；德国专家进行现场技术与生产现场管理培训。目前公司拥有各类世界先进的生产与检测工具，如：德国 Komax 30 多台、日本进口模具制造机器、全自动检测设备；年产生产配套能力已逾 150 万台套。

作为国内重要汽车配件生产企业，我们同时也意识到共同的社会责任：环境保护、质量管理、慈善、保证雇员的人权，这些亦是双飞企业运营的核心政策。

公司总部地址：广西柳州市柳石路新兴工业园 27 号

公司总部新地址：新兴工业园创业路 1 号

联系电话：0772－7507268

传　　真：0772－7507278

E－mail：scb@ lzsfdq. com

网　　址：www. lzsfdq. com

广西桂东船用锻铸件有限公司

广西桂东船用锻铸件有限公司，是中国船舶工业配套设备生产厂的制造企业，前身是：国家第六机械工业部六十年代投资的军工企业，成立于 1968 年。主要为我国军船生产船上配套铸钢件及船锚，八十年代转地方及军品双重领导，生产军品及民品。

2004 年开始国企改制，外资收购转为私有企业，2009 年经梧州市人民政府招商引资，由广西桂东送变电公司收购，于 2009 年 1 月 4 日正式挂牌成立广西桂东船用锻铸件有限公司，产品仍以生产船锚为主，生产各种类型的"双山"牌船用钢锚，主要产品有：AC－14 大抓力锚、霍尔锚、海军锚、斯贝克锚、无杆锚等。本公司除生产船锚类产品外，还生产导缆孔、导缆钳、闸刀制链器、滚柱导缆器、系船椿、带缆椿等船用舾装铸钢件。公司还可以按用户要求设计、制造各种特殊型号、规格的船用钢锚以及进行拉锚试验。

该公司生产能力：公司投入资金在工业园购地扩建厂房，购进大型设备，使公司目前能生产船用铸钢件最大 15 吨，船用铸钢锚 20 吨，民品能生产配套 40 万吨级船锚，军品能够生产目前我国最大一艘军船使用的船锚，满足国内外造船业的需要。公司产品历史悠久，技术先进，品种齐全，质量可靠。

该公司产品荣获中国船级社（CCS）、中国船舶检验局（ZC）、英国劳埃德船级社（LR）、美国船级社（ABS）、挪威船级社（DNV）、日本海事协会（NK）、德国劳氏船级社（GL）、法国船级社（BV）、意大利船级社（RINA）国际权威船级社生产认可，产品证书满足国际各海洋区域通行，是我国华南地区唯一的锚泊设备专业生产厂家。

该公司技术力量雄厚，高、中级职称以上10余人。拥有3吨、15吨电弧炉各一座，及2000千牛吨的锚拉力试验机，产品检测手段齐全，产品质量可靠。生产设备配套齐备，检测和试验设备先进。双山”牌船锚产品销售除了面向全国各大造船集团，销往：广州、上海、大连、天津、江苏、浙江、福建等省市大型船厂，还远销美国、日本、澳大利亚及欧美各国，在国内外享有盛誉。

目前公司能生产单件最大船用铸钢件15吨，船用铸钢锚20吨，月产量可达600吨，年产量可达7200吨，工业总产值达9000万元，销售收入9000万元，总资产超过6000万元。“双山”牌船锚产品销售除了面向全国各大造船集团，还远销美国、日本、澳大利亚及欧美各国，在国内外享有盛誉。

联系人：王先生

Tel：86－0774－5824054

Email：gx_ guidong@ 163. com

柳州蔚翔汽车部件有限公司

柳州蔚翔汽车部件有限公司，成立于2006年9月，现有土地面积15000平方米，厂房面积9000平方，有中空吹塑机和塑注机两大类设备，公司能自行开发设计，制造模具，生产加工各类汽车配件，年产能力在200万件套以上。

地址：柳州市马厂路1号白露工业园

电话：0772－ 2321666。

海南立□净水科技实业有限公司

海南立昇净水科技实业有限公司成立于1992年，是一家集水处理技术研究、超滤膜及其组件、家庭净水设备制造、销售和服务为一体的高科技企业，同时也是国家重点扶持的高新技术企业，在全国主要城市建有23家直属分公司和办事处。其位于海南省海口市的厂区，占地44亩，拥有省级膜工程技术研究中心，安装有数十条膜丝生产线，具备年产300万平方米优质超滤膜的生产能力，是企业膜产品研发和生产中心，也是目前世界上最大的超滤膜生产基地之一。

2013年3月，海南立昇在国家高新区云龙产业园（海口市）新建年产1000万平方米优质超滤膜生产基地，该产业化基地占地240.88亩，预计于2014年4月底落成，并将于8月份投产。该产业化基地共投资6.2亿元，超滤膜生产车间总面积达13万多平方米，建成后其产能将使全球膜企业的产能翻一番，成为世界最大的超滤膜生产基地。

企业拥有雄厚的自主知识产权和核心技术。海南立昇拥有专业研发团队共40人，包括6位博士、26位硕士；目前研究成果获得授权专利81项，其中，发明专利共26项（包括5项国外发明专利）。企业先后参与了国家和行业标准的制定发布。

在核心技术方面，海南立昇实业首创聚氯乙烯（PVC）合金超滤膜，具有精度高、通量大、抗污染、寿命长和运行压力低等特点，价格仅为国外同类产品的1/3。企业以PVC超滤膜为核心，形成标准化、系列化的家用净水器、直饮水台和工业膜组件。

产品应用位居国内市场第一。家用净水器，已获得海南省名牌产品，全国家庭用户超过500万户；2010年承担了上海世博会世博园区全部直饮水设施的建造和维护工作．立昇一体化压力式超滤膜设备同时适用于农村改水领域，目前已在海南省16个市县的56个乡镇完成224余宗村镇供水点的改造，处理规模从100－1000吨/天不等，受益人口达60.2万，根据中国水网研究院发布的《中国城市供水领域UF（MF）膜应用市场调研报告》，截止2013年6月，按处理规模计算，在我国目前已投产使用超滤膜的饮用水项目中，超滤膜的市场占有率达到34.3%，位居国内市场第一。

联系方式：13671529427。

海南（演丰）现代生态农业产业园

海南博大兰花科技有限公司于1996年成立，拥有1个省级热带花卉研究所、2个热带兰花种质资源圃、7个生产科研基地，1300亩生产基地，其中200亩切花基地，19500平方米控温育苗大棚。公司现有员工160多人，目前年生产种苗500万株、切花500万枝、高档盆花50万盆。

目前，正在演丰建设现代生态农业产业园，项目占地面积7696亩，总投资50亿元人民币，建设周期6年，分三期进行，其中设施农业建设期为3年，安置农民人数5200人。项目正常运营后，可以带动百家中小微企业，年销售收入11.5亿元，年利税4.5亿元，投资回收期为10.67年。

应用兰花组培克隆生物工程高技术，致力于专精特新的兰花产业。产业园引进荷兰最先进的植物工厂设施设备和控制系统，结合美国佛罗里达大学最尖端的分子育种细胞融合技术、博大兰花最新的组培克隆技术、中科院昆明植物研究所的植物驯化保护技术、光伏农业技术以及物联网技术，建设智能化运行的兰花植物工厂。生产文心兰、蝴蝶兰、石斛兰等300多种热带兰花组培苗1500万株，是海南目前热带兰花组培苗产能最大的组培中心，优质种苗供应国内市场，出口到韩国、日本、美国等地。

全产业链兰花产业化生产运营模式。从兰花种质资源收集与保存，到兰花自主知识产权新品种培育，到兰花组培克隆生物工程以及兰花栽培技术、设施改良，到兰花深加工产品以及兰花产品销售市场、渠道的拓展，实现了兰花全产业链综合发展，实现花卉产业与信息化深度融合。引领中国兰花产业向产业化、工业化发展。

孵化农民企业家，发展中小微企业。产业园内将采取3种模式，带动服务小微企业。一是生产合作，培育小微企业业主。二是辐射带动，公司按五统一分的方式向农民提供服务，形成小微企业集聚。三是产业联盟，公司对具有一定生产规模的生产大户、家庭农场、合作社、小微企业采取资产合股、资产合并、资产转移等多种形式组建产业联盟，带动一大批中小微企业发展。

联系方式：13705515611。

海垦农资有限责任公司

海南海垦农资有限责任公司（以下简称公司）是海南农垦旗下一家集农资连锁经营、农技服务和物流配送为一体的综合性现代企业，是海南省农业龙头企业，注册资本1亿元，拥有3.6万平方米仓储配送中心和305家连锁店、中心店，年销售额近3亿元。

2012申请“海南农业产业化集群综合服务平台”建设，已由工信部批复同意。公司投入巨资进行平台建设。现已开发建设了：专家远程诊断和测土配方服务；农业技术培训体系；农药产品追溯管理系统；农资产品供应链管理系统（ERP）；全球良好农业规范培训和认证服务。累计服务了3200多家专业合作社及种植企业，1800家农资零售企业及个体工商户。培训农民50000人次，发放栽培管理技术资料15万份。累计带来直接的经济效益估计有9000多万，节省投入5000多万。直接打造了“乐福”芒果、“雷丰”牌芒果、“红明红”牌荔枝和“南海”牌胡椒等区域知名品牌。引领农作物向高产出、高效益、安全优质方向发展。

大数据挖掘。2001年起，对全农垦百万亩土地进行了一次全面的土壤检测与化验、汇总。建立了庞大的土壤调查数据库。可以利用平台进行大数据的挖掘，进一步为全农垦乃至全省农户、家庭农场、合作社等提供测土配方服务。打造海南测土配方的“地理信息系统”。同时，利用现有的ERP管理系统，进行二次开发，拓展到其他多品牌加盟的物流、资金流、信息流统一管理的高效多品牌农资产品购销服务平台，实现从田头到餐桌全程追溯。利用大数据、云计算、云服务等技术手段把小微企业、金融机构、供应商、土地、产品、市场要素统一个大平台上来，打造成为现代化“三农”服务型平台，成为两化融合典型示范。通过海垦公共服务平台，为全省1800多家零售终端企业建立电子台账，提供准确农资配送，减少资金占用，降低库存，提高经济效益，每年可节省资金上亿元。

量体裁衣，精准配送。测土供应农资，运用成分分析手段，对某一地区地块的肥力、酸碱性、微生物等情况进行定性或定量分析，总结出该地区地块，适宜种植哪些农作物品种，或者对所种植的农作物所需的各种肥料、需要的用量，以及对肥料进行成分分析、并做含量勾兑的一种科学定论的方法。实现了科学施肥、提高产量、改善品质、减轻污染、节约肥料、增加收入。全省有60万亩芒果，施用NPK复合肥总量约为10万吨，测土配方精准施肥能节约20%，节省用肥2万吨，节约资金超过6000万元。

联系方式：13876311376。

海南皇隆制药股份有限公司

皇隆制药注册资本6240万元，2013年产值4.5亿元，从事化学原料药及制剂研发、生产与销售的国家级高新技术企业。2010年完成了股份制改造，更名为海南皇隆制药股份有限公司。形成了以心脑血管类、胃肠药、解热镇痛类、外用药等系列的产品结构，有40多个品种，60多个规格，涵盖了14种药品剂型。并全部通过国家GMP认证。形成了研发、生产、销售一条龙的经营模式。2009年底，皇隆制药选定在北京药品研发领域具备较强综合实力和良好发展前景的北京阳光诺和药物研究有限公司作为合作伙伴。通过并购实现了双方资源利用方式的转变，优化了产权结构，提升了企业研发实力和核心竞争力。

这一并购项目的完成，更实现了以下几方面的目标。

——研发模式得到了转变。新产品研发大大降低了对科研院所的依赖，企业可以凭借销售工作收集到的市场信息，结合企业实际需求确定新产品的立项方向、掌握新产品的研发进度，同时也具备了自主创新的能力，在一定程度上节省了资金投入。

——研发实力得到增强。并购的阳光诺合药物研究有限公司具有一支学历水平高、业务能力强。工作经验丰富的人才队伍。为皇隆制药未来新产品研发、技术攻关等方面提供了充分的智力保障。

——中小企业有了新的增长点。作为专门的研发机构，在满足皇隆制药发展需要的同时，还实现了通过技术成果转让，为企业提升整体经济效益的目的。在成功实现并购后，扩大了皇隆制药的经济规模，拓展了皇隆的核心业务，还间接的扩大了皇隆的社会影响力。

——用人模式得到了转变。过去，传统的用人模式是如何把人才引进到企业所在地，但鉴于发达地区各方面都有着海南不能相比的优势，人才引进难、留住更难。现在通过并购北京的企业，企业有了一个吸引人才的平台，更有利于企业发现人才，留住人才。

联系方式：0898－65715280。

海南南国食品实业有限公司

海南南国食品实业有限公司创立于1992年，是一家以生产加工海南特色食品及经营管理旅游购物超市为主导的中型民营企业，也是农业产业化国家重点龙头企业，海南省优秀农业龙头企业。南国公司自成立以来，投资基础设施建设1亿多元，建成了2万多平方米的厂房、办公楼，购买了拥有现代化的、符合行业标准、国家标准的多条生产线和设备。公司始终坚持走“专精特新”的发展思路：

——坚持战略专一化的思路，专攻关键技术产品，生产企业最初研发产品“椰子粉”等固体饮料，利用海南椰子无污染、富含丰富的蛋白质、果糖、维生素、钾、钙、镁及脂肪等特点，研制既有浓郁椰香品味，又含均衡营养成份的功能性饮料，并根据其特性研制出纯椰子粉、速溶椰子粉、香浓椰子粉、醇香椰子粉、珍品椰子粉以及中老年高钙椰子粉6大品种，目前该系列产品销售额占公司总销售额的40%以上。

——坚持以创新求发展的理念及研发精深化的思路，不断提升产品的科技含量，目前已申请发明专利1项，实用新型专利6项，已获得4项实用新型专利授权，另外公司也与中国第三军医大学、海南大学等科研院校合作开发新产品及新技术。

——公司主营特色食品，坚持产品特色化，以海南本地特色资源为基础，佐以南国企业采用的独特工艺、技术、配方，使得产品极具口感及天然食品营养价值。

——南国公司在定安塔岭工业园投资了工业旅游新业态项目－－“海南南国天然食品旅游观光工业园”，拟建造有海洋文化元素和具有生产、观光、展览、商务、品尝功能的景观建筑综合体，建设旅游观光服务配套设施，包括游客服务中心、大型旅游购物中心、特色食品餐饮店、旅游休闲体验吧、旅游产品生产厂房等，融合了特色旅游食品生产加工和工业旅游，推出加工全过程的观光，品尝，DIY等。

联系方式：0898－65880181。

西安新天地草业有限公司

西安新天地草业有限公司2003年注册成立，是一个民营股份制的农业高科技企业。公司主要从事秸秆饲草加工、经营，相关设备的制造、推广、销售，微生物制剂及秸秆饲草专用包装的研发、生产、销售。先后在机械创新、制造，微生物制剂研发生产，秸秆微生物饲草的开发等方面有质的突破。特别是在揉丝机技术方面具有全国领先水平，初步形成秸秆产业体系，受到广大农民群准和用户的欢迎，被誉为中国农业新产业——秸秆产业的“领头羊”。是陕西省第一个定点的省级秸秆综合利用示范基地，省级重点龙头企业，国家高新技术企业。

一、现代农业循环发展

公司坚持“创新无限、问鼎天穹，俯贴大地，事硬人成”的新天地精神，十多年来，以改善生态环境为己任，促进农民增收为目的，构建农业低碳循环经济为目标，不断提高企业管理水平和自主科研发能力。公司始终瞄准现代农业循环发展方向，历时近十年的艰辛，破解了农业低碳循环发展的技术、工艺和市场问题，依靠现代科技，解决了废弃农作物秸秆变为畜牧业优质饲草的加工设备、菌种、储备运输三大难题，同时把畜禽粪便污染物转化为生物有机肥，返回到种植业，变废为宝。

秸秆产业的崛起，依靠的是生物技术农业化、高新技术农民化、国际技术本地化。公司积极自主研发，开展跨领域、跨区域技术合作，将农业、农村、农民遥不可及的国际、国内先进技术及理念予以转化，使之适应“三农”需求特点，已获得国家3项发明专利，3项实用新型专利，为增加农民收入，实现农业和畜牧业循环发展提供了强有力的技术支撑。

二、科技研发梦想成真

将农作物秸秆转变为营养饲草，使牛羊能够随时吃到不比草原牧草品质差的绿色饲草，靠的是公司不懈的技术攻关和投入。新天地公司成立以来，聘请大学教授、农业专家10余人成立研发中心，累计研发、试验、推广投入超过1200万元。到田间做试验，到养殖户做对比，往往一项指标的获得，一年只有一次机会，牛羊饲喂试验也需要数月才能完成。通过多年研发、试验、对比，最终解决了秸秆的加工技术难题，微生物发酵难题。自主研发的秸秆揉丝技术，变横切为纵切，通过揉搓技术使秸秆表面硬质茎秸变为柔嫩丝状，填补了国家空白，被有关专家誉之为秸秆草业的革命。自行研制的微生物调制剂，经国家饲料检测中心严格测试，公司所研制的微贮饲草，达到了优质饲草标准，真正使玉米秸秆由牛羊的粗粮变成了细粮。既解决了人畜争粮的问题，又成功开辟了一条非粮饲料的路子。被业界称之为“中国秸秆饲草之王”。

从2006年起，公司开始生物有机肥的研发工作。生物有机肥是生产绿色、无公害食品的当家肥料，也是解决目前禽畜养殖场粪便污染，防止疾病传染，改善土壤有机质结构，有效解决资源浪费的重要课题。公司先后与西北农业大学，上海汇仁复合有机肥料有限公司合作，累计投入300万元，完成了微生物菌剂系列研发工作，生产工艺的技术可行性和市场可行性工作，以及实现产业化的技术路径工作。

该项目以“新型多功能生物有机肥的研究与开发”为题目列入国家“十五”863计划。经农户广泛使用和权威机构鉴定，证明菌种效率高；设备工艺先进而不复杂；生产流程标准化；原料来源充足；产业化开发的技术、市场路线成熟。

为促进产品更新，适应市场及用户需求，近三年，公司进一步加大了产品的研发力度，在改造、提升、转化、换代上下功夫，成功研制出了一代新产品。在秸秆加工设备上，研制出了集加工、揉丝、打捆为一体的自动化秸秆加工设备；自动式双箱液压饲草打捆机；自动化大型取草机。技术先进、性能可靠，效率比原先提高三倍。研制出了各类饲草加工设备12个型号，适应于全国不同地域、不同用户的需求，年产量达到7000余台。为确保秸秆饲草的营养和质量，公司加大了微生物菌种的研发，投资700万，新建了微生物研制中心，研制出适应于青、黄、干贮的多样菌种300余吨。截止2013年十月底，设备、饲草、菌种、生物有机肥综合销售产值达到6493万元。揉丝设备分别获得了临潼区，西安市科技进步一等奖，陕西省科技进步二等奖。4个实用新型专利申报已被国家知识产权局受理。同时公司还承担了国家"十二五"黄土高原农果牧综合科技支撑课题的研试。

三、网络联盟合作共赢

针对产品对原料产地、生产季节要求较强的特点，公司制定了"创品牌、布网络、建基地、抓养殖大户、构建全新的推广模式"的发展思路，把自有技术转化为企业核心竞争力。先后以品牌、技术、专利、设备等形式与山东富源、山东明堂集团、山西多维牧业、内蒙古乌拉美羊业、四平凯德利牧业、广州狮丰投资、河南绿源牧业、陕西生力集团、宁夏大田新天地、沈阳金鹰电力通讯、安徽淮南工商联等十多家企业建立了秸秆饲草战略联盟。先后投入了大量技术、资金、服务人员，建立了合作分支公司，为公司产品和秸秆产业广开渠道。产品销往全国23省、市、区。一万余户农民投入该产业。目前公司已在陕西关中30个县区建立了饲草加工点。全省玉米种植面积约900万余亩，每亩可产秸秆2.5吨，可产秸秆2250吨。每吨平均按100元计算，农民在不增加任何投入情况下，可增收75亿元。实现了政府、企业、农户多赢的局面，形成了布局合理，多元综合利用格局，基本形成了由线面的网络化格局。让秸秆综合利用成为我国农民增收的重要途径。

公司将继续以国办105号"关于加快推进农作物秸秆综合利用的意见"，省政府办公厅110号"关于加快农作物秸秆综合利用的实施意见"为锲机，坚持走科技兴企、兴农之路，将科技创新、产品研发作为首要工作来抓，不断加强技术研发，积极开展技术推广、技能培训，为农民提供更多、更好的新产品。

西安天厚滤清技术有限责任公司

天厚滤清技术有限责任公司是1992年在西安高新区成立的一家民营科技企业。19年来，始终围绕节能减排，坚持自主创新，不断开发环保科技产品，实现了油品的节约和高效利用。开发的"洁能保"系列柴油净化器，真正使发动机"喝"上了清洁的柴油，减少了尾气排放，延长了发动机寿命。润滑油液质量检测系列仪器，方便快捷从根本上解决了"油该不该换"这样一个长期困扰设备管理的难题，大大节约了润滑油的使用量，提高了使用效率。这两个创新产品，从设备的主动维护起步，逐步对发动机实现节能减排和有效保护。洁能保滤清系列新产品上市以来，已展现出了广阔前景。

目前，天厚公司共申请国家专利226余项，产品广泛应用于油田、渔港，已发展成为拥有自己的研发团队，拥有自主知识产权产品，具有一定实力的国家认可高新技术企业。

在创新中创业

天厚公司于1992年开始创业，创业之初就坚定地认准了润滑油检测这个领域，开始了油液质量检测产品的研制和开发，着手解决我国润滑油品检测手段的问题研究，在创新之中迈开了创业的脚步。

起步艰难是必然的，特别是在这个历来被大家忽视的新领域。多少次试验、对比，一次次推倒重来，经过10年艰难探索，最终成功研发出THY系列油液质量检测仪，填补了我国油品检测行业空白，从根本上解决了"油该不该换"这个长期困扰设备管理工作者的难题，为企业润滑管理工作增添了强有力的手段。

目前，油液质量检测仪器已有10个规格型号，可检测多达400多种润滑油品种，在国内市场占有率达到80%以上。尤其值得一提的是，在激烈的市场竞争中，天厚公司研发的润滑油检测仪，把在国内销售多年、实力强大的美国检测仪器逐步挤出了中国市场；中石油、中石化等国内大公司将天厚公司的润滑油检测仪列为油田钻探单位必备的标准配置仪器。通过多年努力，奠定了天厚公司产品在快速油品质量检测方面的国际领先地位，英国、印度、比利时等国际同行纷纷前来考察交流。

从一个个油田，到一方方渔港，天厚公司用新的检测手段，让企业的润滑管理彻底带来了一场变革。与此相伴，天厚公司走过原始创业时期，企业规模不断壮大。

始终坚持自主研发

"有自己的知识产权，有自己的产品，有自己的专利，有自己的品牌"，这是天厚公司自始至终的追求。在公司发展壮大过程中，始终坚持自主创新，始终依靠产品创新占领制高点，赢得主动权。2002年，天厚公司又把发展的目光，从单纯的润滑管理投向设备的主动维护，以开发"洁能保"系列柴油净化器新产品，开始了企业的二次创业。

所谓主动维护，就是对造成设备损伤的根源性参数进行修复，预先避免或延缓设备非正常磨损，从而将修理周期大幅延长。对发动机来说，通过各种途径进入发动机中的微粒，是对发动机产生损伤的根源。如果把发动机比做一个人，那么润滑油就好比是人的"血液"，燃油就相当于人的"食品"。人们都知道"病从口入"的道理，如果吃了不干净的食品，吸入不清洁的空气，就会生病，危及健康。发动机也是一样，如果进入发动机的燃油、空气和润滑油出现问题，发动机就会受到损伤，使用寿命就会下降。如果能够对进入发动机的燃油、空气和润滑油这三个途径进行清洁控制，发动机的主动维护工作就已完成，发动机的使用寿命将成倍延长。

目前人们已经认识到污染的燃油对发动机会造

成损伤，认识到发动机使用滤清产品的重要性，但真正的问题是，目前发动机使用的滤清产品，对燃油的净化尤其是柴油净化，要么净化能力差，要么运行维护成本高。

针对市场上滤清产品的这一现状，从立足解决损伤根源出发，天厚公司把实现对发动机主动维护解决方案，放在了滤清产品的自主开发上，放在了柴油的净化方面。为此，天厚公司加大研发投入，加快产品开发进度，历经两年多时间，拥有77项专利的“洁能保”系列柴油净化器面世了。

“洁能保”系列柴油净化器投放市场后，首先在油田钻井上节能效果大显，投入产出呈现倍数效益。

2005年，给油田的大功率柴油机安装了“洁能保”柴油净化器，经过一年的使用，和2004年相比，设备有三个比较突出的变化：第一个是柴油发动机的使用寿命长了。从2004年的8000多小时，提高到2005年的10000多小时，整个寿命提高了17%；到2008年底，平均寿命提高到20000小时；第二个是柴油发动机的故障率下降了，2008年下降了50%；第三个就是柴油机的维修费用和维修更换配件数量明显下降，2008年下降了45%。

大港油田第一钻井工程公司自2005年开始，对“洁能保”柴油净化器的应用效果进行了严谨、细致的统计，认真的对比、分析后认为：“洁能保”柴油净化器对柴油机的使用状况改善非常大，也取得了比较好的经济效益。目前包括大庆、华北、长庆、大港油田等国内大型油田，已将“洁能保”系列柴油净化器列为每一个钻井队的标准配置。

2009年10月，省科技厅组织成果鉴定，专家的结论是，该项成果可使柴油机油耗降低5%以上、尾气排放减少20%以上，延长了柴油机的使用寿命。

通过19年的创新实践，天厚公司的切身体会是，实现节能减排，要有科技手段，实实在在的还是要依靠技术创新，开发更多更实用的节能新产品，并让其广泛应用，才能在实际生产生活中，真正达到节约资源，保护环境，实现低碳绿色可持续发展的经济发展方式。没有技术手段的创新和节能创新产品的应用，实现节能减排只能是一句口号而已。天厚公司的这些科研成果，都能够实实在在在生产生活中实现节能减排。天厚公司坚信，随着时间的推移，“洁能保”柴油净化器一定会赢得越来越多用户的认可，让社会认可，最终让更多的柴油发动机“喝”上干净油。

陕西皇城玉全机械制造（集团）有限公司

陕西皇城玉全机械制造（集团）有限公司是陕西省民营科技企业，创立于1980年，改制于2006年。公司以生产砖瓦机械为主，集科研、制造、销售与服务为一体，是国家建材机械制造行业的龙头企业，陕西省高新技术企业，国家进出口创汇企业。公司位于眉县马家镇工业园区，占地21万平方米，员工320人，总资产7600多万元，年产值6000多万元。拥有4个省级工程（技术）研究中心和4个分公司。几年来，公司依托研发中心，走科技创新之路，使企业由小到大、由弱变强，走在了国内同行业的前列。

一、围绕国家产业政策，研发“节能减排”新产品

2006年，国家建设部、墙改办提出“禁实（心砖）限粘（土砖）”政策，分三批逐步在全国实现禁止使用粘土制砖的规定，而提倡和鼓励用固体废弃物制砖，这就给砖机制造行业提出来一个新任务、新要求，研发适应国家产业政策的新设备，利用工业废弃物，如煤矸石、页岩、冶金废渣、河沙、江湖淤泥、城市建筑垃圾等非粘土作为制砖原料，它们塑性差、材质硬、颗粒度大，难以成型，必须有高强度、大压力、高真空度的新型装备才能适应制砖需求，近几年，公司研发了多种型号的半硬塑、硬塑真空挤出机，并在河南省登封市建立了全煤矸石制砖示范基地、陕西省安康市建立了页岩制砖示范基地、在新疆建立了尘沙制砖示范基地、在陕西省富平县建立了建筑垃圾制砖示范基地。这些产品和示范基地建设进入市场后，赢得了国内外用户的普遍欢迎，为国家提倡的“节能减排”、“降耗利废”“发展循环经济”的有关政策落实做出了应有的贡献。

二、站在墙材发展制高点，研发具有国际先进水平的新产品

2008年以来，公司和西安墙体材料研究设计院合作，承担了国家“十一五”科技支撑计划项目——烧结保温空心砌块挤出机的研发，2010年通过国家科技部、建设部的验收。这项新产品，不仅具有国外同类产品的技术含量，而且还适应中国“节能减排”之国情，应用煤矸石、页岩等固体废弃物为原料生产墙材材料，生产的产品符合国家标准，而且操作易行，其国内售价仅为200万元左右，是国外同类产品售价的43%。用这种设备生产出来的烧结保温空心砌块，具有保温隔热、隔音抗震、孔洞率高、块大质轻、施工快捷等特点，是我国北方寒冷地区高层框架建筑理想的外墙外保温材料，节能率达到65%，填补了国内空白。

三、适应市场需求，研发高效低耗的新产品

2007年以来，公司和工程研发中心通力合作，先后研发出了JKY60－4.0、75－4.0双级硬塑真空挤出机，使年产量达到4000－5000万块，同时，还研发了JKB60/60－3.5、70/70－3.8双级双出口半硬塑真空挤出机，这两种机型和传统的砖机相比，在同型号的、同功率不变的情况下，由于涉及有两个出口，一次可出两根坯条，使其产量可提高1倍，年产量可达到8000万块以上。2010年，研发出JKB85－3.5、90－3.5、100－3.5三种型号双缸多条真空挤出机，该设备一次可出3－6根坯条，在总功率不变的情况下，使其产量可提高2－4倍，年产量最高可达到1.5亿块，相当于15个小型砖厂全年的产量，这三项新产品，为国内首创，填补了国内空白，达到了国际先进水平。

四、围绕国际市场需求，研发自动化、数字化、程序化较高的全套生产线设备

目前，公司的产品已畅销全国，远销亚、非、欧等20多个国家和地区，从国内外客户的需求来看，他们看好我们的产品和产品的价位，但是由于近几年劳动力价值较高，他们更需要全自动化、数字化、程序化的全套设备，减少人力成本，提高劳动生产率，称为交钥匙工程。我们在这些方面这几年搞了好几个项目，效果很不错。这几年，我们加大了研发力度，与国内一些科研院校联合，与国内一些专门生产此类设备的厂家协作，研发了系列全自动化装备。例如：原料的自动化处理系统，原料的数字化水分控制、配料系统、砖坯的切、码、运自动化设备、烘干窑、隧道窑的数字化焙烧系统，产成品的自动化码坯打包系统等等，使过去由几十人上百人紧张而繁重的强体力劳动，现在以先进的机器、仪器来替代，全生产线只需要二十人来管理，就可以达到生产的要求，提高劳动生产率几倍甚至10多倍。

酒泉奥凯种子机械股份有限公司

酒泉奥凯种子机械股份有限公司，是一个集科技研发、产品制造、市场营销，科、工、贸为一体的现代化种子、粮食农副产品深加工机械装备制造的国家农机重点企业，是国内最早研制、生产种子加工机械装备的专业化公司。1985年产品荣获国家银质奖，2006年公司种子加工成套获得甘肃省名牌产品，2008年“酒泉奥凯种机系列产品”又获得甘肃省名牌产品。“酒泉奥凯种机”商标获得甘肃省著名商标。被认定为国家级高新技术企业、“甘肃省创新型企业”和“甘肃省优秀成长型中小企业”。被中华全国总工会评为“五一劳动奖章”和“工人先锋号”单位。，被中国农业机械工业协会评为信用等级AAA级企业。

公司研发生产的各种农作物种子、农产品清选加工中大型成套设备，玉米果穗、各类种子籽粒干燥工厂化生产线，种子及农作物金属仓储系列设备以及配套的提升输送、环保除尘、电器智能化控制系列设备以及种子后期精加工的各类单机设备等300多个品种的产品，涵盖了种子、粮食、蔬菜花卉、牧草、农副产品深加工等多个领域，广泛用于小麦、水稻、玉米、棉花四大农作物及蔬菜、花卉、牧草等各种种子的清选、精选加工处理，玉米果穗、农副产品的干燥及深加工、计量包装和仓储。产品畅销全国各省市并出口法国、西班牙、荷兰、以色列、泰国、巴基斯坦、马来西亚、牙买加、朝鲜等三十多个国家。

公司所属的种子加工机械行业，是我国比较年轻的行业。公司经过几十年的不断发展，在技术创新、生产规模、品牌价值、市场地位等方面都已位居国内领先地位。主要产品均达到国内领先水平。产品技术水平、产品质量、良好的售后服务，产品价格，在国际、国内同行业中具有较强的竞争优势，在实施保障国家粮食安全国策中，具有潜在的巨大市场。

公司具有较强的自主研发创新能力，每年投入的技术研发费用达到公司实现销售收入的5% -8%。主导产品计算机控制种子加工成套生产线，填补了国内空白。被农业部列为“种子工程”重点推荐产品。研发生产的种子加工成套、大型玉米果穗烘干生产线，已被国内各大种业公司广泛采用。

公司研发的5XT-10大型种子精选加工成套设备、5XYT型玉米种子揉搓式脱粒机、5HZD大型智能化环保节能果穗烘干装备等三项新产品被科技部、财政部、质量监督总局、环保总局四部委评为国家重点新产品。公司研发的5BY-12V种子包衣机、5HZD大型智能化环保节能果穗烘干系统被评为的甘肃省科技进步二等奖；大型玉米种子揉搓脱粒系统研制与开发项目被评为中国机械工业科学技术三等奖。

公司5ZTMG-5.0棉籽脱绒清选成套设备研制和5CBZ系列钢板仓及仓群计算机管理系统研发与应用2项成果通过了甘肃省科技厅组织的科技成果鉴定，技术水平达到国内领先。

公司生产的谷物种子烘干机、啤酒花采摘清选机、复式种子精选机、玉米脱粒清选机、种子包衣机等七项产品进入国家2010-2011年度支持与推广的农机产品补贴目录。

目前，公司取得授权和受理的国家专利200项，其中发明专利4项。公司承担了国家863计划，启动了由酒泉奥凯种机公司主持，上海交通大学参与的“国家863科技项目—智能化种子干燥及精细化选别装置技术研究项目”。

公司牵头和中国农业大学等14所知名学府、科研院所和种业界有实力的上市公司，建立了中国种业装备技术创新战略联盟。成为奥凯种机跨越式发展、高端技术创新的支撑。

公司由国家发改委批准建立了“种子加工成套装备国家地方联合工程实验室”，承担国家、地方和行业下达的科研开发及工程化研究任务。

公司由国家科技部批准建立了“国家种子加工装备工程技术研究中心”。

公司由甘肃省院士专家工作站批准建立了“酒泉奥凯种业装备院士专家工作站”。

公司与甘肃农业大学联合办学，开设了“奥凯班”，创建了校企共同培养种业技术人才的全新模式。

公司在未来的发展中，将利用好我国种业装备行业唯一的“国家种子加工装备工程技术研究中心”、“种业装备院士工作站”、“中国种业装备技术创新战略联盟”的资源。在北京、兰州创建两个技术中心。在兰州创建西部农业工程规划设计院，为种业公司和奥凯种机的跨越式发展创造一个培育人才的良好环境，把奥凯种机打造成全球行业知名品牌，建成全球行业首位高端种业装备研发制造基地。

酒泉华杰电气有限公司

酒泉华杰电气有限公司是甘肃省唯一一家专门研制、生产风光发电升压设备的新能源装备高新技术企业。主要从事风力发电和光伏发电35KV就地升压箱式变电站以及高低压成套开关设备的生产和销售，公司位于酒泉高新工业园区（西郊），占地面积20000平方米，现有总资产5965万元，其中：固定资产净值3273万元。现有员工120人，其中管理人员18人，中高级技术职称人数27人，技术研发人员15人，大中专及以上学历人数86人。拥有各种机械加工和电气实验设备80多台套，具备年生产风光发电用35KV就地升压箱式变电站300余台套，年销售一亿元以上的生产能力。

公司自2005年8月成立以来，大力发扬“求实创新，精诚团结，励精图治”的企业精神，以质量求生存，以创新促发展，向管理要效益。公司管理体系和产品质量保障体系健全，产权明晰，银行信用等级A级。公司通过了CCC电气产品国家强制性认证、机电产品电能认证以及ISO9001：2000质量管理体系认证、环境管理体系认证和职业健康安全管理体系认证。已获得国家电力监管委员会颁发的（三级）承装、承试、承修电力设施许可证。公司分别是酒泉新能源协会和发明协会理事单位；公司被甘肃省有关部门认定为“省级企业技术中心”和“省级民营科技企业”。

公司地处西北地区风力、太阳能资源富集区的核心地带，坐落于酒泉新能源装备制造产业园区，具有明显的区位优势。近几年，公司抓住酒泉建设国家首个新能源示范基地的历史发展机遇，发挥自身技术和市场优势，大力开拓新能源装备市场，利用航天技术与上海航天机电联合开发的风力、光伏发电用35KV就地升压箱式变电站率先在酒泉新能源基地得到推广应用。目前，公司以该产品为代表的“杰众”牌系列产品已销往甘肃、青海、新疆、内蒙古以及陕西等广大地区，赢得了良好声誉。企业已发展成为在西北地区具有影响力的新能源电气装备专业厂家，经济实力和技术水平在本地区同行业中名列前茅。

公司十分重视科技创新和技术进步，充分利用省级企业技术中心研发平台，与上海航天机电、兰州交通大学等单位开展技术合作，不断加大投入，开发新产品。先后研发了非晶合金箱式变电站、20KV箱式变电站、35KV光伏就地升压箱式变电站、S13系列节能变压器等新产品，其中：非晶合金箱式变电站和35KV箱式变电站等产品还通过了省级科技成果鉴定和国家高低压电器质量监督检验中心所做的形式试验，并分别获得了肃州区和酒泉市科技进步一、二等奖。公司凭借35KV光伏就地升压箱式变电站成为甘肃省唯一入围我国太阳能光伏产业领军企业上海航天机电的合格供应商，双方经过几年精诚合作，现已发展成为战略合作伙伴。新产品已成为企业发展和壮大的不竭动力。公司已步入快速、健康发展的良性轨道。

甘肃紫轩酒业有限公司

甘肃紫轩酒业有限公司（以下简称紫轩酒业）地处古丝绸之路中西结合部、万里长城西端的嘉峪关市，是我国西北地区最大的钢铁基地酒泉钢铁（集团）有限责任公司投资兴建的以葡萄酒酿造为主的企业。

公司可生产干型葡萄酒、冰酒、利口酒、葡萄白酒（白兰地）等四大系列二十多个品种的葡萄酒。2006年荣获“中国酒类流通诚信企业”称号，“紫轩”牌葡萄酒荣获“全国名酒博览会金奖”、“2006年度甘肃省葡萄酒优秀产品”、“2006年度甘肃省消费者放心食品”、“国家合格评定质量信得过产品（重点推广单位）”；2007年在北京举行的法国波尔多·中国国际葡萄酒与烈酒评酒会上，“紫轩陈酿赤霞珠干红葡萄酒”一举夺得大会唯一的特别金奖，“紫轩冰白葡萄酒”、“梅尔诺干红葡萄酒”分别获得金奖、银奖；2008年，“紫轩A级赤霞珠干红葡萄酒”、“利口酒”夺得了2008年亚洲葡萄酒质量大赛金奖。

2009年，紫轩酒业葡萄与葡萄酒顺利通过国际国内有机产品认证，成为迄今为止中国第一家通过国际有机产品认证的葡萄酒企业，填补了我国有机葡萄酒国际认证的空白。2009年12月，“紫轩”被甘肃省工商局认定为甘肃省著名商标。2010年4月，紫轩葡萄酒庄园顺利通过国家4A级景区认证，成为全国葡萄酒行业第二家国家4A级旅游景点（第一家为烟台张裕国际葡萄酒城）；2010年5月，紫轩葡萄酒成功参展中国2010年上海世博会，并成为联合国馆唯一指定专用葡萄酒。2011年11月，“紫轩”商标被国家工商总局商标局认定为“中国驰名商标”；2011年12月，紫轩再获“甘肃省名牌产品”称号；2013年紫轩酒业荣获2012年中国葡萄酒年度品牌；甘肃省农业产业化重点龙头企业；守合同 重信用企业；“崇德向善 诚信甘肃”2013年十大诚信企业提名奖。

公司万亩葡萄种植基地地处祁连山北麓亘古荒芜、没有任何污染的戈壁滩，这里终年气候干燥，少于100mm的年降雨量和多于2500mm的年蒸发量，使这一地区的葡萄不受病虫害的侵扰。钾、钙含量极高的沙砾土壤，与波尔多地区的葡萄种植地极其相似，完全符合高质量酿酒葡萄对土壤高钾、高钙、低肥力的要求。日照充足，昼夜温差大，合适的有效积温使这一地区的葡萄积累了非常和谐的含糖量和含酸量；引自祁连山千年冰川的清澈雪水，质地甘醇，富含养分。经过精心选择的世界著名酿酒葡萄品种赤霞珠、美乐、黑比诺、霞多丽、雷司令、威代尔、佳美等，全部采用全球领先的以色列灌溉技术以及科学的施肥技术和全方位立体的科学栽培，表现十分优越，形成了国内酿酒葡萄种植的黄金产地。

公司自2005年6月开工建设以来，建有压榨、发酵、储酒、灌装、研发中心等具有国际先进水平的葡萄酒生产设施，主要设备引进了法国压榨机、德国错流过滤机、意大利灌装生产线、法国和美国橡木桶，其中13700平方米的紫轩1号窖是目前亚洲单体面积最大的葡萄酒酒窖，可放置2.1万个标准橡木桶，陈酿优质原酒5000吨，目前已购置7000个225L橡木桶和52个5000L橡木桶。

紫轩酒业以技术创新和管理创新为先导，先后通过了ISO9001质量管理、HACCP食品安全管理、职业健康安全管理、环境管理等体系认证。所有产品严格按照国际葡萄酒组织（O.I.V）酿造标准和国家葡萄酒质量标准组织生产，在市场上逐步树立起了紫轩务实、重质、守信的品牌形象。

“紫气通大道，轩辕肇华夏”，紫轩酒业将紧紧把握时代发展潮流，秉地理之赋，承文明之脉，展汉唐风韵，酿盛世传奇，共创美丽世界，共享和谐生活，努力争将紫轩品牌打造成甘肃乃至全国的一张亮丽名片。

甘肃海斯特不锈钢制品有限公司

甘肃海斯特不锈钢制品有限公司，坐落于嘉峪关市嘉东工业园区海特产业园内，成立于2011年12月，交通便利，信息灵通。它有良好的地理优势和优良的自然环境。现拥有固定资产1400万，厂房占地面积1800平方米。公司具有优秀的人力资源，共有员工126人左右，其中具有高级工程师职称8人，硕士研究生学历3人、本科学历的5人。

甘肃海斯特不锈钢制品有限公司，依托酒钢不锈钢冷轧原料生产基地做不锈钢深加工产品，目前拥有国内先进的不锈钢厨房设备生产线，生产复底不锈钢烹饪用具，如炒锅、煎锅、汤锅、蒸锅、搅拌碗等等。年生产不锈钢器皿及不锈钢系列产品20万件的能力，产品针对国内外中高档市场。公司生产的不锈钢器皿设计精美，光洁美观。我公司生产的煎锅、汤锅、蒸锅、搅拌碗等四十余种厨具用品的设计理念来自魏晋世家大族餐饮用品。秉承魏晋风情和采用现代制造工艺设计精美相结合，新产品造型独特，蕴涵浓郁的文化气息，是古代厨具的传承与发展，为上流社会和高档消费者家庭必备用品。其原料选用酒钢304食品级不锈钢，材质坚固、造型独特；具有防锈、不沾污垢、不变形、导热快、易洗涤等诸多优点。安全环保健康。是欧美发达国家上流社会和高档消费者青睐的产品。

2013年建年产12000套不锈钢商用整体厨房设备及家用整体橱柜生产线。公司生产的不锈钢厨房设备设计精美，光洁美观。其原料选用酒钢304食品级不锈钢，材质坚固、造型独特；具有防锈、不沾污垢、不变形、导热快、易洗涤等诸多优点，安全环保健康。是欧美发达国家上流社会和高档消费者青睐的产品。本项目生产工艺采用先进的不锈钢流水线生产加工不锈钢商用整体厨房设备及家用整体橱柜设备。主要工艺是不锈钢板材经过开平、覆膜、剪板、激光切割、冲角、折弯、焊接、抛光、检测等工序来完成，该项目工艺先进、技术成熟，适合现代化进行加工的潮流。

我公司已通过ISO9001/2000国际质量体系认证。目前公司效益、产值正在逐年提高，产品结构更趋合理。

海斯特不锈钢制品有限公司始终以“企业上规模、管理上水平、科技上档次”为发展目标，不断开发高附加值的新产品，创新管理，购进选择先进生产工艺和技术，用技术工艺精湛，完美无缺的产品质量，诚实卓越的企业信誉回报社会，为工业强省做出新的更大的贡献！

邮编：735100
电话：0937－6398338
传真：0937－6398338
邮箱：gsjixieh@163.com

甘肃金盾化工有限责任公司

甘肃金盾化工有限责任公司（以下简称“金盾化工”）成立于1999年，经过十多年的发展，金盾化工现有员工150人，其中：技术研发人员16人，占比10.66%；截至2013年12月，企业固定资产已超过1亿元，年销售收入8000万元，年上缴税金100万元。公司集团化经营初见成效，下属甘肃金盾化工有限责任公司榆中分公司、海逸精化有限责任公司、金盾科技孵化器有限公司等三个子公司。

金盾化工主导产品有白乳胶、乳胶漆、万能胶、乳液、防水灰浆、多彩涂料、真石漆、光固化引发剂等，高端精细化工产品有光固化引发剂2959、369、379等系列，是一家集粘合剂、涂料、精细化工产品研发、生产、销售为一体的高新技术企业，也是工商主管部门优先扶持的“三合一”（即同时具备甘肃省著名商标、甘肃省守信誉重合同、甘肃省先进基层党组织）民营企业。

金盾化工始终秉持“技术兴企、实业兴邦”的发展理念，高度重视“产、学、研”合作，在企业自身发展的同时带动了地方科研技术水平的提升。公司与高校、科研院所建立技术交流合作关系，设有兰州大学化工学院工程硕士实习基地和西北民族大学化工学院实习基地，为高校毕业生提供实习培训的平台；与西北民族大学合作成立“兰州粘合剂工程技术研发中心”，联合高校科研力量共同探索开发新产品、新技术。近年来，企业成功研发了一批有市场竞争力的新产品，光固化引发剂JD－101（369）、光固化引发剂JD－102（2959）、光固化引发剂JD－103（184）、四氟苯甲酰乙酸乙酯、交联玉米淀粉醋酸乙烯乳胶、淀粉接枝丙烯酸醋酸乙烯二元共聚白乳胶、抗醛白乳胶、抗醛乳胶漆、VAE白乳胶、杀菌剂（DCDTO）、乳液等几十个新产品，切实达到了绿色、无公害、环保的目标。目前，产品销售网络已辐射国内28个省、自治区、直辖市，产品的市场份额在同行业民营企业中稳居西北之首，部分精细化工产品已销往欧洲、美国、日本等国际市场。

金盾化工追求科学管理和不断创新，有健全的规章制度体系，现有各类管理制度文件54种。公司于2002年12月在甘肃同行业中首家通过ISO 9001质量管理体系认证，先后荣获“甘肃省先进私营企业”、“兰州市守合同重信用企业”、“兰州市劳动关系和谐企业”、“甘肃省AAA级信用企业”、“城关区非公有制经济组织示范党组织”等荣誉，2013年企业获得“兰州市城关区科学技术进步二等奖”表彰奖励。公司“得力帮”、“金盾”品牌系列产品荣获“甘肃名牌产品”，商标荣获“甘肃省著名商标”称号。企业自建立以来，从未发生过人身伤亡的安全生产事故和环境污染事故。

在日趋激烈的市场竞争环境下，金盾化工不断挖掘自身发展的动力和创新能力，拓展企业的发展模式，按照国家、省市区“支持科技型小微企业发展，创新商业模式，促进科技成果资本化、产业化”的精神，积极寻求创新发展之路。

2013年公司董事会经考察研究后，制订出新的发展战略规划，决定依托自身化工主业优势和城关区高校科研院所人才密集的资源优势，与城关区科技局合作共同创办生物化工专业科技孵化器。以“迎来创业者，送出企业家”的管理理念，以生物化工高科技产业链发展为基础，以现有的生物化工生产研发企业为依托，以数字化和信息化为支撑，打造生物化工产品自主研发、大学生创业扶持和小微科技企业育苗、小试、中试、产业化、产品上市全流程孵化的服务经济，带动周边相关产业的共同发展。孵化器建成后预计年产值达到1亿元以上，创造就业岗位1000个以上，实现年利税500万元以上。并且在城关区形成生物化工科研总部和高新技术人才“双聚集”的局面，为进一步发展生物化工产业链，打造“研发总部经济”模式创造软环境。建设科技孵化器是金盾化工未来转型发展的战略举措，更是切实推动地方经济发展的务实之举。

金盾化工在发展壮大的历程中，逐步形成了“亲和、胶致、得力”的企业文化。始终坚持“亲和金盾，萃英聚慧，胶粘世界，值得力帮”的核心文化理念，以卓越、鲜明、富有亲和力的企业文化，培育每个员工的灵魂，培养干部员工自觉形成良好的工作习惯、行为习惯，通过强化日常行为规范积极打造先进的企业文化，增强企业的凝聚力、向心力和战斗力，保持了企业旺盛的生机和活力。

企业对内坚持“以人为本”的管理理念，以情感用人、留人。对困难员工在患病就医、购买住房等方面予以经济资助；设立了“父母赡养金补助”制度，为员工父母送去企业的爱心；员工的“婚丧嫁娶病“都会得到公司的关爱和帮助。同时，企业积极履行社会责任、不断“回馈社会”，先后为汶川大地震、青海玉树地震、舟曲泥石流等灾区捐款捐物200多万元，长期对贫困地区的大学生进行扶贫帮困，累计达数十万元。

回顾金盾的发展历史，展望更加美好的未来，金盾化工立足西北，面向全国、放眼世界，以自强不息、激情无畏、勇于创新的精神，为顾客带去优质的产品和服务，为企业和合作伙伴创造经济效益，为社会的和谐发展做出贡献，为实现“实业兴邦”的“金盾梦”而奋斗。

电话：0931－8518265
传真：0931－8505552
网址：www.jindunhg.com
地址：甘肃省兰州市城关区雁滩家具市场办公1号楼511室

湟中八瓣莲花文化传播有限公司

湟中八瓣莲花文化传播有限公司于2006年4月26日成立，是湟中县民族文化产业的龙头企业。目前公司占地面积37.6亩，建筑面积1.6万平方米。现有员工126名，其中非遗传承人2名，工艺美术师14名，专业技术人员82名，一般技工28名。主要经营唐卡、堆绣、加牙藏毯、农民画、银铜器、古建筑彩绘及雕刻、藏式家具等民间艺术品的生产、销售、人才培训、产品研发、对外出口贸易。公司经营的八种民族民间艺术品中，“堆绣、银铜器和加牙藏毯”被列入国家级非物质文化遗产名录；“镶丝、雕刻、农民画、泥塑、壁画”被列入省级非物质文化遗产名录，“八瓣莲花”商标先后被认定为青海省著名商标、中国驰名商标，是全省第一个文化旅游产业全国驰名商标。

对公司的文化产业发展和传承，各级领导和新闻媒体给予了大力支持和关心。十七届中央政治局常委李长春同志、政治局委员赵乐际同志曾经到我公司“八瓣莲花”展示中心视察，原省委书记强卫、省委书记骆惠宁、全国妇联常务副主席宋秀岩等领导专程来公司视察，副省长张建民对于我公司的快速发展给予了高度评价。2010年4月公司制作的堆绣作品《唐蕃古道》作为青海省委省政府的赠送礼品赠给了西藏自治区党委政府，同时省市有关政府部门还将本公司产品作为商务礼品赠送到北、上、广、台湾、香港等海内外地区。公司的健康发展和研发的鲜亮民族特色工艺品引起了中央各新闻媒体、青海日报、青海卫视、西海都市报、西宁晚报等媒体的专题报道。国家工商行政管理总局《中华商标》专刊宣传了中国驰名商标和青海省著名商标“八瓣莲花”。

公司被西宁市妇联市人力资源和社会保障局确定为“西宁市妇女就业创业基地”，被青海省文化和新闻出版厅确定为“省级文化产业示范基地”，被青海省扶贫开发局评为“省级产业化扶贫龙头企业”，被西宁市人才工作领导小组评为“西宁市人才小高地”。2012年3月，公司取得园林古建筑工程专业承包叁级资质和建筑装修装饰工程专业承包叁级资质，并于2013年5月成立了子公司青海八瓣莲花古建园林工程有限公司。

近年来公司认真贯彻县委县政府把湟中县建成藏传佛教旅游圣地，西宁市民族民间工艺品展示中心这一目标，按照“弘扬文化、传承文明、发展产业、致富群众”的发展思路，大力实施“八瓣莲花”品牌战略，积极研发文化旅游和外贸出口产品，着力建设“八瓣莲花”文化旅游产业园，将产业园打造成特色手工艺品生产，藏文化、非物质文化产业展示区，力争建成青海最具民族特色的文化艺术品加工企业。2012年开工建设八瓣莲花非物质文化遗产传承体验中心，为了更好的运营该中心今年4月份与湟中县城市建设投资发展有限责任公司成立了青海八瓣莲花文化产业股份有限公司。

不抛弃传统，不异化传统，遵循文化本质的开发，让亘古的地域文化重新复活。“八瓣莲花”文化产业如同八颗珍珠一般在湟中大地上熠熠生辉，“八瓣莲花”会开得更香更艳。

地　　址：青海省西宁市湟中县鲁沙尔镇迎宾路189号

联系电话：0971－2233739

网　　址：http://www.babanlianhua.com.cn

青海五三六九生态牧业科技有限公司

青海五三六九生态牧业科技有限公司成立于2011年5月，注册地址青海果洛藏族自治州久治县智青松多镇，注册资金1000万元人民币。是2011年“青洽会”招商引资企业，也是上海对口支援青海果洛藏族自治州的唯一落地企业。公司按照“以牛为本，走原生态、持续、高效、高值”的理念，致力于青藏高原现代生态畜牧业的发展。公司在果洛州久治县投资2.5亿元，建成年6万头牦牛的高端牦牛肉生制品一期项目，2013年实现销售收入6000万元，税收219万元，带动当地2000户牧民，户均增收1.2万元，目前公司拥有员工180人，组建的核心研发团队有博士8人、教授12人。基地占地面积150亩，自有草山120万亩，通过整合和利用高原畜牧资源，在牦牛源产地建起了欧盟标准的现代化畜产品生产加工基地。

公司以青藏高原天然无污染的优质畜牧资源为依托，以引领青海畜牧产品走科学化、规模化、产业化、品牌化生产加工为方向，积极推进农畜产品产业链的形成，拓宽农畜产品发展之路。通过整合久治、甘德、玛沁肉联厂形成果洛州畜牧产业链。以天然草场牦牛养殖、加工以及示范基地建设，引导牧民科学养殖、科学放牧、科学管理，彻底改变因过度放牧带来的草场沙化问题，同时加强草种改良，发展半人工和人工草场建设。通过建立标准化畜产品生产基地和现代化生化产品加工基地，整合和充分利用高原畜牧资源，以牦牛资源产业化项目进一步推动畜牧科技产品的创新发展。充分发挥公司龙头企业带动效应，产业化、规模化、标准化开发生产青藏高原特色畜产品，形成现代畜牧业“种草—养畜—畜产品加工—保健食品—生化制品”的产业链，对地区社会产业结构调整、农牧民增加收入、生态环境治理、繁荣藏区经济和保护三江源生态环境可持续发展具有重大作用。公司是青海省农牧业产业化重点龙头企业、省重点扶贫龙头企业、青海省科技型企业，秉承打造世界高端肉类品牌的宗旨，采用国际先进的生产工艺及设备进行生产加工，已获ISO9001：2008质量管理体系认证、HACCP体系认证、国家地理标志认证及国际HALAL清真食品认证，获得了世界安全食品典范企业荣誉称号、中东地区清真食品第一品牌荣誉称号等。公司的《果洛州牦牛骨提取小分子肽》项目已立为国家级星火计划。

公司以“服务藏区，造福人类，分享健康”为使命，承担了国家级星火计划项目，着力打造“5369”高端肉食品全球领导品牌，做百年企业！

地　　址：青海省果洛州久治县智青松多镇

网　　址：www.qh5369.com

联系电话：0971－8826752

青海可可西里食品有限公司

青海可可西里食品有限公司成立于2009年4月，注册资金5350万元，是其母公司青海可可西里实业开发集团有限公司为了扩大生产规模和产品市场占有率在西宁（国家级）经济技术开发区建立的新的生产基地，公司位于西宁市（国家级）经济技术开发区南川工业园同安路108号。近几年来销售收入以年均30%的速度持续、稳定增长，已发展成为经营农畜产品批发市场、藏牦牛肉食品精深加工、商业零售以及房地产开发销售、市场管理服务、宾馆服务等，多元互动、和谐共举的股份制企业集团。是国家级“农业产业化重点龙头企业”、企业商标“可可西里”2010年被国家工商总局认定为“中国驰名商标”，现有员工485人，其中高级管理人才25人，中高级技术人才54人；大中专以上学历占总人数的28%，3年以上营销人员占总人数的31%。

2005年集团公司在海南州共和县注册的青海可可西里肉食品有限公司，拥有两条先进的藏牦牛肉精深加工生产线和一条集熟制品加工于一体的清真牛肉生产线，主营“可可西里”牌藏牦牛肉系列产品，包括4大系列120多个品种，以及乳制品、青稞奶茶系列、土特产收购销售、工艺品、调味品加工销售、青藏土特产品系列共150余种。公司主打藏牦牛产业，年精深加工藏牦牛制品达1万吨，是西北最大乃至中国最大的藏牦牛肉生产加工基地，是中国首家推出“牦牛全宴”的企业，是青海重点推出“工业旅游”的景点企业。主要产品为藏牦牛肉干、派、藏式酱牛肉香辣酱等系列。公司创建开始就很抓产品质量关，通过了ISO9001：2000国际质量体系认证和HACCP认证。

企业商标“可可西里”于2004年注册成功，“可可西里”牌藏牦牛肉系列产品于2005年8月上市，上市后就受到了国内广大消费者的青睐，形成了供不应求的局面，同年“可可西里”牌藏牦牛肉系列产品在青海省高原特色农畜产品展示会上，被青海省农牧厅授予“名牌农畜加工产品”，在第三届、第七届、第八届、第十届中国国际农产品交易会上分别获得“畅销产品奖”和三届产品“金奖”。“可可西里”品牌随之为广大消费者认可，并于2007年3月被青海省人民政府认定为“青海省著名商标”，2011 年被评为“中国驰名商标”。公司主要产品“可可西里”牌系列藏牦牛肉产品，在西宁、格尔木的市场占有率达 60%，在省内设置 9 个直营店，100 余家代理商，销售渠道畅通，目前已在西安、长春、兰州、西藏、上海、北京等二十几个省市设立专卖店，拓宽了销售渠道，树立了“可可西里”品牌。

作为青海省农畜产品加工龙头企业，在各级政府的关心和支持下，龙头企业的示范带动作用不断增强，企业也不断的发展壮大。随着企业的发展和市场的开拓，企业目前的生产能力已不能满足市场的需求，为适应市场的需求，使企业的发展向现代化、自动化发展，减少人为因素的产品的影响，开发更多更好的安全食品，经公司董事会研究决定，在西宁（国家级）经济开发区城南工业园区成立青海可可西里食品有限公司，并新建一座集藏牦牛肉生产加工、工业旅游、观光为一体的现代化工厂。青海可可西里食品有限公司在运作中，其资金、技术、人员都得到母公司的全力支持，其现有主要工作人员是由母公司抽调的骨干成员，从而保证了公司的运作高效。

青海可可西里肉食品有限公司属肉食品精深加工行业，企业采用“公司 + 基地 + 农牧户”，“订单农业”等的经营模式，实行产、加、销一条龙经营，辐射牦牛产地和红辣椒及农副产品的主要产地，带动农牧户开展繁殖、育肥牦牛及种植红辣椒等致富。目前，公司产品加工全部采取标准化生产模式，企业与基地、农牧户等采用定单合同，公司每年向青海藏区收购牦牛肉 6000 吨，辣椒等 200 余吨，直接带动 20000 余户农户致富，形成销售、包含技术服务等的产业链条。已发挥农牧业产业化产加销龙头企业的辐射带动作用。

企业相信，在政府和广大消费者的支持和全体员工的不懈努力下，成就“可可西里”品牌，将不是梦想，企业也将脚踏实地、求真务实地把企业做大做强。

地　　址：青海西宁市城中区南川工业园区同安路 108
网　　址：pproyal. 1688. com
联系电话：0971 7118999

青海春天药用资源科技利用有限公司

青海春天药用资源科技利用有限公司致力于以高科技手段实现珍稀自然资源的合理开发与可持续发展，尤其在冬虫夏草的有效利用方面居于领先地位。成立于 2004 年的青海春天，是青海省重点高科技及产业化龙头企业。建设在青海冬虫夏草湿地公园的参观型生产厂，配备德国、意大利、瑞士的生产设备，建立严格监控的生产流程体系，实现产品制造工艺的先进性和产品质量的稳定性。

冬虫夏草采集利用是一个非常古老的行业，拥有比黄金还珍贵的资源，却年复一年的停滞在低效的浪费时代。比黄金还贵的冬虫夏草，居然常常装在脏兮兮的口袋里兜售，人们拖着袋子在市场上四处与人交易，而且讨价还价的方式还是最原始的“摸指头”，如此简陋的交易方式却动辄是数万或者数十万的巨大交易额。青海春天的总设计师张雪峰先生抓住了这个商机，潜心研究冬虫夏草清洁、高效地利用方式，创造了极草产品世界领先的生产流程。

青海春天投资成立德国荣恩药业开展技术攻关与创新，并以此为平台，与欧洲的一流机构合作，为青海春天提供持续的技术支持。青海春天历时五年，潜心研究，智慧开创了冬虫夏草领域的最高标准——极草 5X 冬虫夏草体系，依托自身强大的研发实力、国内外数个研发平台、100 多项发明专利和实用新型技术，使极草 5X 冬虫夏草系列产品成为冬虫夏草物理加工领域的最高科技成果，为冬虫夏草整个产业带来划时代的变革。“冬虫夏草虫体与子座分开定位粉碎，细胞级破膜、破壁技术”，使冬虫夏草细胞级微粉精髓释放比原草提升至少 7 倍；”纯粉多维成型技术”，发明无任何添加的 100% 冬虫夏草纯粉片，独有的含片形态，创新冬虫夏草口内含服、黏膜吸收新方式，极致吸收，快速起效。实现了冬虫夏草药力速释，改变了冬虫夏草吸收率低、大量浪费的落后状况。“冬虫夏草常温生服净化技术”、“稳固气体密封包装”，全面满足了冬虫夏草常温生服的基本要求，并实现了冬虫夏草由原始的、混乱的流通方式，到冬虫夏草现代化生产、有严格质量保障和可追溯体系的跨越。

极草 5X 冬虫夏草系列产品融贯冬虫夏草天然精粹和尖端科技手段，将冬虫夏草精髓成分极大地保留、释放并被人体最大化吸收利用。极草冬虫夏草纯粉含片、如意棒、佳兑等产品，真正实现了冬虫夏草的“有限资源、极限利用”。做到了以极少的资源耗量，达到更佳的药用效果，快速高效，并且相对增加了资源保存量。

青海春天将不断探索珍稀药用资源的合理开发利用，在海拔 2500 米以上的青藏高原、在德国、在美国，数个研发团队正夜以继日地工作着，并与国内外多家医药科研机构、世界级高科技企业保持紧密合作。“以更有价值的产品传递关爱，用智慧开创人与自然的和谐”，这始终是青海春天的追求。

地址：青海省西宁市经济技术开发区东新路 1 号
电话：0971 －8010172
热线：400 －888 －9991

宁夏巨能机器人系统有限公司

宁夏巨能机器人系统有限公司是国内在零部件加工自动化领域中起步最早，技术最专业的领军式企业，是真正拥有自主知识产权和核心技术的高新技术企业，2011 年被评为“小巨人”企业、“守合同，重信用”企业。2012 年以后公司先后被评为国家级“高新技术企业”、自治区级“企业技术中心”、“宁夏中小企业 50 强”，自治区“百家成长企业”，自治区“工业机器人创新中心”，“自治区创新团队”，自治区“创新性试点企业”。2013年，公司获得“软件企业”认证。公司GS门式工业机器人产品获得了“国家级重点新产品”证书。

为了保证产品优异性能，巨能机器人公司工厂的生产设备全部为国内外先进的数控设备；公司目前现有关键设备及检测仪器共计70多台（套），主要有立式加工中心、全自动数控车床、复合车削加工中心，五面体加工中心等，均为宁夏小巨人机床有限公司和日本MAZAK公司产品。

在自动化和智能化工厂组建方面，借鉴日本MAZAK建造中国第一座智能网络化机床制造工厂－宁夏小巨人机床有限公司的成功经验，以智能制造生产中心软件（CPC）为基础，建立智能制造信息化平台，推进全面信息集成的产品数据库管理（PDM）、企业ERP系统及产品柔性制造信息化系统应用，完美结合信息技术（IT）、制造技术（MT）和工厂自动化技术（FA），实现智能化制造、柔性制造，提高了工厂管理水平、生产效率和产品质量，增强了企业核心竞争力。

公司拥有专业管理技术人员147人，从事研发中心研发人员共计35人，占员工总数24%。大专以上学历人员共计133人，合计占员工总数的90%。

在公司发展之初，巨能机器人公司就建立了自己的工业机器人研发中心，目前公司主导产品为应用于数控机床自动化的门式工业机器人和关节式工业机器人；融合工业机器人的自动化生产线，基于物联网的智慧工厂管理系统，组建数字化工厂。以自动化智能制造系统为目标，以智能化，数字化的加工制造为对象，模块化的设计，创建柔性的生产制造环节。

产品系列包括GS系列轻型系列门式机器人、GS系列中型系列门式机器人、GS系列重型系列门式机器人、R系列关节机器人等，年产各类门式机器人和关节机器人150多台套。公司客户涉及机床、汽车、摩托车、齿轮、电子、电器等多个行业，主要客户包括小巨人机床、MAZAK机床、DMG机床、森精机、日本大隈机床、美国哈挺、韩国大宇、韩国起亚、韩国斗山、现代威压、台湾友嘉、沈阳机床、大连机床、重庆机床、长征机床、无锡机床、新瑞长城机床、东风日产、东风本田、长城汽车、中国重汽、天津一汽、陕西法士特、三一重工、日立电梯等国内外知名厂商。

公司拥有一支能够不断开拓创新的专家技术团队，其中教授级高级工程师1名，高级工程师5名，国务院特殊津贴专家1名，国家万人计划专家1名，外聘日本专家1名，工程研发人员55名，专业涉及加工技术、电子技术、网络技术、通讯技术、计算机技术、机械设计与制造、自动控制技术、人工智能造技术等领域，团队大部分成员都曾赴日本MAZAK培训学习。通过多年日本先进技术的交流学习，掌握了FANUC，KUKA，ABB，MAZAK等产品集成应用和二次开发技术，并造就了公司在工业机器人领域技术创新方面的敏锐性和技术领先水平。同时与相关领域专家开展广泛技术合作，包括国家千人计划联谊会副会长、ABB首席科学家甘中学博士、国家千人计划汤青博士、孙云权博士等。

公司2010年2013年两次承担了国家科技型中小企业技术创新基金项目，其中2010年《数控机床用多轴门式无人化加工系统》，2012年已顺利通过项目验收；2010～2012年，公司又连续三年承担了宁夏科技研究开发计划项目，获得宁夏科技成果三等奖，有效推动了新产品开发进程和科技成果转化。针对该领域缺乏国家和行业相关标准的现状，公司起草制订了企业产品标准《GS型系列桁架机械手》（Q/JNR 001－2012）和R型工业机器人企业标准，标准号：Q/JNR 002－2013。

公司为国家级高新技术企业，建有省级企业技术中心，公司的优势就是专业给数控机床配套进行上下料机器人整套智能制造系统的开发和应用，对数控机床和自动化有较深的研究和实际工作经验。三年来向用户提供了475个自动化单元及生产线，主要用户涉及多个行业，得到市场客户的广泛认可。

宁夏厚生记食品有限公司

宁夏厚生记食品有限公司（以下简称“厚生记”），位于宁夏回族自治区的银川市德胜工业园区，是一家围绕宁夏优势特色农产品加工的国家级农业产业化重点龙头企业、全国少数民族特需商品定点生产企业、全国农产品骨干流通企业、全国就业与社会保障先进民营企业、全国守合同重信用企业、宁夏食品工业十强企业等。“厚生记”商标是中国驰名商标。

“厚生记”研发中心设在上海，在国家级自然生态保护区六盘山和中国枸杞原产地宁夏中宁拥有10余万亩的原料种植基地，每年带动40000余户农户增收致富。“厚生记”产品已畅销全国主要城市。

枸杞是宁夏标志性的农产品，但长期以来，高附加值的枸杞精深加工主导产品较少。从全国市场来看，宁夏还没有一个代表性的枸杞饮料品牌。

“厚生记”抓住宁夏枸杞原产地这一得天独厚的区位优势，在历经7年多的努力后，与德国驻华饮料研究机构的中外专家一起，联合研发了我国首款枸杞能量饮料配方，并于2013年开工建设了年产10万吨枸杞鲜果能量饮料项目（产品取名为“杞动力”）。项目引进目前世界上最先进的德国生产线设备，每小时生产能力达到了36000罐，成为全国最大的枸杞饮料加工基地。

项目以宁夏枸杞秋果作为原材料加工成枸杞饮品，充分利用其营养价值，使广大农民从中获得较好的收益和实惠。项目年加工枸杞能量饮料“杞动力”10万吨，产值15亿元。年消化枸杞秋果2.42万吨，带动3.7万户杞农增收2.17亿元，将有效解决11.2万亩枸杞种植基地的“秋果销售难”问题。在“厚生记”的带动下，2013年中宁县枸杞秋果采摘的劳务费收入由之前的1.1元/公斤提升到了1.9元/公斤，增长了72%。

自2013年底上市以来，“杞动力”以差异化的品牌定位、高端的品牌形象、优质的产品质量畅销全国市场，是对宁夏枸杞鲜果深加工产业的沿袭，成为了全国能量饮料市场最受关注的新品。

为了进一步扩大“杞动力”在全国的知名度，“厚生记”还签约了国际网球明星李娜作为“杞动力”产品的形象代言人，并出资组建了宁夏首支职业足球队——宁夏杞动力足球队，通过参加全国联赛来提升“杞动力”的品牌影响力。目前，球队已晋级中乙联赛总决赛。同时，“杞动力”广告还先后“登陆”了CCTV5体育频道黄金时段、《东方航空》杂志、高铁读物等全国性媒体，让更多的消费群体都认识到了宁夏的枸杞饮料品牌——“杞动力”。

2014年8月，“杞动力”还成功冠名了宁夏回族自治区第十四届运动会，成为了宁夏首个冠名“省运会”的品牌，与“杞动力”健康能量饮料的特点和属性达成了高度一致。

随着人们生活水平的提高和健康意识的增强，近年来，我国碳酸饮料销量逐渐下滑，草本饮料比重不断上升，并每年以30%以上的速度增长。“杞动力”不添加防腐剂、人工色素和咖啡因，保留了宁夏枸杞鲜果中天然的营养保健成份，打破了我国植物能量饮料领域的空白，获得了国家发明专利，通过了国家最严格、最权威的“安全饮品”认证，而且还成为了中国人民财产保险股份有限公司的食品安全保证产品。

下一步，“厚生记”将紧紧围绕宁夏枸杞的区位优势，引进吸收国内外先进经验，力争在五年时间内再建成2条现代化饮料生产线，努力打造全国知名的专业化枸杞饮品生产基地。“厚生记”正在努力让广大消费者都能喝到纯天然、无添加、健康的能量饮料！

宁夏天润新能源设备股份有限公司

宁夏天润新能源设备有限公司成立于2010年7月，2013年8月公司整体改制为宁夏天润新能源设备股份有限公司，注册资本15888万元，总资产4.5亿元。公司在册职工157人，其中本科学历26人，大专学历32人。主要从事太阳能聚热集热产品、太阳能光伏产品、太阳能相关配套产品开发生产销售，是一家在太阳能领域集研发、生产、检测、制造、营销推广、国际贸易于一体的综合型高科技太阳能光热企业。专业研发生产新一代蓝钛平板太阳能热水器、太阳能与建筑一体化太阳能系列产品和蓝钛吸热板，成为西部太阳能应用行业的高科技领军企业。公司位于宁夏石嘴山市平罗县轻工业园区，占地158亩，拥有5万平方米的国际标准生产厂房，具备年产20万平方米平板太阳能集热器、10万台配套自承压水箱和100万平方米蓝钛吸热板的生产能力。公司坚持以为社会创财富、为股东创利润、为员工创收入，以科技求发展，以质量求生存的原则，以环保、可持续发展为依托，依靠本地土地、电力资源丰富，交通发达等有利因素，奉行以人为本的管理理念，培养造就了一支素质优良、经验丰富、技术娴熟的职工队伍。企业自成立以来，一直保持良好的发展势头，近3年销售收入、利润都在逐年增长。2011年，销售收入2363万元，利润338万元，资产负债率43.93%；2012年：销售收入8223万元，利润1271万元，资产负债率40.06%；2013年：销售收入11432万元，利润1777万元，资产负债率32.65%。

做为宁夏回族自治区政府、石嘴山市政府和平罗县政府重点扶持的科技型中小企业，公司自成立以来先后获得国家及各级地方政府奖励资金、项目资金近2000万元，被宁夏回族自治区政府列入“百家成长、千家培育”工程、石嘴山市政府列入“双龙”工程和平罗县重点支持企业。

目前全国已有二十多个省市颁布了新建民用建筑强制安装太阳能热水器的实施细则，平板太阳能热水器做为玻璃真空管热水器的更新换代产品有着热效率高、质量可靠、经久耐用、易于与建筑一体化等优点，过去几年市场增长率超过30%，产品市场容量大，前景广阔，是国家鼓励发展的节能环保、绿色低碳产品。完全符合国家产业发展政策。

公司自主研发生产的蓝钛集热板，是拥有完全自主知识产权的高科技高附加值产品，蓝钛集热板做为平板太阳能热水器行业的关键核心部件，过去完全依赖进口，宁夏天润新能源设备股份有限公司生产的蓝钛吸热板各项技术指标均与进口产品相近，为我国平板太阳能热水器行业快速健康发展奠定了坚实的基础。

2013年9月，天润新能源设备股份有限公司在天津股权交易所挂牌上市，标志着天润进入了一个新的历史发展时期。做为一个科技型中小企业，公司坚持走产、学、研相结合的道路，以科技兴厂，与国内多所著名院校、相关科研院所建立了良好的技术协作关系，并聘请多名高级科研人员为科技顾问，为企业发展、产品定位、新产品开发提供决策参考。天润的技术优势源于高水平技术团队的建设和持续的研发经费的投入，公司大力引进科技人才，先后引进了太阳能热利用专家组建了太阳能热利用研发团队，引进国内蓝宝石行业的顶尖技术人才组建了蓝宝石晶体材料技术研发团队。技术的优势为天润成为科技型企业奠定了坚实的基础。

2013年年底，公司决策层以远瞻性及超前意识，投资3.5亿元，高起点开发大尺寸、高品质蓝宝石晶体材料。人造蓝宝石是将高纯氧化铝放置在真空炉中，升温至2000多摄氏度的高温形成融汤，降低温度在仔晶的引领下，逐渐长成一个大的单晶体，在根据不同的用途进行切磨抛加工，形成形状、厚度各异的产品。蓝宝石具有优异的光学性、机械性能和化学稳定性，强度高、硬度大、耐冲刷，可在接近2000℃高温的恶劣条件下工作，被广泛用于军事领域、光学领域、手表和电子信息产业等国民经济的许多方面。据悉国内外众多手机生产厂商都计划在下一代手机产品中全面使用蓝宝石屏幕，这将会给蓝宝石的应用市场带来几何数的增长。国内蓝宝石生产厂家主要以生产30公斤、45公斤晶体为主，宁夏天润新能源设备股份有限公司瞄准国际先进水平，高起点开发生产大尺寸、高品质蓝宝石产品，主要生产85公斤、100公斤蓝宝石晶体。该项目采用国际先进的泡生法技术路线，设备热场、关键产品工艺等核心技术均自主研发，与国内同类产品技术相比，具有能耗低、周期短、良率高等明显的综合成本优势。由于技术先进、节能环保，该项目被石嘴山市定为2014年重点工业项目。目前，已试生产100公斤蓝宝石晶体4颗，85公斤蓝宝石晶体3颗。预计2015年初，项目建成投产，届时将达到年产520万毫米蓝宝石晶棒（折2英寸当量）的产量，项目年均净利润将达到8577万元。本项目的建设能为当地的产业转型、产品升级带来示范效应，将取得良好的经济效益和社会效益，为地方经济的发展做出贡献，会使宁夏天润新能源设备股份有限公司的发展跨上一个新台阶。

在国家经济转型、由制造大国向创新大国转变的大背景下，宁夏天润将高举科技创新的旗帜，在新能源、节能环保、新材料等领域精耕细作，看准项目，扎实苦干，努力拼搏，乘势而为，使其获得更大的发展，取得更大的成绩，迎接更加辉煌的明天。

大连四达高技术发展有限公司

大连四达高技术发展有限公司创立于1991年，注册资本1500万元，占地面积51000平方米。主要致力于航空、航天数字化装配装备的研发和生产，是集研发、设计、生产、销售为一体的高新技术企业。多年来，四达公司研发多项国内领先的航空航天数字化成套装备，填补多项国内空白，四达也开创民营企业科研水平、智能化成套装备水平远超高等院校、国家科研机构水平的先例。2013年预计实现销售收入2亿元，利润3000万元，上缴税金950万元。2013年10月，“X型战机总装大部件全主动控制柔性对接系统”通过国防科学技术成果鉴定。公司的数字化产品主要分为四个系列：数字化制孔压铆系统、柔性装配系统、AGV智能输送系统和飞机数字化装配生产线。

飞机数字化柔性装配生产线主要由数字化的柔性可重构工装、自动化的数控连接设备、数字化的测量检验设备和信息化的集成管理平台构成。2009年运20下壁板研制成功，该生产线是当时国内唯一一台具有自主知识产权、为运20部件自动化制孔的成套装备，填补了国内空白，直到现在仍出于领先地位。2009年底，歼31试制生产线（和歼20机身后段翻转制孔系统）在国内与十一家学府和研究机构同台竞标，一年后，我公司是唯一一家提出歼31试制成套数字化生产线的完整方案的竞标单位，可以说在完全没有竞争者的情况下收获了几乎全车间所有装备合同。其中的机身三段对接项目实现的对接精度超过了洛克希德马丁F－35的±0.15mm，达到±0.05mm，达到了国际先进水平。

四达公司将根据工业投资实际和各项工作推进情况以及工作规划，预计2015年企业将完成工业投资1.8亿元，同比增幅达到28%，销售收入达到2.8亿元，同比增长21.7%，利润5000万元，同比增长22%，上缴税金3000万元，同比增长20%。

联系电话：84820130－－8203

大连奥托股份有限公司

大连奥托股份有限公司位于中国大连高新技术产业园区，其前身为大连奥托技术有限公司，成立于1990年10月，是一家专门从事汽车白车身装备规划，设计、制造及系统集成的高新技术企业。

大连位于中国东北的最南端，是重要的港口，贸易，工业，旅游城市，也是国家重要的装备制造业基地。高新技术产业园区是大连对外开放以来形成的重要区域，是对外开放的前沿阵地。优良的地理位置和发展空间加速了大连奥托股份有限公司的全球化发展步伐，大连奥托股份有限公司作为投资主体，独资建立了大连奥托装备制造有限公司和大连汽车车身工程研究中心。大连奥托股份有限公司在北京、长春、南京等国内城市，以及德国、印度等地设有办事处或分公司。

伴随着汽车产业良好的发展历程，大连奥托股份有限公司先后与韩国、日本、美国、德国、印度等国外汽车制造企业建立了广泛而密切合作关系。通过10余年的稳步发展和潜心研发，积累了丰富的汽车白车身装备设计制造和集成的经验，其产品和技术已达到国际先进水平，在国内同行业中处于领先地位。

大连奥托股份有限公司占地约30000平方米，现有职工573人，大专以上学历292人，约占员工总数的50%，其中从事技术开发的人员占30%以上，公司注册资金5300万元。2010年公司投资新建厂区10万平方米，于2012年竣工，总占地面积扩展至原厂区的3倍，设计和生产能力得到大幅提升。

大连奥托股份有限公司已于2001年通过了ISO9001：2000质量体系认证。2007年通过了环境管理体系ISO14001认证。这标志着企业已进入规范化运行的企业行列。大连奥托公司是首批被大连市政府认定的高新技术企业，并在2006年被辽宁省政府评为“自主创新优秀企业”。

联系电话：0411—86286888

大连深蓝泵业有限公司

大连深蓝泵业有限公司创建于1988年，是国际最大石油化工流程泵制造商之一。深蓝泵业拥有“DEEPBLUE”品牌，同瑞士SULZER、德国KSB、美国FLOWSERVE、日本荏原株式会社等国际公司共同引领泵行业发展。深蓝泵业现有员工1280余人，获得国家专利40余项，多次获得国家科技奖励，2013年实现订货9.8亿，实现销售收入6.53

亿，年投入研发费用占销售额8%以上，实现利税1.3亿，实现出口创汇近3亿元人民币。

深蓝泵业多年来在千万吨炼油、百万吨乙烯和大型煤化工领域向客户提供了大量的高端产品和服务，并多次打破国际垄断，成为该领域的领导者之一。2013年，成功实现国际首创的神华宁煤400万吨煤制油超大型流程泵的订货。

2011年以来，深蓝泵业在核电领域相继成功研发出二代加压水堆核电站3种核二级泵、6种核三级泵，并在大连红沿河、福建宁德、广东阳江等核电站装机运行，实现核三级泵市场占有率95%以上。2013年成功研发出AP1000三代核电站3种核级泵，战胜国外技术巨头取得了浙江三门、山东海盐核电站的订货，这也是应用于AP1000三代核电技术的世界范围内首台泵。

深蓝泵业是颇具影响力的全球四大低温泵供应商之一。2011年，深蓝泵业成功研发、制造出国内首台零下200度的低温液氧泵并成功运行至今；2013年，深蓝泵业成功研发制造出国内首台零下169度的LNG低温潜液泵，并成功应用于中海油营口液化厂；2013年，深蓝泵业成功研发出国内首台零下169度的LNG低温潜液透平并在中海油珠海液化厂实现装机，成为国际上第二家掌握该技术的低温泵制造商。

下一步，深蓝泵业将投资1.2亿元建设国内首座低温泵试验平台和低温泵制造工厂，成为国内唯一、国际先进的低温泵研发试验基地，打破国际垄断，实现跨越式发展。加大技术研发投入，建立国际研究院，在军工、四代核电试验快堆、海洋油气开采、太阳能发电、CO2捕获等方面打破国际的技术壁垒。建立大生产系统，包括甘井子区总部工厂改造、金州API泵工厂建设和瓦房店超大型流程泵制造基地建设。

联系电话：0411—86424100

大连连城数控机器股份有限公司

大连连城数控机器股份有限公司成立于2007年9月，注册资金7500万元，是一家致力于光伏与半导体行业多线切割设备技术研发的高新技术企业。公司现有员工240多人，其中研发人员75人。公司拥有省级工程技术研究中心和省级工程实验室，先后研发出多线切割机设备3大系列12个产品型号设备，打破西方国家在线切割设备技术领域的垄断，获得国家专利证书52项。近3年，公司累计销售额近8亿元，累计研发投入5400多万元，累计缴纳各项税费超过1.5亿元。产品国内市场占有率达到30%以上，成为中国切割机研发和生产的领军企业。

连城公司多线切方机和多线切片机等设备都是国内首台套新产品，技术性能达到日本、瑞士等国同类型设备技术先进水平。其中：多线切方机获得科技部等四大部委授予的“国家重点新产品”称号；多线切片机被国家半导体行业协会专家们鉴定为国际同类产品先进水平设备。

2013年，公司投资2500多万美元成功收购美国500强斯必克（SPX）旗下Kayex单晶炉事业部，开始从光伏行业向半导体行业研发的进一步延伸。结合凯克斯专利的拉晶工艺及超导磁场技术，可以生产目前世界上最大直径18英寸的单晶硅棒。使我国单晶炉拉晶工艺及超导磁场技术生产跻身世界3大顶尖行列，填补国内空白，对我国半导体技术发展具有里程碑似的战略意义。

联系电话：0411—62638971

大连光洋科技工程有限公司

大连光洋科技工程有限公司成立于1993年，是国家创新型企业、国家知识产权试点示范企业、国家火炬计划重点高新技术企业、国家数控机床高新技术产业化基地骨干依托单位，设有国家地方联合工程应用中心、国家博士后科研工作站、辽宁省装备工业数控伺服传动工程技术研究中心，大连市数控系统工程研究中心，中国大连工控技术转移中心等10多项国家和省、市级的数控技术研发平台。大连科德数控有限公司成立于2008年，是大连光洋全额投资建设的、国内首家也是唯一一家全部采用国产高档数控系统和关键功能部件的机床研制企业，肩负着推广应用国产品牌高档数控系统及关键功能部件，使国产高档数控产品能够有机会在市场应用中成熟完善，最终得到用户认可和信任。高档数控机床控制集成技术国家工程实验室已通过国家审核，近日即可获得正式批准。

到2013年底，公司在册员工533人，其中研发系统200多人。2013年实现销售收入6亿多元。2013年，完全自主研制的高速高精度五轴立式加工中心首次出口德国，打破发达国家的行业垄断和技术壁垒，是中国机床制造行业的重要里程碑；产品进入航空、航天、能源等核心领域，为国家经济战略安全提供了基础保障。

从涉足数控技术研发和相关产品制造销售以来，迅速成长为我国数控技术领军企业和重要供应商，创造了许多中国第一：

（1）中国第一个自主知识产权的运动控制总线协议GLINK，也是目前世界上最快的运动控制总线（GLINK通讯速率100Mbps，Fanuc FSSB为50Mbps，西门子ProfiBus 16Mbps）；属于支持高档数控系统技术进步的基础技术；

（2）中国第一个自主知识产权的位置传感器通讯协议GHB（通讯速率16Mbps，海德汉Endat 15Mbps）；

（3）中国第一个集成现场总线控制器的高可靠性数控系统专用主板，目前也是世界上唯一的仅用单一主板实现的高可靠性高档数控系统硬件平台（西门子840D大于5板结构，Fanuc30i大于6板结构，海德汉TNC530大于7板结构）；

（4）中国第一个高档数控系统专用在线小型UPS（有效地保证了数控系统的可靠性）；

（5）中国第一个兼容同步电机、异步电机、力矩电机、直线电机的光纤总线伺服驱动器平台。

联系电话：0411—82179333—8222

青岛禾软科技股份有限公司

成立于2008年6月，2011年10月完成股份制改造，是一家软件研发型高科技企业，专注于软件与信息服务，产业领域以大型信息系统解决方案为核心，运用云计算技术、移动互联网技术、物联网技术等国家基础性、战略性技术，为国民经济和社会管理提供信息化技术支撑。注册资金3000万元，企业总资产10314万元；2013年销售收入6620万元，利润总额2290万元，上缴税金676万元。公司与中国科学院软件研究所共同设立了技术中心，在软件研发、技术服务、产业化成果等各个领域开展合作，设有市级企业研发中心，在软件技术领域取得了一系列创新成果。分别获得国家“火炬计划”立项、省级“科技进步二等奖”。公司是“高新技术企业”、“双软认定”企业，先后被评为“中国行业信息化突出贡献企业”、“中国移动互联网应用领军企业”、“中国金软件云计算领域成就企业”、“全国优秀民营科技企业”、“青岛名牌企业”。

地址：青岛市泰山路35号创业中心7楼

电话：0532－80686895

网址：saas. heruangufen. com

青岛中科软件股份有限公司

成立于2002年5月，是国家高新技术企业、国家火炬联盟成员单、全球最大的企业管理软件公司SAP核心合作伙伴。公司通过CMMI3、ISO9001国际质量管理体系认证，先后被评为青岛市创新型企业、优秀软件企业、服务外包重点企业等。公司立足青岛，分别在济南、香港、绍兴、厦门等地成立子公司。定位于“成为全国领先的移动物联网及信息化咨询服务商”，秉承“服务感动客户、快乐凝聚员工、品牌创造价值”的核心价值观，积极推进工业化和信息化的深度融合。公司主要业务方向为企业信息化服务、移动物联网应用、云平台推广及芯片模组核心器件的开发研制。产品基于物联网无线传感技术，在智慧仓储中应用，为公司核心研发团队自有技术，已申请知识产权保护。产品特点：1、货物标签与读写器间双向通信，实现“物找人”，取代“人找物”2、最远识别距离150m。3、出入库门自动监测4、最大支持库内65535个标签5、电池工作2年以上，可更换电池6、使用寿命长达8年。

地址：宁夏路288号软件园6号楼9层

电话：0532－55661155

网址：www. qdzks. com

青岛冠中生态股份有限公司

成立于2000年8月，是一家从事植被恢复与环境生态性治理工作的股份制民营企业。注册资金6100万元，占地面积近1000㎡，现有员工135人，总资产为20653. 25万元。2012年销售收入1. 6亿元，同比增长30. 3%；利润4326. 9万元，同比增长14. 5%；上缴税金1110. 5万元，同比增长5. 98%。公司非常重视企业研发工作，是青岛市植被恢复专家工作站，青岛市植被恢复与环境生态性治理研究所，青岛市植被恢复工程研究中心。行业经验极为丰富，目前是行业内的龙头企业，并主持编写了本行业国内第一部行业标准《岩土边坡喷播绿化工程技术规程》。

地址：崂山区株洲路151号

电话：0532－88828112

网址：www. landgreen. com

青岛乾运高科新材料股份有限公司

公司成立于2003年，总投资6亿多元，占地面积55000平方米，主要生产锰酸锂、磷酸铁锂、三元材料等，产品形成十大系列几十种规格，拥有14条大型生产线，具备年产11000吨锂电正极材料的生产能力。目前正在研究生产专门用于新能源电动车和大型储能电池的锰酸锂正极材料。公司与清华大学、中科院化学所、中科院物理所、中科院能源所以及国内外著名企业技术合作，拥有省级“无机非金属与精细工艺工程研发中心”和“锂电锰系正极材料工程技术研究中心”，公司拥有独立自主的知识产权，目前已申请几十项发明专利。2009年度被评为国家火炬计划高新技术企业并于2012年通过复审，2012年公司又被评为国家火炬计划重点高新技术企业。

地址：城阳区青大工业园丰园路1号

电话：0532－87906577

网址：www. qianyun－tech. com

青岛昌盛日电太阳能科技有限公司

公司是行业领先的太阳能光伏综合利用解决方案服务商，拥有强大的光伏系统工程规划、设计、建设能力与光伏组件的研发、生产制造能力。现有员工1500人，总资产超过20亿。2013年实现产值10. 6亿，销售收入10. 2亿元。公司累计获得了150多项专利，其中发明专利50余项，实用新型专利近100余项，国际专利2项。昌盛日电根据分布式光伏发电系统、光伏农业科技大棚等光伏工程的特殊需求，研发生产系统定制化专业型光伏组件产品，如：针对光伏幕墙发电系统设计的中空型光伏组件，专为光伏农业科技大棚研发定制的双玻透光型组件，以及其他普通光伏组件。目前，昌盛日电研发生产的光伏组件产品已获得国家建筑行业3C强制认证、中国质量认证中心CQC认证、德国TUV认证等多项权威认证，广泛应用于光电建筑一体化、光伏农业科技大棚等多种光伏工程。

地址：即墨市普东镇光伏产业园营普路（任家屯路1号）

电话：0532－86511880

网址：www. nesisolar. com

新疆建咨士力服装科技有限公司

概述：新疆建咨士力服装科技有限公司是兵团建工师建咨集团旗下的全资子公司。成立于2010年10月，注册资金：200万元。法定代表人：刘淑青。公司经营范围：服装科技研发制造；销售；服装鞋帽；日用百货；化工产品；农畜产品；劳保用品；货物与技术的进出口业务。

主营业务：公司主营：品牌工装和工服的OEM代理加工，代理国内知名品牌的针织内衣、家居服及床上用品；并和国内知名品牌红都、红领等大型企业合作，开展中高端团装及西服的私人定制等业务。

发展优势：公司采用OEM对各知名品牌工装代理加工，代理品牌有红领等品牌工装及海林、鄂尔多斯、太子龙等品牌内衣。公司积极运用高新技术，走技术创新之路，通过技术创新、持续加大资金和技术投入，改变现有产品结构，依托科技进步不断开发新产品和新市场，实现产品升级，提高企业市场竞争能力。公司采用先进CAD/CAM控制系统，引进先进的设备，满足一些单位对特种抗辐射、抗腐蚀、防静电服装的要求。同时，加大功能性服装的开发力度，走特色化、差异化之路。目前正在开发的产品有：防静电工服系列产品；纳米抗菌内衣、抗菌袜品、抗菌床上用品及抗菌口罩等抗菌系列产品等，通过采购面料、设计等一系列工序，完成出品。

业务分部：公司自成立以来，服装销售业务区域已由乌鲁木齐市本部，拓展到南、北疆设点销售，成功完成新疆区域的辐射发展。国外业务已延展到哈萨克斯坦和阿尔及利亚等国家。

发展主题思想：服装产业是新疆基础相对薄弱但又极具发展潜力的产业，新疆服装产业正面临新的重大发展机遇。国务院2009年出台的《纺织工业调整和振兴规划》中提出："加强内地与新疆的合作。构建跨区域上下游紧密联系、协同发展的产业链，把新疆建成依托内地、面向中亚乃至欧洲的纺织品服装出口加工基地和区域性国际商贸中心。"给新疆纺织服装产业发展提供了重大政策机遇。为此，我公司将围绕城市经济，创新开拓，打造绿色服装健康发展之路，以新疆优势资源构筑与内地互动的产业链，利用企业成熟的管理经验和工艺技术实力，复苏服装"人才"，促进新疆服装产业快速发展，提升新疆服装产业的档次和规模。

走出去战略：我公司响应国家走出去战略，已开展阿尔及利亚国外贸出口交易，取得较为理想的经济收益。中央作出建设"丝绸之路经济带"的战略决策，这是着眼于中华民族伟大复兴的国家战略。公司紧紧抓住这一重大发展机遇，重点开拓了哈萨克斯坦市场，在哈萨克斯坦合资建成了服装加工企业，公司将以此项目为平台，迅速扩大在哈国的市场占有份额，进而实现国内、国外两个市场互动促进，大力塑造公司品牌形象，加快企业国际化发展进程。公司将继续沿着既定发展思路，进一步关注和研究国家产业市场的变化，科学研判市场趋势，准确把握商机，加快转型跨越，敢于突破，敢于创新，敢于争先，在活思路、活机制、活产品、活渠道和用活用好资金上下功夫，以市场为导向，调整产品结构、转变营销方式，畅通销售渠道，完善激励机制，以服装为突破口逐步加大海外贸易额，推动企业经营规模和经济效益持续稳步增长。

联系人：刘淑青

电　话：0991－4583768 15389917799

传　真：0991－8795760

Email：2908226719@ qq. com

新疆阿拉尔聚天红果业有限责任公司

新疆阿拉尔聚天红果业有限责任公司是由新疆生产建设兵团第一师国资委与十六个团场（处）共同出资组建，集生产、加工、销售、服务"四位一体"的国有果业集团公司，公司注册资本为人民币12，500万元。公司位于著名的塔里木河源头三河交汇处的阿克苏地区阿拉尔市，下设青岛聚天红子公司、南部果业加工厂、阿拉尔红枣交易市场。

公司主要经营干鲜果品收购、保鲜、储藏、销售、土特产农产品收购销售、仓储服务、物流配送、电子商务、营销网络市场销售、林果业种植、果品生产技术研发、土特产农产品加工技术开发服务、信息服务、农机、农膜及肥料销售、纸板容器、塑料包装的生产与销售、花卉苗木种植销售等。

公司采用现代企业管理制度，将依托师市果品种植优势，制定师市果品品牌、价格、分级、质量、加工、标识标准；整合师市优势果品资源，引导各团场全面落实"五统一"（统一品牌，统一价格，统一标准，统一加工，统一订单销售）一体化运作模式。公司将建立统一的质量安全追溯体系，营建通畅的物流渠道，建立先进的网络管理体系和营销网络。"十二五"末，在京津塘地区（河北仓州）、长三角（江浙沪）、珠三角（广州）、西安、西南（成都）、乌鲁木齐建成24小时果品仓储物流配送中心；通过加盟连锁的营销方式在国内省会城市建立直销总店；在国内主要购物网站建立网络直销店；与国内主要连锁超市建立供销合作关系。"十二五"末将实现年销售果品30万吨以上。

公司拥有科学的管理体系，先进的果品加工设备，专业的果品贮藏库房。拥有一条年加工红枣2.5

万吨的从原料去杂、分级、清洗、全自动烘干、回软、杀菌、光电分选、全自动包装生产线；年产1500吨红枣浓缩清汁、红枣浓缩浆及红枣速溶粉的深加工综合生产线；储藏能力20000吨的冷库。

聚天红果业公司始终秉承“以信立足、以诚为本”的经营管理理念，以服务第一师林果业产业化发展为根本宗旨，实现林果业资源的优化配置，发挥第一师林果业资源的综合优势，提高林果产业的经济效益和社会效益，推动第一师林果产业持续健康发展。矢志成为国内顶级的果品生产商和供应商。公司把满足客户的需求作为自己的最大追求，唯实求真的内涵贯穿着我们的每一项工作，高质量是我们追求的目标。塔河岸边璀璨的明珠，美丽新城阿拉尔市，聚天红果业公司诚邀国内外有识之士前来洽谈投资合作、考察洽淡、科技交流、共谋发展。

联系人、电话：戴轶 0997－4666888
传 真：0997－4666888
邮 箱：1468581205@qq.com

巴州莱可派生物科技有限公司

巴州莱可派生物科技有限公司位于全球闻名的番茄主产区新疆焉耆盆地博斯腾湖西岸，距博湖县城1.5公里，风景优美、气候独特、交通便利。公司年产20吨番茄红素生产线项目于2011年4月在新疆生产建设兵团第二师25团开工建设，注册资金为500万元，由5个股东共同出资，其中25团控股62%，其余38%由三名自然人和一家国有企业出资，项目计划投资2756万元，已建成20吨番茄红素提取标准车间一座、10万级洁净车间一座、标准化仓储库房一座。公司主打产品博斯腾牌番茄红素软胶囊的销售已在全疆展开，内地市场的拓展工作正在有效进行之中。

公司经营项目：番茄红素油树脂 博斯腾牌番茄红素软胶囊

产品优势：公司在成立初期与国内唯一国家级重点学科——江南大学食品学院签订了技术开发与合作协议，采用目前国内最为先进的萃取设备，双方合作研究从番茄酱中提取高生理活性番茄红素的新工艺，根据合作协议，莱可派生物科技有限公司已独家取得江南大学两份核心国家发明专利的所有权：“一种富含顺式异构体的番茄红素产品及制备方法”（国家发明专利公开号CN101798256A）和“番茄红素顺式异构体方法及高顺式异构体含量的番茄红素产品”（国家发明专利公开号CN101575256）的知识产权，此两项专利技术应用后可使产品中顺式异构体的占比从处理前的不足10%提高到处理后的70%以上，由于人体只能吸收顺式异构体，因此相比目前市场上的同类产品，可提高人体吸收率3－4倍。在同等吸收量的情况下番茄红素的使用量可降低70－80%，大大缓解了因为番茄红素价格昂贵而难以扩大消费市场的困境，为了优化其保健作用，特地选用了精制红花油籽油为辅料，产品经自治区食品药品监督管理所检验证明产品品质明显优于其它同类产品，溶剂残留小于22ppm（国标为50ppm），国内现生产的番茄红素产品标志物含量为1mg－10mg，绝大多数为3mg－6mg，而我公司生产的番茄红素产品标志物含量被国家食品药品监督管理局审定为9.5mg。

原料优势：公司的原料种植基地位于天山中段南麓的焉耆盆地25团农场，属温带大陆性气候，水土和光热条件好，番茄种植品种优良，红色素含量高，为番茄红素产品生产提供了丰富的原料。焉耆盆地作为新疆重要的农产品种植区，加工番茄种植产业逐渐成为农业支柱产业，也是特色农业产业。农户科技意识较强，已熟练的掌握了加工番茄种植技术，建立了成熟的加工番茄原料种植基地。基地种植的番茄为国家农业可追溯体系试点单位，同时也是自治区出入境检验检疫局在南疆唯一一家出口基地建设示范单位，公司的主要原料“博斯腾”牌番茄酱曾荣获2008年法国食品展金奖、通过了ISO9000质量管理体系认证和HACCP食品安全控制体系认证、犹太认证，产品远销欧洲、俄罗斯、中亚、南非、中东、南亚等40多个国家和地区。

成功经验：在人们越来越重视保健食品的今天，少数被证明有效的保健品番茄红素是一项朝阳产业，无论是作为医药产品、保健品、还是食品添加剂，都具有很大的市场潜力，其系列产品在市场上处于热销态势。公司为了抓住这一良机，严格遵行“品质第一”的原则，在产品品质上狠下工夫，专门成立了品质管理办公室，提出了原料投放合格率100%、出库成品合格率100%的“双百”目标。

为了让更多的消费者能认识和享用这一大自然给予的馈赠，公司采用了生产、销售分离的发展策略，在新疆首府乌鲁木齐市成立了独立的销售公司，由销售公司负责以国内核心城市为基点的品牌推广和销售运营及售后服务的工作，两套班子各负其责、相互监督，专业的班子专心致志的做好专业的事，目前这一发展策略已经显现出了良好的效果，博斯腾牌番茄红素软胶囊已在疆内500余家规模较大的药店上架销售，销量稳步上升。疆外有意代理公司产品的客户也纷至沓来，通过考察、筛选已和部分省市的代理商签订了区域代理协议。

公司地址：新疆巴州博湖县二十五团湖光镇
总 经 理：张卫东 13379761929
邮 箱：xjzwd25@163.com
咨询电话：0996－6991777
传 真：0996－6991377
全国免费专线：400 8656 009

五家渠格辉化工有限责任公司

五家渠格辉化工有限责任公司位于新疆五家渠市102团工业园区，注册资金1000万元。厂区占地面积20716.2平方米，建设有890平方米厂房、800平方米的成品储备间及50平方米的试验室和400平方米的中试车间，拥有反应釜、储藏罐、干燥设备、混合设备等产业化生产所需的设备。企业总经理李书刚，凭借多年积累的化工行业经验，联合众多化工行业精英，带领企业走向更高更远的科技发展道路。企业现聘请上海海洋大学食品学院化学系赖克强博士担任企业各科研项目的主要负责人，致力于企业新技术、产品的研究开发。企业现有专职科研人员22人，均为大专以上学历，占企业职工总数的32%，开展了多项混凝土添加剂产品的研发、新工艺新技术的研究等科技活动。

企业于2011年成立技术研发中心，凭借可靠的产品质量、精湛的技术服务、成熟的市场运作，专注于混凝土外加剂产品的研发、推广。公司目前正致力于研发更低耗能，更小污染，更高效率的新产品及其生产工艺，积极响应国家节能减排，绿色生产的号召，带动行业发展。

目前，企业已经完成的研发产品有泵送剂、防冻剂、引气剂、高性能减水剂、混凝土早强剂等各类新型混凝土外加剂，并进行了推广应用。2012年，企业顺利通过ISO9001：2008质量体系认证，凭借优良的产品质量和合理的市场营销管理，2013年实现销售收入5545.20万元，比上年度增长了116%。

企业近三年主要科技创新成果及效益体现：

（一）“高效减水剂”通过新疆维吾尔自治区建材非金属产品质量监督检验站检验，所检项目符合《混凝土外加剂》GB8076－2008标准技术要求。目前，公司也已完成早强剂的检测工作，并且产品的各项指标均符合《混凝土外加剂》GB8076－2008质量标准，并已通过新疆生产建设兵团建设工程质量检测中心检验。

（二）公司已申请专利4项，包括《一种利用草酸生产聚羧酸盐减水剂的方法》（申请号：201410013561.5）、《一种抗裂防辐射的混凝土添加剂》（申请号：201410030202.0）等，其中发明专利3项，实用新型1项。发明专利《一种用于混凝土的高效减水剂和早强剂的制备方法》（专利号：201010107223.X）已于2013年授权通过，企业针对该专利实施了产业化应用，目前该专利产品已得到了全面推广应用，市场口碑良好。

（三）近三年，企业经济效益良好，销售收入逐年成倍递增，2012年，销售收入达2527.87万元；2013年，销售收入达5545.20万元。企业资产总额也由2011年的1686.94万元增长为2013年底的3823.72万元。

（四）经过不断的努力和自我提升，五家渠格辉化工有限责任公司于2012年12月，顺利通过了ISO质量体系认证，质量管理体系符合ISO9001：2008混凝土外加剂的生产与销售标准。2014年4月被评为国家级高新技术企业。

联 系 人：张晓丽

联系电话：18999179278

克拉玛依五五机械制造有限责任公司

五五机械公司成立于2000年，注册资本300万元（国资公司120万元、占持股份比例的40%，自然人180万元、占持股份比例的60%）；公司设有4个部（生产部、销售部、财务部、技术部）、1个研发中心，现有员工120人，其中大专以上人员38人，直接从事研究开发技术人员13人。公司主要从事农业机械制造、机械配件制作、镀锌加工、农机销售、来料加工等业务。2013公司资产总计1023万元，年销售收入989万元。

公司主导产品有系列中耕追肥机、系列联合整地机、茎杆粉碎还田机、深松机、液压偏置重型耙、残膜回收机等，产品畅销天山南北，已经成为新疆联合整地、中耕追肥机及其他系列产品的重要生产厂家。现有七大类29余个品种享有国家农机具购置补贴推广目录，年生产规模达到450余台套。产品注册商标“双五”牌，2011年企业通过ISO9000－2008质量管理体系认证。

[公司技术创新发展的目标与规划]

着眼于新阶段农业和兵团经济发展的需求，通过明确职能职责、理顺管理体制、优化结构布局、创新服务机制等一系列改革，建立新产品试验示范基地，改善农机具推广手段，转变传统推广方式，把科研与推广、推广与服务有机结合起来，突破和掌握一批对公司经济发展具有明显带动作用的核心关键技术，培养和造就一支具有国内领先水平的创新人才队伍，提高全民的创新意识和科技素养，建立企业技术研发中心的构建，通过整合内部资源和借助外部技术力量，采取与大学、科研机构合作方式来承担企业技术创新的阶段目标，基本建成具有五五特色的品牌创新体制。

为大力提升新产品研发、运用、和管理能力，加快兵团经济结构战略性大调整和发展方式战略性大转变；培育和发展具有自主产权的自主品牌，增强企业市场竞争力；充分发挥科研院所、高校在产学研联合体中的知识产权创造作用，提高企业创新能力。亲密协作，合作双赢，共谋发展，建立了深厚的和谐共建关系，产生了良好的经济效益和社会效益，有力推进了团场科技兴农战略，为团场农业机械化持续健康发展提供了强有力的科技支撑。

主要经验：

（1）转变观念，树立全员创新意识

企业是技术创新的主体。推动技术创新，实施“科教兴企”战略，关键是要解放思想，转变观念，使每位干部职工认识到“技术创新是明天的饭碗”，树立创新的观念，才能形成企业全面推进创新的氛围。

（2）面向市场，结合实际开展技术创新

农业机械制造开展技术创新主要应该在农业机械化、畜牧业、林果业、新型农机具等方面进行努力。我们积极了解和掌握国内外科技发展动态，瞄准国内外先进水平，结合自己的特点确定科研攻关项目和吸收引进先进技术，以市场为主导开发创新科技产品。

（3）重视技术创新队伍建设，建立人才激励机制

建立完善的人才激励机制，是促进技术创新的

原动力。我们大胆启用年轻同志到重要技术岗位任职，并通过科技研究和攻关，锻炼科技队伍。设立优秀科技成果奖励标准规定，对获得国家、省、部级科技进步奖的项目给予精神和物质奖励。给科技人员在生活、工作上创造有利条件，制订有关科技管理、收入分配、职称晋升、住房分配、人才培养等一系列配套政策，极大地调动科技人员的积极性和创造性。

（4）联合攻关，加速成果转化

产、学、研结合是企业技术创新的重要方向，同时也是企业自身发展的要求。企业、科研单位和高校发挥各自的优势，使知识资本和生产要素形成新的优化组合。我们积极组织多方合作，联合攻关，实施大科技战略，满足企业发展的需要。借助全方位，多层次的产、学、研合作，通过有效配置高等院校、科研院所的人才、技术信息优势，不断为技术创新拓宽道路，加快企业结构调整、产业升级。

（5）加强技术中心的建设

加强企业自有技术中心建设，保持强大的发展后劲和市场竞争力，促使企业成为技术创新的主体，促进企业技术创新能力的提高；加速科技与经济的结合，促进科技成果的转化，增加技术储备，增强市场竞争能力和发展后劲，实现企业产品的高市场占有率、经营管理的高效益。加强技术中心建设作为重点工作常抓不懈。

联 系 人：王季平

电　　话：13139920577

地　　址：克拉玛依五五新镇

邮政编码：834032

中小企业服务案例

发挥开发性金融作用
积极支持中小企业发展

国家开发银行

一、国家开发银行概况

作为我国中长期投融资领域的主力银行，国家开发银行以“增强国力、改善民生”为使命，在积极贯彻国家宏观经济政策，重点支持基础设施、基础产业、支柱产业以及高新技术等重大领域建设的同时，不断加大力度支持中小企业、新农村建设、低收入家庭住房、节能环保、医疗卫生、微贷款、助学贷款、应急贷款等与百姓生活息息相关的领域，促进社会主义和谐社会建设，在经济社会发展中发挥了重要而独特的作用。

二、中小企业贷款业务工作进展

近年来，国家开发银行认真贯彻国务院关于促进中小企业发展的战略方针，服务于社会建设。继续探索以金融促进社会公平与社会和谐的有效手段，发展民生金融业务。大力推进市场建设、信用建设、制度建设，打通融资瓶颈，推动建设人人享有平等融资权的普惠金融，在社会的和谐发展中实现自身发展，实现政治责任、经济责任、社会责任的统一。

国家开发银行从市场建设、信用建设和制度建设入手，深入实践开展中小企业贷款，形成了以“开发银行融资推动、政府组织协调、企业主体协助管理、担保公司担保、信用协会等群众组织民主评议与监督、中小金融机构代理结算”为主要特色的批发融资模式。截至2014年6月末，按照国家标准，开发银行中小企业贷款余额2.28万亿元，其中，小微企业贷款余额9928亿元，惠及中小企业、个体经营户196万家，创造就业岗位530万个，融资支持了制造业、农林牧渔业等近20个行业，惠及中小型企业、微型企业、个体工商户、农户、创业青年、城市下岗职工等各类社会群体。开发银行先后获得银监会、金融时报等部门组织评选的中小企业贷款相关奖项。

三、中小企业贷款业务产品与服务创新

（一）金融产品“量身定做”，差别服务特殊人群

国家开发银行坚持以客户为中心，致力建立多元化、个性化的金融产品体系，满足不同类型、不同发展阶段的中小企业客户融资需求。

1. “公司+农户”，促进民族地区群众脱贫致富

在青海，国家开发银行支持青海循化县1500万顶钩针盂加拉帽村企共建项目，采用“公司+农户”的模式，带动2000余名撒拉族妇女就业，人均增收人民币8000元，促进了民族地区群众脱贫致富。

2. “输血”变“造血”，产业化开发扶贫

在贵州，国家开发银行通过与政府合作建立农业产业化扶贫机制，有效解决当地茶农融资难问题，变“输血”式为“造血”式扶贫，以产业化发展带动当地农民脱贫致富。

3. 以批发融资助力小微商户

在浙江，国家开发银行以浙江小商品城集团为统贷平台，向义乌国际小商品城的商户发放小额贷款，有效解决了小商品城内众多小微商户融资难问题。

4. 支持农村发展和农民增收

在天津，国家开发银行创新实践农户小额贷款运行模式，将小额贷款直接发放给农户和农民专业合作社。该模式以“政府组织推动+农民组织化+融资推动”为主要特征，推动政府将信用建设和市场建设同抓共进，把融资服务工作作为政府职能和系统工程，全面、系统地解决了县域和农村地区经济发展所需的技术、市场和管理等问题。

5. 开发性金融孵化，扶持园区中小企业

在江西，国家开发银行建立了“园区政府选择项目入口—开发性金融信用孵化—实现战略客户培育”全省工业园区中小企业融资服务体系。重点支持了鄱阳、奉新、东乡等13个工业园区，支持企业500余家，解决就业3万余人。

（二）业务模式“因地制宜”，创新支持经济发展

国家开发银行针对不同区域经济发展特征，积极开展金融创新，不断完善业务模式，探索以批发方式解决零售问题，为促进当地经济建设和社会发展发挥了重要的作用。

1. 与政府合作创新贷款模式

在吉林，国家开发银行通过与省工信厅、省中小企业服务中心、省内各级担保公司、省农信社以及各行业协会和特色园区的合作，创新推出了面向个体和微小企业的信贷产品—万民创业小额贷款，

创建了“融资平台”+“协会、园区+三级风险分担机制+贴息激励机制+止损机制”的运作模式。

2. 与担保公司合作贷款

在浙江、山东青岛等地，国家开发银行会同当地的信用与担保协会，选择多家小型担保公司组成共同评审、联合担保的信用共同体，发挥了“1+1>2”的作用。这种信用共同体被形象地称为“抱团取暖”。

3. 支持地方龙头企业，带动周边经济发展

在甘肃，国家开发银行大力扶持地方龙头企业—长城果汁集团，该集团带动天水、陇南当地5万多户果农户均年增收1500元以上，并出现万元户占比超过95%的“万元户村”。

借风上万里，双翼展鹏程。支持中小企业成长与发展，开发性金融责无旁贷。在当前和今后一个时期，国家开发银行将继续秉承“金融普惠”的目标，以政府合作为基础，不断创新符合中国国情、具有国家开发银行特色的金融服务模式及产品，为国家经济发展与社会和谐做出新的、更多更大的贡献！

“贷贷平安”服务中小企业

平安银行

一、平安银行简介

平安银行股份有限公司（简称：平安银行，股票简称：平安银行，股票代码：000001）是原深圳发展银行股份有限公司以吸收合并原平安银行股份有限公司的方式完成两行整合并更名后的银行，是总部设在深圳的全国性股份制商业银行。中国平安及其控股子公司平安寿险合计持有平安银行59%的股份，为平安银行的控股股东。

2013年，平安银行西安分行、苏州分行、临沂分行、乐山分行、襄阳分行5家分行及73家支行获准开业。平安银行目前拥有38家分行，机构网点528家，在北京、香港设有代表处，并与境内外众多国家和地区逾2000家银行建立了代理行关系。平安银行制定了清晰、可持续的发展战略，确立了“变革、创新、发展”的指导思想，秉承“对外以客户为中心，对内以人为本”的理念，充分发挥平安集团的综合金融优势，坚持外延式扩张和内涵式增长并举，实现公司、零售、同业、投行“四轮”驱动，致力于打造“专业化、集约化”经营的全功能现代化商业银行。

具体到融资服务方面，平安银行根据中小企业客户经营规模进行分层，对不同类别客户提供量身订制的服务。针对中等规模企业，平安银行断夯实传统业务的优势，完善和升级贸易融资产品体系，加速全产业链的资源整合及开发。针对小微企业金融服务，由于小微企业金融业务实际上是一个重要节点，它既是公司业务向下游的重要延伸，同时它也是发展社区金融、发展私人银行业务的一个重要的切入点。因此，平安银行以“一把手挂帅”的形式，明确地将其作为全行重点战略业务来全力以赴的进行推广。

（一）平安银行重视小企业金融，业务发展迅速，在社会上形成较好的小企业服务口碑

服务小企业不同于传统做大企业客户的思维模式、套路及方法，需要一个从机制到模式、从前台到中后台环环相扣的系统性创新过程。平安银行通过组织架构的调整，单独成立中小条线，成立小企业金融事业部，全方位负责小企业金融战略规划、市场营销、产品研发、客户关系管理、风险管理、售后服务以及团队管理与培训等工作，从根本上保障了全新的、以客户为中心的、集约化平台化线上化的小企业金融模式的设计和运行，实现小企业贷款受理与发放的效率化运作以及综合金融需求的“一站式”服务。

近两年平安银行小企业业务发展迅速受到各界关注，截至2014年6月末贷款余额已突破1000亿元，综合服务小企业客户突破100万户，在小企业客群中形成较好的服务口碑。

（二）平安银行业务创新能力强，13年推出的贷贷平安商务卡是信用方式、小额周转、快速审批，得到了客户的认可

2013年，平安银行将小企业金融业务定为战略性业务之一，并予以产品政策支持和批量营销模式推广。一年多来，平安银行在小微金融领域有两个重要“动作”，一是开发“贷贷平安”商务卡，二是布局线上业务，建设小微互联网金融模式。

平安银行基于“以客户为中心”理念推出的小微金融产品“贷贷平安”商务卡，该产品将小额信用循环贷款与借记卡功能及权益相结合，摒弃抵押物崇拜，主要根据市场前景、企业上下游、结算流水等经营行为信息来判断企业偿还能力，因此构建了一种全新的小企业金融商业模式，在短短数月间实现了快速发展。截至2014年6月末，全行累计发放“贷贷平安”商务卡客户数突破71.96万户，较年初增长104%；“贷贷平安”商务卡存款余额179亿元、贷款余额297.4亿元，分别较年初增长229%和397%。目前，“贷贷平安”商务卡已成为平安银行服务小微客户的重要产品和平台。

在推出“贷贷平安”卡的同时，平安银行还持续推进小企业线上融资，启动小企业线上融资平台规划，探索小企业线上金融服务模式。2013年初，平安银行行长邵平曾表示：“我们要把线下的业务，全部开到线上，未来几年发展战略的实现，很大程度是通过线上金融实现。”目前，平安银行已建成了创新的“移动展业”平台、小企业线上融资平台等众多互联网金融平台，为小微企业主提供更加高效、便捷的金融服务。

为配合业务发展，打造领先同业的技术优势，小企业部积极在全行推广移动展业新模式，实现了

单笔最快15分钟完成作业，为客户提供了较好服务体验。同时，平安银行小企业部对广为集聚小微企业的电子商务平台、第三方支付和信息服务平台以及产业链核心企业（具备先进ERP物流及客户管理系统）的服务拓展，与数十家全国领先的电商平台企业合作，向小企业客户和个体工商户提供更便捷的协同服务。

（三）平安银行小企业金融走了差异化发展的道路，主要围绕商圈市场中经营商户，重点帮助其实现资金灵活周转

不同于传统公司业务以制造业主的周期性行业定位，平安银行的小企业金融服务重点围绕与老百姓衣食住行息息相关的消费领域。具体来说，就是一个个的批发市场、贸易市场。

针对商圈、产业链的小微客户群经营模式和金融需求的共性特点，对特定的小微客户群体开发标准化产品，以集群融资的规模经济效应来分摊作业成本。根据调研，大部分客户一年当中只有几个月需要灵活的周转资金，平均一笔贷款就是十几天。贷贷平安商务卡就是来满足企业主用一天支付一天利息，随用随还，灵活计息的。

此外，考虑到不同行业的小企业客户在不同经营周期、有不同的金融服务需求，平安银行始终秉持“以客户为中心、以市场为导向”，重视客户需求，开发、提供满足其需求的产品和服务。正是基于这一宗旨，除贷贷平安商务卡，平安银行陆续设计开发推出一系列小企业金融产品。

例如，针对小微企业普遍存在抵押物不足或缺少抵押物状况，平安银行还推出了组合贷、第三方自然人担保、小额信用循环贷款等多种方式，使更多的小微企业受惠。针对小微企业财务信息和管理不健全，平安银行进一步锁定产业链上下游，推出了品牌经销商信用贷款、超市供应商信用贷款、应收账款质押、差额回购、票据等授信融资产品，从多角度帮助小企业解决融资难问题。

由于小微客户的金融需求，不仅包括信贷类需求，而且包括结算、现金管理等非信贷类需求，还包括小微企业的经营性需求与企业主的家庭财富管理需求，因此我行推出针对小微企业的专属结算产品“收银宝”、移动收款、微信开户、资金归集等，使得小微客户日常结算更便利、更快捷、更省钱。

其中，移动收款快而省，卖家主动收款，买家及时确认，手续费2元封顶。只需下载APP即可实现，再也不用担心收押款问题，还可以与订单相匹配，帮助对账销账。

“收银宝”终端是专门为小微客户量身订制的新型支付结算服务产品，集固话POS及第三方电话支付终端产品优点于一体。不仅提供收款服务，还提供向上、下游客户进行转账汇款的付款服务，足不出户即可便捷进行资金调用。

“资金归集”是我行推出的全新网银财务管理功能，支持C2C。小企业主可通过我行小企业网银实现对第三方个人账户的实时了解及资金管控；可以满足小企业主在合伙投资、经营管理中对企业日常财务的监督；更可实现第三方多帐户的资金归集等资金管理需求。

代发工资业务是指我行接受代发工资单位委托，按照与委托单位签定的协议，利用我行在网点和资金清算等方面的资源，代理代发工资单位向其员工（在职或离退休）个人账户发放工资、奖金、福利费、退休金、养老金等的业务。

公私账户E管家，是指企业依托我行现金管理平台和企业网银，将关联的个人账户也纳入资金集中管理体系中，经授权可实时查询账户余额，交易明细，并可通过系统自助或手工方式，在个人账户及公司账户之间实现资金的归集与下拨。

（四）平安银行小企业金融科技特色鲜明，迅速建立起小企业网银、微信银行、口袋银行、PAD移动服务等先进手段

另外，IT技术正在颠覆整个银行业传统业态与发展模式，依托平安银行强大的科技优势和专业化后援平台，该行已加快布局，一方面，积极推进电商小微商业模式，试水线上融资；另一方面，竭力推进网上银行、手机银行、电话银行、微信服务平台、移动展业等电子渠道建设工作，适应移动支付、电子商务潮流进行相关创新和开发，不断发掘客户需求，提升客户体验。

平安银行率先推出“贷贷平安微信银行”，这是为小企业客户量身定制的口袋式银行、在客户的智能手机终端中实现业务咨询、贷款提款还款、经济信息分享等功能，目前注册用户超过2万名。该微信服务平台操作简单，客户能享受到移动互联网技术带来的便利、安全和高效，随时随地享受我行专业、贴心的全方位小企业金融服务。

同步开发推出小企业客户专属网银。该网银实现了“一个网银，两个账户，集中管理，公私兼用”，既照顾到许多商户客户同时有个人账户和法人结算账户的一体化管理需求，又兼具便利的电子化结算、资金归集、贷款提取和归还、理财等金融服务。

同时，在客户手机端，通过“平安银行口袋银行”为客户提供全面的账户查询、转账、理财、提款还款、金融超市等服务，通过“短信银行”为客户提供实时的业务信息反馈，以最普及的电子服务方式让客户及时获悉贷贷平安业务的授信批复状态、还款成功状态等。至2014年年底，通过手机银行转账，手续费全免，更有摇一摇、二维码、手机号等多种转账形式。

平安银行还于2013年9月试点基于移动互联网的小企业金融移动展业，12月全行推广，目前已在各分行所在地投入全面应用。我行小企业金融移动展业平台基于PAD和3G网络实现，依托电子签名、影像等技术应用，实现了贷贷平安商务卡业务的全流程电子化，打破传统的业务受理模式，让客户享受到足不出户的我行人员上门受理业务申请、线上化审批、电子化提款服务，以更方便、快捷、专业优势引领小企业金融销售模式的革新。

2013年12月，平安银行成功构建“信贷工厂”，运用互联网金融的信息查询和数据挖掘技术管理客户视图、实现客户筛选，建立评分模型、对高风险客户实现自动拒绝，在贷后风险管理中运用互联网信息技术改善风险识别能力，在信贷评审作业中运用互联网精神进行集中化、标准化、电子化、数据化。

（五）平安银行小企业金融重视客户服务。不是简单的做一笔贷款，而是从客户角度来全面安排结算、理财、财富讲座、客户活动等

“依托平安集团全金融牌照的优势，依托“贷贷平安”商务卡向小企业客户提供保险、理财、健康、医疗、投资、增值服务等全方面的综合金融服务。

为满足小微企业日益增长的多样化金融需求，平安银行正围绕“小企业客户专属保险商城”，加快推进小企业综合金融线上平台开发。建立健全“B2C＋权益赠送”的小企业综合金融业务模式，为客户提供有差异化竞争优势的保险、理财等综合金融服务，提升客户服务水平。

增值服务方面，例如“相伴成长、赢在未来”小企业客户财富大讲堂是为我行小企业客户提供多维知识的服务讲座，其内容从如何开展有效的企业管理到如何应对经济形势，从个人财富的保值增值到子女教育的投资规划，借助财富大讲堂，为小企业搭建全新的金融服务平台。另外，平安银行还将小微商圈商户、小微产业链商户等按照区域、行业、产业链特征，整合成一个个小微客户俱乐部，并将小微客户俱乐部打造成小微客户与银行之间的沟通桥梁，通过俱乐部活动的有效开展，为会员提供全面专业的金融服务和优质的会员尊享服务，构筑信息交流和人脉衍生的平台，

二、服务案例

（一）“贷贷平安”商务卡批量信用授信案例

某大型商圈以电子专业市场为主体，拥有电子专业市场27家，电子产品经营商家3万多家，年交易额390多亿元，主营电子元器件、电脑、通讯、安防、数码、LED等产品，规模大，品种齐全。商圈每天人员流量约50万人次，业务范围辐射全国各地，是我国乃至亚洲最大的电子信息产品集散地。

随着经营规模的不断扩大，商圈中许多商户遇到了发展的瓶颈，由于多数商户自有资金有限，逐渐开始无法满足日益增长的销售和铺货占款需求，销售收入增长受限。若要求商户提供不动产等抵押物作为增信措施，许多商户并不符合贷款准入条件。

平安银行在了解到商圈这一现状后，马上设计了分层批量授信方案，给予商圈超过10亿元的总额度，单个商户可享受最高100万元的信用授信，授信额度期限最长10年，随借随还。

随着授信问题的解决，商户在经营过程中的其他问题逐渐凸显，如缺乏规范的记账工具、收款麻烦且手续费高、银行网点少导致业务办理不方便、闲余资金收益过低、财产安全缺乏保障等。

平安银行在帮助客户解决融资需求的过程中，积极了解商户遇到上述问题所导致的现实困境，马上将授信资金支持的单一策略，调整为“一体两翼三侧重”的综合金融服务战略，即以“贷贷平安商务卡”信用授信为主体，以“线上＋线下”服务为两翼，侧重综合金融，侧重点对点服务，侧重系统平台对接。

1. “一体”——贷贷平安商务卡信用授信

继续加大“贷贷平安商务卡”信用授信支持力度，以“主动授信，批量支持”为核心思路，通过进一步的调研和分析，对商圈内商户进行了精准的细分、对商圈内不同交易品种的所属行业特征、资金周转特征进行细致的了解，有针对性地解决客户的融资需求。

2. “两翼”——“线上＋线下”服务

（1）线上服务。平安银行通过橙E平台、小企业网银、口袋银行、移动收款、微信银行、电话银行等优势线上产品，为客户提供提还款、收款、记账、理财、资金归集等一揽子融资、现金管理及财务管理服务，大大方便了客户足不出户实现绝大多数金融、非金融业务的在线一站式办理。

（2）线下服务。平安银行开设了市场内第一家金融便利店，提供VPN驻点服务及客户经理上门服务，使得商圈内越来越多的小微企业享受到了平安银行便捷的金融服务。

3. “三侧重”

（1）侧重综合金融。平安银行充分整合全行资源，通过收银宝、移动收款、橙e记等结算及互联网金融产品的投放，以及平安银行保本型理财、保险产品的交叉嵌入，帮助客户随时进行贷款、结算、理财的一站式管理。平安银行还联动市场管理方提供商圈客户俱乐部、商圈免费WIFI、财富大讲堂等配套服务，为商圈客户搭建起了沟通交流平台和增值服务平台。

（2）侧重点对点服务。平安银行通过小型产说会、客户经理上门服务的形式，对客户在经营、资金、财务管理方面遇到的问题和困难逐户诊断，分别提出综合解决方案，做到了针对性的点对点精准服务，让客户个性化需求得到满足。

（3）侧重系统平台对接。平安与市场在线商城建立了深入的合作关系，下一步拟将银行橙E平台与市场在线商城实现系统对接，让商户登录商城即可进行融资申请、熟客交易、收付款管理、存货管理、投资理财等一系列服务，以提升商圈客户体验，将服务小企业客户的理念落到实处。

截至2014年6月末，该大型电子商圈共有2000余商户开立了平安银行的“贷贷平安”商务卡，累计提款超过60000万元，平安银行综合金融服务系列产品也得以广泛运用，有效支持了商圈内企业实现扩大经营、规范管理、加快资金周转和利润快速增长。

三、结语

未来，平安银行将进一步“深化小企业转型升级战略，完善贷贷平安2.0模式，不断创新、丰富

小企业产品种类和科技工具，完善小企业客户服务体系”。

在提供授信的基础上，平安银行小企业金融将彻底实现从单一信贷业务向公私兼容的综合金融服务延伸。加大资金结算、贸易金融等对公业务的渗透，同时考虑到小微企业主个人与企业财务需求往往相互融合，积极挖掘面向小微企业主个人及其家庭的财富管理服务，面向企业员工的代发薪、信用卡等业务，通过增加客户对银行的综合回报降低融资成本。

随着未来平安银行综合金融的进一步深化，我们将在金融服务方面为小企业客户提供更加量身订制的服务，甚至可以区分到为不同行业、不同领域、不同规模的企业，提供相关联、相对应的综合金融解决方案。例如，从某一时点的需求响应升级为企业全生命周期管理。在小微企业不同发展阶段给予相应的金融支持，如对初创期的企业给予门槛低、用款灵活的信贷支持；对成长期的企业提高授信额度，配套资金管理服务等；对于发展成熟的企业进行综合性的企业融资规划，帮助客户通过股权交易、发债、IPO 等进行融资。

未来我们仍将不断吸引科技基因，探索掌上销售、线上作业、远程服务等模式，探索丰富集约化、平台化、线上化内涵和外延，解决小微型企业金融服务所需要的高效率、流程透明化、节省成本、收益综合化等课题。

平安银行将竭诚为小企业提供更好、更便捷的服务，欢迎广大小企业客户致电、网联或到平安银行任一网点咨询办理。

“生意管家”服务中小企业

平安银行

引言

根据艾瑞统计数据显示，2013 年中国电子商务市场交易规模 9.9 万亿元，其中网络购物占 18.6%，企业 B2B 占 77.9%。随着国内中小企业纷纷开始电子商务转型升级，B2B 电商将呈现加速增长的态势。产业的互联网化转型有助于提升企业的作业效率和与交易对手的协同能力，提升链条的整体可视化程度，有利于扩大企业的销售渠道和市场份额。

中小型企业互联网转型急需 0 成本、易上手的软件支持

传统中小企业的电子商务路径主要有三条，其一，加入核心企业的供应链协同商务平台、快速实现互联网化，此部分企业数量并不多；其二，自主开发电子商务平台，投入门槛高；其三，付费加入第三方电子商务平台。覆盖大多数中小企业的后两种可选路径，要么初始投入大，要么持续运维成本高，而中小企业财力有限、人才储备不足，加之实施周期长而效果难以评估，多数中小企业知难而退。平安银行橙 e 网为中小企业提供了电子商务转型升级的第四条路径，其推出的免费中小企业电商云服务平台——“生意管家”，能够让中小企业的商务活动以最快速度、零成本实现企业商务流程的电子化。

橙 e 网－生意管家：专注于“熟人的生意圈”构筑传统企业电子商务免费“云服务”平台

传统经济 B2B 电商转型的一个重要方面是供应链上下游熟客之间的商务电子化过程，橙 e 网可以帮助中小企业上下游之间熟客交易快速实现电子商务转型，为熟人之间做生意提供免费的电商平台，并集成平安集团优势金融资源，为客户提供供应链在线融资、在线支付、在线理财、在线保险等综合金融服务。橙 e 网生意管家是平安银行全力打造的国内首款高端 SaaS 模式（无需软硬件，开通即用）的免费在线供应链协同平台，实现中小微企业的业务信息化管理，帮助企业实现在订单、进销存、物流、收付款等管理方面内部高效管理与协同，以及实现企业间上下游的供应商、客户、分销商、物流商等企业间的在线业务协同工作，提升企业的运营效率，降低企业管理成本，提升企业竞争力。不仅如此，平安银行橙 e 网还推出了管生意 APP“橙 e 记”，一款专业的小微企业移动生意管家，可以随时随地记录企业的收支，提醒收账还款，还可以在里面开店和选购商品。

生意管家的五大优势

- 0 成本转型：完全免费，企业用户只需简单注册即可免费使用，无需安装软硬件
- 四流合一：整合商流、物流、资金流、信息流，一目了然，轻松管理
- 多方协同：打通与上游供应商及下游客户、分销商以及物流公司之间的业务协同
- 在线融资：随时发起订单的在线融资，降低融资成本与缩短融资时间
- 安全保障：提供银行级的安全管理，确保数据安全可靠

案例一

中小型企业商务流程电子化“神器”

电子行业：昆山致乐和电子有限公司

项目背景：

昆山致乐和作为电子行业的新锐创业先锋，由 15 位高学历、充满热血与激情的 85 后、90 后组成。企业专向代理分销电源产品，正在筹划代理更多元的电子产品，开业 3 个月以来，营业额节节攀升。目前，公司客户超过 50 家，产品 SKU 近百，订单出

单批次多，单笔批量小。随着业务的飞速发展，数据量不断增大，对成本核算的准确性、及时性以及对成本的控制要求也越来越高，不得不转以寻找电子化的管理模式。

期望解决的问题：

1. 明细库存数目，提高库存管理效率和库存周转率。
2. 减少延期交货，提高客户服务水平。
3. 提升公司信誉，进一步拓展市场。

生意管家解决方案：

目前，昆山致乐和已经完全依托于生意管家管理业务。致乐和此前尝试过多种管理软件，但操作复杂，只能本地使用，且都需要收费；而生意管家不但能满足致乐和所需要的进货订单管理，销售订单管理，仓库管理，运输管理和收付款管理，还可以实现手机查库存。特别是收付款自动核销订单功能极其方便，独特的物流管理功能满足了客户的发货管理需求。

● 订单管理一体化

仓库数据的及时性和准确性大大提高，所有数据实现即时查看，为公司管理者迅速解决问题奠定坚实的基础。

● 实时跟进订单信息

物料的收发实时在系统中显示，产品的更改即时反馈到对库存物料的影响，提高了库存周转率，更可以通过手机随时查询订单信息和进程。

● 降低采购成本

实际成本的即时核算，掌握产品的采购成本和销售毛利润。

案例二

“三管齐下”降成本

能源行业：常州在路上照明有限公司

项目背景：

常州在路上照明电器有限公司是专业从事集研发设计、制造、加工、销售和服务为一体的灯具生产制造综合型企业。公司目前销售的核心产品具有“寿命长、高效节能、绿色环保、高显色性、启动快、无频闪”等众多优点。近年来，公司优秀的产品逐渐被市场认可，业务持续增长，目前年销售超过 1000 万，客户近 70 家，产品 SKU 近 400。

期望解决的问题：

1. 通过库存费用、劳动力费用、采购费用等一系列费用的节省，降低制造成本。
2. 提高管理水平，减少管理人员的工作量，通过系统析工具，更快捷的掌握各种与生产相关的数据，为决策提供必要的支持。
3. 通过成本核算，加强对成本的控制。

生意管家解决方案

此前在路上照明一直使用某在线收费软件，体验生意管家后，发现其不但能满足所需功能而且使用方便，并对生意管家的在线服务、400 电话，以及专职客服非常满意，几次遇到使用困难，都得到了快速满意的解决。目前，在路上照明已经把生意管理的平台切换到生意管家。不仅如此，客户还不断推介上游供应商及下游客户也使用生意管家，实现上下游协同，有效地减少了双方的工作量，避免双方在交易中出现差错与纰漏。

● 降低成本

降低对数据的安全和维护以及购买软件费用成本。

● 集中供应链管理模块

实现信息高度集中，将出入库，销售，物流及上下游交易电子化管理。

● 加强成本控制

通过生意管家集中管理供应链上下游信息，及时知悉实际成本及销售毛利润，以此调控生产及采购成本，达到利润最达化。

平安银行抓住小微企业信息化管理痛点，为其提供免费的基于云的信息化管理软件，在移动互联网时代无疑是一种双赢的创新模式。生意管家将企业内部的进销存以及资金业务管理起来，实现账目清晰、账实相符、零手续费在线结算；通过在线订货方式，提高订货、往来对账的效率和准确度，实现企业与上游供应商、下游客户的供应链协同服务；免费，免安装，在线使用，让众多小微企业可以快速迈入信息化时代；通过手机端的软件，让中小企业老板随时随地掌控生意。

探索产品与模式创新
提升小微金融服务水平

广东南粤银行

近年来，广东南粤银行坚决贯彻落实党中央、国务院扶持实体经济的方针政策，持续加大对小微企业的信贷投放，着力改进和提升对小微企业的金融服务，切实履行地方金融企业社会责任，全面打造广东南粤银行小微金融服务体系，为国民经济和社会发展做出了应有的贡献。

2013 年，广东南粤银行将小微金融服务上升至全行战略高度，紧紧围绕“以小微企业需求为中心”的服务理念，通过创新产品与服务模式、建立信贷工厂、下沉目标客户以及专注特色行业等多项举措，全面提升我行小微金融服务的质量与水平。我行全年累计为小微企业提供融资 306.9 亿元，截至 2013 年末，我行个人经营性贷款与小微企业贷款余额达到 189.13 亿元，较年初增长 53.3 亿元，增幅为 39.24%；小微贷款余额在全行贷款余额中的占比由 2012 年的 40.48% 增长为 2013 年的 43.35%，在国内城商行和股份制银行中均处于领先水平。

一、提升小微业务战略规划和定位

2013 年，广东南粤银行在三年战略规划中，提出“优先发展小微业务，支持小微企业的发展，利用供应链金融推动小微业务的全面支持，成为国内最佳小微金融服务提供商”的战略规划。广东南粤银行将小微业务组织架构设置为事业部制，形成公金、零售、小微三大支柱，升级为南粤模式 2.0 版，在信贷规模、机构建设、人员配置、产品创新、考核费用等资源方面给予小微业务重点支持与基础保障。

随着利率市场化时代的到来，行业竞争加剧，金融脱媒加速，银行业生存空间压缩，凭靠公司业务与票据业务息差城商行将难以生存。我行作为中小地方法人银行，积极主动迎接利率市场化的挑战，持续深化韩春剑董事长提出的“二次改革”和“三转两建”工作，展开一系列加速小微业务转型和发展的举措，如加强政企合作，服务地方小微经济，进一步下沉客户重心，服务个体工商户等。通过这些战略举措，促进我行小微业务转型，逐步提升竞争优势与服务能力。

二、创新金融服务模式，支持和服务地方经济发展

多年来，广东南粤银行始终坚持服务地方实体经济、服务乡镇企业、服务小微企业、服务“三农”等重点领域和薄弱环节，用信贷杠杆撬动地方经济结构调整和产业升级。

（一）开启政企框架合作模式

广东南粤银行起源于湛江，扎根于湛江，立足于湛江，一直以来都与湛江市政府保持良好的合作关系，主要分为两大模块：一是积极与湛江地方政府开展政企合作；二是根据湛江市政府的倡导，加大对湛江地区特色重点行业的支持。

我行一直致力于构建政企合作平台，以实现“政府牵头、银行搭台、企业唱戏”的合作模式。2012 年，我行与湛江市政府签订战略合作协议，通过创新把金融服务贯穿于农业基础设施建设、良种繁育、标准化种养殖、生产加工以及流通领域各个方面，累计为湛江市小微型企业提供近 400 亿元融资，有效地推动了湛江市经济的发展。2013 年 12 月，我行与湛江市政府再次签订战略合作协议，展开全面的战略合作，我行承诺在未来的四年中，将进一步创新产品与服务，集中各类资源，为湛江市基础设施建设、重点建设项目、产业转移项目、“三农”项目、自主创新项目、高新技术产业、海洋经济、中小企业等领域提供每年不少于 100 亿元的融资支持。

在战略合作协议的推动下，我行还拟与湛江市政府共同合作建立担保基金，构筑融资平台，助力湛江实现“五年崛起”目标。

（二）推行区域特色行业产业链模式

多年来，我行一直在探索服务小微、支持“三农”的新路径，比如“公司 + 农户 + 基地”、“专业合作社 + 农户”的农贷服务模式，以及湛江的水产市场集群开发模式等。我行未来的小微战略重心是做深做透特色行业，公司业务做核心企业，小微做核心企业的上下游，掌控整个产业链，把握行业发展模式、资金流动与需求等，制定特色行业金融服务方案，打造特色化和差异化的小微综合金融服务模式。

水产业是湛江的支柱产业，对虾是湛江的龙头支柱产业。湛江的对虾产量占全国对虾产量的 20% 以上，占出口额 30% 以上，在种苗产量、养殖面积、成虾产量、加工规模、出口量和交易量等方面位居全国第一，因此被誉为“中国对虾之都”。根据湛江市政府的政策以及我行对湛江当地市场的把握，在深入研究湛江水产行业产业链的运行机制以及资金运作模式的基础上，我行推出“行业金融创新服务模式”，针对湛江市水产行业，尤其是湛江对虾行业，我行推出以 1 + N 模式为主、担保方式灵活的小微特色产品 – “水产通”，为产业链上小微企业提供包括动产质押在内的各类综合性金融服务。服务覆盖育苗、饲料、养殖、批发、加工、零售等整个产业链的所有环节，为整个产业链提供包括融资、结算、理财、撮合交易等综合金融服务。截至到 2013 年 12 月末，我行“水产通”在湛江地区累计授信达十多亿元。

未来，广东南粤银行将继续加大对地方特色行业的支持，如佛山的陶瓷、深圳的珠宝、东莞的电子等，通过深化行业研究与地方产业链融合，根植当地市场，以产业化龙头企业和专业担保公司为载体，做深做透行业，推动当地产业链实体经济的快速发展。

（三）创新科技金融服务模式

我行创新科技金融服务模式，主要是依据地方经济的特色，推出不同的创新服务产品和服务手段。

以深圳为例，深圳市高新技术产业园是国家重点支持的五大科技园区之一，被国家认定为“高新技术产品出口基地”、“国家火炬计划软件产业基地”等。我行深圳分行建立初期就确定大力发展科技金融业务的经济目标，积极响应国家支持科技型中小企业发展的政策要求，促进科技与金融结合，努力推进科技型中小企业信贷业务快速增长。我行以重点产品为抓手，结合南山区科技型中小企业的发展模式，与南山区科技局合作推出系列产品，为科技型中小企业提供从“创业 – 研发 – 发展”的全方位、一条龙、全站式的科技金融服务。我行深圳分行通过与南山区科技部门建立科技金融合作平台，开展了系列科技金融贷款扶持计划，每年扶持科技型中小企业 200 多家，贷款金额达 10 亿元，促进深圳南山区科技型中小企业的腾飞。

（四）走金融下乡之路

2013 年，我行响应国家政策号召，加大金融下乡力度，积极开展县域支农服务网点下沉和延伸，并在中心镇区继续增设具有综合金融服务能力的小微专营网点，进一步为“三农”提供“零距离”的服务。目前，农民和银行合作关系仅限于存户关系，农户与银行开展融资业务较少。未来农业用地与宅基地的改革，可实现农村房产与土地资源的抵押或流转，将极大促进地方“三农”经济发展。

随着农村新的一轮改革大潮涌来，我行将结合当地经济实际，进一步下沉机构网点，找准传统农业向现代农业转型过程中新的金融需求，以及农业产业链中各环节之间的关键节点，通过推进产业链金融服务，实现产供销一条龙、农工商产一体化发展。2014 年，湛江地区营业网点将通过整合，分别由三家分行级管理行进行管理，这三家分行级机构分别以“服务三农”、“服务中小企业”为主攻方向，为小微企业提供更专业化的纵深服务。未来三年，我行将筹建 36 家小微专营支行、15 家社区支行，以我行重点小微产品和服务为抓手，结合当地经济发展特色，探索开展养殖权、渔权、种植权等质押，加大对“三农”的支持力度，以满足现代农业发展的资金需求。

三、创新金融产品，提升小微服务质量

根据小微客户“短、小、频、急”的融资需求以及缺乏有效抵押物的现状，我行在深入调研与同业借鉴的基础上，坚持走小微金融“特色化、批量化、专业化”之路，不断推出创新型小微金融产品，陆续开发出信贷速贷、共同基金、联保贷款、超市贷、水产通 1 + N 模式等多种贷款产品。

（一）信用速贷

我行在目标客户选择上重点开发市场上排名前 15% -35% 的客户，实施差异化竞争。集群前 15% 的客户因资质好成为大多数同业小微争抢的客户，但已被过度授信，风险较大，因此我行锁定集群排名前 15% -35% 的客户，错开竞争，为真正有资金需求的小微客户服务。在错位竞争的思路下，我行在开展小微业务过程中，遵循“额小、面广”的原则，不断下沉服务重心，重点发展户均贷款 50 万以下的小微客户，为真正融资难的个体工商户、小微企业主提供信贷支持。针对目标小微客户普遍存在的弱担保特点，我行破除抵押物崇拜，更加注重借款人的第一还款能力，推出无抵押无担保产品“信用速贷”。

信用速贷产品重点发展户均 50 万以下客户需求，通过下沉客户重心，帮助青年创业者筹集创业基金，满足小微企业主融资需求。截止到 2013 年 12 月，我行累计发放近 10 亿元的无担保无抵押贷款，为地方经济注入一股活水，助力当地市场经济的发展。

2014 年，我行将升级小微金融模式，大力发展 100 万以下的信用贷款。100 万以下的信用贷款主要是针对个体工商户群体，他们是城镇化的最主要经济形式，对国民经济的发展有着举足轻重的作用。目前，个体工商户都面临融资难问题，因其缺乏有效的抵押物、财务信息不透明等问题，很难从银行获得贷款。100 万以下的信用贷款，通过创新小微金融模式，客户无需提供任何抵押物即可申请贷款。我行通过交叉检验和评分卡技术，还原经营主体的财务信息，实行标准化的批量客户营销，以弥补个体工商户信息不透明的问题，提高小微审批时效，为客户提供周到的金融服务，创造有利于小微企业发展的环境。

（二）共同基金

为适应市场多元化的融资需求，加快我行小微金融业务发展，有效控制小微业务风险，我行 2013 年又重点推出了小微金融创新产品 - 共同基金。该产品遵循“联合共赢、搭建平台、批量开发、小额分散”原则，为小微客户提供“无需抵押、有限担保”的融资服务。

2013 年，受经济环境与市场变化影响，个别行业联保业务出现大面积连锁违约，我行针对产业链客户群、商圈类客户群以及各类行业协会/商会客户群等客户实际需求，设计开发出集群类小微信贷产品——小微共同基金。加入共同基金的客户无需提供任何抵押物，只需缴纳不低于自身贷款金额 10% 的保证金和 1% 的风险金即可获得贷款。基金成员仅以自己出资的保证金和风险金为限为其他成员承担有限责任担保，帮助客户最大程度降低潜在风险损失。截止 2013 年末，我行共同基金授信金额达到 16 亿元。

（三）水产通

湛江市是广东南粤银行的大本营，坚持“根植湛江，支持湛江经济发展”的经营理念，我行全力支持湛江市的龙头产业——水产行业，针对水产行业小微客户的融资需求，基于充分的实地调研与深入的行业研究，我行推出实现水产行业产业链全覆盖的信贷产品——“水产通”。截至 2013 年末，“水产通”累计授信超过 10 亿元，有效支持了湛江水产业的发展。

水产通是我行针对水产行业的小微客户开发的行业专属信贷产品，覆盖育苗、饲料、养殖、加工、批发、零售等整个水产产业链的所有环节。该产品采取包括冻品质押、“1 + N”核心企业担保等多种担保方式，有效解决客户缺乏抵押物的难题。在贷款期限内，客户可以随借随还，按日计息，不使用贷款不产生利息，帮助客户实现资金成本最小化。

四、建立信贷工厂模式，优化信贷流程

为充分满足小微客户“短、小、频、急”的融资需求，我行不断优化信贷流程，特别是对信用速贷产品建立信贷工厂模式，实现集中化作业，形成高效核心竞争力，为小微客户提供更加便捷、快速的金融服务。

第一，前端销售，各渠道销售人员向客户介绍产品，完成销售，并引导客户前往分部处理中心。

第二，中端承接，所有渠道销售的 UPL 统一由分部处理中心承接，处理中心人员负责 UPL 面谈、面签、面核，所有 UPL 资料由处理中心扫描提交至个贷系统。

第三，后台审批，就是集中处理平台通过个贷系统接收贷款任务，流水化处理征信、审批直至出账。

第四。贷后管理，分部处理中心负责 UPL 的日

常贷后服务，包括贷款要素变更、提前还款等。

从营销到贷后，实行专业化分工，采用合理、简化、标准、端对端的工厂式“流水线”作业模式，兑现“小额分散、大数法则、风险覆盖”的风控理念，真正做到审贷分明，提高工作效率，形成核心竞争力。

综上，经过不懈的努力，广东南粤银行小微金融业务取得了长足的进展，被“第八届中国中小企业家年会”“第五届卓越竞争力金融评选机构”以及“2013 东方财富风云榜”授予“全国支持中小企业发展十佳商业银行”、“卓越竞争力小微金融银行”以及“最佳小微企业金融服务银行”多项荣誉称号。2014 年，我行将继续进行产品、服务与机制创新，努力打造南粤特色小微金融服务模式，提升服务地方实体经济的综合能力，为实现国家产业结构转型与升级贡献力量。